Beitzke · Coing/Weick · Firsching · Großfeld · Korkisch
Internationales Privatrecht, Band I a
Einleitung; Art 7–9 EGBGB; Internationales Gesellschaftsrecht;
Art 11 EGBGB

Internationales Privatrecht

Band I a

Einleitung;
Art 7–9 EGBGB;
Internationales Gesellschaftsrecht;
Art 11 EGBGB

Erläutert von

Dr. Dr. h.c. mult. Günther Beitzke
Professor an der Universität Bonn

Dr. Dr. h.c. mult. Helmut Coing
Professor an der Universität Frankfurt a. M.,
unter Mitarbeit von Günter Weick, Frankfurt a. M.

Dr. Karl Firsching
Professor an der Universität Regensburg, Richter am Bayerischen Obersten Landesgericht

Dr. Bernhard Großfeld LL.M.
Professor an der Universität Münster

Dr. Friedrich Korkisch
Professor an der Universität Hamburg

1981

J. Schweitzer Verlag · Berlin

Band I a der Sonderausgabe aus

J. v. Staudingers Kommentar zum Bürgerlichen Gesetzbuch

10./11. Auflage EGBGB Teil 2 a

Bearbeiter:

Einleitung	Professor Dr. FRIEDRICH KORKISCH
Art 7, 8	Professor Dr. GÜNTHER BEITZKE
Art 9	Professor Dr. Dr. h.c. Dr. h.c. Dr. h.c. HELMUT COING, unter Mitarbeit von GÜNTER WEICK
Internationales Gesellschaftsrecht	Professor Dr. BERNHARD GROSSFELD LL.M.
Art 11	Professor Dr. KARL FIRSCHING

Redaktionelle Mitarbeit (mit Ausnahme „Internationales Gesellschaftsrecht"): Dr. BERND VON HOFFMANN, Hamburg.

Stand der Bearbeitung:

Einleitung, Art 7–9, 11: 1970
Internationales Gesellschaftsrecht: August 1980

Hinweise:

Die Erläuterungen „Internationales Gesellschaftsrecht" erscheinen inhaltsgleich auch als 12. Auflage von J. von Staudingers Kommentar zum BGB (Lieferung 25) sowie als Sonderausgabe „Internationales Privatrecht, Band I a, Lieferung 2". Die äußere Gestaltung dieser Erläuterungen entspricht aus Gründen geänderten Satzverfahrens der 12. Auflage des Staudinger.

Die Erläuterungen der Art 7–9 und 11 EGBGB erscheinen in dieser Form nur in der 10./11. Auflage des Staudinger (Lieferung 52), aber ebenfalls als Sonderausgabe „Internationales Privatrecht, Band I a, Lieferung 1". Für die 12. Auflage des Staudinger erscheinen diese Erläuterung zu gegebener Zeit in einer überarbeiteten Form.

CIP-Kurztitelaufnahme der Deutschen Bibliothek

Internationales Privatrecht. – Sonderausg. – Berlin : Schweitzer
Aus: J. von Staudingers Kommentar zum Bürgerlichen Gesetzbuch. EGBGB, Teil 2 a – 5. 10./11. u. 12. Aufl.
Bd. 1.
a. Einleitung; Art 7–9 EGBGB; Internationales Gesellschaftsrecht; Art 11 EGBGB / erl. von Günther Beitzke . . . – 1981.
ISBN 3-8059-0626-9
NE: Beitzke, Günther [Mitverf.]

Satz, Druck: Georg Wagner, Nördlingen. Bindearbeiten: Lüderitz und Bauer, Buchgewerbe GmbH, Berlin.

Sonderausgabe

Internationales Privatrecht

aus J. von Staudingers Kommentar zum BGB, 10./11. und 12. Aufl., EGBGB
Teile 2 a bis 5

Band I a
Lieferung 1: Einleitung von Professor Dr. Friedrich Korkisch, Hamburg; Artikel 7, 8 erläutert von Professor Dr. Günther Beitzke, Bonn; Artikel 9 erläutert von Professor Dr. Dr. h. c. Dr. h. c. Dr. h. c. Helmut Coing, Frankfurt a. M., unter Mitarbeit von Günter Weick, Frankfurt a. M.; Artikel 11 erläutert von Professor Dr. Karl Firsching, Regensburg.

Lieferung 2: Internationales Gesellschaftsrecht erläutert von Professor Dr. Bernhard Großfeld LL.M., Münster.

Band I b
Internationales Schuldrecht I erläutert von Professor Dr. Karl Firsching, Richter am Bayerischen Obersten Landesgericht, Regensburg.

Band I c
Lieferung 1: Internationales Schuldrecht II (Deliktsrecht) erläutert von Professor Dr. Detlef König, Heidelberg.

Lieferung 2: Internationales Sachenrecht erläutert von Professor Dr. Hans Stoll, Freiburg i. Br. (erschienen als Band I Lieferung 5).

Lieferung 3: Internationales Immaterialgüterrecht erläutert von Rechtsanwalt Dr. Michel M. Walter, Wien.

Band II
Artikel 13–17 (Internationales Eherecht), §§ 606 bis 606 b, 328 ZPO (Internationales Verfahrensrecht in Ehesachen) erläutert von Professor Dr. Franz Gamillscheg, Göttingen.

Band III a
Haager Kindschaftsrecht; Artikel 18 und 19 EGBGB erläutert von Professor Dr. Dieter Henrich, Regensburg, und Privat-Dozent Dr. Jan Kropholler, Hamburg.

Die Kommentierung der Artikel 20–23 wird vorläufig wegen Reformvorhaben zurückgestellt.

Band IV
Artikel 24–26 (Internationales Erbrecht) erläutert von Professor Dr. Karl Firsching, Richter am Bayerischen Obersten Landesgericht, Regensburg.

Artikel 27 und 28 erläutert von Professor Dr. Dr. Eugen D. Graue LL. M., Kiel.

Artikel 29–31 erläutert von Professor Dr. Dieter Blumenwitz, Würzburg.

Redaktionelle Mitarbeit, Bearbeitung von Registern und Verzeichnissen: Dr. Bernd von Hoffmann, Hamburg.

J. Schweitzer Verlag · Berlin

Vorwort

Die Kommentierung des gesamten in Art. 7–31 EGBGB geregelten Internationalen Privatrechts durch Leo Raape in der 9. Auflage dieses Kommentars war eine einmalige Leistung. Das noch von ihm allein vorbereitete Manuskript zur 10. Auflage fiel dem Bombenkrieg zum Opfer. Nach 1945 nochmals neu zu beginnen, fehlte ihm die Kraft. Der seit 1931 stark angeschwollene und nach 1945 immer weiter anschwellende Stoff und die inzwischen einsetzende weiter vertiefende Durchdringung des Stoffes durch Wissenschaft und Praxis nötigten dazu, eine Neubearbeitung auf zahlreiche Mitarbeiter zu verteilen, den Stoff unterzugliedern und die Bearbeitung in Teilbänden und einzelnen Lieferungen erscheinen zu lassen.

Mit der 1970 erschienenen 52. Lieferung der 10./11. Auflage des Staudinger konnte der Anfang zur Neukommentierung der Art. 7–31 EGBGB gemacht werden. Diese Lieferung enthielt außer der allgemeinen Einleitung die Erläuterungen zu den Art. 7–9 und 11 EGBGB. Infolge eines Wechsels des Bearbeiters konnte mit der Kommentierung des Internationalen Gesellschaftsrechts der Band erst jetzt zum Abschluß gebracht werden. Die verflossene Zeit nimmt den in der 52. Lieferung 1970 gebrachten grundsätzlichen Stellungnahmen nichts von ihrer Bedeutung. Der Benützer des jetzt vervollständigten Gesamtbandes muß sich nur vergegenwärtigen, daß er in diesem ersten Teil des Gesamtbandes Schrifttum und Rechtsprechung lediglich bis 1970 verzeichnet findet und seitdem einzelne Änderungen der materiellen Rechte auch auf das Kollisionsrecht zurückstrahlen. Bedeutsam sind hier namentlich im Rahmen des Art. 7 EGBGB die Änderungen des Volljährigkeitsalters in verschiedenen Staaten – in der Bundesrepublik Deutschland die Herabsetzung des Volljährigkeitsalters durch Ges. v. 31. 7. 1974 (BGBl. I 1713), in Kraft seit dem 1. 1. 1975, auf 18 Jahre, und der Fortfall der Volljährigkeitserklärung. Für die kollisionsrechtlichen Rückwirkungen dieses Gesetzes kann auf die Darstellung von Hepting (FamRZ 1975, 451 ff) verwiesen werden.

Die Kommentierung des Internationalen Gesellschaftsrechts ist eine völlige Neubearbeitung; aus der 9. Auflage wurden keine Teile übernommen. Die Fülle des zwischenzeitlich erschienenen Materials und eine Verschiebung der Interessenschwerpunkte ließen eine Weiterführung auf der Basis der Vorauflage nicht zu. In den Grundaussagen wird indes vielfach den von Raape vertretenen Wertungen gefolgt.

Die eingeführte Bezeichnung „Internationales Gesellschaftsrecht“ wurde beibehalten – trotz der Tatsache, daß sich das Gesellschaftsrecht in manchen Bereichen zu einem Unternehmensrecht wandelt. Im Internationalen Privatrecht stehen die engeren gesellschaftsrechtlichen Aspekte umfangmäßig noch im Vordergrund; auch geht es nicht lediglich um Unternehmen. Grundlage aller Erörterungen ist die enge interessen- und wertungsmäßige Verknüpfung von nationalem und internationalem Gesellschaftsrecht, sowie von materiellem Recht und Verfahrensrecht. Ohne eine solche Zusammenschau ist das Internationale Gesellschaftsrecht nicht hinreichend zu erfassen.

Der Rechtsprechung hat man bei den Erläuterungen des Internationalen Gesellschaftsrechts besondere Bedeutung beigemessen aus den Gründen, die Nussbaum im

Vorwort seines Buches „Deutsches Internationales Privatrecht" (1932 S. IV) dargelegt hat. Zur Rechtsvergleichung finden sich nur sparsame Hinweise; denn eine vertiefte (und allein als solche sinnvolle) Rechtsvergleichung bei Beachtung der unterschiedlichen kulturellen und politischen Ausgangslagen und des jeweils anderen sozialen Umfeldes hätte den zur Verfügung stehenden zeitlichen und räumlichen Rahmen überschritten.

Bonn, Frankfurt a. M., Hamburg, Münster, Regensburg, im Oktober 1980

GÜNTHER BEITZKE, HELMUT COING, KARL FIRSCHING, BERNHARD GROSSFELD, FRIEDRICH KORKISCH

Inhaltsübersicht

	Seite*
Vorläufiges Abkürzungsverzeichnis	XI
Einleitung	1
Artikel 7	49
Artikel 8	96
Artikel 9	123
Internationales Gesellschaftsrecht	293**
A. Internationales Gesellschaftsrecht	304
B. Fremdenrecht	461
C. Internationale Standards für multinationale (transnationale) Unternehmen	474
Artikel 11	151

* Es handelt sich um eine Hilfspaginierung; zitiert wird nicht nach Seiten, sondern nach Randziffern.

** Vom logischen Aufbau des EGBGB her gehört der Abschnitt „Internationales Gesellschaftsrecht“ hinter Artikel 9, an die Stelle des aufgehobenen Artikel 10. Die Veröffentlichung dieser Erläuterungen erfolgte jedoch zeitlich nach der Veröffentlichung der Erläuterungen zu den Art 7–9 und 11 EGBGB. Technische Gründe machten es daher erforderlich, die Erläuterungen des „Internationalen Gesellschaftsrechts“ hinter Art 11 zu stellen.

Vorläufiges Abkürzungsverzeichnis EGBGB/IPR*

A

A. C., AppCas	Appeal Cases (Law Reports)
ACHILLES-GREIFF-Bearb[21]	ACHILLES-GREIFF, Bürgerliches Gesetzbuch (21. Aufl 1958)
AJIL	American Journal of International Law (1.1907 ff)
Amtsvorm	Der Amtsvormund, Rundbrief d Dt Instituts f Vormundschaftswesen (24. 1951/52 ff)
Ann. Inst. Dr. Int.	Annuaire de l'Institut de Droit International (1. 1877 ff)
ANZILOTTI, Corso	ANZILOTTI, Corso di lezioni di diritto internazionale (Diritto-privato) (Roma 1918)
Ariz. L. Rev.	The Arizona Law Review
ARMINJON, Précis[3]	ARMINJON, Précis de droit international privé (3. Aufl Paris 1947)

B

VON BAR, IPR	VON BAR, Lehrbuch des Internationalen Privat- und Strafrechts (Stuttgart 1892)
VON BAR, Theorie und Praxis[2]	VON BAR, Theorie und Praxis des Internationalen Privatrechts, 2 Bde (2. Aufl Hannover 1889)
BARAZETTI, IPR	BARAZETTI, Das internationale Privatrecht im Bürgerlichen Gesetzbuch für das Deutsche Reich (Hannover 1897)
BARTIN, Principes	BARTIN, Principes de droit international privé selon la loi et la jurisprudence francaises, 3 Bde (Paris 1930/32/35)
BATIFFOL, Traité[4]	BATIFFOL, Droit international privé (4 Aufl Paris 1967)
BEITZKE, Jur Personen	BEITZKE, Juristische Personen im International-Privatrecht und Fremdenrecht (München, Berlin 1938)
BerGesVR	Berichte der Deutschen Gesellschaft für Völkerrecht (1. 1957 ff)
BERGMANN-FERID	BERGMANN-FERID, Internationales Ehe- und Kindschaftsrecht (3 Aufl Frankfurt a M) (Loseblattausgabe)
BlIntPr	Blätter für internationales Privatrecht (= Beilage zur Leipziger Zeitschrift) (1. 1926–6. 1931)
Bull. dr. tchécosl.	Bulletin de droit tchécoslavoque (6. 1948 ff)

C

Codigo Bustamante	BUSTAMANTE Y SIRVEN, Projet de code de droit international Privé (Paris 1925)
Colum, L. Rev.	Columbia Law Review (1. 1901 ff)

---

* Bei diesem Abkürzungsverzeichnis handelt es sich um eine Ergänzung zu dem in dem Band mit dem Alphabetischen Gesamtregister (Staudinger, 10./11. Auflage) bzw. in dem Band mit den §§ 1–89 BGB (Staudinger, 12. Auflage) enthaltenen Abkürzungsverzeichnis. Das endgültige Abkürzungsverzeichnis für das EGBGB/IPR wird in dem Band enthalten sein, in dem im Anschluß an Art 31 EGBGB auch das Alphabetische Gesamtregister für das EGBGB/IPR veröffentlicht werden wird (auch in der Sonderausgabe »Internationales Privatrecht«). In den übrigen Teilen des EGBGB/IPR befinden sich zusätzliche, das jeweilige Sachgebiet betreffende Abkürzungsverzeichnisse. Aus diesen bzw aus dem Zusammenhang mit den Erläuterungen ist auch ersichtlich, aus welcher Auflage von Standardwerken jeweils zitiert wird.

D

D.	Recueil Dalloz de doctrine, de jurisprudence et de législation (1945–1954; 1957–1964)
DanzJM	Danziger Juristische Monatsschrift (5. 1926–12. 1933)
DICEY-MORRIS, Conflict[8]	DICEY-MORRIS, The conflict of laws (8. Aufl London 1967)
DÖLLE, IPR	DÖLLE, Internationales Privatrecht (Karlsruhe 1968)
D.P.	Dalloz. Recueil périodique et critique de jurisprudence de législation et de doctrine (1825–1940)
Droit. Int. Famille	Le droit international privé de la famille en France et en Allemagne (Tübingen, Paris 1955)
DÜRINGER-HACHENBURG	DÜRINGER-HACHENBURG, Das Handelsgesetzbuch vom 10. Mai 1897 (unter Ausschluß des Seerechts) auf der Grundlage des Bürgerlichen Gesetzbuches (3. Aufl Mannheim 1930)

E

EGGER	EGGER, Familienrecht in: Kommentar zum Schweizerischen ZGB (Zürich 2. Aufl 1936 ff)
EHRENZWEIG, Conflict	EHRENZWEIG, A treatise on the conflict of laws (St Paul 1962)
ENNECCERUS-NIPPERDEY[15]	ENNECCERUS-NIPPERDEY, Allgemeiner Teil des Bürgerlichen Rechts (15. Aufl Tübingen 1959/60)
ERMAN-Bearb	ERMAN, Handkommentar zum Bürgerlichen Gesetzbuch (4. Aufl Münster 1967)

F

FEDOZZI, DirIntPriv[2]	FEDOZZI, Il diritto internazionale privato (2. Aufl Padova 1939)
FERID-FIRSCHING	FERID-FIRSCHING, Internationales Erbrecht (München 1955) – (Loseblattausgabe)
FGB	siehe FamGB
FICKER, Grundfragen	FICKER, Grundfragen des deutschen interlokalen Rechts (Berlin, Tübingen 1952)
Foro It.	Il Foro Italiano (1. 1876 ff)
frz	französisch
FISCHER-HENLE-TITZE[14]	FISCHER-HENLE-TITZE, Bürgerliches Gesetzbuch (14. Aufl München 1932
FRANKENSTEIN, Code	FRANKENSTEIN, Projet d'un code européen de droit international privé (Leiden 1950)
FRANKENSTEIN, IPR	FRANKENSTEIN, Internationales Privatrecht (Grenzrecht) 4 Bde (Berlin 1926)

G

GAMILLSCHEG, IntArbR	GAMILLSCHEG, Internationales Arbeitsrecht (Berlin 1959)
GBlDDR	Gesetzblatt der Deutschen Demokratischen Republik (1949 ff)
GEBHARD	Die Gebhardschen Materialien veröffentlicht von NIEMEYER, Zur Vorgeschichte des Internationalen Privatrechts (München, Leipzig 1915)
GLU	Sammlung von civilrechtlichen Entscheidungen des k. k. Obersten Gerichtshofes (1. 1859–34. 1901; NF 1. 1900–18. 1919
GRAULICH, Principes	GRAULICH, Principes de droit international privé (Paris 1961)
GOODRICH-SCOLES, Handbook[4]	GOODRICH-SCOLES, Handbook of the conflict of laws (4. Aufl St Paul 1964)
griech	griechisch
GRZYBOWSKI, Soviet PrIntLaw	GRZYBOWSKI, Soviet Private International Law (Leiden 1965)
GUTZWILLER, IPR	GUTZWILLER, Internationalprivatrecht (Berlin 1931)

H

Habicht	Habicht, Internationales Privatrecht nach dem Einführungsgesetze zum bürgerlichen Gesetzbuche (Berlin 1907)
HAuslG	Gesetz über die Rechtsstellung heimatloser Ausländer im Bundesgebiet vom 25. 4. 1951 (BGBl I 269)

I

I.C.L.Q	The International and Comparative Law Quarterly (1. 1952 ff)
Ill. L. Rev.	Illinois Law Review (1. 1906/07–46. 1951/52)
IntRDipl	Internationales Recht und Diplomatie (1. 1956 ff)

J

JbIntRVerk	Jahrbuch für den Internationalen Rechtsverkehr (1912/13)
JbOstR	Jahrbuch für Ostrecht (1. 1960 ff)
JIR	Jahrbuch für internationales (und ausländisches öffentliches) Recht (1. 1948 ff)

K

Kahn, Abhandlungen	Kahn, Abhandlungen zum internationalen Privatrecht 2 Bde (München und Leipzig 1928)
Kegel, IPR²	Kegel, Internationales Privatrecht (2. Aufl München und Berlin 1964)
Keidel, FGG⁹	Keidel, Freiwillige Gerichtsbarkeit (9. Aufl München, Berlin 1967)
Klang (Bearb)²	Kommentar zum allgemeinen Bürgerlichen Gesetzbuch (2. Aufl Wien 1950 ff)
Köhler, IPR³	Köhler, Internationales Privatrecht (3. Aufl Wien–New York 1966)
Krönig, IP-Zust in dFG	Krönig, Die international-privatrechtliche Zuständigkeit in der freiwilligen Gerichtsbarkeit (Hamburg 1936)

L

Lainé, Introduction	Lainé, Introduction au droit international privé ... 2 Bde (Paris 1888)
Law & Contemp. Prob.	Law and Contemporary Problems (1. 1933/34 ff)
Leflar, Conflict	Leflar, The law of conflict of laws (Indianapolis 1959)
Lemaire, IPR	Lemaire, Nederlands Internationaal Privatrecht (Leiden 1968)
Lent-Habscheid, FGG⁴	Lent-Habscheid, Freiwillige Gerichtsbarkeit (4. Aufl München–Berlin 1962)
Lerebours-Pigeonnière-Loussouarn, DIP	Lerebours-Pigeonnière-Loussouarn, Droit international privé (8. Aufl Paris 1962)
Levis, Dt. int. Entmündigungsrecht	Levis, Das internationale Entmündigungsrecht des Deutschen Reiches (Leipzig 1906)
Lewald, IPR	Lewald, Das deutsche internationale Privatrecht (Leipzig 1931)
Lewald, Règles générales	Lewald, Règles générales des conflits de lois (Basel 1941)
LM	Nachschlagewerk des Bundesgerichtshofes (1951 ff)
LQR	The Law Quarterly Review, London (1. 1885 ff)
Lunz, IPR	Lunz, Internationales Privatrecht, Bde (Berlin-O 1961/64)

M

MAKAROV, Quellen^{2}	MAKAROV, Quellen des Internationalen Privatrechts, 2 Bde (Berlin/Tübingen 1953/1960)
MARTY-RAYNAUD, Droit Civil	MART-RAYNAUD, Droit Civil (Paris 1956)
MATTHIES, IntZust	MATTHIES, Die deutsche internationale Zuständigkeit (Frankfurt 1955)
MAUNZ-DÜRIG-HERZOG^{3}	MAUNZ-DÜRIG-HERZOG, Grundgesetz, Kommentar (3. Aufl München 1969)
MELCHIOR, Grundlagen	MELCHIOR, Die Grundlagen des deutschen internationalen Privatrechts (Berlin, Leipzig 1932)
MRG	Militärregierungsgesetz
MOSER, Vertragsabschluß	MOSER, Vertragsabschluß, Vertragsgültigkeit und Parteiwille im internationalen Obligationsrecht (St Gallen 1948)

N

ndl	niederländisch
NEUHAUS, Grundbegriffe	NEUHAUS, Die Grundbegriffe des Internationalen Privatrechts (Berlin/Tübingen 1962)
NEUMANN, IPR	NEUMANN, Internationales Privatrecht in Form eines Gesetzentwurfs Nach Motiven und Materialien (Berlin 1896)
NEUMEYER, Gemeinrechtliche Entwicklung	NEUMEYER, Die gemeinrechtliche Entwicklung des internationalen Privat- und Strafrechts bis Bartolus 2 Bde (München 1901/1916)
NEUMEYER, IPR^{2}	NEUMEYER, Internationales Privatrecht (2. Aufl München 1930)
NIBOYET, Traité	NIBOYET, Traité de droit international privé francais 6 Bde (1. und 2. Aufl Paris 1944 ff)
NIEDNER^{2}	NIEDNER, Das Einführungsgesetz zum BGB, Kommentar 2. Aufl. (Berlin 1901)
NIEMEYER, IPR des BGB	NIEMEYER, Das internationale Privatrecht des BGB (Berlin 1901)
NIEMEYER, Vorgeschichte	siehe GEBHARD
N.J.	Nederlandse Jurisprudentie (1913 ff)
NUSSBAUM, Grundzüge	NUSSBAUM, Grundzüge des internationalen Privatrechts (München 1952)
NUSSBAUM, IPR	NUSSBAUM, Deutsches Internationales Privatrecht (Tübingen 1932)
N.Y.L.F.	New York Law Forum (1. 1955 ff)

O

öABGB	(österreichisches) Allgemeines bürgerliches Gesetzbuch vom 1. 6. 1811
OER	Osteuropa-Recht (1. 1955 ff)

P

PAGENSTECHER, Entscheidungseinklang	PAGENSTECHER, Der Grundsatz des Entscheidungseinklangs im internationalen Privatrecht (Mainz 1951)
PALANDT-Bearb^{28}	PALANDT, Bürgerliches Gesetzbuch (29. Aufl München 1969)
Pas.	Pasicrisie belge (1864 ff)
PILLET, Principes	PILLET, Principes de droit international privé, Paris
PLANCK^{3}	PLANCK, Kommentar zum BGB (3. Aufl Berlin 1905)
poln	polnisch
portugies	portugiesisch
POULLET, Manuel^{3}	POULLET, Manuel de droit international privé belge (3. Aufl 2 Bde Bruxelles 1947)
PRIESE-REBENTROST, WG	PRIESE-REBENTROST, Kommentar zum Wechselgesetz (Iserlohn 1949)

R

RAAPE, IPR[5]	RAAPE, Internationales Privatrecht (5. Aufl Berlin und Frankfurt 1961)
RABEL, Conflict[2]	RABEL, Conflicts of law: a comparative study, 4 Bde (2. Aufl Berlin 1958)
RÉCZEI, IPR	RÉCZEI, Internationales Privatrecht (Budapest 1960)
REITHMANN, Vertragsrecht	REITHMANN, Internationales Vertragsrecht (Köln 1963)
Rép. Dalloz Dr. Int.	Répertoire de droit international, 2 Bde (Paris 1968/69
Rép. Lapradelle-Niboyet	Répertoire de droit international (Paris 10 Bde 1929–1931)
Restatement 2nd	Restatement of the law (Conflict of Laws), second edition. As adopted and promulgated by the American Law Institute at Washington, D. G. (St Paul, Minn 1957 ff)
RIEZLER, IZPR	RIEZLER, Internationales Zivilprozeßrecht und prozessuales Fremdenrecht (Berlin, Tübingen 1949)
RIGAUX, DIP	RIGAUX, Droit international privé (Bruxelles 1968)
Riv.Dr.Int.	Rivista di Diritto Internationale (1. 1906–35. 1943; 36. 1953 ff)
Riv.dir.int.priv.proc.	Rivista di Diritto Internazionale Privato e Processuale, Padova (1. 1965 ff)
Riv.Not.	Rivista del Notariato
RPA	Reichspatentamt
RvglHWB	Rechtsvergleichendes Handwörterbuch für das Zivil- und Handelsrecht des In- und Auslandes hrsg v SCHLEGELBERGER. 7 Bde (Berlin 1929–1940)

S

S.	Recueil Sirey (1791–1954; 1957–1964)
SAVATIER, DIP[2]	SAVATIER, Cours de droit international privé (2. Aufl Paris 1953)
SAVIGNY, System VIII	SAVIGNY, System des heutigen Römischen Rechts Bd 8 (Berlin 1849)
SCHNITZER, Hdb I[4]	SCHNITZER, Handbuch des internationalen Privatrechts (4. Aufl Bd I Basel 1957)
SchweizAG	Die schweizerische Aktiengesellschaft (1. 1928/29 ff)
SchwZGB	Das Schweizerische Zivilgesetzbuch v 10. 12. 1907
SOERGEL-Bearb[9]	SOERGEL-SIEBERT, Bürgerliches Gesetzbuch. Mit Einführungsgesetz und Nebengesetzen (9. Aufl Stuttgart 1959–1963; 10. Aufl 1967 ff)
span	spanisch
STANZ, WG[14]	STANZ, Wechselgesetz, Kommentar (14. Aufl Berlin 1952)
STAUDINGER-Bearb[11]	STAUDINGER, Kommentar zum Bürgerlichen Gesetzbuch. Mit Einführungsgesetz und Nebengesetzen (11. Aufl Berlin 1957 ff)
STEIN-JONAS-POHLE, ZPO[19]	STEIN-JONAS-POHLE, Kommentar zur Zivilprozeßordnung (19. Aufl Tübingen 1964 ff)
STEINDORFF, Sachnormen	STEINDORFF, Sachnormen im internationalen Privatrecht (Frankfurt a M 1958)
STORY, Commentaries[8]	STORY, Commentaries on the conflict of laws, ... (8. Aufl Boston 1883)
STUMBERG, Principles[3]	STUMBERG, Principles of conflicts of Laws (3. Aufl Brooklyn 1963)
SWOBODA	SWOBODA, Das internationale Recht der freiwilligen Gerichtsbarkeit, Diss München 1934
SZASZY, PrIntLaw	SZASZY, Private international law in the European people's democracies (Budapest 1964)

T

THOMAS-PUTZO, ZPO[3]	THOMAS-PUTZO, Zivilprozeßordnung (3. Aufl München 1968)
türk	türkisch

U

U.Chi.L.Rev	The University of Chicago Law Review (1. 1933/34 ff)
U.Pa.L.Rev.	University of Pennsylvania Law Review (1. 1852 ff)

V

VerschKonv	Konvention der Vereinigten Nationen über die Todeserklärung Verschollener v 6. 4. 1950 (BGBl II 1955 706)
VISCHER, Vertragsrecht	VISCHER, Internationales Vertragsrecht (Bern 1962)

W

WALKER, IPR[5]	WALKER, Internationales Privatrecht (5. Aufl Wien 1934)
WbVR[1]	Wörterbuch des Völkerrechts und der Diplomatie. Hrsg v STRUPP 3 Bde (Berlin und Leipzig 1924 b–1929)
WbVR[2]	Wörterbuch des Völkerrechts 2. Aufl (hrsg v SCHLOCHAUER) 3 Bde (Berlin 1960–1962)
WOLFF, IPR[3]	WOLFF, Das Internationale Privatrecht Deutschlands (3. Aufl Berlin, Göttingen, Heidelberg 1954)
WOLFF, PrIntLaw[2]	WOLFF, Private International Law (2. Aufl Oxford 1950)
WuR	Zeitschrift für Wirtschaftspolitik und Wirtschaftsrecht mit Einschluß des Sozial- und Arbeitsrechts, Zürich (1. 1949 ff)

Y

Yale L.J.	The Yale Law Journal (1. 1891/92 ff)

Z

ZaöRV	Zeitschrift für ausländisches öffentliches Recht und Völkerrecht (1. 1929–12. 1944; 13. 1950/51 ff)
ZIR	s NiemZ
ZITELMANN, IPR	ZITELMANN, Internationales Privatrecht 2 Bde (Leipzig 1897/1912)
ZivCod	Polnischer Zivilkodex v 23. April 1964
ZÖLLER, ZPO[10]	ZÖLLER, Zivilprozeßordnung (10. Aufl München 1968)
ZRpflBay	Zeitschrift für Rechtspflege in Bayern (1. 1905–30. 1934)
ZRvgl, Österr	s ZfRVgl
ZSchwR	s ZfSchweizR

Einleitung

Bearbeitet von Friedrich Korkisch

Gliederung

A. Aufgabe, Begriff und Natur der IPR 1—15
  1. Aufgabe 1—3
  2. Begriff 4—11
  3. Kollisionsrechtliche Nachbargebiete 12—13
  4. Natur 14—15

B. Name 16—27

C. IPR und seine Nachbargebiete 28—78
  I. Ausländisches Recht und Rechtsvergleichung 28—31
  II. IPR und Rechtsvereinheitlichung 32—43
    1. Allgemein 32—35
    2. Ergebnisse der Rechtsvereinheitlichung im Bereich des IPR 36—43
      a) Haager Konferenz 36—39
      b) Verträge von Montevideo 40
      c) Código Bustamante 41
      d) Nordische Staaten 42
      e) Sozialistische Staaten 43
  III. IPR und Völkerrecht 44—56
  IV. IPR und Fremdenrecht 57—78
    1. Aufgabe und Begriff des Fremdenrechts 57—60
    2. Entwicklung des Fremdenrechts 61—66
    3. Deutsches Fremdenrecht 67—73
      a) Allgemein 67—68
      b) Ausländergesetz von 1965 69—70
      c) Nicht-deutsche Flüchtlinge 71—73
    4. Verhältnis von IPR und Fremdenrecht 74—78

D. Übergangsrecht (Intertemporales Recht). Statutenwechsel 79—88
  1. Allgemein 79—84
  2. Deutsches Intertemporales Recht 85—86
  3. Statutenwechsel 87—88

E. Interlokales und Interpersonales Privatrecht 89 —112
  1. Allgemein 89—92
  2. Mehrrechtsstaaten 93—102
  3. Regelungen des Interlokalen Privatrechts 103—105
  4. Das deutsche Interlokale Privatrecht, insbes. das Interzonale Privatrecht 106—112

F. Quellen des IPR 113—153
  I. Allgemein 113—115
  II. Gesetzliche Quellen des deutschen IPR 116—140
    1. Gesetzliche Quellen (allgemein) 116—134
      a) IPR-Vorschriften des EGBGB und die sie ergänzenden und abändernden Vorschriften 116—126
      b) IPR-Vorschriften außerhalb des EGBGB 127—132
      c) Verfahrensrechtliche Vorschriften 133
      d) Sowjetische Besatzungszone 134
    2. Landesrechtliches IPR im besonderen 135—136
    3. Staatsvertraglich vereinbartes IPR 137—140
      a) Zweiseitige Staatsverträge 137—138
      b) Mehrseitige Staatsverträge 139—140
  III. Gesetzliche Quellen im ausländischen IPR 141—153

G. Entstehungsgeschichte der IPR-Bestimmungen des EGBGB 154—170
  1. Allgemein 154
  2. Probleme der Gesetzgebung 155—159
    a) Sachbedingte Probleme 155—157
    b) Rechtspolitische Fragen 158—159
  3. Verlauf der Gesetzgebungsarbeiten 160—170
    a) Erste Kommission 160—163
    b) Zweite Kommission 164—166
    c) IPR-Sonderkommission 167—169
    d) Verabschiedung des IPR-Entwurfs 170

A. Aufgabe, Begriff und Wesen des Internationalen Privatrechts

1. Aufgabe des IPR

1 Angesichts der zahlreichen gleichzeitig nebeneinander geltenden Rechtsordnungen stellt sich die Frage, welche dieser Rechtsordnungen auf einen bestimmten Sachverhalt anzuwenden ist. Die Notwendigkeit, diese Entscheidung zu treffen, besteht grundsätzlich bei jedem Sachverhalt, der einer rechtlichen Beurteilung unterworfen werden soll. In den meisten Fällen, in allen jenen nämlich, deren Sachverhalt nur Beziehungen zur *lex fori*, d.h. zu der eigenen (*heimischen, inländischen*) Rechtsordnung des entscheidenden Gerichts oder der entscheidenden Behörde, aufweist, ist die Anwendung dieses Rechts eine Selbstverständlichkeit. Sinnlos ist die Frage nach dem anwendbaren Recht aber auch in solchen Fällen nicht, sie wird nur nicht ausdrücklich gestellt; der Rechtsanwendung liegt vielmehr eine stillschweigende Entscheidung zugrunde, siehe BEITZKE, Betrachtungen zur Methodik in IPR: Festschrift SMEND (1957) S. 3f.

2 Weist jedoch der zu beurteilende Sachverhalt eine Beziehung zu einer anderen Rechtsordnung auf — sei es daß einer der Beteiligten durch seinen Wohnsitz oder durch seine Staatsangehörigkeit mit ihr in Verbindung steht oder daß sich der Sachverhalt ganz oder teilweise in ihrem Geltungsgebiet ereignet hat oder aber daß seine Wirkungen dort eingetreten sind — so liegt die Notwendigkeit, das anzuwendende Recht zu bestimmen, auf der Hand. Im Vordergrund stehen dabei die Fälle, in denen Rechtsordnungen verschiedener Staaten angesprochen werden. Es würde zu untragbaren Ergebnissen führen, wollte man alle solche „Lebensverhältnisse mit Auslandsberührung" (M. WOLFF), alle derartigen „Grenzfälle" (RAAPE), auch solche, die ihren Schwerpunkt in einer ausländischen Rechtsordnung oder doch wesentliche Beziehungen zum Ausland haben, ausschließlich nach dem eigenen Recht, der *lex fori*, beurteilen. Ebensowenig können sich die inländischen Gerichte und Behörden darauf beschränken, nur Fälle zu entscheiden, deren Sachverhalt keinen Zweifel an der Maßgeblichkeit inländischen Rechtes zuläßt. Denn abgesehen davon, daß es sehr schwierig und überhaupt nur für bestimmte Sachverhalte oder bestimmte Rechtsfolgen möglich wäre, die im Tatbestand liegenden Voraussetzungen einer Rechtsnorm gebietsmäßig so zu begrenzen, daß die Norm nur auf Sachverhalte mit reiner Inlandsbeziehung anzuwenden ist, würde eine solche Regelung in sehr vielen Fällen, auch in solchen, in denen Inländer beteiligt sind oder inländische Interessen berührt werden, praktisch zu einer *Rechtsverweigerung* führen. Ein solches Vorgehen würde nicht nur den eigenen Interessen des Staates zuwider laufen, sondern auch die Belange der ausländischen Staaten verletzen und zu Gegenmaßnahmen (*Retorsion*) führen, da jeder Staat Wert darauf legen muß, daß seine Angehörigen, die im Auslande leben oder Geschäfte machen, dort auch ihr Recht finden.

3 Da sich also der Staat der Aufgabe nicht entziehen kann, auch die Fälle, in denen die Anwendung ausländischen Recht notwendig ist, durch seine Gerichte und Behörden zu erledigen, bedarf es einer rechtlichen Regelung darüber, *nach welcher Rechtsordnung ein solcher Rechtsfall zu beurteilen ist*, insbesondere ob er noch nach inländischem Recht beurteilt werden darf. Die Entscheidung dieser Fragen kann nicht dem Gutdünken der damit befaßten Stelle überlassen werden, sie muß *nach allgemein für solche Rechtsfälle gültigen Rechtsregeln erfolgen*. Nur so ist die Gewähr gegeben, daß auch hier Gleiches gleich beurteilt wird.

2. Begriff des IPR.

4 **Sachverhalte mit Auslandsberührung** lassen sich auf verschiedene Weise rechtlich regeln. Abgesehen von der ausschließlichen Anwendung des eigenen Rechts (*lex fori*), eine Lösung, der die oben angeführten grundsätzlichen Bedenken entgegen-

stehen, ist eine solche Regelung durch Schaffung und Anwendung übernationaler einheitlicher Rechtsnormen möglich oder aber durch eine Entscheidung, welche von mehreren in Betracht kommenden Rechtsordnungen maßgebend sein soll.

a) Im strengen Sinne des Wortes ist unter **Internationalem Privatrecht** zunächst nur das von RABEL, Festgabe ERICH KAUFMANN (1950) S. 309—311, als „Privatrecht auf internationaler Ebene“ bezeichnete „mehrstaatliche“ Privatrecht (DROBNIG) zu verstehen, d.h. also *internationales Einheitsrecht*, das auf verschiedene Weise entstehen kann. So vor allem dadurch, daß mehrere Staaten in gemeinsamen Beratungen einheitliche Rechtsnormen ausarbeiten und dieses Einheitsgesetz (*loi uniforme, uniform law*) dann im Wege staatsvertraglicher Vereinbarung, oder auch ohne eine solche, zum Bestandteil ihrer Rechtsordnungen machen. 5

Solches **Privatrecht auf internationaler Ebene** findet sich vor allem auf zahlreichen Gebieten des internationalen Geschäftsverkehrs (Wechsel- und Scheckrecht, gewerblicher Rechtsschutz und Urheberrecht u.a.m.), sowie auch im See-, Luft-, Eisenbahn- und Straßenverkehrsrecht. Weitere Rechtsquellen des mehrstaatlichen Privatrechts sind die übernationale (inter- und supranationale) Rechtssetzung gewisser internationaler Organisationen, die autonome Rechtssetzung außerstaatlicher Organe und das internationale Gewohnheitsrecht. Als Beispiel für das durch supranationale Rechtssetzung geschaffene *interne Staatengemeinschaftsrecht* sei das Privatrecht der Europäischen Gemeinschaften genannt, das nicht nur die sich aus der Tätigkeit dieser Gemeinschaften ergebenden privatrechtlichen Verhältnisse regelt, sondern auch privatrechtliche Vorschriften enthält, nach denen sich die Rechtsbeziehungen der diesen Bestimmungen unterworfenen Parteien aus den der Gemeinschaft angehörenden Staaten zu richten haben. 6

Zur Entwicklung einheitlicher Privatrechtsinstitute im internationalen Bereich trägt auch die Fortbildung *internationalen Gewohnheitsrechts*, vor allem durch den Gerichtsgebrauch vor internationalen Instanzen, wesentlich bei; das *Welthandelsrecht* im besonderen wird durch die autonome Rechtssetzung außerstaatlicher Organe (Internationale Handelskammer, International Law Association u.a.) vor allem in Form von allgemeinen Geschäftsbedingungen und dergl. gefördert und ausgebaut (siehe NEUHAUS, Grundbegriffe S. 10f. und auch den Abschnitt C II). 7

b) Als **Internationales Privatrecht im weiteren Sinne** könnte man auch alles Recht bezeichnen, das überhaupt privatrechtliche Sachverhalte mit Außenbeziehungen regelt. Ein solches „*Außenprivatrecht*“ (NEUHAUS, Grundbegriffe S. 1ff., 12ff.) würde insbesondere auch das sogenannte Sonderrecht umfassen, d.h. Sachnormen — s. dazu unten c) —, die mit Rücksicht auf eine Außenbeziehung gegenüber anderen Sachnormen eine Sonderregelung in der Sache selbst treffen, wie z.B. die Normen des Fremdenrechts als Sonderrecht ratione personae, vgl. unten C IV. *Das IPR im engeren Sinne wäre hier nur eine Unterart des Außenprivatrechts.* 8

c) Als **Internationales Privatrecht im engeren Sinne** bezeichnet man *Kollisionsnormen* oder *Kollisionsrecht* — das *Rechtsanwendungs-* oder *Verweisungsrecht* — auf dem Gebiete des Privatrechts. Solche Rechtsanwendungs- oder Verweisungsnormen bestimmen in Fällen mit Auslandsberührung, welches Recht auf den jeweiligen Fall anzuwenden ist. Aufgabe einer Kollisionsnorm ist es nicht, in der Sache selbst zu entscheiden, das ist Aufgabe des Rechts, auf das verwiesen wird. Den Kollisionsnormen stehen die *materiellen* oder *materiellrechtlichen* Normen gegenüber, für die KAHN den jetzt allgemein gebrauchten Ausdruck „*Sachnormen*“ geprägt hat, KAHN, Abhandlungen S. 161; siehe auch KEGEL, IPR² S. 21f.; RAAPE, IPR⁵ S. 2f.; NEUHAUS, Grundbegriffe S. 48f., der auf den Bedeutungswandel hinweist, den das sonst als Gegensatz zu „*formell*“ oder „*prozessual*“ gebrauchte 9

Wort „*materiell*" hier erfährt, denn es umfaßt in diesem Zusammenhang auch Form- und Verfahrensvorschriften.

10 Die *Sachnormen* entscheiden also in der Sache selbst — wenn auch mitunter durch Verweisung auf eine andere (innerstaatliche) Sachnorm —, die dazu gehörenden *Kollisionsnormen* bestimmen, ob in einem Falle mit Beziehungen zu einer anderen Rechtsordnung, insbesondere mit Auslandsberührung, die eigenen (inländischen) Sachnormen oder aber welches andere (ausländische) Recht ggf. anzuwenden ist. *Kollisionsrecht* ist also regelmäßig *Verweisungsrecht*, *Sachrecht* (Sachnorm) dagegen in der Regel *Entscheidungsrecht;* DÖLLE, im 5. Beiheft zur DRZ (1948) 5 N. 10.

11 Die Bezeichnung *Kollisionsnormen* oder *Kollisionsrecht* hat sich als Oberbegriff für diese, nicht nur im Privatrecht erforderlichen Rechtsanwendungsregeln (Verweisungsnormen) weitgehend durchgesetzt.

3. Kollisionsrechtliche Nachbargebiete.

12 Soweit es sich um die Kollisionsvorschriften handelt, die darüber entscheiden, welchen Staates Privatrechtsordnung auf einen Fall mit Auslandsberührung anzuwenden ist, spricht man von *Internationalem Privatrecht* (IPR). Da aber Rechtsfälle mit Auslandsberührung in allen Sachbereichen der Rechtsordnung möglich sind, gibt es auch in anderen Rechtsbereichen Kollisionsnormen oder kollisionsrechtliche Grundsätze: so vor allem das im Zusammenhange mit dem Internationalen Privatrecht besonders wichtige *Internationale Verfahrensrecht*[1], das die kollisionsrechtlichen Fragen auf dem Gebiet des Zivilprozesses, der freiwilligen Gerichtsbarkeit und des Konkursrechts regelt sowie das *Internationale Verwaltungsrecht* einschließlich des *Internationalen Steuerrechts*[2] und in gewissen Grenzen auch ein *Internationales Strafrecht*[3].

[1] GEIMER, Zur Prüfung der Gerichtsbarkeit und der internationalen Zuständigkeit bei der Anerkennung ausländischer Urteile (1966); HELDRICH, Internationale Zuständigkeit und anwendbares Recht (1969); JELLINEK, Die zweiseitigen Staatsverträge über Anerkennung ausländischer Zivilurteile. Eine kritische Untersuchung, 2 Bde. (1953); KALLMANN, Anerkennung und Vollstreckung ausländischer Zivilurteile und gerichtlicher Vergleiche (1946); MATTHIES, Die deutsche internationale Zuständigkeit (1955); MEILI, Das internationale Zivilprozeßrecht (1906); NEUHAUS, Internationales Zivilprozeßrecht und Internationales Privatrecht: RabelsZ 20. 1955, 201—269; NEUNER, Privatrecht und Prozeßrecht (1925); DERS., Internationale Zuständigkeit (1929); NIEDERLÄNDER, Materielles Recht und Verfahrensrecht im Internationalen Privatrecht: RabelsZ 20. 1955, 1—51; REU, Die staatliche Zuständigkeit im Internationalen Privatrecht (1938); RIEZLER, Internationales Zivilprozeßrecht und prozessuales Fremdenrecht (1949); SCHOCH, Klagbarkeit, Prozeßanspruch und Beweis im Lichte des internationalen Rechts (1934); SOERGEL-KEGEL[9] Rdz. 293—404 vor Art. 7 EGBGB. — DÖLLE, Über einige Kernprobleme des internationalen Rechts der freiwilligen Gerichtsbarkeit: RabelsZ 27. 1962/63, 201—244; KRÖNIG, Die international-privatrechtliche Zuständigkeit in der freiwilligen Gerichtsbarkeit (1936); PINKERNELLE/SPREEN, Das internationale Nachlaßverfahrensrecht: DNotZ 1967, S. 195—220; SWOBODA, Das internationale Recht der freiwilligen Gerichtsbarkeit (1934). — MÜLLER-FREIENFELS, Auslandskonkurs und Inlandsfolgen: Vom deutschen zum europäischen Recht. Festschrift für H. DÖLLE 2 (1963) S. 359—398.

[2] NEUMEYER, Internationales Verwaltungsrecht 4 Bde. (1910, 1922, 1926, 1936); STEINDORFF, Internationales Verwaltungsrecht: WBVR[2] III S. 581—586; VOGEL, Der räumliche Anwendungsbereich der Verwaltungsrechtsnorm. Eine Untersuchung über die Grundfragen des sog. internationalen Verwaltungs- und Steuerrechts (1965); DERS. Qualifikationsfragen im Internationalen Verwaltungsrecht: AöR 84. 1959, 54—73; BÜHLER, Internationales Steuerrecht und IPR (1960); GUTZWILLER, Der Geltungsbereich der Währungsvorschriften. Umriß eines Internationalrechtes der Geldverfassungen (1940); HEINING, Besteuerung der Ausländer (1956); HERZFELD, Probleme des internationalen Steuerrechts unter besonderer Berücksichtigung des Territorialitätsproblems und des Qualifikationsproblems: Vierteljahresschrift für Steuer und Finanzrecht 1932, 422—496; ISAY, Internationales Finanzrecht. Eine Untersuchung über die äußeren Grenzen der staatlichen Finanzgewalt (1934); WENGLER, Beiträge zum Problem der internationalen Doppelbesteuerung. Die Begriffsbildung im internationalen Steuerrecht (1935).

Einen besonderen Bereich des Kollisionsrechts stellt auch das *Internationale Arbeitsrecht* dar; es umfaßt die sich aus der Auslandsberührung eines Arbeitsverhältnisses ergebenden Fragen und damit sowohl die Grundsätze, nach denen sich die privatrechtlichen Teile des Arbeitsverhältnisses richten, wie auch die Grundsätze, nach denen der Geltungsbereich der öffentlich-rechtlichen Arbeitsgesetze zu beurteilen ist. Im deutschen Schrifttum ist dieser Fragenbereich, der in einzelnen ausländischen Rechtsordnungen schon seit längerem besondere Beachtung gefunden hat, von GAMILLSCHEG zum Gegenstand einer grundlegenden Untersuchung gemacht worden: GAMILLSCHEG, Internationales Arbeitsrecht. Arbeitsverweisungsrecht (1959).

Besondere Kollisionsnormen haben sich auch im Hinblick auf die in den letzten 13
Jahrzehnten immer zahlreicher gewordenen, sehr einschneidenden politischen und wirtschaftlichen Eingriffe des Staates in private Rechtsverhältnisse entwickelt; solche Eingriffe, wie sie durch *Enteignungen, Devisenbewirtschaftung* und andere Maßnahmen erfolgen, können, soweit sie private Rechtsverhältnisse mit Auslandsberührung betreffen, bei der rechtlichen Beurteilung dieser Rechtsverhältnisse außerhalb des Staates, der diese Maßnahmen ergriffen oder entsprechende Bestimmungen erlassen hat, nicht unbeachtet bleiben[1].

In neuerer Zeit gewinnt im Bereich des Kollisionsrechts auch das *Internationale Kartellrecht* zunehmend an Bedeutung; siehe BÄR, Kartellrecht und IPR. Die kollisionsrechtliche Behandlung wirtschaftsrechtlicher Eingriffe, dargestellt am Beispiel des Gesetzes gegen Wettbewerbsbeschränkungen (1965); KRONSTEIN, Das Recht der internationalen Kartelle. Zugleich eine rechtsvergleichende Untersuchung von Entwicklung und Funktion der Rechtsinstitute im modernen internationalen Handel (1967). MERTENS, Ausländisches Kartellrecht im deutschen Internationalen Privatrecht: RabelsZ 31. 1967, 385—411.

4. Natur des IPR.

Die Frage, ob die Regeln des IPR Privatrecht oder öffentliches Recht sind oder 14
aber als etwas Drittes („Rechtssätze über Rechtsnormen") angesehen werden müssen hat mehr systematische und methodische als praktische Bedeutung; siehe hierzu insbes. GIESKER-ZELLER, Die Rechtsanwendbarkeitsnormen (1914) und GUTZWILLER, Internationalprivatrecht (1931) S. 1536—1539: „Demnach gehört das IPR, ohne Privatrecht zu sein, doch zum Privatrecht" (S. 1538). Praktisch bedeutsam kann die Frage etwa in einem Bundesstaat im Hinblick auf die Verteilung der Gesetzgebungsgewalt zwischen dem Bund und seinen Gliedstaaten sein; siehe BEITZKE, Grundgesetz und Internationalprivatrecht (1961) S. 5—10[2].

---

[3] DÖLLE, IPR S. 4f.; NEUHAUS, Grundbegriffe S. 120 Anm. 268; GRÜTZNER: JZ 1962, 134f.; DERS., Internationaler Rechtshilfeverkehr in Strafsachen. 3 Bde. (1955ff.); LANGE, Grundfragen des Auslieferungs- und Asylrechts (1953); KOHLER, Internationales Strafrecht (1917).

[1] BEITZKE, Probleme der Enteignung im IPR: Festschrift RAAPE (1948) S. 93—111; KEGEL, Probleme des internationalen Enteignungs- und Währungsrechts (1956); LEWALD, Das internationale Enteignungsrecht im Lichte neuen Schrifttums: RabelsZ 21. 1956, 119—144; MANN, Die Konfiskation von Gesellschaften, Gesellschaftsrechten und Gesellschaftsvermögen im IPR: RabelsZ 27. 1962, 1—53; SEIDL-HOHENFELDERN, Internationales Konfiskations- und Enteignungsrecht (1957); SOERGEL-KEGEL[9], Rdz. 405—532 vor Art. 7 EGBGB.

[2] Zum Verhältnis zwischen IPR und öffentlichen Recht siehe insbes.: FERID, Wechselbeziehung zwischen Verfassungsrecht und Kollisionsnormen: Festschrift DÖLLE 2 (1963) 119—148; MANN, Öffentlich-rechtliche Ansprüche im internationalen Rechtsverkehr: RabelsZ 21. 1956, 1—20; SCHLOCHAUER, Die extraterritoriale Wirkung von Hoheitsakten nach dem öffentlichen Recht der Bundesrepublik Deutschland und nach internationalem Recht (1962); WENGLER, Über die Maxime von der Unanwendbarkeit ausländischer politischer Gesetze: IntRDipl. 1956, 191—206; ZWEIGERT, IPR und öffentliches Recht: Fünfzig Jahre Institut für Internationales Recht an der Universität Kiel (1965) S. 124—141.

15 Nach der weit überwiegenden Meinung ist das IPR *Privatrecht*, da es ebenso wie das materielle Privatrecht private Lebensverhältnisse regelt, ohne daß der Staat als Hoheitsträger beteiligt ist; siehe insbes. DÖLLE, IPR S. 3; KEGEL, IPR² S. 11; NEUHAUS, Grundbegriffe S. 5; RAAPE, IPR⁵ S. 5f.; WOLFF IPR³ S. 5f. Der Umstand, daß das IPR dieser Aufgabe nur mittelbar dient, ist dabei ebensowenig maßgebend wie die Tatsache, daß es mitunter auch öffentliche Interessen berücksichtigt, da dies auch bei den Sachnormen des Privatrechts der Fall sein kann. Auch die systematische Stellung, die der Gesetzgeber den IPR-Vorschriften zugewiesen hat, ist für die Zuordnungsfrage ohne Belang. Bei der Entscheidung darüber, ob die IPR-Vorschriften in das Zivilgesetzbuch selbst aufzunehmen sind, wie das z.B. im ABGB und im code civil der Fall ist, oder ob sie, wie in Deutschland und Brasilien, in das Einführungsgesetz zum Zivilgesetzbuch verwiesen werden oder aber Gegenstand eines besonderen Gesetzes sind, wie in Polen, Albanien und der Tschechoslowakei, läßt sich der Gesetzgeber in der Regel von ausgesprochen praktischen Erwägungen leiten. Entscheidend für diese Zuordnung ist es allein, daß beim IPR im Unterschied zu anderen Arten von Kollisionsnormen, etwa dem Internationalen Verwaltungsrecht, *die Interessen des einzelnen und nicht öffentliche Interessen eindeutig im Vordergrund stehen.*

B. Der Name[1].

16 Die Mehrdeutigkeit der heute für die Verweisungsnormen im Bereich des Privatrechts gebräuchlichen Bezeichnung hat viel Kritik und zahlreiche, bisher allerdings wenig erfolgreiche Versuche ausgelöst, durch eine, diese Normen besser kennzeichnende Namensgebung die jetzt unvermeidbaren Mißverständnisse auszuschließen. Die Schwierigkeiten, eine befriedigende Lösung zu finden, verdeutlicht eine Übersicht über Entwicklung und Stand der Namensfrage. Der Name „*Internationales Privatrecht*" ist sehr viel jünger als der Gegenstand für den er gebraucht wird, er geht auf Joseph STORY zurück, der in seinem 1834 in Boston erschienenen Werk *Commentaries of the Conflict of Laws* (S. 9) beiläufig auch die Bezeichnung „*private international law*" vorschlägt (... *this branch of public law may be fitly denominated private international law*").

17 Bis dahin und teilweise noch geraume Zeit nachher gebrauchte man Umschreibungen und sprach von der „*Anwendung fremder Gesetze*" (ØRSTED 1822), von den „*örtlichen Grenzen die Herrschaft der Gesetze*" (SAVIGNY 1851) oder von der „*räumlichen Herrschaft der Rechtsnormen*" (BÖHM 1890). Die älteren Schriftsteller faßten das Nebeneinander verschiedener Rechtsordnungen vielfach als Konfliktsituation auf und wählten entsprechende Bezeichnungen wie „*conflictus legum*" oder „*concursus statutorum*". So führt z.B. eine im Jahre 1653 erschienene Schrift von RODENBURG den Titel „*De iure quod oritur ex statutorum vel consuetudinum discrepantium conflictu*", Paul VOET veröffentlicht 1661 eine Arbeit „*De statutis eorumque concursu*" und Ulrich HUBER's Werk „*Praelectiones iuris civilis*" (1686) enthält im zweiten Teil einen Abschnitt „*De conflictu legum diversarium in diversis imperiis*". Dieser Sprachgebrauch lebt in der im anglo-amerikanischen Schrifttum und in Frankreich gebräuchlichen Bezeichnung *conflict of laws, conflit des lois* weiter. Auf den gleichen Vorstellungen beruht auch der deutsche Ausdruck *Kollisionsrecht*, der ebenfalls weit zurückreicht, so nannte z.B. Nikolaus HERT (HERTIUS) seine 1688 erschienene Schrift „*De collisione legum*".

---

[1] GUTZWILLER, IPR S. 1549—1551; HOLLAND, The Elements of Jurisprudence¹³ (1924) S. 417—425; KAHN, Abhandlungen I S. 255ff.; NEUHAUS, Grundbegriffe S. 3—8; ZITELMANN, Der Name „internationales Privatrecht": NiemeyersZ 27, 1918 S. 177—196.

Wenige Jahre nach dem Erscheinen des Werkes von STORY wird der von ihm vorgeschlagene Ausdruck sowohl in Frankreich wie in Deutschland — allerdings in sprachlich verschiedener Form — aufgegriffen. In Frankreich nannte FOELIX sein 1840 zuerst in der „Revue étrangère et française de législation et d'économie politique" veröffentlichtes Hauptwerk: „*Du conflit des lois de differentes nations ou du droit international privé*", die 1843 erschienene Buchausgabe trug dann den Titel „*Traité de droit international privé*". Und im Jahre 1841 erschien das Buch des Frankfurter Anwalts Wilhelm SCHAEFFNER über die „*Entwicklung des internationalen Privatrechts*", der sich bei der Wahl der Bezeichnung zwar ausdrücklich auf STORY beruft, ohne aber die sowohl sprachlich wie sachlich von seinem Vorbild abweichende Namensform zu begründen. In der Folgezeit bürgert sich die von SCHAEFFNER gewählte Bezeichnung im deutschen Sprachgebrauch wie auch in der Terminologie anderer Rechtsordnungen ein und wird auch von einigen französischen und italienischen Autoren verwendet. **18**

Als erste nach SCHAEFFNER verwendeten diese Bezeichnung Karl Theodor PÜTTER, der den Fragenbereich noch unter dem Titel „*Das praktische europäische Fremdenrecht*" (1845) behandelt und dabei (S. 1) hervorhebt, daß dieses „europäische Fremdenrecht...... neuerdings auch am liebsten internationales Privatrecht genannt" wird, sowie PFEIFFER, der 1851 eine Arbeit über „*Das Princip des Internationalen Privatrechts*" veröffentlichte. 1860 erschien das „*Handbuch des in Österreich-Ungarn geltenden Internationalen Privatrechts*" von VESQUE V. PÜTTLINGEN und 1862 v. BAR's Werk „*Das internationale Privat- und Strafrecht*". **19**

In Dänemark hat DEUNTZER im Jahre 1872 die dem deutschen Namen nachgebildete Bezeichnung „*Den internationale Privatret*" eingeführt, die schwedische (*internationell privaträtt*) und norwegische (*millomfolkelig privatrett*) Bezeichnung folgen wenig später. In den Niederlanden wird dieser Name zuerst in den beiden, auch ins Deutsche übersetzten Werken von HAMAKER („*Het internationaal Privaatrecht*", 1878) und ASSER („*Schets van het internationaal Privatrecht*", 1880) sowie von Willem DOLK (1880/82) verwendet. Auch in slawischen Sprachen bürgern sich die entsprechenden Bezeichnungen ein, z. B. russisch: *meždunarodnoe prawo častnoe*; tschechisch: *mezinárodní právo soukromé.* **20**

In Frankreich verwendet Graf PORTALIS in einem vor der *Academie des sciences morales et politiques* im Mai 1842 erstatteten Bericht über das 1837 erschienene Werk von Nicola ROCCO („*Dell'uso e autorità delle leggi del regno delle Due Sicilie considerate nelle relazioni con le persone e col territorio degli stranieri*") den Ausdruck „*droit civil international*"; ROCCO versieht die 1843 erschienene zweite Auflage seines Werkes, in der auch die Besprechung von Graf PORTALIS abgedruckt ist (S. V—XLIII) mit dem Untertitel: „*Trattato di Diritto Civile Internazionale*". Erheblich später findet sich dieser Ausdruck auch noch bei LAURENT (1880/81) und in Italien bei LOMONACO (1874), FUSSINATO (1885), DIENA (1900/1096) und GABBA (1900/1911). In der weit überwiegenden Mehrheit verwenden aber die französischen und die italienischen Autoren die Bezeichnung in der von STORY und FOELIX gebrauchten Form. Auch im englischen Schrifttum wird sie in dieser Form schon frühzeitig neben der Bezeichnung *Conflict of Laws* verwendet. Sie findet sich schon in der 1847 erschienenen Arbeit „*Law of Domicil*" von ROBERT PHILLIMORE, der dann dem vierten Band seiner 1861 veröffentlichten umfangreichen „*Commentaries upon International Law*" den Titel „*Private International Law or Comity*" gegeben hat. John WESTLAKE nannte sein 1851 erschienenes Werk „*A Treatise on Private International Law or the Conflict of Laws*". Vereinzelt tritt aber auch im englischen Schrifttum die der deutschen Bezeichnung entsprechende Namensform auf, allerdings erst in diesem Jahrhundert: so nennt HIBBERT seine in 1. Auflage 1918 und in 2. Aufl. 1927 erschienene Darstellung „*International Private Law or* **21** *the Conflict of Laws*" und GIBB veröffentlichte 1928 eine Arbeit über „*International Private Law in Scotland in the XVIth and XVIIth centuries*".

22 Erst nachdem die Bezeichnung in der einen oder anderen Fassung in den Sprachgebrauch der meisten Rechtsordnungen aufgenommen worden war, wurde seit den letzten Jahrzehnten des vorigen Jahrhunderts zunehmend Kritik an der sprachlichen Form und sachlichen Richtigkeit des Namens laut. Diese Kritik ist nicht unbegründet, denn der Name ist in der Tat irreführend, zumindest aber ungenau. Unbedenklich erschien es, das Rechtsanwendungsrecht (Verweisungsrecht), soweit es den sachlichen Anwendungsbereich der privatrechtlichen Normen der einzelnen Rechtsordnungen begrenzt, als Privatrecht zu bezeichnen, entsprechend der Auffassung, wonach das Privatrecht die rechtlichen Beziehungen der einander gleichgestellten Einzelnen regelt, ohne daß der Herrschaftsverband (Staat) als Hoheitsträger beteiligt ist (siehe oben Abschnitt A 4, Rdz. 15). Irreführend aber ist die Bezeichnung „*international*", da es sich — von verhältnismäßig wenigen durch Staatsvertrag vereinbarten Normen abgesehen — der Quelle und Natur nach keineswegs um *internationales*, sondern um *nationales*, um *staatliches* Recht handelt.

23 Die Kritiker des Namens sind zahlreich und sie gehen zum Teil (auch vom sprachlich ästhetischen Standpunkt) sehr streng ins Gericht. So erklärte z.B. schon KAHN, die Bezeichnung sei „unklar und unwissenschaftlich ... sie deckt sich in keiner Weise mit dem Inhalt" (Abhandlungen I S. 255) und ZITELMANN findet den Namen „falsch gebildet, unbequem und unschön" (IPR I S. 1). FRANKENSTEIN spricht sogar von der „sprachlichen Barbarei" des Namens (IPR I S. 2) und RABEL von einem „lucus a non lucendo" (Rechtsvergleichung und internationale Rechtsprechung: RabelsZ 1. 1927, 41). Die Beispiele ließen sich vermehren.

24 Aber schon KAHN (Abhandlungen I S. 255f.) stellt fest: „Fast alle sind einig darüber, daß die Bezeichnung gründlich verkehrt ist, und fast alle setzen sie doch selbst an die Spitze"; er nimmt allerdings an diesem „ergötzlichen Paradoxon" auch keinen Anstoß, denn „ein Name mag noch so falsch und sinnlos sein, ist er einmal eingebürgert, so erfüllt er seinen Zweck und macht eine Umtaufung nicht nur überflüssig, sondern gefährlich und verwirrend". Neben den Kritikern, die wie KAHN geneigt sind, den Namen in Ermangelung einer besseren Wortbildung hinzunehmen, — siehe z.B. KEGEL IPR² S. 12; RAAPE IPR⁵ S. 7; skeptisch dagegen insbes. NEUHAUS, Grundbegriffe S. 5, der die Auffassung von WIETHÖLTER, S. 111 „daß der sicherlich falscheste von allen [Namen] nämlich „IPR", noch der am wenigsten gefährliche ist, weil jeder weiß, daß und wie falsch er ist", für allzu optimistisch hält, — stehen zahlreiche Autoren, die neue Bezeichnungen vorschlagen, ohne daß sich einer dieser neuen Namen allerdings bisher durchsetzen konnte.

25 Der von ZITELMANN vorgeschlagene Ausdruck „*Zwischenprivatrecht*" hat keinen Anklang gefunden; GUTZWILLER (S. 1551) z.B. wird bei dieser Bezeichnung „die irreführende Vorstellung eines vermittelnden materiellen Rechts, eines privatrechtlichen Interlaken" nicht los und NEUHAUS (Grundbegriffe S. 7) hält sie für „völlig unanschaulich", man könne sich „darunter am ehesten ein zeitliches Interimsrecht vorstellen oder ein vermittelndes Recht". Gegen den von LEONHARDT (Erfüllungsort und Schuldort [1907], S. 68 und 123) geprägten und von FRANKENSTEIN als Untertitel seines Werkes verwendete Ausdruck „*Grenzrecht*", wiederum wird eingewandt, mit ihm verbinde sich notwendig „die Vorstellung von etwas mit einer Grenze zusammenhängendem" oder von Nachbarrechten, er sei zu räumlich gefaßt; siehe ZITELMANN, NiemeyerZ 27. 1918, 192; GUTZWILLER, IPR S. 1550f.; NEUHAUS, Grundbegriffe S. 6f.; SCHNITZER, Handbuch I⁴ S. 28.

Auch der von KOHLER in seinem Lehrbuch des bürgerlichen Rechts I (1904) S. 36, und von COSACK eingeführte Ausdruck „*zwischenstaatliches Privatrecht*" hat sich nicht durchgesetzt, obwohl er gelegentlich vom Reichsgericht (RGZ 145, 124 und öfter) und in der Gesetzessprache verwendet wurde; siehe die Überschrift zu § 12 des Verschollenheitsgesetzes vom 4. 7. 1939, die auch in der jetzt geltenden Fassung des Gesetzes vom 15. 1. 1951 beigehalten wurde. Der Ausdruck ist zwar sachlich zutreffender, weil er nicht von „*Nationen*" sondern von „*Staaten*" spricht, die gegen den Ausdruck „*Internationales Privatrecht*" vorgebrachten Bedenken bestehen aber auch hier; NEUHAUS, Grundbegriffe S. 7 weist insbes. auf die Schwierigkeit hin, entsprechende Verdeutschungen für andere kollisionsrechtliche Bereiche (z.B. interlokales, interzonales, interpersonales, intergentiles Recht) zu finden. SCHNITZER schließlich spricht von „*Außenprivatrecht*" (Handbuch I[4] S. 28), ein Ausdruck, der schon vor ihm von RAAPE in der vorigen Auflage dieses Kommentars (S. 29) in Betracht gezogen wurde und den auch NEUHAUS aufgreift, (Grundbegriffe S. 7), aber nicht für das „*Internationale Privatrecht*" im engeren technischen Sinn der Fachsprache, sondern für das *IPR im weiteren Sinne* verwendet wissen will, da er für eben diesen Zweck „sprachlich richtig, handlich und elastisch ist"; siehe Rdz. 8. Auch GAMILLSCHEG (Internationales Arbeitsrecht S. 1f.) sieht den Grund für das Scheitern der Versuche, den Namen „*Internationales Privatrecht*" durch eine andere Bezeichnug zu ersetzen, in der großen Handlichkeit und in dem Vorteil durch das vorgesetzte Wort „*international*" beliebige Zweige des Kollisionsrechts herauszuheben.

Außerhalb des deutschen Sprachgebrauchs sind die Versuche, eine zutreffende 26
und sachgerechte Bezeichnung zu finden, nicht weniger zahlreich, z.T. sogar noch vielgestaltiger und phantasievoller. In Italien knüpfen CIMBALI und CAVARETTO an ältere Vorstellungen an. CIMBALI (Di una nuova denominazione del cosidetto diritto internazionale privato e dei suoi effetti fondamentali[2], 1893) schlägt die Bezeichnung „*diritto privato delle straniere*" vor und CAVARETTO nennt sein 1914 erschienenes Werk „*Diritto interstatuale*". Besondere terminologische Wege gingen in Frankreich ARMINJON mit seinem Vorschlag, den Gegenstand „*droit intersystematique*" zu nennen (Précis I[3] S. 21) und im anglo-amerikanischen Rechtskreis HARRISON, der 1880 den Ausdruck „*Intermunicipal Law*" vorschlug (Clunet 7. 1880, 537) und 1886 anregte, von „*interterritorial application of law*" zu sprechen (siehe HOLLAND[13] S. 423) sowie BATY, der sein 1914 erschienenes Buch „*Polarized Law*" nennt. Manuel TORRES CAMPOS wiederum verwendet im Untertitel seines 1883 in Madrid erschienenen Werkes „Principias del derecho internacional privado" den Ausdruck „*derecho extraterritorial*" und ZEBALLOS schlägt die Bezeichnung „*derecho privado humano*" vor (Justicia Internacional positiva, 1910). Der Däne Alf Ross schließlich ist für die Bezeichnung „*Interlegal Ret*" eingetreten; siehe BORUM/PHILIP, Lovkonflikter[6] S. 4f.

Angesichts dieser Vielfalt nicht eben überzeugender Namensvorschläge besteht 27
wenig Aussicht, daß die Namensfrage alsbald in befriedigender Weise gelöst werden könnte. Die Dringlichkeit, eine zutreffende neue Bezeichnung zu finden, wächst allerdings in dem Maße, in dem mit dem Fortschreiten der Rechtsvereinheitlichung neben das *nationale* auch dem Wortsinne nach *internationales* Verweisungsrecht tritt und *materielles Privatrecht auf internationaler Ebene* an Bedeutung gewinnt; siehe Rdz. 6. Man sollte im übrigen aber nicht übersehen, daß der bisher übliche Name neben all seinen Mängeln auch einige Vorzüge hat. Einer dieser Vorzüge besteht darin, daß er sprachlich *international* verwendbar ist; er läßt sich in die verschiedenen Rechtssprachen verhältnismäßig leicht einbauen und zwar nicht nur als Fremdwort, sondern auch in wörtlicher Übersetzung. Er erlaubt zudem auch die Bildung aller erforderlichen Unterbegriffe — wie etwa internationales

Personen-, Familien-, Sachen-, Erb- und Schuldrecht — sowie entsprechender Parallelbegriffe — wie interlokales, interpersonales, intertemporales usw. Privatrecht, oder auch internationales Prozeß-, Straf-, Verwaltungsrecht u. ähnl. Auch darin liegt ein Vorzug, der nicht nur im deutschen Sprachgebrauch, sondern auch in einer Reihe anderer Sprachen gegeben ist. Hierin dürften nicht zuletzt die Gründe zu suchen sein, daß sich die Bezeichnung fast allgemein durchgesetzt hat und sich ungeachtet aller Bedenken auch hält.

C. Das IPR und seine Nachbargebiete.

I. Ausländisches Recht[1] und Rechtsvergleichung[2].

28 1. Ihrer Natur als Verweisungsnormen entsprechend, erklären die Kollisionsnormen in sehr vielen Fällen mit Auslandsberührung ausländisches Recht für anwendbar. Für eine sachgemäße Lösung solcher Fälle, sind deshalb Kenntnisse ausländischen Rechts unerläßlich. Angesichts der zahlreichen Privatrechtsordnungen, die in Fällen mit Auslandsberührung angesprochen werden können, ist es zweckmäßig, durch einführende Darstellungen und bibliographische Hinweise den Zugang zu fremden Rechtsordnungen zu erleichtern und durch Sammlung und Übersetzungen der Rechtsquellen die Voraussetzungen für eine zuver-

---

[1] *Bibliographien:* Eine grundlegende Übersicht über das juristische Schrifttum des Auslandes und zur Rechtsvergleichung enthält im Anschluß an kurze einführende Darstellungen der einzelstaatlichen Privatrechtsordnungen ENNECCERUS/NIPPERDEY, Allgemeiner Teil des Bürgerlichen Rechts[15] Bd. I/1, (1959) § 29 S. 150—195. Berichte über das in den Jahren 1945—1965 erschienene „Deutsche Schrifttum über internationales und ausländisches Privatrecht" — der erste von DROBNIG, die anderen von DES COUDRES — sind in RabelsZ 17. 1952, 111—129; 19. 1954, 733—764; 22. 1957, 668—719; 25. 1960, 658—718; 28. 1964, 494—562; 31. 1967, 82—167 veröffentlicht worden. Seit 1965 erscheint die „Karlsruher Juristische Bibliographie. Systematischer Titelnachweis neuer Bücher und Aufsätze in monatlicher Folge aus Recht-Staat-Gesellschaft", bearb. und hrsg. von KIRCHNER/MACKUT/SCHNEIDER, die etwa 650 in- und ausländische Zeitschriften, Jahrbücher und sonstige Sammelwerke auswertet. *Rechtsquellen und Einführungen:* MAKAROV, Quellen des IPR[2], Loseblatt, Bd. 1: Gesetzestexte 1953ff.; Bd. 2: Staatsverträge 1960ff.; BERGMANN/FERID, Internationales Ehe- und Kindschaftsrecht[3], Loseblatt 1952ff.; LESKE/LOEWENFELD, Rechtsverfolgung im internationalen Verkehr. Bd. 1. Das Eherecht der europäischen und außereuropäischen Staaten. 3. Aufl. hrsg. von LOEWENFELD/LAUTERBACH 1963ff.; FERID/FIRSCHING, Internationales Erbrecht. Loseblatt 1955ff.; BÜLOW/ARNOLD, Internationaler Rechtsverkehr in Zivil- und Handelssachen. Loseblatt 1955ff.

[2] ARMINJON/NOLDE/WOLFF, Traité de droit comparé, 3 Bde. (1950/51); DAVID, Traité élementaire de droit civil comparé (1950); DAVID/GRASMANN, Einführung in die großen Rechtssysteme der Gegenwart. Rechtsvergleichung (1966); GUTTERIDGE, Comparative Law[2] (1949); NEUHAUS, Art. „Rechtsvergleichung": Staatslexikon Bd. 6 (1961) S. 732 bis 735; SANDROCK, Sinn und Methode zivilistischer Rechtsvergleichung (1966); SCHNITZER, Vergleichende Rechtslehre[2], 2. Bde. (1961); ZWEIGERT, Art. „Rechtsvergleichung": WBVR[2] III S. 79—82; ZWEIGERT/KÖTZ, Einführung in die Rechtsvergleichung auf dem Gebiete des Privatrechts. 1. Teil: Grundlagen (in Vorb.); 2. Teil: Institutionen (1969). — AUBIN/ZWEIGERT, Rechtsvergleichung im deutschen Hochschulunterricht (1952); DÖLLE, Der Beitrag der Rechtsvergleichung zum deutschen Recht: Hundert Jahre deutsches Rechtsleben Bd. 2 (1960) S. 19—47; DROBNIG, Rechtsvergleichung und Rechtssoziologie: RabelsZ 18. 1953, 295—309; ESSER, Grundsatz und Norm in der richterlichen Fortbildung des Privatrechts. Rechtsvergleichende Beiträge zur Rechtsquellen- und Interpretationslehre[2] (1964); KAHN, IPR und Rechtsvergleichung: Abhandlungen I S. 311—326 sowie S. 491—503; LOEBER, Rechtsvergleichung zwischen Ländern mit verschiedener Wirtschaftsordnung: RabelsZ 26. 1961, 201—229; MAKAROV, IPR und Rechtsvergleichung (1949); RABEL, Aufgabe und Notwendigkeit der Rechtsvergleichung (1925); ZWEIGERT, Rechtsvergleichung als universale Interpretationsmethode: RabelsZ 15. 1949/50, 5—21; DERS., Zur Lehre von den Rechtskreisen: Festschrift Yntema (1961) S. 42—55. — DÖLLE, Familienrecht. Darstellung des deutschen Familienrechts mit rechtsvergleichenden Hinweisen. 2 Bde. (1964/65); RABEL, Das Recht des Warenkaufs, 2 Bde. (1936/1958); DERS., The Conflict of Laws. A Comparative Study[2] 4 Bde. (1958—1964. — Bd. 4: 1. Aufl. 1958).

lässige Unterrichtung über diese Rechtsordnungen zu schaffen. Den deutschen Juristen stehen eine Reihe umfassender Quellenwerke und Einführungen in die ausländischen Rechtsordnungen oder Teilbereiche solcher Rechtsordnungen zur Verfügung, die — ungeachtet mancher Vorbehalte gegenüber Übersetzungen — von großem praktischen Wert und vor allem bei sprachlich schwer zugänglichen Rechtsordnungen kaum zu entbehren sind.

2. So wichtig die *Auslandsrechtskunde* bei der Anwendung der Kollisionsnormen wie auch bei der wissenschaftlichen Beschäftigung mit dem IPR ist, so darf doch nicht übersehen werden, daß die Kenntnis ausländischer Rechtsquellen allein noch nicht genügt, um eine richtige Anwendung seiner Normen in Fällen mit Auslandsberührung zu gewährleisten. 29

Das für die Entscheidung solcher Fälle notwendige Material läßt sich zwar im Wege rein auslandsrechtlicher Forschungen gewinnen, erst eine über die isolierte Ermittlung der Normen der angesprochenen ausländischen Privatrechtsordnung hinausführende vergleichende Untersuchung des IPR wie des materiellen Rechts schafft jedoch in der Regel die Voraussetzungen für eine sinnvolle Handhabung der Kollisionsnormen und die sachgemäße Anwendung der ausländischen Sachnormen. Da gerade im IPR die Probleme international gesehen weitgehend gleich gelagert sind, können überdies auch wichtige Fragen, z. B. Renvoi, Qualifikation, Parteiautonomie, im Wege der *Rechtsvergleichung* einer Lösung näher gebracht werden. Die Rechtsvergleichung und zwar die Vergleichung des materiellen wie des Kollisionsrechts, hilft aber nicht nur bei der Lösung der erwähnten Probleme, sie ist angesichts der Eigenart des IPR in besonderem Maße berufen und geeignet, die sachgerechte Fortbildung der einzelstaatlichen Kollisionsnormen im Hinblick auf die wünschenswerte Entscheidungsharmonie zu fördern. Im Bereich der Sachnormen ist die Rechtsvergleichung nicht nur für die richtige Lösung des Einzelfalles, sondern auch für die wissenschaftliche Erörterung kollisionsrechtlicher Probleme wichtig, da sie davor bewahrt, allgemeine Lösungen losgelöst von den gegebenen Rechtsordnungen im Bereich abstrakter Überlegungen zu suchen. 30

Die *Rechtsvergleichung*, deren Aufgabe es ist, Geist und Stil verschiedener Rechtsordnungen oder vergleichbare Rechtseinrichtungen dieser Rechtsordnungen oder auch die Lösungen einzelner vergleichbarer Fragen, welche diese Rechtsordnungen gefunden haben, zueinander in Beziehung zu setzen (RABEL), dient somit auch im Bereich des IPR sowohl den wissenschaftlichen Zielsetzungen wie auch der Weiterentwicklung der kollisionsrechtlichen Normen und der Lösung einzelner Rechtsfälle. 31

II. IPR und Rechtsvereinheitlichung[1].

1. Allgemein.

Eine überstaatliche Rechtsvereinheitlichung hat für das IPR verschiedene Bedeutung, je nachdem ob die Normen des IPR selbst oder aber die des materiellen Rechts Gegenstand der Vereinheitlichung sind. Durch die *Vereinheitlichung des* 32

[1] *Schrifttum:* BRAGA, Rechtsvergleichung, Rechtsvereinheitlichung und das IPR (Bemerkungen zur Vereinheitlichung des IPR): Annales Universitatis Saraviensis 4. 1955, 3—8; DERS., Kodifikationsgrundsätze des Internationalen Privatrechts: RabelsZ 23, 1958, 421—448; DAVID, The Methods of Unification: Am. J. Comp. L. 16. 1968, 13—27; DÖLLE, Gezielte und gewachsene Rechtsvereinheitlichung: ZfRV 4. 1963, 133—141; FERID, Methoden, Möglichkeiten und Grenzen der Privatrechtsvereinheitlichung: ZfRV 3. 1962, 193—213; GRAVESON, L'etendue du domaine de l'unification du droit: Rev. int. dr. comp. 16. 1964, 5—12; DERS., The International Unification of Law: Am. J. Comp. L. 16. 1968, 4—12; GUTTERIDGE, The Codification of Private International Law (1951); HALLSTEIN, Angleichung des Privat-

IPR werden die Kollisionsfälle zwischen den an der Vereinheitlichung beteiligten Rechtsordnungen nicht beseitigt, ihre Lösung erfolgt aber im Sinne der *Entscheidungsharmonie,* da die einzelstaatlichen Gerichte nunmehr von übereinstimmenden Rechtsanwendungsnormen ausgehen. Eine *Vereinheitlichung des materiellen Rechts* dagegen entzieht den Kollisionsnormen für den geographischen und sachlichen Bereich, in dem die vereinheitlichten Sachnormen gelten, überhaupt den Boden, denn das durch Rechtsvereinheitlichung geschaffene einheitliche Privatrecht soll ja verhindern, daß kollisionsrechtliche Probleme entstehen.

33 Ohne auf die sehr vielschichtige Problematik der Rechtsvereinheitlichung näher einzugehen, läßt sich doch grundsätzlich feststellen, daß eine allgemeine Rechtsvereinheitlichung, die Vereinheitlichung des gesamten Rechts aller Sachbereiche zu einem einheitlichen *Weltrecht* kaum möglich und wohl auch nicht wünschenswert ist. Das Nebeneinander verschiedener Rechtsordnungen ist vielmehr, jedenfalls grundsätzlich, durchaus sinnvoll, da — von anderen Gesichtspunkten abgesehen — nur auf diese Weise den Unterschieden in den natürlichen und kulturellen Verhältnissen der einzelnen Länder Rechnung getragen werden kann. Damit ist auch das Rechtsanwendungsrecht und im besonderen das IPR nicht nur für einen vorübergehenden Zeitraum sondern für die Dauer notwendig; NEUHAUS, Grundbegriffe S. 23f.

34 Anders ist die Sachlage im Hinblick auf eine *Vereinheitlichung des Rechtsanwenwendungsrechts* selbst. Da positive und negative „*Kompetenzkonflikte*“ unvermeidlich sind, wenn jede Rechtsordnung ihren Anwendungsbereich eigenständig bestimmt, wäre ein *international einheitliches Rechtsanwendungsrecht* am besten geeignet, die dem IPR gestellten Aufgaben zu erfüllen. Einer Vereinheitlichung des Kollisionsrechts in weltweitem Rahmen stehen auch nicht die Bedenken entgegen wie einem solchen Plan der Vereinheitlichung des gesamten materiellen Rechts. Dem Ziel einer möglichst umfassenden Vereinheitlichung des Kollisionsrechts wird man aber nur nahe kommen, wenn man schrittweise vorgeht und jeweils nur diejenigen kollisionsrechtlichen Fragen in die Bemühungen um eine Vereinheitlichung einbezieht, in denen eine für alle Staaten gleiche Interessenlage gegeben ist.

35 Der Zweck einer überstaatlichen Vereinheitlichung des IPR ist allerdings nur dann für die Dauer gesichert, wenn auch bei der Anwendung der vereinheitlichten Normen der Gedanke der *Entscheidungsharmonie* beachtet wird. Es genügt nicht, daß in jedem an der Vereinheitlichung des IPR beteiligten Staat bei der Entscheidung desselben Falles die übereinstimmenden Kollisionsnormen herangezogen werden, nur bei einer gleichartigen Auslegung dieser Normen ist auch die

---

und Prozeßrechts in der EWG: RabelsZ 28. 1964, 211—231; LEMHÖFER, Die Beschränkung der Rechtsvereinheitlichung auf internationale Sachverhalte: RabelsZ 25. 1961, 401—455; DERS., Kritische Übersicht der Gegenstände, für die bisher eine internationale Rechtsvereinheitlichung erreicht oder versucht worden ist: Deutsche Landesreferate 6 (1962) S. 151 bis 164; LIMPENS, Relations entre l'unification au niveau régional et l'unification au niveau universel: Rev. int. dr. comp. 16. 1964, 13—31; NADELMANN, Methoden der Vereinheitlichung des Kollisionsrechts: Friedenswarte 54. 1958, 321—334; NEUHAUS, Rechtsvereinheitlichung: Staatslexikon 6 (1961) S. 727—730; DERS., Grundbegriffe S. 22—28; v. OVERBECK, Essai sur la delimitation des conventions de droit international privé: Festschrift GUTZWILLER (1959) S. 325—346; RIESE, Einheitliche Gerichtsbarkeit für vereinheitlichtes Recht?: RabelsZ 26. 1961, 604—628; DERS., Über die Methoden der internationalen Vereinheitlichung des Privatrechts: ZSR 108. 1967, 1—31; SCHMITTHOFF, Das neue Recht des Welthandels: RabelsZ 28. 1964, 47—77; STRAUSS, Fragen der Rechtsangleichung im Rahmen der Europäischen Gemeinschaften (1959); ULMER, Wege zur europäischen Rechtseinheit (1959); ZWEIGERT, Rechtsvereinheitlichung: WBVR² III S. 74—78; DERS., Grundsatzfragen der europäischen Rechtsangleichung, ihre Schöpfung und Sicherung: Festschrift DÖLLE 2 (1963) S. 401—418.

Gewähr geboten, daß alle gleichgelagerten Fälle im Geltungsgebiet der vereinheitlichten Normen nach dem materiellen Recht derselben Rechtsordnungen entschieden werden.

2. Ergebnisse der Rechtsvereinheitlichung im Bereich des IPR.

Bestrebungen, das IPR zu vereinheitlichen, sind seit etwa hundert Jahren im Gange; trotz aller Schwierigkeiten wurden bemerkenswerte Erfolge erzielt. Ein besonders wichtiges Ergebnis dieser Bemühungen ist das von der *Haager Staatenkonferenz* ausgearbeitete umfangreiche Vertragswerk, an dem auch Deutschland von Anfang an beteiligt war. Siehe hierzu insbes.: GUTZWILLER, Das Internationalprivatrecht der Haager Konferenzen. Vergangenheit und Zukunft: Schw. Jb. Int. R. 2. 1945, 45—99; DERS., Beiträge zum Haager Internationalen Privatrecht (1951); HOYER, Bemerkungen über die Haager Konferenz für IPR: ZfRV 2. 1961, 65—85; MAKAROV, Haager Konventionen: WBVR² I S. 745—751; DERS., Die Vereinheitlichung des IPR durch Staatsverträge: Friedenswarte 51 (1951/53) 340—354 (344f.), sowie die Berichte von DÖLLE, Die 7. Haager Konferenz: RabelsZ 17. 1952, 161—211; PETERSEN, Die 8. Haager Konferenz: RabelsZ 24. 1959, 1—53; FERID, Die 9. Haager Konferenz: RabelsZ 27. 1962, 411—455; FICKER, Die 10. Haager Konferenz: RabelsZ 30. 1966, 606—641; BEITZKE, Die 11. Haager Konferenz und das Kollisionsrecht des Straßenverkehrs: RabelsZ 33. 1969, 204—234. 36

a) Schon im Jahre 1874 hatte die niederländische Regierung zu einer IPR-Konferenz eingeladen, erst 1893 aber kam die erste Tagung zustande; ihr folgten innerhalb eines Zeitraumes von zehn Jahren drei weitere Tagungen (1894, 1900, 1904). In der Zwischenkriegszeit fanden nur zwei Tagungen (1925 und 1928) statt. Nach dem zweiten Weltkrieg wurden die Beratungen im Jahre 1950 wieder aufgenommen; die Konferenz tagte seither fünfmal (1951, 1956, 1960, 1964, 1968). — Im deutschen Sprachgebrauch hat sich für jede dieser Zusammenkünfte die Bezeichnung „*Konferenz*" eingebürgert. Amtlich heißen sie jedoch „*sessions*" (Sitzungsperioden) der als permanent gedachten Konferenz (DÖLLE: RabelsZ 17. 1952, 161 und 208), deren Organisation durch die auf der 7. Tagung (1951) beschlossene (*revidierte*) *Satzung* geregelt ist; Satzung der Haager Konferenz für IPR vom 31. 10. 1951 (revidierte Fassung), in Kraft für Deutschland seit dem 14. 12. 1955 (BGBl. 1959 II 981). 37

Hauptorgan ist die durch das Königliche Dekret vom 20. 2. 1897 als ständiges Beratungsgremium die Konferenz errichtete *niederländische Staatskommission;* die laufenden Arbeiten versieht ein *ständiges Büro* mit Sitz im Haag, das die Verbindung mit den einzelnen Mitgliedstaaten aufrecht erhält. In der Zeit zwischen den Tagungen bereiten *Spezialkommissionen*, die von der Konferenz selbst oder von der Staatskommission bestellt werden, die nächsten Tagungen, vor allem durch die Ausarbeitung neuer Konventionsentwürfe, vor. 38

Die *Haager Konferenz* hat bisher folgende Abkommen ausgearbeitet (Stand vom 15. 3. 1969). 39

(1) Abkommen vom 12. 6. 1902 zur Regelung des *Geltungsbereiches der Gesetze auf dem Gebiet der Eheschließung* (*Eheschließungsabkommen*). In Kraft getreten für Deutschland, Belgien, Frankreich, Italien, Luxemburg, die Niederlande, Portugal, Rumänien, Schweden, Schweiz, Ungarn. Frankreich hat das Abkommen zum 1. 6. 1914, Belgien zum 1. 6. 1919, Schweden zum 1. 6. 1959 gekündigt.

(2) Abkommen vom 12. 6. 1902 zur Regelung des *Geltungsbereichs der Gesetze und der Gerichtsbarkeit auf dem Gebiete der Ehescheidung und der Trennung von Tisch und Bett* (*Ehescheidungsabkommen*). In Kraft getreten für Deutschland, Belgien, Frankreich, Italien, Luxemburg, die Niederlande, Portugal, Rumänien,

Schweden, die Schweiz, Ungarn. Frankreich hat das Abkommen zum 1. 6. 1914, Belgien zum 1. 6. 1919, die Schweiz zum 1. 6. 1929, Deutschland und Schweden haben es zum 1. 6. 1934 gekündigt.

(3) Abkommen vom 12. 6. 1902 zur Regelung der *Vormundschaft über Minderjährige* (*Vormundschaftsabkommen*). In Kraft getreten für Deutschland, Belgien, Frankreich, Italien, Luxemburg, die Niederlande, Portugal, Rumänien, Schweden, die Schweiz, Spanien, Ungarn. Frankreich hat das Abkommen zum 1. 6. 1914, Schweden zum 1. 6. 1959 gekündigt.

(4) Abkommen vom 17. 7. 1905 betreffend den *Geltungsbereich der Gesetze in Ansehung der Wirkungen der Ehe auf die Rechte und Pflichten der Ehegatten in ihren persönlichen Beziehungen und auf das Vermögen der Ehegatten* (*Ehewirkungsabkommen*). In Kraft getreten für Deutschland, Belgien, Frankreich, Italien, die Niederlande, Portugal, Rumänien, Schweden. Frankreich hat das Abkommen zum 23. 8. 1919, Belgien zum 23. 8. 1922, Schweden zum 23. 8. 1962 gekündigt.

(5) Abkommen vom 17. 7. 1905 über die *Entmündigung und gleichartige Fürsorgemaßregeln* (*Entmündigungsabkommen*). In Kraft getreten für Deutschland, Frankreich, Italien, die Niederlande, Polen, Portugal, Rumänien, Schweden, Ungarn. Frankreich hat das Abkommen zum 23. 8. 1917, Schweden zum 23. 8. 1962 gekündigt.

(6) Abkommen vom 17. 7. 1905 über den *Zivilprozeß*, das Zustellung, Rechtshilfe, Sicherheitsleistung für Prozeßkosten, Armenrecht und Personalhaft regelt. Auf der 7. Tagung (1951) wurde dieses Abkommen neu gefaßt. Vertragspartner dieser Neufassung vom 1. 3. 1954 sind Deutschland, Belgien, Dänemark, Finnland, Frankreich, Israel, Italien, Jugoslawien, Luxemburg, die Niederlande, Norwegen, Österreich, Polen, Portugal, Schweden, die Schweiz, die Sowjetunion, Spanien, die Tschechoslowakei, Ungarn, die Vatikanstadt.

(7) Abkommen vom 15. 6. 1955 über *das auf Kaufverträge internationalen Charakters über bewegliche Sachen anwendbare Recht.* In Kraft getreten für Belgien, Dänemark, Finnland, Frankreich, Italien, Norwegen, Schweden.

(8) Abkommen vom 15. 6. 1955 zur Regelung der *Kollision zwischen dem Heimatrecht und dem Wohnsitzrecht;* noch nicht in Kraft getreten.

(9) Abkommen vom 1. 6. 1956 über *die Anerkennung der Rechtspersönlichkeit von ausländischen Gesellschaften, Personenvereinigungen und Stiftungen;* noch nicht in Kraft getreten.

(10) Abkommen vom 24. 10. 1956 über *das auf Unterhaltsverpflichtungen gegenüber Kindern anwendbare Recht.* In Kraft getreten für Deutschland, Frankreich, Italien, Luxemburg, die Niederlande, Österreich, Portugal, die Schweiz.

(11) Abkommen vom 15. 4. 1958 über *die Anerkennung und Vollstreckung von Entscheidungen auf dem Gebiete der Unterhaltspflicht gegenüber Kindern.* In Kraft getreten für Deutschland, Belgien, Dänemark, Finnland, Frankreich, Italien, die Niederlande, Norwegen, Österreich, Schweden, die Schweiz, Ungarn.

(12) Abkommen vom 15. 4. 1958 über *das auf den Eigentumsübergang bei einem Kaufvertrag internationalen Charakters von beweglichen Sachen anwendbare Recht;* noch nicht in Kraft getreten.

(13) Abkommen vom 15. 4. 1958 über *die Zuständigkeit des vertraglich vereinbarten Gerichts bei einem Kaufvertrag internationalen Charakters von beweglichen Sachen;* noch nicht in Kraft getreten.

(14) Abkommen vom 5. 10. 1961 über *die Befreiung ausländischer öffentlicher Urkunden von der Legalisation.* In Kraft getreten für Deutschland, Frankreich, Großbritannien, Jugoslawien, Malta, Malawi, die Niederlande, Österreich, Portugal.

(15) Abkommen vom 5. 10. 1961 über *das auf die Form letztwilliger Verfügungen anwendbare Recht* (*Testamentsabkommen*). In Kraft getreten für Deutschland, Frankreich, Großbritannien, Irland, Japan, Jugoslawien, Österreich.
(16) Abkommen vom 5. 10. 1961 betreffend *die Zuständigkeit der Behörden und das anwendbare Recht bezüglich des Schutzes der Minderjährigen;* in Kraft getreten für Luxemburg, Portugal, die Schweiz.
(17) Abkommen vom 15. 11. 1965 betreffend *die Zuständigkeit der Behörden, das anwendbare Recht und die Anerkennung der Entscheidungen auf dem Gebiet der Adoption;* noch nicht in Kraft getreten.
(18) Abkommen vom 15. 11. 1965 über *die Zustellung im Ausland von gerichtlichen und außergerichtlichen Schriftstücken in Zivil- und Handelssachen;* in Kraft getreten für Großbritannien, die Vereinigte Arabische Republik, die Vereinigten Staaten von Nordamerika.
(19) Abkommen vom 25. 11. 1965 über *die Gerichtsstandsvereinbarungen;* noch nicht in Kraft getreten.
(20) Abkommen vom 26. 10. 1968 über *die Anerkennung ausländischer Scheidungs- und Trennungsurteile;* noch nicht in Kraft getreten.
(21) Abkommen vom 26. 10. 1968 über *die Beweiserhebung im Ausland;* noch nicht in Kraft getreten.
(22) Abkommen vom 26. 10. 1968 über *das auf Straßenverkehrsunfälle anwendbare Recht;* noch nicht in Kraftgetreten.
Übersichten über den neuesten Stand der Unterzeichnungen und Ratifikationen der Haager Abkommen werden jährlich in der „Revue critique de droit international privé" veröffentlicht.

b) Eine Reihe südamerikanischer Staaten hat durch die sog. *Verträge von Montevideo* wesentliche Teile ihres IPR im Verhältnis zueinander vereinheitlicht. Es handelt sich einmal um drei Verträge über *internationales bürgerliches Recht,* über *internationales Handelsrecht* und über *Prozeßrecht,* die am 12. 2. 1889 zwischen *Argentinien, Bolivien, Paraguay, Peru* und *Uruguay* geschlossen wurden sowie um vier Verträge und ein Zusatzprotokoll über *internationales bürgerliches Recht,* über *internationales Landhandelsrecht,* über *internationales See-, Binnenschifffahrts- und Luftrecht* und über *internationales Prozeßrecht,* die am 19. 3. 1940 zwischen *Argentinien, Paraguay* und *Uruguay* vereinbart wurden (MAKAROV, Quellen II S. 82—120; 733—782). 40

c) Der von dem kubanischen Professor Antonio SANCHES DE BUSTAMANTE Y SIRVÉN ausgearbeitete sog. *Codigo Bustamante* ist ein umfassendes aus 437 Artikeln bestehendes Gesetzbuch, in dem das *Internationale Privatrecht* (Artt. 1—231), *das Internationale Handelsrecht* (Artt. 232—295) sowie *das Internationale Prozeß-* und *Strafrecht* eingehend geregelt ist. Es wurde auf der *panamerikanischen Konferenz von Havanna* am 13. 2. 1928 angenommen und von neun mittelamerikanischen und sechs südamerikanischen Staaten ratifiziert (ausgenommen *Argentinien, Kolumbien, Mexiko, Paraguay* und *Uruguay*). Das Gesetzgebungswerk schafft keine volle Rechtseinheit, es läßt vor allem den Vertragsstaaten die Wahl zwischen Staatsangehörigkeitsgrundsatz und Wohnsitzprinzip; siehe MAKAROV, Quellen II 1—66 (82). 41

d) Durch die *nordischen Konventionen* haben *Dänemark, Finnland, Island, Norwegen* und *Schweden* im Verhältnis zueinander das *Internationale Familienrecht,* das *Internationale Erbrecht* und einzelne Bereiche des *Internationalen Verfahrensrechts* vereinheitlicht: Abkommen, enthaltend gewisse Bestimmungen des IPR über Ehe, Adoption und Vormundschaft vom 6. 2. 1931; Abkommen über die Beitreibung von Unterhaltsleistungen vom 10. 2. 1931; Abkommen über die Anerkennung und Vollstreckung von Zivilurteilen vom 16. 3. 1932; Konkursabkommen vom 7. 11. 1933; Abkommen über Erbschaft und Nachlaßteilung vom 42

19. 11. 1934. *Schrifttum:* PHILIP, The Scandinavian Conventions on Private International Law: Rec. des Cours 96 (1959) S. 241—348; KORKISCH: RabelsZ 23. 1958, 618—622; MAKAROV, Friedens-Warte 51. 1951/53, 340—354.

43 e) Die „*sozialistischen*" Länder schließlich haben durch ein Netz zweiseitiger Rechtshilfeverträge, an dem fast alle europäischen und einige asiatische dieser Staaten beteiligt sind, das *Internationale Personen-*, *Familien-* und *Erbrecht* im Verhältnis zwischen den beteiligten Ländern weitgehend einheitlich geregelt.

DROBNIG, Die Kollisionsnormen in den Rechtshilfeverträgen der Staaten des Ostblocks: OER 6. 1960, 154—184; NEUHAUS, Sozialistisches IPR?: RabelsZ 31. 1967, 543—547; MARKOFF, Le reglement du statut personnel dans les traités conclus entre l'URSS et les democraties populaires: Rev. crit. 55. 1966, 575—603; MÜLLER/WAEHLER: RabelsZ 30. 1966, 83—92; SZÁSZY, Private International Law in the European People's Democracies (1964) S. 68—73; LUNZ, IPR I S. 75ff.; USCHAKOW, Vereinheitlichung des IPR im Ostblock durch Staatsverträge: OER 7. 1961, 161—173.

III. Völkerrecht[1].

44 1. Als Inbegriff der Rechtsnormen, die bestimmen, welche der gleichzeitig nebeneinander geltenden staatlichen Privatrechtsordnungen auf ein Lebensverhältnis mit Auslandsberührung anzuwenden ist, gehört das IPR zu einem anderen Bereich als das Völkerrecht. Es ist seiner Quelle nach staatliches Recht, und zwar auch in den Fällen, in denen ein Staat sein IPR auf Grund völkerrechtlicher Vereinbarungen ausgestaltet. So enthält das Völkerrecht nach herrschender Auffassung auch keine Grundsätze, die den Inhalt des IPR bestimmen, vor allem gibt es keine Grundsätze, die als „*allgemeine Regeln des Völkerrechts*" im Sinne des Art. 25 GG „*Bestandteil des Bundesrechts*" sein könnten; siehe MENZEL in: Bonner Kommentar zu Art. 25 GG; MANGOLDT/KLEIN, Das Bonner Grundgesetz[2] Bd. 1 (1957) S. 676.

45 Völkerrechtlichen Charakter haben auch nicht die inhaltlich weitgehend übereinstimmenden Grundsätze, die in den meisten Kollisionsrechtsordnungen gelten und zu denen etwa die Maßgeblichkeit der *lex rei sitae* für dingliche Rechte an Grundstücken, der *lex loci actus* für die Form der Rechtsgeschäfte und für die Rechtsfolgen einer unerlaubten Handlung sowie die *Zulässigkeit der Rechtswahl* durch die Parteien innerhalb der vom zwingenden Recht gezogenen Grenzen gerechnet werden; siehe hierzu z. B. NEUHAUS, Grundbegriffe S. 32.

Die Reichweite dieser Grundsätze und ihre Anwendung ist in den einzelnen Rechtsordnungen verschieden, ohne daß in diesen Unterschieden — ja selbst in einem Aufgeben dieser Regeln — ein Verstoß gegen das Völkerrecht gesehen werden kann. Sie stammen aus dem gemeineuropäischen Kollisionsrecht, das — von den Glossa-

---

[1] BÜHLER, Der völkerrechtliche Gehalt des IPR: Festschrift WOLFF (1952) S. 177—233; DÖLLE, IPR S. 14—17; FRANKENSTEIN, IPR I (1926) S. 19ff.; KAHN, Abhandlungen I S. 268—294; KEGEL, IPR[2] S. 4—7; MAKAROV, Völkerrecht und IPR: Melanges STREIT I (1939) S. 535—555; DERS., WBVR[2] II S. 129—133; MELCHIOR, Grundlagen S. 32—38; NEUHAUS, Grundbegriffe S. 28—33; NIEDERER, Einführung in die allgemeinen Lehren des IPR[3] S. 134—146; DERS., IPR und Völkerrecht: Schw. Jb. Int. R. 5. 1948, 63—82; RAAPE, IPR[5] S. 15—18; RUDOLF, Völkerrecht und deutsches Recht (1967); STOLL, Völkerrechtliche Vorfragen bei der Anwendung ausländischen Rechts: BerGesVR 4. 1961, 131—153; STREBEL, Das Völkerrecht als Gegenstand von Verweisungen und Begriffsübernahmen, von Kollisionsregeln und Rezeption im nationalen Recht: ZaöRV 28. 1968, 503—522; WIEBRINGHAUS, Beitrag zur Lehre vom Gesetz der funktionellen Verdoppelung innerhalb einer universalistischen Theorie des Internationalprivat- und Völkerrechts (1952); WOLFF, IPR[3] S. 7—12; ZITELMANN, IPR I S. 71—82; ZWEIGERT, Zur neueren Wissenschaftsgeschichte des Kollisionsrechts. Die dritte Schule im IPR: Festschrift RAAPE (1948) 35—52; LEWALD, Eine „Dritte Schule im IPR?": NJW 2 (1949) 644—647.

toren und Konsiliatoren (Postglossatoren) insbesondere von Bartolus und Baldus begründet — unter der (späteren) Bezeichnung *Statutenlehre* bis in die erste Hälfte des vorigen Jahrhunderts weitgehend maßgebend geblieben war. M. Wolff (IPR³ S. 6) sieht in diesen Grundsätzen überstaatliches „*gemeinsames Gewohnheitsrecht*", das auf einer überstaatlichen Rechtsüberzeugung beruht und somit „*aus einer gemeinsamen überstaatlichen Quelle*" stamme.

2. Im Vordergrund der Untersuchungen über das Verhältnis zwischen IPR und Völkerrecht steht zumeist die Frage, ob und in welchem Umfange der Inhalt der Kollisionsnormen vom gemeinen Völkerrecht bestimmt ist. Dabei wird vielfach auch das Problem einer Abgrenzung der beiden Rechtsgebiete erörtert, die Frage also, wie die Zuständigkeit der Einzelstaaten auf den verschiedenen Gebieten völkerrechtlich abzugrenzen ist. Die Beantwortung dieser Fragen hängt davon ab, welche Auffassung vom Wesen des Völkerrechts der Untersuchung zugrunde gelegt wird. Soweit nicht die Einflußnahme des Völkerrechts auf das innerstaatliche Recht und damit auch jegliche Beziehung zwischen Völkerrecht und staatlichem IPR verneint wird, reicht die Stufenfolge der Anerkennung solcher Beziehungen von der Rücksichtnahme auf die Völkerrechtsgemeinschaft und ihre Interessen bei grundsätzlich ausschließlicher Gesetzgebungsgewalt der Einzelstaaten in Fragen des Kollisionsrechts bis zu der Auffassung, daß es ein bis in alle Einzelheiten aus dem Völkerrecht ableitbares umfassendes System des IPR gibt. Zwischen diesen beiden Auffassungen, die in der deutschen Lehre in Savigny's Gedanken einer „völkerrechtlichen Gemeinschaft der miteinander verkehrenden Nationen" als Grundlage des IPR auf der einen und Zitelmanns Versuch eines völkerrechtlichen IPR-Systems auf der anderen Seite ihren Ausdruck gefunden haben, bewegen sich die Vorstellungen über die Beziehungen zwischen IPR und Völkerrecht. Entsprechend ihrer Einstellung zu diesem Fragenbereich werden die Theoretiker des IPR als *Nationalisten* oder als *Internationalisten* bezeichnet, eine Unterscheidung, die allerdings in dem durch diese Bezeichnungen ausgedrückten scharfen Gegensatz nicht gerechtfertigt ist und zudem in den letzten Jahrzehnten immer mehr an Bedeutung verloren hat; vgl. hierzu Zweigert: Festschrift Raape (1948) S. 35ff. 46

Zur *internationalen Schule* des IPR werden vor allem diejenigen Autoren gerechnet, die davon ausgehen, daß das IPR seine Existenz und Ausgestaltung dem Völkerrecht verdankt oder aber der Auffassung sind, daß es mit dem Völkerrecht eine systematische Einheit bildet oder nur ein Teilgebiet des Völkerrechts darstellt. Als Internationalisten in diesem Sinne können in *Frankreich* insbes. Brocher, Despagnet, Jitta, Lainé, Pillet und Surville, in *Belgien* Laurent und Picard, in *Italien* Cimbali, Fiore, Fusinato und nicht zuletzt Mancini, von den *deutschen Autoren* vor allem v. Bar, Brinz, Bulmerinq, Günther (in Weiske's Rechtslexikon), Pütter, Vesque von Püttlingen und Zitelmann angesehen werden; vgl. Kahn, Abhandlungen 268—294; Niederer, Einführung 139f. Im Deutschen Reich hat die internationale Schule über den Bereich der Theorie hinaus auch auf die Gesetzgebung eingewirkt, wie die Kodifikationsgeschichte des EGBGB zeigt (siehe unten Abschnitt G.). 47

Im deutschen Schrifttum ist Zitelmann der entschiedenste Vertreter der internationalen Schule. Er hat die Auffassung, daß das Völkerrecht auch den Geltungsbereich der einzelstaatlichen Rechtsordnung bestimmt, zur Grundlage seiner Darstellung des IPR gemacht: Die Entscheidung darüber, welche von mehreren staatlichen Privatrechtsordnungen, zu denen ein bestimmtes Rechtsverhältnis Berührungspunkte aufweist, dieses Verhältnis regeln soll, hat nach einem, *den einzelstaatlichen Rechtsordnungen übergeordneten Prinzip* zu erfolgen. Es gibt danach also *nur ein einziges richtiges und vollständiges System des IPR*, das im 48

Wege der *Deduktion aus dem übergeordneten Grundsatz abgeleitet werden muß.* So sieht ZITELMANN das Privatrecht als ein System von Rechten und Pflichten und die subjektiven Rechte Privater als durch das Recht des Staates verliehene rechtliche Macht an, die internationale Wirksamkeit nur entfalten können, wenn die ein solches Recht zubilligende staatliche Norm im Rahmen des dem Staat vom Völkerrecht zugewiesenen Herrschaftsbereichs ergangen ist. Dieser „Herrschaftsbereich" des einzelstaatlichen Privatrechts wird, nach ZITELMANN, vom Kollisionsrecht bestimmt und begrenzt, das somit seiner Natur nach überstaatliches Recht ist, „eben Völkerrecht und nichts weiter", denn „es bindet und berechtigt die einzelnen Staaten im Verhältnis zueinander" (ZITELMANN, IPR I S. 73). Ein Staat, der diese seine Zuständigkeit überschreitet, verstößt also gegen das Völkerrecht. Über die Zuständigkeit eines Staates, ein Rechtsverhältnis zu regeln, entscheidet seine Personalhoheit und, soweit es sich um Sachen handelt, seine Gebietshoheit. Aus dem Völkerrecht sind auch die zur Lückenfüllung der einzelstaatlichen Kollisionsrechte erforderlichen Grundsätze herzuleiten. „... Das allgemeine aus dem Völkerrecht abgeleitete internationale Privatrecht (hat) ... die Kraft eines positiven innerstaatlichen Anwendungsrechts, sofern der eigene Staat des Richters nicht etwas Abweichendes bestimmt hat: es ist auch in diesem Sinne subsidiäres, und zwar subsidiäres innerstaatliches Recht, und ein für alle Staaten völlig übereinstimmendes innerstaatliches Recht" (ZITELMANN, IPR I S. 76).

49 Die internationalistische Schule hat ihren Einfluß seither weitgehend verloren und ZITELMANNS Thesen im besonderen werden fast allgemein abgelehnt, vor allem mit der Feststellung, das Völkerrecht grenze zwar die Rechte der Staaten gegeneinander ab, aber gewiß nicht ihre Gesetzgebungsgewalt in privatrechtlicher Hinsicht (RAAPE); siehe insbes. die eingehende Darstellung und grundlegende Kritik dieser Lehre bei KAHN, Abhandlungen I S. 268ff. ZITELMANN selbst hat später dem Vorwurf gegenüber, seine Lehre „gäbe als geltendes Völkerrecht einzelne Sätze aus, die noch keineswegs als solches anerkannt seien", geltend gemacht, es handle sich bei seinen Thesen „um Folgerungen aus einem zugrunde gelegten Hauptsatz, dessen genaue Begrenzung völkerrechtlich allerdings noch zweifelhaft war und ist", also um noch nicht entwickeltes Völkerrecht („Die Rechtswissenschaft der Gegenwart in Selbstdarstellungen" hrsg. von PLANITZ, Bd. 1 [1924] 198).

50 Nicht zu den Internationalisten im eigentlichen Sinne ist FRANKENSTEIN zu rechnen, der zwar ebenso wie ZITELMANN davon ausgeht, daß die Zuständigkeit einer staatlichen Rechtsordnung, die für die Entscheidung eines Rechtsverhältnisses maßgebende Norm bereitzustellen, auf der Personal- und Gebietshoheit des betreffenden Staates beruht. Diese Zuständigkeit leitet FRANKENSTEIN jedoch nicht aus dem Völkerrecht ab, sondern aus der wissenschaftlichen Einsicht in das Wesen des Rechts: Die auf Gebiets- und Personalhoheit beruhenden Anknüpfungen sind nach FRANKENSTEIN unmittelbar einsichtig, sie sind a priori vorhanden, er nennt sie deshalb aprioristische oder primäre Anknüpfungen. Die primär berufene Rechtsordnung kann aber sekundäre Anknüpfungen, etwa an den Wohnsitz, den Handlungsort u.a., festlegen.

51 FRANKENSTEINS Unterscheidung von primären und sekundären Anknüpfungen macht sein System zwar elastischer und führt vielfach zu besseren Ergebnissen als ZITELMANNS Lehre, wirklich sichere und überzeugende Schlußfolgerungen lassen aber weder die aus dem Völkerrecht noch die aus der „Natur der Sache" abgeleiteten Grundsätze der beiden deduktiven Systeme zu.

52 **3.** Wenn auch im geltenden Völkerrecht keine, die inhaltliche Ausgestaltung des IPR unmittelbar bestimmende Grundsätze erkennbar sind (vgl. MAKAROV: Me-

langes STREIT I S. 535ff.; NIEDERER: Schw. Jb. Int. R. 5. 1948, 63f.; STOLL, BerGesVR 4. 1961, 131), so weist das Kollisionsrecht doch in anderer Hinsicht Beziehungen zum Völkerrecht auf, die andere Rechtsbereiche nicht haben. So enthält der Tatbestand der Verweisungsnormen häufig Rechtsbegriffe, die einer völkerrechtlichen Auslegung zugänglich sind und die Entscheidung völkerrechtlicher Vorfragen verlangen. Weitere Berührungspunkte und Möglichkeiten einer mittelbaren Einwirkung ergeben sich vor allem daraus, daß das IPR darüber entscheidet, ob auf einen bestimmten Sachverhalt mit Auslandsberührung inländisches oder ausländisches Privatrecht anzuwenden ist. Dabei kann sich die völkerrechtliche Vorfrage stellen, ob das auf Grund einer Verweisungsnorm anzuwendende Auslandsrecht den vom Völkerrecht gestellten Anforderungen entspricht oder ob es sich etwa um völkerrechtlich illegitime oder völkerrechtswidrige Normen handelt. Als *völkerrechtlich illegitim* gelten dabei vor allem Rechtsnormen, die entweder von einer unter Verletzung des Völkerrechts zur Herrschaft gelangten Macht erlassen wurden oder die weit gesteckten Grenzen der völkerrechtlichen Kompetenz des staatlichen Gesetzgebers überschreiten, während als *völkerrechtswidrig* die Rechtsvorschriften bezeichnet werden, die das geltende materielle Völkerrecht dadurch verletzen, daß sie die Rechte von Privatpersonen beeinträchtigen, insbes. also dem völkerrechtlichen Fremdenrecht zuwiderlaufen; siehe STOLL, BerGesVR 4. 1961, 134ff.

Eine einheitliche, allgemeingültige Antwort auf diese völkerrechtliche Vorfragen 53
ist nicht möglich. Ausländische Rechtsnormen, deren Inhalt dem Völkerrecht widerspricht, können in der Regel nur mit Hilfe der Vorbehaltsklausel ausgeschaltet werden. Bei der Beantwortung der Frage wiederum, ob sich die kollisionsrechtliche Verweisung nur auf völkerrechtlich legitime Normen der ausländischen Rechtsordnung beziehe, völkerrechtlich illegitimes Recht aber von der Anwendung ausschließe, ist Folgendes zu beachten: Die mit der Anwendung ausländischen Rechts verbundene Anerkennung der betreffenden ausländischen Rechtsordnung setzt nicht unbedingt auch die völkerrechtliche Anerkennung des Staatswesens, um dessen Rechtsordnung es sich handelt, durch den eigenen Staat voraus. *Notwendig ist* vielmehr nur, *daß das fremde Recht*, auf das die Kollisionsnormen verweisen, *auch tatsächlich gilt*, daß seine Vorschriften also in dem betreffenden Gebiet tatsächlich angewandt und befolgt werden. Da, wie die Staatenpraxis zeigt, eine Pflicht zur völkerrechtlichen Anerkennung eines Staates oder einer Regierung ebenso wenig wie ein entsprechendes Recht auf Anerkennung — auch bei Vorliegen der nach Völkerrecht erforderlichen Tatbestandselemente (insbes. Staatsvolk, Staatsgebiet, Staatsgewalt) — besteht (vgl. BINDSCHEDLER, Die Anerkennung im Völkerrecht: BerGesVR 4. 1961, 1—27 [15]), würde anderenfalls die Beurteilung von Sachverhalten mit Auslandsberührung von der in erster Linie von politischen Erwägungen bestimmten Anerkennung der ausländischen Staaten und ihrer Regierungen abhängen und damit von einem Rechtsakt, der wohl die Völkerrechtsfähigkeit oder die völkerrechtliche Handlungsfähigkeit eines Staates berührt, mit der Gültigkeit der Privatrechtsordnung dieses Staatswesens, die in der Regel völkerrechtlich legitim geschaffen wurde, aber nicht unmittelbar etwas zu tun hat. Unzulänglichkeiten, die sich bei der Rechtsanwendung in solchen Fällen ergeben, soll durch die Vorbehaltsklausel und ggf. durch eine kollisionsrechtliche Sonderbehandlung der politischen Flüchtlinge Rechnung getragen werden, siehe etwa KEGEL, IPR² S. 9. Eingehend zu dieser Frage insbes. STOLL, BerGesVR 4. 1961, 134f. und WENGLER, Fragen der Faktizität und Legitimität bei der Anwendung fremden Rechts: Festschrift LEWALD (1953) S. 615ff., der jedoch grundsätzlich für die Nichtanwendung völkerrechtlich illegitimen Auslandsrechts eintritt, dem Ausgleich dadurch entstehender Härten soll eine „*Vor-*

behaltsklausel der Humanität" zugunsten alltäglicher lebensnotwendiger Rechtshandlungen dienen.

54 Ein Verstoß gegen das Völkerrecht wäre es, wenn ein Staat anordnen würde, daß alle vor seinen Gerichten und Behörden zur Entscheidung gelangenden Angelegenheiten ausschließlich nach dem inländischen Recht zu beurteilen sind oder aber, wenn er willkürlich das Privatrecht einzelner Staaten von der Anwendung im Inlande ausschließen würde; siehe KAHN, Abhandlungen 285f. Die praktische Bedeutung dieses Grundsatzes ist sicherlich gering (KEGEL IPR² S. 6: „... desgleichen tut kein Staat"), völlig gegenstandslos ist er, wie gewisse Tendenzen in einzelnen neueren IPR-Gesetzgebungen zeigen, allerdings nicht. Als völkerrechtlich geboten ist somit die Anwendung einer ausländischen Rechtsordnung dann anzusehen, wenn der Sachverhalt nur zu dieser Rechtsordnung Beziehungen aufweist; andererseits ist es nicht zulässig, die inländische Rechtsordnung anzuwenden, wenn der Sachverhalt überhaupt keine Beziehung zum Inland aufweist; FERID: Festschrift DÖLLE 2 (1963) 127f. MAKAROV, Melanges STREIT S. 553f; NEUHAUS, Grundbegriffe S. 32.

55 4. In einigen Fällen darf das ausländische Recht dessen ungeachtet nicht angewendet werden: Wenn die Anwendung einer ausländischen Norm dem inländischen *ordre public* zuwiderläuft oder wenn ihr der Vorbehalt der Gegenseitigkeit oder der Vergeltung (*Retorsion*) entgegensteht, darf die betreffende Vorschrift nicht herangezogen werden. Auch dann, wenn die Anwendung des ausländischen Rechts die sog. „wesenseigene Zuständigkeit" des inländischen Gerichts überschreitet, wenn sie also „völlig außerhalb (des) normalen, durch das inländische materielle Recht bestimmten Tätigkeitsbereiches" des inländischen Gerichts oder der inländischen amtlichen Stelle liegt, bleibt das ausländische Recht außer Betracht; NEUHAUS, Grundbegriffe S. 33 und 233f.

56 5. Kollisionsrechtliche Grundsätze können Inhalt zwei- oder mehrseitiger völkerrechtlicher Verträge sein; sie müssen aber, um anwendbares IPR zu werden, in staatliches Recht umgewandelt (*transformiert*) werden. Das geschieht entweder schon dadurch, daß der Staatsvertrag in der verfassungsrechtlich vorgeschriebenen Weise — etwa durch ein *Zustimmungsgesetz* (*Ratifikationsgesetz, Vertragsgesetz*) der gesetzgebenden Organe, wie in der Bundesrepublik Deutschland gemäß Art. 59 Abs. 2 GG — zum Bestandteil der innerstaatlichen Rechtsordnung gemacht wird, oder aber ggf. dadurch, daß die innerstaatliche Gesetzgebung den vertraglichen Verpflichtungen entsprechend neu gestaltet wird. Im ersten Fall werden also die im Staatsvertrag vereinbarten kollisionsrechtlichen Grundsätze schon durch die Ratifikation des Vertrages innerstaatliches IPR, der Vertrag ist „*self executing*"; dies ist in der Regel der Fall, wenn die vertraglich vereinbarten Normen das IPR nur im Verhältnis zwischen den Vertragsparteien neu gestalten sollen. Haben sich die Vertragsparteien jedoch verpflichtet, ihr IPR ganz allgemein entsprechend den Vertragsbestimmungen auszugestalten, dann bedarf es außer der Ratifikation des Vertrages noch der gesetzlichen Regelung des staatlichen IPR im Sinne der Vertragsbestimmungen. Hält sich ein Staat nicht an seine durch Staatsvertrag übernommenen Verpflichtungen, indem er entweder das vertraglich vereinbarte Kollisionsrecht nicht einführt oder vertragswidrige IPR-Normen beibehält oder erläßt, so handelt er zwar völkerrechtswidrig, seine Gerichte und Behörden wenden diese völkerrechtswidrigen Normen jedoch an.

IV. Fremdenrecht[1].

1. Aufgabe und Begriffe.

57 Als Fremdenrecht werden die völkerrechtlichen und innerstaatlichen Grundsätze und Vorschriften bezeichnet, welche die Rechtsstellung der Fremden abweichend

[1] *Allgemein:* BEITZKE, Juristische Personen im IPR und Fremdenrecht (1938); BORCHARD,

von dem sonst für Inländer geltenden Recht regeln. „*Fremder*“ ist nach der im Schrifttum üblichen Terminologie der *Oberbegriff für Ausländer* (d.s. die Angehörigen eines fremden Staates) *und Staatenlose* (zur Terminologie des Ausländergesetzes vom 28. 4. 1965 siehe unten 3b).

Diese Umschreibung des Begriffs „Fremder“ ist allerdings zeitbedingt, denn vor 58
Entstehung des modernen Staatsangehörigkeitsrechts waren andere Merkmale für die Entscheidung der Frage maßgebend, wer als „Fremder“ anzusehen sei, und es ist durchaus möglich, daß in Zukunft die Bedeutung der Staatsangehörigkeit als entscheidendes Merkmal wieder zurücktritt. So gehen z.B. die in der Zwischenkriegszeit eingeführten Begriffe „Devisenausländer“ und „Deviseninländer“ nicht von der Staatsangehörigkeit aus; auch im Zusammenhang mit überstaatlichen Integrationsbestrebungen und im Hinblick auf die (politischen) Flüchtlinge tritt die Staatsangehörigkeit in ihrer Bedeutung für das Fremdenrecht in den Hintergrund.

Das Fremdenrecht umfaßt Normen aus den verschiedensten Bereichen des öffent- 59
lichen wie des privaten Rechts. Die Grenzen des innerstaatlichen Fremdenrechts werden von den Regeln des völkerrechtlichen Fremdenrechts gezogen, von den Grundsätzen des allgemeinen Völkerrechts, als deren Kern sich die sog. *Theorie des Mindeststandards* durchgesetzt hat: Danach ist es eine völkerrechtliche Pflicht des Gastlandes, jedem Fremden ein Mindestmaß von Rechten zu gewähren, die seine Persönlichkeit, seine Teilnahme am Wirtschaftsleben und seine Stellung vor den inländischen Gerichten und Behörden betreffen. Partikulares, auf zwischenstaatliche Vereinbarungen (insbes. Handels-, Freundschafts- und Niederlassungsverträgen) beruhenden völkerrechtliches Fremdenrecht ergänzt in weitem Umfange die allgemeinen Regeln des Völkerrechts. Da Staatsverträge, in denen die Vertragspartner den Staatsangehörigen des anderen Partners eine privilegierte Stellung gegenüber den Staatsangehörigen anderer Staaten einräumen, sehr zahlreich sind, beeinflussen sie auch das autonome Fremdenrecht der einzelnen Staaten.

Versuche, das Fremdenrecht darüber hinaus allgemein oder doch für bestimmte 60
Gebiete zu vereinheitlichen, wie sie durch die panamerikanische Konferenz von Havanna über eine Konvention über Fremdenrecht (1928) sowie durch die auf Anregung des Völkerbundes einberufene Pariser Fremdenrechtskonferenz (1929) und die Haager Kodifizierungskonferenz (1930) unternommen wurden, waren ohne weitreichende Bedeutung. Eine neue Entwicklungsstufe mit Aussicht auf einen weitgehenden Abbau oder doch eine Vereinheitlichung der fremdenrechtlichen Grundsätze innerhalb eines bestimmten geographischen Bereichs hat das

---

„The Minimum Standard“ of the Treatment of Aliens: Proceeding of the American Society for International Law 1939; CUTLER, The Treatment of Foreigners: AJIL 27. 1933, 225—246; DOEHRING, Die allgemeinen Regeln des völkerrechtlichen Fremdenrechts und das deutsche Verfassungsrecht (1963); Europäisches Fremdenrecht, bearb. von ERDMANN (1969); FRANZ, Das Völkerrecht als Quelle des innerdeutschen Aufenthalts- und Niederlassungsrechts der Fremden: DVBl. 1965, 457—467; FRIEDERICHSEN, Die Stellung des Fremden in deutschen Gesetzen und völkerrechtlichen Verträgen seit dem Zeitalter der französischen Revolution (1967); FRISCH, von, Das Fremdenrecht (1910); Handbuch des Niederlassungsrechts. Niederlassung im Ausland, bearb. von FLECK/MEYER-MARSILIUS (1952ff.); ISAY, Das deutsche Fremdenrecht (1923); KAHN, IPR und Fremdenrecht: Abhandlungen zum IPR I S. 263—268; KIMMINICH in: Bonner Kommentar zu Art. 74 Nr. 4 GG (Zweitbearbeitung 1968); DERS., Der internationale Rechtsstatuts des Flüchtlings (1962); NEUMEYER, Internationales Verwaltungsrecht Bd. IV (1936) S. 83—93; ROTH, The Minimum Standard of International Law applied to Aliens (1949); SCHINDLER, Gleichberechtigung von Individuen als Problem des Völkerrechts (1957); VERDROSS, Les règles internationales concernant le traitement des étrangers: Rec. des Cours 37. 1931, 327—412; WEISS, The International Protection of Refugees: AIJL 48. 1954, 193—221.

zwischenstaatliche Fremdenrecht insbes. durch die Bemühungen um die europäische Integration erreicht. So regelt der „Vertrag zur Gründung der Europäischen Wirtschaftsgemeinschaft" vom 25. 3. 1957 — Gesetz vom 27. 7. 1957, BGBl. II 753, Berichtigungen: BGBl. 1957 II 1678 und 1958 II 64 — auch das Recht der Niederlassung in den Ländern der Gemeinschaft (Artt. 52—58) in der Weise, daß er die Mitgliedstaaten zum allmählichen Abbau bestehender Niederlassungsbeschränkungen verpflichtet und die Einführung neuer Niederlassungsbeschränkungen verbietet. Siehe hierzu insbes.: EVERLING, Das Niederlassungsrecht im gemeinsamen Markt (1963); FRÖHLICH, Niederlassungsrecht und Freizügigkeit in EWG und EFTA (1965); GROEBEN/BOECKH, Handbuch für Europäische Wirtschaft (Loseblatt); MEYER-MARSILIUS, Das Niederlassungsrecht in der EWG (1960); PLATZ, EWG-Niederlassungsrecht und individuelle Rechtspositionen (1966). — Zur Frage der Anerkennung und Sitzverlegung von Gesellschaften und juristischen Personen in der EWG siehe insbes. BEITZKE: ZHR 127. 1965, 1—47 und DROBNIG, Betrieb 1967, 1207f.

2. Entwicklung des Fremdenrechts.

61 Die grundsätzliche Gleichstellung des Ausländers mit dem Inländer auf dem Gebiete des Privatrechts, wie sie sich ggf. unter Voraussetzung der Gegenseitigkeit und mit dem Vorbehalt ausdrücklicher gesetzlicher Ausnahmen zugunsten des Inländers (so bereits § 33 ABGB) im Laufe des 19. Jhds. in den meisten Staaten durchgesetzt hat, wird häufig als das Ergebnis einer trotz mancher Rückschläge stetig fortschreitenden Entwicklung angesehen, die von der ursprünglichen völligen Rechtslosigkeit der Fremden in vor- und frühgeschichtlicher Zeit über eine noch immer grundsätzliche, aber in zunehmendem Maße durch privilegienmäßige und vertragliche Ausnahmen durchbrochene Rechtslosigkeit zum vollkommenen Schutz der Persönlichkeit und zur privatrechtlichen Gleichstellung des Ausländers führt. Die Geschichte des Fremdenrechts ist jedoch keineswegs so geradlinig, daß sie sich mit einer solchen Formel erfassen ließe. In den verschiedenen Zeiträumen und Gebieten weist das Fremdenrecht eine sehr unterschiedliche Ausgestaltung auf; Zeiten, in denen Fremden eine verhältnismäßig günstige Rechtsstellung eingeräumt wird, wechseln in den einzelnen Rechtsordnungen immer wieder aus mannigfachen Ursachen mit einer Schlechterstellung der Fremden.

62 Schon in frühgeschichlicher Zeit kann von einer völligen Rechtlosigkeit der Fremden nur sehr bedingt gesprochen werden. Religiöse Vorstellungen, vor allem aber wohl die Engräumigkeit der Friedensgebiete und der Zwang, wirtschaftliche Beziehungen aufzunehmen, hatten schon frühzeitig zur Folge, daß Fremden von den einzelnen Rechtsgenossen Gastrecht gewährt wurde und unter bestimmten Voraussetzungen gewährt werden mußte. Aus dieser gegenseitig garantierten Gastfreundschaft der einzelnen entwickelte sich vielfach die Einrichtung einer öffentlichen Gastfreundschaft des Gemeinwesens (*Proxenie* der Griechen). Im römischen Reich erfuhr das Fremdenrecht entsprechend dem Aufbau des Staatsverbandes vor allem auch im Hinblick auf das Privatrecht eine besondere Ausgestaltung: Fremde (*peregrini*) waren nicht nur die Reichsfremden, sondern auch die Angehörigen der unter römischer Oberhoheit stehenden und der in den römischen Staatsverband eingegliederten Gebiete. Für die Rechtsbeziehungen zwischen römischen Bürgern (*cives*) und Peregrinen sowie zwischen Peregrinen aus verschiedenen Rechtsgebieten wurden besondere Rechtsgrundsätze entwickelt, die unter dem Begriff des *ius gentium* zusammengefaßt wurden; siehe hierzu etwa KASER, Römisches Privatrecht[6] (1968) S. 22f. Soweit dieses *ius gentium* nicht Grundsätze des „zwischenstaatlichen" öffentlichen Rechts („Völkerrecht") umfaßte, war es materielles Recht fremdenrechtlichen Charakters, nicht Kollisionsrecht.

Auch im Frankenreich und im deutschen Reich des Mittelalters gab es neben den Reichsfremden die aus anderen Gebieten des Reichs stammenden Fremden, die zunächst nur kraft Personalitätsprinzip jeweils ihrer eigenen Rechtsordnung unterstanden, später aber auch fremdenrechtlich den Reichsfremden gleichgestellt wurden. Fremdenrechtliche Einschränkungen bestanden vor allem im Prozeß, in der Berufsausübung und im Grunderwerb; ein wesentlicher Bestandteil des Fremdenrechts war bis in die Neuzeit das *ius albinagii*, der Anspruch des Königs (später des Landesherrn) auf den nach auswärts gehenden Nachlaß des Fremden, insbes. in Form einer besonderen Erbschaftssteuer (*Abschoß*, *gabella hereditaria*), sowie die Abzugs- oder Nachsteuer (*gabella emigrationis*) beim Fortzug eines Fremden. Die fremdenrechtlichen Beschränkungen waren zeitlich und gebietsmäßig sehr verschieden und zum Teil auch sehr einschneidend (*Wildfangsrecht* u.ä.); durch Privilegien und Verträge wurde jedoch vielfach bestimmten Personengruppen eine begünstigte Sonderstellung eingeräumt, so etwa im Universitätsfremdenrecht und im Fremdenrecht für Kaufleute (Hanse, Messebesucher u.a.). 63

In der Neuzeit wurden unter dem Einfluß wirtschaftspolitischer Zielsetzungen (Merkantilismus) die fremdenrechtlichen Beschränkungen der Berufsausübung und gewerblichen Tätigkeit zunehmend zurückgedrängt und im Zuge der wachsenden verkehrsmäßigen und wirtschaftlichen Verflechtung der europäischen Staaten durch zweiseitige völkerrechtliche Vereinbarungen im Verhältnis zwischen einzelnen Ländern weitgehend beseitigt, wie dies etwa in dem umfassenden Vertragssystem des vorrevolutionären Frankreich der Fall war. 64

Bei der Beurteilung des Fremdenrechts in seinen verschiedenen geschichtlichen Erscheinungsformen darf im übrigen nicht übersehen werden, daß die Einschränkungen in der Rechtsstellung, wie sie aus der Tatsache folgen, daß der Fremde nicht im vollen Sinne Rechtsgenosse ist, ihn auf der anderen Seite auch von Pflichten und Lasten freistellen, die sich aus der Zugehörigkeit zu dieser Rechtsgenossenschaft bzw. dem betreffenden Staatswesen ergeben. 65

Heute ist der Fremde in den meisten Staaten dem Inländer zwar grundsätzlich gleichgestellt, es bestehen aber in allen Ländern z.T. erhebliche Einschränkungen dieses Grundsatzes, die zumeist dem Schutze vor Überfremdung durch Ausländer dienen und damit vor allem das Niederlassungs- und Aufenthaltsrecht betreffen. Der Schwerpunkt dieser Beschränkungen, wie der Bestimmungen über die Sonderstellung des Fremden überhaupt, liegt somit nicht auf dem Gebiete des Privatrechts, sondern auf dem Gebiete des öffentlichen Rechts, vor allem in den für das Niederlassungs- und Aufenthaltsrecht wichtigen Teilen des Verwaltungsrechts (Gewerbeausübung, Arbeitserlaubnis u.a.m.). Besonders tiefgreifend ist der Unterschied zwischen In- und Ausländern aber im Bereich des Verfassungsrechts: von der Teilnahme am politischen Leben des Gastlandes ist der Fremde im wesentlichen ausgeschlossen, desgleichen auch (in der Regel) von Beamtenstellen. Andererseits hindern aber auch höherrangige Verfassungsnormen die praktische Wirksamkeit öffentlichrechtlichen Sonderrechts; so kann z. B. einer Ausweisung Art. 16 Abs. 2 S. 2 GG. entgegenstehen. 66

3. Deutsches Fremdenrecht.

a) Allgemein.

Auf dem Gebiete des Privatrechts waren Ausländer den deutschen Staatsangehörigen, von vereinzelten Ausnahmen abgesehen, schon seit langem gleichgestellt. Durch Art. II des Kontrollratsgesetzes Nr. 1 vom 20. 9. 1945 (ABl. KR S. 6), wonach deutsche Gesetzesbestimmungen, deren Anwendung einer Person wegen ihrer Staatsangehörigkeit Nachteile zufügen und damit eine ungleiche Behand- 67 lung der Ausländer verursachen würde, nicht angewendet werden dürfen, wurden auch diese Ausnahmen zum größten Teil außer Kraft gesetzt. Das Grundgesetz geht davon aus, daß der Gleichheitsgrundsatz ebenso wie einige andere wichtige Grundrechte zu den allgemeinen Menschenrechten gehört und damit nicht nur für deutsche Staatsangehörige, sondern auch für Ausländer maßgebend ist.

68 Während somit insbes. die Beschränkungen des Grundstückserwerbes für Ausländer nicht mehr gelten — von der in Art. 88 EGBGB den Ländern eingeräumten, allerdings durch zahlreiche Staatsverträge des Deutschen Reiches eingeschränkten Möglichkeit, einen solchen Grundstückserwerb von staatlicher Genehmigung abhängig zu machen, hatte z.B. Hamburg allgemein sowie Preußen und Bayern im Hinblick auf ausländische juristische Personen Gebrauch gemacht — bestehen auf anderen Gebieten des Privatrechts noch gewisse Schranken für Ausländer. So sollen nach § 10 des Ehegesetzes von 1946 Ausländer eine Ehe nicht eingehen, bevor sie ein Ehefähigkeitszeugnis ihrer Heimatbehörde beigebracht haben; auch das Urheberrechtsgesetz vom 9. 9. 1965 (§§ 120ff.), das Geschmacksmustergesetz vom 11. 1. 1876 (§ 16) sowie das Gebrauchsmustergesetz (§ 20), das Patentgesetz (§ 16) und das Warenzeichnungsgesetz (§ 35), alle drei i. d. F. vom 2. 1. 1968, enthaltenen Sondervorschriften für Ausländer. Im Zivilprozeß ist der Ausländer bei der Inanspruchnahme von Rechtsvorteilen — z.B. Prozeßkosten (§ 110 ZPO) und im Armenrecht (§ 114 Abs. 2 ZPO) — schlechter gestellt als der Inländer.

b) Ausländergesetz von 1965.

69 Das *Fremdenrecht* ist in der Bundesrepublik Deutschland jetzt im wesentlichen durch das Ausländergesetz vom 28. 4. 1965 (BGBl. I 353) geregelt[1], nur für bestimmte Gruppen von Ausländern gelten auch weiterhin noch besondere Vorschriften; so vor allem die arbeitsrechtlichen Vorschriften für ausländische Gastarbeiter, denen zufolge Arbeitsverträge, die mit solchen Personen ohne Arbeitserlaubnis geschlossen wurden, nichtig sind, soweit nicht zwischenstaatliche Verträge etwas anderes bestimmen. Die Bestimmungen des Ausländergesetzes betreffen ganz überwiegend das öffentliche Recht. Für das Privatrecht von Bedeutung ist vor allem die Regelung des Aufenthalts- und Niederlassungsrechts der Ausländer.

70 Nur *terminologische*, nicht auch *rechtliche* Bedeutung kommt der Einbeziehung der *Staatenlosen* in den Begriff „*Ausländer*" zu. Das Gesetz folgt damit der auch schon in Art. 74 Nr. 4 GG gewählten Terminologie. Der Begriff „*Ausländer*" tritt damit als Oberbegriff an die Stelle von „*Fremder*", er umfaßt wie dieser *fremde Staatsangehörige und Staatenlose.*

c) Nicht-deutsche Flüchtlinge.

71 Durch *Sondervorschriften* ist in der Bundesrepublik Deutschland die *Rechtsstellung der nichtdeutschen Flüchtlinge* geregelt. Das Besatzungsstatut von 1949 und das revidierte Besatzungsstatut vom 6. 3. 1951 hatten den Besatzungsmächten die Zuständigkeit in Angelegenheiten dieser Flüchtlinge vorbehalten. Am 17. 3. 1950 erließ die Alliierte Hohe Kommission (AHK) das Gesetz Nr. 23 über die Rechtsverhältnisse verschleppter Personen und Flüchtlinge (ABlAHK 1950, 140; ge-

---

[1] Schrifttum: Doehring, Neuregelung des deutschen Fremdenrechts durch das Ausländergesetz von 1965: ZaöRV 25. 1965, 478—498; Heinevetter/Hinzen, Ausländerrecht (1966); Kanein, Das Ausländergesetz und die wesentlichen fremden-rechtlichen Vorschriften (1966); Kimminich in: Bonner Kommentar a.a.O.; Kloesel/Christ, Deutsches Ausländerrecht. Kommentar zum Ausländergesetz (1965); Marxen, Deutsches Ausländerrecht (1967); Rauball/Sträter, Kommentar zum Ausländergesetz (1966); Schiedermair, Handbuch des Ausländerrechts der Bundesrepublik Deutschland (1968); Weissmann, Ausländergesetz (1966).

ändert durch Gesetz Nr. 48 vom 1. 3. 1951, ABlAHK 1951, 808) — siehe hierzu: Dölle, StAZ 1950, 106—111; Das DP-Problem. Eine Studie über die ausländischen Flüchtlinge in Deutschland, hrsg. vom Institut für Besatzungsfragen, Tübingen (1950); Schwenn: SJZ 1950, 652—657 — und am 28. 8. 1950 das im wesentlichen gleichlautende West-Berliner Gesetz Nr. 9 (VOBl. 1950, 458; geändert durch Gesetz vom 13. 4. 1951, GVBl. 1951, 332). Beide Gesetze gelten aus- 72
drücklich nicht für Flüchtlinge deutscher Staatsangehörigkeit oder deutscher Volkszugehörigkeit, sondern nur für „Personen, die nicht die deutsche Staatsangehörigkeit besitzen oder deren Staatsangehörigkeit nicht festgestellt werden kann, sofern sie ihren Aufenthalt im Gebiet der Bundesrepublik (bzw. im Gebiete von Groß-Berlin) haben und eine amtliche Bescheinigung darüber besitzen, daß sie der Obhut der internationalen Organisation unterstehen, die von den Vereinten Nationen mit der Betreuung der verschleppten Personen und Flüchtlinge beauftragt ist" (Art. 10). Die Gesetze stellen diese Personen den deutschen Staatsangehörigen, insbesondere in Fragen des *Ehe-* und *Kindschaftsrechts* sowie des *Entmündigungsrechts*, gleich und regeln die *kollisionsrechtliche Anknüpfung* in deutlicher Anlehnung an Art. 29 EGBGB unter Heranziehung des *gewöhnlichen*, hilfsweise des *schlichten Aufenthalts.*

Das vom Bundestag beschlossene Gesetz über die Rechtsstellung heimatloser 73
Ausländer im Bundesgebiet vom 25. 4. 1951 (BGBl. I 269) betrifft den gleichen Personenkreis wie das AHK-Gesetz Nr. 23, regelt aber die Rechtsstellung dieser Personen in umfassenderer Weise, vor allem auch auf dem Gebiete des öffentlichen Rechts. Die Vorschriften dieses Gesetzes entsprechen weitgehend denen des Genfer Abkommens über die Rechtsstellung der Flüchtlinge vom 28. 7. 1951, das zur Zeit der Beratungen über das Gesetz bereits im Entwurf vorlag. Die Bundesrepublik ist dieser „*Flüchtlingskonvention*" mit Wirkung vom 22. 4. 1954 beigetreten.

Gesetz vom 1. 9. 1953, BGBl. 1953 II 559 (s. auch BGBl. 1954 II 619). Innerstaatlich ist, das Abkommen gemäß Art. 2 Abs. 1 S. 2 des Zustimmungsgesetzes am 24. 12. 1953 in Kraft getreten. — Zum Abkommen siehe: Seidl-Hohenveldern: Festschrift W. Schätzel (1960) S. 441—451.

Das Abkommen schützt die Personen, für die es gilt, in derselben Weise wie das Gesetz von 1951, bleibt aber in vielen wichtigen Fragen hinter dem Gesetz zurück, so etwa was die Zulassung zu freien Berufen, zur nichtselbständigen Arbeit und zur Betätigung in Landwirtschaft, Industrie, Handwerk und Handel angeht.

4. Verhältnis von IPR und Fremdenrecht.

Während das IPR aus *Kollisionsnormen*, also aus Verweisungsnormen besteht, 74
besteht das Fremdenrecht aus *Sachnormen*; nur ausnahmsweise haben kollisionsrechtliche Spezialnormen fremdenrechtlichen Charakter. Das IPR bildet eine Einheit, das Fremdenrecht ist dagegen ein, zudem nach Zeit und Land sehr verschieden zusammengesetztes Gemenge von Grundsätzen und Vorschriften aus den verschiedensten Gebieten des öffentlichen und privaten Rechts; das IPR ist *ius commune*, das Fremdenrecht immer *Sonderrecht* bestimmter Personengruppen, in der Regel sogar *Ausnahmerecht*. Das wichtigste Unterscheidungsmerkmal zwischen IPR und Fremdenrecht besteht in folgendem: Das IPR entscheidet die Frage, ob inländisches oder ausländisches Recht und ggf. welches ausländische Recht anzuwenden ist. *Die Anwendung fremdenrechtlicher Vorschriften aber setzt die Maßgeblichkeit inländischen Rechts bereits voraus.*

Die Ursache dafür, daß IPR und Fremdenrecht nicht immer klar unterschieden 75
werden, ist wohl darin zu sehen, daß auch der Tatbestand eines Fremdenrechtssatzes notwendig eine internationale Beziehung aufweist, nicht anders als der der Kollisionsnormen. Beim Fremdenrecht besteht jedoch die Beziehung zum Aus-

lande immer darin, daß einer der Beteiligten nicht Inländer ist, beim IPR dagegen kann diese Beziehung auch in anderem bestehen, z.B. im ausländischen Wohnsitz einer Person oder im ausländischen Abschluß-, Erfüllungs- oder Begehungsort oder aber in der ausländischen Belegenheit einer Sache. Zu diesem, den Tatbestand betreffenden Unterschied tritt noch ein weiterer wesentlicher, der die Rechtsfolge betrifft: der Fremdenrechtssatz knüpft an diese *ausländische Beziehung* — wenn man das Fehlen einer bestimmten Inlandsbeziehung, insbes. der Staatsangehörigkeit, so bezeichnen darf — eine besondere, meist singuläre Gestaltung des inländischen Rechts, die Kollisionsnormen dagegen knüpfen an den Sachverhalt eine Rechtsordnung an, die sowohl die inländische wie eine ausländische sein kann.

76 Es gibt Sachverhalte, die nur unter das IPR, nicht aber unter das Fremdenrecht fallen: Zwei deutsche Staatsangehörige, wohnhaft in Zürich, schließen einen Gesellschaftsvertrag; hier liegt zwar ein Fall mit internationaler Beziehung vor, aber nicht ein solcher im Sinne des (deutschen) Fremdenrechts, denn es fehlt, vom Standpunkt des deutschen Rechts gesehen, an Fremden. — Es gibt Sachverhalte, die wohl unter das Fremdenrecht, nicht aber unter das IPR fallen: Ein ausländischer Arbeitnehmer nimmt im Inland eine Beschäftigung an, ohne die dazu (in der Bundesrepublik Deutschland wie auch in den meisten anderen Staaten) erforderliche Genehmigung zu besitzen. — Es gibt endlich Sachverhalte, die mit Notwendigkeit sowohl unter das Fremdenrecht, wie unter das IPR fallen: Ein deutscher Staatsangehöriger kauft in Wien von einem schwedischen Staatsangehörigen Anteile an einem schwedischen Bergwerk. Ob dieser Vertrag formal gültig geschlossen wurde, ist eine Frage des IPR, ob aber ein Ausländer Anteile an einem schwedischen Bergwerk rechtswirksam erwerben kann, ist eine Frage des schwedischen Fremdenrechts.

77 Es ist also durchaus zu billigen, wenn man, wie es in Deutschland in der Regel seit langem geschieht, Fremdenrecht und IPR streng voneinander scheidet, da beide ganz verschiedene Aufgaben haben. Wenn im Schrifttum der romanischen Länder das Fremdenrecht zum IPR gerechnet wird, so erklärt sich das daraus, daß das IPR dort im weiteren Sinne verstanden wird: Es umfaßt alle Tatbestände mit internationaler Beziehung. Das IPR im engeren Sinne, das Verweisungsrecht, ist dann nur ein Teilbereich dieses IPR im weiteren Sinne.

78 Der Unterschied von Fremdenrecht und IPR kommt auch darin zum Ausdruck, daß der Gesetzgeber möglicherweise in der Ausgestaltung des Fremdenrechts sehr weitherzig, in der Ausgestaltung des IPR dagegen sehr engherzig ist und umgekehrt. Ein weiterer wesentlicher Unterschied zeigt sich zudem darin, daß ein Staat auch dann, wenn er jeden Unterschied zwischen Fremden und Inländern aufhebt, am IPR festhalten muß, wenn anders er gerecht sein will.

D. Übergangsrecht (Intertemporales Recht)[1]. Statutenwechsel.

1. Allgemein.

79 Werden die in einem Rechtsgebiet geltenden Normen durch neue ersetzt, so erhebt sich die Frage, welche Tatbestände noch nach den alten und welche schon

[1] Affolter, Geschichte des intertemporalen Privatrechts (1902); ders., System des deutschen bürgerlichen Übergangsrechts (1903); Borda, Portée et limitation du droit transitoire: Mélanges Roubier I (1961) 75—90; Bürglen, Das intertemporale Recht im IPR (1965); Dölle IPR S. 8—11; Frankenstein, IPR I S. 241—250; Gavalda, Les conflicts dans le temps en droit international privé (1955); Habicht, Die Einwirkung des BGB auf zuvor entstandene Rechtsverhältnisse[3] (1901); Kahn, Das zeitliche „Anwendungsgebiet" der örtlichen Kollisionsnormen: IherJB. 43. 1901, 299—434, und in: Abhandlungen I S. 363—473; Louis-Lucas, Traits distinctifs des conflicts de lois dans le temps des conflicts

nach den neuen Vorschriften zu beurteilen sind. Die Grundsätze, die diese Frage entscheiden, bilden das sog. **intertemporale Recht** (auch Übergangsrecht genannt). Ein Rechtsfall, der Beziehungen zu einer ausländischen Rechtsordnung aufweist und außerdem an der Wende des alten zum neuen Kollisionsrecht liegt, ist sowohl in örtlicher wie in zeitlicher Hinsicht ein „*Grenzfall*", bei seiner Lösung müssen neben den Grundsätzen des *internationalen* auch die des *intertemporalen* Privatrechts herangezogen werden.

Die Verwicklungen werden noch größer, wenn auch die Sachnormen gewechselt 80
haben, wie dies in Deutschland am 1. 1. 1900 und seither auch in zahlreichen anderen Ländern geschehen ist.

Die Frage, ob das EGBGB mit dem BGB am 1. 1. 1900 in Kraft getreten ist, oder, da es in Art. 1 EGBGB nicht ausdrücklich genannt ist, schon am 7. 9. 1896, ist streitig; siehe die Ausführungen in diesem Kommentar zu Art. 1 EGBGB.

Besonders seit dem zweiten Weltkrieg ist es in einer ganzen Reihe von Staaten — in einigen von ihnen sogar in verhältnismäßig kurzer Zeit mehrmals — zu umfassenden Änderungen des materiellen Rechts und auch zur Neuregelung des Kollisionsrechts gekommen, so daß Fragen des intertemporalen Rechts, nachdem sie für das deutsche Recht an Bedeutung verloren haben, im Hinblick auf andere Rechtsordnungen für den deutschen Richter weiterhin wichtig sind.

Haben also sowohl die *Kollisionsnormen* wie auch die *Sachnormen* einer Rechts- 81
ordnung *gewechselt* und reicht der Sachverhalt in einem Fall mit Auslandsberührung in den früheren Rechtszustand hinein, so kommen für eine Lösung in Frage: eine die Kollisionsnormen betreffende intertemporale Vorschrift, die Kollisionsnorm selbst und, wenn diese auf inländisches Privatrecht verweist, eine die Sachnorm betreffende Übergangsvorschrift sowie schließlich die Sachnorm selbst.

Die Frage, in welcher Reihenfolge bei der Anwendung der verschiedenartigen 82
Normen vorzugehen ist, läßt sich nicht in einer jeden Zweifel ausschließenden Weise beantworten. Rechtsprechung und Lehre in Deutschland wie im Ausland geben ganz überwiegend der *zeitlichen Einordnung* den Vorrang, vor allem deswegen, weil im anderen Falle sachlich bedenkliche Ergebnisse unvermeidbar sind. Bei der Rechtsanwendung ist somit in folgender Weise vorzugehen: Hat sich sowohl das inländische IPR wie das inländische materielle Recht geändert, wie das bei Inkrafttreten des BGB der Fall war, so ist zuerst die Frage zu beantworten, ob das frühere oder das neue Kollisionsrecht maßgebend zu sein hat. Erst wenn diese Frage mit Hilfe der Übergangsnormen des Kollisionsrechts entschieden ist und auf Grund der so bestimmten Kollisionsnorm festgestellt wurde, daß inländisches materielles Recht auf den Fall anzuwenden ist, kann mit Hilfe der Übergangsbestimmungen des materiellen Rechts entschieden werden, ob das frühere oder das neue inländische materielle Recht heranzuziehen ist. Entsprechend ist vorzugehen, wenn auch in der ausländischen Rechtsordnung, auf die die inländischen IPR-Normen verweisen, in dem Zeitraum, in den der Sachverhalt des Rechtsfalles hineinreicht, Rechtsänderungen eingetreten sind.

Bei der Einführung neuer Kollisionsnormen wendet der Gesetzgeber der Rege- 83
lung des Übergangsrechts zumeist weniger Aufmerksamkeit zu als beim Erlaß

---

de lois dans l'espace: Mélanges Roubier (1961) S. 323, 348; Melchior, Grundlagen S. 64 bis 71; Müller, Der Grundsatz des wohlerworbenen Rechts im IPR (1935); Neuhaus, Grundbegriffe S. 201—205; Neumeyer, Die zeitliche Geltung der Kollisionsnormen: NiemeyersZ 12. 1903, 39—50; Niederer, Einführung in die allgemeinen Lehren des IPR (1954) S. 355 bis 364; Niedner, Kollision der zeitlichen und örtlichen Kollisionsnormen: NiemeyersZ 11. 1902, 373—380; Roubier, Le droit transitoire (1960); Wengler, Skizzen zur Lehre vom Statutenwechsel: RabelsZ 23. 1958, 535—572. Wichser, Der Begriff des wohlerworbenen Rechts im IPR (1955); Zitelmann, Verhältnis der örtlichen und zeitlichen Anwendungsnormen zueinander: IherJB 42. 1900, 189—204.

neuer Sachnormen. So fehlen in den meisten IPR-Gesetzen besondere intertemporale Vorschriften; daher muß auch hier auf die *allgemeinen Regeln des* für das materielle Recht geltenden *Übergangsrechts* zurückgegriffen werden.

84 Im Zweifel ist, wie beim Übergangsrecht zum materiellen Recht, auch im IPR davon auszugehen, daß in der Vergangenheit entstandene Sachverhalte und ihre bereits eingetretenen Rechtsfolgen auch weiterhin dem Recht unterliegen, auf das die frühere IPR-Norm verweist; nur die künftigen Wirkungen sind nach dem Recht zu beurteilen, das nach der neuen Kollisionsnorm maßgebend ist; MELCHIOR, Grundlagen S. 64f.; NIEDERER, Einführung S. 358; NEUHAUS, Grundbegriffe S. 202ff. (204); WOLFF, IPR³ S. 2.

2. Deutsches intertemporales Recht.

85 Auch das *EGBGB* enthält *keine intertemporalen Sondervorschriften* für die Kollisionsnormen. Die Frage, ob die allgemeinen Übergangsvorschriften der Art. 153—218 EGBGB entweder unmittelbar oder entsprechend auch auf die Ersetzung der vor 1900 in Deutschland geltenden kollisionsrechtlichen Vorschriften und Grundsätze durch die Bestimmungen der Art. 7—30 EGBGB anzuwenden sind, wird von der herrschenden Meinung nahezu einhellig bejaht; siehe MELCHIOR, Grundlagen S. 64f. und die dort angeführten Entscheidungen; KEGEL, IPR² S. 17; LEWALD, IPR S. 4; SOERGEL-KEGEL⁹, Rdz. 126 vor Art. 7 EGBGB; WOLFF, IPR³ S. 2f.

86 Für die Fälle, in denen nach dem vor 1900 geltenden IPR ein ausländisches Recht anzuwenden gewesen wäre, und bei denen damals keine oder doch keine enge Verbindung mit dem Inland bestanden hatte, hat KAHN, dem auch RAAPE in der vorhergehenden Auflage dieses Kommentars folgt, die Auffassung vertreten, es komme für die (analoge) Anwendung der Übergangsvorschriften des EGBGB darauf an, ob der Fall am Stichtag (1. 1. 1900) bereits durch inländisches Recht beeinflußt, „geprägt“, worden war, d.h. eine Beziehung zum Inland aufwies; KAHN, Abhandlungen S. 368ff., siehe auch RAAPE, IPR⁵ S. 13, Anm. 17. Die Probleme haben heute, nach sieben Jahrzehnten allerdings kaum noch praktische Bedeutung.

3. Statutenwechsel

87 Wenn ein Sachverhalt durch den Übergang der Zuständigkeit auf die Gerichte eines anderen Rechtsgebietes oder durch eine Änderung der Anknüpfungstatsachen (Staatsangehörigkeitswechsel, Wohnsitzverlegung, Verbringen einer Sache in ein anderes Rechtsgebiet u. dergl.) anderen kollisionsrechtlichen oder materiellen Normen unterstellt wird, so entsteht eine Lage, die in vielem derjenigen ähnlich ist, welche durch die Einführung neuer kollisionsrechtlicher oder materiellrechtlicher Vorschriften in einem Rechtsgebiet geschaffen wird. Alle diese Fälle lassen sich unter den, zumeist allerdings nur für den Fall einer Änderung der Anknüpfungstatsachen verwendeten Begriff des *Statutenwechsels* zusammenfassen, wobei nicht zu übersehen ist, daß dieser Fall eines Statutenwechsels (im engeren Sinne) auch eine intertemporale Entscheidung mit einschließt; DÖLLE, IPR S. 10f.; KEGEL, IPR² S. 17; NEUHAUS, Grundbegriffe S. 200ff.; RAAPE, IPR⁵ S. 61f.

88 Die im Mittelpunkt der Problematik des Statutenwechsels stehende Frage, nach welchem Recht der einem solchen Wechsel unterworfene Sachverhalt zu beurteilen ist, bietet in den Fällen keine Schwierigkeiten, die vor dem Statutenwechsel *abgeschlossen* wurden, bei denen also keine weiteren Rechtswirkungen in Betracht kommen; hier ist allein die Rechtsordnung maßgebend, die galt, als der Sachverhalt verwirklicht wurde. Ist der Sachverhalt jedoch bei Eintritt des Statutenwechsels noch nicht abgeschlossen, so sind die bereits entstandenen Rechtswir-

kungen nach dem bisherigen Recht zu beurteilen, während für die Entstehung neuer Rechte und Pflichten die neue Rechtsordnung maßgebend ist. Abweichungen von diesem Grundsatz sind möglich, sei es durch entsprechende ausdrückliche Vorschriften oder durch Eingreifen des ordre public.

E. Interlokales[1] und interpersonales[2] Privatrecht.

1. Allgemein.

In vielen Staaten gelten mehrere Privatrechtsordnungen, sei es daß in verschie- 89
denen Gebietsteilen verschiedenes Privatrecht gilt — wobei es sich um Teilstaaten eines Bundesstaates oder um Gebietsteile handeln kann, die durch eine neue Grenzziehung in den Staat eingegliedert wurden — oder aber, daß verschiedene religiöse oder durch andere Merkmale (Stamm, Stand u. dergl.) bestimmte Bevölkerungsgruppen nach einem besonderen Privatrecht leben. Verweist eine Rechtsanwendungsnorm auf das Recht eines solchen *Mehrrechtsstaates*, so bedarf es noch einer näheren Bestimmung, welche der verschiedenen Privatrechtsordnungen dieses Staates maßgebend zu sein hat. Dies geschieht durch die sog. *Unteranknüpfung:* um die anwendbaren Sachnormen ermitteln zu können, müssen noch weitere (interne) Kollisionsnormen befragt werden.
Die Grundsätze und Normen, nach denen diese Entscheidung zu treffen ist, werden unter dem Begriff des *interlokalen*, *interprovinziellen*, *interkantonalen*, *interregionalen* Privatrechts zusammengefaßt, wenn in verschiedenen Gebietsteilen des Staates verschiedene Privatrechtsordnungen gelten, oder aber als *interreligiöses*, *interpersonales* oder *intergentiles* Privatrecht bezeichnet, wenn es sich um das für bestimmte Personengruppen geltende Recht handelt.[2])

Schwierigkeiten ergeben sich jedoch, wenn das betreffende Staatswesen weder 90
ein gesamtstaatlich geltendes einheitliches Kollisionsrecht für solche Fälle besitzt, noch auch die einzelnen Teilrechtsordnungen ihren Anwendungsbereich übereinstimmend regeln. Auch aus der staatsrechtlichen Struktur der einzelnen Rechtsgebiete können sich solche Schwierigkeiten für die Rechtsanwendung ergeben. Schließlich kann die Frage, ob eine der verschiedenen Privatrechtsordnungen eines Staates zur Anwendung kommt, auch davon abhängen, ob die Rück- oder Weiterverweisung anerkannt wird. Besondere Probleme entstehen für die Rechtsanwendung, wenn neben den mehreren für bestimmte Gebiete oder Personengruppen geltenden Privatrechtsordnungen ein gesamtstaatlich geltendes „*gemeines*" Recht vorhanden ist oder wenn eine der Teilrechtsordnungen diesen Vorrang vor den anderen Teilrechtsordnungen beansprucht; hier ergeben sich Fragen der Rechtsanwendung sowohl im *horizontalen* wie auch im *vertikalen* Bereich zwischen Rechtsordnungen verschiedener Stufen; NEUHAUS, Grundbegriffe S. 211ff.

---

1 BEITZKE, Internationales und interlokales Privatrecht: Festschrift NIPPERDEY (1955) S. 41—57; DÖLLE, IPR S. 11—13; EILERS, Systeme des interlokalen Privatrechts. Rechtsvergleichung und Versuch einer Typisierung (1954); FICKER, Grundfragen des deutschen interlokalen Rechts (1952); KEGEL, Die Anwendung des Rechts ausländischer Staaten mit räumlicher Rechtsspaltung: Festschrift Karl ARNOLD (1955) S. 61—79; LEWALD, Règles générales des conflits de lois (1941) S. 107—119; MELCHIOR, Grundlagen S. 97—100; NEUHAUS, Grundbegriffe S. 209—216. SCRIMALI, I conflitti interregionali di leggi nel diretto internationale (1935); NIEDERER, Einführung in die allgemeinen Lehren des IPR (1956) S. 89—102; DE NOVA, Natura del diritto interlocale: Riv. dir. int. 1940, S. 3—42; DERS., Les systèmes juridiques complexes en droit international privé; RAAPE, IPR[5] S. 146—158.

2 BARTHOLOMEW, Private Interpersonal Law: I. C. L. Q. 1. 1952, 325—344; GANNAGÉ, La distinction des conflits internes et des conflits internationaux de lois: Mélanges ROUBIER I (1961) S. 229—240; GOUWGIOKSIONG, Interpersonal Law in Indonesia: RabelsZ 29. 1965, 545—572; KOLLEWIJN, Intergentiel Recht (1955); LEMAIRE, Kwesties bij de studie van het intergentil recht (1956), italienische Übersetzung in: Dir. Int. 15. 1961 I, 103—122; NEUHAUS, Grundbegriffe S. 217—221; DERS., Zum Kollisionsrecht des Codex Juris Canonici: RabelsZ 30. 1966, 40—53.

91 Das *interlokale* (*interpersonale*) *Privatrecht* hat innerhalb eines Staatswesens, in dem mehrere Privatrechtsordnungen gelten, also die Aufgabe, die das IPR im Verhältnis zwischen den einzelnen Staaten zu erfüllen hat. Ein eindeutiges Unterscheidungsmerkmal für die Zuordnung einzelner Vorschriften und Grundsätze zu der einen oder anderen Normengruppe läßt sich aus dieser allgemeinen Zweckbestimmung allerdings nicht herleiten. Da die Grenzen zwischen dem souveränen Staat und Gebietskörperschaften mit beschränkter Souveränität oder den Gliedstaaten von Bundesstaaten fließend sind, ist auch eine Unterscheidung des interlokalen (interpersonalen) Privatrechts vom IPR problematisch, die darauf abstellt, ob es sich um die Entscheidung der Frage handelt, welche der verschiedenen, in einem „Staatswesen mit komplexer Rechtsordnung" (NEUHAUS) geltenden Rechtsordnungen anzuwenden ist, oder aber um die Verweisung auf das Privatrecht eines einzelnen Staatswesens. Einer so scharfen und eindeutigen Grenzziehung zwischen dem Anwendungsbereich interlokalen Verweisungsrechts und dem IPR bedarf es jedoch auch nicht, da sich das interlokale Recht seinem Wesen nach nicht grundsätzlich vom IPR unterscheidet. Siehe hierzu BEITZKE, Festschrift NIPPERDEY S. 45; DÖLLE, IPR S. 12; NEUHAUS, Grundbegriffe 211; SOERGEL-KEGEL[9], Rdz. 128 vor Art 7 EGBGB und die dort aus Rechtsprechung und Schrifttum angeführten Belege für diese insbes. auch im deutschen Recht durchweg herrschende Auffassung; RAAPE, IPR[5] S. 147; a.M. FICKER a.a.O. S. 26—52.

92 Die Aufgabe des interlokalen Privatrechts ebenso wie die des IPR ist es, eine Entscheidung darüber zu ermöglichen, nach welcher von mehreren nebeneinander geltenden Privatrechtsordnungen ein bestimmter Sachverhalt zu beurteilen ist. Die beiden Gruppen von Kollisionsnormen gemeinsame Aufgabe, die maßgebende Rechtsordnung zu finden, läßt sich zwar nicht in allen Fällen durch sachlich völlig übereinstimmende Grundsätze lösen, die Methoden der Lösung sind aber in beiden Fällen im wesentlichen gleich, die Unterschiede betreffen vorwiegend den Inhalt einzelner Normen oder zeigen sich in der Verschiedenartigkeit der Rechtsquellen. Aber Unterschiede in der Ausgestaltung oder Anwendung der Rechtssätze, etwa bei der Anknüpfung, der Qualifikation, dem Renvoi, dem ordre public, bestehen nicht nur im Verhältnis zwischen dem IPR und dem interlokalen (interpersonalen) Privatrecht, sondern auch zwischen den verschiedenen Regelungen des IPR wie auch, in noch größerer Zahl, zwischen den verschiedenen Einzelordnungen des interlokalen (interpersonalen) Privatrechts. Ebensowenig läßt sich aus der Art der Rechtsquellen ein brauchbares Unterscheidungsmerkmal ableiten; beide kollisionsrechtlichen Bereiche können in Mehrrechtsstaaten Gegenstand gesamtstaatlicher Gesetzgebung sein. Es hängt von der Rechtsstellung der einzelnen Teilgebiete innerhalb des Gesamtstaates und von der Bedeutung der zentralistischen und föderalistischen Tendenzen ab, ob es zu einer solchen gesamtstaatlichen Regelung in beiden Bereichen kommt und falls keine solche Regelung erfolgt, wie die Kollisionsnormen in den Teilgebieten durch Gesetzgebung und Rechtsprechung weiter entwickelt werden. Die große Vielfalt der Möglichkeiten, das Verhältnis zwischen Gesamtstaat und Teilrechtsgebiet zu gestalten, bringt es mit sich, daß auch die Versuche, die Mehrrechtsstaaten nach bestimmten äußeren Merkmalen in Gruppen einzuteilen, um auf diese Weise auch Ordnung in die Vielfalt der verschiedenen interlokalrechtlichen zu bringen, „von recht begrenztem Wert" sind; NEUHAUS, Grundbegriffe S. 213.

2. Mehrrechtsstaaten.

93 Die Bedeutung, welche dem interlokalen und interpersonalen Privatrecht in der kollisionsrechtlichen Praxis zukommt, zeigt ein Überblick über die Staaten, in denen solche Fragen eine Rolle spielen. Nach dem Ende des ersten Weltkrieges war ihre Zahl durch Grenzverschiebungen und die Neugründung von Staaten

in Europa stark angewachsen; inzwischen ist jedoch in vielen von ihnen die Rechtseinheit auf dem Gebiete des Privatrechts ganz oder doch in weiten Bereichen hergestellt worden. So haben eine Reihe dieser Staaten, die durch Gebietsannexionen zu Mehrrechtsstaaten geworden waren, insbes. Belgien, Dänemark, Frankreich und Italien, schon einige Jahre nach dem Ende des ersten Weltkrieges die Rechtseinheit durch Ausdehnung des im bisherigen Staatsgebiet geltenden Privatrechts auf die neu erworbenen Gebietsteile hergestellt.
In *Belgien* hat das deutsche Recht im Gebiet Eupen-Malmedy-St. Vith bis zum 31. 12. 1926 gegolten. — In *Dänemark* wurde das dänische Privatrecht durch das Gesetz Nr. 123 vom 1. 6. 1929 auch in Nordschleswig in Kraft gesetzt. — In *Elsaß-Lothringen* galt bis zum 31. 5. 1924 deutsches Recht. — *Italien* hat das italienische Recht mit Wirkung vom 1. 7. 1929 in den ehemals österreichischen Gebieten eingeführt.

In den Staaten Ostmitteleuropas, die nach dem ersten Weltkrieg mit den verschiedenen in ihr Staatsgebiet einverleibten Gebietsteilen auch das dort geltende Privatrecht übernommen hatten, kam die Rechtseinheit in den meisten Fällen erst nach dem zweiten Weltkrieg zustande, zum Teil besteht die Rechtsverschiedenheit noch heute. 94

Polen zerfiel in fünf (später vier) Rechtsgebiete, in denen deutsches, österreichisches, französisches, (vorrevolutionäres) russisches und ungarisches Privatrecht galt. Die Bemühungen um eine gesamtstaatliche Rechtsvereinheitlichung hatten bis zum zweiten Weltkrieg nur für das Schuld- und Handelsrecht Erfolg, die übrigen Teile des Privatrechts wurden erst nach 1945 einheitlich geregelt. 95

In der *Tschechoslowakei* galt im Westteil des Staates (Böhmen, Mähren-Schlesien) das österreichische (ABGB mit Nebengesetzen) und in der Slowakei (und Karpathorußland) ungarisches Recht. Erst durch das Familienrechtsgesetz von 1949 und das BGB von 1950, an deren Stelle mit Wirkung vom 1. 4. 1964 inzwischen das Familiengesetz vom 4. 12. 1963 und das BGB vom 26. 2. 1964 getreten sind, wurde das Privatrecht gesamtstaatlich einheitlich geregelt. 96

In *Jugoslawien* (7 Rechtsgebiete) ist die Rechtseinheit, die schon in der Zwischenkriegszeit vergeblich angestrebt wurde, auch heute noch nicht ganz erreicht. Am Ende des zweiten Weltkrieges wurden zwar alle Rechtsvorschriften aufgehoben, die am 6. 4. 1941 in Jugoslawien in Kraft waren, bis zum Erlaß neuer Vorschriften, können die früheren Rechtsgrundsätze jedoch angewandt werden, allerdings ohne daß auf die aufgehobenen Gesetze Bezug genommen werden darf. Inzwischen sind zwar auf vielen, aber nicht auf allen Sachgebieten neue gesamtstaatliche Gesetze erlassen worden. 97

In *Rumänien*, das nach 1918 in vier Rechtsgebiete zerfiel, wurde erst 1943 das ZGB von 1864 (Codul civil) auf das ganze Staatsgebiet ausgedehnt. 98

Zur Rechtsgeographie Ostmitteleuropas in der Zeit von 1918—1958 siehe SLAPNICKA, Der Untergang des österreichischen Rechtsraumes: Z. f. Ostforschung 6. 1957, 161—179; BAADE. Die Privatrechtsgeographie Ost- und Südeuropas seit 1938: JIR 7. 1957, 315—341; KORKISCH. Das Privatrecht Ost-Mitteleuropas in rechtsvergleichender Sicht: RabelsZ 23. 1958, 201—230.

Der bundesstaatliche Aufbau der *UdSSR* hat auf den Sachgebieten, die ganz oder teilweise der Gesetzgebungskompetenz der Unionsrepubliken unterstehen, zu Unterschieden des in den einzelnen Bundesstaaten geltenden Rechts geführt. Obwohl schon die Verfassung von 1924 (Art. 1 p) dem Unionsgesetzgeber die Befugnis eingeräumt hatte, „*Grundlagen*" der Zivilgesetzgebung zu erlassen, die für die Gesetzgebung des Unionsgesetzgebers und der Teilrepubliken verbindlich sein sollten, eine Befugnis, die in der Verfassung von 1936 (Art. 14) wiederholt und 1947 durch eine entsprechende Ergänzung der Verfassung auch auf das Familienrecht ausgedehnt wurde, ergingen die „*Grundlagen der Zivilgesetzgebung*" erst am 99

8. 12. 1961 und die „*Grundlagen der Gesetzgebung über Ehe und Familie*" am 27. 6. 1968. — Da die „*Grundlagen*" den betreffenden Fragenbereich nicht vollständig und in allen Einzelheiten regeln, sondern der Gesetzgebung der Unionsrepubliken einen gewissen allerdings genau festgelegten Spielraum lassen, wird auch in Zukunft der Rechtszustand in den einzelnen Teilstaaten im Bereich des Familien- wie des Zivilrechts Unterschiede aufweisen.

100 Eine Reihe von Staaten sind als Bundesstaaten, so die Vereinigten Staaten von Nordamerika, oder herkömmlicherweise, wie etwa Großbritannien, oder aber ihrer besonderen gesellschaftlichen Struktur nach (Indien) Mehrrechtsstaaten, in denen eine Rechtsvereinheitlichung in allen Bereichen des Privatrechts nicht zu erwarten ist.

Das Privatrecht der *Vereinigten Staaten von Nordamerika* beruht auf dem *common law*, das aber in den einzelnen Bundesländern manche Abweichungen aufweist und durch zahlreiche Gesetze der einzelnen Bundesstaaten ergänzt ist; in *Lousiana* gilt der auf älterem spanischen Recht und dem französischen code civil beruhende *Civil code* von 1808/1825/1870. Einige privatrechtliche Bereiche sind in den USA auch durch Bundesrecht geregelt (*federal law*), in verschiedenen Gruppen von Bundesstaaten gelten auch Einheitsgesetze (*uniform acts*).

101 In den zu *Großbritannien* (*United Kingdom*) gehörenden Gebieten (England, Schottland, Nordirland, Kanalinseln, Isle of Man und den Kolonien sowie in den Staaten des Commonwealth gilt teilweise verschiedenes Privatrecht, das im *Vereinigten Königreich*, in *Australien* und in *Kanada* im wesentlichen auf dem common law beruht; in der kanadischen Provinz *Quebec* jedoch gilt französisches Recht, das 1866 kodifiziert wurde.

102 Rechtsverschiedenheit für einzelne (insbes. religiöse) Bevölkerungsgruppen besteht, vor allem im Bereich des Personen-, Familien- und Erbrechts in vielen Staaten Asiens (z.B. *Burma, Indien, Irak, Iran, Israel, Pakistan, Syrien*) und außer in den Staaten Nordafrikas auch in den meisten übrigen neu entstandenen Staaten dieses Kontinents; siehe DAVID/GRASMANN S. 471f.

3. Regelungen des Interlokalen Privatrechts.

103 Aus der Rechtsverschiedenheit in einem Staat erwächst dessen Gesetzgeber eine besondere Aufgabe: er hat nicht nur die Grenze zwischen dem inländischen und dem ausländischen Recht zu ziehen sondern auch zwischen den Partikularrechten selbst. Die hier erforderlichen Kollisionsnormen sind auch für den Richter eines fremden Staates von Bedeutung.

104 Nur in verhältnismäßig wenigen Mehrrechtsstaaten ist (bzw. war) das innerstaatliche Rechtsanwendungsrecht jedoch gesamtstaatlich einheitlich geregelt. So hat die *Schweiz* diesen Fragenbereich in dem bekannten „Bundesgesetz betreffend die zivilrechtlichen Verhältnisse der Niedergelassenen und Aufenthalter" vom 25. 6. 1891 geregelt, dessen Bestimmungen aber, soweit das interlokale (*interkantonale*) Privatrecht in Frage steht, durch das ZGB von 1907 viel von ihrer praktischen Bedeutung eingebüßt haben. In den europäischen Staaten, die nach dem ersten Weltkrieg Mehrrechtsstaaten wurden, wurde das interlokale Privatrecht außer in *Frankreich* (für die Übergangszeit bis 1924) nur in *Polen* durch das „Gesetz über das für die innerstaatlichen Privatrechtsverhältnisse geltende Recht" vom 2. 8. 1926 gesamtstaatlich geregelt. In den anderen Mehrrechtsstaaten Ostmitteleuropas (*Jugoslawien, Rumänien* und bis 1948 auch in der *Tschechoslowakei*) fehlten einheitliche interlokalrechtliche Vorschriften. In jedem Teilrechtsgebiet dieser Staaten wurden in der Regel die internationalprivatrechtlichen Vorschriften der betreffenden Teilrechtsordnung auch auf die interlokalen Kollisionen entsprechend angewendet. Dieser Grundsatz gilt auch in den anderen Mehrrechts-

staaten, vor allem in Bundesstaaten, in denen die Gesetzgebung auf dem Gebiet des Privatrechts häufig Sache der Einzelstaaten ist. In der *UdSSR* sind die aus den Unterschieden der einzelstaatlichen Regelungen sich ergebenden Fragen „der Anwendung der Zivilgesetzgebung einer Unionsrepublik in einer anderen Unionsrepublik" in Art. 18 der „*Grundlagen der Zivilgesetzgebung*" von 1961 geregelt; siehe Rubanov, Fragen des IPR in den Grundlagen für die Zivilgesetzgebung der UdSSR und der Unionsrepubliken: RabelsZ 27. 1962/63, S. 698—723.

Bei der entsprechenden Anwendung können die räumlichen Anknüpfungsmomente, wie der Ort des Abschlusses oder der Erfüllung eines Vertrages, der Tatort einer unerlaubten Handlung, der Ort der Belegenheit einer Sache, auch für die Anknüpfung an den Geltungsbereich einer Teilrechtsordnung herangezogen werden, dagegen versagt in einem solchen Falle in der Regel das auf den Staat bezogene Anknüpfungsmoment der Staatsangehörigkeit. Nur wenn sich die Teilrechtsordnungen eines Bundesstaates mit dem Gebiet der einzelnen Bundesstaaten decken und eine besondere Teilgebietsangehörigkeit besteht, ist auch im interlokalen Bereich diese Anknüpfung möglich. In allen anderen Fällen muß anstelle der Staatsangehörigkeit ein anderes persönliches Anknüpfungsmoment herangezogen werden. In Frage kommen *Wohnsitz* oder *gewöhnlicher Aufenthalt*. Der Unterschied zwischen diesen beiden Anknüpfungen ist praktisch gering, er tritt nur beim abgeleiteten Wohnsitz in Erscheinung, soweit der Gleichberechtigungsgrundsatz gilt also nur beim gesetzlichen Wohnsitz der Kinder. Im deutschen interlokalen Recht der Gegenwart ist jedoch gerade dieser Unterschied bedeutsam. 105

4. Das deutsche Interlokale Privatrecht, insbes. das Interzonale Privatrecht.

In *Deutschland* war schon vor Inkrafttreten des BGB auf wichtigen Teilgebieten des Privatrechts die Rechtseinheit hergestellt worden. Noch vor Gründung des Deutschen Reichs war das Wechselrecht (WO von 1849), das Handelsrecht (AHGB von 1861) und das Genossenschaftsrecht (GenG von 1869) einheitlich geregelt und nach 1871 folgte, abgesehen vom GmbH-Gesetz von 1892, eine Reihe von Neufassungen handelsrechtlicher Gesetze (z.B. HGB von 1897, GenossenschaftsGes. von 1889) sowie die Rechtsvereinheitlichung im Bereich des gewerblichen Rechtsschutzes, des Urheberrechts und des Privatversicherungsrechts (VVG von 1908). Mit diesen Gesetzen, vor allem aber mit dem Inkrafttreten des BGB am 1. 1. 1900 war die im Deutschen Reich bestehende Rechtsverschiedenheit auf dem Gebiet des Privatrechts beseitigt und das bis dahin wichtige interlokale Privatrecht nur noch für einige Sonderfragen von Bedeutung. Erst durch die Einverleibung anderer Rechtsgebiete in das Deutsche Reich in der Zeit zwischen 1938 und 1945 ergaben sich wieder Fragen des interlokalen Privatrechts in größerer Zahl; siehe hierzu Flechsig, Die Grundprobleme des deutschen interlokalen Privatrechts in Rechtslehre und Rechtsprechung der Jahre 1938—1945 (1951) mit umfangreichen Nachweisen; Hubernagel, Das interlokale und interpersonale Privatrecht im großdeutschen Raum (1942). 106

Im *gespaltenen Deutschland* hat die Rechtsentwicklung vor allem durch die Einbeziehung der sowjetisch besetzten Zone in die Umgestaltung des Privatrechts nach sowjetischem Muster zunehmend zu einer Rechtsverschiedenheit geführt, die sich im Laufe der letzten Jahre durch eine Reihe wichtiger Gesetze in beiden Teilen Deutschlands immer mehr vertieft hat. Die Grundsätze, nach denen die Fragen der Rechtsanwendung im Verhältnis zwischen diesen beiden Teilen Deutschlands zu lösen sind, werden unter dem Begriff des *interzonalen Rechts* zusammengefaßt[1]. 107

---

[1] *Schrifttum:* Beitzke, Hauptproblem des interzonalen Privatrechts: JR 1952, 1—5, 141—145, 419—423; ders., Festschrift Nipperdey S. 41—57; ders., Die Anwendung der Grund-

108 Die Spaltung der einheitlichen Rechtsordnung, eingeleitet durch die auf eine grundsätzliche Abwendung vom bisherigen gemeinsamen Recht ausgerichtete Rechtspolitik des Regimes im anderen Teil Deutschlands, gibt den kollisionsrechtlichen Problemen, die das *interzonale Recht* zu lösen hat, eine besondere Note. Wenn auch die Rechtsentwicklung auf einigen Gebieten in beiden Teilen Deutschlands äußerlich gesehen teilweise im ähnlichen Sinne verläuft (Gleichberechtigung der Geschlechter sowie der ehelichen und unehelichen Kinder u.a.), ist die privatrechtliche Zusammengehörigkeit doch in einem Ausmaß zerstört oder in Frage gestellt, daß selbst auf die *Vorbehaltsklausel* nicht verzichtet werden kann. Die Unterschiede des materiellen Rechts treten bei der Rechtsanwendung im Bereich des interzonalen Privatrechts häufig schärfer hervor und nehmen leichter den Charakter eines Gegensatzes an als dies sonst im interlokalen Privatrecht der Fall ist. Andererseits ist die im Schrifttum wie in der Praxis des IPR durchaus herrschende richtige Ansicht, daß *von der Vorbehaltsklausel nur sehr zurückhaltend Gebrauch gemacht werden soll*, gerade hier *besonders zu beachten*, da jede Anwendung der Vorbehaltklausel die Trennung zwischen den beiden Teilen Deutschlands zwangsläufig verschärft; vgl. OLG Hamm 5. 2. 1959; IzRspr. 1960—1961 Nr. 84a. Demgemäß greifen die Gerichte im interzonalen Bereich nur dann auf den *ordre public* zurück wenn eine „*erhebliche Verletzung rechtsstaatlicher Grundsätze*" vorliegt.
Siehe etwa die Entscheidungen des BGH vom 9. 12. 1955: IzRspr. 1954/57, Nr. 4; 9. 5. 1956: IzRspr. 1954/57, Nr. 322; 14. 7. 1956: IzRspr. 1954/57, Nr. 368 b; 30. 11. 1960: IzRspr. 1960/61, Nr. 178a; 28. 1. 1965: IzRspr. 1964/65, Nr. 68. — *BSG* 16. 4. 1964: IzRspr. 1964/65, Nr. 101; *KG Berlin-West* 12. 3. 1964: IzRspr. 1964/65, Nr. 109; 18. 9. 1964: IzRspr. 1964/65, Nr. 111; 25. 1. 1965: IzRspr. 1964/65 Nr. 99; 12. 3. 1965: IzRspr. 1964/65, Nr. 113; *OLG Frankfurt/M.* 3. 11. 1964, IPRspr. 1964/65, Nr. 100; *LG Berlin-West* 30. 12. 1964, IzRspr. 1964/65, Nr. 103.

109 Die *Grundsätze des interzonalen Verweisungsrechts sind* für die Fälle, in denen die Sachnormen nicht mehr übereinstimmen, von der Rechtsprechung ebenfalls *in Anlehnung an die Regeln des IPR entwickelt worden.*
Siehe hierzu die Nachweise aus der Rechtsprechung bei SOERGEL-KEGEL[9]: Rdz. 128 Note 2 vor Art. 7 EGBGB—Weitere Entscheidungen: *BGH* 14. 6. 1960: IzRspr. 1960/61, Nr. 8; 2. 11. 1962: BGHZ 40, 32; 21. 6. 1963: IzRspr. 1962/63 Nr. 7; 28. 1. 1965: IzRspr. 1964/65 Nr. 68. — BSG 11. 5. 1962: IzRspr. 1962/63 Nr. 116. — *KG Berlin-West* 11. 1. 1962: IzRspr. 1962/63 Nr. 9; 1. 8. 1962: IzRspr. 1962/63 Nr. 15; 3. 1. 1963: IzRspr. 1962/63 Nr. 12; 18. 9. 1963: IzRspr. 1962/63

---

sätze des internationalen Privatrechts auf interlokale Kollisionen in Deutschland: Deutsche Landesreferate zum IV. internationalen Kongreß für Rechtsvergleichung in Paris 1954 (1955) S. 125—144; BEUCK, Interzonales Privatrecht. Gesetzgebung, Materialien und Judikatur zur Ost-West-Rechtsspaltung (1951); BLOMEYER, Die Auswirkungen der Entwicklung des sowjetzonalen Zivilrechts auf interzonale Rechtsverhältnisse (1951); DÖLLE, Betrachtungen zum ausländischen, internationalen und interzonalen Privatrecht im besetzten Deutschland: Festschrift Leo RAAPE (1948) S. 149—179; DROBNIG, Interzonale Kollisionsnormen in der Gesetzgebung Deutschlands: RabelsZ 19. 1954, 463—476; DERS., Die entsprechende Anwendung des IPR auf das interzonale Recht Deutschlands: JbOstR 2. 1961 II, 31—55; FICKER a. a. O.; KÜHLBRODT, Zur Methode der Anwendung des Rechts der SBZ in der BRD: ROW 8. 1964, 107—116; MARQUORDT, Zum heutigen interlokalen Privatrecht in Deutschland: MDR 1949, 5—8, 135—137, 1950, 8—12; 1951, 390—395; RAAPE, IPR[5] S. 151—158; SOERGEL-KEGEL[9] Rdz 127—138 vor Art. 7 EGBGB; WENGLER, Prinzipienfragen des interzonalen Rechts in Deutschland: NJW 1951, 49—53; WOLFF, Probleme des interlokalen Privatrechts in Deutschland: Festschrift RAAPE (1948) S. 181—202; WOLLNY, Können die Grundsätze des IPR auf das interzonale Recht angewandt werden? (1951) — *Rechtsprechung:* DROBNIG, Sammlung der deutschen Entscheidungen zum interzonalen Privatrecht. [Bisher 6 Bde.] 1945—1953 (1957), 1954—1957 (1960/1), 1958—1959 (1962), 1960—1961 (1964), 1962—1963 (1967), 1964—1965 (1969).

Nr. 148; 8. 1. 1965: IzRspr. 1964/65 Nr. 14; 2. 6. 1966: OLGZ 1966, 499; 5. 9. 1966: OLGZ 1966, 592; 13. 11. 1967: OLGZ 1968, 76. — *OLG Düsseldorf* 25. 11. 1964: IzRspr. 1964/65 Nr. 9; *OLG Frankfurt* 1. 6. 1962: IzRspr. 1962/63 Nr. 38; 30. 5. 1963/16. 1. 1964: IzRspr. 1962/63 Nr. 1; *OLG Stuttgart* 20. 7. 1965: IzRspr. 1964/65 Nr. 17. — *LG Arnsberg* 16. 1. 1961: IzRspr. 1960/61 Nr. 24; *LG Berlin-West* 11. 2. 1960: IzRspr. 1960; IzRspr. 1960/61 Nr. 21; *LG Darmstadt* 6. 10. 1960: IzRspr. 1960/61 Nr. 13. *LG Dortmund* 22. 4. 1965: IzRspr. 1964/65 Nr. 24; *LG Frankenthal* 20.9.1961: IzRspr. 1960/61 Nr. 25; *LG Hagen* 21. 7. 1961: IzRspr. 1960/61 Nr. 50; *LG Hamburg* 31. 8. 1961: IzRspr. 1960/61 Nr. 71; *LG Karlsruhe* 12. 3. 1964: IzRspr. 1964/65 Nr. 12; *LG Lüneburg* 29. 5. 1962: IzRspr. 1962/63 Nr. 2; *LG Osnabrück* 5. 3. 1965: IzRspr. 1964/65 Nr. 22; *LG Tübingen* 7. 4. 1965: IzRspr. 1964/65 Nr. 23.

Dabei bietet die Anknüpfung, soweit räumliche Anknüpfungsmomente in Frage 110 kommen, keine besonderen Schwierigkeiten. Nur bei der *Anknüpfung der persönlichen Rechtsverhältnisse* haben sich Zweifelsfragen ergeben. *Die Anknüpfung an die Staatsangehörigkeit ist auch hier unbrauchbar.*

Diese Feststellung gilt auch und gerade der neugeschaffenen „Staatsbürgerschaft 111 der Deutschen Demokratischen Republik" gegenüber. Nach dem „Gesetz über die Staatsbürgerschaft der Deutschen Demokratischen Republik" vom 20. 2. 1967, GBl. I/3, ist nämlich „Staatsbürger der Deutschen Demokratischen Republik..., wer zum Zeitpunkt der Gründung der Deutschen Demokratischen Republik deutscher Staatsangehöriger war, in der Deutschen Demokratischen Republik seinen Wohnsitz oder ständigen Aufenthalt hatte und die Staatsbürgerschaft der Deutschen Demokratischen Republik seitdem nicht verloren hat" (§ 1); Kinder erwerben ohne Rücksicht auf ihren Geburtsort diese „Staatsbürgerschaft", wenn auch nur ein Elternteil sie besitzt (§ 5). Danach werden also auch alle in der Bundesrepublik geborenen Kinder der sog. Zonenflüchtlinge aus der Zeit seit dem 7. 10. 1949 als „Staatsbürger der Deutschen Demokratischen Republik" in Anspruch genommen; siehe hierzu ZIEGER, Das Staatsbürgerschaftsgesetz der DDR (1969).

Die Frage, welches Anknüpfungsmoment an Stelle der Staatsangehörigkeit heran- 112 zuziehen ist, wurde lange Zeit von Lehre und Rechtsprechung verschieden beantwortet. Während das *Schrifttum* von Anfang an ganz überwiegend für die *Anknüpfung an den gewöhnlichen Aufenthalt* eintrat, ist die Rechtsprechung nicht einheitlich; siehe hierzu insbes. BEITZKE: Deutsche Landesreferate 4 (1954) S. 140; DERS., Festschrift NIPPERDEY S. 49; DÖLLE: Festschrift RAAPE S. 178; RAAPE, IPR[5] S. 154; SOERGEL-KEGEL[9] Rdz. 135 vor Art. 7 EGBGB; WOLFF, Festschrift RAAPE S. 186; a.M. FICKER a.a.O. S. 37 ff., der für die Anknüpfung an den Wohnsitz eintritt.

Zunächst haben die Gerichte *überwiegend* der *Anknüpfung an den Wohnsitz* den Vorzug gegeben; siehe die Nachweise bei SOERGEL-KEGEL[9] Rdz. 135 Note 18 vor Art. 7 EGBGB.

In den letzten Jahren hat sich aber *auch in der Rechtsprechung die Anknüpfung an den gewöhnlichen Aufenthalt durchgesetzt*: von vereinzelten Ausnahmen in besonders gelagerten Fällen abgesehen, wird der gewöhnliche Aufenthalt jetzt ganz überwiegend für maßgebend erklärt.

Siehe *BGH* 21. 6. 1963: *BGHZ* 40, 32; *KG Berlin-West* 11. 1. 1962: IzRspr. 1962/63 Nr. 9 (mit eingehenden Nachweisen); 3. 1. 1963: IzRspr. 1962/63 Nr. 12; 18. 9. 1963: IzRspr. 1962/63 Nr. 148; 1. 3. 1965: IzRspr. 1964/65 Nr. 123; 5. 9. 1966: OLGZ 1966, 592; 13. 11. 1967: OLGZ 1968, 76; *BayerOlG* 16. 2. 1966: JZ 1966, 364, FamRZ 1967, 177; *OLG Celle* 26. 3. 1963: IzRspr. 1962/63 Nr. 147; *OLG Düsseldorf* 25. 11. 1964: IzRspr. 1964/65 Nr. 9; *OLG Hamm* 5. 2. 1965: IzRspr.

1964/65 Nr. 122; *OLG Stuttgart* 20. 7. 1965: IzRspr. 1964/65 Nr. 17. — *LG Arnsberg* 17. 1. 1966: FamRZ 1966, 311; *LG Berlin-West* 30. 12. 1964: IzRspr. 1964/65 Nr. 103; *LG Darmstadt* 6. 10. 1960: IzRspr. 1960/61 Nr. 13; *LG Frankenthal* 24. 2. 1964: IzRspr. 1964/65 Nr. 11; *LG Hagen* 21. 7. 1961: IzRspr. 1960/61 Nr. 50; *LG Karlsruhe* 12. 3. 1964: IzRspr. 1964/65 Nr. 12; *LG Lüneburg* 29. 5. 1962: IzRspr. 1962/63 Nr. 2.

F. Quellen des Internationalen Privatrechts.

I. Allgemein.

113 Das IPR ist, wie erwähnt, in der Gegenwart fast ausschließlich *staatliches Recht.* Nur ausnahmsweise haben auch andere Rechtsgemeinschaften, z. B. religiöse Gemeinschaften, das Recht, darüber zu bestimmen, unter welchen Voraussetzungen ihre Rechtsordnung Anwendung findet; in der Regel nimmt der Staat dieses Recht auch für den Bereich des *interpersonalen* und *intergentilen* Privatrechts für sich in Anspruch.

114 Gegenstand staatlicher Gesetzgebung wurde das IPR, seitdem sich in der zweiten Hälfte des 18. Jahrhunderts die Auffassung durchsetzte, daß die Rechtssetzung grundsätzlich allein der Gesetzgebungsgewalt des Staates untersteht, eine Auffassung, die zuerst und vor allem in den großen Privatrechtskodifikationen der späteren Naturrechtszeit (ALR, code civil, ABGB) ihren Ausdruck fand. Alle diese Gesetzbücher enthielten auch Kollisionsnormen; am ausführlichsten ist die Regelung des ALR (Einl. §§ 23—45), während sich die beiden anderen Gesetzgebungswerke mit einigen wenigen Regeln begnügten. Im Laufe des 19. und des 20. Jahrhunderts wurde das IPR auch in anderen Rechtsordnungen in zunehmendem Maße Gegenstand der Gesetzgebung, aber auch dort, wo es zu keiner gesetzlichen Regelung kam, wurde das Kollisionsrecht zu einem Bestandteil der staatlichen Rechtsordnung. An die Stelle des von den Glossatoren und Kommentatoren (Postglossatoren) entwickelten und Jahrhunderte lang als gemeines Recht angesehenen kollisionsrechtlichen Grundsätze (sog. *Statutenlehre*) ist im Laufe der beiden letzten Jahrhunderte auf diese Weise ein *System staatlicher Kollisionsnormen* und *-grundsätze* getreten. Die *gemeinrechtliche Grundlage*, von der die selbständige Entwicklung des IPR in den einzelnen Staaten ausging, wirkt jedoch inhaltlich auch weiterhin im Kollisionsrecht bis in die Gegenwart nach. So stammen einige wichtige Grundsätze des modernen IPR, die sich in allen Kollisionsrechtsordnungen, wenn auch nicht in völlig übereinstimmender Bedeutung finden, aus diesem gemeineuropäischen Kollisionsrecht des Mittelalters und der frühen Neuzeit (siehe oben Abschnitt C III).

115 Obwohl die Zahl der gesetzlichen Regelungen in den letzten Jahrzehnten beträchtlich zugenommen hat, gibt es in sehr vielen staatlichen Rechtsordnungen noch keine oder doch jedenfalls keine vollständige gesetzliche Regelung des Internationalen Privatrechts.

Die das IPR regelnden Normen aller staatlichen Rechtsordnungen ebenso wie das staatsvertraglich vereinbarte IPR enthält das Sammelwerk von MAKAROV, Quellen des IPR, 2 Bde. (1960ff.).

II. Gesetzliche Quellen des deutschen IPR[1].

116 1. **Hauptquelle** des deutschen IPR sind die *Artt. 7—31 EGBGB*, die aber nur Vorschriften über das *Internationale Personen-*, *Familien-* und *Erbrecht* sowie über einige allgemeine Fragen — *Form der Rechtsgeschäfte* (Art. 11), *Rückverweisung*

[1] DÖLLE, IPR S. 21—23; KEGEL, IPR² S. 70ff.; MAKAROV, Quellen I Deutschland; DERS., Gesetzliche Normen des Internationalen Privat- und Zivilprozeßrechts in Deutschland 1945—1954: RabelsZ 20. 1955, 105—121; MÜLLER/WAEHLER, Die deutsche Gesetzgebung auf dem Gebiete des Internationalen Privat- und Prozeßrechts 1955—1964: RabelsZ 30.

(Art. 27), *Vorbehaltsklausel* (Art. 30) — enthalten. Nicht geregelt ist das Internationale Sachenrecht und — von der kollisionsrechtlichen Beurteilung der unerlaubten Handlungen abgesehen (Art. 12) — das Internationale Schuldrecht. Für beide Fragenbereiche gilt im deutschen IPR *Gewohnheitsrecht*.

a) IPR-Vorschriften des EGBGB und die sie ergänzenden und abändernden Vorschriften.

Abänderungen des ursprünglichen Wortlautes und **Zusatznormen sind** bei folgenden Artikeln des EGBGB zu beachten:

(1) *Art. 9 EGBGB* wurde durch § 46 Abs. 2 Buchst. b des Gesetzes über die Verschollenheit, die Todeserklärung und die Feststellung der Todeszeit vom 4. 7. 1939, RGBl. I 1186, aufgehoben und durch § 12 dieses Gesetzes ersetzt. In der BRD und in West-Berlin gilt diese Bestimmung jetzt in der Fassung des Verschollenheitsgesetzes vom 15. 1. 1951, BGBl. I 63. **117**

(2) *Art. 10 EGBGB* wurde durch § 30 Abs. 1 Z.4 des Vereinsgesetzes vom 5. 8. 1964, BGBl. I 593, aufgehoben, das in den §§ 14—18 keine IPR-Vorschriften, sondern nur Bestimmungen fremdenrechtlichen Charakters enthält. **118**

(3) *Art. 12 EGBGB* wurde ergänzt durch die VO über die Rechtsanwendung bei Schädigungen von deutschen Staatsangehörigen außerhalb des Reichsgebietes vom 7. 12. 1942, RGBl. I 706, deren Fortgeltung umstritten ist (siehe die Ausführungen zu Art. 12 EGBGB). **119**

(4) *Art. 13 EGBGB* wird ergänzt durch

(a) Gesetz betreffend die Eheschließung und die Beurkundung des Personenstandes von Bundesangehörigen im Ausland vom 4. 5. 1870, RGBl. 599, in der Fassung des Gesetzes vom 20. 12. 1934, RGBl. I 1260 und des Gesetzes vom 14. 5. 1936, RGBl. I 477. **120**

(b) § 15a Ehegesetz, eingefügt durch Kontrollratsgesetz Nr. 52 vom 21. 4. 1947, ABlKR 273: Verlobte, von denen keiner die deutsche Staatsangehörigkeit besitzt, können vor dem ordnungsgemäß ermächtigten Vertreter des Heimatstaates eines der Verlobten und in der von den Gesetzen dieses Staates vorgeschriebenen Form die Ehe schließen.

(5) *Art. 15 EGBGB*: Durch das Gesetz vom 4. 8. 1969, BGBl. I 1067, über den ehelichen Güterstand von Vertriebenen und Flüchtlingen wurde der Grundsatz der Umwandelbarkeit des Güterstandes für Ehegatten, die zu diesem Personenkreis gehören und die „beide ihren gewöhnlichen Aufenthalt im Geltungsbereich dieses Gesetzes haben und im gesetzlichen Güterstand eines außerhalb des Geltungsbereichs dieses Gesetzes maßgebenden Rechts leben", aufgegeben; für sie gilt ab 1. 10. 1969 das eheliche Güterrecht des BGB. **121**

(5) *Art. 17 EGBGB:* Abs. 3 gilt in der Fassung des § 4 der 4. DVO zum Ehegesetz 1938 vom 25. 10. 1941, RGBl. I 654; Abs. 4 in der Fassung des § 29 der 1. DVO zum Ehegesetz 1938 vom 28. 7. 1938, RGBl. I 923. **122**

(6) *Art. 18 EGBGB:* Abs. 2 wurde eingefügt durch Art. 2 § 8 Abs. 1 des Gesetzes über die Änderung und Ergänzung familienrechtlicher Vorschriften und über die Rechtsstellung der Staatenlosen vom 12. 4. 1938, RGBl. I 380. **123**

(7) *Art. 29 EGBGB* hat seine jetzige Fassung ebenfalls durch das Gesetz vom 12. 4. 1938, RGBl. I 380 (Art. 7 § 25) erhalten. **124**

1966, 54—104; RAAPE, IPR[5] S. 14—22; SOERGEL-KEGEL[9], Rdz. 2—20. — *Entscheidungen:* Die deutsche Rechtsprechung auf dem Gebiete des IPR [bisher 17 Bände]: 1926—1927 (1928), 1928 (1929), 1929 (1930), 1930 (1931), 1931 (1932), 1932 (1933), 1933 (1934), 1934 (1935), 1945—1949 (1952), 1950—9151 (1954), 1952—1953 (1957), 1954—1955 (1960), 1956—1957 (1962), 1958—1959 (1966), 1960—1961 (1968), 1962—1963 (1969), 1964—1965 (1970), 1966—1967 (im Druck).

(8) Im Zusammenhange mit den *personenrechtlichen* Vorschriften des EGBGB sind zu beachten:

125 (a) Art. 116 GG in Verbindung mit dem Familienrechtsänderungsgesetz vom 11. 8. 1961, BGBl. I 1221; Personen, die Deutsche i.S. des Art. 116 GG (volksdeutsche Flüchtlinge und Heimatvertriebene) sind, sind den deutschen Staatsangehörigen gleichgestellt, soweit nach deutschem Recht die Staatsangehörigkeit einer Person maßgebend ist. Diese authentische Gesetzinterpretation richtet sich gegen das Urteil des BGH vom 17. 10. 1956, IPRspr. 1956/57 Nr. 223, das diesen Personen für das IPR die Stellung deutscher Staatsangehöriger versagt hatte; siehe hierzu MÜLLER/WAEHLER: RabelsZ 30. 1966, 58.

126 (b) Gesetz Nr. 23 der AHK über die Rechtsverhältnisse verschleppter Personen und Flüchtlinge vom 17. 3. 1950, ABlAHK 140, in der Fassung des Gesetzes Nr. 48 des AHK vom 1. 3. 1951, ABlAHK 808, ersetzt die Anknüpfung an die Staatsangehörigkeit für diesen Personenkreis (*Legaldefinition:* § 10) durch die *Anknüpfung an den gewöhnlichen Aufenthalt* bzw. an den Aufenthalt schlechthin (ausgenommen das Internationale Erbrecht); für West-Berlin wurde das gleichlautende Gesetz Nr. 9 vom 28. 8. 1950, VOBl. 458, erlassen, das durch Gesetz vom 13. 4. 1951, VOBl. 332, abgeändert wurde. — Eine Bestimmung über die *wohlerworbenen Rechte heimatloser Ausländer* enthält das Gesetz der BRD über die Rechtsstellung heimatloser Ausländer vom 25. 4. 1951, BGBl. I 269 (§ 8). — Durch das Abkommen über die Rechtsstellung der Flüchtlinge vom 28. 7. 1951 („*Genfer Flüchtlingskonvention*") sind die Vorschriften der oben genannten Gesetze jedoch im wesentlichen überholt. Art. 12 Abs. 1 des Abkommens unterstellt die *persönlichen Rechtsverhältnisse des Flüchtlings* dem an seinem *Wohnsitz* (notfalls seinem *Aufenthaltsort*) geltenden Recht; Art. 12 Abs. 2 enthält eine Vorschrift über den Schutz wohlerworbener Rechte; siehe MAKAROV: RabelsZ 20. 1955, 112; siehe Abschnitt C IV 3c.

b) IPR-Vorschriften außerhalb des EGBGB.

Abgesehen von einigen, äußerlich als Sachnormen erscheinenden Bestimmungen, die ungeachtet ihres Standortes im BGB Verweisungsnormen sind oder solche enthalten (*versteckte Kollisionsnormen*), wie z. B. § 244 BGB (Umrechnungsbefugnis bei Fremdwährungsschulden) und § 2251 BGB (Seetestament), finden sich IPR-Vorschriften noch in folgenden Gesetzen:

127 (1) Die für das Wechsel- und Scheckrecht maßgebenden Kollisionsnormen sind in den Artt. 91—98 des Wechselgesetzes vom 21. 6. 1933 (RGBl. I 399) und in den Artt. 60—66 des Scheckgesetzes vom 14. 8. 1933 (RGBl. I 597) enthalten.

128 (2) Nach § 61 des Börsengesetzes vom 22. 6. 1896, in der Fassung vom 8. 5. 1908 (RGBl. 1908, 215) finden die Vorschriften der §§ 52—60 des Gesetzes auch auf Börsentermingeschäfte Anwendung, die im Ausland geschlossen oder zu erfüllen sind.

129 (3) §§ 835 und 837 HGB enthalten kollisionsrechtliche Vorschriften über die Verpflichtungen des Versicherers bei großer Havarei.

130 (4) Nach § 1 Abs. 2 des Gesetzes über die Rechte an eingetragenen Schiffen und Schiffsbauwerken vom 15. 11. 1940 (RGBl. I 1499) bestimmen sich „Erwerb und Verlust des Eigentumes an einem Schiff, das im Schiffsregister eines deutschen Gerichts eingetragen ist... nach deutschen Gesetzen".

131 (5) § 11a der Gewerbeordnung vom 21. 7. 1896, in der Fassung der Bekanntmachung vom 26. 7. 1900 (RGBl. 871).

132 (6) Spezielle Kollisionsnormen des Staatsangehörigkeitsrechts enthalten die §§ 5 und 8 des Reichs- und Staatsangehörigkeitsgesetzes vom 22. 7. 1913 (RGBl. 583).

Für das IPR wichtig sind auch eine Reihe *verfahrensrechtlicher Vorschriften*, wie z.B. in der ZPO: §§ 16, 23, 23a (Gerichtsstand), § 55 (Prozeßfähigkeit der Ausländer im Inland), § 110 (Sicherheitsleistung für Prozeßkosten durch Ausländer), § 114 Abs. 2 (Armenrecht für Ausländer), § 293 (Nachweis ausländischen Rechts), § 328 (Anerkennung ausländischer Urteile), § 549 (Revisibilität ausländischen Rechts), § 606a und b (Zuständigkeit in Ehesachen von Ausländern), § 642 (Zuständigkeit in Rechtsstreitigkeiten über das Bestehen eines Eltern-Kind-Verhältnisses oder um die elterliche Gewalt)[1], §§ 722 und 723 (Vollstreckung ausländischer Urteile), § 1044 (Anerkennung ausländischer Schiedssprüche); im FGG: §§ 36, 37 Abs. 2, 38, 39 Abs. 2, 43 Abs. 1, 45 Abs. 2, 47, 66 und 73[2]; im Familienrechtsänderungsgesetz vom 11. 8. 1961 (BGBl. I 1211/III 4 Nr. 400—4): Art. 7 § 1 Anerkennung ausländischer Entscheidungen in Ehesachen) sowie §§ 5, 50, 56, 237, 238 KO. 133

d) In der **sowjetischen Besatzungszone** Deutschlands (DDR) sind die §§ 15—26 des *Einführungsgesetzes zum Familiengesetzbuch* vom 20. 12. 1965 (EGFGB) mit Wirkung vom 1. 4. 1966 an die Stelle der Bestimmungen des EGBGB über das Internationale Familienrecht getreten, auch die Bestimmungen des EGBGB über *Renvoi*, *Staatenlose*, *ordre public* und *Vergeltungsrecht* (Artt. 27, 29—31) werden für das *Familienrecht* durch die neuen Regeln verdrängt (§ 27 Nr. 4 EGFGB). Siehe hierzu: Das *Familienrecht* der DDR, Lehrkommentar zum Familiengesetzbuch der DDR vom 20. Dezember 1965 und zum Einführungsgesetz zum Familiengesetzbuch der DDR vom 20. Dezember 1965, hrsg. vom Ministerium für Justiz (1966); LÜBCHEN, Neuregelung des Internationalen Familienrechts: Neue Justiz 1966, 14—17; WIEMANN, Das internationale Familienrecht des Einführungsgesetzes zum Familiengesetzbuch: Staat und Recht 1966, 398—407; WILLENBERG: Das neue internationale Familienrecht der SBZ: FamRZ 1966, 385—392; KORKISCH, Neues IPR in Ostmitteleuropa: RabelsZ 32. 1968, 601—650. 134

2. Landesrechtliches IPR.

Mit dem Inkrafttreten des EGBGB und seiner IPR-Vorschriften haben auch die bis dahin geltenden landesrechtlichen Kollisionsnormen grundsätzlich ihre Geltung eingebüßt. Das gilt sowohl für die *gesetzliche* Regelung dieser Fragen, wie sie z.B. das *preußische ALR*, das *sächsische BGB*, das *badische Landrecht* und der *code civil* enthielten, als auch für die *gewohnheitsrechtlich* geltenden Grundsätze. *Ausdrücklich aufgehoben* wurden die früheren Kollisionsnormen in *Preußen* (Art. 89 AGBGB), in *Bayern* (arg. Art. 1 AGBGB) und in *Baden*, das zudem die entsprechende Anwendung der Art. 7—30 EGBGB ausdrücklich angeordnet hat (Art. 2 AGBGB). 135

Kollisionsrechtliche Bestimmungen des Landesrechts sind somit nur noch auf den Gebieten möglich, die nach Art. 55—152 EGBGB der landesrechtlichen Regelung vorbehalten sind. Nur soweit es sich um Sonderregeln für solches materielles Landesrecht handelt, sind die vor 1900 geltenden Kollisionsnormen, die auch später nicht aufgehoben wurden, in Geltung geblieben und können ggf. auch neue Vorschriften erlassen werden (Art. 3 EGBGB). Soweit landesrechtliche Kollisionsnormen fehlen, sind die Art. 7—30 EGBGB, auch ohne daß eine ausdrückliche Anordnung erlassen wurde, für die dem Landesrecht vorbehaltenen Fragenbereiche heranzuziehen, es ist aber nicht davon auszugehen, daß in den Ländern, in denen die landesrechtlichen Kollisionsnormen ausdrücklich aufgehoben wurden, auch die für die vorbehaltenen Rechtsmaterien geltenden ungeschriebenen kollisionsrechtlichen Grundsätze beseitigt werden sollten. 136

[1] Siehe ab 1. 7. 1970 § 640a ZPO i.d.F. des Art. 5 Nr. 7 NEhelG.
[2] Siehe ab 1. 7. 1970 die Änderungen des FGG durch Art. 7 NEhelG.

Siehe hierzu die das *Höferecht* („*Ausmärkergrundstücke*") betreffende Entscheidung des *BGH* vom 11. 12. 1956, BGHZ 22, 317, 328—330; JZ 1957, 345 (Anm. Pritsch); NJW 1957, 259f.; Lindenmaier/Möhring Nr. 1 zu § 2 Höfeordnung (Anm. Pritsch); Baade, Anerbenrecht und Ausländererbfolge: SchlHA 1959, 33—37; Soergel-Kegel[9], Rdz. 6 und 7 vor Art. 7 EGBGB.

3. Staatsvertraglich vereinbartes IPR.

a) Zweiseitige Staatsverträge.

137 Kollisionsrechtliche oder das Kollisionsrecht berührende Vorschriften enthalten eine Reihe von zweiseitigen und mehrseitigen Staatsverträgen, deren Vertragspartner Deutschland ist. Bestimmungen über die Amtsbefugnisse und die Zuständigkeit von Konsuln bei Eheschließungen finden sich z. B. im *Konsularvertrag* mit der *Sowjetunion* vom 25. 4. 1958 (BGBl. 1959 II 232); in einer größeren Anzahl von Handels- und Schiffahrtsverträgen ist die gegenseitige *Anerkennung von juristischen Personen* geregelt und vereinzelt — so im *deutsch-iranischen Niederlassungsabkommen* vom 17. 2. 1929 (RGBl. 1930 II 1006), das seit dem 4. 11. 1954 (BGBl. 1955 II 829) wieder angewandt wird — ist ganz allgemein die *Anknüpfung an das Heimatrecht* im *Personen-*, *Familien-* und *Erbrecht* vereinbart. Kollisionsrechtliche Sonderabkommen bestehen mit *Österreich* — *Vormundschaftsabkommen* vom 5. 2. 1927 (RGBl. 1927 II 510), das mit Wirkung vom 1. 10. 1959 wieder in Kraft gesetzt wurde (BGBl. 1959 II 1250) — und mit der *Türkei*, in dem als Anlage zu Art. 20 des Konsularvertrages vom 28. 5. 1929 (RGBl. 1930 II 747) vereinbarten *Nachlaßabkommen*, das seit dem 1. 3. 1952 wieder angewandt wird (BGBl. 1952 II 608).

138 Für den Rechtsverkehr der *sowjetischen Besatzungszone* (*DDR*) mit den *ostmitteleuropäischen* Ländern und der *Sowjetunion* ist durch *zweiseitige Staatsverträge* über Fragen des *Personen-*, *Familien-* und *Erbrechts* ein weitgehend übereinstimmendes *besonderes Kollisionsrecht* geschaffen worden, das sich in seinen Grundsätzen jedoch nicht wesentlich von den Vorschriften des gesetzlich geregelten Kollisionsrechts unterscheidet; siehe hierzu Müller/Waehler: RabelsZ 30. 1966, 83—94 und das dort angeführte Schrifttum; vgl. auch oben Abschnitt C II 6 Rdz. 43. Die vertraglichen Sonderregelungen haben den gesetzlichen Vorschriften des IPRs gegenüber grundsätzlich den Vorrang (§ 25 EGFGB).

b) Mehrseitige Staatsverträge.

139 Die wichtigsten, überwiegend kollisionsrechtliche Fragen regelnden Gruppenverträge, an denen Deutschland beteiligt ist, sind die *Haager Abkommen* (siehe oben Abschnitt C II 2b Rdz. 39). Deutschland ist an *neun* der bisher in Kraft getretenen Abkommen als Vertragspartner beteiligt. Von den noch vor dem ersten Weltkrieg vereinbarten Abkommen gehören dazu das *Eheschließungsabkommen* (RGBl. 1904, 221) — s. die Erläuterungen zu Art. 13 — und das *Vormundschaftsabkommen* (RGBl. 1904, 240) — s. die Erläuterungen zu Art. 23 —; beide Abkommen vom 12. 6. 1902, für Deutschland in Kraft getreten am 20. 7. 1904 (RGBl. 1904, 249), sowie das *Ehewirkungsabkommen* (RGBl. 1912, 453) — s. die Erläuterungen zu Art. 14 und 15 —, das *Entmündigungsabkommen* (RGBl. 1912, 463) — s. die Erläuterungen zu Art. 8 —, die beide am 17. 7. 1905 vereinbart wurden und für Deutschland am 23. 8. 1912 in Kraft getreten sind. Das ebenfalls am 17. 7. 1905 zustande gekommene *Zivilprozeßabkommen* (RGBl. 1909, 409) trat schon am 27. 4. 1909 für Deutschland in Kraft, gilt aber in dieser Fassung nur noch im Verhältnis zu einigen Staaten bis zu dem Zeitpunkt, in dem auch für diese Länder die *Neufassung* dieses Abkommens vom 1. 3. 1954 (BGBl. 1958 II 576), in Kraft tritt, der Deutschland mit Wirkung vom 1. 1. 1960 (BGBl. 1959

II 1388) beigetreten ist. Von den übrigen nach dem zweiten Weltkrieg ausgearbeiteten Abkommen ist Deutschland Vertragspartner des *Abkommens über das auf Unterhaltsverpflichtungen gegenüber Kinder anzuwendende Recht* vom 24. 10. 1956 (BGBl. 1961 II 1012) und des *Abkommens über die Anerkennung und Vollstreckung von Entscheidungen auf dem Gebiete der Unterhaltspflicht gegenüber Kindern* vom 15. 4. 1958 (BGBl. 1961 II 1005), die beide am 1. 1. 1962 für Deutschland in Kraft getreten sind (BGBl. 1962 II 16 bzw. 15), sowie des *Testamentsabkommens* vom 5. 10. 1961 (BGBl. 1965 II 1144), das für Deutschland am 1. 1. 1966 in Kraft getreten ist (BGBl. 1966 II 11) und des *Übereinkommens zur Befreiung ausländischer öffentlicher Urkunden von der Legalisation* vom 5. 10. 1961 (BGBl. 1965 II 875), das für Deutschland seit dem 13. 2. 1955 (BGBl. 1966 II 106) gilt.

Neben dem *Haager Vertragswerk* sind für das IPR noch folgende *mehrseitige Abkommen* zu erwähnen: Deutschland ist dem *Genfer Protokoll* vom 24. 9. 1923 *über die Schiedsklauseln im Handelsverkehr* mit Wirkung vom 27. 12. 1924 (RGBl. 1925 II 47) und dem ebenfalls in *Genf* abgeschlossenen *Abkommen* vom 26. 9. 1927 *zur Vollstreckung ausländischer Schiedssprüche* (RGBl. 1930 II 1067) mit Wirkung vom 1. 12. 1930 (RGBl. II 1269) beigetreten und ist Vertragspartner des *New Yorker Übereinkommens vom* 20. 6. 1956 *über die Geltendmachung von Schiedssprüchen im Ausland* (BGBl. 1959 II 149), das mit Wirkung vom 19. 8. 1959 für Deutschland gilt (BGBl. 1959 II 1377). — Die im Zusammenhang mit den beiden *Internationalen Abkommen zur Vereinheitlichung des Wechselrechts* vom 7. 6. 1930 (RGBl. 1933 II 377) und *des Scheckrechts* vom 19. 3. 1931 (RGBl. 1933 II 537) in Genf vereinbarten *Abkommens über das internationale Wechselprivatrecht* und das *internationale Scheckrecht* sind für Deutschland am 1. 1. 1934 in Kraft getreten (RGBl. 1933 II 974 bzw. 975); die Wiederanwendung dieser Abkommen in allen Vertragsstaaten wurde für das *Wechselrecht* am 30. 5. 1953 (BGBl. 1953 II 148) und für das *Scheckrecht* am 13. 3. 1953 (BGBl. 1953 II 117) bekanntgegeben. — Deutschland ist auch Vertragspartei des am 19. 6. 1948 in *Genf* vereinbarten *Abkommens über die internationale Anerkennung von Rechten an Luftfahrzeugen* (BGBl. 1959 II 129), das für Deutschland am 5. 10. 1959 (BGBl. 1960 II 1506) in Kraft getreten ist. — Für das IPR von Bedeutung ist auch das in *New York* am 20. 6. 1956 geschlossene *Übereinkommen über die Geltendmachung von Unterhaltsansprüchen im Ausland* (BGBl. 1959 II 149), das für Deutschland seit dem 19. 8. 1959 gilt (BGBl. 1959 II 1377). 140

III. Gesetzliche Quellen im ausländischen IPR.

Angesichts der großen Zahl von Rechtsordnungen, die nur vereinzelte kollisionsrechtliche Bestimmungen oder Teilregelungen des IPR aufweisen, kann eine Übersicht über die gesetzlichen Quellen dieses Bereiches nur eine unvollkommene Vorstellung von der tatsächlichen Rechtslage vermitteln. 141

1. Zu den Rechtsordnungen, deren Kollisionsrecht nicht nur hinsichtlich der Art der Rechtsquellen und der Form der Rechtsfindung, sondern auch in seiner Struktur und seinem Inhalt weitgehend übereinstimmen, gehören vor allem die des *anglo-amerikanischen Rechtskreises;* ihr IPR beruht, abgesehen von vereinzelten Bestimmungen des Internationalen Familien- und Erbrechts sowie des Wechselrechts, *im wesentlichen* auf der *Praxis der Gerichte* (*case law*). Die kollisionsrechtlichen Regeln des *englischen common law* gelten im übrigen grundsätzlich auch in den früher zum britischen Empire gehörenden *neuen Staaten* weiter. 142

In den *USA* ist im Rahmen des von „*American Law Institute*" getragenen Vorhabens, die Grundsätze des common law in Form sog. „*restatements*" in Rechtsnormen zu fassen, auch eine umfangreiche 431 sections umfassende *Aufzeichnung des IPR* erfolgt. Sie hat, wie alle diese „*restatements*" jedoch *nicht Gesetzescharakter*, 143 es handelt sich vielmehr nur um eine *in Normen gefaßte* und durch Hinweise (in Form von Erläuterungen und Anmerkungen) auf einzelstaatliche Besonderheiten abgesicherte *Aufzeichnung des Rechtsstoffes*, die vom Ansehen ihres Verfassers und des „*American Law Institute*" getragen wird.

144 2. Außerhalb des anglo-amerikanischen Rechtskreises besteht eine Übereinstimmung der Kollisionsrechtsordnungen verschiedener Staaten in der Regel nur in den Fällen einer Rezeption, sei es der IPR-Gesetzgebung allein oder der Zivilgesetzgebung im ganzen.

145 So gehen insbesondere in einer Reihe von Rechtsordnungen des *romanischen Rechtskreises*, deren Zivilgesetzbücher unmittelbar auf dem französischen *code civil* beruhen, auch die Kollisionsrechtsordnungen von den wenigen einschlägigen Bestimmungen aus, die mit dem Gesetzbuch übernommen wurden. In *Frankreich* haben Rechtsprechung und Lehre auf diesen Bestimmungen ein *vollständiges System des IPR* aufgebaut, dessen Grundsätze auch in den *neuen Staaten Afrikas und Asiens*, die aus dem früheren französischen Kolonialreich hervorgegangen sind, in *wesentlichen Teilen* weitergelten und in zahlreichen *Tochterrechten* des *code civil* als Vorbild für den Ausbau des IPR gedient haben. In teilweiser enger Anlehnung an das französische IPR sind vor allem die Kollisionsrechtsordnungen in *Belgien*, in *Luxemburg*, in den *Niederlanden*, in *Rumänien* und in *Spanien* sowie auch in den *Gebieten des Commonwealth*, deren Rechtsordnung auf französischem Recht beruht (z.B. *Quebec*), entwickelt worden.

146 3. Von den *ibero-amerikanischen Staaten* sind vor allem *Bolivien*, *Haiti*, *Kuba* und die *Dominikanische Republik* auch im IPR Tochterrechte des *französischen* bzw. *spanischen Rechts*. Das IPR der übrigen Staaten zeigt eine größere Eigenständigkeit, wobei einzelne kodifikatorische Schwerpunkte festzustellen sind. So haben etwa *Ekuador*, *Honduras*, *Kolumbien* und *El Salvador* mit dem ZGB *Chiles* von 1855 auch dessen, allerdings nur Einzelfragen regelnden kollisionsrechtlichen Bestimmungen übernommen. Kollisionsrechtliche Vorschriften in größerer Zahl enthalten auch die Zivil- und Handelsgesetzbücher von *Panama*, *Peru*, *Venezuela* und *Mexiko*. Die wesentliche Teile des IPR regelnden Vorschriften des ZGB *Argentiniens* von 1869 gelten auch in *Paraguay*, das dieses Gesetzbuch 1889 rezipiert hat. Nahezu lückenlose Kodifikationen des IPR, die verschiedene, auch europäische Einflüsse aufweisen, besitzen *Brasilien* (EGZGB vom 4. 9. 1942), *Guatemala*, *Uruguay* (Ges. vom 3. 12. 1941) und vor allem *Nikaragua* (ZGB von 1904). — Zu den Bestrebungen, im Verhältnis zwischen den ibero-amerikanischen Staaten durch *Staatsverträge* einheitliches Kollisionsrecht zu schaffen, siehe Abschnitt C II 3 und 4.

147 4. Auf dem *europäischen Kontinent* stimmen die ausschließlich von Rechtsprechung und Lehre entwickelten Kollisionsrechtsordnungen *Dänemarks*, *Islands* und *Norwegens* auch ihrem Inhalte nach in allen wesentlichen Fragen überein. Entsprechendes läßt sich von *Finnland* und *Schweden* sagen, deren IPR im Unterschied von den drei anderen nordischen Staaten nicht vom Wohnsitzgrundsatz bestimmt ist, sondern an die Staatsangehörigkeit anknüpft und außerdem gesetzliche Regelungen des Internationalen Familienrechts, in *Schweden* auch des Internationalen Erbrechts, aufweist; zu den *internordischen IPR-Konventionen* siehe C II 5.

148 5. Das in *Österreich* geltende IPR ist von Rechtsprechung und Lehre insbes. aus den wenigen einschlägigen Bestimmungen des ABGB von 1811 (§§ 4, 34, 36—38, 300) entwickelt worden. Nur das Internationale Familienrecht ist durch Übernahme der Bestimmungen des EGBGB in der 4. DfVO zum Ehegesetz von 1938, die ebenso wie das Ehegesetz in Österreich weiter gelten, gesetzlich eingehend geregelt. — Auf den Vorschriften des ABGB beruht auch das IPR von *Liechtenstein*,

das außerdem aber auch in den 1926 erlassenen Teilen seines ZBG (Personen-, Gesellschafts-, Sachenrecht) eingehende kollisionsrechtliche Regelung für diese Sachgebiete aufweist. — In der *Schweiz* ist die im Zusammenhang mit dem ZGB von 1912 geplante vollständige Kodifikation des IPR nicht zustande gekommen. Das „*Gesetz betreffend die zivilrechtlichen Verhältnisse der Niedergelassenen* und *Aufenthalter*" vom 25. 6. 1891, in dem wesentliche Teile des interkantonalen und internationalen Privatrechts geregelt sind, wurde jedoch durch eine Reihe von IPR-Bestimmungen (Artt. 7a—i) ergänzt.

6. Vollständige oder doch nahezu vollständige Kodifikationen des IPR besitzen in Europa außer Albanien, Polen und der Tschechoslowakei (siehe unten Rdz. 150) noch *Griechenland, Italien* und *Portugal.* In *Griechenland* ist das IPR in dem 1946 in Kraft getretenen ZGB vom 15. 3. 1940 geregelt (Artt. 4—33), siehe hierzu GOGOS/AUBIN: RabelsZ 15. 1949/50, 240—285. — *Italien,* dessen Codice civile von 1865 auch das Kollisionsrecht eingehend regelte, besitzt in den Artt. 16—31, 115, 116, 2505—2510 des ZGB vom 16. 3. 1942 eine moderne Kodifikation des IPR — siehe NEUHAUS: RabelsZ 15. 1949/50, 22—35 —, die durch Vorschriften über das internationale See- und Luftrecht des Schiffahrtsgesetzbuches vom 30. 3. 1942 (Artt. 1—14) ergänzt wird, siehe hierzu MAKAROV: RabelsZ 15. 1949/50, 50—65. — In *Portugal* enthält der Codigo civil von 1966 eine ausführliche Kodifikation des IPR und des Fremdenrechts (Artt. 14—65, 2223), siehe NEUHAUS/RAU: RabelsZ 32. 1958, 500—512 (Text S. 513—524). 149

7. In den *Rechtsordnungen Ostmitteleuropas* war das IPR bis in die Zeit nach dem zweiten Weltkrieg, abgesehen von der Gesamtregelung, die in *Polen* durch das Gesetz vom 2. 8. 1926 (Dz. U. Pos. 581) erfolgte, nur durch einzelne Gesetzesbestimmungen geregelt. Im übrigen waren die von Lehre und Rechtsprechung vor allem im Geltungsbereich des früheren österreichischen Rechts entwickelten kollisionsrechtlichen Grundsätze maßgebend; sie bilden auch heute noch die Grundlage des in *Jugoslawien* geltenden IPR und wirkten auch auf das *ungarische* Kollisionsrecht ein. Das erste größere Nachkriegsgesetz war die gesamtstaatliche Kodifikation des IPR in der *Tschechoslowakei* von 1948 (Gesetz vom 11. 3. 1948), die auf dem *österreichischen Entwurf von 1913* beruhte und damit auch weitgehend dem *polnischen* Gesetz von 1926 entsprach; siehe KORKISCH: RabelsZ 17 1952, 410—450. Inzwischen ist das IPR sowohl in der *Tschechoslowakei* durch das Gesetz vom 4. 12. 1963 über das Internationale Privat- und Prozeßrecht, wie auch in *Polen* durch das Gesetz vom 12. 11. 1965 neu geregelt worden. Auch *Albanien* hat mit dem Gesetz vom 21. 11. 1964, das weitgehend einer Rezeption des tschechoslowakischen IPR-Gesetzes von 1963 darstellt, eine Regelung der wichtigsten IPR-Fragen erhalten. In den *übrigen Rechtsordnungen Ostmitteleuropas* sind im Zusammenhange mit der Neuordnung einzelner privatrechtlicher Teilbereiche auch die entsprechenden kollisionsrechtlichen Regelungen erfolgt, vor allem solche des Internationalen Personen- und Familienrechts; siehe KORKISCH: RabelsZ 32. 1968, 602—604. 150

8. In der *UdSSR* gab es bis vor einigen Jahren nur vereinzelte kollisionsrechtliche Vorschriften der Union und einzelner Unionsrepubliken. Bei der Ausarbeitung der für Gesetzgebung der Union und der Unionsrepubliken wie auch für die Rechtsprechung verbindlichen „*Grundlagen der Gesetzgebung*" wurde auch das Kollionsrecht berücksichtigt: in den „*Grundlagen der Zivilgesetzgebung*" von 1962 sind im 8. Abschnitt (Artt. 122—129) eine Reihe kollisionsrechtlicher Fragen geregelt, siehe RUBANOW: RabelsZ 27. 1962, 698—723, und die 1968 erlassenen „*Grundlagen der Gesetzgebung über Ehe und Familie*" enthalten in den Artt. 30—36 ebenfalls Vorschriften über das Internationale Familienrecht, siehe WAEHLER: FamRZ 15. 1968, 557—564. 151

152 Von einer *Rechtsangleichung* im Hinblick auf die allgemeinen, allen Staaten gegenüber maßgebenden Bestimmungen des IPR ist in den „*sozialistischen*" Rechtsordnungen wenig zu spüren, auch der Einfluß des sowjetrussischen Kollisionsrechts ist sehr gering. Nur im Verhältnis zwischen den „sozialistischen" Ländern selbst ist durch ein Netz zweiseitiger Staatsverträge in einigen Bereichen einheitliches Kollisionsrecht geschaffen worden, siehe Abschnitt C II 2e.

153 **9.** Von den Staaten des nahen und fernen Ostens besitzen eingehende Regelungen des IPR *Japan* in dem von EGBGB stark beeinflußten Gesetz vom 21. 6. 1898 und *China* (Taiwan) in dem Gesetz vom 5. 8. 1918; eine sehr ausführliche Kodifikation des IPR haben auch *Thailand* (*Siam*) durch das Gesetz vom 10. 3. 1939 und *Süd-Korea* durch das Gesetz vom 15. 1. 1962 erhalten. In *Ägypten* ist das IPR nahezu lückenlos im ZGB von 1948 (Artt. 10—28) geregelt; diese Regelung ist auch in das ZGB *Syriens* von 1949 und in das ZGB *Libyens* von 1953 aufgenommen worden. Nur Einzelbestimmungen des IPR weisen eine Reihe von Staaten auf, deren Privatrecht, vor allem das Personen-, Familien- und Erbrecht auf religiöser Grundlage beruht und deshalb besondere Probleme des Interpersonalen Privatrechts aufwirft, so insbes. *Indonesien, Irak, Iran, Israel, Jordanien, Libanon.*

G. Entstehungsgeschichte der IPR-Bestimmungen des EGBGB[1].

1. Allgemein.

154 Die Regelung, die das IPR in den Artt. 7—31 EGBGB gefunden hat, wird bis heute wegen ihrer Lückenhaftigkeit und Einseitigkeit kritisiert; siehe KEGEL, IPR² 70f. Die Unzulänglichkeit der Kollisionsnormen des EGBGB weckt das Interesse an ihrer Entstehungsgeschichte um so mehr, als in den frühen Stadien der Beratungen geplant war, das IPR nicht nur sehr ausführlich und in der Form allseitiger Kollisionsnormen, sondern auch an hervorragender Stelle im BGB selbst zu regeln (siehe unten 3). Das alles ist unterblieben. Den wissenschaftlichen Bemühungen, die Gründe für diese Änderung der ursprünglichen Pläne zu ermitteln und den Bruch in der Entstehungsgeschichte der Kollisionsnormen des EGBGB aufzuklären, stand die Schwierigkeit entgegen, daß die Unterlagen über die entscheidenden Phasen der vorbereitenden Arbeiten, insbesondere über die Beratungen im Bundesrat, nicht veröffentlicht wurden, sondern unzugänglich blieben. Erst im Jahre 1915 war es möglich, die von GEBHARD, dem ersten Bearbeiter des Kollisionsrechts, verfaßten Motive zu seinen beiden ausführlichen Vorentwürfen zum IPR der Allgemeinheit zugänglich zu machen. Bis dahin konnten sie, wie NIEMEYER (Vorgeschichte S. VII) berichtet, nur „*vergönnungsweise*" eingesehen werden. Aus diesem Grunde blieben bis zur Gegenwart wichtige Abschnitte der Entstehungsgeschichte ein, wie RAAPE es in der Vorlage dieses Werkes (Einl. N I 3) treffend gekennzeichnet hat, *Arkanum*. Erst in neuester Zeit ist es gelungen, durch die Auswertung bisher unveröffentlichter Materialien Licht in das Dunkel der Entstehungsgeschichte zu bringen; siehe die auf die bisher unbekannten Akten gestützte Darstellung dieser Vorgänge bei HARTWIEG a.a.O. 85ff. (Eine umfassende Dokumentation der gesamten für die Entstehung der kollisionsrechtlichen Bestimmungen im EGBGB maßgebenden Materialien ist in Vorbereitung.)

---

[1] GOLDSCHMIDT, ZHR 20. 1875, 134—171; HABICHT, S. 4ff.; HARTWIEG, Der Renvoi im deutschen internationalen Vertragsrecht (1967) S. 85—104; NEUMANN, IPR in Form eines Gesetzesentwurfs nebst Motiven und Materialien (1896); NIEMEYER, Vorschläge und Materialien zur Kodifikation des IPR (1895); DERS., Zur Vorgeschichte des IPR im deutschen BGB (1915); RASSOW: Gruchot 21. 1866, 167—245 und 23. 1879, 429—439; REATZ, Literatur über den Entwurf des BGB (1895); VIERHAUS, Die Entstehungsgeschichte des Entwurfs eines BGB für das Deutsche Reich (1888).

2. Probleme der Gesetzgebung.

Die Vermutung, daß für die unzulängliche Regelung des IPR im EGBGB vor allem zwei Ursachen maßgebend waren — einmal eine gewisse *Unsicherheit in der Sache* selbst, zum anderen aber auch *politische Gründe* — wird durch die Protokolle bestätigt. 155

a) Sachbedingte Probleme.

Obwohl seit dem Inkrafttreten des EGBGB viele Fragen des IPR im Schrifttum eingehend untersucht und manche geklärt werden konnten und auch die rechtstechnischen Erfahrungen mit der wachsenden Zahl den IPR-Kodifikationen zugenommen haben, steht die Gesetzgebung auf dem Gebiete des Kollisionsrechts auch heute noch vor schwierigen Aufgaben. Für die Gremien, in denen die kollisionsrechtliche Regelung im Zusammenhang mit der Ausarbeitung des BGB beraten wurde, und für die gesetzgebenden Körperschaften waren diese Schwierigkeiten aber sehr viel größer. Einzelne Kodifikationen des Kollisionsrechts aus neuerer Zeit lagen bei Beginn der Kodifikationsarbeiten am BGB zwar schon vor, so in Deutschland die einschlägigen Bestimmungen (Artt. 6—20) des BGB für das Königreich Sachsen von 1863, sie waren aber offenbar nicht geeignet, die Vorbehalte zu überwinden, die einer grundlegenden Kodifikation in diesem Bereich entgegenstanden. Die Wissenschaft vom IPR im modernen Sinne war noch sehr jung als GEBHARD mit der Ausarbeitung seiner IPR-Entwürfe im Rahmen der Vorarbeiten zum BGB begann. Nur fünfundzwanzig Jahre waren vergangen, seit SAVIGNYS 8. Band des „Systems des heutigen römischen Rechtes" (1849) die „kopernikanische Wende" (NEUHAUS) in der Wissenschaft des Kollisionsrechts einleitete. Obwohl seitdem auch im deutschen Schrifttum einige größere Arbeiten zum IPR erschienen waren — so insbes. v. BAR, Das internationale Privat- und Strafrecht (1862) und VESQUE v. PÜTTLINGEN, Handbuch des in Österreich geltenden IPR (1860) — kennzeichnete in damaliger Zeit noch immer Unsicherheit Theorie und Praxis des IPR. Das IPR hatte noch keine scharfen Konturen gewonnen. 156

Grundlegende Fragen, wie die Emanzipation vom Völkerrecht und die Abgrenzung gegenüber dem Fremdenrecht waren in ihrer vollen Tragweite weithin noch nicht erkannt; nicht weniger Unsicherheit herrschte auch in wichtigen Einzelfragen. So ist es verständlich, daß während der Beratungen immer wieder Bedenken geäußert wurden, die kollisionsrechtlichen Bestimmungen in das BGB selbst aufzunehmen, mit dem Ergebnis, daß das IPR schließlich im EGBGB seinen Platz fand. Aus denselben Gründen erhielten die Kollisionsnormen z.T. eine Fassung, die der Theorie und Praxis genügend Spielraum für die Herausarbeitung fester und zugleich differenzierter Regeln gewähren sollte, wie dies HARTWIEG, a.a.O. S. 99ff., insbes. für Art. 27 EGBGB nachgewiesen hat. 157

b) Rechtspolitische Fragen.

Dazu kam noch ein *gesetzgebungspolitisches* Moment, das sich daraus ergab, daß die Abgrenzung des IPR vom Völkerrecht und Fremdenrecht noch keineswegs zum gesicherten Bestand der damaligen Erkenntnis gehörte. Da *Völkerrecht* und *Fremdenrecht* aber, nicht zu Unrecht, als Rechtsgebiete angesehen wurden, die wesentlich auch von *außenpolitischen Rücksichten* bestimmt sind, lag es nahe, auch das zu diesen Bereichen gerechnete Kollisionsrecht *unter außenpolitischen Gesichtspunkten zu sehen* und die Gesetzgebung auf diesem Gebiet der damaligen Auffassung entsprechend als eine Aufgabe, die nicht eigentlich in die Zuständigkeit der gesetzgebenden Gremien gehörte. Die Entstehungsgeschichte der Kollisionsnormen des EGBGB ist daher auch die *Geschichte wiederholter Eingriffe der außenpolitischen Organe* (auch BISMARCKS selbst) in die Arbeit der Gesetz- 158 gebungskommissionen. Am deutlichsten zeigt sich Inhalt und Bedeutung dieses gesetzgebungspolitischen Moments wohl in einem Schreiben, welches das Auswärtige Amt am 30. 9. 1887 — also noch zur Zeit der sogenannten ersten Kommission — an das Reichsjustizamt richtete. Dieses (vertrauliche) Schreiben hat folgenden Wortlaut:

159 „Da der Abschluß der Berathungen über den Entwurf eines Bürgerlichen Gesetzbuchs Seitens der beauftragten Kommision in zweiter Lesung bevorsteht, so glaubt der Herr Reichskanzler die geneigte Aufmerksamkeit Eurer Excellenz auf eine etwaige, das internationale Privatrecht betreffende Regelung hinlenken zu sollen. Aus anderen Anlässen ist Euer Excellenz bekannt, daß Seine Durchlaucht eine solche Regelung im Verhältnis von Staat zu Staat nicht für wünschenswerth erachtet. Fürst Bismarck ist der Meinung, daß Bestimmungen über das internationale Privatrecht auch nicht in ein Gesetzbuch hineingehören, sondern dem Völkerrecht in seiner fortlaufenden Entwicklung zu überlassen sind. Von dem politischen Standpunkt ist es bedenklich, wenn wir Normen für Beurtheilung internationaler Privatrechtsfragen in einem deutschen Gesetzbuch festlegen und uns dadurch in perpetuum binden. Seine Durchlaucht würde aus diesen Rücksichten nicht in der Lage sein, seine Zustimmung zu der Aufnahme solcher Vorschriften zu erteilen. Euer Excellenz stelle ich ergebenst anheim, das Weitere gefälligst veranlassen zu wollen, damit bei Aufstellung des in Rede stehenden Entwurfs den vorstehenden Gesichtspunkten Rechnung getragen werde."

3. Verlauf der Gesetzgebungsarbeiten.

a) Erste Kommission.

160 Die am 2. 7. 1874 vom Bundesrat eingesetzte (erste) *Kommission zur Ausarbeitung des Entwurfs eines Bürgerlichen Gesetzbuches für das Deutsche Reich* stellte in ihrer ersten Sitzungsperiode (17.—29. 4. 1874) einen Arbeitsplan auf, demzufolge fünf Mitglieder der Kommission zu Redaktoren für die inzelnen, den fünf Büchern des BGB entsprechenden Sachbereichen bestellt wurde. Die Bearbeitung des „*Allgemeinen Teils*" des Gesetzbuches wurde dem badischen Ministerialrat Dr. Gebhardt übertragen, „*vorbehaltlich der Entscheidung, ob über das zeitliche und örtliche Gebiet des Rechts etwas in das Gesetzbuch aufzunehmen*" sei (Rassow: Gruchot 21. 1877, 219). Die Ausarbeitung der Vorentwürfe durch die einzelnen Redaktoren dauerte bis zum Oktober 1881. Nach Niemeyer (Vorschläge S. 2, ders., Vorgeschichte S. 2 und 4ff.) hat Gebhard seinen ersten Entwurf im Jahre 1881 der Kommission vorgelegt, während er nach Rassow (Gruchot 23. 1879, 431) den Entwurf bereits 1878, spätestens aber 1879 fertiggestellt hatte. — Der Wortlaut des Entwurfs ist veröffentlicht bei Meili, Geschichte und System des IPR (1892) S. 198—209f.; Niemeyer, Vorschläge S. 4—25; ders. Vorgeschichte S. 4—12 (Motive S. 23—301).

161 Die *Gesamtkommission* begann ihre Beratungen über diese Entwürfe am 4. 10. 1881. Die das IPR enthaltenden §§ 5—40 des Allgemeinen Teils (Erster Gebhardscher Entwurf) wurde jedoch bei der Erörterung dieses Vorentwurfs zunächst zurückgestellt. Erst in den Sitzungen vom 9.—28. 9. 1887 behandelte die Kommission auch die Grundsätze über „*die räumliche Herrschaft der Rechtsnormen*". Diesen Beratungen wurde allerdings bereits der von Gebhard unter Berücksichtigung der inzwischen erzielten Beratungsergebnisse ausgearbeitete zweite Vorentwurf zugrunde gelegt; abgedruckt bei Niemeyer, Vorschläge S. 4—25; ders. Vorgeschichte S. 13—22, Motive (von Gebhard „Bermerkungen" genannt) auf S. 302—392.

162 Schon während der Beratungen der ersten Kommission hatte jedoch das *Auswärtige Amt* in dem (oben Rdz. 159) angeführten „vertraulichen" Schreiben

vom 30. 9. 1887 an den Staatssekretär des Reichsjustizamtes grundsätzliche Bedenken gegen die Aufnahme kollisionsrechtlicher Bestimmungen in das Gesetzbuch geltend gemacht.
Die Kommission trug in ihrer am 7. 10. 1887 beschlossenen und am 16. 10. 1887 dem Staatsekretär zugeleiteten Stellungnahme zu diesem Schreiben diesen Bedenken dadurch Rechnung, daß sie mit der Feststellung, auch sie erachte es für zweifelhaft, ob Vorschriften über das Internationale Privatrecht zur Aufnahme in das Gesetzbuch sich eigneten, die Entscheidung über die Aufnahme solcher Bestimmungen in den Entwurf anheimstellte. Dabei wies sie darauf hin, daß die übrigen Bestimmungen des Gesetzbuches von dieser Entscheidung nicht betroffen würden, da die IPR-Normen am Schluß des Entwurfs in einem 6. Buch Platz finden könnten; Wortlaut dieses Kommissionsbeschlusses bei Hartwieg a.a.O. S. 90f.

Aus diesem Grunde enthält der am 31. 1. 1888 veröffentlichte *Entwurf der ersten Kommission* also keine kollisionsrechtlichen Bestimmungen und auch die gleichzeitig veröffentlichten — aus den Begründungen der Vorentwürfe und den Beratungsprotokollen der Generalkommission zusammengestellten — Motive dieses Entwurfs berichten nichts über die Beratungen zum IPR. In der *öffentlichen Kritik* des Entwurfs wurde das Fehlen kollisionsrechtlicher Bestimmungen mehrfach gerügt und das Reichsjustizamt hat diese kritischen Äußerungen in seiner sechsbändigen „Zusammenstellung" der Stellungnahmen, die den weiteren Beratungen als Grundlage dienen sollten, mit aufgenommen: „Die Zusammenstellung der gutachtlichen Äußerungen zum Entwurf eines BGB, gefertigt im Reichsjustizamt", 5 Bde. und 1 Bd. Nachträge (1890/91). 163

b) Zweite Kommission.

Die vom *Bundesrat* am 4. 12. 1890 eingesetzte *zweite Kommission* begann ihre sachlichen Beratungen nach einer konstituierenden Sitzung vom 15. 12. 1890, in der Gebhard wieder zum Referenten für den Allgemeinen Teil bestellt worden war, am 1. 4. 1891. Die kollisionsrechtlichen Bestimmungen, deren Aufnahme in das Gesetzbuch die Kommission für notwendig erachtete, wurden in der Zeit vom 6.—27. 3. 1895 (401.—409. Sitzung) beraten. 164

Die Protokolle der Beratungen der zweiten Kommission (8765 metallographische Folioseiten) wurden von Achilles, Gebhard und Spahn herausgegeben, 7 Bde. 1897—1899, siehe Enneccerus/Nipperdey[15], S. 144.

Die Beratungsergebnisse der zweiten Kommission wurden zunächst in der Fassung der Redaktions-Kommission veröffentlicht — „Entwurf eines Bürgerlichen Gesetzbuches für das Deutsche Reich. Zweite Lesung. Nach den Beschlüssen der Redaktionskommission. Auf amtliche Veranlassung. Berlin 1895" — und dienten nach einer in der Zeit vom 6. 5. bis 21. 10. 1895 (410.—428. Sitzung) erfolgten *Schlußrevision* als „*Bundesratsvorlage*": „Entwurf eines Bürgerlichen Gesetzbuches und eines zugehörigen Einführungsgesetzes. In der Fassung der Bundesratsvorlagen. Auf amtliche Veranlassung. Berlin 1898." 165

Beide Fassungen des Entwurfs enthalten IPR-Bestimmungen im 6. Buch des BGB und zwar als *zweiseitige Kollisionsnormen*. Abgesehen von der Paragraphenzählung — im vorläufigen BGB-Entwurf ist das IPR in den §§ 2236—2265 und in der „Bundesratsvorlage" in den §§ 2361—2390 geregelt — unterscheiden sich die kollisionsrechtlichen Bestimmungen der beiden Entwürfe jedoch kaum voneinander. 166

c) IPR-Sonderkommission.

Die *endgültige Entscheidung* über den Inhalt und die systematische Eingliederung der kollisionsrechtlichen Bestimmungen in das Gesetzgebungswerk erfolgte jedoch in einem von der Behandlung der materiellenrechtlichen Bestimmungen der 167

„Bundesratsvorlage" *völlig abweichenden Verfahren*; zum Folgenden siehe HARTWIEG S. 91f.

Zwar haben die Ministerien in die Beratungen der zweiten Kommission nicht mehr unmittelbar eingegriffen, nachdem sich aber die Kommission, veranlaßt durch zahlreiche kritische Stimmen, die das Fehlen kollisionsrechtlicher Bestimmungen im ersten Entwurf rügten, für die Aufnahme von IPR-Bestimmungen in dem Entwurf entschieden hatte, erörterten das *Auswärtige Amt*, das *Reichsjustizamt* und der *preußische Justizminister* seit 1891 in einem ausführlichen Schriftwechsel grundsätzliche Fragen des IPR, vor allem die Frage, *ob das IPR überhaupt im BGB geregelt werden solle*. Dabei sprachen sich das *Reichsjustizamt* und das *preußische Justizministerium für eine gesetzliche Regelung des IPR* aus, während das *Auswärtige Amt bei seiner ablehnenden Haltung verharrte*, die es weiterhin damit begründete, daß die auswärtigen Beziehungen des Reiches *auf diesem Grenzgebiet zwischen Völkerrecht und Privatrecht*, das sich angesichts des wachsenden internationalen Verkehrs in der Entwicklung befinde, *Zurückhaltung in der Gesetzgebung verlangten;* eine befriedigende Regelung sei *nur durch vertragliche Vereinbarungen* mit anderen Staaten zu erwarten.

168 Da sich weder im Wege schriftlicher Verhandlungen noch auch auf einer Sitzung im preußischen Staatsministerium am 18. 11. 1895 eine Einigung über die grundsätzlichen Fragen erzielen ließen, wurde auf dieser Sitzung eine *besondere Kommission* zur Beratung der streitigen Fragen eingesetzt. Dieser Kommission gehörten außer Vertretern des Auswärtigen Amtes, des Reichsjustizamtes und des Preußischen Justizministeriums nur der Oberlandesgerichtspräsident Dr. SIEVEKING als Vertreter der Hansestädte an. Dr. SIEVEKING war Berater des Hanseatischen Gesandten für Hamburg, der für die Beratungen des Justizausschusses des Bundesrates über den BGB-Entwurf der zweiten Kommission das Referat über das Kollisionsrecht übernommen hatte. GEBHARD wurde in diese Kommission nicht berufen, um, wie es hieß, der Verhandlung einen möglichst objektiven Charakter zu sichern.

169 Die Beratungen dieser Spezialkommission, die am 23. und 29. 11. sowie am 6. 12. 1896 stattfanden, waren für die *endgültige Fassung* der IPR-Bestimmungen und ihre Aufnahme in das Einführungsgesetz zum BGB *entscheidend*.

d) Verabschiedung des IPR-Entwurfs.

170 Den *IPR-Entwurf dieser Sonderkommission* hat das Reichsjustizamt — allerdings mit einigen sachlichen Änderungen und redaktionell neu gefaßt — am 19. 12. 1895 den einzelnen Landesregierungen zur Stellungnahme übersandt. Am 16. und 20. 1. 1896 wurden die IPR-Vorschriften im Justizausschuß des Bundesrates behandelt. Der Ausschuß beantragte am 20. 1. 1896 beim Bundesrat, den IPR-Bestimmungen zuzustimmen. Der Bundesrat entsprach am 23. 1. 1896 diesem Antrag und legte den Entwurf noch am gleichen Tage dem Reichskanzler vor, der ihn an den Reichstag weiterleitete. In den Beratungen des Reichstags wurden die kollisionsrechtlichen Bestimmungen der Reichstagsvorlage nur noch geringfügig geändert. Der Reichstag verabschiedete die Gesetzesvorlage am 1. 7. 1896, der Bundesrat stimmte am 14. 7. 1896 zu und der Kaiser vollzog am 18. 8. 1896 die neuen Gesetze (BGB und EGBGB), die dann im Reichsgesetzblatt vom 24. 8. 1896 verkündet wurden.

Vorbemerkung vor Art. 7 EG

Rechtsfähigkeit natürlicher Personen[1]

Bearbeitet von Günther Beitzke

Gliederung

I. Bedeutung einer Kollisionsnorm 1—4
1. Personalstatut 2
2. Wirkungsstatut 3—4
II. Beginn der Rechtsfähigkeit 5
III. Beschränkungen der Rechtsfähigkeit 6
IV. Ende der Rechtsfähigkeit 7—12
1. Klostertod 7
2. Strafurteil 8
3. Tod und Todeserklärung 9—12
V. Parteifähigkeit 13

I. In unserer heutigen zivilisierten Welt sind grundsätzlich *alle Menschen rechtsfähig* (vgl. SchwZGBArt. 11; griechZGB Art. 4). Daher wird die Rechtslage vielfach so gesehen, daß jeder Staat von sich aus allen Menschen Rechtsfähigkeit gewährt; so z.B. STAUDINGER-COING Vorbem. 2 vor § 1 — übrigens in Widerspruch zu Vorbem. 4 vor § 1, wo ein fremdes Recht, welches Sklaverei, Leibeigenschaft oder Erbuntertänigkeit kennen würde, durch Art. 30 EG als ausgeschlossen angesehen wird; aber der Anrufung von Art. 30 EG bedürfte es nicht, wenn für die allgemeine Rechtsfähigkeit ohnehin nur deutsches Recht und nicht ausländisches anzuwenden wäre! Vgl. für allgemeine Gewährung der Rechtsfähigkeit auch SCHNITZER Hdb[4]. I 270; BEITZKE, Berichte der Dt. Ges. für Völkerrecht 9 (1969) 153. Folgerecht wird auch vielfach angenommen, daß auf die Frage der Rechtsfähigkeit die *lex fori* anzuwenden sei; so z.B. in der italienischen Lehre (vgl. bei CAPOTORTI Rec. des Cours 110. 1963 III 183 Anm. 16). Die positiven Rechte enthalten indessen unterschiedliche Regelungen über den Beginn der Rechtsfähigkeit, 1

[1] **Schrifttum:**

Kommentare: ACHILLES-GREIFF[21], I 1 vor Art. 7; ERMAN-ARNDT[4], Anm. 8 zu Art. 7; FISCHER-HENLE-TITZE-KIPP[14], Anm. 1 zu Art. 7; HABICHT, I zu Art. 7; NIEDNER[2]; PALANDT-LAUTERBACH, Anm. 1 Anhang zu Art. 7; PLANCK[3], Anm. 5 zu Art. 7; SOERGEL-KEGEL[9], Rdz. 1—5 zu Art. 7; STAUDINGER-RAAPE, Vorbem. vor Art. 7.

Lehr- und Handbücher:

ARMINJON, Précis[3] II Nr. 18; VON BAR, Theorie und Praxis I S. 373ff.; BARAZETTI, IPR S. 23, 32, 52; BATIFFOL, Traité[4] Nr. 487—493; FRANKENSTEIN, Code Art. 85—87; FRANKENSTEIN, IPR I S. 373ff.; GEBHARDsche Entwürfe S. 68—83; GRZYBOWSKI, Sowjet PrIntLaw S. 111ff.; GUTZWILLER, IPR S. 1625; KEGEL, IPR[2] S. 191ff.; KÖHLER, IPR[3] S. 37ff.; LEREBOURS-PIGEONNIÈRE/LOUSSOUARN, DIP[8] Nr. 209; LEWALD, IPR S. 38ff.; LUNZ, IPR II S. 9—21; NEUMEYER, IPR[2] § 20; NIBOYET, Traité V Nr. 1405; NIEMEYER, IPR des BGB S. 117ff.; NUSSBAUM, IPR S. 113ff.; RABEL, Conflict[2] S. 173f.; RÉCZEY, IPR S. 147f.; RIGAUX, DIP Nr. 312—315; SAVIGNY, System S. 134ff.; SCHMITTHOFF, Conflict[3] S. 50, 280; SCHNITZER, IPR[4] S. 269ff.; SZASZY, PrIntLaw S. 164ff.; USCHAKOW, Sowj. IPR S. 57f.; DE VOS, Conflits I S. 73; WALKER, IPR[5] S. 111ff.; M. WOLFF, IPR[3] S. 96ff.; ZITELMANN, IPR II S. 54ff.

Einzeldarstellungen:

FRANK, Die Rechts- und Geschäftsfähigkeit in der Geschichte des internationalen Privatrechts, Diss. Gießen 1908; PAGENSTECHER, Werden die Partei- und Prozeßfähigkeit eines Ausländers nach seinem Personalstatut oder nach den Sachnormen der lex fori beurteilt? ZZP 64. 1951 249—284; DEYNET, Die Rechtsstellung des nasciturus und der noch nicht erzeugten Person im deutschen, französischen, englischen und schottischen Recht, Frankfurt-Berlin 1960; CAPOTORTI, La capacité en droit international privé, Rec. des Cours 110. 1963 III S. 153ff.; CAPOTORTI, Lezioni di diritto internazionale privato, parte speciale: La Capacità, Bari 1966; LÜDERITZ, Zur Reform des internationalen Personenrechts (Rechtsfähigkeit, Geschäftsfähigkeit und Entmündigung natürlicher Personen), Gutachten für den Deutschen Rat für Internationales Privatrecht, 1968.

die Stellung des nascitutus, Umfang und Ende der Rechtsfähigkeit; sie machen auch Erwerb und Ausübung einzelner Rechte vielfach von bestimmten persönlichen Voraussetzungen abhängig. Daher ist eine *kollisionsrechtliche Regelung mindestens für diese Randgebiete der Rechtsfähigkeit erforderlich.* Das EG enthält über die Rechtsfähigkeit keine Spezialvorschrift; lediglich die Todeserklärung war früher in Art. 9 EG und ist jetzt in § 12 VerschG geregelt.

2 1. Die hM will die Rechtsfähigkeit dem **Personalstatut** unterstellen; so STAUDINGER-RAAPE S. 62; SOERGEL-KEGEL[9] Rdz. 2 zu Art. 7 EG; PALANDT-LAUTERBACH[28] Anh. zu Art. 7 EG; ERMAN-ARNDT[4] Art. 7 Anm. 8; KEGEL IPR[2] 191 ff.; WOLFF IPR 96; v. CAEMMERER Rvgl. HWB. IV S. 352; vgl. auch RG 32, 173 betr. russische Nonne; aber die Entsch. hätte bei Bezugnahme auf das Wirkungsstatut zum gleichen Ergebnis geführt. Grundsätzlich soll nach der hM also die Staatsangehörigkeit entscheiden (Ausnahmen vgl. bei Art. 29 EG). Auch in ausländischen Rechtsordnungen ist die Maßgeblichkeit des Heimatrechts für die Rechtsfähigkeit anerkannt: Art. 5 griechZGB; Art. 17 Abs. I italCC; Art. 25—26 portugiesCC; Art. 7 polnIPR vom 12. 11. 65; § 3 CSSR-G vom 4. 12. 1963; Art. 2 Benelux-Abkommen vom 11. 5. 1951. Auf das Personalstatut allgemein verweist Art. 28 Codigo Bustamante, auf das Wohnsitzrecht Art. 7 EG zum brasilianischen CC von 1942. Vgl. auch Art. 85 Code Frankenstein. Positiv-rechtlich läßt sich für die hM anführen, daß das deutsche Recht keinen ausdrücklichen Rechtssatz darüber enthält, daß allen Menschen der Erde Rechtsfähigkeit verliehen werde.

3 Da aber von einem „*Personalstatut*" nur gesprochen werden kann, wo eine Person im Rechtssinne vorliegt, beurteilt sich die Rechtsfähigkeit nach der *Rechtsordnung, welche — Rechtsfähigkeit vorausgesetzt — Personalstatut wäre* (So NEUMEYER IPR[2] S. 16; LEWALD, IPR S. 39; RAAPE IPR[5] S. 48; CAPOTORTI Rec. des Cours 110. 1963 III S. 184—185). Zu eng und irreführend ist die Formulierung von SOERGEL-KEGEL[9] (Rdz. 1 zu Art. 7) „Recht des Staates, dem jemand angehören würde, wenn er rechtsfähig wäre", schon weil sie die Rechtsfähigkeit staatenloser Personen außer Betracht läßt und den Eindruck erweckt, als sei die Staatsangehörigkeit von der Zivilrechtsfähigkeit abhängig (und nicht — im Falle des Bestehens einer Staatsangehörigkeit — umgekehrt!).

4 2. Eine Mindermeinung will die Rechtsfähigkeit nur dem **Wirkungsstatut** des jeweils in Frage stehenden Rechts oder Rechtsgeschäfts unterstellen. Dafür u.a. VON BAR, Theorie u. Praxis I S. 385, ZITELMANN IPR II S. 56 ff. u. mit eingehender Begründung GEBHARD zu § 5 seiner beiden Entwürfe; BEITZKE, Jur. Personen S. 123 ff.; LÜDERITZ, Gutachten; ANZILOTTI, Corso (1918) S. 185 ff. Für diese Meinung spricht, daß die *Rechtsfähigkeit nur eine Teilfrage* bei einzelnen Rechten und Rechtsgeschäften darstellt und es zweckmäßig erscheint, ein Recht oder Rechtsgeschäft ohne Abspaltung von Teilfragen einheitlich einer Rechtsordnung zu unterstellen. Dafür spricht ferner, daß die Rechtsfähigkeit nur bei Randfragen einzelner Rechtsgebiete (z.B. Erbfähigkeit) fraglich wird. Nicht für diese Meinung spricht aber — entgegen LÜDERITZ —, daß die allgemeine Rechtsfähigkeit nur eine Abstraktion aus den Befähigungen zu bestimmten einzelnen Rechten und Rechtsgeschäften sei; denn diese Abstraktion ist mehr als nur die Summierung der Fähigkeiten, an einzelnen Rechten teilzuhaben oder bestimmte Rechtsgeschäfte abzuschließen. Schon BGB § 1 ist in diesem Sinne zu verstehen. Kollisionsrechtlich ergibt § 12 VerschG, der eine generelle und eine beschränkte Todeserklärung (mit Wirkung für inländisches Vermögen oder Rechtsverhältnisse, die sich nach inländischem Recht richten) kennt, daß zwischen der allgemeinen Rechtsfähigkeit und der Teilhabe an bestimmten Rechten zu unterscheiden ist. Demgemäß ist mit der hM zwischen der allgemeinen Rechtsfähigkeit und den Fähigkeiten zu Erwerb von und Teilhabe an einzelnen bestimmten Rechten zu unterscheiden. Letztere wer-

den vielfach als „**besondere Rechtsfähigkeiten**" bezeichnet, obwohl es sich regelmäßig um Beschränkungen gegenüber der allgemeinen Rechtsfähigkeit handelt, weil besondere zusätzliche Voraussetzungen gegenüber der allgemeinen Rechtsfähigkeit aufgestellt werden. *Die allgemeine Rechtsfähigkeit richtet sich nach Personalstatut; die Fähigkeiten zur Teilhabe an bestimmten Rechten* (etwa Vormund zu sein, ein Grundstück zu erwerben, Erbe zu sein oder kraft Schenkung er-werben usw.) *richten sich nach dem jeweiligen Wirkungsstatut des betreffenden Status, Rechts- oder Erwerbsvorgangs.* Das ist allgemeine Meinung; vgl. aus der Rspr. HansGZ 1900 B Nr. 191; RGZ 105, 169; 111, 40; HessRspr. 1925, 223. Regelmäßig bedarf es da, wo eine „besondere" Rechtsfähigkeit notwendig ist, auch der allgemeinen. Lediglich da, wo ein Rechtserwerb lediglich aufgrund einer beschränkten Teilrechtsfähigkeit in Frage steht (wie etwa beim Erbrecht des nasciturus), genügt die „besondere" Rechtsfähigkeit nach dem Wirkungsstatut. So Soergel-Kegel[9] Rdz. 3 zu Art. 7 EG; Kegel, IPR[2] S. 191; Staudinger-Raape Art. 24 B I 20; M. Wolff, IPR[3] S. 96; v. Caemmerer, RvglHWB IV S. 352. Anders Art. 28 Codigo Bustamante, der auch hier zunächst auf das Personalstatut abstellt; ihm folgend Rabel, Conflict I[2] S. 175. Die Konstruktion der Rechtsposition des nasciturus ist auch für das innerdeutsche Recht umstritten; vgl. dazu Staudinger-Coing Anm. 8ff. zu § 1; Laufs, NJW 1965, 1056; Stoll, Festschr. Nipperdey (1965) S. 755; Selb, AcP 166, 126; Heldrich, JZ 1965, 593; Deynet, a.a.O. S. 35—37 uam. Für die internationalrechtliche Qualifikation muß entscheiden, daß jedenfalls volle Rechtsfähigkeit noch nicht vorliegt (anders Art. 31 Abs. 2 SchwZGB).

II. Der **Beginn der Rechtsfähigkeit** ist nicht überall wie nach BGB § 1 *die Voll-* 5
endung der Geburt; nach Art. 30 spanCC muß das Kind die Geburt um *24 Stunden überlebt* haben, um rechtsfähig zu werden (ungeachtet dessen ist ein solches Kind in den deutschen Personenstandsbüchern als lebend-geboren und dann als wieder verstorben zu beurkunden; StAZ 1966, 300), nach Art. 725 franzCC muß es *lebensfähig* sein, um erben zu können. Ist das eheliche Kind eines deutschen Vaters und einer französischen Mutter nicht lebensfähig geboren, so wird es gleichwohl nach deutschem Personalstatut für die kurze Zeit seines Lebens rechtsfähig, kann aber bei Vorversterben der französischen Mutter von dieser nicht erben, weil es nach dem französischen Erbstatut (Art. 25 EG) nicht erbfähig ist. Fraglich ist, ob entsprechendes für das deutsche Kind einer spanischen Mutter gelten würde, wenn es die ersten 24 Stunden nicht überlebt; denn die spanische Voraussetzung des Lebens von mehr als einem Tag ist nicht Voraussetzung der Erbfähigkeit, sondern der allgemeinen Rechtsfähigkeit. Gleichwohl ist anzunehmen, daß das Kind auch hier nicht erben kann, obwohl es nach deutschem Recht rechtsfähig ist. Das Fehlen allgemeiner Rechtsfähigkeit ist für das Erbstatut zugleich das Fehlen der Erbfähigkeit. Im umgekehrten Fall des Kindes eines spanischen Vaters und einer deutschen Mutter kann das Kind die gleich nach der Geburt gestorbene Mutter, wenn es sie nur kurz überlebt, auch nicht beerben, obwohl Erbstatut jetzt deutsches Recht ist; denn es fehlt an der allgemeinen Rechtsfähigkeit nach spanischem Recht (Lewald, IPR S. 40 u. Rec. des Cours 9. 1925, 64ff.; 69. 1939 III, 15ff.). Fraglich ist, ob entsprechendes für das Kind eines französischen Vaters gelten würde, da Art. 725 franzCC nur die Erbfähigkeit, nicht aber die allgemeine Rechtsfähigkeit des französischen Kindes ausschließt; aber die französische Rechtslehre dehnt offenbar Art. 725 CC insoweit auf die allgemeine Rechtsfähigkeit aus (Marty-Raynaud, Droit Civil I Nr. 337); damit ergibt sich ensprechendes wie bei dem Kind des Spaniers. Diese Fälle sind ein Beleg dafür, daß die Trennung von allgemeiner und besonderer Rechtsfähigkeit notwendig ist. Ohne die Trennung und bei alleinigem Abstellen auf das Wirkungsstatut käme man sonst dazu, den nicht

Rechtsfähigen erben zu lassen ; für die Weitervererbung des von ihm ererbten Vermögens wäre — mangels eines Personalstatuts — keine Vorsorge möglich!

6 **III. Inhaltliche Beschränkungen der Rechtsfähigkeit** für bestimmte Personen oder Personengruppen kennt zwar das deutsche Recht heute nicht mehr, doch ist ihr Vorkommen in ausländischen Rechten nicht schlechthin auszuschließen. Selbst die *europäische Menschenrechtskonvention* vom 4. 11. 1950 (BGBl. 1952 II 686) verbietet sie nicht ausdrücklich. Enthält das Heimatrecht des Ausländers Beschränkungen, so sind diese maßgeblich (FRANKENSTEIN, IPR I S. 377; NUSSBAUM, IPR S. 114), aber allenfalls mit Art. 30 EG bei uns auszuschließen; vgl. etwa wegen der Heirat einer Haremssklavin Clunet 1880, 338 Anm. 1. Wegen des Einflusses der Menschenrechtskonvention auf den deutschen ordre public vgl. ECHTERHÖLTER, JZ 1956, 142. Zur Anwendung von Art. 30 EG kommt es darauf an, ob der einschlägige Fall eine wesentliche Inlandsbeziehung hat. Für Rechtsgeschäfte, die im Heimatstaat des betroffenen Ausländers geschlossen wurden oder sich nach dem Heimatrecht des Ausländers richten, oder für im Heimatstaat des Ausländers belegene Rechte wird man regelmäßig Beschränkungen der Rechtsfähigkeit nach Heimatrecht anerkennen müssen; vor allem wäre es schwerlich tragbar, den Ausländer aus Rechtsakten in seinem Heimatstaat entgegen seinem Heimatrecht für verpflichtet zu erklären.

7 **IV. 1.** Das gilt auch für den sogenannten **„bürgerlichen Tod“** insbesondere den Klostertod. Hier ist grundsätzlich auf das Heimatrecht abzustellen (RGZ 32, 173 betr. russische Nonne); doch kann dieses allenfalls mit der Vorbehaltsklausel ausgeschaltet werden; vgl. das von LEWALD, Rec. des Cours 9. 1925, 65 zitierte Urteil betr. den französischen Erbschaftserwerb eines italienischen Mönchs. Inwieweit die Anrufung von Art. 30 EG erforderlich ist, hängt u. a. davon ab, ob wirklich eine Beeinträchtigung der Rechtsfähigkeit vorliegt, oder ob nur die Erwerbsfähigkeit für bestimmte Erwerbe auf Zeit oder Dauer derart ausgeschaltet ist, daß statt des Mönches oder der Nonne etwa das Kloster unmittelbar erwirbt (RG DNotZ 1943, 296 betr. Sparbuch eines österreichischen Ordensgeistlichen; Wolff IPR[3] S. 97 Anm. 6). Folgt die Beschränkung der Rechts- oder Erwerbsfähigkeit aus einem anderen Recht als dem Heimatrecht (etwa Eintritt eines Spaniers in ein südamerikanisches Kloster), so ist die Beschränkung nur mit Wirkung für das beschränkende Land und seine Rechtsordnung anzuerkennen.

8 **2.** Verlust oder Beschränkung der Rechtsfähigkeit durch **Strafurteil** (zum Vorkommen RABEL, Conflict I[2] S. 174) ist nicht etwa schon deshalb bei uns schlechthin unbeachtlich, weil es hier an einer anzuwendenden ausländischen Privatrechtsnorm fehle (so zu Unrecht ERMAN-ARNDT[4] Anm. 8 zu Art. 7 EG); denn wo ein Strafurteil privatrechtsgestaltende Wirkungen hat, stehen genausogut privatrechtliche Folgen infrage wie bei privatrechtsgestaltenden Verwaltungsakten, die ebenfalls im IPR Berücksichtigung finden können (WALKER, IPR[5] S. 122). Auch ist die Anerkennung ausländischer Strafurteile nicht etwa schlechthin ausgeschlossen; sie erfolgt zwar nicht grundsätzlich, wohl aber im Rahmen von Staatsverträgen (vgl. bei GRÜTZNER, NJW 1961, 2186 IV 1; 1969, 345; Internat. Rechtshilfeverkehr in Strafsachen Bd. I A 41 u. 46; Art. 40 Abs. I der revidierten Rheinschiffahrtsakte vom 17. 10. 1868, BGBl. 1952 I 654). Soweit die Anerkennung eines die Rechtsfähigkeit beeinträchtigenden Strafurteils nicht staatsvertraglich vereinbart ist, hat im Inland grundsätzlich volle Rechtsfähigkeit als bestehend zu gelten, außer für Rechte und Geschäfte, die im Urteilsstaat oder in das Urteil anerkennenden Staaten zu lokalisieren sind oder deren Rechtsordnung unterstehen.

9 **3.** Das **Ende der Rechtsfähigkeit** stellt insofern keine kollisionsrechtlichen Probleme als die Rechtsfähigkeit durch den Tod der natürlichen Person endet. Ob und inwie-

weit Verschollenheits- oder Todeserklärung die Rechtsfähigkeit als solche beenden, oder nur eine Vermutung für den Tod begründen, oder sonstige Wirkungen haben, ist in den einzelnen Rechtsordnungen verschieden geregelt; kollisionsrechtlich ist hier in erster Linie § 12 VerschG maßgeblich; vgl. dort. Daneben enthalten aber zahlreiche Rechtsordnungen unterschiedliche **Lebens- und Todesvermutungen**; für das deutsche Recht vgl. §§ 10, 11 VerschG. Streitig ist, ob Lebens- oder Todesvermutungen im Einzelfall dem Personalstatut (Obertribunal Stuttgart SeuffArch. 15. 1862, 321; BayObLGZ 13. 1892, 50; RG NiemeyersZ 4. 1894, 72 betr. Johann Orth; OLG Breslau Recht 1907 Nr. 1170; OLG Kiel SchlHA 1927, 147, SOERGEL-KEGEL[9] Rdz 10 vor Art. 24 EG; STAUDINGER-RAAPE S. 639; RABEL, Conflict I[2] S. 179—181; FRANKENSTEIN, IPR I S. 382ff.; FRAGISTAS, Festschr. Laun [1953] S. 702) oder dem Wirkungsstatut (RGZ 25, 142; OLG Dresden SeuffArch. 66 Nr. 33; OLG Hamburg HansGZ 1897 B Nr. 131; KG NiemeyersZ 9. 1899, 469; WOLFF, IPR[3] S. 97ff.; RAAPE, IPR[5] S. 439; CAPOTORTI, Rec. des Cours 110. 1963 III, 191) zu entnehmen sind (vgl. den Streitstand hinsichtlich der Commorienten-Vermutungen bei FRAGISTAS, Festschr. Laun. [1953] S. 693ff.). Soweit diese *Vermutungen allgemeiner Natur* sind und nicht nur einzelne Rechtsverhältnisse regeln sollen, sind sie dem *Personalstatut* zu entnehmen; soweit sie sich aber auf *einzelne Rechte* oder Rechtsverhältnisse beschränken, *dem Wirkungsstatut* (in diesem Sinne ist offenbar LEWALD IPR S. 40—41 zu verstehen). So gelten die §§ 10, 11 VerschG nicht etwa nur für die Beerbung, sondern ebensogut für Ehe, Elternrechte, Sachenrechte usw.; sie gehören zum Personalstatut, ebenso wie viele entsprechende Bestimmungen ausländischer Rechte (vgl. z.B. öABGB § 25; SchwZGB Art. 32 Abs. 2; spanCC Art. 33; italCC Art. 4; griechZGB Art. 38; portugiesCC Art. 68 usw.). Andrerseits sind manche Lebens- und Todesvermutungen auf erbrechtliche Verhältnisse beschränkt wie zB. die keiner analogen Anwendung fähigen (PLANIOL-RIPERT-MAURY, Traité pratique de Droit Civil Français [2. Aufl. 1956] Nr. 30) Art. 720—722 franzCC (von FRAGISTAS, Festschr. Laun, [1953] S. 695 u. 703ff. kurzerhand dem Personalstatut unterstellt); ebenso wohl auch Art. 136 franzCC (LEWALD, IPR S. 40) und Art. 878 ndlBW. Ferner gilt **§ 180 des Bundesentschädigungsgesetzes** (BEG) nur für Ansprüche nach diesem Gesetz (VAN DAM-LOOS, BEG [1957], Anm. 2 zu § 180; BLESSIN-EHRIG-WILDEN, BEG [1960], Anm. 7 u. 10 zu § 180), und nur unter der Voraussetzung, daß der Tod nicht schon anderweitig (und auf ein anderes Datum als den 8. 5. 1945) festgestellt ist. Ob dabei nur deutsche Todeserklärungen die Vermutung des § 180 BEG ausschalten (so LG Düsseldorf RzW 1959, 565 u. OLG Düsseldorf RzW 1960, 278), oder auch anerkannte ausländische (so BGH RzW 1961, 133 u. 1962, 563; vgl. aber auch BGH RzW 1966, 275. KG RzW 1964, 555 gibt der französischen Todeserklärung eines Polen nur deshalb nicht den Vorrang vor § 180 BEG, weil die Todeserklärung in Polen nicht anerkannt werde), ist in letzterem Sinne zu entscheiden (gegen SOERGEL-KEGEL[9] Rdz. 10 vor Art. 24 EG bei Anm. 23a).

Konflikte zwischen Todesvermutungen werden in BEG § 180 dahin gelöst, daß für 10
die spezielle Todesvermutung kein Raum mehr ist, wo eine allgemeine eingreift (vgl. OLG Frankfurt RzW 1962, 463). Internationalrechtlich können Konflikte zwischen Personalstatuten mehrerer an einem Rechtsverhältnis Beteiligter wie auch zwischen Personalstatuten und Wirkungsstatut auftreten.

Konflikte zwischen Personalstatuten lösen sich von selbst (und ohne zusätzliche 11
Unterstellung von eine „Angleichung" vollziehenden materiell-rechtlichen Rechtssätzen, welche von SOERGEL-KEGEL[9] Rdz. 10 vor Art. 24 EG für notwendig gehalten werden) dadurch, daß ein Rechtsverhältnis zwischen beteiligten Personen nicht mehr bestehen kann, sobald eine von ihnen nach ihrem Personalstatut als tot zu vermuten ist. So muß eine Ehe als beendet gelten, sobald einer der Ehegatten nach

seinem Personalstatut als tot vermutet wird; ebenso kann nicht mehr Erbe werden, wer nach seinem Personalstatut als verstorben anzusehen ist; bei einander widersprechenden Commorientenvermutungen scheidet als Erbe aus, wer nach seinem Personalstatut als vorverstorben oder als mit dem Erblasser gleichzeitig verstorben anzusehen ist (FRAGISTAS, Festschr. Laun [1953] S. 693—705 mit reichen Nachweisen).

12 Bei **Konflikten zwischen Wirkungsstatut und Personalstatut** haben die besonderen Vermutungen des Wirkungsstatuts den Vorrang, sofern sie nicht ihrerseits etwa — wie BEG § 180 für bestimmte Fälle — dem Personalstatut den Vorrang einräumen. Jedenfalls ist es durchaus denkbar, daß das Wirkungsstatut eine Todesvermutung anders ansetzt, als das Personalstatut, daß z.B. bei Nachlaßspaltung eine dem Wirkungsstatut zuzurechnende spezielle Todesvermutung der lex rei sitae den Tod des Erblassers zu einem anderen Zeitpunkt vermutet, als sein Personalstatut; selbst wenn dies ein späterer Zeitpunkt wäre, als der des Personalstatus, müßte er den Vorrang haben; dem französischen Anspruch auf Vererbung des Grundstücks nach französischem Recht gäben wir nach; vgl. BGHZ 50, 63 betr. Österreich. Andererseits kann nach dem Wirkungsstatut nicht Erbe werden, wer nach seinem Personalstatut bereits als tot zu vermuten ist.

13 **V.** Die **Parteifähigkeit** als Verfahrensvoraussetzung richtet sich nach der jeweiligen lex fori (RIEZLER, IZPR S. 414ff.). Im deutschen Recht ist nach ZPO § 50 Abs. 1 parteifähig, wer rechtsfähig ist. Damit ist für die Parteifähigkeit natürlicher Personen mittelbar auf ihr Heimatrecht verwiesen (BAUMBACH-LAUTERBACH, ZPO[30] Anm. 2 A zu § 50; STEIN-JONAS-POHLE, ZPO[19] § 50 VI 1; ROSENBERG, ZivPrR[9] § 42 I 2; SOERGEL-KEGEL[9] Rdz 3 zu Art. 7; RGZ 32, 173 betr. russische Nonne; RG NiemeyersZ 4. 1894, 72 betr. österr. Erzherzog Johann Orth). Ob man das Ergebnis auf dem Weg von der Verweisung des Prozeßrechts auf das materielle Recht (und dessen Kollisionsnormen) erreicht, oder auf dem Weg über eine unterstellte besondere prozessuale Kollisionsnorm (PAGENSTECHER, ZZP 64. 1951, 249—284), ist für die Parteifähigkeit natürlicher Personen gleichgültig. Wegen der Parteifähigkeit juristischer Personen vgl. BGH NJW 1965, 1666 = JZ 1965, 581, ebenso für Personenverbände (z.B. offene Handelsgesellschaften) und Vereine.

Art. 7[1]

Bearbeitet von Günther Beitzke

Die Geschäftsfähigkeit einer Person wird nach den Gesetzen des Staates beurteilt, dem die Person angehört.

---

[1] **Schrifttum**

Kommentare: ACHILLES-GREIFF[21]; ERMAN-ARNDT[4]; FISCHER-HENLE-TITZE-KIPP[14]; HABICHT; NIEDNER[2]; PALANDT-LAUTERBACH[28]; PLANCK[3]; SOERGEL-KEGEL[9]; STAUDINGER-RAAPE[9].

Lehr- und Handbücher:

ARMINJON, Précis[3] II Nr. 18; VON BAR, Theorie und Praxis Bd. I 387ff.; BARAZETTI, IPR S. 24, 29, 40; BATIFFOL, Traité[4] Nr. 487—493; CHESHIRE, Pr. Int. Law[7] S. 200—202; DICEY-MORRIS, Conflict[8] S. 744—749; EHRENZWEIG, PrIntLaw S. 121, 127. 129, 161; EHRENZWEIG, Conflict S. 475—479; FRANKENSTEIN, CodeArt. 89—95; FRANKENSTEIN, IPR I S. 398ff.; GEBHARD'sche Entwürfe S. 68—77, 83—90; GOODRICH-SCOLES, Handbook[4] S. 207—210; GRAVESON, Conflict[6] S. 420—423; GRZYBOWSKI, Sovjet PrIntLaw S. 116; GUTZWILLER, IPR S. 1629; KEGEL, IPR[2] S. 199; KÖHLER, IPR[3] S. 37ff.; LEFLAR, Conflict S. 231; LEREBOURS-PIGEONNIERE/LOUSSOUARN, DIP[8] Nr. 335f.; LEWALD, IPR S. 54ff.;

Erwirbt ein Ausländer, der volljährig ist oder die rechtliche Stellung eines Volljährigen hat, die Reichsangehörigkeit, so behält er die rechtliche Stellung eines Volljährigen, auch wenn er nach den deutschen Gesetzen nicht volljährig ist. Nimmt ein Ausländer im Inland ein Rechtsgeschäft vor, für das er geschäftsunfähig oder in der Geschäftsfähigkeit beschränkt ist, so gilt er für dieses Rechtsgeschäft insoweit als geschäftsfähig, als er nach den deutschen Gesetzen geschäftsfähig sein würde. Auf familienrechtliche und erbrechtliche Rechtsgeschäfte sowie auf Rechtsgeschäfte, durch die über ein ausländisches Grundstück verfügt wird, findet diese Vorschrift keine Anwendung.

EG z BGB II, 2218; rev. 2361; III 6.

Gliederung

A. Grundsätzliches 1—31
I. Prinzipien der gesetzlichen Regelung 1—5
1. Notwendigkeit einer Kollisionsnorm 1
2. Staatsangehörigkeitsprinzip 2
3. Ausnahmen vom Staatsangehörigkeitsprinzip 3
4. Wechsel- und Scheckfähigkeit 4
5. Rechtsvergleichendes zur Kollisionsnorm 5
II. Bedeutung des Wirkungsstatuts 6—14
1. Erfordernis der Geschäftsfähigkeit 7—12
2. Besondere Geschäftsfähigkeiten 13
3. Verfügungsmacht 14
III. Geltungsbereich des Abs. 1 15—24
1. Volljährigkeit, Geschäftsfähigkeitsstufen, Entmündigung 16—18
2. Heirat macht mündig 19

LUNZ, IPR II S. 21—27; MELCHIOR, Grundlagen S. 140, 183; NEUHAUS, Grundbegriffe S. 45ff., 86ff.; NEUMEYER, IPR[3] § 22; NIBOYET, Traité V Nr. 1531—1540; NIEMEYER, IPR S. 123ff.; NUSSBAUM, IPR S. 118ff.; NUSSBAUM, Grundzüge S. 170; RAAPE, IPR[5] S. 169ff.; RABEL, Conflict I[2] S. 194—212; RÉCZEY, IPR S. 150—153; RIGAUX, DIP Nr. 312—315; SAVIGNY, System S. 134ff.; SCHMITTHOFF, Conflict[3] S. 50, 280; SCHNITZER, IPR[4] S. 273ff.; STUMBERG, Principels[3] S. 241—243, SZAZY, PrIntLaw S. 164ff.; USCHAKOW, Sowj. IPR S. 56ff.; DE VOS, Conflits I S. 73, WALKER, IPR[5] S. 124ff.; M. WOLFF, IPR[3] S. 100ff.; ZITELMANN, IPR II S. 69ff.

Einzeldarstellungen:

Vgl. die in der Vorbem. zur Frage der Rechtsfähigkeit Genannten, ferner ZIELKE, Die Stellung der Ausländer nach dem Bürgerlichen Recht (Diss. Halle 1905); NEUBECKER, Geschäftsfähigkeit im internationalen und russischen Privatrecht: ZVglRWiss. 20. 1907, 265 u. 21. 1908, 4ff.; HAHN, Das Personalstatut und die Geschäftsfähigkeit im deutschen internationalen Privatrecht (Diss. Leipzig 1909); BATIFFOL, La capacité civile des étrangers en France (1929); MÜLLER, Die Geschäftsfähigkeit natürlicher Personen in der internationalprivatrechtlichen Rechtsprechung der Vereinigten Staaten: RabelsZ 8. 1934, 885ff.; E. HOFFMANN, Die Minderjährigkeit im internationalen Privatrecht (Diss. Hamburg 1937); CARASSO, Des Conflits de Lois en matière de Capacité Civile spécialement en droit Suisse (Diss. Lausanne 1938); PAGENSTECHER, Zur Prozeßfähigkeit der Ausländer nach deutschem internationalem Zivilprozeßrecht: Festschr. Raape 1948 S. 249—260; PAGENSTECHER, Zur Geschäftsfähigkeit der Ausländer in Deutschland: RabelsZ 15. 1949/50, 189ff.; PAGENSTECHER, Der Grundsatz des Entscheidungseinklangs im internationalen Privatrecht, (Akademie der Wissenschaften und der Literatur Mainz, Abhdlgen der Geistes- und Sozialwiss. Klasse 1951 Nr. 5); J.A.C. SMITH, Capacity in the Conflict of Laws: ICLQ 1. 1952, 446ff.; POKORNY, Die Geschäftsfähigkeit im deutschen internationalen und interlokalen Privatrecht (Diss. Köln 1953); HETTESHEIMER, Die Fähigkeit Minderjähriger zu selbständigem rechtsgeschäftlichem Handeln; eine rechtsvergleichende Darstellung von Vorschriften des Bürgerlichen Gesetzbuchs zu den Bestimmungen in der Schweiz, Frankreich, Italien, England und den Vereinigten Staaten von Nordamerika (Diss. Tübingen 1957); GAMILLSCHEG, Internationales Arbeitsrecht, 1959; PITLO, Die Aufhebung der Geschäftsunfähigkeit der verheirateten Frau im niederländischen Privatrecht: FamRZ 1959, 49—53; KNAUBER, Zur Reichweite des Art. 7 EGBGB (Diss. München 1960); SCHIPPEL, Rechtsverkehr mit geschäftsunfähigen und beschränkt geschäftsfähigen Personen nach internem und internationalem Privatrecht (Dt. Beiträge zum VII. Internat. Kongreß des Lateinischen Notariats 1963); WERNER E. VON STEIGER, La protection des mineurs en droit international privé: Rec. des Cours 112. 1964 II, 473ff.; REITHMANN, Geschäftsfähigkeit und Verfügungsbefugnis nach deutschem internem Recht und Kollisionsrecht, DNotZ 1967, 232ff.

3. Geschäftsfähigkeit der Frau 20—21
4. Formvorschriften 22
5. Berufliche Fähigkeiten und Beschränkungen 23—24
IV. Folgen mangelnder Geschäftsfähigkeit 25—31
1. Wirksamkeit des Geschäfts? 26
2. Willensergänzung 27—29
3. Geschäfte des Vertreters 30
4. Folgen fehlerhafter Geschäfte 31
B. Statutenwechsel (insbes. Art. 7 Abs. 2) 32—46
I. Erlangung der Volljährigkeit 33—34
1. Statutenwechsel vor Volljährigkeit 33
2. Heilbarkeit vor Statutenwechsel geschlossener Geschäfte 34
II. Statutenwechsel nach Volljährigkeit 35—46
1. Art. 7 Abs. 2 36—37
2. Analoge Anwendung von Art. 7 Abs. 2 38—43
3. Heirat macht mündig 44—46
C. Verkehrsschutz (insbes. Art. 7 Abs. 3) 47—65
I. Allgemeines. Rechtsvergleichung 47—49
1. Zweck der Vorschrift 47
2. Wechsel- und Scheckrecht 48
3. Rechtsvergleichung 49
II. Voraussetzungen des Verkehrsschutzes 50—53
1. Rechtsgeschäft im Inland 50—52
2. Sonstige Gesichtspunkte 53
III. Wirkungen des Verkehrsschutzes 54—57
1. Alternativität der Anknüpfungen 54
2. Geschäftsfähigkeit nach deutschem Recht 55
3. Anwendungsfälle 56
4. Entmündigungsfragen 57
IV. Analoge Anwendung von Abs. 3? 58—60
V. EG Art. 26 = GewO § 11a Abs. 1 61
VI. Abs. 3 Satz 2 62—65
1. Familienrechtliche Geschäfte 63
2. Erbrechtliche Geschäfte 64
3. Verfügungen über ausländische Grundstücke 65
D. Prozeßfähigkeit 66—69
E. Rück- und Weiterverweisung (Art. 27)
I. Domizilprinzip 71—74
1. Wohnsitz 72
2. Domizil 73
3. Statutenwechsel 74
II. Wirkungsstatut 75
1. Im allgemeinen 75
2. Lex rei sitae 76
F. Volljährigkeitserklärung und Emanzipation 77—92
I. Grundsätzliches 77
II. Volljährigerklärung von Deutschen in Deutschland 78
III. Volljährigerklärung von Deutschen im Ausland 79—85
1. Internationale Zuständigkeit 80
2. Deutsches Recht 81
3. Geregeltes Verfahren 82
4. Ordre public 83
5. Keine Gegenseitigkeit nötig 84
6. Selbständiger Betrieb eines Erwerbsgeschäfts 85
IV. Volljährigerklärung und Emanzipation von Ausländern in Deutschland 86—90
1. Internationale Zuständigkeit 86
2. Heimatrecht 87
3. Emanzipation 88—89
4. Selbständiger Betrieb eines Erwerbsgeschäfts 90
V. Anerkennung der Volljährigerklärung von Ausländern im Ausland 91—92
1. Im Heimatstaat 91
2. In einem Drittstaat 92
G. Interlokales Recht 93—107
I. Allgemeines 93—94
II. Abweichendes materielles Recht 95
III. Geschäftsfähigkeit im interzonalen Privatrecht 96—107

A. Grundsätzliches.

I. Prinzipien der gesetzlichen Regelung.

1 **1.** Eine *Kollisionsnorm* über die Geschäftsfähigkeit ist *erforderlich*, weil die positiven Rechte Unterschiede in der Frage des Volljährigkeitsalters (unten Rdz. 16ff.), in Fragen der Geschäftsfähigkeitsstufen und partieller Geschäftsfähigkeit, hinsichtlich Emanzipation und Volljährigkeitserklärung (unten Rdz. 77ff.), hinsichtlich des Einflusses des Geschlechts (unten Rdz. 20ff.) und der Eheschließung auf die Geschäftsfähigkeit (unten Rdz. 19), und in vielen anderen Fragen zeigen.

2 **2.** Art. 7 folgt dem **Staatsangehörigkeitsprinzip.** Maßgeblich ist die Staatsange-

hörigkeit der Person, deren Geschäftsfähigkeit zur Zeit der Vornahme des Geschäfts in Frage steht. Bei *Mehrstaatlern* (näheres dazu bei Art. 29) soll nach stRspr (RGZ 150, 382; BHGZ 3,80; BGH FamRZ 1969, 29—30) dann, wenn die eine Staatsangehörigkeit die deutsche ist, diese allein maßgeblich sein. Diese Regel ist jedoch zu starr, als daß ihr allgemein gefolgt werden könnte; gegen sie FERID RabelsZ 23. 1958, 498ff.; SOERGEL-KEGEL[9] Rdz 29 zu Art. 29. Es kommt ebenso wie bei Zusammentreffen zweier ausländischer Staatsangehörigkeiten auf die stärkere Verknüpfung mit dem einen oder dem anderen Heimatrecht an; diese ergibt sich nicht daraus, ob die eine oder die andere Staatsangehörigkeit die zuerst oder zuletzt erworbene ist; gelegentlich werden ja auch mehrere Staatsangehörigkeiten zugleich mit Geburt erworben. Auch der Wohnsitz in einem der Heimatstaaten entscheidet nicht notwendig (so aber RAAPE, IPR[5] S. 57), ist jedoch regelmäßig ein wesentliches Indiz, zu denen andere wie Familienbeziehungen, berufliche Verknüpfung usw. zählen können. Die *stärkere Verknüpfung* mit dem einen oder anderen Heimatrecht muß für jeden einzelnen Fall gesondert festgestellt werden. Ist Volljährigkeit nach einem von mehreren Heimatrechten erlangt, so soll nach WOLFF, IPR[3] S. 41 und ERMAN-ARNDT[4] Anm. 3 zu Art. 29 in entsprechender Anwendung von Art. 7 Abs. 2 die Volljährigkeit schon dann gegeben sein, wenn sie nach einem zweiten, neben dem deutschen bestehenden Heimatrecht gegeben wäre. Aber die Analogie überzeugt nicht, denn es geht hier um das Volljährigwerden überhaupt, nicht um die Aufrechterhaltung eines schon erlangten Status. Ebensowenig kann der von SIEGEL (Diss. Hamburg 1937, S. 25/26) vertretenen Lösung zugestimmt werden, daß stets das einer Geschäftsfähigkeit günstigere mehrerer Heimatrechte entscheiden solle. Denn ein derartiges Prinzip des *favor negotii*, das sich in anderen Gesetzen findet (z.B. §§ 35, 38 Einl. PrALR), *ist unserem EG für die Geschäftsfähigkeit fremd*. Allerdings wird es für die Wechselfähigkeit vertreten von PRIESE-REBENTROST, WG Anm. 2 zu § 91; STRANZ, WG Anm. 2 zu § 91; BAUMBACH-HEFERMEHL, WG Anm. 2 zu § 91. Aber das mag im Wechselrecht wegen des dort erhöhten Verkehrsschutzes gelten und kann keine Allgemeingültigkeit beanspruchen. Es muß also bei Mehrstaatlern für den Regelfall beim Grundsatz des kraft engerer Verknüpfung sachnäheren Heimatrechts bleiben.

3. *Ausnahmen vom Staatsangehörigkeitsprinzip* ergeben sich für **Staatenlose** 3
(Art. 29), Verschleppte nach AHKG 23, **Flüchtlinge** und Vertriebene deutscher Volkszugehörigkeit (Art. 9 II 5 FamRÄG) und Flüchtlinge i.S. der UNO-Flüchtlingskonvention (Wohnsitz nach Art. 12 Konvention maßgebend). Ferner macht Art. 7 Abs. 3 aus Gründen des Verkehrsschutzes eine ausdrückliche Ausnahme zugunsten des *Orts der Vornahme* des Rechtsgeschäfts. Daneben kommt es auf den Ort des Rechtsgeschäfts, auf das Wirkungsstatut und auf Wohnsitzrecht allenfalls kraft der nach *Art. 27 zu beachtenden Rückverweisung und* (analog Art. 27) kraft *Weiterverweisung* an (dazu unten Rdz. 70 ff.). Im übrigen ist die Regelung des Art. 7 zwingenden Rechts und *nicht durch Parteivereinbarung abdingbar*, auch da nicht, wo — wie im Schuldvertragsrecht — Parteiautonomie besteht. Sonst könnte ein Minderjähriger durch Vereinbarung eines ihm günstigeren Rechts sich für ein einzelnes Rechtsgeschäft sozusagen selbst die Volljährigkeit verschaffen. Daß dies nicht angeht, ist sogar dort anerkannt, wo man geneigt ist, das Wirkungsstatut auch über Fragen der Geschäftsfähigkeit entscheiden zu lassen (DICEY-MORRIS-KAHN-FREUND[8] zu rule 130; CHESHIRE PrIntLaw[7] S. 201; anders anscheinend für die USA § 333 Restatement 2nd).

4. Wechsel- und Scheckfähigkeit sind im Gefolge der Genfer Abkommen von 1933 4
in Art. 91 WG u. Art. 60 SchG (wörtlich übereinstimmend) besonders geregelt. Ihr Inhalt entspricht in den Grundlinien, aber nicht in allen Einzelheiten Art. 7 EG. Maßgeblich ist grundsätzlich das Heimatrecht der eine Wechsel- oder Scheckver-

pflichtung eingehenden Person. Wegen Doppelstaatlern vgl. oben 2, wegen Staatenloser, Verschleppter und Flüchtlingen gilt das oben Rdz. 3 Gesagte. Doch ist der *Verkehrsschutz von Art. 7 Abs. 3 abweichend* in Abs. 2 der Sondervorschriften geregelt (vgl. dazu unten Rdz. 58ff.). Eine dem Art. 7 Abs. 2 EG entsprechende Vorschrift fehlt; doch ist anzunehmen, daß diese Vorschrift auch für die Wechsel- und Scheckfähigkeit gilt.

5 **5. Rechtsvergleichung.** In der großen Mehrzahl ausländischer Gesetze und Staatsverträge wie auch in der Praxis wird die allgemeine Geschäftsfähigkeit als *Frage des Personalstatus* behandelt. So ebensosehr in Staaten des Staatsangehörigkeitsprinzips (z.B. Belgien, Frankreich, Griechenland, Italien, Japan, Liechtenstein, Luxemburg, Niederlande, Österreich, Polen, Portugal, Spanien, Tschechoslovakei, Türkei, Ungarn; auch in der Schweiz, obwohl die Frage dort nicht unstreitig ist, vgl. SCHNITZER, Hdb. I[4] S. 276), wie auch in Staaten des Wohnsitzprinzips (z.B. Dänemark, Norwegen, in Südamerika der Vertrag von Montevideo). Auch in der UdSSR und anderen Oststaaten geht es um eine Frage des Personalstatuts (LUNZ, IPR I S. 159, II S. 21ff.; GRZYBOWSKI S. 117); die Anwendung des Rechts der Staatsangehörigkeit ist u. a. in Art. 24 der Staatsverträge der UdSSR mit Bulgarien, der CSR und anderen Oststaaten ausdrücklich verankert. Doch werden in den auf Personalstatut abstellenden Staaten vielfach Ausnahmen gugunsten des Verkehrsschutzes gemacht (zu den Ostrechten u. ihren Staatsverträgen DROBNIG, OER 5. 1959, 154, 166; KORKISCH, RabelsZ 32. 1968, 616; MARKOFF, Rev. crit. 55. 1966, 582ff.; LAZOK, Am. J. Comal. 15. 1967, 332; ROW 1966, 202 Anm. 22). In England ist dagegen die Frage, ob die Geschäftsfähigkeit noch zum Personalstatut zu zählen ist, zweifelhaft. Für Domizilrecht Cooper v. Cooper (1888) 13 AppCas 88 und im Schrifttum nachdrücklich WOLFF, PrIntLaw nr 264; aber das trifft wohl nur für Geschäfte im Rahmen des Personalstatuts zu, wo Domizilrecht Wirkungsstatut des Geschäfts ist. Die heutige Tendenz geht offensichtlich dahin, immer dem *Wirkungsstatut des Geschäfts* den Vorrang zu geben (DICEY-MORRIS-KAHN-FREUND[8], rule 130 u. CHESHIRE, PrIntLaw[7] S. 201 mit Nachweisungen); das Wirkungsstatut muß *nicht* notwendig mit der viel berufenen *lex loci contractus* übereinstimmen, denn ein zufälliger Vornahmeort kann nicht entscheiden; vielmehr kommt es auf „*the proper law*“ des Geschäftes an. Für *Grundstücksgeschäfte* entscheidet dementsprechend die *lex rei sitae* (DICEY-MORRIS[8] Bem. 1 zu rule 80). In den USA besteht kein einheitlicher Grundsatz, wie insbesondere aus den Darstellungen von MUELLER, RabelsZ 8. 1934, 885; RABEL Conflict I[2] S. 192ff., SMITH, ICLQ 1. 1952, 446; EHRENZWEIG, Treatise § 178; GOODRICH-SCOLES, Handbook[4] sec 108, STUMBERG, Principles[3] S. 241ff.) hervorgeht. Einzelne Staaten haben ausdrücklich für Recht des Domizils, andere für Wirkungsstatut des Vertrages oder Geschäfts entschieden; vielfach wird auf den Ort des Vertragschlusses Bezug genommen, aber meist gilt das *Wirkungsstatut* des Vertrages (vgl. auch Restatement 2nd § 333). Für sachenrechtliche Geschäfte scheint, selbst bei beweglichen Sachen, stets die lex rei sitae maßgebend zu sein. Österreich läßt bei Rechtsgeschäften, die in Österreich keine Wirkungen entfalten sollen, auch Geschäftsfähigkeit nach dem Wirkungsstatut für österreichische Staatsangehörige genügen (vgl. Gamillscheg Int. Arbeitsrecht S. 81/82). Wegen der Kollisionsnormen für die Arbeitsvertragsfähigkeit, aber auch allgemeine Geschäftsfähigkeit vgl. Gamillscheg, S. 81—88.

II. Bedeutung des Wirkungsstatuts.

6 Parallel mit der anglo-amerikanischen Lehre und Praxis, die es vorzugsweise auf das Wirkungsstatut des Geschäfts abstellen, hat sich auch ZITELMANN, IPR II S. 75 für die Maßgeblichkeit des Wirkungsstatuts ausgesprochen. Dem liegt die Vorstellung zugrunde, daß es keine „einheitliche“ Geschäftsfähigkeit gebe, viel-

mehr vom einzelnen Geschäft als solchen ausgegangen werden müsse, während die kontinental-europäische Lehre und Praxis das Bedürfnis nach einheitlicher Behandlung vor allem von Volljährigkeit und etwaiger Entmündigung in den Vordergrund stellen. Gleichwohl hat das Abstellen auf das Wirkungsstatut in mannigfacher Hinsicht seine Berechtigung:

1. Erfordernis der Geschäftsfähigkeit.

a) Ob für ein Rechtsgeschäft oder eine Rechtshandlung überhaupt Geschäftsfähigkeit erforderlich ist, bestimmt *allein das Wirkungsstatut* (WOLFF, IPR[3] S. 102; FRANKENSTEIN, IPR I S. 401; PAGENSTECHER, RabelsZ 15. 1949/50, 189; ERMAN-ARNDT[4] Anm. 3 zu Art. 7; STAUDINGER-RAAPE S. 70), während das Personalstatut regelt, ob die Geschäftsfähigkeit gegeben ist. Das wird besonders bei Besitzerwerb und Besitzaufgabe, Aneignung und Eigentumsaufgabe wesentlich. Österreich (ABGB § 310) versagt dem Geschäftsunfähigen den Besitzerwerb. Geht es um die Frage, ob ein geschäftsunfähiger Österreicher an einer in Deutschland befindlichen Sache Besitz erworben hat, so entscheidet deutsches Recht als lex rei sitae und Wirkungsstatut dieses sachenrechtlichen Tatbestandes, daß es auf die Geschäftsfähigkeit nicht ankommt, so daß das österreischische Personalstatut des Besitzerwerbers gar nicht zur Anwendung kommt; Art. 7 Abs. 3 EG bleibt deshalb außer Betracht, was von STAUDINGER-RAAPE S. 70 offenbar übersehen wurde. Geht es umgekehrt um die Frage, ob ein Deutscher Besitz an einer in Österreich befindlichen Sache erworben habe, so entscheidet das österreichische Wirkungsstatut, daß wenigstens beschränkte Geschäftsfähigkeit erforderlich ist; das deutsche Personalstatut des Erwerbers ergibt, ob diese vorlag; fehlte sie, so wurde kein Besitz erworben, auch wenn in Deutschland hätte Besitz erworben werden können. 7

b) *Verlangt das Wirkungsstatut Geschäftsfähigkeit*, so hat, ob es nun volle fordert oder sich mit beschränkter begnügt, die an das Heimatrecht zu stellende Frage zu lauten: Ist nach dem Heimatrecht die Person fähig, das betreffende Rechtsgeschäft abzuschließen? Es ist möglich, das es diese Fähigkeit auch einem Mindergeschäftsfähigen beilegt, während das Wirkungsstatut sie nur einem Vollgeschäftsfähigen zuerkennt, und umgekehrt, daß es sie nur einem Vollgeschäftsfähigen beilegt, während das Wirkungsstatut sie auch dem Mindergeschäftsfähigen zuerkennt. Möglich ist sogar, daß, während das Wirkungsstatut volle Geschäftsfähigkeit verlangt, das Heimatrecht einem Geschäftsunfähigen die Fähigkeit zum Abschlusse des Rechtsgeschäfts unter gewissen Voraussetzungen beimißt. Man denke an den Fall, daß eine Partei geisteskrank, also geschäftsunfähig ist, aber lucida intervalla hat, und daß das Wirkungsstatut diese intervalla unberücksichtigt läßt, während das Heimatrecht wie z.B. das deutsche, auf sie Rücksicht nimmt. 8

Beispiele:

aa) Eine 19jährige Österreicherin schließt im Elsaß mit dem Direktor eines deutschen Wandertheaters einen Anstellungsvertrag. Die Frage, ob die Österreicherin fähig ist, sich zu verpflichten, beurteilt sich nach österreichischem Recht und ist zu bejahen, da sie, wenn auch zwar minderjährig, doch „mündig", d.h. über 14 Jahre alt ist, und solche mündigen Minderjährigen sich nach dem genannten Recht selbständig zu Diensten verpflichten können. Gleichgültig ist, daß das deutsche Wirkungsstatut des Vertrages die Fähigkeit, sich vertraglich zu verpflichten, von den Sonderfällen der §§ 112, 113 abgesehen, nur einem Vollgeschäftsfähigen, nicht auch einem Mindergeschäftsfähigen beilegt. Es wäre falsch, deswegen zu verlangen, daß die Person auch nach ihrem Heimatrecht voll geschäftsfähig sein müsse. 9

10 **bb)** Wenn umgekehrt eine 19jährige Deutsche aus Passau sich in Linz als Köchin verpflichtet, so ist die Frage, ob sie dazu das erforderliche Maß von Geschäftsfähigkeit hat, zu verneinen, da ihr Heimatrecht, das deutsche Recht, volle Geschäftsfähigkeit verlangt, abgesehen von § 112, und ihr diese fehlt. Gleichgültig ist, daß das Wirkungsstatut, das österreichische Recht, auch dem Minderjährigen, sofern er über 14 Jahre alt ist, den selbständigen Abschluß von Dienstverträgen erlaubt. Es wäre falsch, aus diesem Grunde nicht mehr zu verlangen, als daß die Person nach ihrem Heimatrecht beschränkt geschäftsfähig sei — es wäre denn österreichischer Verkehrsschutz zu beachten, s. unten Rdz. 58ff.

11 **cc)** Ein geisteskranker Engländer macht in Köln notwendige Einkäufe. Das Wirkungsstatut, das BGB, verlangt volle Geschäftsfähigkeit der Partei. Nach englischem Recht kann auch ein Geisteskranker gültig *necessaries* kaufen; die letztere Tatsache ist entscheidend.

12 **dd)** Fehlte nach dem Heimatrecht die vom Wirkungsstatut verlangte Geschäftsfähigkeit, so entscheidet über die Folgen der fehlenden Geschäftsfähigkeit das Heimatrecht (darüber unten Rdz. 31).

2. Besondere Geschäftsfähigkeiten.

13 Da vom Wirkungsstatut abhängt, ob es auf Geschäftsfähigkeit überhaupt ankommt, kann das Wirkungsstatut auch von Bezugnahme auf die allgemeine Geschäftsfähigkeit absehen und stattdessen oder daneben besondere Fähigkeiten verlangen. So ist hinsichtlich der in §§ 2229ff. u. Art. 24 Abs. 3 besonders geregelten *Testierfähigkeit* umstritten, ob und inwieweit sie eine solche besondere Fähigkeit ist und sich lediglich nach dem maßgeblichen Erbstatut (Art. 24, 25: Heimatrecht zur Zeit des Todes!) oder nur oder auch nach Art. 7 (Heimatrecht zur Zeit der Errichtung der Verfügung!) richtet; vgl. dazu bei Art. 24. Weniger bedeutsam ist der entsprechende Streit bei der *Ehefähigkeit*, weil sowohl für die allgemeine Geschäftsfähigkeit als auch für die Ehemündigkeit nach Art. 7, 13 das Heimatrecht bei Eheschließung maßgebend ist; vgl. dazu bei Art. 13; Zweifel beschränken sich auf die Anwendbarkeit von Art. 7 Abs. 2; gegen seine Anwendung auf die *Ehemündigkeit* mit Recht KG NJW 1951, 485 = JZ 1951, 508 interlokal, mit Anm. Beitzke. Das bedeutet, daß für die besondere Ehemündigkeit nur das Geschäftsstatut der Eheschließung maßgebend ist. Auch bei der *Adoption* kann zweifelhaft sein, inwieweit adoptionsrechtliche Sondervorschriften (z.B. § 1751 Abs. 2, Vertragschluß durch das 14jährige Kind selbst) als Vorschriften des Wirkungsstatuts sich stets durchsetzen müssen, oder ob an ihre Stelle Geschäftsfähigkeitsvorschriften des Heimatrechts des Kindes zu treten haben. Für letzteres KG IPRspr. 1929 Nr. 88 = ZblJR 1929/30, 407; bedenklich! Kritisch dazu Nussbaum IPR S. 169 Anm. 7 Ende (170). Gegen das KG auch Soergel-Kegel[9] Fn. 32 zu Rdz. 17 bei Art. 22 EG. Über die Adoptionsvoraussetzungen und den Vorgang entscheidet allein das Wirkungsstatut; nur soweit dieses auf die allgemeine Geschäftsfähigkeit eines Beteiligten Bezug nimmt, kommt dessen Heimatrecht zur Anwendung (RGZ 125, 265, 271; LG Berlin IPRspr. 1930, Nr. 86). Vgl. dazu im übrigen bei Art. 22.

3. Verfügungsmacht.

14 Sie ist auch internationalrechtlich von der Geschäftsfähigkeit zu trennen. Mangelnde Verfügungsmacht ist nicht Mangel an persönlicher Fähigkeit, sondern Mangel im Recht (Habicht S. 55, Lewald, IPR S. 55, Staudinger-Raape, S. 64, Wolff, IPR[3] 101, Soergel-Kegel[9], Rdz. 8 zu Art. 7). Die Verfügungsmacht ist also nicht vom Personalstatut, sondern im Grundsatz von derjenigen Rechtsordnung abhängig, welcher das Recht untersteht, über das verfügt werden soll. Vielfach sind aber Gewährung und Versagung von Verfügungsmacht

noch von anderen Regeln abhängig: güterrechtliche Verfügungsbeschränkungen und Verfügungsrechte ergeben sich aus dem nach Art. 15 anwendbaren Recht (vgl. dort), Verfügungsrechte des Testamentsvollstreckers, Verfügungsbeschränkungen des Erben und Vorerben aus dem nach Art 24, 25 maßgebenden Recht (vgl. dort), Verfügungsrechte des Konkursverwalters und Verfügungsbeschränkungen des Gemeinschuldners aus dem Recht des Konkursgerichts.

III. Geltungsbereich des Abs. 1.

Welche Fragen unter Abs. 1 fallen, hängt davon ab, wie der Begriff der Geschäfts- 15
fähigkeit zu *qualifizieren* ist. Dafür ist in erster Linie vom deutschen Recht auszugehen; denn dieses bestimmt den Inhalt der Kollisionsnorm. Doch ist der *Begriff der Geschäftsfähigkeit* für die Kollisionsnorm nicht eng im rechtstechnischen Sinne der §§ 104ff. zu fassen, sondern weiter, so daß er alle ausländischen Rechtseinrichtungen mit erfaßt, die gleichartige Rechtsordnungszwecke erfüllen, was an einer Untersuchung der Zielsetzungen des betreffenden ausländischen Rechts nachzuprüfen ist (auf die abweichenden Qualifikationslehren kann hier nicht eingegangen werden). *Nicht* erfaßt werden von Art. 7 die *Prozeßfähigkeit* (dazu unten Rdz. 66ff.) und die *Deliktsfähigkeit*; letztere wird von dem für deliktische oder quasideliktische Haftung maßgebenden Recht mit geregelt (dazu bei Art. 12). Art. 7 erfaßt nur Fragen der Fähigkeit zu Geschäften und Rechtshandlungen im allgemeinen, soweit die Fähigkeit vom Alter und geistigen Eigenschaften abhängt. Insoweit findet Heimatrecht Anwendung, auch wenn das Heimatrecht eines Beteiligten solche Fragen, welche wir für Fragen der Geschäftsfähigkeit halten, seinerseits anders qualifiziert, etwa bei Geisteskrankheit nicht eine allgemeine Beeinträchtigung der Fähigkeit zu Rechtsgeschäften annimmt, sondern aus der Sicht vom einzelnen Geschäft her die Geisteskrankheit einem Willensmangel (entsprechend §§ 116ff.) gleichstellt, wie dies im englischen Recht anscheinend der Fall ist (STAUDINGER-RAAPE S. 65; KNAUBER, a.a.O. [A zu Art. 7] S. 15). Ob sich etwa aus einer abweichenden Qualifizierung einzelner „Geschäftsfähigkeitsfragen" (im deutschen Sinne) durch ausländisches Recht eine Rückverweisung oder Weiterverweisung auf ein anderes Recht ergibt, ist eine spätere Frage. Zunächst ist auf dasjenige, was im Sinne des deutschen Rechts zur Geschäftsfähigkeit zu zählen ist, für jeden Beteiligten sein Heimatrecht anzuwenden.

1. Volljährigkeit, Geschäftsfähigkeitsstufen, Entmündigung.

a) Zu den Fragen der Geschäftsfähigkeit zählt in erster Linie die Frage der 16
Volljährigkeit, die in den einzelnen Rechtsordnungen in unterschiedlichem Alter eintritt:

mit 22 Jahren in Paraguay;

mit 21 Jahren in Ägypten, Argentinien, Costa Rica, Australien, Belgien, Bolivien, Brasilien, Canada, Chile, Columbien, Dänemark, Bundesrepublik Deutschland, Finnland, Frankreich, Griechenland, Irland, Island, Italien, Liechtenstein, Luxemburg, Mexico, Niederlande, Norwegen, Österreich, Peru, Portugal, Schweden, Spanien, Südafrika und überwiegend in den USA (in einzelnen Staaten Frauen schon mit 18);

mit 20 Jahren in Japan, Thailand und der Schweiz;

mit 18 Jahren in Albanien, Bulgarien, DDR, Großbritannien, Indien. Iran, Israel (seit G 5722/1962; anders früher, vgl. KG JFG 20, 179), Jugoslawien (dazu BayObLGZ 1959, 540), Libanon, Polen, Rumänien, Schottland, Syrien, Tschechoslovakei, Türkei, UdSSR, Ungarn. Vgl. auch die Tabelle StAZ 1965, 177.
Wegen der *Arbeitsvertragsfähigkeit*, die oft schon vor Volljährigkeit eintritt, vgl.

die im Rahmen des Kollisionsrechts mit erörterten materiellrechtlichen Vorschriften bei Gamillscheg, IntArbR S. 82—89, auch hinsichtlich der Arbeitsvertragsfähigkeit der Ehefrau.

17 **b)** Zu den Fragen der Geschäftsfähigkeit gehören ferner *Volljährigkeitserklärung* und *Emanzipation* (dazu unten Rdz. 77 ff.). Auch gehören dazu die unterschiedlichen *Geschäftsfähigkeitsstufen.* In manchen Staaten dauert die Geschäftsunfähigkeit länger als nach deutschem Recht, so z.B. bis 10 Jahre in Griechenland, bis 12 in Ungarn, bis 13 in Polen, bis 14 in Bulgarien, der UdSSR und Rumänien, bis 15 in Finnland und Costa Rica, bis 16 in Brasilien; in der CSSR endet sie schon mit 6 Jahren. Österreich hat die Unterteilung in Kinder (bis 7 Jahre), Unmündige (bis 14) und Minderjährige (bis 21). In anderen Staaten wird zwischen Selbständigwerden in persönlichen Angelegenheiten und Vermögensangelegenheiten unterschieden: so endet in Irland die Personensorge schon mit 16, die Vermögenssorge erst mit 21; in Dänemark sind die entsprechenden Altersstufen 18 und 21 (BayObLGZ 1963, 123). Auch die Frage der Teilgeschäftsfähigkeit kraft Emanzipation oder sonstiger Generalermächtigung (§§ 112, 113) ist unter Art. 7 EG zu zählen; sie ist, auch soweit eine gerichtliche Mitwirkung oder vormundschaftsgerichtliche Genehmigung erforderlich ist, keine unter Art. 23 fallende Vormundschaftssache.

18 **c)** Zu den Geschäftsfähigkeitsfragen gehört auch die *Entmündigung*; dazu bei Art. 8. Soweit eine ausländische Entmündigung anzuerkennen ist, muß beachtet werden, daß sie häufig unter anderen Voraussetzungen als nach deutschem Recht und auch mit anderen Wirkungen erfolgt, so daß Grad und Umfang der dem Entmündigten etwa verbliebenen Restgeschäftsfähigkeit der bei einer deutschen Entmündigung nicht entsprechen muß (BayObLGZ 1963, 35 betr. beschränkte österr. Entmündigung). Wegen der in Frankreich als Folge von Strafurteilen eintretenden incapacité légale, die für alle Vermögensangelegenheiten geschäftsunfähig macht, vgl. das in der Einleitung vor Art. 7 bei Rdz. 8 und Art 8 Rdz. 10 Gesagte.

2. Heirat macht mündig.

19 Einzelne Rechtsordnungen knüpfen an die Eheschließung Minderjähriger die Rechtsfolge der *Emanzipation,* so namentlich Staaten des romanischen Rechtskreises, z.B. Italien Art. 390 CC, Spanien Art. 314 CC, Argentinien Art. 131 CC, Bolivien Art. 248 CC, Chile Art. 266 CC, Columbien Art. 314 CC, Mexico Art. 641 CC usw. In anderen Staaten wird mit Eheschließung die *Volljährigkeit* erlangt, so z.B. in der Schweiz Art. 14 ZGB, Türkei Art. 11 Abs. 2 ZGB, Niederlanden Art. 353 BW, Polen Art. 10. § 2 Ziv. Cod. 1964, Ungarn Kap. 2 § 21 DekretG 23/1952, ferner in etlichen Einzelstaaten der USA, teilweise aber nur zugunsten weiblicher Personen (vgl. Näheres bei Rabel, Conflict I² S. 286). Hier fragt sich, ob eine solche Regelung den *allgemeinen Ehewirkungen (Art. 14) oder der Geschäftsfähigkeit (Art.* 7) zuzurechnen ist. Für die Zurechnung zu den allgemeinen Ehewirkungen OLG Dresden IPRspr. 1926/27 Nr. 78. Aber die Emanzipation oder Volljährigkeit tritt nicht nur um der Ehe willen, insbesondere nicht nur um des gegenseitigen Verhältnisses der Ehegatten willen ein, sondern weil trotz bisheriger Minderjährigkeit ein hinreichender Grad an geistiger Reife erreicht erscheint und die Eltern, sonstige gesetzliche Vertreter oder das zuständige Gericht der Eheschließung zugestimmt haben, abgesehen davon, daß die Ehe selbst wiederum die Reifung beschleunigt. Daher ist wohl mit der hM (Staudinger-Raape S. 69, Lewald, IPR S. 57, Wolff, IPR³ S. 101, Soergel-Kegel⁹ Rdz. 7) eine *Geschäftsfähigkeitsvorschrift* anzunehmen. Die Qualifikation wird vor allem für den Fall wichtig, daß mit der Eheschließung die Staatsangehörigkeit gewechselt wird (dazu unten Rdz. 44 ff.).

3. Geschäftsfähigkeit der Frau.

a) Der moderne Trend zur Gleichberechtigung der Frau läßt kaum Spielraum zu einer generellen Zurücksetzung der Frau in ihrer Geschäftsfähigkeit. In der Tat scheinen Vorschriften ausländischen Rechts, welche die Frau ohne *Rücksicht auf ihre etwaige Eheschließung in der Geschäftsfähigkeit zurücksetzen*, kaum noch vorzukommen. Daß eine Frau sich — wie schon nach dem senatus consultum Velleianum — wegen leichterer Beeinflußbarkeit und größerer Unerfahrenheit — *nicht verbürgen* kann, scheint nur noch im Roman-Dutch Law *Südafrikas* vorgesehen zu sein (vgl. WILLE, Principles of South African Law [5. Aufl. 1961] S. 458ff.). Hier würde es sich in der Tat nicht um eine Ehewirkung oder Bürgschaftsregelung, sondern um eine *Geschäftsfähigkeitsregelung* handeln, denn die Frau ist nicht nur an der Verbürgung für den Ehemann, sondern für jedermann gehindert (abweichend zählt WOLFF, IPR[3] S. 198 diese Regelung zu den Ehewirkungen). Bei in Deutschland vorgenommenen Geschäften wäre sie schon wegen Art. 7 Abs. 3 nicht zu beachten; bei in anderen Staaten geschlossenen Geschäften können entsprechende Verkehrsschutzvorschriften eingreifen. Im übrigen erscheint es nicht angebracht, der Südafrikanerin um ihrer selbst willen mit Art. 3 Abs. 2 GG den heimatlichen Schutz zu entziehen; sie hat genügend Freiheit damit, daß sie selbst auf den gesetzlichen Schutz mit ausdrücklicher Erklärung verzichten kann. Bei im Ausland (ohne einen dem Art. 7 Abs. 3 entsprechenden Verkehrsschutz) abgeschlossenen, aber dem deutschen Recht unterworfenen Bürgschaftsgeschäften kann in Betracht kommen, über Art. 30 die Berufung auf eine Geschäftsbeschränkung der Frau auszuschalten. 20

b) Keine Geschäftsfähigkeitsvorschriften, sondern *Vorschriften zum Schutz der ehelichen Gemeinschaft* (Art. 14) liegen vor, wenn die Ehefrau nicht ohne Zustimmung des Mannes Dritten gegenüber Verpflichtungen zugunsten des Mannes eingehen kann, wie z,B. in SchwZGB Art. 177 Abs. 3, Art. 169 II türkZGB vorgesehen ist (RAAPE, IPR[5] S. 328, KNAUBER, a. a. O. [A zu Art. 7] S. 17); oder wenn die Ehefrau nicht selbständig Arbeitsverträge abschließen kann (vgl. Gamillscheg, Int ArbR S. 88—91); oder wenn kein Ehegatte ohne Zustimmung des anderen eine Bürgschaft eingehen kann wie nach SchwOR Art. 494; brasilCC Art. 235, 242 (RAAPE, IPR[5] S. 328, KNAUBER, a. a. O. S. 17); oder wenn die Ehefrau ohne Rücksicht auf den Güterstand sich zur Veräußerung oder Belastung selbst eigenen Vermögens ohne Zustimmung des Mannes nicht einmal verpflichten kann (STAUDINGER-RAAPE, S. 69, RAAPE, IPR[5] S. 179); oder wenn — wiederum ohne Rücksicht auf den Güterstand — Schenkungen oder Kaufverträge unter Ehegatten beschränkt oder unzulässig sind (z. B. Art. 1096, 1595 frzCC). Freilich wird hier gelegentlich auch ehegüterrechtlich qualifiziert (so FERID, Droit Int. Famille S. 114, KNAUBER, a.a.O. S. 20; für das Gesellschaftsverbot RGZ 163, 367); vgl. zur ehepersonenrechtlichen oder ehegüterrechtlichen Qualifikation Anm. zu Art. 14, 15. Entscheidend ist hier, daß Art. 7 Abs. 1 unanwendbar ist (dazu allgemein SOERGEL-KEGEL[9] Rdz. 7 zu Art. 7, 28—31 zu Art. 14; WOLFF, IPR[3] S. 198; ERMAN-ARNDT[4] Anm. 4 zu Art. 14; PALANDT-LAUTERBACH[28] Anm. 3 zu Art. 14; DÖLLE, RabelsZ 16. 1951, 376, 382, sowie Droit Int. Famille S. 83). Darüber, daß die Anwendung von Art. 7 Abs. 3 in Betracht kommen kann, unten Rdz. 56. Auch wenn umgekehrt mit der Eheschließung die Geschäftsfähigkeit eines Ehegatten nicht um ihrer allgemeinen Reifung willen, sondern um der Ehe willen erweitert wird, damit die für den täglichen Lebensbedarf notwendigen Geschäfte eingegangen werden können, wie nach dem dänG vom 18. 3. 1925, ist dies zu den Ehewirkungen zu zählen (STAUDINGER-RAAPE S. 69, 290; SOERGEL-KEGEL[9] Rdz. 7 zu Art. 7 EG, Rdz. 32 zu Art.14). 21

4. **Formvorschriften**

22 Gelegentlich werden Geschäftsformen für einen bestimmten Personenkreis verschärft (z.B. kein privatschriftliches Testament für Minderjährige, § 2229) oder erleichtert (mündliche Bürgschaft des Kaufmanns, HGB § 350). Derartige Vorschriften haben z.T. nichts mit der allgemeinen Geschäftsfähigkeit zu tun, sondern mit besonderen beruflichen oder fachlichen Qualitäten wie etwa beim Kaufmann; sie unterfallen dann schon deshalb nicht Art. 7, sondern Art. 11. Aber auch wo sie, wie beim Testament des Minderjährigen, mit der Geschäftsfähigkeit zu tun haben, geht einmal das Statut der besonderen Geschäftsfähigkeit (Art. 24), diesem aber wiederum das speziellere Formstatut (Art. 11) vor (Staudinger-Raape S. 66; Knauber, a.a.O. [A zu Art. 7] S. 15, 28).

5. **Berufliche Fähigkeiten und Beschränkungen.**

23 Sie haben grundsätzlich nichts mit der allgemeinen Geschäftsfähigkeit zu tun. **a)** Fordert z.B. eine Rechtsordnung zur Gültigkeit eines Geschäfts *Kaufmannseigenschaft* einer Partei, so muß die Kaufmannseigenschaft nach dem Wirkungsstatut des Geschäfts vorliegen, das freilich seinerseits dafür auf das Heimatrecht dieser Partei verweisen kann, aber eher auf das Recht der *kaufmännischen Niederlassung* Bezug nehmen wird (Ficker, RvglHWB IV S. 462). Oder verlangt die Gültigkeit des Geschäfts, daß eine Partei zur *Börse* zugelassen ist, so entscheidet wiederum das Wirkungsstatut des Geschäfts darüber, ob diese Fähigkeit vorliegt (Staudinger-Raape S. 66), insbesondere ob es — wie regelmäßig — dafür auf die Zulassung zu derjenigen Börse ankommt, an welcher das Geschäft geschlossen worden ist.

24 **b)** *Berufliche Beschränkungen* wie etwa das Verbot für den französischen Anwalt, sich Mandantenforderungen abtreten zu lassen (Art. 1597 CC), hängen mit der *Rechtsordnung des Landes zusammen, in welchem der Beruf ausgeübt wird.* Sie greifen sicherlich ein, wo das Wirkungsstatut des Vertrages die Rechtsordnung des Landes der Berufsausübung ist und entfallen, wenn das Land der Berufsausübung solche Beschränkungen nicht kennt (BGHZ 22, 162 hinsichtlich pactum de quota litis mit Washingtoner Anwalt). Fraglich kann nur sein, ob sie durch Vereinbarung eines anderen Rechts als desjenigen des Landes der Berufsausübung abbedungen werden können; dies dürfte meist zu verneinen sein (anders Knauber). Denn selbst wenn man die Vereinbarung eines anderen Rechts als das der Berufsausübung für zulässig hält, kommt ein Eingreifen von Art. 30 in Betracht.

IV. **Folgen mangelnder Geschäftsfähigkeit.**

25 Sie richten sich nicht — wie anzunehmen sein könnte (Habicht S. 56) — nach dem Wirkungsstatut des Geschäfts, sondern in erster Linie nach dem *Heimatrecht des nicht voll Geschäftsfähigen* als dem Recht der Geschäftsfähigkeit. Die Notwendigkeit zu dieser Lösung ergibt sich aus dem engen Zusammenhang zwischen den unterschiedlichsten Abstufungen der Geschäftsfähigkeit und den diesen Abstufungen entsprechenden unterschiedlichen Folgen; würde man diesen Zusammenhang mißachten, so ergäben sich größte Angleichungsschwierigkeiten; die Maßgeblichkeit des Heimatrechts des nicht voll Geschäftsfähigen ist daher durchweg anerkannt (Soergel-Kegel[9] Rdz. 7 zu Art. 7; Staudinger-Raape S. 71ff.; Lewald, IPR S. 56; Wolff, IPR[3] S. 101; Frankenstein, IPR I S. 405ff.; Nussbaum, IPR S. 119; Erman-Arndt[4] Anm. 3 zu Art. 7; Palandt-Lauterbach[28] Anm. 3 zu Art. 7).

26 **1.** Das Heimatrecht des nicht voll Geschäftsfähigen entscheidet, ob sein Rechtsgeschäft oder seine Rechtshandlung gültig, völlig wirkungslos, schwebend un-

wirksam oder etwa anfechtbar durch Willenserklärung oder Klage wie in den romanischen Rechten (Art. 1125, 1305 franzCC) ist. Inwieweit im Falle der *Nichtigkeit* der einen Erklärung ein aus zwei oder mehreren Erklärungen zusammengesetztes Rechtsgeschäft hinfällig wird, entscheidet dann das Wirkungsstatut dieses Geschäfts. Nimmt das Heimatrecht des nicht voll Geschäftsfähigen *Anfechtbarkeit* des Geschäfts an, so ist es auch an ihm zu bestimmen, *wer* das Geschäft anfechten kann (gesetzlicher Vertreter? der Erklärende selbst nach Erlangung voller Geschäftsfähigkeit? usw.) und *wie* angefochten werden muß. Bei *schwebend unwirksamen Geschäften* hat auch das Heimatrecht zu bestimmen, wie das Geschäft voll wirksam werden kann, ob durch Zustimmung eines Dritten, innerhalb welcher Frist und wie die Zustimmung zu erfolgen hat; es bestimmt vor allem auch, ob der andere Teil gebunden ist oder nicht, und ob der andere Teil auf die Erlangung oder Versagung der Genehmigung Einfluß nehmen kann oder nicht.

2. Wer *gesetzlicher Vertreter* des nicht voll Geschäftsfähigen und damit allenfalls 27
zur *Willensergänzung* berufen ist, wird nicht gemäß Art. 7 vom Heimatrecht der Person geregelt; hier kommen vielmehr diejenigen Rechtsordnungen in Betracht, welche elterliche Gewalt (Art. 19, 20, 22) und Vormundschaft (Art. 23) regeln (SOERGEL-KEGEL[9] Rdz. 7 zu Art. 7; STAUDINGER-RAAPE S. 74; FRANKENSTEIN, IPR I S. 405; LEWALD, IPR S. 57, 134; ERMAN-ARNDT[4] Anm. 3 zu Art. 7; PALANDT-LAUTERBACH[28] Anm. 3 zu Art. 7; RGZ 125, 165; völlig hM. Anders — soweit ersichtlich — nur AG Rottweil FamRZ 1957, 227—228: die gesetzliche Vertretungsmacht richte sich nach dem Heimatrecht des Mündels). Das „*Vertretungsstatut*" bestimmt auch, wieweit die Vertretungsmacht des Vertreters reicht; wesentlich ist hier vor allem, daß die Eltern der Kinder von Engländern oder US-Amerikanern diese bei Geschäften über deutsche Grundstücke nicht vertreten können (LEWALD, IPR S. 134; HessRspr. 1908/09, 13; BadRpr. 1910, 189); ebensowenig haben Vormünder aus diesen Staaten für deutsche Grundstücke Vertretungsmacht (Näheres bei Art. 23).

Das Vertretungsstatut bestimmt auch, inwieweit der *Vertreter allein* handeln 28
kann, oder eines zusätzlichen behördlichen Akts wie einer *vormundschaftsgerichtlichen Genehmigung* (Genehmigung des Ziviltribunals in Italien, RG JW 1932, 588) bedarf; auf das Wirkungsstatut des abzuschließenden Geschäfts kommt es für die vormundschaftsgerichtliche Genehmigung nicht an (so ausdrücklich KG Recht 1914 Nr. 2691 für die vormundschaftsgerichtliche Genehmigung der Erbausschlagung hinsichtlich der Unanwendbarkeit von Art. 24). Vgl. zur vormundschaftsgerichtlichen Genehmigung KGJ 39 A 198 betr. Vorrangseinräumung zugunsten einer Hypothek durch den deutschen Vater eines minderjährigen Engländers: Art. 19, nicht Art. 7 maßgeblich; RGZ 110, 173 betr. Grunderwerb durch Polen österreichischen Rechts; RGZ 170, 198 betr. Grundstücksverkauf eines Österreichers für seinen minderjährigen Sohn. Bedenklich RG JW 1932, 588 = IPRspr. 1931 Nr. 85 hinsichtlich Belastung eines deutschen Grundstücks durch italienische Eltern: die nach italienischem Recht nötige Genehmigung des Ziviltribunals lag nicht vor; die vom deutschen Vormundschaftsgericht erteilte Genehmigung sollte nach RG wegen fehlender Zuständigkeit unwirksam sein (zustimmend NUSSBAUM, IPR S. 39 Anm. 4 wegen „klarer Anerkennung des Begriffs der Gerichtsbarkeit"); aber es ging nur um die deutsche internationale Zuständigkeit, und die unter ihrer Mißachtung ergangenen Entscheidungen sind richtiger Ansicht nach nicht nichtig (MATTHIES, IntZust. S. 86). Entgegen den vorgenannten Enstcheidungen stützt KG JFG 7, 250 = IPRspr. 1940 Nr. 4 das Erfordernis vormundschaftsgerichtlicher Genehmigung des Verkaufs eines österreichischen Kindern gehörenden Berliner Grundstücks durch den

Vater auf Art. 7 EG. Im Ergebnis war dies unschädlich, weil das Geschäftsfähigkeitsstatut mit dem Vertretungsstatut übereinstimmte, wie übrigens in sämtlichen der vorgenannten Entscheidungen.

29 Ist das *Vertretungsstatut ein anderes Recht als das Heimatrecht des nicht voll Geschäftsfähigen*, so können sich Konflikte daraus ergeben, daß beide Rechtsordnungen über die Willensergänzung Verschiedenes bestimmen. Zunächst hat — wie unter Rdz. 26 dargelegt — das Heimatrecht des nicht voll Geschäftsfähigen den Vorrang zu bestimmen, was zur Willensergänzung nötig ist. Folgerichtig müßte es nicht nur zu bestimmen haben, ob die Zustimmung des gesetzlichen Vertreters nötig ist, sondern auch darüber, ob dessen Zustimmung allein genügt oder zusätzlich ein behördlicher Akt wie etwa die Genehmigung des Vormundschaftsgerichts erforderlich ist. Indessen wird — durchaus unfolgerichtig, wie FRANKENSTEIN, IPR I S. 405ff. mit Recht bemerkt — hier von der hM *nur* auf *das Vertretungsstatut* abgestellt und die Frage der Notwendigkeit einer Ergänzung des Willens des gesetzlichen Vertreters nur dem Vertretungsstatut entnommen. Solange das Vertretungsstatut hier ein Mehr gegenüber dem Geschäftsfähigkeitsstatut fordert, erscheint dies unbedenklich. Fordert aber das Geschäftsfähigkeitsstatut eine vormundschaftsgerichtliche Genehmigung, die das Vertretungsstatut für überflüssig hält, fragt sich, ob die vom Geschäftsfähigkeitsstatut erforderte Genehmigung eingeholt werden muß. Bejahend offenbar PALANDT-LAUTERBACH[28] Anm. 3 zu Art. 7, der einerseits erklärt, das Heimatrecht des nicht voll Geschäftsfähigen bestimme über die Notwendigkeit vormundschaftsgerichtlicher Genehmigung (so formuliert auch OLG Düsseldorf NJW 1951, 966), andrerseits aber die Befugnisse des Vertreters nach dem Vertretungsstatut bestimmt wissen will. Das Zurückgehen auf Genehmigungserfordernisse des Geschäftsfähigkeitsrechts kann aber nicht nur bei der Vormundschaft, sondern auch bei der elterlichen Gewalt zu zusätzlichen Verwicklungen führen und sollte vermieden werden.

3. Geschäfte des Vertreters

30 Das Wirkungsstatut des Geschäfts entscheidet darüber, ob Stellvertretung zulässig ist, oder ob das Geschäft so persönlich ist, daß es etwa bei Geschäftsunfähigkeit des Beteiligten gar nicht, bei beschränkter Geschäftsfähigkeit nur vom beschränkt Geschäftsfähigen selbst — wenn auch vielleicht mit Zustimmung des gesetzlichen Vertreters und Genehmigung des Vormundschaftsgerichts — vorzunehmen ist. Soweit das Wirkungsstatut das Tätigwerden des Vertreters selbst gestattet, gilt das oben Rdz. 27ff. Gesagte: Wer Vertreter ist, bestimmt sich nach Art. 19—23; dies Vertretungsstatut regelt auch die Frage des Erfordernisses einer vormundschaftsgerichtlichen Genehmigung. Wird die Vormundschaft über einen minderjährigen Deutschen in der Schweiz geführt, und hat der Vormund dort für den Minderjährigen ein Grundstück gekauft, so entscheidet Schweizer Recht, ob der Kauf den Mündel bindet; ist nach Art. 404 SchwZGB (anscheinend) entgegen BGB § 1821 keine vormundschaftsgerichtliche Genehmigung nötig, so ist der Vertrag ohne diese wirksam, gleichgültig ob der bestellte Vormund persönlich Schweizer oder Deutscher ist.

4. Folgen fehlerhafter Geschäfte

31 Darüber, wie ein nicht wirksam zustandegekommenes Geschäft rückabzuwickeln ist, entscheidet regelmäßig das Wirkungsstatut dieses Geschäfts, d. h. diejenige Rechtsordnung, die bei wirksamem Zustandekommen maßgebend gewesen wäre. Sie ist auch für die *Rückabwicklung nach Bereicherungsrecht* maßgebend (ZWEIGERT, SJZ 1947, 247; PALANDT-LAUTERBACH[28] 6n vor Art. 12; ERMAN-ARNDT[4] vor Art. 12; SOERGEL-KEGEL[9] Anm. 266 vor Art. 7). *Schadensersatzansprüche*

gegen Personen, die ohne volle Geschäftsfähigkeit scheinbar wirksame Geschäfte schließen, sind teils gesetzlich normiert (§§ 248, 866 öABGB, die in Österreich deliktsrechtlich qualifiziert werden: KLANG-WENZEL-PIEGLER[2] zu § 248; KLANG-GSCHNITZER[2] zu § 866); teils kommen sie aus allgemeinen Gesichtspunkten in Betracht; insoweit entscheidet Deliktstatut (STAUDINGER-RAAPE S. 72). Lediglich für Ansprüche aus culpa in contrahendo mag das Wirkungsstatut des gescheiterten Vertrages in Betracht gezogen werden.

B. Statutenwechsel (insbes Art. 7 Abs. 2)

Maßgebend ist das *Heimatrecht* der an einem Rechtsgeschäft Beteiligten *zur Zeit der Vornahme des Rechtsgeschäfts*. Eine frühere Staatsangehörigkeit bleibt für die Gültigkeit eines später abgeschlossenen Geschäfts ohne Belang. Nimmt ein Deutscher, der noch vor 5 Jahren Schweizer, Pole oder Tschechoslovake war, mit 20 Jahren ein Rechtsgeschäft vor, so hängt dessen Wirksamkeit von der Zustimmung des gesetzlichen Vertreters ab und ist nicht etwa von selbst wirksam. Gleichgültig ist, daß das Geschäft wirksam wäre, wenn er die Staatsangehörigkeit nicht gewechselt hätte. Schließt ein Deutscher, der früher Paraguayer war, mit 21 ein Rechtsgeschäft, so ist dieses wirksam; gleichgültig bleibt, daß die Rechtslage anders sein könnte, wenn er Paraguayer geblieben wäre. Immerhin zeigen diese Beispiele, daß der Staatsangehörigkeitswechsel, der vor Vornahme eines Rechtsgeschäfts erfolgt, von Einfluß auf die Geschäftsfähigkeit und damit auf die Gültigkeit des Geschäfts sein kann. Er kann, wie das erste Beispiel zeigt, das Erlangen der Volljährigkeit aufhalten, oder, wie das zweite Beispiel zeigt, fördern. 32

I. Erlangung der Volljährigkeit

1. Wer die Staatsangehörigkeit eines Landes erwirbt, nach welchem er *früher volljährig* wird, als nach seinem bisherigen Heimatrecht, wird eben entsprechend früher volljährig. Der 19jährige Deutsche, der Schweizer wird, erlangt mit 20 die Volljährigkeit; der 17jährige Deutsche, der Pole wird, bereits mit 18. *Arglistiger Statutenwechsel* ist denkbar; aber ihm ist im Regelfall vorgebeugt, wenn die neue Staatsangehörigkeit nur mit Zustimmung des gesetzlichen Vertreters erworben werden kann. *Mit Staatsangehörigkeitswechsel wird volljährig,* wer die neue Staatsangehörigkeit zu einer Zeit erwirbt, zu welcher er nach dem neuen Heimatrecht bereits volljährig wäre. Der zwanzigjährige Deutsche, welcher Schweizer wird, ist mit Wechsel der Staatsangehörigkeit volljährig; ebenso der 18jährige Deutsche, der Israeli wurde (KG JFG 20, 179), oder der 21jährige Paraguayer, der Deutscher wird. Entsprechendes gilt, wenn der Erwerb der Volljährigkeit nicht auf dem *Alter*, sondern auf anderen Gründen wie etwa der *Heirat* beruht. Die 18jährige verheiratete Deutsche, welche Schweizerin wird, erlangt damit auch die Mündigkeit, weil die verheiratete Schweizerin grundsätzlich mündig ist. Ebenso wie die Volljährigkeit kann *mit Statutenwechsel* allenfalls auch die *Stellung eines emanzipierten Minderjährigen* erlangt werden, wenn diese Position allein vom Alter abhängig ist; oder eine sonstige gegenüber Geschäftsunfähigen oder beschränkt Geschäftsfähigen verbesserte Position, sofern das neue Heimatrecht derartiges kennt und gewährt. 33

2. Für ein *vor Statutenwechsel geschlossenes Geschäft* bleibt das bei seinerzeitigem Geschäftsabschluß geltende Recht maßgebend. Gleichwohl kann das unter dem früheren Personalstatut geschlossene Geschäft vom Statutenwechsel mittelbar beeinflußt werden. War das Geschäft etwa allein durch Erlangung der Volljährigkeit *heilbar*, so wird es auch durch Erlangung der Volljährigkeit unter einem neuen Personalstatut geheilt; ist es *durch nachträgliche Genehmigung* des für 34 dieses Geschäft unbeschränkt geschäftsfähig Gewordenen heilbar, so kann die Genehmigung wirksam erteilt werden, sobald die entsprechende Geschäftsfähigkeit nach dem neuen Statut erlangt ist.

II. Statutenwechsel nach Volljährigkeit

35 Wechselt ein bereits Volljähriger sein Personalstatut und wäre er nach dem neuen Heimatrecht noch nicht volljährig, so fragt sich, ob er in diesem Fall in seiner Geschäftsfähigkeit zurückgestuft wird. Eine solche Rechtsgestaltung ist zwar denkbar und möglich, aber im Interesse einer Kontinuität einmal erlangter Geschäftsfähigkeit unerwünscht.

36 **1. Ein Ausländer erwirbt die deutsche Staatsangehörigkeit.** Für diesen Fall gibt **Art. 7 Abs. 2** eine partielle positivrechtliche Regelung des allgemeineren Problems: ist er volljährig, oder hat er die rechtliche Stellung eines Volljährigen (gleichgültig ob zufolge Volljährigerklärung, wegen Heirat oder aus sonstigen Gründen), so behält er diese Stellung auch unter dem neuen deutschen Personalstatut: d.h., er behält nicht nur die Stellung eines Volljährigen nach bisherigem Personalstatut, sondern erlangt diejenige Stellung, die ein Volljähriger unter deutschem Recht hat (Staudinger-Raape S. 78; Habicht S. 58; Frankenstein, IPR I S. 425). **Semel maior, semper maior.** Gleichgültig ist, ob das bisherige Personalstatut, nach welchem der Ausländer volljährig wurde, sein Heimatrecht war, oder zufolge einer Weiterverweisung seines Heimatrechts auf das Wohnsitzrecht das letztere. Der in der Schweiz ansässige Däne, kraft Schweizer Personalstatuts mit 20 volljährig geworden, bleibt es also auch bei Erwerb der deutschen Staatsangehörigkeit (Staudinger-Raape S. 76). *Gleichgültig ist* ferner *der Grund des Erwerbs der deutschen Staatsangehörigkeit*: ob zufolge Legitimation, normaler Einbürgerung oder Option der ausländischen Ehefrau eines Deutschen nach G v. 19. 8. 1957 (BGBl. I 1257). Gleichgültig ist auch, ob der Ausländer mit Erwerb der deutschen Staatsangehörigkeit seine bisherige Staatsangehörigkeit verliert oder beibehält. Die Einbürgerung muß nur endgültig erfolgt sein; sie darf nicht zurückgenommen sein, noch darf die bei Eheschließung vor einem deutschen Standesbeamten erfolgte Optionserklärung durch Nichtigerklärung der Ehe hinfällig geworden sein; denn mit der *Nichtigerklärung der Ehe* wird auch die mit ihr verbundene Einbürgerung hinfällig (vgl. Makarov, Deutsches Staatsangehörigkeitsrecht [1966] S. 57); bei Verleihung der Staatsangehörigkeit aufgrund nach Eheschließung erfolgter Option dürfte entsprechendes gelten; denn die Einbürgerung erfolgt hier unter der Voraussetzung gültiger Eheschließung.

37 Die dogmatische Einordnung des Art. 7 Abs. 2 ist umstritten (vgl. im folgenden). Überwiegend wird heute darin eine ausnahmsweise auf einen früheren Zeitpunkt abstellende *Kollisionsnorm* („*Anknüpfungsrückgriff*" nach Aubin, RabelsZ 23. 1958, 659ff.), nicht eine ins deutsche IPR eingestreute deutsche Sachnorm gesehen. Eine dem Art. 7 Abs. 2 entsprechende Vorschrift enthält Art. 24 Abs. 3 für die Testierfähigkeit.

38 **2. Analoge Anwendung von Art. 7 Abs. 2 EG?**

Die Frage ist aus verschiedenen Gründen streitig. Gegen eine Analogie wird geltend gemacht, Art. 7 Abs. 2 sei eine Ausnahmevorschrift (Knauber, a.a.O. [A zu Art. 7] S. 39), ein Inländerprivileg, eine begrenzte inländische Sachnorm und keine Kollisionsnorm (Habicht S. 57; Zitelmann, IPR I S. 266, II S. 63; Lewald, IPR S. 58; gegen sie Kahn, IherJb. 43, 339; Frankenstein, IPR I S. 261; Staudinger-Raape S. 79), auch gebe es kein wohlerworbenes Recht auf den Status (Staudinger-Raape S. 79 gegen Savigny, System VIII S. 168).

Diese Argumente vermögen nicht zu überzeugen. Die Lehre vom wohlerworbenen Recht gibt für die Frage schon deshalb nichts her, weil sie nicht die Rechtsordnung angibt, nach der ein Recht erworben sein muß, um als „wohlerworben" zu gelten; im übrigen läßt sie eine präzise Formulierung dessen, welche „Rechte" oder Rechtspositionen „wohlerworben" sein können, vermissen. Die übrigen Argumente sind begriffsjuristisch. Sicher ist Art. 7 Abs. 2 eine Ausnahmevorschrift; aber das hindert eine analoge Anwendung dann nicht, wenn es um Rechtslagen geht, die von Zweck der Vorschrift gedeckt werden. Zudem muß man sich vor Augen halten, daß Art. 7 Abs. 2 genausogut eine aus Furcht vor Übergriffen in ausländische Rechte einseitig gebliebene Norm sein kann, wie andere Vorschriften aus den Art. 7—31 EG auch; sie muß eben deshalb kein Inländerprivileg sein, zumal es an einem hinreichenden Anlaß für ein solches fehlt. Auch die Fragestellung, ob es um eine Kollisionsnorm oder eine Sachnorm gehe, ist als solche verfehlt. Beide Lösungen würden — allerdings in unterschiedlichem Umfang — eine analoge Anwendung der Vorschrift zulassen. **Nur der Zweck der Vorschrift kann entscheiden.** Geht dieser aber dahin, den Betroffenen selbst vor einer Zurückstufung in der Volljährigkeit und zugleich auch den Rechtsverkehr zu schützen, der sich auf die einmal erlangte Geschäftsfähigkeit dieser Person eingestellt hat, so ist eine diesen Zwecken entsprechende analoge Anwendung von Art. 7 Abs. 2 möglich, gleichgültig, ob es um eine Kollisions- oder Sachnorm geht. Nur der Umfang analoger Anwendung kann zweifelhaft sein.

a) Gehobene Minderjährigkeit, insbesondere Emanzipation

Gibt die Volljährigkeit des ausländischen Rechts die Fähigkeit zu Rechtsgeschäften nur unter gewissen Einschränkungen, so entfallen diese mit Erlangung des deutschen Personalstatuts. Die Stellung des *Emanzipierten*, insbesondere in den romanischen Rechten, ist aber (entgegen den Zweifeln bei STAUDINGER-RAAPE S. 78) *keine bloße Einschränkung der Volljährigkeit*, sondern eine Zwischenstufe zwischen unserer beschränkten und der unbeschränkten Geschäftsfähigkeit. Was aus solcher Zwischenstufe bei Erlangung deutschen Personalstatuts wird, s t in Art. 7 Abs. 2 EG nicht geregelt. Der von STAUDINGER-RAAPE S. 77 aus dem Wortlaut des EG gezogene formale Umkehrschluß, daß diese Zwischenstufe verloren gehe und der Minderjährige daher seine **„gehobene" beschränkte Geschäftsfähigkeit** wieder einbüße, überzeugt nicht. Nach dem Zwecken von Art. 7 Abs. 2 EG muß diese Stufe **aufrechterhalten** bleiben. Das ist schon deshalb unbedenklich, weil auch das deutsche Recht solche Zwischenstufen (BGB §§ 112, 113) kennt, die Beibehaltung der Position des Emanzipierten ohnehin nur auf zeitlich begrenzte Dauer (bis zum vollendeten 21. oder 22. Lebensjahr) erfolgt und auch kaum Angleichungsschwierigkeiten verursacht, da die etwa noch notwendige Willensergänzung (z.B. Zustimmung des gesetzlichen Vertreters zu Grundstücksgeschäften) ebensogut unter deutschem Recht erfolgen kann. Freilich wird zu beachten sein, daß insoweit, als der Minderjährige keine volle Geschäftsfähigkeit erlangt hat, nunmehr eine *Willensergänzung entsprechend deutschem Recht,* also einschließlich der nach §§ 1821, 1822 etwa erforderlichen vormundschaftsgerichtlichen Genehmigungen zu erfolgen hat. Das Gesagte muß ohne Rücksicht darauf gelten, wie die Emanzipation erfolgt war, ob durch eine anzuerkennende gerichtliche Entscheidung, durch elterliches Privatrechtsgeschäft oder etwa durch mit der notwendigen elterlichen Zustimmung erfolgte Heirat. Ebenso bleibt eine unter ausländischem Recht erworbene *Befugnis zum selbständigen Gewerbebetrieb* erhalten, sei sie durch anzuerkennende gerichtliche Entscheidung (z.B. Art. 397 italCC), Akt der Vormundschaftsbehörde (Art. 412 SchwZGB) oder ein dem § 112 BGB entsprechendes Privatrechtsgeschäft verliehen; sie gewinnt freilich im Wege der Angleichung mit dem Statutenwechsel 39

Inhalt und Funktion einer nach § 112 BGB erteilten Ermächtigung — im Gegensatz zur Emanzipation, die mangels Entsprechung im deutschen Recht im wesentlichen unverändert zu übernehmen ist.

b) Flüchtlinge und Staatenlose

40 Was Art. 7 Abs. 2 EG für den Erwerb deutschen Personalstatuts durch Erwerb der deutschen Staatsangehörigkeit bestimmt, muß *sinngemäß* auch gelten, wenn *deutsches Personalstatut* aufgrund einer deutschen Kollisionsnorm anders als durch die deutsche Staatsangehörigkeit erworben wird. Verlegt also ein 20jähriger Konventionsflüchtling seinen Wohnsitz aus der Schweiz nach Deutschland, so bleibt er volljährig; verlegt ein 19jähriger Staatenloser seinen gewöhnlichen Aufenthalt aus Jugoslawien nach Deutschland, gilt das Gleiche (Knauber, a.a.O. [A zu Art. 7] S. 41; Palandt-Lauterbach[28], Anm. 4 zu Art. 7).

c) Deutsches Personalstatut kraft Verweisung des Heimatstaats

41 Erwirbt ein Ausländer deutsches Personalstatut deshalb, weil er seinen Wohnsitz nach Deutschland verlegt hat und der Heimatstaat auf das Wohnsitzrecht verweist (z.B. Dänemark), so trifft Art. 7 Abs. 2 weder nach seinem Wortlaut noch nach seinem unmittelbaren Zweck zu, denn das deutsche Personalstatut wird nicht primär kraft unserer Kollisionsnorm, sondern nur sekundär kraft Rück- oder Weiterverweisung des Heimatstaats erworben; altes Personalstatut und neues (deutsches) Recht sind dann nur insoweit maßgeblich, als der Heimatstaat dies wünscht. Der in der Schweiz ansässige Däne, der dort mit 20 volljährig geworden ist und dann seinen Wohnsitz nach Deutschland verlegt, bleibt — anders als bei Erwerb der deutschen Staatsangehörigkeit — nur dann volljährig, wenn dies dem dänischen Kollisionsrecht entspricht (Staudinger-Raape S. 76, 89; Knauber, a.a.O. S. 40), was (nach Frankenstein, IPR I S. 426 Anm. 82) anscheinend nicht der Fall ist.

d) Ein Deutscher erwirbt ausländisches Personalstatut

42 Für diesen Fall ist die *Analogie besonders streitig*. Für die Analogie Niedner, S. 24; Niemeyer, IPR des BGB S. 126; Walker, IPR[5] S. 127ff.; Soergel-Kegel[9] Rdz 11 zu Art. 7; Palandt-Lauterbach[28] Anm. 4 zu Art. 7; Erman-Arndt[4] Anm. 4 zu Art. 7; Wolff, IPR[3] S. 100ff.; dagegen sind Habicht S. 57; Zitelmann, IPR I S. 266; II S. 63; Frankenstein, IPR I S. 425; Staudinger-Raape S. 79; für die Analogie sprechen nur scheinbar die allgemeinen Zwecke des Art. 7 Abs. 2. Das Argument, wir könnten die Ausländern gewährte Vergünstigung des Beibehaltens der Geschäftsfähigkeit einem früheren Deutschen nicht versagen (Soergel-Kegel[9] Rdz. 11 zu Art. 7), ist nicht überzeugend. An demjenigen, welcher deutsches Personalstatut erwirbt, sind wir unmittelbarer interessiert als an demjenigen, der es aufgibt. Dessen Bestandsinteressen zu schützen ist nicht unsere Aufgabe; soweit es um Verkehrsschutzinteressen geht, hat Art. 7 Abs. 3 zu helfen. Jedenfalls wäre es mißlich, Geschäftsfähigkeit entgegen dem neuen Personalstatut (und wenn dieses auf das Wirkungsstatut verweist, entgegen dem Wirkungsstatut) zu bejahen (Knauber, a.a.O. S. 41). Insgesamt hat die *Streitfrage praktisch geringe Bedeutung*. Veröffentlichte höchstrichterliche Entscheidungen dazu sind nicht auffindbar. Sie erledigt sich von selbst, wo das neue Personalstatut ohnehin eine gleiche Bestimmung hat, wie dies bei Argentinien § 139 CC, Liechtenstein Art. 23 Abs. 2 ZGB, Nicaragua Art. VI Z 2 Einl. CC, Ungarn § 42 Abs. 2 DekretG 23/1952 und nach den Abkommen von Montevideo von 1889 bzw. 1940 Art. 2 der Fall ist (Polen und die CSSR haben freilich ihre früheren einschlägigen Regelungen inzwischen aufgegeben, mutmaßlich weil es angesichts des dortigen niedrigen Volljährigkeitsalters von 18 Jahren an einem Bedürfnis für eine solche Vorschrift fehlt). Der einzige Staat, im Verhältnis zu

welchem ein Deutscher in der Volljährigkeit zurückgestuft werden könnte, nämlich Paraguay, entscheidet wie wir. Wäre ein Deutscher *für volljährig erklärt* und wird die Volljährigerklärung *im Ausland nicht anerkannt*, so wäre von unserem Standpunkt aus ohnehin die deutsche Volljährigerklärung maßgebend, ohne daß das Problem analoger Anwendung von Art. 7 Abs. 2 auftritt; denn der rechtsgestaltende Staatsakt wird als solcher mit dem Statutenwechsel nicht hinfällig (so schon SAVIGNY, System VIII S. 168). Es blieben also nur die Fälle rechtsgeschäftlich verliehener Teilgeschäftsfähigkeit (§§ 112, 113) übrig, deren Übernahme mindestens in solchen Ländern, welche eine Emanzipation kennen, nicht ganz ausgeschlossen erscheinen sollte. **Erwirbt ein Deutscher eine ausländische Staatsangehörigkeit dazu,** so würde für ihn nach den von der Praxis des BGH (BGHZ 3, 80; zuletzt FamRZ 1969, 29—30) befolgten Grundsätzen aus RGZ 150, 382 immer das deutsche Recht anwendbar bleiben; nach einer heute im Vordringen befindlichen Ansicht (SOERGEL-KEGEL[9] Rdz. 29 zu Art. 29; FERID, RabelsZ 23. 1958, 498ff.) bliebe das deutsche Recht wenigstens dann anwendbar, wenn enge Beziehungen des Mehrstaatlers zum deutschen Recht bestehen bleiben.

e) Wechsel von einem ausländischen Personalstatut zu einem anderen

Hier ist in denjenigen Fällen, wo das neue Personalstatut eine dem Art. 7 Abs. 2 **43** entsprechende Regel kennt (Argentinien, Liechtenstein, Nicaragua, Ungarn, Verträge von Montevideo), dieser zu folgen — wieder gleichgültig, ob man in einer solchen Norm eine materiellrechtliche oder eine kollisionsrechtliche sehen will; denn letzterenfalls wäre sie als Weiterverweisung beachtlich. Mit Sicherheit sollte eine analoge Anwendung von Art. 7 Abs. 2 ausscheiden, wo weder das alte, noch das neue Personalstatut eine entsprechende Norm kennen; SOERGEL-KEGEL[9] Rdz. 11 zu Art. 7 erreicht das Ergebnis über eine Weiterverweisung des alten Personalstatuts auf das neue. Es bleiben die Fälle, wo das alte Personalstatut die Aufrechterhaltung der von ihm gewährten Geschäftsfähigkeit fordert, das neue Statut diese aber versagt; hier kommen angesichts der Seltenheit einschlägiger Regeln und der vielfachen Gleichheit des Volljährigkeitsalters praktisch höchstens Fälle des Wechsels vom ungarischen Personalstatut zu einem anderen in Betracht; und ob Ungarn an der Geschäftsfähigkeit früherer Ungarn interesssiert bleibt, ist eine offene Frage; Verkehrsschutzinteressen werden aber durch Art. 7 Abs. 3 und ihm entsprechende Regelungen anderer Staaten geschützt. Erwürbe der Ausländer die Angehörigkeit eines anderen ausländischen Staates dazu, so würde die nach dem bisherigen Personalstatut erlangte Geschäftsfähigkeit jedenfalls dann bestehen bleiben, wenn er trotz Zuerwerbs einer Staatsangehörigkeit der bisherigen Heimat stärker verbunden bliebe als der neuen Staatsangehörigkeit (vgl. oben Rdz. 42)

3. Heirat macht mündig

Dieses schon oben Rdz. 19 dargestellte Prinzip kann zu Zweifelsfragen führen, **44** wenn im Zusammenhang mit der Eheschließung die Staatsangehörigkeit gewechselt wird.

a) Wer nach seinem bisherigen Personalstatut mit der Eheschließung die *Volljährigkeit oder den Status eines Emanzipierten* erlangt hat, *behält bei nachträglichem Wechsel des Personalstatus diesen Status* gemäß den oben Rdz. 36 u. 38 dargestellten Grundsätzen. Eine bei Eheschließung minderjährige Schweizerin, welche erst nach der Eheschließung Deutsche wird, bleibt zufolge Art. 7 Abs. 2 EG mündig. Das gilt auch dann, wenn sie einen Deutschen geheiratet, aber nicht schon bei, sondern erst nach der Eheschließung für die deutsche Staatsangehörigkeit optiert, ihr Schweizer Personalstatut also zunächst beibehalten hat. Wird die einmal erlangte Volljährigkeit bewahrt, selbst wenn man die ursprüngliche Staatsangehörigkeit verliert, bleibt sie erst recht bestehen, wenn man die ursprüngliche Staatsangehörigkeit neben der neuen beibehält.

45 b) Wird *unmittelbar mit der Eheschließung*, ex lege oder kraft Option, eine andere Staatsangehörigkeit erworben, so wird damit Volljährigkeit oder die Stellung eines Emanzipierten jedenfalls dann erlangt, *wenn das neue Personalstatut eine solche Stellung gewährt*. Heiratet eine 18jährige Deutsche einen Schweizer, so erwirbt sie damit die Schweizer Staatsangehörigkeit und kraft dieser die Mündigkeit nach Schweizer Recht, auch wenn sie die deutsche Staatsangehörigkeit nicht verliert; sie wäre dann jedenfalls in der Schweiz mündig, und auch in Deutschland als mündig anzusehen, wenn sie nunmehr (etwa kraft ehelichen Wohnsitzes) mit der Schweizer Rechtsordnung stärker als mit der deutschen verbunden ist. Der Ansicht Raapes (IPR[5] S. 57), daß stets an das dazuerworbene neue Heimatrecht anzuknüpfen sei, weil dies zugleich das ihres Ehemannes und ein gemeinsames Personalstatut beider Ehegatten wünschenswert sei, kann nicht vorbehaltlos zugestimmt werden. Gemeinsames Statut ist für Art. 7 nicht ebenso wesentlich wie für Art. 14ff. Bedenklich ist ferner, daß Raape grundsätzlich für eine abstrakte Lösung eintritt, die möglicherweise dem Einzelfall nicht gerecht wird, und daß Raape andererseits bei doppelter Staatsangehörigkeit das Schwergewicht auf den Wohnsitz legt und nicht näher begründet, warum dieser nicht den Ausschlag geben soll, wenn die Ehegatten im hier gebrachten Beispiel ihren Wohnsitz in Deutschland nehmen würden. Ist letzteres nämlich der Fall, bleibt die ursprünglich deutsche Frau der deutschen Rechtsordnung näher, und es besteht kein Bedürfnis, sie nach deutschem Recht als volljährig zu behandeln. Darüber, daß bei doppelter Staatsangehörigkeit nicht immer einfach das der Volljährigkeit günstigere Recht maßgebend ist, vgl. oben Rdz. 2.

46 c) Streitig sind die Fälle, wo eine *Ausländerin*, die nach ihrem bisherigen Heimatrecht mit der Eheschließung mündig würde oder die Stellung einer Emanzipierten erhielte, *mit der Heirat unter Verlust ihrer bisherigen Staatsangehörigkeit die deutsche erwirbt*. Heiratete eine Schweizerin einen Deutschen vor dem deutschen Standesbeamten, hatte sie hierbei zugleich für die deutsche Staatsangehörigkeit optiert und hat sie nicht spätestens bis zur Trauung vor dem zuständigen Schweizer diplomatischen Vertreter schriftlich erklärt, das Schweizerbürgerrecht beibehalten zu wollen, so ist sie mit der Heirat nur noch Deutsche; ihre Geschäftsfähigkeit richtet sich nunmehr nur nach deutschem Recht. Nach hM konnte sie *nicht mehr nach Schweizer Recht mündig werden* (Soergel-Kegel[9] Rdz. 12 zu Art. 7; Erman-Arndt[4] Anm. 4 zu Art. 7; Lewald, IPR S. 57; Frankenstein, IPR I S. 424, III S. 235 Anm. 31), weil die entsprechende Schweizer Vorschrift angesichts des Übergangs zum deutschen Personalstatut sich nicht mehr auswirken konnte. Die Gegenansicht (LG Colmar ZblFG 4, 410; Staudinger-Raape S. 77; Wolff, IPR[3] S. 101; Knauber, a.a.O. S. 56) will die Schweizerin noch in dem Augenblick, in welchem sie deutsches Personalstatut erwirbt, nach Schweizer Recht mündig werden lassen. Indessen ist die Frage allein mit der Logik des zeitlichen Ablaufs der Ereignisse nicht zu lösen. Es ist schon zweifelhaft, ob das Schweizer Recht der ihre Staatsangehörigkeit anläßlich der Verehelichung aufgebenden Schweizerin die Mündigkeit überhaupt noch mit auf den Weg geben will (Schnitzer, Hdb. I[4] S. 286). Ferner verlangt der Zweck des Art. 7 Abs. 2 EG eine Entscheidung zugunsten der Mündigkeit nicht, denn die Vorschrift dient nur der Aufrechterhaltung einer Rechtslage, die tatsächlich einige Zeit wirksam bestanden hat, was hier nicht der Fall wäre. Gewichtiger ist das Argument der Gegenansicht, daß bei Aufrechterhaltung der Minderjährigkeit nach der Heirat ein *Konflikt mit dem die elterliche Gewalt bestimmenden Statut* (*Art. 19*) entstehen würde, da über die verheiratete Minderjährige keine elterliche Gewalt ihrer Schweizer

Eltern nach Schweizer Recht mehr ausgeübt werden könnte (RAAPE, IPR[5] S. 174; KNAUBER, a.a.O. S. 56). Indessen könnten Personalstatut des Kindes und Gewaltstatut nicht nur hier, sondern auch sonst auseinanderfallen; das verursacht stets Angleichungsprobleme. Hierbei dürfte dem Personalstatut des Kindes der Vorrang gebühren (RGZ 91, 403ff.). Nur soweit das Kind noch nicht voll geschäftsfähig ist, bleibt Raum für die Ausübung elterlicher Gewalt nach dem Gewaltstatut; andrerseits muß dieses auch da aushelfen, wo nach dem Personalstatut des Kindes noch keine Volljährigkeit eingetreten ist. Will man dieser Angleichungslösung nicht folgen, kann mit einer Vormundschaft oder Pflegschaft überbrückt werden. Zwingend ist also das Hauptargument der Gegenansicht nicht; richtig ist nur, daß bei Befolgen der Mündigkeitslösung die Zahl der Divergenzen zwischen Kindesstatut und Gewaltstatut vermindert werden kann. Aber dies dürfte kaum genügen, die dem Sinnzusammenhang von Art. 7 Abs. 1 und 2 besser entsprechende hM auszuräumen. Das am Fall der Schweizerin beispielhaft Erörterte muß entsprechend gelten, wo Angehörige anderer Staaten die deutsche Staatsangehörigkeit mit der Heirat erwerben und nach ihrem bisherigen Personalstatut mündig werden oder die Stellung einer Emanzipierten erhalten würden.

C. Verkehrsschutz (Art. 7 Abs. 3)

I. Allgemeines. Rechtsvergleichung

1. Der Grundsatz des Abs. 1 kann dem inländischen Verkehr leicht lästig und **47** nachteilig werden. Er legt dem Inländer, auch wenn er im Inland abschließt und es sich um alltägliche Geschäfte handelt, die Pflicht auf, sich über die Staatsangehörigkeit des Gegners und die Vorschriften dieses Staates über die Geschäftsfähigkeit zu unterrichten, und läßt ihn selbst für schuldlose Irrtümer bei seiner Erkundigung haften. Das Gesetz schränkt daher den Grundsatz der Staatsangehörigkeit im Satz 1 des Abs. 3 zum Vorteil des inländischen Verkehrs ein. Die Einschränkung bedeutet ein Zugeständnis an den abweichenden Grundsatz der *lex loci actus*. Dank ihrer verliert die alte Parömie „*qui cum alio contrahit, vel est vel debet esse non ignarus condicionis eius*", lex 19 D. 50/17, für die Mehrzahl der Inlandsgeschäfte ihre Bedeutung. Art. 7. Abs 3 gilt aber nicht gegenüber den nach dem Haager Entmündigungsabkommen (vgl. Abdruck unten nach Erläuterungen zu Art. 8) anzuerkennenden Entmündigungen (vgl. Art. 8 Rdz. 25).

2. Art. 7 Abs. 3 entspricht althergebrachten wechselrechtlichen Grundsätzen **48** (Art. 84 WO) und dem Vorbild von PrALR Einl. § 35 (WOLFF, IPR[3] S. 102); andere ältere Vorschriften gingen im Verkehrsschutz noch darüber hinaus (so § 8 sächsBGB; dazu KAHN, IherJb. 43, 341—342). Heute enthalten Art. 91 WG und Art. 60 SchG ähnliche (aber nicht gleiche, unten Rdz. 58) Vorschriften, die den Art. 2 der Genfer Abkommen von 1930/31 entsprechen; letztere gehen mit auf Art. 84 WO, nicht aber auf Art. 7 Abs. 3 EG zurück (anders NEUHAUS, Grundbegriffe S. 45—46).

3. Der Verkehrsschutz ist nicht international gleichmäßig. Wenn England und die **49** USA das „*proper law of the contract*" auch auf die Geschäftsfähigkeit anwenden (vgl. oben Rdz. 5) und dieses proper law für Verkehrsgeschäfte häufig das Recht des Orts des Vertragschlusses ist, so können sie auf einen besonderen Verkehrsschutz i.S. des Art. 7 Abs. 3 verzichten. In anderen Staaten, die auf Personalstatut abstellen, fehlt es teilweise an einer ausdrücklichen Regelung; doch hat hier der französische Kassationshof im berühmten *Fall Lizardi* (S. 1861 I 305) in Fortführung einer älteren — auch wechselrechtlichen — Judikatur richtungweisend die Lehre entwickelt, daß es für die Gültigkeit eines in Frankreich durch einen Franzosen mit einem minderjährigen Ausländer (Lizardi war damals als Mexikaner mit 23 Jahren noch minderjährig) geschlossenen Vertrages genüge, wenn der französische Partner gehandelt habe „*sans légèrté, sans imprudence et avec bonne foi*“ (vgl. BATIFFOL, La capacité civile des étrangers en France (1929) S. 235ff.). Diese Judikatur ist trotz aller Kritik der Lehre fortgeführt worden, und ausländische Rechtsordnungen haben sich ihr angeschlossen. Teils ist das in ausdrücklichen Gesetzesbestimmungen geschehen, z. B. in Polen (Art. 9 IPR-G von 1926, Art. 10 IPR-G vom 12. 11. 1965), auch in Schweden, Ägypten (Art. 11 ZGB), Syrien (Art. 12 ZGB), Irak; teils durch Gewohnheitsrecht (LEMAIRE, S. 89/90 betr. Niederlande); teils in Reformentwürfen (Art. 2 des Benelux-Entwurfs vom 11.5.1951; Art. 61 Abs. 1 des Reformprojekts zum franzCC). Dagegen folgen der *deutschen Lösung* die Schweiz (Art. 7b NAG), Italien (Art. 17 Abs. 2 CC), Griechenland (Art. 9 ZGB), die CSSR (Art. 3 Abs. 2 IPR-G vom 4. 12. 1963), Portugal (Art. 28 CC), Liechtenstein (Art. 24 ZGB), Iran, Japan (Art. 3 Abs. 2 G vom 5. 6. 1898) Thailand (§ 10 IPR-G vom 10. 3. 1939). Empfohlen hat einen solchen Verkehrsschutz generell der IX. Kongreß des Lateinischen Notariats (FamRZ 1968, 69—70). Auf der gleichen Linie liegt Art. 10 Abs. 3 S. 1 des spanEntw. 1962. Dem deutschen Recht nahestehende — aber modifizierte — Lösungen sind in Ostrechten zu finden, z.B. Art. 42 ungarG IV/1952 (vgl. Näheres LUNZ, IPR II S. 23ff.; DROBNIG, OER 5. 1959, 166; SZÁSZY, PrIntLaw S. 201; LAZOK, ICLQ 12. 1963, 1344 u. Am. J. Comp.L. 15. 1967, 338; KORKISCH, RabelsZ 32. 1968, 617); so wird auch in ungarischen Staatsverträgen die Geschäftsfähigkeit für „*Geschäfte des täglichen Lebens*“ dem Recht des Abschlußortes unterstellt. Das Institut de Droit International hat 1931 in Cambridge und 1932 in Oslo beschlossen (Ann. Inst. Dr. Int. 1931 II 237, 1932, 567), die lex loci solle nur dann maßgebend sein, wenn der Geschäftsgegner des Ausländers im Lande des Geschäftsabschlusses wohne und den Geschäftsfähigkeitsmangel nicht gekannt habe, und außerdem das Geschäft im Abschlußlande wirken solle. WOLFF, IPR[3] S. 103 Anm. 4 erklärt diese beiden letzteren Einschränkungen für wenig glücklich. Über die rechtspolitische Zweckmäßigkeit der einen oder anderen Verkehrsschutzregeln läßt sich allerdings streiten. Das Für und Wider der deutschen Regelung ist an den Einzelheiten ihrer Tragweite zu ermessen.

II. Voraussetzungen des Verkehrsschutzes

50 1. Es muß ein Rechtsgeschäft oder eine Rechtshandlung (letztere schließt HABICHT S. 58 aus) im Inland vorgenommen worden sein. Was „*Inland*“ ist, ergibt das *Völkerrecht*. Auch deutsche *Schiffe auf hoher See* sind im Sinne von Art. 7 Abs. 3 als Inland anzusehen. Wenn STAUDINGER-RAAPE S. 81 hier eine Ausnahme machen will, weil man zu Schiff auf hoher See billigerweise damit rechnen müsse, auch mit Ausländern zu tun zu haben, so setzt er sich damit in Widerspruch dazu, daß Abs. 3 auch dann gilt, wenn man weiß, daß man es mit einem Ausländer zu tun hat. Abs. 3 schützt nicht nur dagegen, daß man vielleicht nicht weiß, mit einem Ausländer zu tun zu haben, sondern vor allem gegen Unkenntnis von dessen Heimatrecht, sowohl der Kollisionsnormen als auch der Sachnormen dieses Heimatrechts (vgl. PAGENSTECHER, RabelsZ 15. 1949/50, 190). Das vom 21jährigen Paraguayer auf einem deutschen Schiff auf hoher See aufgenommene Darlehen ist trotz nur beschränkter Geschäftsfähigkeit des Paraguayers wirksam und zurückzuzahlen (KNAUBER, a.a.O [A zu Art. 7] S. 43—44).

51 Der Begriff der *Geschäftsvornahme im Inland* ist im übrigen nach dem Ausnahmecharakter des Abs. 3 *eng auszulegen*: er erfordert körperliche Anwesenheit des Ausländers und seines Geschäftspartners im Inland (so die hM: SOERGEL-KEGEL[9] Rdz. 15 zu Art. 7, STAUDINGER-RAAPE S. 81, LEWALD, IPR S. 59, WOLFF, IPR[3] S. 103; ERMAN-ARNDT[4] Anm. 5 zu Art. 7; aM FRANKENSTEIN, IPR I S. 417). Das kann freilich nicht darauf gestützt werden, daß man sich nur bei Anwesenheit im Inland einen unmittelbaren Eindruck von der Geschäftsfähigkeit des auslän-

dischen Partners verschaffen könne; denn Abs. 3 gilt auch, wenn im Inland brieflich abgeschlossen wird; und die im Ausland unter Anwesenden geschlossenen Geschäfte werden nicht erfaßt. Maßgebend ist vielmehr, daß man im reinen Inlandsverkehr nicht ohne weiteres damit rechnen muß, mit einem Ausländer zu tun zu haben, und gegebenenfalls zur Erleichterung und Beschleunigung des Geschäftsverkehrs nicht mit Erkundigungen über die Geschäftsfähigkeit des anderen belastet sein soll. Dagegen sind bei Geschäften „über die Grenze" solche Erkundigungen eher zumutbar. Bei *Erklärungen durch Boten* kommt es darauf an, ob der Bote von dem nicht voll geschäftsfähigen Ausländer im Inland beauftragt worden ist und sich der Erklärung auch im Inland entäußert. Entsprechendes wird für den *rechtsgeschäftlichen Stellvertreter* zu gelten haben.

Dagegen gilt Art. 7 Abs. 3 nach hM nicht für die Gültigkeit von Erklärungen des gesetzlichen Vertreters, die dieser für den nicht voll geschäftsfähigen Ausländer im Inland abgibt. Für die Frage, wer gesetzlicher Vertreter ist, gilt nicht Art. 7 Abs. 1, von dem Abs. 3 eine Ausnahme ist, sondern *Vertretungsstatut,* und es gibt keinen Verkehrsschutz hinsichtlich der Frage, wer gesetzlicher Vertreter ist; also nicht, wenn etwa bei Abschluß eines Geschäfts in Deutschland angenommen wird, ein minderjähriger Ausländer werde nach Tod seines Vaters von der Mutter vertreten (PAGENSTECHER, RabelsZ 15. 1949/50, 193), während das nach Art. 19 EG maßgebende Recht keine elterliche Gewalt der Mutter kennt und die Vertretung einem Vormund zusteht. Ebensowenig besteht ein Schutz, wenn etwa angenommen wird, der Vertreter eines minderjährigen Engländers dürfe auch über ein deutsches Grundstück verfügen, während in Wahrheit hier ein Pfleger zu bestellen wäre. Vor allem gibt es *keinen Verkehrsschutz* hinsichtlich der Frage, ob nach dem Vertretungsstatut eine *vormundschaftsgerichtliche Genehmigung* der Erklärung des Vertreters notwendig ist (RG HRR 1932 Nr. 1679 = SeuffArch. 86 Nr. 135 betr. Mietvertrag eines Tschechoslovaken; anders — und ohne Auseinandersetzung mit dem RG: OLG Düsseldorf NJW 1951, 966, wobei auch noch auf die Notwendigkeit einer Genehmigung nach dem Personalstatut des Minderjährigen und nicht nach dem Vertretungsstatut abgestellt wird; ebenso in der Formulierung auch PALANDT-LAUTERBACH[28] Anm. 5 zu Art. 7; vgl. dagegen oben Rdz. 27). Im Ergebnis mit hier übereinstimmend SOERGEL-KEGEL[9] Rdz. 18 zu Art. 7; ERMAN-ARNDT[4] Anm. 5 zu Art. 7; PAGENSTECHER, RabelsZ 15. 1949/50, 193. 52

2. Da Abs. 3 für die Anwendung inländischer Geschäftsfähigkeitsmaßstäbe lediglich auf ein im Inland vorgenommenes Geschäft abstellt, ist es *gleichgültig, wer die Parteien des Geschäfts sind.* Der Partner des nicht voll geschäftsfähigen Ausländers braucht nicht Inländer, sondern kann *auch Ausländer* sein, ja sogar demselben Staate angehören wie dieser (STAUDINGER-RAAPE S. 81; SOERGEL-KEGEL[9] Rdz. 15 zu Art. 7, ERMAN-ARNDT[4] Anm. 5 zu Art. 7, PALANDT-LAUTERBACH[28] Anm. 5 zu Art. 7). *Gleichgültig* sind auch *Wohnsitz* und gewöhnlicher Aufenthalt des Geschäftspartners des Ausländers (SOERGEL-KEGEL[9] Anm. 15 zu Art. 7). *Gleichgültig* ist ferner das *Wirkungsstatut* des Geschäfts (STAUDINGER-RAAPE S. 82). *Gleichgültig* ist endlich, ob der Geschäftspartner des Ausländers von dessen fehlender Geschäftsfähigkeit *weiß oder davon wissen konnte* (so die hM: STAUDINGER-RAAPE S. 82; LEWALD, IPR S. 59; RABEL, Conflict I[2] S. 203; ERMAN-ARNDT[4] Anm. 5 zu Art. 7; PAGENSTECHER, RabelsZ 15. 1949/50, 191, u.a.m.). SOERGEL-KEGEL[9] Rdz. 15 zu Art. 7 will das nicht gelten lassen, weil Verkehrsschutz nur einen Gutgläubigen schützen dürfe. Aber WOLFF, IPR[3] S. 103 hat mit Recht darauf hingewiesen, daß Ziel des Gesetzes sei, schwierige Beweiserhebungen über innere Tatsachen (Kenntnis) abzuschneiden, und ein Bedürfnis danach auch im Handelsrecht mit der Starrheit der Prokura und der Vertretungsmacht des Gesellschafters anerkannt sei; die Entstehungsgeschichte der Vor- 53

schrift bestätigt diese Auffassung, vgl. GEBHARD Materialien 87; HABICHT S. 85; WALKER, IPR[5] S. 133; FRANKENSTEIN, IPR I S. 421.

III. Wirkungen des Verkehrsschutzes

54 **1.** Art. 7 Abs. 3 läßt *nicht* etwa die *lex loci actus* an die Stelle des an sich anwendbaren Heimatrechts treten; vielmehr tritt das Recht des Abschlußortes neben das Heimatrecht; es gilt **Alternativität,** wie sie auch deutlich in Art. 91 WG, 60 SchG ausgesprochen ist. Zu wirksamem Geschäftsabschluß genügt es, daß man entweder nach Heimatrecht geschäftsfähig ist oder es nach deutschem Recht sein würde. Es genügt auch, daß man nach Heimatrecht gerade für dies eine Geschäft geschäftsfähig ist. Ein in Frankreich gerichtlich zum Verschwender erklärter und mit einem „conseil judiciaire" versehener Franzose kann auch in Deutschland alle diejenigen Geschäfte abschließen, zu denen er nach französischem Recht fähig wäre, ungeachtet dessen, daß er bei einer deutschen Entmündigung wegen Verschwendung nur noch beschränkt geschäftsfähig wäre (RGZ 80, 262ff.).

55 **2.** Der Ausländer gilt, wenn er nach seinem Heimatrecht nicht geschäftsfähig wäre, insoweit als geschäftsfähig, als er es nach deutschem Recht sein würde. Diese Wirkung tritt automatisch ein; es ist *nicht nötig, daß man sich ausdrücklich darauf beruft.* Die Geschäftsfähigkeit nach deutschem Recht gilt nicht nur zugunsten des Partners des Ausländers, sondern auch für diesen selbst — zu seinen Gunsten wie zu seinem Nachteil. Kauft der 21jährige Paraguayer in Deutschland ein Grundstück, so verpflichtet er sich wirksam und erwirbt aber auch wirksam selbst.

56 **3.** Der **Anwendungsbereich des Abs. 3** ist insgesamt nicht sehr weit. In der *Volljährigkeitsfrage* steht nur Paraguay hinter der deutschen Regelung zurück. Eine größere Bedeutung kann Abs. 3 im Bereich der sehr unterschiedlichen *Geschäftsfähigkeitsstufen* haben; denn Abs. 3 gilt auch dann, wenn nach deutschem Recht der geschäftsunfähige Ausländer (vgl. die Jahresstufen oben Rdz 17) schon beschränkt geschäftsfähig wäre, oder wenn bei beschränkter Geschäftsfähigkeit nach beiden Rechtsordnungen das deutsche Recht die bessere Position gibt (STAUDINGER-RAAPE S. 82; HABICHT S. 59; FRANKENSTEIN, IPR I S. 419). So würde § 107 dem nach seinem Heimatrecht geschäftsunfähigen oder beschränkt geschäftsfähigen Ausländer in Deutschland immer rechtlich lediglich vorteilhafte Erklärungen wie etwa die Annahme einer Schenkung ermöglichen, § 110 die mit freien Mitteln erfüllten Verträge wirksam machen. Abs. 3 ist ferner auf diejenigen Fälle anzuwenden, in welchen *die Frau nach ihrem Heimatrecht oder ihrem Ehestatut* (Art. 14) *oder dem Güterrechtsstatut* (Art. 15) in der Geschäftsfähigkeit beschränkt ist (SOERGEL-KEGEL[9] Rdz. 30 zu Art. 14; LEWALD, IPR S. 95; DÖLLE, RabelsZ 16. 1951, 376; RAAPE, IPR[5] S. 327).

57 **4.** Fraglich ist die Tragweite von Abs. 3 *bei anzuerkennenden ausländischen Entmündigungen* oder etwaigen inländischen Entmündigungen nach ausländischem Recht, weil die Entmündigungen von Ausländern aus anderen Gründen und mit anderen Wirkungen als nach deutschem Recht erfolgen können. Darüber eingehender zu Art. 8. *Gegen* eine Anwendung von Art. 7 Abs. 3 hat sich mit Entschiedenheit PAGENSTECHER, RabelsZ 15. 1949/50, 189—239 gewendet — aber in erster Linie, weil er davon ausgeht, daß ausländische Entmündigungen nicht anerkannt werden könnten. Indessen hat BGHZ 19, 240 mit Recht *für die Anerkennbarkeit der ausländischen Entmündigung* eines Deutschen entschieden; für die Anerkennung der Entmündigung von Ausländern kann nichts wesentlich anderes gelten; vgl. schon RGZ 80, 262. Im Rahmen des Haager Entmündigungsabkommens Art. 9 ist die Anerkennung von Entmündigungen zwischen den Vertrags-

staaten so geregelt, daß eine Anwendung von Art. 7 Abs. 3 EG ausscheidet (so auch DITTMANN, Die sechs Haager Abkommen (1906) S. 112; PALANDT-LAUTERBACH[28] Anm. 5 zu Art. 7). Im übrigen kann Art. 7 Abs. 3 gegenüber ausländischen Entmündigungen jedenfalls insoweit zur Anwendung kommen, als sie aus dem deutschen Recht unbekannten Gründen erfolgt oder deren Wirkungen „schärfer" sind als die einer deutschen Entmündigung; insoweit wird die Anerkennung eingeschränkt (SOERGEL-KEGEL[9] Rdz. 14 zu Art. 7; STAUDINGER-RAAPE S. 84; WOLFF, IPR[3] S. 102; ERMAN-ARNDT[4] Anm. 2d zu Art. 8; PALANDT-LAUTERBACH[28] Anm. 5 zu Art. 7).

IV. Analoge Anwendung von Abs. 3?

58 Fraglich ist, ob generell auf die Geschäftsfähigkeitsvorschriften des Orts der Vornahme des Rechtsgeschäfts neben dem Heimatrecht abgestellt werden kann. *Art. 91 Abs. 2 WG und 60 Abs. 2 SchG* enthalten — im Gegensatz zu Art. 7 Abs. 3 EG — eine allgemeine Verweisung auf das Recht des Unterschriftsorts; andrerseits wird diese allgemeine Regel wieder dahin eingeschränkt, daß sie nicht gelten soll, wenn ein Inländer im Ausland eine Verbindlichkeit eingeht. Aus diesen Vorschriften läßt sich nichts Entscheidendes schließen. Die generelle Verweisung auf das Recht des Unterschriftsorts kann eine der Analogie nicht fähige Ausnahmeregelung für die notwendige besondere Erleichterung des Wechsel- und Scheckverkehrs sein. Andrerseits ist die Gegenausnahme für den Schutz des Inländers vor Verpflichtungen im Ausland, wie SOERGEL-KEGEL Rdz. 17 zu Art. 7 mit Recht bemerkt, auch wieder auf die besonderen Gefahren bei den Wechsel- und Scheck-Unterschriften zurückzuführen; sie ist keine generelle für alle Vertragsstaaten, sondern eine speziell deutsche aufgrund der in Art. 2 Abs. 3 der Abkommen über das internationale Wechselprivatrecht (RGBl. 1933 I 445) und Scheckprivatrecht (RGBl. 1933 II 595) enthaltenen Vorbehalte. Immerhin zeigt sie die *Tendenz, Deutsche im Ausland vor dortigen weitherzigeren Geschäftsfähigkeitsvorschriften zu schützen;* diese Tendenz wird auch im Schrifttum erkennbar (vgl. GAMILLSCHEG, Internat. Arbeitsrecht S. 80 und RabelsZ 27. 1962, 590). Andrerseits mag man über die Berechtigung einer solchen Tendenz streiten; im englischen Schrifttum wird es als „strange" bezeichnet, wolle ein englisches Gericht einen Engländer bei einem unter ausländischem Recht geschlossenen Vertrag wegen seiner mangelnden Geschäftsfähigkeit schützen (CHESHIRE, PrIntLaw[7] S. 200ff,; DICEY-MORRIS-KAHN-FREUND[8] S. 745 zu rule 130).

59 Die *Gegner einer Analogie* (so die meisten; vgl. außer den im folgenden Genannten PALANDT-LAUTERBACH[28] Anm. 5 zu Art. 7; RABEL, Conflict I[2] S. 203; WOLFF, IPR[3] S. 104) weisen darauf hin, daß Abs. 3 als Ausnahmeregelung von dem als allseitige Kollisionsnorm formulierten Abs. 1 nur einseitig formuliert sei; die so offensichtlich kundgemachte Absicht des Gesetzes binde. Ich halte das indessen für ein formales und nicht durchschlagendes Argument. Bei der bekannten Struktur unserer Kollisionsnormen, die teils zur Allseitigkeit tendieren, andrerseits ängstlich vermeiden wollen, Dinge zu regeln, die vielleicht zur vorwiegenden Kompetenz eines ausländischen Gesetzgebers gehören könnten, liegt die Annahme nahe, der Gesetzgeber habe sich seinerzeit gescheut, etwas über „Inlandsgeschäfte" so allseitig zu formulieren wie Art. 91 WG und 60 SchG. Auch der angebliche ordre-public-Charakter der Vorschrift (LEWALD, IPR S. 59) ist ebensowenig überzeugend wie die verbreitete Annahme, dem Gesetzgeber sei ja nur an Schutz des inländischen Verkehrs, nicht an Schutz des ausländischen gelegen (NUSSBAUM, IPR S. 120 Fn. 7; NIEMEYER, IPR des BGB S. 125; CARASSO, a.a.O. [A zu Art. 7] S. 149); denn dem Gesetzgeber muß ja auch daran gelegen sein, Geschäfte, die in einem fremden Staat geschlossen werden, aber bei uns vor Gericht kommen, sachgerecht zu regeln. Es ist daher mindestens

fraglich, ob eine Analogie wirklich hieße, dem Gesetz die Gefolgschaft zu kündigen, wie GAMILLSCHEG RabelsZ 27. 1962, 590) erklärt. Beachtlich ist vielmehr der Vorschlag von SOERGEL-KEGEL[9] Rdz. 16 zu Art. 7 (ihm folgend ERMAN-ARNDT[4] Anm. 5 zu Art. 7), Abs. 3 bei im Ausland abgeschlossenen Geschäften *insoweit entsprechend anzuwenden, als das Recht des Geschäftsorts einen entsprechenden Verkehrsschutz kennt.* Aber der Verkehrsschutz ist recht unterschiedlich (vgl. oben Rdz 49); so kann man nicht den ausländischen Verkehrsschutz im Rahmen des von Art. 7 Abs. 3 Vorgesehenen zur Anwendung bringen, sondern nur so, wie er vorgesehen ist, in seinem ganzen Umfang. Man muß dann eine Verweisung auf das Ortsrecht annehmen für den Fall, daß dieses Verkehrsschutzsätze ausgebildet hat, allerdings unter Ausschluß der in Abs. 3 S. 2 vorgesehenen Geschäfte. Gegen eine solche Analogie ließe sich immer noch einwenden, im Konflikt zwischen unserem Grundsatz des Heimatrechts und den Schutzvorschriften des Rechts des Geschäftsorts gebühre dem Heimatrecht der Vorrang (STAUDINGER-RAAPE S. 84/85). Aber in Wahrheit liegen die Interessenkonflikte nicht hier, sondern bei den etwaigen *Differenzen zwischen Heimatrecht und Wirkungsstatut des Geschäfts.* Wendet man Art. 7 Abs. 3 analog an, so vermehrt man zwar vielleicht Konflikte mit dem Heimatrecht, hat andrerseits die Chance, daß das Recht des Geschäftsorts dem Wirkungsstatut des Geschäfts entspricht. Auch im *Wechsel- und Scheckrecht* rechtfertigt sich die Anwendung des Rechts des Unterschriftsorts neben dem Heimatrecht aus der häufigen Parallelität mit dem Wirkungsstatut der Verpflichtung (Art. 93 Abs. 2 WG, Art. 63 SchG). Die Möglichkeit, mit der Analogie zu Art. 7 Abs. 3 vielfach **Übereinstimmung mit dem Wirkungsstatut** des Geschäfts herbeizuführen, **rechtfertigt mE die Analogie.**

60 Die Analogie ist mE auch gerechtfertigt, wenn es um *Geschäfte Deutscher im Ausland* geht — es sei denn, das Ausland erkenne die deutsche Entmündigung eines Deutschen nicht an. GAMILLSCHEGS Gegenbeispiele aus den Arbeitsverträgen Jugendlicher überzeugen nicht. Denn daß der Arbeitsvertrag der nach England ausgerissenen 17jährigen Deutschen in England schon wegen der dort auch für die Geschäftsfähigkeit erfolgenden Anwendung des Wirkungsstatus des Arbeitsvertrages vielleicht wirksam ist, können wir ohnehin nicht hindern; wenn bei Zurückholen der Tochter aus England ein dortiges Urteil auf Schadensersatz wegen Arbeitsvertragsbruchs bei uns vollstreckbar wäre: sollen wir uns dann der Lösung entgegenstellen? ME halten sich die Unterschiede im Schutz Jugendlicher vor unvernünftigen Geschäften durchweg in erträglichen Grenzen, so daß man weltmännisch den Verkehrsschutz des Geschäftsorts gelten lassen sollte — ordre public natürlich vorbehalten. In diesem Sinne *läßt Art. 28 Abs. 3 des neuen portugiesischen CC den ausländischen Verkehrsschutz ausdrücklich auch für Rechtsgeschäfte von Portugiesen im Ausland gelten.* Die Schutzklauseln für Auslandsunterschriften Deutscher im Wechsel- und Scheckrecht sind spezielle Vorbehaltsklauseln gegen die sonst tragbare analoge Anwendung des Grundgedankens von Art. 7 Abs. 3 EG.

V. EG Art. 36 Abs. 1 = GewO § 11a Abs. 1

61 Diese Sondervorschrift bestimmt, daß wenn eine Ehefrau, für deren güterrechtliche Verhältnisse ausländische Gesetze maßgebend sind, selbständig ein Gewerbe im Inland betreibt, es in Angelegenheiten ihres Gewerbes ohne Einfluß sein soll, daß sie Ehefrau ist. Das heißt, daß dann etwaige ehepersonenrechtliche wie auch ehegüterrechtliche Beschränkungen der Geschäftsfähigkeit nicht beachtet werden sollen. Voraussetzung ist der *inländische Gewerbebetrieb*, mag es sich auch nur um eine *Zweigniederlassung* handeln (NUSSBAUM, IPR S. 151 Fn. 2). Warum sich die güterrechtlichen Verhältnisse nach ausländischem Recht richten, ob infolge der

Staatsangehörigkeit des Mannes bei der Eheschließung (Art. 15) oder gemäß einem Güterrechtsvertrag (§ 1409 Abs. 2), ist gleichgültig. Folgerecht müßte auch dann, wenn nur das persönliche Eherecht sich nach ausländischem Recht richtet und Beschränkungen in der Geschäftsfähigkeit der Frau zur Folge hat, eine solche Beschränkung bei inländischem Gewerbebetrieb unbeachtet bleiben können — hier geht das Gesetz nicht weit genug. Andrerseits *geht § 11a GewO über Art. 7 insofern hinaus, als er nicht nur bei im Inland geschlossenen Geschäften*, sondern allgemein, d.h. auch bei Auslandsgeschäften gilt — auch wenn das Recht des Abschlußorts und das Wirkungsstatut des Geschäfts keinen entsprechenden Verkehrsschutz kennen; hier geht das Gesetz zu weit. Soergel-Kegel[9] Rdz. 30 zu Art. 14 empfiehlt eine analoge Anwendung von § 11a GewO zum Schutz des ausländischen Rechtsverkehrs, sofern der betreffende Staat selbst Verkehrsschutz kenne. Entsprechend dem oben Rdz. 58 Ausgeführten bedeutet dies, daß bei gewerblicher Niederlassung in einem anderen Staat dessen einschlägige Verkehrsschutzbestimmungen anzuwenden sind. Konkurriert mehrfacher Verkehrsschutz, etwa wegen Niederlassungen in mehreren Staaten, so kommt es darauf an, zu welcher Niederlassung das einzelne Geschäft zu rechnen ist.

VI. Abs. 3 Satz 2

Die von dem Grundsatz des Abs. 1 gemachte Ausnahme des Abs. 3 erfährt in Satz 2 eine Einschränkung. Für gewisse Geschäfte ist, auch wenn sie Inlandsgeschäfte sind, in Ansehung der Geschäftsfähigkeit stets das *Heimatrecht der Partei maßgebend*. Das Gesetz unterscheidet drei Gruppen solcher Geschäfte. Gemeinsam ist ihnen, daß sie nicht alltäglicher Art sind und daher besonders sorgfältiger Überlegung bedürfen. Bei ihnen wird daher die Rücksicht auf den inländischen Verkehr fallen gelassen und dem Heimatrecht der Vorrang gelassen, das bei familien- und erbrechtlichen Geschäften meist auch Wirkungsstatut des Geschäfts ist. 62

1. Familienrechtliche Geschäfte sind u.a. Verlöbnis, Eheschließung, Einwilligung zur Eheschließung, Ehevertrag, nach Ehegüterrecht erforderliche Zustimmungserklärungen zu Rechtsgeschäften (Frankenstein, IPR I S. 421; Staudinger-Raape S. 86), Anerkennung der Vaterschaft und alle bei Ehelicherklärung und Adoption erforderlichen Erklärungen, aber auch im Prozeßwege zu verfolgende Rechtsgestaltungen wie Nichtigerklärung, Aufhebung oder Anfechtung der Ehe und Anfechtung der Ehelichkeit eines Kindes. Auch *Unterhaltsverträge* dürften einzubeziehen sein. 63

2. Erbrechtliche Geschäfte werden hier pauschal genannt; der Verkehrsschutz entfällt also bei Errichtung und Aufhebung von Verfügungen von Todes wegen (wo die Testierfähigkeit sich ohnehin nach Art. 24, 25 richtet), bei der Anfechtung solcher Verfügungen, bei Annahme und Ausschlagung der Erbschaft sowie deren Anfechtung, bei Eheverträgen und Erbverzichten und ihrer Anfechtung, auch für den Erbauseinandersetzungsvertrag als solchen, nicht aber für die Entgegennahme der Auflassung eines Grundstücks, die erst aufgrund der Erbauseinandersetzung zu ihrer Durchführung erfolgt (KG IPRspr. 1934 Nr. 44 betr. USA; mißverständlich dazu infolge Kurzfassung Soergel-Kegel[9] Rdz. 19 zu Art. 7 bei Fn. 18). Auch der Erbschaftskauf ist hierzu zu zählen (Frankenstein, IPR I S. 421; Staudinger-Raape S. 86, Walker, IPR[5] S. 134; aM Planck[3] Anm. 6d zu Art. 7). Alle diese Geschäfte sind hinsichtlich sämtlicher Beteiligter dem Verkehrsschutz entzogen, gleichgültig in welcher Rolle Ausländer daran beteiligt sind; abgesehen von der Testierfähigkeit ist Heimatrecht der betreffenden Person maßgebend, mag auch Wirkungsstatut ein anderes Recht sein. Ist der Erblasser Deutscher, der Erbe Ausländer, so kommt es für die Geschäftsfähigkeit zur Erb- 64 ausschlagung auf das Heimatrecht des Erben an, obwohl Erbstatut deutsches Recht ist.

65 **3. Verfügungen über ein ausländisches Grundstück** verlangen Geschäftsfähigkeit nach Heimatrecht. Der Ort der Geschäftsvornahme bleibt gleichgültig; die lex *loci actus* wird vielmehr mit der Gegenausnahme von Art. 7 Abs. 3 S. 2 gerade *ausgeschaltet.* Es kommt aber vom deutschen Standpunkt aus auch nicht auf das Wirkungsstatut des Geschäfts, auf die *lex rei* sitae an (was aber FRANKENSTEIN, IPR I S. 402 fordert); sie *kommt auch nicht über Art. 28 EG mit ins Spiel,* denn Art. 28 bezieht sich nicht auf Art. 7 EG. Will also ein 20jähriger Schweizer ein englisches Grundstück veräußern, so ist vom deutschen Standpunkt aus seine Geschäftsfähigkeit dafür gegeben, mag man auch in England für die Veräußerung mitsamt der Geschäftsfähigkeit auf die lex rei sitae abstellen (STAUDINGER-RAAPE S. 88); die deutsche Lösung ist praktisch nicht durchsetzbar und daher unrealistisch. Gleichwohl ist sie geltendes Recht. Die Ausschließlichkeit des Abstellens auf das Heimatrecht beschränkt sich auf *Verfügungsgeschäfte* i.S. des deutschen Rechts und umfaßt nicht Verpflichtungsgeschäfte, für welche Abs. 3 S. 1 maßgeblich bleibt. Vermietung und Verpachtung fallen also unzweifelhaft nicht unter die Gegenausnahme von Abs. 3 S. 2 (STAUDINGER-RAAPE S. 87; PALANDT-LAUTERBACH[28] Anm. 5 zu Art. 7). Wenn aber die Verfügung mit dem Verpflichtungsgeschäft unmittelbar verbunden ist, der Grundstücksverkauf schon das Eigentum auf den Verkäufer überträgt wie im italienischen Recht (FRANKENSTEIN, IPR I S. 422), ist *Geschäftsfähigkeit nach Heimatrecht* nötig. Ob sie für beide Parteien nötig ist (so FRANKENSTEIN, IPR I S. 422), oder nur für den Veräußerer (STAUDINGER-RAAPE S. 86), ist umstritten. Hier ist mE der Ansicht RAAPES zu folgen, daß *nur für den besonders schutzwürdigen Veräußerer* nach dem Sinne der Vorschrift Geschäftsfähigkeit des Heimatrechts gefordert werden muß; auch in anderen Zusammenhängen (§ 1822 Ziff. 1 u. 4 in Verhältnis zu Ziff. 5) behandelt das Gesetz den Grundstückserwerb nicht als Verfügung. Lediglich bei Verfügungen über Grundstücke selbst, nicht über Grundstücksrechte wie Hypotheken, Nießbrauch und Dienstbarkeiten, muß die Geschäftsfähigkeit des Heimatrechts gegeben sein. Im Rahmen dieser von der deutschen Kollisionsnorm gesteckten *Abgrenzung von Grundstücken und Grundstücksrechten* mag dann freilich die Qualifikation des Begriffs „Grundstück" dem Recht des Lageorts überlassen bleiben und die Geschäftsfähigkeit des Heimatrechts bei allen denjenigen Verfügungen verlangt werden, die nach dem Recht des Lageorts Grundstücke betreffen; so mag z.B. das Recht des Lageorts entscheiden, ob ein Erbbaurecht, welches wir dem Grundstück gleichstellen (§ 1017; ErbbauVO § 11), auch als Grundstück zu behandeln ist.

D. Prozeßfähigkeit

66 Eine *ausdrückliche Kollisionsnorm* für sie *fehlt.* Da im deutschen Recht die Prozeßfähigkeit von der Verpflichtungsfähigkeit abgeleitet wird (ZPO § 52), nimmt die durchaus herrschende Ansicht an, auch für den Ausländer sei in Deutschland seine Prozeßfähigkeit aus der Geschäftsfähigkeit abzuleiten und die Geschäftsfähigkeit für die Prozeßfähigkeit nach Art. 7 EG zu ermitteln. So BGH JZ 1956, 535 betr. entmündigte Schweizerin (mit krit. Anm. von NEUHAUS); BAUMBACH-LAUTERBACH, ZPO[30] § 55 Anm. 1; THOMAS-PUTZO, ZPO[4] § 52 Anm. lg; ZÖLLER, ZPO[10] § 55 Anm. 1; BRUNS, ZivPrR S. 65; BERNHARDT, Ziv PrR[3] S. 121; BERGENFURTH, Der Zivilprozeß (1968) S. 22. Diese Auffassung muß aber schon deshalb Bedenken erwecken, weil auch nach deutschem Prozeßrecht die Prozeßfähigkeit in mannigfacher Hinsicht nicht von der Verpflichtungsfähigkeit abhängt: so nach ZPO § 612 bei der Scheidungsklage, nach ZPO § 641 Abs. 2 (§ 640b) bei

der Ehelichkeitsanfechtungsklage, nach ZPO §§ 664 Abs. 2, 679 Abs. 3, 684, 686 Abs. 2 in Entmündigungssachen. Eine Kollisionsnorm muß ferner auf das mögliche Auseinanderfallen von Geschäftsfähigkeit und Prozeßfähigkeit in ausländischen Rechten Rücksicht nehmen. So kann in ausländischen Rechten ebenso wie im deutschen Recht Prozeßfähigkeit in personenrechtlichen Angelegenheiten bestehen, ohne daß vermögensrechtlich Geschäftsfähigkeit vorliegt (vgl. z.B. für Schweden bei WREDE, Das Zivilprozeßrecht Schwedens und Finnlands Bd. 2 (1924) S. 94; vgl. für die Schweiz STOCKER in: Festschr. zum 50jährigen Bestehen der Vereinigung schweizerischer Amtsvormünder [1963] S. 195ff.). Umgekehrt kann es an der Prozeßfähigkeit trotz beschränkter Geschäftsfähigkeit fehlen; so wäre z.B. ein 17jähriger Engländer bei einem „contract for necessaries" geschäftsfähig, aber nicht für Klagen aus diesem contract prozeßfähig Für die Prozeßfähigkeit des Ausländers ist also die Bezugnahme auf seine Geschäftsfähigkeit weder positiv noch negativ beweisend.

Dementsprechend muß — wie namentlich PAGENSTECHER, Festschr. RAAPE 67
S. 249ff. u. ZZP 64. 1951 S. 276—284 dargelegt hat — von einer *besonderen verfahrensrechtlichen Kollisionsnorm* des Inhalts ausgegangen werden, daß der *Ausländer in Deutschland insoweit prozeßfähig ist, als er für ein entsprechendes Verfahren nach seinem Heimatrecht prozeßfähig ist.* So im Anschluß an PAGENSTECHER ROSENBERG, ZivPrR[9] § 6 II 4 u. § 43 I; STEIN-JONAS-POHLE, ZPO[19] § 55 Anm. I 1; SOERGEL-KEGEL[9] Rdz. 9 zu Art. 7 EG; wohl auch BLOMEYER, ZivPrR S. 48; KNAUBER, a.a.O. (A zu Art. 7) 26. Auch ZPO § 55 geht offenbar vom Bestehen einer solchen Kollisionsnorm aus. Die Prozeßfähigkeit eines Ausländers ist also nicht über Art. 7 EG, sondern über eine diesem parallele verfahrensrechtliche Kollisionsnorm festzustellen. So kann zufolge heimatlicher Prozeßfähigkeit der noch nicht volljährige Schwede sein Namensrecht, der nichtmündige Schweizer die Unpfändbarkeit gepfändeter Sachen (BGE 68 III 116; 72 III 2, 88 III 10) geltend machen.

Nach **ZPO § 55** gilt ein nach seinem Heimatrecht nicht prozeßfähiger Ausländer 68
generell als prozeßfähig, wenn ihm nach dem Recht des Prozeßgerichts die Prozeßfähigkeit zusteht (dazu OLG Rostock MecklZ 28, 298 betr. Prozeßfähigkeit eines russischen Kindes). Diese *Ausnahmeregelung entspricht Art. 7 Abs. 3 EG;* infolgedessen wäre der Ausländer möglicherweise bei Prozessen in Deutschland entgegen der Geschäftsfähigkeitsregelung seines Heimatrechts in der Lage, durch prozessuales Verhalten (etwa Geständnis, Anerkenntnis usw.) materielle Rechte zu beeinflussen (STAUDINGER-RAAPE S. 85; HABICHT S. 27); auch die Ausnahmeregelung des Art. 7 Abs. 3 Satz 2 besteht für die Prozeßfähigkeit nicht! Ferner *geht ZPO § 55 mit seiner generellen Fassung* möglicherweise noch in anderer Weise *über Art. 7 EG hinaus.* Denn nach dem Wortlaut der Vorschrift gilt der Ausländer nicht nur für den in Deutschland geführten Prozeß als prozeßfähig, wenn er es nach deutschem Recht wäre — und das ohne Rücksicht darauf, ob der Heimatstaat unserem Urteil die Anerkennung verweigern würde (außer in Ehesachen nach ZPO § 606b). Vielmehr würden wir auch dem in einem dritten Staat gefällten Urteil, das die Prozeßfähigkeit nicht nach Heimatrecht, sondern nach dem Recht des Prozeßgerichts als bestehend angenommen hat, nicht wegen der vom Heimatrecht abweichenden Beurteilung der Prozeßfähigkeit die Anerkennung zu verweigern haben. Andererseits bezieht sich ZPO § 55 nur auf Ausländer im deutschen Prozeß und nicht auch umgekehrt auf Deutsche, die im Ausland prozessieren. Gleichwohl muß nicht jedes ausländische Urteil, welches die Prozeßfähigkeit eines Deutschen entsprechend ZPO § 55 nach dem Recht des Gerichtsorts beurteilt, wegen ZPO § 328 Ziff. 4 von der Anerkennung ausgeschlossen sein (aM KNAUBER, a.a.O. S. 27); vgl. dazu das oben Rdz 58ff. Gesagte.

69 Für die *Freiwillige Gerichtsbarkeit* fehlt es ebenso wie für den streitigen Prozeß an einer ausdrücklichen Kollisionsnorm hinsichtlich der Fähigkeit eines Beteiligten, wirksam verfahrensrechtliche Rechtshandlungen vorzunehmen. Das erklärt sich schon aus dem Fehlen einer internrechtlichen Regelung der „Prozeßfähigkeit" im FGG. Die Stellungnahme zur kollisionsrechtlichen Problematik dürfte davon abhängen, wie man zur „Prozeßfähigkeit" im FGG steht. Nimmt man mit der Lehre (z.B. BAUR, FGbkt. § 13 B II; LENT-HABSCHEID, FGbkt.[4] § 15 II) eine *Prozeßfähigkeit analog dem streitigen Prozeß* an, so wären dessen Regeln auf die Freiwillige Gerichtsbarkeit zu übertragen. Nimmt man dagegen mit verbreiteter *Praxis* (KEIDEL, FGG[9] § 13 Anm. 28; SCHLEGELBERGER, FGG[7] § 13 Anm. 7; BGHZ 35, 4; RGZ 145, 284) an, daß es lediglich auf die *Geschäftsfähigkeit* ankomme, so wäre für den Ausländer darauf abzustellen, ob er nach Heimatrecht geschäftsfähig ist (Art. 7 EG; so folgerichtig KEIDEL, FGG[9] § 13 Anm. 35). Indessen stößt die praktische Anwendung dieses Prinzips für sich allein auf Schwierigkeiten vor allem bei beschränkt geschäftsfähigen Personen. Dies zeigt deutlich BayObLGZ 13. 1963, 35 = FamRZ 1964, 465 betr. das Beschwerderecht einer beschränkt entmündigten Österreicherin gegen die Ablehnung der Aufhebung einer deutschen Ergänzungspflegschaft, wo keineswegs allein auf die beschränkte Geschäftsfähigkeit nach öABGB abgestellt, sondern die Regelung der Prozeßfähigkeit im österreichischen Recht und die auch für Geschäftsunfähige im deutschen Recht gegebene Beschwerdemöglichkeit in die Erörterung einbezogen wird. Daher ist die *Prozeßfähigkeit des Ausländers für das Verfahren nach FGG wie die Prozeßfähigkeit im streitigen Verfahren* (analog ZPO § 55) danach zu beurteilen, ob der Ausländer nach seinem Heimatrecht für ein entsprechendes Verfahren prozeßfähig wäre; doch muß es genügen, wenn er auch nur nach deutschem Recht für das gerade in Betracht kommende Verfahren prozeßfähig ist. So auch LINDACHER (FamRZ 1964, 647) zu der Entsch. des BayObLG.

E. Rück- und Weiterverweisung

70 Die Maßgeblichkeit einer *Rückverweisung* in Geschäftsfähigkeitsfragen ist in *Art. 27* ausdrücklich vorgesehen und wird dementsprechend von der Praxis in Betracht gezogen (KG OLGRspr. 9, 43 betr. Schweiz, Rückverweisung mit Recht verneinend; KG IPRspr. 1929 Nr. 88 betr. Dänemark, Rückverweisung bejahend). Die Befolgung einer *Weiterverweisung* ist in Art. 27 nicht ausdrücklich vorgesehen; sie hängt davon ab, inwieweit man Art. 27 analog anzuwenden bereit ist, ob man in der Vorschrift nur eine Ausnahme von der Regel der Sachnormverweisung (so z.B. LEWALD, IPR S. 13ff. u. Règles générales S. 45—65) sieht, oder den für die Zwecke des EG etwas begrenzt formulierten Ausdruck eines allgemeineren *Prinzips der Gesamtverweisung*, d.h. der Verweisung auch auf die Kollisionsnormen des berufenen ausländischen Rechts. Dazu allgemein bei Art. 27. Rück- und Weiterverweisung sollten mindestens insoweit befolgt werden, als sie zur Anwendung desselben Rechts führen, zu dem auch das von unserer Kollisionsnorm primär berufene Heimatrecht geführt hätte (dazu PAGENSTECHER, Entscheidungseinklang, mit zahlreichen Beispielen gerade für die Geschäftsfähigkeit). Im *Wechsel- und Scheckrecht* sind für Wechsel- und Scheckfähigkeit Rück- und Weiterverweisung generell vorgesehen (Art. 91 WG, 60 SchG). Die Probleme der Rück- und Weiterverweisung haben ihre Ursache in den unterschiedlichen Kollisionsnormen zur Geschäftsfähigkeit an sich (oben Rdz 5) und zum Statutenwechsel.

I. Domizilprinzip und gewöhnlicher Aufenthalt

71 Das Domizilprinzip (im weitesten Sinne) kann zur Rück- und Weiterverweisung führen, muß es aber nicht. Das sei an Beispielen verdeutlicht.

1. Hat ein minderjähriger Staatenloser den gewöhnlichen Aufenthalt in Dänemark, so ist seine Geschäftsfähigkeit nach Art. 7, 29 nach dänischem Recht zu beurteilen; dieses folgt dem Wohnsitzgrundsatz; ist auch der Wohnsitz im Sinne des dänischen Rechts in Dänemark, so erfolgt keine Rückverweisung auf deutsches Recht (BayObLGZ 1963, 123); läge aber trotz dänischen Aufenthalts der Wohnsitz i.S. des dänischen Rechts in Deutschland, so fände eine nach Art. 27 beachtliche Rückverweisung statt. Soll ein dänisches Kind in Deutschland adoptiert werden, so verweist Art. 7 auf dänisches Recht; hat das Kind aber seinen Wohnsitz in Deutschland, so verweist Dänemark auf deutsches Recht zurück, und diese Rückverweisung ist maßgeblich — freilich nur für die Geschäftsfähigkeit des Kindes selbst und nicht auch für seine gesetzliche Vertretung (ungenau insoweit KG IPRspr. 1929 Nr. 88). Hat ein zwanzigjähriger Däne mit Wohnsitz in New York auf einer Reise in Tokyo Perlen gekauft und wendet, bei uns (etwa nach ZPO § 23) auf Zahlung verklagt, seine beschränkte Geschäftsfähigkeit ein, so verweist Art. 7 für die Geschäftsfähigkeit auf dänisches Recht; dieses verweist weiter auf das Recht des New Yorker Wohnsitzes, welches wieder auf das japanische Recht als das Wirkungsstatut des Vertrages weiterverweist; aber das dänische Kollisionsrecht, auf das wir analog Art. 27 verwiesen haben, läßt die Weiterverweisung des New Yorker Rechts nicht gelten. Pagenstecher will hier — weil das dänische und das New Yorker Kollisionsrecht sich über die Weiterverweisung nicht einig seien — für die Geschäftsfähigkeit das dänische Recht anwenden (Entscheidungseinklang S. 31); indessen wollen wir — was Art. 7 zum Ausdruck bringt — so entscheiden, wie in Dänemark entschieden werden würde; also ist New Yorker Recht anzuwenden, zumal wir uns mit Dänemark darin einig sind, die Geschäftsfähigkeit zum Personalstatut und nicht zum Wirkungsstatut des Geschäfts zu rechnen. Eine andere Frage ist es, daß aus Gründen des Verkehrsschutzes (analog Art. 7 Abs. 3; vgl. oben Rdz. 58ff) dann doch japanisches Recht zur Anwendung kommen muß. 72

2. Hat eine zwanzigjährige Schweizerin (etwa weil sie die Tochter eines Engländers ist, der sich in der Schweiz zur Ruhe gesetzt hat und nicht in seine Heimat zurückkehren will) ihr „domicil" in der Schweiz und will sie dort heiraten und einen Ehevertrag schließen, so verweist ihr englisches Heimatrecht für die Geschäftsfähigkeit bei der Eheschließung auf das Domizilrecht (Dicey-Morris[8] rule 31); diese Weiterverweisung ist zu beachten, zumal auch die Schweiz sie wohl akzeptiert (BGE 21, 121); die Ehe wird wirksam geschlossen, obwohl sie bei „domicil" in England nicht wirksam hätte geschlossen werden können. Für den Ehevertrag verweist das englische Recht auf die Maßgeblichkeit des „domicil" des Ehemannes (Dicey-Morris[8] rule 80, exception 2); ist dieser in der Schweiz, so gilt abermals Schweizer Recht für die Geschäftsfähigkeit der Frau; der Ehevertrag kann wirksam geschlossen werden. 73

3. **Statutenwechsel** wird **im Rahmen des Domizilprinzips** häufiger eine Rolle spielen als im Rahmen des Staatsangehörigkeitsprinzips. Verlegt der 20jährige Däne mit Wohnsitz in Deutschland, für den wegen der dänischen Rückverweisung deutsches Personalstatut gilt, seinen Wohnsitz in die Schweiz, so wird er damit volljährig. Verlegt er alsbald seinen Wohnsitz nach Deutschland zurück, so verliert er die Volljährigkeit wieder, da Art. 7 Abs. 2 nicht eingreift und das dänische Recht offenbar eine dementsprechende Vorschrift nicht kennt (vgl. oben Rdz. 41). Anders bei der in der Schweiz domizilierten Engländerin, die — etwa infolge Heirat — ihr domicil nach Deutschland verlegt; denn für sie gilt nicht schlechthin Domizilrecht kraft Rückverweisung. Vielmehr verweist das englische Recht auf das Wirkungsstatut des jeweils abzuschließenden Geschäfts; mindestens für Rechtsgeschäfte nach Schweizer Recht bleibt sie voll geschäftsfähig — selbst 74

wenn diese Geschäfte nicht in der Schweiz abgeschlossen werden und der Verkehrsschutz des Art. 7b NAG ausscheidet.

75 **II. Das Wirkungsstatut des Geschäfts,** in England und USA für die Geschäftsfähigkeit maßgeblich, führt vielfach zur Rück- und Weiterverweisung.

1. Wenn eine 19jährige amerikanische Staatsangehörige aus Cleveland in Deutschland studiert, hier Schmuck kauft und — auf Zahlung verklagt — ihre Minderjährigkeit einwendet, so ist kraft Art. 7 für die Geschäftsfähigkeit das Recht der USA, davon das Recht des domicil, also von Ohio maßgebend, welches auf deutsches Recht als Wirkungsstatut des Kaufs zurückverweist. Diese Rückverweisung muß kraft Art. 27 beachtet werden (PAGENSTECHER, Entscheidungseinklang S. 18). Der Kauf ist also schwebend unwirksam, obwohl die Studentin nach ihrem Heimatrecht bereits mit 18 Jahren volljährig geworden war! Ein Verkehrsschutz findet nicht statt; der gute Glaube an die Geschäftsfähigkeit nach dem Heimat- und Domizilrecht wird nicht geschützt, wenn das Volljährigkeitsalter unter dem deutschen liegt.

76 **2.** Auch die **lex rei sitae** kann als Wirkungsstatut in Betracht kommen, zwar nicht mehr nach französischem Recht hinsichtlich der Geschäftsfähigkeit (BATIFFOL, Traité[4] nr. 524), wohl aber nach englischem und amerikanischem Recht jedenfalls für Grundstücke, aber auch nach einigen sonstigen Rechten. Erwirbt die zwanzigjährige Engländerin ein Grundstück in der Schweiz, so ist sie dafür geschäftsfähig, ungeachtet dessen, daß sie für einen gleichen Erwerb in ihrem Heimatstaat wie auch in Deutschland noch nicht voll geschäftsfähig wäre. Erwirbt ein zwanzigjähriger Thailänder ein Grundstück in Deutschland (Beispiel von PAGENSTECHER, Entscheidungseinklang S. 19), so verweist Art. 7 EG auf thailändisches Recht, wonach der Thailänder geschäftsfähig ist; aber das thailändische Recht (G vom 10. 3. 1939, sect 10 Abs. 3 u. sect 4) verweist auf die lex rei sitae zurück, also auf deutsches Recht. Nach PAGENSTECHER soll diese Rückverweisung nicht zu beachten sein, weil sie vom thailändischen Standpunkt aus keine Sachnorm-Rückverweisung sei und ein thailändischer Richter die Rückverweisung des deutschen Rechts auf Heimatrecht beachten würde; eine entsprechende Einschränkung wird auch bei SOERGEL-KEGEL[9] Rdz. 25 zu Art. 7 EG erwogen. Aber Art. 27 EG macht eine solche Einschränkung nicht. Zu dem gleichen Ergebnis, zu dem auch der thailändische Richter (unter Beachtung der deutschen Rückverweisung auf das thailändische Heimatrecht) käme, kann man m.E. nur kommen, wenn man die Rückverweisung nicht nach der ersten Rückverweisung auf das deutsche Recht abbricht, sondern entgegen der hM die *doppelte Rückverweisung* akzeptiert (also von der deutschen lex rei sitae nochmals aufs thailändische Heimatrecht verweisen läßt), weil sie zu dem von beiden beteiligten Staaten gebilligten Hauptgrundsatz der Anwendung des Heimatrechts führt. Kauft ein 21jähriger Argentinier mit Wohnsitz in London ein New Yorker Grundstück, so ist nach Art. 7 zunächst argentinisches Recht für die Frage der Geschäftsfähigkeit maßgebend; dieses verweist auf englisches Recht als das des Wohnsitzes; England verweist aber auf die lex rei sitae. Also ist New Yorker Recht für die Geschäftsfähigkeit des Argentiniers maßgebend, zumal New York diese doppelte Weiterverweisung akzeptiert (vom Ort des Kaufabschlusses wurde nicht gesprochen, um den Fall nicht durch Probleme des Verkehrsschutzes zu komplizieren).

F. Volljährigkeitserklärung und Emanzipation

I. Grundsätzliches

77 Volljährigerklärung und Emanzipation betreffen unmittelbar die Geschäftsfähigkeit und unterstehen in Ermangelung einer besonderen Kollisionsnorm Art.7

EGBGB (SOERGEL-KEGEL[9] Rdz. 22 zu Art. 7; FRANKENSTEIN, IPR I S. 427 und Code Art. 95; WOLFF, IPR[3] S. 101, 105; STAUDINGER-RAAPE S. 91; KRÖNIG, IP-Zust. i. d. FG S. 21). Auch wenn die Volljährigerklärung durch das Vormundschaftsgericht erfolgt, ist sie doch *keine Vormundschaftssache* im engeren Sinn; sie untersteht daher nicht Art. 23 EGBGB (STAUDINGER-RAAPE S. 92 [II 1b]; HABICHT S. 65; FRANKENSTEIN, IPR I S. 427; KRÖNIG, IP-Zust. i. d. FG S. 26. Abweichend bringt SCHNITZER, Hdb. I[4] S. 288 die „Mündigerklärung" mit dem Vormundschaftsstatut in Zusammenhang). Das *Haager Vormundschaftsabkommen* vom 12. 6. 1902 (RGBl. 1904, 240) ist auf sie ebensowenig anwendbar, wie das Haager Abkommen über den Minderjährigenschutz vom 5. 10. 1961 (CAPOTORTI, Rec. des Cours 100. 1963 III, 214). Für die Durchführung der Volljährigerklärung ist im einzelnen *nach internationaler Zuständigkeit und materiell anzuwendendem Recht zu unterscheiden.*

II. Volljährigerklärung von Deutschen in Deutschland

Für deutsche Staatsangehörige sind deutsche Gerichte immer international zu- 78
ständig. Auch eine örtliche Zuständigkeit ist nach §§ 43, 36 FGG immer gegeben; sie richtet sich in erster Linie nach dem inländischen Wohnsitz, hilfsweise dem inländischen Aufenthalt; in Ermangelung von inländischem Wohnsitz oder Aufenthalt ist das Amtsgericht in Berlin-Schöneberg zuständig, das die Sache aus wichtigen Gründen an ein anderes Gericht bindend abgeben kann. Die Volljährigerklärung hat auch bei Auslandsdeutschen nach deutschem Recht zu erfolgen. Deutsche im Sinne des Art. 116 Abs. 1 GG stehen deutschen Staatsangehörigen gleich (Art. 9 II Nr. 5 FamRÄG). Den Deutschen sind ferner gleichzustellen: Staatenlose mit gewöhnlichem Aufenthalt in Deutschland (Art. 29 EG); Flüchtlinge im Sinne der Flüchtlingskonvention vom 28. Juli 1951 (BGBl. 1952 II 559ff.) mit Wohnsitz (Art. 12 der Konvention) in der Bundesrepublik sowie „heimatlose Ausländer" nach §§ 4, 11 des HAuslG vom 25. 4. 1951 (BGBl. I 269).

III. Volljährigerklärung von Deutschen im Ausland

Nach verbreiteter Meinung soll für die Volljährigerklärung nur der Heimatstaat 79
zuständig, folglich die im Ausland erfolgte Volljährigerklärung eines Deutschen nicht anzuerkennen sein (RGR-KOMMENTAR z. BGB[11] Anm. 3 vor § 3; KEIDEL, FGG[9] Anm. 9 zu § 56; STAUDINGER-RAAPE S. 92ff.; REU, Staatl. Zust. S. 119; NUSSBAUM, IPR S. 125; SCHNITZER, Hdb. I[4] S. 288; KRÖNIG, IP-Zust. i. d. FG S. 26ff.; KNAUBER, a.a.O. [A zu Art. 7] 54). Dafür wird das angebliche Prinzip des Gleichlaufs von Zuständigkeit und anzuwendendem Recht in der freiwilligen Gerichtsbarkeit bemüht (über dieses Prinzip DÖLLE, RabelsZ 27. 1962/63, 212ff.; REU, Staatl. Zust. S. 108, 119). Ein solches Prinzip besteht aber richtiger Ansicht nach in der vielfach unterstellten Allgemeinheit nicht (so schon FRANKENSTEIN, IPR I S. 429). Ferner wird auf das Fehlen jeglicher einschlägigen Bestimmung des deutschen Rechts über Anerkennung ausländischer Volljährigerklärungen verwiesen, wie auch darauf, daß zwar nach § 47 FGG die Vormundschaft über einen Deutschen an einen ausländischen Staat abgegeben werden könne, die Volljährigerklärung aber nicht zur Vormundschaft im Sinne des § 47 FGG gehöre und es deshalb an einer Norm fehle, die den ausländischen Staat zur Volljährigerklärung eines Deutschen ermächtige (STAUDINGER-RAAPE S. 93—94. Dagegen KRÖNIG, IP-Zust. i. d. FG S. 26). Indessen bedarf der ausländische Staat zur Volljährigerklärung eines Deutschen, der sich auf seinem Gebiet aufhält, keiner deutschen Ermächtigung; seine Personalhoheit erlaubt ihm, auch für solche Personen tätig zu werden, die nicht seine Staatsangehörigen sind, sondern sich auf seinem Gebiet lediglich aufhalten. Es steht für uns lediglich die *Anerkennung der im Ausland erfolgten Volljährigerklärung* in Frage; sie sollte genausogut mög-

lich sein, wie die Anerkennung anderer Personenstandsentscheidungen, die hinsichtlich Deutscher im Ausland erfolgen. So wie die Anerkennung ausländischer Ehescheidungen von Deutschen erfolgen kann (vgl. §§ 606, 606a, 328 ZPO; Art. 7 FamRÄG), ist auch die Anerkennung anderer Personenstandsentscheidungen möglich. Richtungweisend ist die Entscheidung BGHZ 19, 240ff. über die Anerkennung der Entmündigung eines Deutschen im Ausland. Entsprechend muß auch die Anerkennung einer im Ausland erfolgten Volljährigerklärung eines Deutschen möglich sein (SOERGEL-KEGEL[9] Rdz. 22 zu Art. 7). Für die Anerkennung kann im Interesse des betroffenen Deutschen ein dringendes Bedürfnis bestehen; dafür spricht auch die Verfahrensökonomie, ein zusätzliches inländisches Volljährigerklärungsverfahren zu vermeiden, sobald eine ausländische Volljährigerklärung bereits vorliegt. Allerdings ist die Anerkennung — *gleichgültig, ob die Volljährigerklärung durch Urteil, Beschluß oder sonstige behördliche Verfügung erfolgt ist* — in Anlehnung an § 328 ZPO und BGHZ 19, 244ff. an eine Reihe von Voraussetzungen zu knüpfen.

80 **1.** Die Volljährigerklärung muß in einem Staat erfolgt sein, der dafür vom deutschen Standpunkt aus *zuständig* war (§ 328 ZPO Ziff. 1; vgl. DÖLLE, RabelsZ 27. 1962/63, 237); der Minderjährige muß also in diesem Staat wenigstens seinen einfachen Aufenthalt gehabt haben (FGG § 36). BGHZ 19, 244 verlangt zur Anerkennung der Entmündigung „gewöhnlichen Aufenthalt" im Ausland; aber die Entmündigungszuständigkeit hängt vom Wohnsitz ab (ZPO § 648), während der für die Volljährigerklärung maßgebliche FGG § 36 schlechthin Aufenthalt genügen läßt.

81 **2.** Es darf *nicht zum Nachteil des deutschen Minderjährigen von anderen als den Grundsätzen des deutschen Rechts ausgegangen* worden sein (§ 328 Ziff. 3 ZPO; BGHZ 19, 245 unter b; auf die Heranziehung von ZPO § 328 Ziff. 3 legt auch DÖLLE, RabelsZ 27. 1962/63, 237 Wert). Damit ist nicht verlangt, daß die ausländische Entscheidung notwendig deutsches Recht zugrunde gelegt hat (was aber FRANKENSTEIN, IPR I S. 430 fordert); es genügt, wenn das angewendete ausländische Recht im wesentlichen den Grundvoraussetzungen des deutschen Rechts entspricht: d.h., daß die Volljährigerklärung nicht bei einem Minderjährigen erfolgt sein darf, der das 18. Lebensjahr noch nicht vollendet oder nicht selbst eingewilligt hatte, dessen Eltern nicht eingewilligt hatten, und daß die Volljährigerklärung dazu bestimmt gewesen sein muß, das Beste des Minderjährigen zu fördern (BGB §§ 3 bis 5). Daraus ergibt sich zugleich, daß wegen des Erfordernisses einer behördlichen Prüfung der Frage, ob die Volljährigerklärung das Beste des Minderjährigen fördert, eine im Ausland nur *durch beurkundetes Privatrechtsgeschäft erfolgte Emanzipation eines Deutschen nicht anerkannt* werden könnte (so wohl auch FRANKENSTEIN, IPR I S. 430). Andrerseits erscheint die Anerkennung einer gerichtlichen, aber mit geringeren Wirkungen als die Volljährigerklärung ausgestatteten Emanzipation, die dem Minderjährigen noch einen Kurator an die Seite stellt (Art. 390ff. italCC), nicht ausgeschlossen (dagegen FRANKENSTEIN, IPR I S. 430).

82 **3.** Die Volljährigerklärung muß in einem gesetzlich *geregelten* richterlichen oder behördlichen *Verfahren* erfolgt sein; vgl. BGHZ 19, 245 unter c.

83 **4.** Die Volljährigerklärung darf weder nach Verfahren noch Voraussetzungen und Ergebnis gegen die guten Sitten oder den Zweck deutscher Gesetze verstoßen (Art. 30 EG, § 328 Ziff. 4 ZPO).

84 **5.** *Nicht entscheidend* ist es, *ob die Gegenseitigkeit verbürgt* ist. Allerdings wollen FRANKENSTEIN, IPR I S. 429 und SOERGEL-KEGEL[9] Rdz. 22 zu Art. 7 EG auf Volljährigerklärungen durch Urteil ZPO § 328 vollinhaltlich, d.h. nur bei verbürgter Gegenseitigkeit anwenden. Aber bei fürsorgenden Personenstandsent-

scheidungen sollte es hierauf nicht ankommen (vgl. dazu RGZ 80, 262 für die entsprechende Frage bei der Entmündigung; dazu auch LEVIS, Dt. int. Entmündigungsrecht S. 87ff.). Auch sollte es nicht entscheidend sein, ob die Volljährigerklärung durch Urteil, Beschluß oder einen anderen behördlichen Akt erfolgt ist.

6. Entsprechend der Anerkennung der Entmündigung muß auch die Anerkennung eines ausländischen gerichtlichen oder behördlichen Aktes möglich sein, durch den der Minderjährige *zum selbständigen Betrieb eines Erwerbsgeschäfts ermächtigt* oder eine entsprechende Ermächtigung des gesetzlichen Vertreters genehmigt wird (vgl. BGB § 112). Zwar will KRÖNIG (IP-Zust. i. d. FG S. 27) das nur gelten lassen, falls die Vormundschaft an das Ausland abgegeben oder die ausländische Zuständigkeit sonst nach FGG § 47 gebilligt war. Aber es handelt sich richtiger Ansicht nach hier nicht um eine der allgemeinen vormundschaftsgerichtlichen Aufsicht (und damit EG Art. 23) zuzurechnende Genehmigung eines einzelnen Rechtsgeschäfts des gesetzlichen Vertreters (so aber STAUDINGER-RAAPE S. 93), sondern um eine der Emanzipation nahestehende, partiell volle Geschäftsfähigkeit verleihende Entscheidung, die gleichen Regeln wie die Volljährigerklärung folgen sollte. Daß der entsprechende ausländische Akt in allen Einzelheiten dem deutschen Recht entspräche, ist zu seiner Anerkennung nicht erforderlich (vgl. z.B. den etwas abweichenden Art. 397 italCC). 85

IV. Volljährigerklärung und Emanzipation von Ausländern in Deutschland

1. Hier ist die deutsche *internationale Zuständigkeit* vielfach bezweifelt und bestritten. Dagegen sind KEIDEL, FGG Anm. 9 zu § 56, ZITELMANN, IPR II S. 102 und WOLFF, IPR³ S. 105; teilweise dagegen: STAUDINGER-RAAPE S. 92; KRÖNIG, IP-Zust. i. d. FG S. 21ff.; NUSSBAUM, IPR S. 125 (die sämtlich Ausnahmen für den Fall der Rückverweisung machen). Die Zuständigkeit sollte unzweifelhaft sein bei Deutschen im Sinne des Art. 116 Abs. 1 GG, bei Staatenlosen mit gewöhnlichem Aufenthalt in Deutschland, bei heimatlosen Ausländern und den der internationalen Flüchtlingskonvention unterfallenen Personen mit Wohnsitz in der BRD (vgl. oben Rdz. 78). Ferner wird die Zuständigkeit verbreitet da angenommen, wo das Heimatrecht des Ausländers auf deutsches Recht *zurückverweist*, etwa wegen deutschen Domizils oder deutschen Wohnsitzes; in der Verweisung auf das deutsche materielle Recht soll die auf eine deutsche Zuständigkeit mit enthalten sein (SOERGEL-KEGEL⁹ Rdz. 22 zu Art. 7 u. Vorbem. 308 vor Art. 7; STAUDINGER-RAAPE S. 92; FRANKENSTEIN, IPR I S. 427ff.; KRÖNIG, IP-Zust. i. d. FG S. 23). So könnten der Däne oder Norweger mit Wohnsitz in Deutschland hier nach deutschem Recht für volljährig erklärt werden; ebenso wäre die Rechtslage bei einem Engländer mit „domicil" in Deutschland, obwohl nach englischem Recht zur Volljährigerklärung ein Gesetz notwendig wäre (STAUDINGER-RAAPE S. 92; KRÖNIG, IP-Zust. i. d. FG S. 23). Auch die Wirkungen der Volljährigerklärung würden sich nach deutschem Recht richten. Entsprechendes würde im Verhältnis zu allen Staaten gelten, die dem Wohnsitz- oder Domizilprinzip folgen. Darüber hinaus ist vorgeschlagen worden, eine deutsche internationale Zuständigkeit analog Art. 23 EG dann anzunehmen, wenn der Ausländer hier bevormundet werden könnte (FRANKENSTEIN, IPR I S. 427; ihm folgend STAUDINGER-RAAPE S. 92—93; KRÖNIG, IP-Zust. i. d. FG S. 23, der aber ausnahmsweise über Art. 23 EG hinausgehen will. Vgl. aus der Praxis AG Saarbrücken IPRspr. 1945/49 Nr. 77). Indessen trifft Art. 23 EG die Volljährigerklärung nicht. Vielmehr ist grundsätzlich davon auszugehen, daß *auch ohne Rückverweisung* und ohne analoge Anwendbarkeit von Art. 23 EG *deutsche Vormundschaftsgerichte zur Volljährigerklärung von Ausländern* schon dann *zu-* 86 *ständig* sind, wenn der Ausländer im Inland lediglich seinen schlichten *Aufenthalt* hat (FGG § 36 Abs. 1; SOERGEL-KEGEL[9] Rdz. 22 zu Art. 7; vgl. aus der Praxis außer AG Saarbrücken IPRspr. 1945/49 Nr. 77 noch AG Hochheim StAZ 1966, 208 u. AG Hamburg StAZ 1967, 300). Das ist kein Eingriff in die Souveränität des Heimatstaates des Ausländers; vielmehr gebietet internationale Zusammenarbeit die Fürsorge für Ausländer auch schon dann, wenn sie bei uns lediglich ihren schlichten Aufenthalt haben (vgl. dazu OLG Hamm NJW 1969, 373ff. für Befreiung von Eheverboten). Es bleibt freilich offen, ob der Heimatstaat die entsprechende Maßnahme auch anerkennen wird. Indessen ist diese Frage für die Möglichkeit einer inländischen Volljährigerklärung nicht ausschlaggebend; diese kann vielmehr auch erfolgen, wenn der Heimatstaat die deutsche Regelung nicht anerkennen würde (anders Art. 14 liechtenstein'sches ZGB. Vgl. aber Schweizer BGE 38 II 5. Für die Inkaufnahme hinkender Volljährigerklärungen REU, Staatl. Zust. S. 159). Es kann letzterenfalls jedoch am Fürsorgebedürfnis bzw. Rechtsschutzinteresse fehlen, wenn der Ausländer sich nur vorübergehend im Inland aufhält. Jedenfalls ist aber auch die unzulässigerweise im Inland erfolgte Volljährigerklärung eines Ausländers wirksam (SOERGEL-KEGEL[9] Rdz. 22 zu Art. 7), denn die Überschreitung der internationalen Zuständigkeit führt — im Gegensatz zu der der Gerichtsbarkeit — nicht zur Nichtigkeit der Entscheidung.

87 **2.** Der inländischen Volljährigerklärung eines Ausländers ist sein *Heimatrecht* zugrunde zu legen (FRANKENSTEIN, IPR I S. 428; Art. 14 liechtenstein'sches ZGB. Für Anwendung inländischen Rechts verfehlterweise AG Hochheim StAZ 1966, 208 betr. Luxemburger), wenn nicht einer der schon erörterten Fälle der Rückverweisung oder sonstiger Anwendbarkeit deutschen Rechts (Staatenlose, Flüchtlinge usw.) vorliegt. Das anzuwendende ausländische Recht bestimmt, ob es überhaupt eine *Volljährigerklärung* zuläßt und nicht etwa nur eine (vielleicht rechtsgeschäftliche!) *Emanzipation*, an welche *Voraussetzungen* die Volljährigerklärung des Minderjährigen zu knüpfen ist, insbesondere welche Einwilligungen vorliegen müssen. Das anzuwendende ausländische Recht bestimmt auch die *Wirkungen* der vorzunehmenden Volljährigerklärung.

88 **3.** Weicht das ausländische Recht wesentlich vom deutschen ab, so ist damit die Tätigkeit eines deutschen Gerichts nicht schlechthin ausgeschlossen (so in der Tendenz richtig AG Hamburg StAZ 1967, 301). Vielfach wurde bisher angenommen, deutsche Gerichte könnten bei einer Emanzipation nach ausländischem Recht nicht mitwirken, weil es sich um einen rechtsgestaltenden Akt handle, der dem deutschen Recht fremd sei (STAUDINGER-RAAPE S. 92; HABICHT S. 65; FRANKENSTEIN, IPR I S. 429; KRÖNIG, IP-Zust. i. d. FG S. 25). Indessen dürfte nach der Mehrzahl der anzuwendenden ausländischen Rechtsordnungen vom Vormundschaftsrichter keine wesentlich andere richterliche Prüfung und Entscheidung verlangt werden, als auch nach deutschem Recht. So entspricht die „Genehmhaltung" der „Entlassung aus der väterlichen Gewalt" nach § 174 öABGB weitgehend der vormundschaftsgerichtlichen Genehmigung des deutschen Rechts zur Verschaffung teilweiser Geschäftsfähigkeit (vgl. BGB § 112). Der Unterschied zwischen einer gerichtlichen Emanzipation und einer Volljährigerklärung ist keinesfalls größer als zwischen einer Trennung von Tisch und Bett (welche der BGH nach ausländischem Recht durch deutsche Gerichte zuläßt; BGHZ 47, 324) und einer regelrechten Ehescheidung. Insbesondere sollte es *unbedenklich* sein, *daß ein deutsches Gericht eine Emanzipation vornimmt*, welche weniger weitgehende Wirkungen als die deutsche Volljährigerklärung hat. Auch das deutsche Recht kennt Erweiterungen der beschränkten Geschäftsfähigkeit mit Hilfe des Vormundschaftsgerichts (BGB §§ 112, 113 Abs. 3), welche noch keine

Volljährigerklärung darstellen. Andrerseits kann eine derartige Emanzipation insofern Schwierigkeiten bereiten, als sie (z.B. Art. 390ff. italCC) die gleichzeitige Bestellung eines „Kurators" verlangt. Hier stellt sich die Frage, ob deshalb die Volljährigerklärung nur dann zulässig ist, wenn gleichzeitig die Voraussetzungen des Art. 23 EGBGB vorliegen, oder ob die internationale Zuständigkeit zur Volljährigerklärung die Zuständigkeit zur Bestellung eines Kurators (als Pfleger im Sinne des deutschen Rechts) nach sich zieht, ebenso wie die inländische Entmündigung eines Ausländers die internationale Zuständigkeit zu einer Bevormundung ergibt (Art. 23 EGBGB). Richtig ist im Sinne einer derartigen internationalen „Folgenzuständigkeit" zu entscheiden; der Pfleger ist auch ohne die Voraussetzungen des Art. 23 EGBGB zu bestellen, und sein Wirkungskreis ist so zu umschreiben, daß er die beschränkte Geschäftsfähigkeit des ausländischen Minderjährigen so ergänzen kann, wie das Heimatrecht des Emanzipierten es vorsieht.

Unzweifelhaft sollte sein, daß eine *Emanzipation durch bloße rechtsgeschäftliche* 89 *Erklärung*, wie sie nach französischem Recht (Art. 476ff. CC i. d. Fassg. des G vom 14. 12. 1964) oder nach griechischem Recht (Art. 1668 ZGB; vgl. dazu AG Hamburg StAZ 1967, 301) heute die Regel ist, vor deutschen Vormundschaftsgerichten unbedenklich erfolgen kann (Staudinger-Raape S. 91—92; Krönig, IP-Zust. i. d. FG S. 22, 25; Knauber, a.a.O. [A zu Art. 7] 53. Die Beurkundungszuständigkeit der Gerichte für Rechtsgeschäfte, welche ausländischem Recht unterstehen, ist durch das FGG nicht beschränkt; landesrechtliche Vorbehalte für Notare — sofern sie durch das Beurkundungsgesetz nicht beseitigt werden — sollten gerichtliche Beurkundungen in Ausländersachen nicht hindern, solange nicht feststeht, daß im Heimatstaat des Jugendlichen die Emanzipation vor einem Notar (ohne öffentliche Verhandlung!) der vor einem Gericht gleichgeachtet wird. Es mag freilich auch zweifelhaft sein, ob das Heimatrecht des Minderjährigen (und seiner Eltern) eine in Deutschland vorgenommene Emanzipation anerkennen würde, wenn die Beurkundung lediglich so erfolgt, wie sie als einfache Beurkundung vor dem Rechtspfleger nach deutschem Recht üblich ist. Eine solche Beurkundung düfte nicht derjenigen gleichwertig sein, die ein ausländisches Recht vorsieht, wenn es eine Erklärung vor dem Richter (evtl. in öffentlicher Sitzung) bei gleichzeitiger Beurkundung durch den Urkundsbeamten vorsieht (vgl. z.B. Art. 477 Abs. 2 franzCC). Vorsorglich sollte daher bei Vornahme einer derartigen Emanzipation durch Rechtsgeschäft nach ausländischem Recht vor einem deutschen Gericht *auch die im maßgeblichen ausländischen Recht vorgesehene verschärfte Form eingehalten werden*, da sie mit dem deutschen Recht vereinbar ist. Man kann dem nicht damit ausweichen, daß ein solches Verfahren bei uns nicht vorgesehen sei und nur unsere Verfahrensarten in Betracht kämen (vgl. AG Hamburg StAZ 1967, 301). Wir kennen keine Emanzipation und haben kein Verfahren dafür. Ist aber nach der Kollisionsnorm ausländisches Recht anzuwenden, so sollte das zur Verwirklichung dieses Rechts nötige Verfahren nach Möglichkeit befolgt werden; Verfahrensrecht ist Diener des materiellen Rechts.

4. Daß ein deutsches Vormundschaftsgericht auch bei einem ausländischen 90 Minderjährigen entsprechend BGB § 112 die *Genehmigung zum selbständigen Betrieb eines Erwerbsgeschäfts* erteilen kann, wenn eine derartige Genehmigung im Heimatrecht des Minderjährigen vorgesehen ist, sollte unzweifelhaft sein; sie muß insbesondere dann für zulässig erachtet werden, wenn man die sehr viel weitergehenden Rechtsakte der Emanzipation oder Volljährigerklärung bei Ausländern zuläßt. Vorausgesetzt ist immer nur das durch den Aufenthalt des Minderjährigen im Inland zu gewährleistende Mindesterfordernis für die inländische internationale Zuständigkeit. Wie schon oben (vor Rdz. 85) bemerkt, fällt diese Frage genereller Erweiterung der Geschäftsfähigkeit unter Art. 7 EG und nicht unter Art. 23.

91 **V. Anerkennung der Volljährigerklärung von Ausländern im Ausland**

1. Ist ein *Ausländer* in seinem *Heimatstaat* für volljährig erklärt oder emanzipiert oder „aus der väterlichen Gewalt entlassen" (§ 174 öABGB) worden, so ist dies in Deutschland *regelmäßig anzuerkennen* (NUSSBAUM, IPR S. 125; WOLFF, IPR[3] S. 105; STAUDINGER-RAAPE S. 91; LEWALD, IPR S. 56; KNAUBER, a.a.O. S. 54; CAPOTORTI, Rec. des Cours 110. 1963 III, 214); lediglich bei Verstoß gegen den ordre public kann ausnahmsweise die Versagung der Anerkennung in Betracht kommen (DÖLLE, RabelsZ 27. 1962/63, 236).

92 2. Ist ein *Ausländer in einem dritten Staat* für volljährig erklärt oder emanzipiert worden, so ist dies bei uns jedenfalls dann *anzuerkennen*, wenn der Heimatstaat den entsprechenden Rechtsakt anerkennt; auch hier ist wieder nur für den Fall eines Verstoßes gegen den ordre public eine Ausnahme zu machen (FRANKENSTEIN, IPR I S. 430 verlangt, die Volljährigerklärung müsse durch Urteil erfolgt sein). Erkennt jedoch der Heimatstaat die in einem dritten Staat erfolgte Volljährigerklärung oder Emanzipation nicht an, so kann diese bei uns gleichwohl anerkannt werden, wenn der entscheidende ausländische Staat von unserem Standpunkt aus international zuständig war und das nach unserer Kollisionsnorm anzuwendende Recht (regelmäßig Heimatrecht des Ausländers) angewendet worden ist, oder die Anwendung eines dritten Rechts dem Ausländer nicht zum Nachteil gereicht hat (vgl. § 328 Ziff. 3 ZPO analog; vgl. auch KNAUBER, a.a.O. S. 54: keine Anerkennung der in Israel erfolgten Emanzipation eines 14jährigen Franzosen). Das entspricht zwar nicht der bisher hM (vgl. gegen die hier vertretene Ansicht: DÖLLE, RabelsZ 27. 1962/63, 237; FRANKENSTEIN, IPR I S. 430; KRÖNIG, IP-Zust. i. d. FG S. 27); aber wenn wir für inländische Entscheidungen auf Zuständigkeitsansprüche des Heimatstaates keine Rücksicht nehmen und gemäß unseren eigenen Zuständigkeitsregeln Volljährigerklärungen von Ausländern vornehmen, ist es nur folgerichtig, erst recht auch bei Volljährigerklärungen in Drittstaaten unsere eigenen Vorstellungen von Zuständigkeit und anwendbarem Recht zugrundezulegen, und nicht die des Heimatstaates.

G. Interlokales Recht

I. Allgemeines

93 1. Wird zufolge Art. 7 Abs. 1 auf das Recht eines Staates verwiesen, der *mehrere Teilrechtsordnungen* hat, sei es örtlich (interlokal) oder nach Personengruppen getrennt (interpersonal, insbes. interreligiös), so kann dies im Einzelfall von unterschiedlicher Bedeutung sein. Rechnet die nach Art. 7 maßgebliche Rechtsordnung die Frage der Geschäftsfähigkeit nicht zum Personalstatut, sondern zum Wirkungsstatut des Geschäfts (England, USA), so folgen wir dieser Rück- oder Weiterverweisung (oben Rdz. 75); sie ergibt als anzuwenden entweder das Recht eines anderen als nach Art. 7 Abs. 1 primär berufenen Staates, oder aber die in Betracht kommende Teilrechtsordnung dieses Staates. Rechnet die nach Art. 7 maßgebliche Rechtsordnung die Frage der Geschäftsfähigkeit zum Personalstatut, so ergibt sich die anzuwendende Teilrechtsordnung in erster Linie aus einem *zentralen internen Kollisionsrecht* dieses Staates, bei dessen Fehlen aus gemeinem, *gleichem Kollisionsrecht* der Teilrechtsordnungen; fehlt auch dieses, so ist an die *interlokale oder interpersonale Zuständigkeit* (und die Kollisionsnormen des zuständigen Gerichts) anzuknüpfen, falls es ein zentral einheitliches oder den Teilrechtsordnungen gemeines gleiches Recht der Zuständigkeiten gibt; fehlt es auch daran, so ist *hilfsweise* nach unseren eigenen Grundsätzen anzu-

knüpfen. Wo nicht nach der Staatsangehörigkeit angeknüpft werden kann, muß (analog Art. 29) *der gewöhnliche Aufenthalt in einem Teilrechtsgebiet*, notfalls der letzte gewöhnliche Aufenthalt oder die sonst engste Verbindung zu einem der Teilrechtsgebiete aushelfen (vgl. dazu allgemein Einleitung Rdz. 89ff. sowie SOERGEL-KEGEL[9] Rdz. 104ff. vor Art. 7).

2. *Deutschland* ist zufolge des Zusammenbruchs von 1945 in *verschiedene Rechtsgebiete* geteilt, über deren endgültige Rechtsstellung mangels einer förmlichen Friedensregelung noch nicht entschieden ist. Soweit daher hier Fragen der Geschäftsfähigkeit auftreten, sind sie vorzugsweise nach den Grundsätzen des deutschen interlokalen Privatrechts zu lösen. *Unterschiede in der Geschäftsfähigkeit* kommen namentlich im Verhältnis zu den *Gebieten östlich der Oder-Neiße-Linie* (polnisches Recht) und gegenüber der *DDR und Ost-Berlin* in Betracht. In den *Gebieten östlich der Oder-Neiße-Linie*, die formell noch als deutsches Staatsgebiet gelten (vgl. dazu BAADE-SKUBISZEWSKI, StAZ 1958, 29—33 unter Stellungnahme zu Fragen der Eheschließung, aber mit Zitierung der maßgeblichen amtlichen Stellungnahmen), ist das deutsche Recht faktisch durch das polnische ersetzt; auch wohnen nur noch wenige deutsche Staatsangehörige dort; daher rechtfertigt sich gegen über diesen Gebieten nicht die Anwendung interlokalrechtlicher Grundsätze. Vielmehr ist bei dort gebliebenen vormaligen Deutschen zunächst zu fragen, ob sie die polnische Staatsangehörigkeit erworben und etwa zugleich vom deutschen Standpunkt aus die deutsche Staatsangehörigkeit verloren haben. Ist dies der Fall, so kommt nur polnisches Recht für die Geschäftsfähigkeit in Betracht. Ist die *deutsche Staatsangehörigkeit* vom deutschen Standpunkt aus neben der etwa neu erworbenen polnischen *erhalten geblieben*, so hat nicht etwa notwendig die deutsche Staatsangehörigkeit den Vorrang; vielmehr gelten die allgemeinen Grundsätze über *Doppelstaatler* (vgl. oben Rdz. 2). Nur soweit wegen näherer Beziehungen zum deutschen Recht dieses den Vorrang hat, oder wenn nur die deutsche Staatsangehörigkeit besteht, ist auf die Geschäftsfähigkeit deutsches Recht anzuwenden. Nicht näher begründet ist die Entscheidung des LG Bremen FamRZ 1960, 154, welche für die Geschäftsfähigkeit einer in Ratibor heiratenden (offenbar dort wohnhaften) Deutschen die nur nach polnischem Recht bestehende Volljährigkeit genügen läßt. Bei Verkehrsgeschäften von Deutschen in den Ostgebieten wird übrigens dem im Aufenthaltsgebiet faktisch geltenden polnischen Recht durch Rücksichtnahme auf die polnischen Verkehrsschutzvorschriften (Art. 10 IPR-G vom 12. 11. 1965) hinsichtlich der Geschäftsfähigkeit Rechnung getragen (vgl. oben Rdz. 58ff. Im Gegensatz zu den polnisch verwalteten und vorzugsweise polnisch bewohnten Ostgebieten werden die deutsch bewohnte *DDR und Ost-Berlin als deutsche Teilrechtsgebiete* angesehen, im Verhältnis zu denen interlokales, nicht internationales Recht gilt. Das interlokale Recht wird hier, weil es speziell mit den im Gefolge der 1945 erfolgten Aufteilung in Besatzungszonen entstandenen Rechtsverschiedenheiten zu tun hat, meist als „interzonales" Recht bezeichnet, obwohl diese Bezeichnung nach der formellen Beseitigung des ursprünglichen Besatzungsregimes in Ost und West an Berechtigung verloren hat. 94

II. Abweichendes materielles Recht

In der DDR wurde durch G vom 17. 5. 1950 (GBl. 437), in Ost-Berlin durch VO vom 9. 6. 1950 (VOBl. 149 u. 208) das *Volljährigkeitsalter auf 18 Jahre herabgesetzt*, zugleich mit der einheitlichen Festsetzung des Ehemündigkeitsalters auf 18 Jahre (heute FamGB § 5 Abs. 4). Im übrigen sind — soweit feststellbar — die Geschäftsfähigkeitsvorschriften in der DDR und Ost-Berlin einschließlich des für das Kollisionsrecht maßgeblichen Art. 7 EG unverändert geblieben. Die interlokalen Konflikte beschränken sich also auf die Volljährigkeitsfrage. 95

III. Geschäftsfähigkeit im interzonalen Privatrecht[1]

96 1. Die Stellungnahme zum Gesetzesunterschied in der Volljährigkeitsfrage erfolgt naturgemäß vielfach aufgrund einer allgemeinen Einstellung zum deutschen Ost-West-Problem und zu Fragen des interlokalen Privatrechts überhaupt (darüber allgemein Einleitung Rdz. 89ff.). *Das niedrigere Volljährigkeitsalter in der DDR und Ost-Berlin einfach zu ignorieren*, weil die DDR nicht als selbständiger Staat, Ost-Berlin nicht als selbständige Gebietseinheit anerkannt seien, *ist keinesfalls angängig*. Die Behandlung privatrechtlicher Fragen muß tunlichst unabhängig von politischen Stellungnahmen sein. Der Streit um politische Dogmen kann nicht auf dem Rücken der davon betroffenen Privatpersonen zu Lasten von Privatrechtsverhältnissen ausgetragen werden. Wird im Interesse des Rechtsschutzes Privater auch das Recht nicht anerkannter Staaten und Regierungen angewendet (Nachweisungen bei SOERGEL-KEGEL[9] Rdz. 99 vor Art. 7), kann im interzonalen Verhältnis nichts anderes gelten. Zwar ist WENGLER (Festschr. Lewald [1953] S. 615—632) für den *Vorrang der politischen Entscheidung* über die Anerkennung eines Staates oder einer Regierung auch in kollisionsrechtlichen Fragen eingetreten; er sieht sich aber zu einer erheblichen Einschränkung dieses Standpunkts genötigt, um die Interessen der Privatpersonen zu wahren, die unter der Rechtsordnung eines solchen Staates oder einer solchen Regierung Rechte erworben haben oder auf bestimmte Rechtslagen vertrauen durften; in solchen Fällen soll die Ablehnung des Rechts einer nicht anerkannten Regierung mit einem „*Vorbehalt der Humanität*" korrigiert werden. Aber dieser Vorbehalt *führt* — bei der notwendigen weiten Handhabung — *letztlich auf bewährte kollisionsrechtliche Grundsätze zurück*. Daher ist das Volljährigkeitsrecht der DDR und Ost-Berlins nach diesen Grundsätzen zu behandeln. Es gilt dafür analog Art. 7 **das interlokale Personalstatut.**

97 Gegen die Anwendung des interlokalen Personalstatuts auf die Geschäftsfähigkeit sind freilich *Einwendungen* erhoben worden, weil die Volljährigkeit mit 18 Jahren nach dem Recht der DDR und Ost-Berlins unseren Vorstellungen vom *Minderjährigenschutz* grundlegend widerspreche. So haben verschiedene Ministerialerlasse der Anwendung der ostzonalen Vorschriften widersprochen (Hessen 29. 9. 1950, StAZ 1950, 245, aufgehoben StAZ 1954, 247; Württemberg-Hohenzollern 15. 11. 1950, StAZ 1951, 129; Nordrhein-Westfalen 31. 10. 1950, StAZ 1950, 269, aufgehoben StAZ 1954, 177; Rheinland-Pfalz 13. 4. 1951, StAZ 1951, 126). Bei diesen Ministerialerlassen mag wohl die Befürchtung mitgespielt haben, mit der Anwendung dieses Gesetzes könne Propaganda für ostzonales Recht verbunden sein. Andere Länder haben sich dagegen für die Anwendbarkeit ostzonaler Volljährigkeitsvorschriften auch im Westen ausgesprochen (Bayern StAZ 1950, 273; Niedersachsen StAZ 1950, 54; Württemberg-Baden StAZ 1950, 273). Im Sinne

---

[1] DÖLLE, Ehemündigkeit und Volljährigkeit in Ost und West: StAZ 1950, 178—181; BEITZKE, Unterschiedliche Volljährigkeit in Ost und West: ZblJR 1950, 181—186; NEUHAUS, Wer wird mit 18 Jahren volljährig?: DRZ 1950, 401—403; ders., Wer ist mit 18 Jahren ehemündig?: DRZ 1950, 467; OTTO, Herabsetzung der Volljährigkeitsgrenze in der Ostzone: Rpfleger 1950, 445—450; WENGLER, Prinzipienfragen des interzonalen Rechts in Deutschland: NJW 1951, 49—53; CARTELLIERI, Das neue Volljährigkeitsalter und die Gleichberechtigung der Frau im russischen Besatzungsgebiet als Zonenprobleme: BB 1951, 71—73; SCHUMACHER, Die Auswirkungen der Herabsetzung des Volljährigkeits- und Ehemündigkeitsalters in der russischen Zone auf Westdeutschland: NJW 1951, 169—173; SCHLICHTING, Zum interzonalen Familienrecht: MDR 1951, 138—141; ROMBERG, Zur Frage der interlokalen Beurteilung der Volljährigkeit: JR 1951, 264f.; RAAPE, Der Anwendungsbereich des ostzonalen Gesetzes über die Herabsetzung des Volljährigkeitsalters: NJW 1951, 457—461; SAMSON, Die Wirkung des ostzonalen Volljährigkeitsgesetzes im Bundesgebiet: JR 1951, 647f.; BERGMANN, Das ostzonale Gesetz über die Herabsetzung der Volljährigkeit: DNotZ 1952, 16—21.

der letzteren Länder nahm auch mit Recht das Bundesjustizministerium (StAZ 1950, 273) Stellung. Im Schrifttum hatte NEUHAUS (DRZ 1950, 204) den Anwendungsbereich des ostzonalen Volljährigkeitsrechts auf die DDR und Ost-Berlin mit der Begründung zu beschränken versucht, es handle sich um in den Westzonen unanwendbares „*verdecktes Besatzungsrecht*". Aber diese Ansicht war abzulehnen; mit solcher Begründung hätte die Anwendung auch aller sonstigen Änderungen des Zivilrechts anderer Zonen verweigert werden müssen — und auch das in den Westzonen nach 1945 geänderte Zivilrecht hätte keine Anwendung im Ausland beanspruchen dürfen! RAAPE hat aus dem Zweck des Minderjährigenschutzes heraus die Anwendung nicht nur bei allen Bewohnern der Westzone, sondern auch bei allen Geschäften, die westzonales Vermögen betreffen oder die im Westen abgeschlossen worden sind (selbst wenn sie ostzonales Vermögen betreffen!) abgelehnt, sogar darüber hinaus noch die Ablehnung mit dem *ordre public* in Aussicht genommen (NJW 1951, 458). Sicherlich war dies zu weitgehend und hätte zu dem wenig erfreulichen Bild eines „*hinkenden Status*" für die Bewohner der DDR und Ost-Berlins geführt. Auch sonst ist wiederholt der ordre public ganz generell gegen die ostzonale Volljährigkeitsregelung herangezogen worden (ROMBERG, JR 1951, 264; OLG Hamm Rpfleger 1951, 514; AG Münster StAZ 1951, 179). Aber wohl zu Unrecht.

Zunächst haben die etwaigen *politischen Motive* der ostzonalen Volljährigkeits- 98
regelung bei Betrachtung der privatrechtlichen Auswirkungen *außer Betracht* zu bleiben. Ferner ist die Regelung im Zusammenhang mit der ostzonalen Wirtschaftsverfassung zu verstehen: größere Vermögen bestehen dort nicht mehr, und in arbeitsrechtlicher Hinsicht kann frühere Volljährigkeit zweckmäßig sein, wie § 113 bestätigt. 18jährige Ausländer, die nach ihrem Heimatrecht volljährig sind, werden zufolge Art. 7 nicht nur bei uns als volljährig behandelt, sondern bleiben es auch, wenn sie Deutsche werden. Es besteht kein Anlaß, Deutsche schlechter zu behandeln, die mit 18 volljährig wurden. Für Mitglieder landesherrlicher Familien hatte früher das 18-Jahres-Alter grundsätzlich gegolten, ohne daß man daran Anstoß genommen hätte (WOLFF, IPR[3] S. 65); das BGB sieht selbst die Möglichkeit einer Volljährigerklärung mit 18 Jahren vor (§ 3). Bei dieser Sachlage kann von einem Verstoß gegen die guten Sitten oder gegen den Zweck unserer Gesetze kaum die Rede sein.

Für die Anknüpfung an das interzonale Personalstatut sind daher SOERGEL- 99
KEGEL[9] Rdz. 29 zu Art. 7; PALANDT-LAUTERBACH[28] Anm. 14c, 14h vor Art. 7; ERMAN-ARNDT[4] Anm. 7 zu Art. 7; DÖLLE, StAZ 1950, 180; CARTELLIERI, BB 1951, 72; SCHUMACHER, NJW 1951, 170; SAMSON, JR 1951, 647; BEITZKE, ZblJR 1950, 181; BEITZKE, JR 1952, 142; BVerfGE 5, 17; BayObLGZ 1959, 297 = DNotZ 1960, 50; OLG Celle ZblJR 1951, 235; OLG Düsseldorf NJW 1951, 717; KG JZ 1951, 508 = NJW 1951, 485 und IzRspr. 1958/59 Nr. 16; LG Hildesheim NdsPpfl. 1951, 105; LG Hannover NJW 1951, 199 und Amtsvorm. 27. 1954/55, 41; LG Hamburg MDR 1956 552; LG Berlin-West JR 1950, 728; LG Krefeld StAZ 1951, 179; LG Bielefeld FamRZ 1960, 280; LG München WM 1952 IV B 334; LG Bonn ZblJR 1954, 58; LG Düsseldorf MDR 1961, 1024 = DRiZ 1962 B 17 Nr. 310; LG Frankenthal NJW 1962, 808; AG Essen DGVZ 1962, 47; ArbG Hildesheim IzRspr. 1945/53 Nr. 27; AG Solingen MDR 1951, 238; AG Bielefeld StAZ 1961, 194.

2. Ob das Personalstatut im interzonalen Privatrecht grundsätzlich nach dem 100
Wohnsitz (dafür nachhaltig FICKER, Grundfragen S. 37ff.) oder dem *gewöhnlichen Aufenthalt* (SOERGEL-KEGEL[9] Rdz. 135 vor Art. 7; DÖLLE, Festschr. RAAPE [1948] S. 178; WOLFF, Festschr. Raape S. 186—188; WOLFF, IPR[3] S. 92; PALANDT-LAUTERBACH[28] 14c vor Art. 7; ERMAN-ARNDT[4] Anm. 8b vor Art. 7) zu bestim-

men ist, kann m. E. hier dahingestellt bleiben. Es ist für die Geschäftsfähigkeit **dem gewöhnlichen Aufenthalt der Vorzug** zu geben, weil er an die lebensmäßig engste Verknüpfung mit einem Rechtsgebiet anschließt und den gesetzlichen Wohnsitz des Kindes zugunsten seines gewöhnlichen Aufenthalts ausschaltet; das wird gerade bei der Volljährigkeitsfrage wichtig, da der gesetzliche Wohnsitz davon abhängt, ob man noch nicht volljährig ist. Das Abstellen auf den Wohnsitz würde bei dieser Frage zu einem circulus vitiosus führen. Von den oben genannten Entscheidungen lassen etliche die Frage, ob an Wohnsitz oder gewöhnlichen Aufenthalt anzuknüpfen sei, ausdrücklich offen (so OLG Celle und OLG Düsseldorf); andere sind, weil vielfach Wohnsitz und gewöhnlicher Aufenthalt zusammenfallen, nicht kennzeichnend. Für die Maßgeblichkeit des *Wohnsitzes* haben sich ausdrücklich ausgesprochen das BayObLG, die LG Berlin, Bielefeld, Bonn, Krefeld und München, das AG Bielefeld und das ArbG Hildesheim; dagegen sind für die Maßgeblichkeit des *gewöhnlichen Aufenthalts* das KG, die LG Hildesheim und Hannover sowie das AG in Solingen.

101 3. Die Anknüpfung der Geschäftsfähigkeitsfragen interzonal an Wohnsitz oder Aufenthalt erfolgt so nur nach dem *Recht der Westzonen*. **Aus der Sicht der DDR**, die ihre Eigenstaatlichkeit betont, geht es im Verhältnis zur Bundesrepublik nicht um interlokales, sondern um internationales Recht. Daher wird im Verhältnis zur Bundesrepublik an die **Staatsangehörigkeit** angeknüpft (das verkennt KG FamRZ 1968, 92), so jedenfalls seit dem StaatsbürgerschaftsG der DDR vom 20. 2. 1967 (Gbl. 3), was allenfalls zu einer *Rückverweisung* führen kann.

102 4. Die Anknüpfung der Geschäftsfähigkeit an den gewöhnlichen Aufenthalt führt zum Problem der **Gesetzesumgehung:** ob nämlich ein Minderjähriger mit Verlegung seines gewöhnlichen Aufenthalts in die DDR oder nach Ost-Berlin die Volljährigkeit erlangen kann, um dann als Volljähriger in die Bundesrepublik zurückzukehren. Das AG Bielefeld (StAZ 1961, 194) hat zur Vermeidung der Gesetzesumgehung an den Wohnsitz angeknüpft; aber das ist wegen des oben angedeuteten circulus vitiosus nicht zu billigen. Man wird vielmehr die *Aufenthaltsverlegung unbeachtet lassen* müssen, wenn sie in der Absicht der Gesetzesumgehung erfolgt ist (KG NJW 1951, 485), was aber im Einzelfall schwer beweisbar sein dürfte. Ferner sollte die Aufenthaltsverlegung in die DDR unbeachtlich bleiben, die *ohne Zustimmung des elterlichen Gewalthabers* erfolgt ist, wenn Statut der elterlichen Gewalt nicht vom Standpunkt der Bundesrepublik Deutschland aus analog Art. 19 EG das Recht der DDR oder Ost-Berlins ist. So schon der Sache nach Beitzke, ZblJR 1950, 183—184. Abweichend Soergel-Kegel[9] Rdz. 33 zu Art. 7: für Mißachtung jeder Aufenthaltsverlegung, die gegen den Willen des gesetzlichen Vertreters erfolgt; abweichend auch Neuhaus, DRZ 1950, 403, der jedenfalls mit 6 monatigem Aufenthalt in der DDR die Volljährigkeit erlangen läßt, wenn das 18. Lebensjahr vollendet ist.

103 5. Bei Deutschen mit *gewöhnlichem Aufenthalt im* **Ausland** muß die engere Verknüpfung mit dem einen oder anderen Rechtsgebiet entscheiden. Das wird häufig dasjenige Rechtsgebiet sein, in welchem er vor Verlegung des Aufenthalts ins Ausland seinen gewöhnlichen Aufenthalt hatte. Doch ist das (entgegen Soergel-Kegel[9] Rdz. 32 zu Art. 7) nicht zwingend; man wird den Minderjährigen, der aus der DDR in ein westliches Land geflüchtet ist und für den ein Reisepaß der Bundesrepublik beantragt ist, nicht mit 18 volljährig werden lassen (anders, wenn er schon vor der Flucht aus der DDR 18 geworden war). So kann insbesondere für den Deutschen, der nie einen gewöhnlichen Aufenthalt in einem der deutschen Teilrechtsgebiete hatte, kennzeichnend sein, bei welcher deutschen diplomatischen Vertretung er gemeldet ist und was für einen Paß er führt; die darin liegende *professio iuris* muß er gegen sich gelten lassen. Notfalls mag man auf das *Abstammungsprinzip* insofern zurückgreifen, als man hilfsweise auf den gewöhnlichen Aufenthalt der elterlichen Gewalthaber abstellt; äußerstenfalls mag man — bei Fehlen sonstiger näherer Beziehungen zu einem der Teilrechtsgebiete — auf das *Recht der Bundesrepublik* als des größeren der Teilrechtsgebiete abstellen. Nicht für kennzeichnend halte ich (im Gegensatz zu SOERGEL-KEGEL[9] Rdz. 32 zu Art. 7), ob der Minderjährige sich diesseits oder jenseits des eisernen Vorhangs aufhält. Denn auch bei diesseitigem Aufenthalt kann er als Personalstatut das Recht der DDR haben, bei jenseitigem Aufenthalt das der Bundesrepublik; so etwa der gegen den Willen der Eltern aus der Bundesrepublik in ein Ostland „durchgegangene" Jugendliche. Daß RAAPE (NJW 1951, 461) bei seiner Einstellung zu den ostzonalen Volljährigkeitsvorschriften bei Auslandsaufenthalt eines Deutschen diese nicht gelten lassen will, liegt auf der Hand.

6. Die Frage, ob nach ostzonalen Recht Volljährigkeit erlangt war oder nicht, **104** spielt in den unterschiedlichsten Zusammenhängen eine Rolle. Teils geht es um *vormundschaftliche Maßnahmen:* so OLG Celle ZblJR 1951, 235; OLG Hamm Rpfleger 1951, 514; LG Hannover NJW 1951, 199; AG Solingen MDR 1951, 238; teils geht es um die Zulässigkeit der *Fürsorgeerziehung:* so OLG Hamm ZblJR 1952, 41 u. LG Bonn ZblJR 1954, 58; teils geht es um die Volljährigkeit als Voraussetzung der *Eheschließung:* so in OLG Düsseldorf NJW 1951, 717; KG JZ 1951, 508; LG Hildesheim NdsRpfl. 1951, 105; LG Bielefeld FamRZ 1960, 280; LG Krefeld StAZ 1951, 179; AG Bielefeld StAZ 1961, 194. Teils geht es um *Grundbuchsachen:* BayObLGZ 1959, 297; teils geht es um *Umwandlung von Altkonten* (KG IzRspr. 1958/59 Nr. 16), um *Wertpapierbereinigung* (LG München WM 1952 IV B 334) oder um die *Höhe des Unterhalts* (LG Frankenthal NJW 1962, 808). Teils geht es um die *Prozeßfähigkeit* (ArbG Hildesheim IzRspr. 1945/53 Nr. 27; LG Hannover Amtsvorm. 27. 1954/55, 41), teils um die Fortdauer der *Prozeßvollmacht* (AG Essen DGVZ 1962, 47), die Zulässigkeit der *Zwangsvollstreckung* (BVerfGE 5, 17) oder die Verpflichtung zur *Leistung des Offenbarungseides* (LG Düsseldorf MDR 1961, 1024).

7. Statutenwechsel ist auch interzonal von Bedeutung für die Erreichung der **105** Volljährigkeit. Wer *vor Erreichung des 18. Lebensjahres* aus der Ostzone in die Bundesrepublik kommt, wird erst mit 21 Jahren volljährig (LG Hannover Amtsvorm. 27. 1954/55, 41), obwohl er mit 18 volljährig geworden wäre, wenn er in der Ostzone verblieb. *Wer mit 18 aus der Ostzone in die Bundesrepublik kommt, bleibt nach hM in analoger Anwendung von Art. 7 Abs. 2 volljährig.* Dagegen ist zwar geltend gemacht worden, Art. 7 Abs. 2 passe nur bei Schaffung einer Dauerbeziehung zum neuen Statut wie bei Erwerb der Staatsangehörigkeit (so WENGLER NJW 1951, 53). RAAPE (NJW 1951, 459) hat eingewendet, man dürfte nicht zwei Klassen von Jugendlichen schaffen: solche die mit 18 und solche die mit 21 volljährig sind. Indessen sind zufolge §§ 3—5, 110, 112, 113 BGB, genereller und spezieller Ermächtigungen der gesetzlichen Vertreter die Jugendlichen in ihrer Geschäftsfähigkeit im einzelnen so unterschiedlich ausgestattet, daß es da keine einheitliche „Klasse" gibt. Daher erscheint es unschädlich, bei dem nur geringen Altersunterschied von insgesamt höchstens 3 Jahren den in der Ostzone früher volljährig gewordenen volljährig zu lassen. Naturgemäß wenden sich ferner gegen analoge Anwendung von Art. 7 Abs. 2 auch alle, die sonst auf Einschränkung des einschlägigen ostzonalen Rechts bedacht sind; so ursprünglich einzelne Ministerialerlasse; ROMBERG, JR 1951, 264; BERGMANN, DNotZ 1952, 19; OLG Hamm Rpfleger 1951, 514. Ist aber die Erhaltung einmal erlangter Volljährigkeit, des gewohnten Status, der Sinn der Vorschrift, so muß sie auch interlokalrechtlich anwendbar sein. So im Ergebnis DÖLLE, StAZ 1950, 180; NEUHAUS, DRZ 1950, 402; OTTO, Rpfleger 1950, 445; BEITZKE, ZblJR 1950, 183; CARTELLIERI, BB

1951, 72; SCHUMACHER, NJW 1951, 171; SAMSON, JR 1951, 647; BEITZKE, JR 1952, 142; PALANDT-LAUTERBACH[28] Anm. 14h vor Art. 7; ERMAN-ARNDT[4] Anm. 7 zu Art. 7; SOERGEL-KEGEL[9] Rdz. 34 zu Art. 7; BVerfGE 5, 17; KG NJW 1951, 485 = JZ 1951, 508; OLG Düsseldorf Rpfleger 1951, 371; LG Berlin JR 1950, 728; LG Hannover NJW 1951, 199; LG Hildesheim NdsRpfl. 1951, 105; AG Solingen MDR 1951, 238; LG Bielefeld FamRZ 1960, 280. Das BVerfG hat vor allem hervorgehoben, daß in der analogen Anwendung von Art. 7 Abs. 2 *keine Benachteiligung* des aus der Ostzone in die Bundesrepublik gekommenen Jugendlichen *wegen seiner Heimat und Herkunft* i.S. von Art. 3 Abs. 3 GG liegt — was gegen die Zwangsvollstreckung wegen Schulden aus Teilzahlungskauf geltend gemacht worden war; vgl. entsprechend wegen Leistung des Offenbarungseides LG Düsseldorf MDR 1961, 1024.

106 8. **Verkehrsschutz** (Art. 7 Abs. 3) ist nach Ansicht mancher im interzonalen Privatrecht dahingehend zu handhaben, daß der Minderjährige aus der Bundesrepublik aus Verkehrsgeschäften in der DDR oder Ostberlin haftbar werden kann, wenn er 18 Jahre alt ist (so SOERGEL-KEGEL[9] Rdz. 35 zu Art. 7; NEUHAUS, DRZ 1950, 402; wohl auch SCHUMACHER, NJW 1951, 171 Anm. 22; jetzt auch ERMAN-ARNDT[4] Anm. 7c zu Art. 7). Ablehnend RAAPE NJW 1951, 459 und früher BEITZKE ZblJR 1950, 183. Wenn man aber generell internationalrechtlich den Verkehrsschutz des Landes des Vertragschlusses berücksichtigt (vgl. oben Rdz. 59), muß man es auch interlokal tun. Daher ist der vorwiegenden Meinung zu folgen.

107 9. Wegen der **Ehemündigkeit** im interzonalen Recht vgl. bei Art. 13.

Art. 8[1]

Bearbeitet von Günther Beitzke

Ein Ausländer kann im Inlande nach den deutschen Gesetzen entmündigt werden, wenn er seinen Wohnsitz oder, falls er keinen Wohnsitz hat, seinen Aufenthalt im Inlande hat.

---

[1] **Schrifttum:**

Kommentare: ACHILLES-GREIFF[21]; ERMAN-ARNDT[4]; FISCHER-HENLE-TITZE-KIPP[14]; HABICHT; NIEDNER[2]; PALANDT-LAUTERBACH[28]; PLANCK[3]; SOERGEL-KEGEL[9]; STAUDINGER-RAAPE[9].

Lehr- und Handbücher:

ARMINJON, Précis[3] III Nr. 73ff.; VON BAR, Theorie und Praxis S. I 424ff.; BARAZETTI, IPR S. 45ff.; BATIFFOL, Traité[4] Nr. 494—499; CHESHIRE, PrIntLaw[7] S. 391—395; DICEY-MORRIS, Conflict[8] S. 409—414; FRANKENSTEIN, Code Art. 95—99; FRANKENSTEIN, IPR I S. 430ff.; GEBHARD'sche Entwürfe S. 231—234; GRAVESON, Conflict[6] S. 414f.; GRZYBOWSKI, Sovjet PrIntLaw S. 118f.; GUTZWILLER, IPR S. 1630; KEGEL, IPR[2] S. 202; KÖHLER, IPR[3] S. 44ff.; LEREBOURS-PIGEONNIÈRE/LOUSSOUARN, DIP[8] Nr. 469f.; LEWALD, IPR S. 60ff.; LUNZ, IPR II S. 27f.; MELCHIOR, Grundlagen S. 309, 313, 323; NEUHAUS, Grundbegriffe S. 13ff., 246ff.; NEUMEYER, IPR[3] § 22; NIBOYET, Traité Nr. V 1531—1540; NIEMEYER, IPR S. 124ff.; NUSSBAUM, IPR S. 122, 431; RAAPE, IPR[5], 180ff.; RABEL, Conflict[2] S. 196; RÉCZEY, IPR S. 389; RIGAUX, DIP Nr. 316—320; SAVIGNY, System S. 134ff.; SCHMITTHOFF, Conflict[3] 304; SCHNITZER Hdb.[4] S. 492ff.; SZAZY, PrIntLaw S. 164ff.; USCHAKOW, Sowj. IPR S. 58; WALKER, IPR[5] S. 845ff.; M. WOLFF, IPR[3] S. 105; ZITELMANN, IPR II S. 92ff.

Einzeldarstellungen:

LIPPMANN, Die Entmündigung von Ausländern im System des internationalen Privatrechts (Diss. Greifswald 1902); KRUG, Entmündigung und Todeserklärung im internationalen Privatrecht: DJZ 1905, 836ff.; LEVIS, Das internationale Entmündigungsrecht

Gliederung

A. Grundsätzliches 1—11
1. Das Verhältnis von Art. 8 zu Art. 7 1
2. Anerkennungsabkommen 2
3. Ausländische Rechte 3—5
4. Haager Entmündigungsabkommen 6—7
5. Interlokales Recht 8
6. Qualifikation des Entmündigungsbegriffs 9—11

B. Entmündigung von Deutschen 12—27
I. Entmündigung in Deutschland 12-13
II. Entmündigung von Deutschen im Ausland
1. Ihr Vorkommen 14
2. Ablehnung der Anerkennung 15
3. Grundsätzliche Anerkennung 16
4. Keine Abhängigkeit von § 328 ZPO 17—18
5. Internationale Zuständigkeit 19
6. Rechtsstaatliches Verfahren 20
7. Formgerechte Ladung 21
8. Entsprechung zu deutschen Entmündigungsgründen 22
9. Entmündigungswirkungen 23
10. ordre public 24
11. Haager Abkommen 25
12. Anpassung ans inländische Recht; Wiederaufhebung 26
13. Wirkungen versagter Anerkennung 27

C. Entmündigung von Ausländern im Inland 28—41
I. Internationale Zuständigkeit 28—32
1. Bedürfnis für Inlandsentmündigung 28
2. Zuständigkeitsvoraussetzungen 29
3. Kannvorschrift 30
4. Zuständigkeitsrückverweisung 31
5. Haager Abkommen 32
II. Entmündigungsverfahren 33—34
1. lex fori 33
2. Haager Abkommen 34
III. Entmündigung nach deutschem Recht 35—38
1. Rechtfertigung des Art. 8 35
2. Haager Abkommen 36
3. Folgen der Entmündigung 37
4. Anzuordnende Vormundschaft 38
IV. Entmündigung nach Heimatrecht? 39—41
1. Abweichungen des Heimatrechts vom deutschen 39
2. Möglichkeit der Entmündigung nach Heimatrecht 40—41

D. Entmündigung eines Ausländers im Ausland 42—47
I. Entmündigung im Heimatstaat 42—45
II. Entmündigung des Ausländers in einem dritten Staat 46—47
1. Bei Anerkennung im Heimatstaat 46
2. Ohne Anerkennung im Heimatstaat 47

E. Statutenwechsel 48—51
1. Nach inländischer Entmündigung 49
2. Nach ausländischer Entmündigung 50—51

F. Wiederaufhebung der Entmündigung 52—57
I. Wiederaufhebung in Deutschland 52—55
1. Entmündigung eines Deutschen 53
2. Entmündigung eines Ausländers 54
3. Haager Abkommen 55
II. Wiederaufhebung der Entmündigung im Ausland 56—57
1. Bei Entmündigung eines Deutschen 56
2. Bei Entmündigung eines Ausländers 57

G. Der Text des Haager Abkommens

---

des Deutschen Reiches (1906); LEVIS, Das internationale Recht im österreichischen Entwurf eines Gesetzes über die Entmündigung: NiemeyersZ 18. 519—534; LEVIS, Streitfragen aus dem internationalen Entmündigungsrecht: Recht 1911, 49ff.; NAEGELE, Entmündigung, Rechtsvergleichendes Handwörterbuch Bd. 3 (1931) S. 64ff.; ISENSCHMIDT, Die Vormundschaft über Ausländer in der Schweiz und über Ausländer in Deutschland (1934); KRÖNIG, Die internationalprivatrechtliche Zuständigkeit in der freiwilligen Gerichtsbarkeit (1936); EISSER, Die Entmündigungsgründe nach deutschem Recht; mit rechtsvergleichenden Bemerkungen: AcP 146, 219; PAGENSTECHER, Zur Geschäftsfähigkeit der Ausländer in Deutschland: RabelsZ 15. 1949/50, 189ff.; JARCK, Abänderung und Aufhebung ausländischer Staatshoheitsakte im internationalen Rechtsverkehr (Diss. Göttingen 1954); HARRIES, Das deutsche internationale Entmündigungsrecht (Diss. Göttingen 1955); JARCK, Wiederaufaufhebung einer im Ausland ausgesprochenen Entmündigung eines Deutschen durch ein inländisches Gericht: NJW 1956, 1348; SCHEUCHER, Zur Anerkennung einer im Ausland erfolgten Entmündigung eines Österreichers: JBl. 1958, 112; SCHIPPEL, Rechtsverkehr mit geschäftsunfähigen und beschränkt geschäftsfähigen Personen nach internem und internationalem deutschen Privatrecht, VII. Kongreß des lateinischen Notariats, Brüssel 1963; DUTOIT, La protection des incapables majeurs en droit international privé: Rev. crit. 1967, 465; BÜTTNER, Entmündigung und Statutenwechsel (Diss. Bonn 1968).

A. Grundsätzliches.

1 **1. Das Verhältnis von Art. 8 zu Art. 7.** Entmündigung ist ein Unterproblem der Geschäftsfähigkeit, da sie dazu dient, die Geschäftsfähigkeit zu beschränken oder ganz zu entziehen, oder fehlende Geschäftsfähigkeit festzustellen und kundbar zu machen. Infolgedessen muß auch für Entmündigungen *in erster Linie der Grundsatz des Art. 7 I maßgeblich sein: Heimatrecht.* So auch im Ausgangspunkt die Gebhardschen Entwürfe § 28, obgleich sie bei Ausländern Entmündigungen nur soweit zulassen wollten, als die Entmündigungsgründe auch dem deutschen Recht entsprachen. Voraussetzungen und Folgen der Entmündigung müssen sich im Grundsatz nach Heimatrecht bestimmen, allerdings mit den für den Verkehrsschutz notwendigen Einschränkungen des Art. 7 Abs. 3. Demgegenüber enthält Art. 8 **eine Ausnahmeregelung für die Entmündigung von Ausländern im Inland.** Diese Regelung geht über eine reine Kollisionsnorm hinaus und behandelt die *internationale Zuständigkeit* mit, schaltet sie mit dem anzuwendenden Recht parallel. Das ist keine zwingende Regelung, wie noch im einzelnen zu zeigen ist. Vielmehr ist für Inländer und Ausländer bei der Entmündigung nach internationaler Zuständigkeit und anzuwendendem Recht jeweils zu unterscheiden. Ungeregelt geblieben ist in Art. 8 die Entmündigung Deutscher, namentlich die in § 28 der Gebhardschen Entwürfe behandelte Anerkennung der Auslandsentmündigung eines Deutschen (vgl. unten Rdz. 14ff.) Ungeregelt ist ferner die Auslandsentmündigung von Ausländern (vgl. unten Rdz. 42ff).

2 **2.** Nicht maßgeblich für die **Anerkennung ausländischer Entmündigungen** sind die mit einzelnen Staaten bestehenden *Abkommen* über die Anerkennung und Vollstreckung gerichtlicher Entscheidungen. Die Abkommen mit der Schweiz (vom 2. 11. 1929; RGBl. 1930 II 1066) und Italien (vom 9. 3. 1936, RGBl. 1937 II 145, wiederanwendbar BGBl. 1952 II 986) deshalb nicht, weil diese Abkommen sich nicht auf Entscheidungen der freiwilligen Gerichtsbarkeit beziehen, die Schweiz und Italien die Entmündigung aber materiell zur freiwilligen Gerichtsbarkeit zählen (Harries, a.a.O. S. 72, Kallmann, Anerkennung und Vollstreckung ausländischer Zivilurteile und gerichtlicher Vergleiche, Basel 1946, S. 7); andere Abkommen schalten ausdrücklich Entscheidungen über die Handlungsfähigkeit aus ihrem Geltungsbereich aus; so die Abkommen mit Österreich vom 6. 6. 1959 (BGBl. 1960 II 1523), mit Belgien vom 30. 6. 1958 (BGBl. 1960 II 2408; dazu hinsichtlich der Entmündigung Harries, RabelsZ 26. 1961, 637, 654), Griechenland vom 4. 11. 1961 (BGBl. 1963 II 1278), den Niederlanden vom 30. 8. 1962 (BGBl. 1965 II 1155), Tunesien vom 19. 7. 1966 (BGBl. II 889) und das EWG-Übereinkommen vom 27. 9. 1968. Anders das Abkommen mit Großbritannien vom 14. 7. 1960 (BGBl. 1961 II 1025); es behandelt die Entscheidungen über Handlungsfähigkeit nicht besonders; aber es handelt sich bei der Entmündigung um von der Anerkennung ausgeschlossene Entscheidungen der unteren Gerichte.

3 **3. Ausländische Rechte** folgen in Entmündigungsfragen unterschiedlichen Prinzipien.

a) Internationale Zuständigkeit. Es liegt nahe, daß Schutzmaßnahmen, die mit einer Anstaltsunterbringung verbunden sind, auch gegenüber solchen Personen ergriffen werden, die im Inland nicht einmal Wohnsitz, sondern nur einfachen Aufenthalt haben; so etwa der britische Mental-Health-Act 1959, dessen Maßnahmen zum Schutz von Vermögen sogar gegenüber Abwesenden ergriffen werden können. Ferner ist begreiflich, daß Staaten, die dem Wohnsitz- oder Domizilprinzip folgen (z. B. Dänemark, Norwegen, Großbritannien), sich auch zur Entmündigung von Ausländern für zuständig halten, wenn diese Wohnsitz oder domicile im Inland haben. Auch Staaten des Staatsangehörigkeitsprinzips folgen teilweise in Entmündigungssachen dem Wohnsitzprinzip und entmündigen demzufolge auch im Inland wohnhafte Ausländer, so z.B. die Schweiz zufolge Art. 10 NAG; doch ist die dann in der Schweiz über einen Ausländer eingeleitete Vormundschaft auf Begehren des zuständigen Heimatstaates an diesen abzugeben (Art. 33 NAG). Daß Staaten des Staatsangehörigkeitsprinzips Ausländer im Falle einer Rückverweisung des Heimatstaates auf den Wohnsitzstaat entmündigen, entspricht allgemeinen Grundsätzen (vgl. für Belgien Trib Bruxelles 22. 12. 1967 Pas. 1968 III 61). Entsprechend wird freilich gelegentlich auch Zurückhaltung geübt und gegenüber Ausländern nur dann ein Entmündigungsverfahren eingeleitet, wenn der Heimatstaat sich des Entmündigungsfalles nicht annimmt (§ 14 österr. EntmündO vom 28. 6. 1916; Schweden). Im übrigen ist aber auch in vielen Staaten des Staatsangehörigkeitsprinzips die Entmündigung von Ausländern ähnlich Art. 8 EG gängige Praxis (vgl. z.B. für Frankreich BATIFFOL, Traité[4] Nr. 499; Schweden § 2 G vom 8. 7. 1904/27. 6. 1924; Finnland § 33 G vom 5. 12. 1929; Griechenland ZGB Art. 8; Ungarn nach RÉCZEI IPR S. 389; in Ostasien China, Japan, Siam). Siehe dazu die rechtsvergleichende Darstellung bei v. CAEMMERER RvglHWB. IV S. 346ff. und DUTOIT, Rev. crit. 1967, 472ff.

b) Anzuwendendes Recht. Die Staaten des Wohnsitzprinzips wenden auf die Entmündigung von Ausländern das Recht des inländischen Wohnsitzes an, ebenso die teilweise dem Wohnsitzprinzip folgenden Staaten des Staatsangehörigkeitsgrundsatzes, wie z.B. die Schweiz. Innerhalb der Staaten des Staatsangehörigkeitsprinzips kann man wieder verschiedene Systeme unterscheiden (vgl. CAPOTORTI, Rec. des Cours 110. 1963 III, 218ff.). Teils werden Ausländer nur nach der lex fori entmündigt (z.B. in Österreich), teils wird nur nach Heimatrecht entmündigt (z.B. Griechenland Art. 8 ZBG), teils gelten gemischte Systeme. So wird zwar in Frankreich der Ausländer grundsätzlich nach seinem Heimatrecht entmündigt; sobald es aber um Eilmaßnahmen geht, kommt die lex fori zur Anwendung, vgl. BATIFFOL, Traité[4] Nr. 499—500. In anderen Staaten wird zwar nach Heimatrecht entmündigt, aber nur, wenn gleichzeitig ein Entmündigungsgrund des inländischen Rechts vorliegt, so z.B. in Ungarn nach RÉCZEI, IPR S. 389. Aber auch wo unter den Voraussetzungen des Heimatrechts entmündigt wird, richten sich teilweise die Folgen der inländischen Entmündigung des Ausländers nach der lex fori, so z.B. in Japan und Thailand. 4

c) Anerkennung ausländischer Entmündigungen wird ebenfalls sehr unterschiedlich gehandhabt. Einzelne Staaten beanspruchen eine ausschließliche Zuständigkeit zur Entmündigung ihrer eigenen Angehörigen und erkennen demgemäß Auslandsentmündigungen von Inländern nicht an (Österreich, Ungarn), außer etwa es wurde mit besonderer Genehmigung des Oberlandesgerichts von inländischer Entmündigung abgesehen, weil die im Ausland ergriffenen Schutzmaßnahmen ausreichen (Österreich). Auch soweit Auslandsentmündigungen von Inländern, insbesondere wenn sie im Wohnsitzstaat erfolgt sind, anerkannt werden, sind die Voraussetzungen dafür vielfach unterschiedlich; teils bedarf es einer besonderen Anerkennungsentscheidung (Italien), teils geht es auch ohne sie. Teils wird die Einhaltung bestimmter Zuständigkeiten durch den Entscheidungsstaat vorausgesetzt. Teilweise wird verlangt, daß die Entmündigung dasselbe materielle Recht zugrundegelegt hat, welches auch der Anerkennungsstaat angewendet haben würde, teils wird dies nur zum Schutz eigener Staatsangehöriger verlangt, teils fehlt ein derartiges Erfordernis ganz. Endlich kommt gelegentlich der ordre public so zur Anwendung, daß Entmündigungen als „penal status" nicht anerkannt werden (Großbritannien). Vgl. dazu DUTOIT, Rev. crit. 1967, 488. 5

6 **4. Haager Abkommen**[1]**.**

Das Haager Abkommen über die Entmündigung und gleichartige Fürsorgemaßnahmen vom 17. 7. 1905 (RGBl. 1912, 463 u. 475) ist für Deutschland am 24. 8. 1912 in Kraft getreten. Vertragsstaaten waren zunächst Frankreich, Italien, Niederlande, Portugal, Rumänien und Ungarn. *Frankreich kündigte* das Abkommen am 5. 12. 1916. Da Art. 282 des Versailler Vertrages das Abkommen nicht als weitergeltend aufführt, schieden im Verhältnis zu Deutschland ab 10. 1. 1920 Italien, Portugal und Rumänien aus. Doch wurde es im Verhältnis zu Italien ab 22. 7. 1929 (RGBl. II 635) und Rumänien ab 8. 6. 1940 (RGBl. II 140) wieder in Kraft gesetzt. Im Anschluß an das Haager Protokoll vom 28. 11. 1923 über die Zulassung weiterer Staaten (RGBl. 1924 II 368) trat Schweden mit Wirkung vom 2. 1. 1925 (RGBl. 1924 II 431) bei, kündigte aber wieder mit Wirkung auf 23. 8. 1962 (BGBl. 1960 II 1532). Durch den zweiten Weltkrieg wurde das Abkommen im Verhältnis zu den Feindstaaten suspendiert, so daß für die Bundesrepublik zeitweise nur Schweden als Vertragspartner verblieb. Inzwischen ist die Wiederanwendbarkeit im Verhältnis zu Italien und den Niederlanden ausdrücklich festgestellt (BGBl. 1955 II 1 u. 188); diese sind für die Bundesrepublik derzeit die einzigen Vertragsstaaten, da das Abkommen im Verhältnis zu Polen, Rumänien und Ungarn suspendiert geblieben ist.

7 Das Abkommen findet nach Art. 14 Abk. nur Anwendung auf die Entmündigung von solchen Angehörigen eines Vertragsstaates, die ihren gewöhnlichen Aufenthalt im Gebiet eines der Vertragsstaaten haben. In diesem Rahmen hat das Abkommen Vorrang vor den nationalen Zuständigkeitsregeln und Kollisionsnormen, also auch vor Art. 8 EGBGB und vor Art. 7 Abs. 3 (so auch Gamillscheg, IntArbR Nr. 62). Soweit dieses Abkommen Sonderregeln enthält, sind diese jeweils im Zusammenhang mit dem sonstigen Entmündigungsrecht erläutert (vgl. Rdz. 25, 32, 34, 36, 55). Der Text des Abkommens ist am Ende der Erläuterungen unter G abgedruckt.

8 **5. Interlokales Recht**[2]**.**

In der DDR und Ost-Berlin sind materielles Entmündigungsrecht, Verfahrensrecht und Kollisionsrecht unverändert; Art. 8 EGBGB ist auch durch das EGFGB nicht geändert worden. Doch ist Art. 8 EGBGB im interzonalen Verhältnis nicht anwendbar. Zuständig zur Entmündigung Deutscher ist, auch wenn sie aus der DDR oder Ost-Berlin kommen, das Amtsgericht, bei dem der zu Entmündigende seinen ordentlichen Gerichtsstand hat (ZPO § 648); doch sollte vom Gerichtsstand des einfachen Aufenthalts (ZPO § 16) im Verhältnis zum anderen Rechtsgebiet kein Gebrauch gemacht werden, wenn im anderen Rechtsgebiet der Wohnsitz oder gewöhnliche Aufenthalt gegeben ist (anders Soergel-Kegel[9] Rdz. 20 zu Art. 8: für uneingeschränkte Zuständigkeit am einfachen Aufenthalt). Die Frage des materiell anzuwendenden Rechts stellt sich angesichts der noch bestehenden Rechtsgleichheit nicht.

---

[1] *Schrifttum:* Deutsche Denkschrift zu den Haager Konventionen von 1905 in NiemeyersZ 18, 578ff.; Dittmann, Die sechs Haager Abkommen (1906); Bogeng, Die Haager Abkommen über internationales Privat- u. Zivilprozeßrecht (1908); Meili-Mamelok, Das internationale Privat- u. Zivilprozeßrecht aufgrund der Haager Konventionen (1911); Lewald, Haager Konventionen, WbVR[1] I S. 478ff.; Volkmar, Die familien- u. erbrechtlichen Beschlüsse der 6. Haager Konferenz über internationales Privatrecht: JW 1928, 857—867; Gutzwiller, Das Internationalprivatrecht der Haager Konferenzen, Vergangenheit und Zukunft: Schw. Jb. Int. R. 1945, 48; Beitzke, Der deutsche Staatsanwalt im Statusprozeß von Ausländern: RabelsZ 23. 1958, 708ff.; Makarov, Haager Konventionen zum Internationalen Privatrecht, WbVR[2] I S. 745.

[2] *Schrifttum:* Lusche, Einige Bemerkungen zum Entmündigungsverfahren: NJ 1958, 415—417.

6. Qualifikation des Entmündigungsbegriffs. 9

a) Da Art. 8 für die Entmündigung nur auf deutsches Recht Bezug nimmt, ist mit Entmündigung im Sinne dieser Vorschrift immer der Entmündigungsbegriff des deutschen Rechts gemeint. Doch schon dieser bedarf der Verdeutlichung. So ist auch die **vorläufige Vormundschaft** des BGB § 1906 eine „Entmündigung" im Sinne des Art. 8, da sie gemäß BGB § 114 eine Beschränkung der Geschäftsfähigkeit herbeiführt (NUSSBAUM, IPR S. 122; KRÖNIG, IP-Zust. i. d. FG S. 13; HARRIES, a.a.O. S. 2; aM KGJ 21 A 209). Sie kann also auch gegenüber Ausländern erfolgen, deren Entmündigung im Inland beantragt ist. Es ist für die sich aus Art. 8 ergebende Entmündigungszuständigkeit gleichgültig, ob man im Rahmen der nach Art. 23 Abs. 2 zulässigen vorläufigen Maßnahmen eine vorläufige Vormundschaft für zulässig hält oder nicht (vgl. zu dieser Streitfrage bei Art. 23). Sofern die Entmündigung eines Ausländers beantragt ist, folgt die Zuständigkeit zu dieser vorläufigen Maßnahme aus der Entmündigungszuständigkeit; diese ist davon unabhängig, ob der Heimatstaat die Fürsorge übernimmt oder nicht. Fraglich ist, ob die vorläufige Entmündigung auch dann möglich ist, wenn gegenüber dem Ausländer die Entmündigung nicht im Inland, sondern im Ausland beantragt ist. Nach Sinn und Zweck derartiger schnell zu ergreifender Schutzmaßnahmen wird man das im Grundsatz bejahen können; doch dürfte es meist an einem entsprechenden inländischen Schutzbedürfnis fehlen; denn wenn schon im Ausland ein Entmündigungsverfahren eingeleitet ist, können auch von dort aus provisorische Schutzmaßnahmen ergriffen werden. Selbst *im Verhältnis zu Angehörigen der Vertragsstaaten des Haager Abkommens*, wo die inländischen Entmündigungszuständigkeit eingeschränkt ist, weil sie primär dem Heimatstaat zusteht, ist die Anordnung einer vorläufigen Vormundschaft möglich, wenn im Inland die Entmündigung beantragt ist — auch wenn es noch nicht feststeht, ob der Heimatstaat seine primäre Zuständigkeit in Anspruch nehmen wird oder nicht (vgl. Art. 3—6 Abk.).

b) Zur Erfassung aller einschlägigen kollisionsrechtlichen Fragen, die in den folgenden Erläuterungen behandelt werden, muß der Entmündigungsbegriff aber noch weiter gefaßt werden: etwa wenn es um **Anerkennung ausländischer Entmündigungen** oder um internationale Abkommen geht. So gilt das Haager Abkommen (Art. 13) nicht nur für die Entmündigung im eigentlichen Sinn, sondern für „Anordnung" einer Kuratel, „Bestellung eines Beistandes" und „Maßregeln gleicher Art, soweit sie eine Beschränkung der Geschäftsfähigkeit zur Folge haben". *Dementsprechend ist in der Beschränkung der Geschäftsfähigkeit das entscheidende Merkmal für einen allgemeinen Entmündigungsbegriff zu sehen.* So ist die italienische inabilitazione ebensogut Entmündigung wie die interdizione; die Bestellung eines conseil judiciaire (früherer Art. 513 frz. CC; dazu FRANKENSTEIN, IPR I S. 445) oder eines Beirats (Art. 395 SchwZGB), ohne deren Zustimmung bestimmte Geschäfte nicht geschlossen werden können, sind vom deutschen Standpunkt aus ebenfalls als Teil-Entmündigungen zu werten (RGZ 80, 262). Schwierigkeiten kann der *Verlust der Geschäftsfähigkeit infolge Strafurteils* bereiten; sie spiegeln sich in den gegensätzlichen Stellungnahmen von FRANKENSTEIN, IPR I S. 445 (gegen jede Anerkennung) und RAAPE (bei STAUDINGER, Voraufl. S. 104: für grundsätzliche Anerkennung). Neuestens ist CAPOTORTI (Rec. des Cours 110. 1964 II, 221) für Anerkennung aller Entmündigungen durch Strafurteil eingetreten, wenn es um ein Strafurteil des Heimatstaates geht. Richtiger Ansicht nach ist hier zu unterscheiden: Geht es um eine Nebenstrafe, wie dies wohl bei Art. 29 frz. code pénal der Fall ist, so kann dieser Verlust der Geschäftsfähigkeit nur anerkannt werden, wenn auch das Strafurteil anzuerkennen ist (vgl. dazu oben Rdz. 8 vor Art. 7). *Geht es dagegen um eine Fürsorgemaßnahme* für denjenigen, welcher infolge von Verbüßung einer längeren Freiheitsstrafe seine Angelegenheiten nicht zu besorgen vermag, *so ist die ex lege oder mit Anordnung einer Vormundschaft eintretende Geschäftsbeschränkung als Entmündigung anzuerkennen.* Um einen solchen Fall dürfte es sich bei Art. 371 SchwZGB handeln, wo trotz der zu einer Nebenstrafe neigenden Stellungnahme bei Beratung der Vorschrift im Ständerat die Praxis es auf das Vorliegen eines Schutzbedürfnisses abstellt (BGE 62 II 68; dazu EGGER im Züricher Kommentar Anm. 8—13 zu Art. 371 ZGB).

11 Als Entmündigung, weil die normale Geschäftsfähigkeit einschränkend, ist auf jeden Fall (anders STAUDINGER-RAAPE S. 96) auch die *Anordnung der Fortdauer der väterlichen Gewalt oder Vormundschaft* über den Zeitpunkt der Volljährigkeit hinaus anzusehen (öABGB §§ 172/173, 251). An dieser Qualifikation ändert sich auch dadurch nichts, daß die Fortdauer der Vormundschaft in Österreich vom Vormundschaftsgericht angeordnet wird.

B. Entmündigung von Deutschen.

I. Entmündigung in Deutschland.

12 **1. Internationale Zuständigkeit** ist hierfür immer gegeben. Nach ZPO § 648 ist bei inländischem Wohnsitz das Amtsgericht des Wohnsitzes sogar ausschließlich zuständig; bei fehlendem inländischem allgemeinen Gerichtsstand kann am letzten inländischen Wohnsitz, notfalls beim Amtsgericht am Sitz der Bundesregierung (ZPO § 15 Abs. 1 Satz 2) entmündigt werden (ZPO § 648 Abs. 2). Die internationale Zuständigkeit deutscher Gerichte ist *auch dann gegeben, wenn bereits eine anzuerkennende ausländische Entmündigung vorliegt;* doch wird es solchenfalls regelmäßig am Bedürfnis für eine weitere inländische Entmündigung fehlen; dies kann höchstens dann gegeben sein, wenn die ausländische Entmündigung in ihren Wirkungen nicht weit genug geht, insbes. wenn eine nur beschränkt wirkende Entmündigung etwa durch eine volle Entmündigung wegen Geisteskrankheit ersetzt werden soll. Bei Konkurrenz einer anzuerkennenden ausländischen Entmündigung mit einer inländischen hat die Entmündigung mit den weitestgehenden Wirkungen, die neuere inländische Entmündigung aber immer gegenüber der älteren ausländischen den Vorrang (vgl. auch unten Rdz. 25).

13 **2.** Deutsches Recht ist bei der Entmündigung von Personen deutschen Personalstatuts (deutsche Staatsangehörige, Deutsche im Sinne von GG Art. 116, Konventionsflüchtlinge mit Wohnsitz in der Bundesrepublik usw.) immer anzuwenden, auch wenn es sich um deutsche Staatsangehörige mit Wohnsitz oder gewöhnlichem Aufenthalt im Ausland handelt.

II. Entmündigung von Deutschen im Ausland.

14 **1.** Daß sie tatsächlich vorkommt, beweist die Praxis (z.B. BGHZ 19, 240). Sie ist nicht nur möglich in Staaten, welche ausschließlich das Domizilprinzip befolgen wie Großbritannien und die USA, sondern auch in Staaten des Staatsangehörigkeitsprinzips; sei es weil diese — wie etwa die Schweiz — sich zur Entmündigung auch bei „Aufenthaltern" für zuständig halten und auf sie insoweit inländisches Recht anwenden; sei es weil diese — so wie etwa Österreich (§ 13 der EntmündO vom 28. 6. 1916) — sich wenigstens subsidiär für zuständig erklären. Endlich ist die ausländische Entmündigung von Deutschen ausdrücklich zugelassen im Haager Entmündigungsabkommen (vgl. unten nach Rdz. 57).

15 **2.** Die *früher herrschende Meinung* wollte die ausländische Entmündigung eines Deutschen *grundsätzlich nicht anerkennen.* So RAAPE in der Voraufl. S. 101 und IPR[5] S. 181; ZITELMANN, IPR II S. 103; NIEMEYER, IPR des BGB S. 124;

BARAZETTI, IPR S. 46; HABICHT S. 65; LEVIS, Dt. int. Entmündigungsrecht S. 79ff. und Recht 1911, 49ff.; NUSSBAUM, IPR S. 122; M. WOLFF IPR[3] S. 107; REU, Staatl. Zust. S. 120; PAGENSTECHER, RabelsZ 15. 1949/50, 209, 215; deutsche Denkschrift zum Haager Entmündigungsabkommen NiemeyersZ 18, 578ff.; BayObLGZ 20 A 214 = Recht 1920 Nr. 2463; OLG Karlsruhe BadRpr. 23 (1921) 97; OLG München IPRspr. 1928 Nr. 55; STEIN-JONAS-POHLE, ZPO[18] Anm. III 2 zu ZPO § 648; WIECZOREK, ZPO § 645 C Ib; LAUTERBACH bei BAUMBACH, ZPO[29] Anhang nach § 645, übrigens im Gegensatz zu seiner Stellungnahme bei PALANDT Anm. 3 zu Art. 8 EG. Diese Auffassung beruhte in erster Linie auf der Anschauung, daß eine gestaltende Änderung persönlicher Verhältnisse nur vom Heimatstaat vorgenommen werden könne, dessen Recht auch materiellrechtlich anwendbar ist. Das ist aber zu engherzig und nicht haltbar, werden doch auch sonst ausländische Gestaltungsakte hinsichtlich des Personenstandes von Deutschen anerkannt, wie etwa Ehescheidungen. Die Befürchtung, Anerkennung ausländischer Entmündigungen könnte dem Ausland einen Anreiz zur Entmündigung Deutscher geben, ist bestimmt übertrieben; gegen Mißbräuche kann die Vorbehaltsklausel des ordre public schützen. Regelmäßig kann davon ausgegangen werden, daß auch ausländische Entmündigungen zum Schutze des zu Entmündigenden selbst vorgenommen werden; wir haben keinen Anlaß, Deutschen den ihnen so gewährten Schutz unsererseits zu versagen. Daß eine ausländische Entmündigung auch zum Schutz ausländischer Verkehrsinteressen vorgenommen sein kann, ja vielleicht sogar, um über einen Vormund eine im fremden öffentlichen Interesse liegende Anstaltsunterbringung zu erreichen, braucht nicht zu stören, solange zugleich das Interesse des Entmündigten selbst gewahrt wird. Auch Bedenken gegen ein ausländisches Entmündigungsverfahren können notfalls über den ordre public geltend gemacht werden, wenn wirklich das ausländische Verfahren keine hinreichenden rechtsstaatlichen Garantien aufweisen sollte. Demnach ist die grundsätzliche Ablehnung der Anerkennung ausländischer Entmündigungen von Deutschen ungerechtfertigt. Schon GEBHARD hatte in seinen Entwürfen (§ 28) vorgeschlagen, Auslandsentmündigungen generell anzuerkennen, außer wenn die ausländischen Gerichte nach deutschem Recht unzuständig waren oder die Entmündigungsvoraussetzungen des deutschen Rechts nicht vorgelegen hatten.

3. Gegen die vorherrschende Meinung hat sich zunächst FRANKENSTEIN, IPR I S. 442 gewendet; alsbald hat auch LEWALD, IPR S. 62 Bedenken gegen sie angemeldet, ebenso WALKER, IPR[5] S. 856, KRÖNIG, IP-Zust. i. d. FG S. 16 u. 18 und RIEZLER, IZPR S. 226; sodann ist KEGEL für die Anerkennung ausländischer Entmündigungen Deutscher eingetreten (jetzt bei SOERGEL[9] Rdz. 11 zu Art. 8 EG). Schließlich hat der BGH in einer grundlegenden Entscheidung die Möglichkeit der **Anerkennung ausländischer Entmündigungen von Deutschen bejaht** (BGHZ 19, 240 = NJW 1956, 262 = JZ 1956, 535 mit Anm. NEUHAUS = LM Art. 8 EGBGB Nr. 1 mit Anm. JOHANNSEN = Rev. crit. 1957, 453 mit Anm. MAKAROV). Die Entscheidung hat durchweg grundsätzliche Zustimmung gefunden, sowohl in den Besprechungen als auch in Kommentaren (vgl. außer SOERGEL-KEGEL[9] noch ERMAN-ARNDT[4] Anm. 2 zu Art. 8 EG und PALANDT-LAUTERBACH[28] Anm. 3 zu Art. 8 EG). Ihr ist zu folgen. Zweifelhaft sind lediglich die einzelnen Voraussetzungen der Anerkennung, die vom BGH nur im Grundsätzlichen angesprochen und nicht bis ins einzelne durchuntersucht sind (vgl. kritisch BÜTTNER, a.a.O., vor Rdz. 1, S. 16ff.). 16

4. Der BGH fordert **keine Gewährleistung der Gegenseitigkeit;** die Anerkennung sollte auch unabhängig davon sein. Ein solches Erfordernis ist bei allen die persönliche Rechtsstellung verändernden Akten mißlich; es führt leicht zu hinkenden 17

Rechtsverhältnissen und macht bei der Entmündigung möglicherweise den Schutz des Entmündigten von Gesichtspunkten abhängig, die mit dessen Schutzbedürftigkeit nichts zu tun haben (BayObLG FamRZ 1959, 370). Nun wird allerdings die Ansicht vertreten, daß dann, wenn die Entmündigung durch gerichtliches Urteil erfolge, zufolge ZPO § 328 Abs. 1 Ziff. 5 und Abs. 2 die Gegenseitigkeit verbürgt sein müsse (FRANKENSTEIN, IPR I S. 441; SOERGEL-KEGEL[9] Rdz. 11 zu Art. 8 EG; SCHIPPEL a.a.O. [vor Rdz. 1] S. 21). Indessen hat § 328 Abs. 1 Ziff. 5 ZPO hier deshalb außer Betracht zu bleiben, weil es bei der Entmündigung auch dann, wenn sie durch gerichtliches Urteil erfolgt, um einen Akt der fürsorgenden Gerichtsbarkeit geht (RGZ 80, 262; RG JW 1932, 590; das gibt der Sache nach auch KEGEL, SOERGEL-KEGEL[9] Rdz. 6 zu Art. 8 zu). Es muß ferner in Rechnung gestellt werden, daß nicht überall die Entmündigung durch einen besonderen Akt, sondern vielfach mittelbar durch Bestellung eines Vormunds, auch nicht überall gerichtlich, sondern häufiger auch durch Verwaltungsakt erfolgt (vgl. BGHZ 19, 240: Beschluß des Gemeinderats in einem Schweizer Kanton). Es wäre mißlich, beide Arten der Entmündigung unterschiedlich zu behandeln.

18 Das Bedenken, wenn schon die Anerkennung gerichtlicher Entscheidungen von der Verbürgung der Gegenseitigkeit abhängig sei, müsse dies erst recht bei konstitutiven Akten der Fall sein (STAUDINGER-RAAPE S. 101), kann nicht geteilt werden. Für die Anerkennung von Akten der freiwilligen Gerichtsbarkeit wird durchweg die Verbürgung der Gegenseitigkeit nicht verlangt (vgl. SOERGEL-KEGEL[9] Rdz. 314 vor Art. 7 EGBGB). Sie ist also auch bei Entmündigungen nicht erforderlich, wenn man die Entmündigung unabhängig von der äußeren Einkleidung des Entmündigungsaktes als Akt der fürsorgenden Gerichtsbarkeit qualifiziert. Gegen das Erfordernis einer Verbürgung der Gegenseitigkeit auch NEUHAUS, JZ 1956, 538; MAKAROV, Rev. crit. 1957, 461; ERMAN-ARNDT[4] Anm. 2d zu Art. 8 EG; MELCHIOR, Grundlagen S. 209, 313ff.; LEVIS, Dt. int. Entmündigungsrecht S. 78ff.; KRUG, DJZ 1905, 840; PLANCK[3] Anm. 2 zu Art 8 EG; HARRIES, a.a.O. (vor Rdz. 1) S. 69ff.

19 **5.** Entsprechend der Vorschrift des ZPO § 328 Ziff. 1 kann die ausländische Entmündigung, auch wenn sie durch Verwaltungsakt erfolgt ist, nur anerkannt werden, wenn die entmündigende ausländische Stelle vom deutschen Standpunkt aus **international zuständig** war. Da ZPO § 648 Abs. 1 das Amtsgericht des allgemeinen Gerichtsstandes des zu Entmündigenden für *ausschließlich* zuständig erklärt, käme die Anerkennung ausländischer Entmündigungen nur dann in Betracht, wenn der Entmündigte im Inland keinen allgemeinen Gerichtsstand hatte. Wenn ZPO § 16 bei Fehlen eines inländischen Wohnsitzes schon an den schlichten Aufenthalt, ja notfalls an einen früheren Wohnsitz das Vorliegen eines „allgemeinen Gerichtsstandes" anknüpft, andrerseits ZPO § 648 Abs. 2 für einen Deutschen, der im Inland keinen allgemeinen Gerichtsstand hat, abermals an den letzten inländischen Wohnsitz anknüpft, ist in ZPO § 648 Abs. 1 mit dem allgemeinen Gerichtsstand offenbar nur der der ZPO §§ 13 und 15 gemeint, also regelmäßig der inländische Wohnsitz (so auch FRANKENSTEIN, IPR I S. 442). Besteht ein solcher nicht, so ist offenbar neben den nur hilfsweise gegebenen Gerichtsständen von ZPO § 648 Abs. 2 eine konkurrierende Zuständigkeit ausländischer Gerichte anzuerkennen. In BGHZ 19, 240 wird nun ohne Auseinandersetzung mit dem Ausschließlichkeitsanspruch von ZPO § 648 Abs. 1 an den *gewöhnlichen Aufenthalt* des Entmündigten angeknüpft und soll eine ausländische konkurrierende Zuständigkeit am ausländischen gewöhnlichen Aufenthalt des Deutschen anzuerkennen sein. Diese Anknüpfung, welche sich auf Parallelen in ZPO § 606 und EGBGB Art. 29 stützen läßt (NEUHAUS, JZ 1956, 538), ist mit ZPO § 648 Abs. 1 jedenfalls dann vereinbar, wenn man dem Ausschließlich-

keitsanspruch so wie in ZPO § 606 Bedeutung nur für das Verhältnis inländischer Gerichte zueinander beimißt, aber nicht für die internationale Zuständigkeit. Selbst wenn man aber den Ausschließlichkeitsanspruch von ZPO § 648 Abs. 1 auf die internationale Zuständigkeit erstrecken wollte, würde daraus nur eine fast bedeutungslose Abweichung von der Stellungnahme des BGH folgen. Denn der Unterschied zwischen Wohnsitz und gewöhnlichem Aufenthalt wird vorzugsweise beim gesetzlichen Wohnsitz von Ehefrau und Kindern bedeutsam. Eine deutsche Ehefrau hat aber keinen abhängigen gesetzlichen Wohnsitz mehr; Minderjährige werden nur selten allenfalls kurz vor Erreichen der Volljährigkeit entmündigt; es bliebe eine Differenz bei deutschen Auslandsbeamten (ZPO § 15), wo allerdings eine ausländische Entmündigung unerfreulich wäre. Daher sollte mindestens insoweit der Ausschließlichkeitsanspruch von ZPO § 648 Abs. 1 auch internationalrechtlich gelten.

6. Die Anerkennung der ausländischen Entmündigung setzt ein **rechtsstaatliches Verfahren** voraus, welches dem zu Entmündigenden eine hinreichende Wahrnehmung seiner Rechte gewährleistet. BGHZ 19, 245 fordert hierzu, die Entmündigung müsse — mindestens in letzter Instanz — in einem gesetzlich geregelten Verfahren durch ein mit unabhängigen Richtern besetztes Gericht ausgesprochen worden sein. Zugleich wird aber eine Entmündigung anerkannt, welche durch einen Gemeinderat angeordnet war, bei der lediglich die bis zum Bundesgericht führenden Rechtsmittel erfolglos geblieben waren. Im Ergebnis wird also auch die Entmündigung durch Verwaltungsakt als solche anerkannt, wenn nur dagegen ein Rechtsbehelf ergriffen werden kann, der an ein unabhängiges Gericht führt. Es ist aber noch weiter zu gehen und auch sonst eine Verwaltungsentscheidung anzuerkennen, wenn das ihr vorausgehende Verfahren dem Entmündigten hinreichende Garantien für Wahrung seiner Rechte bietet, insbesondere die Entmündigung durch insoweit nicht weisungsgebundene Verwaltungsbeamte erfolgt. 20

7. Auf das Erfordernis einer **formgerechten Ladung** des zu Entmündigenden (entsprechend ZPO § 328 Ziff. 2) ging der BGH nicht ein. Sicherlich dürfte einer Entmündigung die Anerkennung zu versagen sein, wenn es an solcher Ladung fehlt. 21

8. Anwendung deutschen Rechts durch das ausländische Gericht wird für die Anerkennung (entgegen Riezler, IZPR S. 226; Lewald, IPR S. 62) **nicht verlangt.** Der „gesetzliche Tatbestand", auf den die Entmündigung gestützt wird, muß aber nach BGHZ 19, 245 auch nach deutschem Recht einen Entmündigungsgrund bilden. Die Entmündigung wäre also nicht anzuerkennen, wenn sie aus einem nur im ausländischen Recht gegebenen Entmündigungsgrund erfolgt, etwa wegen Blindheit oder Taubstummheit. Doch ist schon nach der Auslegung, die Johannsen (LM Art. 8 EGBGB Nr. 1) dem Urteil seines Senats gibt, weiter zu gehen und nur die Entmündigung nicht anzuerkennen, die sich auf „Tatsachen" (sic!) stützt, die nach deutschem Recht keinen Entmündigungsgrund bilden. Demnach sollte in entsprechender Anwendung der zu Art. 17 Abs. 4 EG entwickelten Lehren die ausländische Entmündigung dann anerkannt werden, wenn sie auf einen dem deutschen Recht unbekannten Entmündigungsgrund gestützt ist, aber gleichzeitig ein Entmündigungsgrund des deutschen Rechts vorliegt: etwa, wenn sie auf Taubstummheit gestützt ist, zugleich aber die Voraussetzungen der Geistesschwäche nach deutschem Recht vorliegen; oder wenn sie auf „lasterhaften Lebenswandel" gestützt ist, gleichzeitig aber die Voraussetzungen der Trunksucht nach deutschem Recht vorliegen, oder wenn sie auf „Mißwirtschaft" (Art. 370 SchwZGB) gestützt ist und diese sich in Deutschland auch unter den Begriff der Verschwendung subsumieren läßt (wie dies RG JW 1914, 862 und BGHZ 19, 246 tun). Doch dürfte es zu weit gehen, jede Entmündigung nach dem 22

Recht des Staats des gewöhnlichen Aufenthalts anzuerkennen (dafür aber SOERGEL-KEGEL[9] Rdz. 2 zu Art. 8 EG). Wir entmündigen zwar selbst auch Ausländer nach inländischem Recht, können aber nicht notwendig Anerkennung dieser Entmündigung im Heimatstaat erwarten; ebensowenig kann das Ausland von uns Anerkennung jeglicher Entmündigung Deutscher erwarten. Gegen Entmündigungen Deutscher im Ausland, welche etwa gegen unsere verfassungsmäßigen Freiheitsgarantien (GG Art. 2) verstoßen, nur mit Art. 30 EG vorgehen zu wollen, heißt zu viel Verfassungsauslegung auf untere Instanzen delegieren.

23 9. Hinsichtlich der **Entmündigungswirkungen** verlangt BGHZ 19, 245 — in offenkundiger Anlehnung an ZPO § 328 Ziff. 3 —, daß sie von denen einer Entmündigung im Inland nicht erheblich zum Nachteil des Entmündigten abweichen. Dies wird vor allem im Verhältnis zu solchen Staaten wichtig, welche nur eine Stufe der Geschäftsfähigkeit neben der Geschäftsunfähigkeit kennen und bei denen Entmündigung in Fällen, wo nach deutschem Recht nur Geschäftsbeschränkung eintritt, Geschäftsunfähigkeit zur Folge haben würde. Nun ist zwar in ZPO § 328 Ziff. 3 die Entmündigung nicht ausdrücklich genannt. Aber daraus läßt sich nicht mit SOERGEL-KEGEL[9] Rdz. 11 u. 2 zu Art. 8 schließen, deshalb komme es auf nachteilige Abweichungen der Entmündigungswirkungen nicht an; denn bei Schaffung der Vorschrift wurde mutmaßlich an Anerkennung ausländischer Entmündigungen nicht gedacht, da die Anerkennungsregelung der Gebhardschen Entwürfe nicht übernommen wurde.

24 10. Die Entmündigung darf, soll sie anerkannt werden, nicht gegen die guten Sitten oder gegen den Zweck deutscher Gesetze verstoßen (EG Art. 30; ZPO § 328 Ziff. 4). Sind die sonst für die Anerkennung aufgestellten Voraussetzungen (internationale Zuständigkeit, rechtsstaatliches Verfahren, Harmonie von Entmündigungsgründen und Entmündigungswirkungen mit dem deutschen Recht) gewahrt, wird nur selten Raum für die Anrufung der Vorbehaltsklausel bleiben.

25 11. *Einschränkungen* erfährt die Anerkennung der Entmündigung Deutscher im Ausland *im Verhältnis zu den Vertragsstaaten des Haager Entmündigungsabkommens*. Zwar sind nach Art. 9 Abk. dem Abkommen entsprechende Entmündigungen ohne Vollstreckbarerklärung in allen Vertragsstaaten wirksam. Aber die Entmündigung eines Deutschen in einem der Vertragsstaaten setzt voraus, daß zunächst die Behörden des Staates des gewöhnlichen Aufenthalts des Hilfsbedürftigen (Art. 4 Abk.) auf diplomatischem Wege (Art. 5 Abk.) die Bundesrepublik von der Hilfsbedürftigkeit unterrichtet haben und die Behörden der Bundesrepublik entweder innerhalb von 6 Monaten nicht geantwortet oder mitgeteilt haben, daß sie nicht einschreiten wollen. Ferner darf der Entmündigungsantrag nur von solchen Personen gestellt sein, die dazu nach dem Recht des Heimatstaates *und* des Aufenthaltsstaates berechtigt sind; auch müssen Entmündigungsgründe vorliegen, die nach diesen beiden Rechten zur Entmündigung berechtigen (Art. 7 Abk.). Insofern sind Heimatrecht und Aufenthaltsrecht kumulativ anzuwenden. Ist diesen Voraussetzungen nicht genügt, so ist die ausländische Entmündigung nicht anzuerkennen. Ist aber die Entmündigung anzuerkennen, so entfällt Art. 7 Abs. 3 (so auch GAMILLSCHEG, IntArbR Nr. 62).

26 12. Ist die ausländische Entmündigung eines Deutschen anzuerkennen, so gilt sie in Deutschland *mit allen ihren Wirkungen* — auch soweit sie vom deutschen Recht abweichen; doch wird man hinsichtlich etwaiger Abweichungen von einer entsprechenden deutschen Entmündigung allenfalls die Verkehrsschutzvorschrift des Art. 7 Abs. 3 EG entsprechend anzuwenden haben. Die mit der ausländischen Entmündigung regelmäßig einhergehende Anordnung einer ausländischen Vormundschaft ist ebenfalls anzuerkennen und kann zufolge FGG

§ 47 eine inländische erübrigen. *Sollen die Wirkungen einer inländischen Entmündigung eintreten, so kann diese erfolgen, um die ausländische zu ersetzen* — ein Bedürfnis für eine solche Maßnahme vorausgesetzt (vgl. oben Rdz. 12). Die vorherige Aufhebung der ausländischen Entmündigung ist nicht erforderlich (vgl. Art.10 Haager Abk.); sie wäre auch untunlich, weil sonst eine zeitweilige Lücke in den Schutzwirkungen der Entmündigung eintreten könnte. Geht die inländische Entmündigung in ihren Wirkungen weiter als die ausländische, so verdrängt sie diese sachlich auch ohne deren förmliche Aufhebung (vgl. oben Rdz. 12); geht sie nicht so weit, oder hat sie teilweise weitere, teilweise weniger weite Wirkungen, so ist die gleichzeitige Aufhebung der durch die neuere inländische Entmündigung überholten ausländischen nicht unbedingt erforderlich, denn die neue inländische Entmündigung entzieht ihrem Wesen nach der ausländischen die Anerkennung; ihre förmliche Aufhebung ist aber aus Gründen der Rechtsklarheit wünschenswert. *Die Aufhebung der ausländischen Entmündigung hat zu erfolgen, wenn vom Standpunkt des deutschen Rechts aus kein Entmündigungsgrund mehr besteht.* Daß eine solche Aufhebung eines ausländischen Staatsaktes möglich ist, muß mit BGHZ 19, 245 angenommen werden. Zwar hat RGZ 116, 194 erklärt, die inländische Aufhebung eines ausländischen Staatsaktes sei als Eingriff in fremde Souveränität unzulässig (dem folgen z.B. Riezler, IZPR S. 205; Reu, Staatl. Zust. S. 58ff., 173; Nussbaum IPR S. 338; Swoboda, Das int. Recht der freiw-Gbkt. S. 73). Indessen will unser Aufhebungsurteil ebensowenig notwendig Auslandswirkung beanspruchen, wie das ausländische Entmündigungsurteil uns gegenüber — obgleich ebensogut wie wir die ausländische Entmündigung anerkannt haben, der Entmündigungsstaat auch unsere Aufhebungsentscheidung anerkennen *kann*; tut er dies nicht, so ist immerhin mit unserer Aufhebungsentscheidung *mit Wirkung für das Inland* die ausländische Entmündigung beseitigt. Für die Aufhebbarkeit der ausländischen Entmündigung daher Neuhaus, Grundbegriffe S. 247; Jarck, NJW 1956, 1349; Harries, a.a.O. (vor Rdz. 1) S. 139; Neuhaus, JZ 1956, 538; Soergel-Kegel[9] Rdz. 12 zu Art. 8 EG; Krönig a.a.O. (vor Rdz. 1) S. 19; Levis, Dt. int. Entmündigungsrecht S. 162ff. Eine internationale Zuständigkeit für die Wiederaufhebung ist (Statussache eines inländischen Staatsangehörigen!) notwendig immer gegeben. Da die in ZPO § 676 gegebene örtliche Zuständigkeit nicht ausreicht, ist hilfsweise dasjenige Gericht für die Aufhebung der ausländischen Entmündigung zuständig, welches für eine inländische Entmündigung nach ZPO § 648 zuständig gewesen wäre (so Frankenstein, IPR I S. 444; Krönig, a.a.O. S. 19; Soergel-Kegel[9] Rdz. 12 zu Art. 8 EG; dagegen Jarck, Diss. a.a.O. [vor Rdz. 1] S. 145; Wiederaufhebung nur bei deutschem Wohnsitz). Die Aufhebung der Entmündigung kann aber immer nur mit Wirkung ex nunc erfolgen (Soergel-Kegel[9] Rdz. 12 zu Art. 8 EG; Büttner, a.a.O. [vor Rdz. 1] S. 23 u. 92; Harries, a.a.O. [vor Rdz. 1] S. 138), und nicht mit Wirkung ex tunc, wie BGHZ 19, 245 irrtümlich annimmt. Auch Johannsen (LM Art. 8 EGBGB Nr. 1) schlägt vor, im Falle einer Anwendung der vom BGH entwickelten Grundsätze zu prüfen, ob nicht eine Wiederaufhebung ex nunc angebracht wäre. Eine Leugnung der Entmündigung ex tunc kommt immer nur dann in Betracht, wenn es an den Voraussetzungen der Anerkennung gefehlt hatte.

13. Ist der ausländischen Entmündigung eines Deutschen die Anerkennung zu 27
versagen, so ist sie grundsätzlich als nicht bestehend zu behandeln (Staudinger-Raape S. 102) und zieht dann notwendig die Nichtanerkennung der anläßlich dieser Entmündigung angeordneten ausländischen Vormundschaft nach sich. Fraglich könnte allerdings sein, ob nicht wenigstens mit Beschränkung auf das entmündigende Land die Entmündigung anzuerkennen ist. Walker, IPR[5] S. 857 erwägt die Anerkennung „wenigstens für solche Rechtsverhältnisse, welche sich

unter der Herrschaft des ausländischen Rechts entwickelt haben und nach ihm zu beurteilen sind". Aber das überzeugt nicht. Denn hatte im Entmündigungsland der Vormund ein Geschäft mit Wirkung für und gegen den Entmündigten geschlossen, so ist nicht einzusehen, warum das Geschäft bei uns anerkannt werden müßte; und wenn der Entmündigte selbst abgeschlossen hat, so muß von unserem Standpunkt aus bei unberechtigter Entmündigung das Geschäft für ihn gültig sein; auf das Wirkungsstatut des Rechtsgeschäfts kann es nicht ankommen, wenn das Geschäft auch anderwärts Wirkungen zeitigt. Und Rechtsakte, die sich wirklich auf das Gebiet des Entmündigungslandes beschränken (für deren Anerkennung NUSSBAUM, IPR S. 122), werden selten vorkommen.

C. Entmündigung von Ausländern im Inland.

28 **I. Internationale Zuständigkeit (Art. 8).**

1. Die Möglichkeit, einen Ausländer im Inland entmündigen zu können, entspricht angesichts der zahlreichen sich im Inland aufhaltenden Ausländer einem praktischen Bedürfnis. Einmal kann es im Interesse des zu Entmündigenden liegen, daß nicht erst sein — vielleicht weit entfernter — Heimatstaat bemüht werden muß, ihm vielmehr Schutz an seinem Aufenthaltsort zuteil wird. Zum anderen kann die Entmündigung des Ausländers im Interesse des inländischen Rechtsverkehrs zweckmäßig sein; sie kann auch inländische Angehörige des Ausländers schützen. Art. 8 EG sieht daher eine inländische internationale Zuständigkeit vor, wenn der Ausländer seinen Wohnsitz im Inland, und in Ermangelung jeglichen Wohnsitzes seinen Aufenthalt im Inland hat. Dies deckt sich weitgehend mit der in ZPO § 648 Abs. 1 geregelten örtlichen Zuständigkeit; maßgeblich ist der allgemeine Gerichtsstand: nach ZPO § 13 der Wohnsitz und in Ermangelung eines solchen nach ZPO § 16 der inländische Aufenthalt. Dagegen ist bei bloß früherem inländischem Wohnsitz trotz der nach ZPO §§ 648 Abs. 1 und 16 gegebenen örtlichen Zuständigkeit keine internationale gegeben; es besteht kein Bedürfnis, jemanden lediglich deshalb im Inland zu entmündigen, weil er hier einmal seinen Wohnsitz hatte; gegenüber dem hier nicht mehr seßhaften Ausländer bestehen keine einschlägigen Schutzpflichten mehr, selbst wenn er sich vorübergehend im Inland aufhält; der Heimat- und Wohnsitzstaat bieten hier regelmäßig ausreichende Zuständigkeiten. An den „gewöhnlichen Aufenthalt" des Ausländers anzuknüpfen — wie BGHZ 19, 240ff. es für die Zuständigkeit bei Anerkennung von Auslandsentmündigungen Deutscher tut — besteht angesichts der eindeutigen und sachlich auch befriedigenden Lösung des Gesetzes keine Veranlassung. Darauf, ob der Heimatstaat des Ausländers oder andere Staaten unsere Entmündigung anerkennen werden, kommt es für die deutsche internationale Zuständigkeit nicht an (BGHZ 19, 240; SOERGEL-KEGEL[9] Rdz. 8 zu Art. 8; BayObIG FamRZ 1959, 364ff.).

29 **2.** Ob der Ausländer seinen **Wohnsitz im Inland** hat und ob er überhaupt keinen Wohnsitz hat, bestimmt sich nach inländischem Recht (BayObLG JFG 7, 91), nicht etwa nach seinem Heimatrecht. EG Art. 8 und ZPO §§ 13 u. 16 legen den Wohnsitzbegriff des deutschen Rechts zugrunde (REU, Staatl. Zust. S. 143; SOERGEL-KEGEL[9] Rdz. 7 zu Art. 8; OLG Karlsruhe Rpfleger 1957, 308). Ein gesetzlicher Wohnsitz der Frau ist also nicht in Betracht zu ziehen, selbst wenn er nach deren Heimatrecht gegeben sein würde. Sogar wenn man auf ausländische Wohnsitzbegriffe zurückgreifen wollte, wäre es nicht sinnvoll, eine ausländische Ehefrau im Inland schon deshalb entmündigen zu wollen, weil ihr Ehemann hier seinen Wohnsitz hat, wenn nicht auch ihr Lebensmittelpunkt sich hier befindet. So die vorherrschende Meinung: STAUDINGER-RAAPE S. 95; HABICHT S. 63,

FRANKENSTEIN IPR I S. 433; KRÖNIG, a.a.O. (vor Rdz. 1) S. 11; NUSSBAUM IPR S. 123; aM LEVIS, Dt. int. Entmündigungsrecht S. 57. Hat der Ausländer *mehrere Wohnsitze*, so genügt es für die inländische Zuständigkeit, wenn einer davon im Inland gelegen ist (STAUDINGER-RAAPE S. 96; FRANKENSTEIN, IPR I S. 433; HABICHT S. 231; KRÖNIG, a.a.O. S. 11). Bei Wohnsitzlosigkeit genügt ein schlichter inländischer Aufenthalt (STAUDINGER-RAAPE S. 95; LEVIS, a.a.O. S. 58; aM FRANKENSTEIN, IPR I S. 433); die Absicht dauernden Verbleibens im Inland oder gar ein schon bestehender „gewöhnlicher Aufenthalt" im Inland ist nicht erforderlich (RG JW 1912, 914). Andrerseits genügt nach dem klaren Wortlaut des Gesetzes ein schlichter inländischer Aufenthalt nicht, wenn der zu entmündigende Ausländer einen Wohnsitz im Ausland hat; in diesem Fall sind Heimatstaat und Wohnsitzstaat zur Entmündigung zuständig (hM; STAUDINGER-RAAPE S. 95; FRANKENSTEIN, IPR I S. 433). Demgegenüber tritt SOERGEL-KEGEL[9] Rdz. 6 zu Art. 8 (und offenbar auch WIECZOREK, ZPO § 645 C Ib) für inländische Zuständigkeit bei schlichtem inländischem Aufenthalt auch in diesen Fällen ein. Aber es überzeugt nicht, daß hier Gelegenheit zu schnellem und leichtem Handeln gegeben sein müsse; dazu ist die Entmündigung ein viel zu einschneidender Akt. Vorläufige Maßnahmen können genügen, um dann die Stellungnahme des Heimatstaates (evtl. des Wohnsitzstaates) abzuwarten. Die Zuständigkeitsvoraussetzungen müssen bei Einleitung des Verfahrens bestehen; fehlten sie zunächst, so genügt es, daß sie bei Abschluß des Verfahrens vorlagen. Entfallen sie während des Verfahrens, so stellt sich die umstrittene Frage, ob auch hinsichtlich der internationalen Zuständigkeit eine perpetuatio fori gilt. Diese Frage kann wohl nicht allgemeingültig, sondern nur nach der Natur des jeweiligen Verfahrens beantwortet werden (vgl. die perpetuatio fori ablehnend im Sorgerechtsverfahren BayObLG FamRZ 1959, 366). Bei der Entmündigung fehlt es ebensosehr an der Notwendigkeit des Schutzes des inländischen Rechtsverkehrs wie an einer Schutzpflicht gegenüber dem Ausländer, wenn dieser im Inland keinen Wohnsitz bzw. Aufenthalt mehr hat. Daher hat die Entmündigung zu unterbleiben, wenn die Voraussetzungen der internationalen Zuständigkeit vor Abschluß des Verfahrens entfallen sind (RG JW 1912, 914; OLG Karlsruhe Rpfleger 1957, 308; STAUDINGER-RAAPE S. 96; FRANKENSTEIN, IPR I S. 434; KRÖNIG, a.a.O. [vor Rdz. 1] S. 12; STEIN-JONAS-POHLE, ZPO[19] § 648 IV; aM HABICHT S. 63). Doch entfallen sie nicht mit nur scheinbarer Wohnsitzverlegung (OLG Karlsruhe a.a.O. betr. Anmeldung in ausländischem Gasthof). Im übrigen *würde eine Überschreitung der deutschen internationalen Zuständigkeit die Wirksamkeit der einmal getroffenen Entscheidung nicht beeinträchtigen.*

3. Die in Art. 8 geregelte internationale Zuständigkeit nötigt nicht in allen Fällen 30
dazu, von ihr Gebrauch zu machen. Das Gesetz sagt ausdrücklich, daß der Ausländer im Inland entmündigt werden *kann*, nicht aber, daß er es auch muß. Das bedeutet indessen nicht völlig freies Ermessen für das Gericht, ob es tätig werden will, vielmehr Ermessen nur in der Frage der Handhabung der internationalen Zuständigkeit. Es muß geprüft werden, ob ein Interesse des inländischen Rechtsverkehrs eine etwaige Entmündigung erfordert (STAUDINGER-RAAPE S. 98; FRANKENSTEIN, IPR I S. 434; WALKER, IPR[5] S. 856; HABICHT S. 63; KRÖNIG, a.a.O. S. 10; LEVIS, Dt. int. Entmündigungsrecht S. 58). Dies Interesse kann bei nur vorübergehendem Aufenthalt im Inland fehlen (KRÖNIG, a.a.O. S. 12). Außerdem ist aber auch das Interesse des zu Entmündigenden zu prüfen; die Tatsache, daß er schutzbedürftig ist, genügt für sich allein noch nicht, um von unserer internationalen Zuständigkeit Gebrauch zu machen; vielmehr ist zu prüfen, ob die Entmündigung sinnvollerweise dem Heimatstaat überlassen werden sollte. Das kann z.B. der Fall sein, wenn der Heimatstaat eine deutsche Entmündigung nicht

anerkennen würde, andrerseits wir die Entmündigung durch den Heimatstaat anerkennen würden und das Entmündigungsverfahren im Heimatstaat ohne Schwierigkeiten durchgeführt werden kann. Wer der oben Rdz. 29 vertretenen Ansicht nicht folgen will, daß es bei der Entmündigung internationalrechtlich keine perpetuatio fori gibt, wird zu prüfen haben, ob bei Fortfall der Voraussetzungen der internationalen Zuständigkeit nach Einleitung des Verfahrens die Entmündigung nicht aufgrund der „Kann"-Vorschrift des Art. 8 abzulehnen wäre, weil ein sachliches Interesse an einer inländischen Entmündigung entfallen ist (WALKER, IPR[5] S. 856). Endlich sollte geprüft werden, ob eine Entmündigung nach inländischem Recht wirklich erforderlich ist, wenn es um einen Entmündigungsgrund geht, der dem Heimatrecht des zu Entmündigenden nicht bekannt ist (WALKER, IPR[5] S. 856); ohne zwingende Notwendigkeit sollte nicht entgegen dem Heimatrecht (Art. 7!) entmündigt werden.

31 4. Vielfach wird eine inländische internationale Zuständigkeit nicht nur aufgrund des Art. 8 sondern auch kraft **Zuständigkeitsrückweisung** angenommen (SOERGEL-KEGEL[9] Rdz. 8 zu Art. 8; LEVIS, Dt. int. Entmündigungsrecht S. 39; M. WOLFF, IPR[3] S. 106). Indessen sind die Rechtsgrundlagen einer Zuständigkeitsrückverweisung wenig geklärt (SOERGEL-KEGEL[9] Rdz. 304 Vorbem. vor Art. 7) und ist deshalb Vorsicht geboten. Zuständigkeitsrückverweisung läßt sich allenfalls da annehmen, wo in Fragen der persönlichen Rechtsstellung das Heimatrecht auf deutsches Recht zurückverweist, weil damit *deutsches Recht* nicht nur seinem materiellen Inhalt nach, sondern offenbar auch *einschließlich der Mittel der Rechtsverwirklichung* gemeint ist. So wird man der in Art. 27 ausdrücklich anerkannten, Rückverweisung in Fragen der Geschäftsfähigkeit entnehmen können, daß dann wenn das Heimatrecht wegen einer etwaigen Entmündigung auf deutsches Recht zurückverweist, auch die deutschen Gerichte zuständig sein sollen; entsprechendes kann gelten, wo Wohnsitzrecht für Konventionsflüchtlinge oder Aufenthaltsrecht für Staatenlose (Art. 29) maßgeblich ist und dies Personalstatut auf deutsches Recht zurückverweist. In diesen Fällen folgt die Zuständigkeitsrückverweisung mittelbar aus Kollisionsnormen des Privatrechts. Sie kann sich aber auch aus Prozeßrecht ergeben, wenn ein ausländischer Staat nach seinen Zuständigkeitsregeln eine deutsche Zuständigkeit für gegeben hält. Nun wird zwar kein Staat unmittelbar einen bestimmten fremden Staat für zuständig erklären, sondern es wird sich aus seinen eigenen Regeln über seine internationale Zuständigkeit mittelbar ergeben, welche fremden Staaten er für zuständig hält. Solche Stellungnahme kann uns zwar die Annahme eigener Zuständigkeit erleichtern; verpflichtend ist sie aber für uns nicht (BayObLG FamRZ 1959, 366). Keinerlei Norm schreibt das vor, und wir können uns auch Zuständigkeiten nicht vom ausländischen Recht aufdrängen lassen, wenn wir nicht selbst ein Bedürfnis für Tätigwerden unserer Gerichte sehen. Unsere eigene internationale Zuständigkeit ist aber mit Art. 8 EG genau und ausreichend abgegrenzt. Ein wirkliches Bedürfnis, darüber hinauszugehen, ist nicht ersichtlich, da eine Zuständigkeitsrückverweisung vorzugsweise dann vorkommen dürfte, wenn domicile oder Wohnsitz sich in Deutschland befinden; dann ist aber die internationale Zuständigkeit nach Art. 8 ohnehin gegeben. KEGEL (bei SOERGEL[9] Rdz. 8 zu Art. 8) sieht die Bedeutung der Zuständigkeitsrückverweisung darin, daß der in Art. 8 enthaltene Ermessensspielraum entfalle und wir in solchen Fällen über die Entmündigung entscheiden *müssen*. Das ist höchstens für die aus Art. 27 mittelbar folgende Zuständigkeitsrückverweisung zuzugeben. In Fällen rein prozessualer Rückverweisung würden wir uns zur Überschreitung der in Art. 8 gesetzten Grenzen internationaler Zuständigkeit nur dann veranlaßt sehen, wenn es andernfalls wegen Zuständigkeitsablehnung anderer Staaten zur Rechtsverweigerung, d.h. zu Fortfall jeglicher Schutzmöglichkeit für

den zu Entmündigenden käme. LEVIS (Dt. int. Entmündigungsrecht S. 50) geht noch weiter und sieht die Bedeutung der Zuständigkeitsrückverweisung darin, daß die so gewonnene Zuständigkeit eine ausschließliche sei, während sich aus Art. 8 nur eine ergänzende Zuständigkeit ergebe, die der aus Rückverweisung folgenden rangmäßig nachgehe. Auch das kann nicht zugegeben werden, schon weil die Entmündigungszuständigkeit sekbst bei Deutschen keine ausschließliche ist (oben Rdz. 14ff), also erst recht nicht bei Ausländern. Eine trotz kollisionsrechtlicher Rückverweisung im Heimatstaat oder einem dritten Staat vorgenommene Entmündigung wäre nicht grundsätzlich von der Anerkennung ausgeschlossen.

5. Das **Haager Abkommen** regelt die Zuständigkeit zur Entmündigung von Ausländern abweichend und gegenüber Art. 8 stark einschränkend. Zuständig ist grundsätzlich der Heimatstaat (Art. 2 Abk.); der Aufenthaltsstaat ist primär nur für vorläufige Maßregeln zuständig (Art. 3 Abs. 2) und hat den Behörden des Heimatstaates von Schutzbedürftigkeit, etwaigem Entmündigungsantrag und getroffenen vorläufigen Maßregeln auf diplomatischem Wege (Art. 5 Abk.) Nachricht zu geben (Art. 4 Abk.). Erst wenn die Behörden des Heimatstaates erklärt haben, daß sie nicht einschreiten wollen, oder innerhalb einer Frist von sechs Monaten nicht geantwortet haben, ist der Staat des gewöhnlichen Aufenthalts für die Entmündigung zuständig; seine Entmündigung ist dann aber vom Heimatstaat anzuerkennen (Art. 9 Abk.), wenngleich sie von ihm durch eine eigene Entmündigung ersetzt oder sogar aufgehoben werden kann (Art. 10, 11 Abk.). 32

II. Das Entmündigungsverfahren.

Es bestimmt sich immer nach deutschem Recht als der lex fori. Was zum Verfahrensrecht gehört, was zum materiellen Entmündigungsrecht, unterliegt der Qualifikation der lex fori. Die *Antragsrechte* werden vom deutschen Recht verfahrensrechtlich qualifiziert (ZPO § 646; LEVIS, Dt. int. Entmündigungsrecht S. 167). Doch ist das Qualifikationsproblem umstritten; vgl. die Diskussion im Institut de Droit International, Annuaire 14 (1895) 152ff. Für Qualifikation als materiellrechtlich GEBHARD bei NIEMEYER, Vorgeschichte S. 362. Auch soweit es um die Frage geht, wer als „Verwandter" des zu Entmündigenden anzusehen ist, gilt deutsches Recht; doch ist die Frage, wer gesetzlicher Vertreter und sorgeberechtigt ist, nach Vertretungs- bzw. Vormundschaftstatut (Art. 19, 23) zu beantworten und zu prüfen, ob ein im Ausland bestellter Vormund bei uns anzuerkennen ist; ebenso ist hinsichtlich eines Entmündigungsantrages des Ehegatten zu prüfen, ob die Ehe nach deutschem Kollisionsrecht (Art. 13) besteht oder noch besteht (Art. 17). Der deutsche Staatsanwalt kann stets den Entmündigungsantrag auch für einen Ausländer stellen. 33

2. Anders nach dem *Haager Abkommen*. Hier muß der Entmündigungsantrag von einer Person gestellt sein, die sowohl nach dem Heimatrecht wie auch nach dem Recht des gewöhnlichen Aufenthalts des zu Entmündigenden antragsbefugt ist. Soweit eine Behörde antragsberechtigt ist, brauchen die Behörden einander nicht zu entsprechen; es genügt, daß nach beiden Rechtsordnungen überhaupt eine Behörde zur Antragstellung befugt ist. Die deutsche Staatsanwaltschaft kann also die Entmündigung eines Niederländers oder Italieners beantragen, ohne Rücksicht darauf, welche Art von Behörden in jenen Staaten antragsbefugt ist, wenn es nur überhaupt ein behördliches Antragsrecht gibt (FRANKENSTEIN, IPR I S. 438; LEWALD, Haager Konventionen in WbVR[1] I S. 479 unter Berufung auf die Konferenzakten 104; BOGENG, a.a.O. [vor Rdz. 6] Anm. 2 zu Art. 7 Abk; BEITZKE, RabelsZ 23. 1958, 710). Ist aber nach dem Heimatrecht des zu Entmündigenden keinerlei Behörde antragsberechtigt, so kann auch der deutsche Staatsanwalt keinen Entmündigungsantrag stellen. 34

III. Entmündigung nach deutschem Recht.

35 **1.** Nach Art. 8 kann die Entmündigung des Ausländers nach deutschem Recht erfolgen. Diese Ausnahme von der Kollisionsnorm des Art. 7 beruht auf praktischen Erwägungen. Sie soll dem Interesse des inländischen Rechtsverkehrs dienen und eine Entmündigung ermöglichen, auch wenn sie nach dem ausländischen Heimatrecht nicht möglich wäre (wie etwa öfter bei Verschwendung oder Trunksucht); sie kann dazu dienen, Inländer zu schützen, da die Familienangehörigen des Ausländers Inländer sein können; sie bedeutet im Ergebnis auch eine Anpassung der Geschäftsfähigkeit des Ausländers an das inländische Recht, da die nach deutschem Recht erfolgte Entmündigung auch die Wirkungen einer deutschen Entmündigung hat und die Einleitung einer deutschen Vormundschaft ermöglicht (Art. 23). Dieser Ausnahmeregelung des Art. 8 ist „Systemlosigkeit, Einseitigkeit und Verkehrtheit" vorgeworfen worden; sie sei ein „Denkmal gesetzgeberischer Unkunst" (vgl. bei FRANKENSTEIN, IPR I S. 432). Sie ist gleichwohl aus den genannten praktischen Gründen gerechtfertigt. Auch eine „Überspannung" der Anwendung eigenen Rechts (LEWALD, IPR S. 61) ist dann nicht zu befürchten, wenn man von dieser Kann-Vorschrift entsprechend zurückhaltenden Gebrauch macht und in Widerspruch zum primär maßgeblichen Heimatrecht nur entmündigt, wo es wirklich dringend erforderlich erscheint (vgl. oben Rdz. 30).

36 **2.** Das *Haager Abkommen* (Art. 7) schränkt gegenüber Angehörigen der Vertragsstaaten den Art. 8 EG dahin ein, daß die Entmündigung nur aus Gründen erfolgen kann, die sowohl nach dem Heimatrecht als auch nach dem Recht des Aufenthaltsstaats Entmündigungsgründe sind. Auch hier wird man nicht verlangen können, daß die Entmündigungsgründe sich decken; es wird genügen müssen, daß die Entmündigung nach dem Heimatrecht aus einem Grunde, nach dem Recht des gewöhnlichen Aufenthalts aus einem anderen Grunde zulässig ist (so offenbar auch LEWALD WbVR[1] I S. 479; „es muß demnach ..... nach beiden Rechten ein Entmündigungsgrund vorliegen"; derselben Ansicht ist FRANKENSTEIN, IPR I S. 438, der auf Art. 17 Abs. 4 verweist). Daß ein Entmündigungsgrund nur nach dem Heimatrecht vorliegt, genügt selbst dann nicht, wenn der Staat des gewöhnlichen Aufenthalts sonst grundsätzlich bereit wäre, gemäß dem Heimatrecht zu entmündigen. Liegt aber ein Entmündigungsgrund nach jeder der beiden Rechtsordnungen vor, so verschlägt es nichts, daß die Entmündigungswirkungen nach der einen Rechtsordnung weiter gehen als nach der anderen. Der Aufenthaltsstaat kann, wenn er überhaupt zur Entmündigung zuständig ist und Entmündigungsgründe nach beiden Rechtsordnungen vorliegen, auch dann entmündigen, wenn seine Entmündigung weitergehende Wirkungen hat als die des Heimatstaates hätte (LEWALD a.a.O.; dagegen FRANKENSTEIN, IPR I S. 439).

37 **3.** Auch die **Folgen der Entmündigung** richten sich, wenn zufolge Art. 8 oder des Haager Abkommens der Ausländer unter den Voraussetzungen des deutschen Rechts entmündigt worden ist, **nach deutschem Recht** — gleichgültig, ob und inwieweit der Heimatstaat das anerkennt (hM: STAUDINGER-RAAPE S. 96ff.; SOERGEL-KEGEL[9] Rdz. 8 zu Art. 8; OLG Karlsruhe Rpfleger 1957, 308). Für das Haager Abkommen ist das in Art. 8 des Abk. ausdrücklich angeordnet. Anderer Ansicht ist freilich FRANKENSTEIN, IPR I S. 435, welcher die Entmündigungsfolgen dem Heimatrecht des Entmündigten entnehmen will. Aber Entmündigungsvoraussetzungen und Folgen hängen in jeder Rechtsordnung untrennbar zusammen. Einer der Zwecke der Entmündigung des Ausländers nach inländischem Recht, nämlich Schutz des inländischen Verkehrs, würde nicht erreicht werden, da der Verkehr bei inländischer Entmündigung im allgemeinen mit den Entmündigungsfolgen des inländischen Rechts rechnet (STAUDINGER-RAAPE S. 97). Wird also ein Engländer hier wegen Geisteskrankheit entmündigt, so sind von ihm abge-

schlossene Rechtsgeschäfte nichtig (BGB § 104), auch wenn es sich um necessaries handelt, über die auch der Geisteskranke nach englischem Recht wirksam Verträge schließen kann. Der Engländer könnte hier auch wegen Verschwendung entmündigt werden, obwohl das englische Recht eine solche Entmündigung nicht kennt; er wäre dann beschränkt geschäftsfähig. Der hier wegen Geisteskrankheit entmündigte Österreicher wäre in jedem Fall geschäftsunfähig, obwohl in Österreich bei Geisteskrankheit auch eine beschränkte Entmündigung hätte vorgenommen werden können. Wird ein Franzose hier wegen Verschwendung entmündigt, so kann er keine Verpflichtung selbständig eingehen, obwohl nach französischem Recht (Art. 491 ff. CC nF) andere Abstufungen in Beschränkung der Geschäftsfähigkeit gelten. Die genannten Rechtswirkungen treten von unserem Standpunkt aus auch bei im Ausland und unter fremdem Recht geschlossenen Geschäften ein, selbst wenn im Ausland die deutsche Entmündigung nicht anerkannt wird.

4. **Gesetzliche Vertretung des Entmündigten** muß im Anschluß an seine Ent- 38
mündigung eingerichtet werden. Bei inländischer Entmündigung des Ausländers ergibt sich die Zuständigkeit dafür aus Art. 23 (bzw. Haager Abk. Art. 8). Darauf, ob der Ausländer auch nach seinem Heimatrecht der Fürsorge bedürfte, kommt es nicht an; das Fürsorgebedürfnis ergibt sich aus der inländischen Entmündigung. Erkennt der Heimatstaat die Entmündigung nicht an, so wird er auch keine Maßnahmen ergreifen. Erkennt er die deutsche Entmündigung an, so wird er möglicherweise selbst eine Vormundschaft einrichten; diese kann trotz Art. 23 eine deutsche Bevormundung überflüssig machen, wenn der dort eingesetzte Vertreter (Vormund, Kurator, Beistand etc.) hinreichend weite Befugnisse hat, um in allen Fällen tätig zu werden, wo zufolge der deutschen Entmündigung ein Eingreifen notwendig ist.

IV. Entmündigung nach Heimatrecht?

1. Fraglich ist, ob nach der Fassung von Art. 8 in Deutschland eine Entmündigung 39
eines Ausländers nur aufgrund seines Heimatrechts möglich wäre. Die Frage wird bedeutsam, wo die Entmündigungsgründe des Heimatrechts über die des deutschen Rechts hinausgehen wie z.B. Epilepsie (Wisconsin), Blindheit (Griechenland, Italien, Norwegen, Portugal), Taubstummheit (Argentinien, Brasilien, Chile, Griechenland, Italien, Kolumbien, Peru, Portugal, Spanien, Ungarn, Venezuela), Altersschwäche (Frankreich und Island), Rauschgiftsucht (Österreich, Portugal, Frankreich), Spielleidenschaft (Norwegen), lasterhafter Lebenswandel (Art. 370 SchwZGB), Mißwirtschaft (Art. 370 SchwZGB), eigener Antrag (Österreich, Schweden, Schweiz). Bedeutsam wird die Frage ferner da, wo die Entmündigungswirkungen — selbst bei einander entsprechenden Entmündigungsgründen — voneinander abweichen. Denn nicht alle Staaten haben die gleichen Geschäftsfähigkeitsabstufungen wie das deutsche Recht. Vielfach sind die Wirkungen beschränkter Entmündigung anders als bei uns; so gibt z.B. das italienische Recht dem „inabilitato" die Stellung eines Emanzipierten. Das neue französische Recht unterscheidet nach Volljährigen unter gerichtlicher Aufsicht, unter Vormundschaft oder unter Kuratel (Art. 488—514 CC nF). In Österreich kann auch bei Geisteskrankheit eine beschränkte Entmündigung erfolgen. Beispiele ließen sich häufen!

2. *Die in Deutschland herrschende Meinung faßt Art. 8 als Exclusivregelung auf,* 40
die jede Entmündigung nur nach Heimatrecht ausschließt (Staudinger-Raape S. 96; Walker, IPR^5 S. 855). Diese Auffassung entspricht offenbar der Entstehungsgeschichte des Gesetzes, ist aber weder nach der endgültigen Formulierung des Textes noch auch der Sache nach zwingend. Es würde dem Geiste der Hilfe für den Betroffenen, gegenseitiger Hilfe unter den Staaten, und dem Gedanken

der gegenseitigen Vertretbarkeit der Behörden entsprechen, könnte der Ausländer im Inland auch nach seinem Heimatrecht entmündigt werden. Man sollte in Entmündigungssachen ohnehin nur aus triftigen Gründen vom Heimatrecht abweichen (Soergel-Kegel[9] Rdz. 8 zu Art. 8). Etwaige exzessive Entmündigungsgründe sind nicht zu befürchten, müßten notfalls mit Art. 30 ausgeschaltet werden.

41 So sehr aber eine solche Entmündigung nach Heimatrecht den Interessen des zu Entmündigenden dienen kann, so sehr kann sie den inländischen Rechtsverkehr gefährden. Deshalb hatten die Gebhardschen Entwürfe (§ 28) eine solche Entmündigung nur bei gleichzeitigem Vorliegen eines inländischen Entmündigungsgrundes und mit den Wirkungen des inländischen Rechts zulassen wollen. Diese ausdrückliche Einschränkung ist aber nicht Gesetz geworden. Folgt man der Auffassung, daß Art. 8 die Entmündigung eines Ausländers nach seinem Heimatrecht nicht ausdrücklich ausschließt, so wäre doch andrerseits eine solche Entmündigungsmöglichkeit nur unter Einschränkungen tragbar:

a) daß eine solche Entmündigung *nicht erfolgen muß, sondern nur kann*, und von der Möglichkeit nur dann Gebrauch gemacht wird, wenn besondere Gründe dafür vorliegen wie etwa mangelnde Fürsorge durch die Heimatbehörden;

b) daß die Entmündigung in entsprechender Anwendung von ZPO § 687 veröffentlicht wird;

c) daß darüber hinaus — wegen der vom inländischen Recht möglicherweise abweichenden Entmündigungswirkungen — Art. 7 Abs. 3 so wie bei einer ausländischen Entmündigung nach Heimatrecht (vgl. unten Rdz. 42ff) zum Schutz des inländischen Verkehrs entsprechend angewendet wird;

d) daß deutsches Entmündigungsverfahren zur Anwendung kommt. Dies würde entsprechend den funktionellen Zuständigkeiten deutscher Gerichte auch da der Fall sein müssen, wo im Ausland etwa Vormundschaftsgerichte zuständig sind wie z.B. in Österreich gemäß § 251 öABGB für die Anordnung der Fortdauer einer Vormundschaft über die Volljährigkeit hinaus (vgl. oben Rdz. 9ff).

D. Entmündigung eines Ausländers im Ausland.

42 **I. Entmündigung im Heimatstaat.**

Die Entmündigung ist grundsätzlich anzuerkennen. Das folgt aus dem Grundsatz des Art. 7: wir wollen die Geschäftsfähigkeit so beurteilen, wie der Heimatstaat. So die hM: Staudinger-Raape S. 103; Soergel-Kegel[9] Rdz. 5 zu Art. 8; Erman-Arndt[4] Anm. 2d zu Art. 8; Palandt-Lauterbach[28] Anm. 3 zu Art. 8; Melchior, Grundlagen S. 308; Krönig, a.a.O. (vor Rdz. 1) S. 19; Walker, IPR[5] S. 855; M. Wolff, IPR[3] S. 105; Harries, a.a.O. (vor Rdz. 1) S. 59; Stein-Jonas-Pohle, ZPO[19] § 648 IV; Wieczorek, ZPO § 645 C I b; RGZ 80, 267; OLG München SeuffBl. 72, 845; BayObLG HEZ 3, 90 u. FamRZ 1964, 469 betr. beschränkte Entmündigung einer Österreicherin. Entsprechend ist die Entmündigung eines Konventionsflüchtlings im Staate seines Wohnsitzes oder eines Staatenlosen im Staate seines gewöhnlichen Aufenthalts (Art. 29) anzuerkennen.

43 Allerdings ist es nicht ohne Einfluß, daß der Zustand des Entmündigtseins sich nicht ex lege ergibt, sondern durch einen konstitutiven Akt herbeigeführt ist. Dieser bedarf der Anerkennung. Aber er ist — trotz seines früher vielfach hervorgehobenen rechtspolizeilichen Charakters — unbedenklich anerkennbar, zumal er ein privatrechtsgestaltender Akt ist. Der Schutzzweck für den Entmündigten könnte nicht erreicht werden, wollte man nicht einmal die Entmündigung durch den Heimatstaat anerkennen. Daß das Haager Abkommen (Art. 9) die Anerkennung der Entmündigung durch den Heimatstaat ausdrücklich vorsieht, ist keine Besonderheit, welche Umkehrschlüsse zuließe; hier wird nur das im Verhältnis von Staaten des Staatsangehörigkeitsgrundsatzes Selbstverständliche noch-

mals ausgesprochen. Da es sich bei der Entmündigung um einen Akt fürsorgender Gerichtsbarkeit handelt, kommt es auf die Anerkennungsvoraussetzungen von ZPO § 328 selbst dann nicht an, wenn die Entmündigung durch Urteil ausgesprochen ist (vgl.oben Rdz. 17f.; für Ausländer gilt insoweit nichts anderes als für Deutsche). Auch bedarf es keinerlei Vollstreckbarkeitserklärung der Entmündigung im Inland. Daß der Heimatstaat zur Entmündigung seiner Staatsangehörigen immer zuständig ist, folgt aus unseren eigenen Zuständigkeitsgrundsätzen (ZPO § 648). Welches Recht der Heimatstaat anzuwenden für richtig hält, müssen wir ihm überlassen. Ob die Entmündigungsgründe des angewendeten Rechts den unsrigen entsprechen, ist nicht maßgeblich (M. Wolff, IPR³ S. 105); der abweichenden Ansicht von Nussbaum, IPR S. 123 kann nicht gefolgt werden, weil die in den Gebhardschen Entwürfen § 28 vorgesehene dahingehende Regelung nicht ins Gesetz übernommen worden ist. Im übrigen ist die Rechtmäßigkeit der ausländischen Entmündigung von uns nicht nachzuprüfen (RGZ 80, 262; Staudinger-Raape S. 103).

44 Immerhin kann eine ausländische Entmündigung aus Gründen, die dem deutschen Recht unbekannt sind, und vielleicht auch mit Wirkungen, die denen einer deutschen Entmündigung nicht entsprechen, den inländischen Rechtsverkehr gefährden. Aber hier schützt Art. 7 Abs. 3 (Frankenstein, IPR I S. 446), dessen Anwendung freilich in den Einzelheiten streitig ist. Pagenstecher (RabelsZ 15. 1949/50, 189ff.) will aus Art. 7 Abs. 3 folgern, daß wenn die Entmündigung aus dem deutschen Recht fremden Gründen erfolge, sie niemals anerkannt werden könne, weil der Ausländer in derartigen Fällen nach deutschem Recht stets geschäftsfähig sein würde. Indessen würde diese Auslegung gerade dem widersprechen, daß der Gesetzgeber dem Gebhardschen Vorschlag nicht gefolgt ist. Daher ist die Auslegung vorzuziehen, daß die Entmündigung des Ausländers als solche anzuerkennen ist, der inländische Verkehr aber dagegen geschützt wird, daß diese vielleicht weitergehende Wirkungen hat als eine beschränkte inländische Entmündigung (so RGZ 80, 262, wo die französische Bestellung eines conseil judiciaire bei einer Verschwenderin allerdings im Ergebnis weniger weitgehende Wirkungen hatte als eine deutsche Entmündigung wegen Verschwendung). Ferner hat Nussbaum, IPR S. 123 auf die Gefahren aufmerksam gemacht, die davon ausgehen, daß nach ZPO § 687 inländische Entmündigungen wegen Verschwendung oder Trunksucht förmlich bekannt gemacht werden, während es bei einschlägigen ausländischen Entmündigungen an einer entsprechenden Bekanntmachung fehle; deshalb will er ausländische Entmündigungen wegen Verschwendung oder Trunksucht von der Anerkennung ausschließen. Nussbaums Bedenken ist gewiß nicht einfach abzutun; doch dürfte Nussbaum die praktische Wirkung der Bekanntmachung ähnlich überschätzen wie das EheG die Bedeutung des Aufgebots, andrerseits Art. 7 Abs. 3 einen hinreichenden Schutz bieten. Immerhin geht der Vorschlag des Deutschen Rates für IPR dahin, in Zukunft ausländische Entmündigungen aus anderen Gründen als Geisteskrankheit und Geistesschwäche für die in Art. 7 Abs. 3 Satz 1 betroffenen Geschäfte nicht anzuerkennen. Vom Standpunkt des geltenden Rechts aus kann aber ausländischen Entmündigungen aus dem deutschen Recht unbekannten Gründen die Anerkennung im Inland nicht versagt werden. Nur bei exzessiven Entmündigungsgründen oder bedenklichem Verfahren des Auslands kann allenfalls Art. 30 EGBGB zur Anwendung kommen.

45 Die Wirkungen der im Heimatstaat erfolgten Entmündigung sind dem dort angewendeten Recht zu entnehmen; regelmäßig wird es das eigene Recht des Heimatstaates sein. Die in der Schweiz ausgesprochene Entmündigung eines Schweizers wegen „lasterhaften Lebenswandels" oder Mißwirtschaft (ZGB Art. 370), wegen Freiheitsstrafe (ZGB Art. 371; dazu oben Rdz. 10, 39) oder auf eigenes Begehren

(ZGB § 372) ist mit allen Wirkungen des Schweizer Rechts anzuerkennen, allerdings vorbehaltlich von Art. 7 Abs. 3! Ist eine Österreicherin in Österreich wegen Geisteskrankheit nur beschränkt entmündigt, so ist dies bei uns mit dieser Rechtsfolge anzuerkennen (BayObLG FamRZ 1964, 469ff.), obwohl bei uns eine volle Entmündigung mit der Folge der Geschäftsunfähigkeit vorgenommen worden wäre.

II. Entmündigung des Ausländers in einem dritten Staat.

46 **1. Bei Anerkennung im Heimatstaat.** Aus Art. 7 folgt die Maßgeblichkeit des Heimatrechts, somit auch die Maßgeblichkeit der Entscheidung, welche der Heimatstaat hinsichtlich der Entmündigung in einem dritten Staat trifft. Erkennt er sie an, so ist sie auch bei uns anzuerkennen. Das ist hM: PALANDT-LAUTERBACH[28] 3 zu Art. 8; ERMAN-ARNDT[4] 2d zu Art. 8; STAUDINGER-RAAPE S. 104; HABICHT S. 64; LEWALD, IPR S. 62; NUSSBAUM, IPR S. 122—123; RAAPE, IPR[5] S. 182; WALKER, IPR[5] S. 855; KRÖNIG, a.a.O. (vor Rdz. 1) S. 19; REU, Staatl. Zust. S. 120; OLG München IPRspr. 1928 Nr. 55 = ZZP 53, 159 mit Anm. FRANKENSTEIN. Freilich wird diese Ansicht von FRANKENSTEIN, IPR I S. 445 und KEGEL (bei SOERGEL[9] Rdz. 5 zu Art. 8), offenbar auch von WIECZOREK (ZPO § 645 C I b) nicht geteilt. Sie betonen, daß bei einer Entmündigung durch Urteil die Grundsätze von ZPO § 328 zu beachten seien; vgl. dagegen schon oben Rdz. 17f. Bloß wegen mangelnder Verbürgung der Gegenseitigkeit mit dem Entmündigungsstaat die Anerkennung einer Entmündigung zu verweigern, die auch der Heimatstaat des Entmündigten anerkennt, erscheint aber äußerst mißlich, dem Schutz des Entmündigten abträglich und mit dem Grundsatz des Art. 7 EG schwer verträglich. An der Zuständigkeit (ZPO § 328 Ziff. 1) kann im übrigen die Anerkennung der Entmündigung kaum scheitern, denn wir halten den Heimatstaat für zuständig und sollten uns dessen zuständigkeitsmäßiger Weiterverweisung auf den Entmündigungsstaat anschließen. Daß der eigene ordre public auch gegenüber der vom Heimatstaat anerkannten Entmündigung im Drittstaat vorbehalten bleibt, ist selbstverständlich; doch wird selten Anlaß sein, sich darauf zu berufen; Fremdheit der Entmündigungsgründe allein genügt dafür nicht. Die Wirkungen der Entmündigung entsprechen für uns denen im Entmündigungsstaat.

47 **2. Ohne Anerkennung im Heimatstaat.** Für die oben genannte hM folgt aus Art. 7, daß dann, wenn der Heimatstaat die fremde Entmündigung nicht anerkennt, wir sie auch nicht anerkennen können. Dieser Schluß ist indessen nicht überzeugend; insoweit ist der abweichenden Ansicht von FRANKENSTEIN und KEGEL zu folgen. Es kann sein, daß der Heimatstaat die internationale Zuständigkeit des Entmündigungsstaates nicht anerkennt, etwa weil er eine ausschließliche Zuständigkeit für die Entmündigung seiner Staatsangehörigen beansprucht. Dann folgen wir dem nicht, weil ein solches Prinzip für uns nicht gilt. Die Entmündigung des Wohnsitz- oder Domizilstaats wäre bei uns anerkennungsfähig (BÜTTNER, a.a.O. [vor Rdz. 1] S. 26). Ist der Entmündigungsstaat von unserem Standpunkt aus international zuständig (ZPO § 328 Ziff. 1 analog), so sollten wir trotz der abweichenden Stellungnahme des Heimatstaates die Entmündigung anerkennen — vorbehaltlich unseres ordre public; daß es auf die Verbürgung der Gegenseitigkeit nicht ankommt, wurde schon ausgeführt (vgl. auch oben Rdz. 17ff). Erkennt der Heimatstaat aber die Entmündigung etwa deshalb nicht an, weil im Wohnsitzstaat aus einem nur dort bekannten, jedoch vom Heimatrecht nicht gebilligten Grund entmündigt wurde, so ergibt Art. 7 EG, daß die Entmündigung nicht anzuerkennen ist; so, obwohl wir selbst im Inland wegen inländischer Interessen nach eigenem Recht entmündigen; die Interessen des Wohnsitzstaates an der Entmündigung haben wir nicht zu schützen und sind für den Rechtsverkehr in unserem

Land irrelevant, selbst wenn die Entmündigungsgründe den unsrigen entsprechen (so entgegen § 28 der Gebhardschen Entwürfe). Wird ein Niederländer in Österreich wegen Rauschgiftsucht entmündigt, so ist diese Entmündigung bei uns nicht anzuerkennen, weil die Niederlande sie mangels eines entsprechenden Entmündigungsgrundes nicht anerkennen würden.

E. Statutenwechsel. 48

Statutenwechsel kann die unterschiedlichsten Ursachen haben: sei es, daß der Anknüpfungspunkt sich ändert (Wechsel von Staatsangehörigkeit, Wohnsitz oder Aufenthalt), sei es, daß die fragliche Person durch Souveränitätswechsel unter eine neue Gebietshoheit fällt, daß die Kollisionsnorm sich ändert oder die anwendbare materiellrechtliche Norm intertemporal durch eine neue ersetzt wird. In den letzteren Fällen ist es Sache des neuen Staates, des Gesetzgebers der neuen Kollisionsnorm oder neuen materiellen Norm, zu bestimmen, wann und in welcher Hinsicht das neue Statut maßgeblich wird. Hier interessieren die Fälle eines Wechsels der Anknüpfungstatsache. Dieser Wechsel kann vor oder nach Entmündigung stattfinden. Vor Entmündigung führt der Wechsel der Staatsangehörigkeit — und hinsichtlich Art. 8 die Verlegung des Wohnsitzes (evtl. Aufenthalts vom Ausland ins Inland und umgekehrt — zur Anwendung des nunmehr maßgeblichen Heimat- oder Wohnsitzrechts auf die Frage der Entmündigung. Nach erfolgter Entmündigung überschneiden sich das auf die Geschäftsfähigkeit (Art. 7) anwendbare Recht und die Geltungskraft der einmal erfolgten Entmündigung; angesichts dessen muß für die Frage dieses Statutenwechsels nach inländischer und ausländischer Entmündigung unterschieden werden. Das Haager Abkommen regelt die Fragen des Statutenwechsels nicht.

1. Nach deutscher Entmündigung. Eine deutsche Entmündigung bleibt von 49 unserem Standpunkt aus bestehen, bis sie rechtswirksam aufgehoben wird (Soergel-Kegel[9] Rdz. 13 zu Art. 8 EG). Es wird nicht etwa automatisch nur das neue Heimatrecht maßgeblich (was aber Staudinger-Raape S. 106 annahm; gegen Raape Harries, a.a.O. [vor Rdz. 1] S. 126). Der Grundsatz der Aufrechterhaltung der Entmündigung gilt zunächst beim Deutschen, der eine fremde Staatsangehörigkeit erwirbt. Doch mag Veranlassung bestehen, die deutsche Entmündigung aufzuheben, wenn sie aus einem Grunde erfolgte, den das neue Heimatrecht nicht kennt, und wenn der Deutsche Deutschland verläßt, so daß eine inländische internationale Zuständigkeit für eine neue Entmündigung nicht mehr bestehen würde. Er gilt aber auch beim Ausländer, der von uns nach Art. 8 entmündigt worden ist, und der eine andere Staatsangehörigkeit erwirbt oder seinen deutschen Wohnsitz mit einem ausländischen vertauscht; auch hier kann Veranlassung zur Wiederaufhebung der Entmündigung wegen Wegfalls der ursprünglichen Voraussetzungen bestehen (Raape, IPR[5] S. 181; Soergel-Kegel[9] Rdz. 9 zu Art. 8; Erman-Arndt[4] Anm. 1 zu Art. 8; Krönig, a.a.O. [vor Rdz. 1] S. 13). Die deutsche Entmündigung kann nicht nur in Deutschland wieder aufgehoben werden, sondern auch im Staat der neuen Staatsangehörigkeit oder des neuen Wohnsitzes. Dann bedarf es keiner deutschen Aufhebung der Entmündigung mehr, wenn wir die Wiederaufhebungsentscheidung anerkennen (dazu unten Rdz. 56f.); doch kann eine inländische Wiederaufhebung der Entmündigung eine nützliche Klarstellungsfunktion haben.

2. Nach ausländischer Entmündigung. War die ausländische Entmündigung im 50 Inland nicht anerkannt, weil sie gegen den inländischen ordre public verstieß, so bleibt es regelmäßig auch nach jedem Statutenwechsel dabei. War die Anerkennung mangels internationaler Zuständigkeit des Entmündigungsstaates versagt, so bleibt sie es auch nach dem Statutenwechsel, außer der Betroffene wird Angehöriger eines Staates, welcher seinerseits die Zuständigkeit des Entmündigungsstaates anerkennt (vgl. oben Rdz. 47). War die Anerkennung deshalb versagt, weil sie aus Gründen erfolgt war, die der Heimatstaat nicht anerkennt, so kann sie nunmehr erfolgen, wenn die Gründe denen des neuen Heimatstaates entsprechen, insbesondere auch wenn der Ausländer Deutscher wird und der Entmündigungsgrund deutschem Recht entspricht; ebenso kann sie nunmehr erfolgen, wenn der Ausländer seinen Wohnsitz nach Deutschland verlegt hat und die Entmündigungsgründe dem deutschen Recht entsprechen (arg. Art. 8).

51 War die ausländische Entmündigung im Inland anerkannt, so verbleibt es dabei regelmäßig auch nach Statutenwechsel (Jarck, Diss. a.a.O. [vor Rdz. 1] S. 146; Harries, a.a.O. [vor Rdz. 1] S. 122; Büttner, a.a.O. [vor Rdz. 1] S. 59ff.; alle gegen Staudinger-Raape S. 106) — es sei denn, der neue Heimatstaat erkennt seinerseits die Entmündigung deshalb nicht an, weil die Entmündigungsgründe seinem Recht nicht entsprechen; dann haben wir nunmehr der bisher anerkannten Entmündigung die Anerkennung zu versagen. Fraglich ist zu diesem Punkt die Stellungnahme des deutschen Rechts. Soergel-Kegel[9] Rdz. 14 zu Art. 8 bemerkt mit Recht, daß wer die Auslandsentmündigung eines Deutschen grundsätzlich nicht anerkennt, folgerichtig immer dann, wenn ein Ausländer Deutscher wird, nunmehr der vorliegenden ausländischen Entmündigung die Anerkennung versagen müsse (was Pagenstecher, RabelsZ 15. 1949/50, 209 auch tut). Aber diese Folgerung ist unannehmbar, weil ihre Voraussetzungen nicht immer zutreffen und die praktischen Folgen untragbar wären. Einmal können Auslandsentmündigungen von Deutschen anerkannt werden (vgl. oben Rdz. 14ff.); selbst wenn aber die Voraussetzungen dafür nicht vorliegen, muß eine bisher anerkannte Entmündigung eines Ausländers dann aufrechterhalten werden, wenn er Deutscher wird (so schon Staudinger-Raape S. 106 trotz des Ausgangspunktes, Auslandsentmündigungen Deutscher könnten nicht anerkannt werden). Es wäre verfehlt, einem nunmehr deutschen Staatsangehörigen den ihm bisher gewährten Schutz einer Entmündigung abrupt zu entziehen, obwohl die Entmündigung unbedenklich im Inland überprüft, aufgehoben und durch eine passende inländische Entmündigung oder andere Fürsorgemaßnahmen ersetzt werden könnte (so im Grundsatz Staudinger-Raape S. 106; Habicht S. 65). Das Kontinuitätsinteresse fordert den Fortbestand der Entmündigung in ihrem bisherigen Zustand, auch mit ihren bisherigen Wirkungen, die für das Inland allerdings durch Art. 7 Abs. 3 eingeschränkt sein können. Die ausländische Entmündigung besteht auch dann fort, wenn sie aus einem Grunde erfolgt war, den das deutsche Recht nicht kennt: etwa wegen Blindheit, Taubstummheit oder sonstiger Gebrechen (anders Staudinger-Raape S. 106). Es wäre sachwidrig, sie fortfallen zu lassen, bevor im Inland anderweitig Fürsorge — etwa durch eine Pflegschaft — getroffen worden ist; man mag nach anderweitiger Fürsorge die Entmündigung aufheben. Die ausländische Entmündigung bleibt auch mit ihren bisherigen Wirkungen im Inland bestehen; es wäre verfehlt, dem ausländischen Staatsakt unversehens eine andere Wirkung zu unterstellen. Es ließe sich freilich die Ansicht vertreten, es gehe bei der Entmündigung um einen Status oder einen Dauerrechtszustand, der bei Statutenwechsel automatisch in den nächstverwandten Dauerzustand inländischen Rechts übergehe; dann würde eine ausländische Entmündigung wegen körperlicher Gebrechen auch nicht schlechthin entfallen (was Staudinger-Raape S. 106 annimmt), sondern bei uns mit den Folgen beschränkter Geschäftsfähigkeit auszustatten sein. Aber es besteht zu einer solchen Änderung der Entmündigungswirkungen kein hinreichender Anlaß. Hat die ausländische Entmündigung wegen eines uns unbekannten Entmündigungsgrundes geringere Wirkungen als bei uns die Entmündigung wegen Geistesschwäche, Verschwendung oder Trunksucht, so besteht keine Ver-

anlassung, den Entmündigten wegen des Statutenwechsels automatisch strengeren Beschränkungen zu unterwerfen — wenngleich die bisherigen Beschränkungen bis zu anderweitiger Fürsorge aufrechterhalten bleiben. Hat umgekehrt die ausländische Entmündigung strengere Wirkungen als die deutsche, so wird für den inländischen Rechtsverkehr mit Art. 7 Abs. 3 gemildert; im übrigen kann dem Entmündigten zugemutet werden, die Ersetzung der bisherigen Entmündigung durch eine deutsche Entmündigung oder andere Fürsorgemaßnahmen oder die Aufhebung der Entmündigung abzuwarten oder selbst zu betreiben.

F. Wiederaufhebung der Entmündigung. 52

Zur Wiederaufhebung der Entmündigung findet man gelegentlich die Meinung vertreten, nur der Entmündigungsstaat könne seine eigene Entmündigung wieder aufheben (z. B. Reu, Staatl. Zust. S. 60; BayObLG HEZ 3, 90). Regelmäßig steht dahinter die Auffassung, die Aufhebung ausländischer Staatsakte sei nicht möglich, weil völkerrechtlich unzulässig. Daß diese Ansicht nicht zutrifft, ist schon oben Rdz. 26 dargelegt worden. Ferner liegt es für strenge Vertreter des Staatsangehörigkeitsprinzips nahe, die Wiederaufhebung einer Entmündigung dem Heimatstaat vorzubehalten, sie in anderen Staaten nur im Fall einer Rück- oder Weiterverweisung des Heimatstaats vorzunehmen (in diesem Sinne offenbar Habicht S. 65; Frankenstein, IPR I S. 435). Wenn man aber Ausländer bei inländischem Wohnsitz, und in Ermangelung eines Wohnsitzes am inländischen Aufenthalt entmündigt (Art. 8), liegt es nahe, unter diesen Zuständigkeitsvoraussetzungen, die es ermöglichen, eine inländische Entmündigung an die Stelle einer ausländischen zu setzen, auch die förmliche Aufhebung einer ausländischen Entmündigung zuzulassen (Levis, Dt. int. Entmündigungsrecht S. 163). Das Gesagte führt zu folgenden Ergebnissen:

I. Wiederaufhebung in Deutschland. 53

1. Zur Wiederaufhebung der Entmündigung eines Deutschen besteht immer eine inländische internationale Zuständigkeit. Sie besteht auch dann, wenn ein Deutscher im Ausland entmündigt worden war. Einer „Zuständigkeitsübertragung" durch den Entmündigungsstaat, wie Harries, a.a.O. (vor Rdz. 1) S. 135 sie voraussetzt (etwa dadurch, daß der Entmündigungsstaat die Vormundschaft nach Deutschland abgibt), bedarf es nicht. Die örtliche Zuständigkeit folgt in erster Linie aus ZPO § 676. Sofern ein Deutscher im Ausland entmündigt wurde und auch zur Zeit des einzuleitenden Wiederaufhebungsverfahrens im Inland keinen allgemeinen Gerichtsstand hat, ist nach BGHZ 19, 245 das in ZPO § 648 für eine Entmündigung vorgesehene Gericht örtlich zuständig (so schon vor dem BGH Frankenstein, IPR I S. 444 und Krönig, a.a.O. [vor Rdz. 1] 19; anders Jarck, Diss. a.a.O. [vor Rdz. 1] S. 145, der sich gegen eine Wiederaufhebung bei fehlendem inländischem Wohnsitz wendet). Ob ein sachlich gerechtfertigtes Interesse an der Aufhebung der ausländischen Entmündigung besteht, insbes. wenn der Deutsche weiterhin seinen Wohnsitz im Ausland hat, ist eine andere Frage. Die Aufhebung ist nicht erforderlich, sofern sie in Deutschland ohnehin nicht anerkannt ist. Bei anerkannter Entmündigung kann eine inländische Wiederaufhebung nur mit Wirkung *ex nunc* (oben Rdz. 26 am Ende) in Betracht kommen. Die Wiederaufhebung der anerkannten ausländischen Entmündigung kann insbes. auch dann in Betracht kommen, wenn der Entmündigte Ausländer war und inzwischen Deutscher geworden ist und es darum geht, die vom Standpunkt des deutschen Rechts aus ungerechtfertigte Entmündigung durch andere Fürsorgemaßnahmen zu ersetzen (vgl. oben Rdz. 50f).

2. *Auch die Entmündigung eines Ausländers kann in Deutschland aufgehoben werden,* nicht nur wenn er Deutscher geworden ist (oben 1), sondern auch bei zu- 54 ständigkeitsmäßiger Rückverweisung des Heimatstaaats (vgl. oben Rdz. 31), die insbes. in der kollisionsrechtlichen Rückverweisung (Art. 27) enthalten sein kann. Ferner kommt die Wiederaufhebung der Entmündigung eines Ausländers in Betracht, wenn er in Deutschland entmündigt worden war (arg. ZPO § 676 Abs. 2 Satz 2); aber auch wenn diese Voraussetzung nicht vorliegt, ist bei inländischem Wohnsitz (oder in Ermangelung eines Wohnsitzes: inländischem Aufenthalt) analog Art. 8 die Wiederaufhebung einer ausländischen Entmündigung möglich (LEVIS, a.a.O. S. 163; dagegen KRÖNIG, a.a.O. S. 14), insbes. wenn sie durch eine inländische Entmündigung oder andere Fürsorgemaßnahme anläßlich des inländischen Wohnsitzes oder Aufenthalts zur Einpassung in das Gefüge des inländischen Rechtsverkehrs ersetzt worden ist oder ersetzt werden soll; ob dafür ein hinreichendes Bedürfnis besteht, ist allerdings sorgfältigst zu prüfen. Die örtliche Zuständigkeit ergibt sich aus ZPO §§ 678, 648. In allen genannten Fällen wäre deutsches Recht anzuwenden.

55 **3.** Im *Haager Abkommen* ist die Zuständigkeit zur Aufhebung ausländischer Entmündigungen zwar ebenfalls vorgesehen, aber in eingeschränkterem Maße. Der Heimatstaat kann stets die Entmündigung seiner eigenen Staatsangehörigen wieder aufheben, auch wenn die Entmündigung im Staate des gewöhnlichen Aufenthalts erfolgt ist (Art. 11 Abk.). *Der Staat des gewöhnlichen Aufenthalts kann nicht die Entmündigung des Heimatstaats aufheben*, sondern nur seine eigene, diese aber auch aus den Gründen, welche der Heimatstaat dafür vorsieht; letzteres folgt daraus, daß die Entmündigung nur dann erfolgen darf, wenn beide Rechte sie übereinstimmend zulassen. Die Aufhebung der in einem dritten Staat erfolgten Entmündigung ist im Haager Abkommen nicht geregelt, doch dürfte hierfür dann nicht nur der Heimatstaat, sondern auch der Staat des gewöhnlichen Aufenthalts zuständig sein, insbes. wenn es darum geht, eine dem Recht des Heimatstaats nicht entsprechende Entmündigung aufzuheben.

II. Wiederaufhebung der Entmündigung im Ausland.

56 **1. Bei Entmündigung eines Deutschen.** Wenn wir für die Wiederaufhebung der Entmündigung eine internationale Zuständigkeit nicht nur des Heimatstaats (die immer gegeben ist: HABICHT S. 65; STAUDINGER-RAAPE S. 104; KRÖNIG, a.a.O. [vor Rdz. 1] S. 19), des Entmündigungsstaats und analog Art. 8 des Staates des Wohnsitzes selbst beanspruchen, ist es nur folgerichtig, entsprechende Zuständigkeiten anderer Staaten anzuerkennen, sogar wenn es um die Wiederaufhebung der Entmündigung eines Deutschen und einer deutschen Entmündigung geht. Allerdings bleibt nicht nur unser ordre public vorbehalten, sondern ist einer vom international zuständigen Staat verfügten Wiederaufhebung der Entmündigung die Anerkennung in entsprechender Anwendung von ZPO § 328 Ziff. 3 dann zu versagen, wenn die Entmündigung eines Deutschen zu seinem Nachteil da aufgehoben wird, wo er nach deutschem Recht zu seinem Schutz hätte entmündigt bleiben sollen. Freilich kann eine solche Nicht-Anerkennung der Aufhebung der Entmündigung dem Entmündigten nur den Schutz geben, daß er anläßlich fortbestehender Entmündigung Rechtsgeschäfte allein nicht wirksam vornehmen kann; um den positiven Schutz durch Bestellung eines Vormunds müssen sich in solchen Fällen unsere Gerichte selbst bemühen; auch kann es nötig sein, da, wo eine ausländische Entmündigung aufgehoben wurde, nunmehr eine eigene an ihre Stelle zu setzen. Wegen Einschränkung der Anerkennung der Aufhebung nach Haager Abk. vgl. oben Rdz. 55.

57 **2. Bei Entmündigung eines Ausländers.** Ist die Entmündigung des Ausländers in seinem Heimatstaat aufgehoben, so ist dies entsprechend dem Grundgedanken des Art. 7 von uns anzuerkennen — ordre public wie immer vorbehalten. Ist die

Entmündigung in einem dritten Staat aufgehoben, so ist dies anzuerkennen, wenn der Heimatstaat die Aufhebung anerkennt. Erkennt dieser nicht an, so haben wir zu prüfen, ob dies lediglich aus Zuständigkeitsgründen erfolgt. Hier würden wir unseren eigenen Zuständigkeitsregeln zu folgen haben und die Wiederaufhebung der Entmündigung anerkennen können, vorausgesetzt, daß wenigstens auch nach dem Heimatrecht ein hinreichender Grund zur Wiederaufhebung der Entmündigung bestand. War dies nicht der Fall, oder liegt ein Verstoß gegen unseren ordre public vor, so erkennen wir die Wiederaufhebung der Entmündigung durch einen Drittstaat nicht an (vgl. die entsprechenden Darlegungen zur Anerkennung von Entmündigungen im Drittstaat oben Rdz. 47).

G. Das Haager Abkommen (Text).

Das Abkommen in amtlicher Übersetzung des französischen Urtextes lautet wie folgt:

Art. 1. Für die Entmündigung ist das Gesetz des Staates, dem der zu Entmündigende angehört (Gesetz des Heimatstaates), maßgebend, unbeschadet der in den folgenden Artikeln enthaltenen Abweichungen.

Art. 2. Die Entmündigung kann nur durch die zuständigen Behörden des Staates, dem der zu Entmündigende angehört, ausgesprochen und die Vormundschaft wird gemäß dem Gesetze dieses Staates angeordnet werden, abgesehen von den in den folgenden Artikeln vorgesehenen Fällen.

Art. 3. Befindet sich in einem Vertragstaate der Angehörige eines anderen Vertragstaates in einem Zustande, für den das Gesetz seines Heimatstaates die Entmündigung vorsieht, so können alle erforderlichen vorläufigen Maßregeln zum Schutze seiner Person und seines Vermögens durch die örtlich zuständigen Behörden getroffen werden.
Hiervon ist der Regierung des Staates, dem er angehört, Mitteilung zu machen.
Die Maßregeln fallen weg, sobald die örtlich zuständigen Behörden von den Behörden des Heimatstaates die Mitteilung erhalten, daß vorläufige Maßregeln getroffen seien oder daß die Rechtslage der Person, um die es sich handelt, durch eine Entscheidung geregelt sei.

Art. 4. Die Behörden des Staates, in dessen Gebiet ein zu entmündigender Ausländer seinen gewöhnlichen Aufenthalt hat, haben von diesem Sachverhalte, sobald er ihnen bekannt geworden ist, den Behörden des Staates, dem der Ausländer angehört, Nachricht zu geben; hierbei haben sie den Antrag auf Entmündigung, falls sie mit einem solchen Antrag befaßt worden sind, und die etwa getroffenen vorläufigen Maßregeln mitzuteilen.

Art. 5. Die in den Artikeln 3, 4 vorgesehenen Mitteilungen werden auf diplomatischem Wege bewirkt, sofern nicht der unmittelbare Verkehr zwischen den beiderseitigen Behörden zugelassen ist.

Art. 6. Solange nicht die Behörden des Heimatstaates auf die im Art. 4 vorgesehene Mitteilung geantwortet haben, ist in dem Lande des gewöhnlichen Aufenthalts von jeder endgültigen Maßregel Abstand zu nehmen. Erklären die Behörden des Heimatstaates, daß sie nicht einschreiten wollen, oder antworten sie nicht innerhalb einer Frist von sechs Monaten, so haben die Behörden des gewöhnlichen Aufenthalts über die Entmündigung zu befinden; sie haben hierbei die Hindernisse zu berücksichtigen, die nach der Antwort der Behörden des Heimatstaates eine Entmündigung im Heimatland ausschließen würden.

Art. 7. Falls die Behörden des gewöhnlichen Aufenthalts aufgrund des vorstehenden Artikels zuständig sind, kann der Antrag auf Entmündigung von den Personen und aus den Gründen gestellt werden, die zugleich von dem Gesetze des Heimatstaates und dem Gesetze des Aufenthalts des Ausländers zugelassen sind.

Art. 8. Ist die Entmündigung durch die Behörden des gewöhnlichen Aufenthalts ausgesprochen, so wird die Verwaltung in Ansehung der Person und des Vermögens des Entmündigten gemäß dem Gesetze des Ortes angeordnet; für die Wirkungen der Entmündigung ist dasselbe Gesetz maßgebend.
Schreibt jedoch das Gesetz des Heimatstaates des Entmündigten vor, daß die Fürsorge von Rechts wegen einer bestimmten Person zukommt, so ist diese Vorschrift tunlichst zu beachten.

Art. 9. Eine Entmündigung, die nach vorstehenden Bestimmungen von den zuständigen Behörden ausgesprochen wird, ist, soweit es sich um die Geschäftsfähigkeit des Entmündigten und die Vormundschaft über ihn handelt, in allen Vertragstaaten wirksam, ohne daß es einer Vollstreckbarkeitserklärung bedarf.

Jedoch können Maßregeln zum Zwecke der Veröffentlichung, die das Gesetz des Ortes für eine durch die Behörden des Landes ausgesprochene Entmündigung vorschreibt, von diesem Gesetze gleicherweise auf die durch eine ausländische Behörde etwa ausgesprochene Entmündigung für anwendbar erklärt oder durch gleichartige Maßregeln ersetzt werden. Die Vertragstaaten haben sich gegenseitig durch Vermittlung der Niederländischen Regierung die Vorschriften mitzuteilen, die sie in dieser Hinsicht erlassen haben.

Art. 10. Ist eine Vormundschaft gemäß Artikel 8 eingeleitet, so steht dies der Anordnung einer neuen Vormundschaft gemäß dem Gesetze des Heimatstaates nicht entgegen.
Von dieser Anordnung ist sobald wie möglich den Behörden des Staates Mitteilung zu machen, in dessen Gebiete die Entmündigung ausgesprochen worden ist.
Das Gesetz dieses Staates entscheidet darüber, in welchem Zeitpunkte die Vormundschaft, die dort eingeleitet ist, endigt. Von diesem Zeitpunkt an ist für die Wirkungen der durch die ausländischen Behörden ausgesprochenen Entmündigung das Gesetz des Heimatstaates des Entmündigten maßgebend.

Art. 11. Eine Entmündigung, die durch die Behörden des gewöhnlichen Aufenthalts ausgesprochen ist, kann von den Behörden des Heimatstaates gemäß ihren Gesetzen aufgehoben werden.
Die örtlich zuständigen Behörden, welche die Entmündigung ausgesprochen haben, können sie ebenfalls aufheben, und zwar aus allen den Gründen, die in dem Gesetze des Heimatstaates oder in dem Gesetze des Ortes vorgesehen sind. Der Antrag kann von jedem gestellt werden, der hierzu nach dem einen oder dem anderen dieser Gesetze ermächtigt ist.
Die Entscheidungen, welche eine Entmündigung aufheben, sind ohne weiteres und ohne daß es einer Vollstreckbarkeitserklärung bedarf, in allen Vertragstaaten wirksam.

Art. 12. Die vorstehenden Bestimmungen finden Anwendung, ohne daß zwischen beweglichem und unbeweglichem Vermögen des Entmündigten zu unterscheiden ist; ausgenommen sind Grundstücke, die nach dem Gesetze der belegenen Sache einer besonderen Güterordnung unterliegen.

Art. 13. Die in diesem Abkommen enthaltenen Regeln gelten in gleicher Weise für die Entmündigung im eigentlichen Sinne, für die Anordnung einer Kuratel, für die Bestellung eines gerichtlichen Beistandes sowie für alle anderen Maßregeln gleicher Art, soweit sie eine Beschränkung der Geschäftsfähigkeit zur Folge haben.

Art. 14. Dieses Abkommen findet nur Anwendung auf die Entmündigung von solchen Angehörigen eines Vertragstaates, welche ihren gewöhnlichen Aufenthalt im Gebiet eines der Vertragstaaten haben.
Jedoch findet der Art. 3 dieses Abkommens auf alle Angehörigen der Vertragstaaten Anwendung.

Art. 15. Dieses Abkommen soll ratifiziert und die Ratifikationsurkunden sollen im Haag hinterlegt werden sobald sechs der Hohen Vertragsparteien hierzu in der Lage sind.
Über jede Hinterlegung von Ratifikationsurkunden soll ein Protokoll aufgenommen werden; von diesem soll eine beglaubigte Abschrift einem jeden der Vertragstaaten auf diplomatischem Wege mitgeteilt werden.

Art. 16. Dieses Abkommen findet auf die europäischen Gebiete der Vertragstaaten ohne weiteres Anwendung.
Wünscht ein Vertragstaat die Inkraftsetzung des Abkommens in seinen außereuropäischen Gebieten, Besitzungen oder Kolonien oder in seinen Konsulargerichtsbezirken, so hat er seine hierauf gerichtete Absicht in einer Urkunde kundzugeben, die im Archive der Regierung der Niederlande hinterlegt wird. Diese wird eine beglaubigte Abschrift davon einem jeden der Vertragstaaten auf diplomatischem Wege übersenden. Das Abkommen tritt in Kraft für die Beziehungen zwischen den Staaten, die auf diese Kundgebung mit einer zustimmenden Erklärung antworten, und den außereuropäischen Gebieten, Besitzungen oder Kolonien sowie den Konsulargerichtsbezirken, für welche die Kundgebung erfolgt ist. Die zustimmende Erklärung wird gleichfalls im Archive der Regierung der Niederlande hinterlegt, die eine beglaubigte Abschrift davon einem jeden der Vertragstaaten auf diplomatischem Wege übersenden wird.

Art. 17. Die Staaten, die auf der vierten Konferenz über internationales Privatrecht vertreten waren, werden zur Zeichnung dieses Abkommens bis zu der im Art. 15 Abs. 1 vorgesehenen Hinterlegung der Ratifikationsurkunden zugelassen.
Nach dieser Hinterlegung soll ihnen der vorbehaltlose Beitritt zu dem Abkommen stets freistehen. Der Staat, der beizutreten wünscht, gibt seine Absicht in einer Urkunde kund, die im Archive der Regierung der Niederlande hinterlegt wird. Diese wird eine beglaubigte Abschrift davon einem jeden der Vertragstaaten auf diplomatischem Wege übersenden.

Art. 18. Dieses Abkommen tritt in Kraft am sechzigsten Tage nach der im Art. 15 Abs. 1 vorgesehenen Hinterlegung der Ratifikationsurkunden.
Im Falle des Art. 16 Abs. 2 tritt es vier Monate nach dem Zeitpunkte der zustimmenden Erklärung und im Falle des Art. 17 Abs. 2 am sechzigsten Tage nach dem Zeitpunkte der Kundgebung des Beitritts in Kraft.
Es versteht sich, daß die im Art. 16 Abs. 2 vorgesehenen Kundgebungen erst erfolgen können, nachdem dieses Abkommen gemäß Abs. 1 des vorliegenden Artikels in Kraft gesetzt worden sind.

Art. 19. Dieses Abkommen gilt für die Dauer von fünf Jahren, gerechnet von dem im Art. 18 Abs. 1 angegebenen Zeitpunkte.
Mit demselben Zeitpunkte beginnt der Lauf dieser Frist auch für die Staaten, die erst nachträglich beitreten, und ebenso in Ansehung der aufgrund des Art. 16 Abs. 2 abgegebenen zustimmenden Erklärungen.
In Ermangelung einer Kündigung gilt das Abkommen als stillschweigend von fünf zu fünf Jahren erneuert.
Die Kündigung muß wenigstens sechs Monate vor dem Ablaufe der im Abs. 2, 3 bezeichneten Frist der Regierung der Niederlande erklärt werden, die hiervon allen anderen Staaten Kenntnis geben wird.
Die Kündigung kann auf die außereuropäischen Gebiete, Besitzungen oder Kolonien oder auch auf die Konsulargerichtsbezirke beschränkt werden, die in einer aufgrund des Art. 16 Abs. 2 erfolgten Kundgebung aufgeführt sind.
Die Kündigung soll nur in Ansehung des Staates wirksam sein, der sie erklärt hat. Für die übrigen Vertragstaaten bleibt das Abkommen in Kraft.

Verschollenheitsrecht

Bearbeitet von Helmut Coing unter Mitarbeit von Günter Weick

Artikel 9

(aufgehoben)

§ 12 VerschG[1]

(1) Ein Verschollener kann im Inlande nach diesem Gesetz für tot erklärt werden, wenn er in dem letzten Zeitpunkt, in dem er nach den vorhandenen Nachrichten noch gelebt hat, deutscher Staatsangehöriger war.

[1] **Schrifttum:**

Breit, Einige Fragen aus dem internationalen Verschollenheitsrecht des BGB: SächsArch. 8. 1898, 593; Krug, Entmündigung und Todeserklärung im internationalen Privatrecht: DJZ 1905, 831; Neubecker, Internationales Privatrecht auf deutsch-rechtlicher Grundlage: JbIntRVerk. 1912/13, 66ff.; Ursprung, Verschollenheits- und Todeserklärung, rechtsvergleichend dargestellt unter spezieller Berücksichtigung des Schweizerischen Zivilgesetzbuchs (1918); Hochgräfe, Die Verschollenheit nach geltendem und früherem Recht, unter besonderer Berücksichtigung der Kriegsverschollenheit (Diss. Jena 1941); Göttlich, Die Todeserklärung (1949); Strebel, Verschollenheits- und Todeserklärung: Deutsche Landesreferate zum III. Internationalen Kongreß für Rechtsvergleichung (1950), 361—381; ders., Die Verschollenheit als Rechtsproblem (1954); Best, Zur Frage der Todeserklärung einer verschollenen Ausländerin: SJZ 1950, 299; Bechtold, Konkurrenz inländischer und ausländischer Todeserklärungen: NJW 1952, 52; Raape, Internationalprivatrechtliches zur Todeserklärung, Wiederverheiratung und Legitimation mit besonderem Bezug auf Italien: StAZ 1952, 25; Brintzinger, Zur Rechtswirkung der Todeserklärung von Verschollenen mit ausländischem Personalstatut: JZ 1963, 536.
Kommentierungen des § 12 VerschG:
Kramer in Schlegelberger-Vogels, Erläuterungswerk zum BGB I (1939); Vogel, Verschollenheitsrecht (1949 m. Nachtrag v. 1951); Schubart-Völker, Verschollenheitsrecht (1950); Arnold, Verschollenheitsrecht (1951); Völker, Das neue Verschollenheitsrecht

(2) War der Verschollene in dem nach Absatz 1 maßgebenden Zeitpunkt Angehöriger eines fremden Staates, so kann er im Inlande nach diesem Gesetz mit Wirkung für die Rechtsverhältnisse, welche nach deutschem Recht zu beurteilen sind, und mit Wirkung für das im Inlande befindliche Vermögen für tot erklärt werden; ein Gegenstand, für den von einer deutschen Behörde ein zur Eintragung des Berechtigten bestimmtes Buch oder Register geführt wird, sowie ein Anspruch, für dessen Geltendmachung ein deutsches Gericht zuständig ist, gilt als im Inlande befindlich.

(3) War der Verschollene in dem nach Absatz 1 maßgebenden Zeitpunkt Angehöriger eines fremden Staates oder staatenlos, so kann er ohne die in Absatz 2 genannte Beschränkung im Inlande nach diesem Gesetz auf Antrag seines Ehegatten für tot erklärt werden, wenn dieser im Inlande seinen Wohnsitz hat und deutscher Staatsangehöriger ist oder als Flüchtling oder Vertriebener deutscher Volkszugehörigkeit im Inland Aufnahme gefunden hat. Das gleiche gilt, wenn die Ehefrau des Verschollenen bis zu ihrer Verheiratung mit diesem deutsche Staatsangehörige war und im Inland ihren Wohnsitz hat.

(4) War der Verschollene früher deutscher Staatsangehöriger und hat er die deutsche Staatsangehörigkeit verloren, ohne eine andere Staatsangehörigkeit zu erwerben, so kann er im Inlande nach diesem Gesetz für tot erklärt werden, wenn ein berechtigtes Interesse an der Todeserklärung durch ein deutsches Gericht besteht.

Art. 2 § 1 VerschÄndG

(1) Wer vor dem 1. Juli 1948 im Zusammenhang mit Ereignissen oder Zuständen des letzten Krieges vermißt worden und seitdem unter Umständen, die ernstliche Zweifel an seinem Fortleben begründen, verschollen ist, kann für tot erklärt werden.

(2) Wer in dem letzten Zeitpunkt, in dem er nach den vorhandenen Nachrichten noch gelebt hat, infolge Gefangennahme oder infolge einer gegen ihn gerichteten Zwangsmaßnahme seinen Aufenthalt nicht frei bestimmen konnte und seit diesem Zeitpunkt unter Umständen, die ernstliche Zweifel an seinem Fortleben begründen, verschollen ist, kann jedoch erst für tot erklärt werden, wenn nach dem Ende des Jahres, in dem er noch gelebt hat, fünf Jahre verstrichen sind. War der Verschollene in dem bezeichneten Zeitpunkt in Lebensgefahr, so tritt an die Stelle der Frist von fünf Jahren eine solche von einem Jahr.

(3) §§ 4 bis 8 des Verschollenheitsgesetzes sind nicht anzuwenden.

(4) Die Absätze 1 bis 3 gelten auch für einen Verschollenen, der in dem letzten Zeitpunkt, in dem er nach den vorhandenen Nachrichten noch gelebt hat, Angehöriger eines fremden Staates oder staatenlos war,

a) wenn er in diesem Zeitpunkt seinen Wohnsitz oder seinen Aufenthalt im Geltungsbereich dieses Gesetzes hatte oder als Angehöriger der ehemaligen deutschen Wehrmacht am letzten Kriege teilgenommen hat, oder

b) wenn der Ehegatte, ein ehelicher oder ein diesem rechtlich gleichgestellter Abkömmling oder ein anderer nach § 16 des Verschollenheitsgesetzes antragsberechtigter Verwandter des Verschollenen seinen Wohnsitz oder seinen gewöhnlichen Aufenthalt im Geltungsbereich dieses Gesetzes hat und die Todeserklärung beantragt.

§ 12 Abs. 2 und 3 des Verschollenheitsgesetzes bleiben unberührt.

(1951); ACHILLES-GREIFF[21] (1958); RGRK-DENECKE[11], nach § 12 BGB; ERMAN-ARNDT[4], zu Art. 9 EGBGB/§ 12 VerschG; SOERGEL-SCHULTZE-v. LASAULX[10], nach § 12 BGB; PALANDT-LAUTERBACH-DANCKELMANN[28].
Vgl. ferner die im allgemeinen Literaturverzeichnis genannten Werke zum IPR.

Gliederung

I. Entwicklung der maßgeblichen Bestimmungen 1—10

II. Allgemeines 11—20
1. Systeme zur Lösung der rechtlichen Probleme der Verschollenheit 11—14
2. Gesichtspunkte für die internationalprivatrechtliche Behandlung 15—20

III. Entwicklung der Lehre 21—38
1. Ältere Auffassungen auf der Grundlage des Wirkungsstatuts 21—23
2. Gegenmeinung auf der Grundlage des Personalstatuts 24
3. Vorarbeiten zu Art. 9 EGBGB 25, 26
4. Lehre von der ausschließlichen Geltung des Personalstatuts 27, 28
5. Behandlung der internationalen Zuständigkeit bei Todeserklärungen 29
6. Übersicht über die geltende Regelung 30—38

IV. Die internationale Zuständigkeit gemäß § 12 VerschG und Art. 2 § 1 VerschÄndG im einzelnen 39—83
1. Die Doppelbedeutung der Bestimmungen des § 12 VerschG 39
2. Voraussetzungen des § 12 Abs. 1 40—44
3. § 12 Abs. 2 45—60
4. § 12 Abs. 3 61—66
5. § 12 Abs. 4 67—71
6. Art. 2 §1 Abs. 4 VerschÄndG 72—80
7. Rechtsfolge des § 12 Abs. 1—4 81, 82
8. Verfahren zur Feststellung der Todeszeit 83

V. Die Kollisionsnormen des Verschollenheitsrechts 84—99
1. Erweiterung des § 12 Abs. 1 zur allseitigen Kollisionsnorm 84, 85
2. Tragweite des § 12 Abs. 1 87—90
3. Die Ausdehnung der Anwendung deutschen Rechts nach § 12 Abs. 2—4 91—96
4. Entwicklung der Abs. 2—4 zu allseitigen Kollisionsnormen 97
5. Rückverweisung und Todeserklärung in einem dritten Staat 98, 99

VI. Todeserklärung nach ausländischem Recht oder bei Rückverweisung 100—102

VII. Anerkennung ausländischer Todeserklärungen und Abwesenheitserklärungen 103—118

VIII. Die Konvention über die Todeserklärung Verschollener vom 6. 4. 1950 119—131
1. Überblick über die Regelungen der Konvention 119
2. Personenkreis 120, 121
3. Zuständige Gerichte 122, 123
4. Voraussetzungen der Todeserklärung nach der Konvention 124
5. Wirkung der Todeserklärungen 125—128
6. Ausdehnung auf Todeserklärungen vor Inkrafttreten der Konvention 129

IX. Interlokales Privatrecht im Verhältnis zur DDR 130—141

I. Entwicklung der maßgeblichen Bestimmungen.

1. Bis zum 14. 7. 1939 war das materielle deutsche Verschollenheitsrecht in §§ 13—20 BGB, das entsprechende Verfahrensrecht in §§ 960—976 ZPO geregelt. Für das zwischenstaatliche Recht war *Art. 9 EGBGB* mit folgendem Wortlaut maßgebend: 1

Ein Verschollener kann im Inlande nach den deutschen Gesetzen für tot erklärt werden, wenn er bei dem Beginne der Verschollenheit ein Deutscher war.

Gehörte der Verschollene bei dem Beginn der Verschollenheit einem fremden Staate an, so kann er im Inlande nach den deutschen Gesetzen mit Wirkung für diejenigen Rechtsverhältnisse, welche sich nach den deutschen Gesetzen bestimmen, sowie mit Wirkung für das im Inlande befindliche Vermögen für tot erklärt werden; die Vorschriften des § 2369 Abs. 2 des Bürgerlichen Gesetzbuchs finden entsprechende Anwendung.

Hatte ein verschollener ausländischer Ehemann seinen letzten Wohnsitz im Inlande und ist die im Inlande zurückgebliebene oder dahin zurückgekehrte Ehefrau Deutsche oder bis zu ihrer Verheiratung mit dem Verschollenen Deutsche gewesen, so kann auf ihren Antrag der Verschollene im Inlande nach den deutschen Gesetzen ohne die im Abs. 2 bestimmte Beschränkung für tot erklärt werden.

Das **Gesetz über die Verschollenheit,** die Todeserklärung u. die Feststellung der Todeszeit **vom 4. 7. 1939** (RGBl. I 1186) faßte die oben (Bem. 1) genannten drei Materien zusammen und hob Art. 9 EGBGB, §§ 13ff. BGB und §§ 960ff. ZPO auf. An die Stelle von Art. 9 EGBGB trat § 12 des neuen Gesetzes, der die frühere Verweisung auf § 2369 Abs. 2 BGB in den Text des Abs. 2 einbezog. Außerdem 2 wurde in Abs. 3 die Möglichkeit der Todeserklärung eines Ausländers auf Antrag der Ehefrau insofern erweitert, als nicht mehr vorausgesetzt wurde, daß der Verschollene seinen letzten Wohnsitz im Inland hatte.

3 Nach dem 2. Weltkrieg wurde durch Verordnung des Zentraljustizamtes für die Britische Zone vom 16. 12. 1946 (VOBl. BrZ 1947, 10) dem § 12 des Gesetzes über die Verschollenheit ein Abs. 4 angefügt, der die Möglichkeit erweiterte, *Staatenlose* nach deutschem Recht für tot zu erklären. Bis dahin war eine Anwendung auf Staatenlose nur im Rahmen des Art. 29 EGBGB möglich. Die neue Bestimmung galt zunächst in der Britischen Zone und in Bremen (GBl. Bremen 1947, 8); sie war das Vorbild für § 12 Abs. 4 VerschG heutiger Fassung.

4 Die **Rückerstattungsgesetze** der Militärregierungen stellten für verschollene Verfolgte Todesvermutungen auf, deren Anwendungsbereich ebenfalls nicht auf deutsche Staatsangehörige beschränkt ist. Es handelt sich um Art. 51 des MRG Nr. 59 für die Amerikanische Zone vom 10 .11. 1947 (ABl.AmMilReg. Ausg. G S. 1) und den i. w. gleichlautenden Art. 43 des MRG Nr. 59 für die Britische Zone vom 12. 5. 1949 (ABl. BrMilReg. S. 1169). Art. 51 des MRG Nr. 59 (Amer. Zone) lautet:

Wenn ein Verfolgter seinen letzten bekannten Aufenthalt in einem von Deutschland oder seinen Alliierten besetzten oder annektierten Gebiet hatte und sein Aufenthalt seit dem 8. Mai 1945 unbekannt ist, ohne daß Nachrichten darüber vorliegen, daß er zu diesem oder einem späteren Zeitpunkt noch gelebt hat, so wird vermutet, daß er am 8. Mai 1945 verstorben ist. Falls nach den Umständen des Einzelfalls ein anderer Zeitpunkt des Todes wahrscheinlich erscheint, so können die Wiedergutmachungsorgane diesen anderen Zeitpunkt als Zeitpunkt des Todes feststellen.

Zur Fortgeltung dieser Bestimmungen vgl. Vertrag zur Regelung aus Krieg und Besatzung entstandener Fragen 3. Teil Art. 1 (Bek. v. 30. 3. 1955 BGBl. II 301, 405).

4a Für den Bereich der **Entschädigung** der Opfer nationalsozialistischer Verfolgung enthält § 180 Bundesentschädigungsgesetz — BEG — v. 29. 7. 1956 (BGBl. I 562) i. d. F. v. 14. 9. 1965 (BGBl. I 1315) eine ähnliche Todesvermutung. Die Vorschrift lautet:

(1) Hat der Verfolgte seinen letzten bekannten Aufenthalt im Reichsgebiet nach dem Stande vom 31. Dezember 1937, im Gebiet der Freien Stadt Danzig oder in einem vom Deutschen Reich oder seinen Verbündeten beherrschten oder besetzten Gebiet gehabt und ist sein Aufenthalt seit dem 8. Mai 1945 unbekannt, so wird vermutet, daß er am 8. Mai 1945 verstorben ist, es sei denn, daß nach dem Verschollenheitsgesetz oder nach anderen Rechtsvorschriften bereits ein anderer Zeitpunkt des Todes festgestellt worden ist.
(2) Unter den Voraussetzungen des Absatzes 1 kann im Entschädigungsverfahren ein anderer Zeitpunkt als der des 8. Mai 1945 festgestellt werden, wenn nach den Umständen des Einzelfalles, ohne daß es weiterer Ermittlungen bedarf, ein anderer Zeitpunkt des Todes wahrscheinlich ist.

Vgl. dazu auch § 15 Abs. 2 BEG und § 1 der 1. DVO-BEG vom 23. 11. 1956 (BGBl. I 865); ferner Beitzke oben Vorbem. 9, 10 vor Art. 7.

5 Umstritten war, ob auch Art. 1 des **Gesetzes Nr. 23 der All. Hohen Kommission** über die Verhältnisse verschleppter Personen und Flüchtlinge vom 17. 3. 1950 — ABlAHK Nr. 13 S. 140 (vgl. Erläuterungen zu Art. 29 EGBGB) eine Ausdehnung des deutschen Verschollenheitsrechts zur Folge hat; vgl. dazu unten Bem. 80. Die Streitfrage hat sich durch die unten (Bem. 72ff.) näher dargestellte Regelung des Art. 2 § 1 Abs. 4 VerschÄndG praktisch erledigt.

6 **Das internationale Abkommen über die Rechtsstellung der Flüchtlinge** vom 28. 7. 1951 (Text in BGBl. 1953 II 560ff.) enthält in Art. 12 eine allgemeine Bestimmung über das Personalstatut (vgl. Erläuterungen zu Art. 29 EGBGB). Danach bestimmt sich das Personalstatut für Flüchtlinge i. S. von Art. 1 des Abkommens nach dem Recht des Wohnsitzlandes oder bei Fehlen eines Wohn-

sitzes nach dem Recht des Aufenthaltslandes. Diese Regelung hat unmittelbare Bedeutung im Rahmen des § 12 VerschG (vgl. unten Bem. 43). Die BRD ist dem Abkommen mit Wirkung vom 22. 4. 1954 beigetreten (vgl. G vom 1. 9. 1953 BGBl. II 559 und Bek. vom 25. 4. 1954 (BGBl. II 619).

Durch das **Gesetz zur Änderung von Vorschriften auf dem Gebiet des Verschollenheitsrechts (VerschÄndG)** vom 15. 1. 1951 (BGBl. I 59), mit dem zugleich das Verschollenheitsgesetz neu bekanntgemacht wurde, erhielt § 12 VerschG die heute geltende Fassung. Das VerschÄndG änderte § 12 Abs. 3 in drei Punkten: Staatenlose wurden hinsichtlich der Regelung des Abs. 3 den Ausländern ausdrücklich gleichgestellt. Ferner wurde die Bestimmung mit Rücksicht auf Art. 116 GG auch auf deutsche Volkszugehörige ausgedehnt. Drittens wurde die Todeserklärung der Ehefrau auf Antrag des Mannes in die Regelung einbezogen. 7

Das VerschÄndG übernahm als § 12 Abs. 4 VerschG die in der Brit. Zone geltende Regelung für Staatenlose (vgl. Bem. 3). Damit sollte die Todeserklärung nach deutschem Recht ohne Rücksicht auf den letzten Wohnsitz des Verschollenen vor allem für solche Personen ermöglicht werden, die unter dem Nationalsozialismus die deutsche Staatsangehörigkeit durch Ausbürgerung verloren hatten (vgl. den Bericht des Rechtsausschusses, BT 1. Wp., Sten. Berichte S. 3702).

Eine weitere Ausdehnung des deutschen Verschollenheitsrechts auf Ausländer und Staatenlose enthält Art. 2 § 1 Abs. 4 Versch ÄndG. Es handelt sich dabei um die Rechtsverhältnisse der verschleppten Personen (displaced persons) sowie der ausländischen und staatenlosen Angehörigen der ehemaligen deutschen Wehrmacht; ihre Todeserklärung nach deutschem Recht ist selbst dann möglich, wenn sie niemals in Deutschland waren, ihre Angehörigen jedoch in die BRD zugezogen sind (Art. 2 § 1 Abs. 4b). Diese Erweiterungen wurden bereits im Hinblick auf die Grundsätze der Verschollenheits-Konvention vom 6. 4. 1950 eingeführt, der die BRD später beigetreten ist (vgl. BT 1. Wp., Sten. Berichte S. 3704f. und unten Bem. 9).

Schließlich brachte das VerschÄndG in Art. 2 § 7 und Art. 4 § 3 besondere Regelungen für das interlokale Recht (s. unten Bem. 132ff.).

In **West-Berlin** wurde das VerschÄndG zunächst mit geringfügigen Abweichungen durch Gesetz vom 14. 6. 1951 (GVBl. 418) übernommen. Aufgrund von Art. I des Gesetzes vom 3. 8. 1955 (GVBl. 676) gelten heute in West-Berlin das VerschG und das VerschÄndG in der für die Bundesrepublik gültigen Fassung. 8

2. Die **Konvention der Vereinten Nationen** über die Todeserklärung Verschollener (VerschKonv.) vom 6. 4. 1950 (Text s. BGBl. II 1955, 706ff.) versuchte, eine international einheitliche Regelung der im Zusammenhang mit dem 2. Weltkrieg entstandenen Verschollenheitsprobleme zu erreichen. Sie sah erhebliche Abweichungen vom Prinzip der Anknüpfung an die Staatsangehörigkeit vor und legte auch die gegenseitige Anerkennung der aufgrund der Konvention ausgesprochenen Todeserklärungen und in beschränktem Umfang auch früherer Todeserklärungen unter den Vertragsstaaten fest (Art. 5 und 6). 9

Die Konvention war zunächst für eine Dauer von 10 Jahren vorgesehen. Während dieser Zeit sind ihr National-China, Guatemala, Israel, Belgien, Pakistan und die Bundesrepublik Deutschland beigetreten (vgl. Bek. vom 29. 2. 1956 u. 18. 6. 1956 BGBl. II 329, 854 und Zustimmungsgesetz der BRD vom 7. 7. 1955 BGBl. II 701). In der BRD trat die Konvention erst am 29. 2. 1956 in Kraft. Die BRD dehnte auch gemäß Art. 1 Abs. 2 VerschKonv. die Anwendung der Konvention auf Personen aus, die nach 1945 verschollen sind (vgl. Bek. vom 29. 2. 1956 BGBl. II 329). Das Verhältnis der Konvention zum VerschG und VerschÄndG wurde im Gesetz über Todeserklärungen nach der Konvention vom 7. 7. 1955 (BGBl. I 401) geregelt.

In Westberlin wurden die Konvention und das Bundesgesetz über Todeserklärungen nach der Konvention ebenfalls übernommen (G vom 9. 8. 1955 GVBl. 679 und G vom 3. 8. 1955 GVBl. 676).
Die Geltungsdauer der Konvention lief zunächst am 23. 1. 1957 ab. Dem Protokoll zur Verlängerung der Konvention um 10 Jahre trat die BRD mit Wirkung vom 23. 10. 1958 bei (vgl. Bek. vom 8. 12. 1958 BGBl. II 637). Vertragsstaaten der verlängerten Konvention waren außer der BRD Pakistan, Israel, Kambodscha, National-China, Italien (vgl. Bek. vom 8. 12. 1958 BGBl. II 637) und Guatemala (vgl. Bek. vom 8. 10. 1961 BGBl. II 1656).
Der zweiten Verlängerung hat sich die BRD nicht mehr angeschlossen. Die Konvention ist folglich für die BRD am 24. 1. 1967 außer Kraft getreten.

10 3. In der **DDR** ist das Gesetz über die Verschollenheit von 1939 durch VO vom 22. 2. 1949 (ZVOBl. 124) mit DVO vom 23. 7. 1949 (ZVOBl. 550), durch VO vom 15. 11. 1951 (GBl. DDR 1059) und § 48 der VO vom 4. 10. 1952 (GBl. DDR 988) geändert worden. Die Änderungen betreffen aber nicht § 12; diese Bestimmung gilt also noch in der Fassung von 1939 weiter.
In zweiseitigen Verträgen mit den osteuropäischen Staaten sind jedoch Regelungen getroffen worden, die von § 12 abweichen. Es handelt sich um:

Art. 26 des Vertrages mit der Tschechoslowakei vom 11. 9. 1956 (GBl. DDR I 1188)
Art. 25 des Vertrages mit Polen vom 1. 2. 1957 (GBl. DDR I 414)
Art. 25 des Vertrages mit Ungarn vom 30. 10. 1957 (GBl. DDR 1958 I 278)
Art. 24 des Vertrages mit der Sowjetunion vom 28. 11. 1957 (GBl. DDR 1958 I 242)
Art. 26 des Vertrages mit Bulgarien vom 27. 1. 1958 (GBl. DDR I 713)
Art. 29 des Vertrages mit Rumänien vom 15. 7. 1958 (GBl. DDR I 741)
Art. 25 des Vertrages mit Albanien vom 11. 1. 1959 (GBl. DDR I 295)
Art. 30 des Vertrages mit Jugoslawien vom 20. 5. 1966 (GBl. DDR I 96)

Die vertraglichen Regelungen sind im einzelnen unterschiedlich. Die Regelung mit der Sowjetunion geht z. B. dahin, daß für die Todeserklärung die Organe des Staates zuständig sind, dessen Angehöriger der Verschollene zur Zeit der letzten Nachricht war; aber die Organe des anderen Staates können Todeserklärungen bereits dann aussprechen, wenn Personen, die in ihrem Gebiet leben, ein rechtliches Interesse an der Todeserklärung haben. Dabei wenden die Organe jeweils das eigene materielle Recht an (Art. 24 Abs. 1—3 des Vertrages vom 28. 11. 1957 — GBl. DDR 1958 I 242, 247).

II. Allgemeines.

11 1. Die rechtlichen Probleme, die mit dem Verschwinden einer Person verknüpft sind, haben in den verschiedenen Rechtssystemen unterschiedliche Lösungen gefunden. Drei Systeme treten hervor (vgl. Rabel, Conflict I S. 164ff.).

12 **a) Das System der einfachen Vermutungen.**

Dieses System gilt z. B. im anglo-amerikanischen Recht. Das Recht stellt hier eine einfache Vermutung auf, wonach, wenn jemand eine gewisse Anzahl von Jahren — im englischen Recht sieben — verschollen ist, widerlegbar vermutet wird, daß der Betreffende verstorben sei. Daß er bis zu diesem Zeitpunkt gelebt habe, wird nicht vermutet. Diese Vermutung erhält ihre Bedeutung jeweils im Einzelverfahren, in dem es darauf ankommt, ob die betreffende Person lebt oder nicht. Eine generelle Feststellung wird nicht getroffen. Die Voraussetzungen der Vermutung müssen in jedem Einzelfall bewiesen werden. Die Vermutung

wird als Frage des materiellen Rechts, nicht des Verfahrens betrachtet. Vgl. EHRENZWEIG, Conflict § 50, S. 180.
HALSBURY, Laws of England[3] XV (1956) S. 345 charakterisiert diese Vermutung folgendermaßen: „.... if there is no acceptable affirmative evidence that a person was alive at some time during a continuous period of seven years or more, then, if it can be proved that there are persons who would be likely to have heard of him over that period if he were alive, that those persons have not heard of him, and (it seems) that all due inquiries have been made appropriate to the circumstances, there arises a legal presumption that he is dead."

b) Das zweite System ist in Frankreich entwickelt und im Code civil niedergelegt worden; es ist dasjenige einer **Verschollenheits- oder Abwesenheitserklärung** (déclaration d'absence; Code civil Art. 114ff.). Bei diesem System wird ein Gerichtsverfahren vorgesehen, das die Verschollenheit durch Urteil feststellt. Voraussetzung ist Abwesenheit des Verschollenen und Fehlen von Nachrichten während bestimmter, im einzelnen verschieden festgesetzter Fristen. Die Hauptwirkung des Urteils ist, daß die Erben provisorisch in den Besitz des eventuellen Vermögens des Verschollenen eingewiesen werden können; eine definitive Einweisung ist erst nach Ablauf einer weiteren Frist von 30 Jahren (bzw. dann, wenn der Verschollene 100 Jahre alt sein würde) möglich. Die Ehe des Verschollenen wird nicht aufgelöst. Eine Feststellung des Todes erfolgt nicht. Vgl. PLANIOL-RIPERT, Traité Pratique de Droit Civil I (1952) Nr. 58ff. 13
Dieses System hat in Frankreich stark an Bedeutung verloren, seitdem 1945 die Möglichkeit der Todeserklärung geschaffen worden ist (jugement déclaratif de décès; Art. 88ff. Code civil in neuer Fassung. Vgl. dazu AUBIN, RabelsZ 15. 1949/50, 545ff.). Es gilt aber z.B. im schweizerischen Recht. Vgl. TUOR-SCHNYDER, Das Schweizerische Zivilgesetzbuch[7] (1965) S. 86ff., ZGB Art. 35ff.

c) Das dritte System endlich ist das im deutschen Recht gültige System der **Todeserklärung.** Es ist außer in Deutschland u.a. in Österreich und Spanien maßgebend und liegt auch der internationalen Konvention vom 6. 4. 1950 zugrunde. 14

2. Verschieden wie die sachlichen Regelungen sind auch die Gesichtspunkte, welche für die internationalprivatrechtliche Behandlung in den verschiedenen Rechten maßgebend sind. Vgl. dazu die Erörterung bei RABEL, Conflict I S. 109ff. 15

In der älteren Theorie herrschte das Bestreben vor, Fragen dieser Art nach dem **Wirkungsstatut** zu entscheiden, d.h. jeweils die Rechtsordnung für maßgebend zu erklären, welche das Rechtsverhältnis beherrschte, in dessen Zusammenhang es auf die Frage ankommt, ob eine Person zu einem bestimmten Zeitpunkt noch am Leben war oder nicht, also z.B. dem Erbstatut, wenn zur Frage stand, ob ein verschollener Erbprätendent den Erbfall noch erlebt hat oder nicht. Der Nachteil dieser Lösung ist, daß die Frage des Fortlebens dann nicht einheitlich entschieden wird. 16

Demgegenüber hat in neuerer Zeit der Gedanke an Boden gewonnen, der gesamte Fragenkomplex sei dem Personalstatut zu unterstellen, damit eine einheitliche Entscheidung der Frage des Fortlebens bzw. des Todes des Verschollenen erreicht werden könne, so z.B. RABEL, Conflict I S. 107/108; FRANKENSTEIN, IPR I S. 382/383. 17

Freilich wird dieses Ziel einer einheitlichen Entscheidung vielfach doch nicht erreicht werden. Die einzelnen Rechte benutzen für die Bestimmung des Personalstatutes verschiedene Anknüpfungspunkte: vor allem die Staatsangehörigkeit und den Wohnsitz. Das letztere gilt insbesondere für das Common Law; dabei sind freilich die Besonderheiten des „Domicile-"Begriffes zu beachten. Wichtiger noch ist, daß das Prinzip des Personalstatutes nicht konsequent 18 durchgeführt wird, weil die einzelnen Staaten, soweit sie eine Todeserklärung oder eine déclaration d'absence kennen, vielfach inländische Verfahren (und damit auch die Anwendung ihres inländischen Rechtes) für die Todeserklärung von Ausländern vorsehen, um Rechtsverhältnisse mit Inlandsberührung regeln zu können oder die Interessen im Inland wohnhafter oder sonst mit dem betreffenden Staat verknüpfter Angehöriger des Verschollenen ohne Rücksicht auf dessen Staatsangehörigkeit zu schützen. So läßt z.B. die französische Rechtsprechung der Cour de Cassation eine déclaration d'absence auch für Ausländer mit letztem Wohnsitz in Frankreich zu (Battifol, Traité élémentaire de droit international privé[3], Nr. 406), das deutsche Verschollenheitsgesetz in breitem Umfang die Todeserklärung von Ausländern (§ 12 Abs. 2—4 VerschG) unter Anwendung deutschen Rechts.

19 Hier zeigt sich, daß das Problem weiter dadurch kompliziert wird, daß bei dem System der Todeserklärung oder der déclaration d'absence ein Gerichtsverfahren, das zu einem Urteil oder Beschluß führt, eingeschaltet wird. Dadurch tritt bei Tatbeständen mit Auslandsproblemen zu der Frage, welches materielle Recht anzuwenden sei, noch das Problem der Anerkennung ausländischer Urteile und damit dasjenige der internationalen Zuständigkeit. Nun sind die Gesichtspunkte, welche die internationale Zuständigkeit begründen können, gerade bei der Todeserklärung sehr zahlreich, weil nicht nur Wohnsitz und Personalstatut des Verschollenen selbst, sondern auch Wohnsitz und Personalstatut seiner antragsberechtigten Angehörigen (insbesondere des Ehegatten und der präsumtiven Erben) sowie schließlich die Beziehungen, die Vermögenswerte des Verschollenen zu einer bestimmten Rechtsordnung haben können, in Betracht kommen. Die Konvention der UNO vom 6. 4. 1950 (Art. 5) zeigt, zu welcher Vielfalt von Anknüpfungspunkten dies führen kann. Vgl. dazu unten Bem. 105. Man kann diesen verschiedenen Anknüpfungspunkten meines Erachtens auch die innere Berechtigung nicht absprechen, daher m. E. zu eng Kegel, IPR[2] S. 195.

20 Unter diesen Umständen ist eine Entscheidungsharmonie kaum zu erreichen (zu den Schwierigkeiten vgl. Bülck, NJW 1951, 747); der Weg dahin könnte nur über internationale Abkommen führen, die, ähnlich der eben erwähnten UNO-Konvention, eine breite internationale Anerkennung von Todeserklärungen, die in einem der Vertragsstaaten ergangen sind, sicherstellen würden.

III. Entwicklung der Lehre.

21 Auf die Entwicklung der Lehre ist hier kurz einzugehen, da ein Überblick für die Benutzung der einschlägigen Literatur unentbehrlich ist.

1. Am Ende des 19. Jahrhunderts herrschte in der deutschen Rechtslehre die Auffassung vor, daß die Frage, ob und unter welchen Voraussetzungen jemand für tot erklärt werden könne, nach derjenigen Rechtsordnung zu entscheiden sei, welche das Rechtsverhältnis beherrsche, für welches die Frage des Lebens oder Nichtlebens der betreffenden Person von Bedeutung sei. In Betracht kamen dabei insbesondere das Erbstatut, das einen Erbfall, oder die Rechtsordnung, welche eine Ehe beherrschte. Diese Rechtsordnung sollte dann zugleich entscheiden, welche Gerichte für die Todeserklärung zuständig seien, so insbesondere v. Bar, Theorie u. Praxis I Nr. 130/131. Einen selbständigen Anknüpfungspunkt für die internationalprivatrechtliche Behandlung der Todeserklärung zu entwickeln, war danach nicht notwendig; es entschied die lex causae, das Wirkungsstatut, unter dem das im Einzelfall von der Todeserklärung berührte Rechtsverhältnis stand. Ebensowenig wurde das prozessuale Problem der gerichtlichen Zuständigkeit für die Todeserklärung als Sonderfrage gesehen. Zitelmann stützt diese Auffassung von der Geltung des Wirkungsstatuts auf seine allgemeine

Lehre, daß rechtliche Eigenschaften des Menschen sich nach dem Statut bestimmen müssen, welches über die Rechtsbeziehung herrscht, bei der die Eigenschaft sich auswirkt, s. ZITELMANN, IPR II S. 58, 104f.
Daraus ergibt sich für ihn das Postulat, daß jede Rechtsordnung einer von ihr zugelassenen und geregelten Todeserklärung nur insoweit Wirkung beilegen soll, als sie selbst sachlich-rechtlich zur Anwendung gelange. Im übrigen stehe es jedem Staate frei, eine Todeserklärung für Inländer und Ausländer zuzulassen.

In der Judikatur haben das RG in einer Entscheidung vom 7. 1. 1890 — RGZ 25, 22
142 betr. Lebensvermutung — und das KG in einer Entscheidung vom 31. 5. 1897 - NIEMEYERsZ 9. 1899, 468 - für die Frage von gesetzlichen Lebens- oder Todesvermutungen auf das Wirkungsstatut (hier: das Recht des Erblassers als Erbstatut) abgestellt. Diese Auffassung bestimmt auch noch die Meinung einer Reihe der frühen Ausleger des Art. 9 EGBGB: So PLANCK[3], Anm. 2 zu Art. 9 EGBGB, NIEDNER, Anm. 1b zu Art. 9 EGBGB, NIEMEYER, IPR des BGB S. 119ff. und HABICHT, IPR S. 67.

Sie fassen insbesondere die Regelung des Abs. 2 des Art. 9 als Ausdruck der 23
Geltung des Wirkungsstatuts auf und tadeln die Annahme des Personalstatuts durch Art. 9 Abs. 1 EGBGB. Zum Teil folgern sie daraus auch, daß diesem in Abs. 1 ausgesprochenen Prinzip jedenfalls keine ausschließliche Wirkung beigelegt werden dürfe (so PLANCK, NIEDNER und HABICHT); wenn ein Deutscher an einem Rechtsverhältnis beteiligt sei, das selbst ausländischem Recht unterstehe, so müsse auch dessen Todeserklärung, wenn sie entsprechend jenem Recht vorgenommen sei, anerkannt werden; anders allerdings — für ausschließliche Geltung des in Abs. 1 niedergelegten Prinzips — NIEMEYER, IPR des BGB S. 120f. und ZITELMANN, IPR II S. 108f. ZITELMANN a.a.O. kritisiert die ausschließliche Geltung, die Art. 9 Abs. 1 EGBGB dem Personalstatut zuschreibe: man habe diese nur da vorsehen dürfen, wo das deutsche Recht auch das in Betracht kommende materielle Rechtsverhältnis beherrsche.

2. Zur gleichen Zeit war aber bereits der Gedanke entwickelt, für die Todes- 24
erklärung müsse das **Personalstatut** des für tot Erklärten maßgebend sein, weil sie zu den Problemen des Status (der Rechts- und Geschäftsfähigkeit) gehöre, die für die gleiche Person einheitlich beurteilt werden müsse; vgl. dazu allgemein RABEL, Conflict I S. 107/108.

3. GEBHARD ging in seinem Entwurf, der der ersten Kommission vorgelegt 25
wurde (herausgegeben von NIEMEYER 1915, vgl. S. 94), von dem Gedanken aus, die Todeserklärung habe vor allem bei erbrechtlichen und familienrechtlichen Verhältnissen Bedeutung — dort sei aber regelmäßig das Personalstatut (Heimatrecht) des Verschollenen maßgebend. Er kam also vom Wirkungsstatut zum Personalstatut. Daher müsse auch die *ausschließliche Zuständigkeit* der deutschen Gerichte und des materiellen deutschen Rechts vorgesehen werden, wenn ein Deutscher für tot erklärt werden solle.

Die 2. Kommission hielt die Anwendung des Personalstatuts für richtig, da es 26
sich bei der Todeserklärung um eine Frage der Rechtsfähigkeit handle, also aus den oben in Bem. 24 erörterten Gründen; sie hielt aber Ausnahmen wegen bestehenden Sachzusammenhangs für notwendig und erwog, daß man deshalb unter Umständen auch die Todeserklärung von Deutschen im Ausland für zulässig halten müsse (MUGDAN, Materialien I S. 263—265). Auf diese Erwägungen stützten sich diejenigen Ausleger des Art. 9 EGBGB, die die ausschließliche Geltung des Personalstatuts unter Art. 9 EGBGB verneinten, vgl. oben Bem. 23.

4. Die Lehre von der ausschließlichen Geltung des *Personalstatuts* für die Todes- 27
erklärung von Deutschen setzte sich in der Folgezeit aber für die Auslegung des

Art. 9 EGBGB durch. Vgl. NEUBECKER, JbIntRVerk. 1912/1913 S. 67; RAAPE, IPR[5] S. 185; LEWALD, IPR S. 39ff.
Gleichzeitig wurde in Art. 9 Abs. 1 eine Zuständigkeitsnorm gesehen, die eine ausschließliche Zuständigkeit der deutschen Gerichte für die Todeserklärung deutscher Staatsangehöriger begründete (vgl. LEWALD, IPR S. 42).

28 In der Judikatur haben sich für die Geltung des Personalstatuts das Obertribunal Stuttgart (SeuffArch. 15. 1862 Nr. 199) und, hinsichtlich des Fortbestehens der Parteifähigkeit gemäß § 50 ZPO, das RG in einem Urteil vom 28. 6. 1893 (NiemeyersZ 4. 1894, 72 — Fall Johann Orth) ausgesprochen. Vgl. zu der Streitfrage allgemein auch BEITZKE oben Vorbem. 9 vor Art. 7.

29 **5.** Erst allmählich trat in der wissenschaftlichen Behandlung hervor, daß bei der Todeserklärung nicht nur ein Problem des Kollisionsrechts, sondern auch ein solches der internationalen Zuständigkeit gegeben ist.
Die Anerkennung *ausländischer* Todeserklärungen beurteilte man vor Inkrafttreten des Verschollenheitsgesetzes von 1939 nach § 328 ZPO, da das Todeserklärungs-Verfahren damals in der ZPO (§§ 960ff.) geregelt war. Vgl. STEIN-JONAS-POHLE[16] zu § 961 ZPO.

30 **6.** Die jetzt geltende Regelung des § 12 VerschG legt die internationale Zuständigkeit der deutschen Gerichte in Fragen der Todeserklärung fest und stellt (einseitige) Kollisionsnormen auf.

31 **a)** Für die **internationale Zuständigkeit** der Gerichte eines Staates kann an die Personalhoheit und die Territorialhoheit angeknüpft werden; der erste Gesichtspunkt führt dazu, Beziehungen der an einem Rechtsverhältnis beteiligten Personen, der zweite dazu, Beziehungen der mit ihm in Zusammenhang stehenden Objekte zu dem betreffenden Staat und seiner Rechtsordnung für maßgebend zu erachten. Vgl. NEUNER, Intern. Zuständigkeit (1929) S. 23; RIEZLER, IZPR S. 220; besondere Ausgestaltung der Lehre bei KEGEL, IPR[2] S. 195.

32 Die Regelung des § 12 VerschG verwendet beide Gesichtspunkte, um eine für die Rechtshandhabung in Deutschland praktikable Lösung zu finden. In der allgemeinen Norm des § 12 Abs. 1 VerschG wird der Gesichtspunkt der Staatsangehörigkeit des Verschollenen (die nach deutschem Recht zugleich das Personalstatut bestimmt) verwendet. Für die Todeserklärung einer Person, die zur Zeit der letzten von ihr eingegangenen Nachricht die deutsche Staatsangehörigkeit besaß, sind die deutschen Gerichte zuständig.

33 § 12 Abs. 4 erweitert diese Zuständigkeit unter bestimmten Voraussetzungen auf *frühere* deutsche Staatsangehörige, wenn sie eine andere Staatsangehörigkeit nicht erworben haben.

34 In anderer Weise geht die Sondervorschrift des § 12 Abs. 3 von einer persönlichen Beziehung zum deutschen Staate aus. Hier ist diese Beziehung nicht in der Person des Verschollenen, sondern in derjenigen eines anderen Beteiligten, des *Ehegatten* (bzw. bei S. 2 der Ehefrau) des Verschollenen gegeben. Die Beziehung wird darin gefunden, daß der Ehegatte seinen *Wohnsitz* im Inland hat und entweder die deutsche Staatsangehörigkeit besitzt oder als Flüchtling oder Vertriebener deutscher Volkszugehörigkeit im Inland Aufnahme gefunden hat. Bei der Ehefrau genügt frühere deutsche Staatsangehörigkeit (bis zur Verheiratung) und Wohnsitz im Inland. Die ausländische Staatsangehörigkeit des Verschollenen selbst steht hier der Zuständigkeit unserer Gerichte nicht entgegen. Noch weiter geht in der Berücksichtigung persönlicher Beziehungen zum deutschen Staat beim Verschollenen selbst oder bei anderen Beteiligten Art. 2 § 1 Abs. 4 VerschÄndG für die Verschollenheitsfälle des letzten Krieges.

35 Eine *Objektbeziehung* ist in der Vorschrift des § 12 Abs. 2 VerschG zugrundegelegt. Zuständigkeit deutscher Gerichte ist gegeben, obwohl der Verschollene Ausländer

ist, wenn Vermögensgegenstände, die sich im Inland befinden, oder Rechtsverhältnisse, die sich nach deutschem Recht beurteilen, in Frage stehen; die Wirkung der vom deutschen Gericht ausgesprochenen Todeserklärung beschränkt sich in diesem Falle allerdings auf die betreffenden Gegenstände und Rechtsverhältnisse.

Diese — in sich sehr unterschiedlichen — Gesichtspunkte sind herangezogen, um 36 dem Interesse der Rechtssicherheit in Deutschland einerseits, den Interessen jetziger oder früherer deutscher Staatsangehöriger andererseits in umfassenderer Weise gerecht werden zu können, als dies das in § 12 Abs. 1 ausgesprochene Prinzip allein ermöglichen würde. Freilich sind damit Möglichkeiten der Kollision zwischen den Entscheidungen deutscher und ausländischer Gerichte vermehrt worden.

b) Was das anzuwendende **materielle Recht** angeht, so stellt § 12 Abs. 1 nur eine 37 einseitige Kollisionsnorm auf, die von der h. L. jedoch zu einer allseitigen erweitert wird. § 12 Abs. 1 erklärt den Gesichtspunkt der Staatsangehörigkeit und damit das (nach unserer Auffassung bestimmende) Personalstatut für maßgebend. Der Gedanke der lex causae ist also als allgemeines Prinzip abgelehnt. Indessen dehnen die Vorschriften des § 12 Abs. 2—4 VerschG und des Art. 2 § 1 Abs. 4 VerschÄndG nicht nur die internationale Zuständigkeit der deutschen Gerichte, sondern auch den Anwendungsbereich des materiellen deutschen Todeserklärungs-Rechtes aus. Auch hier ist also das zunächst aufgestellte Prinzip nicht ohne Ausnahmen durchgeführt, insbesondere mit der Regel des § 12 Abs. 2 VerschG auch der Gedanke der Anwendung der lex causae, allerdings in beschränktem Umfange, wieder aufgenommen worden.

c) Wieweit die in § 12 hinsichtlich der Zuständigkeit der deutschen Gerichte ge- 38 troffene Regelung abschließend (d.h. wieweit sie ein Tätigwerden der deutschen Gerichte außerhalb der Voraussetzungen des § 12 ausschließt) und ausschließlich (d.h. wieweit sie die Anerkennung ausländischer Entscheidungen ausschließt) ist, ist unten (Bem. 100ff. und 103ff.) des näheren zu erörtern.

IV. Die internationale Zuständigkeit gemäß § 12 VerschG und Art. 2 § 1 VerschÄndG im einzelnen.

1. **§ 12 VerschG** bestimmt, wie dargelegt (vgl. oben Bem. 30ff.), einerseits pro- 39 zessual die (internationale) Zuständigkeit der deutschen Gerichte in Sachen der Todeserklärung, andererseits materiellrechtlich als Kollisionsnorm das anwendbare Recht. Dies gilt von sämtlichen Absätzen der Bestimmung.

2. Voraussetzungen des § 12 Abs. 1 40

Der Begriff Verschollenheit bestimmt sich nach deutschem Recht, also nach § 1ff. VerschG. Die Zuständigkeit der deutschen Gerichte ist begründet, wenn der Verschollene die deutsche Staatsangehörigkeit besitzt.

Wer die deutsche Staatsangehörigkeit besitzt, bestimmt das Reichsgesetz vom 41 22. 7. 1913 mit den durch Gesetz vom 30. 1. 1934 und weitere Verordnungen und Gesetze eingefügten Änderungen. Danach sind insbesondere auch diejenigen Deutschen, die ihren Wohnsitz in der DDR haben, Deutsche im Sinne der Gesetze und insbesondere des IPR der Bundesrepublik Deutschland. — Zur Problematik der Einbürgerungen nach 1937 vgl. MAUNZ-DÜRIG-HERZOG[3] Anm. 6 zu Art. 116 GG. Vgl. ferner das Gesetz vom 22. 2. 1955 (BGBl. I 65).
Gemäß Art. 116 GG ist deutschen Staatsangehörigen gleichgestellt, wer als Flüchtling oder Vertriebener deutscher Volkszugehörigkeit oder als dessen Ehegatte oder Abkömmling in dem Gebiete des Deutschen Reiches nach dem Stande vom 31. 12. 1937 Aufnahme gefunden hat.

Wegen der Begriffe des „Flüchtlings oder Vertriebenen deutscher Volkszugehörig- 42 keit" vgl. §§ 1—6 des Bundesvertriebenengesetzes i.d.F. vom 23. 10. 1961 (BGBl. I

1883) mit Änderung vom 3. 8. 1964 (BGBl. I 571). Wegen deren Einbürgerung vgl. G vom 22. 2. 1955 (BGBl. I 65).

43 Auf Staatenlose können die Bestimmungen des § 12 Abs. 1 VerschG insoweit wie auf Deutsche angewendet werden, als auf sie gemäß Art. 29 EGBGB deutsches Recht als Personalstatut anzuwenden ist. Das gleiche gilt für Flüchtlinge nichtdeutscher Volkszugehörigkeit, wenn sie nach § 12 des Abkommens über die Rechtsstellung der Flüchtlinge vom 28. 7. 1951 (BGBl. 1953 II 559) — vgl. oben Bem. 6 — deutsches Personalstatut haben (d.h. bei Wohnsitz oder regelmäßigem Aufenthaltsort in der BRD). Maßgebender Zeitpunkt ist der letzte Zeitpunkt, in dem der Verschollene nach den vorhandenen Nachrichten noch gelebt hat. Die Formel ist gegenüber dem früheren Art. 9 EGBGB, der auf den Beginn der Verschollenheit abstellte, eine Präzisierung. Eventuelle Zweifel daran, daß der Verschollene die deutsche Staatsangehörigkeit später verloren haben könnte, schließen die deutsche Zuständigkeit nicht aus. Der Antragsteller muß nur beweisen, daß der Verschollene in dem maßgebenden Zeitpunkt die deutsche Staatsangehörigkeit gehabt hat bzw. daß zu diesem Zeitpunkt die anderen Voraussetzungen gegeben waren, die einer Person deutsches Personalstatut geben.

44 Wegen der Anwendung des § 12 Abs. 1 auf Ausländer kraft Rückverweisung vgl. unten Bem. 100—102.
Besitzt der Verschollene außer der deutschen auch eine fremde Staatsangehörigkeit, so steht dies der Anwendung des Abs. 1 nicht entgegen.

45 **3. § 12 Abs. 2**

Abweichend von dem in Abs. 1 ausgesprochenen Prinzip erlauben § 12 Abs. 2—4 die Todeserklärung eines Ausländers durch deutsche Gerichte und in Anwendung deutschen Rechts. Dabei wird einer Todeserklärung nach Abs. 2 beschränkte, einer solchen nach Abs. 3 und 4 allgemeine Wirkung beigelegt. Wegen des Verhältnisses solcher Todeserklärungen von Nichtdeutschen zu einer eventuellen ausländischen Todeserklärung über die gleiche Person vgl. unten Bem. 113ff.

46 Die Bestimmung des Abs. 2 hat den Zweck, den inländischen Gerichten Entscheidungen über Vermögensgegenstände, die sich im Inland befinden, sowie über Rechtsverhältnisse, die nach deutschem Recht zu beurteilen sind, zu ermöglichen, auch wenn an ihnen ein Verschollener beteiligt ist, der nicht die deutsche Staatsangehörigkeit besitzt. Sie dient also der Wahrung der Rechtssicherheit im Inland, vgl. dazu BGHZ 43, 80.

47 **Voraussetzungen im einzelnen**

a) Der Verschollene darf nicht die deutsche Staatsangehörigkeit in dem oben (Bem. 41) umschriebenen Sinne besitzen. Ist er staatenlos, so entscheidet sich gemäß Art. 29 EGBGB, ob er im Sinne des § 12 Abs. 2 als Inländer oder als Ausländer anzusehen ist. Wo der Verschollene seinen letzten Wohnsitz gehabt hat, ist im übrigen gleichgültig. Der Verschollene muß aber Vermögen im Inland besitzen, oder es muß sein Leben oder Nicht-mehr-Leben für die Beurteilung eines Rechtsverhältnisses von Bedeutung sein, das sich nach deutschem Recht beurteilt.

48 **b)** Ob sich ein **Rechtsverhältnis** nach deutschem Recht beurteilt, bestimmt das deutsche IPR, vgl. Brintzinger JZ 1963, 540. In Betracht kommen Rechtsverhältnisse aller Art, nicht nur solche von vermögensrechtlicher Bedeutung. Insbesondere fallen unter § 12 Abs. 2 folgende Rechtsverhältnisse:

49 **Mitgliedschaftsrechte** an einer AG mit Sitz im Inland (LG Hannover IPRspr. 1950/1951 Nr. 12a und OLG Celle IPRspr. 1950/1951 Nr. 12b; LG Hildesheim NJW 1964, 410);

50 die **Ehe,** sofern sie nach deutschem IPR deutschem Recht unterstellt ist, nicht wenn sie ausländischem Recht unterliegt. Vgl. dazu den Fall

der Entscheidung des KG JFG 9, 66 Nr. 13. Hier wollte eine Frau, die mit einem verschollenen Österreicher verheiratet war, diesen aber gemäß Art. 9 Abs. 2 EGBGB hatte für tot erklären lassen, mit einem Deutschen eine neue Ehe eingehen. Das Amtsgericht hatte den Standesbeamten, der das Aufgebot abgelehnt hatte, angewiesen, das Aufgebot vorzunehmen, da die beabsichtigte Eheschließung deutschem Recht unterstünde. Das KG hob mit Recht auf, weil die erste Ehe der Frau österreichischem Recht unterstand und daher von der beschränkten Todeserklärung des Mannes gemäß Art. 9 Abs. 2 EGBGB nicht berührt worden war. Vgl. ferner im selben Sinne LG Göttingen (15. 12. 1948)/OLG Celle (11. 2. 1949) MDR 1949, 356 mit Anm. von BEITZKE. Anders lag dagegen der Fall bei der Entscheidung des AG Schweinfurt NJW 1950, 607 Nr. 17. Hier war die Frau verschollen; der Mann (Lette) lebte als staatenloser Flüchtling in der BRD, und seine Ehe war gemäß Art. 29, 13 EGBGB nach deutschem Recht zu beurteilen.

Kindschaft; 51
uneheliche Vaterschaft (Anerkennung als Rechtsverhältnis vgl. KG JR 1949, 383);
gesetzliches und testamentarisches **Erbrecht,** Pflichtteil, Vor- und Nacherbschaft (vgl. dazu BRINTZINGER JZ 1963, 540);
rückerstattungsrechtliche Entschädigungsansprüche (KG FamRZ 1966, 210);
Lastenausgleichsansprüche (LG Hildesheim NJW 1964, 410).

Die Rechtsverhältnisse können bedingt oder befristet sein. Die Todeserklärung 52 des Verschollenen muß auf das betreffende Rechtsverhältnis rechtliche Wirkungen ausüben, vgl. BRINTZINGER JZ 1963, 541, d.h. sie muß für die Beurteilung des betreffenden Rechtsverhältnisses irgendwie von Bedeutung sein (FRANKENSTEIN, IPR I S. 387), z.B. hinsichtlich der Frage, wem ein Lastenausgleichsanspruch zusteht, vgl. LG Hildesheim NJW 1964, 410. Insoweit ist der Gedanke der Geltung des „Wirkungsstatutes“ (vgl. oben Bem. 21—23) in der geltenden Regelung von Bedeutung geblieben. Es ist daher nicht erforderlich, daß der betreffende Ausländer selbst an dem fraglichen Rechtsverhältnis beteiligt war, daß z.B. ihm selbst der fragliche Lastenausgleichsanspruch jemals zugestanden hätte; es genügt, daß die Feststellung seines Todes für die Beurteilung des Rechtsverhältnisses von Bedeutung ist: daß davon beispielsweise abhängt, ob ein Lastenausgleichsanspruch jetzt von seinen Erben geltend gemacht werden kann.

c) Der Begriff des **Vermögens** bestimmt sich hier wie sonst im deutschen Recht 53 dahin, daß es sich um geldwerte Güter handeln muß. Auch ein einzelner Vermögensgegenstand genügt, z.B. ein Grundstück.

Das Vermögen muß sich im Inland befinden. Ob dies der Fall ist, ist vom Richter 54 im Einzelfall zu entscheiden. Es bestimmt sich bei körperlichen Gegenständen nach dem Ort, an dem sie sich tatsächlich befinden. Das Gesetz gibt aber eine spezielle Bestimmung, die für bestimmte Gruppen von Vermögensrechten noch besonders festlegt, daß sie als im Inland befindlich anzusehen sind. Dies trifft zu:
(1) für alle Gegenstände, für die von einer deutschen Behörde ein zur Eintragung des Berechtigten bestimmtes Buch oder Register geführt wird;
(2) für alle Ansprüche, für deren Geltendmachung ein deutsches Gericht zuständig ist.

Zu (1):

Hier kommen in Betracht alle Bücher oder Register, die bestimmt sind, die Person 55 des Rechtsinhabers festzuhalten, so daß sie festgestellt werden kann. Welche

rechtliche Bedeutung dieser Eintragung jeweils beigelegt ist, ob sie z.B. öffentlichen Glauben genießt oder nicht, ist nicht entscheidend.
Hierher gehören z.B.

Grundbücher,
Schiffsregister,
Staatsschuldbücher,
Patentrollen.

Die Bestimmung erweitert den Begriff des Inlandsvermögens also außerordentlich: Das in Deutschland eingetragene Patent gehört dazu, gleichgültig, wo sich der Inhaber befindet; das in ein deutsches Schiffsregister eingetragene Schiff, auch wenn es in einem ausländischen Hafen liegt, usw.

Zu (2)

56 Ob ein Anspruch vor einem deutschen Gericht geltend gemacht werden kann, bestimmt sich nach den Vorschriften über die örtliche Zuständigkeit. Nicht notwendig ist *ausschließliche* Zuständigkeit deutscher Gerichte; es genügt, daß aufgrund deutscher Zuständigkeitsvorschriften ein deutsches Gericht wegen des Anspruches angerufen werden kann, z.B. nach § 23 ZPO (Gerichtsstand des Vermögens).

57 Gleichgültig ist bei Anwendung des § 12 Abs. 2, ob der Verschollene oder einer der sonstigen Beteiligten eine persönliche Beziehung zum Inland oder zur deutschen Rechtsordnung hat; insbesondere ist der jetzige oder frühere Aufenthaltsort gleichgültig.

58 Dagegen ist Voraussetzung, daß der Verschollene an dem im Inland befindlichen Vermögen mindestens beteiligt ist, daß er, wie RAAPE (IPR[5] S. 186) es ausdrückt, Vermögen im Inland hinterlassen hat; abw. FRANKENSTEIN, IPR I S. 387. Gehören daher inländische Vermögensstücke zu einem Nachlaß, dessen Erbregelung gemäß deutschem IPR von einem ausländischen Recht als Erbstatut beherrscht wird, und gehört danach der Verschollene nicht zum Kreis der Erbberechtigten, so kann auch eine Todeserklärung gemäß § 12 Abs. 2 nicht erfolgen; denn der Verschollene besitzt kein Vermögen im Inland (BRINTZINGER JZ 1963, 541).

59 d) Die **Wirkungen** einer Todeserklärung gemäß § 12 Abs. 2 sind beschränkt. Sie betreffen nur das im Inland befindliche Vermögen des Verschollenen sowie diejenigen Rechtsverhältnisse, an denen er beteiligt war und die deutschem Recht unterstehen. Andererseits beschränkt sich die Wirkung der Todeserklärung nicht auf das konkrete Rechtsverhältnis, welches den Anlaß zur Beantragung der Todeserklärung gebildet hat; vielmehr sind von der einmal ausgesprochenen Todeserklärung alle Rechtsverhältnisse des Verschollenen betroffen, die unter § 12 Abs. 2 fallen.

60 Die Beschränkung der Wirkung der Todeserklärung ist in dem Beschluß auszusprechen. Unterbleibt dies, so kann dieser Umstand die materielle Bedeutung der Todeserklärung aber nicht erweitern.

61 **4. § 12 Abs. 3** erweitert die Zuständigkeit der deutschen Gerichte im Interesse des *Ehegatten* (bzw. bei Satz 2 nur der Ehefrau), weil dieser bestimmte Beziehungen zum deutschen Staate hat. Die Bestimmung ist nur anwendbar, wenn der Antrag auf Todeserklärung von dem Ehegatten (bzw. im Falle des Satzes 2 der Ehefrau) gestellt wird. Ob eine gültige Ehe vorliegt, bestimmt sich nach der gemäß unserem IPR zuständigen Rechtsordnung. Die Erweiterung auf den Ehegatten ist eine Neuerung des Gesetzes von 1951; vgl. amtliche Begründung BAnz. 1951 Nr. 25 S. 5ff.

Abs. 3 Satz 1 setzt voraus: 62

Der Verschollene muß Angehöriger eines fremden Staates sein oder staatenlos, ohne daß gemäß Art. 29 EGBGB deutsches Recht auf ihn als Personalstatut anzuwenden ist. Auch hier kommt der in Abs. 1 des § 12 für maßgebend erklärte Zeitpunkt in Betracht.

Hinsichtlich des antragsberechtigten Ehegatten müssen zwei Erfordernisse erfüllt sein: 63

a) Der Ehegatte muß seinen Wohnsitz im Inland haben. Ob dies der Fall ist, bestimmt sich nach § 7 BGB. Der inländische Wohnsitz muß z.Z. der Antragstellung und der Entscheidung gegeben sein. Er kann aber nach Eintritt der Verschollenheit begründet sein; das Gesetz will dem in Deutschland wohnenden deutschen Ehegatten helfen. Gewöhnlicher Aufenthalt genügt nicht.

b) Der Ehegatte muß die deutsche Staatsangehörigkeit besitzen *oder* als Flüchtling oder als Vertriebener deutscher Volkszugehörigkeit im Inland Aufnahme gefunden haben. Zu diesen Begriffen vgl. oben Bem. 49. Auch diese Erfordernisse müssen z.Z. der Antragstellung und Entscheidung gegeben sein.

§ 12 Abs. 3 S. 2 geht noch über die Erweiterungen der deutschen Zuständigkeit, 64
welche Abs. 3 S. 1 vorsieht, hinaus. Diese Vorschrift ist im Interesse von Frauen geschaffen worden, die bis zu ihrer Verheiratung die deutsche Staatsangehörigkeit besaßen, diese aber durch ihre Ehe mit einem Nichtdeutschen verloren haben. Sie soll, wie die Vorschriften des Satzes 1, die Wiederverheiratung ermöglichen.

Für die Anwendung des § 12 Abs. 3 S. 2 ist daher außer dem inländischen Wohn- 65
sitz der Antragstellenden (dazu oben Bem. 63) nur erforderlich, daß die Antragstellerin früher die deutsche Staatsangehörigkeit besessen, diese aber durch ihre Verheiratung verloren hat; zur Staatsangehörigkeit vgl. oben Bem. 41. Das Erfordernis des gegenwärtigen Besitzes der deutschen Staatsangehörigkeit entfällt also.
Die Vorschrift ist aber nicht anwendbar, wenn die Antragstellerin die deutsche Staatsangehörigkeit schon vor ihrer Verheiratung verloren hat; hinsichtlich eines der Eheschließung nachfolgenden Verlustes der deutschen Staatsangehörigkeit gilt das gleiche.

Die Wirkung einer gemäß § 12 Abs. 3 erfolgenden Todeserklärung ist nach 66
deutschem Recht unbeschränkt (Raape, IPR[5] S. 189); sie beschränkt sich also insbesondere *nicht* auf die Ehe des Verschollenen. Ob eine derartige Todeserklärung im Ausland, insbesondere im Heimatstaat des für tot Erklärten anerkannt wird, ist damit natürlich nicht entschieden, hängt vielmehr von dem in Betracht kommenden ausländischen Recht ab. — Für eine beschränkte Wirkung tritt aus Gründen der internationalen Entscheidungsharmonie Brintzinger JZ 1963, 540 ein.

5. § 12 Abs. 4 läßt die Todeserklärung durch deutsche Gerichte zu, wenn der Ver- 67
schollene früher die deutsche Staatsangehörigkeit gemäß Reichsgesetz vom 22. 7. 1913 besaß, diese aber verloren hat, ohne eine neue zu erwerben. Voraussetzung ist, daß an der Todeserklärung durch deutsche Gerichte ein berechtigtes Interesse besteht.

Diese Vorschrift ist insbesondere mit Rücksicht auf diejenigen Personen und 68
ihre Angehörigen geschaffen worden, die die deutsche Staatsangehörigkeit durch *Ausbürgerung* verloren hatten und sie nach 1945 nicht wiedererlangt haben; vgl. dazu Art. 116 Abs. 2 GG. Es sollte in diesen Fällen eine Todeserklärung ermöglicht werden, auch wenn das Recht des Staates, in dem der Verschollene seinen letzten Aufenthalt gehabt hat, sie nicht kennt (amtl. Begründung).

69 Abs. 4 setzt nicht voraus, daß der Antragsteller Wohnsitz oder Aufenthalt im Inland hat oder daß sich Vermögen des Verschollenen im Inland befindet; es genügt das Vorliegen eines wie immer begründeten berechtigten Interesses. Ein solches Interesse kann gegeben sein, wenn das IPR eines ausländischen Staates für Staatenlose auf das letzte Heimatrecht (also hier deutsches Recht) verweist und der ausländische Staat eine nach diesem Recht erfolgte Todeserklärung anerkennt, oder wenn der betreffende Staat zwar die deutsche Todeserklärung anerkennt, selbst aber keine Todeserklärung für den Staatenlosen ermöglicht, oder wenn ein Antragsberechtigter der Todeserklärung für ein Rechtsverhältnis bedarf, das im Inland nach ausländischem Recht zu beurteilen ist, so daß § 12 Abs. 2 VerschG nicht eingreift. Vgl. BRINTZINGER JZ 1963, 540, der freilich in m. E. unzulässiger Weise das berechtigte Interesse nur in diesen Fällen bejahen will.

70 Es genügt, daß das Bestehen des berechtigten Interesses glaubhaft gemacht wird, vgl. BRINTZINGER a.a.O. Fußn. 29.
Ein „rechtliches" Interesse ist, anders als etwa in § 16 Abs. 2c VerschG und Art. 2 § 4 VerschÄndG nicht erforderlich (RAAPE, IPR[5] S. 184; VÖLKER StAZ 1951, 40).

71 Die Wirkung einer Todeserklärung gemäß Abs. 4 ist unbeschränkt.

72 **6.** Eine Erweiterung der Zuständigkeit der deutschen Gerichte und des deutschen Rechts für Todeserklärungs-Verfahren von Personen, die im Zusammenhang mit dem Zweiten Weltkrieg verschollen sind, enthält **Art. 2 § 1 Abs. 4 des Verschollenheits-Änderungsgesetzes.**
Dieses Gesetz ermöglicht — abweichend von der Regelung des Verschollenheitsgesetzes — eine erleichterte Todeserklärung von Personen, die vor dem 1. 7. 1948 im Zusammenhang mit Ereignissen oder Zuständen des letzten Krieges vermißt worden und seitdem unter Umständen, die ernstliche Zweifel an ihrem Fortleben begründen, verschollen sind. Näheres vgl. STAUDINGER-COING[11], Bem. 12—21 zu § 4 VerschG.

73 Nach diesem Gesetz können auch Nichtdeutsche (fremde Staatsangehörige oder Staatenlose) für tot erklärt werden. Hinsichtlich der Staatsangehörigkeit entscheidet dabei wieder der letzte Zeitpunkt, in dem der Verschollene nach den vorhandenen Nachrichten noch gelebt hat. Voraussetzung ist außer dem Vorliegen der besonderen Kriegsverschollenheit gemäß Art. 2 § 1 Abs. 2 VerschÄndG:

> daß entweder der Verschollene selbst oder daß ein nach § 16 VerschG antragsberechtigter Verwandter oder der Ehegatte eine besondere Beziehung zur BRD oder West-Berlin gehabt hat bzw. hat. Es genügt, daß eine dieser Beziehungen gegeben ist.

74 **a)** Was den Verschollenen selbst angeht, so kommen zwei Momente — wiederum alternativ — in Betracht: letzter Wohnsitz bzw. Aufenthalt in der BRD oder in Westberlin; *oder* Teilnahme am letzten Krieg als Angehöriger der ehemaligen deutschen Wehrmacht. Hinsichtlich Wohnsitz und Aufenthalt kommt es also auf das Territorium der jetzigen BRD bzw. West-Berlins, *nicht* auf das ehemalige Reichsgebiet an. Wer Wehrmachtsangehöriger war, bestimmt sich nach § 21 Wehrgesetz vom 21. 5. 1935 (RGBl. I 609).

75 **b)** Hinsichtlich des antragstellenden Verwandten oder Ehegatten kommt es darauf an, daß er z.Z. des Antrages und der Entscheidung seinen Wohnsitz oder Aufenthaltsort in der BRD oder West-Berlin hat. Seine Staatsangehörigkeit und sein eventueller früherer Wohnsitz etc. sind gleichgültig.

76 Als Verwandte kommen in Betracht: eheliche oder diesen rechtlich gleichgestellte Abkömmlinge sowie sonstige Verwandte, die nach § 16 VerschG antragsberechtigt wären, also insbesondere die Eltern des Kriegsverschollenen. Ob Verwandtschaft oder Ehe gegeben ist, beurteilt sich nach der Rechtsordnung, die nach deutschem

IPR maßgebend ist. Der Antrag muß im Falle b) von einem Verwandten oder dem Ehegatten mit Wohnsitz etc. in der BRD oder in West-Berlin gestellt sein. —

Die sehr weitgehende Bestimmung des Art. 2 § 1 Abs. 4 VerschÄndG ist noch während der Ausschußberatungen, insbesondere mit Rücksicht auf die in Deutschland befindlichen displaced persons dem Entwurf eingefügt worden. Allgemeine Bedenken wegen der Ausdehnung der deutschen Zuständigkeit sind mit Rücksicht auf die bei der Vorbereitung der UN-Konvention vom 6. 4. 1950 hervorgetretenen Gesichtspunkte zurückgestellt worden; vgl. Bericht des Rechtsausschusses, BT 1. Wp., Sten. Berichte, S. 3704f. 77

Die Todeserklärung nach Art. 2 § 1 Abs. 4 wirkt unbeschränkt. Dies ergibt sich m. E. unter anderem daraus, daß diese Bestimmung nach dem Vorbild der Konvention von 1950 geschaffen ist; a.A. BRINTZINGER JZ 1963, 539ff. 78

Neben den Bestimmungen von Art. 2 § 1 Abs. 4 gelten diejenigen des § 12 Abs. 2 und 3 VerschG. Es kann also auch ein Verfahren nach diesen Bestimmungen eingeleitet werden, obwohl ein solches gem. Art. 2 § 1 Abs. 4 VerschG möglich wäre. 79

Die Bestimmung des Art. 2 § 1 Abs. 4 VerschÄndG von 1951 hat eine Streitfrage gegenstandslos gemacht, die sich an Art. 1 des AHKG Nr. 23 knüpfte; vgl. VÖLKER StAZ 1951, 37ff.; BÜLCK NJW 1951, 748. Dieser Artikel bestimmte, daß für Flüchtlinge mit Aufenthalt in der BRD, die von einer anerkannten Flüchtlingsorganisation betreut wurden, überall dort der Aufenthalt als Anknüpfungspunkt maßgebend sein solle, wo das internationale Privatrecht des EGBGB auf die Staatsangehörigkeit abstellt. Danach war zweifelhaft, ob die Regelung auch das — außerhalb des EGBGB geregelte — IPR des deutschen Verschollenheitsrechts beträfe. Vgl. dazu RAAPE, IPR[5] S. 184; SCHWENN SJZ 1950, 652ff.; LG Hannover StAZ 1950, 249 m. zust. Anm. v. MASSFELLER; DÖLLE StAZ 1950, 106 (107 Fn. 5); entgegen MAKAROV DRZ 1950, 320f.; BEITZKE, Festschr. f. Haff (1950) S. 197ff. (212). Nunmehr ist in solchen Fällen ein Verfahren nach Art. 2 § 1 VerschÄndG möglich. 80

7. Soweit die Tatbestände des § 12 gegeben sind, gilt folgendes: 81

Der Verschollene kann im Inland für tot erklärt werden.

Inland bedeutet das Gebiet der Bundesrepublik und West-Berlins. Welches Gericht zuständig ist, bestimmen die §§ 14—15d VerschG. Wichtig ist die allgemeine subsidiäre Zuständigkeit des Amtsgerichts Berlin-Schöneberg nach § 15b.

Die Todeserklärung *kann* erfolgen, d.h. sie erfolgt **auf Antrag,** nicht von Amts wegen, vgl. § 16 VerschG. Maßgebend für das Verfahren sind die Verfahrensbestimmungen des VerschG. Die Voraussetzungen und Wirkungen der Todeserklärung richten sich, soweit § 12 nicht selbst Einschränkungen verfügt, nach deutschem Recht, d.h. nach den Bestimmungen des Verschollenheitsgesetzes. 82

8. Zulässig ist, obwohl im Gesetz nicht ausdrücklich erwähnt, unter den Voraussetzungen des § 12 VerschG auch ein **Verfahren zur Feststellung der Todeszeit,** vgl. §§ 1 Abs. 2, 39 VerschG; h. M., vgl. ARNOLD Anm. 6, VOGEL Anm. 3 zu § 12 VerschG. Dies rechtfertigt sich mit einem argumentum a maiori; das Feststellungsverfahren nach § 39 kann als eine Abart des Todeserklärungs-Verfahrens betrachtet werden. 83

V. Die Kollisionsnormen des Verschollenheitsrechts.

1. § 12 Abs. 1 VerschG legt fest, daß für die Todeserklärung eines Deutschen oder „Gleichgestellten" im Sinne des Art. 116 GG deutsches Recht maßgebend ist. Die Bestimmung beruht auf dem Gedanken, daß für die Todeserklärung als einen Rechtsakt, der die Rechtsfähigkeit berührt, das Personalstatut maßgebend sein müsse. Als Ausdruck dieses allgemeinen Grundsatzes wird daher § 12 Abs. 1 von der durchaus h. A. zu einer allseitigen Kollisionsnorm dahin erweitert, daß auch 84

für die Todeserklärung von Ausländern deren Personalstatut maßgebend sei, also nach deutscher Auffassung das durch die Staatsangehörigkeit des Verschollenen bestimmte Recht. Vgl. ARNOLD Anm. 2, 3 zu § 12 VerschG; VOGEL Anm. 2, 13 zu § 12 VerschG; SCHLEGELBERGER-KRAMER Anm. 2 zu §.12 VerschG; RAAPE, IPR[5] S. 192; KEGEL, IPR[2] S. 195; zu Art. 9 EGBGB STAUDINGER-RAAPE[9], Anm. A I. Maßgebend ist auch insoweit die Staatsangehörigkeit, die der Verschollene in dem Augenblick gehabt hat, in dem er nach den letzten von ihm eingegangenen Nachrichten noch gelebt hat.

85 Es gilt also auch für Ausländer nicht das Wirkungsstatut, z.B. das Erbstatut, das einen Erbfall beherrscht, an dem der Verschollene als möglicher Erbe beteiligt ist. Zweifelnd insoweit RAAPE, IPR[5] S. 185, Fn. 13.

86 Für Staatenlose gelten die Grundsätze des Art. 29 Abs. 1 EGBGB; es kommt also darauf an, wo der verschollene Staatenlose zu dem entscheidenden Zeitpunkt (vgl. oben Bem. 43) seinen Wohnsitz oder gewöhnlichen Aufenthaltsort gehabt hat; das danach bestimmte Recht ist maßgebend (ARNOLD Anm. 12, SCHLEGELBERGER-KRAMER Anm. 18 zu § 12 VerschG; RAAPE, IPR[5] S. 184; KEGEL, IPR[2] S. 195; KG RzW 1963, 419).

87 **2. Tragweite**

Die Rechtsordnung, welche die Todeserklärung beherrscht, bestimmt sowohl deren Voraussetzungen wie deren Wirkungen, vgl. STAUDINGER-RAAPE[9], B zu Art. 9 EGBGB.

88 Das in § 12 Abs. 1 VerschG ausgesprochene Prinzip gilt auch für Verfahren, die auf die Feststellung der Todeszeit gerichtet sind, und etwaige analoge Rechtsakte. Ebenso ist dieser Grundsatz anzuwenden, wenn es sich um eine Abwesenheitsfeststellung, etwa im Sinne des französischen oder schweizerischen Rechts, handelt. Vgl. oben Bem. 13; RAAPE, IPR[5] S. 194f.

89 Soweit im Verschollenheitsfalle nur Vermutungen aufgestellt werden, wie z.B. im englischen Recht, ist ebenfalls das nach der Staatsangehörigkeit bestimmte Personalstatut anzuwenden. Dies ergibt sich nicht aus § 12 Abs. 1 VerschG, wohl aber aus dem Prinzip, daß das Personalstatut überall da maßgebend sein muß, wo die Rechtsfähigkeit oder das Ende der Rechtspersönlichkeit in Frage steht, vgl. KEGEL, IPR[2] S. 193. Dies ist aber bestritten; vgl. z.B. für Anwendung des Wirkungsstatuts SOERGEL-SCHULTZE-v.LASAULX[10] Anm. 17 zu § 12 VerschG.

90 Für den Fall einer Kommorientenvermutung ergibt sich daraus, daß die Frage, ob eine Person als fortlebend gilt oder nicht, insbesondere ob angenommen wird, daß sie bestimmte andere Personen überlebt hat, für jede in der gemeinsamen Gefahr umgekommene Person gesondert nach ihrem Personalstatut beurteilt werden muß; eine Möglichkeit gegenseitiger Beerbung ergibt sich daher nur, wenn nach den so festgelegten Todeszeiten die eine Person die andere beerben kann. So richtig FRAGISTAS, Die Kommorientenvermutungen im internat. Privatrecht, Festschr. f. Rudolf Laun (1953) S. 693 (704f.); vgl. auch BEITZKE oben Vorbem. 10-12 vor Art. 7; a.A. für Anwendung des *Erbstatutes* DE NOVA, Esistenza e capacità del soggetto in diritto internazionale privato, Scritti in onore di Perassi I (1957) S. 381ff.

91 3. Entgegen den im Vorstehenden entwickelten Sätzen wird die Anwendung deutschen Rechts durch die Abs. 2—4 des § 12 VerschG und Art. 2 § 1 Abs. 4 VerschÄndG unter den gleichen Voraussetzungen erweitert wie die deutsche internationale Zuständigkeit. Vgl. BRINTZINGER JZ 1963, 537 Fn. 13; LG Berlin I IPRspr. 1929 Nr. 8 (zu Art. 9 Abs. 2 EGBGB).

92 Die Bedeutung dieser Ausweitung des Anwendungsbereichs des deutschen Rechts in Fällen, in denen das Heimatrecht des für tot Erklärten eine ausländische Rechts-

ordnung ist, ist umstritten. Die Frage ist insbesondere in Fällen aufgetaucht, in denen die Anwendung des Heimatrechts als Erbstatut in Betracht kam. Ist dann die deutsche Todeserklärung infolge des in ihr festgestellten Todeszeitpunktes auch für die Frage maßgebend, wann die Erbschaft eröffnet ist, oder gilt insoweit das Erbstatut?

In einem vom KG entschiedenen Fall (FamRZ 1966, 210) stand die Beerbung einer Frau zur Entscheidung, die, als Deutsche geboren, 1936 einen Letten geheiratet hatte und 1941 mit ihrem Mann und ihrem Kind von den deutschen Besatzungsbehörden verhaftet worden war. Sie selbst und ihr Kind waren 1941 gestorben; der Mann hatte sie, da er zunächst in ein Arbeitslager eingeliefert worden war, überlebt. Die in Deutschland gemäß § 12 Abs. 2 VerschG erwirkte Todeserklärung stellte für alle den 31. 12. 1941 als Todeszeitpunkt fest. Das KG nahm russisches Recht als Erbstatut an; nach russischem Recht ist bei Todeserklärungen der Zeitpunkt der Rechtskraft der Todeserklärung als Todeszeitpunkt anzusehen; in diesem Zeitpunkt wird also die Erbschaft eröffnet. Das KG vertritt die Ansicht, die Anwendung des deutschen Todeserklärungsrechtes gemäß § 12 Abs. 2 VerschG dränge das Erbstatut — also das russische Recht — insoweit zurück. Es wendet daher russisches Recht an, aber mit der Modifikation, daß zu dem in der deutschen Todeserklärung festgestellten Zeitpunkt die Erbschaft eröffnet worden sei; dementsprechend seien auch die Ausschlagungsfristen zu modifizieren. 93

Demgegenüber will Dierk Müller — in der Anmerkung zu dem Urteil — für die Frage, wann die Erbschaft eröffnet sei, das Erbstatut maßgebend sein lassen: demgemäß sei im vorliegenden Fall auf den Zeitpunkt der Rechtskraft der deutschen Todeserklärung abzustellen. Die deutsche Todeserklärung ersetze nur die nicht oder erschwert erreichbare russische Todeserklärung; wann aufgrund einer solchen Todeserklärung die Erbschaft eröffnet werde, müsse dem russischen Recht überlassen bleiben. Für „größte Vorsicht" bei der Beurteilung der Wirkungen einer Todeserklärung gem. Art. 9 Abs. 2 und 3 EGBGB ist bereits Frankenstein, IPR I S. 389ff. eingetreten.

Für den Fall, daß die Feststellungen der Todeszeiten in einer deutschen Todeserklärung gemäß § 12 Abs. 2 VerschG mit Kommorientenvermutungen oder ähnlichen Regelungen des maßgeblichen ausländischen Erbstatus zusammentreffen, soll nach KG NJW 1958, 24 das Erbstatut vorgehen. In dem betreffenden Falle waren Eheleute polnischer Staatsangehörigkeit durch Beschluß des AG Berlin-Schöneberg gemäß § 12 Abs. 2 VerschG für tot erklärt worden; dabei war für den Mann der 31. 1. 1945, für die Frau der 8. 5. 1945 als Todeszeitpunkt festgestellt worden; sie besaßen in Berlin Grundbesitz. Nach den — in den veröffentlichten Urteilsgründen nicht näher dargelegten — Umständen war aber in Betracht zu ziehen, daß beide in gemeinsamer Gefahr umgekommen waren. Personalstatut war nach polnischem IPR das österreichische ABGB, da der letzte polnische Wohnort der Eheleute Lemberg gewesen war. Das KG wendet die Bestimmung des ABGB über das Umkommen in gemeinsamer Gefahr als Norm des Erbstatuts an; die deutsche Todeserklärung müsse dahinter zurücktreten, soweit sie sich über den Todeszeitpunkt äußere (zustimmend Danckelmann in der Anm. zu obigem Urteil NJW 1958, 24). 94

M. E. ist angesichts der Tatsache, daß die Normen des § 12 Abs. 2—4 VerschG und Art. 2 § 1 Abs. 4 VerschÄndG in gewisser Hinsicht nur eine Notzuständigkeit der deutschen Gerichte für die Todeserklärung eines Ausländers schaffen wollen, eine einschränkende Interpretation hinsichtlich der Zurückdrängung des an sich (etwa als Erbstatut) zuständigen ausländischen Rechts geboten. Daher ist im ersten Fall der Ansicht Müllers, im zweiten der des KG zuzustimmen. 95

Soweit danach die Anwendbarkeit des deutschen Rechts ausgedehnt wird und 96 eine Todeserklärung nach deutschem Recht *möglich* ist, ist auch die Lebensvermutung des § 10 VerschG anzuwenden. Vgl. OLG Celle IPRspr. 1950/51 Nr. 12b; zustimmend KEGEL, IPR[2] S. 197 mit dem Vorbehalt, daß eine evtl. gegebene *kürzere* Lebensvermutung des Personalstatutes vorgehen müsse, da die Vorschriften der § 12 Abs. 2—4 VerschG und Art. 2 § 1 Abs. 4 VerschÄndG die Parteien begünstigen wollten.

97 4. Nach h.L. ist, soweit die Todeserklärung von Deutschen in Betracht kommt, das deutsche Recht *ausschließlich* anzuwenden. Vgl. ARNOLD Anm. 13, VOGEL Anm. 3 und 12, SCHLEGELBERGER-KRAMER Anm. 19 zu § 12 VerschG, RAAPE, IPR[5] S. 192.

Dagegen hat sich KEGEL (IPR[2] S. 197f.) ausgesprochen, der die Grundsätze der Abs. 2—4 des § 12 VerschG ebenfalls zu allseitigen Kollisionsnormen entwickeln will, so daß in den hier vorgesehenen Fällen auch die Todeserklärung eines Deutschen nach ausländischem Recht anzuerkennen wäre. M.E. sprechen hierfür Gründe der Billigkeit und der Entscheidungsharmonie. Gegen die Erweiterung des § 12 Abs. 3 zur allseitigen Kollisionsnorm aber OLG Frankfurt JZ 1962, 119; vgl. auch ERMAN-ARNDT[4] Anm. 3c) bb) zu § 12 VerschG.

98 5. Verweist ein nach deutschem IPR zuständiges Recht auf die deutsche Rechtsordnung zurück, etwa weil der Verschollene seinen letzten bekannten Wohnsitz in Deutschland gehabt hat, so wird diese Rückverweisung angenommen. Vgl. PALANDT-LAUTERBACH[28] Anm. 1 zu Art. 27 EGBGB; SOERGEL-KEGEL[9] Anm. 15, 25 zu Art. 27 EGBGB.

99 Wird ein Ausländer nicht nach seinem Heimatrecht, sondern in einem dritten Staat nach dessen Recht für tot erklärt, so kommt es für eine eventuelle Anerkennung in Deutschland darauf an, ob das Heimatrecht die Anwendung des betreffenden Rechtes insoweit anerkennt, als etwa eine Weiterverweisung vorliegt.

VI. Todeserklärung nach ausländischem Recht oder bei Rückverweisung?

100 Die in § 12 VerschG bzw. Art. 2 § 1 Abs. 4 VerschÄndG vorgesehene Zuständigkeit der deutschen Gerichte für In- und Ausländer ist nicht als abschließend zu betrachten. § 12 legt nur die Zuständigkeit für die Fälle fest, in denen unmittelbar nach den deutschen Gesetzen deutsches Recht anzuwenden ist.

101 Daneben kommen folgende Fälle in Betracht.

Läßt das Heimatrecht eines Ausländers dessen Todeserklärung durch deutsche Gerichte zu, so kann das deutsche Gericht die Todeserklärung in Anwendung des betreffenden fremden — materiellen — Rechts aussprechen (KEGEL, IPR[2] S. 197; ERMAN-ARNDT[4] Anm. 3a zu § 12 VerschG; bestr., a.A. STAUDINGER-RAAPE[9] S. 119 (für Art. 9 EGBGB); SOERGEL-SCHULTZE-v. LASAULX[10] Anm. 3 zu § 12 VerschG).

Ebenso wäre unter dieser Voraussetzung eine Verschollenheitserklärung über einen Ausländer unter Anwendung von dessen (materiellem) Heimatrecht zulässig, vgl. KEGEL, IPR[2] S. 194.

102 Verweist das nach deutschem IPR zuständige Recht auf deutsches Recht zurück, so ist das deutsche materielle Recht und das deutsche Verfahrensrecht anwendbar. Steht in diesen Fällen fest, daß materielles deutsches Recht anzuwenden ist, so ist auch die deutsche internationale Zuständigkeit gegeben. Vgl. dazu die Ausführungen von NEUHAUS FamRZ 1961, 541 unter I. 2. sowie RabelsZ 20. 1955, 259. Welches Gericht örtlich zuständig ist, bestimmt sich gemäß §§ 15ff. VerschG, gegebenenfalls gemäß § 15b.

VII. Anerkennung ausländischer Todeserklärungen und Abwesenheitserklärungen

103 1. Hier stellt sich zunächst die Frage, ob § 328 ZPO direkt oder in Analogie anzuwenden ist, oder ob die für die Anerkennung von Akten der freiwilligen Ge-

richtsbarkeit geltenden Grundsätze heranzuziehen sind. Vor dem VerschG von 1939 wurde das erste angenommen, weil das Todeserklärungs-Verfahren damals in der ZPO geregelt war; vgl. STEIN-JONAS, 16. Aufl., zu § 961 ZPO.
Unter dem VerschG von 1939 werden verschiedene Ansichten vertreten. KRAMER hat die Ansicht entwickelt, § 328 ZPO müsse ausscheiden, da das VerschG das Todeserklärungs-Verfahren nunmehr als Verfahren der freiwilligen Gerichtsbarkeit geregelt habe; s. SCHLEGELBERGER-KRAMER Anm. 19 zu § 12 VerschG; vgl. auch VOGEL Anm. 14 zu § 12 VerschG.
RIEZLER (IZPR S. 529) will für die Frage, wie gegenüber einer im Verfahren der freiwilligen Gerichtsbarkeit ergangenen ausländischen Entscheidung zu verfahren sei, darauf abstellen, ob der betreffende Gegenstand seinem Wesen nach zur freiwilligen Gerichtsbarkeit gehöre.

Richtigerweise wird man mit FRANKENSTEIN (IPR I S. 390f.) und KEGEL (IPR² 104
S. 194f.) nicht darauf abstellen, wie das inländische Recht das Verfahren bei der Todeserklärung geordnet hat oder wie es seinem Wesen nach zu ordnen sei, sondern auf die prozessuale Gestalt, die das *ausländische* Recht der Todeserklärung gegeben hat. Handelt es sich danach — im Sinne von § 328 ZPO (dazu etwa BAUMBACH-LAUTERBACH[29] 1 B zu § 328 ZPO) — um ein Urteil, so gilt § 328 ZPO (so auch schon FRANKENSTEIN, IPR I S. 390); damit man gegenüber den ausländischen Entscheidungen auf diesem Gebiet zu einheitlichen Grundsätzen kommt, wird es dann aber richtig sein, mit KEGEL (a.a.O. S. 194f.) § 328 ZPO analog anzuwenden, wenn die ausländische Entscheidung sich als solche der freiwilligen Gerichtsbarkeit darstellt.

2. Wendet man § 328 ZPO an, so kann die von den Gerichten eines fremden 105
Staates ergangene Todeserklärung (bzw. sonstige einschlägige Entscheidungen) gemäß § 328 Abs. 1 Nr. 1 nur anerkannt werden, wenn dessen Gerichte international zuständig waren. Die Grundlagen dieser internationalen Zuständigkeit sind noch nicht abschließend geklärt. Nach KEGEL (IPR², S. 194) kann sie sich auf den Wohnsitz oder Aufenthaltsort des Verschollenen in dem betreffenden Staate gründen, ferner darauf, daß — nach deutschen IPR — das Recht des betreffenden Staates anwendbar ist, oder schließlich darauf, daß der nach den eben erwähnten Gesichtspunkten zuständige Staat seinerseits hinsichtlich des Todeserklärungs-Verfahrens an einen dritten Staat weiterverweist (von KEGEL, IPR² S. 194 so genannte Aufenthalts-, Statuts- und Verweisungszuständigkeit).
Der BGH geht in seiner Entscheidung vom 11. 7. 1962 (MDR 1962, 972) davon aus, daß jedenfalls für deutsche Staatsangehörige die internationale Zuständigkeit eines ausländischen Gerichts durch den Aufenthalt des Verschollenen nicht begründet werden kann. Andererseits ist angesichts der Bestimmungen der Internationalen Konvention vom 6. 4. 1950 zu fragen, ob man nicht noch weiter gehen und auch den Wohnsitz der antragsberechtigten nächsten Angehörigen als genügend ansehen muß. Vgl. oben Bem. 19 und 32ff.

Die internationale Zuständigkeit der Gerichte eines ausländischen Staates ist 106
ausgeschlossen, soweit die deutschen Gerichte nach deutschem Recht *ausschließlich* zuständig sind.

Daraus ergibt sich zunächst, daß die internationale Zuständigkeit der Gerichte 107
eines fremden Staates grundsätzlich in Fragen der Todeserklärung dann gegeben ist, wenn die Todeserklärung eines seiner eigenen Staatsangehörigen in Frage steht (h.M., vgl. RAAPE, IPR⁵ S. 192).
Solche Todeserklärungen sind, wenn sich aus § 328 ZPO sonst keine Hindernisse ergeben, daher grundsätzlich anzuerkennen. Wegen des Verhältnisses zu deutschen Todeserklärungen über Ausländer gemäß § 12 Abs. 2—4 VerschG vgl. unten Bem. 113ff.

108 Aber auch gegen die Entscheidungen der Gerichte eines Drittstaates (also nicht des Heimatstaates) sind gemäß § 328 Abs. 1 keine Einwendungen zu erheben, wenn die eben erwähnte „Verweisungszuständigkeit" gegeben ist, der Heimatstaat des Verschollenen also die Todeserklärung, welche in dem Drittstaat ergangen ist, seinerseits für gültig erklärt; h. L., vgl. ARNOLD Anm. 15 zu § 12 VerschG; VOGEL Anm. 14 zu § 12 VerschG; RAAPE IPR^5 S. 193; KEGEL IPR^2 S. 196. Fehlt es daran, so ist die Entscheidung nicht anzuerkennen. So KG RzW 1964, 555 betr. eine in Frankreich für tot erklärte polnische Staatsangehörige.

109 Umstritten ist, wie weit § 12 Abs. 1 VerschG eine ausschließliche Zuständigkeit für die deutschen Gerichte hinsichtlich der Todeserklärung über Deutsche begründet. Die in Lehre und Rechtsprechung h.A. nimmt dies an und schließt damit die Anerkennung ausländischer Todeserklärungen über deutsche Staatsangehörige und Gleichgestellte aus: RAAPE, IPR^5 S. 192; SCHLEGELBERGER-KRAMER Anm. 19, ARNOLD Anm. 13, VOGEL Anm. 12 zu § 12 VerschG; BGH MDR 1962, 972. Diese Entscheidung geht davon aus, daß „an sich" bei den Ausgebürgerten — weil die Ausbürgerung rechtsunwirksam gewesen sei — nur eine deutsche Todeserklärung möglich sei. Vgl. ferner LG Bad Kreuznach IPRspr. 1950/51 Nr. 7; OLG Frankfurt JZ 1962, 119. — Vgl. RENNER StAZ 1966, 236. Anders zu Art. 9 EGBGB FRANKENSTEIN, IPR I S. 390. Die h.M. geht dabei davon aus, daß § 12 Abs. 2—4 VerschG ihrerseits nicht analog anwendbar bzw. zu einer allseitigen Kollisionsnorm weiterzuentwickeln seien. Diese Bestimmungen seien nur im inländischen Interesse gegeben; vgl. LG Bad Kreuznach IPRspr. 1950/51 Nr. 7 betr. Todeserklärung über einen Deutschen auf Antrag seiner (ursprünglich) österreichischen Frau in Graz.
Dagegen hält KEGEL (IPR^2 S. 198) dies unter Hinweis darauf, daß wir dem ausländischen Staat zubilligen müssen, was wir für den eigenen in Anspruch nehmen, für richtig (ebenso WALKER, IPR^5 S. 218) und tritt daher für eine Anerkennung ausländischer Todeserklärungen über Deutsche usw. jedenfalls insoweit ein, als die in § 12 Abs. 2—4 VerschG (nicht aber in Art. 2 § 1 Abs. 4 VerschÄndG) angegebenen Gesichtspunkte bei dem betreffenden ausländischen Staat zutreffen. Meines Erachtens ist dem zuzustimmen.

110 In jedem Fall kann eine ausschließliche Zuständigkeit deutscher Gerichte bei Todeserklärungen eines Deutschen im Ausland einer Todeserklärung nicht entgegengehalten werden, die aufgrund der von Deutschland ratifizierten UNO-Konvention von 1950 in einem Vertragsstaat ausgesprochen ist. Vgl. dazu unten Bem. 129; BGH NJW 1959, 2207.

111 Ein Verstoß einer ausländischen Todeserklärung gegen den inländischen Ordre public würde gemäß § 328 Abs. 1 Nr. 4 ZPO die Anerkennung der ausländischen Todeserklärung ausschließen.

112 **3.** Diese Grundsätze gelten auch für die Anerkennung anderer einschlägiger ausländischer Entscheidungen, wie z.B. einer ausländischen Abwesenheitserklärung. Vgl. SCHLEGELBERGER-KRAMER Anm. 20, ARNOLD Anm. 13 zu § 12 VerschG; RAAPE, IPR^5 S. 194f.; FRANKENSTEIN, IPR I S. 390.

113 **4.** Da das deutsche Recht unter gewissen Voraussetzungen (§ 12 Abs. 2—4 VerschG, Art. 2 § 1 Abs. 4 VerschÄndG) die Todeserklärung von Ausländern durch deutsche Gerichte zuläßt, stellt sich die Frage, wie weit das Vorhandensein solcher inländischer Entscheidungen oder bereits ihre Möglichkeit die Anerkennung ausländischer Todeserklärungen, insbesondere solcher durch Gerichte des Heimatstaates des Verschollenen, ausschließt. Andererseits kann man die Frage stellen, ob die Todeserklärung eines Ausländers im Ausland nach den genannten Sonderbestimmungen auch zulässig sein soll, wenn im Einzelfall bereits eine ausländische Todeserklärung vorliegt, die nach den oben (Bem. 104ff.) entwickelten Grundsätzen anerkannt werden würde.

In diesem Zusammenhang ist von NIEMEYER die These aufgestellt worden, 114
bereits die *Möglichkeit* einer inländischen Todeserklärung eines Ausländers schließe es aus, seine im Ausland ausgesprochene Todeserklärung anzuerkennen. Vgl. NIEMEYER IPR des BGB S. 120; dagegen mit Recht FRANKENSTEIN, IPR I S. 392.
Die bisher herrschende Lehre beantwortet die Fragen mit dem von RAAPE aufgestellten Satz: „Die Anerkennung der ausländischen Todeserklärung fängt da an, wo die Wirksamkeit der inländischen Todeserklärung, sei es der vorangegangenen, sei es der nachfolgenden, aufhört", RAAPE, IPR[5] S. 192f. Danach schließt die bloße Möglichkeit einer inländischen Todeserklärung eines Ausländers die Anerkennung seiner Todeserklärung im Ausland nicht aus; andererseits ist eine inländische Todeserklärung gemäß § 12 Abs. 2—4 möglich, auch wenn eine ausländische bereits vorliegt. Diesen letzten Satz schränkt allerdings KRAMER für den Fall ein, daß die vorliegende ausländische Todeserklärung die gleichen Wirkungen hervorriefe, wie sie der inländischen zukommen. Vgl. SCHLEGELBERGER-KRAMER Anm. 23 zu § 12 VerschG; zustimmend ARNOLD Anm. 17, VOGEL Anm. 13 zu § 12 VerschG; BECHTOLD NJW 1952, 52.

Die Wirkung der (vor oder *nach* der ausländischen Todeserklärung ausgespro- 115
chenen) inländischen Todeserklärung geht danach derjenigen der ausländischen vor; soweit sie reicht (z. B. nach § 12 Abs. 2), ist die Anerkennung der ausländischen Todeserklärung für das inländische Vermögen ausgeschlossen und diese damit für das Inland ohne Wirkung.

Der BGH hat den von RAAPE aufgestellten Satz in BGHZ 43, 80 (8. 1. 1954) 116
jedoch m.E. mit Recht abgelehnt. § 12 Abs. 2—4 VerschG und Art. 2 § 1 Abs. 6 VerschÄndG wollen die Möglichkeit einer inländischen Todeserklärung eröffnen, wenn eine solche nach dem zuständigen ausländischen Recht nicht oder nur unter schwierigen Umständen zu erlangen ist. Sie wollen aber nicht auf alle Fälle eine Todeserklärung nach deutschem Recht ermöglichen, das vielleicht hinsichtlich der Feststellung der Todeszeit dem Interesse des einen oder anderen Beteiligten günstiger ist. Nach Möglichkeit sollten vielmehr doppelte Todeserklärungen vermieden werden.
Es steht daher zwar nicht die Möglichkeit einer ausländischen Todeserklärung, wohl aber das Vorhandensein der ausländischen Todeserklärung einer neuen Todeserklärung gemäß den genannten Vorschriften des deutschen Rechts entgegen, wenn die ausländische Todeserklärung im Inland anzuerkennen ist, und wenn sie im wesentlichen die gleichen Wirkungen entfaltet wie diejenige des deutschen Rechts. Daß die Todeszeit nach dem betreffenden ausländischen Recht abweichend von den deutschen Regeln festgestellt worden ist, ist dabei unbeachtlich. Die Entscheidung des BGH betrifft einen Fall, in dem bereits eine französische Todeserklärung vorlag, als das deutsche Gericht angerufen wurde; teilweise abweichend OLG Düsseldorf (19. 1. 1960) RzW 1960, 277; vgl. auch SOERGEL-SCHULTZE-v.LASAULX[10], Anm. 17 zu § 12 VerschG; WOLFF, IPR[3] S. 98 Fn. 10.

Ist eine deutsche Entscheidung ergangen, obwohl eine anerkennungsfähige aus- 117
ländische Todeserklärung bereits vorlag — etwa weil diese unbekannt war, vgl. den von BECHTOLD NJW 1952, 52 berichteten Fall — so bleibt danach die frühere ausländische Entscheidung maßgebend; gegebenenfalls ist zu erwägen, ob der Todeszeitpunkt, der in der deutschen Entscheidung festgestellt ist, analog § 33a VerschG entsprechend der ausländischen Entscheidung zu berichtigen ist, um eine formale Übereinstimmung herzustellen. So der

m.E. beachtenswerte Vorschlag von BECHTOLD NJW 1952, 52. Ist ein deutsches Verfahren anhängig und wird dann die Existenz einer anzuerkennenden ausländischen Todeserklärung bekannt, so ist der im Inland gestellte Antrag mangels Rechtsschutzinteresses zurückzuweisen. Erst recht kann die bloße Möglichkeit einer inländischen Todeserklärung gemäß § 12 Abs. 2—4 VerschG, Art. 2 § 1 Abs. 4 VerschÄndG der Anerkennung einer ausländischen Todeserklärung nicht entgegenstehen; richtig FRANKENSTEIN, IPR I S. 392.

118 **5.** Die Anerkennung ausländischer Todeserklärungen ist durch die Convention on the Declaration of Death of Missing Persons vom 6. 4. 1950 beeinflußt worden (vgl. dazu unten Bem. 125—129).

VIII. Die Konvention über die Todeserklärung Verschollener vom 6. 4. 1950[1]

119 **1.** Die Konvention schafft für einen bestimmten Personenkreis, der im Zusammenhang mit den Ereignissen des letzten Weltkrieges vermißt ist, ein besonderes Todeserklärungs-Verfahren (Art. 1—4). Sie regelt, welche Gerichte für solche Verfahren als zuständig angesehen werden sollen. Todeserklärungen, die durch ein danach zuständiges Gericht und unter Beachtung der sachlichen Voraussetzungen der Konvention ergangen sind, wird in bestimmten Umfang Wirkung in allen Vertragsstaaten beigelegt (Art. 5). Die gleiche Wirkung wird bestimmten früher in einem Vertragsstaat ergangenen Todeserklärungen gegeben (Art. 6). Die Konvention organisiert ferner ein zentrales Büro für Todeserklärungen. Dieses erhält Nachrichten über Anträge auf Todeserklärung eines Verschollenen (im Sinne der Konvention), die in einem Vertragsstaat gestellt werden, sowie über Todeserklärungen, die in einem Vertragsstaat ausgesprochen sind, und registriert und veröffentlicht diese (Art. 9, 10). Das Büro unterrichtet ein Gericht eines Vertragsstaates, bei dem ein Todeserklärungs-Verfahren läuft, von neuen Anträgen, die hinsichtlich derselben Person bei einem anderen Gericht gestellt worden sind. Schließlich verpflichtet die Konvention alle Vertragsstaaten, Rechtshilfe zu leisten.

120 **2.** Der **Personenkreis,** auf den die Regeln der Konvention anwendbar sind, ist folgendermaßen bestimmt (Art. 1):

a) Es muß sich um Verschollene handeln, die ihren letzten Aufenthalt in Europa, Asien oder Afrika hatten; als solche gelten nicht schon Mitglieder von Streitkräften, die in diesen Kontinenten Kriegsdienst geleistet haben,

b) sie müssen in den Jahren 1939—1945 verschollen sein, und zwar soweit das Jahr 1939 in Betracht kommt, erst ab 1. 9. 1939 (Beginn der Kriegshandlungen!), vgl. SAAGE a.a.O., S. 4 (zu B I 3),

c) und zwar unter Umständen, die hinreichenden Grund für die Annahme bieten, daß sie infolge von Kriegsereignissen oder von rassischen, religiösen, politischen oder nationalen Verfolgungen gestorben sind.

---

[1] **Literatur:**

STREBEL, Das Abkommen der Vereinten Nationen über die Todeserklärungen Verschollener vom 6. 4. 1950: RabelsZ 16. 1951, 546ff.; BÜLCK, Das internationale Abkommen über die Todeserklärung Verschollener: NJW 1951, 747ff.; NEHEMIA ROBINSON, Convention on the Declaration of Death of Missing Persons, New York 1951 (Kommentar); NEUFFER, Die Konvention der Vereinten Nationen über die Todeserklärung Verschollener: StAZ 1955, 201ff.; ARNOLD, Die Todeserklärung nach der Konvention der Vereinten Nationen vom 6. April 1950; Rpfleger 1955, 342ff.; SAAGE, Die Todeserklärung Verschollener nach der Konvention der Vereinten Nationen über die Todeserklärung Verschollener: BAnz. 1956 Nr. 71 S. 4ff. — Zu der Praxis insbesondere SCHOENEICH, Zur Konvention der Vereinten Nationen über die Todeserklärung Verschollener: NJW 1958, 290f. — Siehe auch RdZ 9.

Anders als nach § 1 VerschG kommt es also auf die richterliche Annahme des Todes, nicht auf Zweifel am Fortleben des Verschollenen an.

Die Vertragsstaaten konnten durch Erklärung an den Generalsekretär der Vereinten Nationen die Anwendung der Konvention auf Personen ausdehnen, die nach 1945 unter ähnlichen Verhältnissen verschollen sind. Die Ausdehnung hatte jedoch nur Bedeutung im Verhältnis der Staaten, welche eine derartige Mitteilung gemacht hatten. Die BRD hat eine solche Erklärung abgegeben, vgl. oben Bem. 9. 121

3. Die Konvention (Art. 2 Abs. 2) erklärt folgende **Gerichte** für örtlich zuständig, eine Todeserklärung im Hinblick auf einen Verschollenen im Sinne des Art. 1 auszusprechen: 122

(I) Das Gericht des letzten Wohnsitzes oder des letzten freiwilligen oder unfreiwilligen Aufenthalts des Verschollenen;

(II) das Gericht, das nach dem geltenden inländischen Recht des Staates, dem der Verschollene angehörte, zuständig ist, oder in Ermangelung eines solchen Gerichts das Gericht der Hauptstadt dieses Staates;

(III) das Gericht des Ortes, an dem sich Vermögen des Verschollenen befindet;

(IV) das Gericht des Sterbeortes des Verschollenen;

(V) das Gericht des Wohnsitzes oder Aufenthalts des Antragstellers, falls der Antrag von einem der folgenden Verwandten gestellt wird: Verwandte auf- und absteigender Linie, Adoptivkinder und ihre Nachkommen, Geschwister und ihre Nachkommen, Onkel, Tanten oder Ehegatte.

Jeder Vertragsstaat konnte jedoch unter entsprechender Mitteilung an den Generalsekretär der UNO ein oder mehrere Gerichte für sein gesamtes Gebiet oder einen Teil seines Gebietes für ausschließlich zuständig erklären. Die BRD hat von dieser Möglichkeit Gebrauch gemacht und in § 3 Gesetz vom 7. 7. 1955 (BGBl. I 401) das AG Berlin-Schöneberg für ausschließlich zuständig erklärt. Diese Gerichte besaßen für die Vertragsstaaten internationale Zuständigkeit. Statt eines Gerichts konnten auch andere Behörden für zuständig erklärt werden (Art. 2 Abs. 1). 123

4. Die Konvention legt sodann in Art. 3 die materiellen und prozessualen **Voraussetzungen** einer Todeserklärung fest; es sind dies außer den oben unter 2. genannten: 124

daß ein Zeitraum von mindestens 5 Jahren seit dem letzten bekannten Zeitpunkt verstrichen ist, an dem der Verschollene nach den Anzeichen, die sich aus dem Empfang von Nachrichten oder aus einem anderen zur Kenntnis des Gerichts gelangten Umstand ergeben, wahrscheinlich noch lebte (Art. 3 Abs. 1 Ziff. IV);

daß im Laufe des Verfahrens eine öffentliche Bekanntmachung erfolgt ist, die dem Verschollenen die Möglichkeit gibt, sich zu melden (Art. 3 Abs. 1 Ziff. V).

5. Den aufgrund der Konvention in einem Vertragsstaat ergangenen Todeserklärungen wird in Art. 5 in allen Vertragsstaaten die **Wirkung** beigelegt, daß sie bis zum Beweis des Gegenteils Beweis für den Tod und den Todeszeitpunkt erbringen. Es handelt sich also um eine widerlegbare Vermutung. Sie kann in jedem Verfahren durch Vorlegen entsprechender Beweismittel widerlegt werden; eine formelle Aufhebung der Todeserklärung ist nicht notwendig (Neuffer, StAZ 1955, 202; Arnold, Rpfleger 1955, 344). Es beweist eine solche Todeserklärung sowohl, daß der Verschollene bis zu dem in der Todeserklärung ge- 125

nannten Zeitpunkt *gelebt* hat, wie daß er zu diesem Zeitpunkt *gestorben* ist, danach also nicht mehr gelebt hat. Die Wirkung ist also allgemein; nicht etwa, wie bei § 12 Abs. 2—4 VerschG, beschränkt; vgl. SAAGE a.a.O., S. 5 zu V. 1.

126 Gleichgültig ist, ob die Entscheidung unmittelbar in Anwendung der Konvention oder aufgrund eines Gesetzes ergangen ist, das auf deren Regeln verweist; so das deutsche Gesetz vom 7. 7. 1955 (BGBl. I 401).

127 Solche Todeserklärungen entfalten also in der BRD die bezeichnete Wirkung, ohne daß eine Prüfung gemäß § 328 ZPO (in direkter oder analoger Anwendung) stattfinden dürfte. Sie sind ohne weiteres anzuerkennen. Insbesondere kann gegenüber einer solchen Entscheidung nicht geltend gemacht werden, daß deutschen Gerichten eine ausschließliche Zuständigkeit nach deutschem Recht zugestanden hätte (§ 328 Abs. 1 Nr. 1 ZPO), vgl. BGH NJW 1959, 2207, oder daß eine Entscheidung gemäß § 12 Abs. 2—4 VerschG möglich gewesen wäre. Es ist auch gleichgültig, ob die Todeserklärung in Anwendung desjenigen materiellen Rechtes erfolgt ist, das nach deutschem IPR anzuwenden gewesen wäre; maßgebend ist, daß das Recht der Konvention zugrundegelegt worden ist.

128 Ist eine Todeserklärung in einem Vertragsstaat ergangen, die gemäß Art. 5 in der BRD Wirkung entfaltet, so ist der Erlaß einer Todeserklärung über dieselbe Person durch ein deutsches Gericht unzulässig; diesem würde die internationale Zuständigkeit fehlen. Dies gilt sowohl für die Todeserklärung mit allgemeiner Wirkung gemäß § 12 Abs. 1, 3, 4 VerschG, Art. 2 § 1 Abs. 4 VerschÄndG, wie für die beschränkte Todeserklärung des § 12 Abs. 2 VerschG.

129 **6.** Art. 6 der Konvention eröffnet die Möglichkeit, daß auch **Todeserklärungen,** die **vor Inkrafttreten der Konvention** von einem Gericht eines Vertragsstaates ausgesprochen worden sind, die Wirkung des Art. 5 erhalten. Dies setzt voraus, daß das entscheidende Gericht bescheinigt, daß die Todeserklärung den materiellen und prozessualen Erfordernissen entspricht, welche die Konvention festlegt. Jedoch wird hierdurch die Gültigkeit eines Erwerbs von Eigentum oder anderen Rechten, der vor Vorlage der Bescheinigung erfolgt ist, nicht berührt (Art. 6 a. E.).

130 IX. Interlokales Privatrecht im Verhältnis zur DDR[1]

1. In der DDR gilt das Verschollenheitsgesetz in der Fassung von 1939 mit Änderungen, u. a. durch Verordnung vom 15. 11. 1951 (vgl. oben Bem. 10). Diese Änderungen verkürzen die Fristen, nach denen die Todeserklärung zulässig wird (§ 3 VerschG) und regeln prozessuale Fragen. Die Fälle der Kriegsverschollenheit sind durch eine Verordnung vom 22. 2. 1949 (ZVOBl. 124) geregelt. Das Recht der DDR weicht in dieser Materie daher von dem der BRD ab.

131 **2.** Im Verhältnis zur DDR sind nach der in der Bundesrepublik h.M. nicht die Regeln des internationalen, sondern des **interlokalen Privatrechts** anzuwenden. Danach kommt es im Verschollenheitsrecht auf den letzten gewöhnlichen Aufenthaltsort an, den der Verschollene im Inland, d.h. im Reichsgebiet der Grenzen von 1937 gehabt hat. Liegt dieser in der DDR, so ist deren, liegt er in der BRD oder in West-Berlin, so ist westdeutsches Recht anzuwenden; vgl. KEGEL, IPR[2] S. 195.

132 **3.** Zu der Frage des anzuwendenden materiellen Rechts gesellt sich die Frage des **Verfahrensrechts.** Wann sind die Gerichte der BRD, wann die der DDR für

---

[1] **Literatur:**
SCHOENEICH, Zuständigkeit sowjetzonaler Gerichte in Verschollenheitssachen: JR 1955, 90f.; DERSELBE, Sowjetzonale Todeserklärungen?: NJW 1956, 579f.; FIRSCHING, Interzonale Zuständigkeit im Todeserklärungsverfahren — Mehrfache Todeserklärung: JR 1955, 449ff.; HAHNENFELD, Sowjetzone — Inland oder Ausland?: NJW 1956, 164ff. (166).

die Todeserklärung zuständig? Insbesondere ist unter Umständen Ersatzzuständigkeit westdeutscher Gerichte gegeben, wenn an sich ein Gericht der DDR zuständig ist? Sind Todeserklärungen, welche durch Gerichte der DDR ausgesprochen sind, ohne weiteres oder nur im Rahmen von § 328 ZPO oder nach besonderen Regeln anzuerkennen?

Nach dem Prinzip des interlokalen Verfahrensrechts wäre die Zuständigkeit der 133
Gerichte der DDR grundsätzlich gegeben, wenn sich ihre Zuständigkeit aus § 15 VerschG ergibt. Ihre Entscheidungen wären dann in der BRD ohne weiteres wirksam. Indessen muß, auch wenn man nicht annimmt, daß es zwei deutsche Staaten gibt, der Tatsache Rechnung getragen werden, daß die Staatsgewalt, die in der DDR ausgeübt wird, nicht die gleiche ist wie in der Bundesrepublik. Die Rechtsprechung sieht daher die Gerichte der DDR zwar als deutsche Gerichte an, deren Urteile ohne Anerkennungsverfahren gemäß § 328 ZPO in der BRD wirksam sind, hält aber die Anwendung einzelner Grundsätze des § 328 ZPO für möglich und notwendig. Vgl. BGHZ 20, 323 (grundsätzliche Darstellung). In der Literatur wird die Auffassung vertreten, daß die Wirksamkeit dieser Urteile jedenfalls durch den westdeutschen Ordre public eingeschränkt werde, so z.B. SOERGEL-KEGEL[9] Anm. 371 vor Art. 7 EGBGB.

Außerdem hat der Gesetzgeber Sonderregeln geschaffen, die in diesem Zusammen- 134
hang zu beachten sind. Während § 15 VerschG allgemein das Gericht des letzten inländischen Wohnsitzes des Verschollenen für zuständig erklärt, sieht § 15a eine Ersatzzuständigkeit des Gerichtes des Wohnsitzes des ersten Antragstellers vor, wenn am Ort des letzten inländischen Wohnsitzes des Verschollenen deutsche Gerichtsbarkeit nicht mehr ausgeübt wird. Ferner bestimmt **Art. 2 § 7 VerschÄndG**:

Lebte der Verschollene außerhalb des Geltungsbereichs dieses Gesetzes an seinem letzten inländischen Wohnsitz mit Familienangehörigen in Hausgemeinschaft und haben diese Angehörigen zur Zeit der Antragstellung ihren Wohnsitz oder in Ermangelung eines Wohnsitzes ihren gewöhnlichen Aufenthalt im Geltungsbereich dieses Gesetzes, so ist § 15 Abs. 1 des Verschollenheitsgesetzes nicht anzuwenden.

Diese Bestimmung ist geschaffen worden, um eine Todeserklärung in Fällen zu ermöglichen, in denen Personen in Internierungslagern verschollen sind und bei denen die Gerichte der DDR die Todeserklärung abgelehnt haben oder vermutlich ablehnen würden, so daß die in der BRD lebenden Angehörigen eventuelle Versicherungsansprüche nicht geltend machen konnten. Vgl. amtl. Begründung, BAnz. 1951 Nr. 25 S. 7.

Hinsichtlich der Frage der eventuellen **Ersatzzuständigkeit** der Gerichte der 135
BRD ist aus diesen Bestimmungen folgendes abgeleitet worden: Das VerschG selbst habe unter „Inland" das gesamte damalige Reichsgebiet verstanden. Der Gesetzgeber der Neufassung von 1951 habe als „Inland" das Reichsgebiet von 1937 angesehen; dies ergebe sich aus § 15a: die dort erwähnten Gebiete des Inlands, in denen deutsche Gerichtsbarkeit nicht mehr ausgeübt werde, seien eindeutig diejenigen Gebiete, die 1937 zum Deutschen Reich gehört hätten, aber jenseits der Oder-Neiße-Linie gelegen seien. Daraus ergebe sich, daß das Gebiet der DDR im Sinne des VerschG „Inland" sei. Folglich sei auch eine inländische Gerichtszuständigkeit gegeben, wenn ein Gericht der DDR gemäß § 15 VerschG zuständig sei; eine Ersatzzuständigkeit eines Gerichtes der BRD gemäß § 15a VerschG scheide daher in solchen Fällen aus. Lehne ein — an sich zuständiges — Gericht der DDR die Durchführung eines Todeserklärungs-Verfahrens im Wege der Rechtsverweigerung ab, so könne eine Ersatzzuständigkeit nur in dem engen Rahmen des Art. 2 § 7 VerschÄndG angenommen werden. So insbes. BayObLG NJW 1955, 752; LG Hamburg NJW 1955, 66; LG München I NJW 1955, 756;

HAHNENFELD NJW 1956, 166ff.; in den Ausgangspunkten übereinstimmend ARNOLD Anm. 5 zu § 15, 3 zu § 15a VerschG. Vgl. ferner KG NJW 1960, 580 u. BSG NJW 1962, 1541.

136 Demgegenüber hat namentlich SCHOENEICH hervorgehoben, daß diese Auffassung in vielen Fällen zu Härten für die Beteiligten führe. Die DDR-Gerichte verweigerten z.B. grundsätzlich eine Todeserklärung, die im Zusammenhang mit einem Lastenausgleich- oder Wiedergutmachungsverfahren beantragt werde; Einzelnachweise zu dieser Praxis in KG NJW 1960, 580. Personen, die aus der DDR geflüchtet seien, könnten deren Gerichte nicht anrufen. SCHOENEICH tritt daher dafür ein, die DDR als ein Gebiet anzusehen, in dem deutsche Gerichtsbarkeit im Sinne des VerschG nicht mehr ausgeübt werde; daraus ergebe sich die Möglichkeit, Ersatzzuständigkeit eines westdeutschen Gerichtes gemäß § 15a VerschG anzunehmen. Vgl. SCHOENEICH JR 1955, 89 und NJW 1956, 579. Nach Mitteilung von SCHOENEICH wurde diese Auffassung auch von vielen Amtsgerichten zugrundegelegt. — Vgl. noch AG Wedding NJW 1955, 1232 mit Anm. SCHOENEICH; AG Berlin-Schöneberg NJW 1956, 598.

137 Eine vermittelnde Ansicht hat FIRSCHING entwickelt (JR 1955, 449). Er hebt hervor, daß die besondere Bestimmung des Art. 2 § 7 VerschÄndG nur zu einem sehr begrenzten Zweck geschaffen sei; nämlich um in den in dieser Bestimmung umschriebenen Sachverhalten der Beweisschwierigkeit zu begegnen, die hinsichtlich der Frage auftauchen könne, daß der — seinerzeit in die Hausgemeinschaft aufgenommene — Verschollene seinen Wohnsitz mit seinen Angehörigen in die BRD habe verlegen wollen. Daher könne man der Bestimmung nicht die Bedeutung beilegen, daß eine Ersatzzuständigkeit westdeutscher Gerichte bei an sich vorhandener Zuständigkeit eines Gerichtes der DDR *nur* gegeben sein könne, wenn die engen Voraussetzungen des Art. 2 § 7 VerschÄndG erfüllt seien. Vielmehr müsse im Falle einer Rechtsverweigerung durch ein Gericht der DDR der § 15a VerschG angewendet, mithin eine Ersatzzuständigkeit als gegeben angenommen werden. Denn eben die Rechtsverweigerung mache deutlich, daß es sich nicht mehr um eine Ausübung der Gerichtsbarkeit handele, die als inländisch zu erachten sei.

138 Meines Erachtens ist dieser Meinung zu folgen. Gewiß ist der Gesetzgeber von 1951 davon ausgegangen, daß in der DDR deutsche Gerichtsbarkeit ausgeübt werde (vgl. die amtl. Begründung zu § 15a VerschG, BAnz. 1951 Nr. 25 S. 6, die klar ausspricht, daß nur in den Gebieten jenseits der Oder-Neiße-Linie keine deutsche Gerichtsbarkeit mehr ausgeübt wird); aber dies geschah unter der Voraussetzung, daß dort (im wesentlichen) gleiches Recht und gleiche Art der Rechtsanwendung bestehe. So interpretiert FIRSCHING a.a.O., S. 450 m.E. richtig den Begriff der inländischen Gerichtsbarkeit. Vgl. dazu auch BGH JZ 1969, 658 zur Erteilung gegenständlich beschränkter Erbscheine nach Erblassern aus der DDR. Daher darf im Falle der Rechtsverweigerung durch Gerichte der DDR die Ersatzzuständigkeit gemäß § 15a VerschG nicht verweigert werden; vielmehr ist § 15a, evtl. § 15b, analog anzuwenden; so OLG Hamm JMBl. NRW 1962, 63; OLG Celle RzW 1960, 521; vgl. ferner KG NJW 1960, 580, das im Einzelfall § 15b heranzieht, da die Antragsteller in den USA lebten. Das danach zuständige Gericht der BRD oder West-Berlins hat dann westdeutsches bzw. West-Berliner Recht anzuwenden. So richtig SOERGEL-SCHULTZE-V.LASAULX[10] Anm. 19 zu § 12 VerschG.

139 4. Was das Problem der **Anerkennung von Todeserklärungen** angeht, die von Gerichten der DDR nach den dort geltenden Vorschriften ausgesprochen sind, so ist § 328 ZPO nicht anzuwenden. Solche Todeserklärungen sind vielmehr grundsätzlich in der BRD als wirksam anzusehen. Die Einleitung eines weiteren

Todeserklärungs-Verfahrens in der BRD ist daher abzulehnen. Sind doch zwei Todeserklärungen ergangen, so gilt nach allgemeinen Grundsätzen die zuletzt ergangene Entscheidung (LG Wuppertal NJW 1961, 1029 unter Berufung auf RGZ 52, 216).

Vorbehalten bleiben muß jedoch die Geltung des Ordre public der BRD. Sollte 140
eine in der DDR ausgesprochene Todeserklärung diesem widersprechen, so könnte sie keine Wirksamkeit in der BRD entfalten; gegebenenfalls wäre also ein neues Verfahren in der BRD zulässig. Ein Verstoß gegen den inländischen Ordre public ist aber noch nicht gegeben, wenn die Todeszeit abweichend von unseren Rechtsbestimmungen festgestellt wird. Für West-Berlin ist das Gesetz über die Vollstreckung von Entscheidungen auswärtiger Gerichte vom 26. 2. 1953 (GVBl. Berlin 151) zu beachten.

5. Ein besonderes Problem ist dadurch gegeben, daß eine dem § 33a VerschG 141
entsprechende Vorschrift in der DDR nicht vorhanden ist. Es fragt sich daher, ob trotz grundsätzlicher Anerkennung der in der DDR ausgesprochenen Todeserklärungen eine Änderung der festgestellten Todeszeit durch ein westdeutsches Gericht möglich ist. Die Gerichte der DDR werden entsprechende Anträge nach ihrem Recht ablehnen. Die Frage ist in der Rechtsprechung zunächst verneint worden. LG Hamburg NJW 1955, 66; LG Berlin NJW 1956, 1523. M. E. insofern falsch die oben zitierte Entscheidung des AG Wedding NJW 1955, 1232, vgl. auch die Anm. von Schoeneich.
Dagegen hat das KG mit Recht ein solches Verfahren für zulässig erklärt und eine Ersatzzuständigkeit gemäß § 15a VerschG für gegeben angesehen (KG NJW 1964, 1422).

Art. 10

Ein einem fremden Staate angehörender und nach dessen Gesetzen rechtsfähiger Verein, der die Rechtsfähigkeit im Inlande nur nach den Vorschriften der §§ 21, 22 des Bürgerlichen Gesetzbuches erlangen könnte, gilt als rechtsfähig, wenn seine Rechtsfähigkeit durch Beschluß des Bundesrats anerkannt ist. Auf nicht anerkannte ausländische Vereine der bezeichneten Art finden die Vorschriften über die Gesellschaft sowie die Vorschrift des § 54 Satz 2 des Bürgerlichen Gesetzbuchs Anwendung.

Aufgehoben durch VereinsG vom 5. 8. 1964, BGBl. I 593, § 30 Abs. 1 Ziff. 10; wegen polizeilicher Verbote gegen Vereine mit Sitz im Ausland (ausländische Vereine) vgl. § 15 des Gesetzes.

Es ist vorgesehen, an Stelle der bisherigen Kommentierung eine Darstellung der Stellung juristischer Personen am Anfang der 2. Lieferung zu bringen.

Art. 11*

Bearbeitet von Karl Firsching

Die Form eines Rechtsgeschäfts bestimmt sich nach den Gesetzen, welche für das den Gegenstand des Rechtsgeschäfts bildende Rechtsverhältnis maßgebend sind. Es genügt jedoch die Beobachtung der Gesetze des Ortes, an dem das Rechtsgeschäft vorgenommen wird.

---

* **Schrifttum.**
Kommentare von Achilles-Greif[21], Erman-Arndt-Marquordt[4], Fischer-Henle-Titze[14], Habicht, Niedner[2], Palandt-Lauterbach[28], Planck[3], Soergel-Kegel[9].

Die Vorschrift des Abs. 1 Satz 2 findet keine Anwendung auf ein Rechtsgeschäft, durch das ein Recht an einer Sache begründet oder über ein solches Recht verfügt wird.

E. z. BGB. II, 2240, 2241 Abs. 2, rev. § 2365; III, 10.

Gliederung

I. Grundsätzliches
1. Aufbau des Art. 11/1
2. Wirkungsstatut — Ortsform
Form — Inhaltsvorschriften 2, 3
formes intrinsèques — formes extrinsèques 4
— Befähigungsformen (formes habilitantes) 5
Verfahrensformen (formes de procedure) 6
Veröffentlichungsformen (formes de publicité) 7
Formen der öffentlichen Ordnung und Sicherheit
(formes de police et de sureté) 8
Fiskalformen (formes fiscales) 9
innerer Zusammenhang von Form und Inhalt 10
3. Historischer und rechtsvergleichender Überblick 11—15

Lehrbücher

v. Bar, Theorie u. Praxis I S. 335f.; ders., IPR S. 53; ders., in: Kohlers Encyklopädie § 15; Batiffol, Traité⁴ Nr. 284, 286, 311, 407f., 419f., 567, 599, 600, 601, 629, 653, 666, 697, 707, 724; Cheshire, PrIntLaw⁷ S. 205, 234; 289—306; 468; 484; 509—512; Dicey-Morris, Conflict⁸ S. 749—754; 232—254; 596—601; 523; Ehrenzweig, Conflict, § 177, S. 470—475; Fedozzi, DirIntPriv², S. 245—261; Frankenstein, IPR I, S. 519f.; Goodrich-Scoles, Handbook⁴, S. 210—212; 144; Graveson, Conflict³, S. 226—238; 369—371; 300; 415, 424—431; Gutzwiller, IPR, S. 1585f.; J.-Cl. Dr. Int., Conflits de Lois, Actes juridiques, Fasc. 551 B, Civil Art. 3 Fasc.N (Malaurie); Lainé, Introduction II, S. 328—428; Leflar, Conflict, §§ 122, 142, 160, 186; Lerebours-Pigeonniére-Loussouarn⁸, 345—349; 431—436; Lewald, IPR, S· 63f.,; Lunz, IPR (1964); Makarov, Quellen II, Nr. 210—221 B V; Neubecker, JbIntRVerk. S. 76f., Neuhaus, Grundbegriffe § 17 S. 90f.; Neumann, IPR S. 68f., 194f.; Neumeyer,. IPR², § 19 S. 15f.; Neuner, Der Sinn, S. 28f.; Niboyet, Traité V Nr. 1448—1466, ders., Cours de Droit International Prive, Paris 1946; Niemeyer, Vorschläge, Nr. 99f.; ders., Internationales Privatrecht, S. 109f.; Nussbaum, IPR, § 15 S. 86f.; ders., Grundzüge, § 15 S. 141f.; Raape, IPR⁵, § 26; Rabel, Conflict² II c 31 (Form der Verträge) S. 487f.; Rép. Dalloz. Dr. Int. I, Stichwort „Acte" S. 18f.; Rép. Lapradelle-Niboyet S. 388f. „Règle locus regit actum" (Audinet); Savatier, DIP² Nr. 286—289; Savigny v., System, S. 348f.; Story, Commentaries⁸; Uschakow, Das sowjetische Internationale Privatrecht 1917—1962 (Köln 1964) S. 71f., 76, 82f.; Walker, IPR⁵ (S. 223f.); Wolff, PrIntLaw² S. 340—349; 367; 446—450; 479; 583—599; ders., IPR³ § 25; Zitelmann, IPR II S. 143f., Zweigert-Kötz, Einführung in die Rechtsvergleichung II S. 41f.

Monographien und Einzeldarstellungen

Tränkner, Die Form der Rechtsgeschäfte nach dem deutschen BGB: Sächs. Arch. Bd 7, 321; Duguit, Des conflicts de législation relatifs à la forme des actes civiles (Thèse Bordeaux 1882); Mankiewicz, Über die Bedeutung des Satzes locus regit actum für das gemeine Recht (Diss. Breslau 1891); Rundstein, Die Regel locus regit actum im BGB: ArchBürgR 20., 192f.; Lainé, Esquisse d'une théorie des formes des actes instrumentaires: Clunet 1908, 321; Beale, What Law Governs the Validity of a Contract: Harv. L. Rev. 23. 1909/10, 79, 194, 260; Dicey, „locus regit actum": L.Q.R. 27. 1911, 503f.; Lorenzen, The validity of Wills. Deeds and Contracts as regards Form in the Conflict of Laws: Yale L. J. 20. 1911, 427; Klein, SeuffBl. 75, 272f.; Mendelssohn-Bartholdy, Der Fall Swift: NiemeyersZ 22, 366; Radoulowitsch, Locus regit actum (Thèse Genf 1922); Oertly, Die Vornahme öffentlich zu beurkundender Rechtsgeschäfte in ausländischen Formen (Diss. Bern 1921); Lorenzen, The validity and Effects of Contracts in the conflict of Laws: Yale L. J. 30. 1922, 565, 655; 31. 1923, 53; Valéry, Les formes des actes en droit int. privé: Clunet 1922, 941f.; Arminjon, Les formes des actes en droit international privé: Rev. crit. 1925, 489; 1926, 161; Vauthier, Sens et applications de la règle, „Locus regit Actum" (Bruxelles 1926); Trias de Bes, La forme des actes juridiques dans la législation espagnole au point de vue international: Rev. crit. 1927, 18; Lorenzen, The Statute of Frauds and the Conflict of Laws: Yale L. J. 32. 1927, 311; Makarov, Die zwischenprivatrechtlichen Normen des Luftrechts: ZLR 1. 1927/28, 150f.; Arminjon, La preuve en droit international privé: Rev. crit. 1929, 385; Ulmer, Die Bedeutung der Form im englischen Wechselrecht: RabelsZ 3. 1929, 242—259; Letzgus, Die Bürgerschaft: RabelsZ 3. 1929, 837, 846f.; Fragistas, Zur Testamentsform im IPR (zu Art. 992 des holl.

a) Übersicht über die Haltung ausländischer Rechte 12, 13
Belgien — Dänemark — Deutschland (BRD, DDR) — Frankreich Griechenland — Großbritannien Italien — Liechtenstein — Niederlande — Norwegen — Österreich Polen — Portugal — Schweden Schweiz — Spanien — Tschechoslowakei — UdSSR — Vatikanstadt 12
Ägypten — Argentinien — Bolivien — Brasilien — Chile — China Japan — US 13

ZBG): RabelsZ 4. 1930, 930—936; RHEINSTEIN, Die Bedeutung der Formvorschriften in den Kaufgesetzen Englands und der USA: RabelsZ 4. 1930, 69—75; STERNBERG, Formvorschriften, in: RvglHWB III S. 454f.; RHEINSTEIN, Die Struktur der vertraglischen Schuldverhältnisse im anglo-amerikanischen Recht (1932); SILZ, Du domaine de l'application de la règle locus regit actum (Paris 1933). Neuausgabe: La Notion de Forme en Droit Int. Privé (1937) mit Zusätzen; HINRICHSEN, Die lex loci contractus im amerikanischen IPR (Heidelberg 1933); RHEINSTEIN, Das Rechtsgeschäft im Internationalen Privatrecht, in: RvglHWB IV S. 360 bis 371; ACHENBACH, Der briefliche und telegrafische Verkehr im vergleichenden und IPR (1934); MEIJERS, L'histoire des Principes Fondamentaux du Droit International Privé a partir du Moyen Age, spécialement dans l'Europe Occidentale: Rec. des Cours 49. 1934 III, 543f.; BARMAT, Locus regit Actum, in: Het Int.Privaatrecht (Amsterdam 1936); LIEBETRAU, Die Testamentsform im deutschen IPR (Diss. Hamburg 1936); MAURY, Règles générales des Conflits de Lois: Rec. des Cours 57. 1936 III, 325f.; MANNL, Die Verletzung von Formvorschriften im IPR: RabelsZ 11. 1937, 786—806; BATIFFOL, Les conflits de lois en matière de contrats (Paris 1938) Nr. 421f.; SCHNITZER, Das Problem der Form im IPR: SJZ 1940, 357; HELDRICH, Die Form des Vertrages, AcP 147. 1941, 89; TYAN, La règle locus regit actum et le régime international de la preuve en droit libanais: Rev. crit. 1947, 73; COOK, The logical and legal basis of the conflict of Laws (1949) S. 225—233; BATIFFOL, Form and capacity in international contracts, in: Lectures on the conflict on laws and international contracts (Ann Arbor 1951) S. 104; MARIAUX, Die Form des Rechtsgeschäfts in der Rspr. zum deutschenIPR seit 1935 (Diss. Köln 1951); FREUND, Characterization with Respect to Contracts in the Conflict of Laws, in: Lectures on the Conflict of Laws and International Contracts (Ann Arbor 1951) S. 158; NASRALLAH, La forme des actes en droit international privé, spécialement en droit francais (Diss. Genf 1952); RABEL, The Form of Wills: Vand. L. Rev. 6. 1952/53, 543; TÖTTERMAN, Functional Bases of the Rule „Locus regit actum": I.C.L.Q. 2. 1953, 27—46 (vgl. dazu Rev. crit. 1953, 464); MIGLIAZZA, Le disciplina della forma degli atti di ultima volontà nel diritto internazionale privato: Comunicazione e studi (de Instituto di diritto internazionale e straniero della Università di Milano) 6. 1954, 179—250; GOLDSCHMIDT, El problema de la forma en el derecho internacional privado: Rev. jur. Peru 1954, 103; VON MEHREN, The French Civil Code and Contract: A Comparative Analysis of Formation and Form: La, L. Rev. 15 (1955) 687; MANN, Die Urkunde ausländischer, insbesondere englischer Notare und der deutsche Rechtsverkehr: NJW 1955, 1177—1179; WEBER, Die Urkunde ausländischer, insbesondere englischer Notare und der deutsche Rechtsverkehr: NJW 1955, 1784—1786; ZWEIGERT, Zum Abschlußort schuldrechtlicher Distanzverträge, in: Rabel-Fschr. I S. 631—654; GONZALO PARRA, Die Regel „locus regit actum" und die Formen der Testamente (München 1955) dazu: Rev. crit. 1956, 772; RIEDEL, Erklärung der Auflassung vor einem ausländischen Notar: DNotZ 1955, 521—526; COHN, The form of wills of immovables: I.C.L.Q. 5. 1956, 395—404; SIEBEL, Zum Vertragsschluß durch Fernschreiber in Deutschland und England: Betrieb 1955, 716f.; REITHMANN, Die Form ausländischer Vollmachten: DNotZ 1956, 469—478; QUADRI, Sulla legge applicabile allo „forma" dei negozi giuridici, in: Scritti in onore di Tomaso Perassi II, (Milano 1957) S. 153—250; CASTEL, De la forme des actes juridiques: Can. Bar Rev. 1957, 654f.; BETTI, La forma degli atti nel diritto internazionale privato: Riv. Not. 13. 221—237; DURANTE, Ancora su la natura dei matrimoni celebrati all'estero in forma canonica: Riv. Dir. Int. 1957, 126f.; MAKAROV, Die Vollmacht im Internationalen Privatrecht, in: Scritti dei diritto internazionale in onoro di Tomaso Perassi II (Milano 1957) S. 39f.; LORENZ, Das Problem der Aufrechterhaltung formnichtiger Schuldverträge, AcP 156, 1957, 381; GRADER, Ausländisches und internationales Privatrecht in deutschen Notariatsurkunden (Diss. München 1958); v. OVERBECK, Vers une convention internationale sur la loi applicable à forme des testaments: Schw.Ib.Int.R. 1958, 215—242; MENDES DA COSTA, The formation of marriage in the conflict of laws: I.C.L.Q. 7. 1958, 217—261; EHRENZWEIG, The Statute of Frauds in the Conflict of Laws: The Basic Rule of Validation: 59 Colum.L. Rev. 59. 1959, 874—881; ZWEIGERT, Form der Vollmacht: RabelsZ 24. 1959, 334—336; LOUIS-LUCAS, La distinction du fond et de la forme dans le règlement des conflits de lois, in: Mélanges Maury I (Paris 1960) S. 175—205; BÄRMANN, Die Freizügigkeit der notariellen Urkunde: IPR der notariellen Urkunde: AcP 159. 1960, 1—40; BECK, Bemerkungen zum Entwurf einer Haager Konvention über die Form des Testamentes: ZSR 1961 I 403; 2 Corbin Contracts (1951) Supp. 1961, § 294; ders., The effects of the Autonomy of the Parties on the Validity of Conflict of

b) Geschichtlicher Werdegang der Regel „locus regit actum" 14

c) Folgerung: Sinn und Rechtfertigung der Regel 15

4. Formvorschriften — Verfahrensnormen („locus regit actum" — „locus regit processum") 16
internationales Urkundsrecht 17f.
internationale Zuständigkeit 17, 18
Beurkundungsbefugnis — Beurkundungen außerhalb des Staatsgebietes 19
locus regit processum 20 — Qualifikationsfrage 21
öffentliche Urkunden — Beglaubigungen 22—24, 30
Gleichwertigkeit des in- und ausländischen Urkundsorganes — vorganges? 25
Ortsrecht muß das Rechtsverhältnis seiner Art nach kennen 27
Richtung, nach der die rechtsgeschäftliche Erklärung abzugeben ist 28
Gestaltungs — Anfechtungsklagen 29

5. Auslandsform 31, 32

II. Art. 11 Abs. 1 Satz 1: die Form des Wirkungsstatuts

1. Reichweite des Satzes — Ausnahmen 33

2. Rechtsgeschäft — Begriff 34

3. Form des Wirkungsstatuts — Ortsform 35

4. Qualifikation 36

5. Gleichwertigkeit von in- und ausländischen Beurkundungsakten 37

6. Rück- und Weiterverweisung
a) das Prinzip 38
b) Anwendung 39—41

7. Vorbehalt des Art. 30 EG
a) Grundsätzliches 42—45
b) Anwendung in bezug auf die §§ 311, 313, 518, 766 BGB 46f.
α die Partei ist Ausländer 46
β die Partei ist Deutscher 47—48
c) Anwendung in bezug auf § 313 BGB insbesondere 49

8. Folgen einer Formverletzung 50

III. Art. 11 Abs. 1 Satz 2: locus regit actum

1. Ratio legis — Geschichte — Rechtsvergleichendes 51

2. Primäre — sekundäre Anknüpfung 52

3. Fakultative Bedeutung der Regel — Parteiautonomie 53—56
Ausschluß der Regel — Vereinbarung eines gesonderten Formstatuts unwirksam 54
Vereinbarung zwingenden Eingreifens 56

4. Der Widerspruch mit dem Wirkungsstatut — Rück — und Weiterverweisung 57
a) Das Wirkungsstatut läßt die Ortsform nicht gelten 58
b) Das Wirkungsstatut läßt nur die Ortsform gelten 59
zu a) und b):
α Ob das IPR des Ortsrechts die Wahrung der Form des Geschäftsrechts hinreichen läßt oder zwingend verlangt, steht gleich 60, 61
β Eine Rück- oder Weiterverweisung des Geschäftsrechts ist zu beachten 62

5. Der Begriff der Form — Qualifikation
a) Grundsätzliches 63
α Qualifikation bei primärer Anknüpfung 64
beispielhafte Abweichungen 65
Berücksichtigung inländischen Rechts 66

Laws Contracts under the Statute of Frauds: Ariz.L.Rev. 3. 1961, 1; Heilmann, The Conflict of Laws and the Statute of Frauds (1961); v. Overbeck, L'unification des règles de conflits des lois en matière de forme de testaments. Arbeiten aus dem jur. Seminar der Univ. Fribourg, Schweiz (Fribourg 1961); Rigaux, La force probante des écrits en dr.int.pr.: Rev.crit. 1961, 39; Bendermacher-Geroussis, Kollisionsrechtliche Fragen über die Testierfähigkeit und die Form der Testamente und Erbverträge nach deutschem und griechischem Recht: Rev. Hell. 1962, 65—75; Bernardini, Legge regolatrice delle forme „ad probationem": Riv.Dir. Int. 1962, 80—92; Vischer, Internationales Vertragsrecht (Bern 1962) S. 151f.; Lipstein, Marriage — form — lex loci celebrationis — u.a.m.: C.L.J. 1963, 50—53; Ganske, Internationaler Urkundenverkehr: AWD 10. 1964, 73—76; Lorenz, Rechtsfolgen formnichtiger Schuldverträge: JuS 1966, 429; v. Schack, Haager Übereinkommen über das auf die Form letztwilliger Verfügungen anzuwendende Recht: DNotZ 1966, 131f.; Weber, Das Haager Abkommen zur Befreiung ausländischer Urkunden von der Legalisation: DNotZ 1967, 469; Blumenwitz, Zum Kollisionsrecht der notariellen Urkunde: DNotZ 1968, 712; Serozan, Die Überwindung der Rechtsfolgen des Formmangels im Rechtsgeschäft nach deutschem, schweizerischem und türkischem Recht (Tübingen 1968); Bassermann, Der Begriff der Form des Rechtsgeschäfts im internationalen Privatrecht (Diss. Regensburg 1969). Heldrich, Internationale Zuständigkeit und anwendbares Recht (Tübingen 1969).

β Bei sekundärer Anknüpfung 67
zu α und β:
Regelung in zwischenstaatlichen Abkommen 68
Berücksichtigung mehrerer Rechtsordnungen 69
b) Einzelheiten zur Qualifikation von deutscher Sicht her:
α Was zur Form rechnet — Einzelheiten 70f.
Vertreter im Willen — Vertreter in der Erklärung — Bote 72—78
Testamentserrichtung durch Stellvertreter 75
Abschluß eines Adoptionsvertrages durch Stellvertreter 76
Handschuhehe 77
Vollmacht 79—84
Consideration 85
Förmlichkeiten, die die Beweisbarkeit angehen 86—90
Art. 1341 franz. C.C. 87 — Statute of Frauds 88
β Was nicht zur Form rechnet — Einzelheiten 91ff. — Empfangsbedürftigkeit — Annahme einer Willenserklärung — Amtsbedürftigkeit 91 — Anzeigeerfordernis 92 — Anfechtungsklage 93 — erschwerte Form für bestimmten Personenkreis 94 — Befähigungsformen (formes habilitantes) 95
Einwilligung Dritter 96 — Sonderheiten bei Abtretung von GmbH-Geschäftsanteilen 97 — behördliche Genehmigungen und Bestätigungen 98, 99 — Veröffentlichungsformen (formes de publicité) 100 — Fiskalformen (formes fiscales), Verfahrensformen (formes de procedure) 101
6. Rechtsgeschäft — Begriff 102—104
Privatscheidungen 103
7. Errichtungsort (Vornahmeort) 0 5f.
a) Einseitiges nichtempfangsbedürftiges Rechtsgeschäft 106
b) Einseitiges empfangsbedürftiges Rechtsgeschäft 107
c) Schriftlicher Vertrag
α *Beide* Willenserklärungen bedürfen der Form 108f.
Kumulierungstheorie 111 — Spaltungstheorie 113
β Nur *eine* der beiden Willenserklärungen bedarf der Form:
αα Sie ist nach *beiden* Ortsrechten formbedürftig 115
ββ Willenserklärung nur nach *einem* der beiden Ortsrechte formbedürftig 116
d) Vertrag mittels Fernsprecher 117
e) vorübergehender Aufenthalt 118 bis 120
f) Schiffe — Errichtungsort
α Handels- und sonstige Privatschiffe 121
β Kriegs- und sonstige Staatsschiffe 122
g) Luftschiffe — Flugzeuge 123
h) Konsulargerichtsbezirk 124
i) Realexteritorialität 125
8. Beobachtung der Gesetze des Errichtungsortes — Folgen der Nichtbeobachtung
a) Gesetze des Errichtungsortes (Ortsrecht) 126
Faktizität — Legitimität
b) Rückgriff weder auf ein legitim noch faktisch geltendes Recht möglich 127
c) Ortsrecht internes Recht oder auch Kollisionsnormen? 128
d) Wann ist das Ortsrecht beobachtet?
α Ortsrecht kennt das Rechtsgeschäft nicht 129, 130
β Ortsrecht kennt das Rechtsverhältnis — keine völlige Gleichheit mit Recht des Geschäftsstatuts nötig 131, 132
e) Folgen der Beobachtung der Ortsform
α Grundsätzliches 134
β Ausnahmeformen 135
f) Folgen der Nichtbeobachtung der Form 136
Übersicht über die Verschiedenartigkeit der Folgen von Formverletzungen 137, 138 — Schrifttum und Rechtsprechung 139 — eigene Stellungnahme 140—144
9. Agere in fraudem legis — Art. 30 EG
a) Gesetzesumgehung 145—150
b) Art. 30 EG (Vorbehaltsklausel) 151—153
IV. Abs. 2 des Art. 11 EG
1. Ratio legis — Rechtsvergleichendes 154
2. Verfügung — Qualifikation
a) Qualifikation des Begriffes Verfügung nach deutschem Recht 155
b) Verfügung über ein Recht an einer Sache 156
c) Verkauf einer Sache (unterscheide obligatorischen Vertrag — dingliche Übereignung), Vermietung oder Verpachtung fällt nicht unter Abs. 2 157, 158
d) Vollmachtserteilung zu einer Verfügung 159
3. Sache — Rechte an einer Sache — Qualifikation 160
4. Rück- und Weiterverweisung 161

V. Ausnahmen von Art. 11 Abs. 1 EG
1. Art. 30 EG 162
2. Art. 11 Abs. 2 EG 162
3. Übereinkommen über das auf die Form letzwilliger Verfügungen anzuwendende Recht vom 5. 10. 1961 162
4. Ausnahmen im internationalen Handelsrecht des europäischen Raumes
a) Die drei Abkommen der Genfer Wechselrechtskonferenz von 1930 sowie die drei Abkommen dieser Konferenz von 1931 zum Scheckrecht 163
b) Genfer Übereinkommen über den Beförderungsvertrag im internationalen Straßengüterrecht vom 19. 5. 1956 165
c) Berner Internationales Übereinkommen über den Eisenbahnfrachtverkehr vom 25. 2. 1961 166
d) Berner Internationales Übereinkommen über den Eisenbahn-, Personen- und Gepäckverkehr vom 25. 2. 1961 167
e) Europäische Übereinkunft über Formerfordernisse bei Patentanmeldungen vom 11. 12. 1953 168
f) Europäisches Übereinkommen über die internationale Handelsschiedsgerichtsbarkeit vom 21. 4. 1961 169
UN-Übereinkommen über die Anerkennung und Vollstreckung ausländischer Schiedssprüche vom 10. 6. 1958 170
Anhang zu 4: Konnossemente 171
5. Art. 13 Abs. 3 EG 172f.
a) Inlandsehen 172
α Grundsatz 172
Eheschließung von Griechen 174, 181 — Spaniern 175 obligatorische kirchliche Eheschließung 176, 177 — hinkende Ehen 175, 179 — Vorfrage 180
β Ausnahmen zu *α*
αα § 15a EheG 181
ββ Nottrauungen und freie Ehen 182
ααα Bundesgesetz über die Anerkennung von Nottrauungen vom 2. 12. 1950 183
βββ AHKG Nr. 23 über die Rechtsverhältnisse verschleppter Personen und Flüchtlinge vom 17. 3. 1950 183
Dazu BundesG über die Anerkennung freier Ehen, rassisch und politisch Verfolgter vom 23. 6. 1950 184
γγ Eheschließung von Ausländern im Inland vor Gesandten oder Konsuln 185, 186
zu *α* und *β*: Folgen von Formverletzungen bei Inlandsehen 187
b) Auslandsehen 188
α *Einer* oder *beide* Partner sind Deutsche 189
faktische Ehe 191 — Nichteinhaltung der zwingenden Form des Ortsrechts 192 — Folgen der Verletzung einer zwingenden Ortsform 193 — diplomatische Eheschließungen von Deutschen im Ausland 194
β *Beide* Partner sind Ausländer
αα Die Einhaltung der Heimatform genügt — Kumulationsprinzip 195
ββ Die Einhaltung der Ortsform genügt 196
Qualifikationsproblem 197— Kumulationsprinzip 198 — diplomatische Eheschließungen von Ausländern im Ausland 199: *beide* Verlobte gehören dem Entsendestaat an 200, nur *ein* Verlobter gehört dem Entsendestaat an 201, Ermächtigung und Duldung liegen vor 202 — Wehrmachtsehen 203 — Ferntrauungen 204 — Folgen von Formverletzungen bei Auslandsehen 205
6. Haager Eheschließungsabkommen 206
VI. Statutenwechsel 207
VII. Recht der DDR 208

I. Grundsätzliches

1 **1.** Maßgebend für die Form (forme extrinsèque — dazu Rdz. 4) eines Rechtsgeschäfts sind nach deutschem Recht dem Grundsatz nach fakultativ die Form des Wirkungs- (= Geschäfts-) oder Ortsstatuts. Einzelheiten siehe unten Rdz. 33 ff; 51 ff.

Absatz I Satz 1 formuliert den leitenden Grundsatz: Die Form des Rechtsgeschäfts bestimmt sich nach dem sog. *Wirkungsstatut*, der lex causae (= Geschäftsrecht).

Absatz I Satz 2 enthält einen *zweiten* Grundsatz: Es genügt die sog. *Ortsform*. Eine alte Parömie drückt das etwas ungenau so aus: locus regit actum (= formam actus).

Das Recht des Errichtungsortes können entweder die *Sachnormen des Errichtungsortes* sein oder aber die Sachnormen, die nach dem *IPR des Errichtungsortes* anzuwenden sind. Dazu unten Rdz. 60—62.

Absatz II schränkt den zweiten Grundsatz ein: Er gilt *nicht* für *sachenrechtliche* Geschäfte.

Für die Form letztwilliger Verfügungen wurde Art. 11 EG abgeändert durch das Übereinkommen über das auf die Form letztwilliger Verfügungen anzuwendende Recht vom 5. 10. 1961 (BGBl. 65 II 1145 — in Kraft für die BRD seit 5. 1. 1964) — dazu unten Rdz. 162 sowie Erläuterungen zu Art. 24, 25 EG.

2. Die Form des Rechtsgeschäfts bestimmt sich nach dem sog. Wirkungsstatut. 2
Ist jedoch das Rechtsgeschäft an einem Orte errichtet, dessen Recht nicht für seinen Inhalt maßgeblich ist, so genügt die Einhaltung der Ortsform gemäß der Regel locus regit actum. Dies beinhaltet, daß das Ortsrecht ein entsprechendes Rechtsgeschäft überhaupt kennt, die Möglichkeit einer entsprechenden Ortsform entfiele anderenfalls.
Dazu Rdz. 27, 35, 129ff.

Die in Art. 11 vorgenommene Trennung von Form- und Inhaltsvorschriften 3
(beides materielle Normen, d.h. Sachnormen — dazu Einleitung, Rdz. 9), die gegebenenfalls mehreren Rechtsordnungen zu entnehmen sind, zwingt dazu, beide Begriffe gegenüberzustellen und sie in allgemeiner Form zu definieren. Rechtsgeschäfte bedürfen, um eine Rechtslage beeinflussen zu können, der sinnlichen Wahrnehmbarkeit. Nennt man diese äußere Erscheinung Form, so gibt es im strengen Sinn überhaupt kein formloses Rechtsgeschäft. Die Rechtssprache jedoch pflegt die Rechtsgeschäfte einzuteilen in solche, die nach einer bestimmten Rechtsordnung einer besonderen Form bedürfen („*formbedürftige* Rechtsgeschäfte") und Rechtsgeschäfte, die in jeder Form in Erscheinung treten können („*formlose* Rechtsgeschäfte"), Frankenstein, IPR I S. 520. Damit kommt man zu der bekannten Formulierung Zitelmanns (IPR II S. 154), der unter Formvorschriften jene Vorschriften versteht, die für eine Willenserklärung eine Form vorschreiben oder ausschließen, *ohne* die Möglichkeit, die Willenserklärung in einer anderen Form abzugeben, überhaupt zu negieren. Nimmt man diese Definition als Ausgangspunkt, so nötigen doch Sinn und Zweck der Regel *locus regit actum* sowie die Systematik unseres deutschen Rechts mancherlei Einschränkungen zu machen und gewisse Wirkungsvoraussetzungen eines Rechtsgeschäfts von vornherein auszuscheiden.

Nur auf Rechtsgeschäfte, das ist hervorzuheben, bezieht sich Art. 11 dem Grund- 4
satz nach. Inwieweit eine analoge Anwendung auf andere Rechtsakte zulässig und geboten erscheint, wird in Rdz. 34, 102—104 erörtert.
Das deutsche interne, materielle Recht geht ähnlich wie das französische und italienische Recht (acte juridique, atto giuridico) im Gegensatz zu der überwiegenden Zahl sonstiger ausländischer Rechte von einem Allgemeinbegriff des Rechtsgeschäfts (BGB 1. Buch, 3. Abschnitt) aus; dazu Boehmer, Einführung in das Bürgerliche Recht[2] (1965) § 11 VII 4; Rheinstein, Rvgl. HWB IV S. 359.
Dazu auch Carnelutti, Documento e negozio giuridico: Riv. dir. proc. civ. 1926, 192, der den Unterschied zwischen Rechtsgeschäft und der Urkunde, in der das Rechtsgeschäft niedergelegt wird, herausstellt.
Dementsprechend verfährt das deutsche Recht auch auf internationalprivatrechtlicher Ebene.

Die rechtliche Behandlung gliedert auf beiden Ebenen den Tatbestandskomplex, aus dem das Rechtsgeschäft erwächst, auf und unterscheidet (dazu OERTMANN, Kommentar z. BGB, Allg. Teil 5c vor § 104 und § 167, 1b; MANIGK, Das rechtswirksame Verhalten (1939) S. 118f.) zwischen den eigentlichen „Tatbestandselementen", die die Rechtsordnung als den Grund der Rechtswirkung ansieht und die den Kern des „Rechtsgeschäfts" bilden (wichtigster Bestandteil: die auf die Herbeiführung rechtlicher Wirkungen gerichtete Willenserklärung) sowie dessen Wirkungsvoraussetzungen, die die Rechtswirkung nur bedingen, aber nicht zu den eigentlichen Geschäftsbestandteilen gehören. Dazu ENNECCERUS-NIPPERDEY[15] § 145 II B 3; zur Gegenmeinung siehe MÜLLER-FREIENFELS, Die Vertretung beim Rechtsgeschäft (1955) S. 212f.

Aus letzteren sondert man die Rechts- und Geschäfts- (Handlungs-) Fähigkeit sowie gegebenenfalls die Verfügungsbefugnis aus und betrachtet sie jeweils isoliert. Die restlichen Wirkungsvoraussetzungen kann man im Anschluß an die ältere französische Auffassung (dazu LAINÉ, Introduction II S. 329; PILLET, Principes § 255), die sie zusammenfassend als „formes" anspricht, einteilen in die *formes intrinsèques* (= conditions de fond de l'acte juridique = innere Wirksamkeitsbedingungen, wie z.B. Erlaubtheit des Geschäftsinhalts, mangelfreier Geschäftswille, Zustimmung dritter Personen, man denke an gewisse Einwilligungen im Adoptionsverfahren!), denen die *formes extrinsèques* (die äußeren Förmlichkeiten der Erklärung, also die Form im eigentlichen Sinne) gegenübertreten. Dazu NIBOYET, Traité V Nr. 1450 — forme extrinsèque: „La manifestation extérieure d'un acte juridique"; J.-Cl. Dr. Int., Fasc. 551 B p. 12f: „toute règle qui a pour object les conditions dans lesquelles la volonté doit être matériellement exprimée". Zu beachten ist, daß die Terminologie der einzelnen Autoren uneinheitlich ist — sehr lehrreich dazu PARRA, a.a.O. S. 188, Fußnote 1; S. 192 Fußnote 2. Siehe im übrigen J.-Cl., Fasc. 551 B p. 12, ferner RHEINSTEIN, RvglHWB IV S. 359—371. Die Terminologie der romanischen Literatur stimmt nicht überein mit den Begriffen: „innere Form" — „äußere Form" im Sinne der Ausführungen FLUMES, Das Rechtsgeschäft (1965) II § 15 S. 244/245. Zum Problemkreis siehe auch HENLE, Lehrbuch des bürgerlichen Rechts (1926) S. 121.

Von diesen beiden Gruppen kann man, hinwiederum im Anschluß an die romanische Rechtslehre, die sog. *Befähigungsformen* (formes habilitantes), die *Verfahrensformen* (formes de procedure), die *Veröffentlichungsformen* (formes de publicité), die *Formen der öffentlichen Ordnung und Sicherheit* (formes de police et de sûreté) sowie die *Fiskalformen* (formes fiscales) scheiden.

Die deutsche Rechtslehre pflegt, soweit ersichtlich, von einer derartigen Aufgliederung im allgemeinen abzusehen; über die Gründe dazu siehe FRANKENSTEIN, IPR I S. 530f.; VON BAR, a.a.O. S. 348ff; die Kasuistik der Rechtsprechung, aber auch der Lehre jedoch zeigt, daß sich ihre Ergebnisse zwanglos in ein solches Schema einfügen lassen; der Klarheit halber wird im folgenden an dieser Unterscheidung festgehalten, es empfiehlt sich dabei, ihre Grundzüge profiliert herauszustellen.

5 Die *Befähigungsformen* (formes habilitantes) sind zum Schutze nicht voll geschäftsfähiger Personen vorgesehen und sind ergänzend erforderlich, um dem Geschäft Wirksamkeit zu verleihen. Sie betreffen die Frage, inwieweit ein nicht voll Geschäftsfähiger in der Lage ist, ein Rechtsgeschäft vorzunehmen, in welchem Umfang eine Vertretung oder sonstige Verbeistandschaftung erforderlich ist.

Beispiele aus dem deutschen Recht:

Zustimmung des gesetzlichen Vertreters nach §§ 107ff., 1751 Abs. 2 BGB.
Genehmigung des Gegenvormundes nach § 1812 BGB.
Genehmigung des Familienrates nach § 1872 BGB.

Ermächtigungen und Genehmigungen des Vormundschaftsgerichtes nach §§ 112, 113; 1751; 1643, 1819ff. BGB.
Man wird hier auch die vormundschaftsgerichtlichen Ermächtigungen und Genehmigungen (das gleiche gilt für die entsprechenden Ersetzungen) erwähnen; das Vormundschaftsgericht gibt zwar keine rechtsgeschäftlichen Willenserklärungen ab, es nimmt im Interesse staatlicher Fürsorge für den Mündel eine obrigkeitliche Handlung vor. Dennoch unterstellt die deutsche Rechtsprechung (Beispiel: RGZ 137, 345) die Genehmigung usw. des Vormundschaftsgerichts zutreffend weitgehend den für Willenserklärungen geltenden Normen.

Die genannten, dem materiellen Recht entspringenden Erfordernisse unterfallen grundsätzlich dem Personalstatut des nicht voll Geschäftsfähigen. Dazu Rheinstein, RvglHWB IV S. 364 mit Literaturangaben; Vischer S. 159; siehe weiter J.-Cl. Dr. Int. Fasc. 551 B Nr. 72 unter Hinweis auf folgende französische Rechtsprechung: Cass. civ. 13 juin 1894, Sidi-Belkassem: D.P. 1894. 1. 169 (Vorschriften, die die Veräußerungsbefugnis eines Vormundes betreffen); Cass. civ. 13 avril 1932, Consorts de Bourbon-Parme c. Elie de Bourbon-Parme: D. P. 1932. 1. 89 (Erbteilung); Rabat 12 juill. 1950: Rev. crit. 1951, 507 (Befugnis zur Grundstücksverpachtung).
Siehe weiter Rigaux, Rep. Dalloz Dr. Int. I „Acte" Ziff. 8 S. 20.
Gesondert zu prüfen ist die Frage, ob die *Ausführung* (dazu unten Randziffer 6) der geforderten Befähigungsformen nicht von der Regel *„locus regit actum"* berührt wird. So befaßt sich der französische Kassationshof (siehe die oben erwähnte Entscheidung Consorts de Bourbon-Parme gegen Elie de Bourbon-Parme) mit der Frage der Erbauseinandersetzung, an der Minderjährige beteiligt waren. Nach dem Erbstatut (französisches Recht) war eine gütliche Erbauseinandersetzung zulässig, die formes habilitantes waren gewahrt (da österreichisches Recht Personalstatut), die äußere Form wäre facultativ nach der *lex loci actus* zu beurteilen gewesen.
Den für das aufgeworfene Problem anzustellenden Gedankengang mag folgendes dem deutschen Recht entnommenes *Beispiel* erläutern:

Nach § 1751 Abs. 2 BGB kann ein 15jähriges Kind einen Vertrag über die Annahme an Kindes Statt selbst schließen, bedarf dazu aber der Zustimmung des gesetzlichen Vertreters und der Genehmigung des Vormundschaftsgerichtes. Beide Erfordernisse fallen in den Bereich der Befähigungsformen, entziehen sich damit also dem Satze *„locus regit actum"*. Gesondert zu untersuchen ist jedoch, welche Formen für die Erteilung der Zustimmung, welche für die der Genehmigung vorliegen müssen, da insoweit lediglich eine Manifestation der formes habilitantes in Frage steht. Im Gegensatz zu § 1748 Abs. 3 BGB bedarf die Zustimmung des gesetzlichen Vertreters weder einer gerichtlichen noch einer notariellen Beurkundung, sie kann formlos erteilt werden, das gleiche gilt, hierfür ist die *lex fori* maßgeblich, für die Erteilung der gerichtlichen Genehmigung. Von deutscher Sicht aus gesehen werden sich bei deutschem Adoptionsstatut hinsichtlich der Form im gegebenen Beispiel keine Schwierigkeiten ergeben. Bei Anwendung ausländischen Rechts lassen sich andererseits entsprechende Folgerungen ziehen.
Das Erfordernis von Einwilligungen volljähriger Dritter, die z.B. im Verfahren zur Annahme an Kindes Statt das Wirkungsstatut verlangt (siehe z.B. Einwilligung des Ehegatten — § 1746 —; Einwilligung der Eltern — § 1747 BGB), zählt nicht zur Fähigkeit, sondern beurteilt sich nach dem Wirkungsstatut; die Ausführungsform (Beispiel: [gerichtliche oder] notarielle Beurkundung — § 1748 Abs. 3 BGB) dagegen unterfällt der Regel *„locus regit actum"* — dazu BayObLG (25. 7. 1956) BayObLGZ 1956, 285 = IPRspr 1956, 57 Nr. 136a = FamRZ 1957, 225 = NJW 1957, 25 = DNotZ 1957, 261 = Clunet 1958, 192 —, wobei hinwiederum die Art der Ausführung dem örtlichen Verfahrensrecht des Beurkundungsorgans nach dem Grundsatz *„locus regit processum"* untersteht — dazu Rdz. 16ff.

Die Formen, in denen ein gerichtliches Verfahren (formes de procedure) verläuft, 6
Beispiel: Der Akt der Erteilung einer vormundschaftsgerichtlichen Genehmigung, unterfallen der *lex fori*, sie tragen zwingenden Charakter. Dieser Grundsatz rechtfertigt sich aus der Tatsache, daß ein Gericht seine Befugnisse aus dem internen öffentlichen Recht seines Staates herleitet, „la procédure est un mécanisme de souveraineté". Beachte: Verfahrensrechtliche Formvorschriften, die einen Beweischarakter tragen (formes probantes), unterfallen dem Grundsatz „locus regit

processum"; bedingen Vorschriften, die im prozessualen Gewand erscheinen, die Wirksamkeit des materiellen Geschäfts (formes solenelles), so unterliegen sie dem Grundsatz, locus regit actum„". Dazu BARTIN, Principes I § 164; BATIFFOL, Traité[4] n 729; J.-Cl. Dr. Int., Fasc. 551 B p. 15 Nr. 62. Siehe dazu unten Randziffer 86ff.

Ob eine Formvorschrift materiellrechtlichen Charakter trägt oder dem Prozeßrecht zuzurechnen ist, kann schwierige Qualifikationsüberlegungen im Gefolge haben. Dazu unten Randziffer 21, 86ff.

7 Die *Veröffentlichungsformen* (formes de publicité) sind im Interesse Dritter sowie des Verkehrs (entscheidendes Kriterium!) geschaffen und sind erforderlich, damit das intern wirksame Rechtsgeschäft auch ihnen entgegengehalten werden kann. Sie beruhen auf dem Öffentlichkeitsprinzip. Dazu SILZ (1933) S. 306; Vischer S. 156.

Beispiele: Eintragungen ins Handels- oder Hypothekenregister; Verbuchung (§§ 873f. BGB); Registrierung (§§ 15, 70 des deutschen Genossenschaftsgesetzes); Eintragungen in Patentrollen usw. Weitere Beispiele siehe J.-Cl. Dr. Int. Fasc. 551 B Nr. 77f.

Sie entziehen sich der Regel *locus regit actum* und unterfallen dem Recht, das über die Beziehungen zu dem Dritten entscheidet. Dies ist z.B. bei Registereintragungen das Recht des Landes, in dem das Geschäft Dritten entgegengehalten werden soll (zu letzterem siehe RHEINSTEIN—RvglHWB IV S. 364), bei Verbuchungen das Realstatut. Siehe dazu z.B. Art. 7 des tschechoslowakischen Gesetzes zum IPR und Prozeßrecht vom 4. 12. 1963.

Beachte, daß das deutsche Recht bei der Veräußerung von Grundstücken zwischen obligatorischem Kaufvertrag und dinglicher Übereignung, die an die GB-Eintragung gebunden ist, unterscheidet. Nur ersterer unterfällt der Regel „*locus regit actum*" — dazu unten Rdz. 155, 156. Vergleiche damit die Rechtslage nach schweizerischem Recht, wonach das Verpflichtungsgeschäft über ein schweizerisches Grundstück Bestandteil des Grundbucheintrages bildet und sich damit der Regel „locus *regit actum*" entzieht — dazu Vischer S. 156 unter Hinweis auf BGE 82 II 550. Siehe weiter SCHÖNENBERGER-JÄGGI, Allg. Einl. N 189/190.

Über die Behandlung der *Registrierung von Eheverträgen* herrscht Unklarheit. Dazu BARTIN, Principes II § 352; BATIFFOL, Traité[4] n. 629; NIBOYET, Traité IV n. 1115; LEREBOURS-PIGIONNIÈRE-LOUSSOUARN, n. 458; PLANIOL-RIPERT, Traité pratique de droit civil VIII (Boulanger), n. 105—2. RABEL Conflict I[2] S. 400. Schon im Ausgangspunkte wird man zwei Fälle unterscheiden. Die Registrierung kann ein materiellrechtliches Formerfordernis der Wirksamkeit des Ehevertrages überhaupt sein. So verlangt § 37 des dänischen Eherechtsgesetzes vom 18. 3. 1925 (Wortlaut: BERGMANN-FERID II Dänemark, S. 29) zwingend zur Wirksamkeit des Ehevertrages dessen Registrierung. Die zweite Gruppe von nationalen Rechten macht die Wirksamkeit des Ehevertrages im Innenverhältnis nicht von seiner Registrierung abhängig, sein Vorliegen kann redlichen Dritten jedoch nur bei Eintragung in ein Register entgegengehalten werden. Während die französische Rechtsprechung:

So Cour d'appel in Douai in der Sache De Selby (13 janv. 1887), Clunet 1887, 57; D.P. 1887. 2. 181: Englische Eheleute, die ein Handelsgewerbe in Frankreich betrieben, schlossen ebenda ihren Ehevertrag in der heimatlichen (englischen) privaten Form, ohne ihn gemäß dem französischen Gesetz (Code de Commerce) im Handelsregister in Frankreich eintragen zu lassen. Das Gericht betrachtete die Eintragungspflicht im französischen Register als echte Formvorschrift; im Hinblick auf den fakultativen Charakter des Satzes locus regit actum ließ es die heimatliche Form genügen, der Vertrag konnte auch in Frankreich ohne Registereintragung daselbst Dritten entgegengehalten werden. Dazu auch Rennes (4 mars 1880) Guédon, motifs: D.P. 1880. 2. 210; Clunet 88, 153.

auch diese zweite Gruppe einer Registrierung als echte Form (forme extrinsèque) behandelt, die folgerichtig dann der Maxime „*locus regit actum*" unterfällt, erscheint es wohl richtiger, sie nach den auch für sonstige Veröffentlichungsformen aufgestellten Prinzipien zu beurteilen. Dieser Gedanke liegt ersichtlich Art. 16 EGBGB zugrunde, der allerdings — lehnt man eine analoge Anwendung ab — dazu Erläuterungen zu Art. 16 — nur den Fall erfaßt, daß ausländische oder deutsche Ehegatten ihren Wohnsitz im Inland haben. Es handelt sich bei diesen Formen auch wohl nicht um Verfahrensformen (formes de procédure), wie BATIFFOL meint (Traité[4] n. 629 — dahingestellt kann bleiben, ob die Ansicht BATIFFOLS nicht für den von ihm ins Auge gefaßten konkreten Fall der Registrierung nach dem Code Civil im Hinblick auf die Eintragung durch den „officier d'état-civil" zutrifft), sondern um aus dem Gesichtspunkt des Verkehrsschutzes erwachsene Formalitäten. Weitere Einzelheiten siehe Erläuterungen zu Art. 16.

Formen der öffentlichen Ordnung und Sicherheit (formes de police et de sûreté) sind solche, die nicht im Interesse der Parteien, sondern der öffentlichen Ordnung und Sicherheit verlangt werden (dazu Art. 3 Abs. 1 CC: „les lois de police et de sûreté obligent tous ceux qui habitent le territoire". Einzelheiten dazu MALAURIE in J.-Cl. Dr. Int., Fasc. 551 B Nr. 90ff). Hierher zählen gesetzliche Wirksamkeitsvoraussetzungen, wie die Notwendigkeit der Genehmigung einer Verwaltungsbehörde. Man denke an Preis- und Devisengenehmigungen, Genehmigungen nach dem Währungsgesetz (Wertsicherungsklausel!), nach dem Bundesbaugesetz, dem Grundstücksverkehrsgesetz, Bewirtschaftungsbestimmungen u. a. Diese Genehmigungen, die teils zum Verpflichtungs-, teils zum Erfüllungsgeschäft nötig sind, die teils das Verpflichtungsgeschäft schwebend unwirksam machen, teils es in seiner Wirksamkeit unberührt lassen, stellen keine privatrechtlichen Rechtsgeschäfte (sog. privatrechtsgestaltende Verwaltungsakte!) dar, werden jedoch nach den Grundsätzen über privatrechtsgeschäftliche Willenserklärungen behandelt. Dazu oben Rdz. 5. Sie entziehen sich der Regel „*locus regit actum*", sie tragen zwingenden Charakter und erwachsen aus dem Territorialitätsprinzip. Wo das Geschäft geschlossen wird, ist belanglos. 8

Unter die Formen der öffentlichen Ordnung und Sicherheit wird man weiter die Ausgestaltung des Verfahrens rechnen, das Registerbeamte, sonstige öffentliche Urkundsbeamte sowie Notare zu beobachten haben. Es greift die Maxime „*actor regit actum*" ein, die Formen sind zwingend. Hierher zählt auch der Fall der sog. formellen Auslandsform. Dazu Rdz. 32.

Die Ansichten über die Bedeutung der sog. *Fiskalformen* (formes fiscales) — Steuergesetze schreiben z. B. die Anbringung von Stempelmarken, die Verwendung von Stempelpapier oder die Registrierung des Rechtsgeschäftes bei Meidung seiner Nichtigkeit vor — sind geteilt. Manche* wollen diese Formalitäten als echte Formen (formes extrinsèques) ansprechen und sie der Regel locus regit actum unterstellen. Sie verweigern einem Rechtsgeschäft die Anerkennung, das in einem fremden Lande vorgenommen wurde, dessen Gesetze die Nichtbeachtung einer solchen Steuervorschrift mit der Nichtigkeit des Rechtsgeschäftes bedrohen. Mehr überzeugend lehnen andere diese Ansicht ab. (SOERGEL-KEGEL[9] 23 zu Art. 11; ERMAN-ARNDT[4] 5e zu Art. 11 und 5 zu Art. 30; RABEL, Conflict II 506. MA- 9

* BATIFFOL, Traité[4] n. 600; NUSSBAUM, IPR S. 89, 319 Fn. 5; FEDOZZI, DirIntPriv[2] S. 255; Diena, Trattato di diritto commerciale internazionale. 3 vol. Florenz 1900—1905. 1896—65; 284 und 1899. 326; GOODRICH-Scoles, Handbook[4] S. 319; OLG Dresden (20. 7. 1913) SächsArch 1914, 141. OLG Wien (25. 8. 1930) *ÖstRspr.* 1930, 165. OLG Karlsruhe, JW 1935, 552. So auch ältere englische Entscheidungen: Alves v. Hodgson (1797) 7 T.R 241; Clegg v. Lévy (1812) 3 Camp. 166; Trimbey v. Vignier (1834) I Bing N.C. 151; Bristow v. Sequeville (1850) 5 Ex.P. 275; Republica de Guatemala v. Nunez (1927) 1 K.B. 669. Cass. Neapel (18. 9. 1914) Clunet 1915, 703; Cass. It. (9. 7. 1932) Riv. Dir. Int. 1932, 571.

Laurie in J.-Cl. Dr. Int., Fasc. 551 B Nr. 69; Freyria, Principes de solution de conflicts de lois en matière d' enregistrement: J.C. P 52 I 1023; Arminjon, Précis II n. 62; Rép. Lapradelle-Niboyet V Preuves, n. 97; App. Neapel (29. 12. 1926) *Riv. Anzilotti* 927, 268. Siehe auch British Bills of Exchange Act 1882, c. 61, sec. 72 1a Finance Act 1933 § 42).

Steuergesetze sind ihrer Natur nach territorial, ihre Befolgung kann mangels vertraglicher Abmachungen nur im heimischen Staatsgebiet erzwungen werden. Eine internationale Steuerzusammenarbeit zu begünstigen, besteht vom Bereich des internationalen Privatrechts her gesehen kein Anlaß. Kennzeichnend ist der Satz: „Il ne convient pas qu'un Etat se fasse le collecteur d'impôts étrangers." Bemerkenswert ist, daß sich nach dem Genfer Abkommen über das Verhältnis der Stempelgesetze zum Wechselrecht vom 7. 6. 1930 RGBl. 1933 II 469 die dem Abkommen beitretenden Staaten verpflichten, die Gültigkeit der wechsel- (scheck-) rechtlichen Erklärungen (anders gilt von der Geltendmachung der Wechsel- [Scheck-] Ansprüche) nicht von der Entrichtung des Stempels abhängig zu machen.

10 Geht man davon aus, daß die Form als äußere Wirksamkeitsvoraussetzung zwar keinen eigentlichen Geschäftsbestandteil darstellt, aber dennoch zum Tatbestandskomplex eines Rechtsgeschäfts gehört, so erscheint es nur natürlich und folgerichtig, daß das Gesetz, das das Rechtsgeschäft im ganzen beherrscht, auch über seine Form gebietet. Dies war seit Bartolus jahrhundertelang die Übung im Vertragsrecht, wo Substanz und Form des Geschäfts einem Recht, der lex loci actus, unterstellt waren. Es verdient das deshalb hervorgehoben zu werden, weil manche ausländischen Rechte, gebannt von dem Satze „*locus regit actum*", diese Wahrheit aus dem Augen verloren haben.

Es waren verschiedene, im einzelnen noch zu erörternde Gründe, dazu Rdz. 15, die dazu führten, ergänzend ein eigenes Formstatut aufzustellen. Damit erwächst das Problem, ob sich das Auseinanderfallen von Wirkungsstatut und Formstatut bei konkretem Lebenssachverhalt folgerichtig durchführen läßt, ohne daß die in der Sache gelegenen möglichen Zusammenhänge von Form und Inhalt in untragbarer Weise zerschnitten werden. Die Erfahrung zeigt, daß auch die Begrenzung des Formbegriffes, wie oben vorgenommen, nicht immer befriedigende Lösungsmöglichkeiten, die dem Einzelfall gerecht werden, gewährleistet. Man denke nur an die bis vor kurzem bestehende Problematik der Errichtung eines eigenhändigen Testaments durch einen niederländischen Erblasser in Deutschland (dazu Rdz. 58), an den in § 2247 deutsches BGB enthaltenen Ausschluß Minderjähriger von der Errichtung eigenhändiger, privatschriftlicher Testamente, an die Behandlung gemeinschaftlicher Testamente französischer oder italienischer Erblasser durch deutsche Gerichte, schließlich an das Gebot der religiösen Eheschließung, das manche Rechte vorsehen. Insbesondere im Hinblick auf diese Fälle ist Neuner (Der Sinn a.a.O. S. 57) zuzustimmen, wenn er meint, gerade weil eben die verschiedenen Rechtsordnungen untereinander verschieden seien, könne man nicht erwarten, daß man in einer Art mechanischer Prozedur der *einen* Rechtsordnung die Formvorschriften entnehmen könne, einer *anderen* die Vorschriften über den Inhalt und daß nun *beide* Teile zueinander paßten wie Teile eines Zusammensetzspiels. Gerade weil Form und Inhalt sachlich zusammenhingen oder wenigstens zusammenhängen könnten, dürfe man sie nicht mit dem Messer eines von außen herangetragenen Begriffes auseinanderschneiden, sondern müsse den in der Sache selbst gelegenen Zusammenhang berücksichtigen. Eine ganz andere Frage ist, ob man die von Neuner gebotene Lösung, nämlich die beiden zur Anwendung kommenden Rechtsordnungen in einem bestimmten Modus nacheinander anzuwenden, als überzeugend ansieht. Eine sorgfältige Schwerpunktsbetrachtung (dazu Rdz. 66, 71) dürfte zum gleichen Ergebnis, allerdings in einer weit einfacheren Weise führen.

3. Historischer und rechtsvergleichender Überblick*. 11

Der Satz *‚locus regit actum‘* hat, wenn auch modifiziert, Aufnahme in die Rechte fast aller heutigen Kulturstaaten gefunden. Das RG (JW 1913, 333) irrt jedoch, wenn es meint, daß der Satz „wohl in allen Rechtsgebieten übereinstimmend gelte“. Geltungskraft und Sinn des Satzes sind, wie sich noch zeigen wird, nicht überall gleich. Immerhin ist es richtig, was KAHN a. a. O. S. 47 sagt, daß die Maxime, die „vielleicht weitverbreiteste Regel über internationales Privatrecht ist“. Manche erkennen ihr darum sogar die Bedeutung internationalen Gewohnheitsrechtes zu, eine Auffassung, die leicht mißverständlich ist. Dazu Rdz. 15.

a.) In den europäischen Kontinentalstaaten gilt die Maxime wohl überall. Dazu 12
nachfolgende **Übersicht.**

Für gewisse Bereiche wie Eheschließungen und Verfügungen von Todes wegen insbesondere gelten vielfach Sonderregelungen.

Belgien (fakultativ)
Gewohnheitsrechtlich ist die fakultative Geltung der Regel „locus regit actum“ neben der Heranziehung der Form des Wirkungsstatuts anerkannt. Dazu GRAULICH, Principes de Dr. Int. Privé (Paris 1961) Nr. 55 S. 46.

Sonderheiten:
Hypothek im Ausland bestellt — Art. 77 C. C.
Eheschließung: Art. 48, 170—171 C. C.
Einzelheiten gibt GRAULICH, a.a.O. Nr. 61ff. S. 49ff.
Zivilstandsurkunden: Art. 47 C. C.
Beurkundungsbefugnis von *diplomatischen* und *konsularischen* Vertretern: Gesetz vom 10. und 12. 7. 1931.
Testamente: Art. 999 C. C.
Wechsel- und Scheckrecht (entsprechend den Genfer Abkommen): Gesetz vom 16. 8. 1932.

Dänemark (fakultativ) — Gewohnheitsrecht. Dazu BORUM, Lovkonflikter[4], 1957 S. 84. Rép. Lapradelle-Niboyet VI 213—227 (O. A. BORUM und KARSTEN MEYER. Droit international privé du Danemark).

Sonderheiten:
Eheverträge (dazu Gesetz über die Rechtswirkungen der Ehe vom 18. 3. 1925 — Kap. VII 53).
Wechsel- und Scheckrecht (dazu Wechselgesetz Nr. 68 vom 23. 3. 1932 II Abt., Kap. XIV 80, 85; Scheckgesetz Nr. 69 vom 23. 3. 1932, Kap. XII 60, 64).

Deutschland (fakultativ): EGBGB Art. 11
Über Einzelheiten und Ausnahmen siehe vorliegende Erläuterungen zu Art. 11.

DDR: siehe Rdz. 208 zu Art. 11.

Frankreich (fakultativ) — Gewohnheitsrecht.
Während im Entwurf zum Code Civil eine eigene Bestimmung (Art. 5) den Grundsatz als verbindlich erklärte, sah die endgültige Fassung des Code von einer solchen ab, da man es als zu schwierig ansah, eine klar umrissene gesetzliche Definition des Formbegriffes zu geben. Anwendungen des Grundsatzes finden sich jedoch in Art. 47 (Personenstandsurkunden), Art. 170 (Eheschließung), Art. 999 (Testament). Sowohl in Rechtsprechung wie Theorie bestand daher von Anfang an Einigkeit, daß der traditionelle Grundsatz (locus regit actum) in seiner über-

* **Schrifttum:**
WAECHTER, AcP 25. 1842, 368, 405; SAVIGNY § 382; LAINE, Introduction II S. 329f.; GUTZWILLER, Internationalprivatrecht S. 1585; NEUMEYER, Die gemeinrechtliche Entwicklung des internationalen Privat- und Strafrechts II (1916) 84f.; 135f.; VON BAR, Theorie und Praxis I S. 337f.; MEYERS, L'historie des principes fondamentaux du droit international privé à partir du moyen age: Rec. des Cours 49. 1934, 547; PARRA, Die Regel ‚Locus regit actum‘ (1955) S. 2f.

kommenen Form Weitergeltung haben sollte. Rechtsprechung dazu gibt AUDINET in Rép. Lapradelle-Niboyet X 390 n. 11.
Dementsprechend maß man zunächst (dazu Cass. civ. (9. 3. 1853) D.P. 1853.1.213; S. 1853.1.274) der Maxime zwingende Kraft bei. Eine Entscheidung vom 20. 7. 1909 in der Sache Viditz v. Gesling (Cass. civ., D.P. 1911.1.105) lockerte für Testamente den Grundsatz insofern, als sie daneben die Form des Heimatrechtes des Testators als zulässig anerkannte. Dazu LAINÉ, De la forme du testament privé en droit international: Rev. crit. 1909, 835.
Im Anschluß an die Theorie sprach der Pariser Gerichtshof in einer Entscheidung (in der Sache the Kid) vom 29. 4. 1959 (D. 1959, 402. — dazu Anmerkung von GOLDMAN in Clunet 1960, 128) der Regel auch für Verträge fakultative Kraft zu. Eine Entscheidung der Zivilkammer von Paris vom 28. 5. 1963 (D. 1963, 677 — dazu Anmerkung von LOUSSOUARN, Rev. crit. 1964, 513) billigt diese Ansicht und läßt die Möglichkeit der Wahl auch des Wirkungsstatuts zu. Damit stellt das französische IPR für die Vornahme eines Rechtsgeschäfts dreierlei Formen zur Verfügung:

Form der lex loci actus — des Personalstatuts sowie des Geschäftsstatuts. Weitere Rechtsprechung dazu: J.-Cl. Dr. Int., Fasc. 551 B n. 162.

Sonderheiten:

Testamente — Art. 999 C.C. — siehe dazu Erläuterungen zu Art. 25 EGBGB.
Erbteilung — dazu Erläuterungen zu Art. 25 EGBGB.
Eheschließung — Art. 170 C.C.
Zu beachten ist der Gesichtspunkt des ordre public. Ausländer, die in Frankreich heiraten, können dies nur in der Form des französischen Rechtes tun, es sei denn, die Eheschließung erfolgt vor dem nationalen Konsul.
Eheverträge — dazu J.-Cl. Dr. Int. Fasc. 551 B n. 204ff., oben Rdz. 6
Vaterschaftsanerkennung — Regel locus actum ausgeschlossen. Dazu J.-Cl. Dr. Int. a.a.O. n. 216ff. PALLARD, La filiation illégitime en droit international privé: Rev. crit. 1952, 654.
Zum Beweisverfahren siehe Rdz. 6.

Griechenland (fakultativ):

Zivilgesetzbuch vom 15. 3. 1940 (in Kraft seit dem 23. 2. 1946), Art. 11: wahlweise Form nach Wirkungsstatut — Heimatrecht der Beteiligten — lex loci actus.

Sonderheiten:

Eheschließung — religiöse Form Art. 1367 ZGB.
Personenstandsurkunden (Art. 13 des Gesetzes 2430 über Personenstandsurkunden).
Urkunden-Beweis: Art. 386 ZPO vom 2./14. 4. 1834.
Wechsel- und Scheckrecht (entsprechend den Genfer Abkommen): Gesetz 5325 vom 9. 3. 1932 über den gezogenen und eigenen Wechsel, Art. 91, 96; Gesetz 5960 vom 26. 12. 1933 über den Scheck: Art. 72, 76.

Großbritannien (fakultativ):

Nach einhelliger Ansicht (MARTIN WOLFF, PrIntLaw[2] § 426) sind Schuldverträge (contracts) formgerecht errichtet, wenn sie dem Rechte des Errichtungsortes (lex loci actus — Recht des Ortes, an dem die letzte Handlung vorgenommen wird, die nötig ist, ein bindendes Rechtsgeschäft zu schaffen) — DICEY-MORRIS, Conflict[8] S. 778; CHESHIRE, PrIntLaw[7] S. 565; WOLFF, PrIntLaw[2] § 428 — entsprechen. Dies gilt auch für Verträge, die zur Übertragung von Grundbesitz (immovables) verpflichten; WOLFF, PrIntLaw[2] § 430.

Beispiel: Dazu WOLFF, PrIntLaw[2] § 430. Ist für das Entstehen einer Verbindlichkeit eine „deed" (= gesiegelte Urkunde) nötig, so wird dazu die Unterzeichnung, Siegelung und Übergabe der Urkunde verlangt. Chapman v. Cotrell (1865), 34 L. J. (Ex.) 186. Somit bildet nach englischer Auffassung der Ort der Übergabe (delivery) den Errichtungsort.
Bei formlosen Verträgen unter Abwesenden ist der Ort der Absendung der Annahme des Angebotes maßgeblich. Benaim v. Debono (1924), A. C. (P. C.) 5, 14, 520.

Strittig ist, ob die Regel „*locus regit actum*" zwingend ist oder auch die Einhaltung der Form des Wirkungsstatuts genügt. Im Gegensatz zu früheren Zeiten (dazu Guépratte v. Young, 4 DeG and Sm. 217, 228) neigt die heute in der Literatur herrschende Ansicht (WOLFF, PrIntLaw² §§ 426ff.; CHESHIRE, PrIntLaw⁷ S. 218; DICEY-MORRIS (KAHN-FREUND), Conflict⁸ S. 774 rule 152; GRAVESON 207) zur Ablehnung der zwingenden Natur der Regel. Eine feste Rechtsprechung dazu gibt es nicht; die früher immer wieder als Leitentscheidungen hervorgehobenen Gerichtssprüche Kent v. Burgess (1840), 11. Sim. 361; Alves v. Hodgson (1797), 7 T.R. 211; Clegg v. Levy (1812), 3 Camp. 166; Bristow v. Sequeville (1850), 5 Ex. 275 — dazu oben Rdz. 9 sind für die aufgeworfenen Fragen wenig ergiebig, da sie Fälle der Formen von Eheschließungen und Nichtbeachtung von Fiskalbestimmungen — dazu oben Rdz. 9 betreffen, aus denen kein allgemeiner Grundsatz für unseren Fall gezogen werden kann.

Einzelfragen:

Eheschließung — Form beurteilt sich zwingend nach der lex loci celebrationis. Scrimshire v. Scrimshire (1752) 2 Hag. Cons. 395, 408, 415, 417; Warrender v. Warrender (1835), 2 Cl. & Fin. 488, 530; Berthiaume v. Dastous (1930) A. C. (P. C.) 79, 83.
Gewisse Ausnahmen (Einzelheiten gibt WOLFF, PrIntLaw² §§ 325—327) werden zugelassen: (Diplomatische Ehen — Ehen auf Schiffen — Ortsform fehlt — im militärischen Bereich — dazu auch den Foreign Marriage Act, 1892). 55 & 56 Vict., c. 23.

Eheverträge: Ortsform, wahlweise Form nach Wirkungsstatut. Dazu in re Bankes (1902) 2 Ch. 333. Siehe auch Van Grutten v. Digby (1862), 31 Beac. 561.

Testament: Für britische Staatsangehörige war bis zum 4. 1. 1964 der *Lord Kingsdown's Act* von 1861 maßgebend, der fakultativ die Ortsform zuließ. Für Ausländer galt die alte common law rule, die zwingend die Form des Rechts des Domizils z. Z. des Todes des Testators vorsah, das seinerseits (unter Anerkennung eines renvoi) die Ortsform gelten lassen konnte. Seit 5. 1. 1964 greift das *Haager Übereinkommen über das auf die Form letztwilliger Verfügungen anzuwendende Recht* vom 5. 10. 1961 ein, dem Großbritannien mit Vorbehalt aus Art. 9 beigetreten ist. Dazu Erläuterungen zu Art. 25 EGBGB.

Wechsel- und Scheckrecht:

Großbritannien ist den Genfer Abkommen von 1930 und 1931 nicht beigetreten. Maßgebend ist nach wie vor der *Bills of Exchange Act* von 1882 und darin sec. 72.

Sec. 72:

„Wird ein in einem Lande gezogener Wechsel in einem anderen begeben oder akzeptiert, oder ist er dort zahlbar, so bestimmen sich die Rechte, Pflichten und Verbindlichkeiten der Wechselbeteiligten wie folgt:

1. Die Formgültigkeit des Wechsels selbst bestimmt sich nach dem Recht des Begebungsortes, und die Formgültigkeit späterer Wechselerklärungen, wie z.B. der Annahme oder des Indossamentes oder der Ehrenannahme supra protest, nach dem Rechte des Ortes, wo die Erklärung abgegeben ist. Jedoch:

a) ist ein außerhalb des Vereinigten Königreichs begebener Wechsel nicht allein deshalb ungültig, weil er nicht nach den Gesetzen des Begebungsortes gestempelt ist;

b) kann ein außerhalb des Vereinigten Königreichs begebener Wechsel, der bezüglich der Formerfordernisse dem Rechte des Vereinigten Königreichs entspricht, hinsichtlich der Erzwingung der Zahlung zwischen allen denjenigen als gültig behandelt werden, die ihn innerhalb des Vereinigten Königreichs begeben, besitzen oder dort in den Kreis der Wechselbeteiligten eintreten.

....

5. Wenn ein Wechsel in einem Lande gezogen und in einem anderen zahlbar ist, so bestimmt sich sein richtiges Datum nach dem Gesetze des Zahlungsortes." Deutscher Wortlaut siehe MAKAROV, Quellen des IPR, Großbritannien, S. 14.

Danach ist zu unterscheiden zwischen:

a) Verpflichtung, die aus der Ausstellung, der Annahme oder einem Indossament entsteht: maßgebend für die Form zwingend lex loci actus. Im Gegensatz zu den Genfer Abkommen (entscheidend dort Ort der Unterschriftsleistung) wird es dabei auf den Ort der Übergabe (delivery) der Urkunde abgestellt („transfer of possession, actual or constructive, from one person to another"). Bei Übergabe unter Abwesenden kommt es auf den Ort der Absendung an.
b) Übertragung des in der Urkunde verkörperten Rechts. Die Form des Indossamentes beurteilt sich zwingend nach dem Ort der Vertragserrichtung. Dazu WOLFF, PrIntLaw² § 529.

Italien (fakultativ):

Zivilgesetzbuch Art. 26 (wahlweise Form nach Wirkungsstatut — Heimatrecht der Beteiligten — lex loci actus).

Art. 27 (Form des Verfahrens nach lex fori).
Art. 115, 116 (Eheschließung).
Art. 26 Disp. Prel. (Testament).
Schiffahrtsgesetzbuch in der Fassung vom 30. 3. 1942:
Art. 5 (Rechtsgeschäfte, die an Bord von Schiffen und Luftfahrzeugen vorgenommen werden).
Wechselgesetz vom 14. 12. 1933 (Genfer Abkommen).
Scheckgesetz vom 21. 12. 1933 (Genfer Abkommen).

Liechtenstein:

Gleiche Grundsätze wie in Österreich (4. DVO zum Ehegesetz vom 15. 10. 1941 gilt jedoch nicht!).

Sonderheiten:

ZGB (Sachenrecht vom 31. 12. 1922 = SR).
Art. 12: Form bei dinglichen Rechten an Grundstücken sowie obligatorische Verpflichtungen, die sich auf solche beziehen — lex rei sitae.
Ortsform öffentlicher Beurkundungen und Beglaubigungen.
Art. 17: Form persönlicher Verpflichtungen zur Übertragung von Eigentum oder zur Bestellung beschränkter dinglicher Rechte.
— Form des Ortes des Vertragsabschlusses oder der lex rei sitae.
ZGB (Personen- und Gesellschaftsrecht vom 20. 1. 1926 = PGR).
Art. 105: Ausländische öffentliche Beurkundungen zugelassen für Zivilstandsregister in Liechtenstein.
Art. 234: Sitzverlegung ausländischer Verbandspersonen — Eintragung im Öffentlichkeitsregister. Dazu auch Art. 678, 896.
Art. 629: Errichtung nach ausländischem Recht anerkannter Verbandspersonen im Inland mittels öffentlicher Urkunde.
Art. 236: Eintragung von Zweigniederlassungen im inländischen Register.
Art. 676: Im Öffentlichkeitsregister eingetragene Gesellschaften.
Art. 1010: Firmen mit Sitz in Liechtenstein — für Öffentlichkeitsregister gelten nur liechtensteinische Vorschriften — Anerkennung ausländischer Beurkundung im Inland.
Art. 1066: Beweiskraft der Bücher.
Rechtssicherungsordnung vom 9. 2. 1923:
Art. 88: (ausländische öffentliche Urkunden — Recht des Errichtungsortes maßgeblich).
Wechselrecht:
Art. 85, 86 Allgemeine Wechselordnung vom 25. 1. 1850 (in Kraft seit 1. 2. 1859).

Niederlande (fakultativ)

Gesetz über die allgemeinen Bestimmungen für die Gesetzgebung des Königreichs vom 15. 5. 1829 in der Fassung vom 26. 4. 1917:
Art. 10 (Die Form aller Rechtsgeschäfte richtet sich nach der lex loci actus).
Dazu Barmat, Locus regit actum (1936) S. 157. Nach der Rechtsprechung (dazu Lemaire, IPR S. 207/208 unter Hinweis auf Hooge Raad 2. 4. 1942, N. J. 942 no. 486 — Jürgens van Heesch)
kommt dem Satze fakultative Bedeutung zu, wahlweise greift das Wirkungsstatut ein. Lemaire a.a.O. S. 208 seinerseits befürwortet zusätzlich eine Anknüpfung an die Staatsangehörigkeit oder den Wohnsitz.

Sonderheiten:

Bürgerliches Gesetzbuch (B.W.) Art. 138, 139 (Form der *Eheschließung*), Art. 992 (Form der *Testamente*)
Wechsel- und Scheckrecht:
Wechselrechtskonvention von 1930 Art. 3.
Handelsgesetzbuch insoweit geändert durch Gesetz vom 25. 7. 1932.
Scheckrechtskonvention von 1931 Art. 4.
Handelsgesetzbuch insoweit geändert durch Gesetz vom 17. 11. 1933 in Verbindung mit Gesetz vom 28. 12. 1933, in Kraft seit 1. 1. 1934.

Norwegen (fakultativ) — Gewohnheitsrecht; Dazu CHRISTIANSEN, Rép. Lapradelle-Niboyet VI S. 571 Nr. 85.

Sonderheiten:

Eheschließung von Ausländern in Norwegen (Gesetz vom 30. 6. 1955 über die Erlaubnis für norwegische Dienststellen Eheschließungen im Ausland und für ausländische Dienststellen Eheschließungen in Norwegen vorzunehmen).

Form der *Testamente* (Gesetz über die Beerbung vom 31. 7. 1854 § 56).

Wechsel- und Scheckrecht (entsprechend den Genfer Abkommen): Wechselgesetz vom 27.5.1932 §§ 80, 85; Scheckgesetz vom 27. 5. 1932 §§ 60, 64.

Österreich (fakultativ) — Gewohnheitsrecht. Dazu WALKER, IPR[5] S. 233. OGH 20. 11. 1894, GlU Nr. 15301. KÖHLER IPR[3] S. 161.

Sonderheiten:

Form der *Eheschließung* (4. DVO zum Ehegesetz vom 15. 10. 1941 § 6 Abs. 3).

Österreich ist mit Wirkung ab 5. 1. 1964 mit Vorbehalt aus Art. 12 dem Übereinkommen über das auf die Form letztwilliger Verfügungen anzuwendende Recht beigetreten. ö. BGBl 1963 Nr. 295, S. 2537.

Wechsel- und Scheckrecht (entsprechend den Genfer Abkommen): Wechselgesetz vom 18.8.1932 §§ 92, 97; Scheckgesetz vom 14. 8. 1933 §§ 62, 66. VO vom 21. 4. 1938 führte deutsches Scheckrecht ein.

Polen (fakultativ):

Gesetz vom 12. 11. 1965 über das Internationale Privatrecht (Art. 36 dieses Gesetzes hebt das Gesetz vom 2. 8. 1926 über das für internationale Privatrechtsverhältnisse geltende Recht auf!)

Art. 12 — Form nach Wirkungsstatut oder lex loci actus

Sonderheiten:

Eheschließung: Art. 15 — Form nach lex loci celebrationis; wird die Ehe außerhalb Polens geschlossen, so genügt die Einhaltung der durch das Heimatrecht beider Ehegatten vorgesehenen Form.

Verfügungen von Todes wegen: Art. 35 — Form nach Heimatrecht des Erblassers im Zeitpunkt der Errichtung oder nach Ortsrecht.

Wechsel- und Scheckrecht (entsprechend den Genfer Abkommen): Wechselgesetz vom 28.4.1936 Art. 78, 83; Scheckgesetz vom 28. 4. 1936, Art. 64, 68.

Portugal — einschließlich Madeira und Azoren (fakultativ): (Dazu NEUHAUS-Rau, Das IPR im neuen portugiesischen Gesetzbuch: RabelsZ 32. 1968, 500 — dort auch der deutsche Wortlaut der Kollisionsnormen; die alten Kollisionsnormen des Código Civil finden sich bei MAKAROV, Quellen I Portugal 3—10.)

Zivilgesetzbuch (Código Civil) vom 25. 11. 1966 (in Kraft seit 1. 6. 1967).

Art. 36 (Form der Rechtsgeschäfte alternativ nach Wirkungsstatut oder Ortsrecht; wirksam ist auch die Form des Rechts, auf das die Kollisionsnorm des Ortsrechts verweist. Schließt das Wirkungsstatut die Ortsform aus, so ist dies zu beachten.)

Vor 1. 6. 1967: Art. 24 ZGB vom 1. 7. 1867 (Form des Rechtsgeschäfts zwingend nach der lex loci actus, es sei, das Gesetz bestimmt ausdrücklich ein anderes).

Sonderheiten:

Registrierung von im Ausland errichteten *Hypotheken:* Bisheriger Art. 964 C.C. beseitigt durch Art. 8 Gesetz vom 28. 3. 1967 — nunmehr seit 1. 6. 1967: Código do registo predial (siehe NEUHAUS-RAU, a.a.O., S. 500).

Eheverträge: Bisher Art. 1106f. ZGB vom 1. 7. 1867, seit 1. 6. 1967: Art. 52—54 ZGB vom 25. 11. 1966.

Eheschließungen: Bisher Gesetz über die Zivilehe vom 25. 12. 1910 Art. 58—62. Dazu auch Konsularordnung vom 7. 3. 1920, Art. 144, 146, 169; seit 1. 6. 1967: Art. 50, 51 ZGB vom 25. 11. 1966.

(Grundsätzlich Ortsform; kein Vorbehalt zugunsten zwingender Vorschriften des Wirkungsstatuts. Bei Gegenseitigkeit Eheschließung *in Portugal* vor diplomatischem oder konsularischem Vertreter nach der im Heimatrecht jedes der Partner vorgesehenen Form gestattet. *Im Ausland* kann die Eheschließung eines Portugiesen vor einem diplomatischen oder konsularischen

Vertreter Portugals oder nur in kanonischer Form erfolgen — immer Aufgebot [Befreiung nach Art. 1599 möglich!] nötig.)
Zur Registrierung der im Ausland geschlossenen Ehe eines portugiesischen Ehegattens siehe Gesetzbuch über das Zivilstandsregister vom 22. 12. 1932 — Art. 101, 314 — 316.

Testamente: Bisher Art. 1961, 1962, 1965 ZGB vom 1. 7. 1867, seit 1. 6. 1967: Art. 65 ZGB vom 25. 11. 1966.
(Alternativ Form des Personalstatuts im Zeitpunkt der Erklärung [zwingende Vorschriften sind hier bei Vornahme im Ausland zu beachten]! oder des Erbfalles oder des Ortsrechtes [dabei genügt auch die Form des Rechts, auf das die Kollisionsnorm des Ortsrechts verweist] — zusätzlich zu beachten ist, daß Portugal das Haager Testamentsabkommen vom 5. 10. 1961 unterzeichnet hat.)

Handelsgeschäfte: Art. 4 Handelsgesetzbuch vom 28. 6. 1888.

Errichtungsort für Rechtsgeschäfte, die an Bord von *Schiffen* oder *Luftfahrzeugen* außerhalb der Häfen oder Flugplätze vorgenommen werden, ist der Ort der Registrierung. Kriegsschiffe und Militärluftfahrzeuge rechnen als Teil des Gebietes des Staates, dem sie angehören. Art. 24 ZGB vom 25. 11. 1966.

Wechsel- und *Scheckrecht:* Die Genfer Abkommen über das Wechsel- und Scheckrecht sind mit Wirkung vom 21. 6. 1934 in Portugal in Kraft gesetzt worden.

Schweden (fakultativ) — Gewohnheitsrecht. Malmar, Rép. Lapradelle-Niboyet VII S. 135 § 100. Michaeli, IPR gemäß schwedischem Recht und schwedischer Rechtsprechung (Stockholm 1948).

Sonderheiten:

Eheschließung (Gesetz über gewisse internationale Rechtsverhältnisse betreffend Ehe, Vormundschaft und Adoption, vom 8. 7. 1904 in der Fassung vom 10. 6. 1949).
Gesetz vom 12. 11. 1915 über Eheschließung in gewissen Fällen vor einer schwedischen Behörde im Ausland; Königliche Verordnung vom 31. 12. 1931 betreffend gewisse internationale Rechtsverhältnisse auf dem Gebiet des Ehe-, Adoptions- und Vormundschaftsrechts.
Beachte auch die deutsch-schwedische Vereinbarung über diplomatische und konsularische Eheschließung, in Kraft seit 26. 7. 1933, RGBl. II 530.

Ehevertrag (Gesetz über gewisse internationale Rechtsverhältnisse betreffend die rechtlichen Wirkungen der Eheschließung vom 1. 6. 1912 § 1 Nr. 6 f., § 2).

Testament (Gesetz vom 5. 3. 1937 betreffend internationale Rechtsverhältnisse in Nachlaßsachen. 1. Kap. § 4).

Erbteilung: Gesetz vom 5. 3. 1937 wie oben, 2. Kap. §§ 11, 12.
Gesetz vom 1. 3. 1935 betreffend den Nachlaß nach einem dänischen, finnischen, isländischen oder norwegischen Staatsangehörigen, der seinen Wohnsitz im Inland hatte. § 9.
Wechsel- und Scheckrecht (entsprechend den Haager Abkommen): Wechselgesetz vom 13.5.1932 §§ 80, 85; Scheckgesetz vom 13. 5. 1932 §§ 60, 64.

Schweiz (fakultativ) — keine allgemeine gesetzliche Regel. Dazu Schönenberger/Jäggi, Band V 1a Allgemeine Einleitung Rdz. 172ff. Schnitzer, IPR³ S. 139. Siehe weiter BGE 40 II 407; 78 II 392; 82 II 552.

Für *obligationenrechtliche* Geschäfte stehen somit zwei Formen zur Wahl: Form der lex causae und der lex loci actus.

Ausnahme: Schuldverträge über schweizerische Grundstücke unterfallen der lex rei sitae. Schönenberger/Jäggi, a.a.O. Rdz. 189 mit Nachweisen.
Das gleiche gilt dann, wenn es sich um ausländische Grundstücke handelt, allerdings unter dem Vorbehalt abweichender Rechtswahl der Parteien. Dazu BGE 82 II 553/54.
Nicht anwendbar ist die Regel locus regit actum bei Verfügungsgeschäften über Sachen, hier greift die lex causae ein.

Sonderbestimmungen:

Eheschließung (Art. 7c Abs. 2, Art. 7f Bundesgesetz betreffend die zivilrechtlichen Verhältnisse der Niedergelassenen und Aufenthalter).
Testament und Schenkung auf den Todesfall (Art. 24 Bundesgesetz betreffend die zivilrechtlichen Verhältnisse der Niedergelassenen und Aufenthalter — wahlweise vier verfügbare Rechte).
Wechsel- und Scheckrecht (entsprechend den Genfer Abkommen): Art. 1087/88; 1139 OR.

Spanien (zwingend):

Código Civil von 1889.

Art. 11 (Form der Verträge, Testamente und öffentlichen Urkunden bestimmt sich nach dem Recht des Errichtungsortes). Dazu TRIAS DE BAS, Rép. Lapradelle-Niboyet VI S. 245 Nr. 65; CASTAN TOBENAS, Derecho Civil Español (1943) I S. 101; RAMÓN DE ORÚE, Manual de derecho international privado (Madrid 1952).

Ergänzende Bestimmungen:

Testamente Art. 732—734 Codigo Civil.

Errichtung von *Urkunden im Ausland:* Art. 364 Königliches Dekret vom 22. 6. 1894 über die Reform des Gesetzes betreffend die Verwaltungsrechtspflege vom 13. 9. 1888 sowie Art. 36 des Reglement vom 14. 2. 1947 sowie Art. 7 Reglement über das Handelsregister vom 20.9.1919; ferner Art. 168 Reglement über das Notariat vom 8. 8. 1935.

Tschechoslowakei (fakultativ)

Das Gesetz über das internationale und interlokale Privatrecht und über die Rechtsstellung der Ausländer auf dem Gebiet des Privatrechts vom 11. 3. 1948 (die §§ 7, 8 unterstellten die Form wahlweise dem Wirkungsstatut oder dem Recht der Orte, an denen die Erklärungen der Parteien abgegeben wurden, soweit es sich nicht um ein Rechtsgeschäft handelte, durch das ein dingliches Recht oder eine Belastung einer Sache begründet, abgeändert oder aufgehoben wurde — Sonderbestimmungen für Eheschließung: § 12, dingliche Rechte: §§ 36—38, Verfügung von Todes wegen: § 43)

wurde abgelöst durch das **Gesetz vom 4. 12 1963.** Sb Nr. 97 **über das Internationale Privat- und Prozeßrecht** — in Kraft seit 1. 4. 1964 — deutsche Übersetzung in LUNZ, IPR II S. 361ff.; französische Übersetzung: Bull. dr. tchécosl. 21, 273—290 = Rev. crit. 54 1965, 614ff.

§ 4: (Für Form gilt wahlweise Wirkungsstatut oder das Ortsrecht, es sei denn, die auf einen Vertrag anzuwendende Rechtsordnung macht die Schriftform der Handlung zur Voraussetzung ihrer Gültigkeit.)

Sonderbestimmungen:

Sachenrechte: §§ 5—7.

Schuldrecht: Zu beachten ist das Gesetzbuch des internationalen Handels vom 4. 12. 1963, Sb Nr. 104 (in Kraft seit 1. 4. 1964) — dazu KALENSKY, RabelsZ 30, 1966, 296ff., das zum Zuge kommt, falls tschechoslowakisches Recht aufgrund tschechoslowakischen Kollisionsrechts (dazu § 3 des Gesetzes) anzuwenden ist und eine internationale Handelsbeziehung (z.B. Geschäftspartner hält sich in verschiedenen Staaten auf) vorliegt. Dieses Gesetz enthält keine zwingende Formvorschrift — dazu § 14 des Gesetzes. Zu berücksichtigen sind jedoch etwaige Staatsverträge, insbesondere die *Allgemeinen Bedingungen für Warenlieferungen zwischen Außenhandelsunternehmen der Teilnehmerstaaten des Rates für gegenseitige Wirtschaftshilfe* (COMECON) von 1958, diese sehen in § 1 Abs. 2 vor: Die Bestellung und das Angebot, ebenso wie die Bestätigung des Angebots oder die Annahme des Angebots sind nur unter der Bedingung gültig, daß sie in Schriftform niedergelegt sind. Die Schriftform wird auch durch Telegramme sowie Fernschreiben gewahrt (deutscher Wortlaut: OER 6, 1969, 35).

Eheschließung: § 20 (lex loci celebrationis — ein tschechoslowakischer Bürger hat jedoch die zivile Form der Eheschließung einzuhalten).

Eheverträge: § 21.

Testamente: § 17 Abs. 2.

Wechsel- und Scheckrecht (entsprechend den Genfer Abkommen): Wechsel- und Scheckgesetz vom 20. 12. 1950 Abs. I §§ 92, 97; Abs. II §§ 71, 75.

UdSSR (fakultativ):

Die wichtigsten Grundsätze des sowjetischen IPR finden sich in den *Grundlagen für die Zivilgesetzgebung der UdSSR und der Unionsrepubliken* sowie den *Grundlagen für das zivilgerichtliche Verfahren der UdSSR und der Unionsrepubliken* niedergelegt. Beide Gesetze traten am 1. 5. 1962 in Kraft.

Interlokal findet nach Art. 18 der „Grundlagen" auf die Form der Rechtsgeschäfte das Ortsrecht Anwendung, falls das Gesetz oder die Vereinbarung der Parteien dem nicht entgegenstehen.

Im *internationalen* Bereich unterfällt nach Art. 125 der „Grundlagen" die Form der im Ausland geschlossenen Rechtsgeschäfte dem Ortsrecht, fakultativ dem Sowjetrecht. Eine bedeutsame Ausnahme wird für die Form von Außenhandelsgeschäften sowjetischer Organisationen (Außenhandel wird ausschließlich von staatlich organisierten Außenhandelsvertretungen betrieben!) gemacht — das Recht der UdSSR gilt ausschließlich (erforderlich z.B. Schriftlichkeit des Vertrages!), unabhängig davon, ob der Abschlußort solcher Rechtsgeschäfte in der UdSSR liegt oder nicht (eingehend dazu mit Rechtsprechungsnachweisen LUNZ, IPR II, Kap. VI § 3 S. 150ff; siehe auch USCHAKOW, Das sowjetische IPR 1917—1962 S. 70ff.)

Art. 125 „Grundlagen":

Die Form eines im Ausland vorgenommenen Rechtsgeschäftes unterfällt dem Recht des Ortes, an dem es vorgenommen worden ist. Unwirksamkeit wegen Formmangels tritt nicht ein, wenn die Anforderungen der Gesetzgebung der UdSSR sowie der entsprechenden Unionsrepubliken erfüllt sind.

Die Form der von sowjetischen Organisationen abgeschlossenen Außenhandelsrechtsgeschäfte sowie die Art ihrer Unterzeichnung bestimmen sich unabhängig von dem Abschlußort nach der Gesetzgebung der UdSSR.

Rechtsgeschäfte über in der Sowjetunion gelegene Bauwerke müssen die Formvorschriften des sowjetischen Gesetzes erfüllen, gleichgültig, ob sie im Ausland oder in der UdSSR abgeschlossen worden sind.

Sonderregelungen können sich in den Verträgen der Comeconländer oder sonstigen Handels- und Konsularverträgen mit anderen Staaten finden. Beachte auch die *Lieferungsbedingungen des Comecon* von 1958 — Wortlaut: OER 1960, 35ff. — Schriftform bei Abschluß von Verträgen zwingend verlangt!

Weitere Sonderheiten:

Eheschließung: Maßgeblich sind die Art. 31, 32, 35 der Grundlagen der Gesetzgebung der Union der SSSR und der Unionsrepubliken über die Ehe und die Familie (in Kraft seit 1. 10. 1968) — dazu Gesetz des Obersten Sowjets der UdSSR vom 27. 6. 1968, Vedomosti Verch. Sov. SSSR vom 3. 7. 1968 — deutsche Übersetzung in WGO 1968, 151.

Vorher siehe Dekret des Präsidiums des Obersten Sowjets vom 21. 1. 1954 — siehe auch Art. 136 (mit Anmerkung) des Familiengesetzbuches der RSFSR. Die übrigen Unionsrepubliken hatten ähnliche Vorschriften. Dazu LUNZ, IPR II S. 315, 316.

In einigen Unionsrepubliken war die Form diplomatischer Ehen nicht vorgesehen, sie erkannten jedoch solche Ehen, die in anderen Unionsrepubliken zulässigerweise geschlossen wurden, an.

Ortsform genügt immer. Staatsverträge sind zu beachten, z.B. Staatsvertrag mit der BRD (Art. 21 Abs. 1).

Im einzelnen

Eheschließung in der UdSSR muß, auch wenn Ausländer beteiligt, der Ortsform genügen (Territorialitätsprinzip). Sogenannte diplomatische Ehen von Ausländern (vor Konsulat oder Botschaft) sind bei gewahrter Gegenseitigkeit zulässig.

Ehen von Sowjetbürgern im Ausland (Art. 32):

Wahlweise sowjetische Form (Registrierung im sowjetischen Konsulat oder Botschaft) oder Ortsform.

Testament: Weitere Beispiele geben FERID-FIRSCHING, Int. Erbrecht IV UdSSR Grundzüge C, Rdz. 48ff., LUNZ, IPR II Kap. XII § 4ff.

Art. 127 der „Grundlagen der Zivilgesetzgebung": Wortlaut: FERID-FIRSCHING, Int. Erbrecht IV UdSSR Texte B Nr. 5.

Fakultativ Form nach dem Recht des Wohnsitzes z.Z. der Errichtung oder der Aufhebung des Testaments — Ortsform — Form des sowjetischen Rechts.

Sonderregelung für die in der UdSSR gelegenen Gebäude: lex rei sitae.

Wechsel- und Scheckrecht:

Die UdSSR ist den Genfer Wechselabkommen von 1930, dazu Rdz. 163, beigetreten. Sie hat am 7. 8. 1937 entsprechende Gesetze über eigene und gezogene Wechsel erlassen. GS der UdSSR 1937 Nr. 52 Pos. 221.

Für Schecks gilt nach wie vor die Scheckordnung vom 6. 11. 1929. Form: Art. 34, 35. Wortlaut: MAKAROV, Quellen II UdSSR.

Vatikanstadt

Es gelten mit der Einschränkung, die Art. 11 des Gesetzes vom 7. 6. 1929 über die Rechtsquellen macht, die Vorschriften des italienischen Zivilgesetzbuches von 1865 in der am 7. 6. 1929 gültigen Fassung.

Sonderheiten:

Eheschließung — maßgeblich kanonisches Recht.

Form der Rechtsgeschäfte unter Lebenden sowie der Verfügungen von Todes wegen beurteilt sich nach Recht des Errichtungsortes. Den Parteien steht es frei, die Form ihres Heimatrechts zu beobachten, jedoch nur dann, wenn dies allen Parteien gemeinsam ist.

Sonstige Staaten: 13

Ägypten (fakultativ):

Zivilgesetzbuch von 1948.

Art. 20 (Rechtsgeschäfte unter Lebenden unterliegen der Form des Ortes, wo sie vorgenommen werden. Wahlweise gilt das Recht

des Wirkungsstatuts,
des Wohnsitzes der Parteien,
des gemeinsamen Heimatrechts.)

Art. 17 Abs. 2 (Verfügungen von Todes wegen: Form beurteilt sich nach

α Heimatrecht des Erblassers im Zeitpunkt der Errichtung oder
β dem Recht des Errichtungsortes).

Art. 22 (Form des Verfahrens: nach Recht des Ortes, wo die Klage eingereicht oder das Verfahren durchgeführt wird).

Argentinien (zwingend): Dazu VICO, Curso de derecho internacional privado[2] (Buenos Aires 1934—1939), §§ 346—348.

Codigo civil (1869 in der Fassung von 1882).

Art. 12 (Formen und Förmlichkeiten der Verträge und öffentlichen Urkunden nach Recht des Errichtungsortes).

Art. 950 (Formen und Förmlichkeiten der Rechtsgeschäfte nach Recht des Errichtungsortes).

Art. 1180 (Verträge unter Anwesenden — Recht des Errichtungsortes).

Art. 1181 (Verträge unter Abwesenden — modifizierte Regelung).

Art. 1211 (Im Ausland geschlossene Verträge zur Übertragung dinglicher Rechte an in Argentinien gelegene Liegenschaften haben die gleiche Kraft wie die in Argentinien geschlossenen Verträge, wenn sie in öffentlicher Urkunde enthalten sind und legalisiert vorgelegt werden. Die Übertragung von Eigentum an Liegenschaften in solchen Fällen wird erst wirksam, wenn sie auf Anordnung des zuständigen Richters protokolliert wird).

Art. 3129 (Begründung von Hypotheken auf in Argentinien gelegenen Grundstücken bedarf, falls im Ausland vorgenommen, der Form des Art. 1211. Anmeldung im Hypothekenamt).

Art. 3634—3638 (Form der Testamente: Ortsform fakultativ zugelassen, im übrigen eingehende Regelung).

Wechselrecht:

Handelsgesetzbuch vom 5. 10. 1889, Art. 738: Recht des Ortes maßgeblich, wo Handlung vorgenommen. Modifizierung bei in Argentinien beigefügten Indossamenten.

Bolivien
Code Civil (1931)
Art. 36 (Beweiskraft von im Ausland errichteten Zivilstandsurkunden).
Art. 14 (Diplomatische Ehe von Bolivianern im Ausland).

Brasilien (wohl fakulativ)
Einführungsgesetz zum Código Civil vom 4. 9. 1942:
Art. 9 § 1 (Obligationen*).

Sonderbestimmungen:

Art. 7 §§ 1, 2 (Form der *Eheschließung* in Brasilien nach brasilianischem Recht; sogenannte diplomatische Ehe von Ausländern vor den diplomatischen oder konsularischen Behörden in Brasilien zulässig). — Art. 18: Eheschließung von Brasilianern im Ausland vor brasilianischen Konsularbehörden zugelassen.

Art. 7 § 5 (Annahme des *Güterstandes* der allgemeinen Gütergemeinschaft bei Einbürgerung eines Ausländers — Eintragung ins Register — Eintragung in die die Aushändigung des Einbürgerungsdekrets betreffenden Urkunden).

Chile
Code Civil (1855).
Art. 17 (Form öffentlicher Urkunden nach Recht des Errichtungsortes).
Art. 18 (Falls chilenisches Recht zur Beweisführung in Chile öffentliche Urkunden verlangt, sind Privaturkunden, gleich wo errichtet, dazu ungeeignet).
Art. 119 (Für Eheschließung — lex loci celebrationis maßgebend).
Art. 1027, 1028 (Ortsform für Testament nur modifiziert zugelassen).

China (altės Recht) fakultativ
Verordnung über Rechtsanwendung vom 5. 8. 1918 für Rechtsgeschäfte.

Art. 26 (Für Rechtsgeschäfte fakultativ Ortsform oder Wirkungsstatut maßgebend; Ausnahme für Rechtsgeschäfte, die die Ausübung oder Erhaltung eines Rechts aus einem begebbaren Papier im Auge haben).

Sonderheiten:

Testament — Art. 21 (Form nach Heimatrecht des Verfügenden z.Z. der Errichtung; jedoch Ortsform bei Verfügung von Todes wegen über ein Sachenrecht).

Japan (fakultativ)
Gesetz vom 21. 6. 1898 *betr. die Anwendung der Gesetze:*

§ 8:

Die *Form eines Rechtsgeschäfts* beurteilt sich nach dem Geschäftsstatut. Es genügt jedoch die Einhaltung der Ortsform. Letzteres gilt nicht für die Rechtsgeschäfte, die die Begründung oder Verfügung über ein dingliches oder sonst eintragungsbedürftiges Recht betreffen.

Sonderheiten:

§ 13:

Eheschließung — Form des Ortes der Eheschließung (Beachte auch Art. 741 ZBG vom 16. 7. 1898: diplomatische Ehe von Japanern im Ausland).
Für Eheverträge beachte § 757 ZBG — Eintragung in Register in Japan.

§ 26:

Testamente (wahlweise Form des Errichtungsortes — Heimatrecht z.Z. der Errichtung).
(Beachte auch Art. 984 ZBG — konsularisches Testament eines Japaners)
Wechsel- und Scheckrecht (entsprechend den Genfer Abkommen):
Wechselgesetz vom 15. 7. 1932: §§ 89, 93
Scheckgesetz vom 28. 7. 1933: §§ 78, 81.

---

* Dazu Eduardo Espinola e Eduardo Espinola Filho, A Lei de Introducao ao Codigo Civil brasileiro comentado. Vol. 2 (Rio de Janeiro 1944) S. 586; Miguel de Serpa Lopez, Comentario teórico e prático da Lei de Introduçao ao Codigo Civil II (Rio de Janeiro 1944) S. 347; aber auch Oskar Tenorio, Direito internacional privado[2], (Rio de Janeiro 1949) S. 337.

US (Vereinigte Staaten von Nordamerika):
Eine allgemeine Regel, daß sich die Form eines Rechtsgeschäfts nach der *lex loci actus* richtet, ist dem Common Law fremd. Dazu auch Rdz. 14. STORY, Conflict[8] § 260, beeinflußt von den Gedankengängen Hubers — dazu Rdz. 14 — ging von einer solchen *allgemeinen* Bedeutung aus und maß dem Satze sogar *zwingende* Bedeutung zu; seine Ansicht hält der Rechtswirklichkeit nicht stand. Nur in Einzelmaterien finden wir das Prinzip und auch hier nur vereinzelt zwingend vorgeschrieben.

Verträge:
STORY (1779—1845) Conflict[8] § 261 meinte im Anschluß an die Statutenlehre, daß Vertragspartner den Formvorschriften der *lex contractus* gehorchen müßten; diese war nach seiner Auffassung die *lex loci actus*, d.h. das Recht des Abschlußortes (als maßgeblich wurde der letzte Akt angesehen, der notwendig war, einen Vertrag zustande zu bringen). Dazu BEALE, Conflict of Laws (1935) II S. 1045. Der Gedanke der ausschließlichen Macht des Souveräns über alle Rechtshandlungen, die innerhalb seines Gebietes vorgenommen wurden, lag dieser Theorie zugrunde. Zudem versuchte man eine Unterwerfung der Parteien unter diese Macht zu fingieren. Dazu BEALE, What law governs the validity of a contract: Harv. L. Rev. 1, 79, 194. Ja, man zitierte sogar die Verfassung, die das gebietet. Mutual Life Ins. Co. v. Liebing, 259 U.S. 209, 214; 42 S. Ct. 467, 468 (1922).
Noch die erste Fassung des *Restatement* von 1934 (§§ 332, 334) hielt an der überkommenen Auffassung fest und erklärte: „the law of the place of contracting determines the validity and effect of a promise ...." and „the formalities required for making a contract". Man war sich dabei der begrifflichen Aufspaltung einer „formal" und „essential" validity bewußt, glaubte aber, die einheitliche Beurteilung des Vertragsganzen nicht aufgeben zu dürfen. Rechtsprechung (*Beispiel:* Hall v. Cordell, 142 U.S. 116 (1911) — dazu NUSSBAUM, Yale L. J. 51. 1942, 893) und Theorie hatten jedoch zu diesem Zeitpunkt den starren, überkommenen Grundsatz schon gelockert und die fakultative Geltung des Satzes „locus regit actum" anerkannt. Man sah einen Vertrag als formgerecht an, wenn er entweder dem Recht, das den Vertrag im ganzen beherrschte (Vertragsstatut) oder der lex loci actus entsprach. Dies setzte sinnvollerweise voraus, daß man das Vertragsstatut nicht mehr wie bisher ausschließlich an den Abschlußort anknüpfte, sondern weitere selbständige Anknüpfungspunkte zuließ. Die Entwicklung tendierte dann auch in diese Richtung (dazu LORENZEN, Validity and Effects of Contracts in the Conflict of Laws: Yale L. J. 30. 1921, 565, 655; COOK, Contracts and the Conflict of Laws; Ill. L. Rev. 31. 1936, 143; YNTEMA, Contract and Conflict of Laws. „Autonomie" in Choice of Law in the United States: N.Y. L.F. 1. 1955, 46, 50—52; RABEL, Conflict[2] II S. 455), wobei die Rechtsprechung der New Yorker Gerichte tonangebend war. Unter dem Gedanken der lex validitatis (dazu EHRENZWEIG, Conflict §§ 175ff.) zog man wahlweise

zunächst die lex performance (Recht des Erfüllungsortes) — LEFLAR, Conflict S. 233; Pritchard v. Norton, 106 U.S. 124, 1. S.Ct. 102 (1882); Louis Dreyfus v. Paterson Steamships, Ltd. 43 F. 2d 824 (2d Civ. 1930) —

dann aber auch immer mehr Nachdruck darauf legend das Recht, das die Parteien vereinbart hatten (Restatement Second, § 332a (Tent. Draft Nr. 6 1960); Uniform Comm. Code, § 1—105; RABEL, Conflict[2] II S. 376. So schon Pritchard v. Norton, 106 U.S. 124, 1 S.Ct. 102 (1882); nunmehr Lauritzen v. Larsen, 345 U.S. 571, 589, 73 S.Ct. 921, 931, 932 (1953)

bei Fehlen einer solchen ausdrücklichen Wahl, das Recht, das dem vermuteten Parteiwillen entspricht —, das Recht des Ortes, das die meisten Berührungspunkte mit dem Rechtsgeschäft hat („grouping of contacts"-Theorie) — GOOD-

RICH-SCOLES, Handbook[4] S. 212ff., sec. 110; COOK, Logical and Legal Bases of Conflict of Laws (1942) S. 389; Restatement Second, § 332 (Tent. Draft Nr. 6 1960) — „most significant relationship"; dazu Rubin v. Irving Trust Co., 305 N.Y. 288, 305, 113 N.E. 2d 424, 431 (1953) sowie die von GOODRICH-SCOLES, Handbook[4] sec. 110 S. 217 Fn 101 angegebene reichhaltige Rechtsprechung, dazu aber enger Uniform Commercial Code § 1—105 (1): „In the absence of party choice each state is to apply its own law if the transaction bears an appropriate relation to the forum";

das Recht des sich aus einer Interessenabwägung ergebenden Schwerpunktes („center of gravity" — Theorie); Auton v. Auten, 308 N.Y. 155, 124 N.E. 2d. 99 (1954)

das „richtige" Recht heran. Dazu EHRENZWEIG, Conflict §§ 174 (4) (5), 175: „any law whose application the parties can reasonably be assumed to have taken into account". Ehrenzweig unterscheidet dies richtige Recht unter mehreren richtigen Rechten scharf von dem richtigen Recht im Sinne der englischen Doctrine, die darunter das Schwerpunktrecht versteht.

Zusammenfassend kann man mit GOODRICH-SCOLES, Handbook[4] sec. 110 S. 213 den gegenwärtigen Rechtszustand im US-Bereich etwa wie folgt umreißen: „Die Tendenz der Rechtsprechung in den US geht auf Aufgabe der starren Bezugnahme auf den Ort des Vertragsabschlusses oder der Vertragserfüllung zugunsten eines etwas flexibleren Prinzips, das es den Gerichten ermöglicht, entscheidendes Gewicht auf Interessenabwägung („policy considerations") im Vertragsbereich zu legen". Die Grenze dieser Abwägung zieht die full faith and credit clause der Verfassung; nur in ihr darf sich die Rechtswahl bewegen. Dazu 331 U.S. 586, 67 S.Ct. 1355 (1947). Im ganzen gesehen, steht diese, insoweit wird man wohl EHRENZWEIG, Conflict § 177 S. 470ff. zustimmen, unter der unausgesprochenen, tatsächlichen Übung, daß ein Gericht unter mehreren der oben dargetanen möglichen Rechten dem den Vorzug gibt, das die Aufrechterhaltung des Vertrages ermöglicht, in der Erwägung, daß dies wohl am ehesten dem Willen der Parteien entspricht.

Zu beachten ist, daß sich im Bereich des Vertragsrechts für gewisse Arten von Verträgen, wie z.B. Darlehensvertrag, Bürgschaft, Dienst- und Arbeitsverträge, Transportverträge, Spezialregeln für die Rechtswahl entwickelt haben. Einzelheiten gibt EHRENZWEIG, Conflict §§ 201ff. S. 511ff.; CORNAHAN, Conflict of Laws and Life Insurance Contracts (2d ed. 1958).

Statute of Frauds::

dazu: LORENZEN, The Statute of Frauds and the Conflict of Laws: Yale L.J. 32. 1923, 311; EHRENZWEIG, The Statute of Frauds in the Conflict of Laws: Colum. L. Rev. 59. 1959, 874; HEILMAN, The Conflict of Laws and the Statute of Frauds (1961) S. 102; JAMES, Effects of the Autonomy of the Parties on the Validity of Conflict of Laws Contracts under the Statute of Frauds: Ariz. L. Rev. 3. 1961, 23; NUSSBAUM, Grundzüge S. 147ff.; RABEL, Conflict[2] II S. 501; GOODRICH-SCOLES, Handbook[4] sec. 88 S. 156ff.

Das englische Statute of Frauds (29 Charles II) aus dem Ende des 17. Jhd. sah in sec. 4 vor, daß bei gewissen häufigen Verträgen (Beispiel: Kaufvertrag über bewegliche Sachen von einem bestimmten Mindestwert an) Klage nur bei einer schriftlichen, vom Schuldner oder seinem Vertreter unterzeichneten Aufzeichnung erhoben werden könne. In sec. 17 wurde ein dieser Form ermangelnder Vertrag als unwirksam erklärt. Die erste englische Entscheidung (Leroux v. Brown, 12 C.B. 799, 801, 138 Eng. Rep. 1119, 1126 (C.P. 1852)) die sich im internationalprivatrechtlichen Raum mit dem Statute of Frauds befaßte, qualifizierte sec. 4 als eine prozessuale Vorschrift und wandte sie als Recht des forum auf einen in Frankreich mündlich geschlossenen und nach französischem Recht wirksamen Vertrag an. Die Entscheidung ging ersichtlich von dem allgemein anerkannten Zweck des Gesetzes „perjuries and fraudulent practices" zu verhindern, aus; sie ist insofern mißlich, als man sec. 4 und 7 nur einheitlich qualifizieren sollte.

Die amerikanische Rechtsprechung ist gespalten. Die Gerichte neigen dazu, ihre auf das englische statute zurückgehenden amerikanischen state statutes of Frauds grundsätzlich als materiellrechtlich anzusprechen, auf die prozessuale Auffassung jedoch dann zurückgreifen, wenn das statute of Frauds des forum strenger ist. NUSSBAUM, Grundzüge S. 147ff. mit Nachweisen. Eine weitverbreitete Ansicht tritt dafür ein, den Vertrag insoweit als wirksam anzusehen, wenn er dem Recht des Staates, der das größte Interesse daran hat (GOODRICH-SCOLES Handbook[4], sec. 88 S. 157 unter Hinweis auf den Uniform Commercial Code, §§ 1—105; 2—201) entspricht, wendet also eine *materiellrechtliche* Qualifikation an. Diese Ansicht vermeidet das unerwünschte Ergebnis, einer Klage aufgrund eines Vertrages stattzugeben, dessen Form, soweit es das statute of Frauds angeht, weder dem Recht des Vertragsstatuts noch des forum entspricht. Dies könnte dann zutreffen, wenn das forum das statute of Frauds materiellrechtlich qualifiziert, während der außerstaatliche Ort, an den das Vertragsstatut anknüpft, der prozessualen Qualifikation folgt. NUSSBAUM, Grundzüge S. 150 meint, die Entwicklung besonderer Konfliktsnormen für die Statutes of Frauds und insbesondere die herrschende prozeßrechtliche Theorie seien die Hauptgründe, weshalb die Regel locus regit actum im Bereich des Common Law von geringerer Bedeutung sei.

Consideration (Versprechen einer Gegenleistung des Vertragspartners):

Zur Formnatur einer consideration siehe Fuller, Consideration and Form: Colum. L. Rev. 41. 1941, 799. Dazu auch RDZ 85.

Verfügungen:

Die Form von Verfügungen über Grundbesitz („title and other interests in land") unterfällt der lex rei sitae. Restatement § 217. In diesem Sinne hat die Bemerkung Story's (United States v. Crosby, 7 Cranch (11 U.S.) 114, 116 (1812)) „title to land can be acquired and lost only in the manner prescribed by the law of place where such land is situate" seine Bedeutung bis heute behalten. Dabei ist unter dem Recht der Belegenheit das ganze Recht des Ortes, einschließlich seiner Konfliktsnormen, zu verstehen. Restatement § 8; Restatement Second, Tent. Draft Nr. 5 (1959) 13; RABEL, Conflict IV S. 47. Verpflichtungsverträge dagegen, die sich auf Grundbesitz beziehen, beurteilen sich nach dem Vertragsstatut. Restatement § 340: „the law of the place of contracting determines the validity of a promise to transfer or to convey land". Rechtsprechung u. Theorie setzen an Stelle „the law of the place of contracting" schlechthin das Vertragsstatut. Dazu EHRENZWEIG, Conflict § 233 S. 112ff; GOODRICH-SCOLES Handbook[4] sec. 154 p. 304ff.; RABEL Conflict III S. 103—104; WILLIAMS, Land Contracts in the Conflict of Laws: Lex situs, Rule or Exception, 11 Hast. L. J. 159 (1960). Die Form von Verfügungen über bewegliche Sachen (tangible chattels) unterfällt ebenfalls der lex rei sitae. Restatement § 256, dazu Restatement, Second VII, Topic 3, Introd. Note, 78 (Tent. Draft Nr. 5, 1959); EHRENZWEIG, Conflict, §§ 235ff. p. 616ff.; GOODRICH-SCOLES. s. Handbook[4] sec. 153 p. 303ff.; RABEL, Conflict IV, S. 70—126; CARNAHAN, Tangible Property and the Conflict of Laws: U. Chi. L. Rev. 2 1935, 345; LALIVE, The Transfer of Chattels in the Conflict of Laws (1955). Während die Bestimmung der Belegenheit vom Grundbesitz keine Schwierigkeiten bereitet, besteht bei beweglichen Sachen schon insofern eine Kontroverse als Story a.a.O. §§ 379,380,390, ausgehend von der alten Maxime „mobilia sequuntur personam" bewegliche Sachen am Domizil ihres Eigentümers belegen ansah, während die modernen Wirtschafts- und Verkehrsbedürfnisse erfordern, es auf die tatsächliche Belegenheit („where the property is located at the time of the transaction in question") der Sache abzustellen. Dahin tendiert heute die amerikanische Ansicht.

Verpflichtungsverträge, die sich auf bewegliche Sachen beziehen, beurteilen sich nach dem Vertragsstatut. Dazu GOODRICH-SCOLES, Handbook[4] sec. 154 S. 304ff. mit Nachweisen. Über weitere Einzelheiten siehe EHRENZWEIG, Conflict §§ 235 bis 241 S. 616ff.

Für die Form von Verfügungen über *unkörperliche* Gegenstände (intangibles) besteht keine einheitliche Auffassung, da eine natürliche, konkrete örtliche Festlegung von vornherein ausscheidet. Dazu CORBIN, on Contracts (1951) § 856; GLENN, The Assignment of choses in action — Rights of bona fide purchasers: Vand. L. Rev. 20. 1934, 621; ANDREWS, Situs of intangibles in suits against non resident claimants: Yale L. J. 49. 1939, 240, 243; NUSSBAUM, Grdzüge S. 146; RABEL Conflict IV[2] S. 66; LEFLAR Conflict[2] S. 186 S. 454; EHRENZWEIG, Conflict GOODRICH-SCOLES, Handbook[4] sec. 160—163 S. 319ff.

So hat sich auch für die Form der Abtretung von Forderungen keine allgemein anerkannte Ansicht herausgebildet:

Das Recht des Übertragungsortes (place of assignment) — dazu Capital Finance Corp. v. Metropolitan Life Ins. Co. 243, Pac. 1061 (1926) —

des Erfüllungsortes (place of performance), dazu Restatement § 353 —

das Domizil des Schuldners und Gläubigers — dazu Jackson v. Tiernan, 15 La. 485 (1840); Deris v. Mills, 99 F. 39 (Conn. 1900) —

das Recht, das für die Forderung als solche maßgebend ist — dazu Lee v. Abdee 17 Q. B. D. 309 (1886) —

das Recht das die „most significant relationship" in sich trägt, — Restatement Second Tent Draft Nr. 6 (1960) § 353

werden je nach Auffassung des jeweiligen Gerichts angewandt. NUSSBAUM, Grdzüge S. 147 tritt für die fakultative Form der Regel „locus regit actum" ein, die im Einklang mit der Rechtsprechung stehe. —

Durch Indossament oder Übergabe übertragbarer Wertpapiere, die zur Zahlung einer bestimmten Geldsumme verpflichten (negotiable intruments) — dazu LORENZEN, The Conflict of Laws as relating to bills and notes (1919); FALCONBRIDGE, Conflict of Laws (1947) 294; RHEINSTEIN, Conflict of Laws and the Uniform Comm. Code, § 16 Law & Contemp. Probl. 114 (1950); STUMBERG, Commercial Paper and the Conflict of Laws: Vand. L. Rev. 6. 1953 489; Restatement Second §§ 354d—354g (Tent. Draft Nr. 6. 1960)

Beispiel: Wechsel — unterliegen schlechthin den Formvorschriften der lex loci actus (law of the situs of the instrument at the time of the transfer). Dazu United States v. Gtg Tr. Co. 293 U.S. 340, 55 S. Ct. 221 (1934).

Weitere Sonderheiten:

Eheschließung: Dazu Taintor, Marriage in the Conflict of Laws, Vand.L.Rev. 9. 1956, 607; MEN DEZ DA COSTA, The formalities of Marriage in the Conflict of Laws: I.C.L.Q. 6. 1958, 217-ANDREWS, The Common Law Marriage: M.L.R. 22. 1959, 396.

Nach traditioneller Doktrin des Common Law wird eine Eheschließung, die den Erfordernissen des Rechtes des Orten entspricht, wo die Ehe eingegangen wurde (law of the state of celebration — wobei unter celebration regelmäßig der Ort des Austausches derKonsenserklärung verstanden wird), überall als gültig anerkannt. Restatement, § 122; BEALE a.a.O. § 121; Restatement Second, § 121 (Tent. Draft Nr. 4 1957); wegen Ausnahmen siehe Restatement §§ 123—128. Dazu Lembcke v. United States, 181 F. 2d 703 (2d Civ. 1950); Johnson v. Johnson, 104 N. W. 2d

8 (N. D. 1960); in re Kelley's Estate, 310 P. 2d 328 (1957); in re Gallagher's Estate, 213 P. 2d 621 (1950); Spradlin v. St. Comp. Comm., 113 S.E. 2d 832 (1960).
Diese Formel macht keine Unterscheidung zwischen der Form der Zeremonie und der materiellen Wirksamkeit der Ehe, beinhaltet also beides. Restatement, § 122, 132; Restatement Second, § 121 Tent. Traft Nr. 4 1957; dazu Henderson v. Henderson, 87A. 2d 404 (1952). Zu entnehmen ist hieraus, daß der Regel locus regit actum für die Form der Eheschließung obligatorische Kraft zukommt. Folgt man dem Ausgangssatz (Form und materielle Erfordernisse unterfallen der lex loci celebrationis), so schließt dies nicht aus, daß in materiellrechtlicher Hinsicht in Ausnahmefällen — man denke an Fälle der Polygamie und des Inzestes sowie sonstige Eheverbote — die public policy des gemeinsamen Domizilstaates der Ehepartner Ehen, die außerhalb dieses Staates geschlossen wurden, auch dann, wenn sie dem Rechte der lex loci celebrationis entsprechen, als unwirksam behandelt, andererseits Ehen, die nach der lex loci celebrationis als nichtig angesehen werden, als wirksam beurteilt; [dazu GOODRICH-SCOLES (Handbook) sec. 115ff. p. 226ff. mit Nachweisen der Rspr.; Restatement Second, c. 5, Topic., 1, Introductory note 93; §§ 121—125 (Tent-Draft N. 4, 1957); EHRENZWEIG, Conflict §§ 138, 139. Eine erhebliche Rechtsunsicherheit auf diesem Gebiet ist die Folge] dies kann in beiden Fällen auch nur hinsichtlich Einzelwirkungen der Fall sein. Beispiel: eine polygame Ehe, im Ausland wirksam nach Ortsrecht geschlossen, wird in erbrechtlicher Hinsicht als wirksam behandelt — in re Bir's Estate, 188 P. 2d 499 (Calif. 1948), dazu auch Restament Second, § 134 (Tent. Draft N. 4, 1957) sowie GOODRICH-SCOLES (Handbook) a.a.O. sec. 120 p 240ff.; EHRENZWEIG, Conflict § 140 p. 387ff.
Eheschließungen auf hoher See unterfallen dem Recht der Nation, dessen Flagge der Schiffseigentümer führt — dazu Restatement Second, S. 127 (Tent. Draft Nr. 4, 1957); ist dies die US-Flagge, so dem Recht des Domizilstaates des Schiffseigentümers in den US. Fisher v. Fisher, 250 N.Y. 313, 165 N.E. 460 (1929) — dazu 3 Yale L. J. 38. 1929, 1129; Johnson v. Baker, 20, P. 2d. 407 (1933).
Eine Durchbrechung vorgenannter Grundsätze stellt ein Bundesgesetz (12 Stat. 79 [1860] 22 U.S.C.t. § 1172 [1963]) dar, wonach Eheschließungen zwischen Personen, die eine Heirat, eingehen könnten, falls sie im Distrikt Columbia residence hätten, im Ausland vor einem Konsularbeamten der US wirksam stattfinden können. Nach wohl richtiger Ansicht bezieht sich diese Möglichkeit nur auf Personen, die unmittelbar der Jurisdiktion der US unterstehen (Bewohner des Distrikt of Columbia oder eines US-Territoriums). Dazu PARRY, A Conflicts Myth: The American „Consular" Marriage: Harv. L. Rev. 67. 1954, 1187; Restatement Second, § 126 (Tent. Draft N. 4 1957.

Eheverträge:

Literatur: Annotation, What law governs validity, effect and construction of separation or property settlement agreements, 18 A.L.R. 2d 760 (1951); vgl. aber auch BRAINERD CURRIE, Married Women's Contracts: A Study in Conflict of Laws Method: U. Chi. L. Rev. 25. 1958, 227.
Eheverträge sind kollisionsrechtlich wie sonstige Verträge zu behandeln (h.M.). Darüber, wie sonstige Verträge zu behandeln sind, bestehen unterschiedliche Ansichten (siehe oben).
Die lex fori tritt hinter der lex loci contractus oder dem Recht des ehelichem Domizils zurück. Lex loci contractus und Recht des ehelichen Domizils sind oft identisch. Wurde der Ehevertrag nicht im Domizilstaat geschlossen, so geht nach bestrittener Ansicht das Recht der lex loci contractus vor.
Erstreckt sich der Ehevertrag auf unbewegliche Gegenstände, so streitet man, ob die lex rei sitae die lex loci contractus bzw. die lex domicilii verdrängt.

Testamente:

Letztwillige Verfügungen über Grundbesitz unterliegen nach common law der lex rei situs, letztwillige Verfügungen über bewegliche Sachen beurteilen sich nach der lex domicilii des Erblassers z.Z. des Todes. Ein Testament unterfällt damit möglicherweise verschiedenen Rechten; es kann dabei zu einem Teil wirksam, zu einem Teil unwirksam sein. Da bei der Abfassung eines Testaments das Domizil des Erblassers z.Zt. seines Todes keineswegs feststeht, hängt es vom Zufall ab, ob ein Testament formgültig errichtet ist. Die US-Staaten haben daher zur Erleichterung durch einzelstaatliche Gesetze zusätzliche Anknüpfungspunkte zur Verfügung gestellt. Dabei kommt vor allem die lex loci actus in Betracht. Einzelheiten siehe Erläuterungen zu Art. 24, 25 EG sowie FERID-FIRSCHING III US-Grundzüge Rdz. 49.

Wechsel- und Scheckrecht:

Gesetzliche Regelungen:
Uniform Negotiable Instruments Act von 1896 sowie Uniform Commercial Code von 1952. Beide Gesetze gelten mit einigen Modifikationen in allen US-Staaten (UCC bisher nicht in Louisiana). Infolge der weitgehenden Übereinstimmung des materiellen Rechts in den einzelnen Staaten ist die Zahl der möglichen interlokalen Konflikte gering.

Der Uniform Negotiable Instruments Act enthält keine Kollisionsnorm; der UCC (Comment 1 zu § 1—105) räumt den Parteien die Freiheit der Rechtswahl ein und überläßt es ansonsten den Gerichten, das maßgebende Recht zu finden. Im IPR-Bereich werden damit die kollisionsrechtlichen Probleme nicht gelöst.
Nicht alle in bezug auf ein Wertpapier möglichen Handlungen, vor allem Ausstellung und Übertragung, unterstehen notwendig einem Recht, wenn sie an verschiedenen Orten vorgenommen werden. Zum Zug kommt jeweils die lex loci actus. Vornahmeort: wo das Wertpapier z.Z. des Vertrages liegt.

14 b.) Zeigt die gegebene Übersicht zumindest, daß der Satz „*locus regit actum*" nicht in allen Rechtsgebieten übereinstimmend gilt, so ist zu ergänzen, daß seit alters über den Sinn und die Rechtfertigung der Regel Streit besteht. v. Bar, Theorie und Praxis I S. 337ff. (dazu auch Rabel, Conflict² II S. 488 mit Schrifttumsangaben) hat die verschiedenen Ansichten gegenübergestellt und folgende Ausgangspunkte der Lehre herausgestellt: alte Statutentheorie (auf Handlungen sei naturgemäß das Recht anzuwenden, das am Ort der Vornahme der Handlung gelte) — Territorialitätsprinzip (Handlungen seien notwendig derjenigen Staatsgewalt unterworfen, in deren Gebiet sie vorgenommen würden) — Parteiautonomie — allgemeines Gewohnheitsrecht.
Um klarer zu sehen, empfiehlt es sich, den **geschichtlichen Werdegang der Regel** zu verfolgen.
Der Satz „*locus regit actum*" — unter *actus* ist die Form des Rechtsaktes, nicht der Akt selbst, zu verstehen (Frankenstein, IPR I S. 521 Anm. 6 mit Nachweisen) — war dem römischen, aber auch dem kanonischen Recht fremd. Er wird erstmals, ausgerichtet auf die Erfordernisse des Geschäfts- und Handelsverkehrs der italienischen Stadtstaaten von den Postglossatoren des 13. Jahrhunderts entwickelt. Cinus de Pistoia, ein Lehrer Bartolus, formulierte im Anschluß an *Guillaume de Cun* (Nachweise dazu siehe Meiers, a.a.O. 600ff.) den Satz als ein im Testamentsrecht zu befolgendes Prinzip. Dabei betrachtet er die *sollenitates actus* als zur freiwilligen Gerichtsbarkeit (jurisdictio voluntaria) gehörig; schon nach dem Grundsatz des römischen Rechts „*acta coram uno judice faciunt fidem coram alio*" waren hier die von einem Gericht beglaubigten Handlungen auch vor einem anderen als beglaubigt anzusehen. Dies erschien dem mittelalterlichen Juristen um so einleuchtender als man den Kaiser als den eigentlichen Oberherrn der ganzen Christenheit ansah und davon ausging, daß alle Richter wenigstens mittelbar von ihm ihre Gerichtsbarkeit empfangen hatten. Dazu v. Bar, Theorie und Praxis I S. 342. Hatte Guillaume de Cun die Form noch dem Personalstatut unterfallend angesehen, so stellte Bartolus dem Personal- und Realstatut eine dritte Kategorie (statutum mixtum) gegenüber, in die er die Form einordnete, was die Einbeziehung auch von Fremden in den Anwendungsbereich des Ortsstatuts ermöglichte. Dazu Meijers, Rec. des Cours 49. 1934, 603. Das Territorialstatut (loi regionale), das im Laufe der Geschichte an die Stelle des Heimatrechts, des Rechts des Volkes, dem man angehörte (daher der Satz: vivere secundum legem suam — Aufgabe des Gerichts: jus suum cuique tribuere) getreten war, herrschte am Anfang des 13. Jahrhunderts in der Beschränkung: „*statutum ligat nisi subditos*" (von Carolus de Tocco abgeleitet aus dem Satz des justinianischen Codes „Der Kaiser verlangt, daß sein Gesetz durch ‚cunctos populos quos clementiae nostrae regit imperium' befolgt wird."). Dumoulin in Frankreich seinerseits hob hervor, daß die Regel „*locus regit actum*" nicht nur im Testamentsrecht, sondern für die äußere Form aller Rechtshandlungen gelte. „Aut statutum loquitur de his quae concernunt undem ordinationem vel solemnitatem actus, et semper inspicitur statutum vel consuetudo loci ubi actus celebratur, sive in contractibus, sive in judiciis, sive in testamentis, sive in instrumentis aut aliis conficiendis..... Ita omnes doctores..." (Conclusiones de statutis et consentudinibus localibus, Opera, Band III, S. 557 — zitiert nach Lainé, (II s. Introduction 344).

Diese Lösung war um so annehmbarer als einerseits die aus dem Testamentsrecht erwachsende Regel in jenem Bereich dem Gebot der Zweckmäßigkeit entsprach — der Testator war nicht genötigt, mehrere Testamente für in mehreren Territorien liegende Güter zu errichten —, andererseits sie sich nahtlos dem im Vertragsrecht herrschenden Grundsatz: „für Verträge gilt auch in materieller Hinsicht das Recht, wo der Vertrag geschlossen wurde" einfügte.

Die Regel „locus regit actum" setzte sich in der französischen und anschließend in der holländischen Lehre, wenn auch in gewissen Abwandlungen, durch. Uneinigkeit herrschte nicht nur über den Begriff der Form, sondern insbesondere auch über den obligatorischen oder fakultativen Charakter des Grundsatzes. Dies mag damit zusammenhängen, daß schon über den Zweck und die rechtliche Grundlage der Regel keine einheitliche Meinung bestand.

Reihte die Statutenlehre die Form dem statutum mixtum unter, indem sie davon ausging, daß auf Handlungen naturgemäß das Gesetz zur Anwendung kommen mußte, das an dem Ort der Vornahme der Handlung galt, so verfolgte sie damit, wie schon angedeutet, bewußt das Ziel, daß Rechtsgeschäfte, die von Fremden innerhalb des Staatsgebietes vorgenommen wurden, dann formgerecht waren, wenn sie der Form des Ortsrechts genügten. Dem entsprach, daß die Form der Rechtsgeschäfte, die von Untertanen außerhalb des Territoriums vorgenommen wurden, lediglich am Ortsrecht, nicht aber am Heimatrecht zu messen war. Aus dieser Sicht heraus scheinen auch Bartolus und sein Schüler Baldus die obligatorische Natur der Regel bejaht zu haben. Nachweise dazu gibt MEIJERS, Rec. des Cours 49. 1934, 604ff. Siehe auch FOELIX, Traité de Droit Int. Privé ou du Conflit de Lois de différentes nations en matière de Droit Privé. 4. Aufl. (Paris 1866) Bd. I 183. Sehr strittig, anderer Ansicht PARRA, a.a.O. S. 226. LAINÉ, Introduction II 397ff.

In Frankreich übernahm die Lehre [CHASSENEUZ, TIRAQUEAU, DUMOULIN (1500 bis 1566) LOISEL, CHOGGIN und RENUSSON (1632—1699) folgten ihr, wenn auch mit manchen Einschränkungen — im Gegensatz dazu steht noch D'ARGENTRÉ (1519—1590), der die Statuten in Real- und Personalstatuten einteilte. Rechnet man die Form zu den Realstatuten, so findet man hier den strengen Grundsatz der unbedingten Territorialität wieder, wie er von altersher in Frankreich vertreten wurde. Es war das Recht des Ortes zu beachten, da die Güter lagen] den von den italienischen Juristen geprägten Satz „locus regit actum" und wandte ihn allgemein an, die französischen Gerichtshöfe folgten ihm. Dazu die von PARRA, a.a.O. S. 64ff. zitierte Rechtsprechung. Die weitere Entwicklung ist oben Rdz. 12 wiedergegeben.

Die holländische Rechtsschule hinwiederum, die doch den Gedanken einer absoluten Territorialität der Gewohnheitsrechte bejahte, ging anfänglich (JOHANNES À SANDE, PIERRE STOCKMAUS, RODENBURGH, CHRISTINAEUS) von der fakultativen Bedeutung der Regel aus; sie schrieb ihr Ausnahmecharakter zu, ihre Anerkennung stelle ein Entgegenkommen dar. Erst PAUL VOET (1619—1677) sowie HUBER (1636—1669) hoben den obligatorischen Charakter der Regel hervor. PAUL VOET (De statutis, sec. IX Nr. 9.) stützte sich auf die wahrscheinliche Absicht der Vertragsparteien. HUBER dagegen, ebenfalls ein Vertreter des absoluten Territorialismus des Rechts, war der Ansicht, ein Individuum, das in einem bestimmten Land eine Handlung vornehme, werde insoweit Untertan dieses Landes, auch wenn es sich dort nur zeitweilig aufhalte; werde die Handlung in einem fremden Lande vorgenommen, so sei ihre Form aus Gründen der comitas gentium anzuerkennen. Diese Lehre beeinflußte hinwiederum im amerikanischen Rechtskreis STORY, der dem Satz „*locus regit actum*" seinerseits allgemeine und obligatorische Kraft zusprechen wollte. Die weitere Entwicklung in den US-Rechten ist Rdz. 13 wiedergegeben; zum englischen Recht siehe die Ausführungen Rdz. 12. Dem Common Law ist der Satz „*locus regit actum*" als allgemeines Prinzip für Rechtsgeschäfte schlechthin fremd. Da jedoch im angloamerikanischen Recht die Regel in wichtige Einzelbereiche (Verträge — Eheschließung — statutarisches Testamentsrecht) Eingang gefunden hat, hat sich, wie NUSSBAUM, Grundzüge S. 142 zutreffend bemerkt, die Kluft zu den kontinentaleuropäischen Rechtssystemen auch in dieser Hinsicht beträchtlich verengt.

Das gemeine Recht knüpft an die italienische Statutenlehre an, maß dem Satz „*locus regit actum*" jedoch keine ausschließliche, sondern lediglich fakultative Bedeutung zu. Dazu v. BAR, IPR S. 18; BÖHM, 53; Dernburg, Preuß. Privatrecht I § 27 Anm. 10; GIERKE, Deutsches Privatrecht I S. 230 Anm. 57, 58. Nachweise lassen sich insbesondere für Testamentserrichtungen (dazu v. WÄCHTER, AcP 25, 372ff.) sowie Eingehung obligatorischer Verträge führen. Dazu v. WÄCHTER, AcP 25, 405ff. Einschränkungen machte man hinsichtlich Eheschließungen. Dazu GUTZWILLER, IPR S. 1586. Allgemein gesehen betrachtete man die aus Gewohnheitsrecht erwachsende Regel als eines der grundlegenden Prinzipien des deutschen Kollisionsrechts. Dazu GUTZWILLER, IPR S. 1586 unter Hinweis auf HERTIUS. Die deutschen Kodifikationen, wie das ALR (I, 5 § 111) sowie das sächsische BGB (§ 9), kannten die Regel ebenfalls; sie betrachteten die *lex loci actus* als die hauptsächliche, die *lex contractus* dagegen als die fakultative Rechtsordnung. Dazu NIEDNER Anm. 2 zu Art. 11. Das BGB übernahm den Satz, suchte aber seinem Sinn und Zweck dadurch gerecht zu werden, daß es in den Mittelpunkt der Regelung den Grundsatz stellte, daß die Form eines Rechtsgeschäfts sich nach den Gesetzen bestimme, die für das den Gegenstand des Rechtsgeschäfts bildende Rechtsverhältnis maßgebend seien; daß es aber, wie die Protokolle (Prot. 404 II) dartun, um zu große Unzuträglichkeiten, die aus einer strikten Durchführung dieses Prinzips erwüchsen, zu vermeiden, den Satz „*locus regit actum*" als Ausnahme anerkannte; diese Ausnahme hinwiederum schloß man durch Abs. 2 in den dort aufgeführten Fällen aus.

15 c.) Der gegebene geschichtliche Überblick ermöglicht eine fundierte Stellungnahme zur Frage des **Sinnes und der Rechtfertigung** unserer Regel. Die Annahme der Statutenlehre, auf Handlungen sei naturgemäß das Recht anzuwenden, das am Ort der Vornahme der Handlung gelte, ist wenig überzeugend, da Rechtsverhältnisse schlechthin in der Regel auf Handlungen beruhen und damit eine sinnvolle Abgrenzung der Statuten entschwindet. Dazu v. BAR, Theorie u. Praxis, S. 338. Daß man den Satz „locus regit actum" nicht mit dem Hinweis auf das Territorialitätsprinzip begründen kann, wurde bereits von vielen Seiten dargetan; er bietet keine Erklärung dafür, warum ein anderer Staat die Wirksamkeit eines solchen für ihn doch auf fremden Recht beruhenden Rechtsgeschäfts anerkennen müßte. — Wer es schließlich auf den Willen der Parteien (Parteiautonomie) abstellen will, wird sich entgegenhalten lassen müssen, daß Formvorschriften ihrer Natur nach grundsätzlich nicht dem Parteiwillen unterstellt werden können. Sicherung der Freiheit des Aktes, Hinweis auf die Bedeutung der abzugebenden Erklärung und damit Schutz vor Übereilung, Abgrenzung von nichternstlichen Erklärungen und Entwürfen, Beständigkeit und Beweiszweck sind die tragenden Gedanken von Formvorschriften. Dazu BGH (19. 12. 1958) BGHZ 29, 137 (141). Ergeben die genannten Gesichtspunkte keine hinreichende Rechtfertigung der Regel, so führt ein Rückblick auf den geschichtlichen Werdegang zu folgenden Erkenntnissen, die sich weitgehend mit den Ausführungen v. BAR's, Theorie u. Praxis S. 340ff. decken: Zur Zeit der Entstehung der Regel standen nur Rechtsgeschäfte, die in öffentlicher Form vorgenommen wurden, im Blickfeld der Überlegungen. Auf die Bedeutsamkeit einer solchen Unterscheidung (öffentliche

Form — Privatform) hat schon LAINÉ, Introduction II S. 332ff. hingewiesen. „Andere Formen als der gerichtliche Abschluß von Rechtsgeschäften waren im Mittelalter eben nicht gebräuchlich; wo nichtöffentliche Urkunden vorkommen, da ist nicht die Form des Rechtsgeschäfts durch die Urkunde bedingt, sondern nur Beweis durch dieselbe gesichert." v. BAR, a.a.O. 342. War ein Rechtsgeschäft öffentlich zu beurkunden, so war der Beurkundende gehalten, bei dem Beurkundungsakt die Verfahrensvorschriften der lex fori zu beachten. Seit JAKOBUS BALDUINI (gest. 1270) folgte die italienische Schule dieser Unterscheidung (Vorschriften ad ordinandam litem und solchen ad decidendam litem) — dazu MEIJERS, Rec. des Cours 49. 1934, 595. — In Frankreich beachteten, wie sich aus einem Verfahren aus dem Jahre 1265 ersehen läßt, die Gerichte wohl unabhängig davon schon in ältesten Zeiten dieses Prinzip (dazu MEIJERS, a.a.O. S. 589), das sich später auch im holländischen und deutschen Recht durchsetzte. Erwägt man weiter, daß die mittelalterlichen Juristen, wie schon Rdz. 14 bemerkt, die sollenitates actus zur jurisdictio voluntaria (freiwillige Gerichtsbarkeit) zählten und hierbei den Grundsatz „acta coram uno judice faciunt fidem coram alio" anerkannten, so lag es in einer Zeit (13. Jahrhundert), da man im übrigen dem Prinzip „statutum ligat nisi subditos" folgte, nahe, aus Billigkeits- und Zweckmäßigkeitsgründen für die Form der Rechtsgeschäfte eine Ausnahmeregelung zuzulassen, die es weitgehend ermöglichte, die Wirksamkeit der Geschäfte nicht an Formverstößen scheitern zu lassen. Damit erreichte man, daß ein Fremder Rechtsgeschäfte in der Ortsform tätigen konnte („quia quae concernunt voluntariam jurisdictionem comprehendunt etiam extraneos" BARTOLUS, Tractatus illustrium jurisconsultorum, II p 388; de statutis, sec. IV Nr. 75) und diese zugleich vom Ortsrecht, gleichzeitig aber auch vom Heimat- und Domizilrecht sowie dem Recht der belegenen Sache anerkannt wurden. Zu ergänzen ist, daß sich diese Überlegungen nicht nur auf gerichtliche Verhandlungen und Beurkundungen, sondern auch erweiternd auf solche vor Zeugen und Notaren getätigte erstrecken. Dazu auch v. BAR, Theorie u. Praxis I S. 343. War dem so aber, dann ist folgender Schluß erlaubt: Formal gesehen leiteten die Väter des Satzes „locus regit actum" seine Berechtigung und Wirksamkeit aus den Anfangsworten des römischen Gesetzes Cunctos populos ab; sie bedienten sich jedoch dem Zeitgeist folgend dieser Fundstelle lediglich als Mäntelchen, um den Bedürfnissen der Praxis gerecht zu werden, die sich im Hinblick auf die damals bestehende Rechtssituation ganz allgemein ergaben. Bemerkenswert ist, daß die Regel erstmals im Testamentsrecht angewandt wurde — im Vertragsrecht bedurfte man ihrer zunächst nicht, da die Ortsform das Rechtsgeschäft als gesamtes, einschließlich der Form erfaßte — daß man andererseits von Anfang an Ausnahmen im Eheschließungsrecht und mitunter auch im Sachenrecht niederlegte. Damit — und das ist das Ergebnis der Untersuchung — erwuchs unsere Regel, die später auch in Privatformen vorgenommene Rechtsgeschäfte erfaßte, einem auf praktische Bedürfnisse Rücksicht nehmenden Gewohnheitsrecht. Ein solches Gewohnheitsrecht entwickelte sich langsam in allen europäischen Staaten. Daß es sich dabei um kein Völkerrecht handelt, darüber ist man weitgehend einig. Dazu NEUHAUS, Grundbegriffe S. 32ff; MAURY, Règles des Conflicts de Lois: Rec. des Cours 59. 1936 III 428ff.

Zweifelhafter erscheint jedoch, ob man dieses Gewohnheitsrecht als, wie NUSSBAUM (IPR, S. 86.) meint, „Hauptbeispiel für die seltene Erscheinung eines gemeineuropäischen Gewohnheitsrechts" bezeichnen kann: ein überstaatliches Gewohnheitsrecht, das ohne staatliche Transformation für jeden verbindlich ist, aber durch den Willen eines einzelnen Staates für dessen Gebiet beseitigt werden kann. Ähnlich schon v. BAR mit Zitaten, Theorie u. Praxis I S. 340; dann insbesondere M. WOLFF, IPR³ S. 6 („.... oder der freilich mehrdeutige Satz: locus regit actum, haben sich als gemeinsames Gewohnheitsrecht der Menschen europäischer Gesittung entwickelt. Solche Sätze gelten nicht in Deutschland als deutsches, in Italien als italienisches Recht; sie stammen aus einer gemeinsamen überstaatlichen Quelle, sie wurzeln in der Rechtsüberzeugung, die auf die Theorie der italienischen Postglossatoren zurückgeht."); ähnlich GUTZWILLER, IPR S. 1552 („gewohnheitsrechtliche Geltung, jedenfalls im Gebiete des früheren römischen — gemeinen Rechts... solcher transnationaler Sätze"); MAURY, Rec. des Cours 57. 1936 III, 428ff.: „une règle coutumière du droit international privé"; Neuhaus, Grundbegriffe S. 32: „Man kann solche Regeln als überstaatliches, gemeinsames (oder gemeines?) Gewohnheitsrecht bezeichnen".

Selbst wenn man die Möglichkeit eines überstaatlichen gewohnheitsrechtlichen Kollisionsrechts bejaht, bestehen erhebliche Bedenken im Satze „*locus regit actum*", der ja, wie selbst Martin Wolff zugeben muß, mehrdeutig ist, eine solche überstaatliche Norm zu sehen. Die Tatsache allein, daß das Prinzip der Norm in einer einheitlichen Rechtsüberzeugung, die auf die Theorie der italienischen Postglossatoren zurückgeht, wurzelt, genügt doch wohl nicht zur Begründung der geschilderten Ansicht. Tatsache ist, daß der Inhalt des gewohnheitsrechtlichen Satzes in den Rechten der einzelnen Staaten in jeweils abgewandelter Form erscheint, wenn auch der Grundgedanke sich auf die Lehre der Postglossatoren zurückführen läßt. Richtiger erscheint es daher, von einem jeweils staatlichen, wenn auch vielfach uniformen Gewohnheitsrecht zu sprechen. Übereinstimmend: CAVAGLIERI, Lezioni di Diritto internazionale privato[3], (1933) S. 193ff.; NIBOYET, Manuel de droit international privé[2], (1928) S. 51 Nr. 35; FRANKENSTEIN, IPR I S. 521ff. Das EGBGB hat dieses in den einzelnen deutschen Gebieten geltende Gewohnheitsrecht, soweit es nicht schon durch Kodifikationen abgelöst war, ersetzt durch die Regelung in Art. 11.

16 **4. Normen,** die die Form bestimmen — **Verfahrensvorschriften,** die für den Beurkundungsvorgang maßgeblich sind. Die Erfüllung einer Formvorschrift *außerhalb des das Rechtsgeschäft beherrschenden Staates* ist dann leicht, wenn es sich um eine private Form handelt. Einem Deutschen, der ein *privates* Testament errichten will, bereitet die Beobachtung der Vorschrift des § 2247 BGB, vorausgesetzt, daß er sie kennt, in der Schweiz nicht mehr Mühe als in Deutschland. Schwierigkeiten entstehen, wenn die Formvorschrift die Mitwirkung eines Gerichts, einer Behörde oder eines Beamten verlangt. Beurteilt sich die Form nach dem Ortsstatut, so ergibt sich die Lösung unmittelbar aus diesem, ohne daß rechtsvergleichende Überlegungen notwendig werden. Ist für die Form jedoch das Wirkungsstatut maßgeblich, so erwächst sofort die Frage: Welche Behörde usw. darf hier als international zuständige Behörde einspringen? Dabei ist zusätzlich zu überlegen, daß die ausländischen Behörden usw. nach dem Grundsatz „*locus regit processum*" (dazu RAAPE, IPR[5] S. 214 [das FG-Verfahren steht dabei dem Prozeß gleich] — dazu auch oben Rdz. 14) oder „*actor regit actum*" — dazu oben Rdz. 8, 15 nur nach Maßgabe ihrer Verfahrensvorschriften, also in der Regel (eine Ausnahme bildet es, wenn ein ausländisches Recht [Beispiel: Recht von New York] seinen Beurkundungsorganen gestattet, fremdes Verfahrensrecht anzuwenden — dazu RABEL, Conflict[2], II S. 511) nur nach ausländischem Recht tätig werden. Nicht der begrifflichen Schärfe allein wegen empfiehlt es sich, die Regel „*locus regit actum*" von dem Satze „*locus regit processum*" zu scheiden*.

* Dazu und zu folgenden: CHEVRIER, Effets en France des actes authentiques passé à l'étranger (Thèse Paris 1914); OERTLY, Die Vornahme örtlich zu beurkundender Rechtsgeschäfte in ausländischen Formen (1921); OBERNECK-STERNBERG, Legalisation, Freizügigkeit vollstreckbarer Urkunden, konsularisches Notariat (1927); NIBOYET, Traité VI Nr. 1571; WOLFF, Urkundsfähigkeit von Notaren außerhalb der Landesgrenzen: NJW 1951, 303; SCHOETENSACK, Der Notar und das internationale Urkundsverfahren: DNotZ 1952, 265; MANN, Die

Die Verfahrensvorschriften des Errichtungsstaates mögen denen des Wirkungsstatuts allerdings im *allgemeinen* als kongruent erscheinen. Raape in der Vorauflage bezeichnet es als ein Prinzip der Kongruenz. Dies ließe sich wohl auch mit dem Satze „locus regit actum" ausdrücken, indem man ihm folgende Deutung gibt: Wenn man sich an den Urkundsbeamten eines fremden Landes wendet, muß man auch die Formvorschriften, die in jenem Lande gelten, beobachten. Der eigentliche Sinn des Satzes wird damit nicht getroffen. Er bezieht sich nicht auf die Verfahrens-, sondern auf die materiellen Formvorschriften des Errichtungsstaates. Die Sachnormen des letzteren sollen entscheiden, ob das Rechtsgeschäft einer Form und welcher es bedarf. Gründet sich die Regel „*locus regit actum*" weitgehend auf Zweckmäßigkeitserwägungen, so mögen ähnliche Zweckmäßigkeitserwägungen zur Entstehung des Satzes „*locus regit processum*" beigetragen haben, wobei eine gegenseitige Beeinflussung dem historischen Geschehen entsprechen dürfte; die eigentliche Rechtfertigung erhält letzterer Satz jedoch, wie man immer wieder zutreffend hervorhebt, aus dem Gedanken der Territorialität des Verfahrens und seiner öffentlich-rechtlichen Natur. Dazu Niboyet, Traité VI Nr. 1571. Lehrreich aber auch Heldrich, Int. Zuständigkeit, § 3 I S. 14ff. Die Art des Vorgehens seiner Rechtspflegeorgane bestimmt jeder Staat selbst. Werden diese Verfahrensvorschriften verletzt, so bestimmen sich die Folgen eines Verstoßes hiergegen nach dem Recht des Errichtungsstaates.

Es empfiehlt sich, einige Grundzüge des internationalen Urkundsrechts heraus- 17
zustellen. Im Mittelpunkt dieses Komplexes steht die Frage der **internationalen Zuständigkeit** (zu unterscheiden von der „Urkundsgewalt" des Urkundsorgans — dazu unten Rdz. 19 sowie Blumenwitz, DNotZ 1968, 712 (714ff.) — dieser Begriff gewinnt Bedeutung, wenn die Urkundsperson außerhalb ihres Bezirkes oder Landes Beurkundungsfunktionen wahrnimmt) des jeweiligen Beurkundungsorganes. Ist es eine Frage der Urkundsgewalt (Parallelbegriff zur „Gerichtsbarkeit"), ob eine Urkundsperson außerhalb ihres Zulassungsstaates hoheitliche Funktionen ausüben darf, so betrifft die internationale Zuständigkeit die Abgrenzung der Zuständigkeiten von in- und ausländischen Urkundsorganen, was bei Fällen mit Auslandsberührung eigentliche Bedeutung erlangt. Als Leitlinie für ihr Vorliegen wird man bei Fehlen ausdrücklicher Vorschriften (Beispiel einer ausdrücklichen Vorschrift: § 29a, b PStG) das *funktionelle* Moment nehmen, das sich aus den Aufgaben und der Art des Beurkundungsvorganges ergibt („wesenseigener Zuständigkeitsbereich"), unabhängig von der Staatsangehörigkeit der Beteiligten und im wesentlichen unabhängig von den in- oder ausländischen Sachnormen, die auf das jeweilige Rechtsverhältnis, das der Beurkundung unterliegt, Anwendung finden (so zutreffend Schoetensack, a.a.O. S. 267; dazu Bärmann, a.a.O. S. 5; Keidel, FGG[9] Rdz. 47a Vorb. zu § 167; and. A. Mosheim, Die Ausübung der notariellen Tätigkeit in England: DNotZ 1953, 250ff.; dazu auch Saage, Die Ausübung der notariellen Tätigkeit in England: DNotZ 1953, 584ff.), ja auch unabhängig davon, ob die Art des zu beurkundenden Rechtsgeschäfts der lex loci fremd ist oder nicht. Dazu auch LG Saarbrücken (14. 7.

Urkunde ausländischer, insbesondere englischer Notare und der deutsche Rechtsverkehr: NJW 1955, 1777; Weber, Die Urkunde ausländischer, insbesondere englischer Notare und der deutsche Rechtsverkehr: NJW 1955, 1784; Sigloch, Die Anwendbarkeit der allgemeinen Vorschriften des FGG auf die notarielle Praxis (Diss. Heidelberg 1958); Bärmann, Die Freizügigkeit der notariellen Urkunde: AcP 159. 1960/1961, 1; Rigaux, La force probante des écrits en dr. int. privé: Rev. crit. 1961, 39ff.; Dumoulin, Inwieweit kann das deutsche Urkundsrecht dem Notar eine Beurkundung in fremder Sprache gestatten: DNotZ 1964, 405; Blumenwitz, Zum Kollisionsrecht der notariellen Urkunde: DNotz 1968, 712; Keidel, FGG[9] Vorbem. 47ff. zu § 167.

1951) IPRspr. 1950/51 Nr. 90 = DRspr. I (180) 16d—e unter früherem Rechtszustand zum Mutterschaftsanerkenntnis nach französischem Recht. Damit kommt man u.a., wie Schoetensack (a.a.O. S. 268) zutreffend bemerkt, zu einer weitgehend internationalen Vertretbarkeit der Notare in der Zuständigkeit zur Beurkundung zwischenstaatlich gelagerter Tatbestände. Wohl mit Recht ging das LG Mainz in seiner Entscheidung vom 12. 6. 1958, RzW 1958, 334 daher davon aus, daß ein amerikanischer notary public die internationale Zuständigkeit zur Beurkundung einer e.V. zur Verwendung im deutschen Erbscheinsverfahren besitze (Frage beurteilt sich nach amerikanischem Recht, das jedoch richtigerweise diese Haltung einnehmen wird!).

So wird man zum Beispiel die internationale Zuständigkeit eines deutschen Notars zur Beurkundung der Emanzipationserklärung französischer Eltern nach Art. 477cc, mit der das Kind aus der elterlichen Gewalt entlassen wird, bejahen. Dazu Raape, IPR[5] S. 214; DNotZ 1950, 190. And. A. Frankenstein, IPR I S. 429. Ebenso wird man deutsche Notare als zuständig erachten, eidliche Erklärungen (affidavits) zu beurkunden, die im anglo-amerikanischen Rechtskreis benötigt werden. Übereinstimmend Blumenwitz, DNotZ 1968, 725.

Die gebotene Lösung wird dem anzustrebenden Ideal: internationale Freizügigkeit *öffentlicher* und *öffentlich beglaubigter* Urkunden am besten gerecht. Man hat darauf hingewiesen (Blumenwitz, DNotZ 1968, 723 unter Hinweis auf Dölle, Kernprobleme des internationalen Rechtes der FG, Deutscher Notartag 1961 [Beilage zu DNotZ 1961, Heft 11] S. 29—46 sowie Neuhaus, Grundbegriffe S. 242ff.), daß die internationale Zuständigkeit von Rechtspflegeorganen durch den sog. Grundsatz von Gleichlauf zwischen materiellem und Prozeßrecht geprägt werde, wobei dieser „Gleichlauf“ durch eine Abhängigkeit in mehrfacher Hinsicht bedingt werde. So richtig es ist, daß das auf das zu beurkundende Rechtsgeschäft anwendbare materielle Recht eng mit dem Verfahrensrecht, das die Urkundsperson zu befolgen hat — dazu Rdz. 21ff —,verknüpft sein kann, insbesondere, wenn die Form des Geschäfts ein konstitutives Element — dazu unten Rdz. 23 — enthält, so zurückhaltend sollte man gerade bei Urkundsakten mit der Betonung dieses Gesichtspunktes im Bereiche der internationalen Zuständigkeit (der Begriff bestimmt sich von dem für die Urkundsperson maßgeblichen Verfahrensrecht (lex loci actus!) her) sein. Die Urkundsperson kann vielfach überhaupt nicht voraussehen (Beispiel: Testamentserrichtung), welches materielle Recht endgültig auf das Rechtsgeschäft zur Anwendung kommt; sie kann zumeist auch nicht voraussehen, in welchem Lande von der Urkunde später Gebrauch gemacht wird. Eine Urkundsperson könnte unter diesen Aspekten ihre internationale Zuständigkeit, die nach dem anwendbaren materiellen Rechte ausgerichtet wäre, selbst überhaupt nicht beurteilen. Richtiger erscheint es, dem Moment erst später unter dem Gedanken der Angleichung auf der Ebene des IPR Rechnung zu tragen — dazu unten Rdz. 25,30. Dadurch erreicht man, daß die Urkundsperson in weit gezogenem Rahmen auch in Fällen mit Auslandsberührung Beurkundungen vornehmen kann, daß später jedoch unter Umständen in verschiedenen Ländern von verschiedenen Rechten her jeweils gesondert die Wirksamkeit des Aktes mit vielleicht verschiedenen Ergebnissen beurteilt werden kann. Bei im Inland errichteten Urkunden erübrigt sich damit auch in diesem Stadium weitgehend die meist überaus schwierige Prüfung der Anerkennung der Urkunde durch ausländische Rechte.

18 Im Auge zu behalten sind allerdings die Ausnahmen, wonach nationale Rechte, insbesondere im Grundstücksrecht, ihren Beurkundungsorganen **ausschließliche internationale Zuständigkeit** zuerkennen. Dazu Schoetensack, DNotZ 1952, 266; Blumenwitz, DNotZ 1968, 724. Man denke an § 2128 französischer C. C., die Bestellung

von Hypotheken an französischen Grundstücken im Ausland ist hiernach untersagt. Schlußtitel Art. 55 schweizerisches ZGB gestattet den Kantonen, für die Beurkundung von Veräußerungsverträgen über in ihrem Gebiet gelegene Grundstücke kantonalen Urkundsorganen eine ausschließliche Zuständigkeit zu gewähren. Dazu BGE 46 II 395; 47 II 383. Darüber hinaus erkennt das schweizerische Recht bei Begründung dinglicher Rechte von in der Schweiz gelegenen Grundstücken schweizerischen Beurkundungsorganen eine ausschließliche Zuständigkeit zu. Dazu SCHOETENSACK, DNotZ 1952, 266; SCHÖNENBERGER/JÄGGI, Allg. Einleitung zum OR Rdz. 189.

Im deutschen Recht ist § 925 BGB (idF des Beurkundungsgesetzes 1969) zu nennen, wonach Auflassungen nur von deutschen Urkundspersonen vorgenommen werden können [übereinstimmend KEIDEL, FGG[9], Vorb. 54 zu § 167; SCHOETENSACK, DNotZ 1952, 266; RIEDEL, DNotZ 1955, 521; WEBER, NJW 1955, 1784; dazu auch die von MANN, NJW 1955, zitierte Entscheidung des AG Mainz vom 3. 1. 1955, Az. 4267/53 sowie LG Berlin (28. 4. 1961) IPRspr. 1960/61 Nr. 144. And. A. WOLFF, IPR[3] S. 130]). § 925 BGB stellt, soweit es hier von Belang ist, eine Verfahrensnorm mit internationalrechtlichem Charakter dar; Erwägungen, die es auf die Bedürfnisse des internationalen Rechtsverkehrs abstellen und sich mit der Gleichwertigkeit von Urkundspersonen am Errichtungsort und deutschen Organen befassen, sind daher fehl am Platze. Die Ausführungen von MANN in „Die Urkunde ausländischer, insbesondere englischer Notare und der deutsche Rechtsverkehr", NJW 1955, 1178ff., können insoweit nicht überzeugen.

Auch bei Abtretung ausländischer Gesellschaftsanteile sind mitunter ausschließliche Zuständigkeiten vorgesehen. Dazu OGH Wien, ÖNotZ 1960, 149 (öst. Recht).

Wurde gesagt, nationale Rechte enthielten mitunter Ausnahme-Vorschriften über eine ausschließliche Zuständigkeit nationaler Urkundsorgane, so bedeutet dies nicht, daß von deutscher Sicht her solche ausländischen Vorschriften in jedem Falle bindend wären. Richtigerweise wird man von dem Grundsatz konkurrierender Zuständigkeit auch in solchen Fällen ausgehen dürfen. Übereinstimmend SCHOETENSACK, DNotZ 1952, 269, der auf die Ausführungen von MELCHIOR, RabelsZ 3. 1929, 733ff.; NEUMEYER, Intern. Verw. R. IV S. 271; RIEZLER, IZPR S. 242 (Grenze: ordre public des ausländischen Rechts!) Bezug nimmt. Dazu auch die interessanten Ausführungen des BayObLG in BayObLGZ 1959, 8 sowie HELDRICH, Int. Zuständigkeit, § 8 S. 160ff. in anderem Zusammenhang. Eine weitere, aber gesondert davon zu behandelnde Frage ist, ob z.B. ein Notar nicht im Hinblick auf sein Verfahrensrecht — dazu § 14 BNotO — von einer Beurkundungstätigkeit abzusehen hat.

Die *Beurkundungsbefugnis* (unterscheide davon die Internationale Zuständigkeit — 19
dazu oben Rdz. 17) staatlicher Beurkundungsorgane ist in der Staatenpraxis in der Regel territorial beschränkt. In einer Entscheidung vom 13. 5. 1927 (JW 1927, 2126) sagt das RG: „Der Notar wird bei der Beurkundung von Rechtsgeschäften als Notar tätig und übt öffentliche Gewalt aus; auch diese Rechtstellung kann nur in staatlicher Verleihung ihre Quelle finden. Ist die staatliche Ermächtigung die begriffsnotwendige Grundlage für die Amtstätigkeit des Notars, so kann sich ebenso notwendig die Ermächtigung nicht über das Gebiet des Staates hinaus erstrecken, der dem Notar die Ermächtigung erteilt, ihn zum Notar bestellt hat."

Eine ganz andere Frage ist, ob z.B. Beurkundungen, die ein Notar zwar außerhalb seines Amtsbezirks, aber innerhalb der BRD vornimmt, wirksam sind oder nicht. Sie sind, wenn auch pflichtwidrig vorgenommen, dennoch gültig. Dazu zusammenfassend WOLFF, Urkundstätigkeit von Notaren außerhalb der Landesgrenzen: NJW 1951, 303. Dazu auch Schreiben des Präsidenten der deutschen Notarkammer, DNotZ 1964, 387 sowie nunmehr § 2 Beurkundungsgesetz 1969. Außerhalb des Staatsgebietes können grundsätzlich (zu den Ausnahmen siehe unten Rdz. 32) keine hoheitlichen Urkundsakte vorgenommen werden. Dazu SEYBOLD-HORNIG, Bundesnotarordnung[4], 1962 Rdz. 5 zu § 11; KEIDEL, FGG[9], Vorb. 47a zu § 167; BÄRMANN, AcP 159. 1960/61, 5; SCHOETENSACK, DNotZ 1952, 270; BLUMENWITZ, DNotZ 1968, 715ff.; Schreiben des Präsidenten der deutschen Notarkammer, DNotZ 1964, 387/89. Celle (24. 6. 1909), OLG 23, 382. RG (13. 5. 1927) JW 1927, 2126; KG (12. 7. 1932) JFG 10, 9; KG (12. 7. 1932), DNotZ 1932, 767; KG (17. 9. 1937) JFG Erg. 17, 124. Gegen diesen Grundsatz verstoßende Urkunden stellen keine öffentlichen Urkunden dar. Darüber ist man sich in Rechtsprechung und Literatur weitgehend einig. Strittig dagegen ist, ob und inwieweit man die Tätigkeit der Urkundsperson aufspalten kann in eine hoheitliche und nichthoheitliche Mitwirkung; andere (BLUMENWITZ, DNotZ 1968, 719; HORNIG, DNotZ 1938, 357; SEYBOLD-HORNIG-LEMMENS, Reichsnotarordnung[2], (1939) II 2 zu § 12 sowie SEYBOLD-HORNIG, a.a.O. Rdz. 5 zu § 11 dagegen meinen, man müsse zwischen Hoheitsakt und Amtstätigkeit unterscheiden — zu letzterer rechnen sie die Entgegennahme und Anerkennung der Unterschrift) sprechen von amtlichem und nichtamtlichem Mitwirken. Richtig ist wohl, in ersterem Sinn abzustellen auf hoheitliche und nichthoheitliche Betätigung, wobei unberührt davon die Entgegennahme der Unterschrift und Anerkennung derselben bei einer notariellen Unterschriftsbeglaubigung bereits einen Teil des Amtsgeschäfts darstellt — zu letzterem siehe RG (11. 12. 1937) DNotZ 1938, 245. Das Problem wird insbesondere dann bedeutsam, wenn sich die Urkundsperson im Ausland auf reine Sinneswahrnehmungen beschränkt, im Inland aber den tatsächlichen Beurkundungsakt derart vollzieht, daß sie ihre Unterschrift mit Siegel auf ein Schriftstück setzt oder gar die Urkunde erst entwirft und unterschreibt.

Musterbeispiele:

α Ein Notar nimmt im Ausland lediglich eine Unterschrift und deren Anerkennung entgegen, im Inland setzt er auf das Schriftstück seinen Beglaubigungsvermerk.

β Ein Notar nimmt im Ausland an der Hauptversammlung einer deutschen AG teil (zur Zulässigkeit einer solchen Abhaltung siehe die von BLUMENWITZ, DNotZ 1968, 720, Fn. 23 angebene Meinungsübersicht), fertigt das Protokoll darüber aber erst im Inland.

Die Rechtslage ist in beiden Fällen strittig. BLUMENWITZ, DNotZ 1968, 720 will beide Sachverhalte gleichbehandeln, lehnt eine Aufspaltung schlechthin ab und verneint die Wirksamkeit mangels Urkundsbefugnis. Nach außen erscheint seine Ansicht folgerichtig, man wird jedoch differenzieren müssen. Leitlinie für eine Lösung, insoweit wird man zustimmen, muß der Gedanke der „Einheit des Verfahrens" — dazu BÄRMANN, AcP 159. 1959/60, 6 sein. Dieser Gesichtspunkt führt im Falle *β* zu Verneinung der Wirksamkeit des Beurkundungsaktes, da sich insoweit die sinnliche Wahrnehmung nicht von der Niederlegung der Niederschrift nebst Unterschrift und Siegel trennen läßt (die Frage offen lassend BÄRMANN a.a.O. 6).

Wollte man anders verfahren, so entfiele gerade die Garantie, die mit einer notariellen Protokollierung in *solchen* Fällen verbunden ist. Bei der notariellen Beglaubigung einer Unterschrift dagegen wird man den Schwerpunkt des Aktes in dem Beglaubigungsvermerk des Notars sehen, davon läßt sich die sinnliche Wahrnehmung der Unterschriftsleistung und Anerkennung derselben trennen, ohne daß darunter der Wert des Beglaubigungsvorganges leiden oder materiell in die Hoheitsrechte des anderen Staates eingegriffen würde. Im Ergebnis übereinstimmend schon JOSEF, DNotZ 1904, 372; OBERNECK, Das Notariatsrecht, (8. bis 10. A. 1929) S. 167 mit Literaturübersicht; HORNIG, DNotZ 1938, 357; SEY-

BOLD-HORNIG, Bundesnotarordnung[4] (1962) Rdz. 5 zu § 11 mit Nachweisen; SCHOETENSACK, DNotZ 1952, 271 mit Nachweisen. And. A. SCHLEGELBERGER, FGG[7] II 6 zu § 183. Die Beglaubigung einer Unterschrift ist auch dann gültig, wenn der Notar bei der Vollziehung (oder Anerkennung) der Unterschrift nicht zugegen war. § 183 Abs. 1 FGG und nunmehr § 40 Abs. 1 Beurkundungsgesetz 1969 fordern zwar letzteres, stellen jedoch nur Ordnungsvorschriften dar. Ihre Verletzung begründet eine Dienstwidrigkeit, aber keine Unwirksamkeit der Beglaubigung. So schon RG (13. 5. 1927) JW 1927, 2126; KG (17. 9. 1937) JFG Erg. 17, 124. Herrschende Meinung — dazu auch SEYBOLD-HORNIG, 5 zu § 11. Darüber hinaus trägt die Praxis keine Bedenken (dazu GÖTTLICH, Die Amtsführung der Notare[2], (1962) S. 286), daß ein Notar, der innerhalb seines Amtsbezirkes tätig wird, auch außerhalb seiner Geschäftsstelle Unterschriften und Anerkennung derselben entgegennimmt, später sodann den Beglaubigungsvermerk auf seiner Geschäftsstelle fertigt. Es handelt sich um einen einheitlichen Lebensvorgang, dem, insoweit wird man dem RG (13. 5. 1927) JW 1927, 2127 zustimmen, nicht deshalb rechtliche Anerkennung versagt werden kann, weil die sinnliche Wahrnehmung außerhalb des Amtsbezirkes stattfand. Ist dem so aber, dann wird man noch einen Schritt weitergehen als das RG und in der sinnlichen Wahrnehmung zwar keine hoheitliche Tätigkeit, wohl aber eine zum Amtsgeschäft gehörige sehen. Insoweit ist die Sollvorschrift des § 183 Abs. 1 FGG und § 40 Abs. 1 Beurkundungsgesetz gewahrt. Ob der Notar darüber hinaus eine Dienstpflicht verletzt hat, weil er außerhalb seines Amtsbezirks tätig geworden ist, kann dahin stehen. Die Beglaubigung ist in jedem Fall wirksam, gleichgültig welcher Ansicht man folgt.

Ist ein Beurkundungsorgan international zuständig, so ist damit zugleich im 20
Falle seines Tätigwerdens nach dem Satze locus regit processum (dazu oben Rdz. 16) das Recht seines Verfahrens bestimmt. So konnte z.B. bisher ein deutscher Notar eine Urkunde nur in deutscher Sprache aufnehmen (dazu KEIDEL, FGG[9], Vorb. 47c zu § 167; SEYBOLD-HORNIG, BNotO, 4. A., § 20 Anhang Rdz. 49; SCHOETENSACK, DNotZ 1952, 273; DUMOULIN, DNotZ 1964, 405; BLUMENWITZ, DNotZ 1968, 727. Ausnahmen sahen im Rechte der Verfügungen von Todes wegen die §§ 2245 Abs. 2, 2276 Abs. 1 BGB vor).
Nunmehr besagt § 5 Abs. 2 *Beurkundungsgesetz 1969:*

"(2) Der Notar kann auf Verlangen Urkunden auch in einer anderen Sprache errichten. Er soll dem Verlangen nur entsprechen, wenn er der fremden Sprache hinreichend kundig ist."

Ein deutscher Notar kann die Emanzipationserklärung eines französischen Vaters nach § 477 CC nur in einer dem deutschen Verfahrensrecht entsprechenden Weise aufnehmen.

Im Einzelfall kann oft zweifelhaft sein, ob der zu beurkundende Vorgang dem 21
Verfahrensrecht zuzurechnen ist oder dem *materiellen Recht* angehört. In letzterem Falle kann der Inhalt der Urkunde auch einem fremden Recht angepaßt werden. Im Rahmen des örtlichen Verfahrensrecht verbleibt der Urkundsperson dennoch vielfach ein gewisser Spielraum. Häufig ist der Fall, daß ein ausländisches Recht im Gegensatz zum deutschen Recht die Zuziehung einer bestimmten Zahl von Zeugen verlangt. Es bestehen keine Bedenken, daß die Urkundsperson dem nachkommt und solche zusätzliche Formerfordernisse, seien sie auch verfahrensrechtlicher Art, erfüllt. Übereinstimmend SCHOETENSACK, DNotZ 1952, 275. Immer aber muß es sich um eine „wesenseigene" Funktion des Urkundsorganes handeln. Daher kann z.B. ein deutscher Notar keine Konkursfreiheitsbescheinigungen (wohl aber eidesstattliche Erklärungen darüber!) oder Rechts- und Offenkundigkeitszeugnisse (certificats de coutume — actes de notorieté), wie sie z.B. das französische Recht vorsieht, ausstellen. Einzelheiten zu diesem Fragenkreis gibt BLUMENWITZ, DNotZ

1958, 727; BÄRMANN, AcP 159. 1960/61, 18ff.; SCHOETENSACK, DNotZ 1952, 274; SPRICK, DNotZ 1939, 597ff.; JM Bek vom 2. 7. 1958, Rheinland-Pfalz in JBL. Rh.-Pf. 1958, 91. Siehe auch §§ 21 Abs. 1, 22a BNotO idF durch das Beurkundungsgesetz 1969.

22 Die **Funktion** einer **öffentlichen** Urkunde kann, worauf insbesondere WEBER (NJW 1955, 1784) hingewiesen hat, **zweifacher Art** sein:

α Öffentliche Urkunden genießen nach § 415 ZPO öffentlichen Glauben. Unter öffentlicher Urkunde versteht das deutsche Recht eine Urkunde, die von einer öffentlichen Behörde innerhalb der Grenzen ihrer Amtsbefugnisse oder von einer mit öffentlichem Glauben versehenen Person innerhalb des ihr zugewiesenen Geschäftskreises in der vorgeschriebenen Form aufgenommen worden ist. § 415 ZPO ist eine Verfahrensvorschrift, die Form dient hier der Beweisführung. Verfahrensrechtliche Bestimmungen, wie zum Beispiel § 29 GBO, verwenden den Begriff zu diesem Zweck, wesentliches Element ist die **Beweisfunktion.**
Neben der „öffentlichen Urkunde" ist in diesem Zusammenhang die öffentlich beglaubigte Urkunde zu nennen, die eine Privaturkunde mit öffentlicher Beglaubigung der Unterschrift oder des Handzeichens sowie des Zeitpunktes der Beglaubigung darstellt (§§ 39, 40 BeurkundungsG 1969); die Tätigkeit der Urkundsperson beschränkt sich auf die Bezeugung der Richtigkeit (Echtheit) der Unterschrift (§ 129 BGB idF von § 56 Abs 1 BeurkG; §§ 39, 40 BeurkG). Dazu BGH (4. 4. 1962) BGHZ 37, 79 (86). Ob eine Urkunde als „öffentliche (oder öffentlich beglaubigte) Urkunde" in diesem Sinne anzusehen ist, qualifiziert sich nach dem Recht des Errichtungsortes. Dazu RIEZLER, IZPR S. 477/478; BayOblG (15. 1. 1926) JFG 4, 272 (274): „Darüber aber, welche Behörden öffentlich sind und wer zu den Urkundspersonen, d.h. den mit öffentlichem Glauben versehenen Personen gehört, entscheidet das Recht des Staates, dessen Behörde oder Urkundsperson die Urkunde aufgenommen hat." RG (5. 10. 1926), JW 1927, 1096 (1097). Zum Begriff der öffentlichen Urkunde nach deutschem Recht siehe BGH (20. 6. 1966) FamRZ 1966, 505.
Prüft man den Charakter *solcher* öffentlicher oder öffentlich beglaubigter Urkunden, so liegt es nahe, im Hinblick auf die insoweit weitgehend gleichmäßig ausgestalteten und ausgerichteten Beurkundungseinrichtungen der Kulturstaaten die entsprechenden Auslandsbehörden als den deutschen Behörden gleichwertig anzusehen, da, wie das Landgericht Mainz, [(12. 6. 1958) RzW 1958, 334 = IPRspr 1958/59 Nr. 205 = NJW 1958, 1496 = DNotZ 1958, 614. — Beurkundung einer eidesstattlichen Versicherung durch einen amerikanischen notary public zwecks Erbscheinserlangung. Dazu auch RG (5. 10. 1926) JW 1927, 1096 (1097): „Zu dieser Gruppe der sog. „öffentlichen Urkunden" gehören auch diejenigen Urkunden, die von den Behörden und Urkundspersonen des Auslandes aufgenommen worden sind"] in seinem konkreten Fall zutreffend meint, „sonst die Erfüllung einer deutschen öffentlichen Form im Ausland nicht möglich wäre". Bei der international-privatrechtlichen Betrachtungsweise — dazu Rdz. 25, 30 — wird dieser Gedanke, der zunächst die Zuständigkeitsfrage angeht — zum Tragen kommen.
Daß ausländischen öffentlichen Urkunden die Vermutung der Echtheit ermangelt, spielt dabei eine wenig bedeutsame Rolle, da hier die diplomatische oder konsularische Legalisation helfend einspringt. Dazu § 438 ZPO sowie § 2 Gesetz vom 1. 5. 1878, RGBl 89 = BGBl. III Nr. 318—21. Siehe weiter insbesondere BÄRMANN, AcP 159, 1960/61, 1ff. und KEIDEL, FGG[9] Vorb. 48ff. zu § 167. Auf diese hinwiederum wird vielfach in Staatsverträgen verzichtet. Dazu BÜLOW, DNotZ 1955, 7. An Abkommen beachte insbesondere das *Haager Übereinkommen* vom 5. 10. 1961 *zur Befreiung ausländischer öffentlicher Urkunden von der Legalisation* — dazu Deutsches Zustim mungsgesetz vom 21. 6. 1965, BGBl. II 875. Siehe auch WEBER, DNotZ 1967, 469 sowie BLUMENWITZ, DNotZ 1968, 712 (728ff.).

23 β Der Beurkundung kann aber auch ein *materiellrechtliches* Element zugrunde liegen, das einen konstitutiven Wesenszug trägt. Verlangt das Gesetz gerichtliche oder notarielle Beurkundung (ähnlich sind die Fälle des Abschlusses eines Rechtsgeschäfts vor einem Standesbeamten oder dem Grundbuchamt zu behandeln. — Zur Trennung der Gesichtspunkte öffentliche oder öffentlich beglaubigte Urkunde sowie zu dem Erfordernis gerichtlicher oder notarieller Beurkundung siehe SAAGE, DNotZ 1953, 584 — die daran geknüpften Folgerungen dürften jedoch zu weit gehen), so tritt neben den Beweiszweck ein materiellrechtliches Moment: die „richtige Erklärung" soll niedergelegt werden, was durch die Beurkundung einer qualifizierten Urkundsperson am ehesten gewährleistet erscheint. Der subjektive Wille soll eine passende objektive Form finden, der erstrebte Rechtserfolg soll durch die Inanspruchnahme der Erfahrungen und Kenntnisse einer geschulten Amtsperson gesichert werden. So zutreffend WEBER, NJW 1955, 1785. Das Wesen der öffentlichen Beurkundung besteht darin, wie der BGH (4. 4. 1962) BGHZ 37, 79 (86) darlegt, „daß die zu beurkundende Willenserklärung vom Erklärenden mündlich abgegeben und von der Urkundsperson inhaltlich

wahrgenommen und verantwortlich geprüft wird; hierin liegt das sachlich maßgebende Unterscheidungsmerkmal der Beurkundungsform (§ 128 BGB idF von § 56 BeurkG sowie §§ 1ff. BeurkG) gegenüber der Beglaubigungsform". Bei Prüfung der Gleichwertigkeit, die, erwachsend aus der Auslegung einer Sachnorm, im internationalprivatrechtlichem Gedankengang durchzuführen ist, werden diese Gesichtspunkte bedeutsam werden.

Soweit es die öffentliche Form angeht, wird man in internationalprivatrechtlicher Hinsicht somit **öffentliche Beurkundung** und **Beglaubigung auseinanderhalten** und bei ersterer jeweils prüfen, ob die Beweisfunktion allein oder auch materiellrechtliche Elemente bei dem Beurkundungsvorgang in Frage stehen.

Fordert die *lex causae* eine **öffentliche Beurkundung** des Rechtsgeschäfts und 24
wird das Rechtsgeschäft *im Ausland* vorgenommen, so empfiehlt es sich, *folgende* Fälle einer näheren Betrachtung zu unterziehen:

α Die Formfrage beurteilt sich ausschließlich nach der lex causae, sei es,

αα daß dies die Parteien im Rahmen der Parteiautonomie vereinbart haben — dazu Rdz. 53;

ββ daß dem Ortsrecht ein Rechtsgeschäft dieser Art fremd ist und es daher für ein solches Geschäft die Formfrage nicht geregelt hat — dazu Rdz. 27;

γγ daß der Tatbestand des Art. 11 Abs. 2 EGBGB vorliegt — dazu Rdz. 154ff.

β lex causae und Ortsrecht sind wahlweise zugelassen; das Ortsrecht kennt ein Rechtsgeschäft dieser Art und sieht ebenfalls hierfür eine öffentliche Beurkundung vor.

γ Wie β, eine öffentliche Beurkundung ist nach dem Ortsrecht jedoch *nicht* vorgeschrieben.

Zu α

Man nehme z.B. an, daß zwei Deutsche einen Erbvertrag in Frankreich schließen wollen, also einem Staate, der den Erbvertrag nicht zuläßt. Ob überhaupt eine französische Behörde für diese Beurkundung zuständig ist und wie sie zu verfahren hat, damit die Beurkundung dem gleichkommt, was im Sinne des deutschen Rechts eine gerichtliche oder notarielle Beurkundung darstellt, das bestimmt sich nach französischem Recht. Die Partei kann also außerhalb Deutschlands, das ist des Staates, das das Rechtsgeschäft beherrscht, die nach deutschem Recht erforderliche Beurkundung grundsätzlich nur nach Maßgabe der Verfahrensvorschriften des ausländischen Rechts bewirken. Sofern dieses von dem inländischen Recht abweicht, ergibt sich mithin eine Kollision. Sie kann, wie sich aus den Ausführungen zu Rdz. 17 ergibt, nur so befriedigend überwunden werden, daß zunächst einmal die internationale Zuständigkeit der ausländischen Urkundsbehörde im Inland anerkannt wird, wie umgekehrt die deutschen Urkundsbehörden zur Beurkundung bereit sind, auch wenn das zu beurkundende Rechtsgeschäft ausländischem Recht unterliegt und womöglich von einer in Deutschland unbekannten Art ist, daß ferner die Urkunde als öffentliche angesehen wird, wenn sie es nach den Vorschriften des Errichtungsstaates ist. Es schadet daher der Öffentlichkeit der Urkunde nicht, daß eine Verlesung des Protokolls nicht stattgefunden hat, wenn eine solche nach dem Recht des Errichtungsstaates bei der öffentlichen Beurkundung nicht erforderlich ist, — mag sie auch von dem Recht des Staates, das das beurkundete Rechtsgeschäft beherrscht, verlangt werden. Und umgekehrt: Fordert der Errichtungsstaat die Verlesung, so liegt mangels solcher eine öffentliche Urkunde nicht vor, mag auch das Wirkungsstatut sie nicht verlangen. Entsprechendes gilt für die Frage der Notwendigkeit von Zeugen und ihrer Eignung. Dazu Rdz. 16 sowie HABICHT, a.a.O. S. 87; NEUMEYER, IPR[2] S. 14; FRANKENSTEIN, IPR I S. 535; PILLET-NIBOYET, a.a.O. s. 493 Nr. 396.

Ist nach dem Recht des Errichtungsortes für eine notarielle Beurkundung nur die Mitwirkung eines Notars erforderlich, für die Beurkundung, z.B. eines Testamentes, dagegen, wie nach §2233 BGB a. F, jetzt § 22 Beurkundungsgesetz, die Mitwirkung zweier Notare, läßt dagegen das Erbstatut einfache notarielle Beurkundung genügen, so wird man Habicht (a.a.O. 2 zu Art. 11) zustimmen, wonach auch ein in Deutschland nur vor *einem* Notar errichtetes Testament nach Art. 11 Abs. 1 Satz 1 EG als gültig anzusehen ist.

25 Ist die internationale Zuständigkeit des ausländischen Urkundsorganes gegeben und sind die Verfahrensregeln der lex loci actus gewahrt, dann ist bei öffentlichen Beurkundungen, bei denen das materiellrechtliche Moment — dazu oben Rdz. 23 — bedeutsam wird, die **Gleichwertigkeit des in- und ausländischen Urkundsorganes und -vorganges** zu prüfen. Praktisch wird diese Problematik insbesondere bei notariellen Beurkundungen, die das deutsche Recht als lex causae verlangt.

Beispiel:

Zwei Deutsche wollen in San Francisco einen Erbvertrag schließen und ziehen zur Beurkundung einen amerikanischen notary public zu. Das deutsche Recht (lex causae) sieht in § 2276 BGB (jetzt in der Fassung des Beurkundungsgesetzes 1969) notarielle Beurkundung vor. Dem amerikanischen Recht (Recht von Kalifornien) ist der Erbvertrag fremd.

Hier lautet die Fragestellung, insoweit wird man MANN, NJW 1955, 1178 unter Hinweis auf die Motive I, 179 — dazu auch FRANKENSTEIN, IPR I S. 535ff.; KEGEL, IPR² S. 222; DÖLLE, RabelsZ 27 (1962/63) 201, 238f.; ZWEIGERT-KÖTZ, II 45 — folgen: Ist der ausländische Notar angesichts seiner Vorbildung und Stellung im Rechtsleben in der Lage, den Zwecken zu genügen, denen die deutsche Formvorschrift dient, und die formellen Erfordernisse zu erfüllen, die das deutsche Recht in seinen verfahrensrechtlichen Beurkundungsvorschriften (insbesondere in den §§ 169ff. FGG — jetzt in dem Beurkundungsgesetz 1969) aufstellt? Beim Zweck einer öffentlichen Beurkundung wird man sich an die schon erwähnten Worte des BGH in BGHZ 37, 79 (86) — dazu Rdz. 23 — halten, wonach die zu beurkundende Willenserklärung vom Erklärenden mündlich abgegeben und von der Urkundsperson inhaltlich wahrgenommen und *verantwortlich* geprüft wird. Aus dieser Sicht gesehen rechtfertigt sich die Entscheidung des RG (22. 3. 1939 — RGZ 160, 225 [231]), wonach die Beurkundung durch einen schweizerischen Notar der eines deutschen Notars gleichwertig ist. Ganz allgemein läßt sich wohl auch sagen, daß dies für Beurkundungen der Notare von Ländern romanischen Rechts zutrifft. Dazu FRANKENSTEIN, IPR I S. 535; BROWN, The Office of the Notary in France, I. C. L. Q 2, 1953, 60; BÄRMANN, AcP 159. 1960/61, 18; WEHRENS, Das Notariatswesen in Frankreich, DNotZ 1964, 7; BLUMENWITZ, DNotZ 1968, 725. Nicht dagegen kommt diese Gleichwertigkeit dem Grundsatz nach

(daß man auch hier keinem starren Dogma folgen sollte, zeigt die Gutachterpraxis des Max-Planck-Institutes für ausländisches und internationales Privatrecht, Hamburg [ersichtlich aus den Ausführungen der Entscheidung des LG Mainz vom 12. 6. 1958 RzW 1958, 334], wonach wohl richtigerweise z.B. die Beurkundung einer unwiderruflichen Vollmacht [Grundsätzliches zur Form einer solchen siehe DEUTSCH, SchlHA 1962, 244] für Grundstücksgeschäfte durch einen amerikanischen notary public als den deutschen Erfordernissen genügend angesehen wurde. Dazu auch die vom LG Berlin (28. 4. 1961) IPRspr. 1960/61 Nr. 144 zitierte Rspr.: RGZ 121, 154; 149, 93; 160, 225. KG OLG 8, 222; 44, 152. KG IPRspr. 1931 Nr. 21; 1933 Nr. 9. LG Berlin, IPRspr. 1930 Nr. 24; 1932 Nr. 63. Siehe weiter RABEL, RabelsZ 7 1933, 797ff.; v. CAEMMERER, RABELSZ 24. 1959, 201ff; ZWEIGERT-KÖTZ, II S. 45)

den amerikanischen notaries publics zu, bei denen keine entsprechende Ausbildung und Qualifikation vorausgesetzt wird. Bei englischen Notaren wird man die gleichwertige Ausbildung und Qualifikation bejahen (dazu BROOKE-CRANSTONN, Treatise on the Office and Practice of a Notary in England⁸ (1925); MANN, NJW

1958, 1178). Zu prüfen ist jedoch jeweils, ob nicht lediglich die Unterschrift des Erklärenden beglaubigt, sondern auch unter Aufnahme einer Niederschrift die nach der Rechtsprechung des BGH (BGHZ 37, 79 [86]) vorausgesetzte Verantwortung für die Erklärung mitübernommen worden ist.

Keine öffentliche Beurkundung im Sinne des § 2231 Ziff. 1 BGB stellt daher von deutscher Sicht her gesehen z.B. das von einem deutschen Erblasser in englischer Form, d.h. privatim vor zwei Zeugen, wenn auch unter Zuziehung eines notary, der die Unterschriften beglaubigt, in England errichtete Testament (das gleiche gilt für einen Erbvertrag) dar. Damit erhebt sich, falls ein deutscher Minderjähriger testierte und vor dem Inkrafttreten des Übereinkommens vom 5. 10. 1961, BGBl. 1965 II 1145 (1. 1. 1966) verstarb, die Frage, inwieweit § 2238 Abs. 2 BGB (nunmehr § 2232 BGB in der Fassung des Beurkundungsgesetzes 1969) der Anerkennung der englischen Ortsform im Wege steht. Sieht man in § 2238 Abs. 2 eine Formvorschrift, so läßt sich ihr Schutzzweck, der die Anerkennung widersprechenden ausländischen Rechts verbietet, nicht übersehen. Die Vorschrift enthält eine versteckte Kollisionsnorm, die den in Art. 11 Abs. 1 Satz 2 enthaltenen Satz „locus regit actum" einschränkt. Dazu die Ausführungen zu Art. 24 EGBGB. Im konkreten Fall wird man allerdings trotz mangelnder öffentlicher Beurkundung das Testament als formgültig ansehen. Ist es zwar auch kein öffentliches im Sinne des § 2231 Ziff. 1 BGB, so stellt es andererseits auch kein eigenhändiges oder privatschriftliches im Sinne der Ziff. 2 dar. Gegen die englische Form erheben sich nicht mehr Bedenken als gegen die der „außerordentlichen bürgerlichen Testamente" (Kipp). Läßt das Gesetz den Minderjährigen zu einem Dorf-, Seuchen-, Seetestament (§§ 2249ff. BGB) zu, dann wohl auch zu dem englischen Zeugentestament. Weiteres zu dem ausländischen Testament eines deutschen Minderjährigen siehe Erläuterungen zu Art. 24 EG. Das Beispiel zeigt, daß der immer wieder herausgestellte Satz, das Recht des Errichtungsortes entscheide über die Frage, ob eine Urkunde eine öffentliche sei, mit Vorsicht aufzunehmen ist und bei Beurkundungen sinnvoll nur, soweit es sich um die Beweisfunktion handelt, gebraucht werden sollte. Vielleicht empfiehlt es sich, das Wort „öffentliche Urkunde" dort, wo es sich um amtliche Beurkundungen mit materiellrechtlichem Aspekt handelt, besser fallenzulassen und lediglich zu prüfen, ob die Beurkundungsvorgänge gleichwertig in dem oben aufgezeigten Sinne sind, wobei abzuwägen ist, ob die ausländische Beurkundungsbehörde für diese Beurkundung nach ihrem Recht zuständig ist und, wie sie nach ihrem Recht zu verfahren hat, damit die Beurkundung dem gleich steht, was sie nach der lex causae bedeutet.

Lehrreich in diesem Zusammenhang ist die sich aus Art. 999 CC ergebende Problematik. Die französische Rechtsprechung läßt das Testament, das ein Franzose in England, wo es keine öffentlichen Testamente gibt — siehe oben — in englischer Form vor zwei Zeugen errichtet, als öffentliche Urkunde gelten und begegnet durch diese weitherzige Gleichstellung der Schwierigkeit, die ihr der genannte Art. 999 CC bereitet. Dazu Ausführungen zu Art. 25 EGBGB. Der deutsche Richter hat — das Übereinkommen über das auf die Form letztwilliger Verfügungen anzuwendende Recht vom 5. 10. 1961 (BGBl. 1965 II 1145 — Wortlaut Anhang zu Art. 24 EGBGB) soll hier außer Betracht bleiben, wie es die Rechtslage für Erbfälle vor Inkrafttreten des Übereinkommens verlangt — diese Gleichstellung anzuerkennen, wenn es sich um einen französischen Erblasser handelt. Übereinstimmend Frankenstein, IPR I S. 537. Ob einer von dem Erbstatut (Heimatrecht — Heimatstaat Frankreich) erforderten Form, die im Errichtungsstaat (England) übliche kongruent ist, ist im gegebenen Beispiel der Heimatstaat zu entscheiden berufen. Verlangt die lex causae eine bestimmte

Form, so steht ihr die Entscheidung zu, ob diese Form gewahrt ist, selbst wenn die lex fori eine andere Qualifikation hat.

26 Zu β

Stehen für die Form *lex causae* und Ortsrecht zur Wahl und schreibt das Ortsrecht ebenfalls eine **öffentliche Beurkundung** vor, so beurteilt sich die Frage, ob die Ortsform gewahrt ist, auch was die Zuständigkeit und das Verfahren angeht, ausschließlich nach Ortsrecht. Überläßt die Regel „locus regit actum" die Form dem Ortsrecht, so ist damit zugleich das **Verfahrensrecht** bestimmt — dazu oben Rdz. 16. Die Prüfung der Gleichwertigkeit der Urkundsorgane und -vorgänge entfällt dabei.

Beispiel:

Ein Deutscher läßt in Brasilien ein Testament von einem Dritten schreiben, von 5 Zeugen unterzeichnen und dann einem bei diesen Vorgängen nicht anwesenden Notar zur Verschließung übersenden. Die Ortsform sieht das Testament als öffentliches Testament an. Wir beachten dies. Dazu FRANKENSTEIN, IPR I 537 in anderem Zusammenhang.

27 Zu γ

Ist im Gegensatz zu der lex causae nach dem wahlweise zugelassenen Ortsrecht für das in Frage stehende Rechtsgeschäft keine öffentliche Beurkundung oder besondere Form vorgesehen, so kann das Rechtsgeschäft wirksam „formlos" vorgenommen werden. **Voraussetzung** ist, daß das **Ortsrecht** das Rechtsgeschäft **seiner Art nach kennt;** dazu Rdz. 35; wobei es auf die Bezeichnung nicht ankommt; entscheidend ist der Inhalt und gleichartige rechtliche Erfolg.

Beispiel:

Der testamentarische Erbe eines deutschen Erblassers, der mit letztem Wohnsitz in München unter Hinterlassung beweglichen Nachlasses verstorben ist, schreibt aus einem amerikanischen Staate, dessen statutes das Institut der Ausschlagung nicht ausdrücklich eingeführt haben, an das Nachlaßgericht einen formlosen Brief, in dem er erklärt, er verzichte auf die Erbschaft. Man wird diese Erklärung als Ausschlagungserklärung im Sinne der §§ 1942ff. BGB ansehen. Bei testamentarischer Erbfolge läßt das Common Law einen Verzicht der beneficiaries auf die Zuwendungen des Erblassers zu. Der bewegliche Nachlaß geht mit dem Erbfall auf den executor über, dieser händigt nach Zahlung der Nachlaßverbindlichkeiten den verbleibenden Nachlaßrest den beneficiaries aus, diese können auf ihre diesbezüglichen Ansprüche formlos verzichten. Fällt nach deutschem Recht auch die Erbschaft mit dem Erbfall unmittelbar den Erben an, während dies nach Common Law nicht der Fall ist, so rechtfertigt doch ein Vergleich der jeweiligen erbrechtlichen Systematik beider Rechtsordnungen eine Gleichstellung beider Institute. Dazu FIRSCHING, Deutsch-amerikanische Erbfälle S. 122ff., 137; WENGLER, JR 1955, 43. And. A. wohl HABICHT, Anm. 4 zu Art. 11. Die Form einer Ausschlagsungerklärung ist damit nach dem Ortsrecht gewahrt.

28 Das gegebene Beispiel läßt ein weiteres ersehen: **Die Richtung, nach welcher die rechtsgeschäftliche Erklärung abzugeben ist,** — im konkreten Fall gegenüber dem Nachlaßgericht, § 1945 Abs. 1 BGB, — fällt außerhalb des Rahmens des Formbegriffes (der hier nur die Art der Abgabe der Erklärung, wie z.B. Schriftlichkeit, beglaubigte Erklärung, amtlich beurkundete Erklärung, umfaßt). Gesetzliche Bestimmungen machen, worauf schon HABICHT, Anm. 3 zu Art. 11 aufmerksam gemacht hat, vielfach die Wirksamkeit einer rechtsgeschäftlichen Erklärung davon abhängig, daß sie einem anderen, sei es einer Privatperson, sei es einer Behörde, zur Kenntnis kommt oder zumindest die Möglichkeit eröffnet wird, davon Kenntnis zu nehmen.

Beispiel:

Ausschlagungserklärung, § 1945 BGB; Anfechtung der Annahme oder Ausschlagung, § 1955 BGB; Anfechtung eines Erbvertrages nach den §§ 2281, 2282 Abs. 2 BGB; Rücktritt vom Erbvertrag, § 2296 Abs. 2 BGB; Bestimmung eines Testamentsvollstreckers durch einen Dritten, § 2198 BGB; Einwilligung zur Ehelicherklärung, §§ 1726, 1730 BGB; Einwilligungserklärung zur Annahme an Kindes Statt, § 1748 BGB; Anfechtung von Rechtsgeschäften, § 143 BGB; Rücktritt, § 349 BGB; Wiederkauf, § 497 BGB; Anfechtung von letztwilligen Verfügungen, § 2081 BGB.

Das Vorhandensein und die Einhaltung solcher Vorschriften (auch der meist darin gesetzten Fristen) beurteilen sich grundsätzlich nach der lex causae, die Formfrage berühren sie nicht. Daraus folgt hinwiederum: Ist die lex causae ein ausländisches Recht und verlangt dieses tatsächliche Kenntnis des Erklärungsgegners von der Erklärung, so sind die §§ 130, 132 BGB selbst dann unanwendbar, wenn das Rechtsgeschäft in der BRD vorgenommen worden ist. Übereinstimmend HABICHT, Anm. 3 zu Art. 11 EGBGB.

Nicht die Formfrage betreffen Vorschriften, die bestimmte *Gestaltungs- und Anfechtungsklagen* vorsehen, wie sie z.B. das deutsche Recht in §§ 24, 29 EheG (Nichtigkeits-, Aufhebungsklage), §§ 1385, 1386 BGB (Klage auf vorzeitigen Ausgleich des Zugewinnes), § 1599 BGB (Ehelichkeitsanfechtungsklage) § 643a ZPO (Unterhaltsabänderungsklage) oder das schweizerische Recht in Art 522ff. ZGB (Herabsetzungsklage) kennen. Verfahrensrechtliche und materiellrechtliche Elemente sind hier eng verwoben. Für die materiellrechtliche Seite ist die lex causae maßgebend, dem Prinzip nach unabhängig davon beurteilt sich die Frage der internationalen Zuständigkeit. Ihre Lösung wird erschwert durch den Gedanken der wesenseigenen Zuständigkeit eines Gerichts, die immer im Auge zu behalten, jedoch großzügig zu behandeln ist. Ein interessantes Beispiel bietet die Entscheidung in BGHZ 47, 324 (internationale Zuständigkeit eines deutschen Gerichts zur Trennung von Tisch und Bett). 29

Eheschließungen vor dem Standesbeamten bedürfen auch, soweit es die Frage der Gleichwertigkeit von in- und ausländischen Standesbeamten angeht, einer *besonderen Erörterung* — dazu Rdz. 189 — hier mag die Bemerkung genügen, daß insoweit keine Gleichartigkeit besteht.

Gegenüber der öffentlichen Beurkundung eines Rechtsgeschäfts ist die **öffentliche Beglaubigunng** einer Urkunde einer gesonderten Betrachtung zu unterziehen. Beschränkt sich die Tätigkeit einer Urkundsperson auf die Bezeugung der Richtigkeit (Echtheit) der Unterschrift — BGH (4. 4. 1962) BGHZ 37, 79 (86) — gleichgültig, ob dies lediglich zu Beweiszwecken dient oder auch ein sachlichrechtliches Element, wie in den §§ 126 Abs. 1 BGB, 23 Abs. 1 Satz 2 Aktiengesetz, 2 Abs. 2 GmbH-Gesetz vorgesehen, enthalten ist —, so entfällt die innere Berechtigung für die Vorbildung und Qualifikation die gleichen Voraussetzungen zu verlangen wie für öffentliche Beurkundungen. Bei dem heutigen Stand des Urkundswesens kann insoweit von einer annähernden Gleichheit der Urkundsorgane der Kulturstaaten ausgegangen werden. (Übereinstimmend WOLFF, IPR[3] S. 128; RABEL, Conflict[2] II S. 511; RHEINSTEIN, RvglHWB IV S. 368; BÄRMANN, AcP 159, 1; wohl auch MANN, NJW 1955, 1178; PALANDT-LAUTERBACH[28], 3 zu Art. 11 EGBGB; Soergel-Kegel[9], 24, 25 zu Art. 11; ERMAN-ARNDT[4], 6 zu Art. 11 EGBGB). 30

Die spärliche Rechtsprechung stimmt damit überein. OLG Stuttgart (15. 4. 1908) WürttZ 1908, 297 (Unterschriftsbeglaubigung durch schweiz. Gemeinderatspräsidenten); LG Berlin (20. 1. 1926) JW 1926, 626 (Unterschriftsbeglaubigung durch memelländischen Notar); Schl HOLG (19. 12. 1961) SchlHA 1962, 173.

Die BRD ist dem Haager Übereinkommen vom 5. 10. 1961 zur Befreiung ausländischer öffentlicher Urkunden von der Legalisation beigetreten — dazu Zustimmungsgesetz vom 21. 6. 1965, BGBl. II 875, 876; 1966 II 106.

5. Auslandsform 31

α Denkbar ist, daß ein Staat eine *besondere* Form für diejenigen seiner Herrschaft unterliegenden Rechtsgeschäfte anordnet, die im Ausland vorgenommen werden. Man kann diese Form Auslandsform im *materiellen* Sinn nennen. Ein Beispiel hierfür gibt § 2251 BGB. Das dort geregelte sog. Seetestament ist im Inland nicht zugelassen. Der Ausdruck „Auslandsform" ist allerdings insofern ungenau als ein Schiff auf hoher See völkerrechtlich als Inland behandelt, also nicht zum Ausland gerechnet wird.

32 β Die **Beurkundungsbefugnis** staatlicher Beurkundungsorgane ist, wie Rdz. 19 gesagt wurde, in der Staatenpraxis in der Regel **territorial beschränkt.** Dies besagt nicht, daß ein Staat seinen Angehörigen gegenüber staatsrechtlich nicht befugt ist, Hoheitsrechte auf ausländischem Boden auszuüben, so zum Beispiel eine amtliche Beurkundungsbefugnis auch dort zu gestatten. So erteilen denn auch Staaten ihren konsularischen und diplomatischen Vertretern, vereinzelt aber auch wohl anderen Personen, z.B. den im Ausland tätigen Geistlichen heimischer Kirchen, die Ermächtigung, auf fremdem Gebiet in bestimmten Grenzen obrigkeitliche Befugnisse gegenüber den eigenen Staatsangehörigen auszuüben, insbesondere Beurkundungen und öffentliche Beglaubigungen von Willenserklärungen vorzunehmen oder Eheschließungen

Beispiel: Art. 100 spanischer CC — dazu LG Trier (20. 12. 1955) IPRspr. 1953/54 Nr. 100

und Ehescheidungen zu vollziehen. Die rechtsgeschäftlichen und verfahrensrechtlichen Formen sind hier die gewöhnlichen. Das Besondere ist nur, daß die bei dem Rechtsgeschäft mitwirkenden öffentlichen Organe andere als die sonst üblichen sind, nämlich solche, die für den Staat im Ausland tätig sind. Ein beispielsweise von der BRD bestellter „Auslandsstandesbeamter" ist deutscher Standesbeamter. Dazu Raape, IPR[5] S. 216.

Der von Frankenstein, IPR I S. 537 (dort nähere Einzelheiten) für solche Fälle geprägte Ausdruck „Auslandsform" hat hier eine formelle Bedeutung.

Die Ausübung staatlicher Hoheitsakte in einem fremden Staat kann leicht zu Konflikten führen. Solche werden dadurch vermieden, daß ein Einvernehmen mit dem letzteren, tunlichst auf der Basis der Gegenseitigkeit, geschaffen wird. **Konsular-, Freundschafts- und Handelsverträge** sehen vielfach eine Urkundsbefugnis der beiderseitigen Konsularbeamten vor.

Beispiele statt vieler:

Art. 10 *Konsularkonvention zwischen dem Norddeutschen Bund und Spanien* vom 22. 2. 1870, BGBl. 99.

Art. 22 *Freundschafts-, Handels- und Konsularvertrag zwischen dem Deutschen Reich und den Vereinigten Staaten von Amerika* vom 8. 12. 1923 mit Änderungen (RGBl. 1925 II 795; 1935 II 743, BGBl. 1954 II 722). Dazu Gesetz vom 3. 8. 1954, BGBl. II 721 sowie Bekanntmachung vom 20. 11. 1954, BGBl. II 1051; dazu weiter Vertrag vom 29. 10. 1954 nebst Zustimmungsgesetz vom 7. 5. 1956, BGBl. II 487.

Art. 19 *Konsularvertrag zwischen der BRD und dem Vereinigten Königreich von Großbritannien und Nordirland* vom 30. 7. 1956, BGBl. 1957 II 285.

Art. 19 *Konsularvertrag zwischen der BRD und der UdSSR* vom 25. 4. 1958, BGBl. 1959 II 233.

Aber auch wo es an einem solchen Einvernehmen fehlt, kann, mag auch die Ausübung staatlicher Hoheitsrechte in einem anderen Staat völkerrechtlich zu beanstanden sein, die privatrechtliche Gültigkeit der auf ihr beruhenden Rechtsgeschäfte, wie Eheschließung, Testament usw., vom Standpunkt des Absendestaates aus nicht bezweifelt werden. Ob der Empfangsstaat seinerseits sie anerkennen will, ist seine Sache. Unbeteiligte Staaten werden verneinendenfalls annehmen müssen, daß die Ortsform nicht gewahrt ist, wohl aber, daß die Form der für das Rechtsgeschäft maßgebenden Rechtsordnung, also die Rechtsordnung des Absendestaates eingehalten ist. (So mit Recht Frankenstein, IPR I S. 541; wohl auch Nussbaum, IPR S. 142, Fn. 2 gegen Mariolle-Keidel, AöR 1898, 439. Unklar neuerdings Raape, IPR[5] S. 216). Dazu aber auch Wengler, Völkerrecht II S. 966/67:

„Mangels solcher genaueren vertraglichen Bestimmungen dürfen aber die Konsuln .... Notariats und andere Beurkundungsakte vornehmen, die ausschließlich im Entsendestaat ihre Rechtswirkung entfalten sollen."

Für die BRD wird man die Rechtslage auch bei Berücksichtigung von Art. 25 GG wohl in gleicher Weise beurteilen. Ob der Satz, „daß ein Staat auf fremdem Staatsgebiet ohne Einvernehmen mit dem fremden Staat keine Hoheitsrechte gegenüber seinen Angehörigen ausüben kann", eine „allgemeine Regel des Völkerrechts" im Sinne von Art. 25 GG darstellt, erscheint zweifelhaft und ist wohl abzulehnen. Der Problematik wird dadurch die Spitze genommen, daß § 1 des *Deutschen Konsulargesetzes* vom 8. 11. 1867 in der Fassung vom 16. 12. 1950, BGBl. 784 ausdrücklich sagt:

„Sie [die Konsuln] müssen hierbei nach den Bundesgesetzen und den ihnen erteilten Instruktionen sich richten und die durch die Gesetze und die Gewohnheiten ihres Amtsbezirkes gebotenen Schranken einhalten."

Bemerkenswerterweise drückt Art. 5f des *Wiener Übereinkommens vom 24. 4. 1963 über konsularische Beziehungen* den gleichen Gedanken, wie folgt, aus:

„Die konsularischen Aufgaben bestehen darin ... notarielle, standesamtliche und ähnliche Befugnisse auszuüben sowie bestimmte Verwaltungsaufgaben wahrzunehmen, soweit die Gesetze und sonstigen Rechtsvorschriften des Empfangsstaates dem nicht entgegenstehen."

Über konsularische Eheschließungen siehe unten Rdz. 185ff., 194ff. sowie Erläuterungen zu Art. 13 EG.

II. Art. 11 Abs. 1 Satz 1: Die Form des Wirkungsstatuts 33

1. Reichweite des Satzes — Ausnahmen

Die in Absatz 1 Satz 1 enthaltene Regel enthält lediglich eine *Kollisionsnorm* für die *Form* des Rechtsgeschäfts, nicht aber für das ganze Rechtsgeschäft. Die Kollisionsnorm für die Form ergibt sich ihrerseits mittelbar durch die Verweisung auf die Normen, die für das den Gegenstand des Rechtsgeschäfts bildende Rechtsverhältnis maßgebend sind.

Der von der 1. Kommission vorgelegte Entwurf hatte es noch weniger weitgehend lediglich auf das für das Rechtsgeschäft maßgebende Gesetz abgestellt. Da das EGBGB sich jedoch grundsätzlich jeweils mit den Rechtsverhältnissen befaßt, die den Gegenstand von Rechtsgeschäften bilden, war es folgerichtiger, dieser Systematik bei der Fassung unserer Bestimmung Rechnung zu tragen. Das für ein Rechtsgeschäft maßgebende Gesetz ist dabei identisch mit demjenigen, das für die Rechtsverhältnisse, die den Gegenstand eines solchen Geschäfts bilden, maßgeblich ist.

Beispiel:

Ein Ehevertrag beurteilt sich nach Art. 15 EG, der die güterrechtlichen Verhältnisse in seinem Tatbestand aufführt, also die Rechtsverhältnisse, die den Gegenstand des in Frage stehenden Rechtsgeschäfts bilden.

Welches Gesetz „für das den Gegenstand des Rechtsgeschäfts bildende Rechtsverhältnis" maßgebend ist (= lex causae = Wirkungsstatut), ergibt sich teils aus dem Gesetz, sei es unmittelbar, sei es mittelbar, teils aus allgemeinen Grundsätzen des IPR. Der in Satz 1 ausgesprochene Grundsatz gilt also allgemein, nicht etwa nur für die im EG geregelten Materien. Er gilt für schuldrechtliche und sachenrechtliche, für familienrechtliche und erbrechtliche Rechtsgeschäfte. Für die Eheschließung ergibt sich das maßgebliche Recht aus Art. 13 Abs. 1, für den Ehevertrag aus Art. 15, desgleichen für einen vermögensrechtlichen Auseinandersetzungsvertrag anläßlich einer Scheidung — dazu KG (21. 12. 1935) JW 1936, 2466 (ungarisches Recht); für den Adoptionsvertrag aus Art. 22, für das Testament, den Erbvertrag, den Erbverzicht aus Art. 24 Abs. 1, 3 sowie Art. 25 usw. Das internationale Sachen- und Schuldrecht werden im EG nicht geregelt. In dem ersteren herrscht das Prinzip der lex rei sitae; ob also für die Verpfändung eines Pferdes eine Form nötig ist, beurteilt sich nach den Gesetzen des

Staates, in dem sich das Pferd befindet. Im internationalen Schuldrecht herrscht das Prinzip der Parteiautonomie; die von den Parteien für das Rechtsgeschäft gültig gewählte Rechtsordnung ist daher auch für die Form desselben maßgebend, selbst wenn der Hauptvertrag nicht gültig ist. Dazu BGH (29. 11. 1961) JZ 1963, 167 m. Anm. von LÜDERITZ = IPRspr. 1960/61 Nr. 40 = LM Nr. 4 zu Art. 11 = Warn 1961 Nr. 252. Die Wahlfreiheit der Parteien erstreckt sich damit auch auf die Form, die dabei gegebenenfalls sogar einem eigenen, von der lex causae abweichenden Recht unterstellt werden kann — dazu unten Rdz. 53—56. Über die aus dieser Rechtslage erwachsenden Gefahren eines agere in fraudem legis siehe unten Rdz. 145ff.

Ausnahmen: Dazu die Ausführungen zu Rdz. 162ff.

34 **2. Rechtsgeschäft**

Unter den Begriff fallen, wie sich aus den Ausführungen zu 1 ergibt, **nicht nur schuldrechtliche**

Beispiele: Verlagsvertrag — dazu BGH (22. 11. 1955) BGHZ 19, 110 = IPRspr. 1953, 54 Nr. 22 = MDR 1956, 403 m. Anm. POHLE = LM Nr. 15 zu Art. 7ff. EG m. Anm. LINDENMAIER;

sondern auch sachenrechtliche, familienrechtliche

z.B. Verlöbnis — KG (7. 2. 1938) JW 1938, 1715; BGH (21. 11. 1958) BGHZ 28, 376; Adoption — OLG Köln (13. 7. 1962) FamRZ 1964, 466; auch AG Heidenheim (24. 5. 1955) IPRspr. 1953/54 Nr. 126;

erbrechtliche Verträge **sowie sonstige Rechtsgeschäfte,** seien sie einseitige empfangsbedürftige oder nichtempfangsbedürftige. Den Rechtsgeschäften sind die Rechtshandlungen, auf die die Vorschriften über Rechtsgeschäfte entsprechende Anwendung finden, gleichzustellen (ZITELMANN, IPR II S. 158; HABICHT S. 86; NEUBECKER, IbIntRVerk. 1912/13, 76; FRANKENSTEIN, IPR I S. 558).

Dagegen zählen nicht hierher behördliche Akte, mögen sie auch privatrechtliche Wirkungen haben, wie z.B. die Erteilung vormundschaftsgerichtlicher Genehmigungen nach den §§ 1643, 1821ff. BGB, Bestätigungen durch das Gericht der FG nach §§ 1741, 1754 BGB, Zustellungen von Willenserklärungen nach § 132 BGB. Ihre Ausführung unterfällt ausschließlich dem inländischen Verfahrensrecht der Behörde — dazu oben Rdz. 16. Im übrigen beachte dazu Rdz. 5. Weitere Einzelheiten siehe unten Rdz. 102.

35 **3. Form des Wirkungsstatutes — Ortsform**

Die Formvorschrift des Wirkungsstatuts besagt, *ob* und *welche* Form erforderlich ist.

Beispiel:

In der Schweiz wird ein bei einer deutschen Bank bestehendes Guthaben an einen Ausländer abgetreten — deutsches Wirkungsstatut sei unterstellt — Einhaltung der Form des Wirkungsstatuts genügt. Art. 11 Abs. 1 S. 1 EG. Dazu BGH (28. 10. 1957) IPRspr. 1956/57 Nr. 32.

Ist der Formvorschrift des **Wirkungsstatuts** genügt, so ist das Rechtsgeschäft formgültig, wie immer sich das Gesetz des Errichtungsortes dazu stellt.

Beispiel:

Ein Deutscher testiert in Lissabon privatschriftlich gemäß §§ 2231, 2247 BGB. Das Testament ist formgültig, ungeachtet dessen, daß das portugiesische Recht es für formnichtig erklärt, weil es dem Satze locus regit actum zwingende Bedeutung beilegt, also die Beachtung der Ortsform, d.h. die Einhaltung der portugiesischen Formvorschriften verlangt, in Portugal aber nur öffentliche Testamente zugelassen sind.

Verweist das Wirkungsstatut zwingend auf die Ortsform, so genügt vom deutschen Standpunkt aus gesehen die Einhaltung der internen Form des Wirkungsstatuts im allgemeinen im Bereich des Schuldvertragsrechts; übereinstimmend ERMAN-ARNDT[4] 2 zu Art. 11; SOERGEL-KEGEL[9], Rdz. 4 zu Art. 11; — dazu Rdz. 40.

Zur Rück- und Weiterverweisung im übrigen siehe Rdz. 38ff., 57ff.
Zwingend wird die Form des Wirkungsstatuts dann, wenn das Recht des Errichtungsortes ein Rechtsgeschäft der zu beurteilenden Art überhaupt nicht kennt, wenn, um mit RAAPE IPR[5] S. 215 zu sprechen, der Satz „locus regit actum" in das Leere stößt. Dazu oben Rdz. 27 sowie unten Rdz. 129ff.
Zwingend ist die Form des Wirkungsstatuts nach Art. 11 Abs. 2 EG vorgeschrieben für die Form von Rechtsgeschäften, durch die ein Sachenrecht begründet oder über ein Sachenrecht verfügt wird. Wirkungsstatut ist dabei immer die lex rei sitae — dazu unten Rdz. 154ff.

4. Qualifikation 36

Im Bereich des Absatzes 1 Satz 1 verliert die Qualifikationsfrage ihr Gewicht. Ob eine Form oder eine materiellrechtliche Vorschrift vorliegt, kann im allgemeinen dahingestellt bleiben, da grundsätzlich die Vorschriften des gleichen Rechtssystems zur Anwendung kommen, die Rechtswahlfrage damit keine weiteren Schwierigkeiten bietet. Von Bedeutung könnte sie etwa dann werden, wenn das Wirkungsstatut seinerseits (sekundäre Anknüpfung) hinsichtlich der Form zwingend (wie es z.B. das niederländische Recht tut) auf das Ortsrecht verweist und diese Ortsform nicht eingehalten worden ist. Zur Problematik der Verweisungen siehe unten Rdz. 39ff., 57ff.
Zur Qualifikation siehe im übrigen unten Rdz. 63ff.

5. Gleichwertigkeit von in- und ausländischen Beurkundungsakten 37

Wie oben Rdz. 25, 30 dargetan, wird die Frage der Gleichwertigkeit solcher Akte bedeutsam, wenn das Wirkungsstatut für die Form maßgeblich ist und öffentliche Beurkundungsakte in einem Staat getätigt worden sind.

Beispiel:
Deutsche Ehegatten schließen vor einem englischen notary public einen Erbvertrag.

6. Rück- und Weiterverweisung 38

a) *Das Prinzip*

Erklärt das aufgrund unserer Rechtswahlnorm für das Rechtsgeschäft als maßgeblich gefundene Recht seinerseits das Recht eines anderen Staates, sei es des unsrigen, sei es eines dritten für maßgebend, so taucht auch für die Form des Rechtsgeschäfts die Frage der Rück- oder Weiterverweisung auf. Eine einheitliche Antwort läßt sich darauf nicht geben. Wollte man sagen, daß die „Gesetze" von denen Satz 1 spricht, sofern sie ausländische sind, auch die Kollisionsnormen des ausländischen Staates in sich begreifen, die Verweisung auf diese Gesetze also eine Gesamt- und nicht bloß Sachnormverweisung ist, so wäre das zu weitgehend. Art. 11 läßt die Frage offen, welche Gesetze für ein Rechtsgeschäft maßgebend sind und folglich über seine Formbedürftigkeit entscheiden — dazu oben Rdz. 33; er läßt folglich auch die Frage offen, ob die von dem maßgebenden Gesetz ausgesprochene Rück- oder Weiterverweisung für den deutschen Richter beachtlich ist. Diese Frage ist vielmehr nach den jeweils einschlägigen Kollisionsnormen und Grundsätzen zu entscheiden.

b) Die *Anwendung* dieser Gedanken ergibt folgendes: Untersteht das den Gegenstand des Rechtsgeschäftes bildende Rechtsverhältnis kraft Rückverweisung dem deutschen Recht, sei es kraft, sei es analog Art. 27 EG, so ist das deutsche Recht zugleich für die Form maßgebend; die Rückverweisung gilt somit auch bezüglich der Form. Jene ist dann abzubrechen, es verbleibt bei der Anwendung der deutschen Sachnormen. RG (15. 2. 1912) RGZ 78, 234; RG (2. 6. 1932) RGZ 136, 361 (366); BGH (5. 6. 1957) BGHZ 24, 352. Der dem Satz 1 unterliegende Gedanke ist: diejenige Rechtsordnung, die das Rechtsgeschäft im allgemeinen beherrscht, soll auch über seine Form bestimmen. 39

Beispiel:

Ein Däne hat seinen letzten Wohnsitz in Hamburg. Er wird, da Dänemark dem Domizilprinzip folgt, gemäß Art. 27 nach deutschem Recht beerbt. Folglich beurteilt sich auch die Form des von ihm geschlossenen einseitigen Erbvertrages nach deutschem Recht.

Entsprechendes gilt im Falle der Weiterverweisung. Hatte der dänische Erblasser seinen letzten Wohnsitz in Bern, so beurteilt sich die Form des von ihm geschlossenen Erbvertrages nach schweizerischem Recht (vorbehaltlich des Satzes 2).

40 Bei schuldrechtlichen Verträgen genügt dem Grundsatz nach die Einhaltung der Form des Wirkungsstatuts, selbst wenn dessen IPR die Ortsform zwingend vorschreibt. Eine einheitliche deutsche Meinung zu der in diesem Bereich gegebenen Problematik fehlt freilich. Der BGH (14. 2. 1958) NJW 1958, 750 hat im sog. Drahtfall dem OLG Frankfurt (13. 11. 1956) IPRspr. 1956/57 Nr. 24 (dazu BGH LM Art. 27 EG Nr. 3, LM § 480 BGB Nr. 2 sowie NJW 1960, 1721; Frankfurt, NJW 1967, 501) folgend die Rückverweisung im internationalen Schuldvertragsrecht dann als zulässig angesprochen, wenn mangels weiterer Anhaltspunkte an den Erfüllungsort angeknüpft wird; in einer weiteren Entscheidung (sog. Schokoladefall) vom 9. 6. 1960, NJW 1960, 1720 = LM Art. 7ff. EGBGB Nr. 13 hat das gleiche Gericht eine Weiterverweisung in einem solchen Falle als möglich gehalten. Während insbesondere RAAPE [„Die Rückverweisung im internationalen Schuldrecht“: NJW 1959, 1013; IPR[5] S. 77ff. ebenso MEIER, IPR (Schuldrecht) in Europa: NJW 1962, 323, 325; KREUZER, Das IPR des Warenkaufs (1964) S. 285ff.; HARTWIEG, Der renvoi im internationalen deutschen Vertragsrecht (1967) S. 152, 156; GAMILLSCHEG, Besprechung zu Soergel-Kegel in RabelsZ 27, 1962, 591ff.] den renvoi bei obligatorischen Verträgen schlechthin ablehnt, will KEGEL (in SOERGEL-KEGEL[9] Vorb. 218 vor Art. 7ff.; IPR[2] S. 130) ihn lediglich bei einer Anknüpfung an den ausdrücklich oder stillschweigend erklärten Parteiwillen ausschließen, ihn also bei einem Zurückgehen auf einen hypothetischen Parteiwillen oder den Erfüllungsort als maßgeblich behandeln, da es sich in diesen Fällen um eine objektive Anknüpfung handle. Richtig erscheint es, dem BGH zu folgen. Haben die Parteien ohne weitere Detaillierung einen Schuldvertrag ausdrücklich oder stillschweigend einem bestimmten Recht unterstellt, so beinhaltet dies, stellt man es auf den Parteiwillen ab, eine auf die Sachnormverweisung beschränkte Rechtswahl, ein renvoi ist insoweit abzulehnen. Ebenso die schweizerische Rechtsprechung: BG (21. 10. 1955) BGE 81 II 391. Der Interessenlage der Parteien entspricht es aber, bei einem hypothetischen Parteiwillen ebenso zu verfahren. Sicherlich ist der Parteiwille hier verobjektiviert, aber — das wird man Kegel entgegenhalten — die Berücksichtigung des individuellen Moments überwiegt. Insoweit übereinstimmend NEUHAUS, Grundbegriffe S. 189; GAMILLSCHEG, RabelsZ 27, 1962, 591—592. Anders liegt es bei der „Verlegenheitslösung“ Anknüpfung an den Erfüllungsort. Hier wird ohne Rücksicht auf Parteiwillen und Interessenlage pauschal vorgegangen und „mechanisch“ angeknüpft. Warum sollte man, meint zutreffend GRAUE; „Rück- und Weiterverweisung im internationalen Vertragsrecht“ in AWD 1968, 121 (129) unter Bezugnahme auf RABEL, Conflict[2] II S. 482 sowie MEZGER, Rev. crit. 47. 1958, 555 bei einem solchen „traditionellen Auffangskriterium“ anders verfahren als etwa im internationalen privatrechtlichen Familien- und Erbrecht, wo der renvoi allgemein zugelassen ist. Übereinstimmend MELCHIOR, Grundlagen S. 238, 239; PALANDT-LAUTERBACH[28], 3 zu Art. 27 EG. Anders die schweizerische Rechtsprechung, die mangels einer Vereinbarung die Sachnormen des Staates, mit dem der Vertrag räumlich am engsten zusammenhängt, wählt: BG (21. 10. 1955) BGE 81 II 391.

Beispiel:

Eine deutsche Firma kauft von einer holländischen Firma. Nach der deutschen Praxis ist mangels eines feststellbaren realen hypothetischen Parteiwillens für jede Partei das Recht ihres Erfüllungsortes maßgebend, für die holländische Firma daher holländisches Recht. Daß der holländische Richter dem Rechtsgeschäft das Recht des Abschlußortes zugrunde legt, also, wenn das Geschäft in Düsseldorf abgeschlossen wurde, deutsches Recht, wird der deutsche Richter beachten. Für die Form folgt daraus, daß deutsches Recht zu berücksichtigen ist.

Spricht der ausländische Staat bezüglich des Rechtsverhältnisses eine teilweise Rück- bzw. Weiterverweisung aus, so ist dies folgerichtig (Art 11 Abs 1 Satz 1) auch für die Form des Rechtsgeschäfts, dessen Gegenstand das Rechtsverhältnis bildet, zu beachten. 41

Beispiel:

Ein Nordamerikaner verstirbt mit letztem Domizil in Berlin. Vorhanden sind beweglicher Nachlaß sowie ein Grundstück in den US. Der Verstorbene wird im allgemeinen nach deutschem Recht als der lex domicilii (Art. 27 EG), bezüglich des Grundstücks jedoch nach amerikanischem Recht als der lex rei sitae beerbt. Die Formgültigkeit des Testaments wird, soweit beweglicher Nachlaß in Frage steht, nach deutschem Recht, soweit es sich um das Grundstück handelt, nach amerikanischem Recht (Recht des Belegenheitsstaates) beurteilt, — vorbehaltlich des Satzes 2 (locus regit actum).

Hat der *ausländische* Staat, dessen Rück- oder Weiterverweisung kraft oder analog Art. 27 beachtlich ist, besondere Verweisungsnormen hinsichtlich der Form des Rechtsgeschäfts aufgestellt, so ist diese spezielle Rück- oder Weiterverweisung für den deutschen Richter bindend. Dem steht nicht entgegen, daß auf diese Weise möglichenfalls die Formvorschrift eines Rechts anzuwenden ist, das das Rechtsverhältnis nicht als Gesamtheit beherrscht.

Beispiel:

Ein Angehöriger des Staates New York, domiziliert in München, ist 1963 (also vor Inkrafttreten des Übereinkommens über die Form letztwilliger Verfügungen vom 5. 10. 1961, BGBl. 1965 II 1145; 1966 II 11!) unter Hinterlassung eines Testamentes, das er in Paris in der Form seines Heimatstaates (Zweizeugentestament!) errichtet hatte, verstorben. Der Nachlaß besteht aus beweglichem Vermögen. Erbstatut ist kraft Rückverweisung Domizilrecht, also deutsches Recht. Damit ist grundsätzlich deutsches Recht nach Art. 11 Abs. 1 S. 1 EG als Wirkungsstatut auch für die Form des Testaments maßgebend, hiernach wäre das Testament formunwirksam.

Zu berücksichtigen sind allerdings die Sonderanknüpfungen des New Yorker Rechts für die Testamentsform; § 3—5.1c (2) ESTATES, POWERS and Trust LAW (1966) nennt neben dem Domizilrecht auch das Recht des Errichtungsortes. Darüber hinaus wird man auch eine Verweisung auf das Heimatrecht des Testators annehmen müssen. Schon LORENZ (NiemeyersZ 30, 334 (338)) hat unter Hinweis auf die New Yorker Rechtsprechung (Matter of Rubens, 13. 11. 1908 (128 App. Div. 626) sowie 195 (New York 527) hervorgehoben, es genüge vom Standpunkt des anglo-amerikanischen Rechts her auch bei im Ausland errichteten Testamenten die Wahrung der Form des Heimatrechts. [Der Gesichtspunkt wurde vom OLG Karlsruhe (13. 12. 1919) OLG 40 (E) 159 übersehen (US-Angehöriger — New York — errichtete in Baden-Baden ein Zweizeugentestament!)]. In diesem Sinn wird man § 3—5.1c (1) Estates, Powers and Tursts Law (1966) auslegen, wonach im Probate-Verfahren von dem Nachlaßgericht in New York schlechthin jedes Testament anerkannt wird, das der Form des internen Rechts von New York entspricht. Dazu FERID-FIRSCHING, Int. Erbrecht III US-Texte Nr. 30a Anm. zu § 23 Dec. Estate Law; siehe weiter ebenda Bd. I Deutschland, Grundzüge Rdz. 48 S. 19. So auch AG München (3. 12. 1963) VI 5486, 63. Siehe weiter RAAPE, IPR 5 S. 423. Kritisch BEITZKE in Festschrift für Lewald (1953), S. 235. *Ergebnis:* Man wird die Heimatform als anwendbar ansehen, so daß deutsches Recht im allgemeinen, amerikanisches Recht im besonderen, nämlich bezüglich der Form zum Zuge kommt. Das Problem wird bei Kollisionen mit englischem Recht im Hinblick auf den bisher geltenden *Lord Kingsdown's Act (1861)* — dazu Erläuterungen zu Art. 24, 25 — bedeutsam und ist in gleicher Weise zu lösen. Zum heutigen Rechtszustand im englischen Recht siehe Erläuterungen zur Art. 24, 25 sowie HENRICH in Ferid-Firsching III Großbritannien Grundzüge Rdz. 23ff., 54ff.

Die Verantwortung für die Zwiespältigkeit kann und muß dem Heimatrecht überlassen werden. Der deutsche Grundsatz der Einheit von Geschäfts- und Formstatut kann um so weniger dagegen angeführt werden, als das Gesetz ihn selbst, wie die meisten Rechtsordnungen, in Satz 2 durchbrochen hat.

Der Fall einer speziell die Form betreffenden Rück- und Weiterverweisung ist auch dann gegeben, wenn der zuständige Staat dem Satz locus regit actum zwingende, nicht, wie die meisten Staaten, so auch der unsrige, bloß nachgiebige Bedeutung beilegt. Im Rahmen des Absatzes 1 Satz 1 wird man einen solchen renvoi beachten. Übereinstimmend RAAPE, IPR[5] S. 233; ERMAN-ARNDT[4], 9 zu Art. 11. Dazu unten Rdz. 59.

42 **7. Vorbehalt des Art. 30 EG**

a) Grundsätzliches

Der Vorbehalt des Art. 30 EG erfaßt auch die Vorschrift des Absatzes 1 Satz 1. Der Satz, durch die Anerkennung der Ortsform sei eine Berufung auf Art. 30 EG ausgeschlossen, (PALANDT-LAUTERBACH[28], 6b zu Art. 13 unter Berufung auf Celle MDR 1958, 101 — die Entscheidungsgründe dieses Urteils stützen den oben gebrachten Satz in dieser weiten Form nicht; so sagen denn auch PALANDT-LAUTERBACH[28] an anderer Stelle 2 zu Art. 11 unter Hinweis auf OLG 3, 263: „Die Anwendung von EG 30 ist auch gegenüber Formvorschriften möglich." NIEDNER, 7 zu Art. 11 meint wenig überzeugend, Art. 11 Abs. 2 sei bereits ein Anwendungsfall des Art. 30 und dessen Anwendung damit erschöpfend individualisiert; im Falle des Absatzes 1 Satz 2 sei daher Art. 30 EG auszuschließen) läßt sich in dieser Allgemeinheit wohl nicht halten und vermag schon deshalb nicht zu überzeugen, da auch die durch Art. 11 Abs. 1 Satz 2 zugelassene ausländische Ortsform, wie RAAPE (Vorauflage C III 1c' zu Art. 13) es ausdrückt, unter dem „Richtschwert" des Art. 30 EG steht. Dazu FRANKENSTEIN, IPR I S. 557. So ergibt denn auch die Wendung des Urteils des OLG Celle vom 18. 10. 1957 „Die Eheschließung als solche für ungültig zu erklären, besteht aber weder eine rechtliche Handhabe, da die Form der Eheschließung nicht anstößig ist ....", daß die Prüfung, ob die Form einer Eheschließung anstößig im Sinne des Art. 30 EG ist, nach Ansicht des Gerichts durchaus seine Berechtigung hat und geboten ist. Man wird dabei 2 Fälle auseinanderhalten müssen:

43 α Ein ausländischer Rechtssatz ist **an sich nicht anstößig,** wohl aber seine **Anwendung im einzelnen Falle.** Die Frage stellt sich vor allem beim sog. arglistigen Statutenwechsel. Dazu RAAPE, IPR[5] S. 94. Im Bereich des Art. 11 Abs. 1 Satz 1 EG kommt dieser Variante keine große Bedeutung zu, da hier in der Regel die Möglichkeit der Wahl der Ortsform den Vorbehalt des Art. 30 EG ausschalten wird.

44 β Ein ausländischer Rechtssatz ist **seiner Natur nach** in unseren Augen **anstößig.** Anstößig kann das ausländische Recht sein, wenn es eine Form gestattet, die unser sittliches Empfinden verletzt, — man denke an die inzwischen wieder aufgegebene sog. faktische Sowjetehe; dazu LG Halle (7. 12. 1935) StAZ 1936, 356; LG Berlin (19. 10. 1937) JW 1938, 2402; (12. 10. 1939) StAZ 40, 112 = DJ 40, 249; RG (7. 4. 1938) RGZ 157, 257 — zur registrierten Sowjetehe siehe RG (22. 10. 1930) JW 1931, 1334 oder an die formlose common law-Ehe von US-Staaten, die nudo consensu geschlossen werden kann. Beachte dazu die Erläuterungen zu Art. 13. Anstoß kann es ferner erregen, wenn das ausländische Recht eine übermäßig schwere Form verlangt oder eine Form, die dem Grundsatz der Religionsfreiheit widerspricht. Siehe MENDELSSOHN-BARTHOLDY, in NiemeyersZ 22, 333 zu dem Fall Swift.

Eine ausländische Formvorschrift kann schließlich auch durch das mißfallen, was sie über die Folgen der Nichtbeachtung einer Form vorschreibt, wenn sie z. B. die formwidrig geschlossene Ehe als eine Nichtehe, als ein matrimonium non existens behandelt, also eine Nichtigkeitserklärung oder Feststellung der Nichtigkeit der äußerlich vorhandenen Ehe für unnötig erklärt. Der Fall Swift (dazu NIEMEYER, IPR[2] 136 — der jedoch gerade in den hier zu erörternden Punkten nicht weit genug geht) zeigt, daß auch dann, wenn eine der Form nach gültige

Eheschließung (gültig im Sinne des ausländischen Rechtes) nicht vorliegt, Veranlassung bestehen kann, gleichwohl die Ehe entgegen dem ausländischen Recht als eine zunächst vorhandene solange zu behandeln, bis ein Gericht über ihre Unwirksamkeit befunden hat, insbesondere bis dahin keine neue Eheschließung im Inland zuzulassen.

Daß die ausländische Formvorschrift in der einen oder anderen angedeuteten Beziehung unseren Anstoß erregt, rechtfertigt allein noch nicht ihre Nichtanwendung. Damit die Vorbehaltsklausel des Art. 30 EG eingreifen kann, ist das **Vorhandensein einer gewissen Inlandsbeziehung nötig,** wobei die Anwendung der ausländischen Formvorschrift nach den besonderen Umständen des Einzelfalles als anstößig erscheinen muß. Die Ehe von Angehörigen der US, die sich in ihrer Heimat in der Ortsform nudo consensu gültig verheiratet und jetzt ihren Wohnsitz in Deutschland haben, wird man als wirksam ansehen. Wir haben keinen Grund, ihre Ehe als unwirksam anzusprechen, während ihr Heimatstaat sich mit einer solchen Form begnügt. Die Inlandsbeziehung „Wohnsitz" dürfte nicht stark genug sein, um die Anwendung des Art. 30 EG zu rechtfertigen. Dazu auch Batiffol, Traité[4] Nr. 420. Anders wird man die Rechtslage beurteilen, wenn es sich um einen deutschen Ehepartner handelt. Die wohl überwiegend heute in der Literatur vertretene Meinung geht auch in einem solchen Falle schlechthin von der Wirksamkeit einer solchen Ehe aus. So Kegel, IPR[2] S. 262; Palandt-Lauterbach[28] 6b zu Art. 13. Befriedigen kann diese Ansicht nicht. Es ist wohl unbestreitbar, daß es keinen Rechtsakt gibt, der nach seiner Bedeutung so sehr der Form bedarf wie eine Eheschließung. Raape fragt (Vorauflage C III 1c zu Art. 13): 45

„Wir schützen den Deutschen gegen ausländisches Recht, das eine formlose Schenkung oder eine formlose Verbürgung für gültig erachtet, aber ein Deutscher, der im Ausland in eine Ehe nudo consensu gestolpert ist, soll nicht geschützt werden?" Bemerkenswert ist, daß in den US die gleichen Einwände gegen die common law-Ehe vorgebracht werden — dazu Spieß, Die ungültige Ehe im Recht der Vereinigten Staaten, Diss. Köln 1964, S. 59 unter Hinweis auf Cook, Atl. Monthly 61—249. Richtiger dürfte es sein, es auf die Umstände des Einzelfalles abzustellen (dazu Raape, IPR[5] S. 250; so wohl auch Nussbaum, IPR S. 142 Fn. 4) und die Wirksamkeit dann abzulehnen, wenn die Anerkennung gegen den Schutzzweck der deutschen Formvorschriften in unerträglichem Maße verstieße. Die Wirksamkeit ist anderseits insbesondere dann zu bejahen, wenn z.B. die Dauer des Zusammenlebens die anstößige Form als nach Treu und Glauben behoben erachten läßt. Richtschnur für die Dauer kann § 17 Abs. 2 deutsches EheG bilden. Die Rechtsprechung, auf die sich die oben abgelehnte Meinung stützt, hatte es, wenn sie die Wirksamkeit bejahte, durchwegs mit derartigen Fällen zu tun. Dazu RG (26. 10. 1932) RGZ 138, 214; (7. 4. 1938) 157, 257; LG Halle (7. 12. 1935) StAZ 1936, 356.

Als Gegenbeispiel nehme man folgenden Sachverhalt:

Ein 21 jähriger deutscher Student und eine 21 jährige deutsche Studentin, die sich auf einem Ferienaufenthalt in den US befinden, gehen telefonisch (Spieß, a.a.O. 63 vermerkt Fälle, in denen die Eheleute telefonisch geheiratet haben) eine common law-Ehe in Miami/Florida (US), wo diese Form zugelassen ist, ein. Nach der Rückkehr nach Deutschland klagt die Studentin auf Feststellung der Unwirksamkeit der Ehe infolge Formmangels.

Ein deutsches Gericht wird Art. 30 EG anwenden und der Klage stattgeben. Allerdings ist gerade auf dem Gebiet des Eherechts besondere Zurückhaltung mit der Bejahung eines Verstoßes gegen ordre public geboten.

Beispiel:

Zwei Deutsche schließen vor einem nach chilenischen Recht unzuständigen Standesbeamten die Ehe. Die Wirkungen der Verletzung der Form des Ortsrechts (Nichtigkeit!) können nicht etwa unter Hinweis auf § 15 Abs. 1, § 16 EheG unter Heranziehung des ordre public - Gesichtspunkts ausgeschaltet werden. Dazu OLG-Celle (20. 8. 1963) NJW 1963, 2235. Dazu unten Rdz. 193.

Sind die Voraussetzungen der Vorbehaltsklausel gegeben, so ist sie, da es sich um eine Einwendung handelt, von Amts wegen zu beachten und nicht nur dann, wenn sich der Geschützte darauf beruft. Dem Geschützten soll keine Spekulation auf Kosten des Gegeners gestattet werden.

46 **b) Anwendung in bezug auf die §§ 311, 313, 518, 766 BGB**

Steht somit fest, daß auch die ausländischen Formvorschriften nur mit dem in Art. 30 EG gemachten Vorbehalt anzuwenden sind, so erhebt sich die bedeutsame Frage, ob und inwieweit der Schutzzweck gewisser deutscher Formvorschriften (§§ 311, 313, 518, 766, 2348 BGB) die Nichtanwendung des widersprechenden ausländischen Rechts, immer unter der Voraussetzung einer gewissen Inlandsbeziehung des Falles, rechtfertigt. Beanspruchen mit anderen Worten diese Vorschriften stillschweigend eine überstaatliche Reichweite? Enthalten sie versteckt eine Kollisionsnorm, einen positiven Vorbehalt des Art. 30 EG, der die Anwendung des eigenen Rechts in Grenzfällen sichert? Dazu RAAPE, IPR[5] S. 93 — dagegen SCHÖNENBERGER-JÄGGI, Bd. V 1a Allgemeine Einleitung zum IPR, Rdz. 110. Verstößt die Anwendung des an sich maßgebenden ausländischen Rechts unter gewissen Voraussetzungen gegen ihren Zweck? Zu weit dürfte es gehen, diese Frage schlechthin zu verneinen. Andererseits ist große Zurückhaltung geboten.

α Die Partei ist Ausländer.

Zurückhaltung ist vor allem geboten, wenn die verpflichtete Partei Ausländer ist, so daß die wichtigste Inlandsbeziehung und damit das wichtigste Inlandsinteresse, beruhend auf der Staatsangehörigkeit (Personalstatut) des Verpflichteten, fehlt, die Inlandsbeziehung vielmehr nur auf dem inländischen Wohnsitz oder dem inländischen Aufenthaltsort des Verpflichteten oder auf dem inländischen Errichtungsort des Geschäftes beruht.

Beispiel:
Ein in Hamburg wohnhafter Schweizer, ein Privatmann, verbürgt sich telegrafisch einem in der Schweiz wohnhaften Gläubiger seines gleichfalls in der Schweiz wohnhaften Bruders; es wird unterstellt, daß wie die Haupt-, so auch die Bürgschaftsschuld unter schweizerischem Recht steht. Nach letzterem ist die Bürgschaft formgültig. Zwar verlangt OR Art. 493 Schriftform für die Bürgschaft, aber nach Art. 13 Abs. 2 ebenda gilt als Schriftform auch der Brief oder das Telegramm; nach deutschem Recht (§§ 766, 127 BGB) verhält sich das anders, ist also die Bürgschaft formnichtig. Verlangt nun § 766 BGB die Nichtanwendung des Schweizer Rechts, da der Bürge, wenn auch nicht durch die Staatsangehörigkeit, so doch durch den Wohnsitz mit dem Inland verbunden ist und insofern das Inlandsinteresse berührt wird? Man wird das verneinen. Erst recht gilt das Gesagte, wenn der Ausländer hier nur seinen Aufenthalt hat oder wenn hier lediglich das Geschäft errichtet worden ist.

Weiteres *Beispiel:*
Ein Däne, der sich in Hamburg studienhalber aufhält, macht von hier aus einem Angehörigen in Kopenhagen ein briefliches Schenkungsversprechen. Nach dänischem Recht, das, wie unterstellt wird, das Geschäft beherrscht, ist das Versprechen gültig; sogar ein mündliches Versprechen würde gültig sein. NEUBECKER, *Mitgift* 104, IbIntRVerk. 1912/13, 79. Nach deutschem Recht — § 518 BGB — ist es formnichtig. Die Anwendung des dänischen Rechts verstößt hier gewiß nicht gegen den Zweck der deutschen Formvorschrift. Inländischer Aufenthalt des Schenkers und inländischer Schenkungsort reichen nicht hin, um den Vorbehalt des Art. 30 EG in Tätigkeit zu setzen. Allgemein kann man wohl sagen: Ist der Verpflichtete Ausländer, so steht der Anwendung der an und für sich maßgebenden ausländischen Formvorschrift der Zweck der deutschen nicht entgegen, abgesehen vielleicht von ganz besonders gelagerten Fällen.

47 **β Die Partei ist Deutscher** (oder eine einer solchen internationalprivatrechtlich gleichgestellte Person).

Wie beurteilt sich die Rechtslage, wenn der Verpflichtete ein Deutscher ist?

Beispiel:

Ein in der Schweiz wohnhafter Deutscher verbürgt sich von Hamburg aus gelegentlich einer Reise telegrafisch dem Schweizer Gläubiger seines gleichfalls in der Schweiz wohnhaften Bruders für eine Schuld von 2000 Franken.

Oder er macht von Westerland aus, wo er im Bade weilt, seiner Schwiegermutter, einer Schweizerin, brieflich ein Schenkungsversprechen. Schuldstatut ist, wie unterstellt wird, in beiden Fällen schweizerisches Recht. Also gelten auch die Schweizer Formvorschriften. Nach diesen sind beide Geschäfte formgültig. Was das Schenkungsversprechen angeht, so folgt dies aus OR Art. 243, wonach Schriftlichkeit also nicht mehr erforderlich ist, und aus Art. 13 Abs. 2, wonach als schriftliche Form auch der Brief gilt. Nach deutschem Recht sind beide Versprechen formungültig.

Verstößt die Anwendung des ausländischen Rechts in dem gegebenen Beispiel gegen den Schutzzweck der deutschen Formvorschriften?

Man wird die Frage verneinen. Zwar ist der Versprechende ein Deutscher, aber es geht zu weit, wollte man aus diesem Grund auf der Anwendung der deutschen Formvorschriften bestehen. Bemerkenswert ist in diesem Zusammenhang die zwiespältige Haltung der schweizerischen Rechtsprechung und Theorie. Dazu Schönenberger-Jäggi, Bd. V 1a Einleitung zum IPR, Rdz. 128. Während nach der Rechtsprechung des schweizerischen Bundesgerichts (BGE 64 II 350) für schweizerische Bürgen bei einer im Ausland eingegangenen Bürgschaft die Beachtung der Form des Rechts am ausländischen Errichtungsort allein nicht verpflichtete, schränkte die Theorie diese Ansicht dahin ein, daß lediglich für die Bürgen, die zur Zeit der Errichtung der Bürgschaft ihren Wohnsitz in der Schweiz haben, die Vorbehaltsklausel der schweizerischen Formvorschrift bindend sei. Neuerdings läßt man auch im Hinblick auf den Handelsverkehr diese Einschränkung fallen; siehe das von Schönenberger-Jäggi, Rdz. 128 erwähnte Urteil des AppG Basel SJZ 1946, 154 Nr. 51 sowie BGE 84 I 123/26; man tritt dafür ein, daß überhaupt nur noch der Fall der Gesetzesumgehung, d.h. die Verlegung des Abschlusses der Bürgschaft durch in der Schweiz wohnhafte Personen im Ausland zum Zwecke der Umgehung der schweizerischen Formvorschriften unter den Vorbehalt falle. So Schönenberger-Jäggi, Rdz. 128. Man wird dem auch für das deutsche Recht zustimmen.

Daß deutsches ius cogens nicht angewendet wurde, rechtfertigt nicht allein schon die Heranziehung des Art. 30. Dazu BGH (30. 1. 1961) MDR 1961, 496 (Vereinbarung niederländischen Rechts und Gerichtsstands durch einen niederländischen Unternehmer mit einem deutschen Handelsvertreter, der seine Niederlassung in der BRD hat, verstößt nicht gegen den Zweck eines deutschen Gesetzes — § 89b HGB — im Sinne des Art. 30 EG; „der zwingende deutsche Rechtssatz muß vielmehr von so grundlegender und weittragender Bedeutung sein, daß er abweichende ausländische Regelungen ausschließen will“ — dazu auch BGHZ 22, 162 (167).

Daß die Formvorschriften anderenfalls ihren Zweck verfehlen würden, kann man nicht behaupten. Der Gesetzgeber hat bei ihnen wie bei jeder anderen Sachvorschrift vorausgesetzt, daß überhaupt nach den Grundsätzen des IPR das Versprechen deutschem Recht unterliegt.

Zweifel werden hauptsächlich dann entstehen, wenn die Geltung des ausländischen Rechts auf bloßer *Vereinbarung* beruht, während die Partei ihren Wohnsitz, also den Mittelpunkt ihrer Lebensbeziehungen, im Inland hat. 48

Beispiel:

Ein Deutscher, wohnhaft in München, verspricht seiner mit einem Schweizer verheirateten Schwester gelegentlich ihres Besuches daselbst schriftlich eine größere Summe; schweizerisches Recht wird dabei maßgebend vereinbart.

Ist die Unterstellung unter das schweizerische Recht lediglich deshalb vereinbart, um den von § 518 BGB gebotenen Weg zum Notar zu sparen, so könnten, worauf Raape, *a.a.O.* hinweist, Zweifel an einer ernstlichen Unterwerfung unter das ausländische Recht bestehen; verneint man die Ernstlichkeit, so wäre die Unterwerfung nichtig (§ 117 BGB); dann würde deutsches Recht und folglich auch § 518 BGB gelten. Das Versprechen wäre schon aus diesem Grunde formnichtig, ohne daß es des Art. 30 EG bedürfte.

Wer die Ernstlichkeit der Unterwerfung unter das schweizerische Recht (zwecks Umgehung der deutschen Formvorschrift!) bejaht, wird dennoch dessen Anwendung ablehnen. Ist man der (von der heutigen deutschen Lehre wohl überwiegend aufgegebenen) Ansicht (dazu die von Moser 146ff., 153ff. sowie Raape, IPR[5] S. 456 Fn. 3 zitierte ältere Literatur), die „Parteiautonomie" gelte nur in der von der Rechtsordnung der lex fori oder des primären Statuts gesetzten Grenzen (im Ergebnis bedeutet dies grundsätzlich Anerkennung lediglich einer materiellrechtlichen Parteiverweisung, wobei allerdings das Kollisionsrecht dieser Rechtsordnungen im Einzelfall anderes vorsehen kann — dazu Zitelmann, IPR I S. 270ff., II S. 373ff. — und erwägt, daß zu dieser Rechtsordnung auch die zwingenden Formvorschriften des internen Rechts gehören, so wird man folgerichtig schon die Unterwerfung als solche gegen die deutschen Formvorschriften verstoßend und damit als nichtig ansehen müssen.
Zu diesem Ergebnis wird auch der kommen, der ausgehend vom Gedanken der Parteiautonomie mit der heutigen Rechtsprechung und Lehre im Bereiche des internationalen Schuldrechts über die Zulässigkeit einer materiellrechtlichen Parteiverweisung (beruhend auf dem Prinzip der Vertragsfreiheit — dazu Moser, Vertragsabschluß S. 190 —) hinaus die kollisionsrechtliche Parteiverweisung anerkennt. Einzelheiten dazu im internationalen Schuldrecht — Abschnitt vor Art. 12 EG. Danach sind die Parteien zwar an die zwingenden Normen des einmal gewählten Rechts, aber nur an diese (and. A. insbesondere Nussbaum, IPR S. 243 ff. und Wengler, Die Anknüpfung des zwingenden Schuldrechts im IPR: ZvglRW 54. 1941, 168ff.) gebunden. (Dazu Moser, Vertragsabschluß S. 190ff. 213ff.; Lorenz, Vertragsabschluß und Parteiwille im internationalen Obligationenrecht Englands (1957) S. 182; Gamillscheg, Rechtswahl, Schwerpunkt und mutmaßlicher Parteiwille im internationalen Vertragsrecht: AcP 157, 1958/59, 303; Raape, IPR[5] S. 462ff.; Neuhaus, Grundbegriffe § 33 S. 173ff). Nimmt man an, daß eine gültige Unterwerfung unter das schweizerische Recht vorliegt, infolgedessen nur dessen zwingende Formvorschriften zu beachten sind, die im konkreten Fall eingehalten wurden, so wäre Art. 30 EG heranzuziehen, denn hier verstößt die Anwendung der ausländischen Formvorschriften gegen den Zweck der deutschen. Übereinstimmend Habicht, a.a.O. 7 zu Art. 11. Siehe auch Raape, IPR[5] S. 463, 466; übereinstimmend Schönenberger-Jäggi, a.a.O. Rdz. 128 für das schweizerische Recht.

Eine Anwendung des Art. 30 EG entfällt, das sei besonders vermerkt, dann, wenn deutsche Parteien zwecks Umgehung der Formvorschriften des inländischen Wirkungsstatuts den Geschäftsabschluß etwa aus Bequemlichkeitsgründen oder um Kosten zu sparen in das Ausland verlegen. So schon RG (12. 1. 1906) RGZ 62, 379 (381); dazu die von Habicht, Anm. 7 zu Art. 11 angegebene ältere Literatur; Frankenstein, IPR I S. 153; übereinstimmend Erman-Arndt[4], 7 zu Art. 11. Die Wahl zwischen der Form des Wirkungsstatuts und der des Ortsstatuts steht den Parteien offen; es steht, wie Frankenstein, IPR I S. 153 meint, „jedem Deutschen frei, sein Rechtsgeschäft an dem Ort abzuschließen, dessen Formvorschriften ihm die günstigsten scheinen". Dazu auch Rdz. 145ff; 149, 152.

49 **c) Anwendung mit Bezug auf § 313 BGB insbesondere**

α Grundstück liegt im Ausland — Kaufvertrag wird im Inland geschlossen.

Beispiel:

Ein Deutscher verkauft im Inland ein in Italien belegenes Grundstück formlos. Die Parteien unterstellen den Kaufvertrag italienischem Recht. Nach italienischem Recht ist das Rechtsgeschäft formlos gültig, nach deutschem Recht ist es, sofern § 313 BGB nicht bloß deutsche Grundstücke meint (RG [3. 3. 1906] RGZ 63, 19 läßt es dahingestellt) formnichtig. Die Anwendung der ausländischen Formvorschrift verstößt nach Lage des Falles nicht gegen den Zweck des § 313, der zwar unerfahrene Verkäufer vor unbedachten Verkäufen schützen

und beide Parteien vor fehlerhafter Abfassung des Vertrages sichern will, aber nur im Rahmen des Art. 11 Abs. 1 Satz 1 anwendbar ist (dazu Rdg. 156). So im Ergebnis auch das RG in seiner Entscheidung vom 3. 3. 1916 in RGZ 63, 19.
Das Urteil befriedigt insofern nicht, als es alles auf die Frage abstellt, ob „die Anwendung des ausländischen Rechts direkt die Grundlage des deutschen staatlichen oder wirtschaftlichen Lebens angreifen würde". Gegen diese massive Fragestellung siehe die Ausführungen zu Art. 30 EG. Zum Falle, da die Parteien bei einem im Ausland gelegenen Grundstück die Anwendung deutschen Rechts vereinbaren, siehe unten Rdz. 156.

β Zu dem umgekehrten Fall, daß ein *deutsches* Grundstück im Ausland formlos verkauft wird, siehe unten Rdz. 156.

8. Folgen einer Formverletzung 50

Wie das Wirkungsstatut über das Formerfordernis bestimmt, so beherrscht es auch die Folgen einer Verletzung seiner Formvorschriften, wie z.B. Nichtigkeit oder bloße Anfechtbarkeit. Dazu auch unten Rdz. 136ff. Dabei ist jeweils ergänzend vorher zu prüfen, ob nicht die etwa zugelassene Ortsform beobachtet worden ist. Unterfällt ein Rechtsgeschäft zwei verschiedenen Rechtsordnungen, so ist die strengere Form verbindlich, gegebenenfalls sind die Formerfordernisse zu kumulieren (zur Problematik siehe Frankenstein, IPR I S. 529ff.), wenn nicht helfend eine von beiden Rechtsordnungen zugelassene Ortsform einspringt. Bei ihrer Verletzung sind die Folgen jeweils dem Wirkungsstatut zu entnehmen, dessen einzuhaltenden Bestimmungen verletzt worden sind.

III. Art. 11 Abs. 1 Satz 2: locus regit actum

1. Ratio legis — Geschichte — Rechtsvergleichendes 51

Wurde Rdz. 14 gesagt, das EG habe in den Mittelpunkt der Regelung der Form den Grundsatz gestellt, daß die Form eines Rechtsgeschäfts sich nach den Gesetzen bestimme, die für das den Gegenstand des Rechtsgeschäfts bildende Rechtsverhältnis maßgebend seien und habe, um zu große Unzuträglichkeiten, die aus einer strikten Durchführung dieses Prinzipes erwüchsen, zu vermeiden, den Satz „locus regit actum" als Ausnahme anerkannt, so ist hier hervorzuheben, daß der Schwerpunkt der Regelung des Art. 11 in Abs. 1 Satz 2 liegt, wo das aus den Zeiten der Postglossatoren — dazu Rdz. 14- stammende Prinzip seine Verkörperung findet. Der geschichtliche Werdegang der Regel wurde in den Rdz. 14 geschildert, desgleichen die Verbreitung und Geltung des Satzes in ausländischen Rechten — dazu Rdz. 12,13; auf die dortigen Ausführungen kann verwiesen werden. Der Zweck der Vorschrift ist, wie Rdz. 15 dargetan, Erleichterung des internationalen Rechtsverkehrs. Die Maxime, daß die Form sich nach dem Gesetz zu richten habe, das das Rechtsgeschäft im allgemeinen beherrscht, ist praktisch oft schwer durchführbar. Mitunter ist es zweifelhaft, welches denn dieses maßgebende Gesetz, das sog. Wirkungsstatut, ist. Man nehme den einstmals viel erörterten Fall (RG [3. 10. 1923] RGZ 108, 241), daß zwei Russen, im Begriff aus Sowjetrußland zu fliehen, einen Darlehensvertrag schließen. Oft sind die Gesetze mehrerer Staaten maßgebend, z.B. wenn zwei Personen, die eine Ehe oder einen gegenseitigen Erbvertrag schließen wollen, verschiedenen Staaten angehören, oder wenn die Erfüllungsorte bei einem Kaufvertrag in verschiedenen Staaten liegen. Oft ist es der Partei schwer, sich im Ausland, wo sie das Rechtsgeschäft vornehmen will, über das heimische Recht zu belehren, oft ist die Beobachtung der heimischen Formvorschriften im Ausland sehr schwer und überhaupt nicht möglich, z.B. wenn der Heimatstaat kirchliche Eheschließung vorschreibt, der Aufenthaltsstaat aber nur weltliche zuläßt und umgekehrt. Es entspricht somit der Satz „locus regit actum" einem dringenden praktischen Bedürfnis, was erklärt, daß er in den Rechtsordnungen der meisten Staaten anerkannt wird. Eines bezweckt der Satz jedoch nicht, das hat Raape, IPR[5] S. 213 wiederholt zutreffend betont, der Partei den Vorteil der milderen Vorschrift zu gewähren. Daß dies tatsächlich oft der Fall ist, berührt seinen inneren Wesenskern, der Partei aus Zweckmäßigkeitserwägungen heraus im Rechtsleben Nothelfer zu sein, nicht; aus der historischen Entwicklung läßt sich nichts anderes entnehmen. Die Folgerungen aus dieser Erkenntnis werden Rdz. 140 gezogen.

52 2. Anknüpfend an die Terminologie RAAPES, IPR[5] S. 214, der seinerseits auf den Gedankengängen FRANKENSTEINS, IPR I S. 520ff. fußt, erscheint es zweckmäßig, bei der Anwendung des Satzes „locus regit actum" zwischen **primärer** und **sekundärer Anknüpfung** zu unterscheiden.

Primäre Anknüpfung bedeutet Anknüpfung an das Ortsrecht ohne Rücksicht auf das Wirkungsstatut.

Beispiel:

Ein 1965 verstorbener Niederländer errichtete 1960 in München ein privatschriftliches Testament. Rechtslage von deutscher Sicht her: Erbstatut (Wirkungsstatut) ist nach Art. 25 EG niederländisches Recht. Art. 992 des holländischen Wetbook verwirft grundsätzlich das privatschriftliche Testament, gleichwo errichtet. Das deutsche Recht, das in Art. 11 Abs. 1 Satz 2 EG eine vom Wirkungsstatut ganz selbständige für alle Rechtsgeschäfte (abgesehen von der Ausnahme in Abs. 2!) geltende Regel aufstellt, betrachtet das Testament als wirksam errichtet. Dazu auch OLG Düsseldorf (6. 2. 1963) NJW 1963, 2227; BGH (12. 1. 1967) NJW 1967, 1177; siehe die zu Rdz. 58 angegebene Rspr.

Die primäre Anknüpfung (das Recht am Ort der Vornahme ist primär für die Form des Rechtsgeschäfts maßgeblich) liegt der Regelung in Art. 11 Abs. 1 Satz 2 EG zugrunde — dazu Rdz. 14,15, andere Länder wie Frankreich und Italien folgen dem gleichen Grundsatz.

FRANKENSTEIN IPR I S. 520 hat das Prinzip als unlogisch bezeichnet, da es nicht angehe, die äußere Erscheinung des Vorganges von dem Vorgang selbst zu sondern. Man wird dem entgegenhalten, daß Zweckmäßigkeitserwägungen durchaus ein solches Verfahren rechtfertigen. Auch die Einwendung, keine Rechtsordnung besitze die Macht, den Rechtsverhältnissen der ganzen Welt ihre Grundsätze aufzuzwingen, ist wenig überzeugend. Jedem nationalen Recht steht es frei, von seiner Sicht her die Rechtslage zu gestalten und zu beurteilen und zwar unabhängig von den Anschauungen dritter Staaten. Schwerer wiegt der Einwand, die Regelung birge die Gefahr ernster Konflikte in sich. Es ist in der Tat nicht einzusehen, warum ein deutsches Gericht eine Ehe, die ein Grieche in Frankreich mit einer Französin in der von französischem Recht vorgeschriebenen Form des bürgerlichen Rechts eingeht, als wirksam behandeln soll, während das Heimatrecht des Griechen diese Ehe mangels kirchlicher Form als nicht existent betrachtet. Beispiel nach FRANKENSTEIN, IPR I S. 524.

Gedankengänge solcher Art dürften auch RAAPE, IPR[5] S. 213; 230ff. zu dem Vorschlag veranlaßt haben, bei personen-, familien- und erbrechtlichen Geschäften den Satz „locus regit actum" nur nach Maßgabe des Wirkungsstatuts anzuwenden. Das würde bedeuten, daß der Satz nur zu beachten ist, falls jenes Recht ihn kennt. Dieses Ergebnis mag sicherlich wünschenswert sein, der gegebenen deutschen Rechtslage entspricht es nicht — dazu Rdz. 58.

Sekundäre Anknüpfung bedeutet Anknüpfung der Regelung „locus regit actum" nur nach Maßgabe des Wirkungsstatuts. Dies besagt, und darin liegt insbesondere die Bedeutung der Unterscheidung, daß *im Falle des Abs. 2* der Satz „locus regit actum" immer dann gilt, wenn Wirkungsstatut deutsches Recht ist — denn dieses kennt ja diesen Satz, im übrigen jedoch nur eingreift, wenn ein ausländisches Wirkungsstatut dies zuläßt.

53 3. Die **fakultative** Bedeutung der Regel — **Parteiautonomie.** Die Einhaltung der Formvorschriften des Errichtungsortes ist *nicht zwingend* vorgeschrieben. Nach Satz 2 genügt ihre Beobachtung. Der Satz „locus regit actum" trägt somit ab-

gesehen von einer noch zu erwähnenden Ausnahme (dazu unten Rdz. 56) im deutschen Recht in gewissem Sinn einen dispositiven Charakter. Die Fassung des Gesetzes nötigt jedoch nicht zum Schlusse, daß in *jedem* Falle die Erfüllung der einen oder anderen Form dem Rechtsgeschäft seinen Bestand sichere. Richtig ist, daß die Parteien die Unterschiedlichkeiten von Formerfordernissen, die durch die lex causae oder Ortsrecht vorgeschrieben sind, nicht zu kennen brauchen — dazu unten Rdz. 119; nötig ist auch nicht, daß sie sich auf eine der beiden Formen einigen. RABEL, Conflict[2] II S. 491. Dennoch ist die Bemerkung, es sei internationalprivatrechtlich gleichgültig, ob die Parteien den Willen gehabt hätten, der Form des einen oder eines anderen oder eines dritten Rechts zu genügen (so SOERGEL-KEGEL[9], 1 zu Art. 11) in dieser Allgemeinheit wohl nicht zu halten. Sie hat ihre Berechtigung bei Rechtsgeschäften, die der Parteiautonomie entzogen sind. Sie hat im übrigen Bedeutung bei Rechtsgeschäften, über deren Formgemäßheit sich die Parteien keine Gedanken machten oder bei denen sie die Ortsform jedenfalls nicht ausschließen wollten. Vereinbaren die Parteien aber bei einem Rechtsgeschäft, das ihrer Parteiautonomie unterliegt — dies gilt auf dem Gebiet des internationalen Schuldrechts — den Ausschluß der Regel locus regit actum (Art. 11 Abs. 1 Satz 2 EG), so wird man dies für zulässig erachten. Herrscht das Prinzip der Parteiautonomie, so ist dem Grundsatz nach die von den Parteien gültig gewählte Rechtsordnung *zugleich* für die *Form* maßgebend. Dazu BGH (4. 7. 1969) NJW 1969, 1760. Die Frage erwägend RG (13. 10. 1927) Warn-Rspr. 1927 Nr. 175 unter Hinweis auf RGZ 63, 19; 68, 505. Die Wahlfreiheit der Parteien erstreckt sich in diesem Rahmen auch auf die Form, was die Möglichkeit des Ausschlusses der nach Art. 11 Abs. 1 Satz 2 EG gestatteten Ortsform beinhaltet. (RG [20. 2. 1913] JW 1913, 552 Nr. 20; Braunschweig [7. 2. 1908] OLG 16, 362. RAAPE, IPR[5] S. 218; PALANDT-LAUTERBACH[28], 1 zu Art. 11; ERMAN-ARNDT[4], 3 zu Art. 11). Die Regel „locus regit actum" ist nicht in dem Sinn zwingend, daß sie der Parteivereinbarung widersteht; dies darf man aus ihrem Zweck, die Parteien zu begünstigen, folgern. So schon Habicht S. 94.

Beispiel: Gebildet nach München (7. 2. 1912) OLGRspr. 26, 246.
Ein Österreicher macht mit seiner Tochter und deren Bräutigam einen Spaziergang in der Nähe Salzburgs entlang der österreichisch/bayerischen Grenze; die drei Personen, die sämtliche ihren Wohnsitz in Österreich haben, spazieren bald auf der österreichischen, bald auf der bayerischen Seite; dabei verspricht der Vater der Tochter ein angemessenes Heiratsgut. Waren sich der Vater und die Tochter der Grenzüberschreitung bewußt, so ist die Möglichkeit eines stillschweigenden Ausschlusses des Satzes „locus regit actum" in Erwägung zu ziehen.

Ein **stillschweigender** Ausschluß kann auch in einer **bewußt falschen Angabe** 54
des Errichtungsortes liegen. So auch ERMAN-ARNDT[4], 3 zu Art. 11.

Dies besagt andererseits nicht, daß die Parteien nun etwa lediglich die Form dem Rechte dieses falsch angegebenen Errichtungsortes unterstellen könnten und dabei keine Rücksicht auf das Wirkungsstatut zu nehmen hätten. Dazu M. WOLFF, IPR[3], S. 127 Fn. 8; FRANKENSTEIN, IPR I S. 549.

Hier kommt der Gedanke der Einheit des Rechtsgeschäfts zum Tragen, der ein Auseinanderfallen von Form und Inhalt auch im Bereich der Parteiautonomie verbietet.

Beispiel:
Die Parteien schließen in München einen Kaufvertrag und geben wahrheitswidrig Rom als Errichtungsort an. Sie vereinbaren: Für die Form soll italienisches Recht als Ortsrecht, im übrigen aber deutsches Recht gelten.

Zutreffend bemerkt dazu FRANKENSTEIN, IPR I S. 549:
„Die Beteiligten können Form und Inhalt nicht willkürlich trennen, sondern nur, soweit es das primär herrschende Recht ihnen gestattet." Da aber im gegebenen Beispiel das deutsche Recht (Wirkungsstatut) eine kollisionsrechtliche Trennung von Form und Inhalt durch rechtsgeschäftliche Erklärung nicht ge-

stattet, sondern dies lediglich als gesetzliche Folge der tatsächlichen Vornahme an einem bestimmten Orte eintreten kann, ist die **Vereinbarung eines gesonderten Formstatuts unwirksam.** (Dazu FRANKENSTEIN, IPR I S. 550. Siehe weiter SEGERATH, Die Teilverweisung der Parteien im internationalen Obligationenrecht (Basel), S. 146; VISCHER, Internationales Vertragsrecht (1962) S. 57ff., 152. Auf gleicher Ebene liegen wohl die Gedankengänge SERICKS (Sonderanknüpfung von Teilfragen im IPR: RabelsZ 18. 1953, 633, 644ff.). Anders Cour d'Appel de Paris (29. 4. 1959) Clunet 1960, 128ff.)

55 Vereinbaren die Parteien (immer im Rahmen der Parteiautonomie) das Schuldstatut, so sind somit folgende Möglichkeiten ins Auge zu fassen:
α Für die Form gelten sowohl die entsprechenden Sachnormen dieses Statuts wie daneben auch die Regel „locus regit actum" nach Art. 11 Abs. 1 Satz 2;
β die IPR-Normen des vereinbarten Rechts sollen entscheiden, ob und in welcher Form der Satz „locus regit actum" gelten soll; dazu RG (17. 12. 1912) JW 1913, 333 Nr. 19;
γ die Parteien unterstellen die Form des Rechtsgeschäfts lediglich den Sachnormen des Schuldstatuts (Satz „locus regit actum" soll ausgeschlossen sein).
Zur Problematik im Wechsel- und Scheckrecht siehe unten Rdz. 163 ff.

56 Können die Parteien im Rahmen der Parteiautonomie die Anwendung des Satzes „locus regit actum" ausschließen, so können sie auch sein **zwingendes Eingreifen vereinbaren.**
Zwingend vorgeschrieben ist die Beobachtung der Formvorschriften des Errichtungsortes in Art. 13 Abs. 3 EG: „Die Form einer Ehe, die im Inland geschlossen wird, bestimmt sich ausschließlich nach den deutschen Gesetzen."
Diese Vorschrift verleiht der lex loci actus eine ihr sonst (beachte die vorgenannte Ausnahme im Rahmen der Parteiautonomie!) nicht zukommende, nämlich zwingende Bedeutung, entzieht also gleichzeitig den Formvorschriften des Wirkungsstatuts ihre Kraft. Die nicht unbedenkliche Vorschrift besitzt große praktische Bedeutung. Dazu die Ausführungen zu Art. 13 Abs. 3 EG sowie unten Rdz. 172 ff.
§ 36 des früheren Konsulargerichtsbarkeitsgesetzes vom 7. 4. 1900 bildet ihr Gegenstück. Ein Deutscher, der in einem Konsulargerichtsbezirk die Ehe schloß, mußte sie vor dem Konsul schließen. Die Beobachtung der ausländischen Formvorschriften genügte also nicht, es sei denn, daß eine kaiserliche Verordnung (später des Reichspräsidenten) etwas anderes bestimmte. Dazu die Ausführungen zu Art. 13 Abs. 3 EG. Wie somit die Eheschließung von Ausländern im Inland an die Inlandsform gebunden ist, so war die Eheschließung von Deutschen im Konsulargerichtsbezirk an die Heimatform gebunden.

57 **4. Der Widerspruch mit dem Wirkungsstatut — Rück- und Weiterverweisung**
Der Satz „locus regit actum" trägt, wie schon oben Rdz. 10 dargelegt, die Gefahr eines Konfliktes in sich, er zerstört die Einheitlichkeit der Beurteilung des Rechtsgeschäfts. Dieses wird nicht nur nach der einen Rechtsordnung betrachtet, der es an und für sich untersteht — zum Beispiel, wenn es sich um eine Adoption handelt, nach dem Adoptionsstatut (Art. 22 EG) —, sondern auch noch nach einer zweiten Rechtsordnung, die etwas von einem deus ex machina an sich hat. Der dadurch geschaffene Zwiespalt erinnert an die Rechtslage nach Art. 7, wo die Geschäftsfähigkeit der Partei nicht nach dem Wirkungsstatut, sondern nach ihrem Personalstatut zu prüfen ist. So ist es möglich, daß ein Rechtsgeschäft sogar nach drei verschiedenen Rechtsordnungen beurteilt wird.

Beispiel:

Ein in der Schweiz wohnhafter Deutscher verbürgt sich (Haftungsbetrag: 2000 Franken) einem Schweizer daselbst für dessen Schweizer Schulden und zwar telegrafisch von Paris aus, wo er geschäftlich weilt.

Für die Beurteilung des Rechtsgeschäfts kommen sowohl schweizerisches Recht, — dieses in der Hauptsache —, als auch deutsches Recht — dieses hinsichtlich der Geschäftsfähigkeit des Bürgen —, als auch französisches Recht — dieses hinsichtlich der Form (neben dem schweizerischen Recht) —, in Betracht. Wirkungsstatut — Fähigkeitsstatut — Formstatut!

Kahn (IherJb. 30, 25) spricht bei dieser Rechtslage von dem Prinzip der Spezialisierung. Hat das Rechtsgeschäft mehrere Wirkungsstatute, — eine deutsche Firma z. B. schließt mit einer schwedischen einen Kaufvertrag ab, ohne das anzuwendende Recht zu bestimmen —, dann ist die Verwicklung noch größer.

Ist somit der Satz „locus regit actum" an sich geeignet, Konflikte mit der das Rechtsgeschäft im ganzen beherrschenden Rechtsordnung heraufzubeschwören, so führt er doch tatsächlich in der Mehrzahl der Fälle solche nicht herbei. Grund hierfür ist die weite Verbreitung der Maxime.

Beispiel: Ein in der Schweiz wohnhafter Deutscher gibt in der Schweiz ein privatschriftliches Schenkungsversprechen ab; die Ortsform ist gewahrt, das Versprechen ist formgültig. Art. 243 Abs. 1 OR verlangt abweichend von § 518 BGB keine notarielle Beurkundung. Gleichgültig ist, ob das Geschäft materiell dem deutschen Recht untersteht — zu Zweifel wegen Art. 30 siehe Rdz. 46ff., 145ff. Gibt umgekehrt ein in der BRD wohnhafter Schweizer hier ein schriftliches Schenkungsversprechen ab, so ist die Ortsform (§ 518 BGB) nicht gewahrt, möglicherweise aber die Heimatform, nämlich dann, wenn das Rechtsgeschäft dem schweizerischen Recht untersteht, z. B. in der Schweiz zu erfüllen ist. Von letzterer Frage hängt in diesem Fall die Formgültigkeit des Rechtsgeschäfts ab.

Das gebrachte Beispiel zeigt: Der schweizerische Richter beurteilt die Formgültigkeit des Schenkungsversprechens nicht anders als der deutsche. Auch das schweizerische Recht kennt den Satz „locus regit actum", und zwar gleichfalls in fakultativem Sinne. Auch der schweizerische Richter wird in dem ersten Fall die Formgültigkeit unbedingt annehmen, da die Ortsform gewahrt ist, und in dem zweiten Fall sie dann annehmen, wenn das Rechtsgeschäft materiell dem schweizerischen Recht untersteht.

Immerhin sind Konflikte denkbar. **Zwei Hauptfälle** erfordern eine eingehendere Betrachtung: 58

Das **Wirkungsstatut erkennt den Satz „locus regit actum" nicht an,** sei es überhaupt nicht, sei es für den betreffenden Fall;
das *Wirkungsstatut* legt dem Satze „locus regit actum" im Gegensatz zum deutschen Recht eine **zwingende** Bedeutung bei.

a) Das Wirkungsstatut läß**t** die Ortsform **nicht** gelten. Genügt in diesem Fall die Einhaltung der Ortsform nach Satz 2!

Die h. M. [RG in ständiger Rspr. (abweichend lediglich Entscheidung vom 17. 12. 1912, JW 1913, 333 Nr. 19), so (6. 4. 1916) RGZ 88, 191 (192); (22. 6. 1931) 133, 161 (163); (26. 10. 1932) 138, 214 (216); (7. 4. 1938) 157, 257 (259); RG (1. 10. 1925) WarnRspr. 1926 Nr. 15 = JW 26, 375. OLG Düsseldorf (26. 8. 1963) DNotZ 1964, 351. Ebenso BGH (19. 12. 1958) BGHZ 29, 137; (12. 1. 1967) NJW 1967, 1177] **läßt die Einhaltung der Ortsform in jedem Fall genügen,** sie bejaht die uneingeschränkte Geltung des Satzes „logus regit actum". So sagt der BGH in einer Entscheidung vom 12. 1. 1967: „Danach enthält Art. 11 Abs. 1 Satz 2 EGBGB eine selbständige, für alle Rechtsgeschäfte geltende Kollisionsnorm und ist auch dann anzuwenden, wenn das ausländische Recht die Vorschriften des Vornahmeortes nicht als ausreichend anerkennt."

Man kann vielleicht mit Zitelmann (IPR II S. 143), Frankenstein (IPR I S. 553), Neuhaus und Gündisch (RabelsZ 21. 1956, 550, 555) der Ansicht sein, daß der Gesetzgeber mit Satz 2 zu weit gegangen sei und allzu wenig Rücksicht auf den abweichenden Standpunkt der fremden, von ihm selbst für maßgebend erklärten Rechtsordnungen genommen habe, aber Satz 2 ist geschriebenes Recht. Der Wortlaut ist klar und eindeutig. Bewußt hat der Gesetzgeber den Konflikt der lex loci actus mit der lex causae heraufbeschworen. Daß er ihn nicht vorausgesehen hat, wird durch die Entstehungsgeschichte des Gesetzes widerlegt. Der zweite Entwurf (§ 2365) enthielt, anders als die Vorentwürfe und der erste Entwurf, eine das Wirkungsstatut ausdrücklich berücksichtigende Einschränkung des Satzes „locus regit actum". Die Reichstagsvorlage zeigt die Einschränkung nicht mehr und ebenso wenig das Gesetz. Wie also in Art. 7 hinsichtlich der Geschäftsfähigkeit einem Konflikt mit dem Wirkungsstatut ins Auge gesehen wird, so hier hinsichtlich der Form. Der Anregung FRANKENSTEINS (IPR I S. 554) an die Rechtsprechung, sich durch kühne Auslegung von dem Wortlaut des Gesetzes freizumachen, ist diese bisher mit Recht nicht gefolgt. Sieht man die eigentliche Aufgabe des IPR darin, die in einem Falle anzuwendenden Sachnormen dieser oder jener Rechtsordnung zu bezeichnen, dann ist der Gesetzgeber gerade bei Satz 2 so vorgegangen; dieses Verfahren ist in keinem Fall weniger angebracht wie hier, wo es sich um die Herausstellung eines Satzes handelt, der zwar noch nicht allgemein und gleichmäßig Anerkennung gefunden hat, der sie aber entschieden verdient. Wollte man den Satz nur dann anwenden, wenn es das Wirkungsstatut erlaubt, so wäre damit auch nicht jeder Konflikt beseitigt und die Entscheidungsharmonie nicht absolut gesichert. Der Staat, dem vom deutschen Standpunkt aus die Herrschaft über das Rechtsverhältnis zukommt, nimmt nicht immer seinerseits die Herrschaft über das Rechtsverhältnis in Anspruch. Nicht selten erklärt er das Recht eines anderen Staates, sei es des unserigen, sei es eines dritten, für anwendbar. Man nehme den schon erörterten Fall, daß eine deutsche und eine holländische Firma einen Kaufvertrag abschließen, ohne eine Bestimmung über das anzuwendende Recht zu treffen. Nach deutschem Recht gilt für die holländische Firma holländisches Recht als das Recht des Erfüllungsortes, nach holländischem Recht die lex loci actus, also möglicherweise deutsches Recht. Soll nun der deutsche Richter, der sich in der Hauptsache um den abweichenden Standpunkt des holländischen Rechts nicht kümmert, es wenigstens in den nebensächlichen Punkten der Form tun? Ein überzeugender Grund, die Frage zu bejahen, fehlt. Aus sachlichen Erwägungen heraus, nicht nur aufgrund des Wortlauts, ist an der herrschenden Ansicht festzuhalten: Der Satz „locus regit actum" ist schlechthin anwendbar; nicht bloß für den Fall, daß das Wirkungsstatut nicht widerspricht oder es geradezu erlaubt.

Zu erwägen wäre nur, eine Ausnahme in dem Fall zu machen, wo das ausländische Recht in seiner Eigenschaft als Personalstatut als maßgebend erklärt worden ist. Das klassische Beispiel für die Diskussion liefert der schon öfter erwähnte Art. 992 des holländischen Gesetzbuchs (dazu die Erläuterungen zu Art. 25 EG), der auch von deutscher Sicht her für Erbfälle vor 1. 1. 1966, — dann greift das Übereinkommen über das auf die Form letztwilliger Verfügungen anzuwendende Recht vom 5. 10. 1961, BGBl. 1965 II 1145 ein — noch von Bedeutung ist.

Beispiel:

Ein Holländer testiert in Deutschland in privater Form gemäß den §§ 2231, 2247 BGB. Art. 992 verbietet dem Holländer, im Ausland in anderer als der öffentlichen Form zu testieren. Der holländische Richter erklärt dementsprechend das Testament für nichtig. So Rechtbank Amsterdam (19. 6. 1924), Clunet 1925, 1123. Wie hat der deutsche Richter zu entscheiden?

Die herrschende Meinung in Deutschland, die in Art. 992 eine Formvorschrift erblickt, erklärt das Testament für gültig. [Hamburg (2. 5. 1917) OLG 35, 295; KG in IPRspr. 1934 Nr. 71 und DRW 1941, 1611; OLG Düsseldorf (6. 2. 1963) NJW 1963, 2227 = DNotZ 1964, 347; BGH (12. 1. 1967) NJW 1967, 1177 = FamRZ 1967, 238 = MDR 1968, 31. — KAHN, JherJb. 30, 48ff.; MEZGER, JZ 1956, 136; JANSEN in Mitteilungen der Rheinischen Notarkammer 1963, 321] RAAPE dagegen befürwortete in der Vorauflage (B III 1b β zu Art. 11) sowie in seinem Lehrbuch (IPR[5] 230/231) bei personen-, familien- und erbrechtlichen Geschäften den Satz „locus regit actum" nur nach Maßgabe des Wirkungsstatuts anzuwenden, da das Heimatrecht gleiche Achtung fordere, wie das Gebietsstatut (für das Art. 11 Abs. 2 EG eine solche Ausnahme ausdrücklich vorsieht!); so wie der Gesetzgeber sich dem ausländischen Personalstatut beuge, wenn dieses das Recht eines anderen Staates in Bausch und Bogen für unanwendbar erkläre (Art. 27 EG), so erscheine es nur folgerichtig, daß er sich ihm auch dann beuge, wenn es einen ausländischen Rechtssatz, die lex loci actus anzuwenden, verbiete. Damit kommt RAAPE zu einer Verneinung der Wirksamkeit des Testaments. An älteren Schriftstellern treten v. BAR, Theorie u. Praxis II S. 223, NEUBECKER, Ehe- und Erbvertrag, S. 272, FRANKENSTEIN, IPR I S. 553ff. für eine Nichtigkeit des Testamentes ein.

Überzeugend ist diese Argumentation nicht. Mit Recht haben NEUHAUS-GÜNDISCH (Gemeinschaftliche Testamente amerikanischer Erblasser, RabelsZ 21. 1956, 550, 555) eingewandt, die Entscheidung darüber, wie wir die Verweisung auf eine fremde Rechtsordnung auffassen, ob als Sachnorm- oder als Kollisionsnormverweisung, sei doch nicht notwendig mit der anderen Frage verknüpft, ob wir überhaupt auf diese Rechtsordnung verweisen. Im Falle des Abs. 1 Satz 2 ist dies eben nicht der Fall, darüber befindet ausschließlich der deutsche Gesetzgeber. Die Meinung der Vorauflage wird daher aufgegeben.

b) Das Wirkungsstatut läßt nur die Ortsform gelten 59

Pocht im Falle a) das Wirkungsstatut auf die eigene Form und verwirft es die Ortsform, so verlangt es hier zwingend die Ortsform und verleugnet die eigene. Macht ein Gesetzgeber aus dem bloßen Genügen der Ortsform eine Notwendigkeit, so liegt darin eine Verkennung des Sinns und Zwecks der Regel „locus regit actum“. Gleichwohl fehlt es nicht an praktischen Beispielen für eine solche Übertreibung. So sagt z.B. Art. 11 des spanischen Zivilgesetzbuches von 1889: „Die Formen und Förmlichkeiten der Verträge, Testamente und der übrigen öffentlichen Urkunden bestimmen sich nach den Gesetzen des Landes, in dem sie errichtet werden.“ Dazu auch WALKER, IPR[5] S. 225.

Wer, wie die deutsche Rechtsprechung in den Normen des deutschen IPR Gesamtverweisungen, andere (dazu SOERGEL-KEGEL[9], Rdz. 2 zu Art. 27) sprechen von Kollisionsnormverweisung, sieht, wird folgerichtig die Rück- und Weiterverweisung des Kollisionsrechts eines ausländischen Wirkungsstatuts hier beachten, — dazu auch Karlsruhe (13. 12. 1919) OLGRspr. 40, 159, — so schon Rdz. 39, 40, siehe dort zur Ausnahme beim Schuldvertragsrecht — und zwar auch dann, wenn sich die Verweisung lediglich auf die Form bezieht.

Beispiel:

Ein vor Inkrafttreten der Testamentskonvention vom 5. 10. 1961, BGBl. 1965 II 1145 verstorbener Ausländer errichtete in Deutschland ein Testament in seiner Heimatform. Dieses Testament ist vom deutschen Richter dann für formnichtig zu erklären, wenn das ausländische Recht die Wahrung der Ortsform zwingend vorschreibt und diese nicht eingehalten ist. Das gilt auch dann, wenn das ausländische Recht im übrigen, also in materieller Hinsicht, selbst angewandt sein will, also Erbstatut, Wirkungsstatut im Sinne des Satzes 1 ist. Gerade auf diese Fälle ist das Gesagte recht eigentlich gemünzt; verweist nämlich das ausländische Recht im ganzen auf das deutsche Recht, etwa als die lex domicilii, so versteht sich von selbst, daß sich diese Verweisung auf die Form bezieht — dazu oben Rdz. 38, 39.

Zu a) und b) 60

Im Rückblick kann man präzisierend sagen:

α Ob das IPR des Ortsrechts die Wahrung der Form des Geschäftsrechts hinreichen läßt oder zwingend verlangt, steht gleich.

αα Die Einhaltung der Form der Sachnormen des Ortsrechts genügt grundsätzlich immer — das folgt aus dem Sinn und Zweck der Regel des Satzes 2 — übereinstimmend MELCHIOR, Grundlagen S. 230—236; M. WOLFF, IPR[3] S. 110; NEU-

NEUHAUS, Grundbegriffe S. 183; ERMAN-ARNDT[4], 9 zu Art. 11 EG unter Hinweis auf München, IPRspr. 1952/53/475; PALANDT-LAUTERBACH[28], 1 zu Art. 11; SOERGEL-KEGEL[9] Rdz. 5 und 28 zu Art. 11; siehe aber auch RG (22. 6. 1931) RGZ 133, 161 (164).

61 ββ Verweist das IPR des Ortsrechts zurück oder auf ein drittes Recht weiter, so genügt auch die Einhaltung der Form der Sachnormen, die nach dem Kollisionsrecht des Errichtungsortes anzuwenden sind. Dazu grundlegend MELCHIOR Grundlagen S. 234; übereinstimmend SOERGEL-KEGEL[9], 5 zu Art. 11; ERMAN-ARNDT[4], 9 zu Art. 11; BEITZKE in Achilles-Greiff[20] 6 zu Art. 11; NEUHAUS, Grundbegriffe S. 183; and. A. PALANDT-LAUTERBACH[28] 1 zu Art. 11.

Bei einer Rückverweisung auf deutsches Recht wird die Verweisung abgebrochen. So RG (2. 6. 1932) RGZ 136, 361; BayObLG (7. 2. 1958) BayObLGZ 1958, 34; BGH (14. 2. 1958) NJW 1958, 750 = LM Art. 27 EG Nr. 3. Die sog. „foreign court“ -Theorie des englischen Rechtskreises wird von den deutschen Gerichten nicht beachtet. Dazu Kiel (24. 1. 1931) JW 1932, 599.

Beispiel 1:

Ein in Deutschland geborener Kanadier, domiziliert in Paris, errichtet in Rom ein Zweizeugentestament nach kanadischem Recht. Er stirbt 1961 unter Hinterlassung beweglichen Nachlasses in München. Letzter Aufenthalt in Kanada: Ontario.

Lösung von *deutscher* Sicht her:

Erbstatut französiches Recht. Art. 25 EG verweist im Ergebnis auf das Recht von Ontario, dieses unterstellt beweglichen Nachlaß dem französichen Domizilrecht.

Ergebnis hiernach:

Testament nach Art. 11 Abs. 1 Satz 1 EG formnichtig, keine Sonderanknüpfung des Rechts von Ontario an die Heimatform — dazu Rdz. 41. Das interne Recht von Ontario kennt als Anknüpfungsmittel: Domizil zur Zeit der Testamentserrichtung — domicile of origin — Errichtungsort [sec. 19 (IV) Testamentsgesetz von Ontario. Revised Statutes of Ontario 1960 Vol. 4 Toronto 1960 chapter 433].

Testament nach Art. 11 Abs. 1 Satz 2 EG formwirksam. Die Ortsform (italienisches Recht) ist nicht gewahrt, jedoch folgt das italienische IPR auf dem erbrechtlichen Sektor dem Heimatprinzip; nach dem internen Recht von Ontario ist das Testament formgerecht errichtet.

Beispiel 2:

Sachverhalt wie oben 1, jedoch ist der Kanadier in der BDR domiziliert und hat das Testament in Frankfurt a.M. errichtet.

Lösung von *deutscher* Sicht her:

Erbstatut deutsches Recht. Art. 25 EG in Verbindung mit der kanadischen Rückverweisungsnorm auf das Domizilrecht, die wir nach Art. 27 EG beachten.

Ergebnis:

Testament nach Art. 11 Abs. 1 Satz 1 EG formnichtig.

Testament aber auch nach Art. 11 Abs. 1 Satz 2 EG formnichtig. Die deutsche Ortsform ist nicht gewahrt. Dazu Karlsruhe (13. 12. 1919) OLGRspr. 40, 159.

Art. 11 Abs. 1 Satz 1 EG (ein renvoi ist dabei im Hinblick auf Satz 2 ausgeschaltet!) ist in diesem Fall nicht etwa über Satz 2 anwendbar. COING vertrat 1965 (Gutachten vom 15. 5. 1963) vor dem High Court in London unter Berufung auf MELCHIOR S. 230ff. im Probate-Verfahren in der Sache P. H. Fuld die gegenteilige Ansicht (ebenso das Amtsgericht Frankfurt in einem obiter dictum mit Beschluß vom 10. 2. 1964 51 IV 453—457/62). KEGEL (Gutachten vom 8. 12. 1964) sowie COHN (Gutachten vom 6. 1. 1965) widersprachen zutreffend im gleichen Verfahren — übereinstimmend die von dem Verfasser dem High Court Juni 1965 abgegebene Stellungnahme; die billigenswerte Berücksichtigung des IPR eines ausländischen Errichtungsortes steht im Zusammenhang mit den Auswirkungen des renvoi eines fremden Rechts. Renvoi eines fremden Rechtes und Erstverweisungen des eigenen Rechts liegen auf verschiedener Ebene, sie können nicht gleichbehandelt werden.

Wird die Form des Ortsrechts eingehalten, so ist es gleichgültig, ob das IPR des Geschäftsrechts alternativ oder ausschließlich das Ortsrecht für maßgeblich erklärt oder es ausschließt.

62 β **Eine Rück- oder Weiterverweisung des Geschäftsrechts,** z.B. auf das Ortsrecht, **ist zu beachten** und somit in einem solchen Falle das materielle Recht des Geschäftsrechts außer acht zu lassen.

In sämtlichen Fällen gelten im Rahmen des **Schuldvertragsrechts Sonderheiten**: Die Gesetze im Sinne des Art. 11 Abs. 1 Satz 1 EG sind beim Fehlen eines anderweitigen realen Parteiwillens nur die Sachvorschriften, nicht auch die Kollisionsnormen. Die Beobachtung der Ortsform genügt daher, ist jedoch nicht notwendig. Ist die vom Wirkungsstatut vorgeschriebene Form gewahrt, so ist das Rechtsgeschäft formgültig, auch wenn dieses selbst auf die Form des Errichtungsortes hinweist.

Beispiel:

Eine deutsche und eine spanische Firma schließen einen Kaufvertrag. Die Verpflichtung der letzteren beurteilt sich nach spanischem Recht als dem Recht des Erfüllungsortes. Das gilt gemäß Satz 1 auch für die Form. Ist die spanische Form gewahrt, so ist die Verpflichtung der spanischen Firma als formgültig anzusehen, auch wenn der spanische Richter die deutsche Form gemäß dem erwähnten Art. 11 des spanischen Zivilgesetzbuchs verlangen sollte, weil das Rechtsgeschäft in Deutschland abgeschlossen wurde. Der deutsche Richter hat, so wie er grundsätzlich die Formvorschriften des Errichtungsortes anwendet, wie immer sich das Wirkungsstatut dazu stellt — dazu Rdz. 58, so auch die des Wirkungsstatuts zum Zuge kommen zu lassen, selbst wenn dieses auf die Vorschriften des Errichtungsortes verweist.
Im übrigen siehe die Ausführungen Rdz. 55.

Die Rechtslage nach Art. 11 Abs. 2 EG wird unten Rdz. 154ff. getrennt erörtert.

5. Begriff der Form — Qualifikation 63

a) Grundsätzliches

Ob ein von der maßgebenden Rechtsordnung für das Rechtsgeschäft aufgestelltes Erfordernis noch die Form betrifft, also Satz 2 anwendbar ist, oder ob es bereits ein sachliches Erfordernis ist (Qualifikationsproblem), so daß Satz 2 nicht mehr anwendbar ist, wird sehr oft zweifelhaft sein. Enthält z. B. § 2238 Abs. 2 BGB aF = § 2233 Abs. 1 eine Formvorschrift oder eine Beschränkung der Testierfähigkeit? Die Frage erscheint — jedenfalls in der Richtung des Art. 11 EG — wenig bedeutsam, solange ein Sachverhalt nur nach inländischem (hier deutschem) Recht zu beurteilen ist. So ist es denn auch bezeichnend, daß z. B. die deutsche Theorie [auch die Ausführungen Flumes — Allg. Teil des Bürgerlichen Rechts II Das Rechtsgeschäft, § 15 S. 244ff. (248, 249) bleiben insoweit nur an der Außenseite der oben erörterten Problematik hängen — siehe weiter Heldrich, Die Form des Vertrages, AcP 147 (1941) 89; Lorenz, Das Problem der Aufrechterhaltung formnichtiger Schuldverträge, AcP 156 (1957) 381 — eine Übersicht über die Erörterungen in der deutschen Literatur gibt Bassermann a. a. O. 2. Kap. 2. Abschn. I A 3] der Konkretisierung des internen Formbegriffs kaum Beachtung schenkt, es besteht — intern gesehen — kein Bedürfnis dazu. Die Betrachtungsweise ändert sich, wenn Wirkungsstatut und Formstatut auseinanderfallen, indem die Form eines Rechtsgeschäfts primär über Art. 11 Abs. 1 Satz 2 EG oder sekundär über die IPR-Norm eines ausländischen Rechts einem eigenen Statut unterstellt wird. Welches Recht ist hier für die Qualifikation maßgeblich? Die richtige Lösung ist bedeutsam insofern, als es einen überstaatlichen Formbegriff, eine „Form in abstracto“ (Frankenstein I 531) nicht gibt und auch wesensmäßig gar nicht geben kann. Jedes nationale Recht hat seine eigenen Wertungen, weshalb man nur von einer Form im Sinne z. B. des deutschen, italienischen, französischen usw. Rechts sprechen kann. Dazu auch Wengler, Festschr. f. M. Wolff (1952) S. 360.

Die Bestimmung, *was* unter der verlangten Form zu verstehen ist, kann dem Grundsatz nach nur der Rechtsordnung zustehen, die das Formerfordernis aufstellt. Sieht man in der Form die Außenseite eines Rechtsgeschäfts, so müßte folgerichtig die Entscheidung darüber der Rechtsordnung zustehen, die das Rechtsgeschäft im allgemeinen beherrscht. Weist man aber diesem Grundsatz zuwider aus Zweckmäßigkeitsgründen, wie es Art. 11 Abs. 1 Satz 2 EG tut, einem Rechte, das nicht mit dem Wirkungsstatut zusammenfallen muß, die Bestimmung der

Form zu, dann führt dies auch im Bereiche der Qualifikation zu einer regelwidrigen Aufspaltung der Beurteilungsweise. Diese Erwägungen zwingen zu folgender *Differenzierung:*

64 α Bei *primärer* Anknüpfung — zum Begriffe siehe Rdz. 52 — bestimmt sich, soweit es die Anwendung des Satzes „locus regit actum" angeht, für den deutschen Richter die Qualifikation des Formbegriffes, also was unter Form im Sinn jener Regel zu verstehen ist, **nach deutschem Recht.** Dies entspricht allgemeinen Grundsätzen und ist auch innerlich gerechtfertigt. Behält sich das deutsche Recht die Entscheidung über die Form, wie Frankenstein (IPR I S. 522; 535) es nennt*, durch „Pseudoanknüpfung" an die Ortsform selbständig vor, so kann auch nur das deutsche Recht über den Umfang und die Grenzen dieser Verweisung, mithin auch über den Inhalt des Formbegriffes entscheiden. Übereinstimmend Niemeyer, 111; Frankenstein, IPR I S. 533ff.; Nussbaum, IPR S. 46; Raape, IPR[5] S. 222; Erman-Arndt[4], 5 zu Art. 11. And. A. M. Wolff, IPR[3] S. 128 (lex loci actus entscheidet). Deutsches Recht bedeutet deutsches Kollisionsrecht (Kollisionsnormen des forum). Dabei ist nicht ausgeschlossen, daß die Form im Sinne des Art. 11 EG vielleicht im engeren oder weiteren Sinne verstanden wird, als es sonst im internen Bereich der Fall ist. **Die Begriffe und die Systematik des internen bürgerlichen Rechts stimmen nicht immer mit den von den Kollisionsnormen verwendeten überein.** Dazu Rabel, Das Problem der Qualifikation, RabelsZ 5. 1931, 241ff.; Neuhaus, Grundbegriffe S. 76ff., 90ff.; Wengler, Festschr. f. M. Wolff (1952) S. 337ff.

Außenprivatrechtliche Gesichtspunkte können von den innenprivatrechtlichen abweichende Zielsetzungen rechtfertigen, was auf eine Divergenz der Begriffe hinausläuft. Im großen gesehen werden sie jedoch im allgemeinen übereinstimmen. Dazu Neuhaus, Grundbegriffe S. 77, der in diesem Zusammenhang auch auf die von Gamillscheg, IntArbR 19 Nr. 43 aufgestellte Faustregel verweist: Eine Qualifikation zu anderen Zwecken ist bis zum Beweis des Gegenteils auch hier für das IPR brauchbar.

65 *Beispielhafte Abweichungen:*

Form der Eheschließung im Sinne des Ehegesetzes ist enger als der Formbegriff in Art. 11 Abs. 1 Satz 2 (= „überstaatliche Sammelbezeichnung für diejenigen Umstände, welche in jedem einzelnen Fall die jeweils maßgebende Rechtsordnung für Form erklärt" — Frankenstein, I 534). Dazu auch Wengler, Festschr. f. M. Wolff (1952) S. 354ff. So ist z.B. die Regel „locus regit actum" auch dann anwendbar, wo das Ortsrecht für die Eheschließung keine besondere Form vorschreibt („faktische Ehe" — eine etwaige Heranziehung des Art. 30 bleibt davon unberührt — dazu Rdz. 45).

Nach dem Ehegesetz (§ 12) ist das Aufgebot ein materiellrechtliches Erfordernis, während es sich im Sinne des Art. 11 Abs. 1 Satz 2 EG als zur Form gehörig qualifiziert. Dazu die in RGZ (6. 4. 1916) 88, 191 (192) entwickelte Standardformel: „Unter der Form der Eheschließung ist zu verstehen sowohl die äußere Gestal-

* Dazu RG (12. 11. 1932) RGZ 138, 243 (245); BGH (19. 12. 1958) BGHZ 29, 137 (139) = NJW 1959, 717; BGH (12. 1. 1967) in NJW 1967, 1177. Die angegebene Rechtsprechung differenziert nicht zwischen primärer und sekundärer Anknüpfung — nach Lage der Fälle bestand dazu auch wohl keine Veranlassung.
Grundsätzlich zur Qualifikation: Wengler, Qualifikation materieller Rechtssätze in Festschr. f. M. Wolff (1952) S. 337—374; Makarov, Festschr. für Dölle (1963 Bd. II S. 149ff.) 151; Raape, IPR[5] S. 107ff. mit Nachweisen; Rigaux, La Théorie des Qualifications en droit international privé (1956); Steindorff, Sachnormen S. 53 mit Nachweisen; Firsching, Deutsch-amerikanische Erbfälle, S. 41ff. mit Nachweisen.
Für die Schweiz siehe: BG 67 II 218 (23. 9. 1941).

tung der von den Eheschließenden abzugebenden Willenserklärungen als auch die gesamte Mitwirkung des Beamten oder Geistlichen und etwaiger Hilfspersonen einschließlich des vorangehenden Aufgebots ..... Ob die Formen religiöser Natur sind, kann dabei keinen Unterschied machen." So auch BGH (19. 12. 1958) BGHZ 29, 137 (140ff.).
Zur Form rechnet das RG (22. 6. 1931) in RGZ 133, 161 (165) auch die Zuständigkeit des trauenden Geistlichen. Ebenso KG (1. 6. 1931) IPRspr. 1931 Nr. 26; (29. 1. 1934) IPRspr. 1934 Nr. 16; BGHZ 29, 137 (140).
Ähnliches gilt für die Stellvertretung — dazu unten Rdz. 72ff.

Die Qualifikation des Formbegriffes von dem Kollisionsrecht der lex fori her bedeutet nicht, daß der vielleicht abweichende Formbegriff des ausländischen Ortsrechts völlig unberücksichtigt bleiben müßte oder gar dürfte. Die Frage, was ein ausländischer Rechtssatz bezweckt und was somit sein **Inhalt** ist, ist **nach dem ausländischen Recht** unter Berücksichtigung der ausländischen Rechtslehre und Rechtsprechung zu ermitteln. 66

Beispiel:
Das italienische Recht verbietet in Art. 589 C.C. das gemeinschaftliche Testament. Sinn und Zweck dieses Verbotes? Nach italienischer Ansicht handelt es sich nicht um eine Formvorschrift, sondern um eine materiellrechtliche Vorschrift, es soll die Willensfreiheit des schwächeren Teils geschützt werden. Dazu Neuhaus-Gündisch, RabelsZ21, 1956, 550, 557 mit Nachweisen, Fn. 21; BayObLG (13. 12. 1957) BayObLGZ 1957, 376 = IPRspr. 1956/57 Nr. 149 = FamRZ 1958, 220 = DNotZ 1958, 322; (13. 1. 1961) BayObLGZ 1961, 4 = IPRspr. 1960/61 Nr. 143. Zum Erbvertrag: LG Berlin (3. 4. 1950) IPRspr. 1950/51 Nr. 69 = RabelsZ 16, 1951, 130 mit Anm. von Neumayer. Dazu auch unten Rdz. 71.

Die *weitere* Frage, ob der so geklärte Rechtssatz eine bloße Formvorschrift enthält oder nicht, ist vom deutschen Standpunkt aus zu entscheiden. Hierbei werden insbesondere im Schuldrecht Zweckmäßigkeitserwägungen oft eine ausschlaggebende Rolle spielen, inwieweit man der ausländischen Systematik Rechnung zu tragen hat. Dazu eingehend Raape, IPR[5] S. 222.
Bei dieser Methode ist es möglich, daß der ausländische Satz im Sinne des Art. 11 EG als Formvorschrift zu werten ist, während das Ausland ihn nicht mehr dazu rechnet, und umgekehrt. Man denke hierbei an das Gebot kirchlicher Eheschließung nach griechischem Recht, das wir, wird die Ehe im Inland geschlossen, als Formgebot werten (dazu Raape, IPR[5] S. 245/246 — insbesondere dort Fn. 15; siehe weiter unten Rdz. 174), das griechische Recht dagegen auch als materielles Erfordernis anspricht. Maridakis, Le mariage des Grecs orthodoxes hors de Grèce, Rev. crit. 1952, 661ff.
Es ist weiterhin möglich, daß ein und derselbe Rechtssatz, der in verschiedenen ausländischen Rechtsordnungen begegnet, so das oben erwähnte Verbot des gemeinschaftlichen Testaments, bezüglich der einen Rechtsordnung als Formvorschrift im Sinne des Art. 11 EG aufgefaßt wird — so Art. 968 französischer CC —, ebenso Art. 977 niederländisches W.B. [dazu Ferid-Firsching, Internationales Erbrecht, Niederlande, Vorb. I. Sehr lehrreich dazu, aber die Frage offen lassend — OLG Hamm (18. 12. 1963), NJW 1964, 553 — die Bindung an das gemeinschaftliche Testament beurteilte das Gericht nach dem Erbstatut. Siehe weiter LG Wuppertal (27. 2. 1959) IPRspr. 1960/61 Nr. 136] —, bezüglich der anderen nicht — so Art. 589 italienischer CC, ebenso Art. 669 spanischer CC —, eben weil dem Satz trotz äußerer Gleichheit im Hinblick auf die ratio legis eine verschiedene Bedeutung zukommt.
Zusammenfassend findet der vorstehende Gedangengang seinen Niederschlag in der auf die Ausführungen Raapes aufbauenden **Formel der Rechtsprechung** („Auslegungsgrundsätze"): „Die Vorschriften des ausländischen Rechts sind nach ihrem Sinn und Zweck zu erfassen, in ihrer Bedeutung vom Standpunkt des ausländischen Rechts zu würdigen und mit den Einrichtungen der deutschen Rechts-

ordnung zu vergleichen. Auf der so ermittelten Grundlage sind sie den aus den Begriffen und Abgrenzungen der deutschen Rechtsordnung aufgebauten Merkmalen der deutschen Kollisionsnormen, d.h. ...... dem Begriff der Formvorschrift oder dem der materiellrechtlichen Norm zuzuordnen." BGH (12. 1. 1967) NJW 1967, 1177 (Art. 992 holländisches BW Formvorschrift!); so auch BGHZ (19. 12. 1958) 29, 137 (139). Dazu ZWEIGERT (Die Form der Vollmacht, a.a.O. 334): „Wiewohl die deutsche Praxis selbst meint, nach der lex fori zu qualifizieren, geschieht dies doch kaum je, ohne daß auch die im konkreten Fall in Betracht kommenden ausländischen Rechtsordnungen, hier vor allem die lex causae und die lex loci actus, in die Qualifikationserwägung mit einbezogen werden." Der Klarheit willen (zutreffend dazu NEUHAUS, Grundbegriffe S. 90) ist dabei immer in Rechnung zu stellen, daß von reinen Beweissicherungsvorschriften abgesehen, jeder Formvorschrift ein materiellrechtliches Motiv zugrunde liegt, sei es Schutz der freien Willensbildung, sei es Schutz vor Übereilung und ähnliches. Hier dürfte eine Schwerpunktsbetrachtung (Beispiel: gemeinschaftliches Testament) am Platze sein, welches Element, das rein materiellrechtliche oder das Formelement überwiegt. And. A. wohl NEUHAUS, Grundbegriffe S. 90ff.

67 β Bei **sekundärer** Anknüpfung — zum Begriffe siehe Rdz. 52 bestimmt sich die Qualifikation des Formbegriffes (soweit es die Regel „locus regit actum" betrifft) **nach dem Wirkungsstatut.** Die Formel des BGH ist daher doch wohl zu allgemein gefaßt.

Verweist das Wirkungsstatut in Bejahung der Regel seinerseits ebenfalls auf das Ortsrecht, so obliegt die Bestimmung des Umfangs dieser Verweisung ihm allein. Übereinstimmend FRANKENSTEIN, IPR I S. 534ff. Damit aber kann eine Form genügen, die bei Anwendung der Regel über Art. 11 Abs. 1 Satz 2 EG (sie verlangt eine Qualifikation von dem Kollisionsrecht der lex fori her) nicht ausreichen würde.

Beispiel:

Nach englischem Recht wird die Zustimmung gewisser Verwandter zur Eheschließung als Formerfordernis betrachtet. Dazu DICEY-MORRIS, Conflict[7] S. 234 mit Rechtsprechungsnachweisen.

Schließen zwei Engländer in einem dritten Staate, wo eine solche Zustimmung nicht erforderlich ist, die Ehe, so werden wir dies anerkennen (— nach englischem Recht beurteilt sich die Form einer Eheschließung nach der lex loci celebrationis), selbst wenn wir von deutscher Sicht her die Zustimmung als materiellrechtliches Erfordernis ansehen würden. And. A. wohl HENRICH, StAZ 1960, 101.

68 **Zu α und β**

Die Qualifikationsfrage kann in einem **zwischenstaatlichen Abkommen** selbständig geregelt sein. Eine solche Regelung geht einer Qualifikation nach allgemeinen Grundsätzen vor.

Beispiel:

Übereinkommen über das auf die Form letztwilliger Verfügungen anzuwendende Recht vom 5. 10. 1961 (BGBl. 1965 II 1145):

Art. 5: „Für den Bereich dieses Abkommens werden die Vorschriften, welche die für letztwillige Verfügungen zugelassenen Formen mit Beziehung auf das Alter, die Staatsangehörigkeit oder andere persönliche Eigenschaften des Erblassers beschränken, als zur Form gehörend angesehen. Das gleiche gilt für Eigenschaften, welche die für die Gültigkeit einer letztwilligen Verfügung erforderlichen Zeugen besitzen müssen."

69 Was zur Form gehört, bestimmt sich nach der Natur des Rechtsgeschäfts und diese hinwiederum nach den Anschauungen einer bestimmten Rechtsordnung. Dazu RAAPE, IPR[5] S. 217.

Dieser Ausgangspunkt führt im Bereich des Art. 11 dann zu Schwierigkeiten, wenn auf ein Rechtsgeschäft die Wertungen *mehrerer* Rechtsordnungen zum Zuge kommen.

Beispiel: RAAPE, IPR[5] S. 217 nachgebildet.

Zwei Deutsche schließen formlos in Zürich einen Vertrag, in dem der eine Teil für eine Schuld eines Dritten einstehen will. Man unterstelle, daß das Wirkungsstatut (deutsches Recht) eine Bürgschaft annimmt, während von schweizerischer Sicht (Ortsrecht) her ein Kreditauftrag als vorliegend erachtet wird.

Der Kreditauftrag ist formgerecht geschlossen, da bei Annahme eines Kreditauftrages die schweizerische Ortsform eingehalten ist. Wäre der Vertrag in München geschlossen worden, so würde man die Form ebenfalls als gewahrt ansehen, da nach deutschem Recht ein Kreditauftrag ebenfalls keiner Form bedarf. Daraus läßt sich mit Raape folgender *Grundsatz* ableiten: Der *Ortsform ist genügt, wenn die nach der einen (Qualifikation nach Ortsrecht) oder der anderen (Qualifikation nach Wirkungsstatut) Wertung jeweils für ein solches Rechtsgeschäft erforderte Form beobachtet ist.* Übereinstimmend ERMAN-ARNDT[4], 2 zu Art. 11.

b) Einzelheiten zur Qualifikation von **deutscher** Sicht her: 70

Beachte dazu die Ausführungen Rdz. 3, 4, 63, 64.

α Formfragen („formes extrinsèques" — dazu Rdz. 4) **sind:**

Schriftlichkeit, Eigenhändigkeit, Siegelung und Stempelung, eidliche Bestärkung, ausdrückliche Willenerklärung, nur mündliche Willenserklärung (wie die römische stipulatio). Öffentliche Beurkundung, Zeugenunterschrift, Zuziehung von Zeugen, z.B. Zweizeugentestament (dazu Rdz. 75) — anders, falls der Beurkundungsvorgang (öffentliche Beurkundung!) eine solche Zuziehung erfordert: dann Verfahrensvorschrift (dazu Rdz. 20ff.).

Die Formfrage betrifft die vorgeschriebene Mitwirkung öffentlicher Personen, die die Willenserklärung entgegenzunehmen, unterscheide davon die unten noch zu erörternde Amtsbedürftigkeit der Willenserklärung,

Beispiel:

Eheschließung vor einem Organ des Staates — § 13 Abs. 1 EheG. Dazu BGH (19. 12. 1958) BGHZ 29, 137 (141).

zu beglaubigen, zu beurkunden oder darüber hinaus selbständig mitzuwirken haben, wie etwa der Standesbeamte nach dem alten Personenstandsgesetz. Eine Frage der Form ist es weiter, ob ein Vertrag nur bei gleichzeitiger Anwesenheit beider Parteien geschlossen werden kann,

Beispiel:

Erbvertrag — § 2276 BGB — zur Form rechnet auch der nach § 2274 BGB geforderte persönliche Abschluß.

oder ob eine Eheschließung die gleichzeitige persönliche Anwesenheit der Ehepartner verlangt. BGH (19. 12. 1958) BGHZ 29, 137 (141). Der Zweck solcher Vorschriften, nämlich die „Sicherung des Beweises, der Hinweis auf die Bedeutung der abzugebenden Erklärung und die Verhinderung übereilter und verbotener Rechtsgeschäfte" (BGH, a.a.O. 141) gehört zu denen, die für Formvorschriften typisch sind.

Als reine Formvorschrift wertet das LG Zweibrücken [(11. 11. 1954) = IPRspr. 71
1953/54 Nr. 134 = NJW 1955, 1800 (so schon RG (17. 12. 1912) in JW 1913, 333 Nr. 19)] § 2235 BGB a.F. — jetzt § 27 Beurkundungsgesetz 1969 (: Ausschluß der Urkundsperson von der Mitwirkung bei der Testamentserrichtung, falls sie im Testament bedacht oder zum TV ernannt wird). Eine Schwerpunktsbetrachtung zeigt, daß das materiellrechtliche Moment überwiegt, eine inhaltlich unbeeinflußte Verfügung soll sichergestellt werden. Übereinstimmend KEGEL, IPR[2] S. 362. RAAPE, IPR[5] S. 424, Fn. 12 spricht § 2235 BGB als Formvorschrift an, sieht jedoch in ihr eine versteckte Kollisionsnorm enthalten an und kommt damit sachlich zum gleichen Ergebnis wie vorstehend. Nur eine Schwerpunktsbetrachtung führt auch in der Frage des Verbots gemeinschaftlicher Testamente — dazu

oben Rdz. 66, zu einer befriedigenden Lösung. Überwiegt der Sachzweck, wird man sie als Sachvorschrift, überwiegt der Formzweck, dann als Formvorschrift (weitere Einzelheiten siehe Erläuterungen zu Art. 25 EG; siehe auch KEGEL, Zur Bindung an das gemeinschaftliche Testament im deutschen IPR: Festschrift für Jahrreis (1964) S. 143ff.) ansprechen.

Geschäftsfähigkeit —Verfügungsbefugnis — Form

In diesem Bereich ist eine Grenzziehung besonders schwierig. Materiellrechtliche Komponenten und Formelemente überschneiden sich vielfach, eine Schwerpunktbetrachtung (and. A. NEUHAUS, Grundbegriffe S. 90ff.) wird insoweit notwendig. Aus dieser Sicht sind Vorschriften des deutschen Rechts, die gewisse Personen von privatschriftlichen Testamenten ausschließen (Entsprechendes gilt für die Fälle der § 2238 Abs. 3 BGB a.F. = § 2233 Abs. 1 BGB n.F; § 2243 BGB a.F. = § 31 Beurkundungsgesetz 1969), als Formvorschriften anzusprechen. Ratio legis ist, daß die mit erleichterten Formen verbundenen Gefahren bei diesen Personen besonders groß sind. Diese bisher schon vertretene Auffassung ist durch Art. 5 des Übereinkommens über das auf die Form letztwilliger Verfügungen anzuwendende Recht vom 5. 10. 1961, BGBl. 1965 II 1145, in der BRD gesetzlich verankert worden.

Beispiel:

Ein 19jähriger Deutscher errichtet in Zürich ein privatschriftliches Testament. Das Testament ist trotz §§ 2233 Abs. 1, 2247 Abs. 4 BGB nach Art. 1 Abs. Ia; 5 des Übereinkommens vom 5. 10. 1961 wirksam, da die Ortsform nach Art. 505 ZGB gewahrt ist. Art. 30 EG steht dem heute nicht mehr entgegen, auch nicht Art. 7 EG. RAAPE, IPR[5] S. 426 spricht von einer Formvorschrift, die ein gewisses Alter voraussetzt. Art. 5 des Übereinkommens vom 5. 10. 1961 dürfte heute demgegenüber durchgreifen, anderenfalls sein Zweck nicht erreicht würde.

Die Form betreffen die Vorschriften, die an das Testament gewisser Personen, z.B. von Blinden, erschwerende Forderungen hinsichtlich seiner äußeren Gestaltung stellen. Dazu Erläuterungen zu Art. 24 EG.

72 **Vertreter im Willen — Vertreter in der Erklärung — Bote.**

Ausgehend vom Falle des § 1750 a.F. (bei Schließung des Vertrags über eine Annahme an Kindes Statt wird die gleichzeitige Anwesenheit der Parteien verlangt) hat sich im internen deutschen Recht im Anschluß an eine Entscheidung des RG vom 11. 1. 1945 (DR 1945, 76 Nr. 11) eine lebhafte Diskussion über die Abgrenzung der Begriffe Vertreter und Boten, soweit es hier von Belang ist, entfacht. Dogmatisch dazu ULMER, Adoptionsvertrag und Stellvertretung: SJZ 1948, 137; siehe weiter die Nachweise bei GERNHUBER, Lehrbuch des Familienrechts (1964) S. 681 Fn. 2; siehe weiter BOSCH in Anm. zu OLG Celle, DNotZ 1951, 166. Dogmatisch gesehen, tritt der Bote nur als Übermittler einer fremden Willenserklärung auf; er gibt die Erklärung nur als fremde, von seinem eigenen Willen unabhängige Willenserklärung ab, mit anderen Worten, er handelt lediglich als Werkzeug des Geschäftsherrn; Geschäftsunfähigkeit schadet daher nicht. Daraus folgert man, daß Boten zum Vollzug einer Form untauglich sind, da die Form stets vom Erklärenden selbst vollzogen werden muß. GERNHUBER, a.a.O. S. 681 mit Nachweisen Fn. 4; siehe auch STAUDINGER-COING[11], 29 vor § 164; Rspr.: RG (9. 7. 1904) RGZ 58, 387; (4. 3. 1911) 76, 99 (in beiden Fällen: Schreibgehilfe vollzieht als Werkzeug die Unterschrift). RG (30. 6. 1913) RGWarn. 1913 Nr. 396 (Grundstückskauf — Bote übermittelt Notar Erklärung); (1. 3. 1918) RGWarn. 1918 Nr. 71 (Vollmacht zum Kauf eines Grundstückes — Bote); (4. 1. 1922) RGWarn. 1922 Nr. 66 (Vollmacht zum Verkauf eines Grundstückes — Bevollmächtigtes Werkzeug des Vollmachtgebers?).

Versagt somit der Begriff Bote überall da, wo die Erklärung formgebunden ist und der Mittelsmann die Form vollziehen soll (ULMER, SJZ 1948, 139), so lag es nahe, im Bereich der Stellvertretung nach einer Lösung zu suchen, die den Bedürfnissen der Praxis dort gerecht wurde, wo das Gesetz zwar eine Stellvertretung verbot,

Dazu die von ULMER, SJZ 1948, 139 angeführten Beispiele: § 1748 Abs. 2 (Einwilligungserklärung zur Annahme an Kindes Statt); § 1750 Abs. 2 a.F. (Abschluß des Kindesannahmevertrages); § 1595 Abs. 1 (Ehelichkeitsanfechtung); § 1516 Abs. 2 (Zustimmung zu güterrechtlichen Verfügungen bei GG); § 1728 Abs. 1 (Antrag auf Ehelicherklärung — Einwilligung dazu); §§ 2282 Abs. 1, 2296 Abs. 1 (Anfechtung und Rücktritt vom Erbvertrag).

aber materiellrechtlich keinen persönlichen Abschluß verlangte. Anknüpfend an die Ausdrucksweise Windscheids (WINDSCHEID-KIPP, Pandektenrecht[9], I S. 346 § 73 Fn. 2), der zwischen **Stellvertretung im Willen** und **Stellvertretung in der Erklärung** unterschied, und unter Stellvertreter in der Erklärung einen Vertreter mit „gebundener Marschrichtung" verstand, worunter er auch einen Boten einschloß (ULMER, SJZ 1948, 138), machte sich die Rechtsprechung diese Aufspaltung des Vertretungsbegriffes zwar in der Ausdrucksweise zu eigen [beispielhaft RG (11. 1. 1945) DR 1945, 76; BGH (7. 4. 1952) BGHZ 5, 344 (349)], legte diesem Begriff jedoch eine von Windscheid abweichende Bedeutung bei. Dies zeigt besonders deutlich die Entscheidung des BGH vom 19. 12. 1958 [BGHZ 29, 137 (144ff.) — Handschuhehe zwischen einem Deutschen und einer Italienerin in Italien], wo gesagt wird, daß der Bevollmächtigte [(gemeint Vertreter in der Erklärung des Willens = „Vertreter mit gebundener Marschrichtung") — (ULMER, SJZ 1948, 141 definiert: „Die sog. Vertretung in der Erklärung ist in Wahrheit eine auf spezieller Vollmacht beruhende Stellvertretung."] mehr sei als ein Bote, dessen Person hinter der allein maßgebenden Botschaft völlig zurücktrete und für das Wirksamwerden der zu übermittelnden Erklärung gleichgültig sei. Ein Vertreter in der Erklärung repräsentiert die Person des Abwesenden, was gerade bei Einhaltung bestimmt vorgeschriebener Förmlichkeiten Gewicht erlangt. So heißt es in der genannten Entscheidung: „Der Bevollmächtigte im Sinne des Art. 111 italienischer Codice Civile repräsentiert die Person des abwesenden Verlobten bei den Trauungsförmlichkeiten. Seine Mitwirkung hierbei erschöpft sich nicht in der bloßen Überbringung einer Willenserklärung, die sein Auftraggeber zuvor abgegeben hat und die er lediglich zu einer bestimmten Zeit und bei einer bestimmten Gelegenheit dritten Personen zur Kenntnis bringen soll. Er ist eben mehr als ein bloßes Werkzeug oder Organ, dessen sich der abwesende Verlobte zur Erklärung eines von ihm zuvor gefaßten Willensentschlusses bedient. Auch wenn ihm bei dieser Erklärung keinerlei Spielraum hinsichtlich des Inhalts der Erklärung gelassen ist, so ist er deswegen nicht etwa nur ein Bote, sondern ‚Vertreter in der Erklärung des Willens'."

Gleichgültig, ob man in dem Begriff des Vertreters in der Erklärung — vielleicht 73
richtiger in der Bezeichnung dieser Figur — im Rahmen der Dogmatik des bürgerlichen Rechts einen „Fehlbegriff" sieht [so ULMER, SJZ 1948, 138; gegen den Begriff auch die von GERNHUBER, a.a.O. S. 681 Fn. 2 zitierte Literatur, insbesondere auch MÜLLER-FREIENFELS, Vertretung beim Rechtsgeschäft (1955) S. 72ff.] oder nicht, der Inhalt der Bezeichnung ist fest umrissen, vom Gesetzgeber der Neufassung des § 1751a BGB zugrunde gelegt und im übrigen auch in der deutschen Rechtsprechung anerkannt. Die Folgerungen für die internationalrechtliche Behandlung, die sich in der Praxis insbesondere im Recht der Annahme an Kindes Statt und der Eheschließung auswirken, liegen auf der Hand und entsprechen im Ergebnis etwa der schon früher von Raape in diesem Kommentar vertretenen Ansicht, die dieser mit viel Gespür für die spätere Entwicklung niedergelegt hat: Die Zulässigkeit der Stellvertretung bestimmt sich, da man darin ganz allgemein mehr als eine Frage der Form sah, nach der herrschenden Lehre (RAAPE, IPR[5] S. 503; SOERGEL-KEGEL[9], Rdz. 158 vor Art. 7) undifferenziert nach dem Geschäftsstatut, d.h. dem Statut, das das von dem Vertreter vorgenommene Ge-

schäft beherrscht. Spaltet man in Fällen, da das interne materielle Recht eine Stellvertretung ausschließt — man denke im deutschen Recht an die §§ 1411 Abs. 1, 1516 Abs. 2, 1595, 1595a Abs. 3, 1728 Abs. 1, 1748 Abs. 2, 1751 Abs. 2, 1755, 1770, 2274, 2282 Abs. 1, 2284, 2290 Abs. 2, 2296 Abs. 1, 2347 Abs. 2 BGB, § 13 Abs. 1 EheG — die Stellvertretung in eine solche im Willen und der Erklärung auf, so wird man **im internationalprivatrechtlichen Raum ebenfalls** eine solche **Aufspaltung** vornehmen: das **Geschäftsstatut** entscheidet, ob eine Stellvertretung **im Willen** zulässig ist. Die Zulässigkeit einer Stellvertretung **in der Erklärung** beurteilt sich gemäß Art. 11 Abs. 1 EG **sowohl nach dem Geschäftsstatut als auch nach dem Recht des Ortes,** wo das Rechtsgeschäft vorgenommen wird. Zum Begriff des Ortes der Vornahme siehe Rdz. 105ff. Ob nämlich eine Partei die von ihr beschlossene Willenserklärung selbst abgeben muß oder ob sie diese auch durch den Mund eines anderen abgeben kann, ist eine Frage der Form; die ratio legis, die den Vertreter in der Erklärung nicht zuläßt, folglich eine mündliche Erklärung nur in persona gestattet, ist eine solche, die den Formvorschriften eigentümlich ist. Dazu Zitelmann, IPR II S. 156; Neubecker, JbIntRVerk. 1912/13, 76; Neuhaus, RabelsZ 25. 1960, 185, 186.

74 Eine Abweichung der lex loci actus von dem Wirkungsstatut, das die Zulässigkeit einer Stellvertretung in der Willensentschließung bestimmt, ist damit beachtlich, wenn jene im Gegensatz zu diesem eine Stellvertretung in der Willenserklärung zuläßt; sie ist es nicht, wenn jene im Gegensatz zu diesem eine Stellvertretung in der Willensentschließung, einen Stellvertreter im eigentlichen Sinn des Wortes gestattet.

75 **Drei Beispiele** mögen dies erläutern:

Beispiel 1:

Ein Deutscher im Staate Kalifornien (US) errichtet ein Testament in der Weise, daß er seinen Willen vor zwei Zeugen ausspricht, daß darüber eine Urkunde aufgenommen wird, die Zeugen unterschreiben und eine Person im Auftrag des Testators für ihn unterschreibt (Zweizeugentestament).

Erbstatut (Wirkungsstatut) ist nach Art. 25 EG das deutsche Recht. Dieses besagt (§ 2064 BGB): „Der Erblasser kann ein Testament nur persönlich errichten." Die Auslegung ergibt, daß damit sowohl die Stellvertretung in der Willensentschließung als auch in der Erklärung ausgeschlossen ist. Staudinger-Seybold[11], 3 zu § 2064.

Dies bedeutet nicht, daß auf internationalprivatrechtlicher Ebene eine Stellvertretung in der Erklärung ausgeschlossen sei, auch wenn das Ortsrecht eine solche zuließe. Die **Errichtung eines Testaments** ist ein **höchstpersönliches Rechtsgeschäft.** Auch bei höchstpersönlichen Angelegenheiten ist eine Stellvertretung in der Erklärung des Willens nicht begrifflich von vornherein ausgeschlossen. Dazu BGH (7. 4. 1952) BGHZ 5, 344 (349) unter Hinweis auf die Rechtslage bei der Anfechtung der Ehelichkeit (§ 1595 BGB).

Folgt man dem oben im Text vertretenen Gedankengang, so ergibt sich damit die Lösung: das Erbstatut schließt eine Vertretung im Willen aus. Bei dem im Beispiel gegebenen Fall handelt es sich um keine Stellvertretung im Willen, sondern in der Erklärung, also eine Formangelegenheit. Das Ortsrecht — § 50 Cal. Probate Code — (Wortlaut: Ferid-Firsching, Int. ErbR III Calif. Texte S. 13) läßt eine Stellvertretung in der Erklärung des Willens in genau festgelegtem Rahmen zu. Diese Form ist gewahrt, das Testament damit nach Art. 11 Abs. 1 Satz 2 EG — Testamentsübereinkommen vom 5. 10. 1961 Art. 1 Abs. 1a — wirksam errichtet. Unklar Müller-Freienfels, a.a.O. 238: „Aber es wäre nicht richtig, wenn ein Deutscher, der im Ausland sein Testament macht, die Vorschrift des § 2064 BGB nicht zu beachten brauchte und sich auf die im Ausland etwa maßgebenden Bestimmungen über eine Testierung durch Vertreter berufen könnte." Die vorangegangenen Bemerkungen über die Abgrenzung der Begriffe Vertreter — Bote sowie die nachfolgende Bezugnahme auf die Pupillar-Substitution römischen Rechts lassen vermuten, daß Müller-Freienfels nur eine Vertretung im Willen im Auge hatte.

Im Ergebnis übereinstimmend Raape, in der Vorauflage B IV 3b 2 zu Art. 24 S. 645.

76 *Beispiel 2:*

Der US-Angehörige X (domiziliert in New York) will ein deutsches Kind, dessen Eltern in München wohnen, an Kindes Statt annehmen. Der Annahmevertrag wird in München nota-

riell beurkundet. Ein **Vertreter schließt** unter Vorlage einer Spezialvollmacht den **Annahmevertrag** für X.
Adoptionsstatut ist im Hinblick auf die Rückverweisung des IPR von New York auf das Domizilrecht des Kindes deutsches Recht. Dazu auch LG Darmstadt (8. 10. 1951) IPRspr. 1950/51 Nr. 154 = Entsch. aus dem Ju und FamR 1952, 119; LG Berlin (15. 8. 1957) IPRspr. 1956/57 Nr. 140. Die Zulässigkeit der Vertretung in der Erklärung beurteilt sich nach Art. 11 Abs. 1 S. 1 und S. 2 EG jeweils nach deutschem Recht, jene ist gemäß § 1751a BGB gestattet. Relevant würde z.B. die Unterscheidung, wenn Wirkungsstatut ein ausländisches Recht wäre, das die Zulässigkeit in der Erklärung ausschlösse, dann würde das Ortsrecht seine Bedeutung erweisen.

Beispiel 3 (**Handschuhehe** — Handschuh = Symbol der Vollmacht!) Dazu BGH (19.12.1958) BGHZ 29, 137: 77
Der Deutsche X ging mit der Italienerin Y in der Weise die Ehe ein, daß vor dem italienischen Standesbeamten im Mailand für den in der BRD weilenden X sein mit notarieller Spezialvollmacht versehener Bevollmächtigter sowie Y persönlich erschienen und die nach italienischem Recht erforderlichen Erklärungen abgaben. Die übrigen Formalien des italienischen Rechts sind gewahrt.
Nach italienischem Recht, das grundsätzlich gleichzeitige und persönliche Anwesenheit beider Ehepartner vor dem Standesbeamten verlangt, ist nach der Ausnahmevorschrift des Art. 111 Abs. 3 CC eine Stellvertretung, wie geschehen, zulässig; das deutsche Recht dagegen fordert schlechthin die persönliche und gleichzeitige Anwesenheit bei Abgabe der Erklärung. Nach beiden Rechten ist eine Stellvertretung im Willen ausgeschlossen, es kann also niemand einen anderen bevollmächtigen, für ihn eine Frau zu suchen und in seinem Namen zu ehelichen, wie es nach einigen mohammedanischen (*Beispiel:* Art. 44, 45, 59 ägyptisches Personenstandsgesetz; Art. 1047 iranisches Ehegesetz) Rechten der Fall ist. Rechnet man die Stellvertretung in der Erklärung, eine solche stellt die Mitwirkung der eingeschalteten Mittelsperson im gegebenen Beispiel dar, zur Form, (so BGHZ 29, 137: „Die gleichzeitige persönliche Anwesenheit der Ehewilligen vor einem Organ des Staates oder einer Religionsgemeinschaft dient, wie die Zuziehung von Zeugen, in erster Linie dazu, den Konsens der Verlobten, die Tatsache, daß die Ehe zwischen ihnen geshlossen ist, über jeden Zweifel hinauszuheben und den Verlobten bewußt zu machen, daß sie unwiderrufliche, äußerst wichtige Erklärungen abgeben"), so ist die in Italien geschlossene Ehe nach Art. 11 Abs. 1 Satz 2 EG wirksam [die Vorbehaltsklausel des Art. 30 EG greift nicht ein — BGHZ 29, 137 (147)] in Deutschland geschlossen, wäre sie unwirksam.

Literatur und *Rechtsprechung* zur Handschuhehe:
Erman-Marquordt[4], 8b aa zu Art. 13; Palandt-Lauterbach[28], 6b zu Art. 13; Soergel-Kegel[9], 50 zu Art. 13. Lewald, IPR S. 86; Frankenstein, IPR III S. 154; Martin Wolff, IPR[3] S. 193; Raape, IPR[5] S. 250; ders. StAZ 1942, 126; Deuchler, Eheschließung von Abwesenden (Berlin 1942) S. 69ff. und in Festschrift für Raape (1948) S. 85; Neuhaus, RabelsZ 15, 1949/50, 580; Bosch, DNotZ 1951, 169 (bemerkenswert der Hinweis auf die Eheschließung „per procuratorem cum mandato speciali" des kanonischen Rechts); v. Schwind, RabelsZ 1954, 247; Hoffmeyer, FamRZ 1957, 408; Jonas, StAZ 1959, 253; Dieckmann, Die Handschuhehe deutscher Staatsangehöriger nach deutschem IPR (1959) S. 48ff. — dazu Besprechung von Neuhaus, RabelsZ 25, 1960, 184; Reichard, StAZ 1960, 49; Beitzke, JIR 3, 1954, 161; Schnitzer, Vergleichende Rechtslehre (1945) S. 326; De Nova, Giur. Comp. DiP 11 1954, 131ff. mit Nachweisen; Starace, Riv. dir. int. 1961, 105; Rabel, Conflict[2] I S. 242; zum französischen Recht siehe Batifoll, Traité[4] Nr. 426.

Rechtsprechung:
LG Hamburg (6. 7. 1934) IPRspr. 1934, Nr. 18; LG Kiel (20. 4. 1949) StAZ 1950, 58 = RabelsZ 15 (1950) 578 mit ablehnender Anm. von Neuhaus; LG Hamburg (14. 7. 1954) IPRspr. 1953/54 Nr. 78 = StAZ 1955, 61 = FamRZ 1955, 137 (Mexiko); LG Hamburg (16. 10. 1958) StAZ 1960, 99 mit Anm. Henrich (Libyen); KG (28. 10. 1957) FamRZ 1958, 324 (Holland); LG Bremen (22. 9. 1959) FamRZ 1960, 154 (polnisch verwaltetes Oberschlesien) — mit Anm. von Beitzke ebenda; KG (28. 10. 1957) IPRspr. 1956/57 Nr. 99 = FamZR 1958, 324 mit Anm. Neuhaus, 463 = StAZ 1959, 184; BGH (19. 12. 1958) BGHZ 29, 137 (Italien) = IPRspr. 1958, 59 Nr. 112 = FamRZ 1959, 143 = NJW 1959, 717 = MDR 1959, 378 mit Anm. Deuchler = StAZ 1959, 181.

Zu § 2256 Abs. 2 BGB, wonach die Rückgabe des Testaments nur an den Erblasser persönlich geschehen darf, siehe die Erläuterungen zu Art. 24 EG. 78

Vollmacht. 79

Dazu Pfister, Vollmacht und Stellvertretung im IPR (Diss. Zürich 1927); Rabel, Vertretungsmacht für obligatorische Rechtsgeschäfte, RabelsZ 3. 1929, 807; ders.,

Conflict[2] III S. 121—180; 141, 169; MOSER, Einzelinteresse und Verkehrsschutz bei internationaler Betrachtung der gewillkürten Stellvertretung: Festschrift zur 50-Jahr-Feier der Handelshochschule (St. Gallen 1949) 2; 385—396; MÜLLER-FREIENFELS, Die Vertretung beim Rechtsgeschäft (1955) S. 236—243; REITHMANN, Die Form ausländischer Vollmachten: DNotZ 1956, 469; MAKAROV, Die Vollmacht im IPR, in: Scritti di diritto internazionale in onore di T. Perassi II (1957) S. 39—63; v. CAEMMERER, Die Vollmacht für schuldrechtliche Verträge im deutschen IPR: RabelsZ 24. 1959, 201; Berichte über das Statut der Vollmacht (von MÜLLER-FREIENFELS, MAKAROV, FICKER, ZWEIGERT, BRAGA, PETERSEN) ebenda 326—341 — siehe insbesondere Zweigert, ebenda 334—336, „Die Form der Vollmacht". TOMASI, Les conflits de lois en matière de representation conventionelle, Rev. crit. 1958, 651—671; REESE, Agency in conflict of Laws: Yntema-Festschrift (Leyden, 1961) S. 409—418; RIGAUX, Le statut de la représentation (Leyden 1963); RAAPE, IPR[5] S. 502; SOERGEL-KEGEL[9], 151—158 vor Art. 7.

Bei der **gewillkürten** Vertretung unterscheidet die **herrschende deutsche Lehre** [RAAPE, IPR[5] S. 502.; so auch BGH (29. 11. 1961) JZ 1963, 167 mit Anm. von LÜDERITZ = IPRspr. 1960/61 Nr. 40 = LM Nr. 4 zu Art. 11 EG = Warn 1961 Nr. 252] im Anschluß an Rabel (RabelsZ 3. 1929, 807; 7. 1933, 797) und ZITELMANN (IPR II 206) der im internen Recht [die von MÜLLER-FREIENFELS, Die Vertretung beim Rechtsgeschäft (1955) befürwortete Zusammenfassung von Bevollmächtigung und Vertretergeschäft hat bisher wenig Anhänger gefunden] vorgenommenen Aufspaltung eines Rechtsgeschäfts in Bevollmächtigung und Vertretergeschäft (z.B. Kauf, der vom Vertreter geschlossen wird) folgend auch **auf IPR-Ebene zwischen Fragen, „die mit der Vertretung als solcher zusammenhängen"** „(mit der Tatsache, daß jemand nicht im eigenen, sondern im fremden Namen handelt") — damit befassen sich die §§ 164—166, 177—181 BGB —, **sowie Fragen, „die die Vollmacht** (der Begriff Vollmacht qualifiziert sich nach dem Kollisionsrecht der lex fori) **selbst angehen"**, das sind die §§ 167—176 BGB.

Die **erstere Gruppe,** die auch die Frage, ob eine Stellvertretung zulässig ist, erfaßt, unterstellt man dem **Geschäftsstatut.** (Statut, das das vom Vertreter vorgenommene Rechtsgeschäft, z.B. Kauf, beherrscht; wohl zu wenig unterscheidend BGH (30. 7. 1954) IPRspr. 1953/54 Nr. 1 = JZ 1955, 702 m. Anm. GAMILLSCHEG).

Die **Bevollmächtigung** andererseits, d.h. die Erteilung der Vollmacht, ihr Umfang und Ende, beurteilt sich nach dem **sog. Vollmachtsstatut** — dazu BGH (29. 11. 1961) JZ 1963, 167 mit Anm. von LÜDERITZ —, das somit vom Geschäftsstatut, aber auch dem Statut, das das Geschäft beherrscht, auf dem die Vollmacht beruht, z.B. Auftrag, Dienst- oder Werkvertrag, zu unterscheiden ist. **Vollmachtsstatut** ist nach überwiegender Meinung dem Grundsatz nach das **Recht des Staates, in dem die Vollmacht ihre Wirkung entfalten soll** (Wirkungsland). [RG (5. 12. 1896) RGZ 38, 194; (3. 4. 1902) RGZ 51, 147; (5. 12. 1911) RGZ 78, 55 (60); RG (14. 1. 1910) SeuffArch. 66 Nr. 73; (14. 10. 1931) RGZ 134, 67 (69); LG Berlin (5. 10. 1932) IPRspr. 1932 Nr. 63; KG (14. 12. 1933) IPRspr. 1933 Nr. 9; BGH (13. 7. 1954) NJW 1954, 1561. Dazu auch RABEL, RabelsZ 3 (1929) 807; FICKER in Rvgl HWB 4 S. 464ff.; RAAPE, IPR[5] S. 503; M. WOLFF, IPR[3] S. 124. BGH (5. 2. 1958) WM 1958, 557].

Übt der Bevollmächtigte seine charakteristische Berufstätigkeit (Prokurist, Handelsbevollmächtigter, sonstiger Handeslvertreter) von einer ständigen Niederlassung her aus, so ist dies das Recht dieses Ortes. [BGH (29. 11. 1961) JZ 1963, 167 = IPRspr. 1960/61 Nr. 40 = LM Nr. 4 zu Art. 11 EG = BGH Warn 1961 Nr. 252 = AWD 1962, 52. Dazu LÜDERITZ, JZ 1963, 167 (171). Weitere Rechtsprechungsnachweise gibt v. CAEMMERER, RabelsZ 24. 1959, 201 (205).]

Einzelheiten sind strittig. Dazu die Erläuterungen zur Vertretung a.a.O. Die Abgrenzung des Bereiches Geschäftstatut — Vollmachtsstatut — ist im einzelnen schwierig, [dazu BGH (29. 11. 1961) JZ 1963, 167 sowie LÜDERITZ, JZ 1963, 171; zur Kollision von Vollmachtsstatut und Geschäftsstatut siehe ARTL, AWD 1962, 94 (95)], was erklärt, daß auch über die Einordnung der Form der Vollmacht keine einheitliche Meinung besteht. 80

Die **Vollmacht** stellt nach herrschender deutscher Lehre eine einseitige empfangsbedürftige Willenserklärung dar. Ihre **Form** beurteilt sich damit nach **Art. 11 EG.** KG (8. 1. 1931) HRR 1931 Nr. 1051; SchlHOLG (19. 12. 1961) SchlHA 1962, 173 mit Anm. DEUTSCH, 244 (Form der Vollmacht zur Übertragung eines Erbteils unterfällt Art. 11 Abs. 1 EG selbst dann, wenn zum Nachlaß Grundbesitz gehört). Siehe weiter v. CAEMMERER, RabelsZ 24. 1959, 212; ZWEIGERT, RabelsZ 24. 1959, 334. Dort S. 335 ein Hinweis auf RG (21. 11. 1927) IPRspr. 1928 Nr. 27, wonach man sich bei einer im Ausland in deutscher und fremder Sprache abgefaßten Vollmachtsurkunde auf die deutsche Fassung verlassen kann (ähnlich für den Fall der Übersetzung: RG (31. 5. 1943) DR 1943, 1066).
Absatz 1 Satz 1 dieser Bestimmung unterstellt sie dem Recht, das für das den Gegenstand des Rechtsgeschäfts bildende Rechtsverhältnis maßgebend ist. Folgt man der Spaltungstheorie, so wird damit zweifelhaft, ob darunter das Geschäfts- oder Vollmachtsstatut zu verstehen ist. Während MAKAROV (a.a.O. 47; ebenso ZITELMANN II 210) — ebenso wohl GAMILLSCHEG, JZ 1955, 706 — das Vollmachtsstatut als Wirkungsstatut betrachtet, empfiehlt RAAPE (IPR[5] 503) der neueren Tendenz in der Literatur folgend (dazu MÜLLER-FREIENFELS, Die „Vertretung ..." S. 239ff. (242, 243)) insoweit das Geschäftsstatut heranzuziehen, das auch die Frage, ob eine allgemeine Vollmacht genüge oder eine Sondervollmacht nötig sei, beherrsche; ausdrücklich offengelassen wird, „ob nicht auch die Form des Gebrauchsortes genüge". MÜLLER-FREIENFELS (a.a.O. S. 242) will neben dem Vollmachtsstatut auch das Geschäftsstatut berücksichtigen, ohne sich festzulegen, ob wahlweise oder nur in bestimmten Fällen. RABEL (Conflict[2] III S. 141, 169ff.) hinwiederum befürwortet, die Notwendigkeit einer besonderen Form der Vollmacht sowie einer Sondervollmacht nach dem Geschäftsstatut zu beurteilen.

Eigene Stellungnahme: Im internationalprivatrechtlichen Raum erscheint es, was die Form der Vollmacht angeht, im Interesse der Verkehrserleichterung zweckmäßig, der Einheit des sich aus Bevollmächtigung und Vertretergeschäft zusammensetzenden Rechtsgeschäfts (dazu MÜLLER-FREIENFELS, „Die Vertretung ..." S. 236ff.) insofern Rechnung zu tragen, als man beide Komponenten berücksichtigt und, soweit Art. 11 Abs. 1 in Frage steht, alternativ sowohl die Form des Geschäftsstatuts als auch des Vollmachtsstatuts berücksichtigt. Die Rechtfertigung der Beachtung des Vollmachtsstatuts liegt darin, daß, worauf Müller-Freienfels (a.a.O. 241) hinweist, in einigen Ländern (wie Sowjetunion, Brasilien) jede Bevollmächtigung als „gefährliches Geschäft" generell einer besonderen Form unterliegt, gleichgültig, ob der Bevollmächtigte ein formbedürftiges oder formfreies Geschäft abschließt. Die Heranziehung des Geschäftsstatuts hingegen entspricht dem Grundgedanken des Art. 11 Abs. 1 Satz 1 EG. Der Schwerpunkt des einheitlich betrachteten Geschäfts liegt eben im „Haupt"geschäft. Berücksichtigt wird damit, daß nach dem Geschäftsstatut auch eine strengere Form verlangt werden mag, als gesondert betrachtet, nach dem Vollmachtsstatut für die Vollmacht erforderlich wäre. Nach den deutschen Sachnormen bedarf jedoch die Vollmacht grundsätzlich nicht der für das Hauptgeschäft verlangten Form. Eine Ausnahme gilt, falls durch die Bindungswirkung einer Vollmacht oder durch die Gefahr eines plötzlichen Geschäftsabschlusses der Zweck der Formvorschrift des Hauptgeschäfts hinfällig gemacht würde. 81

82 Art. 11 Abs. 1 Satz 2 EG läßt wahlweise für die Form der Vollmacht (einseitige, empfangsbedürftigte Willenserklärung) das Recht des Erteilungsortes genügen. Erteilungsort ist der Ort, an dem die Vollmacht ausgestellt wird. [KG (19. 3. 1925) JR 1925 Nr. 578 = OLG 44, 152; OLG Nürnberg (11. 12. 1928) IPRspr. 1929 Nr. 26; LG Berlin (3. 5. 1930) IPRspr. 1930 Nr. 24. KG (8. 1. 1931) HRR 1931 Nr. 1051 = IPRspr. 1931, Nr. 21; SchlHOLG (19. 12. 1961) SchlHA 1962, 173 = IPRspr. 1960/61 Nr. 12 = DNotZ 1962, 656; Reithmann, DNotZ 1956, 469, 473; Zweigert, RabelsZ 24. 1959, 334, 336; v. Caemmerer, RabelsZ 24. 1959, 201, 213]. Ohne Belang ist das „Zugehen" der Willenserklärung, es ist kein Bestandteil der Form, sondern zählt zum Inhalt des Rechtsgeschäfts. [Habicht S. 88; Niedner S. 88; Frankenstein, IPR I S. 545; Lewald, IPR S. 70; Nussbaum IPR S. 91; Erman-Marquordt[4], 4 zu Art. 11; Spiess, Vertretungsmacht im deutschen IPR (Erlanger Diss. 1934); Zweigert, RabelsZ 24. 1959, 335. RG, NiemeyersZ 18, 449; KG (8. 1. 1931) IPRspr. 1931 Nr. 21 = HRR 1931 Nr. 1051.]

83 Im Rahmen der Parteiautonomie kann für die Form der Vollmacht der Parteiwille maßgeblich sein, soweit die getroffene Rechtswahl nach außen kenntlich gemacht ist. Übereinstimmend Neuhaus, Grundbegriffe S. 173 unter Hinweis auf Makarov, a.a.O. II S. 37—63 (51f.). Dazu oben Rdz 53—56.

Zur Rechtslage, falls das Wirkungsstatut den Satz „locus regit actum" nicht anerkennt, siehe oben Rdz. 58; falls dem Ortsrecht ein Rechtsgeschäft dieser Art überhaupt unbekannt ist, siehe Rdz. 27, 35, 129.

Zur Vollmacht bei Grundstücksgeschäften siehe Rdz. 156.

84 Zur Problematik der Form *unwiderruflicher Vollmachten* im IPR-Bereich siehe Deutsch, SchlHA 1962, 244. Grundsätzlich greift auch in einem solchen Fall Art. 11 Abs. 1 Satz 2 EG ein, es sei denn, der ordre public stehe dem entgegen. Dazu LG Berlin (5. 10. 1932) IPRspr. 1932 Nr. 63.

Sonderheiten gelten im *Wechsel- und Scheckrecht:* Unter den Begriff der Form fallen hier sämtliche wesentlichen Erfordernisse der Gültigkeit einer Wechsel- oder Scheckerklärung — dazu unten Rdz. 164.

85 **Consideration** — zur Form gehörig. Dazu Rauch, Der Begriff der consideration im anglo-amerikanischen Schuldrecht (1940), Abhandlungen und Mitteilungen der Hans.Univ. aus den Seminaren für öffentliches Recht und für ausländisches und IPR, Heft 39; Fuller, Consideration and Form: Colum. L. Rev. 41. 1941, 799; Kessler, Rabel-Festschr. (1953) I S. 251; Raape, IPR[5] S. 224.

Nach dem common law setzt ein wirksames Schuldversprechen eine Gegenleistung (consideration) voraus, die in einer Leistung, Handlung oder Unterlassung des Vertragspartners bestehen kann. Wird das Versprechen under seal, d.h. gesiegelt, abgegeben, so erübrigt sich die consideration.

Die Bestimmung über die Siegelung stellt eine Formvorschrift dar. Kann man dasselbe auch von dem Verlangen einer consideration sagen? Man wird dies bejahen. Eine consideration erfordert keine gleichwertige Gegenleistung, ein symbolhafter Wert, z. B. schon 1 Dollar („pepper corn", daher „pepper corn theory of consideration") kann genügen. Es ist wohl innerlich gerechtfertigt, beide „Formen": pepper corn oder Siegelung, die jeweils zum gleichen praktischen Ergebnis, nämlich zur Gültigkeit des Geschäfts führen, auch im Sinne des Art. 11 EG, der ja eine Verkehrserleichterung im Auge hat, gleichwertig zu behandeln. Übereinstimmend Fuller, a.a.O. 814 ff.; Nussbaum, Grundzüge S. 145 unter Hinweis auf Pritchard gegen Norton, 106 US 124 (1882); so wohl auch Kessler, a.a.O. S. 273; im Ergebnis übereinstimmend Raape, IPR[5] 224. Neuhaus, Grundbegriffe S. 92; Zweigert-Kötz, II 51. and. A. Vischer, Int. Vertragsrecht S. 155.

Dazu folgendes *Beispiel:*

Ein Amerikaner „verkauft" seinem deutschen Neffen in New York ein in München gelegenes Grundstück in privatschriftlicher Form. „Kauf"-preis: 1 Dollar.

Lex causae ist deutsches Recht. Da das Schenkungsversprechen der Ortsform genügt, ist es nach Art. 11 Abs. 1 Satz 2 EG wirksam.

Förmlichkeiten, die die Beweisbarkeit angehen (sog. formes probantes) — zur Form gehörig. Dazu RHEINSTEIN, Form der Rechtsgeschäfte, RvglHWB (1932) S. 365; RAAPE, IPR[5] S. 223; KEGEL, IPR[2] S. 221; ERMAN-ARNDT[4], 5 zu Art. 11 EG. RIGANX, La force probante des écrits en droit international privé, Rev. crit., 1961, 1. 86

Das Fehlen von in manchen Rechten vorgeschriebenen Förmlichkeiten berührt hiernach zwar nicht die materiellrechtliche Wirksamkeit des Rechtsgeschäfts, schließt aber seine Durchsetzbarkeit im Prozeß, da nicht beweisbar, aus. Im Ergebnis führt dies zu einem mittelbaren Formzwang. *Je ein Paradebeispiel* liefern der romanische sowie anglo-amerikanische Rechtskreis:

αα **Art. 1341** franz. Code Civil [zur Geschichte der Bestimmung siehe DUMOULIN, Philippe de Renusson und das franz. IPR des 17. Jahrhunderts (Diss. Köln 1959), S. 142, 172] schließt, wie manche Bestimmung anderer Rechte (Beispiele gibt RAAPE, IPR[5] S. 226ff.) bei Geschäften über eine gewisse Wertgrenze hinaus einen Gegenbeweis durch Zeugen gegen die Urkunde aus. 87

Art. 1341:

Il doit être passé acte devant notaires ou sous signatures privées de toutes choses excédant la somme ou la valeur de 50 F, même pour dépôts volontaires, et il n'est reçu aucune preuve par témoins contre et outre le contenu aux actes, ni sur ce qui serait allégué avoir été dit avant, lors ou depuis les actes, encore qu'il s'agisse d'une somme ou valeur moindre de 50 F.

Le tout sans préjudice de ce qui est prescrit dans les lois relatives au commerce.

Zwei Gesichtspunkte treffen sich in diesen Bestimmungen. In die Augen fällt das verfahrensrechtliche Moment der Einschränkung des Zeugenbeweises zugunsten des Urkundenbeweises. Mittelbar hingegen führen die Bestimmungen zu einem Formzwang zum Schutze, also im Interesse der Parteien. Der materiellrechtliche Formzweck steht so neben dem verfahrensrechtlichen. Nach französischer Ansicht (BATIFFOL, Traité[4] Nr. 707; abweichend wohl GAMILLSCHEG, JZ 1955, 704 Fn. 9) überwiegt der materiellrechtliche Charakter, was die Anwendung des Satzes „locus regit actum" ermöglicht. Beispiele von Vorschriften, die die Beweisbarkeit als materiellrechtlich behandeln, gibt RHEINSTEIN, RvglHWB (1932) S. 365.

ββ Der französischen *Ordonnance de Moulins* von 1566 folgend (dazu KEGEL, IPR[2] S. 222; GAMILLSCHEG in JZ 1955, 703) schrieb das **Statute of Frauds** (englisches Gesetz von 1677), 88

Nach sec. 4 des Statute kann aus einem den Formbestimmungen nicht entsprechenden Vertrag „keine Klage" erhoben werden. Sec. 17 erklärt einen solchen Vertrag für „nicht gut".

um betrügerischen Machenschaften vorzubeugen, für gewisse Rechtsgeschäfte (z.B. Kaufverträge über bewegliche Sachen über eine gewisse Wertgrenze hinaus) eine vom Schuldner oder seinem Vertreter unterzeichnete Aufzeichnung vor. Diesem Vorbild hinwiederum schloß sich sec. 4 des Sale of Goods Act von 1893 an, wonach diese Rechtsgeschäfte grundsätzlich nur durch ein memorandum in writing bewiesen werden konnten, anderenfalls sie unklagbar waren und ein remedy entfiel. Die maßgebliche englische Entscheidung Leroux gegen Brown [(1852) 12 C.B. 801; 138 Eng. Rep. 1119] qualifizierte auf internationalprivatrechtlicher Basis die Vorschrift als verfahrensrechtlich, entscheidend war damit die lex fori — dazu Rdz. 6, 15, 16. Die englische Vorschrift ist inzwischen durch den Law Reform Act 1954 (2 & 3 Eliz. 2 c. 34) aufgehoben worden (dazu GRAUPNER, AWD 1954, 52; ARTL, AWD 1962, 94) die ihr unterfallenden Rechtsgeschäfte sind nunmehr formfrei.

89 Die US-Staaten haben ihrerseits im Anklang an das englische Statute of Frauds einzelstaatliche Statutes of Frauds, vielfach nach dem Modell von sec. 4 des Uniform Sales Act, erlassen. [Dazu LORENZEN, The Statute of Frauds and the Conflict of Laws: Yale L. J. 32. 1923, 311; MCCLINTOCK, Distinguishing Substance and Procedure in the Conflict of Laws: U. Pa. L. Rev. 78. 1930, 933; RHEINSTEIN, RvglHWB 1932 S. 365; NUSSBAUM, Grundzüge S. 147; RABEL, Conflict² II S. 488; EHRENZWEIG, Colum. L. Rev. 59. 1959, 874; HEILMAN, The Conflict of Laws and the Statute of Frauds (Seattle 1961)]. Über die Rechtsnatur der darin enthaltenen „Form"bestimmungen streitet man. Während Story (Conflict⁸ § 262 — Form muß dem Recht des Ortes des Vertragsschlusses entsprechen) sie als materiellrechtlich behandelt und der überwiegende Teil der Rechtsprechung dem folgt [Nachweise gibt Nußbaum, Grundzüge S. 148 Fn. 35; Rheinstein, RvglHWB (1932) S. 366; Rabel, Conflict² II S. 500] betrachten andere Gerichte [z.B. Heaton gegen Eldridge (1897) 56 Ohio St. 87; 46 N. E. 638; Buhl gegen Stephens (Ind. 1898) 84 Fed. 922; Lemon gegen Sidener (1924) 116 Kan. 7, 225 P. 1048] sie als rein prozeßrechtlich und wenden ausschließlich die lex fori an. Andere Entscheidungen hinwiederum qualifizieren sie zwar materiellrechtlich, lassen aber aus Gründen der public policy ein strengeres statute des forum zum Zuge kommen. Dazu Lavi gegen Murrell, 63 F. (2. Folge) 670. Weitere Nachweise geben Nußbaum, a.a.O. S. 149 Fn. 37; Rheinstein, a.a.O. 366. Dazu auch Rdz 13 oben unter US.

90 **Zu αα und ββ Qualifikation von deutscher Sicht her:** Beachte dabei: ein deutsches Gericht qualifiziert vom Kollisionsrecht der lex fori her, an die ausländische Einordnung des Begriffs ist es nicht gebunden.

Dem Grundsatz folgend (Raape, IPR⁵ S. 223 hat den anzustellenden Gedankengang sehr klar herausgearbeitet), daß das Verfahrensrecht der lex fori untersteht, hat sich ein deutsches Gericht zunächst zu entscheiden, ob es die unter αα und ββ aufgeführten Beweisvorschriften nach seinen Systembegriffen dem materiellen oder dem Verfahrensrecht einordnen wird.

In beiden Fällen empfiehlt sich, wiegt man die Schwerpunkte ab, eine materiellrechtliche Einordnung. Vorschriften von der Art des Art. 1341 CC führen zu einem indirekten Formzwang, der den Schutz der Parteien im Auge hat. Daran ändert der zugleich verfolgte verfahrensrechtliche Zweck (Ausschließung des Zeugenbeweises) nichts, gleichgültig, ob dieser Beweis schlechthin [dazu KG (25. 10. 1927) JW 1929, 448 mit Anm. von RABINOWITSCH = IPRspr. 1929 Nr. 7] oder nur unter bestimmten Umständen verboten ist. Im Falle des Art. 1341 CC wird man um so mehr zu dieser Auffassung neigen, da nach französischer Ansicht auch bei mangelnder Urkunde ein Zeugenbeweis dann gestattet ist, wenn die in Anspruch genommene Partei sich damit einverstanden erklärt hat. Entscheidung des Kassationshofs vom 6. 1. 1936, D.P. 1936, 115.

Die Entscheidung des BGH vom 30. 7. 1954 [JZ 1955, 702 mit Anm. GAMILLSCHEG = IPRspr. 1954/55 Nr. 1 = LM Nr. 2 zu Art. 11 EG = ZZP 68 (1955) 89 = Clunet 85 (1958) 240 — siehe auch die von WALKER, IPR⁵ S. 206 zitierte Entscheidung des österr. OGH vom 25. 1. 1911], die in Art. 1341 CC (in Verbindung mit Art. 1985 CC) eine reine Beweis- und damit Verfahrensvorschrift sieht, kann daher nicht überzeugen. Wie hier auch GAMILLSCHEG in der Anm. zu dieser Entscheidung ebenda mit zahlreichen Nachweisen in Fn. 8 S. 704 über die dem BGH entgegengesetzte überwiegende Meinung in der Literatur; siehe auch MEZGER, Rev. crit. 1956, 58 in Anm. zur gleichen Entscheidung. Bemerkenswerterweise folgt denn auch der BGH in einer späteren Entscheidung vom 29. 11. 1961, JZ 1963, 167 = LM Nr. 4 zu Art. 11 EG = MDR 1962, 400 ohne zu dem Qualifikationsstreit Stellung zu nehmen der materiellrechtlichen Qualifikation, soweit die ähnliche Bestimmung des englischen Rechts (sec. 4 Sale of Goods Act von 1893)

in Frage steht, ohne allerdings darauf einzugehen, daß jene Vorschrift zur Zeit des zu beurteilenden Vertragsschlusses schon aufgehoben war. Dazu LÜDERITZ, JZ 1963, 170 in Anm. zu genannter Entscheidung.
Qualifiziert man aber die genannten Beweisvorschriften materiellrechtlich, so wird man sie als Formvorschriften ansprechen, die Art. 11 EG unterfallen. Übereinstimmend KEGEL, IPR² S. 221; ERMAN-ARNDT⁴, 5b zu Art. 11; VISCHER, Vertragsrecht S. 157/158. ZWEIGERT-KÖTZ II S. 43f.

Beispiel zum US-Recht:
In München wird formlos ein Kaufvertrag über eine Maschine geschlossen. Kaufpreis über 500 $. Der Vertrag untersteht New Yorker Recht. Nach sec. 4 des Uniform Sales Act, der auch in New York gilt, ist der Vertrag nur klagbar entweder bei teilweiser Annahme oder teilweiser Zahlung oder Leistung eines Angeldes oder bei Vorliegen einer von dem Käufer unterschriebenen Verpflichtungsurkunde. Ein deutsches Gericht sieht den Vertrag, der der Ortsform entspricht, nach Art. 11 Abs. 1 Satz 2 EG als formwirksam an.

β Nicht in den Bereich der Form fallen: *Empfangsbedürftigkeit* einer Willenserklärung — die ratio legis in dieser Frage ist die Rücksicht auf den Gegner, also ein sachliches Interesse (ZITELMANN, IPR II S. 156); 91
die Frage, ob es einer *Annahme* der Willenserklärung bedarf, ob also ein Vertrag nötig ist;
Amtsbedürftigkeit einer Willenserklärung — dabei wird die „Zielrichtung der Erklärung" vorgeschrieben — dazu oben Rdz. 28. Die Erwägungen, die den Gesetzgeber z.B. bei der Vorschrift, daß die Ausschlagung der Erbschaft gegenüber dem Nachlaßgericht zu geschehen habe, sind andere als die über die Zweckmäßigkeit einer bloßen Form; dagegen stellt es ein Formerfordernis dar, wenn das Gesetz für die der Behörde gegenüber abzugebende Willenserklärung eine gewisse *Art und Weise* der Verlautbarung, z.B. öffentliche Beglaubigung bei der Erbschaftsausschlagung (§ 1945 BGB) verlangt; insofern genügt die Einhaltung der von der lex loci actus für eine Erklärung dieser Art vorgeschriebenen Form — dazu oben Rdz. 22, 25, 30 sowie HABICHT s. 88 ferner die Erläuterungen zu Art. 24, 25 EG.

Nicht zur *Form* rechnen das *Anzeigeerfordernis*, z.B. in § 1280 BGB für die Verpfändung (materiellrechtliche Natur!), sowie sonstige Notifikationen bei Zessionen, etwa von der Art wie in Art. 1690 franz. CC (Art. 1690 luxemburgischer CC — dazu LG Aschaffenburg (7. 7. 1953) IPRspr. 1952/53 Nr. 38, ebenso Art. 1690 belgischer CC — dazu OLG Hamburg (30. 7. 1934) IPRspr. 1934 Nr. 15 (erörtert wird u.a. die Frage, inwieweit eine Abtretung ohne Notifikation gegenüber dem Schuldner und sonstigen Dritten wirkt!) — vorgeschrieben. Dazu RG NiemeyersZ 18, 449; RGZ (19. 3. 1907) 65, 357; weitere Einzelheiten gibt RAAPE, IPR⁵ S. 512 (dort auch zur Rechtslage bei italienischem Sachstatut!) unter Hinweis auf GULDENER, Zession, Legalzession und Subrogation im IPR (1930) S. 37ff., FRANKENSTEIN IPR II S. 259 und ZWEIGERT, Rabel-Fschr. I S. 645. Eine andere Frage ist, inwieweit die Art der Notifikation unter den Begriff der Form fällt. Dazu OLG Hamburg, a.a.O.; RAAPE, IPR⁵ S. 512. 92
Nicht zur Form rechnet, wenn § 10 des deutschen Depotgesetzes vom 4. 2. 1937 für die Gültigkeit der dort bezeichneten Ermächtigung, anstelle der hinterlegten Papiere gleichartige zurückzugewähren, verlangt, daß sie „für das einzelne Verwahrungsgeschäft ausdrücklich und schriftlich abgegeben wird". Ähnliches gilt für § 5 dieses Gesetzes. Das Erfordernis der Bestimmtheit des Geschäfts ist sachlicher Art.

Nicht die Form betrifft es, wenn das Gesetz für die Anfechtung einer Willenserklärung den Weg der Klage vorschreibt — dies geschieht mit Rücksicht auf den Gegner (ZITELMANN, IPR II S. 157) oder wenn zur Vermeidung der Inoffiziosität des Testaments eine Zuwendung bestimmten Inhalts, z.B. eine Erbeinsetzung im Gegensatz zu einem bloßen Legat, verlangt wird. ZITELMANN, IPR II S. 157 158. 93

94 Ausländische Rechte sehen mitunter vor, daß ein bestimmter Personenkreis gewisse vermögensrechtlich bedeutsame Geschäfte, wie z.B. Bürgschaften, nur unter Einhaltung erschwerter Formen vornehmen könne.

Beispiel:

Die Bürgschaft einer im Staate Michigan, US, domizilierten Ehefrau ist nach dem Rechte dieses Staates nur wirksam, wenn in dem Vertrag eine ausdrückliche Feststellung des Fehlens einer Beeinflussung oder Zwanges aufgenommen wird. Dazu Pub. Acts 1917, Nr. 158, § 2: „Such instrument shal contain a statement that no undue influence or constraint has been exerted against the wife in the execution thereof." Dazu DICKMAN v. ENDERT, 247 Mich. 551, 226 N.W. 250 (1929).

Gesichtspunkte der Form und des Personenrechts überschneiden sich, das personenrechtliche Moment überwiegt; man wird die IPR-Norm über die Form hinter die über die Geschäftsfähigkeit zurücktreten lassen. Ob eine „Form" nötig ist, besagt somit das nach Art. 7 EG heranzuziehende Heimatrecht. Ob diese Form, z.B. öffentliche Beglaubigung der Erklärung, eingehalten ist, beurteilt sich nach den in Rdz. 22, 25, 30 entwickelten Grundsätzen.

95 *Nicht* zur Form im Sinne des Art. 11 rechnen die sog. *Befähigungsformen* (formes habilitantes) — zum Begriff siehe oben Rdz. 5 —, die zum Schutze nicht vollgeschäftsfähiger Personen vorgesehen sind und ergänzend verlangt werden, um dem Geschäft Wirksamkeit zu verleihen.

Beispiel:

Zustimmung des gesetzlichen Vertreters. Ermächtigungen und Genehmigungen des VG — daher auch nicht die Folgen mangelnder Genehmigungen, somit § 1829 BGB keine Formvorschrift — die Frage offen lassend OLG München (8. 9. 1938) HRR 1939 Nr. 81. Weitere Einzelheiten siehe oben Rdz. 5.

Sie unterfallen grundsätzlich dem Personalstatut des nicht voll Geschäftsfähigen.

96 *Nicht* zur Form zählt das Erfordernis von Einwilligungen Dritter.

Beispiele:

Einwilligung des Ehegatten im Adoptionsverfahren — § 1746 BGB — ebenso Einwilligung der Eltern nach § 1747 BGB — dazu oben Rdz. 5; Zustimmung des Ehegatten im Legitimationsverfahren, ebenso der Mutter sowie des Kindes nach § 1726 BGB.

97 Ein weiteres Beispiel bietet das französische Gesetz vom 24. Juli 1966 n° 66—537 betreffend die société à responsabilité limitée. Nach diesem Gesetz geschieht die Abtretung des Geschäftsanteils durch notariellen oder privatschriftlichen Vertrag. Dieser ist der Gesellschaft und Dritten gegenüber nur wirksam nach Mitteilung („signification" — im Wege der Zustellung durch den Gerichtsvollzieher — Zustellung kann durch eine notarielle Annahmeerklärung der Gesellschaft ersetzt werden; dieses Erfordernis — dazu Art. 48, 20 Abs. 1 S. 2 G. v. 24. 7. 1966, Art. 1690 C. C. — ist notwendig damit die Abtretung der Gesellschaft entgegengehalten werden kann. Dritten gegenüber bedarf es zusätzlich der Einreichung zweier Ausfertigungen der Abtretungsurkunde zum Handelsregister, Art. 20 Abs. 2 G. 24. 7. 1966 i. Vbdg. m. Art. 14, 31 decret d'application n° 67—236 vom 23. 3. 1967) an die Gesellschaft. Ferner ist die Genehmigung der Gesellschaft nötig, falls die Zessionare weder Mitgesellschafter des Zedenten noch mit diesen in auf und absteigender Linie verwandt oder dessen Ehegatten sind. Art. 45 Abs. 1, 44, Abs. 1, 47 Abs. 1 G. 24. 7. 1966. Die Genehmigung ist von der Mehrheit der Gesellschafter und mindestens dreiviertel des Stammkapitals zu beschließen. Die Genehmigung ist mehr als eine bloße Form, wie übrigens auch die Mitteilung. Daraus folgt: wird z.B. die Abtretung des Anteils in der BRD vor einem Notar beurkundet, so läßt sich nicht etwa aus § 15 des deutschen Gesetzes betr. die GmbH die Wirksamkeit des Aktes herleiten.

Umgekehrt können aber trotz der in Frankreich gestatteten privatschriftlichen Abtretung der Anteile, das mag ergänzend bemerkt werden, nicht etwa unter Berufung auf Art. 11 Abs. 1 S. 2 EG Anteile an deutschen GmbH's in Frankreich privatschriftlich abgetreten werden. Die nach deutschem Recht vorgeschriebene öffentlich beurkundete Abtretung beruht, wie FRANKENSTEIN, IPR I S. 200 dartut, auf der Systematik des deutschen GmbH-Rechts: Der Inhaber des Anteils müsse gegebenenfalls seine Berechtigung durch eine zusammenhängende Reihe von öffentlichen Abtretungsurkunden nachweisen können. Dieser Gesichtspunkt führt über den Inhalt einer Formvorschrift im Sinne des Art. 11 EG hinaus. Maßgeblich ist damit das die Gesellschaft beherrschende deutsche Recht.

Bedarf ein *Ehevertrag* der Genehmigung des VG, wie z.B. nach Art. 181 Abs. 2 schweizerisches ZGB, so handelt es sich um mehr als eine Formvorschrift, maßgeblich ist das Güterrechtsstatut schlechthin — dazu Erläuterungen zu Art. 15 EG. Zur Problematik der Registrierung von Eheverträgen siehe oben Rdz. 7. 98

Die in einzelstaatlichen Rechten vorgesehene *Bestätigung eines Kindesannahmevertrages* — dazu §§ 1741, 1754 BGB — fällt außerhalb des Formbegriffes des Art. 11 EG. Ob eine Bestätigung erforderlich ist, besagt das Adoptionsstatut, welche einzelstaatliche Behörde sie zu erteilen hat, fällt in den Bereich der sog. internationalen Zuständigkeit — weitere Einzelheiten siehe Erläuterungen zu Art. 22 EG.

Nicht zur Form rechnet die Anerkennung der Eltern bei der Legitimation durch nachfolgende Ehe nach französischem Recht. Dazu LG Saarbrücken (14. 7. 1951) IPRspr. 1950/51 Nr. 90. Die Form der Anerkennung (anders NIBOYET, Traité V Nr. 1451 bis) unterfällt der Regel locus regit actum; verlangt das Ortsrecht keine solche Anerkennung, dann greift Art. 11 Abs. 1 S. 1 EG ein — dazu oben Rdz. 35.

Nicht zur *Form* zählen die Genehmigungen von Verwaltungsbehörden, die nicht im Interesse der Parteien, sondern der *öffentlichen Ordnung und Sicherheit* (formes de police et de sûreté — dazu oben Rdz. 8) verlangt werden. 99

Beispiele:
Preis- und Devisengenehmigungen, Bewirtschaftungsbestimmungen, Genehmigungen nach dem Währungsgesetz, nach dem Bundesbaugesetz, nach dem Grundstücksverkehrsgesetz, Genehmigung einer Stiftung.

Nicht zur *Form* im Sinne des Art. 11 EG rechnen die sog. *Veröffentlichungsformen* (formes de publicité) — dazu oben Rdz. 7 — wie Eintragung in das Handels- und Hypothekenregister, Verbuchungen, Registrierungen, Eintragungen in Patentrollen usw. 100

Nicht zur *Form* im Sinne des Art. 11 EG rechnen die sog. *Fiskalformen* (formes fiscales), die Steuergesetze mitunter vorschreiben — dazu oben Rdz. 9. 101

Nicht zur *Form* im Sinne des Art. 11 EG rechnen die *Verfahrensformen* (formes de procedure) — dazu Rdz. 6.

6. Rechtsgeschäft. 102

Zum Begriff siehe oben Rdz. 34.

Art. 11 Abs. 1 Satz 2 EG gilt nicht für solche Willenserklärungen einer Privatperson, die dem *öffentlichen* Recht angehören, z.B. nicht für die Erklärung des Austritts aus der Religionsgemeinschaft, anders bezüglich dieser letzteren das österreichische Recht. Dazu WALKER, IPR[5] S. 235.

Auch nach deutschem Recht kann in dem einen oder anderen Fall eine analoge Anwendung des Satzes angebracht sein.

*Privatscheidungen** 103

unterfallen der Regel locus regit actum. Sie beruhen auf einem privatrechtlichen Rechtsgeschäft — sei es der Willenserklärung eines Ehegatten (Verstoßung —

Schrifttum:
* KLEINRAHM, Die Anerkennung von Privatscheidungen: FamRZ 1966, 10; EPPELSHEIMER, Zur Frage der Wirksamkeit von Privatscheidungen in Deutschland, FamRZ 1960, 125; PARTIKEL, Kritische Bemerkungen zur rechtlichen Beurteilung von Privatscheidungen im Inland: Fam RZ 1969, 15.

Talagh — Scheidungsbrief!) oder eines Vertrages beider Partner —, das zur Auflösung des Ehebundes führt. Solche Scheidungen erfolgen teils mit, teils ohne Mitwirkung einer Behörde.

Beispiele:

Art. 37 des Irakischen Gesetzes über das Personalstatut vom 19. 12. 1959 — dazu LG Stuttgart (20. 3. 1968) FamRZ 1968, 391;

Ehescheidung nach jüdischem Ritus (Übergabe eines Scheidungsbriefes!) — dazu OLG Düsseldorf (15. 4. 1966) FamRZ 1968, 87; OLG Stuttgart (4. 11 1969) FamRZ 1970, 30:

Ehescheidung nach chinesischem Recht — dazu HOFFMEYER, FamRZ 1957, 408 — OLG Stuttgart (5. 4. 1968) FamRZ 1968, 390.

Die Institution kannte bis 1944 auch das sowjet-russische Recht.

Im deutschen Inland sind Privatscheidungen im Hinblick auf Art. 17 Abs. 4 EG und § 41 EheG (Regelung stimmt überein mit Art. 13 Abs. 3 EG) ausgeschlossen; bisher herrschende Meinung — neuerdings hat sich, ohne auf die Problematik einzugehen, das OLG Stuttgart (siehe oben) der gegenteiligen Ansicht von KEGEL (siehe oben) angeschlossen. Anders wie Stuttgart hatte das KG in einer Entscheidung vom 1. 3. 1965, FamRZ 1966, 149 auch die Zulässigkeit eines Feststellungsverfahrens nach Art. 7 FamR ÄndG (1961) im Falle einer Privatscheidung abgelehnt. Für Privatscheidungen im Ausland gilt Art. 11 Abs. 1 EG.

104 Im übrigen ist jede selbständige Willenserklärung im Zweifel ein actus im Sinne der Regel „locus regit actum" (ZITELMANN, IPR II S. 158), mag sie auch aus eigener Kraft nicht imstande sein, eine Rechtswirkung oder wenigstens nicht die Hauptwirkung hervorzubringen. Das gilt z.B. von der Einwilligung, Vollmacht, der Genehmigung, dem Widerruf usw. (§§ 167ff., 182ff. BGB). Ob also die Vollmacht nach materiellem Recht ein selbständiges Rechtsgeschäft oder lediglich Stück eines solchen, nämlich eine Willenserklärung, ist, dazu RAAPE, AcP *NF* 1, 267), ist internationalprivatrechtlich ohne Belang.

105 **7. Errichtungsort (Vornahmeort)**

Wo das Rechtsgeschäft vorgenommen ist, darüber hat von deutscher Sicht her allein das deutsche Recht zu entscheiden. So wie die Regel „locus regit actum" grundsätzlich zu befolgen ist, auch wenn sie dem Wirkungsstatut fremd ist, so ist sie auch vom deutschen Standpunkt aus auszulegen. Übereinstimmend FRANKENSTEIN IPR I S. 544; NIEMEYER 114 Anm. 1; ERMAN-ARNDT[4], 4 zu Art. 11 EG. And. A. ZITELMANN IPR II S. 163 (Wirkungsstatut). Maßgeblich sind dabei nicht die internrechtlichen Anschauungen, sondern der kollisionsrechtliche Zweck, was insbesondere bei Verträgen bedeutsam wird.

106 **a) Einseitiges nicht empfangsbedürftiges Rechtsgeschäft**

Bei Geschäften solcher Art, z.B. einem Testament, ist die Frage wohl unzweifelhaft. Da, wo die Erklärung tatsächlich (eine unrichtige Ortsangabe in einer Urkunde bleibt für unsere Begriffsbestimmung außer Betracht — dazu WOLFF IPR[3] S. 127) abgegeben wurde, da ist locus actus. Wird das einseitige Rechtsgeschäft sukzessiv vorgenommen, so ist Errichtungsart derjenige Ort, an dem die Handlung erfolgte, die das Rechtsgeschäft vollendete.

Beispiel:

Ein Franzose mit Wohnsitz in Paris schreibt, im Begriffe nach der BRD zu reisen, in Paris den Text seines letzten Willens nieder. Auf der Reise überlegt er ihn noch einmal und in München unterschreibt er den Text. Eine Datierung fehlt.

KEGEL IPR[2] S. 297; SOERGEL-KEGEL[9] Rdz. 46, 48 zu Art. 17 EG; Vorauflage dieses Kommentars S. 440.

Siehe auch JONAS, DR 1942, 56; BEITZKE, Anm. zu LG Stuttgart, FamRZ 1959, 506; 1960, 126; derselbe, FamRZ 1967, 598; HABSCHEID, FamRZ 1967, 363.

Erbstatut ist, soweit es den beweglichen Nachlaß angeht, französisches Recht. Nach französischem Recht wird gemäß Art. 970 CC eine Datierung verlangt. Dennoch ist das Testament formwirksam errichtet, da es dem deutschen Ortsrecht entspricht.

Art. 11 Abs. 1 Satz 2 EG — übereinstimmend mit Art. 1 Abs. 1 Buchstabe a des Testamentsübereinkommens vom 5. 10. 1961, BGBl. 1965 II 1145. — Hätte der Testator eine unrichtige Datierung vorgenommen (dazu FERID-FIRSCHING, IR II Frankreich Grundzüge F Rdz. 104), so wäre auch dies belanglos, da die Ortsform überhaupt keine Datierung verlangt.

b) Einseitiges empfangsbedürftiges Rechtsgeschäft 107

Handelt es sich um ein Rechtsgeschäft dieser Art, z.B. eine Kündigung, so ist **Errichtungsort der Ort, an dem die Willenserklärung abgegeben,** nicht der Ort, an dem sie empfangen wurde, § 130 BGB. Rein logisch betrachtet, mag das zweifelhaft sein, da der Empfang zu dem Tatbestand des Rechtsgeschäfts gehört und nicht etwa ein tatbestandsfremdes Erfordernis, etwa eine condicio iuris ist. Wohl aber rechtfertigen praktische Erwägungen diese Entscheidung, wie ja denn der Satz „locus regit actum" auf rein praktischen Rücksichten beruht. Soll dem Erklärenden wirklich die Beobachtung der Formvorschrift leicht, ja überhaupt erst möglich gemacht werden, so kann es nur auf die Formvorschrift des Ortes ankommen, an dem er sich befindet und handelt, nicht auf des Ortes, wohin er seine Erklärung schickt. [Im Ergebnis übereinstimmend HABICHT S. 89; WALKER IPR[5] S. 201; NEUMEYER, IPR[2] S. 14; FRANKENSTEIN, IPR I S. 545; LEWALD, IPR S. 70; WOLFF[3], S. 127; RAAPE, IPR[5] S. 220; PALANDT-LAUTERBACH[28], 3 zu Art. 11; ERMAN-ARNDT[4], 4 zu Art. 11; SOERGEL-KEGEL[9], 6 zu Art. 11.

Ausstellung von Vollmachten: KG (19. 3. 1925) OLGRspr. 44, 152; (8. 1. 1931) IPRspr. 1931, 21 = HRR 1931, Nr. 1051: Vollmacht zum Verkauf und zur Veräußerung eines in Deutschland gelegenen Grundstücks in Kalifornien ausgestellt. RG (2. 6. 1908) NiemeyersZ 18. 1908, 449, 452 — acceptation nach Art. 1690 CC].

Abweichend PLANCK[3], 4 zu Art. 11, der den Ort der Abgabe und den des Zugehens der Willenserklärung für maßgebend ansieht, so wie bei dem Vertragsschluß — dazu unten Rdz. 108ff.

Wird die Erklärung, z.B. die Kündigung, durch einen *Boten* übermittelt, so ist Errichtungsort der Absendungsort, nicht der Ankunftsort, denn nur an jenem hat die Partei gehandelt.

Beispiel:

Ein Baseler schickt seinen Sohne nach Freiburg i.Br., wo der Nachbar in der Klinik liegt, und läßt ihn sagen daß er die gewünschte Grunddienstbarkeit für die angebotene Entschädigung gern bewillige. Nach deutschem Recht ist das Versprechen, eine Grunddienstbarkeit zu bestellen, formlos, nach schweizerischem Recht (ZGB Art. 732) bedarf es dagegen der Schriftlichkeit.

Liegt ein formgültiges Versprechen vor? Die Frage ist zu verneinen. Der Sohn war bloßer Bote, Überbringer einer Erklärung; die Erklärung ist in Basel abgegeben, d.h. da, wo die Partei den Boten absandte, also gilt Art. 732 ZGB.

Wird die Erklärung durch einen Stellvertreter (dazu auch oben Rdz. 72) abgegeben, so ist Errichtungsort der Ort, an dem der Vertreter die Erklärung abgibt oder, falls sie brieflich geschieht, absendet. Übereinstimmend SOERGEL-KEGEL[9], 6 zu Art. 11; RAAPE, IPR[5] S. 221.

Zweifelhaft ist die Rechtslage bei der sog. Handschuhehe — dazu oben Rdz. 77.

Beispiel:

Für eine in München befindliche Deutsche, die ein Italiener heiraten will, handelt vor dem Standesbeamten in Mailand ein Bevollmächtigter.

Während [RAAPE, IPR[5] S. 251; ihm zustimmend DEUCHLER, MDR 1959, 279 sowie LG Kiel (20. 5. 1949), RabelsZ 15. 1949/50, 578 = StAZ 1950, 58] im Hinblick auf den besonderen Zweck des Art. 13 Abs. 3 EG [„Die Vorschrift will nicht, daß ein in Deutschland Befindlicher eine Ehe über die Grenze weg in der Weise schließt, daß er einen anderen damit beauftragt. Ihr Zweck fordert also eine besondere Begriffsbestimmung des Eheschließungsortes."] im gegebenen Beispiel auch Deutschland als Eheschließungsort ansieht, erscheint es richtiger, dem BGH [(19. 12. 1958) BGHZ 29, 137 = NJW 1959, 718; übereinstimmend DIECKMANN, Die Handschuhehe deutscher Staatsangehöriger nach deutschem IPR (1959); NEUHAUS, RabelsZ 1949, 578; SCHWIND, RabelsZ 1954, 247; ERMAN-ARNDT[4], 4 zu Art. 11; SOERGEL-KEGEL[9], 6 zu Art. 11] zu folgen. Behandelt man — wie oben Rdz. 77 dargetan — den Bevollmächtigten als Vertreter in der Erklärung, dann ist es nur folgerichtig als Vornahmeort den Ort anzusehen, wo der Vertreter seine Erklärung abgibt. Diese Ansicht, die als Eheschließungsort den Ort annimmt, wo sich das „Zeremoniell" abspielt, entspricht nicht nur dem natürlichen Empfinden, sie dient zudem der internationalen Entscheidungsharmonie. Dazu DEUCHLER, Festschrift Raape S. 91.

Das von Raape gebrachte Argument dürfte zudem nicht mehr den heutigen Anschauungen entsprechen.

Was die Vollmacht angeht, so ist Errichtungsort nach dem oben Gesagten der Ort, an dem der Vollmachtgeber sie ausspricht oder absendet. Dazu KG (8. 1. 1931) IPRspr. 1931, 21 = HRR 1931 Nr. 1051.

108 **c) Schriftlicher Vertrag**

Schwierigkeiten bereitet der Fall des Vertrages, wenn er schriftlich, also nicht unter Anwesenden abgeschlossen wird — im internationalen Verkehr heute die Regel (Wahl RabelsZ 3. 1929, 794).

α **Beide Willenserklärungen bedürfen der Form**

(häufigster Fall). Die Fassung des Gesetzes verleitet zu einer falschen Fragestellung, nämlich zu der Frage: *Wo* ist der Ort, an dem die Handlungen der Parteien zu dem rechtlichen Erfolg (Erfolgsort!) geführt haben, den wir als Vertrag bezeichnen? Die *richtige* Frage lautet: *Wo* hat die *eine* Partei, *wo* hat die *andere* Partei gehandelt? Wo sind also die Handlungs-, die Erklärungsorte? Nur *diese* Frage wird dem Sinn der Regel und ihrem rein praktischen Zweck gerecht. Hat also die eine Partei ihren Vertragsantrag in Deutschland, die andere ihre Annahme in der Schweiz erklärt, so folgt daraus, daß das Rechtsgeschäft als Ganzes teils in Deutschland, teils in der Schweiz vorgenommen ist. Damit fehlt es an einem einheitlichen Errichtungsort; somit fehlt es auch an einer einheitlichen Ortsform. Aus dem Gesagten erhellt, daß ein *einheitlicher* künstlicher oder metaphysischer Vertragsort, so wie ihn z.B. das RG [(12. 2. 1906) RGZ 62, 379 (Annahme einer von Ulm nach Solothurn abgesandten Bürgschaftserklärung in Solothurn nach § 151 BGB!) unter Billigung von FRANKENSTEIN, IPR I S. 547 und NEUMEYER, IPR[2] S. 14; dazu auch RG (15. 3. 1900) RGZ 46, 230 — Forderungserlaß] annimmt, wonach Vertragsort gewissermaßen der Erfolgsort ist, also der Ort, an dem die Schlußhandlung geschah, die den Vertrag zuwege brachte **(Erfolgsortstheorie)**, dem *Zweck* der Regel „locus regit actum" *zuwiderläuft*. Ein solcher rein begrifflicher Vertragsort erfüllt dann seine Aufgabe, wenn nationale Rechtsordnungen das Schuldstatut mittels des Vertragsortes bestimmen wollen. Dazu RAAPE, IPR[5] S. 220. Die Auffassung entspricht des weiteren der im internen deutschen Recht herrschenden Ansicht, wonach Vertragsangebot und dessen Annahme *ein* Rechtsgeschäft darstellen — **dazu** FLUME, II S. 635.

109 Genannte Regel hat jedoch den *natürlichen* Vertragsort im Sinn und dies bedingt keineswegs einen einheitlichen Vertragsort. Sind *zwei* Erklärungsorte vorhanden, so muß, wie anschließend dargetan wird, *beiden* Ortsstatuten Genüge getan werden. Notfalls bleibt ja immer noch die Form des Wirkungsstatuts. Wenig überzeugend

sind die Einwände, vor dem Zeitpunkt der Vollendung sei das Rechtsgeschäft weder zu drei Viertel noch 9 Zehntel, sondern überhaupt nicht abgeschlossen (so NEUMEYER, NZ 22, 519), oder: das Rechtsgeschäft sei eine Abstraktion, eine begriffliche Zusammenfassung rechtlich erheblicher Handlungen, die erst in dem Augenblick sich zu einem Rechtsgeschäft zudammenschlössen, in dem alle Voraussetzungen verwirklicht seien, vorher lägen nur einzelne Rechtshandlungen vor, nicht aber ein Rechtsgeschäft. So FRANKENSTEIN, IPR I S. 519. Man wird darauf erwidern: Die Regel „locus regit actum" ist älter als diese konstruktiven Erwägungen; man fälscht ihren Sinn, wenn man moderne, nach ganz anderen Gesichtspunkten gebildete Konstruktionen in sie hineinträgt. Die Regel denkt nicht an den Erfolgs-, sondern an den Handlungsort; die von ihr veranlaßte Frage lautet nicht: Ubi est actus (= negotium)?, sondern: „Ubi sunt qui agunt?".

Folgt man der hier bekämpften Auffassung, Vertragsort sei gewissermaßen der 110
Erfolgsort, so wird man fragen, wo denn nun der einheitliche Vertragsort sei. Folgerichtig muß man doch wohl von deutscher Sicht her annehmen: Da, wo die Annahmeerklärung dem Antragenden zugegangen ist (abgesehen von dem Fall des § 151 BGB); denn erst mit dem Zugang sind alle Voraussetzungen verwirklicht (§ 130 BGB). In der Tat scheinen sowohl das RG wie auch FRANKENSTEIN, IPR (I S. 547, 548 Anm. 62; and. A. von der Gegenseite wenig folgerichtig wohl nur NEUMEYER, IPR² S. 15: Vertragsort = Ort, an dem „der Antrag zum Vertragsschluß angenommen", d.h. wohl im Falle eines Vertrages unter Abwesenden, der Ort, von dem die Annahmeerklärung abgesandt wurde) dieser Ansicht zu sein. Damit aber kommt diese Theorie in Widerspruch zu der wohl allgemein anerkannten Behandlung einseitiger empfangsbedürftiger Willenserklärungen. Wenn bei solchen Erklärungsort der Ort ist, an dem die Erklärung abgesandt, nicht aber der, an dem sie empfangen wurde, so muß Vertragsort der Ort sein, an dem die Annahme des Vertragsantrags abgesandt, nicht aber der, an dem sie empfangen wurde. Schadet es dort nicht, daß eine Voraussetzung, der Empfang, nicht verwirklicht ist, so kann es auch hier nicht schaden.

Die bekämpfte Ansicht führt weiter zu dem weniger erfreulichen Ergebnis, daß der Vertragsort bald hier, bald dort ist, je nachdem, welche Partei bei dem contrahere den Anfang und welche den Schluß macht. Dazu FRANKENSTEIN selbst, IPR I S. 548; siehe auch NUSSBAUM, IPR S. 91 Fn. 3. Es offenbart sich eine Scholastik, die nicht geringer ist als die von Bartolus seinen Zeitgenossen zugemutete, aber schon von diesen zurückgewiesene, daß es ein Unterschied sei, ob ein Statut laute: „primo genitus succedat (sc. in immobilia)" oder: „bona veniant in primo genitum". In jenem Fall gelte das Personalstatut, in diesem das Realstatut.

Ist schon bei Zugrundelegung deutscher Sachnormen das Ergebnis wenig überzeugend, so führt die dargelegte Ansicht bei Anwendung ausländischer Rechtsvorstellungen zu einem noch weniger befriedigenden Resultat, da die Frage der Vollendung des Vertragsabschlusses in den einzelnen Rechtsordnungen ganz verschieden beantwortet wird. Dazu RABEL, Conflict² II S. 455; ZWEIGERT, Rabel-Fschr. I S. 647.

Wurde oben erklärt, daß dann, wenn zwei Erklärungsorte vorhanden seien, beiden 111
Ortsstatuten Genüge getan werden müsse, so bleibt dabei noch offen, ob beide Ortsformen derart zu kumulieren sind, daß immer die strengere Ortsform innegehalten werden muß (**Kumulierungstheorie**), da z.B. § 313 BGB die Form für den Vertrag als ganzen, nicht bloß für die einzelnen Erklärungen vorschreibt";

Beispiele:

Ein Deutscher, wohnhaft in Italien, verkauft einem Landsmann, wohnhaft in Hamburg, sein in Deutschland gelegenes Grundstück, und zwar brieflich. Ist er an diese briefliche Abmachung gebunden?

Nach Satz 1 ist der Vertrag formnichtig; denn Wirkungsstatut ist, wie man annehmen darf, das deutsche Recht; § 313 BGB verlangt aber öffentliche Beurkundung. Aber auch nach Satz 2 ist der Vertrag formnichtig. Zwar ist der italienischen Vorschrift, die keine Form verlangt, Genüge getan — dazu oben Rdz. 49 —, nicht aber ist den deutschen Vorschriften genügt. Auf diese kommt es aber auch an, da die Handlungen, die zu dem Vertrag führten, nicht nur in Italien, sondern auch in Deutschland vorgenommen wurden. Gleichgültig ist, welche der Parteien den Vertragsantrag gemacht und welche die Schlußhandlung vorgenommen hat; die Entscheidung bleibt immer die gleiche.

112 Oder aber, ob es genügt, wenn *jede* Partei die Ortsform ihres Ortes beobachtet und zwar derart, daß sie ihren Beitrag zu dem Vertragsschluß, d.h. ihre Erklärung in der Form leistet, die am Orte der Erklärungsabgabe vorgeschrieben ist (**Spaltungstheorie**). Ihr zufolge würde der Vertrag in dem vorgenannten Beispiel dann formgültig sein, wenn wenigstens *eine* Partei, nämlich die in Deutschland befindliche, die Form des § 313 BGB gewahrt hat.

113 Der Kumulierungstheorie, die man bis vor kurzem als in Deutschland herrschend ansprechen konnte, folgte die frühere Auflage dieses Kommentars sowie insbesondere v. BAR Theorie und Praxis[2] I S. 361, GUTZWILLER, IPR S. 1590, HABICHT S. 90, M. WOLFF, IPR[3] S. 127 und ZITELMANN, IPR II S. 163. Sie lehnt die Spaltungstheorie ab, da sie verkenne, „daß das Ortsrecht die Form regelmäßig nicht für die einzelne Handlung, sondern für den Vertrag als Ganzes vorschreibe". Unter dem Eindruck der Ausführungen ZWEIGERTS („Zum Abschlußort schuldrechtlicher Distanzverträge": Festschrift RABEL I (1954) S. 631) zeichnet sich heute ein Meinungswandel ab. Zutreffend hebt Zweigert hervor, daß man es auf den Zweck der Regel „locus regit actum" abstellen müsse. Zweck ist, jeder der Parteien eine Verkehrserleichterung zu bringen. Da sich aber jede Partei nur am Orte der Abgabe ihrer Erklärung am leichtesten über die dort geltende Form unterrichten und diese am einfachsten und sichersten einhalten kann, ohne vorher prüfen zu müssen, welche Form die mildere oder strengere sei, verdient die Lösung den Vorzug, die diesen Belangen am ehesten gerecht wird, und dies ist eben die **Spaltungstheorie**. So richtig es sein mag, und darauf weist Zweigert mit Recht hin, daß im internen Recht z.B. § 313 BGB für das ganze Rechtsgeschäft einheitlich eine Formvorschrift gibt, auf kollisionsrechtlicher Ebene gelten eigene Grundsätze, hier geht der internationalprivatrechtliche Zweck des Satzes „locus regit actum" vor. Gegenüber der „Erfolgstheorie" des RG hat die dargetane Lösung zudem den Vorteil, daß ihr Ergebnis nicht vom Zufall abhängt. sondern genau vorausberechenbar ist. Man wird sich aus diesen Gründen der Spaltungstheorie anschließen. [So nunmehr auch RAAPE, IPR[5] S. 221; MAKAROV, RabelsZ 21. 1956, 358; SOERGEL-KEGEL[9], 8 zu Art. 11; ERMAN-ARNDT[4], 4 zu Art. 11. Früher schon: ARMINJON, Précis dr. int. privé, II (1934) S. 219; BARMAT (1936) 184; SCHNITZER, Handbuch des IPR (1950)[3] I 140].

114 Der Vollständigkeit halber seien *zwei weitere Theorien* erwähnt, die jedoch kaum Anhänger gefunden haben:

RABEL, Conflict[2] II S. 516; ebenso VISCHER, Vertragsrecht S. 153 wollen die Einhaltung entweder des milderen oder des strengeren Ortsrechts der Abgabe der jeweiligen Erklärungen genügen lassen. So auch Art. 1181 des argentinischen Código Civil. Ohne innere Notwendigkeit wird dabei den Formbelangen des strengeren Rechts zu wenig Rechnung getragen.

NUSSBAUM, IPR S. 91 (dazu auch NIEMEYER, IPR S. 112) hinwiederum meint, in allen Fällen, in denen mehrere Länder mit dem Tatbestand der Geschäftsvornahme verknüpft seien, wie etwa beim Brief- oder Telegrammwechsel von Land zu Land, fehle es an der inneren Rechtfertigung dafür, von der Ausnahmevorschrift des Art. 11 Abs. 1 Satz 2 EG Gebrauch zu machen. Die Ansicht läßt sich mit dem Gesetzeswortlaut nicht vereinbaren.

β Nur eine der beiden Willenserklärungen bedarf der Form 115

Ist von den *beiden* Willenserklärungen, die zu dem Vertrag gehören, nur *eine* formbedürftig, z.B. bei einer Bürgschaft nur die des Bürgen (§ 766 BGB; Art. 493 schweizerisches OR) oder bei einer Schenkung nur die des Schenkers (§ 518 BGB; Art. 243 Abs. 1 schweizerisches OR), so wird man auch hier die Folgerungen aus der Spaltungstheorie ziehen, dabei jedoch unterscheiden:

αα Sie ist nach **beiden** Ortsrechten **formbedürftig**

Unterstellt sei, daß es sich so nach beiden in Betracht kommenden Ortsrechten, sowohl nach dem des Bürgen oder Schenkers, als auch nach dem des Gläubigers oder Beschenkten verhält. Erhebt nun das eine Ortsrecht strengere Anforderungen bezüglich der formpflichtigen Willenserklärung als das andere, so wird man erwägen: Der Vertrag ist an beiden Orten geschlossen. Der Fall ist somit nicht dem gleichzustellen, daß eine einseitige empfangsbedürftige Willenserklärung an dem einen Ort abgegeben, an dem anderen empfangen wird; hier ist zur Wirksamkeit des Geschäftes mehr nötig als Empfang, es bedarf noch der Annahme, also einer zweiten, allerdings formfreien Willenserklärung. Liegen somit zwei Vertragsorte vor, so wird man dem Gedankengang der Spaltungstheorie folgend sagen: Da beide Ortsrechte darin übereinstimmen, daß nur eine der beiden Vertragserklärungen formbedürftig sei, so muß es nach dem Zweck der Regel genügen, wenn die Form des Ortes gewahrt ist, an dem der Urheber dieser Erklärung sie abgibt, d.h. absendet (§ 130 BGB).

Beispiel:

Ein Deutscher verspricht gelegentlich einer Schweizer Reise *brieflich* seiner in der BRD wohnenden Schwester eine Summe zu schenken. Dieses Versprechen ist nach Art. 243 Abs. 1 OR in Verbindung mit Art. 13 Abs. 1 OR formgültig. Entsprechend liegt der Fall, daß ein Deutscher von der Schweiz aus, wo er sich gerade aufhält, dem Gläubiger seines Bruders nach der BRD eine schriftliche Bürgschaftserklärung schickt, die den Gläubiger nicht angibt. Dieser Mangel schadet der Erklärung nach deutschem, nicht nach schweizerischem Recht. Dazu RG (12. 5. 1906) RGZ 62, 379. Die Willenserklärung des Bürgen ist für formgültig zu erachten, denn sie entspricht der lex loci actus. Daß das Recht des Ortes, an dem sie angenommen wird, so daß sie Wirksamkeit erlangt, eine strengere Form für diese Willenserklärung verlangt, ist unerheblich.

Wird die formpflichtige Erklärung dagegen im Bereich der strengeren Rechtsordnung abgegeben, so muß die von dieser verlangten Form innegehalten werden.

Beispiel:

Die Bürgschaft steht unter deutschem Recht, da die Parteien nur Beziehungen zur BRD haben. Die Bürgschaftserklärung ist indes brieflich von der Schweiz aus, wo der Bürge in der Sommerfrische weilt, dem sich in Paris aufhaltenden Gläubiger zugesandt worden. Angenommen, der Brief gäbe nicht nur den Gläubiger, sondern auch den Betrag nicht an, so ist weder die deutsche noch, wie Art. 493 ZGB ergibt, die schweizerische Form innegehalten. Hingegen verlangt das materielle französische Recht, zu dem die Beweisvorschriften nicht gehören, überhaupt keine Form. Ist aus letzterem Grunde die Bürgschaft für formgültig zu erachten? Die Frage ist zu verneinen. Der Bürgschaftsvertrag hat zwei Vertragsorte im Sinne der Regel, nämlich einen schweizerischen und einen französischen. Der Vertrag hat also grundsätzlich den Formvorschriften beider Orte zu genügen. Der Umstand, daß das schweizerische Recht nur für die Willenserklärung der *einen* Partei, des Bürgen, eine Form verlangt, führt nicht dazu, daß hierbei die Form desjenigen Vertragsortes berücksichtigt wird, in dem die Willenserklärung überhaupt nicht abgegeben ist.

ββ Die Willenserklärung ist nur nach **einem** der beiden Ortsrechte **formbedürftig.** 116

Unterstellt sei, daß von den beiden in Betracht kommenden Ortsrechten das eine eine Form für den Vertrag als *Ganzes*, das andere dagegen eine Form nur für die Erklärung des *einen* Kontrahenten verlangt. Die Erklärung des anderen Teils ist also nur nach dem einen der beiden Ortsrechte formpflichtig. Folgt man der Spaltungstheorie, so ist lediglich zu verlangen, daß die jeweilige Erklärung der Form des Staates, wo sie abgegeben wird, entspricht.

Beispiel:
Ein Schenkungsversprechen steht unter belgischem Recht. Der Schenker verspricht von Paris aus in notarieller Form, der Beschenkte nimmt von Bern aus schriftlich an. Das Versprechen ist gültig. Der Vertrag als Ganzes ist teils in Frankreich, teils in der Schweiz errichtet. Nach französischem Recht (Art. 931, 932 CC) bedürfen beide Willenserklärungen der notariellen Form. Auf französisches Recht ist insoweit Rücksicht zu nehmen, als die in Frankreich abgegebene Erklärung des Schenkers in Frage steht. Das schweizerische Recht verlangt für die Annahme keine Form, damit ist die Annahmeerklärung wirksam. Dazu auch KG (19. 3. 1925) OLG Rspr. 44, 152.
Erfolgt das Versprechen schriftlich von Bern aus, die Annahme dagegen notariell von Paris aus, so ist ebenso zu entscheiden. Die französische Formvorschrift ist für die Annahme gewahrt, für das Versprechen verlangt das schweizerische Recht keine notarielle Form.

117 **d) Vertrag mittels Fernsprecher**

Wie verhält es sich, wenn bei dem fernmündlichen Abschluß die Parteien in verschiedenen Staaten weilen, z.B. die eine in Salzburg, die andere in Traunstein, oder die eine in Bregenz und die andere in Romanshorn?
Auch hier ist es so, daß der Vertrag zwei Vertragsorte hat, daß somit, folgt man der Spaltungstheorie, den Formvorschriften des Ortes der Abgabe der jeweiligen Willenserklärung zu genügen ist.

Beispiele:

α Ein Grundstückskauf über ein Grundstück bei Traunstein wird fernmündlich abgeschlossen Der Verkäufer spricht von Traunstein, der Käufer von Salzburg aus. Der Vertrag ist als formnichtig [dazu auch KG (19. 3. 1925) OLGRspr. 44, 152] zu erachten, da die Annahmeerklärung zwar dem österreichischen, die Angebotserklärung jedoch nicht dem deutschen Recht (§ 313 BGB) entspricht.

β Jemand verspricht seiner verheirateten Tochter ein Heiratsgut. Der Vater spricht von Bregenz aus, die Tochter von Lindau aus. Der Vertrag ist formnichtig; denn er genügt zwar dem deutschen Recht, das (wenigstens in der Regel) nach § 1624 BGB keine Form verlangt, nicht aber dem österreichischen Recht, das notarielle Beurkundung des Vertrags fordert, §§ 1217, 1225 ABGB. Dazu München (7. 2. 1912) OLGRspr. 26, 246.

Wie im Falle des brieflichen Abschlusses ist zu entscheiden, wenn eines der beiden Ortsrechte sich damit begnügt, nur für eine der beiden Vertragserklärungen eine Form zu verlangen, das andere dagegen überhaupt keine.

Beispiel:
Jemand verspricht seiner Tochter fernmündlich eine größere Summe als Geschenk. Der eine Teil spricht von Flensburg aus, der andere von Tondern. Unterstellt wird, daß die Schenkung unter deutschem Recht steht. Spricht der Vater von Tondern aus, so ist der Vertrag formgültig, denn das dänische Recht verlangt für das Schenkungsversprechen keine Form; dänisches Recht aber ist allein maßgeblich, da in seinem Geltungsbereich die nach deutschem Recht formbedürftige Willenserklärung abgegeben wurde. Gleichgültig ist, daß das Versprechen nur infolge der Annahme wirkt und diese auf deutschem Gebiet geschah — dazu oben Rdz. 116 Spricht dagegen der Vater von Flensburg aus, so ist der Vertrag formnichtig.

118 **e) Gilt die Regel auch bei vorübergehendem Aufenthalt?**

α **Das Prinzip.** Ob die Partei sich dauernd an dem Errichtungsort aufhält oder nur vorübergehend, ist gleichgültig. Der Satz „locus regit actum" gilt also nicht nur für den, der in der Schweiz seinen Wohnsitz hat, sondern auch für den, der dort zur Kur weilt, und auch für den, der sich dort auf der Durchreise befindet, z.B. in der Eisenbahn testiert. Dazu ZITELMANN, IPR II S. 151; v. BAR, Theorie u. Praxis I S. 358. In Fällen der letztgenannten Art kann es oft zweifelhaft sein, ob der Rechtsakt schon in der Schweiz oder noch vor Erreichung oder bereits nach Verlassen derselben vorgenommen wurde. Bei sukzessiver Vornahme des Geschäfts beachte die Ausführungen oben Rdz. 106.
Die Beweislast hat diejenige Partei, die sich auf die Regel beruft.

119 β **Ausnahme.** Bei bloß vorübergehendem Aufenthalt ist es möglich, daß die Partei sich bei Vornahme des Rechtsaktes gar nicht dessen bewußt ist, daß sie im Ausland handelt. Ist auch in diesem Falle der Satz 2 anzuwenden? Die Frage taucht

weiterhin auf, wenn die Partei zwar dieses Bewußtsein hat, sich aber über die rechtlichen Folgen, bestehend in der Maßgeblichkeit des Ortsrechtes, nicht klar ist. Bedeutsam ist dies, wenn das ausländische Recht mildere Formvorschriften hat als das inländische, sich z.B. mit Mündlichkeit oder einfacher Schriftlichkeit begnügt, während das heimische Recht Schriftlichkeit oder notarielle Beurkundung verlangt.

αα Im ersten Fall ist die Geltung der Regel zu verneinen. Es folgt dies aus ihrem Zweck. Sie will den rechtsgeschäftlichen Verkehr erleichtern; sie will und soll aber nicht zu einem Fallstrick für Parteien werden, die sich des Aufenthaltes im Ausland überhaupt nicht bewußt sind. Des Art. 30 EG bedarf es nicht, um zu diesem Ergebnis zu gelangen.

ββ Weiß die Partei dagegen bei Vornahme des Aktes, daß sie sich im Ausland befindet, so ist im allgemeinen davon auszugehen, daß die Anwendbarkeit der Regel nicht von ihrer Kenntnis abhängt. Dies entspricht allgemeinen Grundsätzen. Error iuris nocet et prodest. Die Regel ist nicht etwa unbillig. Man kann der Partei zumuten, daß sie mit der Möglichkeit der Anwendung des ausländischen Rechts in der einen oder anderen Beziehung rechnet. Sie erklärt also gewissermaßen auf gut Glück. Zudem handelt es sich nicht nur um verpflichtende, sondern auch um berechtigende Akte, also nicht nur um nachteilige, sondern auch um vorteilhafte Wirkungen des Satzes.

Beispiel:

Ein Deutscher weilt zur Sommerfrische in Klempenborg bei Kopenhagen. Wenn er dem Retter seines Kindes aus Seegefahr als Belohnung nach seiner Heimkehr DM 1000 zu senden verspricht, so kann er sich nicht auf § 518 BGB berufen, mag der Retter ein Deutscher oder Däne sein. Der dänische Rechtssatz, wonach auch mündliche Schenkungsversprechen gültig sind, ist hier anzuwenden. Der Einwand des Schenkers, daß ihm der Satz „locus regit actum" unbekannt gewesen sei, ist unbegründet. Übrigens hat er möglicherweise auch § 518 BGB nicht gekannt.

Fälle, die eine *Einschränkung* des Grundsatzes verlangen: 120

Die Parteien schließen bei einem Rechtsgeschäft, das ihrer Parteiautonomie unterliegt, ausdrücklich die Geltung des Satzes aus — dazu oben Rdz. 53;
gleichzustellen ist der Fall, daß sie dies stillschweigend tun;
gleichzustellen ist aber auch der Fall, in dem die Parteien, obwohl sie sich des ausländischen Aufenthaltes bewußt sind, doch von der Maßgeblichkeit des heimischen Rechts ausgehen und die Umstände so liegen, daß die Berufung einer Partei auf die ausländischen Formvorschriften gegen Treu und Glauben verstößt.

Beispiel:

Gebildet nach München (7. 2. 1912) OLGRspr. 26, 246 — dazu oben auch Rdz. 53. Ein Österreicher macht mit seiner Tochter und deren Bräutigam einen Spaziergang in der Nähe Salzburgs entlang der österreichischen und bayerischen Grenze; die drei Personen, die sämtlich ihren Wohnsitz in Österreich haben, spazieren bald auf der österreichischen, bald auf der bayerischen Seite; dabei verspricht der Vater der Tochter ein angemessenes Heiratsgut. Es bieten sich folgende Lösungsmöglichkeiten an:

1. Ist sich der Vater bei der Abgabe des Versprechens der Grenzüberschreitung nicht bewußt gewesen, so ist nach dem zuerst Gesagten ohne weiteres österreichisches Recht anzuwenden. Danach ist das Versprechen formnichtig, anders als nach § 1624 BGB.
2. Ist er sich der Grenzüberschreitung bewußt gewesen, so gilt das gleiche.

Vielleicht kann man sagen, daß die Parteien den Satz „locus regit actum" stillschweigend ausgeschlossen haben — Tatfrage; geht das nicht an, so bleibt der Schutz aus § 242 BGB oder der entsprechenden Vorschrift des Wirkungsstatus, nämlich des österreichischen Rechts. Dahingestellt kann bleiben, ob nicht § 242 BGB unabhängig von dem Wirkungsstatut anzuwenden ist, sei es kraft des Art. 30 EG, sei es, weil er eine dem Satz 2 immanente Einschränkung enthält. Dieses Ergebnis erfordert die Billigkeit. Eine rücksichtslose, rein schematische, sozusagen geografische Anwendung des Satzes „locus regit actum" ist nicht angängig. Wollte man über Art. 30 EG Abhilfe zu schaffen versuchen (so Habicht S. 94 Anm. 9; Neubecker, Jb Int RVerk. 1912/13, 79), so würde diese Bestimmung nur die Anwendung ausländischer Formvorschriften verhindern; der Fall zeigt jedoch, daß auch die Nichtanwendung der deutschen Formvorschriften entgegen dem Satz „locus regit actum" ein Gebot der Billigkeit sein kann. And. A. anscheinend FRANKENSTEIN, IPR I S. 557 Anm. 1; er glaubt, dem Deutschen, der bei einem Ausflug nach Kopenhagen ein mündliches Schenkungsversprechen abgibt, nicht helfen zu können.

121 **f) Schiffe — Errichtungsort.**

α **Handels- und sonstige Privatschiffe,** z.B. Sportjachten. Völkerrechtlich unterscheidet man, ob sich das Schiff auf hoheitfreiem Meer (hoher See) oder im Herrschaftsgebiet eines Staates befindet. *Auf hoher See* gilt es als Teil seines Heimatstaates — [FRANKENSTEIN, IPR I S. 112 unter Hinweis auf RGSt. (21. 10. 1892) = JW 1892, 497: „wandelnder Gebietsteil"; BERBER, Lehrbuch des Völkerrechts I (1960) § 45 S. 307; § 52 S. 321 ff. Ähnlich auch die Entscheidung des Ständigen Internationalen Gerichtshofs im Lotus-Fall, Permanent Court of International Justice (Den Haag), Serie A Nr. 10 (1927) — erörtert bei COLOMBOS, Internationales Seerecht (1963) §§ 324, 325; gegen den Grundsatz der Fiktion der territorialen Zugehörigkeit eines Schiffes, COLOMBOS, a.a.O., §§ 303 ff; auch Colombos erkennt jedoch an (§ 306), daß die Theorie ihre Richtigkeit für Vorgänge, die sich auf den zivilen Status von Besatzung und Passagieren an Bord bezögen, sowie Rechtsgeschäfte in diesem Rahmen habe], **maßgeblich ist das sog. „Recht der Flagge"** — nicht zu verwechseln mit dem Recht des Heimatshafens (= „Wohnsitzes"), wo das Schiff registriert ist. Beide Rechte werden allerdings meist zusammenfallen, dazu NUSSBAUM, IPR S. 81 ff. Bedeutsam ist der Heimathafen in sachenrechtlicher Hinsicht. Dazu M. WOLFF, IPR[3] S. 174; RAAPE, IPR[5] S. 620 ff.; NEUHAUS, Grundbegriffe S. 215, 168 Fn. 406.

Im Herrschaftsgebiet eines Staates gilt es nach der Souveränitätstheorie **als Teil des Gebietsstaates.** Dazu statt vieler BERBER, a.a.O. I § 45 S. 307; § 48 S. 315; § 51 S. 318 ff. Siehe auch COLOMBOS, § 306; MCNAIR, The Law of the Air[3], London (1964) S. 261. Siehe auch Art. 1 der Genfer Konvention über das Küstenmeer von 1958.

Zum Herrschaftsgebiet eines Staates rechnet man die Inlandsgewässer, darunter auch das Wassergebiet der Häfen sowie die Küstengewässer. Über die Reichweite der Küstengewässer streitet man wie von altersher. Ein allgemein anerkannter Maßstab fehlt. Von der Kanonenschußweite ist man abgekommen, einig ist man sich im übrigen nur über eine Mindestausdehnung von drei Seemeilen. Dazu BERBER, a.a.O. I § 51 S. 320.

Die Folgerungen aus dieser völkerrechtlichen Betrachtungsweise für das IPR zeigt folgendes *Beispiel:*

Zwei Deutsche machen an Bord eines französischen Passagierschiffes eine Fahrt von Hamburg nach Teneriffa. An Bord des Schiffes schließen sie einen Kaufvertrag über ein in der BRD gelegenes Grundstück ab. Wirkungsstatut ist deutsches Recht, das gemäß § 313 BGB die notarielle Form für den obligatorischen Vertrag verlangt. Wird der Vertrag noch im Hamburger Hafen oder in den deutschen Küstengewässern geschlossen, so müßte der deutschen Form Genüge getan werden; auf hoher See käme französisches Recht zum Zuge, das keine Form verlangt; in holländischen und englischen Küstengewässern, die das Schiff berührte, wären die einschlägigen Vorschriften des holländischen und englischen Rechts zu prüfen, im Hafen von Teneriffa die spanische Form. Sieh dazu Hamburg (14. 5. 1904) OLG Rspr. 10, 114, Fund an Bord eines deutschen Dampfers im Hafen von New York wurde New Yorker Recht unterstellt!

Das Unbehagen über eine solche Beurteilung der Rechtslage vergrößert sich, wenn man an den Urlaubsreiseverkehr denkt, wo beispielsweise ein Schiff auf einer Mittelmeerreise vielfach in Küstennähe fährt und eine Reihe von Mittelmeerhäfen verschiedener Staaten anläuft. Wollte man hier die Regeln der völkerrechtlichen Doktrin auf das IPR unbesehen übertragen, so würde aus der Wohltat der Regel „locus regit actum" nur Plage. Daß sich schon tatsächlich gesehen jeweils nur schwer feststellen läßt, ob der Errichtungsort gerade in den Küstengewässern lag oder nicht, wurde schon von anderer Seite [Raape in Vorauflage Art. 12 (C II 2); Frankenstein, IPR I S. 114 — seine Lösung, man müsse es darauf abstellen, ob das Schiff eine feste Verbindung mit dem Küstenstaat hergestellt habe (z. B. durch Verankerung) oder nicht, kann wenig überzeugen] hervorgehoben. Zudem bedeutet es eine wesentliche Erschwerung des Rechtsverkehrs, an Bord eines Schiffes die Formvorschriften eines ausländischen Küstengewässers — oder auch Hafenstaates ermitteln zu müssen.

Erwägt man den Sinn und Zweck der Regel „locus regit actum", die eine Verkehrserleichterung im Auge hat, so wird man es als der Regel Genüge getan ansehen, wenn in solchen Fällen entweder die Form des „Rechts der Flagge" oder aber die des Küstenstaates beobachtet ist. Unentschieden Raape in der Vorauflage Art. 11 (B IX 1). Wer wie Neuhaus, Grundbegriffe S. 169 unter Hinweis auf Wengler, Festschrift der Juristischen Fakultät der Freien Universität Berlin (1955) S. 319ff. es als eine Frage der Zweckmäßigkeit anspricht, „ob man ein Recht als möglicherweise an mehreren Orten belegen ansieht (etwa im Sinn einer fakultativen Zuständigkeit) oder es nur an einer einzigen Stelle lokalisieren will, der wird der im Text vertretenen Ansicht um so mehr zustimmen müssen, wenn es sich um die Frage des Errichtungsortes im Sinne unserer Regel handelt. Zur Stützung dieser Ansicht, die von einer doppelten lex loci actus ausgeht, kann man darauf hinweisen, daß Sätze des Völkerrechts über den Begriff des Inlandes und die Exterritorialität usw. Folgerungen für das IPR nur insoweit zulassen, als sie zu angemessenen Ergebnissen führen.

β Kriegs- und sonstige Staats- — z.B. Postschiffe 122

Völkerrechtlich gelten diese Schiffe, wo immer sie sich befinden, als Teil ihres Heimatstaates, also auch dann, wenn sie im fremden Hafen sind. Daraus ist für das IPR die Folgerung zu ziehen, daß, soweit für ein Rechtsgeschäft oder eine Rechtshandlung Ortsrecht im Sinne des Art. 11 Abs. 1 Satz 2 in Frage kommt, das Recht der Flagge bezüglich der auf solchen Schiffen vorgenommenen Geschäfte anzuwenden ist. Übereinstimmend Frankenstein, IPR I S. 115.

g) Luftschiffe, Flugzeuge 123

Die herrschende Meinung geht davon aus, daß die Hoheit eines Staates auch den Luftraum über seinem Staatsgebiet erfasse, die Luft ist nicht frei. Otto Riese, J. Lacour, Précis de Droit Aérien (Paris 1951) 62 n. 63, 64; beispielhaft: Art. 11 schweizerisches Bundesgesetz über die Luftfahrt vom 21. 12. 1948 (Sammlung 1950 S. 471ff.): Abs. 1 „Im Luftraum über der Schweiz gelten die schweizerischen Gesetze". Zu diesem Grundsatz bekannte sich schon Art. 1 der Internationalen Luftfahrt-Konvention vom 13. 10. 1919 (*Journal* 1922, 1838), ihm folgt Art. 1 des Chicagoer Abkommens über die Internationale Zivilluftfahrt vom 7. 12. 1944, dem die BRD beigetreten ist. Dazu Zustimmungsgesetz vom 7. 4. 1956, BGBl. II 411. Art. 1 besagt: „Die Vertragsstaaten erkennen an, daß jeder Staat über seinem Hoheitsgebiet volle und ausschließliche Lufthoheit besitzt."

Man könnte daraus folgern, daß der locus des Rechtsgeschäfts in dem Staate liegt, den das Flugzeug im Zeitpunkt der Vornahme des Geschäfts überflog; damit aber käme das Recht des zur Zeit der Vornahme des Geschäfts überflogenen Staates zum Zuge. In der Tat wird diese Ansicht im anglo-amerikanischen Rechtskreis vertreten. Dazu eingehend McNair, The Law of the Air[3] (London 1964) S. 260ff. (insbesondere 270) mit Nachweisen. Daß sie heute im Zeitalter der Düsenmaschinen, der sich entwickelnden Weltraumluftfahrt, unbefriedigend ist, liegt auf der Hand. Stellt man es auf den Zweck ab, so wird man sich, einem ähnlichen Gedankengang wie bei den Schiffen folgend, von der völkerrechtlichen Betrachtungsweise lösen.

123

Wird ein Rechtsgeschäft in einem Auto, auf einem Schiff oder in einem Flugzeug vorgenommen, so eröffnet der äußerlich gleiche Vorgang in unserem Zusammenhang sehr verschiedenartige Aspekte: Ein Auto ist mit dem Boden, auf dem es sich gerade befindet, derart verhaftet, daß nach natürlicher Auffassung der Akt dort als getätigt beurteilt werden muß, wo sich territorial gesehen das Auto in diesem Augenblick gerade befand, gleichgültig, was für ein Nationalitätszeichen es trug. Im Gegensatz dazu erlaubt die Tatsache, daß ein Schiff eine geschlossene Organisationseinheit bildet, diese Einheit unter dem Gesichtswinkel unserer Regel aus betrachtet, gewissermaßen als wandelnden Bestandteil eines von einem bestimmten Ausgangspunkte her fest umrissenen Territoriums anzusehen, gleichgültig, ob sich das Schiff nun in einem Territorialgewässer befindet oder nicht. Die Rechtssituation eines Flugzeugs, das ja ebenfalls eine Organisationseinheit darstellt, ist analoger Beurteilung zugänglich. Es würde dem Sinn unserer Regel zuwiderlaufen, wollte man es jeweils gerade auf das im Augenblick überflogene Land abstellen. Der Ort würde in kurzer Zeit laufend wechseln, ließe sich im Zeitalter der Raumluftfahrt oft gar nicht mit Sicherheit ermitteln, eine Verkehrserleichterung würde entfallen. So wie man es bei Schiffen auf ihre Flagge abstellt, wird man bei Flugzeugen ihre Nationalität [Einzelheiten gibt Makarov, Zur Frage der Staatsangehörigkeit von Luftfahrzeugen, Festschrift für Herbert Kraus (1964) 215ff.; Riese-Lacour, a.a.O. S. 120 Nr. 127, 128; Rabel, Conflict II[2] S. 459; dazu auch Art. 17 des Chicagoer Abkommens über die Internationale Zivilluftfahrt vom 7. 12. 1944; § 2 Abs. 5, § 3 Deutsches Luftverkehrsgesetz in der Fassung vom 10. 1. 1959 (BGBl. I 10], genauer ihr Staatszugehörigkeitszeichen als festen Anknüpfungspunkt nehmen; maßgebliches Ortsrecht ist das Recht des damit gekennzeichneten Staates, solange sich das Flugzeug in Fahrt befindet [weitere Meinungen: Frankenstein, IPR I S. 112; Makarov, Die zwischenprivatrechtlichen Normen des Luftrechts: ZLR 1. 1927/28, 156 (insbesondere 166ff.); Schleicher-Reymann-Abraham, Das Recht der Luftfahrt[3], I (1960) Einleitung S. 5. Anm. 8. (Zusammenstellung der internationalen Abkommen, denen die BRD angehört). — Riese, Internationalprivatrechtliche Probleme auf dem Gebiete des Luftrechts: ZLR N.F. 7. 1958, 276; Riese-Lacour a.a.O. S. 121 Nr. 128; de Vischer, Le régime juridique de l'espace atmosphérique et la question de la nationalité des aéronefs: ZLR II 18; Oppikofer, Aktuelle Probleme des Luftrechts (1946) S. 171]. Während das deutsche Luftverkehrsgesetz in der Fassung vom 10. 1. 1959 zu der angeschnittenen Frage keine Stellung nimmt, stimmt Art. 8 des französischen Code de l'Aviation Civile et Commerciale vom 30. 11. 1955 (Journal officiel Nr. 287 vom 6. 12. 1955 — Decret Nr. 55 — 1590; ebenso früher Art. 10 des französischen Luftverkehrsgesetzes vom 31. 5. 1924) mit der oben vertretenen Auffassung überein.

Art. 8 Abs. 1 besagt:

„Les rapports juridiques entre les personnes qui se trouvent à bord d'un aéronef étranger en circulation sont régis par la loi du pavillon de cet aéronef, toutes les fois que la loi territoriale serait normalement compétente."

Auch das italienische Schiffahrtsgesetzbuch in der Fassung vom 30. 3. 1942 [Gazetta ufficiale vom 31. 1. 1941 Nr. 25, deutsche Übersetzung RabelsZ 15 (1949) 132—136 — wiedergegeben bei Makarov, Quellen[2], Italien S. 12] folgt in Art. 5 diesem Grundsatz.

Art. 5:

„Rechtsgeschäfte oder Tatsachen, die an Bord eines Schiffes oder Luftfahrzeugs während der Fahrt an einem Ort oder in einem Raum vorgenommen werden oder sich ereignen, der zum Hoheitsgebiet eines fremden Staates gehört, werden vom Heimatrecht des Schiffes oder Luftfahrzeugs geregelt, soweit nach den Bestimmungen über die Anwendung des Rechts im allgemeinen das Recht des Ortes maßgebend ist, an dem das Rechtsgeschäft vorgenommen wurde oder sich die Tatsache ereignet hat.

Die Bestimmung des vorhergehenden Absatzes gilt auch für Rechtsgeschäfte und Tatsachen, die an Bord eines Schiffes oder Luftfahrzeugs fremder Staatsangehörigkeit während der Fahrt an einem Ort oder in einem Raum vorgenommen werden oder sich ereignen, der zum Hoheitsgebiet des italienischen Staates gehört, wenn der Staat, dem das Schiff oder Luftfahrzeug angehört, Gegenseitigkeit gewährt."

Siehe weiter das belgische und brasilianische Luftfahrrecht. Abgedruckt bei MAKAROV, Quellen² I.

h) Zur Vornahme von Rechtsgeschäften in früheren deutschen *Konsulargerichtsbezirken* siehe Vorauflage Art. 11 B IX 2 S. 188 sowie Rdz. 194. 124

i) In exterritorialen Räumen („*Realexterritorialität*" RIEZLER, IZPR S. 382) vorgenommene Rechtshandlung entziehen sich wohl der Regel „locus regit actum". Auf der einen Seite können solche Örtlichkeiten nicht mehr als schlechthin dem Recht des Staates, auf dessen Gebiet sie liegen, unterfallend angesehen werden (dazu z.B. Art. 31 Abs. 1 des Wiener Übereinkommens vom 24. 4. 1963 über konsularische Beziehungen: „Die konsularischen Räumlichkeiten sind in dem in diesem Artikel vorgesehenen Umfang unverletzlich") ein Ortsrecht im Sinne des Art. 11 Abs. 1 Satz 2 EG scheidet insoweit aus (dazu LG III Berlin (9. 4. 1931) IPRspr. 1931 Nr. 22); da sich diese Örtlichkeiten andererseits auch nicht etwa „extra territorium" — dazu RIEZLER, IZPR S. 355 — befinden, stellen sie kein Gebiet des fremden Absendestaates im Sinne unserer Regel dar. Eine analoge Anwendung der Grundsätze, wie man sie bei Staatsschiffen — dazu oben Rdz. 122 — verfolgt, dürfte ausgeschlossen sein. Dazu weiter RABEL, Conflict II S. 459 unter Hinweis auf italienische Rspr. [Trib. Rome (30. 1. 1955) Riv. dir. int. 1955, 376 (Griechische Botschaft) — it. Ortsrecht maßgeblich]. Siehe auch in anderem Zusammenhang LG Stuttgart (24. 4. 1959) FamRZ. 1959, 506 mit abl. Anm. von Baitzke. 125

8. **Beobachtung** der Gesetze des Errichtungsortes — Folgen der **Nicht**beobachtung 126

a) Gesetze des Errichtungsortes (Ortsrecht)

Im Normalfall ist darunter das von dem legitimen Gesetzgeber des Staates des Errichtungsortes erlassene Recht gemeint. Fallen jedoch das *tatsächlich* an diesem Orte geltende Recht (Beispiel: das von einem Okkupanten völkerrechtswidrig gesetzte Recht) und das von dem vom forum als *legitim* betrachteten Gesetzgeber des betreffenden Staates erlassene Recht auseinander, so tauchen Zweifel auf, ob nur letzteres Recht das maßgebliche Ortsrecht darstellt. Die Problematik ist nicht neu. Seit Ende des 1. Weltkrieges beschäftigt dieses **Problem der Faktizität und Legitimität** Theorie und Praxis.

Beispiel:

Zwei jüdische Polen deutscher Volkszugehörigkeit gingen am 20. 1. 1944 vor dem Judenältesten (Beauftragter der von den deutschen Behörden eingesetzten jüdischen Selbstverwaltungsbehörde) in Lodz (Polen) die Ehe ein. Dazu AG München VI 8722/64.

Zur Zeit der Eheschließung gehörte Lodz dem Reichsgau Wartheland (vorher Posen) und damit den aufgrund Erlaß über Gliederung und Verwaltung der Ostgebiete vom 8. 10. 1939 (RGBl. I 2042) sog. eingegliederten Ostgebieten an. Die Bewohner dieses Gebietes erwarben zwar nicht die deutsche Staatsangehörigkeit, doch wurde durch die sog. Ost-Rechtspflege-Verordnung vom 25. 9. 1941 (RGBl. I 597) in diesen eingegliederten Ostgebieten weitgehend deutsches Recht, so u.a. die Vorschriften des deutschen bürgerlichen Rechts mit hier nicht weiter interessierenden Ausnahmen eingeführt. §§ 1, 3 Ost-Rechtspflege-Verordnung. Die Form der geschlossenen Ehe entsprach den deutschen Rechtsvorschriften.

Zur Zeit der Eheschließung gehörte völkerrechtlich gesehen Lodz nach wie vor Polen an; der Fortbestand des polnischen Staates während der Dauer des 2. Weltkrieges ist allgemein anerkannt. Entsprechend der staatsrechtlichen Herkunft der Gebietsteile, die 1918 zur Bildung des polnischen Staates führten, galten auf dem Gebiet des Zivilrechts interlokal gesehen fünf verschiedene partikuläre Privatrechtsordnungen. Dazu FERID, Der Neubürger im IPR (Tübingen 1949) S. 69ff. Ortsrecht war in Lodz das kongreßpolnische Recht, das die religiöse Trauung vor dem Rabbiner vorsah.

Die Annexion des besetzten Gebietes war völkerrechtswidrig. Dazu grundsätzlich im Anschluß an die herrschende Meinung BERBER, Lehrbuch des Völkerrechts II — Kriegsrecht (1962)

S. 130—133. Völkerrechtswidrig war aber auch die globale Einführung deutschen Rechts im bürgerlichen Sektor. Dazu Art. 43 der Haager Landkriegsordnung von 1907, die gewohnheitsrechtlich von allen zivilisierten Nationen als bindend betrachtet wurde. Dazu weiter BERBER, a.a.O. II S. 133 unter Hinweis auf Art. 64 IV Genfer Konvention; GEILKE, in Ferid-Firsching IV Polen, Grundzüge Rdz. 29 sowie die von GEILKE, a.a.O. Rdz. 29 zitierte polnische Rechtsprechung. Dem würde wohl nicht entgegenstehen, einzelne eingeführte deutsche Bestimmungen, wie z.B. Bestimmungen, die die Form der Eingehung einer Ehe zwischen Juden in geschehener Weise regelten, im Hinblick auf die besondere Situation des jüdischen Bevölkerungsteils Polens (dazu GEILKE, Die mosaische Ehe im Lichte des polnischen Rechts vor 1946: JbOstR 3. 1962, 163) als mit den Grundprinzipien des Völkerrechts vereinbar zu erachten. Wer dagegen auch insoweit die Völkerrechtswidrigkeit bejahen will, der sieht sich mit der angeschnittenen Problematik des Verhältnisses von Faktizität und Legitimität des Rechtes konfrontiert.

Grundsätzlich zu dem Fragenkreis mit reicher Literaturangabe: Wengler, Fragen der Faktizität und Legitimität bei der Anwendung fremden Rechts: Festschrift Hans LEWALD (1953) S. 615ff.; BAADE, Zur Gültigkeit von Eheschließungen in den Gebieten östlich der Oder oder Neiße: StAZ 1958, 29; STUBAZEWSKI, StAZ 1959, 107; BLINTZINGER, StAZ 1964, 89; Celle (24. 8. 1961) StAZ 1962, 100. Den Problemkreis anrührend LG Münster-Westf. (10. 5. 1949) IPRspr. 1950/51 Nr. 62. Nach der *Legitimitätslehre* darf nur das vom legitimen Gesetzgeber erlassene Recht zur Anwendung kommen (so u.a. Wengler in seiner vorgenannten Abhandlung). Diese Lehre schaltet allerdings aus Billigkeitsgründen eine sog. Humanitätsklausel ein: „Lebensnotwendige Rechtsgeschäfte der Menschen, die unter der Herrschaft des illegitimen Gesetzgebers leben und gar nicht die Möglichkeit haben, die Rechtsgeschäfte unter Beachtung der Vorschrift des legitimen Gesetzgebers abzuschließen und abzuwickeln, werden nach dem faktisch geltenden Recht beurteilt.“ Dazu WENGLER, a.a.O. S. 626.
Die *realistische* Lehre dagegen, die, wie BAADE, StAZ 1958, 30, meint, heute am meisten Anhänger hat, gibt dem tatsächlich geltenden Recht den Vorzug über das theoretisch gelten sollende. Zur Begründung führt man an, daß das wirklichkeitsfremde Außerachtlassen des ausländischen Rechts auf die Dauer das Ergebnis zeitigt, daß die nach Ansicht der Staatsmacht des forum schon unter einem unrechtmäßigen Herrscher Leidenden im Ausland auch noch der wenigen Rechte verlustig gehen, die sie sich unter seiner Gewaltherrschaft erwerben können. In diesem Sinn sagt auch RAAPE (IPR³ § 3 II S. 314): „Für den Bereich des Privatrechts ist allein entscheidend, ob eine Regel für eine Gemeinschaft in dem Sinne „gilt“, daß sich der Betroffene ihrer Anwendung nicht zu entziehen mag und sich daher in seinem Verhalten nach ihr richten muß.“ Letztere Tatsache ist so überzeugend, daß es hinreichend gerechtfertigt erscheint, der realistischen Lehre zu folgen, wobei Unerträglichkeiten mit Hilfe einer vorsichtigen Anwendung des orde public ausgeglichen werden können. Damit wird man, allerdings auf umgekehrtem Wege, dem Anliegen WENGLERS (Festschrift Hans Lewald S. 632) gerecht, daß das Kollisionsrecht keine Maschine sei, die mit kalter Mechanik, aber mit absoluter Sicherheit die Antwort auf die Frage nach dem anwendbaren Recht aufwerfe.
Der vorgeschlagene Weg dürfte mehr der Wirklichkeit gerecht werden. Tatsache ist, daß im interlokalen Bereich in der BRD das Recht der DDR grundsätzlich anerkannt und angewandt wird, obwohl die BRD die DDR als Staat nicht anerkennt. Tatsache ist — BAADE, JIR 1957, 315ff., gibt dazu eine sehr beeindruckende Übersicht — daß die UdSSR in den Gebieten, die sie im 2. Weltkrieg besetzte, grundsätzlich stets das Zivilrecht des jeweils benachbarten sowjetischen Rechtskreises eingeführt und angewendet hat. In Westeuropa wendet man dieses Recht an und nicht etwa z.B. altes litauisches oder estländisches.
Die Beispiele auch in westeuropäischen Ländern lassen sich mehren. Die deutsche Rechtsprechung neigte immer, wie die Nachweise von Baade, StAZ 1958, 31,

ergeben, mit Recht der realistischen Lehre zu. Dazu auch LG Hof (19. 6. 1950) IPRspr. 1952/53 Nr. 136; LG Memmingen (7. 11. 1951) IPRspr. 1952/53 Nr. 137 sowie LG Bremen (22. 9. 1959) FamRZ 1960, 154 — zustimmend Beitzke ebenda.
Ergebnis in obenstehendem Beispiel:
Die Eheschließung ist rechtsgültig im Hinblick auf Art. 11 Abs. 1 Satz 2 EG, gleichgültig, ob man die Einführung deutschen Rechts in die sog. Ostgebiete als völkerrechtswidrig ansieht oder nicht. Der Vollständigkeit halber sei bemerkt, daß in dem gegebenen Beispiel das Ergebnis gleichbleibt, wenn man der Legitimitätslehre folgend die Einführung des deutschen Rechts irrelevant ansieht und die Rechtslage nach rein polnischem Recht beurteilt. Nach Art. 14 des Gesetzes zum Interprovinziellen Privatrecht vom 2. 8. 1926 war auf die Form der Eheschließung im konkreten Fall kongreßpolnisches Recht anzuwenden; das dort vorgesehene Erfordernis einer religiösen Trauung vor dem Rabbiner war tatsächlich gesehen nicht erfüllbar. Die polnische Rechtsprechung hat nach dem Kriege zu der daraus entstehenden rechtlichen Situation Stellung genommen, hierzu Geilke, JbOstR 3. 1962, 163f. Vom Obersten Gericht (17. 3. 1950 — WaC 247/49 — „Nowe Prawo" 1951 H. 4, 57) wurde folgender Rechtsgrundsatz entwickelt:

„Die Vorschriften über die Zuständigkeit von Geistlichen mosaischer Konfession bei der Erteilung von Trauungen sollten der vom polnischen Gesetzgeber errichteten Rechtsordnung dienen. Seit der Zeit, als die vorgenannten Vorschriften diese Funktion angesichts des unerhörten nationalen und religiösen Druckes seitens der Okkupanten nicht mehr erfüllen konnten, würde ihre rigorose Anwendung lediglich die Folge haben, daß die Eheschließung für einen, möglicherweise beträchtlichen,Teil der jüdischen Bevölkerung in den besetzten Gebieten unmöglich geworden wäre. Ein solches Ergebnis ist unannehmbar. Die Befolgung von Rechtsbestimmungen, die in der Regel auf eine normal funktionierende Rechtsordnung abgestimmt sind, ist nur bis zu dem Punkt verbindlich, bis zu welchem ihre weitere Beachtung zu keiner Verletzung oder Beschränkung der Grundmenschenrechte führt, zu denen das Recht auf Eheschließung gehört."

Auf dieser Grundlage werden die während der Besatzungszeit aus zwingenden Gründen ohne Beachtung der gesetzlichen Formvorschriften geschlossenen jüdischen Ehen in ständiger Rechtsprechung der polnischen Gerichte als rechtsmäßig und voll gültig anerkannt (vgl. Litwin, Nowe Prawo 1951, 4, 59—63).
Darüber hinaus hat die polnische Rechtsprechung in ausweitender Auslegung eines Dekretes vom 6. 6. 1945 über die Rechtskraft von Gerichtsentscheidungen, die während der deutschen Besatzungszeit auf dem Gebiete der polnischen Republik ergangen sind (DzU 1945 Nr. 25, Pos. 151), auch die von deutschen Notaren beurkundeten letztwilligen Verfügungen und Erbverträge für gültig erklärt, selbst wenn diese unter Mißachtung der polnischen erbrechtlichen Bestimmungen errichtet worden sind. Nachweise gibt Geilke in Ferid-Firsching, a.a.O. Rdz. 30, S. 36.

b) Die unter a) am Ende gebrachten Darlegungen führen zu der weiteren Frage, 127
welches aus der Sicht des Art. 11 Abs. 1 Satz 2 EG das maßgebliche Recht sei, wenn aus staatspolitischen Gründen die rein tatsächliche **Möglichkeit entfällt,** die Form des **legitim** geltenden Ortsrechts einzuhalten, **auf ein faktisch** geltendes Recht aber **auch nicht subsidiär** zurückgegriffen werden kann. Das OLG Frankfurt (5. 11. 1962) FamRZ 1963, 39 und ebenso das OLG München (24. 9. 1968) FamRZ 1968, 599 haben dazu einen Sachverhalt aufgezeigt, der das Problem in den Mittelpunkt der Entscheidung rückt:

Ein römisch-katholischer Rumäne heiratete am 20. 7. 1940 in der Bukowina vor einem evanlischen Geistlichen eine evangelische Rumänin. Russische Truppen hatten zu dieser Zeit die zu Rumänien gehörenden Gebiete der Nordbukowina sowie Bessarabiens besetzt.
Beide OLGs. ließen offen, ob im Zeitpunkt der Eheschließung noch rumänisches oder schon russisches Recht Ortsrecht war, da beide Rechtsordnungen eine obligatorische Zivilehe vorsahen. Da im Zeitpunkt der Eheschließung keine staatliche Behörde vorhanden war, vor der eine

Ehe hätte eingegangen werden können, meinten die Gerichte (anders LG Zweibrücken [13. 7. 1955] StAZ 1956, 34), naturrechtlichen Gedankengängen folgend unter Berufung auf NEUHAUS, StAZ 1956, 195 sowie MÜLLER-FREIENFELS, Ehe und Recht (1962) S. 115ff., der Form der Eheschließung sei Genüge getan.

Man wird die Entscheidungen ablehnen, da sie rechtlicher Willkür das Tor öffnen. Unerfindlich ist, warum gerade die Eheschließung vor einem evangelischen Pfarrer die rechtlich mangelnde Form ersetzen kann. Auch die hier vertretene Meinung geht vom Recht auf Eheschließung aus, überstrapazieren sollte man jedoch diesen Gesichtspunkt nicht. Dazu auch LG Stuttgart (12. 7. 1967) FamRZ 1968, 197. Eine Aufrechterhaltung der Ehe käme wohl nur in Frage, wenn man ein entsprechendes Gewohnheitsrecht feststellen könnte, das eine solche Form billigt — so zutreffend wohl das vom OLG München zitierte Gutachten von FERID.

128 c) Zur Frage, ob unter Ortsrecht nur das interne Recht oder auch die Kollisionsnormen des betreffenden Staates zu verstehen sind, siehe Rdz. 60ff.

129 **d) Wann sind die Gesetze beobachtet?**

α **Kennt** die lex loci actus das betreffende Rechtsverhältnis oder Rechtsgeschäft **nicht,** so fehlt es damit auch an einer Formvorschrift, es sei denn die lex loci actus sieht anderes ausdrücklich vor. Die Frage, ob das Rechtsgeschäft einer Form bedarf, ist in ersterem Fall dieser Rechtsordnung fremd und wird folglich von ihr nicht beantwortet. Unhaltbar wäre der Schluß, mangels einer Formvorschrift bedürfe das Rechtsgeschäft nach dieser Rechtsordnung keiner Form. Er würde selbst dann nicht zutreffen, wenn die Rechtsordnung den Grundsatz der Formfreiheit ausdrücklich aufgestellt hätte. Rechtsgeschäfte, die nicht im Gesichtskreis des Gesetzgebers lagen, fallen eben nicht unter den Grundsatz. So die allgemeine Ansicht. (FRANKENSTEIN, IPR I S. 551; M. WOLFF, IPR[3] S. 127; ERMAN-ARNDT[4], 2 zu Art. 11; PALANDT-LAUTERBACH[28], 4 zu Art. 11; SOERGEL-KEGEL[9], 14 zu Art. 11).

Beispiel 1:

Der Geschäftsanteil einer deutschen GmbH wird in einem Land privatrechtlich verkauft, das diese Form der Gesellschaft überhaupt nicht kennt, wie früher die Schweiz. Der obligatorische Kaufvertrag (Zum Abtretungsvertrag siehe ERMAN-ARNDT[4], 2 zu Art. 11) ist bei deutschem Schuldstatut formnichtig. § 15 Abs. 4 GmbH-Gesetz. Man kann nicht sagen, daß der Verkauf übereinstimmend mit dem Ortsrecht geschehen sei. Kennt das Ortsrecht keine Gesellschaft mit beschränkter Haftung, so fehlt es an einer Vorschrift des Ortsrechts und ist folglich die Form des Schuldstatuts zu beobachten, also öffentliche Beurkundung nötig. Da das Ortsrecht überhaupt nicht anwendbar ist, erübrigt es sich zu fragen, ob etwa Art. 30 EG der Anwendung des Ortsrechts mit Rücksicht auf den Zweck der deutschen Formvorschrift entgegenstehe. So mit Recht RG (22. 3. 1939) RGZ 160, 225 (230) gegen Karlsruhe (11. 7. 1901) OLG 3, 263. Dazu auch ZWEIGERT, Rabel-Fschr. I S. 637.

Beispiel 2:

Vereinbaren Deutsche in Italien einen privatschriftlichen Erbverzicht, so ist der Vertrag formnichtig, da die deutsche Form nicht gewahrt ist. Italienische Formvorschriften kommen überhaupt nicht in Betracht, da Italien den Erbverzicht verwirft. Dazu Art. 458 ital. C.C.

130 Kennt die lex loci actus das betreffende Rechtsverhältnis oder Rechtsgeschäft nicht, so kann sie **dennoch** eine **ausdrückliche Formvorschrift** für ein solches ihr fremdes Geschäft **vorsehen.** Ein Beispiel für ein solches, allerdings seltenes Vorgehen eines Gesetzgebers gibt § 29b Abs. 3 PStG in der Fassung des Einführungsgesetzes 1969 zum Gesetz über die rechtliche Stellung der unehelichen Kinder. Dem deutschen Recht ist ein Mutterschaftsanerkenntnis fremd. Dennoch sagt nunmehr § 29b Abs. 3 PStG:

„Die Anerkennungserklärung (der Mutter) und die etwa erforderliche Zustimmungserklärung des gesetzlichen Vertreters der Mutter können im Geltungsbereich dieses Gesetzes von denselben Stellen beurkundet werden, die eine Anerkennung der Vaterschaft beurkunden können."

Die Vorschrift vermengt zwar Form und Zuständigkeit, die Auslegung läßt jedoch ihren Forminhalt ersehen.

β Auch wenn eine fremde Rechtsordnung das Rechtsgeschäft dem Namen nach kennt, kann es doch in seinem **Wesen** und seiner **Wirkung** so sehr von dem Rechtsgeschäft des Wirkungsstatuts **verschieden** sein, daß es als ein anderes angesehen werden muß, folglich die Anwendung des Ortsrechts ausgeschlossen ist. Als Beispiel lassen sich das Institut der Adoption und der Vaterschaftsanerkennung anführen. 131

Andererseits darf man **nicht völlige Gleichheit** des Rechtsverhältnisses oder des Rechtsgeschäfts in den beiden Rechtsordnungen verlangen. Das widerspräche dem praktischen Zweck der Regel. Es genügt, daß die Dinge sich im wesentlichen gleichen, so z.B. bei der im Ausland vorgenommenen Abtretung des Anteils einer deutschen GmbH der deutsche und der ausländische Geschäftstypus. Auch bei Ehe und Erbverträgen werden oft solche Ähnlichkeitserwägungen anzustellen sein (vgl. dazu NEUBECKER, Ehe- und Erbschaftsvertrag); desgleichen bei der „Ausschlagung" einer Erbschaft und dem insbesondere im anglo-amerikanischen Recht vorkommenden „Verzicht" auf Auszahlung des „Überrestes" nach Durchführung der administration. Dazu FIRSCHING, Deutsch-amerikanische Erbfälle S. 137 sowie oben Rdz. 27. 132
Zutreffend dagegen meinte das LG Berlin (28. 4. 1961) IPRspr. 1960/61 Nr. 144, das Recht des Staates Vermont (US) kenne kein dem deutschen Erbschaftskauf vergleichbares Rechtsinstitut und lehnte folgerichtig die Anwendung von Art. 11 Abs. 1 S. 2 EG auf eine dort getätigte Erbschaftsveräußerung ab.

Es kommt **nicht** darauf an, ob die Partei **bewußt** die fremde Formvorschrift angewandt hat — dazu aber auch oben Rdz. 53. Ob die Formvorschrift des Ortsrechts erfüllt ist, ist eine rein objektive Frage. 133

Beispiel:
Der Gläubiger zediert mündlich in der BRD eine Forderung, die ihm gegen eine schweizerische Firma zusteht und vom schweizerischen Recht beherrscht wird. Die Zession ist gültig nach § 398 BGB. Nicht zur Anwendung kommt Art. 165 OR („die Abtretung bedarf zu ihrer Gültigkeit der schriftlichen Form. Die Verpflichtung zum Abschluß eines Abtretungsvertrages kann formlos begründet werden."). Dabei ist es gleichgültig, ob sich die Parteien des Unterschiedes zwischen den beiden Rechtsordnungen bewußt waren oder nicht.

e) Folgen der Beobachtung der Ortsform 134

α **Grundsätzliches.** Ist die Ortsform beobachtet, so steht damit die Formgültigkeit des Rechtsgeschäfts fest. Im übrigen kommt dem Ortsrecht keinerlei Herrschaft über das Rechtsgeschäft zu. Alles andere richtet sich vielmehr nach dem Wirkungsstatut, so z.B. bei einem Testament die Frage, wie ein Willensmangel oder eine spätere Verfügung oder der Zeitablauf oder eine nachträgliche Ehe des Testators auf dieses einwirken. Dazu die Ausführungen zu Art. 24 EG. Auch die Frage, ob das Testament sogleich wirkt oder ob seine Wirkung hinausgeschoben ist, beurteilt sich ausschließlich nach dem Wirkungs-, also nach dem Erbstatut. Dazu auch v. BAR, Theorie u. Praxis II S. 328; ZITELMANN, IPR II S. 156 Anm. 98. In dem oben gebrachten Beispiel der Zession einer schweizerischen Forderung beurteilt sich die Frage, ob der gutgläubige Schuldner durch Zahlung an den Zedenten frei wird, nach schweizerischem Recht, ZGB Art. 167; nicht nach BGB, §§ 407ff.

β *Ausnahmeformen* 135

Der Fall der Ausnahme — oder singulären Form verlangt besondere Beachtung. Vor allem *Nottestamente* stehen dabei zur Frage. Eigentümlich ist ihnen wohl nach den meisten Rechten eine zeitliche beschränkte Gültigkeit. FRANKENSTEIN, IPR I S. 552 spricht daher von „zeitlich begrenzten Formen". Richtet sich entsprechend dem soeben Gesagten auch diese Gültigkeitsdauer nach dem Wirkungsstatut oder hat hier das Ortsrecht, die lex loci actus, ein Wort mitzusprechen? Letzteres ist richtig. Es ist zwar die Ortsform gewahrt (was ZITELMANN, IPR II S. 161 Zeile 3 nicht genügend würdigt), aber es ist eine Form, die wegen ihres Ausnahmecharakters von vornherein nur mit beschränkter Wirksamkeit zugelassen ist. Diese Schranke haftet der Form an, ist mit ihr untrennbar verbunden. Die Formgültigkeit des Aktes kann somit aus der lex loci actus nur mit dieser Befristung hergeleitet werden. Die von der lex loci actus angeordnete Frist ist in jedem Fall maßgebend. Sie gilt also sowohl dann, wenn sie länger, als auch dann, wenn sie kürzer ist als die vom Wirkungsstatut (im Falle eines Nottestamentes somit von dem Erbstatut) angeordnete Frist; sie gilt schließlich auch dann, wenn nach dem Erbstatut ein Nottestament unbegrenzt wirksam sein sollte. Übereinstimmend HABICHT S. 92; ZITELMANN, IPR II S. 161 Nr. 3; FRANKENSTEIN, IPR I S. 553.

Beispiel:

Die von einem Deutschen in der Schweiz nach einem Absturz gemäß Art. 506 ZBG vor zwei Zeugen mündlich getroffene letztwillige Verfügung wird nach Art. 508 binnen 14 Tagen nach erlangter Möglichkeit sich einer anderen Verfügungsform zu bedienen, ungültig. § 2252 BGB, der eine wesentlich längere Gültigkeitsdauer vorsieht, greift nicht ein.

Das Ortsrecht allein bestimmt auch über die Voraussetzungen für die Verlängerung der Gültigkeitsdauer. Macht es den Ablauf der Gültigkeitsfrist davon abhängig, daß der Testator in der Lage ist, in der gewöhnlichen Weise zu testieren, so ist das Wirkungsstatut (Erbstatut) bei der Frage, was zu der gewöhnlichen Testierweise gehört, zu berücksichtigen.

Stimmen die Formvorschriften der beiden Rechtsordnungen für das Nottestament genau überein, während die Gültigkeitsfristen verschieden sind, so läuft zugunsten des Testators stets die längere Gültigkeitsfrist. Entspricht die Form den Vorschriften beider Rechtsordnungen, so kann man sagen, daß sowohl die Heimat- als auch die Ortsform beobachtet ist, somit die für den Testator günstigere Frist zum Zuge kommt.

Mit der Besonderheit der Form aufs engste zusammenhängen Vorschriften von der Art der gemeinrechtlichen, daß ein Widerruf des Testaments, der nicht durch Vernichtung, sondern durch Erklärung geschieht, nur dann wirksam sein soll, wenn er in gewisser Form erklärt ist und außerdem 10 Jahre seit Errichtung des Testaments abgelaufen sind. Diese Bestimmungen sind eine Reaktion auf die Singularität der Form, sind also ein untrennbares Stück der Formvorschrift. Die Formgültigkeit des Widerrufs kann daher aus dem Ortsrecht nur mit dieser Einschränkung hergeleitet werden. Dazu ZITELMANN, IPR II S. 155.

136 **f) Folgen der Nichtbeobachtung der Form**

Literatur und Rechtsprechung beschäftigen sich immer wieder mit der Frage, nach welchem Recht die Folgen der Nichtbeobachtung der Form (= Formverletzungen) zu beurteilen sind. Eine Stellungnahme dazu erfordert zunächst einige Klarstellungen. Dazu auch MANNL, Die Verletzung von Vorschriften im IPR: RabelsZ 11. 1937, 786ff. Formvorschriften, seien es solche des Wirkungsstatuts, seien es solche des Ortsstatuts, können lediglich *Soll*vorschriften (Ordnungsvorschriften) [Beispiel: Schlußscheinzwang bei Viehverkäufen nach VO vom 22. 11. 1935 (RGBl. I 1353)] darstellen, deren Nichteinhaltung die Gültigkeit des Geschäfts nicht beeinflußt. Sie bleiben im folgenden außer Betracht. Zur Erörterung stehen *nur* Formvorschriften *materiell*rechtlichen Charakters (mögen sie auch zugleich prozessuale Bedeutung haben — dazu oben Rdz. 6, 21, 23, 86ff.), deren Nichtbeobachtung Einfluß auf die Wirksamkeit des Geschäftes gewinnt.

Ist eine Formvorschrift des Wirkungsstatuts, die die materielle Wirksamkeit eines Rechtsgeschäfts in Mitleidenschaft zieht, nicht gewahrt, dagegen die entsprechende des Ortsstatuts eingehalten, so wird niemand zweifeln, daß sich die

Folgen der Beobachtung der Form (hier des Ortsstatuts) nach dem Wirkungsstatut richten. Muß der gleiche Grundsatz nicht auch für die Folgen der Formverletzung gelten, die nach beiden Rechten jeweils die materielle Gültigkeit in Frage stellen? Die Beantwortung verlangt zunächst eine Untersuchung der gar sehr verschiedenartigen Folgen der Nichteinhaltung der Form eines der beiden Rechte. Formvorschriften, die die materielle Wirksamkeit eines Rechtsgeschäfts beeinflussen, kann man je nach der Stärke des Einflusses aufgliedern in etwa **folgende Untergruppen:**

α Die Nichtbeobachtung der Form hat nach dem Gesetz die **Nichtigkeit** des Geschäfts **schlechthin** zur Folge, ohne daß eine Heilungsmöglichkeit besteht. 137

Beispiel:
Ein privatschriftliches Testament ist mit Maschine geschrieben. § 2247 BGB verlangt eine eigenhändige Niederschrift. Folge: Nichtigkeit nach § 125 BGB.

β Die Nichtbeobachtung der Form **hindert** nach dem Gesetz **nur den Eintritt der Wirksamkeit** — der Mangel der Form wird jedoch nach dem Gesetz durch nachfolgende Erfüllung „geheilt". Das formwidrige Rechtsgeschäft bedarf also der Erfüllung eines Zusatztatbestandes, um wirksam zu werden; allerdings kann sich unter einer solchen „Heilung" auch die Zurverfügungstellung einer milderen Form verbergen. Diesen Gesichtspunkt hat wohl Habscheid („Zur Heilung formnichtiger Erbteilskaufverträge FamRZ 1968, 13) zu wenig beachtet. Dazu Rdz. 142.

Beispiele hierfür geben im deutschen Recht die §§ 313 Satz 2 (Grundstücksveräußerungsvertrag); 766 Satz 2 (Bürgschaftsversprechen); 518 Abs. 2 BGB (Schenkungsversprechen).

γ Die Nichtbeachtung der Form **hindert** nach dem Gesetz die **Erlangung eines Titels** über einen eingeklagten Anspruch; die Parteien können jedoch auf die Einhaltung der Form verzichten und damit das bis dahin unwirksame Geschäft rückwirkend „heilen".

Beispiel:
In vermögensrechtlichen Streitigkeiten kann nach Art. 1341 franz. CC bei einem Streitwert von mehr als 500 frc der Beweis nur durch Urkunden geführt werden. Die Parteien, zu deren Schutz diese Vorschrift dient, können auf deren Einhaltung verzichten und sich z.B. auf einen Zeugenbeweis einigen. Art. 1341 trägt materiellrechtlichen Charakter.
Dazu oben Rdz. 87ff..

δ Auch die Nichteinhaltung einer **prozessualen Form von zugleich materiellrechtlichem Charakter** kann zur Nichtigkeit führen, wobei mitunter jedoch eine **Heilung,** z.B. durch Zeitablauf, eintreten kann.

Beispiel:
Ein Österreicher errichtet ein mündliches außergerichtliches Testament vor drei Zeugen nach den §§ 584—586 AGBGB. Sein formgerecht erklärter letzter Wille erlangt erst Rechtswirksamkeit, wenn der Inhalt in der vorgeschriebenen Form durch die Zeugen übereinstimmend wiedergegeben wird. Auch die US-Rechte kennen vielfach eine solche Form. Beispiel statt vieler: Arizona Revised Statutes, Laws 1955 Titel 14c 1 § 124.
Auf Verlangen (nur) sind die Zeugen auf ihre Aussage vom Nachlaßgericht zu vereidigen. Sind zwei Zeugen bereits verstorben und ist daher ihre Vereidigung nicht mehr möglich, so ist das Testament nichtig. Die dreijährige Verjährungsfrist des § 1487 ABGB ist zu beachten. Dazu Ferid-Firsching I Österreich, Grundzüge Rdz. 78.

ε Die Nichtbeobachtung der Form hindert das vorläufige Wirksamwerden des Rechtsgeschäfts nicht, dasselbe kann jedoch durch (meist fristgebundene) Anfechtungserklärung oder prozessuale Nichtigkeitserklärung hinfällig gemacht werden.

Beispiel:
Ein Italiener errichtet in Rom ein privatschriftliches Testament und vergißt es zu datieren. Art. 602 CC („relative Nichtigkeit"). Das Testament wird zunächst als wirksam behandelt, kann jedoch innerhalb fünf Jahren ab Errichtung als nichtig erklärt werden. Art. 606 Abs. 2 CC.
oder: „nichtige Ehe" — §§ 17, 23 deutsches EheG.

ξ Die Nichtbeobachtung der Form berührt die Wirksamkeit des Geschäfts insofern, als eine geringere Wirkung, wie beabsichtigt, eintritt.

Beispiel:

Ein Mietvertrag über ein Grundstück, der für längere Zeit als ein Jahr geschlossen wird, bedarf der schriftlichen Form. Bei Nichteinhaltung der Form gilt der Vertrag als für unbestimmte Zeit geschlossen. § 566 BGB.

138 Die unter β bis δ fallenden Sachverhalte bedürfen einer gesonderten Betrachtung, sie enthalten zusammengesetzte Tatbestände, die ergänzende Bemerkungen erfordern. Die folgenden Ausführungen beschränken sich zunächst auf das unter α, ε, ξ Gesagte.

Zweifelhaft ist, ob sich die rechtlichen Folgen des Formmangels, wie etwa Nichtigkeit, Anfechtbarkeit, prozessuale Nichtigkeitsklage, nach dem Ortsrecht oder nach dem Wirkungsstatut oder — auch das käme in Betracht — nach beiden Rechten regeln. Das Gesetz schweigt. Man wird daher auf den Sinn und Zweck des Satzes „locus regit actum“ zurückgreifen müssen.

139 Schrifttum und Rechtsprechung

Die wohl überwiegende Ansicht geht dahin, daß die Folge des Mangels nicht nur nach dem Wirkungsstatut, sondern auch nach dem Ortsrecht zu beurteilen sei, wobei jeweils das mildere Recht zum Zuge komme [Zitelmann, IPR II S. 160; Habicht S. 92; Neubecker 78; Planck[3], 4 zu Art. 11; Niedner[2], 4 zu Art. 11; modifiziert auch Frankenstein, IPR I S. 562; Walker, IPR[5] S. 231ff.; Erman-Arndt[4], 8 zu Art. 11; Palandt-Lauterbach[28], 3 zu Art. 11; Soergel-Kegel[9], Rdz. 27 zu Art. 11; Rabel, Conflict[2] II S. 513; M. Wolff, IPR[3] S. 129; Zweigert, Rabel-Fschr. I S. 651; Schönenberger-Jäggi Bd. V 1a Allgemeine Einleitung Rdz. 187 für das schweizerische Recht; Vischer, Vertragsrecht S. 160.

RG (22. 6. 1931) RGZ 133, 161; KG (29. 1. 1934) IPRspr. 1934 Nr. 16; KG (8. 11. 1937) JW 1938, 1242].

Begründung:

Formvorschrift und Rechtssätze über deren Verletzung seien untrennbar verbunden (praktische Erwägung);

Die Regel „locus regit actum“ wolle die Partei begünstigen, daher müsse die mildere Vorschrift zum Zuge kommen (Gesichtspunkt des favor negotii — favor gerentis).

Andere hinwiderum betrachten Art. 11 Abs. 1 Satz 2 EG als Ausnahmevorschrift, die als solche eng auszulegen sei. Daher entscheide das Wirkungsstatut wie über die Wirkung der Beobachtung so auch über die Nichtbeobachtung von Formvorschriften. [Niemeyer, IPR 115: „Es muß hinter der Frage ‚formgültig oder nicht‘ eine schroffe Schranke errichtet werden, die jede Erstreckung der Ausnahmevorschrift über diese Frage hinaus deutlich und energisch ausschließt.“ Raape in der Vorauflage sowie in IPR[5] S. 218; Mannl, Die Verletzung von Formvorschriften im IPR: RabelsZ 11. 1937, 786 — er hat das Problem wohl am eingehendsten untersucht; Blumenwitz, DNotZ 1968, 744. Homberger. Die obligatorischen Verträge im IPR nach der Praxis des Schweiz. Bundesgerichts (Bern 1925) S. 59).

140 Eigene Ansicht

Die Regel: Die **Folgen der Nichtbeobachtung** der Form beurteilen sich im Prinzip ausschließlich **nach dem Wirkungsstatut.**

Daß Formvorschriften und Formverletzungsvorschriften voneinander trennbar sind, hat Mannl RabelsZ 11. 1937, 786 in einer sehr eingehenden Studie nachgewiesen.

Seine Überlegung überzeugt: Im Rahmen des Art. 11 Abs. 1 EG setzt eine beachtliche Verletzung der Ortsform immer voraus, daß auch die Form des Wirkungsstatuts verletzt ist, also beide Formvorschriften nicht gewahrt sind. Die Verletzungsfolgen entnimmt die herrschende Ansicht immer nur einer Rechtsordnung, nämlich der milderen. Bei *einer* Rechtsordnung muß also die Trennung vollzogen werden. „Weshalb nun gerade beim Wirkungsstatut oder bei dem strengeren Recht die Trennung möglich, bei dem Ortsstatut oder bei dem milderen Recht unmöglich sein soll, ist unerfindlich, zumal, da ja Wirkungsstatut und Ortsstatut ebenso oft ihre Rolle vertauschen können." Man wird hinzufügen: Wäre es wirklich so, daß die Formvorschriften und die Formverletzungsvorschriften in untrennbarem Zusammenhang stehen, so richteten sich folgerichtig die Wirkungen der Verletzung der vom Ortsrecht bestimmten Form ausschließlich nach der lex loci actus und nicht, wie die herrschende Lehre annimmt, auch nach dem Wirkungsstatut, falls dieses der Partei günstiger ist. Die Rechtslage wäre dann ähnlich wie bei Art. 7 EG, wonach das Heimatrecht der Partei nicht nur entscheidet, ob diese geschäftsfähig ist, sondern auch, welche Wirkungen der Mangel der Geschäftsfähigkeit auf das Geschäft ausübt.

Gewichtiger ist der *zweite* Einwand, Zweck und Sinn der Regel „locus regit actum" seien es, die Partei zu begünstigen, daher müsse die mildere Vorschrift zum Zuge kommen; die Optionsmöglichkeit diene der Aufrechterhaltung des Geschäfts. — Hier, bei der Auslegung des Sinnes und Zweckes des Gesetzes, scheiden sich denn in der Tat die Geister. Einheitliche Lebensverhältnisse sollten *einer* Rechtsordnung unterstellt werden, die Sachnormen sind in ihr aufeinander abgestellt. Diesem Grundsatz folgt denn auch Art. 11 Abs. 1 Satz 1 EG; maßgeblich auch für die Form ist das Wirkungsstatut. *Ausnahmsweise* soll für die Form etwas anderes gelten; die Einhaltung der Ortsform soll genügen, denn nicht immer kann am Errichtungsort, die Form des Wirkungsstatuts eingehalten werden; zudem mag es für die Beteiligten beschwerlich sein, sich Kenntnis über die Form des Wirkungsstatuts zu verschaffen. Nicht also etwa, weil die Form des Ortsstatuts *milder* ist, wird sie zugelassen, sondern aus den dargelegten Zweckmäßigkeitserwägungen. Wollte man es auf die milderen Folgen abstellen, so wird man sich erinnern, daß Formvorschriften doch sehr häufig dem Schutz der von ihnen betroffenen Personen dienen. Eingehend dazu MANNL, RabelsZ 11. 1937, 789. Die „milderen" Vorschriften wirken sich dann im Ergebnis zum Nachteil der Betroffenen aus, für sie sind sie die strengeren, ein wenig erfreuliches Ergebnis.

Stellt der Satz „locus regit actum" eine Ausnahmevorschrift dar, so ist sie nach allgemeinen Grundsätzen auch *eng* auszulegen, Dazu ist um so mehr Anlaß, als der Satz, wie oben dargelegt, eine Mehrherrschaft von Rechtsordnungen, eine Zwiespältigkeit in der Beurteilung des Rechtsverhältnisses bewirkt, die an sich schon geeignet ist, Schwierigkeiten hervorzurufen. Man sollte diese nicht noch durch unnötig weite Auslegung der Regel vermehren, deren Zweck doch nur der ist, der Partei über die Nöte hinweg zu helfen, die ihr die Beobachtung der heimischen Form in fremden Landen bereiten kann. Warum soll eine Partei, die sich um keinerlei Formvorschrift gekümmert hat, weder um die einheimischen noch um die des Ortsrechts, Vorteile aus dem letzteren ziehen, wenn dieses die Gleichgültigkeit der Partei nachsichtiger beurteilt als das heimische Recht? So aufgefaßt, wirkt der Satz „locus regit actum", wie Raape sagt, geradezu grotesk. Er bewirkt nicht weniger, als daß die Partei ohne weiteres durch die Tatsache, daß sie im Ausland ein Rechtsgeschäft abschließt, unter die Herrschaft der ausländischen Formverletzungsvorschrift gerät. Dazu fehlt jegliche innere Berechtigung. Schon die oben Rdz. 137 unter α, ε, ξ, fallenden Sachverhalte können durchaus verschiedene Aspekte aufweisen: einmal den, daß eine Partei im Hinblick auf die örtlichen Formvorschriften handelt, dabei aber ausgleitet, so daß man von versuchter Beobachtung dieser Vorschrift reden könnte;

Beispiel:
Ein Deutscher will in der Schweiz sein privatschriftliches Testament errichten. Unter Zuziehung eines Rechtsanwalts legt er es nieder, unterzeichnet es dabei aber lediglich mit einer Initiale. Nach deutschem Recht nichtig, nach schweizerischem Recht vernichtbar. Art. 520 BGB.

sodann den Fall, daß eine Partei bei einem Rechtsgeschäft überhaupt keine Form wahrt;

Beispiel:
Mündliches Schuldversprechen stellt kein abstraktes Schuldversprechen im Sinne von § 780 BGB dar, begründet keine selbständige Verpflichtung.

oder sie beobachtet zwar eine Form, z. B. Schriftlickeit, es fehlt aber jeder Grund zur Annahme, sie habe dies im Hinblick gerade auf die örtliche Form getan. Im ersten Fall mag das Billigkeitsgefühl dafür sprechen, das Ortsrecht über die Folgen des Formverstoßes entscheiden zu lassen. Jegliche Rechtfertigung entfällt jedoch dann, wenn sich die Partei bei ihrem Handeln überhaupt nicht vom Ortsrecht leiten ließ. Aber auch im ersten Fall ist die herrschende Meinung aus den vorhergenannten Gründen nicht zu billigen.

141 Die Anwendung des Gesagten zeigt folgendes, oben schon gebrachtes *Beispiel:*

Ein Deutscher errichtet in der Schweiz ein privatschriftliches Testament. Er unterzeichnet lediglich mit einer Initiale.

Sowohl nach dem Wirkungsstatut (deutsches Recht) wie nach dem Ortstatut liegt keine wirksame Unterschrift vor. Wie dieses formwidrige Testament wirkt, bestimmt sich allein nach deutschem Recht als dem Erbstatut — Art. 24 EG. Danach ist es nichtig. Art. 520, 521 ZGB sind nicht anwendbar. Es bedarf daher keiner besonderen, nur gewissen Personen zustehenden und nur in gewisser Zeit zugelassenen Ungültigkeitsklage. Anders müßte die herrschende Meinung entscheiden. Der Fall zeigt wiederum, daß Formvorschriften und Formverletzungsvorschriften keineswegs in untrennbarem Zusammenhang stehen. Er zeigt weiter, wie verwickelt und verwirrt die herrschende Meinung die Rechtslage macht. Man kann auch nicht einwenden (so ZITELMANN, IPR II S. 160 Ziff 2), daß das schweizerische Recht damit, daß es das Testament für anfechtbar erklärt, eine bedingte Gültigkeit ausspreche, also das Datum nicht unbedingt für die Form verlange; sicher ist es nicht die Auffassung des schweizerischen Rechts, daß es für privatschriftliche Testamente zwei Formen gebe, eine strenge mit erkennbarer Unterschrift, die eine unbedingte Gültigkeit des Testamentes, und eine mildere ohne solche, die eine bedingte Gültigkeit des Testamentes bewirke. Es gibt nur *eine* (privatschriftliche) Form, und diese ist nicht gewahrt. Insoweit liegt der Fall einer nach deutschem Recht „nichtigen" Ehe gleich. Dazu § 23 EheG.

142 Bei der Anwendung des Grundsatzes, daß nur die Form —, nicht auch die Formverletzungsvorschriften des Ortsrechts zum Zuge kommen, ist immer zu prüfen, ob nicht etwa das **Ortsrecht mehrere Formen** hat, und ob, was sich scheinbar als Verletzung der einen Form darstellt, in Wahrheit noch als Beobachtung einer anderen **milderen Form** gelten kann, wobei allerdings die Grenzziehung zwischen reinen **Zusatztatbeständen** und Zurverfügungstellung einer milderen Form mitunter schwerfällt. In Betracht kommen namentlich die Fälle der sog. „Heilung" von Formmängeln. Dazu einige *Beispiele:*

Beispiel 1:
Zwei Schweizer schließen formlos in der Schweiz einen Kaufvertrag über ein in der BRD liegendes Grundstück. Als Wirkungsstatut wird schweizerisches Recht vereinbart. Auflassung und Eintragung im Grundbuch erfolgen formgerecht in der BRD (wird im Hinblick auf § 925a BGB

nur selten vorkommen!). Die Problematik stellt sich jedoch auch dann, wenn eine Beurkundung des Vertrages vorliegt, Nebenabreden aber nicht mitaufgenommen sind.

Nach schweizerischem OR § 216 bedarf der Kaufvertrag der öffentlichen Beurkundung, anderenfalls ist er nichtig. Die Form des Wirkungsstatuts ist nicht gewahrt.

Nach § 313 Satz 1 BGB bedarf der obligatorische Vertrag ebenfalls der öffentlichen Beurkundung. Nach § 313 Satz 2 BGB „heilen" Auflassung und Eintragung diesen Mangel (jedoch nicht rückwirkend!). Man wird darin keine erleichterte zweite Form für Veräußerungsverträge sehen, sondern einen Zusatztatbestand zu Satz 1; das Rechtsgeschäft als Einheit ist im Sinne des Art. 11 Abs. 1 Satz 2 EG in der BRD vorgenommen, wo der letzte Teil des Tatbestandes verwirklicht wurde. Dies stützt folgende Erwägung: Wie Lorenz (AcP 156 (1957) 381 (386) sehr anschaulich dargetan hat, wertete schon das alte deutsche Recht (übereinstimmend das römische Recht) die reale Vollziehung einer versprochenen Leistung durch den einen Teil, was die Herbeiführung der Verpflichtungswirkung für den Partner anbelangt, als funktionsgleich mit der Wahrung feierlicher Formen. Darin lag das „notwendige Verlautbarungsmittel gewollter rechtlicher Bindung". Das BGB ist dieser Auffassung in einigen Ausnahmefällen (§§ 313 S. 2, 518 Abs. 2, 766 S. 2) gefolgt. Im anglo-amerikanischen Recht begegnen wir dem Gedanken in abgewandelter-Form bei dem Institut der consideration. Der gesiegelten Urkunde (verlangte Form) wird funktionsmäßig eine Leistung des Vertragspartners, und sei es auch nur in der Form eines „pepper corn" gleichgesetzt, was zu einer Qualifikation dieses Vorganges als materiell-rechtliches Formelement berechtigt (dazu Rdz. 85). Es liegt nun wohl näher die „Erfüllung" in dem oben stehenden Beispiel nicht als mildere „Form" im Sinne des Art. 11 EG anzusprechen, sondern einen Zusatztatbestand (im Sinne Essers, Schuldrecht I Allg. Teil (1968) § 14 Ziff. 3 S. 99) anzunehmen, bei dessen Vorliegen die gewöhnlich verlangte Beurkundung eben entfällt. Freilich zwingt diese Ansicht zu überlegen, was gilt, wenn der Zusatztatbestand z.B. des § 518 Abs. 2 im Ausland vorgenommen worden ist, und das Ortsrecht eine solche ‚Heilung' des Geschäfts nicht kennt. Folgerichtig wird man hier die Wirksamkeit des Geschäfts verneinen, soweit es auf die Regel ‚locus regit actum' ankommt, sie also nur dann bejahen, wenn deutsches Recht Wirkungsstatut ist.

Beispiel 2:

Ein lediger Schweizer gibt formlos in der Schweiz ein Bürgschaftsversprechen über 2000 Franken ab, Wirkungsstatut ist schweizerisches Recht, erfüllt wird in Deutschland.

Nach Art. 493 OR bedarf das Bürgschaftsversprechen der Schriftform, eine „Heilung" durch Erfüllung wie im deutschen Recht ist nicht vorgesehen.

Welche Form kennt das deutsche Recht für eine Bürgschaft? Vertretbar ist folgende Auslegung (dazu Mannl, a.a.O. 796) von § 766 BGB, die zur Anerkennung zweier Möglichkeiten führt:

Einigung mit schriftlicher Bürgschaftserklärung — so Abs. 1
Einigung (auch vorher erklärte) und dingliche Erfüllung — so Abs. 2

Folgt man dieser Auslegung, so liegt ein gültiger Bürgschaftsvertrag vor, der den Rechtsgrund für das dingliche Geschäft abgibt.

Wer in § 766 BGB nur *eine* Form, nämlich die in Abs. 1 vorgesehene, niedergelegt sieht, müßte, wie Mannl, RabelsZ 11. 1957, 796 meint, in dem gegebenen Beispiel die Bürgschaft als unheilbar nichtig ansehen; das Rechtsgeschäft wäre hiernach lediglich in der Schweiz vorgenommen, dabei weder die Form des Wirkungs- noch des Ortsstatuts gewahrt. Zu überlegen wäre immerhin, ob man in diesem Fall nicht Abs. 2 ebenso wie in Beispiel 1 als Zusatztatbestand auffassen sollte, das Rechtsgeschäft als Einheit wäre dann im Sinne des Art. 11 Abs. 1 Satz 2 EG in der BRD vorgenommen, wo sich der letzte Teil des Tatbestandes verwirklichte.

Eine ähnliche Problematik erwächst in folgendem von Raape in der Vorauflage gebrachten Beispiel 3:

Ein Schenkungsvertrag stehe unter dem Recht eines Staates A, der Formvorschriften von der Art der spätrömischen Zeit hat, wonach eine große Schenkung, nämlich über 500 Solidi in jedem Falle der Beurkundung bedarf und das formlose Geschenkte kondiziert werden kann.

Wird nun das Schenkungsversprechen in der Schweiz mündlich gegeben und daselbst später erfüllt, so ist das Versprechen nach Art. 243 Abs. 1 OR formwidrig, weil nicht schriftlich. Gleichwohl steht der nach dem Wirkungsstatut des Staates A zulässigen condictio des formlos Geschenkten der schweizerische Rechtssatz entgegen, daß auch formlos geschenkt werden kann; dann nämlich, wenn von Hand zu Hand geschenkt oder das Versprechen vollzogen wird. OR Art. 242 Abs. 1 und 243 Abs. 3. Das gleiche würde gelten, wenn die Parteien statt in der Schweiz in Deutschland gehandelt hätten. Die abweichende Fassung von § 518 Abs. 2 BGB steht dem nicht entgegen. Dazu OERTMANN, Rechtsbedingung S. 27. Die Erfüllung heilt, genau betrachtet, nicht den Formmangel, sie stellt eine mildere Form dar. Der schweizerische Gesetzgeber hat hier besser gesprochen als der deutsche.

Beispiel 4:

Ein Österreicher macht in Seefeld, Österreich, einem Deutschen ein Schenkungsversprechen, hält es aber nicht ein. Wirkungsstatut sei deutsches Recht, das in § 518 Abs. 1 BGB öffentliche Beurkundung des Versprechens verlangt. Der Deutsche klagt in München, dem Wohnsitz des Österreichers auf Leistung.

§ 943 öster. ABGB besagt: „Aus einem bloß mündlichen, ohne wirkliche Übergabe geschlossenen Schenkungsvertrag erwächst dem Geschenknehmer kein Klagerecht. Dieses Recht muß durch eine schriftliche Urkunde begründet werden."

Wir haben es mit einer prozessualen Formvorschrift zu tun, die materiellrechtlichen Charakter trägt. Der deutsche Richter, der nur seinem Verfahrensrecht folgt, wird den materiellrechtlichen Gesichtspunkt beachten und die Klage abweisen. Übereinstimmend MANNL, RabelsZ 11. 1937, 793 mit weiteren Einzelheiten.

Wäre das Versprechen in Österreich erfüllt worden, so läge damit nach österreichischer Praxis eine beachtliche Realschenkung vor, die als mildere Form genügte und damit eine genügende causa für das dingliche Geschäft abgäbe.

Ähnlich wie im vorstehenden Beispiel 4 enthalten die oben Rdz. 137 unter γ und δ gebrachten Fälle prozessuale Formvorschriften materiellrechtlichen Charakters, die auch ein inländischer Richter in Erwägung zu ziehen hat. „Zusatztatbestände" können zu einer Heilung führen.

143 Mit dem bisher erörterten Problem der Folgen von Formverletzungen darf die Frage nicht verwechselt werden, ob dann, wenn eine Ortsform beobachtet ist, das Ortsrecht zu entscheiden hat, ob infolge ihrer Singularität die Gültigkeit des Rechtsgeschäfts, z.B. eines Nottestaments, zu beschränken sei — dazu oben Rdz. 135 — die Fälle der beobachteten (singulären) Form und der verletzten Form sind nicht analog zu beurteilen. And. A. ZITELMANN, IPR II S. 161 Ziff. 3.

144 **Die Ausnahme:**

Wer den Grundsatz anerkennt, daß nur die Form —, nicht die Formverletzungsvorschriften der lex loci actus anwendbar sind, wird gewisse Ausnahmen zulassen müssen. Es sind das die Fälle, wo sich die Formverletzungsvorschriften des Wirkungsstatuts nur auf die Form beziehen, die gerade vom Wirkungsstatut selbst vorgeschrieben ist. In diesem Sinn sind die Entscheidungen des OLG Celle (20. 8. 1963) NJW 1963, 2235 (Ehe zweier Deutscher wurde 1936 vor einem nach chilenischem Ortsrecht unzuständigen Standesbeamten in Santiago geschlossen — Ehe danach nichtig), des RG (22. 6. 1931) in RGZ 133, 161 = IPRspr. 1931 Nr. 23 sowie des KG vom 16. 1. 1933 in IPRspr. 1933 Nr. 6 sowie vom 29. 1. 1934 IPRspr. 1934, Nr. 16 = DJ 1934, 1158 zu billigen, die formwidrige Eheschließungen betreffen. Dazu weiter RG (5. 7. 1915) NiemeyersZ 30, 264; Düsseldorf (31. 10. 1922) JW 1923, 191; KG (1. 6. 1931) IPRspr. 1931 Nr. 26. Dazu auch MANNL, RabelsZ 11. 1934, 798ff. Nach den meisten Rechtsordnungen gilt dies wohl für die über *formwidrige Eheschließungen* erlassenen Vorschriften. So setzt § 11 EheG einen Standesbeamten, und zwar einen deutschen, voraus. In solchen Fällen bleibt gar nichts anderes übrig, als bei einer im Ausland geschlossenen Ehe die entsprechenden ausländischen Vorschriften über formwidrige Ehen, insbesondere auch über die Heilung des Formmangels anzuwenden. Läßt der Gesetzgeber einerseits eine Eheschließung Deutscher im Ausland in ausländischer Form zu, gibt er andererseits Vorschriften nur für solche formwidrigen Ehen, die im Inland geschlossen worden sind, so entspricht es wohl seinem Willen, die Lücke durch ausländisches Recht auszufüllen. Schließen umgekehrt Ausländer in der BRD eine Ehe, so greifen aus gleichen Gründen, abweichend vom Grundsatz, die deutschen Vorschriften über formwidrige Ehen ein; vorausgesetzt wird dabei, daß das Wirkungsstatut als das Heimatrecht der Ausländer — Art. 13 EG — auch für diesen Fall der Auslandsehe keine Vorschriften enthält, die für sie *günstiger* sind. Die Anwendung *ungünstigerer* Vorschriften des ausländischen Rechts dürfte dem Willen des Gesetzgebers nicht entsprechen, was aus Art. 13 Abs. 3 EG entnommen werden kann. Im Ergebnis übereinstimmend HABICHT S. 92; dazu OLG Düsseldorf (17. 4. 1964) StAZ 1965, 18.

9. Agere in fraudem legis — Art. 30 EG (Vorbehaltsklausel). Siehe dazu die Erläuterungen nebst Nachweisen zu Art. 30 EG. Eine Literaturübersicht geben RIEZLER, IZPR S. 329; RAAPE, IPR[5] S. 127; KEGEL, IPR[2] S. 165; SOERGEL-KEGEL[9], Rdz. 50 zu Art. 7. 145

a) Gesetzesumgehung

Die Möglichkeit, durch Wahl des Errichtungsortes das Formstatut zu bestimmen, verführt vielfach zu rechtlich bedenklichen Manipulationen.

Beispiel:

In der Absicht, die Beurkundungsgebühren zu sparen, fahren zwei Deutsche über die deutsch-französische Grenze, um in Frankreich schriftlich den Verkauf eines in der BRD gelegenen Grundstücks niederzulegen.

Die Problematik der Gesetzesumgehung auf internationalprivatrechtlicher Ebene, einem auch heute noch weitgehend ungeklärten Bereiche, wird damit angesprochen. Die deutsche Rechtsprechung dazu ist spärlich, feste Leitlinien fehlen. Begriffliche Unklarheiten erschweren die sachliche Diskussion.

Strittig ist bereits das Objekt der Umgehung. RAAPE, IPR[5] S. 127, sieht als solches die Sachnorm (in oben stehendem Beispiel: § 313 BGB) an; vorab werde ein kollisionsrechtlicher Tatbestand geschaffen (im Beispiel: Fahrt ins Ausland und Vornahme des Geschäfts daselbst), dessen Verwirklichung jedoch lediglich das Mittel zur Umgehung darstelle. KEGEL [Soergel-Kegel[9], Rdz. 55 vor Art. 7; IPR[2] S. 168/169; die gleiche Ansicht vertrat schon HOFFMANN, Der Begriff der Gesetzesumgehung (Diss. Jena 1905) S. 27] hinwiederun setzt den Schwerpunkt auf die Umgehung der maßgeblichen Kollisionsnorm. *Sie* und *nicht* die Sachnorm des einen oder anderen Staates sei *um-* und *er*gangen. Die Sachnormen gälten nur unter der Voraussetzung, daß sie von den Kollisionsnormen des IPR berufen würden. Ob die Umgehung gelinge oder nicht, sei daher lediglich eine Frage der internationalprivatrechtlichen Gerechtigkeit. NEUHAUS (Grundbegriffe S. 128 Fn. 285) hält es für praktisch unerheblich, ob man sage, in diesen Fällen werde die Kollisionsnorm umgangen oder ob man von einer Umgehung der fraglichen materiellen Norm spreche.

Dogmatisch gesehen ist eine Klarstellung wünschenswert. Die Folgerungen, die Raape und Kegel aus ihren Ausgangsstellungen ziehen, mögen im praktischen Ergebnis in der Regel übereinstimmen — beide lehnen eine fraudulöse Gesetzesumgehung als rechtlich beachtlichen Sondertatbestand im Bereich des Satzes „locus regit actum" ab — die Begründung des jeweiligen Ergebnisses jedoch differiert. Raape (IPR[5] 219) meint, ein „absolutes Verdikt" über die Umgehung sei nicht angebracht: Die Beweggründe für die Umgehung seien zu mannigfaltig; *so* berechnende Parteien bräuchten keinen Schutz; die umgangenen Vorschriften wichen von den erstrebten auf zu verschiedene Weise ab. Das passende Gegenmittel sei allein der ordre public, der es nicht auf die Umgehung als solche, sondern lediglich auf eine etwaige Vereitelung des Zwecks der an sich maßgebenden Formvorschrift abstelle. Raapes Ansicht entspricht der heute noch herrschenden deutschen Meinung [Dazu HABICHT S. 91, 93, 94; MELCHIOR S. 376/377; FRANKENSTEIN, IPR I S. 168ff.; 175, 551. NUSSBAUM, IPR S. 73ff.; LEWALD S. 68 Ziff. 91; M. WOLFF, IPR[3] S. 47, 48; MAKAROV, Allgemeine Lehren des Staatsangehörigkeitsrechts (1947) S. 199 Fn. 4; PALANDT-LAUTERBACH[28], 8 vor Art. 7; ERMAN-ARNDT[4], 3 vor Art. 7 — 7 vor Art. 11; STAUB[9], II, Excurs 14 zu § 372; DÜRINGER-HACHENBURG, 56 Anm. 22d. HELENE BERTRAM, Gesetzesumgehung im IPR (Diss. Bonn 1928) S. 55ff., 94ff.; SCHUMACHER, NJW 1951, 171 (Verlegung des gewöhnlichen Aufenthalts in die DDR zwecks Erlangung der Volljährigkeit); dazu auch RABEL, Conflict[2] II S. 513]. Die zum Beleg für oben stehende Ansicht immer wieder zitierte deutsche Rechtsprechung ist nur mit großer Vorsicht heranzuziehen. Die Entscheidung des OAG Oldenburg (4. 1. 1859) SeuffA 19 (1866) 5 Nr. 6 (Testamentserrichtung) hat gemeines Recht im Auge. Im Falle von RGZ (12. 2. 1906) 62, 379 (381, 382) — Bürgschaft — fehlte eine Umgehungsabsicht. Auch die Entscheidung des RG (3. 3. 1906) RGZ 63, 19; (16. 5. 1928) 121, 154 = JW 1928, 2454 mit Anm. Asch sowie des OLG Karlsruhe vom 11. 7. 1901 in OLG 3, 263 betrafen keine fraudulösen Umgehungen. Hamburg (30. 7. 1934) IPRspr. 1934, 32 — Abtretung einer Forderung (Gesetzesumgehung als Sondertatbestand im Bereich der Form wird abgelehnt).

146 Die herrschende Ansicht geht auf die Einwände WÄCHTERS (AcP 25. 1842, 413), gegen die zu seiner Zeit allgemein anerkannte (Nachweise gibt HELENE BERTRAM, a.a.O. S. 94 Anm. 1) Verurteilung von Gesetzesumgehungen im IPR zurück. Wächter entwickelte seine Meinung in Erörterung des Satzes,, locus regit actum". Es sei keine in fraudem legis vorgenommene Handlung, wenn jemand von einer ausdrücklichen gesetzlichen Erlaubnis und dem, was aus ihr folge, Gebrauch mache; bei einer an sich erlaubten Handlung seien die Motive des Handelnden belanglos.

Die Ansicht Wächters, die auch SAVIGNY (System, § 381) vertrat, stieß nur vereinzelt auf Widerstand. Dogmatische Bedenken erhob vor allem VETSCH [Die Umgehung des Gesetzes (Zürich 1917) S. 167ff.]. Am Beispiel der Regel „locus regit actum" suchte er anhand der Auslegung ihres Zweckgedankens darzutun daß nur ein *redlicher* Gebrauch dieser gesetzlichen Erlaubnis zulässig sei, er entspreche voll den Bedürfnissen des Rechtsverkehrs. RIEZLER (IZPR S. 329ff.) behandelte die Gesetzesumgehung im IPR als Sondertatbestand. Die IPR-Normen global ins Auge fassend meinte er, mit einer allgemeingültigen Formel sei die Frage nicht zu lösen; nicht jede Gesetzesumgehung sei unzulässig. Zu prüfen sei jeweils, ob sich die Gesetzesumgehung als ein *Mißbrauch* einer an sich zulässigen rechtlichen Gestaltungsmöglichkeit darstelle, Maßstab bilde der Gedanke der Zweckentfremdung der Norm. So wohl auch Vischer, Vertragsrecht S. 160. Schließt man sich dem an, so bleibt, abgestellt auf die Regel „locus regit actum", immer noch zweifelhaft, ob sich die damit angesprochene Auslegung auf die IPR-Norm zu beschränken hat oder ob auch ihr Zusammenhang mit der jeweils konkret von ihr berufenen Sachnorm zu berücksichtigen ist; letztere verfolgt doch ihrerseits mit der von ihr vorgeschriebenen Form jeweils gesonderte Zwecke. Die Ansichten darüber sind ersichtlich geteilt. KEGEL (IPR[2] S. 171), der nur die IPR-Norm als umgangen ansieht, befürwortet erstere Lösung. Ausgehend von dem Gedanken der internationalprivatrechtlichen Gerechtigkeit hält er im Rahmen unserer Regel eine fraudulöse Gesetzesumgehung für ausgeschlossen; die Form sei eine Äußerlichkeit, das Ansehen der Rechtsordnung werde kaum gemindert. RAAPE sowie die übrige in der BRD herrschende Meinung kommen, wie oben Rdz. 145 dargetan, aus mehr praktischen Gründen zum gleichen Ergebnis; dem Zweck der umgangenen Sachnorm jedoch will man über Art. 30 EG gerecht werden.

Wie labil, dogmatisch gesehen, die Lösung über eine ausschließliche Auslegung der IPR-Norm ist, zeigt sehr klar die Stellungnahme REITHMANNS (Internationales Vertragsrecht (1963) Rdz. 213). Auch er will nur die IPR-Norm ihrem Zweck nach auslegen, kommt aber unter Bezugnahme auf VISCHER [Festschrift für Simonius (Basel 1955) S. 404, 407] gerade dadurch zu einem Kegel gegenteiligen Resultat. Ratio des Satzes „locus regit actum" sei es in der Regel, den sich normalerweise im Ausland aufhaltenden Kontrahenten zu gestatten, sich aus Gründen der Einfachheit und zur Erleichterung des Rechtsverkehrs der ausländischen Form zu bedienen. Gegen diese ratio werde verstoßen, wenn sich normalerweise im Inland aufhaltende Kontrahenten über die Grenze begäben, lediglich um den ihnen wohlbekannten Formvorschriften zu entgehen. Damit entfalle der Grund, von der Durchsetzung einer zwingenden inländischen Formvorschrift abzusehen. Die Argumente von VETSCH und VISCHER — siehe oben — sprechen aus diesen Sätzen. Zu dieser Ansicht neigt ersichtlich auch NEUHAUS (Grundbegriffe S. 128ff.), der vielleicht etwas weniger weit geht, jedoch es auf die Auslegung des Sinnes und Zweckes der Kollisionsnorm abstellend die fraudulöse Gesetzesumgehung als einen möglichen Sondertatbestand im IPR betrachtet und dabei, auch soweit es die Form angeht, doch einen erheblich schärferen Maßstab als die herrschende Meinung anlegt. So sagt er z.B. (S. 129): „Dagegen würde der formlose Abschluß eines vermögensrechtlichen Vertrages im Nachbarstaat, um gemäß dem dortigen Recht die Kosten einer öffentlichen Beurkundung zu sparen, nicht mehr dem Sinn der angerufenen Kollisionsnorm entsprechen, sondern eine Gesetzesumgehung darstellen." Dazu aber auch M. WOLFF, IPR³ S. 48.

Das dogmatisch Unbefriedigende der geschilderten Lehren war es, das RÖMER 147
(Gesetzesumgehung im deutschen IPR, Neue Kölner Rechtswissenschaftliche Abhandlungen Heft 2, 1955) veranlaßte, erneut die Problematik zu durchdenken. Er geht (dazu S. 62ff.) wie Raape davon aus, daß im Ergebnis die interne Sachnorm umgangen werde, die Anwendung der Kollisionsnorm erscheine nur als Mittel. Zu fragen sei jedoch immer, ob die interne Sachnorm (die zugleich eine versteckte Kollisionsnorm enthalte) nicht lediglich die internrechtlichen Wege zu einem bestimmten Ziel verbiete, sondern auch den kollisionsrechtlichen Umweg. Dementsprechend sei eine doppelte Auslegung nötig: Die Auslegung der Sachnorm selbst liefere nur den allgemeinen Satz, daß der Zweck der Sachnorm beeinträchtigt werde, wenn jemand versuche, ihr einen Tatbestand, auf den sie normalerweise Anwendung fände, zu entziehen, indem er eine Kollisionsnorm formal verwirkliche, aber eine echte Auslandsbeziehung im Sinn der Kollisionsnorm nicht herstelle. Ob eine „echte Auslandsbeziehung" (= legitime Anknüpfung) bestehe, lasse sich nur aus dem Sinn und Zweck der Kollisionsnorm entnehmen. — Die „illegitime Anknüpfung" allein genügt somit nicht zur Anwendung des inländischen Rechts, dazu muß der Zweck der internen Sachnorm beeinträchtigt sein. Unter diesen Voraussetzungen bejaht Römer die fraudulöse Umgehung als einen Sondertatbestand im IPR. Praktisch gesehen kommt Römer in den Fällen der §§ 311, 313, 518, 766 BGB sowie den Testamentsformen zum gleichen Ergebnis wie die herrschende Lehre, da er meint (S. 153), daß hier der Zweck der ausgeschalteten Formvorschrift auch durch eine illegitime Anknüpfung nicht tangiert werde.

Eigene Stellungnahme 148

Dogmatisch gesehen wird man wohl Römer zustimmen, dessen Ausgangspunkt sich im Kern mit der Meinung Raapes trifft. Lediglich aus praktischen Gründen heraus zieht Raape andere Konsequenzen. Bejaht man die fraudulöse Gesetzesumgehung als Sondertatbestand im IPR (TEICHMANN, Die Gesetzesumgehung (Göttingen 1962) lehnt eine solche sogar schon im internen Recht ab), so ist die fraudulöse Absicht — [Strittig ist, ob eine solche überhaupt erforderlich ist: bejahend KEGEL, IPR² S. 167; SOERGEL-KEGEL⁹, Rdz. 53 vor Art. 7; RAAPE, IPR⁵ S. 127ff.; NEUHAUS, Grundbegriffe S. 130; siehe weiter BGH Betrieb 1960, 87 — anders Celle, NJW 1959, 2124 mit Anm. RÖTELMANN (interlokale Zuständigkeit bei Scheidung); siehe ferner BATIFFOL, Traité[4] Nr. 372 S. 420ff.; VIDAL, Essai d'une théorie générale de la fraude en droit français (1957) S. 455; ablehnend MARIDAKIS, Mélanges Maury, I (1960) S. 239] — meist schwer zu beweisen. Dazu BATIFFOL, Traité[4] S. 420ff. Nr. 372. NEUHAUS, Grundbegriffe S. 130 verweist dazu auf den Ausspruch eines alten englischen Richters: „Das Innere eines Menschen soll nicht zum Gegenstand eines Beweises gemacht werden, denn der Teufel kennt nicht das Innere des Menschen." Ist dem aber so, dann wird man gegen diesen Weg von vornherein Zurückhaltung üben. Diese Zurückhaltung muß sich zur Ablehnung verstärken, wenn man erwägt, daß die Zwecke der Formvorschrift durchaus verschieden sind, zudem die Parteien, die sich arglistig verhalten, wenig Schutz beanspruchen können. Zweckentfremdung von Normen läßt sich mit einem behutsam angewandten Gebrauch des ordre public begegnen.

149 *Zusammenfassend* wird man festhalten:

Nicht alle Gesetzesumgehungen im Bereich des IPR sind rechtlich relevant. Juristisch technisch gesehen sucht die neuere deutsche Theorie (dazu KEGEL, IPR[2] S. 165ff.; SOERGEL-KEGEL[9], Rdz. 50ff. vor Art. 7; RAAPE, IPR[5] S. 127ff.; NEUHAUS, Grundbegriffe S. 127ff.) um zu sachlich angemessenen Anknüpfungen zu kommen, die Wirkungen von Gesetzesumgehungen, die auf fraudulöser Manipulierung von Anknüpfungspunkten, wie Staatsangehörigkeit, Wohnsitz, aber auch des Geschäftsortes, beruhen, auf **dreierlei Wegen** zu bekämpfen:

Die **„fraus legis"** wird als **besonderer Tatbestand** normiert — die **Vorbehaltsklausel** des Art. 30 EG (ordre public) wird herangezogen — man greift zu **teleologischer Gesetzesauslegung.**

Im Bereich der Regel „locus regit actum" empfiehlt es sich, letztlich aus rechtspolitischen Gründen, soweit eine teleologische Gesetzesauslegung (Beispiel: A hält sich nur vorübergehend im Ausland auf und bedient sich dort der Ortsform) nicht ausreicht, **nur den Weg der Vorbehaltsklausel** (Art. 30 EG) **zu beschreiten.**

Die Auswirkungen dieser Ansicht zeigen folgende *Beispiele:*

Deutsche Verlobte fahren nach Stockholm und schließen dort die Ehe vor dem Geistlichen lediglich, um der verhaßten Ziviltrauung in Deutschland zu entgehen — Ehe ist formgültig. *Oder* sie fahren nach Gretna Green, Schottland, um sich die etwa dort geltenden leichteren Formvorschriften zunutze zu machen — dazu Art. 13 EG. [Siehe ERDSIEK, NJW 1960, 2232; RÖMER a.a.O. S. 156; KNICKENBERG, StAZ 1960, 45; AG Hamburg (28. 7. 1964) FamRZ 1964, 532; LG Hamburg (2. 10. 1963) FamRZ 1964, 565].

Meist werden sie freilich auch die Umgehung deutscher materieller Vorschriften bezwecken. Soweit es sich um bloß aufschiebende Ehehindernisse handelt, haben sie damit Erfolg. Dazu die Rdz. 193 erwähnten Entscheidungen des Amtsgerichts Hamburg, zu den in Tondern (Dänemark) geschlossenen Ehen. Eine weitere FRANKENSTEIN, IPR I S. 178.

150 Zum französischen Recht siehe die Ausführungen von BATIFFOL Traité[4] Nr. 370ff. S. 419ff.). Die französische Rechtsprechung [Civ. 12. 12. 1963) = J.C.P. 1964 IV 71] arbeitet bei einer absichtlichen Umgehung inländischer Formvorschriften insbesondere bei Eheschließungen überwiegend immer noch mit dem Begriff „fraude à la loi française"; Verletzung ausländischen Rechts wird damit nicht erfaßt, Schutz genießt nur die eigene Rechtsordnung.

Die französische Theorie dagegen neigt heute dazu, die „fraude à la loi" nicht mehr als einen Unterfall des ordre public, sondern als eigenen selbständigen Tatbestand anzusehen, ohne allerdings den nahen Zusammenhang zu leugnen (dazu BATIFFOL, Traité[4] S. 423ff. Nr. 374 unter Hinweis auf LIGEROPUOLO ET AULAGNON, Rép. Lapradelle-Niboyet V (Fraude à la loi) Nr. 66; NIBOYET, Traité III Nr. 1079).

Ausländische Rechte kennen vereinzelt ausdrückliche Normen zur Verhinderung von Gesetzesumgehungen.

Beispiele:
Art. 7f *schweizerisches NAG*
Art. 7f. (1) Eine Ehe, die im Ausland nach dem dort geltenden Rechte abgeschlossen worden ist, wird in der Schweiz als gültig betrachtet, wenn ihr Abschluß nicht in der offenbaren Absicht, die Nichtigkeitsgründe des schweizerischen Rechtes zu umgehen, ins Ausland verlegt worden ist.
(2) ....
Art. **13** *Abs.* **3** *des liechtensteinischen Sachenrechts:*
„Ortsveränderungen, welche in der offenbaren Absicht der Gesetzesumgehung vorgenommen wurden, sind nicht zu berücksichtigen."
Art. **1208** *CC argent:*
„Die Verträge, die in der Republik zur Verletzung der Rechte und Gesetze einer fremden Nation geschlossen worden sind, haben keinerlei Wirkung."
US-Uniform Marriage Evasion Act von 1912:
„If any person residing and intending to continue to reside in this state who is disabled or prohibited from contracting marriage under the laws of this state shall go into another state or country and there contract a marriage prohibited and declared void by the laws of this state, such marriage shall be null and void for all purposes in this state with the same effect as though such prohibited marriage had been entered into in this state."
Der 1912 veröffentlichte Act wurde 1943 zurückgezogen mangels weiterer Verbreitung. Dazu Handbuch der National Conference of commissioners on Uniform State Laws 147 (1943).
US-Uniform Divorce Recognition Act 1948 (9 A ULA S. 278, 283).
„§ 1.... A divorce from the bonds of matrimony obtained in another jurisdiction shall be of no force or effect in this state, if both parties to the marriage were domiciled in this state at the time the proceeding for the divorce was commenced."
In einer Bemerkung zu dieser Bestimmung wird ausgeführt, daß sie „tourist divorces" zu verhindern versucht.

b) Art. 30 EG (*Vorbehaltsklausel*) 151

Unter der Vorbehaltsklausel des Art. 30 EG stehen **nicht nur** die Vorschrift des **Satzes 1** (dazu oben Rdz. 42ff.), **sondern auch** die des **Satzes 2.** Die Gründe, die oben Rdz. 42 angeführt wurden, treffen auch hier zu.

Formvorschriften des ausländischen Wirkungsstatuts dürfen weder die Zwecke der deutschen Formvorschriften gefährden noch den deutschen sittlichen Anschauungen zu nahe treten. Das gleiche gilt für die Formvorschriften der fremden lex loci actus. Aus Art. 11 Abs. 2 EG läßt sich nichts Gegenteiliges entnehmen. Abs. 2 besagt nicht, daß die lex loci actus den deutschen Formvorschriften nur in den daselbst genannten Fällen weiche, sich aber in allen anderen behaupte. Schon die Tatsache, daß Abs. 2 eine Ausnahme zugunsten der lex rei sitae schlechthin, also nicht bloß des deutschen, sondern auch des ausländischen Rechts macht, spricht dagegen. Wie hier Habicht, S. 93; Neubecker IbIntVRerk. 1912/13, 79; Frankenstein, IPR I S. 556; Raape in der Vorauflage; Soergel-Kegel[9], Rdz. 29 zu Art. 11 unter Hinweis auf KG, FamRZ 1958, 324 m. Anm. Neuhaus 463 = StAZ 1959, 184; Blumenwitz DNotZ 1968, 747.

Auch die französische Praxis denkt nicht daran, mit dem ordre public — sie betrachtet insoweit die fraude à la loi als Unterfall des ordre public — vor dem Satz „locus regit actum" zu kapitulieren. Dazu oben Rdz. 150.

Bei der Anwendung des Art. 30 EG ist große Zurückhaltung geboten. Der Überblick, den Batiffol, Traité[4] Nr. 272 S. 422 gibt, zeigt, daß auch ausländische Rechte sehr zurückhaltend in der Anwendung sind. Sie scheidet aus, wo bereits aus besonderen Gründen der Satz „locus regit actum" nicht anwendbar ist. Man nehme an, Parteien seien sich ihres Aufenthaltes im Ausland nicht bewußt.

Beispiel:
Zwei Personen, die in Füssen wohnen, verhandeln über den Verkauf eines dort gelegenen Grundstücks und kommen zur Einigung gelegentlich eines Spazierganges, der sie im Kreise von Füssen durchs Österreichische (Schluxen) wieder nach Füssen zurückführt, und zwar in einem Augenblick, wo sie gerade auf österreichischem Boden sind.
Die Berufung einer Partei auf die österreichische Vorschrift würde gegen § 242 BGB verstoßen. Dabei spielt es keine Rolle, ob die Parteien Deutsche oder Holländer usw. sind.
Andere Lösungsmöglichkeiten gibt Römer, a.a.O. S. 154.

Daß man in den deutschen Formvorschriften keine Rechtssätze sehen darf, deren Schutzzweck ihre Verdrängung durch ausländische Formvorschriften schlechterdings nicht vertrüge, wurde bereits oben Rdz. 46 dargelegt.

Beispiel:

Zwei Deutsche, wohnhaft in Wien, schließen daselbst einen deutschem Recht unterliegenden Kaufvertrag über ein *deutsches* Grundstück formlos ab.

Unbedenklich wird man hier die österreichische Vorschrift anwenden, die keine Form verlangt. Dazu § 883 AGBGB. [Siehe auch KG (19. 3. 1925) OLGRspr. 44, 152; zustimmend FRANKENSTEIN, IPR I S. 153. RG (16. 5. 1928) RGZ 121, 154 = JW 1928, 2454. BLUMENWITZ, DNotZ 1968, 749 Fn. 124. Zum österreichischen IPR siehe im übrigen KÖHLER, IPR³ 161 unter Hinweis auf OGH (15. 9. 1937) SZ XIX 249.]

Allerdings ist die Anwendung einer laxen ausländischen Formvorschrift dann eher geeignet, den Zweck der strengeren deutschen zu gefährden, wenn ihre Maßgeblichkeit lediglich auf dem äußeren Umstand des ausländischen Abschlußortes beruht, als wenn sie aus ihrer inneren Zugehörigkeit zu dem Wirkungsstatut folgt. Haben die Parteien in dem oben genannten Beispiel etwa keinen Wohnsitz in Österreich und halten sie sich dort nur zufällig und vorübergehend auf, so ist genau zu prüfen, ob nicht der Schutzzweck des § 313 BGB die Anwendung des den Parteien ja gänzlich fernstehenden ausländischen Rechts verbietet. Die Bedenken Neubeckers 79 gegen die Ansicht, daß ein formloser Verkauf eines deutschen Grundstücks im Ausland gültig erfolgen könne, sind in gewissen Fällen begründet.

152 An die Vorbehaltsklausel ist insbesondere dann zu denken, wenn die Parteien *in fraudem legis* handeln, indem sie absichtlich den Vertragsschluß in das Ausland verlegen. Zwar kann eine unzulässige Umgehung der nach Satz 2 maßgebenden Formvorschrift in der Tatsache *allein*, daß sich die Parteien zur Vornahme des Rechtsgeschäfts an einen fremden Ort begeben, nicht gefunden werden; eine andere Frage ist jedoch, ob ein solches Verhalten im Einzelfall nicht gegen den deutschen ordre public verstößt. Dies wird mitunter zu bejahen sein.

Beispiel:

Zwei Lörracher begeben sich nach Basel zum Abschluß eines privatschriftlichen Schenkungsvertrages, lediglich, um die kostspielige Formvorschrift des § 518 BGB mit der des Art. 243 Abs. 1 OR zu vertauschen. Hier ist wohl Art. 30 EG anzuwenden — ablehnend M. WOLFF, IPR³ S. 48; im Ergebnis zustimmend NEUHAUS, Grundbegriffe S. 129; REITHMANN, Vertragsrecht S. 108 Rdz. 213; BLUMENWITZ DNotZ 1968, 749 Fn. 124 —;
anderenfalls bestünde Gefahr, daß die Bevölkerung der deutschen Grenzstädte des Schutzes der deutschen Formvorschrift verlorengingen.

Für die Entscheidung ist es ohne Belang, ob die Lörracher Deutsche oder Ausländer, z.B. aus dem nahen Elsaß sind. **Art. 30 EG** kommt in diesen Fällen eines fraudulösen Errichtungsortes jedoch **nur dann** zur Anwendung, wenn es gilt, **deutsches Recht** zu verteidigen, nicht auch wenn die ausländische lex loci actus den Formvorschriften eines anderen ausländischen Staates zu nahe tritt.

Beispiel:

Zwei Bürger aus Mühlhausen i.E. wollen einen Schenkungsvertrag schließen. Sie fahren zu diesem Zweck nach Basel und vereinbaren dort die Schenkung privatschriftlich. Der Vertrag ist als formgültig zu erachten, obgleich der Zweck des an sich maßgebenden Art. 932 CC, der notarielle Beurkundung, sogar für beide Erklärungen, verlangt, vereitelt wird und französische Gerichte möglicherweise in dieser fraude à la loi einen Verstoß gegen den ordre public sehen werden. Dazu NIBOYET, Traité V Nr. 1450 am Ende.

Der deutsche Richter hat sich nur um die deutsche öffentliche Ordnung, nicht auch um den französischen ordre public zu kümmern; jene ist aber in dem gegebenen Beispiel nicht in Gefahr. Wird deutsches Recht nicht angetastet, kommt der Satz „locus regit actum" uneingeschränkt zur Anwendung, selbst wenn der Geschäftsort absichtlich zu diesem Zweck gewählt worden ist.

Umstritten ist die Anwendung des Art. 30 EG, falls der *Geschäftsanteil einer deutschen GmbH* privatschriftlich in einem Lande *verpfändet oder abgetreten* wurde, wo diese Form genügt. Die Auffassung wird von Habicht S. 94, Neumeyer IPR[2] S. 9, Frankenstein, IPR I S. 200, 556, wohl auch von Römer, a.a.O. S. 158 (obwohl er die Frage offenläßt) gebilligt, was nicht überzeugt. § 15 GmbHG unterscheidet zwischen einer Vereinbarung, durch welche die Verpflichtung eines Gesellschafters zur Abtretung eines Geschäftsanteils begründet wird, sowie dem dinglichen Akt der Abtretung von Geschäftsanteilen. Beide Geschäfte bedürfen der gerichtlichen oder notariellen Form. Kollisionsrechtlich gesehen wird man eine gesonderte Betrachtung anstellen. Kann ein Kaufvertrag über ein deutsches Grundstück im Ausland grundsätzlich nach der Ortsform, also unter Umständen formlos geschlossen werden, so muß das gleiche z.B. auch für den Verkauf des Geschäftsanteils im Ausland, also das obligatorische Geschäft gelten. § 15 GmbHG hat insoweit den Schutz der Parteien, nicht den Schutz der Gesellschaft im Auge. Handelt es sich um eine ausländische GmbH, so unterfällt das obligatorische Verpflichtungsgeschäft zudem nach Art. 11 Abs. 1 S. 1 EG dem Personalstatut der Gesellschaft — dazu KG (15. 11. 1932) IPRspr. 1932, Nr. 18 = JW 1932, 3822. Siehe weiter RG (3. 1. 1933) IPRspr. 1933 Nr. 5 zu dem Falle, da in Deutschland ein Vorvertrag zur Gründung einer holländisch-indischem Rechte unterstehenden AG geschlossen wurde: 153

„Wollten die Beteiligten eine Gesellschaft nach ausländischem Recht errichten, so bedurfte es für einen Vorvertrag im Inland der Beobachtung der für einen gleichartigen Vertrag im Inland vorgeschriebenen Form nicht."

Die inländischen Formvorschriften müssen daher nicht eingehalten werden, ein Verstoß gegen den deutschen ordre public scheidet daher auch bei einer nach dem zuständigen ausländischen Recht gestatteten formlosen Verpflichtung zur Ab-Abtretung aus. KG wie vor.

Der dingliche Übertragungsakt unterfällt, wie Rabel, Conflict[2] II S. 498 — dazu auch Erman-Arndt[4], 2 zu Art. 11 — wohl richtig — so auch KG (15. 11. 1932) IPRspr. 1932, Nr. 18 = JW 1932, 3822 —hervorhebt, dem Personalstatut der Gesellschaft, und zwar hinsichtlich der „formal and substantive requirements". Dies bedeutet, daß bei einer inländischen GmbH die gerichtliche oder notarielle Form einzuhalten ist, ohne daß, wie es z.B. der RFH unter Hinweis auf Staub, GmbH-Gesetz Anm. 35 zu § 15, in seinem Urteil vom 18. 3. 1932 (IPRspr. 1932 Nr. 17) tut, auf den ordre public zurückgegriffen werden muß. Das Verfahren der Beurkundung hinwiederum beurteilt sich nach dem Recht der Beurkundungsperson — dazu oben Rdz. 16.

IV. Abs. 2 des Art. 11 EG

1. Ratio legis — Rechtsvergleichendes 154

Abs. 2 enthält für inter vivos Geschäfte eine **Ausnahme** von Satz 2 des Absatzes 1 **zugunsten des Prinzips der belegenen Sache.** Wenn es sich z.B. darum handelt, welche Form zur Übereignung oder zur Verpfändung einer Sache nötig ist, so soll nicht die lex loci actus, sondern allein und ausschließlich das Wirkungsstatut im Sinne des Satzes 1 des Absatzes 1 den Ausschlag geben. Dieses aber ist nach allgemeinen Grundsätzen die lex rei sitae; die **ratio legis** ist, einen **Konflikt** des Ortsrechts mit dem Gebietsrecht zu **vermeiden.**

Weitgehende Übereinstimmung (so M. Wolff IPR[3] S. 130; Soergel-Kegel[9], 10 zu Art. 11; Erman-Arndt[4], 10 zu Art. 11 — and. A. wohl Neumeyer, Gemeinrechtliche Entwicklung II S. 16) besteht heute darüber, daß der Ausschluß der lex loci actus nicht bedeutet, daß ein dingliches Geschäft nur im Lande der belegenen Sache vorgenommen werden kann. Zutreffend weist M. Wolff IPR[3]

S. 130 darauf hin, daß z.B. die Übereignung einer in Deutschland gelegenen beweglichen Sache auch im Ausland erfolgen könne. Voraussetzung ist jedoch, daß die lex rei sitae das gestattet.

Nach altem common law beherrschte die lex rei sitae sowohl die obligatorischen wie dinglichen Rechtsgeschäfte einschließlich der Formerfordernisse, soweit sie sich auf Grundstücke bezogen. Dazu STORY, §§ 372ff. Sowohl in England (dazu CHESHIRE, PrIntLaw[7] S. 509ff.; DICEY-MORRIS, Conflict[8] S. 523; GRAVESON, Conflict[5] S. 369; WOLFF, Priv. Int. Law[2] S. 524) wie in den US-Staaten (dazu Restatement, § 340; RABEL, Conflict[2] III S. 113, 106 unter Hinweis auf Polson gegen Stewart (1897) 167 Mass. 211, 45 NE 737; Goodrich-Scoles, Handbook[4] 1964, S. 296 § 149) differenziert heute die moderne Ansicht und tendiert dazu, Verpflichtungsgeschäfte (contracts to transfer or to convey land) der lex causae und was die Form angeht, fakultativ der lex loci actus zu unterstellen; die dinglichen Geschäfte (conveyances and transfers of land) unterfallen schlechthin der lex rei sitae.

Nach *französischem* Recht gilt der Satz „locus regit actum" auch für die sachenrechtlichen Geschäfte der in Abs. 2 bezeichneten Art. Dazu BATIFFOL, Traité[4] Nr. 282 S. 321; Nr. 284 S. 323; NIBOYET, Cours (1946) Nr. 645, 646, S. 626. Eine Ausnahme wird nur für den Fall gemacht, daß eine Hypothek an einem französischen Grundstück im Ausland bestellt wird, sie kann dort überhaupt nicht bestellt werden, es sei denn, Staatsverträge sehen anderes vor. Code Civile Art. 2128 *Beispiel:* Französisch-marokkanisches Übereinkommen vom 5. 10. 1957, Rev. crit. 1960, 99 (Art. 24).

Das *polnische* Recht, das noch in Art. 6 Ziff. 3 des Gesetzes vom 2. 8. 1926 sowohl obligatorische wie dingliche Rechtsgeschäfte über in Polen gelegene Grundstücke auch hinsichtlich der Form der lex rei sitae unterstellt hatte, erkennt heute für die Form solcher Geschäfte den Satz locus regit actum an. Art. 12 Gesetz vom 12. 11. 1965 über das Internationale Privarecht, dazu KORKISCH, RabelsZ 32. 1968, 601ff., 611.

Das *schweizerische* Recht nimmt den gleichen Standpunkt ein wie das deutsche. Der Satz locus regit actum gilt nicht für Verfügungsgeschäfte über Sachen. Das Recht der belegenen Sache (lex causae) beherrscht die Form der Rechtsgeschäfte. Dazu SCHÖNENBERGER-JÄGGI, Rdz. 188.

155 **2. Verfügung — Qualifikation.**

a) Die **Qualifikation** des Begriffs „Verfügung" bestimmt sich **nach deutschem Recht.** Gleichgültig ist es daher, ob das Recht des Staates, in dem die Sache gelegen ist oder wo das Rechtsgeschäft vorgenommen wird, den dem Abs. 2 zugrundeliegenden Unterschied zwischen verpflichtenden (obligatorischen) und verfügenden (dinglichen) Rechtsgeschäften macht.

Schließen zwei Franzosen in Deutschland einen Schenkungsvertrag über ein in Frankreich befindliches Auto, so hat der deutsche Richter den Vertrag in den obligatorischen Vertrag, die *donatio,* und den dinglichen Vertrag, die *traditio*-Übereignung zu zerlegen. *Jener* Vertrag ist formgültig, wenn entweder die französische (Wirkungsstatut) oder die deutsche (Ortsstatut) Formvorschrift gewahrt ist. Es ist also nicht nötig, daß der Beschenkte die Schenkung notariell annimmt, wie das Art. 932 CC verlangt. Der dingliche Akt dagegen ist nur dann formgültig, wenn die französische Formvorschrift gewahrt ist. Gleichgültig ist, daß dem französischen Richter diese Zerlegung fremd, ja unverständlich ist. Die Anwendung der deutschen Formvorschrift auf den Schenkungsvertrag wird durch die französische lex rei sitae beeinflußt; bei der Frage, ob die Schenkung im Sinne des § 518 BGB vollzogen, die versprochene Leistung also bewirkt ist (dazu Rdz. 142

Beispiel 3), kommt das französische Recht als die lex rei sitae zum Zuge. Zu prüfen ist, ob nach diesem der mündlich Beschenkte ebenso wie der Käufer an der versprochenen species sogleich Eigentum erlangt. Diese Frage dürfte zu verneinen sein, da sonst die französische Formvorschrift ihren Zweck verfehlen würde. Somit liegt keine Handschenkung vor. Daher ist die notarielle Beurkundung des Versprechens zur Gültigkeit des Vertrags nötig. Ist diese erfolgt, so geht damit das Eigentum an dem in Frankreich befindlichen Auto sogleich auf den Beschenkten nach allgemeinen Grundsätzen des französischen Rechts über. Die Vorschrift der Art. 931, 932 CC, wonach beide Parteien eine Erklärung vor dem Notar abgeben müssen, bezieht sich offenbar nur auf den schuldrechtlichen Vertrag im Sinne des deutschen Rechts, nicht auf den dinglichen. Zur Grundstücksveräußerung in Elsaß-Lothringen siehe Karlsruhe (25. 10. 1934) JW 1935, 552.

b) Über ein Recht an einer Sache wird **verfügt**, wenn es **übertragen, aufgehoben, belastet** oder **inhaltlich verändert** wird. 156

Beispiele:
Ein Grundstück wird übereignet; der Eigentümer derelinquiert die Sache; der Hypothekengläubiger verzichtet auf die Hypothek; der Pfandgläubiger gibt das Pfandrecht auf; die Hypothekenzinsen werden herabgesetzt; die Dauer des Nießbrauchs wird nachträglich abgekürzt.

Ein Rechtsakt, durch den das Recht einer Sache *begründet* wird, ist z.B. die Aneignung (occupatio). Dahingestellt kann dabei bleiben, ob der Akt ein Rechtsgeschäft oder eine Rechtshandlung ist; beide behandelt Art. 11 EG gleich — dazu oben Rdz. 34. Da der Akt keine Verfügung im Sinn der deutschen Rechtslehre darstellt, hebt der Gesetzgeber ihn besonders hervor.

Beispiel:
Der Gläubiger einer deutschen Sicherungshypothek, der in der Schweiz wohnt, tritt diese dort in privatschriftlicher Form ab. Die Abtretung ist unwirksam, obgleich sie nach der lex loci actus formgültig sein würde.
Dazu **Art. 835 ZGB**: „Die Übertragung der Forderung, für die eine Grundpfandverschreibung errichtet ist, bedarf zu ihrer Gültigkeit keiner Eintragung in das Grundbuch."
Art. 165 OR: „Die Abtretung bedarf zu ihrer Gültigkeit der schriftlichen Form.
Die Verpflichtung zum Abschluß eines Abtretungsvertrages kann formlos begründet werden."

Es ist ausschließlich § 1154 Abs. 3 BGB anwendbar, danach also Eintragung in das deutsche Grundbuch unerläßlich. Zweifelhaft allerdings, und wohl zu verneinen, ist, ob überhaupt die deutsche Vorschrift, die eine Verbuchung verlangt, noch eine Formvorschrift ist. Dazu oben Rdz. 7.

Bei manchen Rechtsgeschäften (translative — konstitutive Akte!) wird ein Recht an einer Sache begründet und zugleich über ein solches Recht verfügt. Hierher gehören z.B. die Verpfändung einer Sache, die Bestellung eines Nießbrauchs oder einer Grunddienstbarkeit. Zu welchen der beiden in Absatz 2 genannten Fällen man das Rechtsgeschäft rechnet, bleibt für das praktische Ergebnis gleich.

Beispiel:
In Deutschland wird ein entgeltlicher Vertrag über die Bestellung einer Grunddienstbarkeit an einem in der Schweiz gelegenen Grundstück mündlich abgeschlossen. Der Vertrag ist formgültig, da das deutsche Recht für ihn im Gegensatz zu Art. 732 ZGB keine Form verlangt. Abs. 2 steht der Anwendung des deutschen Rechts nicht entgegen, der Vertrag trägt rein schuldrechtlichen Charakter; er gewährt den Anspruch auf Begründung des Rechts an einer Sache, aber er begründet dieses Recht nicht selbst.

c) Der **Verkauf** einer Sache fällt **nicht** unter Abs. 2. Er begründet ein Recht des Käufers auf die Sache, nicht an der Sache, d.h. ein Sachenrecht im Sinne des BGB. 157

Übereinstimmend Habicht S. 93; Neubecker IbIntRVerk. In 79; Frankenstein, IPR I S. 559; Lewald, IPR S. 68; Nussbaum, IPR S. 92; M. Wolff IPR[3] S. 130; Soergel-Kegel[9] Rdz. 12 zu Art. 11; Erman-Arndt[4], 10 zu Art. 11; Palandt-Lauterbach[28], 4a zu Art. 11. Zur andersartigen Rechtslage im schweizerischen Recht siehe Vischer Vertragsrecht S. 156.

KG (27. 5. 1905) DJZ 1905, 864; Kaufvertrag über ein ausländisches Grundstück in Deutschland geschlossen. Das KG trennt richtig zwischen obligatorischem Kaufvertrag, der nicht unter Abs. 2 fällt und dinglicher Übereignung. Zu weit geht jedoch der Satz: „Der Wille des Gesetzgebers ging dahin, allen Inländern den in der erschwerten Form des § 313 BGB liegenden Schutz vor übereilten Abschlüssen dann zuteil werden zu lassen, wenn sie im Inland einen Kaufvertrag abschließen, gleichviel, ob das Grundstück im Inland oder Ausland liegt."
RG (3. 3. 1906) RGZ 63, 18: Kaufvertrag über ausländisches Grundstück in Deutschland geschlossen. Das RG behandelt wie das KG obligatorisches und dingliches Geschäft getrennt; es meint, Art. 30 EG schließe die ausländischen Formvorschriften über Grundstücksveräußerungsverträge zwar nicht aus, aus Art. 11 Abs. 1 S. 1 EG folge jedoch (dies geht zu weit!), daß bei Rechtsgeschäften über Grundstücke die örtlichen Gesetze maßgebend seien, daher diese Gesetze ohne Unterschied, ob es sich um dingliche oder persönliche Rechtsbeziehungen handle, insbesondere also auch auf die Frage, ob und welchem Formzwang obligatorischen Veräußerungsverträge unterlägen, anzuwenden seien.
BGH (4. 7. 1969) NJW 1969, 1760 — in Spanien gelegenes Grundstück wird in Frankfurt a. M. privatschriftlich verkauft — dazu kritisch Wengler, NJW 1969, 2237: Vereinbaren die Parteien bei einem im Ausland gelegenen Grundstück die Anwendung deutschen Rechts, so beinhaltet dies die Beachtlichkeit der Formvorschrift des § 313 BGB, gleichgültig ob die Parteien sich dessen bewußt sind oder nicht. Die örtliche Reichweite des § 313 BGB bewegt sich somit im Rahmen des Art. 11 Abs. 1, hier des Abs. 1 Satz 1. Dazu RG Warn Rspr. 1937 Nr. 86; RGZ 149, 1, 3; 159, 34, 44f.; OLGE 16, 363; OLG Stuttgart, Die Justiz 65, 272. NB. Eine versteckte Kollisionsnorm etwa des Inhalts, daß § 313 BGB nur für inländische Grundstücke gelte, enthält diese Norm nicht. And. A. Wengler, NJW 1969, 2237. Dagegen mit Recht Samtleben, NJW 1970, 378 Anm. zu Nr. 1.
RG (13. 3. 1911) RGZ 79, 78: Abs. 2 des Art. 11 EG bezieht sich nur auf dingliche Rechtsgeschäfte, nicht auf einen obligatorischen Kaufvertrag über ein Grundstück.
KG (19. 3. 1925) OLGRspr. 44, 152: In Wien ausgestellte notariell beglaubigte Vollmacht zur Veräußerung eines in Deutschland belegenen Grundstücks wirksam; hierfür gelten gleiche Grundsätze, wie für den Abschluß des schuldrechtlichen Kaufvertrages; ein solcher kann nach Art. 11 Abs. 1 Satz 2 EG in Wien formlos eingegangen werden. Art. 11 Abs. 1 Satz 2 EG nicht durch Art. 30 EG ausgeschlossen.
LG Freiburg (1. 6. 1926) JW 1926, 2860: Für die Form eines in Basel über ein deutsches Grundstück geschlossenen Kaufvertrages genügt die Beobachtung der Ortsform.
RG (16. 5. 1928) RGZ 121, 154 = JW 1928, 2425: Kaufvertrag in der Tschechoslowakei mündlich abgeschlossen über in Deutschland gelegenes Grundstück — wirksam, da Ortsform genügt; Einhaltung der Form des § 313 BGB entbehrlich — kein Verstoß gegen Art. 30 EG.
RFH (17. 4. 1928) IPRspr. 1928 Nr. 25 = DJZ 1928, 1197: Ein in Wien schriftlich geschlossener Kaufvertrag über ein in Deutschland belegenes Grundstück ist wirksam; nach österreichischem Recht bedarf ein Grundstückskaufvertrag keiner öffentlichen Beurkundung.
OLG Nürnberg (11. 12. 1928): Ein in Österreich schriftlich geschlossener Kaufvertrag über ein deutsches Grundstück sowie eine in Österreich erteilte notariell beglaubigte unwiderrufliche Vollmacht zur Verfügung über dieses Grundstück sind wirksam.
LG Berlin (1. 6. 1929) JW 1929, 3510 = IPRspr. 1929 Nr. 27: Deutsches Grundstück wird in Berlin getauscht gegen österreichisches Grundstück — für die Verpflichtung zur Übereignung des deutschen Grundstücks deutsches Recht maßgeblich.
RG (20. 11. 1930) IPRspr. 1931 Nr. 20 = JW 1931, 572: gleicher Sachverhalt und Beurteilung wie in RGZ 121, 154.
LG Berlin (3. 5. 1930) IPRspr. 1930 Nr. 24: Für eine in Finnland ausgestellte (unwiderrufliche) Vollmacht zur Veräußerung und Belastung eines deutschen Grundstücks genügt Wahrung des finnischen Ortsrechts.
KG (8. 1. 1931) IPRspr. 1931 Nr. 21 = HRR 1931 Nr. 1051: Für eine in Kalifornien ausgestellte Vollmacht zum Verkauf und zur Veräußerung eines deutschen Grundstücks genügt nach Art. 11 Abs. 1 Satz 2 EG die Einhaltung des kalifornischen Ortsrechts.

Weitere Rechtsprechungsnachweise geben Nussbaum, IPR S. 92 Fn. 2; Lewald, IPR S. 68.

Beispiel:
Die Parteien schlossen 1968 in Bad Gastein einen privatschriftlichen Kaufvertrag über ein in der Schweiz gelegenes Grundstück. Da nach österreichischem Recht eine Form nicht nötig ist, ist der Vertrag gemäß Art. 11 Abs. 1 Satz 2 EG als wirksam anzusehen. Gleichgültig ist, daß der schweizerische Richter den Kaufvertrag für formnichtig erklären muß, da Verträge, die auf eine Verpflichtung zur Übertragung des Eigentums oder anderer dinglicher Rechte an schweizerischen Liegenschaften gehen auch hinsichtlich der Form der öffentlichen Ordnung halber der lex rei sitae unterfallen, die eine besondere Form verlangt. Dazu Schönenberger-Jäggi, OR Bd. V 1a Rdz. 189.

Auch die **Verpachtung** oder **Vermietung** einer Sache, insbesondere eines Grundstücks, fällt **nicht** unter die in Abs. 2 bezeichneten Rechtsgeschäfte. Wer eine Sache mietweise überläßt, mag nach allgemein juristischem Sprachgebrauch damit „verfügen" — dazu RAAPE JherJb. 71, 97 sowie Voraufl., Allg. Teil, Einleitung zum 3. Abschnitt Rdz. 63 — es spricht jedoch kein sachlicher Grund dafür, Abs. 2 auf sie, sei es unmittelbar, sei es mittelbar, anzuwenden; der Gesetzgeber ist sich darüber nicht im klaren gewesen, hat wohl an Fälle dieser Art gar nicht gedacht. Erzeugt jedoch die Vermietung eines Grundstücks nach dem Recht des Ortes, wo das Grundstück gelegen ist, ein Sachenrecht, d.h. ein absolutes Recht, dann wird durch die Vermietung ein „Recht an einer Sache" begründet, zwar ein Recht von einer der deutschen Rechtsordnung unbekannten Art, aber doch ein unter den deutschen Begriff des Sachenrechts fallendes. Abs. 2 findet damit Anwendung. 158

Beispiel:
In der Schweiz wird mündlich ein Mietvertrag über ein deutsches Grundstück auf zehn Jahre geschlossen. Der Vertrag ist formgültig. Da die Vermietung nicht unter die in Abs. 2 genannten Rechtsgeschäfte fällt, genügt die Beobachtung der schweizerischen Formvorschrift; nach dieser können aber auch langfristige Mietverträge mündlich mit voller Wirksamkeit abgeschlossen werden. Dazu Art. 267ff. OR.

d) *Nicht* unter Abs. 2 fällt eine *Vollmachtserteilung* zu einer Verfügung der in Abs. 2 genannten Art, z.B. einer Erbteilsübertragung; sie dient lediglich der Vorbereitung. Dazu KG (8. 1. 1931) HRR 1931 Nr. 1051; LG Berlin (3. 5. 1930) IPRspr. 1930 Nr. 24; (5. 10. 1932) 1932 Nr. 63; SchlHOLG (19. 12. 1961) SchlHA 1962, 173. 159

3. Sache — Rechte an einer Sache — Qualifikation 160

Sachen im Sinne des Abs. 2 sind sowohl **bewegliche wie unbewegliche.** Das BGB (§ 90) versteht unter Sachen nur körperliche Gegenstände. Abweichend von dem Satze, daß die **Qualifikation** der in Abs. 2 gebrachten Begriffe sich **nach** deutschem Recht versteht, folgt aus dem Sinn und Zweck des Prinzips der **lex rei sitae,** daß diese darüber zu entscheiden hat, ob ein unkörperlicher Gegenstand, wie etwa das von uns Bergwerkseigentum genannte Aneignungsrecht usw. einer Sache gleichzustellen ist. Übereinstimmend SOERGEL-KEGEL[9], 11 zu Art. 11.
Rechte an Sachenrechten, wie z.B. das Pfandrecht an einer Hypothek, fallen nicht unter den Wortlaut des Abs. 2. Aus dem Sinn und Zweck des dem Abs. 2 zugrunde liegenden Prinzips folgt jedoch, daß auch diese Rechte „den Rechten an einer Sache" gleich zu stellen sind. Übereinstimmend HABICHT S. 93; FRANKENSTEIN, IPR I S. 559.
Den Sachen **nicht** gleichzustellen sind die sog. **immateriellen Güter;** dem Eigentum an der Sache also *nicht* das sog. geistige Eigentum, den Rechten an einer Sache *nicht* das Urheber-, Patentrecht usw. Übertragung eines Patentes ist, ebenso wie die Verpfändung derselben, zwar eine Verfügung, aber es liegt keine Verfügung über ein Recht an einer Sache vor, fällt daher nicht unter Abs. 2. Das Recht an einer **Erfindung** stellt zwar ein absolutes Recht, aber kein Sachenrecht dar. Übereinstimmend M. WOLFF IPR[3] S. 130; SOERGEL-KEGEL[9] Rdz. 11 zu Art. 11.
Macht das Recht des Staates, in dem das Patent erteilt ist, die Übertragung desselben von der Eintragung in die Patentrolle abhängig, so fällt der hiernach erforderlich werdende Akt nicht unter Abs. 2, die Registrierung gehört nicht zu den Formen eines Rechtsgeschäfts — dazu oben Rdz. 7. And. A. HABICHT S. 93.

4. Rück- und Weiterverweisung. 161

Die vom deutschen Recht (Art. 11 Abs. 2 EG) berufene **lex rei sitae** kann ihrerseits — in Betracht kommen französisches und polnisches Recht — die Beobachtung der Ortsform genügend sein lassen, also eine Rück- oder Weiterverweisung aussprechen. Schon aus Gründen der Gerechtigkeit ist diese **Verweisung** für den deutschen Richter **beachtlich.** Übereinstimmend RAAPE, IPR[5] S. 229; ERMAN-ARNDT[4], 10 zu Art. 11; SOERGEL-KEGEL[9], 10 zu Art. 11. Das bedeutet: Abs. 2 gilt schlechthin nur, wenn die lex rei sitae das deutsche Recht ist.

Beispiel:
Zwei Deutsche verkaufen mündlich in New York ein Reitpferd, das in Paris steht. Die Hälfte des Kaufpreises, 1000 DM, werden angezahlt. Eine Übergabe (auch kein Übergabeersatz!) findet nicht statt.
Der deutsche Richter zerlegt den Vorgang in ein obligatorisches und dingliches Geschäft. Die Übereignung unterfällt von seiner Sicht her der lex rei sitae, also französischem Recht. Das französische Recht, das ohne Ausfpaltung das Rechtsgeschäft als eine Einheit betrachtet und für den Eigentumsübergang nudum consensum genügen läßt (Übergabe ist also nach französischem Recht nicht erforderlich, zudem ist die Übergabe keine Form, sondern Sachererfordernis!) — verlangt nach Art. 1341 CC — dazu oben Rdz. 87 — für den Kauf im konkreten Fall Schriftform, läßt aber hinsichtlich der Form auch in dinglicher Hinsicht die lex loci actus gelten. Damit wird das Recht von New York — dazu oben Rdz. 13 (US), 89, 90 — maßgeblich, der deutsche Richter erkennt diese Weiterverweisung an und betrachtet die Übereignung als wirksam.

162 **V. Ausnahmen von Art. 11 Abs. 1 EG.**

1. Eine Ausnahme, sowohl von Satz 1 wie von Satz 2 des Abs. 1 EG, ergibt sich aus **Art. 30 EG**— dazu oben Rdz. 42ff., 145ff.

2. Eine Ausnahme von Satz 2 des Abs. 1 EG ergibt sich aus **Abs. 2** — dazu oben Rdz. 154ff.

3. Ausnahmen ergeben sich aus dem **Übereinkommen über das auf die Form letztwilliger Verfügungen anzuwendende Recht** vom 5. 10. 1961 (BGBl. 1965 II 1145) — dazu Erläuterungen zu Art. 24 EG.

163 **4. Ausnahmen im internationalen Handelsrecht des europäischen Raumes:**
Die Regel „locus regit actum" dient der Erleichterung des internationalen Rechtsverkehrs. Den Bedürfnissen des modernen Handels- und Wirtschaftsverkehrs genügt sie nicht. Es zeichnet sich heute, da die Völker durch die rastlos fortschreitende technische Entwicklung einander näher gerückt sind, die Tendenz ab, durch multiliterale Abkommen auf den genannten Bereichen eine einheitliche Regelung und damit eine gleichmäßige Rechtsbasis zu schaffen, die die für Handel und Wirtschaft erforderliche Rechtsicherheit gewährleistet. In einer Reihe solcher Abkommen hat man der Formfrage erhöhte Aufmerksamkeit gewidmet.
Zu nennen sind hier insbesondere folgende Abkommen:

a) Die **drei Abkommen der Genfer Wechselrechtskonferenz von 1930 sowie die drei Abkommen dieser Konferenz von 1931 zum Scheckrecht***
Zum früheren Recht siehe OLG Stuttgart (25. 11. 1926) IPRspr. 1930 Nr. 25.

---

* Zum internationalen Wechsel- und Scheckrecht siehe die Vorbemerkungen zu Art. 12 in diesem Kommentar, ferner: v. CAEMMERER, Scheck- und Wechselrecht, Internationales, in STRUPP-SCHLOCHAUER, Wörterbuch des Volkerrechts, 2. A. (1962) Bd. III; dazu auch Internationale Rechtsprechung zum Genfer Einheitlichen Wechsel- und Scheckrecht, herausgegeben von v. CAEMMERER, Berlin-Tübingen, 1. Folge: 1954; 2. Folge: 1967. RAISER, Die Wirkungen der Wechselerklärungen im internationalen Recht (Beiträge zum ausländischen und internationalen Privatrecht, Heft 4 1931); SCHNITZER, Handbuch des Internationalen Handels-, Wechsel- und Scheckrechts (1938); RABEL, Zum internationalen Wechsel- und Scheckrecht: Die formalen Voraussetzungen des Rückgriffsrechts des Indossators und der Uniforms Negotiable Instrument Act., RabelsZ 6. 1932, 324; BENDIX, der Geltungsbereich der Gesetze im neuen Wechselrecht, HansRGZ 1934, 367; VEITH, Internationales Wechsel- und Scheckrecht, 1933, RvglHWB IV 489. LIESEKE, Die neuere internationale Rechtsprechung zum Einheitlichen Wechsel- und Scheckrecht gemäß den Genfer Abkommen von 1930 und 1931: WM 1966, 202, 209ff.; ders., Die Neuere Rechtsprechung, insbesondere des BGH, zum Wechsel- und Scheckrecht, WM 1967, 330.
Siehe weiter die von BAUMBACH-HEFERMEHL, Wechselgesetz und Scheckgesetz, 9. A. (1967) S. XXIIff. gegebene Literatur.

Deutschland (zum Beitritt anderer Staaten siehe jeweils die Angaben oben Rdz. 12 sowie in internationaler Rechtsprechung zum Genfer Einheitlichen Wechsel- und Scheckrecht, S. 1 ff., 327 ff. — BAUMBACH-HEFERMEHL, Wechsel- und Scheckgesetz, 9. A. 1967, 17, 18) hat die **drei Abkommen der Genfer Wechselrechtskonferenz von 1930**

a) über das einheitliche **Wechselgesetz** mit zwei Anlagen
b) über Bestimmungen auf dem Gebiet des **internationales Wechselprivatrechts**
c) über das Verhältnis der **Stempelgesetze zum Wechselrecht**

sowie die **drei Abkommen** dieser Konferenz **von 1931**

a) über das einheitliche **Scheckgesetz** mit zwei Anlagen
b) über Bestimmungen auf dem Gebiet des **internationalen Scheckprivatrechts**
c) über das Verhältnis der **Stempelgesetze zum Scheckrecht**

durch Bekanntmachung vom 22. 6. 1933 (RGBl. II 377) und 16. 8. 1933 (RGBl. II 537) veröffentlicht und ratifiziert. Die Abkommen traten am 1. 1. 1934 in Kraft (Bek. v. 30. 11. 1933, RGBl. II 974, 975). Zu ihrer Ausführung ergingen das Wechselgesetz vom 21. 6. 1933 (RGBl. 1933 I 399) sowie das Scheckgesetz vom 14. 8. 1933 (RGBl. I 597). Beide Gesetze traten am 1. 4. 1934 in Kraft (RGBl. I 1934, 1019).
Im internationalen Bereich regeln Art. 92 WG, Art. 62 SchG die Form einer Wechsel- bzw. Scheckerklärung — die Art. 97 WG, Art. 66 SchG die Form des Protestes und die Fristen für die Protesterhebung sowie die Form der übrigen Handlungen, die zur Ausübung oder Erhaltung der Wechsel- bzw. Scheckrechte erforderlich sind.

Art. 92 WG:
(1) Die Form einer Wechselerklärung bestimmt sich nach dem Recht des Landes, in dessen Gebiete die Erklärung unterschrieben worden ist.
(2) Wenn jedoch eine Wechselerklärung, die nach den Vorschriften des vorstehenden Absatzes ungültig ist, dem Rechte des Landes entspricht, in dessen Gebiet eine spätere Wechselerklärung unterschrieben worden ist, so wird durch Mängel in der Form der ersten Wechselerklärung die Gültigkeit der späteren Wechselerklärung nicht berührt.
(3) Eine Wechselerklärung, die ein Inländer im Ausland abgegeben hat, ist im Inland gegenüber anderen Inländern gültig, wenn die Erklärung den Formerfordernissen des inländischen Rechts genügt.

Art. 62 Sch G:
(1) Die Form einer Scheckerklärung bestimmt sich nach dem Recht des Landes, in dessen Gebiete die Erklärung unterschrieben worden ist. Es genügt jedoch die Beobachtung der Form, die das Recht des Zahlungsortes vorschreibt.
(2) Wenn eine Scheckerklärung, die nach den Vorschriften des vorstehenden Absatzes ungültig ist, dem Recht des Landes entspricht, in dessen Gebiet eine spätere Scheckerklärung unterschrieben worden ist, so wird durch Mängel in der Form der ersten Scheckerklärung die Gültigkeit der späteren Scheckerklärung nicht berührt.
(3) Eine Scheckerklärung, die ein Inländer im Ausland abgegeben hat, ist im Inland gegenüber anderen Inländern gültig, wenn die Erklärung den Formerfordernissen des inländischen Rechts genügt.

Art. 97 WG:
Die Form des Protestes und die Fristen für die Protesterhebung sowie die Form der übrigen Handlungen, die zur Ausübung oder Erhaltung der Wechselrechte erforderlich sind, bestimmen sich nach dem Rechte des Landes, in dessen Gebiete der Protest zu erheben oder die Handlung vorzunehmen ist.

Art. 66 Sch G:
Die Form des Protestes und die Fristen für die Protesterhebung sowie die Form der übrigen Handlungen, die zur Ausübung oder Erhaltung der Scheckrechte erforderlich sind, bestimmen sich nach dem Recht des Landes, in dessen Gebiete der Protest zu erheben oder die Handlung vorzunehmen ist.

Art. 92 WG hält an der **kollisionsrechtlichen Unabhängigkeit der einzelnen Wechselerklärungen** fest, wie sie auch früher schon von der Rechtsprechung entwickelt worden war — dazu KG (4. 11. 1935) JW 1936, 2102. Das bedeutet (SCHNITZER, a.a.O. S. 382), daß jede einzelne Verpflichtung auf das Recht des Ortes lokalisiert wird, wo sie abgegeben worden ist. Der Satz „locus regit actum" erhält für jede einzelne Unterschrift damit eine zwingende Bedeutung — siehe aber Ausnahme in Art. 92 Abs. 3 WG. War früher strittig [Dazu FRANKENSTEIN I 549; II 426ff.; VEITH (sehr eingehend), 497ff.; RAISER, 47ff.; M. WOLFF, 127 Fn. 8. Dazu auch RG (zitiert bei FRANKENSTEIN I 549) sowie KG vom 4. 11. 1935, JW 1936, 2102 mit Rechtsprechungsnachweisen], ob die Parteien durch bewußt falsche Angabe des Ausstellungsortes Einfluß auf das Formstatut gewinnen konnten, so ist durch die Fassung des Art. 92 klargestellt, daß nur der Ort maßgeblich ist, an dem die Unterschrift wirklich geleistet worden ist. [Dazu überzeugend SCHNITZER, a.a.O. S. 383 unter Hinweis auf die Entstehungsgeschichte des Artikels sowie RILK in Anm. zu einer Entscheidung des KG vom 4. 11. 1935. And. A., soweit gutgläubiger Erwerb in Frage steht, wohl BAUMBACH-HEFERMEHL[8], Rdz. 1 zu Art. 92 unter Hinweis auf HUPKA, 250 und RAISER a.a.O. 57.]

164 Wechsel und Scheck sind **Formalakte** [dazu RG (12. 9. 1922) RGZ 105, 143, (146); BGH (28. 6. 1956) BGHZ 21, 155 (159) = IPRspr. 1956/57 Nr. 48 = NJW 1956, 1597 = Betrieb 1956, 770 = BB 1956, 739, 1091 = WM 1956, 1131], dazu bestimmt „im Handelsverkehr durch viele Hände zu gehen". Form und Inhalt lassen sich bei ihnen nicht trennen. Dazu LORENZEN, The conflict of laws relating to bills and notes (1919) S. 99ff.; VEITH, a.a.O. 494; siehe auch NUSSBAUM, Grundzüge S. 146: „Rechtshandlungen, durch die negotiable instruments (= durch Indossament oder Übergabe übertragbare Wertpapiere, die die Verpflichtung zur Zahlung einer bestimmten Geldsumme begründen) geschaffen werden, müssen notwendigerweise den Formvorschriften der lex loci actus genügen." Die Form stellt hier nicht wie im allgemeinen ein „Attribut des ihr gegenüber selbständig gedachten rechtsgeschäftlichen Aktes", sondern ein „absolutum" (FLUME, „Das Rechtsgeschäft" (1965), § 15 I 1 S. 245.) dar. Die **„Form" erfaßt daher sämtliche wesentlichen Erfordernisse der Gültigkeit einer Wechsel- oder Scheckerklärung.** Dazu BAUMBACH-HEFERMEHL, Wechselgesetz und Scheckgesetz[9] (1967) Rdz. 1 zu Art. 92; SCHNITZER, a.a.O. S. 383ff. So hat denn auch der BGH (28. 6. 1956) BGHZ 21, 155ff.; LM Nr. 1 zu Art. 92 WG) die Frage, ob die Klausel eines Wechsels „zahlbar in bestätigtem Bankscheck" die Gültigkeit des Wechsels betrifft, als Formfrage behandelt. Fehlt die Wechsel- oder Scheckklausel, so liegt überhaupt kein Wechsel, nicht etwa ein „nichtiger" Wechsel vor. So zutreffend FLUME, a.a.O. S. 245. Dazu zum alten Recht OGH Wien (6. 9. 1905), NiemeyersZ 19, 284 sowie FRANKENSTEIN, IPR I S. 549.

165 **b) Genfer Übereinkommen über den Beförderungsvertrag im internationalen Straßengüterverkehr** (CMR) vom 19. 5. 1956 — dazu deutsches Zustimmungsgesetz vom 16. 8. 1961 (BGBl. 1961 II 1119)

In Kraft seit 5. 2. 1962, dazu BGBl. 1962 II 12.

Art. 4 des Abkommens besagt:

„Der Beförderungsvertrag wird in einem Frachtbrief festgehalten. Das Fehlen, die Mangelhaftigkeit oder der Verlust des Frachtbriefes berührt weder den Bestand noch die Gültigkeit des Beförderungsvertrages, der den Bestimmungen dieses Übereinkommens unterworfen bleibt."

Art. 5 und 6 legen die Form des Frachtbriefes im einzelnen fest.

Wird die Form nicht eingehalten, so hat dies abgesehen von der Beweisfunktion (dazu Art. 9) u.a. Folgen für die Verfügungsmacht des Absenders und Empfängers (Art. 12) sowie die Haftung aus dem Beförderungsvertrag. Dazu Art. 7, 8, 11, 24, 30, 34, 35.

166 **c) Berner Internationales Übereinkommen über den Eisenbahnfrachtverkehr** (CIM) vom 25. 2. 1961 — dazu deutsches Zustimmungsgesetz vom 21. 12. 1964 (BGBl. II 1517). Wortlaut des Übereinkommens: BGBl. 1964 II 1520. In Kraft seit 1. 1. 1965, BGBl. II 1591.

Die einschlägigen Bestimmungen lauten:

Art. 5 § 1
Die Eisenbahn ist verpflichtet, alle Güter nach den Bestimmungen dieses Übereinkommens zu befördern, sofern:
a) der Absender den Vorschriften dieses Übereinkommens nachkommt;
....

Art. 6 § 1
Der Absender muß jeder unter dieses Übereinkommen fallenden internationalen Sendung einen im Durchschreibeverfahren ausgefüllten Frachtbrief nach dem Muster der Anlage II zu diesem Übereinkommen beigeben. ....

Art. 7 § 1
Der Absender haftet für die Richtigkeit der von ihm in den Frachtbrief eingetragenen Angaben und Erklärungen. Er trägt alle Folgen, die daraus entstehen, daß diese Angaben oder Erklärungen unrichtig, ungenau, unvollständig oder nicht an der für sie vorgesehenen Stelle eingetragen sind. Reicht der Raum dort nicht aus, so hat der Absender an dieser Stelle einen Hinweis darauf anzubringen, wo sich die Fortsetzung der Eintragung befindet.

§ 2
Die Eisenbahn ist jederzeit berechtigt nachzuprüfen, ob die Sendung mit den Eintragungen im Frachtbrief übereinstimmt und ob die Sicherheitsvorschriften der Anlage I eingehalten sind. ....

Das Ergebnis der Nachprüfung der Eintragungen ist im Frachtbrief zu vermerken. Erfolgt die Nachprüfung auf dem Versandbahnhof, so ist der Vermerk auch auf das Frachtbriefdoppel zu setzen, wenn es sich in den Händen der Eisenbahn befindet, Wenn die Sendung den Eintragungen im Frachtbrief nicht entspricht, so haften die durch die Nachprüfung verursachten Kosten auf dem Gut, falls sie nicht sofort beglichen werden.

Art. 8 § 1
Der Frachtvertrag ist abgeschlossen, sobald die Versandbahn das Gut mit dem Frachtbrief zur Beförderung angenommen hat. Als Zeichen der Annahme wird dem Frachtbrief der Tagesstempel des Versandbahnhofes aufgedrückt.

§ 3
Der abgestempelte Frachtbrief dient als Beweis für den Frachtvertrag.

Art. 16 § 1
Die Eisenbahn ist verpflichtet, auf dem Bestimmungsbahnhof dem Empfänger den Frachtbrief und das Gut gegen Empfangsbescheinigung und gegen Bezahlung der auf ihn überwiesenen Forderungen der Eisenbahn abzuliefern.
Durch die Annahme des Frachtbriefes wird der Empfänger verpflichtet, der Eisenbahn die auf ihn überwiesenen Beträge zu bezahlen.

Art. 26 § 1
Die Eisenbahn, die das Gut mit dem Frachtbrief zur Beförderung angenommen hat, haftet für die Ausführung der Beförderung auf der ganzen Strecke bis zur Ablieferung.

§ 2
Jede folgende Eisenbahn tritt dadurch, daß sie das Gut mit dem bei der Auflieferung ausgestellten Frachtbrief übernimmt, in den Frachtvertrag nach Maßgabe des Frachtbriefes ein und übernimmt die sich daraus ergebenden Verpflichtungen; die die Empfangsbahn betreffende Bestimmung des Art. 43 § 3 bleibt unberührt.

d) Berner Internationales Übereinkommen über den Eisenbahn-, Personen- und Gepäckverkehr (CIV) vom 25. 2. 1961 — dazu deutsches Zustimmungsgesetz vom 21. 12. 1964 (BGBl. II 1517) 167

Wortlaut des Übereinkommens: BGBl. 1964 II 1898.

In Kraft seit 1. 1. 1965, BGBl. II 1591.

Einschlägige Artikel:

Art. 5 (regelt die Form der Fahrausweise)

Art. 18 § 1
Der Inhaber des Gepäckscheins ist für die Beachtung der Vorschriften der Art. 16 und 17 verantwortlich und trägt alle Folgen einer Zuwiderhandlung gegen diese Vorschriften.

Art. 21 § 1
Bei der Aufgabe des Reisegepäcks ist dem Reisenden ein Gepäckschein zu übergeben. Der Reisende hat sich beim Empfang des Gepäckscheins zu überzeugen, ob dieser seinen Angaben entsprechend ausgefertigt ist.

§ 2
Die Gepäckscheine für internationale Gepäcksendungen müssen dem Muster der Anlage I zu diesem Übereinkommen entsprechen. ....

Art. 23 § 1
Das Reisegepäck wird gegen Rückgabe des Gepäckscheins ausgeliefert. Die Eisenbahn ist nicht verpflichtet, die Empfangsberechtigung des Gepäckscheininhabers zu prüfen.

Art. 29 § 1
Die Eisenbahn, die Reisegepäck unter Aushändigung eines internationalen Gepäckscheins zur Beförderung angenommen hat, haftet für die Ausführung der Beförderung auf der ganzen Strecke bis zur Auslieferung.

§ 2
Jede folgende Eisenbahn tritt dadurch, daß sie das Reisegepäck übernimmt, in den Beförderungsvertrag ein und übernimmt die sich daraus ergebenden Verpflichtungen; die die Empfangsbahn betreffende Bestimmung des Art. 43 § 2 bleibt unberührt.

Art. 42
Zur gerichtlichen Geltendmachung von Ansprüchen aus dem Beförderungsvertrag gegen die Eisenbahn ist nur befugt, wer den Fahrausweis oder den Gepäckschein vorlegt oder seine Berechtigung auf andere Weise nachweist.

168 **e) Europäische Übereinkunft über Formerfordernisse bei Patentanmeldungen** vom 11. 12. 1953 — dazu deutsches Zustimmungsgesetz vom 10. 12. 1954 (BGBl. II 1099).
Wortlaut: **BGBl. 1954 II 1100.**

In Kraft seit 1. 6. 1955, dazu BGBl. 1955 II 878.

Einschlägige Artikel:

Art. 1
1. In jedem der Vertragsstaaten
(a) kann eine Patentanmeldung den Bestimmungen des Artikel 2 dieser Übereinkunft unterworfen werden;
(b) kann eine solche Anmeldung, sofern sie den in Artikel 3 dieser Übereinkunft angegebenen Erfordernissen entspricht, nicht aus Formgründen ihr Anmeldungsdatum verlieren;
(c) darf eine solche Anmeldung, wenn sie den in Artikel 4 bis 6 dieser Übereinkunft angegebenen Erfordernissen entspricht, nicht zurückgewiesen werden, sofern die sonstigen Rechtsvorschriften beachtet sind.
2. Die Vertragsstaaten dürfen keine anderen Formvorschriften erlassen als diejenigen, welche sich aus dieser Übereinkunft ergeben. Sie können jedoch von einzelnen dieser Erfordernisse absehen.

Art. 2
1. Es kann vorgeschrieben werden, daß derPatentsucher folgende Unterlagen einzureichen hat:
....
2. Der Antrag und die dazugehörigen Anlagen sind in der Sprache des Landes, in dem die Anmeldung erfolgt, oder in einer von diesem hierfür zugelassenen Sprache abzufassen. Es kann vorgeschrieben werden, daß die als Unterlage für die Anmeldung eines Zusatzpatents oder für den Antrag auf eine Zusatzbescheinigung eingereichte Beschreibung in derselben Sprache wie die Anmeldun g des Hauptpatents zu erfolgen hat.

Art. 4
1. Der Antrag gilt hinsichtlich des Formats und der Art des verwendeten Papiers als formgerecht, wenn er auf kräftigem weißen Papier in der Größe von 29 bis 34 cm mal 20 bis 22 cm gestellt ist.
2. Der Antrag gilt hinsichtlich seines Inhalts als formgerecht, wenn er auf einem Antragsformular gestellt wird, das dem dieser Übereinkunft beigefügten Muster oder den Bestimmungen von Artikel 2 Abs. 2 entspricht und enthält:
....

169 **f) Europäisches Übereinkommen über die Internationale Handelsschiedsgerichtsbarkeit** vom 21.4.1961 — dazu deutsches Zustimmungsgesetz vom 17.4.1964, (BGBl II 425). Wortlaut: **BGBl. 1964 II 426.**

In Kraft seit 25. 1. 1965, dazu BGBl. 1965 II 107.

Art. I Abs. 2 besagt:
„Im Sinne dieses Übereinkommens bedeutet
a) ‚Schiedsvereinbarung‘ eine Schiedsklausel in einem Vertrag oder eine Schiedsabrede, sofern der Vertrag oder die Schiedsabrede von den Parteien unterzeichnet oder in Briefen,

Telegrammen oder Fernschreiben, die sie gewechselt haben, enthalten ist und, im Verhältnis zwischen Staaten, die in ihrem Recht für Schiedsvereinbarungen nicht die Schriftform fordern, jede Vereinbarung, die in den nach diesen Rechten zulässigen Formen geschlossen ist. ...."

Siehe auch das **UN-Übereinkommen über die Anerkennung und Vollstreckung ausländischer Schiedssprüche** vom 10. 6. 1958 — dazu Zustimmungsgesetz vom 15. 3. 1961 (BGBl II 121). 170

Wortlaut: BGBl. 1961 II 122.

In Kraft seit 28. 9. 1961 (BGBl. 1962 II 102).

Art. II besagt:

„(1) Jeder Vertragsstaat erkennt eine schriftliche Vereinbarung an, durch die sich die Parteien verpflichten, alle oder einzelne Streitigkeiten, die zwischen ihnen aus einem bestimmten Rechtsverhältnis, sei es vertraglicher oder nicht vertraglicher Art, bereits entstanden sind oder etwa künftig entstehen, einem schiedsrichterlichen Verfahren zu unterwerfen, sofern der Gegenstand des Streites auf schiedsrichterlichem Wege geregelt werden kann.
(2) Unter einer „schriftlichen Vereinbarung" ist eine Schiedsklausel in einem Vertrag oder eine Schiedsabrede zu verstehen, sofern der Vertrag oder die Schiedsabrede von den Parteien unterzeichnet oder in Briefen oder Telegrammen enthalten ist, die sie gewechselt haben."

Beide Übereinkommen stellen Maximalerfordernisse für die Formgültigkeit des Schiedsvertrages auf. Insoweit bleibt das autonome staatliche Recht, das an die Gültigkeit des Schiedsvertrages geringere Formerfordernisse stellt, bestehen.

Insoweit bleibt auch Art. 11 Abs. 1 EG neben den Übereinkommen anwendbar. Zur Anwendbarkeit der Regeln des IPR auf den Schiedsvertrag und seine Anknüpfung vergleiche Vorbem. zu Art. 12 EG.

N. B. Das Internationale **Abkommen zur Vereinheitlichung von Regeln über Konnossemente** vom 25. 8. 1924 (in Deutschland in Kraft seit 1. 1. 1940, RGBl. 1939 II 1049 — Wortlaut: RGBl. 1939 II 1052), dessen Vorschriften durch Gesetz vom 10. 8. 1937 (RGBl. I 891) zur Änderung von Vorschriften des Handeslgesetzbuchs über das Seefrachtrecht Bestandteil des deutschen Rechts sind, hat (abgesehen von § 3, der die Angabe bestimmter Tatsachen, wie Unterscheidungszeichen, Zahl der Stückgüter, deren äußerliche Beschaffenheit usw. vorschreibt) die Form des Konnossementes nicht geregelt. 171

Die Form des Konnossementes (einseitiges Rechtsgeschäft) unterliegt Art. 11 Abs. 1 EG. Damit ist fakultativ die Form des Ortsstatuts oder des Wirkungsstatuts (primär das von den Parteien gewählte, subsidiär das Recht des Bestimmungshafens), das nicht notwendigerweise mit dem Recht des Frachtvertrages identisch ist — zum Konnossement siehe die Ausführungen vor Art. 12 EG — maßgeblich.

Dazu OLG Hamburg (21. 10. 1904) HansGZ 1904, 309 = NiemeyersZ 1905, 322. (Ein in Finnland ausgestelltes Konnossement mit deutschem Bestimmungshafen war nicht eigenhändig unterschrieben, sondern nur unterstempelt worden.) Das nach deutschem Recht (§ 125 BGB) unwirksame Konnossement wurde gemäß Art. 11 Abs. 1 Satz 2 EG für formgültig erachtet, da nach finnischem Recht eigenhändige Unterschrift nicht erforderlich war. Dazu Schaps-Abraham, Das deutsche Seerecht II[3] (Berlin 1962) § 642 Anm. 28; Frankenstein, IPR II S. 530; Schlegelberger-Liesecke, Seehandelsrecht[2] (Berlin und Frankfurt 1964) § 642 Anm. 18.

Gesondert ist die Formfrage bei der Beurteilung der Traditionsfunktion des Konnossements zu prüfen. Nach allgemeinen Regeln ist für den Eigentumserwerb das Recht der belegenen Sache, bei Sachen auf dem Transport (res in transitu) das Recht des Bestimmungsortes maßgeblich. Art. 11 Abs. 2 EG schließt die allgemeine Regel des Art. 11 Abs. 1 Satz 2 aus.

172 5. Eine gleichfalls schon berührte Ausnahme enthält **Art. 13 Abs. 3 EG:**

„Die Form einer Ehe, die im Inland geschlossen wird, bestimmt sich ausschließlich nach den deutschen Gesetzen."

Nähere Einzelheiten geben die Erläuterungen zu Art. 13 EG, hier mag eine pointierte Skizzierung genügen:

a) Inlandsehen

α Grundsatz: Die Ortsform (Form qualifiziert nach dem Recht der BRD — zur Form gehört hiernach auch das Aufgebot! — dazu oben Rdz. 65) beansprucht ausschließlich Geltung. Das bedeutet: Die Regel „locus regit actum" trägt im Rahmen des Art. 13 *zwingenden Charakter*, die Beobachtung der Heimatform (Wirkungsstatut) — Art. 11 Abs. 1 S. 1 — genügt nicht, in kirchlicher Form oder nudo consensu eingegangene Eheschließungen sind insoweit ausgeschlossen; ausgeschlossen ist damit aber auch im Inland die Form der sog. Handschuhehe — dazu oben Rdz. 77.
Zur internationalen Zuständigkeit deutscher Standesbeamter siehe BEITZKE, FamRZ 1966, 595.
Unter Ortsrecht sind hier nur die internen Sachnormen zu verstehen.
Zur *Vorfragenproblematik* siehe unten Rdz. 180.

173 *Beispiel 1:*
Zwei russische Emigranten schlossen 1920 in Deutschland vor einem griechisch-katholischen Geistlichen nach dem Ritus der russischen Kirche die Ehe.
Die Ehe ist nach Art. 13 Abs. 3 EG eine Nichtehe. Dazu KG (9. 7. 1937) HRR 1937 Nr. 1446 = JW 1937, 2526 = StAZ 1937, 332.
Dazu auch LG Braunschweig (22. 10. 1947) Niedersächsiche Rechtspflege 1948, 112; (21. 10. 1948) IPRspr. 1950/51 Nr. 61 (Ungültigkeit der nur kirchlichen Eheschließung polnischer Staatsbürger in Deutschland), — so schon RG (1. 7. 1930) IPRspr. 1930 Nr. 28 = JW 1931, 1366; LG Münster/Westf. (10. 5. 1949) IPRspr. 1950/51 Nr. 62: Zwei Deutsche heirateten am 7. 10. 1945 in Neustadt/Oberschlesien vor dem katholischen Pfarrer — Inlandsform nicht gewahrt — fremdes Recht noch nicht eingeführt; LG Ravensburg (8. 3. 1950) IPRspr. 1950/51 Nr. 63: Deutsche heirateten am 20. 4. 1946 in Liegnitz vor katholischem Pfarrer — inländische Ortsform nicht gewahrt, andererseits führte das polnische Dekret vom 25. 9. 1945 (in Kraft seit 1. 1. 1946) die obligatorische Zivilehe ein; LG Nürnberg-Fürth (26. 9. 1951) IPRspr. 1950/51 Nr. 64: Zwei Polen schlossen am 4. 8. 1945 vor einem Geistlichen im DP-Lager Schweinfurt die Ehe — Inlandsform nicht gewahrt; Celle (5. 6. 1947) JR 1948, 335: Franzose heiratete am 14. 7. 1945 vor dem Standesamt im deutschen Inland eine Deutsche — Unterlassung des Aufgebots in Frankreich nur dann von materiellrechtlicher Bedeutung, wenn das Aufgebot absichtlich unterlassen worden ist, um die beabsichtigte Eheschließung der Kenntnis der Personen zu entziehen, denen ein Recht auf Einspruch dagegen zusteht — Ehe wirksam; LG Hof (3. 1. 1952) IPRspr. 1952/53: Ein Franzose heiratete am 7. 8. 1946 vor dem katholischen Pfarrer in Breslau eine Deutsche — das Gericht verlangte Einhaltung der deutschen Inlandsform — dazu aber auch Rdz. 126; LG Essen (4. 7. 1952) IPRspr. 1952/53 Nr. 98: Britischer Besatzungsangehöriger heiratete am 1. 8. 1947 in Deutschland vor dem britischen Wehrmachtsgeistlichen — Nichtehe. Ergebnis zutreffend, übersehen wurde in den Gründen, daß Art. 11 Abs. 1 S. 1 EG durch Art. 13 Abs. 3 EG ausgeschlossen wird. OLG Stuttgart (28. 10. 1952) IPRspr. 1952/53 Nr. 97 = NJW 1953, 146: Grieche heiratete am 6. 5. 1945 in Mannheim vor einem griechisch-orthodoxen Geistlichen eine Ausländerin — Nichtehe; LG Mannheim (17. 3. 1953) IPRspr. 1952/53 Nr. 96 = JR 1955, 61 m. Anm. FERID = FamRZ 1955, 72: gleicher Sachverhalt wie vor.
AG Lübeck (7. 1. 1955) IPRspr. 1953/54 Nr. 77: Britischer Besatzungsangehöriger heiratete am 10. 7. 1948 in Lübeck vor einem englischen Militärgeistlichen eine Deutsche — Nichtehe. Verwaltungsgericht Berlin (30. 7. 1954) IPRspr. 1953/54 Nr. 82 = FamRZ 1955, 70 m. Anm. von BOSCH = JR 1955, 35: Zwei russische Flüchtlinge gingen am 24. 7. 1921 im Lager Lichtenhorst bei Quedlinburg vor einem griechisch-orthodoxen Geistlichen die Ehe ein — keine wirksame Ehe, da Ortsform nicht gewahrt, aber aus Gründen der Gerechtigkeit und Sicherheit sind die über 30 Jahre lang als Eheleute zusammenlebenden Partner so zu behandeln, als wären sie gültig verheiratet;
Düsseldorf (10. 12. 1956) IPRspr. 1956/57 Nr. 110: Britischer Besatzungsangehöriger heiratete am 22. 11. 1947 vor einem marriage officer der britischen Rheinarmee eine Deutsche — Nichtehe, da Inlandsform nicht gewahrt — kann daher nicht von einem deutschen Gericht geschieden werden, obwohl nach englischem Recht eine gültige Ehe vorliegt.

BSoz G (28. 4. 1959) IPRspr. 1958/59 Nr. 113 = FamRZ 1959, 278 m. Anm. BOSCH = MDR 1959, 700. Engländer heiratete 1948 in der Kieler Garnisonskirche eine Deutsche — Nichtehe. KG (14. 8. 1961) FamRZ 1961, 483: Deutsche heiratete am 20. 4. 1947 in Berlin vor einem russisch-orthodoxen Geistlichen einen Griechen — deutsche Ortsform nicht gewahrt; OLG Celle (5. 6. 1963) FamRZ 1964, 209: Spanier heiratete am 1. 7. 1961 in der BRD in kanonischer Form — Nichtehe.

Beispiel 2: 174

Zwei der griechisch-orthodoxen Kirche zugehörige Griechen schließen in München vor dem Standesbeamten die Ehe. Der Inlandsform ist damit Genüge getan.

Dazu Tübingen (1. 6. 1950) IPRspr. 1950/51 Nr. 80; Nürnberg (13. 7. 1950) IPRspr. 1952/53 Nr. 125; OLG Stuttgart, Nebensitz Karlsruhe (28. 10. 1952) NJW 1953, 146; VG Berlin (30. 7. 1954) JR 1955, 35; LG Mannheim (17. 3. 1953) JR 1955, 61 m. Anm. FERID = FamRZ 1955, 72; BGH (14. 2. 1955) FamRZ 1956, 88; LG Waldshut (11. 4. 1957) IPRspr. 1956/57 Nr. 111 = FamRZ 1958, 28 m. Anm. NEUHAUS; LG Mannheim (17. 3. 1959) FamRZ 1961, 218 m. Anm. NEUHAUS — Tenorierung des Urteils wohl unhaltbar! —; BayObLG (8. 10. 1963) BayObLGZ 1963, 265 = FamRZ 1964, 45; BGH (22. 1. 1965) in BGHZ 43, 218 = JZ 1965, 532 m. Anm. WENGLER = StAZ 1965, 152 = FamRZ 1965, 311 m. Anm. BOSCH; BayObLG (4. 1. 1966) BayObLGZ 1966, 1 = FamRZ 1966, 144 m. Anm. NEUHAUS.

Keine Berücksichtigung findet, daß das griechische Recht auch für eine im Ausland geschlossene Ehe (gilt seit Inkrafttreten des ZGB (23. 2. 1946) auch für Mischehen zwischen Griechisch-Orthodoxen und Katholiken) zwingend eine kirchliche Eheschließung verlangt. Dazu MARKIANOS, Griechische Rechtsprechung zum Familien- und Erbrecht des ZGB 1946—1959, RabelsZ 1960, 69 (72) unter Hinweis auf OLG Patras 746/1951; LG Athen 1571/1946; LG Patras 668/1948. Fehlt diese kirchliche Trauung, so liegt von griechischer Sicht her eine Nichtehe vor. Dazu MARKIANOS, a.a.O. unter Hinweis auf (AP 355/1955; OLG Athen 1356/1949; OLG Athen 547/1951; OLG Patras 746/1951).

Die Qualifikation des Erfordernisses kirchlicher Eheschließung ist von der Sicht des griechischen Rechts her streitig. Während FRAGISTAS (in seiner Rezension des Lehrbuchs von MARIDAKIS, RabelsZ 1957, 586) den religiösen Ritus als Form der Ehe anspricht, die aufgrund der Vorbehaltsklausel auch für im Ausland geschlossene Ehen verlangt werde, betrachtet die wohl überwiegende griechische Lehre den religiösen Ritus als materielle Voraussetzung der Ehe. Man leitet dies aus der dogmatischen Auffassung der orthodoxen Kirche her, welche die Trauung als Sakrament betrachtet. (Dazu GOGOS-AUBIN, RabelsZ 1949, 267; RAMMOS, Die Eheschließung nach geltendem griechischen Recht: FamRZ 1955, 166, 206, 246; MARIDAKIS, Le mariage des Grecs orthodoxes hors de Grèce: Rev. crit. 1952, 661 ff.; KRISPI, Die Eheschließung griechischer Staatsangehöriger: StAZ 1967, 117. Siehe weiter DIOBOUNIOTIS in „Das Eherecht der europäischen Staaten und ihrer Kolonien" (Rechtsverfolgung im internationalen Verkehr, Bd. IV Berlin 1937 S. 790 sowie SCHWIMANN, Ehescheidungsprozesse von Griechen vor österreichischen Gerichten, Zf Rvgl. 1. 1960, 74. BERGMANN/FERID, Griechenland S. 17 Fn. 1.)

Wer dem in Qualifikationsfragen von der heutigen deutschen Lehre — dazu oben Rdz. 66 — üblicherweise eingenommenen Standpunkt folgt, hat auch den Zusammenhang der zu qualifizierenden Elemente mit ihrer heimatlichen Rechtsordnung zu beachten; danach wäre das kirchliche Eheschließungserfordernis als materiellrechtlich zu qualifizieren, das nach unserer Ansicht zugleich damit verbundene Formelement hätte dahinter zurückzutreten. [Dazu schon ENDEMANN, JW 1914, 113 sowie NEUBECKER, JbIntRVerk. 1912/13, 99; NUSSBAUM, Grundzüge S. 93 ff.; RAAPE, IPR[5] 246 Fn. 15; kritisch auch NEUHAUS in Anm. zu LG Waldshut, FamRZ 1958, 29; derselbe FamRZ 1966, 122; GAMILLSCHEG in Göttinger Festschrift f. das OLG Celle (1961) S. 68—70; ders. in ERANION in honorem Maridakis III (1964) S. 54 ff.; RÉCZEI, IPR (Budapest 1960) S. 352 ff. And. A. BEITZKE, FamRZ 1966, 637.]

Die deutsche herrschende Ansicht qualifiziert einhellig im Bereich des Art. 13 Abs. 3 EG ohne weitere Differenzierung eine etwa verlangte kirchliche Eheschließung als Formerfordernis. [Dazu NEUHAUS in Anm. zu LG Mannheim, FamRZ 1961, 219; ders., Grundbegriffe S. 90; WOLFF IPR[3] 192, 193; KEGEL, IPR[2] S. 245;

SOERGEL-KEGEL[9], Rdz. 54 zu Art. 13; PALANDT-LAUTERBACH[28], 6 zu Art. 13; ERMAN-MARQUORDT[4], 8a, 10c zu Art. 13.]
Im Ergebnis wird man sich dem anschließen. Begründung: Wird eine Ehe im deutschen Inland geschlossen, so erfordert der Zweckgedanke des Art. 13 Abs. 3 EG die ausschließliche Herausstellung des Formelements; eine vor dem deutschen Standesbeamten geschlossene Ehe ist damit immer formgültig. Übereinstimmend RAAPE, IPR[5] S. 246 Fn. 15, der a.a.O. 245 darauf hinweist, daß andere Länder, wie die Schweiz, Frankreich, Belgien usw., unter Berufung auf den ordre public den gleichen Standpunkt einnehmen.

175 Die dargelegte Haltung des deutschen Rechts führt in *zweierlei* Hinsicht zu der mißlichen Folge einer sog. *hinkenden* Ehe (einem matriomonium claudicans — die Engländer sprechen von „limping marriages", die Franzosen von „rapport de droit boiteux") — dazu ENDEMANN, JW 1914, 113ff.; FERID, JR 1955, 62 sowie HENRICH, StAZ 1969, 141.

Halten die Ehepartner zwar die Heimatform, nicht aber die Inlandsform ein, so wird die Ehe im Inland als Nichtehe, vom Heimatstaat dagegen als wirksam angesehen; wird hingegen die Inlandsform, nicht aber zugleich eine zwingende Auslandsform beobachtet, so ist die Ehe im Inland wirksam, im Heimatstaat dagegen nichtig oder sogar eine Nichtehe.

Die klassischen Länder, deren Recht heute noch auch für eine im Ausland geschlossene Ehe zwingend die kirchliche Eheschließung verlangen, sind **Griechenland** — dazu oben Rdz. 174 sowie **Spanien** — dazu Art. 42 Abs. 2 Código Civil vom 14. 7. 1889 i. d. Fassung vom 24. 4. 1958; siehe auch LG Berlin (15. 3. 1954) IPRspr. 1953/54 Nr. 80 = JR 1955, 60 m. Anm. FERID; aber auch LG Trier (20. 12. 1955) IPRspr. 1953/54 Nr. 100 = FamRZ 1956, 131 m. Anm. BOSCH; BGH (12. 2. 1964) = BGHZ 41, 136 (Erfordernis kirchlicher Eheschließung ist nach spanischer Auffassung materiellrechtlicher Natur, also nicht nur ein Formerfordernis); Düsseldorf (17. 4. 1964) StAZ 1965, 18; BayObLG (15. 12. 1965) BayObLGZ 1965, 450 = FamRZ 1966, 147; Frankfurt (26. 5. 1967) FamRZ 1967, 476 (Erfordernis kirchlicher Eheschließung ist nach deutscher Auffassung ein Formerfordernis) — im konkreten Fall wurde die Ehe im Ausland geschlossen, bei Berücksichtigung der Ausführungen Rdz. 197 kann die Entscheidung nicht überzeugen. Siehe weiter Audiencia Territorial Madrid, StAZ 1960, 82; LÜDERITZ, FamRZ 1966, 285.

176 Eine obligatorische kirchliche Trauung kannten ferner früher insbesondere **Bulgarien** — dazu KG (22. 1. 1934) IPRspr. 1934 Nr. 16; Königsberg (1. 2. 1937) HRR 1937 Nr. 1447;

Jugoslawien — dazu StAZ 1931, 143.

Litauen — dazu KG (14. 1. 1937) JW 1937, 961; LG Berlin (2. 11. 1937) JW 1938, 305;

Polen [nach dem polnischen Ehegesetz von 1836 (Kongreßpolen) — dazu KG (8. 3. 1937) JW 1937, 1727 war nur die kirchliche Trauung wirksam — bis 12. 11. 1926 zwingend — dann im Hinblick auf Art. 13 polnisches Gesetz über das IPR vom 2. 8. 1926 fakultativ neben der Form des Eheschließungsortes; siehe weiter KG (20. 4. 1936) JW 1936, 2464; (3. 5. 1937) JW 1937, 2523; LG Göttingen (18. 10. 1949) IPRspr. 1950/51 Nr. 143. Die kirchliche Eheschließung wurde erst durch das am 1. 1. 1946 in Kraft getretene neue Ehegesetz vom 25. 9. 1945 beseitigt, das nur noch die standesamtliche Trauung anerkennt] sowie das **zaristische Rußland.** Dazu RG (16. 11. 1922) RGZ 105, 363; zur Form der Ehe zwischen einem Evangelischen und einer Römisch-katholischen im zaristischen Rußland siehe KG (7. 6. 1937) JW 1937, 2522;

Zur andersartigen Rechtslage nach **italienischem** Recht siehe BERGMANN-FERID, Italien J1 S. 13; JAYME/LÜDERITZ, FamRZ 1967, 197. Nach Art. 26 der Disp. prelim., zum CC von 1942 sowie Art. 115 CC in der Fassung von 1942 (vorher inhaltgleich: Art. 100 CC von 1865) genügt die Einhaltung der Form des Eheschließungsortes — unrichtig daher LG Nürnberg-Fürth (28. 2. 1951) IPRspr. 1950/51 Nr. 65 = MDR 1952, 359. [Dazu MOSCHEL, Bedenkliche Anwendung fremden Rechts: JR 1953, 97, GAMILLSCHEG, JZ 1963, 24; JAYME, NJW 1964, 207. Siehe weiter LG Berlin (3. 4. 1950) IPRspr. 1950/51 Nr. 69 = RabelsZ 16. 1951, 130 mit Anm von NEUMAYER; LG Weiden (28. 2. 1953) IPRspr. 1952/53 Nr. 104; LG München (15. 9. 1952) IPRspr. 1952/53 Nr. 109. OLG Celle (16. 3. 1953) IPRspr. 1952/53 Nr. 127 = MDR 1953, 488 = NdsRpfl. 1953, 109; OLG Hamm (22. 12. 1953) IPRspr. 1952/53 Nr. 128; LG Kiel (14. 12. 1953) IPRspr. 1952/53 Nr. 128a = MDR 1954, 240; LG Köln (10. 1. 1962) FamRZ 1962, 158 m. Anm. STOSCH; OLG Bremen (16. 5. 1963) FamRZ 1964, 153; OLG München (17. 12. 1962) NJW 1963, 2233; KG (9. 12. 1968) FamRZ 1969, 87.] Zum **portugiesischen** Recht siehe BECKER, Eheschließung in Portugal, FamRZ 1955, 204.

Grundsätzlich zum *Verhältnis von staatlichem und religiösem Eherecht* siehe NEUHAUS, FamRZ 1966, 121; siehe weiter MASSFELLER, Mischehen und Grenztrauungen: JW 1936, 2433. Siehe weiter SÜSS in Anm. zu KG (3. 5. 1937) JW 1937, 2523. **177**

Zweifelhaft, aber wohl zu verneinen ist, ob die Beobachtung der Heimatform bei geringem Inlandsinteresse, z. B. bei nur vorübergehendem Aufenthalt der Ehepartner im Inland, genügt, also Art. 13 Abs. 3 EG unbeobachtet gelassen werden kann (dazu SOERGEL-KEGEL[9], Rdz. 54 zu Art. 13 unter Hinweis auf HENRICH, FamRZ 1958, 123 u. a.), **178**
Formvorschriften sind streng auszulegen.

Hinkende Ehen, die lediglich im Inland als gültig behandelt werden und in die inländischen Personenstandsbücher einzutragen sind — dazu BayObLG (8. 10. 1963) BayObLGZ 1963, 265 (269) — können von inländischen Gerichten bei den gegebenen rechtlichen Voraussetzungen — zu dem anzuwendenden Recht siehe die Ausführungen zu Art. 13 EG — geschieden, für nichtig erklärt oder aufgehoben werden. [Dazu RAAPE, IPR[5] S. 296ff. mit Übersicht über den Stand der Meinungen; HOLLEAUX, FamRZ 1963, 636. Siehe weiter OLG Hamburg (25. 10. 1933) JW 1934, 242; Königsberg (1. 2. 1937) HRR 1937, 1447 (Ehemann bulgarischer Staatsangehöriger); LG Berlin (3. 2. 1938) JW 1938, 1273 (Ehemann Iraner); LG Waldshut (11. 4. 1957) FamRZ 1958, 28 mit Anm. NEUHAUS; KG (20. 4. 1936) JW 1936, 2464 mit Anm. MASSFELLER; (14. 1. 1937) JW 1937, 961; (3. 5. 1937) 1937, 2525 mit Anm. SÜSS; LG München (6. 2. 1948) IPRspr. 50/51 Nr. 68; LG Göttingen (18. 10. 1949) IPRspr. 1950/51 Nr. 143; LG Berlin (15. 3. 1954) IPRspr. 1953/54 Nr. 80, JR 1955, 60 m. Anm. FERID = FamRZ 1955, 110.] **179**
N. B. In JW 1926, 375 erklärte das RG (1. 10. 1925) auch eine im Ausland geschlossene, von deutscher Sicht her anzuerkennende (dazu aber Rdz. 197) hinkende Ehe als scheidbar. Dazu auch LG Berlin (2. 11. 1937) JW 1938, 395 (Litauer heiratete standesamtlich in Moskau).
Hinkende Ehen sind eine unerwünschte Begleiterscheinung der Regelung des Art. 13 Abs. 3 EG. Rechtspolitisch ist das so erzielte Ergebnis verfehlt, das wird man den Kritikern der Vorschrift (dazu SOERGEL-KEGEL[9], Rdz. 54 zu Art. 13 unter Hinweis auf ihre Streichung im Reformvorschlag der Eherechtskommission des deutschen Rats für IPR, RabelsZ 25. 1960, 200 am Ende f) zugeben. § 422 der DA für Standesbeamte, wonach beim Erfordernis einer kirchlichen Eheschließung durch das Heimatrecht die Verlobten eine sog. Traubereitschaftserklärung vorzulegen haben, in der sich der zuständige Geistliche zu der kirchlichen Trauung bereit erklärt, sucht die genannten mißlichen Wirkungen auszuschlie-

ßen; die standesamtliche Eheschließung kann jedoch nicht verweigert werden, wenn die Erholung der Erklärung abgelehnt wird.

180 **Vorfrage** — dazu Bosch, FamRZ 1967, 572 —:

Ist das Bestehen einer Ehe als Vorfrage (Erstfrage — Jochem, FamRZ 1964, 392) zu beurteilen, so ist zunächst zu klären, *welches Recht* für die Beurteilung der Vorfrage maßgeblich ist. Ist das Recht anzuwenden, auf das die inländische Kollisionsnorm verweist oder aber das Recht, das nach den Kollisionsnormen des Staates zum Zuge kommen soll, dem wir die Entscheidung über die Hauptfrage zusprechen?

Beispiel:
Das Kind griechischer Eltern, die sich zur griechisch-orthodoxen Kirche bekennen und die in München die Ehe vor einem Popen geschlossen haben, soll im Geburtenbuch als ehelich eingetragen werden; ausschlaggebend ist, ob die Eltern miteinander verheiratet waren.
Zur Wahl steht, auf die Vorfrage gesondert die inländische IPR-Norm des Art. 13 EG anzuwenden, was zur Heranziehung des deutschen materiellen Rechts führt, oder aber von der Hauptfrage auszugehen, die Art. 18 EG unterfällt, und das danach berufene griechische Recht zum Zuge kommen zu lassen.

Im Beispielsfall wird man aus methodischen Gründen (siehe Jochem, FamRZ 1964) 392) die Vorraussetzung der Rechtsfolgen des Art. 18 EG (Anwendung des Heimatrechts des Vaters setzt das Vorliegen des Tatbestands des Art. 18 EG — Bestehen einer Ehe zwischen Vater und Mutter voraus) nämlich die Vorfrage (hier Erstfrage) gesondert der inländischen IPR-Norm des Art. 13 EG unterstellen. [Dazu insbesondere LG Hamburg (27. 2. 1954) IPRspr. 1953/54 Nr. 98 = StAZ 1956, 115; KG (14. 8. 1961) FamRZ 1961, 483; Celle (5. 6. 1963, FamRZ 1964, 209; BayObLG (8. 10. 1963) BayObLGZ 1963, 265; (15. 11. 1966) FamRZ 1967, 507 (508); Köln (18. 10. 1963) FamRZ 1964, 210; Düsseldorf (27. 11 1964) FamRZ 1965, 144; LG Mannheim (8. 11. 1966) FamRZ 1966, 634; AG Mönchen-Gladbach (22. 12. 1965) FamRZ 1966, 310; BGH (22. 1. 1965) BGHZ 43, 213 = JZ 1965, 532 mit Anm. Wengler = FamRZ 1965, 311 mit Anm. Bosch = StAZ 1965, 152; Hamm (27. 6. 1967) FamRZ 1967, 570 sowie Sonnenberger, StAZ 1964, 289; FamRZ 1965, 69; Henrich, StAZ 1966, 217; 1969, 143; Kegel, IPR^2 § 9 S. 116ff.; Neuhaus, Grundbegriffe S. 88ff. Dazu aber auch Wengler, JR 1963, 41; JZ 1965, 536; Weyers, FamRZ 1964, 169; Neuhaus, FamRZ 1965, 541; 1966, 146; Habscheid, FamRZ 1967, 357.]
Kommt man bei aufgezeigtem Gedangengang zu einer Nichtehe, so scheidet eine unmittelbare Anwendung von Art. 18 EG für die Hauptfrage aus. Über das auf den Status des Kindes dann anzuwendende Recht siehe Henrich, Die Rechtsverhältnisse zwischen Eltern und Kindern aus hinkenden Ehen: StAZ 1969, 141 (143). Zum ganzen Problemkreis siehe auch Dorenberg, Hinkende Rechtsverhältnisse im internationalen Familienrecht (1968), der von einem Schwerpunktsdenken, einer „synoptischen" Betrachtungsweise ausgeht. Eine *allgemein gültige* Antwort zum Gesichtspunkt der Formfrage, das sollte jedoch beachtet werden, läßt sich auf die Fragestellung *nicht* geben.

181 β **Ausnahmen** hinwiederum von dem unter α dargelegten Grundsatz kennt das Gesetz in mehrfacher Hinsicht.

αα Falls keiner der Verlobten Deutscher ist, sieht **§ 15a EheG** — ohne rückwirkende Kraft (dazu OLG Stuttgart (28. 10. 1952) IPRspr. 1952/53 Nr. 97 = NJW 1953, 146) — eingefügt durch KRG 52 vom 21. 4. 1947 ABLKR 273 (in Kraft seit dem 8. Tag seiner Ausfertigung) folgendes vor:

§ 15a:
(1) Als Ausnahme von den Bestimmungen der §§ 11, 12, 13, 14, 15 und 17 dieses Gesetzes kann eine Ehe zwischen Verlobten, von denen keiner die deutsche Staatsangehörigkeit be-

sitzt, vor einer von der Regierung des Landes, dessen Staatsangehörigkeit einer der Verlobten besitzt, ordnungsgemäß ermächtigten Person in der von den Gesetzen dieses Landes vorgeschriebenen Form geschlossen werden.

(2) Eine beglaubigte Abschrift der Eintragung der so geschlossenen Ehe in das Standesregister, das von der dazu ordnungsgemäß ermächtigten Person geführt wird, erbringt vollen Beweis der Eheschließung. Der deutsche Standesbeamte des Bezirkes, in dem die Eheschließung stattfand, hat auf Grund der Vorlage einer solchen beglaubigten Abschrift eine Eintragung in das Familienbuch zu machen und die Abschrift zu den Akten zu nehmen.

Dazu Raape, Festschrift für Kiesselbach (1947) S. 141; Weyers, FamRZ 1964, 169, 568; 1965, 1; Sonnenberger-Weyers, 70; Sonnenberger, StAZ 1964, 289; FamRZ 1965, 69; Göppinger, FamRZ 1965, 15; Mergenthaler, StAZ 1967, 175. Siehe auch BGH (22. 1. 1965) BGHZ 43, 214 (221) unter Bezugnahme auf Raape, Kiesselbach-Fschr. S. 145: „§ 15a EheG ändert Art. 13 Abs. 3 EG ab und ist, wie diese Bestimmung, als Kollisionsnorm anzusehen."

Ein Verlobter kann auch staatenlos sein, nicht jedoch beide, da nach dem Gesetzeswortlaut *ein* Verlobter die Staatsangehörigkeit der ermächtigten Person haben und die Eheschließung in der Form des Ermächtigungslandes vollzogen werden muß. Hat ein Doppelstaater die deutsche Staatsangehörigkeit, so ist entgegen sonstiger Übung § 15a EheG anwendbar, dies erfordert der Zweck der Vorschrift. So zutreffend Raape, Kiesselbach-Fschr. S. 147; übereinstimmend Palandt-Lauterbach[28], 2 zu § 15a EheG.

Unanwendbar dagegen ist die Bestimmung, wenn **ein** Verlobter **Deutscher** ist;

Musterfall: Ein Besatzungsangehöriger heiratet eine Deutsche. Dazu Raape, IPR[5] S. 248; LG Köln (20. 2. 1953) IPRspr. 1952/53 Nr. 193 = MDR 1953, 489; LG Essen (4. 7. 1952) IPRspr. 1952/53 Nr. 98; Düsseldorf (10. 2. 1956) IPRspr. 1956/57 Nr. 110; BSozG (28. 4. 1959) FamRZ 1959, 278 mit Anm. Bosch.

Die Person, vor der die Eheschließung vorgenommen wird, muß von der Regierung des Landes, dessen Staatsangehörigkeit einer der Verlobten besitzt, formgerecht zur Vornahme von Eheschließungen ermächtigt sein; über die Ordnungsmäßigkeit entscheidet das Recht des betreffenden Landes. Dazu BGHZ (22. 1. 1965) 43, 214 (221 ff.) = FamRZ 1965, 311 = JZ 1965, 531 = NJW 1965, 129 = StAZ 1965, 152 = MDR 1965, 469. In erster Linie kommen hiernach diplomatische und konsularische Vertreter anderer Staaten in Betracht; aber auch, wie der BGH ausführt, Verwaltungsstellen und Armeegeistliche der in der BRD stationierten ausländischen Streitkräfte. Eine generelle staatliche Ermächtigung genügt nicht, so überzeugend BGH [übereinstimmend mit Celle (5. 11. 1964) FamRZ 1965, 43 und BayObLG (4. 1. 1966) BayObLGZ 1966, 1; Hamm (27. 6. 1967) FamRZ 1967, 570; BayObLG (15. 12. 1965) BayObLGZ 1965, 450; AG Bielefeld (28. 7. 1964) FamRZ 1964, 566 mit Anm. Weyers] gegen Köln (18. 10. 1963) FamRZ 1964, 210. And. A. auch OLG Düsseldorf (27. 11. 1964) FamRZ 1965, 144 sowie einige Untergerichte, wie LG Mannheim (8. 11. 1966) FamRZ 1966, 634; AG Mönchen-Gladbach (22. 12. 1965) FamRZ 1966, 310; LG Kleve (6. 5. 1964) FamRZ 1964, 365 (britischer Militärgeistlicher traut britischen Staatsangehörigen mit einer Deutschen). Siehe weiter Weyers, FamRZ 1964, 169 ff.; 568; 1965, 1 ff. und 70; Bosch, FamRZ 1965, 314 in Anm. zu BGH (22. 1. 1965); ders. FamRZ 1967, 572; Neuhaus, FamRZ 1965, 541 und 1966, 146; Wengler, JZ 1965, 534.

Einer besonderen Ermächtigung bedürfen somit auch die Geistlichen der orthodoxen-griechischen Kirche; in einer Verbalnote hat die königlich-griechische Botschaft in Bonn im Auswärtigen Amt in Bonn die griechisch-orthodoxen Geistlichen bezeichnet, die ermächtigt sind, Eheschließungen zwischen griechischen Staatsangehörigen orthodoxen Dogmas in der nach den griechischen Gesetzen vorgeschriebenen Form und in Übereinstimmung mit § 15a EheG vorzunehmen — dazu Runderlaß des Innenministerium von Nordrhein-Westfalen vom 14. 7. 1965 — MBl. NW Ausgabe A 1965, 840.

Einzelheiten und praktische Hinweise dazu geben PALANDT-LAUTERBACH[28], 2 zu § 15a Ehegesetz. Dazu auch MASSFELLER-HOFFMANN, PStG, Rdz. 10 zu § 15a EheG.

182 **ββ Nottrauungen und freie Ehen**

ααα Zu einer **nachträglichen Erweiterung der Eheschließungsform** führt im Ergebnis das **Bundesgesetz über die Anerkennung von Nottrauungen** vom 2. 12. 1950, BGBl. 778 (Berlin-West, G v. 28. 6. 1951, VOBl. 497 — Saarland: Art. 5 Abs. 8 RAnglG v. 22. 12. 1956, siehe StAZ 1957, 74), das die in der britischen Zone, amerikanischen Zone und in Rheinland-Pfalz vorangegangenen, einschlägigen Vorschriften — dazu § 7 des Gesetzes — ersetzt.
Die Eintragung in das Familienbuch des Hauptstandesamtes in Hamburg heilt rückwirkend den Mangel (nur diesen — nicht etwa Formverstöße gegen § 14 EheG), daß die Eheschließung nicht vor dem Standesbeamten oder einer ihm nach deutschem Recht gleichstehenden Person staatgefunden hat. In güterrechtlicher Hinsicht einschränkend besagt jedoch Abs. 2 des § 1 des Gesetzes:

„Die Vorschriften über das eheliche Güterrecht finden erst von dem Tage an Anwendung, an dem die Eheschließung in das Familienbuch des Hauptstandesamtes in Hamburg eingetragen worden ist. Die Anwendung ist ausgeschlossen, wenn die Ehe vor der Eintragung in das Familienbuch durch den Tod (§ 2) oder die Wiederverheiratung eines Ehegatten (§ 4) aufgelöst worden ist."

Die Heilung bewirkt eine wirkliche Ehe. Dazu BGH (24. 10. 1956) BGHZ 22, 65, 70 = JZ 1957, 279 = NJW 1957, 57 mit Anm. BETTERMANN (301) = FamRZ 1957, 17 mit Anm. BETTERMANN = MDR 1957, 218 mit Anm. BEITZKE.

Voraussetzungen:

Eheschließung in der Zeit vom 1. 1. 1945 bis 1. 8. 1948 in bestimmten von Deutschland beherrschten Gebieten [dazu LG Mannheim (17. 3. 1953) JR 1955, 61] vor Geistlichen bzw. Personen, die wie Standesbeamte handelten; Antrag auf Eintragung, der regelmäßig bis 31. 12. 1951 (Ausnahme für Kriegsgefangene und ihre Kinder!) gestellt sein mußte.
Eine Heilung erübrigt sich, falls außerhalb des Reichsgebiets die Ortsform nach Art. 11 Abs. 1 S. 2 EG gewahrt worden ist.
Zweifelhaft ist, ob dem Bundesgesetz schlechthin auch internationalprivatrechtliche Bedeutung zukommt oder lediglich internrechtliche, wonach die allgemeinen Grundsätze des deutschen IPR über die Form mitzuberücksichtigen sind. Im letzteren Falle würde die heilende Kraft der Ortsform (Art. 11 Abs. 1 S. 2 EG) nur Wirkung entfalten, wenn die Nottrauung im Bundesgebiet oder in Westberlin vorgenommen würde.

Beispiel:
Zwei Polen jüdischer Religion schließen am 15. 1. 1945 in Krakau vor dem von der deutschen Verwaltung eingesetzten Lagerältesten die Ehe. Die Form der Ehe beurteilt sich gemäß Art. 11 alternativ nach dem Heimatrecht der Partner oder nach dem Recht des Abschlußortes.
Die nach dem Heimatrecht erforderliche Form ist nicht gewahrt. Der inländischen Ortsform ist nicht Genüge getan, sie setzt eine Trauung im Bundesgebiet oder in Westberlin voraus.

KEGEL (in Soergel-Kegel[9], Rdz. 59—61 zu Art. 13) befürwortet, es bei den allgemeinen Regeln des IPR (und des interlokalen Privatrechts) zu belassen, die Ehe wäre hiernach formnichtig. Geht man jedoch vom Sinn und Zweck des Bundesgesetzes aus (dazu STAUDINGER-DIETZ[11], Rdz. 484 zu § 11 EheG: „Das Gesetz will dort helfen, wo infolge der Kriegswirren eine formgerechte Eheschließung weder nach Ortsrecht noch nach persönlichem Ehestatut für die Brautleute möglich war — es gilt daher auch für Ausländer"), so erscheint es überzeugender, in dem Gesetz zugleich eine ergänzende Regelung des Art. 11 EG zu sehen und es auch auf internationalprivatrechtlicher Ebene anzuwenden, wenn sein Tatbestand erfüllt ist. § 2 Abs. 3 des Bundesgesetzes („Die Eintragung soll ferner nur

erfolgen, wenn wenigstens einer der Ehegatten seinen gewöhnlichen Aufenthalt im Geltungsbereich dieses Gesetzes hat oder, falls beide Ehegatten verstorben sind, zur Zeit seines Todes gehabt hat“) steht als eine aus Zweckmäßigkeitsgründen geschaffene Ordnungsvorschrift dem nicht entgegen. Wie andere Rechte die Wirksamkeit der Nottrauung beurteilen mögen, dazu z.B. OLG Gera (31. 12. 1947) NJ 1950/66 = IPRspr. 1945/49 Nr. 16, kann dahinstehen. Übereinstimmend STAUDINGER-DIETZ[11], Rdz. 484 zu § 11 EheG; wohl auch PALANDT-LAUTERBACH[28], 1a zu § 1 (Anhang zu EheG 11); ERMAN-ARNDT[4], Anhang I zu § 11 EheG; Creifelds, JR 1949, 428 für die Rechtslage nach vorangegangenem Landesrecht.
Zur Rechtslage, falls die Ehe vor dem 1. 1. 1945 in ähnlichen Fällen geschlossen wurde, siehe auch Rdz. 126.

ββββ Zu einer *nachträglichen Erweiterung* der Eheschließungsform führen im Ergebnis des weiteren die Art. 6—8 (Heilung nicht wirksam zustande gekommener Eheschließungen) des **AHKG Nr. 23 über die Rechtsverhältnisse verschleppter Personen und Flüchtlinge** vom 17. 3. 1950, ABlAHK 140 (SaBl. 256): in der Fassung Änderungsgesetz vom 1. 3. 1951, ABlAHK 808 (SaBl. 322) — (Berlin-West, Gesetz vom 28. 8. 1950, VOBl. 458, in der Fassung Änderungsgesetz vom 13. 4. 1951, VOBl. 322). 183
Zum Gesetz siehe die von PALANDT-LAUTERBACH[28] Anhang I zu Art. 29 EG angegebene Literatur.
Eie *Eintragung in das Familienbuch* des Hauptstandesamtes in Hamburg heilt *rückwirkend* alle *Form*mängel.

Voraussetzungen:

Eheschließung in der Zeit vom 8. 5. 1945 und 1. 8. 1948 in Deutschland (einschließlich West-Berlin und DDR) ohne Saargebiet westlich der Oder-Neiße-Linie (dazu Art. 10b G) vor einem Geistlichen nach den Vorschriften seines Religionsbekenntnisses. Eine analoge Anwendung auf vorher liegende Fälle ist ausgeschlossen — dazu OLG Stuttgart (28. 10. 1952) IPRspr. 1952/53 Nr. 97 = NJW 1953, 146.

Personenkreis:

Verschleppte Personen oder Flüchtlinge (Definition: Art. 10a AHKG 23), die sich im Bundesgebiet oder West-Berlin aufhielten und eine Bescheinigung über ihre Betreuung durch die IRO besaßen, wobei vorausgesetzt wird (Nachweise gibt KEGEL in SOERGEL-KEGEL[9], Fn. 14 zu Rdz. 63 Art. 13, der selbst die herrschende Ansicht ablehnt), daß *beide* Verlobte Verschleppte oder Flüchtlinge waren. Verschleppte Personen und Flüchtlinge sind nur Personen, die nicht die deutsche Staatsangehörigkeit besitzen, oder deren Staatsangehörigkeit nicht festgestellt werden kann. Nicht unter das Gesetz fallen schon im Hinblick auf Art. 116 GG volksdeutsche Flüchtlinge, ferner deutsche Staatsangehörige, die noch eine andere Staatsangehörigkeit besitzen.

Die genannten Artikel des Gesetzes tragen im wesentlichen fremdenrechtlichen Charakter. Der internationalprivatrechtliche Zug tritt dann hervor, wenn die Trauung in der DDR oder in Ost-Berlin stattfand; Art. 11 Abs. 1 S. 1 und 2 EG werden insoweit ergänzt.
Die Tatbestände des BG über die Anerkennung von Nottrauungen vom 2. 12. 1950 sowie des KRG Nr. 23 decken sich nicht in allem, die Beteiligten können sich (strittig, überwiegende Meinung bejaht — dazu LG Mannheim (17. 3. 1953) JR 1955, 61 — and. A. DÖLLE, StAZ 1950, 111) auf das jeweils für die Heilung günstigere Recht berufen.

Zu *keiner nachträglichen* Erweiterung der Eheschließungsform führt das **Bundesgesetz über die Anerkennung freier Ehen rassisch und politisch Verfolgter** vom 23. 6. 1950, BGBl. 226 in der Fassung vom 7. 3. 1956, BGBl. I 104*. 184

* Nachweise zur Einführung des Gesetzes in West-Berlin und Saarland siehe Rdz. 396 zu § 11 EheG (Staudinger-Dietz). Zum Gesetz siehe die von STAUDINGER-DIETZ[11], Rdz. 395 Fn.

Die Anerkennung der Landesverwaltung von Verbindungen Verlobter, denen aus rassischen oder politischen Gründen die standesamtliche Eheschließung unmöglich gemacht worden war, schafft nicht etwa, wie KEGEL, Soergel-Kegel[9] Rdz. 67 zu Art. 13, meint, eine „Ehe minderen Rechts", der behördliche Akt begründet lediglich, wie das Gesetz wörtlich besagt, die „Rechtswirkungen einer gesetzlichen Ehe". Daß dem so ist, zeigt schon die Tatsache, daß trotz späterer standesamtlicher Eheschließung die „Wirkungen der Eheschließung" nach § 1 Abs. 2 des Gesetzes vorverlegt werden können; niemand wird bezweifeln, daß hier die Eheschließung erst mit der Erklärung vor dem Standesbeamten zustande gekommen ist. [Im Ergebnis übereinstimmend BGH (24. 10. 1956) BGHZ 22, 65 (70) = JZ 1957, 279 = NJW 1957, 57 mit Anm. BETTERMANN = FamRZ 1957, 17 mit Anm. BETTERMANN = MDR 1957, 218 mit Anm. BEITZKE. Siehe auch VGH München (18. 6. 1956) NJW 1957, 315 mit Anm TIETGEN; STAUDINGER-DIETZ[11], Rdz. 489ff. zu § 11 EheG; PALANDT-LAUTERBACH[28], 5 Anhang zu EheG 13.]

Ist dem aber so, dann können die Regeln des internationalen und interlokalen Privatrechts über die Form der Ehe nicht zum Zuge kommen (and. A. SOERGEL-KEGEL[9], Rdz. 68 unter Hinweis auf MASSFELLER, Kommentar zum PStG Teil IV Rassisch Verfolgte, § 1 Eheanerkennungsgesetz Bem. 5 sowie StAZ 1954, 193; BEITZKE, JR 1953, 143), insbesondere scheidet damit eine Anwendung von § 13 Abs. 3 EheG aus. Übereinstimmend ERNST WOLFF, Festschrift für RAAPE (1948) S. 192.

Maßgeblich ist das Ehestatut; die Rechtslage ähnelt der, wie sie für nachträgliche Eheschließungen nach dem *Gesetz über die Rechtswirkungen des Ausspruchs einer nachträglichen Eheschließung* vom 29. 3. 1951, BGBl. I 215 (West-Berlin: Gesetz vom 10. 1. 1952, GVBl. 75; Saarland: Art. 5 Abschn. VII RAnglG vom 22. 12. 1956, ABl. 1667) gilt.

185 γγ **Eheschließung von Ausländern im Inland vor Gesandten oder Konsuln*.**

Dem *Grundsatz* nach erkennt die BRD ausländischen Diplomaten und Konsuln im Inland keine Ausübung standesamtlicher Funktionen zu, dies entspricht Art. 13 Abs. 3 EG.

Beispiel:

Ein in der BRD ansässiger Engländer geht mit einer Engländerin oder Italienerin oder Deutschen vor einem englischen Konsul in der BRD die Ehe ein.
Die Ehe ist von deutscher Sicht her unwirksam. Nach Art. 19 Buchstabe a Nr. III Konsularvertrag mit Großbritannien vom 30. 6. 1956, BGBl. 1957 II 285 steht dem Konsul lediglich ein Registrierungsrecht einer unter Beobachtung der Vorschriften des Gebietsstaates vollzogenen Eheschließung zu. Dazu SOERGEL-KEGEL[7], Rdz. 109 Fn. 2 zu Art. 13 EG.

186 Der Grundsatz erleidet *zwei Ausnahmen:*

Exterritoriale (zum Begriff siehe RIEZLER, IZPR § 36 S. 341ff.), die in der BRD heiraten, unterfallen, was die Form der Eheschließung angeht, ihrem Heimatrecht. [Dazu LG Stuttgart (24. 4. 1959) FamRZ 1960, 506, das die Wirksamkeit einer Privatscheidung erörtert. HABICHT, StAZ 1924, 293; BOSCHAN, StAZ 1932, 51; RAAPE, IPR[5] S. 255; SOERGEL-KEGEL[9], Rdz. 108 zu Art. 13. And. A. BEITZKE, FamRZ 1959, 507 in Würdigung der bisherigen Rechtsprechung.]

---

zu § 11 EheG angegebene Literatur sowie STAUDINGER-DIETZ[11], Rdz. 489 zu § 11 EheG; SOERGEL-KEGEL[9], Rdz. 64 ff. zu Art. 13; PALANDT-LAUTERBACH[28], Anhang zu EheG 13; ERMAN-HEFERMEHL[4], Anhang III zu § 11 EheG; KÜSTER, SJZ 1950, 807; MASSFELLNER, Das gesamte Personenstandsrecht (Kommentar 1951).

* Dazu MARIOLLE, AöR 13, 459ff., 524ff.; FRANKENSTEIN, IPR I S. 537; LEWALD, „Diplomatische Ehen", WBVR I S. 263—265; OHLENDORF-LOTTIG, Konsularrecht (1960). Dazu auch §§ 139, 158—161 DA für Standesbeamte, § 41 PStG. Material gibt MAKAROV. Quellen[2].

Staatsverträge (Konsular- Handels- und Schiffahrtsverträge) sehen mitunter ausdrücklich oder durch Meistbegünstigungsklausel die Befugnis zur Vornahme der Eheschließung, sei es zwischen den Angehörigen des Heimatstaates, sei es auch einem Angehörigen eines anderen Staates vor. Die meisten dieser Verträge sind aufgehoben oder suspendiert. Dazu auch BERGMANN, Der Ausländer im deutschen Recht (1934) S. 65; BOSCHAN, Zwischenstaatliches Personenstandsrecht (1937) S. 20.

Unter den **in Kraft** befindlichen **Verträgen** sind zu nennen **die Abkommen** mit: **Schweden,** vom 14. 5. 1926 (RGBl. II 384) Art. 22;

Art. 22:

„Die vertragsschließenden Teile bewilligen sich gegenseitig das Recht, Konsuln in allen denjenigen Häfen und Handelsplätzen des anderen Teils zu ernennen, in denen Konsuln irgendeines dritten Staates zugelassen werden.
Die Konsuln des einen vertragsschließenden Teils sollen in dem Gebiete des anderen Teils dieselben Vorrechte, Befreiungen und Befugnisse genießen, die den Konsuln irgendeines dritten Staates gegenwärtig oder künftig gewährt werden. Indessen sollen ihnen diese Vorrechte, Befreiungen und Befugnisse nicht in einem größeren Ausmaße zustehen, als sie den konsularischen Vertretern des letzteren Teils im Gebiete des ersteren gewährt werden."
Vereinbarung über diplomatische und konsularische Eheschließung vom 6. 9. 1932 (RBGl. 1933 II 530).

Türkei, Konsularvertrag vom 28. 5. 1929 (RGBl. 1930 II 747); 1931 II 538 — Art. 18, 27 — (BGBl. 1952 II 608).

Art. 18:

Die Konsuln können, soweit sie nach den Vorschriften des Entsendestaates dazu befugt sind, Eheschließungen vornehmen, sofern die beiden Verlobten Angehörige dieses Staates sind.

Die Konsuln müssen die erwähnten Eheschließungen umgehend zur Kenntnis der Behörden des Empfangsstaates bringen.

Art. 27 (Meistbegünstigungsklausel).

Jemen, vom 21. 4. 1953 (BGBl. 1954 II 574; 1955 II 4) Art. 5.

Art. 5 (Meistbegünstigungsklausel).

Japan, Abkommen vom 27. 6. 1957, BAnz. vom 11. 2. 1957, Art. 1.

Art. 1:

(1) Die diplomatischen Vertreter und die Konsuln der vertragsschließenden Staaten können, soweit sie nach den Vorschriften des Entsendestaates dazu ermächtigt sind, Eheschließungen zwischen Verlobten vornehmen, die Staatsangehörige des Entsendestaates sind.
(2) Die nach Absatz 1 erfolgten Eheschließungen werden unverzüglich durch den diplomatischen Vertreter des Entsendestaates dem Außenministerium des Empfangsstaates mitgeteilt."
Dazu Meistbegünstigungsklausel im Vertrag vom 20. 7. 1927 (RGBl. II 1088) Art. 3.

Sowjetrußland, Konsularvertrag vom 25. 4. 1958 (BGBl. 1959 II 232, 469).

Art. 23:

(1) Der Konsul ist befugt, nach den Vorschriften des Entsendestaates Eheschließungen vorzunehmen, wenn beide Eheschließenden Staatsangehörige des Entsendestaates sind.
(2) Von den vorgenommenen Eheschließungen hat der Konsul den Behörden des Empfangsstaates innerhalb von drei Monaten Anzeige zu erstatten.
(3) Der Konsul ist befugt, von den Gerichten erkannte Ehescheidungen, die einen Staatsangehörigen des Entsendestaates betreffen, nach den Vorschriften des Endsendestaates zu registrieren.
Vorher: Konsularvertrag vom 12. 10. 1925 (RGBl. 1926 II 1). Dazu Rabinowitsch, BlIntPr. 1926 Nr. 9.

Zum **Haager Abkommen** siehe unten Rdz. 206.

Aufgehobene oder im Hinblick auf den zweiten Weltkrieg (Differenzierungstheorie bejaht Fortgeltung) **suspendierte** Verträge:

mit

Ekuador, vom 28. 3. 1887 (RGBl. 1888, 136) — Art. II.
Paraguay, vom 21. 7. 1887 (RGBl. 1888, 178).
Kolumbien, vom 23. 7. 1892 (RGBl. 1894, 471) — Art. 21.
Italien über die Befugnis der beiderseitigen Konsuln zur Vornahme von Eheschließungen vom 4. 5. 1891 (RGBl. 113) — wieder in Kraft gesetzt (RGBl. 1920, 1577 — Art. 1) — dazu *Meistbegünstigungsklausel* im Vertrag vom 31. 10. 1925. (RGBl. 1925 II 1020, 1158) Art. 37.
Nicaragua, vom 4. 2. 1896 (RGBl. 1897, 171; 1924 II 371) — Art. 30.
Bolivien, vom 22. 7. 1908 (RGBl. 1910, 507; 1927 II 455) — dazu Auslegung in RGBl. 1936 II 216.
Bulgarien, vom 29. 9. 1911 (gekündigt zum 23. 9. 1926 — RGBl. 1925 II 952; vom 4. 6. 1929 RGBl. 1930 II 747, 763, 947— Art. 19, 27) .
Estland, vom 13. 3. 1925 (RGBl. 1926 II 327, 426) Art. XXVI.
Belgien-Luxemburg, vom 4. 4. 1925 (RGBl. 1925 II 883, 947) — Art. 14.
Panama, vom 21. 11. 1927 (RGBl. 1928 II 639) — Art. XI.
Süd-Afrikanische Union, vom 1. 9. 1928 (RGBl. 1929 II 15) — Art. 21.
Litauen, vom 30. 10. 1928 (RGBl. 1929 II 245) — Art. 26.
Iran, vom 17. 2. 1929 (RGBl. 1930 II 1002) — Art. 2.
Haiti, vom 10. 3. 1930 (RGBl. 1931 II 1) — Art. XI.
Österreich, vom 12. 4. 1930 (RGBl. 1930 II 1079; 1931 II 12) — Art. 30.
Irland, vom 12. 5. 1930 (RGBl. 1931 II 115, 692) — Art. 21.
Thailand, vom 30. 12. 1937 (RGBl. 1938 II 51, 52) — Art. 17.

Die staatsvertraglichen Abmachungen entbinden lediglich von der Einhaltung der Inlandsform (Art. 13 Abs. 3 EG — dazu LG Berlin, JW 1938, 2402). Im Hinblick auf § 15a EheG ist heute ihre Bedeutung gering (nur falls einer der Verlobten die deutsche Staatsangehörigkeit hatte!).

187 **Zu α und β.**

Wird die Ehe im **Inland** geschlossen, so bemessen sich, läßt man die diplomatischen Ehen außer acht, die **Folgen einer Verletzung der Form** grundsätzlich **nach den deutschen Sachnormen** — dazu oben Rdz. 144. Bei zulässigen diplomatischen Eheschließungen dagegen sind die Formerfordernisse des Heimatrechts der Verlobten zu beachten.

188 **b) Auslandsehen**

Maßgeblich ist Art. 11 Abs. 1 EG — insoweit kann allgemein auf die Ausführungen oben Rdz. 33 ff. verwiesen werden; einzuhalten ist also entweder die Heimat- oder die Ortsform. Dazu RG (22. 6. 1931) RGZ 133, 161; KG (12. 11. 1931) IPRspr. 1932 Nr. 19. Wenig überzeugend ist die Ansicht des OLG Stuttgart (5. 11. 1962) FamRZ 1963, 39 — dazu auch Rdz. 127 —, eine kirchliche Eheschließung genüge dann, wenn bei (infolge Kriegswirren) Fehlen einer zuständigen staatlichen Stelle die vom Ortsrecht oder dem Heimatrecht verlangte Form nicht eingehalten werden kann. Eine andere Frage ist, ob ein solch tatsächliches Lebensverhältnis hinsichtlich gewisser Wirkungen nicht wie eine Ehe zu behandeln ist. Damit aber kommt man tatsächlich gesehen zu einer Differenzierung, je nachdem es sich um die Eheschließung Deutscher oder ausländischer Partner handelt.

189 **α Einer oder beide Partner sind Deutsche**

Es ist heute in der BRD allgemein anerkannt, daß ein Deutscher im Ausland nicht gemäß seinem Heimatrecht — falls nur ein Partner Deutscher ist, ist insoweit auch sein Heimatrecht zu beachten — dazu unten Rdz. 195 —, d. h. gemäß den deutschen Formvorschriften eine Ehe eingehen kann, es sei denn, es handelt sich um eine konsularische Ehe. Nottrauungen und Heilungen nicht formgerechter Eheschließungen nach AHKG Nr. 23, die einer vergangenen Epoche angehören, können hier außer Betracht gelassen werden. § 11 EheG setzt einen deutschen Standesbeamten voraus, ausländische können ihm, wie schon früher Rdz. 144 dargelegt, nicht gleichgesetzt werden. Dazu RAAPE, IPR[5] S. 252; SOERGEL-KEGEL[9],

Rdz. 52 zu Art. 13; ERMAN-MARQUORDT[4], 8b zu Art. 13; PALANDT-LAUTERBACH[26] 6b zu Art. 13.

Ist dem so, dann ist für die **Eheschließung Deutscher im Ausland nur die Ortsform** maßgeblich, der Satz „locus regit actum" gewinnt insoweit eine **zwingende** Bedeutung. Die Beachtung der Ortsform genügt selbst dann, wenn die Form, die das Heimatrecht des anderen etwa ausländischen Verlobten für die Trauung vorschreibt, nicht gewahrt ist — BGH (19. 12. 1958) BGHZ 29, 137 unter Hinweis auf RGZ 88, 191; 138, 214 (216); 157, 257 (259) — oder das IPR des fremden Heimatrechts den Satz „locus regit actum" für die Eheschließung nicht anerkennt. Dazu Frankfurt (26. 5. 1967) FamRZ 1967, 476 unter Hinweis auf RGZ 88, 191. Siehe weiter LEWALD, IPR S. 85 Anm. 115b; NUSSBAUM, IPR § 23 I; KEGEL, IPR[2] S. 267, 269; RAAPE, IPR[5] S. 149ff., 253.

Beispiel 1: 190

Zwei Deutsche heiraten in Stockholm vor dem zuständigen Geistlichen. Die Ehe ist nach schwedischem Ortsrecht formgerecht abgschlossen.

Weiß ein Partner nicht, daß die kirchliche Ehe in Schweden auch weltliche Wirkung in Deutschland hat, so kann er wohl nach § 31 EheG Aufhebungsklage erheben. Dazu RG (17. 11. 1924) JW 25, 1639 = IPRspr. 1926/27 Nr. 29.

Die beiden Partner können aber auch wahlweise sich vor dem schwedischen Standesbeamten trauen lassen, nach schwedischem Ortsrecht ist die Form damit ebenfalls gewahrt.

Beispiel 2: 191

Ein Deutscher heiratet im US-Staat Texas eine Amerikanerin nudo consensu. Das Recht dieses Staates erkennt alternativ die common law-Ehe an. Dazu auch AG Mainz (9. 12. 1955) IPRspr. 1953/54 Nr. 83.

In der Sache Meister gegen Moore, 96 US 76 (1878) wird gesagt:

„Whatever the form of ceremony, or even if all ceremony was dispensed with, if the parties agreed presently to take each other for husband and wife, and from that time lived together professedly in that relation, proof of these facts would be sufficient to constitute proof of a marriage binding upon the parties, and which would subject them and others to legal penalties for a disregard of its obligations. This has become the settled doctrine of the American courts."

Auch von deutscher Sicht her (Art. 11 Abs. 1 S. 2 EG) ist die Ehe formwirksam, Art. 30 EG steht dem nicht entgegen. Dazu RG (26. 10. 1932) RGZ 138, 214; Balogh, DJZ 1933, 1424 sowie oben Rdz. 45.

Das Familiengesetzbuch der RSFSR vom 19. 11. 1925 kannte neben der registrierten Ehe auch die **faktische** oder private **Ehe.** Für eine solche genügte es, wenn zwischen Mann und Frau eheliche Beziehungen bestanden und sie sich entweder gegenseitig als Eheleute anerkannten oder aus den tatsächlichen Umständen auf eine solche Anerkennung geschlossen werden mußte. [Dazu FREUND, Das neue Eherecht der Sowjetrepubliken im internationalen Verkehr: JW 1928, 877; RABINOWITSCH, Das neue russische Familienrecht: BlIntPr 1928, 153. Eine Übersicht über den Wechsel der eherechtlichen Formvorschriften in der Sowjetunion gibt für die frühere Zeit KG (15. 11. 1932) IPRspr. 1932 Nr. 18; LG Hamburg (2. 5. 1956) IPRspr. 1956/57 Nr. 100. Zum ukrainischen Gesetzbuch von 1926 siehe Schleswig-Holstein (9. 5. 1951) IPRspr. 1950/51 Nr. 67. Siehe auch Fußnote 2 zur Entsch. des LG Heilbronn vom 9. 7. 1952 in IPRspr. 1952/53 Nr. 165 sowie Oldenburg (13. 3. 1958) IPRspr. 1958/59 Nr. 111 = FamRZ 1958, 321.]

Ging ein Deutscher in einer der Sowjetrepubliken, wo ein solches Gesetz galt, eine derartige Ehe ein, so war sie auch von deutscher Sicht her als formwirksam anzuerkennen. Dazu RG (7. 4. 1938) 157, 257 = JW 1938, 1716; siehe auch RG (22. 10. 1930) JW 1931, 1334. Wenig überzeugend wäre es, zu sagen, nur dasjenige Ortsrecht, dasbei Erlaß seiner Formvorschriften von einer Ehe im Sinne der überlieferten Kultur ausgehe, sei mit dem Satz „locus regit actum" gemeint. Der Satz ist auch da anzuwenden, wo das Ortsrecht für die Eheschließung keine behördliche oder kirchliche Form vorschreibt. Der einzige Vorbehalt bleibt, daß im einzelnen Fall die Anwendung dieses Ortsrechts nicht anstößig im Sinne des Art. 30 EG ist. Nach RG (26. 10. 1932) RGZ 138, 214 (216) zwingt eine erleichterte Eheschließungsform nicht ohne weiteres Art. 30 EG anzuwenden. Die Vorbehaltsklausel wird im übrigen nur dann eingreifen können, wenn deutsche Belange im Spiel sind, also zumindest einer der beteiligten Partner Deutscher ist — dazu oben Rdz. 45. Sieht man die faktische Ehe als wirksam an, so wird, worauf schon Raape in der Vorauflage hingewiesen hat, oft der Tatbestand des § 31 EheG (früher § 1332 BGB) gegeben sein. Das RG (GruchotsBeitr. 68, 322) sah diesen Tatbestand sogar in einem Falle als erfüllt an, in dem ein deutscher Soldat während des Krieges im besetzten Gebiet eine kirchliche Ehe mit einem Angehörigen desselben schloß, ohne zu wissen, daß das Ortsrecht keine weltliche Eheschließung verlangte.

Heute beurteilt sich in der UdSSR eine rechtlich anerkannte Ehe nach dem Unionserlaß des Obersten Sowjets der UdSSR vom 8. 7. 1944 (führte zur Neufassung des FGB der RSFSR vom 16. 4. 1945) über die Ehereform und die Änderung in den Gesetzen über Ehe, Familie und Vormundschaft, wonach eine Pflichtregistrierung der Eheschließung vorgesehen ist. Der Erlaß sprach u.a. den vor dem 8. 7. 1944 in tatsächlicher Ehe lebenden Partnern die Befugnis zu, ihre Ehebeziehungen durch Registrierung zu legalisieren. Neue Ehen galten seitdem als im Zeitpunkt ihrer Registrierung vor den Organen des Personenstandswesens als geschlossen. Dazu Bilinsky, Das sowjetische Eherecht (Studien des Instituts für Ostrecht, München 1961 Bd. 13); Raape, IPR[5] S. 245 Fn. 14; Bergmann-Ferid, (Guilke) UdSSR III A 4 S. 16ff.

192 Anders läge der Fall, wenn das Ortsrecht für gewisse Fälle eine bestimmte Form zwingend vorgeschrieben hat, die nicht eingehalten worden ist. Hier genügt nur die Einhaltung der zwingenden Form. Dazu Karlsruhe (28. 3. 1917) OLGRspr. 35, 358. In diesem Zusammenhang können sich mancherlei überlegenswerte Situationen ergeben.

Beispiel:
Zwei katholische Deutsche heiraten in Spanien in kirchlicher Form. Die Ehe ist formgerecht. Art. 42 des spanischen Código civil kennt zwei Formen der Ehe: die kanonische Ehe, die diejenigen abschließen müssen, die sich zur katholischen Religion bekennen und die Zivilehe, die nach Maßgabe dieses Gesetzes eingegangen wird. Dazu Bergmann-Ferid, IV Spanien.
Geht man davon aus, daß die kanonische Eheschließung wohl nur den Katholiken spanischer Staatsangehörigkeit geboten ist, so ist sie dennoch auch den ausländischen Katholiken gestattet, damit ist die Form des Ortsrechts gewahrt.
Zweifelhaft dagegen ist die Rechtslage, wenn die deutschen Brautleute in Spanien lediglich eine Zivilehe schließen. Man wird eine solche wohl als wirksam ansehen müssen.

Zur *Handschuhehe* Deutscher im Ausland siehe oben Rdz. 77.
Daß die Benutzung der Ortsform *keine Gesetzesumgehung* darstellt, wurde oben Rdz. 149, 43 bereits erörtert. Dazu auch Frankfurt (26. 5. 1967) NJW 1967, 1426; SchlHOLG StAZ 1967, 96.

193 Ist für die Eheschließung Deutscher im Ausland die Ortsform zwingend (dazu oben Rdz. 189), so folgt daraus: Wird die **Ortsform nicht eingehalten,** so beurteilen sich die **Folgen** vorbehaltlich Art. 30 EG **ausschließlich nach dem verletzten Ortsrecht.** [Dazu Raape, IPR[5] S. 253; RG (22. 6. 1931) RGZ 133, 161 (165); KG (16. 1. 1933) IPRspr. 1933 Nr. 6; (29. 1. 1934) IPRspr. 1934 Nr. 16; KG (8. 11. 1937) JW 1938, 1242 sowie oben Rdz. 144].
Aus der reichhaltigen Rechtsprechung zur Maßgeblichkeit des Ortsrechts (einer oder beide Partner waren Deutsche!) ganz allgemein siehe:

Dresden (20. 12. 1909) SeuffArch. 66 Nr 33: Deutscher heiratete am 7. 7. 1902 in St. Giles (London) eine Österreicherin unter Einhaltung der Ortsform — Ehe formell rechtsgültig;
BayObLG (22. 11. 1912) ZRpflBay. 1913, 73: Katholisch-preußischer Staatsangehöriger heiratete 1883 in Moskau eine evangelische Russin — Ortsform gewahrt;

Karlsruhe (28. 3. 1917) OLGRspr. 35, 358: Mosaischer Russe (heimatberechtigt in Radom) heiratete 1909 vor dem Standesamt in London evangelische Deutsche — Ehe ungültig, da Ortsform nicht gewahrt;

Karlsruhe (18. 4. 1917) OLGRspr. 35, 343: Deutscher heiratete in Genf vor dem Standesbeamten Ausländerin — Ortsform gewahrt;

Düsseldorf (31. 10. 1922) JW 1923, 191: Deutscher heiratete am 5. 11. 1918 im Gouvernement Minsk eine Russin vor dem Geistlichen — Ortsform nicht gewahrt, da in Rußland seit 19. 12. 1917 die Zivilehe eingeführt;

RG (15. 2. 1926) RGZ 113, 38 = Mosaischer Russe heiratete 1902 mosaische Deutsche in London vor einem Standesamt sowie nach mosaischem Ritus — Ortsform gewahrt — Ehe sowohl vom deutschen wie russischen Standpunkt her *formgerecht*;

RG (20. 1. 1928) RGZ 120, 35: Deutscher heiratete am 21. 5. 1916 in Indianapolis (US) eine Schweizerin — Ortsform gewahrt — Ehe formell gültig;

Schöffengericht Berlin-Wedding (1. 5. 1928) IPRspr. 1929 Nr. 28: Deutscher schloß am 3. 8. 1919 in Kurland die Ehe vor evangelisch-lutherischem Pastor — Ehe formell wirksam;

RG (23. 12. 1929) IPRspr. 1930 Nr. 26: Belgier heiratete am 2. 7. 1909 in Kopenhagen in kirchlicher Form eine Deutsche — Ortsform gewahrt;

LG III Berlin (7. 3. 1930) IPRspr. 1930 Nr. 29 = StAZ 1930, 358: Zwei mosaische Deutsche schlossen 1925 im Mandatsgebiet Palästina vor dem Rabbiner die Ehe — Ortsform gewahrt;

KG (10. 4. 1930) IPRspr. 1931 Nr. 24: Ein mosaischer Russe heiratete 1900 vor einem englischen Standesbeamten eine mosaische Deutsche — Ortsform gewahrt (grundsätzliche Ausführungen zu englischer Eheschließungsform);

LG II Berlin (14. 10. 1930) IPRspr. 1931 Nr. 28: Mosaischer Deutscher heiratete Januar 1919 in Warschau vor dem Rabbiner eine mosaische Ausländerin — keine Eintragung in das polnische Zivilstandsregister — Ortsform maßgeblich, aber nicht gewahrt;

RG (22. 10. 1930) WarnRspr. 1931 Nr. 165 = IPRspr. 1931 Nr. 57: Ein Deutscher heiratete am 23. 1. 1926 eine Sowjetrussin durch Registrierung im Gouvernements-Registrierungsbüro im Kaukasus — maßgebliches Ortsrecht gewahrt — keine Anfechtung bei Zweifel des Deutschen, ob Ehe auch nach deutschem Recht gültig;

LG I Berlin (6. 11. 1930) = IPRspr. 1932 Nr. 22 = StAZ 1932, 164: Deutsche heiratete am 6. 11. 1927 vor dem Rabbiner in Kaaden (Tschechoslowakei) einen Polen — Ortsrecht maßgeblich, aber nicht eingehalten;

KG (1. 6. 1931) IPRspr. 1932 Nr. 26: Mosaischer Ausländer heiratete am 16. 6. 1927 in Bodenbach (Tschechoslowakei) eine mosaische Deutsche vor dem Rabbiner ohne Aufgebot — Ortsform maßgeblich, aber nicht gewahrt;

KG (18. 1. 1932) IPRspr. 1932 Nr. 20: Ehe (geschlossen in Rußland am 12. 11. 1917) zwischen evangelischem Deutschen und einer griechisch-orthodoxen Russin nach griechisch-orthodoxem Ritus wirksam nach Art. 11 Abs. 1 S. 2 EG;

LG III Berlin (25. 2. 1932) IPRspr. 1932 Nr. 23 = StAZ 1932, 224 = NiemeyersZ 1932, 369: Pole heiratete am 30. 8. 1925 vor dem Rabbiner in der Tschechoslowakei ohne Aufgebot eine Deutsche — Ortsform nicht gewahrt — der Hinweis des LG auf Art. 11 Abs. 1 S. 1 EG erübrigte sich;

KG (2. 5. 1932) IPRspr. 1932 Nr. 21: Deutscher heiratete am 12. 7. 1920 in Rußland in bürgerlicher Form eine Ausländerin, Herstellung einer ehelichen Lebensgemeinschaft war nicht beabsichtigt — Ehe nach Ortsrecht formwirksam;

KG (16. 1. 1933) IPRspr. 1933 Nr. 6: Deutscher heiratete am 23. 5. 1917 in Rußland in kirchlicher Form eine Ausländerin — Ortsrecht maßgeblich, aber nicht gewahrt;

RG (15. 12. 1933) IPRspr. 1934 Nr. 17 = StAZ 1934, 262: Deutscher heiratete 1913 vor dem Standesbeamten eine Ausländerin — Ortsform gewahrt;

KG (29. 1. 1934) IPRspr. 1934 Nr. 16 = DJ 1934, 1158 = StAZ 1935, 105: Eheschließung (1926) eines evangelischen Deutschen mit einer griechisch-katholischen Bulgarin vor dem evangelischen Pfarrer in Sofia — Ortsform hätte genügt, aber nicht gewahrt;

LG Nürnberg-Fürth (1. 6. 1934) IPRspr. 1934 Nr. 132 = StAZ 1934, 283: Ein Deutscher schloß 1925 in Eger nach römisch-katholischem Ritus mit einer Tschechoslowakin die Ehe — Ortsform gewahrt (tschechoslowakisches Gesetz vom 22. 5. 1919);

RG (14. 1. 1935): Zwei Deutsche schlossen am 19. 8. 1933 vor dem englischen Standesbeamten in Holborn die Ehe — formell wirksam;

KG (9. 3. 1936): Zwei mosaische Deutsche schlossen am 16. 10. 1927 vor dem Rabbiner in Bodenbach (Tschechoslowakei) die Ehe — Ortsrecht gewahrt — Ehe formell wirksam — fehlendes Aufgebot gibt Bestreitungsrecht (Anfechtungsrecht);

RG (6. 4. 1936) JW 1936, 1658: Isländer heiratete unter Wahrung der Ortsform in Kopenhagen Deutsche — Ehe wirksam;

KG (8. 11. 1937) JW 1938, 1242: Früherer Pole heiratete 1925 eine Deutsche in Bodenbach (Tschechoslowakei) vor einem unzuständigen jüdischen Kultusbeamten ohne Aufgebot — Einhaltung der Ortsform hätte genügt, aber im Hinblick auf den unzuständigen Rabbiner nicht gewahrt — fehlendes Aufgebot lediglich privates Ehehinderis;

LG Bayreuth (4. 5. 1951) IPRspr. 1952/53 Nr. 138: Niederländer heiratete am 26. 7. 1945 im Sudetenland (Tschechoslowakei) in kirchlicher Form eine Deutsche — Ortsform gewahrt;

LG Augsburg (3. 12. 1951) IPRspr. 1952/53: Zwei Deutsche schlossen 1948 in der Tschechoslowakei vor dem katholischen Pfarrer die Ehe — formwirksam;

LG Bamberg (4. 5. 1951) IPRspr. 1952/53 Nr. 103: Zwei Sudetendeutsche schlossen am 29. 9. 1945 in Karlsbad (Tschechoslowakei) kirchlich die Ehe — Ortsform gewahrt;

OLG Bamberg (31. 10. 1952) IPRspr. 1952/53 Nr. 102: Ein Deutscher heiratete am 7. 5. 1945 in Den Haag, Holland, eine Niederländerin vor einem deutschen Scheinstandesbeamten — Nichtehe;

LG Nürnberg-Fürth (3. 6. 1953) IPRspr. 1952/53 Nr. 101: Zwei Deutsche heirateten 1936 in Chicago vor einem lutherischen Geistlichen — Ortsform gewahrt;

LG Hildesheim (4. 3. 1954) IPRspr. 1953/54 Nr. 79: Zwei Deutsche schlossen am 9. 6. 1945 in Österreich in kirchlicher Form die Ehe — Eintragung in das Standesregister von Mauthausen erfolgte nachträglich — Ortsform im Hinblick auf § 3 des österr. Gesetzes über Maßnahmen auf dem Gebiet des Eherechts vom 26. 6. 1945 rückwirkend gewahrt;

LG Zweibrücken (13. 7. 1955) IPRspr. 1953/54 Nr. 81 = StAZ 1956, 34: Zwei Deutsche schlossen am 8. 9. 1940 in Czernowitz (Nordbukowina — durch Gesetz der UdSSR vom 2. 8. 1940 der Sowjet-Ukraine eingegliedert) vor einem katholischen Geistlichen die Ehe — da Ortsform nicht gewahrt, Nichtehe;

LG Hamburg (2. 5. 1956) IPRspr. 1956/57 Nr. 100: Zwei Deutsche heirateten am 19. 11. 1919 in Neusatz/Krim vor einem evangelisch-lutherischen Geistlichen — Ortsform gewahrt;

OLG Celle (13. 10. 1957) IPRspr. 1956/57 Nr. 98 = MDR 1958, 101 = FamRZ 1958, 30: Deutsche heiratete am 21. 3. 1953 in Alexandrien (Ägypten) in der religiösen Form des Islams einen mohammedanischen Ägypter — Ortsform gewahrt — ordre public steht dem nicht entgegen — zur Form der Eheschließung nach islamischem Recht siehe Henrich, StAZ 1960, 101;

KG (28. 10. 1957) FamRZ 1958, 324: Deutsche heiratete am 16. 3. 1949 vor dem Standesbeamten in Den Haag (Holland) einen Holländer — Handschuhehe — Ortsform gewahrt

BGH (11. 6. 1958) BGHZ 27, 375: Zwei deutsche Juden (nach der Entscheidung des Bundesverfassungsgerichts vom 15. 2. 1968, JZ 1968/422 = NJW 1968/1037 hatten sie trotz Ausbürgerung die deutsche Staatsangehörigkeit nicht ohne weiteres verloren!) heirateten am 25. 4. 1947 in Birmingham (England) vor dem dortigen Standesbeamten — Ortsform gewahrt;

LG Hamburg (16. 11. 1958) StAZ 1960, 99 mit Anm. Henrich = IPRspr. 1958/59 Nr. 117: Deutscher heiratete am 25. 1. 1955 in Lybien vor dem Scheriatsrichter eine minderjährige Engländerin mit Domizil in England — Ortsform gewahrt, jedoch mangels übriger Wirksamkeitsvoraussetzungen Nichtehe (zum Begriff void marriage siehe Henrich, StAZ 1960, 100 Fn. 1);

BGH (19. 12. 1958) BGHZ 29, 137: Deutscher heiratete am 9. 6. 1947 in Italien vor dem Standesbeamten eine Italienerin in Form einer sog. Handschuhehe — dazu oben Rdz. 77;

LG Bremen (22. 9. 1959) IPRspr. 1958/59 Nr. 114 = FamRZ 1960, 154 mit Anm. Beitzke: Zwei Deutsche schlossen am 25. 3. 1958 in Ratibor (Oberschlesien) eine sog. Handschuhehe — Ortsform gewahrt;

OLG Stuttgart (27. 10. 1959) IPRspr. 1958/59 Nr. 115: Deutscher heiratete am 9. 2. 1946 vor dem deutschen Lagerkommandanten in Japan in Gegenwart zweier Zeugen eine Japanerin — Anmeldung beim japanischen Standeamt erfolgte — Ortsform gewahrt;

LG Aachen (23. 10. 1961) FamRZ 1962, 375: Eine Deutsche schloß im Januar 1945 in einem Lager bei Prag mit einem Ausländer in kirchlicher Form die Ehe — Ortsform gewahrt;

Celle (20. 8. 1963) NJW 1963, 2235: Zwei deutsche schlossen im Jahre 1936 in Chile vor einem nach chilenischem Recht unzuständigen Standesbeamten die Ehe. Ortsform nicht gewahrt.

LG Hamburg (2. 10. 1963) FamRZ 1964, 565: Zwei Deutsche heirateten am 8. 8. 1962 vor dem Registrar in Gretna Green/Schottland — Ortsform gewahrt — dazu auch Habscheid, FamRZ 1965, 186;

AG Hamburg (28. 7. 1964) FamRZ 1964, 532: Deutsche heiratete Juli 1964 in Gretna Green einen Griechen in der dortigen Form — Ortsform gewahrt — dazu aber auch Bem. zu nachfolgender Entscheidung.

AG Hamburg (3. 1. 1966) FamRZ 1967, 505: Geschiedene deutsche Mutter schloß am 11. 3. 1965 vor dem Bürgermeister in Aarhus (Dänemark) die Ehe mit einem katholischen Spanier — Ortsform gewahrt; zu berücksichtigen wäre im übrigen gewesen, daß das Erfordernis kirchlicher Eheschließung des Heimatrechts des Vaters von deutscher Sicht her nicht nur als formelles Erfordernis anzusehen ist — dazu Rdz. 174, 197;

AG Hamburg (21. 4. 1966) MDR 1967, 215: Ein von seiner Ehefrau getrenntlebender spanischer Kindsvater heiratete in Tondern (Dänemark) die deutsche Kindsmutter — Ortsform gewahrt; im übrigen wertete das Gericht das Erfordernis des spanischen Rechts auf kirchliche Eheschließung als formelles Element — daher gleiche Bedenken wie vor;

Schleswig (16. 12. 1966) FamRZ 1967, 98 mit Anm. Bosch: Eine geschiedene evangelische Deutsche schloß 1965 vor dem Kommunaldirektor in Tondern (Dänemark) die Ehe mit einem katholischen Spanier — Ortsform gewahrt;

OLG Frankfurt (26. 5. 1967) FamRZ 1967, 476 = StAZ 1967, 271: Eine geschiedene Deutsche heiratete am 12. 2. 1967 in Dänemark vor dem Bürgermeister einen katholischen Spanier — Ortsform gewahrt — zu berücksichtigen wäre jedoch gewesen, daß die vom spanischen Recht geforderte kirchliche Eheschließung auch von deutscher Sicht her nicht als ein Formerfordernis, sondern als materiellrechtliches Element zu qualifizieren ist — dazu Rdz. 174, 175, 197 sowie Anm. von Reuscher, StAZ 1968, 134 — siehe weiter Jochem, RabelsZ 1968, 727;

LG Aachen (26. 5. 1967) FamRZ 1968, 312 — Anm. Jochem dazu FamRZ 1969, 330 Nr. 130: Katholischer Spanier schloß am 29. 8. 1966 vor dem Standesamt in Tondern die Ehe mit einer geschiedenen evangelischen Deutschen — Ehe formwirksam nach Ortsrecht, gleiche Bedenken wie oben wegen Qualifikation. Dazu auch Schleswig (16. 12. 1966) FamRZ 1967, 98 mit Anm. Bosch = StAZ 1967, 96 mit Anm. Hoffmann ebenda 154 — gleicher Sachverhalt wie vor (die Ehe wurde 1965 geschlossen);

LG Stuttgart (12. 7. 1967) FamRZ 1968, 197: Katholische Deutsche heiratete 1948 auf Cypern nach jüdischem Ritus vor einem Rabbiner einen polnischen Juden — Ortsform nicht gewahrt;
AG Hamburg (30. 1. 1968) StAZ 1968, 135 mit Anm. Jayme: Ein in Deutschland geschiedener Italiener heiratete am 7. 3. 1967 in Tondern vor dem Bürgermeister eine Deutsche — Ortsrecht gewahrt — Ehe formell wirksam — das materiellrechtliche Verbot der Doppelehe wurde nicht hinreichend gewürdigt;

AG Hamburg (25. 3. 1968) MDR 1968, 670: Ein geschiedener Türke heiratete in Tondern (Dänemark) in der Ortsform eine Deutsche, da der Ehemann wegen der nach türkischem Recht nicht anerkannten Scheidung seiner Vorehe nicht die in der BRD erforderliche Befreiung vom Ehehindernis erreicht hätte;

OLG Hamm (3. 4. 1968) OLGZ 1968, 349: Eine deutsche 19jährige schloß ohne Zustimmung ihrer Eltern mit einem volljährigen Deutschen am 6. 11. 1967 in Glasgow (Schottland) vor dem Registrar des Distrikts die Ehe — Ortsform gewahrt — Ehe formwirksam;
OLG Celle (18. 9. 1968) FamRZ 1969, 88: Deutscher schloß am 17. 11. 1967 mit einer Brasilianerin in Tondern (Dänemark) standesamtlich die Ehe — Ortsform gewahrt — Ehe formwirksam;

LG Bochum (8. 1. 1969) FamRZ 1969, 333: In Deutschland geschiedener Italiener heiratete am 8. 3. 1967 in Tondern (Dänemark) standesamtlich eine Deutsche — Ortsform gewahrt, Ehe formwirksam.

Diplomatische Eheschließungen von Deutschen im Ausland: 194

Zu Eheschließungen nach § 36 des *Gesetzes über die Konsulargerichtsbarkeit* vom 7. 4. 1900 (RGBl. 213) in früheren Konsulargerichtsbezirken (ein Deutscher konnte in einem Konsulargerichtsbezirk nur in der dort vorgesehenen Form heiraten) siehe Vorauflage S. 192 D IV, 257 D 2. Letzter Konsulargerichtsbezirk war Ägypten, dazu Gesetz vom 24. 7. 1925 (RGBl. II 735) nebst VO vom 31. 7. 1925 (RGBl. II 735) — dazu RG (3. 3. 1930) IPRspr. 1930 Nr. 27 = JW 1931, 1335. Siehe weiter Gesetz vom 25. 2. 1938, RGBl. II 83 sowie VO vom 23. 5. 1938, RGBl. II 216, schließlich OLG Celle (18. 10. 1957) IPRspr. 1956/57 Nr. 98 = MDR 1958, 101 = FamRZ 1958, 30. Literaturhinweise geben Soergel-Kegel[9], Rdz. 114 zu Art. 13 Fn. 10.

Zu den früheren Konsulargerichtsbezirken in Äthopien, Iran und Spanisch Marokko, siehe VO vom 14. 10. 1938 (RGBl. 1441).

Ein **Deutscher** kann heute **im Ausland** eine Ehe entweder in der **Ortsform** nach Art. 11 Abs. 1 S. 2 EG — dazu oben Rdz. 188, 189 **oder** aber **in der Form des Gesetzes betreffend die Eheschließung und Beurkundung des Personenstandes von Bundesangehörigen im Ausland** vom 4. 5. 1870, in der Fassung vom 14. 5. 1936 (RGBl. I 447) schließen.

§ 1 dieses Gesetzes lautet:

„Der Bundeskanzler kann einen diplomatischen Vertreter des Bundesstaates für das ganze Gebiet des Staates, bei dessen Hof oder Regierung er selber beglaubigt ist, und einem Bundeskonsul für dessen Amtsbezirk die allgemeine Ermächtigung erteilen, bürgerlich gültige Eheschließungen von Bundesangehörigen vorzunehmen und die Geburten, Heiraten und Sterbefälle von Bundesangehörigen zu beurkunden."

§ 10:

„Die vorstehenden Bestimmungen über die Eheschließungen (§§ 3 bis 9) finden auch Anwendung, wenn nicht beide Verlobte, sondern nur einer derselben ein Bundesangehöriger ist."

Schließen somit zwei Deutsche vor einem ermächtigten deutschen Konsul im Ausland die Ehe, so ist diese vom Standpunkt des deutschen Rechts her formgültig, mag sie auch vom Standpunkt des Empfangsstaates formnichtig sein — siehe dazu oben Rdz. 32 sowie unten Rdz. 199ff. Die Ermächtigung führt dann nicht zu einem Zwiespalt mit dem Recht des Empfangsstaates, wenn sie im Einvernehmen mit dem anderen Staate, also aufgrund eines Staatsvertrages erteilt wird. So wurde es bisher tatsächlich gehalten (dazu BERGMANN, JW 1925, 2082; stillschweigende Duldung ist jedoch entgegen RG JW 1931, 1335 (ablehnend WIERUSZOWSKI ebenda) keine Voraussetzung der Gültigkeit — übereinstimmend ERMAN-MARQUORDT[4] 8c zu Art. 13 EG), so ist dies nunmehr ausdrücklich in § 1 des deutschen Konsulargesetzes vom 8. 11. 1867 i. d. F. vom 16. 12. 1950 (BGBl. 784) festgelegt. Ein Bedürfnis nach solchen Staatsverträgen besteht insbesondere da, wo das Recht des anderen Staates für die Förmlichkeiten der Eheschließung nicht die Sicherheit bietet, die wir für nötig halten, sodann dort, wo der andere Staat nur Vorschriften für die Eheschließung der Angehörigen eines bestimmten Bekenntnisses hat. Dazu Walker, IPR 571.

Zur Zeit ist die **konsularische Eheschließung gestattet** in den Verträgen mit **Sowjetrußland** vom 25. 4. 1958 (BGBl. 1959 II 232, 469) — Art. 23; mit **Japan** vom 27. 6. 1957 (BAnz. vom 11. 9. 1957, 1 = StAZ 1957, 314) — Art. 1; der **Türkei** vom 28. 5. 1929 (RGBl. 1930 II 748) — Art. 18, wieder in Kraft. Bekanntmachung vom 29. 5. 1952 (BGBl. II 608); **Schweden,** Vereinbarung über diplomatische und konsularische Eheschließung vom 6. 9. 1932 (RGBl. II 530).

Nach diesen Verträgen müssen beide Verlobte Angehörige des Staates der Auslandsbehörde sein.

Beispiel:

Zwei Deutsche schließen vor dem gemäß Art. 23 ermächtigten deutschen Konsul in Moskau eine Ehe. Die Ehe ist formgültig, nicht nur vom Standpunkt des deutschen Rechts aus, das ergibt sich schon aus Art. 1 des erwähnten Gesetzes vom 4. 8. 1870, sondern auch vom Standpunkt des Sowjetrechts aus — das beruht auf Art. 19 des Konsularvertrages.

Ein *Verzeichnis* der deutschen Auslandsvertretungen mit standesamtlichen Befugnissen findet sich in StAZ 1953, 253; 1954, 178 und in weiteren Jahrgängen. Zum *Haager Abkommen* siehe unten Rdz. 206.

195 **β Beide Partner sind Ausländer**

Die beiden Alternativen des Art. 11 Abs. 1 EG (Ortsrecht — Heimatrecht) **greifen in vollem Umfang ein.** Dazu KG (12. 11. 1931) IPRspr. 1932 Nr. 19; LG Stuttgart (29. 5. 1963) FamRZ 1963, 573.

αα Die Einhaltung der **Heimatform genügt.** Dazu KG (28. 10. 1957) FamRZ 1958, 324 mit Anm. NEUHAUS 463 = StAZ 1959, 184; Stuttgart (5. 4. 1968) FamRZ 1968, 390: Zwei Israelis (mit gleichzeitiger deutscher Staatsangehörigkeit!) heirateten am 13. 7. 1948 vor dem Oberrabbiner in Haifa nach jüdischem Ritus.

Beispiel:

Zwei orthodoxe Griechen schlossen 1968 in Brüssel vor einem Popen die Ehe.

Von deutscher Sicht her ist die Ehe gemäß Art. 11 Abs. 1 S. 1 EG als formgerecht anzusehen, obwohl das belgische Ortsrecht die Ehe als formnichtig behandelt. Das belgische Recht (dazu Urteil des Zivilgerichts Brüssel vom 31. 1. 1925, BlIntPr. 1926, 271) rechnet die belgische Vorschrift der Ziviltrauung zum ordre public. Dazu Poullet Manuel[3] S. 420 sowie Graulich, Principes S. 50 Nr. 68 mit Rechtsprechungsnachweisen. Wir beachten den ausländischen ordre public nicht, auch ist Art. 13 Abs. 3 EG nicht etwa zugunsten Belgiens analog anwendbar. Des weiteren qualifiziert die belgische Rechtsprechung gleichwie die deutsche das Erfordernis kirchlicher Trauung als zur Form gehörig. Dazu Graulich a.a.O. 51 Nr. 68 unter Hinweis auf Civ. Bruxelles, 10. 10. 1956, Ann. not. enreg. 1956, 319 note Rigaux; Charleroi, 5. 7. 1957, Rev. dr. fam. 1958, 242.

Dem Beispiel läßt sich folgender **Grundsatz** entnehmen: Die **Wahrung der Heimatform führt zur Gültigkeit der Ehe** nach Art. 13 Abs. 1 EG **auch dann, wenn das Ortsrecht,** die lex loci actus, diese **Form mißbilligen** sollte.
Einzuhalten ist **sowohl** die Formvorschrift des **Heimatrechts des Mannes als auch** des Heimatrechts **der Frau.** KG (12. 11. 1931) IPRspr. 1932 Nr. 19.
Art. 11 Abs. 1 S. 1 EG spricht von den Gesetzen, die für das den Gegenstand des Rechtsgeschäfts bildende Rechtsverhältnis maßgebend sind. Diese sind in Art. 13 Abs. 1 EG bezeichnet. Danach ist aber nicht bloß das Heimatrecht des Mannes allein maßgebend. Art. 14 EG, wonach sich die persönlichen Rechtsbeziehungen der Ehegatten, also das durch die Ehe begründete Rechtsverhältnis, nach dem Heimatrecht des Mannes *allein* bestimmt, kommt nicht zum Zuge. Art. 14 EG setzt eine gültige Ehe voraus; die Frage, ob überhaupt das Eheverhältnis entstanden ist, beurteilt sich nach den in Art. 13 EG genannten Rechten. Damit aber kommt man zum **Kumulationsprinzip.** Da die Kumulation häufig auf Schwierigkeiten stoßen wird, — der in RGZ (6. 4. 1916) 88, 191 entschiedene Fall

Ein türkischer Armenier armenisch-katholischen Glaubens schloß mit einer staatenlosen, früher deutschen Frau in Rio de Janeiro die Ehe in weltlicher Form. Das RG erklärte die Ehe gemäß **Art.** 11 Abs. 1 S. 2 EG für formgültig, ohne das widersprechende Heimatrecht des Mannes zu berücksichtigen.

bietet hierfür ein gutes Beispiel — ist es von Wert, daß auch die Ortsform genügt.

ββ Die Einhaltung **der Ortsform genügt.** 196

Dazu KG (21. 12. 1931) IPRspr. 1931 Nr. 143: Ehe zwischen einem Perser und einer Russin, 1916 in St. Petersburg in kirchlicher Form geschlossen;
KG (23. 3. 1931) IPRspr. Nr. 25: Ehe von zwei Polen 1922 in Bodenbach (Tschechoslowakei) vor Rabbiner ohne dortigen Wohnsitz und Aufgebot geschlossen — ob Ortsform gewahrt, offen gelassen;
KG (10. 2. 1933) IPRspr. 1933 Nr. 7: Ehe von zwei Österreichern am 18. 1. 1894 in religiöser Form in Galizien geschlossen;
AG Lichterfelde (30. 12. 1935) DRpflege 1936 Nr. 599 S. 446: Russe heiratete 1907 vor einem Baptistenprediger in Wolhynien. Das Gericht sah, wenn auch aufgrund teilweise an der Sache vorbeigehender Überlegungen die Ehe nach Art. 11 Abs. 1 S. 2 EG als formwirksam an;
Celle (5. 6. 1947) JR 1948, 233 = IPRspr. 1945/49 Nr. 17: Zwei Polen heirateten am 18. 10. 1934 in Kamin (Kongreßpolen) in kirchlicher Form (Ehegesetz 1836) — Ehe formgerecht;
LG Kleve (17. 9. 1952) IPRspr. 1952/53 Nr. 107: Franzose heiratete am 16. 6. 1945 in Warschau eine Polin vor katholischem Pfarrer — Ortsform gewahrt;
anders liegt der vom LG Wiesbaden (5. 10. 1957) IPRspr. 1956/57 Nr. 145 entschiedene Fall: Zwei jüdische Staatenlose heirateten 1937 in Antwerpen nach jüdischem Ritus — Form der Wirkungsstatute und Ortsform fallen zusammen, diese Form nicht gewahrt — Nichtigkeit kann nur nach ihrer urteilsmäßigen Feststellung geltend gemacht werden;
Düsseldorf (15. 4. 1966) FamRZ 1968, 87: Zwei staatenlose Juden schlossen am 11. 11. 1943 in Tel Aviv nach jüdischem Ritus die Ehe. Gericht: Falls Ortsrecht gewahrt, Ehe formwirksam.

Belanglos ist, **ob** das sich aus Art. 13 Abs. 1 EG ergebende **Heimatrecht** seinerseits die **Ortsform anerkennt** oder den Grundsatz „locus regit actum" bei der Eheschließung verwirft. Schon 1916 stellte das RG (6. 4. 1916 — RGZ 88, 191: zivile Eheschließung in Brasilien) unter Berufung auch auf die Gesetzesgeschichte fest, daß Art. 11 Abs. 1 S. 2 EG eine ganz selbständige, für *alle* Rechtsgeschäfte geltende Regel aufstelle, in deren Bereich Art. 13 Abs. 1 EG und damit auch das Auslandsrecht nicht eingreife, das der deutsche Richter sonst nach Art. 13 EG anzuwenden habe. In einer Entscheidung vom 1. 10. 1925 (WarnRspr. 1926 Nr. 15 = IPRspr. 1926/27 Nr. 27 = JW 1926, 375; siehe auch RG (15. 2. 1926) RGZ 113, 38) hat das RG an dieser Ansicht festgehalten und betont, daß Art. 11 Abs. 1 S. 2 EG ohne Rücksicht auf abweichende Vorschriften der Heimatrechte auch dann gelte, wenn beide Eheleute Ausländer seien; diese Meinung ist ständige deutsche Rechtsprechung geworden. Dazu auch die Rdz. 58 angegebene Rechtsprechung. Siehe weiter RG (17. 11. 1924) IPRspr. 1926/27 Nr. 29 = Gruchot 68, 322: Deutscher Soldat heiratete während des 1. Weltkrieges in einem von deutschen Truppen besetzten Teil Rußlands eine Russin in kirchlicher Form — Anfechtungsmöglichkeit nach § 1332 BGB, wenn der Soldat der Meinung war, die kirchliche Eheschließung begründe keine nach deutschem Recht gültige Ehe — dazu Rdz. 191. Hamburg (15. 11. 1926) IPRspr. 1926/27 Nr. 28 = HansGZ 1927 Beibl. 4: Ausländer (Mann Grieche) schlossen in San Francisko unter Wahrung des Ortsrechts die Ehe — formgültig; RG (22. 6. 1931) RGZ 133, 161: Ein Österreicher heiratete am 30. 1. 1910 vor dem Rabbiner in Eger nach jüdischem Ritus eine Frau, deren Staatsangehörigkeit sich nicht feststellen ließ; LG Berlin (2. 11. 1937) JW 1938, 395: Litauer schlossen am 13. 11. 1918 die Ehe in Moskau in kirchlicher Form — von Litauen her als Nichtehe betrachtet; LG Bremen (12. 7. 1966) FamRZ 1966, 635 mit Anm. Beitzke: Ein mosaischer Rumäne heiratete am 30 6. 1954 vor dem Standesbeamten in Bukarest eine griechisch-orthodoxe Griechin — Ortsform gewahrt.

Beispiel:

Zwei Perser, Moslems, heiraten in Brüssel in weltlicher Form vor dem Standesbeamten. Nach iranischem Recht muß die Ehe vor der iranischen Auslandsvertretung registriert werden, wobei die Eheschließung in islamischer Form vorgenommen wird — dazu Raape, IPR[5] 247. Die Form des Heimatrechts ist somit nicht gewahrt. Dennoch ist die Ehe von deutscher Sicht her nach Art. 11 Abs. 1 S. 2 EG als formwirksam anzusehen, da die belgische Ortsform eingehalten ist.

197 Immerhin ist gerade dann, wenn das Heimatrecht kirchliche Eheschließung verlangt, dem Qualifikationsproblem sorgfältige Beachtung zu schenken.

Beispiel:

Schließen die beiden oben Rdz. 195 genannten Griechen die Ehe in Brüssel in der weltlichen Ortsform, so wird man die Ehe zwar als nach Art. 11 Abs. 1 S. 2 EG formgerecht abgeschlossen betrachten, sie dennoch aber dem Heimatrecht folgend als unwirksam behandeln, da das Heimatrecht in der religiösen Trauung, wie oben Rdz. 174 dargelegt, ein materiellrechtliches Element erblickt. Wir werden uns dem anschließen. Nach griechischer Auffassung stellt die Ehe ein Sakrament dar, das notwendigerweise nur der Geistliche erteilen kann. Griechenland rechnet das Eherecht überhaupt nicht zum staatlichen Recht, überläßt es vielmehr ganz der kirchlichen Regelung. Wird die Ehe im Ausland (zur Rechtslage, falls im Inland — siehe oben Rdz. 174) geschlossen, so besteht vom deutschen Standpunkt aus keine Veranlassung, dem ordre public-Gedanken des Art. 13 Abs. 3 EG entsprechende Rechnung zu tragen. Übereinstimmend Raape, IPR[5] S. 254. And. A. das RG (1. 10. 1925) in JW 1926, 375 = IPRspr. 1926/27 Nr. 27, das das kirchliche Eheschließungserfordernis als zur Form gehörig qualifizierte und die Ehe, die ein orthodoxer Grieche mit einer Norwegerin 1926 in Norwegen vor dem Standesbeamten schloß, als formgültig erachtete. Ähnlich OLG Hamburg (15. 11. 1926), IPRspr. 1926/27 Nr. 28: Ein Grieche schloß in San Francisko die Ehe in weltlicher Form. Das Gericht nahm Gültigkeit der Ehe kraft Ortsrechts an, entgegen dem Heimatrecht des Mannes. Siehe weiter die Rdz. 193, 195 angegebene Rechtsprechung.

Das Qualifikationsproblem taucht auch bei der Einordnung des **Aufgebots** auf. Nach deutscher Ansicht rechnet das Aufgebot zur Form — dazu oben Rdz. 65 — nach französischer Meinung handelt es sich um ein materiellrechtliches Element. Das französische Recht (Art. 170 CC) verlangt, daß das Aufgebot der Ehe, die Franzosen im Ausland schließen, nach Art. 63 CC in Frankreich vorgenommen wird. Die Unterlassung des Aufgebots in Frankreich *kann* zur Nichtigkeit der Ehe führen; nach herrschender französischer Ansicht jedoch nur dann, wenn das Aufgebot absichtlich unterlassen worden ist, um die beabsichtigte Eheschließung der Kenntnis derjenigen Personen zu entziehen, denen ein Recht auf Einspruch dagegen zusteht. Dazu Battiffol, Traité[4] Nr. 421 ganz allgemein unter Angabe reichhaltiger Rechtsprechung: „Le défaut de publicité n'entraîne la nullité du mariage que s'il a un caractère intentionnel générateur de clandestinité." Beispielhaft die Rechtsprechung des Kassationshofs, die eine Nichtigkeitserklärung nur zuläßt „si les parties qui sont allées contracter mariage en pays étranger ont entendu faire fraude à la loi française et éluder les formalités exigées par celle-ci." Von deutscher Sicht aus bleibt diese französische Haltung unberücksichtigt, maßgeblich ist lediglich das Ortsrecht. So zutreffend LG Köln vom 23. 10. 1950, MDR 1951, 621 (Franzose heiratete 1945 in Köln standesamtlich eine Deutsche ohne Aufgebot in Frankreich) — die Ansicht des Gerichts, das französische Recht werde die Ehe nicht anerkennen, entbehrt einer hinreichenden Begründung.

Steht die Ortsform in Frage, so kann es bei Anwendung des Kumulationsprinzips 198
— dazu oben Rdz. 195 — zu Schwierigkeiten kommen, wenn die Ortsrechte auseinandergehen.

Beispiel:

Ein Mann — mit beliebiger Staatsangehörigkeit — (mit Aufenthalt in einem US-Staat, in dem die formlose Common law-Ehe gestattet ist) macht einer Frau beliebiger Staatsangehörigkeit, die sich in der BRD aufhält, schriftlich einen Heiratsantrag. Sie nimmt denselben schriftlich an. Die Erklärung der Form ist nach Art. 13 Abs. 3 EG formbedürftig, sie kann nur vor dem inländischen Standesbeamten abgegeben werden, dies ist bei Heranziehung der oben Rdz. 113 vertretenen Spaltungstheorie zu beachten; es liegt keine Ehe vor. Dazu Raape, IPR[5] S. 254 unter Bezugnahme auf Bergmann, StAZ 1934, 442 zu LG Hamburg, Urteil vom 6. 7. 1934.

Diplomatische Eheschließungen von Ausländern im Ausland: 199

Schließen zwei Franzosen die Ehe vor dem französischen Konsul in Istambul, so sind die Rechte zweier Staaten, nämlich das Recht des Entsendestaates, in dem Beispiel das französische Recht und das Recht des Empfangsstaates, in dem Beispiel das der Türkei, in Erwägung zu ziehen. Zu fragen ist: „Hat der Entsendestaat seinen Konsul zu der Eheschließung ermächtigt?" Aber auch: „Duldet der Empfangsstaat, die Türkei, die konsularische Eheschließung?" Ist in dem gegebenen Beispiel ein Partner Deutscher oder ein anderer Ausländer, so stellt sich die dritte Frage: „Hat der Entsendestaat seinen Konsul zu der Eheschließung auch dann ermächtigt, wenn ein Partner ein Ausländer ist?"

Soweit eine Ermächtigung des Konsuls durch den Entsendestaat nicht vorliegt, liegt auch keine Duldung seitens des Empfangsstaates vor; eine Duldung setzt nach der Natur der Sache eine Ermächtigung voraus.

Fehlt eine Ermächtigung, so ist die Ehe von deutscher Sicht her formnichtig; es ist weder die Heimatsform noch die Ortsform innegehalten.

Rechtslage, falls die Ermächtigung vorliegt, die Duldung aber fehlt:

α **Beide** Verlobte **gehören** dem **Entsendestaat an:** 200

Beispiel:

Es heiraten zwei Franzosen vor dem französischen Konsul in der Schweiz. Frankreich hat die konsularische Ehe für seine eigenen Staatsangehörigen im Ausland eingeführt — dazu Art. 48, 170 Gesetz vom 29. 11. 1901; siehe auch Batiffol, Traité[4] Nr. 423. Die Schweiz ihrerseits nimmt den gleichen Standpunkt ein wie Deutschland, sie erkennt eine konsularische Ehe, die in ihrem Gebiet geschlossen wird, grundsätzlich *nicht* an. Der deutsche Richter, der etwas später über die Gültigkeit dieser Ehe zu entscheiden hat, wird die Formgültigkeit bejahen, da die Ehe gemäß dem Heimatrecht der Parteien geschlossen ist — Art. 11 Abs. 1 S. 1; 13 Abs. 1 EG; die Nichteinhaltung der Ortsform ist gleichgültig. Der schweizerische Richter wird anders entscheiden — dazu Art. 7c NAG, der unserem Art. 13 Abs. 3 EG entspricht.

β Nur ein Verlobter **gehört** dem **Entsendestaat an:** 201

Beispiel:

Vor dem italienischen Konsul in Frankreich schließt eine Deutsche mit einem Italiener die Ehe. Italien hat seine Konsuln ermächtigt, eine Ehe zu schließen, auch wenn nur einer der Verlobten Italiener ist; Frankreich erkennt von ausländischen Konsuln in Frankreich geschlossenen Ehen an, wenn *beide* Verlobte dem vertretenen Staate angehören — dies ist zwar nicht unstreitig, aber wohl überwiegende französische Ansicht — dazu Batiffol, Traité[4] Nr. 424: „Cest donc bien une règle non écrite de droit international public qu'il y a lieu de constater", mit Übersicht über den Stand der Meinungen. Frankreich erkennt die Eheschließung jedoch mit Sicherheit *nicht* an, wenn nur einer der Verlobten dem vertretenen Staate angehört — dazu Batiffol, ebenda.

Rechtslage von *deutscher* Sicht her:

Das französische *Ortsrecht* mißbilligt es, daß der italienische Konsul die Ehe schließt, die Ortsform ist somit nicht gewahrt. Die Heimatform ist beobachtet, soweit es den Ehemann angeht, dieser hat die Ehe gemäß der Form des italienischen Rechts geschlossen. Die Form des Heimatrechts der Frau ist *nicht* eingehalten (Kumulationsprinzip! dazu oben Rdz. 195), damit ist die Ehe formnichtig. Das Beispiel erweist die Tragweite des Satzes: entspricht die Form nicht dem Ortsrecht, so muß sie sowohl dem Heimatrecht des Mannes, wie auch der Frau entsprechen.

202 *Rechtslage,* falls *sowohl Ermächtigung* des Entsendestaates *wie Duldung* des Empfangsstaates vorliegt:

Beispiel:

Zwei Engländer schließen die Ehe vor dem englischen Konsul in Paris. Die Formgültigkeit der Ehe ist vom Standpunkt des deutschen Rechts aus nicht zu bezweifeln. Die Form entspricht sowohl dem englischen Heimatrecht wie auch dem französischen Ortsrecht (siehe vorstehendes Beispiel!). Schließt hingegen ein Engländer die Ehe mit einer Deutschen vor dem englischen Konsul in Paris, so ist die Ehe formnichtig. England verleiht zwar seinen auswärtigen Vertretern die standesamtliche Zuständigkeit auch für den Fall, daß nur einer der Verlobten englischer Staatsangehöriger ist — das französische Ortsrecht (siehe vorstehendes Beispiel) erkennt dies jedoch nicht an. Die somit hinsichtlich der deutschen Verlobten einzuhaltende Heimatform des deutschen Rechts ist nicht gewahrt.

203 **Wehrmachtsehen:**

Zu einer Ergänzung von Art. 11 Abs. 1 EG führte **§ 22 Wehrmacht PStVO** in der Fassung vom 17. 10. 1942 (RGBl. I 597); (BGBl. III 2 Nr. 211—1—2).

War ein Partner Wehrmachtsangehöriger (zum Begriff siehe § 32 Wehrmacht PStG sowie § 21 WehrG vom 21. 5. 1935, RGBl. 609) oder Angehöriger eines gleichgestellten Verbandes, so konnte die Eheschließung während des Krieges, kriegsähnlichen Unternehmens oder eines besonderen Einsatzes auch außerhalb des deutschen Reiches von einem Militärjustizbeamten oder einer ihm gleichgestellten Trauperson (dazu Staudinger-Dietz[11], 471 zu § 11 EheG; Palandt-Lauterbach[28], 4 zu § 11 EheG, wo mit Nachweisen vermerkt wird, daß derartige Ehen gültig auch vor kriegsgefangenen Militärjustizbeamten und diesen gleichgestellten Personen bis zum Inkrafttreten des KRG 34 vom 20. 8. 1946 betreffend Auflösung der Wehrmacht geschlossen werden konnten) vorgenommen werden. Der Militärjustizbeamte oder die ihm gleichgestellte Trauperson fungierte als Standesbeamter im Sinne des § 11 EheG. Internationalprivatrechtlich gesehen, ergänzt diese Regelung Art. 11 Abs. 1 EG insofern, als die vom deutschen Recht verlangte Form auch dann gewahrt ist, wenn einer der Partner Nichtdeutscher war; weder Abs. 1 S. 1 noch S. 2 des Art. 11 erfassen diesen Fall. Übereinstimmend Staudinger-Dietz[11], 472 zu § 11 EheG. Die Möglichkeit hinkender Ehen steht hierbei offen.

204 **Ferntrauungen:**

Dazu Palandt-Lauterbach[28], 3 zu EheG 13; Erman-Hefermehl[4], 4 zu EheG 13; Staudinger-Dietz[11], Rdz. 123ff. 474 ff zu § 11 EheG.

Zu einer Ergänzung von Art. 11 Abs. 1 EG führten schließlich die **§§ 13ff., 21a, b Wehrmacht PStG.**

Wehrmachtsangehörige, die am Kriege, einem kriegsähnlichen Unternehmen oder einem besonderen Einsatz teilgenommen und ihren Standort verlassen hatten desgleichen männliche Angehörige des RAD — dazu VO vom 10. 4. 1940 (RGBl. 626), ferner Polizeibeamte in den Ostgebieten, dem früheren Generalgouverment und sonst außerhalb des Reichsgebietes tätige — dazu Runderlaß RJM vom 9. 9. 1940, RMBlIv. 1940, 307 — schließlich Wehrmachtsangehörige oder andere deutsche Staatsangehörige, die sich in einem fremden Staate aufhielten und deren Rückkehr in das deutsche Reichsgebiet infolge eines Krieges, kriegsähnlichen Unternehmen oder eines besonderen Einsatzes nicht möglich oder wesentlich erschwert war, konnten ihre Konsenserklärung auch zur Niederschrift des Bataillonskommandeurs oder einer ihm gleichgestellten (Einzelheiten über die Zuständigkeitsvorschriften gibt Palandt-Lauterbach[28], 3a zu EheG 13) Trauperson erklären. Nach § 21a PStG konnten Wehrmachtsangehörige im Ausland die Konsenserklärung vor einem deutschen Militärattaché, gegebenenfalls dem deutschen diplomatischen oder konsularischen Vertreter abgeben; dies galt auch für Zivilinternierte sowie im Ausland befindliche Deutsche, die nicht Wehrmachtsangehörige waren. Zur Wirksamkeit nach dem 8. 5. 1945 erfolgter Ferntrauungen siehe Palandt-Lauterbach[28], 3a zu EheG 13; 4 zu EheG 11. Die Ehe kam durch die zeitliche spätere Erklärung des einen Partners vor dem Standesbeamten zustande. Dies war regelmäßig der Standesbeamte in Deutschland, ansonsten außerhalb des Reichs der zuständige Militärjustizbeamte oder eine ihm gleichgestellte Trauperson oder ein ermächtigter diplomatischer oder konsularischer Vertreter (dazu § 14 Abs. 2 Wehrmacht PStVO). War der Mann inzwischen gefallen oder gestorben, so wirkte die Erklärung zurück auf den Tag, da der Mann seine Erklärung abgegeben hatte.

Internationalprivatrechtlich gesehen entspricht die Rechtslage der der Wehrmachtsehe — dazu oben Rdz. 203.

Folgen von Formverletzungen bei Auslandsehen: 205

Ist die Ehe in der Ortsform geschlossen, jedoch die Ortsvorschrift nicht genau eingehalten, so ist strittig, welches Recht über die Tragweite der Verletzung zu bestimmen hat. Zur Wahl stehen das Ortsrecht oder das oder die Heimatrechte der Verlobten. Die Frage ist allgemeiner Art und oben Rdz. 136 ff. erörtert. Zur nachträglichen Heilung des Formmangels, falls Ehepartner gemeinsam die Staatsangehörigkeit eines Staates erwarben, dessen Form eingehalten ist, siehe Raape, IPR[5] 243; dazu BGH (11. 6. 1958) BGHZ 27, 375 (380); LG Stuttgart (12. 7. 1967) FamRZ 68, 197.

Zur Frage, in welcher Form die Unwirksamkeit einer Ehe im Inland geltend zu machen ist, siehe Neuhaus, FamRZ 1963, 574 in Anm. zu LG Stuttgart.

6. Haager Eheschließungs-Abkommen vom 12. 6. 1902 (RGBl. 1904, 221) (für Deutschland in Kraft seit 1. 8. 04). 206

Das Abkommen gilt heute noch im Verhältnis BRD zur **Schweiz** und den **Niederlanden** (Bekanntmachung vom 24. 12. 1954, BGBl. II 1), **Italien** und **Luxemburg** (Bekanntmachung vom 14. 2. 1955, BGBl. II 188); Schweden hat mit Wirkung vom 1. 6. 1959 gekündigt (Bekanntmachung vom 15. 5. 1959, BGBl. II 582).

Das Abkommen ersetzt in seinem Geltungsbereich die Art. 11 Abs. 1, 13 EG.

Bedeutsam für die Form sind die Art. 5, 6, 7.

Art. 5:

In Ansehung der Form ist die Ehe überall als gültig anzuerkennen, wenn die Eheschließung dem Gesetze des Landes, in welchem sie erfolgt ist, entspricht.

Doch brauchen die Länder, deren Gesetzgebung eine religiöse Trauung vorschreibt, die von ihren Angehörigen unter Nichtbeachtung dieser Vorschriften im Ausland eingegangenen Ehen nicht als gültig anzuerkennen.

Die Vorschriften des Gesetzes des Heimatstaates über das Aufgebot müssen beachtet werden; doch kann das Unterlassen dieses Aufgebots die Nichtigkeit der Ehe nur in dem Land zur Folge haben, dessen Gesetz übertreten worden ist.
Eine beglaubigte Abschrift der Eheschließungsurkunde ist den Behörden des Heimatlandes eines jeden der Ehegatten zu übersehen.

Art. 6:

In Ansehung der Form ist die Ehe überall als gültig anzuerkennen, wenn sie vor einem diplomatischen oder konsularischen Vertreter gemäß seiner Gesetzgebung geschlossen wird, vorausgesetzt, daß keiner der Verlobten dem Staate, wo die Ehe geschlossen wird, angehört und dieser Staat der Eheschließung nicht widerspricht. Ein solcher Widerspruch kann nicht erhoben werden, wenn es sich um eine Ehe handelt, die mit Rücksicht auf eine vormalige Ehe oder ein Hindernis religiöser Natur gegen seine Gesetze verstoßen würde.
Der Vorbehalt des Art. 5 Abs. 2 findet auf die diplomatischen oder konsularischen Eheschließungen Anwendung.

Art. 7:

Eine Ehe, die in dem Lande, in welchem sie geschlossen wurde, in Ansehung der Form nichtig ist, kann gleichwohl in den anderen Ländern als gültig anerkannt werden, wenn die durch das Gesetz des Heimatstaates eines jeden Verlobten vorgeschriebene Form beobachtet worden ist.

Anwendungsbereich:

Art. 8, 9.

Art. 8:

Dieses Abkommen findet nur auf solche Ehen Anwendung, welche im Gebiet der Vertragsstaaten zwischen Personen geschlossen sind, von denen mindestens einer Angehöriger eines dieser Staaten ist.
Kein Staat verpflichtet sich durch dieses Abkommen zur Anwendung eines Gesetzes, welches nicht dasjenige seines Vertragsstaates ist.

Art. 9:

Dieses Abkommen, das nur auf die europäischen Gebiete der Vertragsstaaten Anwendung findet, soll ratifiziert und die Ratifikationsurkunden sollen im Haag hinterlegt werden, sobald die Mehrzahl der hohen vertragschließenden Teile hierzu in der Lage ist.
Über die Hinterlegung soll ein Protokoll aufgenommen werden; von diesem soll eine beglaubigte Abschrift auf diplomatischem Wege einem jeden der Vertragsstaaten mitgeteilt werden.

207 VI. Statutenwechsel

Welche Formvorschriften im Falle eines Statutenwechsels maßgebend sind, ist namentlich bei Testamenten —

Beispiel:

Der vom KG (10. 10. 1960) IPRspr. 1960/61 Nr. 140 erörterte Sachverhalt —

aber auch bei Eheschließungen von praktischer Bedeutung. Wie ist es z. B., wenn ein in München wohnhafter US-Angehöriger aus dem Staate Connecticut gelegentlich eines Besuches in Connecticut ein privatschriftliches Testament gemäß § 2231 BGB errichtet hat (das dem Rechte von Connecticut nicht bekannt ist), später die deutsche Staatsangehörigkeit erwirbt und als Deutscher stirbt? Dazu Frankenstein, IPR I S. 176ff., 563 sowie unten Erläuterungen zu Art. 24, 25 EG.

208 VII. Recht der DDR

Art. 11 EGBGB gilt nach wie vor auch in der DDR. Jedoch ist zu beachten, daß **Art. 13 EGBGB durch § 27 Ziff. 4 des Einführungsgesetzes zum Familiengesetzbuch der DDR** vom 20. 12. 1965, GBl 1966 I 19 **aufgehoben** worden ist; an seine Stelle ist § 15 EGFGB getreten, der in Abs. 2 und 3 besagt:

„(2) Die Form der Eheschließung bestimmt sich nach den Gesetzen, die am Ort der Eheschließung gelten.
(3) Wird eine Ehe außerhalb der Deutschen Demokratischen Republik geschlossen, so genügt die Einhaltung der Form, die nach den Gesetzen des Staates vorgesehen ist, dem einer der Eheschließenden angehört."

Internationales Gesellschaftsrecht*

Die nachfolgende Kommentierung tritt an die Stelle der bisherigen Kommentierung des aufgehobenen (unten Rz 4) Art 10 EGBGB.

Systematische Übersicht

A. Internationales Gesellschaftsrecht

I. Einleitung 1

II. Gesellschaftsstatut – Allgemeines 10

III. Bestimmung des Gesellschaftsstatuts – Stand der Meinungen
1. Sitztheorie 18
2. Gründungstheorie 23
3. Neuere Lehren 25

IV. Entscheidung für die Sitztheorie
1. Allgemeines 29
2. Schwächen der Sitztheorie 35
3. Schwächen der Gründungstheorie 42
a) Wahlfreiheit 42
b) Rechtsunsicherheit 45
4. Versagung der Rechtsfähigkeit als Sanktion 48
5. Kritik an den neueren Lehren 52
a) Aufspaltung des Gesellschaftsstatuts 52
b) Differenzierungslehre 57
c) Überlagerungstheorie 59
6. Ergebnis 61

V. Einschränkung durch das Erfordernis der „Inlandsbeziehung“ 64

VI. Anwendungsbereich der Sitztheorie 68
1. Verwaltungssitz im Inland 69
2. Verwaltungssitz im Ausland 70
a) Stand der Meinungen 70
b) Stellungnahme 71
3. Allseitige Kollisionsnorm 80
a) Überwiegende Meinung 81
b) Gegenmeinung 84
c) Stellungnahme 85
d) Einschränkungen 87

VII. Nach dem Recht eines EG-Mitgliedstaates errichtete Gesellschaft
1. Allgemeines 88
a) Regelung des EWG-Vertrages 89
b) Bedeutung von § 12 a GewO 93
2. Übereinkommen über die gegenseitige Anerkennung von Gesellschaften und juristischen Personen 98
3. Haager Abkommen 102

VIII. Rückverweisung, Weiterverweisung 103

IX. Besondere Vorschriften für Vereine und Stiftungen mit Verwaltungssitz im Ausland 106
1. § 23 BGB 107
2. Fortgeltung 108
3. Geltungsbereich 109
4. Wirkungen 111
5. § 80 S 2 BGB 112

X. Verhältnis zur DDR 113

XI. Rechtsvergleichung 118

XII. Problem der Anerkennung
1. Begriff 123
2. Rechtslage 125
3. Einzelfragen 130
4. Eigenständige Bedeutung des Anerkennungsbegriffs 135
a) Stand der Meinungen 135
b) Sondercharakter der Rechtsfähigkeit 138
c) Rechtsfähigkeitsstatut 142
d) Praktische Folgerungen 144
e) Sitz- und Gründungstheorie als Anerkennungstheorien 145
f) Ergebnis 149

---

* Bei den Schlußarbeiten zu der Kommentierung haben mich meine Assistenten Werner Ebke, Christoph Junker, Renate Neumann und Gert Spennemann kenntnisreich und tatkräftig unterstützt. Sie haben einige Abschnitte selbständig entworfen und die Abschlußkorrekturen gemeinsam mit Barbara Kötter überprüft. Frau Kemberg danke ich für die Sorgfalt und Mühe bei der Anfertigung des Manuskripts.

Internationales Gesellschaftsrecht

XIII. Typenproblem
1. Stand der Meinungen 150
2. Sonderfragen 152
3. Stellungnahme 154

XIV. Staatenimmunität
1. Allgemeines 156
2. Ausländische Staatsunternehmen 159

XV. Staatsverträge
1. Allgemeines 160
2. Auslegung der Staatsverträge 161
3. Weitere Einzelfragen 165

XVI. Bestimmung des Verwaltungssitzes
1. Allgemeines 166
2. Konzernverbindungen 170
3. Doppelsitz 173

XVII. Satzungssitz
1. Bedeutung für internationale Zuständigkeit 174
2. Einzelfragen 175
3. Doppelsitz 178

XVIII. Regelungsbereich des Gesellschaftsstatuts
1. Allgemeines 180
2. Gründungsvorgänge 186
3. Allgemeine Rechtsfähigkeit 190
a) Grundsatz 190
b) Sonderanknüpfung – Art 7 Abs 3 EGBGB 192
c) Rechtsscheingrundsätze 200
4. Umfang der Rechtsfähigkeit 201
5. Geschäftsfähigkeit 204
6. Parteifähigkeit 209
7. Prozeßfähigkeit 213
8. Besondere Rechtsfähigkeiten 214
a) Allgemeines 214
b) Beteiligungen an Gesellschaften 219
c) Typenvermischung mit ausländischer Gesellschaft 222
d) Weitere gesellschaftsrechtliche Beschränkungen 226
e) Wechselfähigkeit, Scheckfähigkeit, Anleihefähigkeit 227
9. Deliktsfähigkeit 229
10. Kaufmannseigenschaft 232
11. Name und Firma 235
a) Namens- und Firmenberechtigung 235
b) Namens- und Firmenschutz 237
12. Substitutionsfragen 239
13. Innere Verfassung 240
14. Klagerechte 243
15. Erwerb, Änderung und Verlust der Mitgliedschaft 245
16. Absprachen zwischen Gesellschaftern 249
17. Haftung 252
a) Allgemeines 252
b) Durchgriffshaftung 257
c) Gerichtszuständigkeit 262
18. Rechnungslegung 264
19. Abschlußprüfung 265
20. Änderungen der Unternehmensstruktur 267
21. Auflösung, Abwicklung, Beendigung 268
22. Gesellschaftskonkurs 271
23. Straf- und Ordnungswidrigkeitsvorschriften 276
24. Schranken materiellrechtlicher Verweisung 280
a) Allgemeines 280
b) Privatautonomer Gestaltungsspielraum 282
c) Formfragen 283
d) Ergebnis 286
25. Anwendungsfragen 288

XIX. Formprobleme
1. Problemstellung 290
2. Stand der Meinungen 293
3. Stellungnahme 296
4. Möglichkeit ausländischer Beurkundung 301
5. Gleichwertigkeit einer ausländischen Beurkundung 302
6. Übertragung von Gesellschaftsanteilen 306
a) Stand der Meinungen 306
b) Stellungnahme 308
7. Übernahmeerklärungen 312

XX. Mitbestimmungsrecht
1. Allgemeines 313
2. Geltung des Gesellschaftsstatuts 314
3. Sonderprobleme bei der GmbH & Co KG 317
4. Internationale Reichweite des deutschen Mitbestimmungsrechts 321
a) Stand der Meinungen 321
b) Stellungnahme 322
5. Internationale Reichweite der Konzernmitbestimmung 328

XXI. Folgen fehlerhafter Rechtswahl 331
1. Allgemeines 332
2. Fehlende Rechts- und Parteifähigkeit 333
3. Das im einzelnen anzuwendende Recht 338
4. Sonderprobleme 344
5. Haftung der Gesellschaft und passive Parteifähigkeit 346

Internationales Gesellschaftsrecht

XXII. Internationale Sitzverlegung
1. Allgemeines 348
2. Verlegung des tatsächlichen Verwaltungssitzes in das Ausland 351
a) Stand der Meinungen 353
b) Stellungnahme 356
c) „Gleichheit" der beteiligten Rechte 362
3. Beschluß über die Verlegung des tatsächlichen Verwaltungssitzes in das Ausland 364
a) Stand der Meinungen 365
b) Stellungnahme 368
4. Verlegung des tatsächlichen Verwaltungssitzes in das Inland 371
5. Verlegung des tatsächlichen Verwaltungssitzes von einem ausländischen Staat in einen anderen 374
6. Beschluß über die Verlegung des Satzungssitzes in das Ausland 375
a) Kollisionsrecht 375
b) Internes Recht 376
aa) Stand der Meinungen 376
bb) Stellungnahme 377

XXIII. Souveränitätswechsel 381

XXIV. Innerdeutsche Sitzverlegung 385

XXV. Internationales Konzernrecht
1. Anknüpfung – Allgemeines 389
2. Dogmatische Begründung 394
3. Regelungsbereich 396
4. Grenzüberschreitende Konzernbeziehungen – Allgemeines 397
5. Beherrschungs- und Gewinnabführungsverträge – Zulässigkeit 399
6. Beherrschungs- und Gewinnabführungsverträge – Wirksamkeitsvoraussetzungen, Folgen 404
7. Faktischer Unternehmensverbund 407
8. Substitution 408
9. Materiellrechtliche Folgen aus der Internationalität des Sachverhalts 409

XXVI. Internationale Verschmelzung (Fusion)
1. Problemstellung 412
2. Kollisionsrecht 414
3. Internes Recht 416
4. Ersatzkonstruktionen 422
5. Entwicklungen in Europa 423
6. Eingliederung, Umwandlung 424

XXVII. Enteignung
1. Problemstellung 425
2. Territorialitätsprinzip 426
3. Normale Enteignungen 433
4. Rest- und Spaltgesellschaft – Überblick 434
5. Restgesellschaft 438
a) Allgemeine Grundlagen 438
b) Entstehungsvoraussetzungen 442
c) Identität von Restgesellschaft und alter Gesellschaft 448
d) Satzungssitz 450
e) Registereintragung – Mitgliederversammlung 456
f) Vertretung 459
g) Behörden- und Gerichtszuständigkeit 461
h) Kritik 463
6. Spaltgesellschaft 465
a) Allgemeine Grundlagen 465
b) Einzelne Entstehungsvoraussetzungen 471
c) Weitere Behandlung 476
d) Kritik 479
7. Rechtsnatur der Rest- und Spaltgesellschaft 480
a) Allgemeines 480
b) Werbende Gesellschaft, Liquidationsgesellschaft, Identität 483
aa) Herrschende Meinung 483
bb) Mindermeinungen 484
cc) Rückumwandlung in werbende Gesellschaft 486
dd) Stellungnahme 487
c) Gesellschaftsstatut 491
aa) Stand der Meinungen 491
bb) Stellungnahme 493
cc) Anwendbare Vorschriften 497
d) Anzahl der Rest- oder Spaltgesellschaften 499
aa) Stand der Meinungen 499
bb) Stellungnahme 500
e) Ausländische Rest- oder Spaltgesellschaft 501
8. Forderungen der Rest- oder Spaltgesellschaft 502
a) Wirkung der Enteignung 503
b) Materiellrechtliche Erleichterungen 505
c) Hinterlegung, Gesamtschuld 507
9. Verbindlichkeiten der Rest- oder Spaltgesellschaft 509
a) Problemstellung 509
b) Wirkung der Enteignung 510
c) Einschränkung der Haftung 512
d) Materiellrechtliche Erleichterungen 517
10. Enteignung einzelner Anteile 519
11. Enteignung von Urkunden über Mitgliedschaftsrechte 522
12. Juristische Personen des öffentlichen Rechts 523

Internationales Gesellschaftsrecht

XXVIII. Internationale Vereine 527

XXIX. Nichtrechtsfähige Personenvereinigungen – Nichtrechtsfähige Vermögensmassen
1. Gesellschaftsstatut 531
a) Einheitliches Gesellschaftsstatut 531
b) Sitztheorie 532
c) Stellungnahme 534
2. Regelungsbereich des Gesellschaftsstatuts 537
a) Rechtsstellung, Organisation 537
b) Geschäftsführung, Innenverhältnis 538
c) Haftung 540
d) Übertragung von Anteilen 541
3. Anwendung des § 54 S 2 BGB 542
4. Sitzverlegung, Souveränitätswechsel 545
5. Rest- oder Spaltgesellschaft 546
6. Nichtrechtsfähige Vermögensmassen 547
7. Gesellschaften ohne eigene Organisation 548
8. Joint Ventures 549

XXX. Internationale Gesellschaften
1. Allgemeines 550
2. Rechtsfähigkeit, Parteifähigkeit 552
3. Anerkennung 553
4. Art der Rechtsfähigkeit 556
5. Umfang der Rechtsfähigkeit 557
6. Vertretung 558

B. Fremdenrecht

I. Begriff 559

II. Inländer- und Ausländereigenschaft 562

III. Inländische Tochtergesellschaften ausländischer Unternehmen 566

IV. Inländische Zweigniederlassungen ausländischer Unternehmen
1. Begriff und Wesen 567
2. Errichtung – Besondere Genehmigungserfordernisse 570
3. Registerrechtliche Fragen – Allgemeines 574
4. Internationale Zuständigkeit des deutschen Registergerichts 576
5. Zur Anmeldung verpflichtete Personen 577
6. Registergerichtliches Prüfungsrecht 581
7. Möglichkeiten zur Erzwingung der Anmeldung 585
8. Wirkung erfolgter bzw unterlassener Eintragung 588

V. Grundrechtsschutz
1. Tragweite des Art 19 Abs 3 GG 589
2. „Inländische" und „ausländische" juristische Personen 593
3. Begriff des Inlands 596

VI. Diplomatischer Schutz
1. Allgemeines 598
2. Diplomatischer Schutz für Gesellschaften 599
3. Diplomatischer Schutz für Anteilseigner 600
4. Calvo Doktrin 601

VII. Schutz durch Staatsverträge 602

C. Internationale Standards für multinationale (transnationale) Unternehmen

I. Internationale Verhaltenskodizes – Allgemeines 604

II. Leitsätze der OECD
1. Allgemeines 605
2. Rechtsnatur der Leitsätze 606
3. Wortlaut der Leitsätze der OECD (idF v 13. 06. 1979) 608

III. Entwicklungen im Rahmen der Vereinten Nationen 609

IV. Südafrika-Kodex
1. Allgemeines 610
2. Wortlaut 612

Alphabetische Übersicht

Abfindung 267
Abschlußprüfung 265
Abwicklung 268 f
Actio pro socio 243, 538
Aktiengesellschaft 3, 9, 30, 204, 236, 239, 281 f, 286, 289, 308, 317 f, 320, 353, 382, 481, 498, 520, 577
Alliierte Hohe Kommission 427
Anerkennung 123
– Anerkennungsakt 126, 138

Internationales Gesellschaftsrecht

– Ausländische juristische Person des öffentlichen Rechts 126
– Bedeutung des Anerkennungsbegriffs 135
– Begriff 123
– Besonderes Rechtsfähigkeitsstatut 128, 142
– Fremdenrechtliche Anerkennung 128
– Gründungstheorie 139, 145
– Kollisionsrechtliche Anerkennung 128
– Sitztheorie 127, 145
Anleihefähigkeit 228
Anpassung
– Allgemeines 288
– Innerdeutsche Sitzverlegung 385
– Internationale Verschmelzung 415
– Konzernrecht 392
– Überlagerungstheorie 60
Apostolischer Stuhl 126
Argentinien 311
Association Internationale de Droit des Assurances (A.I.D.A.) 530
Auflösung einer Gesellschaft 268, 361 f
– Auflösungsbeschluß 368, 370
– Vertretungsbefugnisse 270
Außenwirtschaftsgesetz v. 28. 4. 1961 566
Außenwirtschaftsverordnung v. 22. 8. 1961 566

Beendigung 268
Belgien 67, 87, 101, 427
– Sitztheorie 120
Bermudas 43
Beurkundung siehe Formprobleme, Notar
BGB-Gesellschaft 205, 230, 340, 531, 535; siehe auch nichtrechtsfähige Personenvereinigungen
Bilanzrecht 264, 391, 539
Börsenstatut 247
Börsentermingeschäft 246

Calvo Doktrin 601
Chilenischer Kupferstreit 447

Dänemark 121
DDR 281
– Bestimmung des Gesellschaftsstatuts 533
– Enteignungen 445
– Funktionaler Inlandsbegriff 596
– Gemeinsame Betriebe 116, 121
– Gründungstheorie 116
– Grundlagenvertrag 113, 114, 597
– Grundrechtsschutz 589
– Innerdeutsche Sitzverlegung 385
– Internationale Wirtschaftsvereinigungen 116, 121
– Rechtsanwendungsgesetz 116
– Rest- oder Spaltgesellschaften 484 aE
– Verhältnis zur Bundesrepublik Deutschland 113
Deliktsfähigkeit 229
– Haftung für Sondervertreter 229
– Organhaftung 229
Deutscher Rat für Internationales Privatrecht 22, 56, 82, 194, 198, 254, 295, 314
Differenzierungslehre 10, 12, 27; siehe auch Gesellschaftsstatut
– Außenverhältnis der Gesellschaft 27
– Besonderes Rechtsfähigkeitsstatut 128, 142
– Innenverhältnis der Gesellschaft 27, 58
– Sonderanknüpfungen 52, 57
– Kritik 52, 57
– Mitbestimmung 55
– Parteifähigkeit 212
– Rechtsfähigkeit 54
Diplomatischer Schutz 598
– Calvo Doktrin 601
– Enteignung 447
– Investitionsschutz 603
– Prinzip des „genuine link" 599
– Wiedergutmachung 598
Doppelbesteuerungsabkommen 165
Durchgriffshaftung 257, 258, 396

Ehegattengesellschaft, Verbot der 537
Einheitslehre siehe Gesellschaftsstatut
Enteignung 425; siehe auch Restgesellschaft; Spaltgesellschaft
– Abfindungsanspruch 521
– Abgrenzung zu Maßnahmen der Zwangsvollstreckung 444
– Anerkennung ausländischer Enteignungen 428, 469
– Belegenheit von Forderungen 503, 510
– Belegenheit von Gegenständen 430
– Beweisfragen 442
– Entschädigung 426, 464, 521
– Formen 425, 432
– Gesellschaftsvermögen 425, 433
– Kriegs- und Kriegsfolgelasten 427
– Mitgliedschaftsrechte 425, 434, 465, 471, 519, 522
– Pflegerbestellung 439
– Qualifikation 432
– Territorialitätsprinzip 426, 429, 439, 464 ff, 510
– Untergang der Gesellschaft 425, 434, 438
Entwicklungsländer 609
Erbstatut 130, 334
Europäische Gemeinschaften
– Allgemeines Programm zur Aufhebung der Beschränkungen der Niederlassungsfreiheit 90, 560
– Entwurf eines Übereinkommens über die internationale Verschmelzung von Aktiengesellschaften 423
– Erwerbsbeschränkungen 215
– Europäische Aktiengesellschaft (Societas Europaea) 3, 178, 423
– EWG-Übereinkommen über die gegenseitige Anerkennung von Gesellschaften und juristi-

schen Personen v. 29. 2. 1968 28, 97, 98, 138, 142
- EWG-Vertrag 89, 90, 92, 94, 165, 322, 423, 592
- Gerichtsstände 263
- GVÜ 263, 401
- Meistbegünstigungsklauseln 165
- Mitbestimmung 318
- Nach dem Recht eines EG-Mitgliedsstaates errichtete Gesellschaft 88
- Protokoll betreffend die Auslegung des Übereinkommens über die gegenseitige Anerkennung von Gesellschaften und juristischen Personen durch den Gerichtshof v 3. 6. 1971 98, 101
- Richtlinienvorschlag zur Angleichung der nationalen Fusionsrechte 423
- Zweigniederlassung, Genehmigung 572

Europäische Politische Zusammenarbeit 610

Firma siehe Name

Formprobleme 290; siehe auch Notar
- Abtretung von Anteilen 311
- Ausländische Beurkundung 301, 305, 306, 308
- Feststellung der Satzung 291
- Geschäftsform 296
- Gesellschaftsvertrag 291, 296
- Hauptversammlung 291
- Lateinisches Notariat 302
- Notarielle Beurkundung 283, 291, 303, 308
- Ortsform 294 ff
- Satzungsänderung 291, 296
- Schriftform 283, 292
- Übernahmeerklärungen 312
- Übertragung von Gesellschaftsanteilen 291
- Umwandlungsbeschlüsse 291
- Unternehmensvertrag 296
- Verschmelzungsvertrag 291, 296, 414
- Vermögensübertragung 291, 296
- Verweisung 283
- Verzicht auf Beurkundung 304, 308

Frankreich 67, 84, 85, 87, 101
- Gesellschaftsschuldenhaftung 256
- Haftung bei fehlerhafter Rechtswahl 347
- Mitbestimmung 318
- Personenhandelsgesellschaften 151, 190
- Rechtsprechung zur Schuldenhaftung von Rest- und Spaltgesellschaften 510
- Saar-Lothringische Kohleunion – SAARLOR 178
- Sitztheorie 120

Fremdenrecht 559
- Begriff 2, 559
- Armenrecht für Ausländer 561
- Ausländereigenschaft 562
- Ausländische Versicherungsunternehmen 561
- § 12 a GewO 94
- Grundrechtsschutz 561
- Kontrolltheorie 565
- Meistbegünstigung 560
- Prozeßfähigkeit von Ausländern 561
- Staatshaftung gegenüber Ausländern 561
- Staatszugehörigkeit juristischer Personen 562
- Tochtergesellschaften ausländischer Unternehmen 566
- Völkerrecht 560
- Zweigniederlassungen ausländischer Unternehmen 561, 567

Fusion siehe Verschmelzung

Geheime Materialien zur Kodifikation des deutschen Internationalen Privatrechts 1881–1896, 297

Gemeinschaftsunternehmen siehe Joint Venture

Gemeinwohlklausel 411

Genossenschaft 109, 282, 286, 457, 491, 498, 579
- Gesellschaftsstatut 491
- Zweigniederlassungen ausländischer Genossenschaften 567, 577, 579

Geschäftsfähigkeit 203, 213, 268
- Duldungs- oder Anscheinsvollmacht 206
- Gesamtvertretung 205
- Prokura, Handlungsvollmacht 208
- Vertretung eines ausländischen Fiskus 204
- Vertretungsmacht 204
- Zweigniederlassung 205

Gesellschaft mit beschränkter Haftung 9, 239, 281 f, 286, 289, 308 f, 318, 498

Gesellschaft mit beschränkter Haftung & Co. 223, 317

Gesellschaftsstatut (lex societatis) siehe auch Differenzierungslehre, Gründungstheorie, Sitztheorie, Überlagerungstheorie
- Abschlußprüfung 265
- Absprachen zwischen Gesellschaftern 249
- Abwicklung 268
- Allgemeines 10
- Änderungen der Unternehmensstruktur 267
- Anknüpfungsmomente 12
- Anleihefähigkeit 227
- Anwendungsfragen 288
- Auflösung 268
- Beendigung 268
- Beteiligungen an Gesellschaften 219
- Bestimmung des Gesellschaftsstatuts 18
- Deliktsfähigkeit 229
- Eingliederung 267, 424
- Einheitslehre 10, 56, 142, 144, 180, 531
- Firma 235
- Geschäftsfähigkeit 204
- Gesellschaftsrechtliche Beschränkungen 226
- Gründungsvorgänge 186
- Haftung 252

Internationales Gesellschaftsrecht

– Innere Verfassung 240
– Kaufmannseigenschaft 232
– Klagerechte 243
– Konkurs 271
– Mitgliedschaft – Erwerb, Änderung und Verlust 245
– Name 235
– Parteifähigkeit 209
– Prozeßfähigkeit 213
– Rechtsfähigkeit, allgemeine 190, 201
– Rechtsfähigkeit, besondere 214
– Rechnungslegung 264
– Sonderanknüpfungen 181
– Straf- und Ordnungswidrigkeitsvorschriften 276
– Typenvermischung mit ausländischer Gesellschaft 222
– Verschmelzung 267, 412
– Wechselfähigkeit 227
Gesellschaftsverträge zwischen Ehegatten 537
Gewerbebetrieb, Zulassung zum 570
Großbritannien 67, 81, 84, 87
– Englische Spaltgesellschaft 500 f
– Gründungstheorie 23, 121
– Mitbestimmung 318
– Ultra-vires-Lehre 202
Gründungstheorie siehe auch Gesellschaftsstatut
– Einschränkungen 25
– Gesellschaftsstatut 13, 23
– Kritik 52, 62
– Literatur 24
– Mitbestimmung 55
– Ordre public 46
– Parteiautonomie 16
– Rechtsfähigkeit 54
– Rechtswahlfreiheit 13, 42
– Schwächen 42
– Sonderanknüpfungen 27 f, 46, 180
– Staatsverträge 163
– Verlegung des Verwaltungssitzes 351
– Zielrichtung 15
Gründungsvorgänge siehe Gesellschaftsstatut
Grundlagenvertrag 113 f, 597
Grundrechtsschutz 589
– Art 7 Abs 1 EWG-Vertrag 592
– Ausländereigenschaft 593
– Diskriminierungsverbot 592
– Funktionaler Inlandsbegriff 597
– Materielle Grundrechte 591, 593
– Tragweite des Art 19 Abs 3 GG 589
– Verfahrens-, Prozeßgrundrechte 591
– Verfassungsbeschwerde 592

Haager Abkommen über die Anerkennung der Rechtspersönlichkeit von ausländischen Gesellschaften, Personenverbindungen und Stiftungen 102, 121
Haager Konventionsentwurf über das auf die Stellvertretung anwendbare Recht v 16. 6. 1977 208
Haftung 252
– Abschlußprüfer 266
– Beschränkungen 254
– Gesellschaft 229, 346
– Gesellschafter 186, 239, 252, 540
– Gesellschaftsorgane 229, 252, 406
– Gesellschaftsstatut 240
– Konkurs 256
– Rest- oder Spaltgesellschaft 509, 511
– Sondervertreter 229
Handelsregister siehe Register
Hauptversammlung; Gesellschafterversammlung 289, 291

Inkorporationstheorie siehe Gründungstheorie
Inlandsbegriff 596
Innengesellschaft 548
Innerdeutsche Rechtsbeziehungen 113; siehe auch DDR
Insiderregeln 246
Institut de Droit International 122, 171
Interlokales Privatrecht siehe Innerdeutsche Rechtsbeziehungen, DDR
Internationale Gesellschaften
– Allgemeines 138, 550
– Anerkennung 553
– Art der Rechtsfähigkeit 556
– Doppelsitz 551
– Parteifähigkeit 552
– Rechtsfähigkeit 552, 556
– Umfang der Rechtsfähigkeit 557
– Vertretung 558
Internationale Handelskammer, Paris 604
Internationaler Gerichtshof 432, 444, 598, 600
Internationaler Kongreß des lateinischen Notariats 122
Internationales Privatrecht 7
Internationales Strafrecht 276
Internationale Zuständigkeit 174, 179, 262, 576
– Gründungsgesellschaften 186
International Fiscal Association (IFA) 530
International Law Association (ILA) 122, 530
Italien 101
– Gesellschaftsstatut 120
– Mitbestimmung 318
– Personenhandelsgesellschaften 151, 190

Joint Venture 549
Juristische Personen des öffentlichen Rechts
– Enteignung 523
– Gebietskörperschaften innerhalb des Deutschen Reiches 526
– Rechtsfähigkeit 202
– Staatsunternehmen siehe ebd
– Tatsächlicher Verwaltungssitz 183

 Bernhard Großfeld

Kapitalaufbringung 242
Kapitalerhaltung 242
Katholische Kirche 126
Kaufmannseigenschaft 232, 588
Klagerechte 243
Kommanditgesellschaft 222, 225, 317 ff, 531, 535, 578; siehe auch nichtrechtsfähige Personenvereinigungen
– Anmeldung einer Zweigniederlassung 578
Kommanditgesellschaft auf Aktien 239, 317
Konkurs 271
– Inlandswirkung 272
– Konkursausfallgeld 419
– Konkurseröffnung, internationale Zuständigkeit 271
– Konkursmasse 271
– Konkursverfahren 271
– Konkursverwalter 271
– Prozeßführungsbefugnis 273
– Sicherheitsleistung 420
– Vergleich zur Abwendung des Konkurses 275
Kontrollratsgesetz Nr. 5 427
Kontrolltheorie 401, 565
Konzernrecht, Internationales 389
– Anknüpfung 389
– Barabfindung 405
– Betriebspacht- und Betriebsüberlassungsverträge 398
– Faktische internationale Konzernbeziehungen – Allgemeines 390, 398
– Faktischer Unternehmensverbund 407
– Gewinngemeinschaft 398
– Gleichordnungskonzern 392
– Grenzüberschreitender Beherrschungs- und Gewinnabführungsvertrag 398, 400 f, 403
– Internationale Gleichordnungsbeziehungen 398
– Konzernbilanz 391
– Meldepflicht 391
– Regelungsbereich der konzernrechtlichen Kollisionsnorm 396
– Sonderanknüpfungen 394 f
– Teilgewinnabführungsverträge 398
– Teilkonzernabschluß 396
– Treuepflicht 411
– Unterordnungskonzern 390
– Vertragskonzern 390
– Wirksamkeitsvoraussetzungen für Beherrschungs- und Gewinnabführungsverträge 404
– Zulässigkeit von Beherrschungs- und Gewinnabführungsverträgen 399
Kreditinstitute 573

Lehre von der fehlerhaften Gesellschaft 335 ff, 343
Liechtenstein 42 f, 67, 118, 152
– Anstalt 132, 152
– Internationales Gesellschaftsrecht 120
– Treuunternehmen 132, 152
Liquidation 437
Luxemburg 101
– Sitztheorie 120

Meistbegünstigung 165, 560, 603; siehe auch Fremdenrecht; Staatsverträge; Übereinkommen
Mitbestimmungsrecht 313
– Allgemeines 313
– Ausstrahlungsfälle 313, 324
– Beherrschungs- und Gewinnabführungsverträge 400, 402
– Bei ausländischem Gesellschaftsstatut 55, 314
– Betriebsrat 326
– Betriebsverfassungsrecht 313, 322
– Einbeziehung ausländischer Arbeitnehmer 322
– Geltung des Gesellschaftsstatuts 314
– Gewerkschaften 326
– GmbH & Co KG 317
– Internationale Reichweite des deutschen Mitbestimmungsrechts 321
– Inernationale Verschmelzung 421
– Konzernmitbestimmung 328
– Unternehmerische Mitbestimmung 313, 316
– Verfassungsmäßigkeit 313
– Wahl 323, 325, 327, 329
– Zweigniederlassung 315
Multinationale (transnationale) Unternehmen 8, 24, 41, 44, 604
– Leitsätze der IHK 604
– Leitsätze der OECD 605
– Südafrika-Kodex 610
– UN-Verhaltenskodex für multinationale Unternehmen 609

Name 235
– Namensberechtigung 235
– Namensschutz 235, 237
– Zweigniederlassung 236
Nichtrechtsfähige Personenvereinigungen 531
– Auseinandersetzungsansprüche 538
– Ausgleichspflichten 538
– Ausländervereine 595
– BGB-Gesellschaft 535
– Einheitliches Gesellschaftsstatut 531, 539
– Geschäftsführung 538
– Gesellschaften ohne eigene Organisation 548
– Gewerbliche Niederlassung 540
– Haftung der Gesellschafter 540
– Innenverhältnis 539
– Kommanditgesellschaft 535
– Lehre von der Rest- oder Spaltgesellschaft 546
– Nichtrechtsfähige Vereine 542
– Nichtrechtsfähige Vermögensmassen 547
– Offene Handelsgesellschaft 535
– Parteifähigkeit 537

– Prozeßfähigkeit 537
– Regelungsbereich des Gesellschaftsstatuts 537
– Sitztheorie 532, 534
– Sitzverlegung 545
– Souveränitätswechsel 545
– Staatsangehörigkeit der Gesellschafter 533, 540
– Stille Gesellschaft 548
Niederlande 101, 118
– Deutsch-niederländischer Finanzvertrag 427
– Gründungstheorie 121
– Kaufmannsbegriff 233
Niederlassungsfreiheit 90, 92
Nigeria 159
Notar siehe auch Formprobleme
– Argentinien 311
– Belehrungspflicht 304, 308
– Lateinisches Notariat 302
– Österreich 302, 306, 311
– Schweiz 302, 306, 311
– USA 302

OECD 3, 605, 607, 609 ff
Österreich
– Bundesgesetz v. 15. 6. 1978 über das internationale Privatrecht 120
– Deutsch-österreichischer Vermögensvertrag 427
– Notar 302
– Sitztheorie 120
Offene Handelsgesellschaft 340, 344, 531, 535, 546, 578; siehe auch nichtrechtsfähige Personenvereinigungen
– Anmeldung einer Zweigniederlassung 578
Ordnungswidrigkeitsrecht, internationales 276
Ordre public
– Ausländische Beurkundung 306
– Gründungstheorie 46
– International unverzichtbare Grundsätze deutschen Rechts 131
– Mitbestimmung 318
– Registerrechtlich nicht eintragungsfähige Bestimmungen 582 f
– Restgesellschaft 447
– Sitztheorie 32, 65, 181
– Souveränitätswechsel 381
– Staats(handels)unternehmen 133, 153
– Typenprobleme 155
– Verhinderung der Abwicklung 269
– Vertretungsmacht 204
– Vollstreckung öffentlich-rechtlicher Ansprüche im Inland 444

Panama 42 f, 85, 87, 118
Parteiautonomie im Internationalen Gesellschaftsrecht 16 f, 44
Parteifähigkeit 49, 67, 111, 209, 268, 333, 346 f, 537; siehe auch Rechtsfähigkeit; Prozeßfähigkeit
Personenvereinigungen siehe nichtrechtsfähige Personenvereinigungen
Pflegschaft 270, 439, 458 ff, 586
Polen 66
Prinzip der Mehrstaatlichkeit 551
Prozeßfähigkeit 67, 111, 213, 460, 537; siehe auch Parteifähigkeit; Rechtsfähigkeit
Publizität 264, 414, 587

Qualifikation 144, 184, 248, 266, 327, 402, 432

Rat für gegenseitige Wirtschaftshilfe (RGW) 116, 121
Rechnungslegung 264
Rechtsfähigkeit 268; siehe auch Anerkennung; Rechtsfähigkeit; Prozeßfähigkeit
– Allgemeine Rechtsfähigkeit 190
– Anleihefähigkeit 228
– Besondere Rechtsfähigkeiten 214
– Beteiligungsverbote 216, 219
– Erwerbsbeschränkungen 215 f, 220
– Fehlende (beschränkte) Rechtsfähigkeit 196, 198, 203
– Rechtsscheingrundsätze 200
– Sonstige gesellschaftsrechtliche Beschränkungen 226
– Typenproblem 144, 150
– Typenvermischung mit ausländischer Gesellschaft 222 f
– Umfang der Rechtsfähigkeit 201
– Wechselfähigkeit 227
Rechtsscheingrundsätze siehe Rechtsfähigkeit
Rechtsträger-Abwicklungsgesetz v. 6. 9. 1965 525
Rechtsvereinheitlichung 122
Rechtswahl, fehlerhafte 331
– Anzuwendendes Recht 332
– Folgen 331
– Haftung 346
– Lehre von der fehlerhaften Gesellschaft 335
Register
– Erzwingung der Anmeldung von Zweigniederlassungen 585
– Gründungsvertrag; Satzung 284
– Registergerichtliches Prüfungsrecht; Zweigniederlassung ausländischer Gesellschaften 581
– Satzungssitz 498, 579
– Sitzverlegung nach Souveränitätswechsel 383
– Verschmelzung 414
– Zweigniederlassung 574 f
Restgesellschaft 434, 438; siehe auch Enteignung; Spaltgesellschaft
– Allgemeine Grundlagen 438
– Anzahl der Rest- oder Spaltgesellschaften 499
– Ausländische Restgesellschaft 501

- Begriff 435
- Behördenzuständigkeit 461
- Bürgschaft 508
- Entstehungsvoraussetzungen 442
- Forderungen 502
- Gerichtszuständigkeit 461
- Geschäftsleitung 450
- Gesellschafterversammlung 450
- Gesellschaftsstatut 491
- Haftung 508
- Haftungsbeschränkung 512, 515
- Hinterlegung 507, 518
- Identität mit der Altgesellschaft 440, 448
- Juristische Personen des öffentlichen Rechts 436, 523
- Kreditinstitute 385, 434
- Kritik an der Lehre von der Restgesellschaft 463
- Liquidationsgesellschaft 483, 487
- Liquidator 459, 485
- Mitgliederversammlung 456
- Niederlassung 450
- Notvorstand, -verwaltung 450, 454, 459, 462
- Notwendigkeit von Auslandsvermögen 445
- Pfleger 458 ff
- Prozeßpfleger 460
- Rechtsnatur 480
- Registereintragung 456, 498
- Satzungssitz 450
- Sitzverlegung 440
- Territorialitätsprinzip 426, 439
- Verbindlichkeiten 509
- Vertretung 459
- Werbende Gesellschaft 483, 487
- Zurechnung außerhalb der Bundesrepublik Deutschland belegenen Vermögens 500

Rückverweisung siehe Verweisung
Russisch-orthodoxe Kirche 134

Saar-Lothringische Kohleunion – SAARLOR 178
Satzungsautonomie 9
Scheckfähigkeit 227
Schweden
- Mitbestimmung 318

Schweiz
- Entwurf eines Bundesgesetzes über das Internationale Privatrecht 25, 46, 52, 118, 120, 141, 167, 185, 548
- Gründungstheorie 120
- Mitbestimmung 317
- Notar 302, 306
- Rechtsprechung zur Schuldenhaftung von Rest- und Spaltgesellschaften 510
- Sitztheorie 120

Sequester 443
Sitz
- Bestimmung des Verwaltungssitzes 37, 166
- Doppelter Satzungssitz 178
- Doppelter Verwaltungssitz 173
- Juristische Personen öffentlichen Rechts 183
- Satzungssitz 18, 72, 74, 77 f, 174 ff, 450 ff
- Sitz von Personengesellschaften 536
- Verwaltungssitz bei Konzernverbindungen 170

Sitztheorie siehe auch Gesellschaftsstatut
- Allseitige Kollisionsnorm 80, 83 f, 86
- Anerkennung 123
- Anwendung auf innere Organisation 35, 40
- Anwendungsbereich 68
- Deutscher Rat für Internationales Privatrecht 22
- Einheitliches Gesellschaftsstatut 56
- Einschränkung durch das Erfordernis der „Inlandsbeziehung" 64, 105
- Folgen fehlerhafter Rechtswahl 331
- Gesellschaften, die nach dem Recht eines EG-Mitgliedstaates errichtet sind 93
- Gesellschaftsstatut 13, 18
- Inlandsbezug 64, 87, 105
- Internationaler Entscheidungseinklang 71
- Internationale Zuständigkeit 77
- Literatur 21
- Ordre-public-Charakter 65
- Parteiautonomie 16
- Parteifähigkeit 49
- Rechtsprechung 20
- Schranken materiellrechtlicher Verweisung 280
- Schwächen 35
- Sitzverlegung 35, 40
- Sonderanknüpfungen 32, 181, 184, 192
- Versagung der Rechtsfähigkeit als angemessene Sanktion 33, 39, 48, 53, 123, 145
- Verwaltungssitz im Ausland 70
- Verwaltungssitz im Inland 69
- Verweisung 70, 76, 103
- Völkerrecht 34
- Vorzüge 29, 61
- Zielrichtung 14

Sitzverlegung, innerdeutsche 372, 385
- Kreditinstitute 385

Sitzverlegung, internationale 348
- Allgemeines 348
- Verlegung des Satzungssitzes in das Ausland 375
- Verlegung des Verwaltungssitzes in das Ausland 351
- Verlegung des Verwaltungssitzes in das Inland 371
- Verlegung des Verwaltungssitzes von einem ausländischen Staat in einen anderen 374
- Verlegungsbeschluß 364

Souveränitätswechsel 381
Sozialistische Staaten 121
Spaltgesellschaft 434, 465; siehe auch Enteignung; Restgesellschaft
- Allgemeine Grundlagen 465

Internationales Gesellschaftsrecht

– Anzahl der Rest- oder Spaltgesellschaften 499
– Begriff 435
– Belegenheit der Mitgliedschaftsrechte 466, 520
– Bürgschaft 508
– Entstehungsvoraussetzungen 471
– „Extreme" Spaltungstheorie 474, 519
– Forderungen 502
– „Gemäßigte" Spaltungstheorie 471
– Gesellschaftsstatut 491
– Grenzen der Spaltungstheorie 469 f
– Haftung 508
– Haftungsbeschränkung 512, 515
– Hauptversammlung 478
– Hinterlegung 507, 518
– Juristische Personen des öffentlichen Rechts 436, 523
– Kreditinstitute 385, 434
– Kritik an der Spaltungstheorie 479
– Liquidationsgesellschaft 483, 487
– Liquidator 485
– Notvorstand 478
– Rechtsnatur 480
– Rechtsschutzbedürfnis 478
– Registereintragung 498
– Sachlegitimation 477
– Sitz 476, 485
– Territorialitätsprinzip 465 f
– Tochtergesellschaft 475
– Verbindlichkeiten 509
– Werbende Gesellschaft 483, 487
– Zurechnung außerhalb der Bundesrepublik Deutschland belegenen Vermögens 500
Spanien 159, 162
Staatenimmunität 156, 203
– Persönliche 156
– Sachliche 158
– Staats(handels)unternehmen 159
Staatshaftung gegenüber Ausländern 561
Staats(handels)unternehmen 133, 153, 155, 202 f; siehe auch Staatenimmunität
Staatsverträge 160
– Allgemeines 160
– Auslegung 161
– Deutsch-niederländischer Finanzvertrag v. 8. 4. 1960 527
– Deutsch-österreichischer Vermögensvertrag v. 15. 6. 1957 427, 521
– Doppelbesteuerungsabkommen 165
– Freundschafts-, Handels- und Schiffahrtsvertrag mit den USA 162
– Investitionsabkommen 165
– Meistbegünstigungsklauseln 165
– Niederlassungsvertrag mit Spanien 162
– Prinzip des „genuine link" 164
– Rapallo-Vertrag 427, 440, 489
– Saarvertrag 178
– Staatszugehörigkeit juristischer Personen 11, 562
Steuerrecht 38, 138, 144, 169, 172, 223, 497
– Internationales Steuerrecht 172
– Internationale Verschmelzung 422
– Sitzkriterium 38
Stiftung 30, 77, 102, 106, 112, 121, 126, 130, 132, 200, 239, 282, 436, 439, 448, 462, 482
Stiftungen mit Verwaltungssitz im Ausland 106
Stille Gesellschaft 548
Stimmverträge 250
Strafrecht, internationales 276
Substitution 204 f, 220, 230 f, 239, 301, 558, 577
Südafrika 610
Südamerikanische Staaten (Calvo Doktrin) 601

Take-over-bid siehe Übernahmeangebot
Tender offer siehe Übernahmeangebot
Territorialitätsprinzip siehe Enteignung
Tochtergesellschaften ausländischer Unternehmen 566
Transnationale Unternehmen siehe multinationale Unternehmen
Türkei 42
Typenproblem 144, 150
Typenvermischung mit ausländischer Gesellschaft 222

Übereinkommen
– EWG-Übereinkommen (GVÜ) 263, 401
– Investitionsförderungs- und Kapitalschutzabkommen 603
– Pariser Verbandsübereinkunft zum Schutz des gewerblichen Eigentums v. 20. 3. 1883 238
– Weltbankübereinkommen v. 18. 3. 1965 602
Überlagerungstheorie siehe auch Gesellschaftsstatut
– Anpassungsprobleme 60
– Besonderes Rechtsfähigkeitsstatut 128, 142
– Inhalt 28
– Kritik 59
Überleitungsvertrag 427
Übernahmeangebot 247
Unternehmensrecht, interessenpluralistisches 17, 44
USA
– Anlegerschutzrecht 23, 264
– „Bundesgesellschaftsrecht" 60
– Corporation 192
– Delaware 43, 60, 85
– Freundschafts-, Handels- und Schiffahrtsvertrag mit den USA 162
– Full faith and credit 60
– Gründungstheorie 23, 47, 58, 121
– Mitbestimmung 318
– New York Business Corporation Law 202
– Notary public 302
– Publizitätspflichten 264
– Securities Exchange Commission 264

- Trust 55, 151, 547
- Überlagerungstheorie 60
- Ultra-vires-Lehre 202
- Washington 66
- West Virginia 66

Verein 18, 106 f, 109 ff, 178, 187, 205, 269, 282, 286, 339, 356, 498, 527 ff
- Idealverein 529
- Vereine, ausländische 109
- Vereine, internationale 527
- Vereine, nichtrechtsfähige 230, 339, 531, 542 ff, 595; siehe auch nichtrechtsfähige Personenvereinigungen
- Vereine mit Verwaltungssitz im Ausland 106, 108, 110
- wirtschaftlicher Verein 528
- wissenschaftlicher Verein 530

Vereinte Nationen 3, 604, 609
Vergleich zur Abwendung eines Konkurses 275
Verschmelzung (Fusion), innerdeutsche 413
Verschmelzung (Fusion), internationale 267, 412
- Eingliederung 267, 424
- Entwicklungen in Europa 423
- Formerfordernisse 414
- Fusionsverbote 414
- Mitbestimmung 421, 423
- Parallele zur internationalen Sitzverlegung 417
- Schadenersatzansprüche 414
- Umwandlung 267, 424
- Vermögensübertragung iSv § 361 AktG 424
- Verschmelzungsvertrag 414
- Zulässigkeit 413, 416

Versicherungsverein auf Gegenseitigkeit 109
Vertragshilfegesetz v. 26. 3. 1952 517
Vertretung 204 ff, 270
Verweisung 103
- Rückverweisung 61, 70, 76, 103, 105, 217
- Schranken materiellrechtlicher Verweisung 280
- Weiterverweisung 61, 103 ff, 217

Völkerrecht
- Anerkennung ausländischer Gesellschaften 60, 125, 129, 138
- Diplomatischer Schutz 598 f
- Enteignung 426, 428, 447
- Fremdenrecht 560
- Grundrechtsschutz 592
- Internationale Gesellschaften 552 f
- Internationale Reichweite deutschen Mitbestimmungsrechts 322
- Kontrolltheorie 565
- Legitimität des maßgeblichen Rechts 129, 182, 531
- Sitztheorie 34

Vollstreckung öffentlich-rechtlicher Ansprüche im Inland 444
Vorgesellschaft 342

Wechselfähigkeit 227
Weiterverweisung siehe Verweisung
Westvermögen-Abwicklungsgesetz 385, 434
Wettbewerbsabreden 249

Zuständigkeitsergänzungsgesetz v. 7. 8. 1952 384, 461, 586
Zweigniederlassung ausländischer Unternehmen 561, 567
- Anmeldepflichtige Personen 577
- Ausländereigenschaft 571
- Bankrechtlicher Begriff 567
- Errichtung 570
- Fusion 567
- Gegenseitigkeit 570
- Genehmigungserfordernisse 570
- Gerichtsstand 568
- Internationale Zuständigkeit des deutschen Registergerichts 576
- Kreditinstitute 573
- Partei-, Prozeßfähigkeit 569
- Pflegschaft 586
- Registerrechtliche Fragen 574
- Veräußerung 567
- Verbindlichkeiten 568
- Versicherungsunternehmen 573
- Vertretung 569
- Wirkung der Eintragung 588

A. Internationales Gesellschaftsrecht

Schrifttum

ABRAHAMS, Les sociétés en droit international privé (1957); BEHRENS, Die Gesellschaft mit beschränkter Haftung im internationalen und ausländischen Recht (1976) Rz 73 ff S 508 ff; BEITZKE, Juristische Personen im Internationalprivatrecht und Fremdenrecht (1938); ders, Kollisionsrecht von Gesellschaften und juristischen Personen, in: LAUTERBACH (Hrsg), Vorschläge und Gutachten zur Reform des deutschen internationalen Personen- und Sachenrechts, Materialien zum ausländischen und internationalen Privatrecht 16 (1972) 94; BOXSOM, Rechtsvergelijkende studie voor de nationaliteit der veonnootschappen (1964); Deutscher Rat für Internationales Privatrecht, in: LAUTERBACH (Hrsg), Materialien zum ausländischen und internationalen Privatrecht 16 (1972) 3; DORALT, Anerkennung ausländischer Gesellschaften, ÖJBl 1969, 181; EBENROTH, Konzernkollisionsrecht im Wandel außenwirtschaftlicher Ziele (1978); ders, Die verdeckten Vermögenszuwendungen im transnationalen Unternehmen (1979) 334; EBENROTH-SURA, Das Problem der Anerkennung im internationalen Gesellschaftsrecht, RabelsZ 43 (1979) 315; EBERT, Genossenschaftsrecht auf internationaler Ebene, 2 Bde (1966); GRASMANN, System des internationalen Gesellschaftsrechts (1970); GROSSFELD, Die Anerkennung der Rechtsfähigkeit juristischer Personen, RabelsZ 31 (1967) 1; ders, Die Entwicklung der Anerkennungstheorien im internationalen Gesellschaftsrecht, in: FS H Westermann (1974) 199; ders, Zur Geschichte der Anerkennungsproblematik bei Aktiengesellschaften, RabelsZ 38 (1974) 344; ders, Multinationale Unternehmen als Anstoß zur Internationalisierung des Wirtschaftsrechts, WuR 1980, 106; ders, Praxis des Internationalen Privat- und Wirtschaftsrechts (1975); HENRIQUEZ, Het vennootschapsstatut (1961); KOPPENSTEINER, Internationale Unternehmen im deutschen Gesellschaftsrecht (1971); LOUSSOUARN, Les conflits de lois en matière des sociétés (1949); LOUSSOUARN-BREDIN, Droit de commerce international (1969) Nr 308 S 345; RABEL, The Conflict of Laws Bd 2 (2. Aufl 1960); E REHBINDER, Das auf multinationale Unternehmen anwendbare Recht, in: Materialien zum ausländischen und internationalen Privatrecht 21 (1974) 122; SANDROCK, Die multinationalen Korporationen im Internationalen Privatrecht, in: Berichte der Deutschen Gesellschaft f Völkerrecht 18 (1978) 169; WIEDEMANN, Internationales Gesellschaftsrecht, in: FS Kegel (1977) 187; ders, Gesellschaftsrecht Bd I (1980) 771.

I. Einleitung 1

Das Internationale Gesellschaftsrecht befaßt sich herkömmlicherweise in erster Linie mit der kollisionsrechtlichen Frage, nach welcher nationalen Rechtsordnung gesellschaftsrechtliche Beziehungen zu beurteilen sind, welches das auf sie anwendbare Recht ist. Nach welcher Rechtsordnung bestimmt sich die Rechtsfähigkeit einer Gesellschaft? Nach welcher Rechtsordnung entsteht sie, lebt sie, vergeht sie? Ziel der Bemühungen ist also, die Rechtsordnung zu finden, die für die Beantwortung einer gesellschaftsrechtlichen Frage maßgeblich ist. Der Ausdruck „Gesellschaft" wird in diesem Zusammenhang in einer weiten Bedeutung benutzt, nämlich für alle Personenvereinigungen, juristische Personen und andere organisierte Vermögenseinheiten. Im Vordergrund stehen die juristischen Personen. Auf die Zurechnung zum privaten oder zum öffentlichen Recht kommt es nicht an (vgl BGH WM 1965, 859 und unten Rz 183).

Vom Internationalen Gesellschaftsrecht in diesem traditionellen Sinne ist das Fremdenrecht als materielles Sonderrecht für Ausländer zu unterscheiden. Zum Fremdenrecht zählen wir die Rechtsnormen, die nach der Inländer- oder Ausländereigenschaft differenzieren und daraus unterschiedliche Rechtsfolgen ableiten (unten Rz 559). Die Übergänge zwischen Internationalem Gesellschaftsrecht und Fremdenrecht sind fließend (Einzelheiten unten Rz 119). 2

In jüngster Zeit hat sich ein weiterer Zweig des Internationalen Gesellschaftsrechts entwickelt. Hier geht es um Bemühungen, zu international vereinheitlichten Normen und zu international einheitlichen Standards für Aktiengesellschaften und für Großunternehmen generell – unabhängig von der Rechtsform – zu gelangen. Zu erwähnen sind Bestrebungen im Rahmen der Europäischen Gemeinschaft (Europäische Aktiengesellschaft, Societas Europaea – unten Rz 423), der Organisation für wirtschaftliche Zusammenarbeit und Entwicklung – OECD – (Leitsätze für multinationale Unternehmen – unten Rz 608) und der Vereinten Nationen (Code of Conduct for Transnational Enterprises – unten Rz 609). 3

Das Internationale Gesellschaftsrecht ist weithin nicht gesetzlich geregelt. Früher enthielt Art 10 EGBGB eine Bestimmung für einen Sonderfall: 4

„Ein einem fremden Staate angehörender und nach dessen Gesetzen rechtsfähiger Verein, der die Rechtsfähigkeit im Inland nur nach den Vorschriften der §§ 21, 22 des Bürgerlichen Gesetzbuches erlangen könnte, gilt als rechtsfähig, wenn seine Rechtsfähigkeit durch Beschluß des Bundesrates anerkannt ist. Auf nicht anerkannte ausländische Vereine der bezeichneten Art finden die Vorschriften über die Gesellschaft sowie die Vorschrift des § 54 Satz 2 des Bürgerlichen Gesetzbuches Anwendung"

(Ausführliche Kommentierung bei Staudinger-Raape [9. Aufl] Art 10 EGBGB Anm H S 156).

An die Stelle des Beschlusses des Bundesrates trat später gemäß Art 125, 129 Abs 1 GG die Anerkennung durch den Bundesinnenminister (Entscheidung der Bundesregierung über die sachliche Zuständigkeit zur Anerkennung der Rechtsfähigkeit ausländischer Vereine v 17. 2. 1953 [BGBl I 43]).

5 Art 10 EGBGB ist aufgehoben durch § 30 Abs 1 Nr 4 des Vereinsgesetzes v 5. 8. 1964 (BGBl I 593). Die Begründung zum Regierungsentwurf des Vereinsgesetzes (BT-Drucks IV 430 S 26 zu § 25 Abs 1 Nr 4) sagt dazu:

„Das in Art 10 vorgesehene Verfahren zur Anerkennung der Rechtsfähigkeit ausländischer Vereine, das bisher eine gewisse Kontrolle über die Tätigkeit ausländischer Vereine im Bundesgebiet ermöglichte, kann, wenn die im Entwurf vorgesehenen Bestimmungen über ausländische Vereine Gesetz werden, entfallen. Danach würde künftig auch für ausländische Idealvereine die allgemeine Regel gelten, daß die durch das ausländische Recht begründete Rechtsfähigkeit eines Vereins ohne weiteres auch im Inland anerkannt ist"

(Zur Geschichte des Art 10 EGBGB vgl: Grossfeld, Zur Geschichte; ders, Die Entwicklung).

6 Die weithin fehlende gesetzliche Regelung bewirkt, daß im Internationalen Gesellschaftsrecht gerade die Ausgangspositionen lebhaft umstritten sind. Das wird bis in eine Vielzahl von Einzelfragen hinein fühlbar. Aussagen in Literatur und Rechtsprechung können deshalb nur dann richtig gewürdigt werden, wenn man die evtl unterschiedlichen Ausgangspositionen beachtet. Die Auseinandersetzungen werden zT scharf geführt. Der Grund dafür liegt darin, daß im Internationalen Gesellschaftsrecht starke widerstreitende wirtschaftliche Interessen aufeinanderstoßen (zB hier Großaktionär, dort Kleinaktionär) und auch die Interessen der einzelnen Staaten diametral entgegengesetzt sein können (zB hier Kapitalexportstaat, dort Kapitalimportstaat). Der letztgenannte Interessengegensatz bewirkt, daß rechtsvergleichende Ergebnisse nur vorsichtig herangezogen werden dürfen. Es ist stets zu berücksichtigen, welche Interessen der jeweilige ausländische Staat mit der gesellschaftsrechtlichen Kollisionsregel verfolgt (Grossfeld, Praxis 41 f; ders, RabelsZ 39 [1975] 5 und unten Rz 118).

7 Charakteristisch für das Internationale Gesellschaftsrecht ist die enge Verzahnung von materiellrechtlichen und internationalprivatrechtlichen Wertungen. Das Internationale Privatrecht als „Glasperlenspiel" hat für das Gesellschaftsrecht keine Bedeutung. Vielmehr wirkt der Gehalt der nationalen Sachnormen in besonderem Maße auf die Ausbildung der Kollisionsnormen ein. Die jeweilige Eigenart des nationalen Gesellschaftsrechts prägt das Internationale Gesellschaftsrecht, letzteres führt die Wertungen aus dem nationalen Bereich in den internationalen fort, sichert sie – unter Beachtung internationaler Verträglichkeit – international ab (Grossfeld, Management and Control of Marketable Share Companies, in: International Encyclopedia of Comparative Law Bd 13 [1973] Kap 4 Nr 2 Fn 17).

8 Ferner ist zu beachten, daß das Internationale Gesellschaftsrecht nicht in erster

Linie an individuellen Rechtsbeziehungen orientiert ist (dazu GROSSFELD, Zivilrecht als Gestaltungsaufgabe [1977]), sondern an Personengesamtheiten; es wird durch diesen „Gruppenbezug" geprägt. Zudem werden durch das Gesellschaftsrecht zumeist soziale Organisationen von oft großer wirtschaftlicher Kraft auf Dauer geschaffen; das bedingt einen starken „Öffentlichkeitsbezug" (WIEDEMANN, Internationales Gesellschaftsrecht 189). Diese Eigenarten sind auch dann zu beachten, wenn eine Gesellschaft mit dem Auslande verknüpft ist (zB kein Leerlaufen des § 22 BGB, § 23 Abs 5 AktG, § 18 S 2 GenG). Die insoweit bestehenden Schutzgarantien des nationalen Rechts müssen Leitprinzip des Internationalen Gesellschaftsrechts sein (WIEDEMANN, Internationales Gesellschaftsrecht 190). Das zeigt das Beispiel der multinationalen (transnationalen) Unternehmen deutlich (GROSSFELD JuS 1978, 73; ders WuR 1980, 106). Eine Parallele zur internationalprivatrechtlichen Behandlung normaler Schuldverträge scheidet daher im allgemeinen aus.

Eine maßgebliche Bedeutung gewinnt darüber hinaus der Gesichtspunkt der Kontrolle wirtschaftlicher Macht (dazu im allgemeinen GROSSFELD, Aktiengesellschaft, Unternehmenskonzentration und Kleinaktionär [1968] 50). Die wesentlichen Lehren des Internationalen Gesellschaftsrechts sind im 18. und 19. Jh parallel zum Aufstieg der Aktiengesellschaft (bzw ihr entsprechender Rechtsformen in anderen Rechten) entwickelt worden. Die Suche nach einer diesen neuen Machtträgern angemessenen Kontrollmöglichkeit hat daher das Internationale Gesellschaftsrecht von Anfang an geprägt (GROSSFELD, Zur Geschichte). Auch heute noch ist die Aktiengesellschaft das Leitbild der meisten Aussagen zum Internationalen Gesellschaftsrecht. Das ist bei der Beurteilung anderer Unternehmensformen zu beachten. Die für die Aktiengesellschaft entwickelten Lösungen lassen sich zwar oft, nicht jedoch schematisch auf andere Unternehmensformen übertragen. So eignen sich zB die für die Aktiengesellschaft gefundenen Lösungen zumeist auch für die Gesellschaft mit beschränkter Haftung. Doch ist zu bedenken, daß bei letzterer ein größerer privatautonomer Gestaltungsspielraum besteht: Eine dem § 23 Abs 5 AktG (oder § 18 S 2 GenG) entsprechende Vorschrift über die Beschränkung der Satzungsautonomie gibt es bei der Gesellschaft mit beschränkter Haftung nicht; das kann internationalprivatrechtlich uU im Einzelfall von Bedeutung sein (unten Rz 282). Diese Vorbehalte gelten noch stärker bei Personengesellschaften (unten Rz 531) und uU auch bei Idealvereinen (unten Rz 529). 9

II. Gesellschaftsstatut – Allgemeines 10

Die traditionelle Auffassung – wie sie im 19. Jh in Frankreich und Deutschland in Auseinandersetzung mit vielen anderen Meinungen entwickelt wurde – geht davon aus, daß die gesellschaftsrechtlichen Beziehungen grundsätzlich nach einem einheitlichen Recht zu beurteilen sind: Einheitslehre (zur Entwicklung ZITELMANN, Internationales Privatrecht Bd 2 [1897] 110; NEUMEYER, Internationales Verwaltungsrecht Bd 1 [1910] 126; FRANKENSTEIN, Internationales Privatrecht Bd 1 [1926] 456). Diese Lehre wird zwar heute durch die Differenzierungslehre (GRASMANN) und die Überlagerungstheorie (SANDROCK) in Zweifel gezogen (dazu unten Rz 27, 28); sie ist aber nach wie vor herrschend (vgl Deutscher Rat für Internationales Privatrecht 21; GROSSFELD, Berichte der Deutschen Gesellschaft f Völkerrecht 18 [1978] 455). Es verspricht in der Tat wenig Erfolg, ein einheitliches Rechtsgebilde unterschiedlichen Rechten zu unterstellen; in der Praxis entständen hierdurch kaum lösbare Anpassungsprobleme (Einzelheiten unten Rz 52).

Das die Verhältnisse der Gesellschaft regelnde Recht ist das Gesellschaftsstatut (lex 11
societatis). Es ist das Heimatrecht der Gesellschaft. Entsprechend der Einheitslehre erfaßt es grundsätzlich alle Fragen vom Beginn bis zum Ende der Gesellschaft. Für

das Kollisionsrecht kommt es darüber hinaus auf eine etwaige „Staatsangehörigkeit" juristischer Personen nicht an. Es ist schon fraglich, ob der für natürliche Personen geprägte Begriff auf juristische Personen paßt, hier kann man allenfalls im Fremdenrecht (unten Rz 562) von einer „Staatszugehörigkeit" sprechen. Für das Kollisionsrecht bedeutet die Frage nach der „Staatsangehörigkeit" jedenfalls einen unnötigen Umweg (Grossfeld, Anerkennung der Rechtsfähigkeit 3; Beitzke, Kollisionsrecht 97).

12 Das Gesetz sagt uns nicht, wie das Gesellschaftsstatut zu ermitteln ist. Es ist daher streitig, an welches konkrete Element des Sachverhaltes (Anknüpfungsmoment) anzuknüpfen ist. Das ist die quaestio famosa des Internationalen Gesellschaftsrechts. Während im 19. Jh noch viele Anknüpfungspunkte zur Diskussion standen (zB Ort der Kapitalzeichnung, Gründungsort, Staatsangehörigkeit der Gesellschafter oder Organe – Kontrolltheorie –, Ort der Betriebsstätte – lieu ou centre d'exploitation) werden heute für das Kollisionsrecht (zum Fremdenrecht unten Rz 562) grundsätzlich nur noch zwei Möglichkeiten erörtert: Der tatsächliche Sitz der Hauptverwaltung (kurz: „Verwaltungssitz", „Sitz") oder der Wille der Gründer. Es gilt also das Recht des Staates, in dem sich der Sitz der Hauptverwaltung tatsächlich befindet oder das Recht des Staates, nach welchem die Gesellschaft gegründet wurde. Dementsprechend konkurrieren im Ausgangspunkt miteinander einerseits die Sitztheorie (Theorie des effektiven Verwaltungssitzes) und andererseits die Gründungstheorie (Inkorporationstheorie) oder deren Ableitungen (Differenzierungslehre, Überlagerungstheorie – unten Rz 27, 28; ausführliche Darstellung auch anderer – inzwischen aufgegebener – Anknüpfungspunkte bei Beitzke, Kollisionsrecht 107).

13 Nach der Sitztheorie ist Gesellschaftsstatut das Recht des Staates, in dem die Gesellschaft ihren tatsächlichen Verwaltungssitz hat. Die Anknüpfung erfolgt also nach einem weitgehend objektiven Merkmal (obgleich die Gründer jedenfalls vom Kollisionsrecht her keinen Einschränkungen bei der Entscheidung unterliegen, in welchem Staat sie den Verwaltungssitz errichten – insofern enthält das Anknüpfungsmoment auch hier ein subjektives Element). Demgegenüber ist gemäß der Gründungstheorie Gesellschaftsstatut das Recht des Staates, nach dem die Gesellschaft gegründet und ausgestaltet wurde. Das Gesellschaftsstatut wird damit letztlich allein subjektiv angeknüpft. Einzig entscheidend ist der Wille der Gründer, ist die von ihnen getroffene Rechtswahl.

14 Die Sitztheorie möchte in erster Linie dem Recht des Staates zur Geltung verhelfen, der von der Tätigkeit der Gesellschaft normalerweise am stärksten betroffen ist. Sie will zugleich die Flucht unter ein regelungsärmeres Recht und Eingriffe des Auslandes in die inländische Sozialstruktur verhindern. Diese Zielrichtung prägte schon frühe Entscheidungen des Reichsgerichts. So sagte das Gericht zur Flucht unter ein regelungsärmeres Recht (RGZ 77, 19, 22):

> „Niemals ist seitdem durch die preußische Landesgesetzgebung solchen Gemeinden die Möglichkeit eröffnet worden, ihren Wirkungskreis innerhalb der preußischen Landesgrenzen beizubehalten, sich jedoch der Anwendbarkeit des in Preußen geltenden bürgerlichen und öffentlichen Rechts auf die Weise zu entziehen, daß sie durch eine der Wirklichkeit widerstreitende Bestimmung in ihren Satzungen erklären, ihr Sitz befinde sich an einem außerhalb des Staates gelegenen Orte".

Zur Abwehr ausländischer Übergriffe erklärte das Gericht (RGZ 92, 73, 76):

> „Rechtshandlungen des Auslandsstaates als für sich verbindlich hinzunehmen, die in sein Rechtsgebiet übergreifen, kann dem Heimatstaate nicht zugemutet werden".

Die Gründungstheorie sieht dagegen auf die Freizügigkeit der Gründer von Gesellschaften; ihnen soll ein internationaler Bewegungsspielraum geschaffen werden. Die Formulierung von WIEDEMANN (Internationales Gesellschaftsrecht 197): „Es stehen sich also rechtsethische Maßstäbe und internationaler Manchesterliberalismus gegenüber" erscheint – angesichts der bei der Gründungstheorie anzutreffenden Korrekturen – allerdings als recht scharf. 15

Die Entscheidung zwischen beiden Theorien hängt jedoch letztlich davon ab, wie man zu der in wirtschaftlichen Großunternehmen und sonstigen „Assoziationen" verkörperten wirtschaftlichen und politischen Macht steht (dazu GROSSFELD, Aktiengesellschaft, Unternehmenskonzentration und Kleinaktionär [1968]), wie man das Kontrollbedürfnis beurteilt und welchen Spielraum man daher der Parteiautonomie im Internationalen Gesellschaftsrecht gewähren will. Betont man stärker ein auch durch das Internationale Gesellschaftsrecht und das Recht des nächstbetroffenen Staates zu befriedigendes Kontrollerfordernis, so gelangt man eher zur Sitztheorie – sonst eher zur Gründungstheorie. Die Frage läßt sich letztlich nicht beantworten ohne steten Rückgriff auf die Regelungsinteressen und Rechtswertungen des materiellen Rechts und die hier zu ordnenden Machtlagen. 16

Da traditionelles Leitbild des Internationalen Gesellschaftsrechts Großunternehmen sind, konkretisiert sich die Frage weiterhin dahin, welches Maß an Parteiautonomie man gerade Großunternehmen einräumen will. Einschränkende Tendenzen, die sich insoweit im nationalen Recht (zB § 26 Abs 2 GWB) oder im internationalen Bereich abzeichnen (zB Leitsätze für multinationale Unternehmen; Code of Conduct for Transnational Enterprises, unten Rz 604), sind auch für Abwägungen im Internationalen Gesellschaftsrecht beachtlich (GROSSFELD WuR 1980, 106). Ferner sind die Wandlungen des Gesellschaftsrechts zu einem interessenpluralistischen Unternehmensrecht zu berücksichtigen (VISCHER, FS Mann [1977] 639; DUDEN, FS Schilling [1973] 309; Bericht über die Verhandlungen der Unternehmensrechtskommission [hrsg v Bundesministerium d Justiz, 1980]). 17

III. Bestimmung des Gesellschaftsstatuts – Stand der Meinungen 18

1. Sitztheorie

Die traditionelle – im 19. Jh in Frankreich und Deutschland entwickelte – Auffassung knüpft das grundsätzlich als umfassend gedachte Gesellschaftsstatut an den tatsächlichen Sitz der Hauptverwaltung (kurz: „Verwaltungssitz", „Sitz") an. Gesellschaftsstatut ist also das Recht des Staates, in dem die Gesellschaft ihren tatsächlichen Verwaltungssitz hat. Die Vorherrschaft des Verwaltungssitzes entspricht Wertungen, wie sie sich im nationalen Recht – allerdings in unterschiedlicher Stärke – andeuten (§ 24 BGB: „Als Sitz eines Vereins gilt, wenn nicht ein anderes bestimmt ist, der Ort, an welchem die Verwaltung geführt wird". Entsprechendes sagt § 80 S 3 BGB für die Stiftung. § 17 Abs 1 S 2 ZPO: „Als Sitz gilt, wenn sich nichts anderes ergibt, der Ort, wo die Verwaltung geführt wird". Anders aber § 5 Abs 1 AktG: „Sitz der Gesellschaft ist der Ort, den die Satzung bestimmt"; jedoch erklärt Abs 2: „Die Satzung hat als Sitz in der Regel den Ort, wo die Gesellschaft einen Betrieb hat, oder den Ort zu bestimmen, wo sich die Geschäftsleitung befindet oder die Verwaltung geführt wird"). Auf den in der Satzung angegebenen Sitz („Satzungssitz") kommt es für die Bestimmung des Gesellschaftsstatuts nicht an (RGZ 77, 19 – anders für die Gerichts- und Behördenzuständigkeit – unten Rz 174).

19 Die Sitztheorie wurde zunächst in Analogie zum Wohnsitz der natürlichen Person entwickelt (RGZ 77, 19, 22:

„Soweit daher in öffentlichrechtlicher oder bürgerlichrechtlicher Beziehung für die Beurteilung der Rechtsverhältnisse ... ein dem Wohnsitz entsprechender bestimmter Ort in Betracht kam, konnte dies nur der Ort sein, von dem aus tatsächlich die Verwaltung geführt wurde").

Schon bald aber traten spezifisch gesellschaftsrechtliche Wertungsgesichtspunkte hinzu (oben Rz 7). Die Sitztheorie entspricht der Auffassung bei Schaffung des EGBGB (Grossfeld, Die Entwicklung). Der frühere Art 10 EGBGB behandelte einen Sonderfall und ist deshalb nicht exemplarisch.

20 Die Sitztheorie ist in der Rechtsprechung seit jeher ganz herrschend (RG JW 1904, 231; RGZ 77, 19, 22; 92, 73, 76; 159, 33, 46; RG IPRspr 1934 Nr 11; RG JW 1934, 2845 = IPRspr 1934 Nr 12; BGHZ 51, 27; 53, 181; 53, 383; BGH WM 1966, 1143, 1145; 1979, 682; IPRspr 1966/67 Nr 14; KG IPRspr 1929 Nr 21; OLG Kiel IPRspr 1931, Nr 14; Oberstes Rückerstattungsgericht IPRspr 1976 Nr 119; BayObLGZ 1972, 204; KG IPRspr 1935–44 Nr 45; OLG Frankfurt NJW 1964, 2355; OLG Nürnberg IPRspr 1966/67 Nr 17; OLG Bremen IPRspr 1971 Nr 9; OLG Hamm NJW 1974, 1057; OLG Düsseldorf IPRspr 1976 Nr 19; OLG Hamburg IPRspr 1977 Nr 5; LG Aurich IPRspr 1968/69 Nr 14. Anders aber wohl RG JW 1934, 2969 u OLG Hamburg RiW 1970, 518).

21 In der Literatur wurde die Sitztheorie – namentlich unter anglo-amerikanischem Einfluß (Grossfeld, Praxis 41) – oft angegriffen, zur Zeit wird sie aber wieder mit zunehmender Tendenz vertreten (Grossfeld, Die Anerkennung; Doralt 183; Luchterhandt, Deutsches Konzernrecht bei grenzüberschreitenden Konzernverbindungen [1971] 20 ff; R Müller, Kollisionsrechtliche Probleme der Durchgriffslehre bei Kapitalgesellschaften, Diss Frankfurt 1974, passim; E Rehbinder, passim; Wiedemann, Internationales Gesellschaftsrecht 196 f; Ebenroth, Konzernkollisionsrecht 39; ders, Das Problem der Anerkennung 322; Palandt-Heldrich, BGB [39. Aufl 1980] nach Art 10 EGBGB Anm 1; Soergel-Siebert-Kegel vor Art 7 EGBGB Rz 150; Kegel, Internationales Privatrecht [4. Aufl 1977] 263).

22 Für sie hat sich einstimmig – gegen den Vorschlag des Berichterstatters Beitzke – die 2. Kommission des Deutschen Rates für Internationales Privatrecht entschieden:

„Für juristische Personen sowie für nichtrechtsfähige Personenverbindungen und Vermögensmassen gilt das Recht des Staates, in dem die Verwaltung geführt wird".

Auch die Wirtschaftspraxis akzeptiert die Sitztheorie als ihren Bedürfnissen entsprechend (Junge in: Lauterbach [Hrsg], Vorschläge und Gutachten zur Reform des deutschen internationalen Personen- und Sachenrechts, Materialien zum ausländischen und internationalen Privatrecht 16 [1972] 137).

23 **2. Gründungstheorie**

Die Gründungstheorie als traditionelle Hauptkonkurrentin der Sitztheorie wurde im 18. Jh in England entwickelt. Sie gab der „englischen Kapitalmacht in Übersee Rückhalt" (vgl Beitzke, FS M Luther [1976] 8), weil sie die Gründung von Gesellschaften außerhalb Englands nach englischem Recht ermöglichte. Sie herrscht noch heute im englischen Rechtskreis; in den USA hat sie so zahlreiche Einschränkungen hinnehmen müssen, daß von ihrer Geltung dort – wenn überhaupt – nur noch mit vielen Reserven gesprochen werden kann (Nachweise bei Grossfeld, Praxis 51; Sandrock RabelsZ 42 [1978] 227; Baade RabelsZ 37 [1973] 5). Sie wird im übrigen zunehmend kritisch beurteilt (vgl CONARD, Corporations in Perspective [1976] 14). VAGTS (18 AJCL 863, 864 [1970]) weist auf die korrigierende Funktion des amerikanischen Bundesrechts (Anlegerschutzrecht) hin und sagt treffend:

> „Were it not for such legislation the flight to Delaware – or some even softer jurisdiction – would have prevailed entirely and the protection of the shareholder would have been diminished to the point where investor confidence would be quite inadequate to support a broadly based public market".

Die Gründungstheorie hat in der deutschen Literatur zahlreiche Anhänger (ua BEITZKE, Juristische Personen 92 ff; ders, Kollisionsrecht 94, 111 ff; DROBNIG ZHR 129 [1967] 93, 115; GRASMANN Rz 84 S 104; Rz 470 S 272; KOPPENSTEINER 105; MANN, FS Barz [1974] 219, 220; einschränkend BEHRENS Rz 87 S 516; w Nachw bei EBENROTH, Konzernkollisionsrecht 9 Fn 5), doch kann man von einem Übergewicht heute nicht mehr sprechen (oben Rz 21). Der Trend zur Gründungstheorie wurde zunächst durch die wenig überzeugenden amerikanischen Erfahrungen gebremst. Die bei multinationalen (transnationalen) Unternehmen auftauchenden Macht- und Kontrollprobleme und das Phänomen der „Flucht in Oasenländer" (dazu GROSSFELD, Basisgesellschaften im Internationalen Steuerrecht [1974]; ders, Berichte der Deutschen Gesellschaft f Völkerrecht 18 [1978] 73, 106; ders JuS 1978, 73) schärften ferner den Blick dafür, daß Freizügigkeit nicht das Hauptziel des Internationalen Gesellschaftsrechts sein kann, es vielmehr auch einer Schutztheorie bedarf. 24

3. Neuere Lehren 25

Die Gründungstheorie in ihrer reinen Form wird heute immer weniger vertreten; ihre Mängel haben sich zu deutlich gezeigt. Sie ist daher zunehmend nur kollisionsrechtlicher Ausgangspunkt, an dem Korrekturen vorzunehmen sind. Gerade in neuerer Zeit sind verschiedene Varianten mit weitgehenden Konzessionen an das jeweilige Vornahme- oder Wirkungsstatut oder an das Recht des Sitzstaates aufgetreten. Aber auch diese Theorien halten an der Kernaussage der Gründungstheorie fest: Die Gründung nach einem beliebigen Recht ist zulässig; die danach erlangte Rechtsfähigkeit darf nicht in Zweifel gezogen werden (so besonders deutlich Art 155 des schweizerischen Entwurfs eines Bundesgesetzes über das Internationale Privatrecht, RabelsZ 42 [1978] 716). Es fehlt also die automatische Sanktionsfolge wie bei der Sitztheorie (unten Rz 48), die Gründer haben nach wie vor einen Vorsprung. Darin bleibt ein unüberbrückbarer Gegensatz zur Sitztheorie. Im einzelnen gilt folgendes:

BEITZKE (Kollisionsrecht 116, 118) will die von ihm vertretene Gründungstheorie für den Fall einschränken, daß sich der Verwaltungssitz oder der Satzungssitz einer nach ausländischem Recht gegründeten Gesellschaft im Inland befindet. Das Registergericht oder eine sonstige Stelle sollte einer solchen Gesellschaft eine Frist zur Umorganisation nach inländischem Recht stellen; erst nach fruchtlosem Ablauf der Frist sei die vorläufige Anerkennung zu entziehen. Der Vorschlag stellt theoretisch einen idealen Kompromiß dar, er ist aber de lege lata mangels gesetzlicher Grundlage nicht zu vollziehen (so auch WIEDEMANN, Internationales Gesellschaftsrecht 197 Fn 45; EBENROTH-SURA 326 Fn 50). Zudem macht er das Registergericht zu einer Aufsichtsbehörde über nach ausländischem Recht gegründete Gesellschaften, ohne daß das Registergericht entsprechende Erkenntnismöglichkeiten hätte. Das ist um so gravierender, als nicht ohne weiteres davon ausgegangen werden kann, daß es sich nur um Einzelfälle handeln wird (vgl aber unten Rz 498). 26

Wesentlich weiter geht GRASMANN mit seiner leidenschaftlich vorgetragenen „Differenzierungslehre": 27

„In einer über fünfjährigen intensiven Beschäftigung mit dem internationalen Gesellschaftsrecht und nach einer Durchdenkung unzähliger praktischer Fälle wurde – trotz aller Bemühungen, wissenschaftlich objektiv zu bleiben und die Argumente der Gegenseite zu beherzigen – die leidenschaftliche Überzeugung gewonnen, daß die Sitztheorie verfehlt ist. Dies nicht nur, weil der Sitzbegriff mehrdeutig ist und verwirrt, sondern vor allem, weil er den Anpassungsnotwendigkeiten im modernen internationalen Wirtschaftsleben nicht gerecht wird" (Grasmann Rz 1167 S 568).

Grasmann unterscheidet zwischen Innen- und Außenverhältnis einer Gesellschaft und knüpft sie jeweils gesondert an: Für die Innenbeziehungen gilt das Gründungsrecht (Gründungstheorie), für die Außenbeziehungen das Vornahme-, Wirkungs- oder Gründungsstatut. Zu den Innenverhältnissen rechnet Grasmann: die Gründung der Gesellschaft, ihre Verfassung, die Rechte und Pflichten der Gesellschafter, die Satzung und Satzungsänderungen. Zu den Außenverhältnissen zählen nach Grasmann: die Rechts- und Geschäftsfähigkeit, die Vertretungsmacht der Organe, die Haftung, die Sicherung der Kapitalaufbringung und der Kapitalerhaltung, die Publizität (zur Kritik unten Rz 52).

28 Methodisch ähnlich handelt Sandrock bei seiner „Überlagerungstheorie" (Sandrock, Die multinationalen Korporationen 169, 191; ähnlich wohl Behrens Rz 87 S 516), der aber – angelehnt an amerikanische Vorbilder (Sandrock RabelsZ 42 [1978] 227) – bei den Sonderanknüpfungen den Interessen des Sitzstaates den Vorzug gibt (Sandrock, FS Beitzke [1979] 669). Sandrock läßt ebenfalls Freiheit in der Wahl des Gründungsrechtes, beurteilt danach aber nur die Wirksamkeit der Gründung und die Rechtsfähigkeit. Im übrigen werde das Gründungsrecht von den zwingenden Rechtssätzen des Sitzstaates „überlagert". Das gelte jedenfalls dann, wenn das Recht des Sitzstaates den „unmittelbaren privatrechtlichen Gesellschaftsinteressenten günstiger ist als das Gründungsstatut und wenn diese Interessenten sich darauf berufen" (Die multinationalen Korporationen 203). Die Überlagerungstheorie findet sich ähnlich in Art 4 des „EWG-Übereinkommens über die gegenseitige Anerkennung von Gesellschaften und juristischen Personen" (unten Rz 98; zur Kritik unten Rz 52).

IV. Entscheidung für die Sitztheorie

29 1. Allgemeines

Der Sitztheorie ist zu folgen. Sie ist zwar ihrerseits keine ideale, in jedem Einzelfall befriedigende Lösung; sie ist mancherlei Schwierigkeiten behaftet. Im großen und ganzen gesehen (statistisches Rechtsdenken – dazu Grossfeld, Zivilrecht als Gestaltungsaufgabe [1977] 85 f) ist sie der Gründungstheorie aber überlegen; ihre sozialen „Kosten" (unten Rz 35) sind bei einem genauen „Kostenvergleich" geringer als die der Gründungstheorie oder deren Varianten.

30 Der Ausgangspunkt der Sitztheorie wurde oben Rz 14 dargelegt. Sie steht einer Wahlfreiheit der Gründer hinsichtlich des zur Anwendung kommenden Rechts skeptisch gegenüber. Dabei sieht sie namentlich auf die besondere Stellung der Großunternehmen (zB Aktiengesellschaft) und der „ewigen Vermögensträger" (zB Stiftung – dazu Grossfeld, FS Kummer [1980] 3) im wirtschaftlichen Gesamtgefüge. Sie betont stärker ein im öffentlichen Interesse liegendes Regelungsbedürfnis und verlangt – entsprechend den vielfach zwingenden Normierungen im Vereins- und Gesellschaftsrecht (Musterbeispiel: Wirtschaftlicher Verein, § 22 BGB; Stiftung, § 80 BGB; Aktiengesellschaft, § 23 Abs 5 AktG; Genossenschaft, § 18 S 2 GenG) – eine zwingende Anknüpfung (insoweit Gleichlauf zwischen gesell-

schaftsrechtlicher und kollisionsrechtlicher Wertung – vgl Cour d'Appel Paris, GazPal 1966 I 400, 401). Der Sitztheorie liegt ferner die Annahme zugrunde, daß angesichts der Größe und der nachhaltigen Wirkung einer auf Dauer angelegten Organisation eine kollisionsrechtliche Anknüpfung entsprechend den allgemeinen Grundsätzen des internationalen Vertragsrechts (Parteiautonomie) nicht richtig ist.

Die Sitztheorie stellt aber auch sicher, daß das nach ihr gewählte Gesellschaftsstatut 31 international akzeptabel ist. Denn im allgemeinen kann man davon ausgehen, daß das so bestimmte Gesellschaftsstatut angemessene Regelungen enthält, die auch von weniger betroffenen Staaten hingenommen werden können. Der Grund hierfür liegt darin, daß das Eigeninteresse des hauptbeteiligten Staates ein „Wächteramt" ausübt, welches anderen Staaten zugute kommt. Sie können sich im allgemeinen (Ausnahmen uU bei gewissen kleinen Oasenstaaten) darauf verlassen, daß der hauptbetroffene Staat im eigenen Interesse eine befriedigende Regelung trifft. Die Öffnung des Inlandes für nach ausländischem Recht gegründete Gesellschaften erfolgt ja gerade im Vertrauen „auf eine der Kontrolle eigener Gesellschaften gleichwertige Überwachung in ihrem Heimatstaat" (Beemelmans, Die gespaltene Gesellschaft [1963] 58). Dieses Vertrauen ist aber nur berechtigt, wenn der Heimatstaat zugleich der Hauptbetroffene ist. Die Sitztheorie sichert so die Vertrauensgrundlage internationaler Liberalität.

Die Sitztheorie begünstigt ferner die Konzentration auf ein einheitliches Gesell- 32 schaftsstatut. Auch sie kommt zwar nicht gänzlich ohne Sonderanknüpfungen aus (vgl unten Rz 181), reduziert aber die Notwendigkeit dazu. Sie ist ferner kaum genötigt gewesen, zur Vermeidung untragbarer Ergebnisse den ordre public (Art 30 EGBGB) anzurufen. Das räumen selbst ihre Gegner ein:

> „Die Bedeutung der Vorbehaltsklausel für das Internationale Gesellschaftsrecht ist allerdings dann vergleichsweise gering, wenn man das Gesellschaftsstatut nach der Sitztheorie anknüpft, während sie von der Gründungstheorie häufiger als Korrektur für Einzelfälle heranzuziehen sein wird" (Behrens Rz 117 S 538 f).

Die besondere Eigenart der Sitztheorie besteht darin, daß sie eine automatische 33 Sanktionsfolge bei fehlerhafter Gründung besitzt, die sog Nichtanerkennung (dazu unten Rz 48, 123). Sie hat dadurch einen präventiven, selbstregulierenden Effekt. Zur Vermeidung oder zur Korrektur fehlerhafter Gründungen bedarf es weder gesetzlicher noch behördlicher oder gerichtlicher Akte. Sie paßt daher besonders gut in ein auf Selbstregulierung angelegtes Modell, wie es das Privatrechtssystem darstellt. Sie läßt den Gründern von Gesellschaften keinen (auch keinen zeitlichen) Vorsprung, sondern setzt von vornherein den Maßstab für das Recht, das als vertrauenswürdig und angemessen gelten kann. Die Gründer haben sich dem Recht anzupassen, das Recht hat nicht den Gründern „nachzulaufen".

Die Sitztheorie begegnet keinen völkerrechtlichen Bedenken. Der im Sitzerforder- 34 nis zum Ausdruck kommende Vorbehalt gegenüber dem ausländischen Recht ist völkerrechtsgemäß (Grossfeld, Berichte der Deutschen Gesellschaft f Völkerrecht 18 [1978] 73, 118); er ist unter dem Gesichtspunkt einer weiteren Entwicklung des Völkerrechts in Anbetracht des Nord-Süd-Gefälles sogar besonders positiv zu bewerten (Ebenroth, Konzernkollisionsrecht 29). Die entstehenden Verhaltenskodizes für multinationale Unternehmen (unten Rz 604) nehmen zum Streit um Sitz- und Gründungstheorie nicht Stellung.

2. Schwächen der Sitztheorie 35

Die Sitztheorie ist freilich keine vollkommene Theorie; sie hat ihre Schwächen, muß einen Preis zahlen. Das ist letztlich jedoch nicht entscheidend; denn bei keiner

Theorie ist es anders. Entscheidend ist allein, ob der Preis höher oder niedriger als bei konkurrierenden Theorien ist. Die Kritik stützt sich besonders auf folgende Punkte (Zusammenstellung bei SANDROCK, Die multinationalen Korporationen 181):

(a) Der tatsächliche Verwaltungssitz sei schwer zu bestimmen (dazu unten Rz 166).

(b) Die Sitztheorie könne die Nichtigkeit einer Gesellschaft bewirken (wenn die Gesellschaft nicht nach dem Recht des Staates des Verwaltungssitzes gegründet ist – dazu unten Rz 331). Das verursache Rechtsunsicherheit und erschwere den Gläubigern die Rechtsverfolgung; zumindest ergäben sich Anpassungsschwierigkeiten.

(c) Fragen der inneren Organisation könnten nicht nach dem Recht des Sitzes geregelt werden, wenn die Gesellschaft nach einem anderen Recht gegründet sei (MANN, FS M Wolff [1952] 271, 282).

(d) Die Sitztheorie mache eine Sitzverlegung schwierig, wenn nicht unmöglich (dazu unten Rz 348).

36 Diese Kritikpunkte bergen einen richtigen Kern; dennoch reichen sie für eine Entscheidung gegen die Sitztheorie nicht aus. Denn teils ist die Kritik überzogen und unterläßt eine Abwägung mit den Schwächen der eigenen Theorie, teils haben die als negativ angekreideten Folgen der Sitztheorie gute Gründe. Im einzelnen ist folgendes zu sagen:

37 (a) Die Bestimmung des tatsächlichen Verwaltungssitzes (dazu unten Rz 166) kann in der Tat gelegentlich schwierig sein (vgl unten Rz 166). Es handelt sich aber um Ausnahmen, wie sie gegen jede Theorie angeführt werden können; abzustellen ist auf die Masse der Fälle (statistisches Rechtsdenken – dazu GROSSFELD, Zivilrecht als Gestaltungsaufgabe [1977] 85 f). Für sie gilt MARTIN WOLFFS Aussage zur Sitztheorie:

> „The doctrine is sound and satisfactory; the criterion chosen is one which everybody who comes into commercial contact with the corporation can easily check, since the main administrative centre can hardly be kept secret" (MARTIN WOLFF, Private International Law [2. Aufl 1950] 297 f).

38 Des Sitz-Kriteriums bedient sich daher auch das Steuerrecht (vgl § 1 Abs 1 KStG, § 10 AO). Es spricht von „Geschäftsleitung" und „geschäftlicher Oberleitung" und bezeichnet damit den Ort, an dem die grundlegenden Entscheidungen der Unternehmensleitung getroffen werden (Willensbildung durch die maßgebenden Organe der Gesellschaft). Die Tatsache, daß das Steuerrecht dieses Merkmal benutzt, ist ein gewisses Indiz für seine Zweckmäßigkeit. An die dort gemachten Erfahrungen kann das Internationale Gesellschaftsrecht bei der Bestimmung des tatsächlichen Verwaltungssitzes anknüpfen (EBENROTH-SURA 324). Das ist im Interesse der Einheit der Rechtsordnung und der Durchsichtigkeit internationalrechtlicher Rechtsanwendung sogar erwünscht.

39 (b) Die Kritik an der Sanktionsfolge „Nichtigkeit der Gesellschaft" ist an extrem seltenen Einzelfällen ausgerichtet, die in der Praxis ganz geringe Bedeutung haben. Der charakteristische Zug der Sitztheorie besteht gewiß darin, daß sie eine automatische Sanktion (namentlich: Nichtanerkennung der Rechtsfähigkeit) für die Verfehlung der Rechtswahl besitzt (vgl unten Rz 48, 331). Von daher hat sie eine vorbeugend-repressive Tendenz. Diese vorbeugende Wirkung hat sich in der Vergangenheit als derart wirksam erwiesen, daß die Folgen der Sitztheorie nur äußerst selten wirklich eingetreten sind. Die Kritik ist so weitgehend theoretisch, in der Praxis haben sich die geschilderten Schwierigkeiten nur ausnahmsweise ergeben.

Zudem lassen sich eventuelle Nachteile in diesen Ausnahmesituationen für Gläubiger und Dritte in der Praxis weitgehend vermeiden (dazu unten Rz 331). Es bleiben allenfalls marginale „Kosten", ohne die keine juristische Theorie auskommt.

(c) Ähnliches gilt für den Einwand, das Sitzrecht könne nicht nachträglich auf die 40
innere Organisation einer Gesellschaft angewandt werden, die nach anderem Recht gegründet ist. Die Notwendigkeit hierzu ergibt sich nur sehr selten; denn die Gründer stellen sich im allgemeinen – gerade auch wegen der sonst zu erwartenden Anpassungsschwierigkeiten – von vornherein auf die Sitztheorie ein. In der Praxis führt umgekehrt gerade die Gründungstheorie zu einem „Normencocktail" (unten Rz 46).

(d) Die Vorwürfe wegen der Schwierigkeiten bei der Sitzverlegung stoßen ebenfalls 41
ins Leere. Sicherlich wird die Sitzverlegung erschwert und oft unmöglich gemacht (unten Rz 348). Aber: Es ist einerseits

> „das legitime Interesse eines jeden Staates, daß nicht in sein Gebiet Gesellschaften verlagert werden, die kraft ihres Gründungsrechtes viel leichter zu führen sind als die Konkurrenten, die sich inländischem Recht zu unterwerfen haben" (Ebenroth, Konzernkollisionsrecht 23).

Andererseits verändert das „Herauswandern" einer Gesellschaft aus dem Gebiet der ursprünglichen Rechtssouveränität die Vertrauensgrundlage aller Beteiligten. Jede Rechtsordnung muß hier Vorsorge treffen. Dem läßt sich nicht pauschal das Interesse an der Erleichterung des internationalen Verkehrs entgegenhalten. Denn dabei handelt es sich nicht um einen absoluten Wert. Das zeigt gerade die Diskussion um die multinationalen Unternehmen (unten Rz 604).

3. Schwächen der Gründungstheorie 42

a) Wahlfreiheit

Die Gründungstheorie führt demgegenüber oft zur Geltung eines Rechts, „in dessen Gebiet der zu regelnde Tatbestand nicht hineinreicht" (Kegel, Internationales Privatrecht [4. Aufl 1977] 263). Dieser kennzeichnende Zug der Gründungstheorie erweist sich als ihre entscheidende Schwäche, wenn man sich folgendes Beispiel vor Augen hält: Gemäß der Gründungstheorie könnte eine Gesellschaft, die ausschließlich in der Bundesrepublik Deutschland tätig ist und deren Anteilseigner alle hier wohnen, nach dem Recht von Liechtenstein oder Panama gegründet werden. Dieses Beispiel ist nicht frei erfunden. So setzt sich Ansay (FS Ferid [1978] 3) von türkischer Seite unter Berufung auf die Gründungstheorie dafür ein, daß Gesellschaften mit Verwaltungssitz in der Bundesrepublik Deutschland nach türkischem Recht gegründet werden können. Da diese Gesellschaften ihren Satzungssitz in der Türkei hätten, sei auch keine deutsche Gerichtszuständigkeit nach § 17 ZPO gegeben; die deutschen Gerichte seien daher für Innenverhältnisse dieser Gesellschaften nicht zuständig (das, obgleich die Gesellschaften natürlich überall als „deutsche" Gesellschaften auftreten!). Das Beispiel zeigt, daß es mit dem Stichwort „Rechtssicherheit" allein nicht getan ist. Es stehen vielfältige andere Interessen auf dem Spiel (dazu Grossfeld, Die Anerkennung).

Die Vertreter der Gründungstheorie sehen die aus der Wahlfreiheit der Gründer 43
folgenden Gefahren jedoch als geringfügig an. Sie nehmen an, daß die Gesellschaftsrechte verschiedener Staaten grundsätzlich „austauschbar" seien (Koppensteiner, Internationale Unternehmen 131). Das ist schon innerhalb der Industriestaaten nur eine schöne – und dazu gefährliche – Illusion (vgl Grossfeld, Management and Control of Marketable Share Companies, in: International Encyclopedia of Compa-

rative Law Bd 13 [1973] Kap 4); im Hinblick auf Oasenländer vom Typ Delaware, Liechtenstein, Panama oder Bermudas fehlt ihr jeder Realitätsbezug (Nachw bei GROSSFELD, Praxis 42). Bei alledem müssen wir uns MARTIN WOLFFS Mahnung stets vor Augen halten:

> „The reasons why promoters who do business in their own state prefer to subject their corporation to a different law are not always very reputable" (MARTIN WOLFF, Private International Law [2. Aufl 1950] 300).

44 Die Gründungstheorie geht ferner davon aus, daß im Internationalen Gesellschaftsrecht „nur gesellschaftsrechtlich vermittelte Interessen" zu berücksichtigen seien (BEHRENS Rz 82 S 513). Das Gesellschaftsrecht sei ein politisch neutrales Organisationsrecht (BEHRENS Rz 670 S 738). Daraus wird dann ein weiterer Spielraum für die Parteiautonomie namentlich der Gründer abgeleitet. Diese Auffassung steht im klaren Gegensatz zu der historischen Entwicklung des nationalen (dazu GROSSFELD in: COING-WILHELM, Wissenschaft und Kodifikation des Privatrechts im 19. Jahrhundert 4 [1979] 236) und des internationalen Gesellschaftsrechts (GROSSFELD, Praxis 26). Sie ist heute angesichts der Wandlung zur interessenpluralistischen Unternehmensverfassung, angesichts der öffentlichen Funktion von Großunternehmen, angesichts des öffentlichen Interesses an Fragen der Machtkonzentration und der Vermögensverteilung und angesichts der politischen Brisanz multinationaler Unternehmen unhaltbar (GROSSFELD, Aktiengesellschaft, Unternehmenskonzentration und Kleinaktionär [1968] 179; OTT, Recht und Realität der Unternehmenskorporation [1977] 266).

45 **b) Rechtsunsicherheit**

Die Anhänger der Gründungstheorie sehen deren entscheidenden Vorzug in der angeblich größeren Rechtssicherheit. Das leuchtet zunächst ein: Ist die Gesellschaft nach dem gewählten Gründungsrecht wirksam errichtet, so wird ihre rechtliche Existenz grundsätzlich in keinem anderen Staat in Zweifel gezogen; es entstehen keine „hinkenden" Rechtsgebilde. Von dem Argument der Rechtssicherheit bleibt aber bei näherem Hinsehen nichts übrig. Es erweist sich schnell, daß die von der Gründungstheorie anfänglich gewährte Rechtssicherheit im zweiten Durchgang nur zu oft wieder beseitigt wird. Die Zulassung einer unbeschränkten Wahlfreiheit der Gründer ist selbst bei Annahme der Gründungstheorie als Ausgangsposition letztlich unrealistisch; denn die Gründungstheorie führt systematisch zu einem Export des regelungsärmsten Rechts (CONARD, Corporations in Perspective [1976] 15).

46 Die Gründungstheorie ist daher – anders als die Sitztheorie – häufiger zur Anrufung des ordre public bzw zu Sonderanknüpfungen (BEHRENS Rz 117 S 538 f) genötigt. Charakteristisch ist insoweit Art 18 des Schweizerischen Entwurfs für ein Bundesgesetz über das Internationale Privatrecht (RabelsZ 42 [1978] 716), der eine weitgehende Sonderanknüpfung vorsieht. Diese Korrektur „im zweiten Zugriff" ist in ihrem Wirkungsgrad ohnehin problematisch, sie führt zudem – unter dem Druck der Verhältnisse – bald zur Aufgabe eines einheitlichen Gesellschaftsstatuts und damit zu einem verwirrenden „Normenmix". Insofern sind die Differenzierungslehre (oben Rz 27) und die Überlagerungstheorie (oben Rz 28) symptomatisch für die in der Gründungstheorie von vornherein angelegten Tendenzen.

47 Die Gründungstheorie hat aus diesem Grunde in den USA nahezu vollständig Schiffbruch erlitten (GROSSFELD, Praxis 41, 51; VAGTS 18 AJCL 863 f [1970] – oben Rz 23). Nur infolge scharfer – und oft zu spät kommender – Gegenmaßnahmen der vom „Gesellschaftsrechtsexport" besonders betroffenen Staaten und letztlich erst durch das Einschreiten des Bundesrechts hat man die Verhältnisse einigermaßen im Griff behalten (SANDROCK RabelsZ 42 [1978] 227). Die bei der Gründungstheorie stets gepriesene Rechtssicherheit ist dabei auf der Strecke geblieben (CONARD, Corporations in Perspective [1976] 10 f).

4. Versagung der Rechtsfähigkeit als Sanktion 48

Der Gegensatz zwischen Sitz- und Gründungstheorie (und ihren Derivaten) läßt sich im Kern auf die Frage zurückführen, ob die Versagung der Rechtsfähigkeit das angemessene Mittel ist, ausländische Gesellschaften zu kontrollieren (DROBNIG, FS von Caemmerer [1978] 687, 692; s auch VISCHER, FS Mann [1977] 639, 646). Im Zentrum steht also die Frage nach der Funktion und den Grenzen der Rechtsfähigkeit im internationalen Verkehr.

Dafür ist zunächst zu prüfen, ob die Versagung der Rechtsfähigkeit ein wirksames 49 Steuerungsmittel ist, ob sie für die Aktivitäten der Gesellschaft von Bedeutung ist. Das ist zu bejahen. Ohne hier schon auf Einzelheiten einzugehen (dazu unten Rz 331), führt die Versagung der Rechtsfähigkeit doch in der Regel dazu, daß das betreffende Gebilde nicht Inhaber eines Rechtes und nicht Kläger im Prozeß sein kann (fehlende Parteifähigkeit – § 50 Abs 1 ZPO). Zweifel an der Wirksamkeit dieses Mittels könnten jedoch bestehen, wenn es von der Lehre über die fehlerhafte Gesellschaft ausgehöhlt würde und es darüber doch zur Anerkennung käme. Das geschieht jedoch nicht; denn die Lehre von der fehlerhaften Gesellschaft endet jedenfalls dort, wo „gewichtige Interessen der Allgemeinheit oder einzelner schutzwürdiger Personen ihrer Anerkennung entgegenstehen" (BGHZ 17, 160, 166). Solche Interessen liegen hier vor (vgl aber unten Rz 51 u 337).

Die Sitztheorie war denn auch in der Vergangenheit sehr wirkungsvoll. Die drohen- 50 de Nichtanerkennung der Rechtsfähigkeit hat die Gründer von Gesellschaften veranlaßt, sich von vornherein auf die Anforderungen der Sitztheorie einzustellen – das um so mehr, als diese Theorie im allgemeinen den wirtschaftlichen Erfordernissen entspricht (oben Rz 22). Die angedrohte Sanktion ist daher nur ganz selten wirksam geworden (vgl BGHZ 53, 181; RGZ 77, 19; 92, 73). Demgegenüber ist das Versagen der Gründungstheorie in der Praxis erwiesen (vgl GROSSFELD, Praxis 41) – zwar nicht aus der Sicht bestimmter Gründungsoasen, wohl aber aus der Sicht der Staaten, in denen Gesellschaften ihre hauptsächliche Tätigkeit entfalten (oben Rz 47).

Bedenken gegen die Sitztheorie könnten dennoch bestehen, wenn sie in ihren 51 Reaktionen überzogen wäre, sie über das Ziel hinausschösse, wenn also die Vorenthaltung der Rechtsfähigkeit für die Beteiligten und Dritte als nicht akzeptabel erschiene. Das ist jedoch nicht der Fall: Die Gläubiger erleiden keine Minderung ihrer Rechtsstellung, die sonstigen Beteiligten werden nicht unangemessen behandelt (unten Rz 338), Überraschungseffekte für unwissende Kleinanleger lassen sich verhindern (unten Rz 339). Probleme größerer Art könnten allenfalls im „Katastrophenfall" eintreten, wenn sich nämlich herausstellen sollte, daß ein schon lange etabliertes Großunternehmen versehentlich nach einem falschen Recht gegründet worden ist (vgl dazu RGZ 100, 210; NUSSBAUM, Deutsches Internationales Privatrecht [1932] 198 Fn 1 spricht bei der Erörterung dieser Entscheidung von einem „bedenklichen Entgegenkommen an sogenannte wirtschaftliche Bedürfnisse", von einer „Erweichung des Rechtsgedankens"). Aber dieser Fall dürfte kaum eintreten, ebensowenig wie eine Handelsregistereintragung aus Versehen unterbleibt. Zudem untrennbarer Zusammenhang zwischen Innen- und Außenverhältnis; das Innenverhältnis ist in bezug auf bestimmte Außenwirkungen konstruiert:

52 **5. Kritik an den neueren Lehren**

a) Aufspaltung des Gesellschaftsstatuts

Die Gründungstheorie als umfassende Theorie ist aus den dargelegten Gründen auf dem Rückzug. Zunehmend wird sie nur noch insoweit mit Nachdruck behauptet, als das von den Gründern gewählte Recht jedenfalls über die Gültigkeit der Gründung und die Rechtsfähigkeit entscheidet und diese nicht in Zweifel gezogen werden dürfen (vgl Art 154 des Schweizerischen Entwurfs eines Bundesgesetzes über das Internationale Privatrecht, RabelsZ 42 [1978] 716). Im übrigen werden aber sehr weitgehende Konzessionen an das Vornahme- oder Wirkungsstatut (Differenzierungslehre – oben Rz 27) oder an das Recht des Sitzstaates (Überlagerungstheorie – oben Rz 28) gemacht. Im Ergebnis ist die Gründungstheorie daher vielfach nur noch eine Lehre zur Bestimmung des „Rechtsfähigkeitsstatuts", während die sonstigen gesellschaftsrechtlichen Fragen oft gesondert angeknüpft werden.

53 Dieser Rückzug auf den Schutz der Rechtsfähigkeit überzeugt indes nicht. Die Gründer haben nach wie vor bei einer Verfehlung der Rechtswahl nichts zu fürchten: Es kommt allenfalls zu einer nachträglichen Korrektur, nicht zu einer Sanktion. Es fehlt die für die Wirksamkeit der Sitztheorie so wichtige automatische Folge der Versagung der Rechtsfähigkeit. Zwischen den Gründern und den betroffenen Staaten entwickelt sich vielmehr eine Art „Katz-und-Maus-Spiel". Die betroffenen Staaten haben nur die Chance (?) des späteren zweiten Zugriffs, die Gründer bleiben stets eine Länge voraus. Dieser Verzicht auf Repression stellt die Gründer frei von Risiken, sie stehen sich nie schlechter als wenn sie von Anfang an das angemessene Recht gewählt hätten. Das Risiko liegt allein bei den regelungswilligen Staaten und den von ihnen zu schützenden Interessen.

54 Den unter dem Namen „Differenzierungslehre" und „Überlagerungstheorie" vorgestellten Varianten der Gründungstheorie ist gemeinsam, daß sie die Rechtsfähigkeit als Sonderproblem ansehen (was sie in der Tat ist – unten Rz 145), sie aber bei der Anknüpfung von den übrigen gesellschaftsrechtlichen Fragen abkoppeln. Bestand und Rechtsfähigkeit der Gesellschaft sollen dem Gründungsrecht (als Rechtsfähigkeitsstatut) unterstehen, im übrigen kommt vielfach ein anderes Recht zur Anwendung. Der Gedanke eines einheitlichen Gesellschaftsstatuts wird aufgegeben und schon für den Normalfall ein steter „Normenmix" akzeptiert.

55 Es ergeben sich schwierige, oft unlösbare Anpassungsprobleme. So, wenn zB die deutsche Mitbestimmungsregelung nachträglich einer ausländischen Gesellschaftsform übergestülpt werden soll (anschaulich Ebenroth, Konzernkollisionsrecht 34), oder wenn es um die Anwendung besonderer Straf- oder Ordnungswidrigkeitsbestimmungen im Gesellschaftsrecht geht (vgl zB §§ 399–405, 408 AktG, §§ 82, 84 GmbHG, §§ 147–152 GenG – dazu unten Rz 276). Man mag solche Anpassungen in seltenen Einzelfällen hinnehmen können, als Normalsituation sind sie aber untragbar. Man stelle sich zB die nachträgliche Anwendung deutschen Rechts auf ein unserem Recht unbekanntes Rechtsgebilde vor – zB den trust des anglo-amerikanischen Rechts – und das alles unter der Annahme, daß das fremdartige Gebilde nur in der Bundesrepublik Deutschland tätig wird.

56 An einem einheitlichen Gesellschaftsstatut ist aber auch wegen „der engen Verknüpfung der internen Gesellschaftsverhältnisse mit der Frage der Rechts- und Handlungsfähigkeit der Gesellschaft und der Vertretungsbefugnis ihrer Organe" festzuhalten (Deutscher Rat für Internationales Privatrecht 21). Es besteht ein untrennbarer Zusammenhang zwischen Innen- und Außenverhältnis, das Innenverhältnis ist in bezug auf bestimmte Außenwirkungen konstruiert:

„Zwischen den einzelnen Regelungsgegenständen des Gesellschaftsrechts besteht ein funktionaler Zusammenhang. Die Zuweisung eigener Rechtspersönlichkeit ist untrennbar mit einer bestimmten Vermögens- und Haftungsverfassung verbunden; diese wiederum stellt bestimmte Anforderungen an Umfang, Aufbringung und Erhaltung des haftenden Kapitals, ermöglicht es jedoch außerdem, den Kapitalanlegern die Geschäftsführung vorzuenthalten und beeinflußt damit die Unternehmensverfassung. Dieser Zusammenhang zwischen den Regelungsgegenständen des Unternehmens- und Gesellschaftsrechts läßt es nicht sachgerecht erscheinen, die Rechtsfähigkeit von den übrigen Fragen abgelöst und gesondert anzuknüpfen" (Wiedemann, Internationales Gesellschaftsrecht 198).

Den so bestehenden Zusammenhang kann man kollisionsrechtlich nicht einfach zerreißen (R Müller, Kollisionsrechtliche Probleme der Durchgriffslehre bei Kapitalgesellschaften, Diss Frankfurt 1974, 87; vgl ferner Jayme, Kollisionsrecht und Bankgeschäfte mit Auslandsberührung [1977] 13).

b) Differenzierungslehre 57

Diese Einwände gelten vor allem gegenüber der Grasmannschen Differenzierungslehre (oben Rz 27). Sie wird daher allgemein abgelehnt (Nachw bei Wiedemann, Internationales Gesellschaftsrecht 198 Fn 51; Ebenroth, Konzernkollisionsrecht 30; R Müller 87; Koppensteiner, Internationale Unternehmen 109). Der Differenzierungslehre ist zwar zuzugeben, daß keine Theorie ohne eine Sonderanknüpfung an das Vornahme- oder Wirkungsstatut für Einzelprobleme auskommt und insoweit nur graduelle Unterschiede bestehen (unten Rz 181). Wie weit man in dieser Hinsicht gehen will, ist eine Frage des Maßes und der Praktikabilität. Bei der Differenzierungslehre wird nun aber das Regel–Ausnahme–Verhältnis umgekehrt und dadurch der Grad des Zuträglichen überschritten. Die Gesellschaften müssen:

„wie mit den Facettenaugen eines Insektes ihre Aufmerksamkeit gleichzeitig ... auf die Rechtsvorschriften vielleicht unzähliger ausländischer Rechtsordnungen richten. Sie müssen auch dem strengsten ausländischen Recht, mit dem sie in Berührung kommen, Beachtung schenken" (Sandrock ZvglRW 71 [1969] 233, 234).

Die Kumulierung mehrerer Statuten als Normalfall dient auch kaum der Rechtssi- 58
cherheit. Hinzu kommen die allgemeinen Mängel der Gründungstheorie, die ja für das Innenverhältnis wirksam bleiben soll (krit dazu: Ebenroth-Sura 336). Die Überlegungen von Grasmann (dazu Vagts 18 AJCL 863, 864 [1970]; Grossfeld, Praxis 57) führen auch aus der Sicht amerikanischer Erfahrungen zu unannehmbaren Ergebnissen:

„Neither the home country nor the host countries can tolerate the consequences which would follow from rigid adherence to Dr. Grasmann's scheme since it would put them at the mercy of the careful corporate planners of the multinational enterprise" (Vagts aaO 864).

c) Überlagerungstheorie 59

Diese Mängel werden zwar bei der von Sandrock vorgeschlagenen Überlagerungstheorie (oben Rz 28) zT vermieden, weil diese Theorie eine stärkere Konzentration auf das Recht des Sitzstaates bewirkt. Der Sache nach handelt es sich um den Versuch, zwischen Gründungs- und Sitztheorie einen Kompromiß zu finden. Es bleiben aber die Abwendung von einem einheitlichen Gesellschaftsstatut, der „Normenmix" als Normalfall und die Vielzahl der Anpassungsprobleme. Die Lehre hat daher bislang keine Anhänger gefunden, namentlich wegen der oft unlösbaren Konflikte zwischen dem Gründungsrecht und dem Recht des Sitzstaates (Nachw bei

SANDROCK, Die multinationalen Korporationen 199 Fn 62, 63; plastisch EBENROTH, Konzernkollisionsrecht 33; BEITZKE, Kollisionsrecht 117).

60 Die auftretenden Anpassungsprobleme mögen zwar innerhalb eines relativ einheitlichen Rechtskreises (zB innerhalb der Europäischen Gemeinschaft – vgl unten Rz 98) einigermaßen lösbar sein, aber bereits in den USA ergeben sich unüberwindbare Schwierigkeiten. Gerade das Beispiel der USA schreckt ab. Die Überlagerungstheorie wurde dort entwickelt, um die Folgen der Gründungstheorie (Flucht nach Delaware – pseudo foreign corporations) zu mildern. Dabei konnte aufgrund verfassungsmäßiger Vorgaben (full faith and credit) eine Lösung wie nach der Sitztheorie nicht erfolgen. Es blieb nur die nachträgliche Abhilfe, die ihrerseits aber wieder zu Rechtsverwirrung geführt und für sich allein – ohne das entstehende sog „Bundesgesellschaftsrecht" – auch nicht genügt hätte (GROSSFELD, Praxis 57). Bei uns ist die Ausgangslage dagegen anders. Eine völkerrechtliche Verpflichtung zur Anerkennung besteht nicht (unten Rz 125). Wir können uns also von vornherein für die zweckmäßigste Lösung entscheiden. Die Überlagerungstheorie stellt den mit Unzulänglichkeiten behafteten Versuch dar, Probleme und deren unbefriedigende Lösung zu importieren, die uns dank der Sitztheorie erspart blieben (EBENROTH-SURA 334).

61 **6. Ergebnis**

Nach alledem ist die Sitztheorie als Ausgangspunkt vorzuziehen. Sie bewirkt, daß das Recht des im Regelfall zumeist betroffenen Staates durchgesetzt wird. Die eigene Betroffenheit dieses Staates gewährleistet normalerweise zugleich die Solidität der Regelung; sie ist hinreichend Sicherheit dafür, daß die Lösung für andere im allgemeinen weniger betroffene Staaten ebenfalls annehmbar ist. Das erleichtert die internationale Anwendbarkeit des Gesellschaftsstatuts – ohne zu häufige Vorbehalte. Die Sitztheorie erweist sich aber auch bei maßvoller Anwendung (unter Rz 64) und in Verbindung mit Rück- und Weiterverweisung (unten Rz 103) als hinreichend flexibel für den Ausgleich unterschiedlicher nationaler Interessen. Sie sieht eine automatische Sanktion bei Verfehlung der Rechtswahl vor und hat von daher einen vorbeugenden Charakter. Die Einzelstaaten sind nicht genötigt, ständig in einer Art Katz-und-Maus-Spiel der Phantasie der Gründer „nachzulaufen"; diese werden vielmehr zu einer Regelung veranlaßt, die auch gegenüber anderen Interessen verantwortbar ist. Die Sitztheorie erfüllt ferner die Bedürfnisse einer regelungswilligen Praxis. Sie ermöglicht in höherem Maße eine Konzentration auf das Gesellschaftsstatut; Sonderanknüpfungen und Anpassungsprobleme treten zurück. Die Bezugnahme auf den ordre public wird – anders als bei der Gründungstheorie – zur Ausnahme (BEHRENS Rz 117 S 538).

62 Gewiß hat die Sitztheorie einige kritische Punkte, die aber in der Praxis nur eine untergeordnete Rolle spielen und den Normalfall nicht berühren. Die sozialen Kosten dieser Theorie sind relativ gering. Jedenfalls ist keine auch nur annähernd gleich „kostengünstige" Alternative vorhanden. Die Gründungstheorie scheidet dafür nach der historischen Erfahrung (GROSSFELD, Praxis 41, 51; VAGTS 18 AJCL 863, 864 [1970]) und aus allgemeinen Überlegungen aus:

> „One cannot fail to recognize that the continental doctrine which regards the real centre of management as the appropriate test is preferable to the English and American rule" (MARTIN WOLFF, Private International Law [2. Aufl 1950] 301).

63 Die Sitztheorie ist zugleich wesentliche Stütze „einer gesunden Gesetzespolitik" im Gesellschaftsrecht (STAUDINGER-RAAPE [9. Aufl] Art 10 Anm B III 3 im Anschluß an RITTER ArchBürgR 38 [1913] 387, 398). Nach aller Erfahrung verdankt das Gesellschaftsrecht in Kontinentaleuropa seine Regelungskraft und seine relative

Durchsichtigkeit der internationalen Absicherung durch die Sitztheorie (vgl Conard, Corporations in Perspective [1976] 11). Ebenroth (Konzernkollisionsrecht 39) sagt richtig:

„Die Theorie des effektiven Verwaltungssitzes gewährleistet allein und konsistent, daß inländische privat- und wirtschaftsrechtliche Normen überhaupt Geltungskraft erlangen können. Jede andere Entscheidung würde im Verhältnis zu inländischen Konkurrenzunternehmen eine Bevorzugung von im Ausland gegründeten Gesellschaften bedeuten. Es würde nahezu ein Anreiz geschaffen, unangenehme inländische Regeln zu umgehen“.

V. Einschränkung durch das Erfordernis der „Inlandsbeziehung“ 64

Der Sitztheorie wird mitunter vorgeworfen, daß sie „eine in der Wolle gefärbte Vorbehaltsklausel“ sei, die „sich Aufgaben anmaßt, die dem ordre public (Art 30 EGBGB) vorbehalten sind“ (Kötz GmbH-Rdsch 1965, 69, 70). Als Analyse – von der historischen Entstehung her –, nicht als Vorwurf kann man diese Aussage gelten lassen. Zugleich rügt man, daß die Sitztheorie zu weit gehe, wenn sie auch Geschäfte erfasse, die sich zwischen dem Gründungsstaat und einem Drittstaat abspielen und die Interessen des Sitzstaates nicht unmittelbar berühren (Beitzke RabelsZ 43 [1979] 244, 256). Die so aufgeworfene Frage einer Einschränkung der Sitztheorie hat sich in der Praxis bisher kaum gestellt; die Rechtsprechung war stets mit Fällen befaßt, in denen eine hinreichende Berührung mit dem Sitzstaat bestand. Dennoch bleibt das theoretische Problem, das jederzeit praktisch werden kann.

Die Sitztheorie mit ihrem repressiven Charakter entspricht auf die Dauer nur dann 65
dem Rechtsgefühl, wenn sie „von weiser Mäßigung geleitet ist“ (vgl G Rümelin in: Krawietz, Theorie und Technik der Begriffsjurisprudenz [1976] 136, 156). Eine gewisse Zurückhaltung entspricht auch dem immer noch nachklingenden ordre-public-Charakter. Das legt es nahe, hier wie dort auf eine bestimmte Beziehung mit den Interessen des betroffenen Staates abzustellen. Eine Einschränkung dieser Art wurde für den inzwischen aufgehobenen Art 10 EGBGB angenommen. Der deutsche Richter hatte nur dann nach Art 10 EGBGB über die Rechtsfähigkeit zu entscheiden, wenn das Rechtsgeschäft im Inland vorgenommen war (Zitelmann, Internationales Privatrecht Bd 2 [1897] 119; ihm folgend Frankenstein, Internationales Privatrecht Bd 1 [1926] 495) oder die Rechtsbeziehung deutschem Recht unterstand (so RGZ 159, 33, 48; Nachw zum Streitstand bei Beitzke, Juristische Personen 126; Grasmann Rz 749 S 395). Der deutsche Richter hätte sonst über die Rechtsfähigkeit eines Gebildes zu urteilen gehabt, das keinerlei Beziehungen zum Inland hatte:

„Daß diese juristische Person im Inland als juristische Person nicht anerkannt ist, kann nicht dazu führen, ihre Existenz auch für das Ausland zu leugnen, und umgekehrt“ (Zitelmann 119).

Das führe zu sinnwidrigen Ergebnissen bei Rechtsvorgängen, die sich im Gründungsstaat zwischen einem Ausländer und einer ausländischen juristischen Person abgespielt haben, zB bei der Beurteilung von Eigentumsvorgängen im Gründungsstaat. Deren Wirksamkeit könne nicht von der Anerkennung durch das deutsche Recht abhängig gemacht werden (hM; Nachw bei Grasmann Rz 748 S 394). Spiegelbildlich hierzu nimmt man heute wohl allgemein an, daß die nach §§ 23, 80 S 2 BGB verliehene Rechtsfähigkeit nur für das Inland gilt (unten Rz 111).

Aus diesen Stellungnahmen läßt sich ein zugrunde liegendes allgemeines Prinzip 66
ableiten:

„Rechte, welche eine Gesellschaft in einem Staat, in welchem sie als rechtsfähig gilt, wirksam erworben hat, können ihr auch im Inland nicht bestritten werden" (GRASMANN Rz 750 S 396 unter Bezugnahme auf BEITZKE, Juristische Personen 126 f; MAMELOCK, Die juristische Person im internationalen Privatrecht [1900] 90 ff). Voraussetzung ist dabei, daß die Errichtung nach dem Gründungsrecht wirksam ist.

GRASMANN (Rz 722 S 386) hat daraus für praktische Fälle in Anlehnung an BEITZKE (Juristische Personen 97) die Konsequenzen gezogen:

> „Entsprechend wird die Verleihung der Rechtsfähigkeit auch im Inland jedenfalls für die im Verleihungsstaat begründeten und dem Recht dieses Staates unterliegenden Rechtsverhältnisse berücksichtigt, also zum Beispiel die Rechtsfähigkeit der Gesellschaft für im Verleihungsstaat begründete und dem Recht des Verleihungsstaates unterliegende Rechtsgeschäfte, nach dem Recht des Verleihungsstaates beurteilt. Rechtsgeschäfte, welche ein polnischer Verein mit Sitz in Deutschland in Polen nach polnischem Recht abschließt, müssen schon nach dem Prinzip der wohlerworbenen Rechte in Deutschland als wirksam betrachtet werden".

Weiter heißt es bei GRASMANN (Rz 724 S 386):

> „Für Rechtsgeschäfte, welche dem Recht von West Virginia oder Washington unterliegen, zum Beispiel für die Anmietung von Büroräumen in Washington, muß aber auch der deutsche Richter, ähnlich wie ein Richter von Washington, davon ausgehen, daß der Personenzusammenschluß nach dem Recht von West Virginia besteht und die im Inkorporationsland und in anderen Staaten, welche die Inkorporation anerkennen, abgeschlossenen Rechtsgeschäfte wirksam sind".

67 Dieser Meinung ist zu folgen (im Ergebnis wohl ähnlich WIEDEMANN, Gesellschaftsrecht 798). Erforderlich ist also stets die Inlandsbeziehung zum Sitzstaat oder zu einem Staat, der seinerseits der Sitztheorie folgt (zB: In Liechtenstein gegründete Gesellschaft mit Verwaltungssitz in Belgien erwirbt ein Grundstück in Frankreich). Sonst (im vorstehenden Fall wird zB ein Grundstück im England erworben) muß man den Vorstellungen des Gründungsstaates folgen; denn der Sitztheorie geht es nicht um die Reinerhaltung eines Prinzips. Diese Einschränkung läßt sich auf einen Art 28 EGBGB entsprechenden Gedanken stützen, nämlich den, daß man politischen und wirtschaftspolitischen Zielen eines fremden Staates nachgibt, solange er sich in den Grenzen seiner Macht hält (vgl KEGEL, Internationales Privatrecht [4. Aufl 1977] 189). Für die Frage der hinreichenden Beziehung ist darauf abzustellen, wo das Rechtsgeschäft vorgenommen ist (dazu: NEUHAUS, Grundbegriffe des Internationalen Privatrechts [2. Aufl 1976] 366 m Fn 995), was das Wirkungsstatut ist oder wo sich der Gegenstand befindet, auf den sich das Rechtsgeschäft bezieht (vgl STAUDINGER-RAAPE [9. Aufl] Art 10 EGBGB Anm H II 4 a, d S 161, 162). Eine aktive Partei- und Prozeßfähigkeit ist jedoch im Inland in keinem Fall gegeben, weil schon wegen der Kostenfolgen (§ 91 ZPO) Inlandsbeziehung besteht und es hierbei gerade um die Geltendmachung von Rechten im Inland geht.

68 VI. Anwendungsbereich der Sitztheorie

Der Anwendungsbereich der Sitztheorie ist im einzelnen umstritten (im Verhältnis zur DDR s unten Rz 113; zur Bedeutung von Staatsverträgen unten Rz 160). Während sie von einigen weit interpretiert wird, wollen andere (namentlich Vertreter der Gründungstheorie) sie möglichst eng anwenden. Im einzelnen ergibt sich folgendes:

1. Verwaltungssitz im Inland 69

Die Sitztheorie verhindert zunächst, daß eine Gesellschaft mit inländischem Verwaltungssitz nach ausländischem Recht gegründet wird (BGHZ 53, 181). Die Gründung ist dann nicht wirksam, das Gebilde erlangt keine Rechtsfähigkeit (Einzelheiten unten Rz 332).

2. Verwaltungssitz im Ausland 70

a) Stand der Meinungen

Nach überwiegender Auffassung erfaßt die Sitztheorie grundsätzlich auch den Fall, daß eine Gesellschaft mit ausländischem Verwaltungssitz nach deutschem Recht gegründet wird (OLG Hamburg IPRspr 1977 Nr 5; RAAPE, Internationales Privatrecht [5. Aufl 1961] 197 Fn 22; SCHILLING in: HACHENBURG, GmbHG [6. Aufl 1956] Allg Einl Rz 47 S 92; EBENROTH-SURA 328; Deutscher Rat für Internationales Privatrecht 20). Die Gesellschaft ist dann also aus unserer Sicht nicht wirksam gegründet (eine evtl Rückverweisung ist aber beachtlich, was zu einer spürbaren Abschwächung der Sitztheorie führt – unten Rz 76, 103; s ferner Rz 189). Zweifel an der Geltung der Sitztheorie für diesen Fall werden namentlich von Vertretern der Gründungstheorie geäußert (vgl BEHRENS Rz 77 S 512; KOPPENSTEINER, Internationale Unternehmen 97; BEITZKE, Juristische Personen 88 f; vgl aber auch WIEDEMANN, Internationales Gesellschaftsrecht 187, 199 f; RG JW 1934, 2969; OLG Hamburg RiW 1970, 518). Sie stützen sich auf den Wortlaut des § 5 Abs 2 AktG (der analog für Gesellschaften mit beschränkter Haftung und für Genossenschaften gilt). Diese Vorschrift gestattet es, als Satzungssitz den Ort zu bestimmen, an dem die Gesellschaft einen „Betrieb“ hat. Daraus wird gefolgert, daß als Voraussetzung für die Anwendung deutschen Rechts schon ein „Betrieb“ im Inland (nicht „Geschäftsleitung“ oder „Verwaltung“) genüge. Obgleich WIEDEMANN (aaO) von der Sitztheorie ausgeht, will auch er sie in diesem Falle bei einer Gründung nach deutschem Recht mit bloßem Satzungssitz im Inland nicht anwenden (ebenso LUCHTERHANDT, Deutsches Konzernrecht bei grenzüberschreitenden Konzernverbindungen [1971] 47). Die Geltung des deutschen Rechts komme unseren Interessen entgegen, der ausländische Staat möge sich selbst schützen.

b) Stellungnahme 71

Der überwiegenden Meinung ist zu folgen (ebenso: EBENROTH, Die verdeckten Vermögenszuwendungen 368 Fn 157). Sie ergibt sich schon aus den §§ 23, 80 S 2 BGB, die in diesen Fällen die Erlangung der Rechtsfähigkeit nach deutschem Recht von einer besonderen staatlichen Verleihung abhängig machen (Konzessionsprinzip). Daraus kann man entnehmen, daß andernfalls solche Gründungen nicht voll wirksam sind; denn sonst hätte es der beiden Bestimmungen nicht bedurft (dazu unten Rz 106). Die Anwendung der Sitztheorie dient hier weiterhin dem internationalen Entscheidungseinklang. Eine Gesellschaft, die in dem hauptsächlich von ihr betroffenen Staat als unwirksam gilt, sollte nicht gegen den Willen dieses Staates bei uns als wirksam behandelt werden. Das entspricht ebenfalls der Grundannahme der §§ 23, 80 S 2 BGB, die im Interesse internationaler Verträglichkeit eine Ausnahme nur bei besonderer staatlicher Verleihung gewähren – also eine Entscheidung im Einzelfall auch über die internationale Verträglichkeit fordern.

Aus § 5 Abs 2 AktG folgt nichts anderes. Zwar läßt der Gesetzgeber im Inland für 72
den Satzungssitz eine Wahlfreiheit. Das heißt aber nicht, daß diese Wahlfreiheit auch im Verhältnis zum Ausland bestehen soll. § 5 Abs 2 AktG wurde vielmehr auf

dem Hintergrund der Sitztheorie konzipiert; er füllt den kollisionsrechtlich vorgegebenen Rahmen – wie er namentlich in §§ 23, 80 S 2 BGB zum Ausdruck kommt – für das Inland aus, ohne diesen Rahmen selbst zu erweitern (im Ergebnis ebenso NUSSBAUM, Deutsches Internationales Privatrecht [1932] 205; RAAPE, Internationales Privatrecht [5. Aufl 1961] 203; VON SPINDLER, Wanderungen gewerblicher Körperschaften von Staat zu Staat [1932] 31; OG Danzig RabelsZ 3 [1929] 895). Eine analoge Anwendung des § 5 Abs 2 AktG scheidet ebenfalls aus. Die für das Inland gegebene Wahlfreiheit erhält ein anderes Gewicht, wenn sie auf das Ausland ausgedehnt wird.

73 Auch der von WIEDEMANN erhoffte Interessenschutz durch das deutsche Recht ist bei näherer Betrachtung hier nicht groß. Denn die effektive Anwendung des deutschen Rechts ist erheblich vermindert, wenn die Gesellschaft ihren Verwaltungssitz im Ausland hat. Wie will man zB das deutsche Mitbestimmungsrecht zur Geltung bringen? Im übrigen ist die Durchsetzbarkeit des deutschen Rechts ebenfalls nicht genügend gesichert. Dabei ist folgendes zu beachten: Das deutsche Verbandsrecht, namentlich das Aktienrecht, hat an die Stelle der bis in das 19. Jh hinein bestehenden Staatsaufsicht eine Kontrolle durch Gerichtsverfahren gesetzt. Das Zusammenspiel von materiellem Recht und prozessualen Durchsetzungsmöglichkeiten ist charakteristisch für das Normativsystem, eine eindeutige Trennung zwischen materiellem Recht und Prozeßrecht ist oft nicht möglich (vgl HENCKEL, Prozeßrecht und materielles Recht [1970]; vgl für das Vereinsrecht §§ 37 Abs 2, 43, 44, 55, 78 BGB; für Handelsgesellschaften § 14 HGB, ferner §§ 35, 38, 85, 98, 104, 132, 169, 246, 396, 407 AktG, § 79 GmbHG, § 160 GenG, §§ 144–145 FGG).

74 Die hiernach bestehende Gerichtsaufsicht ist bei einer Gesellschaft, die schwerpunktmäßig in einem anderen Staat verankert ist, nicht wirksam auszuüben (OG Danzig RabelsZ 3 [1929] 895; BELLSTEDT BB 1977, 1326, 1327): Befindet sich der Sitz der Hauptverwaltung im Ausland, so läuft die über den Satzungssitz im Inland gegebene deutsche Gerichtszuständigkeit (§ 14 AktG, §§ 17 Abs 1 u 3, 22 ZPO, Art 16 Nr 2 GVÜ) häufig praktisch leer. Eine gerichtliche Fernsteuerung über Staatsgrenzen hinweg verspricht auf Dauer keinen Erfolg. Lediglich ein – uU kleiner – Betrieb im Inland würde als Ansatzpunkt für die Durchsetzung gerichtlicher oder behördlicher Anordnungen oft nicht genügen. Auch die Anwendung und Durchsetzung evtl bestehender besonderer gesellschaftsrechtlicher Straf- und Ordnungswidrigkeitsvorschriften (zB §§ 399–405, 408 AktG, §§ 82, 84 GmbHG, §§ 147–152 GenG) ist nicht gesichert, im allgemeinen sogar unwahrscheinlich (unten Rz 127). Gleiches gilt für die Durchsetzung von Zwangsgeldern (§ 14 HGB, § 407 AktG, § 160 GenG). Der Hinweis darauf, daß eine Gesellschaft, „die beharrlich ihre Registerpflichten vernachlässigt", aufgelöst werden kann (so BEITZKE, Juristische Personen 89 mit Bezug auf § 43 BGB, § 396 AktG, § 62 GmbHG, § 81 GenG), ist für die im Einzelfall Betroffenen nur von theoretischem Interesse.

75 Fraglich ist zudem, ob ein so amputiertes, in seiner Effektivität gebremstes Recht noch als „deutsches Recht" gelten kann. Die Gesellschaft mit Verwaltungssitz im Ausland unterläge – mangels praktischer Durchsetzbarkeit – jedenfalls weithin nur scheinbar deutschem Recht. Das aber berührt unsere Interessen in hohem Maße. Denn das für das deutsche Recht in Anspruch genommene Vertrauen stände auf tönernen Füßen. Wir sollten das deutsche Recht – als Aushängeschild unserer Kultur und unseres internationalen Ansehens – grundsätzlich nur dort zur Verfügung stellen, wo wir für seine Beachtung auch einigermaßen sicher Gewähr leisten können.

Sehließlich ist zu beachten, daß es zu einer Normenkonkurrenz kommt, wenn der ausländische Staat selbst der Sitztheorie folgt. Das mindert die Regelungskraft des deutschen Rechts noch weiter und führt zu unerwünschten Rechtsunsicherheiten (oben Rz 55). Ein Recht kann gegen das andere ausgespielt werden. Praktisch untersteht die Gesellschaft zwei Rechten – jedoch keinem von ihnen ganz.

Eine Ausnahme von dieser Regel gilt nach einhelliger Meinung, wenn der ausländische Staat des Verwaltungssitzes seinerseits auf das deutsche Recht zurückweist. Das ist der Fall, wenn der betreffende ausländische Staat der Gründungstheorie folgt. Der ausländische Staat weiß dann, daß er sich auf ein in seiner Durchsetzungskraft geschwächtes deutsches Recht einläßt und ist damit einverstanden; er mag in diesem Fall die erforderlichen Vorkehrungen treffen. Wir wälzen die Verantwortung auf ihn ab. Darin liegt zugleich eine gewisse Sicherung für das „Image" des deutschen Rechts nach außen. Wir nehmen die Rückverweisung – obgleich sie nicht unproblematisch ist – jedenfalls an (analog Art 27 EGBGB; Schilling in: Hachenburg, GmbHG [6. Aufl 1956] Allg Einl Rz 47 S 92 und unten Rz 103). 76

Aber selbst in diesem Fall muß ein zulässiger Satzungssitz im Inland bestehen (Wiedemann, Gesellschaftsrecht 791 Fn 36; aA wohl Behrens Rz 77 S 512 – vgl auch unten Rz 178), also zumindest ein Betrieb im Inland sein. Der inländische Satzungssitz ist für rechtsfähige Personenvereinigungen und Stiftungen im allgemeinen zwingend vorgeschrieben (§§ 21, 22, 55, 80 BGB; vgl Staudinger-Coing § 24 Rz 7; s ferner § 106 Abs 1 HGB, § 14 AktG, § 7 Abs 1 GmbHG, § 10 GenG, unten Rz 176); denn er ist oft Voraussetzung inländischer Gerichtsbarkeit (vgl § 55 BGB, § 14 AktG, §§ 17 Abs 1 u 3, 22 ZPO; Art 16 Nr 2 GVÜ; §§ 144–146 FGG – dazu BayObLGZ 1965, 294; vgl unten Rz 176) und damit der internationalen Zuständigkeit. Die internationale Zuständigkeit für eine deutschem Recht unterstehende Gesellschaft aber kann sich unsere Rechtsordnung nicht nehmen lassen. Zudem ist schwer vorstellbar, daß alle die von einem deutschen Gericht nach deutschem Gesellschaftsrecht vorzunehmenden Handlungen von einem ausländischen Gericht (das in Aufgaben und Struktur ganz anders sein mag) wahrgenommen werden könnten. Deutsches Recht ist kein „deutsches" Recht mehr, wenn deutsche Gerichte von seiner Handhabung und Durchsetzung weitgehend ausgeschlossen sind. 77

Befinden sich auf Dauer weder Betrieb noch Geschäftsleitung oder Verwaltung der Gesellschaft im Inland, so ist der inländische Satzungssitz unzulässig. Daraus ergeben sich dann die entsprechenden Rechtsfolgen (unten Rz 179). 78

Eine weitere Ausnahme begründen die §§ 23 und 80 S 2 BGB (dazu unten Rz 106). Diese Vorschriften passen in die oben Rz 73 dargestellten Überlegungen. Das Fehlen eines inländischen Verwaltungssitzes und die daraus folgenden Schranken der Rechtsdurchsetzung können im Verleihungsverfahren vorbeugend berücksichtigt und durch entsprechende Auflagen korrigiert werden. 79

3. Allseitige Kollisionsnorm 80

Besonders streitig ist, ob es sich bei der Sitztheorie darüber hinaus um eine allseitige Kollisionsregel handelt, die nicht nur bestimmt, wann deutsches Recht, sondern auch wann ausländisches Recht Gesellschaftsstatut ist. Konkret geht es zB um folgende Frage: Ist eine Gesellschaft mit tatsächlichem Verwaltungssitz im ausländischen Staat A wirksam nach dem Recht des ausländischen Staates B gegründet? Wird diese Gesellschaft bei uns als juristische Person behandelt?

a) Überwiegende Meinung 81

Die traditionelle Antwort der Sitztheorie auf diese Frage lautet: Die Gesellschaft ist grundsätzlich nicht wirksam gegründet (Rabel 50; Raape, Internationales Privatrecht [5. Aufl 1961] 198; GROSSFELD, Die Anerkennung 22; EBENROTH, Die verdeckten Vermögenszuwendungen 370). Gesellschaftsstatut ist das Recht des Staates A (dort ist der tatsächliche Verwaltungssitz), nach diesem Recht ist die Gesellschaft nicht gültig errichtet. Die Sitztheorie schützt also ganz allgemein die Interessen des jeweiligen Sitzstaates. RAAPE (aaO) sagt dazu:

„Wenn die Anknüpfung an das Recht desjenigen Staates zu geschehen hat, der am meisten belangt, am stärksten beteiligt, am ehesten gefährdet ist, dann ist es zweifellos der Sitzstaat, der den Vorrang vor allen anderen verdient. Die Anknüpfung, die uns recht ist, wenn wir der Sitzstaat sind, ist auch billig, wenn Sitzstaat ein fremder Staat ist. Auch im IPR gibt es eine Maxime der Koexistenz. In dem Widerstreit zwischen Sitzstaat, zB Frankreich, und Errichtungsstaat, zB England, stellen wir uns allemal auf die Seite des Sitzstaates. ... Es ist keine Überheblichkeit, daß wir einer Gesellschaft die Rechtsfähigkeit absprechen, die ihr der englische Staat verliehen hat. Wenn England fragt: was geht es Euch an?, so kann Frankreich die gleiche Frage stellen. Wie so oft kann man es nicht beiden recht machen".

82 Wir billigen also dem ausländischen Staat den Schutz zu, den wir für uns in Anspruch nehmen (BEHRENS Rz 81 S 513). Das entspringt aber wiederum nicht bloßem Altruismus, sondern auch eigenen Interessen. Denn es fehlt in diesen Fällen ja ebenfalls die Vertrauensgrundlage für die Annahme einer angemessenen Regelung, nämlich das eigene Interesse des Gründungsstaates an einer sachgerechten Ordnung. Auf diese Schutzwirkung der Eigeninteressen des nächstbetroffenen Staates aber wollen und können wir nicht verzichten.

83 Der Deutsche Rat für Internationales Privatrecht (S 20) hat daher die Sitztheorie ausdrücklich als allseitige Kollisionsregel bestätigt:

„Der Vorschlag der Kommission geht aber dahin, außerhalb solcher staatsvertraglichen Sonderregelungen juristische Personen nicht anzuerkennen, bei denen die Verwaltung nicht in dem Staat geführt wird, nach dessen Recht sie gegründet sind. Die Kommission vertritt dabei die Auffassung, daß es keinen Unterschied macht, ob bei einer solchen juristischen Person oder Gesellschaft die Verwaltung in der Bundesrepublik oder in einem anderen Ort geführt wird, nach dessen Recht die juristische Person oder Gesellschaft nicht gegründet ist".

84 **b) Gegenmeinung**

Die Gegenstimmen lehnen die Anwendung der Sitztheorie als allseitige Kollisionsnorm entweder ganz ab (zB WIEDEMANN, Internationales Gesellschaftsrecht 203) oder jedenfalls insoweit, als es um die Rechtsfähigkeit für Rechtshandlungen geht, die außerhalb des Sitzstaates vorgenommen werden (BEITZKE, FS Mann [1977] 113; BEHRENS Rz 81 S 513). Beispiel für diese letztere Meinung: Eine nach englischem Recht gegründete Gesellschaft mit Verwaltungssitz in Frankreich tätigt in der Bundesrepublik Deutschland Geschäfte. Für diese Geschäfte außerhalb des Sitzstaates soll die Rechtsfähigkeit zu bejahen sein, nicht jedoch bei Rechtsgeschäften in Frankreich. Zur Begründung für die ablehnende bzw einschränkende Haltung wird angeführt, in diesen Fällen sei das deutsche Schutzinteresse nicht so stark, daß es den Vorrang gegenüber der Gründungsfreiheit beanspruchen könne.

85 **c) Stellungnahme**

Zu folgen ist grundsätzlich der Lehre, die die Sitztheorie als allseitige Kollisionsnorm ansieht. Die dagegen vorgebrachten Einwände sind nicht stichhaltig. Nehmen wir zur Anschauung den Fall, daß eine in Panama gegründete Gesellschaft mit Verwaltungssitz in Frankreich in der Bundesrepublik Deutschland Geschäfte größeren Umfangs macht. Ist der bei einem solchen Gebilde für den deutschen Partner bestehende Schutz typischerweise geringer als wenn die Gesellschaft nach französischem Recht gegründet ist? Dabei ist folgendes zu bedenken: Die größten Probleme ergeben sich insoweit nicht aus den Rechten der entwickelten Industriestaaten. Hier bewirken ähnliche Interessenlagen, daß die Gesellschaftsrechte in ihrer Regelung und ihrem Schutzumfang immerhin angenähert sind. Anders ist es mit Oasenländern vom Delaware-Typ (dazu GROSSFELD, Praxis 42; SANDROCK RabelsZ 42 [1978] 234). Diese Gesellschaftsrechte verzichten im Interesse der Gründer, der Verwaltung und/oder der Großaktionäre weitgehend auf eine drittschutzbezogene Regelung. Das können sie deshalb leichten Herzens, weil von vornherein nicht die Gefahr besteht, die so geschaffenen gesellschaftsrechtlichen „Leichtgewichte" könnten im eigenen Staat ihr Unwesen treiben. Diese Staaten werden also durch die eigene „Regelung" nicht betroffen; daher mangelt es an einer grundlegenden Voraussetzung für die Angemessenheit ausländischen Rechts und damit für das Vertrauen im internationalen Rechtsverkehr: Nur das eigene Interesse des jeweiligen staatlichen Gesetzgebers an einer sachgerechten Regelung ist eine zulängliche Vertrauensbasis für das Ausland.

An einer solchen Vertrauensgrundlage fehlt es in dem hier erörterten Fall. Die Frage, ob das ausländische Recht eine hinreichende Soliditätsgewähr für den deutschen Partner bietet, berührt deutsche Interessen. Die Anwendung der Sitztheorie als allseitige Kollisionsnorm verhindert, daß wir Handlanger eines international anstößigen Verhaltens werden, sie mindert die Attraktivität von Oasenländern. Die Sitztheorie gewährleistet gerade in ihrer Ausprägung als allseitige Kollisionsnorm eine tragfähige Vertrauensbasis für die Anwendung ausländischen Rechts. 86

d) Einschränkungen 87

Eine Einschränkung gilt allerdings, wenn kein „Inlandsbezug" im oben Rz 64 geschilderten erweiterten Sinne vorliegt. Insoweit ist BEITZKE (FS Mann [1977] 113) und BEHRENS (Rz 81 S 513) zu folgen. Beispiel: Eine in Panama gegründete Gesellschaft mit Verwaltungssitz in Frankreich tätigt in England mit Engländern Geschäfte. Diese in England vorgenommenen Geschäfte müssen auch wir als gültig ansehen. Anderes gilt aber für Geschäfte zB in Belgien, weil dieser Staat der Sitztheorie folgt (unten Rz 120). Hier bleibt es bei dem von RAAPE betonten Gesichtspunkt der internationalen Kooperation zwischen den Staaten (oben Rz 81), die der Sitztheorie folgen. Der Sitztheorie wird ferner durch die Weiterverweisung (dazu unten Rz 104) viel von ihrer Schärfe genommen. Es ist daher nicht gerechtfertigt, sie in ihrer Ausprägung als allseitige Kollisionsnorm als „extreme" Sitztheorie zu stigmatisieren (so BEHRENS Rz 75 S 511).

VII. Nach dem Recht eines EG-Mitgliedstaates errichtete Gesellschaft

1. Allgemeines 88

Streitig ist, ob die Sitztheorie heute noch gegenüber Gesellschaften zur Anwendung kommt, die nach dem Recht eines Mitgliedstaates der Europäischen Gemeinschaft errichtet sind. Namentlich die Anhänger der Gründungstheorie (statt vieler: KOPPENSTEINER, Internationale Unternehmen 117; aber auch WIEDEMANN, Internationales Gesellschaftsrecht 200, der von der Sitztheorie ausgeht) vertreten hier eine einschränkende Auffassung.

89 **a) Regelung des EWG-Vertrages**

Das Problem liegt in folgendem: Art 52 EWGV sieht die allgemeine Niederlassungsfreiheit für Angehörige eines Mitgliedstaates vor, die im Hoheitsgebiet eines anderen Mitgliedstaates ansässig sind. Diese Niederlassungsfreiheit gilt nach Art 58 EWGV auch für Gesellschaften und juristische Personen.

90 Sie bezieht sich indes nur auf Gesellschaften und juristische Personen, die iSd Art 52 Abs 1 S 2 EWGV „im Hoheitsgebiet eines Mitgliedstaates ansässig sind". Den Begriff „ansässig" umschreibt das vom Rat der Europäischen Gemeinschaften erlassene „Allgemeine Programm zur Aufhebung der Beschränkungen der Niederlassungsfreiheit" (ABl EG 1962, 36). Darin heißt es ua:

> „Sollten diese Gesellschaften indessen nur ihren satzungsmäßigen Sitz innerhalb der Gemeinschaft ... haben, so muß ihre Tätigkeit in tatsächlicher und dauerhafter Verbindung mit der Wirtschaft eines Mitgliedstaates ... stehen".

91 Die so gewährte Freizügigkeit ist jedoch von geringem Wert, wenn eine Gesellschaft nach dem Internationalen Privatrecht nicht als gültig gegründet gilt. Die Niederlassungsfreiheit erfordert daher grundsätzlich, daß die betreffenden Gebilde als wirksam errichtet angesehen werden. Von daher stellt sich die Frage, ob die Sitztheorie mit dem Freizügigkeitsgebot des EWG-Vertrages vereinbar ist (vgl WIEDEMANN, Internationales Gesellschaftsrecht 187, 201; G SCHLOSSER, Die gesellschaftlichen Niederlassungen innerhalb der Europäischen Wirtschaftsgemeinschaft als Problem des internen und des internationalen Privatrechts [1965]).

92 Die Antwort ergibt sich vorläufig daraus, daß Art 52 u 58 EWGV nur Programmsätze enthalten (überwiegende Meinung; aA KOPPENSTEINER, Internationale Unternehmen 116 m Nachw), die stufenweise zu verwirklichen sind. Die Forderung nach Niederlassungsfreiheit steht in engem Zusammenhang mit der nach Art 54 Abs 3 lit g EWGV vorgesehenen Angleichung des Gesellschaftsrechts. Bisher ergibt sich daraus noch keine Verpflichtung, eine Gesellschaft als gültig gegründet zu behandeln (BEHRENS Rz 96 S 522; aA WIEDEMANN, Internationales Gesellschaftsrecht 187, 201). Das folgt auch aus Art 220 EWGV, der für die sog „Anerkennung" (dazu unten Rz 123) den Abschluß eines Abkommens vorsieht. Nach alledem wird die Sitztheorie bisher durch die Vorschriften des EG-Rechtes nicht verdrängt (EBENROTH, Die verdeckten Vermögenszuwendungen 374; zum EWG-Übereinkommen unten Rz 98).

93 **b) Bedeutung von § 12 a GewO**

Gelegentlich wird jedoch aus § 12 a GewO gefolgert, daß die Sitztheorie nicht gelte gegenüber Gesellschaften, die nach dem Recht eines EWG-Mitgliedstaates errichtet sind. § 12 a GewO steht im Zusammenhang mit § 12 GewO (dazu BRAUN, Niederlassungsrecht der Bundesrepublik Deutschland [1973] 32; LANDMANN-ROHMER-BENDER, Gewerbeordnung Bd 1 [13. Aufl 1977/78] § 12 a Rz 1–4; s unten Rz 570). Nach dieser letzteren Vorschrift bedürfen ausländische juristische Personen für den Betrieb eines Gewerbes der Genehmigung. Die so gezogene fremdenrechtliche Schranke wird jedoch für juristische Personen aus den EWG-Mitgliedstaaten durch § 12 a GewO aufgehoben.

94 Einige Autoren meinen nun, daß § 12 a GewO nicht nur eine fremdenrechtliche Norm sei, sondern inzident eine kollisionsrechtliche Regelung enthalte (versteckte Kollisionsnorm):

> „§ 12 a GewO ist zwar selbst keine kollisionsrechtliche Norm, eine Kollisionsnorm darf jedoch § 12 a GewO nicht widersprechen, ist also in dem Sinn zu entwickeln, daß eine Verweisung auf das Gründungsrecht stattfindet"

(WIEDEMANN, Internationales Gesellschaftsrecht 187, 201; KOPPENSTEINER, Internationale Unternehmen 118; vgl H P WESTERMANN ZGR 4 [1975] 68, 74). § 12 a GewO sei daher bei Gesellschaftsgründungen in einem EWG-Mitgliedstaat die maßgebende Kollisionsnorm zur Ermittlung des Gesellschaftsstatuts. Darin liege zugleich eine Wende zur Gründungstheorie; denn das Programm des EWG-Vertrages sei durch § 12 a GewO bereits jetzt voll in das deutsche Recht übernommen worden. Demgemäß soll es für nach dem Recht eines EWG-Staates gegründete Gesellschaften genügen, wenn sie ihren satzungsmäßigen oder tatsächlichen Sitz im Gebiet der Europäischen Wirtschaftsgemeinschaft – nicht notwendig im Gründungsstaat – haben.

Diese Auffassung überzeugt aus mehreren Gründen nicht. § 12 a GewO bezieht sich 95 auf § 12 GewO, also auf eine Norm eindeutig fremdenrechtlichen Inhalts (unten Rz 559). § 12 a GewO stellt so die partielle Aufhebung einer fremdenrechtlichen Sonderregel dar. Daraus folgt, daß auch § 12 a GewO nur fremdenrechtlichen Charakter hat. Die Beschränkung auf das Fremdenrecht entspricht auch dem Willen des Gesetzgebers. Er hat den speziellen fremdenrechtlichen Charakter beider Bestimmungen gesehen und sie von kollisionsrechtlichen Regeln unterschieden. Letztere sind dem Fremdenrecht vorgelagert und werden von ihm nicht berührt. Generelle Voraussetzung für die Erteilung der Genehmigung nach § 12 GewO ist nämlich, daß die ausländische Gesellschaft wirksam gegründet und im Inland „anerkannt“ (dazu unten Rz 123) ist. Das ergibt sich ausdrücklich aus § 15 Abs 2 S 2 GewO:

> „Das gleiche gilt, wenn ein Gewerbe von einer ausländischen juristischen Person begonnen wird, deren Rechtsfähigkeit im Inland nicht anerkannt wird“.

Das Erfordernis wirksamer Gründung (Anerkennung) geht also dem § 12 GewO voraus. Entfällt durch § 12 a GewO das Genehmigungserfordernis, so bleiben damit doch die allgemeinen Kollisionsregeln – weil in § 12 GewO gar nicht erfaßt – bestehen (BEHRENS ZGR 7 [1978] 499, 502; EBENROTH, Die verdeckten Vermögenszuwendungen 336).

Die Annahme, daß der Gesetzgeber für den EWG-Bereich „unter der Hand“ die 96 Gründungstheorie habe einführen wollen, läßt sich auch nicht auf einen angeblichen Willen des Gesetzgebers zur „Herstellung eines integrationsrechtskonformen Rechtszustandes“ (KOPPENSTEINER, Internationale Unternehmen 119) herleiten. Der EWG-Vertrag enthält derzeit keine entsprechende Verpflichtung (oben Rz 92). Zudem gibt der Gesetzgeber selbst zu erkennen, daß er durch § 12 a GewO keine Änderung der Kollisionsregeln bewirken wollte. In der Begründung zum Regierungsentwurf zu § 15 Abs 2 S 2 GewO wird auch das Gewerbe derjenigen juristischen Personen angesprochen, das nach § 12 a GewO genehmigungsfrei zulässig ist (BT-Drucks IV 3290 S 6). Es finden sich keine Anhaltspunkte dafür, daß § 15 Abs 2 S 2 GewO die Sitztheorie insoweit beseitigen soll.

Ein weiterer Gesichtspunkt gegen die Interpretation des § 12 a GewO als verdeckte 97 Kollisionsnorm iSd Gründungstheorie leitet sich ab aus dem deutschen Zustimmungsgesetz zum EWG-Übereinkommen über die gegenseitige Anerkennung von Gesellschaften und juristischen Personen (unten Rz 100). Der deutsche Gesetzgeber billigt zwar in Art 1 für den EWG-Bereich die Gründungstheorie, macht aber zugleich in Art 4 sehr weitgehende Vorbehalte für die Anwendung des eigenen Rechts. Es wäre unverständlich, wenn derselbe Gesetzgeber, der hier so starke Vorbehalte macht, die Gründungstheorie über § 12 a GewO durch die Hintertür und ohne Einschränkung wieder hereinkommen ließe (R MÜLLER, Kollisionsrechtliche Probleme der Durchgriffslehre bei Kapitalgesellschaften, Diss Frankfurt 1974, 85). Das Ergebnis ist also, daß die Sitztheorie gegenüber Gesellschaften aus dem EWG-Bereich derzeit noch uneingeschränkt zur Anwendung kommt (im Ergebnis ebenso EBENROTH-SURA 328).

98 **2. Übereinkommen über die gegenseitige Anerkennung von Gesellschaften und juristischen Personen***

Für das Verhältnis zu Gesellschaften aus EWG-Mitgliedstaaten gibt es heute das „Übereinkommen über die gegenseitige Anerkennung von Gesellschaften und juristischen Personen" v 29. 2. 1968 (BGBl 1972 II 370, deutsches Zustimmungsgesetz v 18. 5. 1972 [BGBl II 369]). Hinzu tritt das Protokoll betreffend die Auslegung des Übereinkommens durch den Gerichtshof v 3. 6. 1971 (BGBl 1972 II 858; deutsches Zustimmungsgesetz BGBl 1972 II 857). Das Abkommen ist wegen der fehlenden Ratifizierung durch die Niederlande bisher nicht in Kraft getreten (zum Stand der Diskussion in den Niederlanden s DIEPHUIS/TIMMERMANS, Erkenning van vreende vennootschappen en rechtsperson, 1980). Die neuen Mitgliedstaaten Dänemark, England und Irland haben sich zum Beitritt verpflichtet (Art 3 der Akte über die Beitrittsbedingungen und die Anpassungen der Verträge – ABl EG 1972 Nr L 73 S 14). Mit diesen neuen Mitgliedstaaten werden zZ Anpassungsverhandlungen geführt.

Das Übereinkommen steht auf dem Boden des Anerkennungskonzepts (unten Rz 123); es folgt in Art 1 und 2 der Gründungstheorie (oben Rz 23) für Gesellschaften und juristische Personen, die nach dem Recht eines Vertragsstaates gegründet sind. Nach Art 6 haben diese Organisationen grundsätzlich diejenige Rechts-, Geschäfts- und Handlungsfähigkeit, die ihnen vom Gründungsrecht zuerkannt wird (beachte aber die Einschränkung in Art 7 S 1). Das für die Gesellschaften im übrigen geltende Recht ist „wie bisher nach den Grundsätzen des Internationalen Privatrechts zu ermitteln" (BT-Drucks VI 1976 S 19 zu Art 6).

Das Übereinkommen läßt aber in Art 3 Einschränkungen der Anerkennung bei Gesellschaften und juristischen Personen mit tatsächlichem Verwaltungssitz (Art 5) außerhalb der Hoheitsgebiete der Vertragsstaaten zu, wenn diese Gesellschaften und juristischen Personen nicht in „wirklicher Verbindung mit der Wirtschaft eines dieser Hoheitsgebiete stehen" (vgl oben Rz 90). Von größter Bedeutung ist namentlich Art 4, der eine weitgehende Anwendung des Rechts des Staates des Verwaltungssitzes zuläßt. Falls der Sitzstaat von dieser Möglichkeit Gebrauch macht, geht das Recht des Sitzstaates insoweit dem Gründungsrecht vor, letzteres gerät in erster Linie unter Anpassungsdruck (str; vgl SANDROCK 206). Besondere Schwierigkeiten ergeben sich, wenn im Sitzstaat ein vergleichbarer Gesellschaftstyp nicht existiert (dazu DROBNIG AG 1973, 90, 125; SANDROCK 204). Die Anwendung des Art 4 kann indes nicht dazu führen, daß dem Gebilde die Rechts-, Geschäfts-, Handlungs- und Parteifähigkeit versagt wird; dies ist Art 7 S 2 zu entnehmen (WIEDEMANN, Gesell-

---

* **Materialien:** Zum Übereinkommen: BT-Drucks VI 1976 (= BR-Drucks 446/70) – Begründung der Bundesregierung, Denkschrift, Goldman-Bericht; BT-Drucks VI 3076 – Bericht des Rechtsausschusses; zum Protokoll über die Auslegung: BT-Drucks VI 3234 (= BR-Drucks 33/72) – Begründung der Bundesregierung, Denkschrift, Jenard-Bericht; BT-Drucks VI 3529 – Bericht des Rechtsausschusses.

Schrifttum: BEITZKE, Anerkennung und Sitzverlegung von Gesellschaften und juristischen Personen im EWG-Bereich, ZHR 127 (1965) 1; ders, Zur Anerkennung von Handelsgesellschaften im EWG-Bereich, AWD 1968, 91; BOETTICHER, Die Anerkennung von Handelsgesellschaften und juristischen Personen im EWG-Bereich, Diss Göttingen 1974; DROBNIG, Kritische Bemerkungen zum Vorentwurf eines EWG-Übereinkommens über die Anerkennung von Gesellschaften, ZHR 129 (1967) 93; ders, Das EWG-Übereinkommen über die Anerkennung von Gesellschaften und juristischen Personen, AG 1973, 90, 125; GESSLER, Gegenseitige Anerkennung von Gesellschaften und juristischen Personen im EWG-Bereich, Betrieb 1967, 324; NOBEL, Europäisierung des Aktienrechts, Diss St Gallen 1974, 91; SANDROCK, Die multinationalen Korporationen 204; WIEDEMANN, Gesellschaftsrecht Bd I (1980) 62, 781, 794.

schaftsrecht 781, 794). Zu dem zwingenden Recht des Sitzstaates gehören also nicht die Gründungsvorschriften.

Das Übereinkommen und insbesondere Art 4 sind Ausdruck der Überlagerungstheorie (oben Rz 59) und führen zu einem gespaltenen Gesellschaftsstatut. Das ist zwar auch hier nicht glücklich, mag aber immerhin vertretbar sein. Denn das Übereinkommen geht von einer allmählichen Rechtsvereinheitlichung der europäischen Gesellschaftsrechte namentlich aufgrund von Art 54 Abs 3 lit g EWGV aus (dazu Lutter, Europäisches Gesellschaftsrecht [1979]); das dürfte jedenfalls die vorerst beträchtlichen Anpassungsprobleme auf Sicht mindern. Das Übereinkommen eignet sich aber nicht als Modell für eine allgemeine IPR-Regel. Da das Übereinkommen bisher nicht in Kraft getreten ist, erfolgt keine Kommentierung im einzelnen. Dazu sei vorerst auf die angeführten Materialien und die genannte Literatur, besonders auf Drobnig, verwiesen.

Das **Übereinkommen** hat folgenden Wortlaut: 99

„Kapitel I

Geltungsbereich und Voraussetzungen der Anerkennung

Artikel 1

Gesellschaften des bürgerlichen und des Handelsrechts einschließlich der Genossenschaften werden ohne weiteres anerkannt, wenn sie nach dem Recht eines Vertragsstaates gegründet worden sind, das ihnen die Fähigkeit zuerkennt, Träger von Rechten und Pflichten zu sein, und wenn sie ihren satzungsmäßigen Sitz innerhalb der Hoheitsgebiete haben, für die dieses Übereinkommen gilt.

Artikel 2

Außer den in Artikel 1 bezeichneten Gesellschaften werden auch juristische Personen des öffentlichen und privaten Rechts, welche die Voraussetzungen des Artikels 1 erfüllen, ohne weiteres anerkannt, wenn ihr Gegenstand darin besteht, als Haupt- oder Nebenzweck eine normalerweise entgeltliche, wirtschaftliche Tätigkeit auszuüben, oder wenn sie eine solche Tätigkeit tatsächlich dauernd ausüben, ohne hierdurch gegen das Recht zu verstoßen, nach dem sie gegründet worden sind.

Artikel 3

Jeder Vertragsstaat kann jedoch erklären, daß er dieses Übereinkommen auf diejenigen in den Artikeln 1 und 2 bezeichneten Gesellschaften und juristischen Personen nicht anwendet, deren tatsächlicher Sitz sich außerhalb der Hoheitsgebiete befindet, für welche dieses Übereinkommen gilt, wenn diese Gesellschaften und juristischen Personen nicht in wirklicher Verbindung mit der Wirtschaft eines dieser Hoheitsgebiete stehen.

Artikel 4

Jeder Vertragsstaat kann ferner erklären, daß er die von ihm als zwingend angesehenen Vorschriften seines eigenen Rechts auf diejenigen in den Artikeln 1 und 2 bezeichneten Gesellschaften oder juristischen Personen anwendet, die zwar nach dem Recht eines anderen Vertragsstaates gegründet worden sind, ihren tatsächlichen Sitz aber in seinem Hoheitsgebiet haben.

Die nicht zwingenden Vorschriften des Rechts des Staates, der eine solche Erklärung abgegeben hat, sind nur in einem der beiden nachstehenden Fälle anzuwenden:

– wenn die Satzung nicht etwas anderes bestimmt; dies kann auch durch eine ausdrückliche allgemeine Bezugnahme auf das Recht geschehen, nach dem die Gesellschaft oder juristische Person gegründet worden ist,

– wenn – beim Fehlen einer solchen abweichenden Satzungsbestimmung – die Gesellschaft oder juristische Person nicht nachweist, daß sie ihre Tätigkeit tatsächlich während eines angemessenen Zeitraums in dem Vertragsstaat ausgeübt hat, nach dessen Recht sie gegründet worden ist.

Artikel 5

Als tatsächlicher Sitz einer Gesellschaft oder juristischen Person ist im Sinne dieses Übereinkommens der Ort anzusehen, an dem sich ihre Hauptverwaltung befindet.

Kapitel II

Wirkungen der Anerkennung

Artikel 6

Vorbehaltlich des Artikels 4 haben die Gesellschaften und juristischen Personen, die nach diesem Übereinkommen anerkannt werden, diejenige Rechts-, Geschäfts- und Handlungsfähigkeit, die ihnen von dem Recht zuerkannt wird, nach dem sie gegründet worden sind.

Artikel 7

Der Staat, in dem die Anerkennung geltend gemacht wird, kann diesen Gesellschaften und juristischen Personen bestimmte Rechte und Fähigkeiten versagen, die er den seinem eigenen Recht unterstehenden Gesellschaften und juristischen Personen entsprechender Art nicht zuerkennt. Dies darf jedoch nicht zur Folge haben, daß einer dieser Gesellschaften oder juristischen Personen die Fähigkeit versagt wird, Träger von Rechten und Pflichten zu sein, Verträge zu schließen oder andere Rechtshandlungen vorzunehmen und vor Gericht zu stehen.

Die in den Artikeln 1 und 2 bezeichneten Gesellschaften und juristischen Personen können sich auf die in diesem Artikel erwähnten Beschränkungen ihrer Rechte und Fähigkeiten nicht berufen.

Artikel 8

Einer Gesellschaft, die nach diesem Übereinkommen anerkannt wird, können die Rechts-, Geschäfts- oder Handlungsfähigkeit sowie einzelne Rechte und Fähigkeiten nicht allein deshalb versagt oder nur beschränkt zuerkannt werden, weil sie nach dem Recht, nach dem sie gegründet worden ist, keine Rechtspersönlichkeit hat.

Kapitel III

Öffentliche Ordnung

Artikel 9

Ein Vertragsstaat ist nur dann berechtigt, dieses Übereinkommen nicht anzuwenden, wenn die Gesellschaft oder juristische Person, welche die Anwendung dieses Übereinkommens beansprucht, durch ihren Gegenstand, ihren Zweck oder ihre tatsächlich ausgeübte Tätigkeit gegen Grundsätze oder Vorschriften verstößt, die dieser Staat als Bestandteil der öffentlichen Ordnung im Sinne des internationalen Privatrechts ansieht.

Läßt das Recht, nach dem eine Gesellschaft gegründet worden ist, es zu, daß sie rechtlich auch dann besteht, wenn sie nur einen Gesellschafter hat, so kann ein Vertragsstaat nicht schon aus diesem Grunde annehmen, daß die Gesellschaft gegen seine öffentliche Ordnung im Sinne des internationalen Privatrechts verstößt.

Artikel 10

Grundsätze oder Vorschriften, die gegen den Vertrag zur Gründung der Europäischen Wirtschaftsgemeinschaft verstoßen, dürfen nicht als Bestandteil der öffentlichen Ordnung im Sinne von Artikel 9 angesehen werden.

Kapitel IV

Schlußbestimmungen

Artikel 11

Im Verhältnis der Vertragsstaaten untereinander geht dieses Übereinkommen allen Bestimmungen über die Anerkennung von Gesellschaften oder juristischen Personen in anderen Übereinkünften vor, bei denen Vertragsstaaten dieses Übereinkommens Vertragsparteien sind oder werden.

Dieses Übereinkommen berührt jedoch nicht:

- Regeln des innerstaatlichen Rechts,
- Bestimmungen internationaler Übereinkünfte,

die in Kraft sind oder künftig in Kraft treten werden und die eine Anerkennung in anderen Fällen oder mit weitergehenden Wirkungen vorsehen, sofern diese Anerkennung oder diese Wirkungen mit dem Vertrag zur Gründung der Europäischen Wirtschaftsgemeinschaft vereinbar sind.

Artikel 12

Dieses Übereinkommen gilt für die europäischen Hoheitsgebiete der Vertragsstaaten, für die französischen überseeischen Departements und für die französischen überseeischen Gebiete.

JederVertragsstaat kann durch Notifikation an den Generalsekretär des Rates der Europäischen Gemeinschaften erklären, daß dieses Übereinkommen auch für jedes in der Erklärung aufgeführte Land oder Gebiet gilt, dessen internationale Beziehungen dieser Staat wahrnimmt.

Artikel 13

Dieses Übereinkommen bedarf der Ratifizierung durch die Unterzeichnerstaaten. Die Ratifikationsurkunden werden beim Generalsekretär des Rates der Europäischen Gemeinschaften hinterlegt.

Artikel 14

Dieses Übereinkommen tritt am ersten Tag des dritten Monats in Kraft, der auf die Hinterlegung der Ratifikationsurkunde durch denjenigen Unterzeichnerstaat folgt, der diese Förmlichkeit als letzter vornimmt.

Artikel 15

Die in den Artikeln 3 und 4 vorgesehenen Erklärungen müssen von jedem Unterzeichnerstaat spätestens zum Zeitpunkt der Hinterlegung der Ratifikationsurkunde zu diesem Übereinkommen abgegeben werden. Sie werden mit Inkrafttreten des Übereinkommens wirksam. Wird die in Artikel 12 Absatz 2 vorgesehene Erklärung vor oder bei der Hinterlegung der sechsten Ratifikationsurkunde zu diesem Übereinkommen abgegeben, so wird sie mit dessen Inkrafttreten wirksam; wird die Erklärung später abgegeben, so wird sie am ersten Tag des dritten Monats wirksam, der auf den Eingang ihrer Notifikation folgt.

Jeder Vertragsstaat kann die nach den Artikeln 3 und 4 abgegebenen Erklärungen oder eine dieser Erklärungen jederzeit zurücknehmen. Die Zurücknahme wird am ersten Tag des dritten Monats wirksam, der auf den Eingang ihrer Notifikation beim Generalsekretär des Rates der Europäischen Gemeinschaften folgt. Sie ist endgültig.

Artikel 16

Der Generalsekretär des Rates der Europäischen Gemeinschaften notifiziert den Unterzeichnerstaaten:

a) die Hinterlegung jeder Ratifikationsurkunde;
b) den Tag, an dem dieses Übereinkommen in Kraft tritt;
c) die gemäß den Artikeln 3, 4, 12 Absatz 2 und 15 Absatz 2 eingegangenen Erklärungen und Notifikationen;
d) die Zeitpunkte, zu denen diese Erklärungen und Notifikationen wirksam werden.

Artikel 17

Dieses Übereinkommen gilt auf unbegrenzte Zeit.

Artikel 18

Jeder Vertragsstaat kann eine Revision dieses Übereinkommens beantragen. In diesem Fall beruft der Präsident des Rates der Europäischen Gemeinschaften eine Revisionskonferenz ein.

Artikel 19

Dieses Übereinkommen ist in einer Urschrift in deutscher, französischer, italienischer und niederländischer Sprache abgefaßt, wobei jeder Wortlaut gleichermaßen verbindlich ist; es wird im Archiv des Sekretariats des Rates der Europäischen Gemeinschaften hinterlegt; der Generalsekretär übermittelt der Regierung jedes Unterzeichnerstaates eine beglaubigte Abschrift."

Dem Übereinkommen ist ein **Protokoll über drei gemeinsame Erklärungen** angefügt (BGBl 1972 II 380):

„Gemeinsame Erklärung Nr 1

Die Regierungen des Königreichs Belgien, der Bundesrepublik Deutschland, der Französischen Republik, der Italienischen Republik, des Großherzogtums Luxemburg und des Königreichs der Niederlande –

erklären, daß die „società semplice" des italienischen Rechts und die „vennootschap onder firma" des niederländischen Rechts unter Artikel 1 dieses Übereinkommens fallen.

Gemeinsame Erklärung Nr 2

Die Regierungen des Königreichs Belgien, der Bundesrepublik Deutschland, der Französischen Republik, der Italienischen Republik, des Großherzogtums Luxemburg und des Königreichs der Niederlande –

erklären sich bereit, soweit erforderlich im Rahmen der Assoziierungsabkommen Verhandlungen mit jedem mit der Europäischen Wirtschaftsgemeinschaft assoziierten Staat über die gegenseitige Anerkennung von Gesellschaften und juristischen Personen im Sinne der Artikel 1 und 2 des genannten Übereinkommens aufzunehmen.

Gemeinsame Erklärung Nr 3

Die Regierungen des Königreichs Belgien, der Bundesrepublik Deutschland, der Französischen Republik, der Italienischen Republik, des Großherzogtums Luxemburg und des Königreichs der Niederlande

in dem Wunsch, eine möglichst wirksame Anwendung dieses Übereinkommens zu gewährleisten, in dem Bestreben, zu verhindern, daß durch unterschiedliche Auslegung die Einheitlichkeit dieses Übereinkommens beeinträchtigt wird –

erklären sich bereit, die Mittel zur Erreichung dieser Ziele, insbesondere die Möglichkeit einer Zuweisung bestimmter Zuständigkeiten an den Gerichtshof der Europäischen Gemeinschaften zu prüfen und gegebenenfalls über den Abschluß eines entsprechenden Abkommens zu verhandeln."

Die Bundesrepublik Deutschland hat in Art 2 des **Zustimmungsgesetzes** (BGBl 1972 II 369) von den Einschränkungsmöglichkeiten Gebrauch gemacht, die Art 3 und 4 des Übereinkommens gewähren. Art 2 des Zustimmungsgesetzes lautet: 100

„(1) Das Übereinkommen ist auf diejenigen in Artikel 1 und 2 des Übereinkommens bezeichneten Gesellschaften und juristischen Personen nicht anzuwenden, deren tatsächlicher Sitz sich außerhalb des Geltungsbereichs des Übereinkommens befindet, wenn diese Gesellschaften und juristischen Personen nicht in wirklicher Verbindung mit der Wirtschaft im Geltungsbereich des Übereinkommens stehen.

(2) Diejenigen in den Artikeln 1 und 2 des Übereinkommens bezeichneten Gesellschaften und juristischen Personen, die zwar nach dem Recht eines anderen Vertragsstaates gegründet worden sind, ihren tatsächlichen Sitz aber im Geltungsbereich dieses Gesetzes haben, unterliegen den zwingenden Vorschriften des im Geltungsbereich dieses Gesetzes geltenden Rechts. Die nicht zwingenden Vorschriften dieses Rechts sind auf sie nur in einem der beiden nachstehenden Fälle anzuwenden:

1. wenn die Satzung nicht etwas anderes bestimmt; dies kann auch durch eine ausdrückliche allgemeine Bezugnahme auf das Recht geschehen, nach dem die Gesellschaft oder juristische Person gegründet worden ist;

2. wenn – beim Fehlen einer solchen abweichenden Satzungsbestimmung – die Gesellschaft oder juristische Person nicht nachweist, daß sie ihre Tätigkeit tatsächlich während eines angemessenen Zeitraumes in dem Vertragsstaat ausgeübt hat, nach dessen Recht sie gegründet worden ist."

Das **Protokoll betreffend die Auslegung des Übereinkommens** (BGBl 1972 II 858) lautet wie folgt: 101

„Artikel 1

Der Gerichtshof der Europäischen Gemeinschaften entscheidet im Wege der Vorabentscheidung über die Auslegung des am 29. Februar 1968 in Brüssel unterzeichneten Übereinkommens über die gegenseitige Anerkennung von Gesellschaften und juristischen Personen, der in dem am selben Tag und am selben Ort unterzeichneten Protokoll zu diesem Übereinkommen enthaltenen Gemeinsamen Erklärung Nr. 1 und über die Auslegung des vorliegenden Protokolls.

Artikel 2

(1) Wird eine Frage zur Auslegung des Übereinkommens oder einer anderen in Artikel 1 genannten Übereinkunft einem Gericht eines Vertragsstaates gestellt und hält dieses Gericht eine Entscheidung darüber zum Erlaß seines Urteils für erforderlich, so kann es diese Frage dem Gerichtshof zur Entscheidung vorlegen.

(2) Wird eine derartige Frage in einem schwebenden Verfahren bei einem einzelstaatlichen Gericht gestellt, dessen Entscheidungen selbst nicht mehr mit Rechtsmitteln des innerstaatlichen Rechts angefochten werden können, so ist dieses Gericht zur Anrufung des Gerichtshofes verpflichtet.

Artikel 3

(1) Soweit dieses Protokoll nichts anderes bestimmt, gelten die Vorschriften des Vertrags zur Gründung der Europäischen Wirtschaftsgemeinschaft und des dem Vertrag beigefügten Protokolls über die Satzung des Gerichtshofes, die anzuwenden sind, wenn der Gerichtshof im Wege der Vorabentscheidung zu entscheiden hat, auch für das Verfahren zur Auslegung des Übereinkommens und der anderen in Artikel 1 genannten Übereinkünfte.

(2) Die Verfahrensordnung des Gerichtshofes wird, soweit erforderlich, gemäß Artikel 188 des Vertrags zur Gründung der Europäischen Wirtschaftsgemeinschaft angepaßt und ergänzt.

Artikel 4

Dieses Protokoll gilt für das europäische Hoheitsgebiet der Vertragsstaaten, für die französischen überseeischen Departements und für die französischen überseeischen Gebiete.

Das Königreich der Niederlande kann bei der Unterzeichnung oder der Ratifizierung dieses Protokolls oder zu jedem späteren Zeitpunkt durch Notifikation an den Generalsekretär des Rates der Europäischen Gemeinschaften erklären, daß dieses Protokoll für Surinam und die Niederländischen Antillen gilt.

Artikel 5

Dieses Protokoll bedarf der Ratifizierung durch die Unterzeichnerstaaten. Die Ratifikationsurkunden werden beim Generalsekretär des Rates der Europäischen Gemeinschaften hinterlegt.

Artikel 6

Dieses Protokoll tritt am ersten Tage des dritten Monats in Kraft, der auf die Hinterlegung der Ratifikationsurkunde durch denjenigen Unterzeichnerstaat folgt, der diese Förmlichkeit als letzter vornimmt. Es tritt jedoch frühestens gleichzeitig mit dem Übereinkommen vom 29. Febraur 1968 über die gegenseitige Anerkennung von Gesellschaften und juristischen Personen in Kraft.

Artikel 7

Der Generalsekretär des Rates der Europäischen Gemeinschaften notifiziert den Unterzeichnerstaaten

a) die Hinterlegung jeder Ratifikationsurkunde;
b) den Tag, an dem dieses Protokoll in Kraft tritt;
c) die gemäß Artikel 4 Abs. 2 eingegangenen Erklärungen.

Artikel 8

Dieses Protokoll gilt auf unbegrenzte Zeit.

Artikel 9

Jeder Vertragsstaat kann eine Revision dieses Protokolls beantragen. In diesem Fall beruft der Präsident des Rates der Europäischen Gemeinschaften eine Revisionskonferenz ein.

Artikel 10

Dieses Protokoll ist in einer Urschrift in deutscher, französischer, italienischer und niederländischer Sprache abgefaßt, wobei jeder Wortlaut gleichermaßen verbindlich ist; es wird im Archiv des Sekretariats des Rates der Europäischen Gemeinschaften hinterlegt. Der Generalsekretär übermittelt der Regierung jedes Unterzeichnerstaates eine beglaubigte Abschrift."

3. Haager Abkommen 102

Dem EWG-Abkommen vorausgegangen war das Haager Abkommen „über die Anerkennung der Rechtspersönlichkeit von ausländischen Gesellschaften, Personenverbindungen und Stiftungen" v 31. 10. 1951 (Text abgedruckt in: Rev crit 1951, 724 ff; RabelsZ 17 [1952] 270 – Art 1–9; Inhaltswiedergabe bei WIEDEMANN, Gesellschaftsrecht 781; Schrifttum bei KEGEL, Internationales Privatrecht [4. Aufl 1977] 269). Das Abkommen ist bisher nicht in Kraft getreten. Damit ist auch nicht zu rechnen.

VIII. Rückverweisung, Weiterverweisung 103

Die Sitztheorie wird durch die Regeln über Rück- und Weiterverweisung ergänzt (ausführlich FERID, FS Hueck [1959] 343, 346); sie gewinnt dadurch an Flexibilität. Die – nicht unproblematische – Rückverweisung ist analog Art 27 EGBGB beachtlich. Sie kann eingreifen, wenn eine nach deutschem Recht gegründete Gesellschaft ihren Verwaltungssitz in einem ausländischen Staat hat (oben Rz 76). Folgt dieser ausländische Staat der Gründungstheorie, so liegt darin eine beachtliche Verweisung auf das deutsche Recht (allgM; vgl BEHRENS Rz 81 S 513; BGH IPRspr 1968/69 Nr 256 S 659).

Eine Weiterverweisung kommt in Frage, wenn eine Gesellschaft mit Verwaltungssitz 104
im ausländischen Staat A nach dem Recht des ausländischen Staates B gegründet ist. Es ist dann zu prüfen, ob der Staat A seinerseits der Sitztheorie folgt. Tut er das, so ist die Gesellschaft nach dem Recht des Staates A nicht wirksam gegründet – unabhängig davon, daß Staat B sie als wirksam ansieht. Gilt im Staat A aber die Gründungstheorie, so unterstellt er seinerseits die Gesellschaft dem Rechte von Staat B. Dieser Weiterverweisung des zunächst berufenen Rechts des Staates A auf das Recht des Staates B ist für uns beachtlich (vgl RGZ 117, 215, 217; OLG Stuttgart IPRspr 1974 Nr 7; RABEL 50; IPG 1970 Nr 1). Wir beurteilen die Wirksamkeit der Gründung im Ergebnis also ebenfalls nach dem Recht des Staates B. Das nimmt der Sitztheorie als allseitige Kollisionsnorm viel von ihrer Schärfe.

Aus der Kombination der Regeln über Rück- und Weiterverweisung ergibt sich der 105
Grundsatz: Immer wenn Gründungs- und Sitzstaat ihrerseits für die wirksame Gründung der Gesellschaft nicht auf den Verwaltungssitz im Inland abstellen, wird die nach dem Gründungsrecht wirksam errichtete Gesellschaft auch in Deutschland als rechtsfähig angesehen und nach dem Gründungsrecht beurteilt. Im übrigen sind die Regeln über den „Inlandsbezug" zu beachten (oben Rz 64).

IX. Besondere Vorschriften für Vereine und Stiftungen mit Verwaltungssitz im Ausland 106

Die grundsätzliche Anknüpfung an den Verwaltungssitz schließt Sonderregelungen nicht aus (zu ihnen gehört allerdings nicht § 5 Abs 2 AktG – oben Rz 72). Zu erwähnen sind die §§ 23, 80 S 2 BGB für Vereine und Stiftungen mit Verwaltungssitz im Ausland (s dazu im übrigen die Anmerkungen zu § 23 und § 80 S 2 BGB).

1. § 23 BGB 107

§ 23 lautet:

> „Einem Verein, der seinen Sitz nicht in einem Bundesstaate hat, kann in Ermangelung reichsgesetzlicher Vorschriften Rechtsfähigkeit durch Beschluß des Bundesrats verliehen werden".

An die Stelle des Bundesstaates sind die Bundesländer getreten. Gemäß Art 125, 129 Abs 1 S 1 GG ist jetzt der Bundesminister des Inneren zuständig; vgl den entsprechenden Fall des früheren Art 10 EGBGB – oben Rz 4 (s Dernedde DVBl 1951, 31; OVG Münster, OVGE Münster und Lüneburg 17, 75, 78 = IPRspr 1960/61 Nr 20).

108 **2. Fortgeltung**

Die Fortgeltung von § 23 BGB ist bestritten. Nach einer Meinung soll er entsprechend der historischen Entwicklung nur gegolten haben für Vereine in den damaligen deutschen Schutzgebieten und Konsulargerichtsbezirken; er sei daher heute gegenstandslos (Staudinger-Coing [12. Aufl 1980] § 23 Rz 1 – dort auch zur Geschichte der Vorschrift; H Lewald, Deutsches Internationales Privatrecht [1931] 47 f; Ferid, Internationales Privatrecht [1975] 123 Rz 5–59; Neumeyer, Internationales Verwaltungsrecht Bd 1 [1910] 129, 147). Diese historische Begründung hat Beitzke (Juristische Personen 106 f) überzeugend widerlegt. Die Gegenmeinung stützt sich ferner auf den fortbestehenden Gesetzeswortlaut. Sie nimmt daher richtig Fortgeltung an (Soergel-Siebert-Kegel Vorbem 179 zu Art 7 EGBGB; MünchKomm – Reuter § 23 Rz 1; Grasmann Rz 137 S 129 Fn 11; Rz 153 S 135; M Wolff, Internationales Privatrecht [1954] 115 Fn 6; Beitzke, Juristische Personen 106; vgl auch RG Gruchot 59, 154).

109 **3. Geltungsbereich**

Die Vorschrift hat allerdings heute nur geringe praktische Bedeutung (dazu Hornung, Der wirtschaftliche Verein nach § 22 BGB, Diss Göttingen 1972, 8; Meilicke, Wirtschaftlicher Verein – eine attraktive Unternehmensform? StuW 1963 Sp 79). Das liegt vor allem an ihrem beschränkten Wirkungsbereich. Sie gilt nicht für ausländische Vereine, die schon aufgrund des Rechtes ihres Verwaltungssitzes rechtsfähig sind (Soergel-Siebert-Kegel Vorbem 179 zu Art 7 EGBGB; MünchKomm-Reuter § 23 Rz 1; aA Staudinger-Raape [9. Aufl] Art 10 H I 4 S 160). Sie erfaßt daher nur solche Vereine, die nach dem Recht des Verwaltungssitzes nicht rechtsfähig sind (wo also auch keine Rückverweisung auf deutsches Recht erfolgt – oben Rz 103). Gelegentlich findet sich die Meinung, daß § 23 BGB auf andere Gesellschaftsformen entsprechend anzuwenden sei (Süss, FS Lewald [1953] 603, 605; Grasmann Rz 138 Fn 11 S 129). Diese Auffassung ist angesichts der traditionellen Zielsetzung des § 23 BGB jedoch zu weit. Gemeint sind wohl lediglich Idealvereine iSd § 21 BGB und wirtschaftliche Vereine iSd § 22 BGB (wie hier Staudinger-Coing [12. Aufl 1980] § 23 Rz 2).

110 § 23 BGB bezieht sich auf Vereine mit Verwaltungssitz im Ausland. „Sitz“ ist also (trotz § 24 BGB) nur der Ort, an dem sich die tatsächliche Verwaltung befindet. Ist der tatsächliche Verwaltungssitz im Inland, bleibt für § 23 BGB kein Raum (Kegel, Internationales Privatrecht [4. Aufl 1977] 265). Im Fall des § 23 BGB kann der Satzungssitz abweichend von der Regel (unten Rz 176) im Ausland sein (Beitzke, Kollisionsrecht 109). Zur Sitzverlegung von einem ausländischen Staat in einen anderen oder in das Inland s Beitzke, Juristische Personen 179.

111 **4. Wirkungen**

Die Verleihung der Rechtsfähigkeit wirkt ex nunc (Soergel-Siebert-Kegel Vorbem 179 zu Art 7 EGBGB; M Wolff, Internationales Privatrecht [1954] 117). In „weiser Selbstbeschränkung des inländischen Rechts“ (Grasmann Rz 721 S 385) wirkt die Verleihung aber nur für den deutschen Rechtsverkehr, also lediglich für

Rechtsgeschäfte, die im Inland vorgenommen sind, sich auf Inlandsgegenstände beziehen oder deutschem Recht als Wirkungsstatut unterliegen. Insoweit ist der Verein aber vollständig – auch hinsichtlich Partei- und Prozeßfähigkeit – nach deutschem Recht zu beurteilen (Soergel-Siebert-Kegel Vorbem 179 zu Art 7 EGBGB; Grasmann Rz 721 S 385; Rz 747 S 394; Beitzke, Juristische Personen 91, 124; aA Staudinger-Raape [9. Aufl] Art 10 B VI 1 S 132). Die hier vorgenommene Einschränkung ist richtig, weil nur soweit unser öffentliches Interesse trägt (Kegel, Internationales Privatrecht [4. Aufl 1977] 269; vgl oben Rz 64). Für Rechtsgeschäfte, die im Ausland vorgenommen werden oder ausländischem Recht unterliegen, ist also stets zu prüfen, ob der betreffende ausländische Staat die inländische Verleihung der Rechtsfähigkeit anerkennt (Grasmann Rz 721 S 385; Staudinger-Raape [9. Aufl] Art 10 B VI 2 S 132). Bei dieser Beschränkung dürften sich die Bedenken gegen eine Anwendung des § 23 BGB über den Bereich der Schutzgebiete und Konsulargerichtsbezirke hinaus (Neumeyer, Internationales Verwaltungsrecht Bd 1 [1910] 129) erledigen.

5. § 80 S 2 BGB 112

§ 80 S 2 lautet:

„Soll die Stiftung ihren Sitz nicht in einem Bundesstaate haben, so ist die Genehmigung des Bundesrats erforderlich"

(auch hier ist nach Art 125, 129 Abs 1 S 1 GG jetzt der Bundesminister des Inneren zuständig – vgl oben Rz 107, 4).

Für § 80 S 2 BGB gilt das für § 23 BGB Gesagte entsprechend (Soergel-Siebert-Kegel Vorbem 180 zur Art 7 EGBGB; zu Einzelheiten des § 80 BGB vgl Staudinger-Coing [12. Aufl 1980] § 80). Diese Bestimmung ist ebenfalls nicht gegenstandslos, sie unterliegt aber denselben Einschränkungen wie § 23 BGB. Die Verleihung der Rechtsfähigkeit wirkt ex nunc; sie ist auf Vorgänge mit Inlandsverknüpfung begrenzt. Entscheidend ist der Verwaltungssitz im Ausland.

X. Verhältnis zur DDR* 113

Das Verhältnis zur DDR wird durch die besonderen Beziehungen der beiden Staaten auf deutschem Boden („Innerdeutsche Rechtsbeziehungen") zueinander geprägt (vgl Grundlagenvertrag BGBl 1973 II 423; BVerfGE 36, 1; Bücking, Der Rechtsstatus des Deutschen Reiches [1979]; Drobnig, Der „Grundvertrag"; Ress, Die Rechtslage Deutschlands nach dem Grundlagenvertrag vom 21. Dezember 1972 [1978]; Zieger [Hrsg], Fünf Jahre Grundvertragsurteil des Bundesverfassungsgerichts [1979]; Lewald NJW 1980, 376). Ob die herkömmliche Bezeichnung „interlokales Privatrecht" diesen Beziehungen noch hinreichend gerecht wird, ist streitig. Kegel (Internationales Privatrecht [4. Aufl 1977] 15) und Raape-Sturm (Internationales Privatrecht Bd I [6. Aufl 1977] 381) gehen weiterhin von dem Bestehen eines interlokalen Privatrechts in Deutschland aus; nach Ferid (Internationales Privatrecht [1975] Rz 2–39 S 41) kann nicht mehr von einem interlokalen Privatrecht im klassischen, technischen Sinne gesprochen werden, es handele sich aber auch nicht um internationales Privatrecht; nach Heldrich (Innerdeutsches Kollisionsrecht 295; ders, Innerdeutsches Kollisionsrecht und Staatsangehörigkeits-

* **Schrifttum:** Drobnig, Der „Grundvertrag" und die innerdeutschen Zivilrechtsbeziehungen, RabelsZ 37 (1973) 485; Heldrich, Innerdeutsches Kollisionsrecht (Österr), ZfRV 19 (1978) 292; ders, Innerdeutsches Kollisionsrecht und Staatsangehörigkeitsfrage, NJW 1978, 2169.

frage 2170; PALANDT-HELDRICH [39. Aufl 1980] Vorbem 14 a vor Art 7 EGBGB) sind infolge der Neuordnungen der Beziehungen zwischen beiden deutschen Staaten durch den Grundlagenvertrag die Voraussetzungen eines besonderen interlokalen Privatrechts in Deutschland entfallen, anzuwenden seien vielmehr die Grundsätze des internationalen Privatrechts; ERMAN-ARNDT (Handkommentar Bd 2 [6. Aufl 1975] Vorbem 4 zu Art 7 EGBGB) behandeln die DDR internationalprivatrechtlich ebenfalls wie jeden anderen Staat; HELDRICHS und ARNDTS Ansichten entsprechen der Rechtspraxis in der DDR, die im Verhältnis zur Bundesrepublik Deutschland seit langem die internationalprivatrechtlichen Kollisionsnormen unmittelbar anwendet (Nachw bei WEHSER JZ 1977, 449, 450 Fn 25; RAAPE-STURM 392 Fn 49).

114 In der Entscheidung zum Grundlagenvertrag stellt das Bundesverfassungsgericht fest, die DDR gehöre zu Deutschland und könne im Verhältnis zur Bundesrepublik Deutschland nicht als Ausland angesehen werden (BVerfGE 36, 1, 17; ebenso BVerfGE 37, 57, 64; zuvor schon in BVerfGE 11, 150, 158; offengelassen für Gebiete östlich der Oder-Neiße-Grenze in der Entscheidung des BVerfG NJW 1980, 1445). Die Regeln des internationalen Privatrechts werden im Verhältnis zur DDR jedenfalls entsprechend angewendet (FERID, Internationales Privatrecht [1975] Rz 2–39 S 41; DROBNIG, Der „Grundvertrag" 491; gegen ihn NEUHAUS, Die Grundbegriffe des Internationalen Privatrechts [2. Aufl 1976] 314 m Fn 868, der sich für direkte Anwendung ausspricht). Die Problematik kann hier nicht vertieft werden; für unsere Zwecke genügt folgende Feststellung:

115 Auch im Verhältnis zur DDR gilt das Recht des Sitzes der Hauptverwaltung, also bei Unternehmen aus der DDR grundsätzlich das Recht der DDR. Die Sitztheorie findet im oben Rz 68 bezeichneten Umfang Anwendung.

116 In der DDR gilt § 8 des Rechtsanwendungsgesetzes v 5. 12. 1975 (GBl I 748). Danach richtet sich

> „die Rechtsfähigkeit von Betrieben einschließlich ihrer Anerkennung als juristische Person ... nach dem Recht des Staates, durch den ihre Rechtstellung bestimmt wird".

Dieser Wortlaut spricht für die Gründungstheorie (MASKOW-RUDOLPH RiW 1980, 19, 24). Die dadurch gewährte Freizügigkeit ist aber nur scheinbar, weil durch eine Fülle anderer Vorschriften dafür gesorgt ist, daß im Ausland gegründete Unternehmen ihre Hauptverwaltung nicht in der DDR haben können. Die Gründungstheorie findet überdies keine Anwendung auf sog internationale Wirtschaftsvereinigungen und gemeinsame Betriebe als Organisationsformen für die wirtschaftliche Zusammenarbeit der Mitgliedstaaten des Rates für gegenseitige Wirtschaftshilfe (RGW) – vgl unten Rz 121.

117 Die Sonderstellung der DDR kann allerdings bei Einzelfragen beachtlich sein – so bei der innerdeutschen Sitzverlegung (unten Rz 385), bei der Rest- oder Spaltgesellschaft (unten Rz 484 aE) sowie beim Grundrechtsschutz (unten Rz 589).

118 XI. Rechtsvergleichung*

Bei der Verwertung der internationalen Diskussion um Sitz- oder Gründungstheorie für das deutsche Recht ist deshalb Zurückhaltung geboten, weil die Interessenlage der einzelnen Staaten unterschiedlich ist. Hier ist namentlich das Verhalten der klassischen Oasenländer zu beachten (zB Schweiz, Liechtenstein, Niederlande,

---

* **Schrifttum:** BEHRENS, Die Gesellschaft mit beschränkter Haftung im internationalen und ausländischen Recht (1976) 546; EBENROTH, Die verdeckten Vermögenszuwendungen in transnationalen Unternehmen (1979) 344.

Panama). Die Staaten werden oft für die Gründungstheorie eintreten, weil sie um den Rechtsbestand der nach ihrem Recht gegründeten Holdinggesellschaften und deren Tochtergesellschaften fürchten, wenn das Gesellschaftsstatut an den tatsächlichen Verwaltungssitz angeknüpft wird. Sie wollen, daß die Rechtsfähigkeit dieser Gesellschaften über jeden Zweifel erhaben ist (vgl Art 154 des schweizerischen Entwurfes eines Bundesgesetzes über das internationale Privatrecht, RabelsZ 42 [1978] 716). Für die deutsche Diskussion läßt sich daraus nur wenig herleiten: Unsere Interessen sind andere.

Zudem läßt sich die Rechtslage in der Praxis nicht nur aus der Entscheidung **119** zwischen Sitz- und Gründungstheorie ermitteln. Will man ein wahrheitsgetreues Bild haben, sind zugleich die Vorschriften über die Zulassung ausländischer Gesellschaften zur Ausübung einer Tätigkeit im Inland und einschlägige fremdenrechtliche Bestimmungen zu beachten (unten Rz 559). Sie können eine stark beschränkende Wirkung entfalten und so die zunächst ins Auge fallende Liberalität der Gründungstheorie wieder aufheben. Unter diesem Vorbehalt steht die folgende rechtsvergleichende Übersicht:

Die Sitztheorie ist in Kontinentaleuropa herrschend. Ihr folgen **Frankreich** (vgl Art **120** 3 Nr 1 Loi N° 66–537 sur les sociétés commerciales v 24. 7. 1966, Dalloz 1966 II Légis. S 265 – mit deutscher Übersetzung abgedruckt bei Houin-Gravenstein, Französisches Gesellschaftsrecht [2. Aufl 1968] 21), **Belgien** (vgl Art 197 Code de commerce – mit deutscher Übersetzung abgedruckt bei Dabin, Das belgische Aktienrecht [1964] 43, 113; die einseitig formulierte Kollisionsnorm wird allgemein als allseitige Kollisionsregel verstanden), **Luxemburg** (vgl Art 159 Loi du 10 août 1915 concernant les sociétés commerciales – mit deutscher Übersetzung abgedruckt bei Arendt-Georges, Das luxemburgische Aktienrecht [1968] 35, 87, der inhaltsgleich mit der belgischen Vorschrift ist) und **Österreich** (vgl § 10 des Bundesgesetzes v 15. 06. 1978 über das internationale Privatrecht, BGBl 1978 Nr 304, abgedruckt auch in: RabelsZ 43 [1979] 375 ff; dazu Beitzke, ebd 245; ferner Mänhardt, Die Kodifikation des österreichischen Internationalen Privatrechts [1978] 79); ferner wohl die Rechtsprechung in der **Schweiz** (vgl Perrin, La reconnaisance des sociétés étrangères et ses effets [1969]; Keller-Schulze-Schaetzle, Die Rechtsprechung des Bundesgerichts im Internationalen Privatrecht Bd II [1977] 450; Weiss in: Berner Kommentar Bd VII 2. Abt 1. Lfg [1956] Rz 451 – dort aber auch Nachw zahlreicher Entscheidungen, die der Gründungstheorie zu folgen scheinen), anders dort allerdings die überwiegende Literatur (s die Nachw bei Weiss in: Berner Kommentar Bd VII 2. Abt 1. Lfg [1956] Rz 451) und Art 154 des schweizerischen Entwurfs eines Bundesgesetzes über das internationale Privatrecht, RabelsZ 42 (1978) 716 (zu diesem Entwurf allg Siehr RiW 1979, 729, mw Literaturnachw in Fn 8, 9). Zum internationalen Gesellschaftsrecht **Liechtensteins** s Guido Meier, Grundstatut und Sonderanknüpfung im IPR des liechtensteinischen Gesellschaftsrechts nach dem Gesetz über das Personen- und Gesellschaftsrecht (1979). In **Italien** gilt eine eigentümliche Verbindung von Sitz- und Gründungstheorie (Art 2505, 2509 Codice Civile v 16. 3. 1942 – mit deutscher Übersetzung abgedruckt bei Henrich-Cereghetti, Das italienische Aktienrecht [2. Aufl 1976] 134, 136), die zu einer weiten Geltung italienischen Rechts führt: Im Ausland gegründete Gesellschaften unterstehen italienischem Recht, wenn sie ihren Verwaltungssitz oder ihren geschäftlichen Schwerpunkt in Italien haben; in Italien gegründete Gesellschaften sind italienischem Recht auch dann unterworfen, wenn ihr geschäftlicher Schwerpunkt außerhalb Italiens liegt (dazu eingehend Vitta, Diritto Internazionale Privato Bd II [1973] 61 m umfangr Bibliographie S 128).

Die Gründungstheorie ist hingegen im **anglo-amerikanischen Rechtskreis,** dem sie **121** entstammt, seit jeher herrschend (vgl Grossfeld, FS H Westermann [1974] 199;

H Richter, Die Rechtsstellung ausländischer Kapitalgesellschaften in England [erscheint demnächst] und oben Rz 23). Sie gilt ferner in den **Niederlanden** (vgl Gotzen, Niederländisches Handels- und Wirtschaftsrecht [1979] 248 m Nachw; Diephuis-Timmermans, Erkenning van vremde vennootschappen en rechtspersonen [1980]); diese in der niederländischen Lehre heute einhellig vertretene Auffassung findet eine wichtige Stütze in dem Ausführungsgesetz zu dem von den Niederlanden am 23. 10. 1959 ratifizierten Haager Abkommen über die Anerkennung der Rechtspersönlichkeit ausländischer Gesellschaften, Personenvereinigungen und Stiftungen v 1. 6. 1956 (vgl Zustimmungsgesetz v 25. 7. 1959, Nederlands Staatsblad 255 und Ausführungsgesetz v 25. 7. 1959, Nederlands Staatsblad 256 nebst Inkraftsetzungsverordnung v 12. 9. 1959, Nederlands Staatsblad 347 – dazu Czapski RabelsZ 25 [1960] 289, 304), in **Dänemark** (fraglich; vgl. Behrens Rz 586 S 727) sowie in den **sozialistischen Staaten** (vgl Neuhaus RabelsZ 31 [1967] 543 – die Gründungstheorie gilt dort allerdings nicht für sog internationale Wirtschaftsvereinigungen und gemeinsame Betriebe als Organisationsformen für die wirtschaftliche Zusammenarbeit der Mitgliedsstaaten des Rates für gegenseitige Wirtschaftshilfe [RGW]. § 7 Abs 5 der Musterbedingungen für die Gründung und Tätigkeit internationaler Wirtschaftsorganisationen in den Mitgliedsländern des RGW entscheidet sich bei der Bestimmung des Gesellschaftsstatuts für die Sitztheorie; vgl P Lorenz, Multinationale Unternehmen sozialistischer Länder [1978] 88, wo auch der Text der Musterbedingungen abgedruckt ist [S 149]). Bei den sozialistischen Staaten ist aber zu beachten, daß deren Schutzinteressen durch die sehr weitgehenden Einschränkungen gegenüber der Geschäftstätigkeit ausländischer Gesellschaften wahrgenommen werden.

122 Zu Bemühungen um Rechtsvereinheitlichung siehe: The International Law Association, Draft Convention on Conflict of Law, Relating to Companies, Report of the Forty-Ninth Conference in Hamburg 1960, 93; Institut de Droit International, Die Aktiengesellschaften im Internationalen Privatrecht, RabelsZ 31 (1967) 549; IX. Internationaler Kongreß des lateinischen Notariats, DNotZ 1967, 727 (s ferner oben Rz 98).

XII. Problem der Anerkennung*

123 1. Begriff

Die Frage, ob eine nach ausländischem Recht wirksam errichtete Gesellschaft im Inland als Rechtssubjekt auftreten kann, ob sie bei uns Rechtsfähigkeit besitzt, ob sie geschäfts- und handlungsfähig, ob sie parteifähig ist, wird herkömmlicherweise als „Anerkennungsproblematik" bezeichnet: Es handele sich darum, ob die vom ausländischen Recht verliehene Rechtsfähigkeit etc im Inland „anerkannt" werde. Unter Anerkennung versteht man also, daß ein Staat „Kenntnis von der rechtlichen Existenz einer Gesellschaft [nimmt], die ihre Rechtspersönlichkeit aus einer fremden Rechtsordnung" herleitet (Wang, Die europäische Aktiengesellschaft in der EWG [1964] 117). Perrin (La reconnaisance des sociétés étrangères et ses effets [1969] 10) formuliert ausführlicher:

> „La reconnaissance d'une société étrangère est la prise en consideration, par l'ordre juridique reconnaissant, de l'existence d'une société qui deduit sa qualité de sujet de droit de l'ordre juridique étranger compétent pour la regir".

---

* **Schrifttum:** Behrens, Der Anerkennungsbegriff des Internationalen Gesellschaftsrechts, ZGR 5 (1978) 499; Drobnig, Skizzen zur Internationalprivatrechtlichen Anerkennung, FS von Caemmerer (1978) 687; Ebenroth-Sura, Das Problem der Anerkennung im internationalen Gesellschaftsrecht, RabelsZ 43 (1979) 315; Grossfeld, Zur Geschichte der Anerkennungsproblematik bei Aktiengesellschaften, RabelsZ 38 (1974) 344.

Historisch gesehen ist „Anerkennung" eine spezielle Bestätigung der im Ausland erworbenen Rechtsfähigkeit für das Inland durch besondere behördliche, gerichtliche oder staatsvertragliche Anordnung (GROSSFELD, Zur Geschichte 344). „Anerkennung" bezeichnete anfänglich einen kontrollierten Akt (WIEDEMANN, Internationales Gesellschaftsrecht 192), durch den ausländische Rechtsgebilde mit inländischen Organisationen im Hinblick auf die Rechtsfähigkeit gleichgestellt wurden (und zT in anderen Rechtsordnungen noch werden, vgl GROSSFELD, Die Anerkennung). Solchen Vorstellungen entsprach Art 10 EGBGB, der bei ausländischen rechtsfähigen Vereinen des Bürgerlichen Rechts eine „Anerkennung" durch besondere behördliche Entscheidung vorsah (oben Rz 4). Das war der Rest eines ursprünglich weitergehenden Konzeptes für alle ausländischen juristischen Personen (dazu GROSSFELD, Zur Geschichte 344). Da die Rechtsordnung die Rechtsfähigkeit nur unter besonderen Kautelen verlieh (vgl zB § 22 BGB), wollte man diese Entscheidung mit Wirkung für das Inland nicht einem ausländischen Staat überlassen. Die Zurückhaltung beruhte darauf, daß juristische Personen als „überindividuelle Wirkungseinheiten" (RITTNER, Die werdende juristische Person [1973] 229) mit tendenzieller „Unsterblichkeit" (dazu GROSSFELD, Aktiengesellschaft, Unternehmenskonzentration und Kleinaktionär [1968] 85; REUTER, Privatrechtliche Schranken der Perpetuierung von Unternehmen [1973] 25) hochpolitische Fragen der privaten Machtkonzentration hervorrufen (vgl GROSSFELD in: COING-WILHELM [Hrsg], Wissenschaft und Kodifikation des Privatrechts des 19. Jahrhunderts 4 [1979] 236, 240; OTT, Recht und Realität der Unternehmenskorporation [1977]). Diese Haltung wirkt im Internationalen Gesellschaftsrecht nach. Der Bundesgerichtshof (BGHZ 25, 134, 144) sagt daher, daß 124

> „die von einer bestimmten Staatshoheit erteilte Rechtsfähigkeit auch nicht beliebig in ein anderes Land übertragen werden [kann]".

Das beeinflußt die Bestimmung des Gesellschaftsstatuts nach der Sitztheorie.

2. Rechtslage 125

Die Rechtslage stellt sich heute wie folgt dar: Es besteht keine allgemeine völkerrechtliche Verpflichtung, die Rechtsfähigkeit von im Ausland errichteten Gesellschaften für das Inland anzuerkennen. Es gibt keinen nach Art 25 GG zu beachtenden allgemeinen Grundsatz des Völkerrechts dieses Inhalts (dazu ausführlich GROSSFELD, Berichte der Deutschen Gesellschaft f Völkerrecht 18 [1978] 73, 118; BEITZKE, Kollisionsrecht 100; allgemein BÜHLER, FS M Wolff [1952] 177, 186; MEESSEN, FS Mann [1977] 227).

Nach deutschem Recht bedarf es aber keines besonderen Anerkennungsaktes mehr (sog Prinzip der automatischen Anerkennung, Anerkennung ipso iure – unstr seit RGZ 83, 367; 92, 73, 76; vgl schon ROHG 22, 147). Das gilt gleichermaßen für Gebilde des privaten (auch Stiftungen – BEITZKE, Kollisionsrecht 100 m Nachw in Fn 12; OLG Hamburg IPRspr 1977 Nr 5) wie des öffentlichen Rechts (unstr – RGZ 110, 315, 317; KG JW 1922, 398; KG KGJ 42 A, 141; OLG Frankfurt NJW 1965, 1139 = IPRspr 1964/65 Nr 23; RFH IPRspr 1931 Nr 16; ausführlich zu den ausländischen juristischen Personen des öffentlichen Rechts einschließlich fremder Staaten, Katholischer Kirche und Apostolischem Stuhl STAUDINGER-RAAPE [9. Aufl] Art 10 EGBGB Anm C III S 139; BEITZKE, Juristische Personen 191). Deshalb kommt es insoweit auf die Abgrenzung zwischen privatem und öffentlichem Recht nicht an (BEITZKE, Kollisionsrecht 100). Zu Staatenvereinigungen und den Europäischen Gemeinschaften s STAUDINGER-COING (12. Aufl 1980) Einl zu §§ 21–89 Rz 62. 126

127 An die Stelle eines besonderen inländischen Anerkennungsaktes ist heute die kollisionsrechtliche Verweisung auf das Heimatrecht, dh auf das Gesellschaftsstatut getreten. Verleiht das nach der Sitztheorie (oben Rz 18) bestimmte Gesellschaftsstatut als Gründungsrecht dem Gebilde Rechtsfähigkeit, so wird das vom deutschen Recht hingenommen. Anerkennung bedeutet insoweit also nur noch, daß ausländisches Recht im Hinblick auf die Rechtsfähigkeit angewendet wird, „so daß die ausländischen Rechtsfolgen auch bei uns eintreten“ (Kegel, Internationales Privatrecht [4. Aufl 1977] 264).

128 Es handelt sich um eine Verweisung auf die vom Gesellschaftsstatut verliehene Rechtsfähigkeit. Aus der ehemals primär fremdenrechtlichen ist so eine kollisionsrechtliche Frage geworden (kollisionsrechtliche Anerkennung). Bei der Rechtsfähigkeit ausländischer Gesellschaften geht es daher heute um einen bestimmten Ausschnitt aus dem allgemeinen Gesellschaftsstatut. Soweit man die Rechtsfähigkeit selbständig anknüpft (wie es die Differenzierungslehre – oben Rz 27 – und die Überlagerungstheorie – oben Rz 28 – wollen), kann man allerdings von einem besonderen Rechtsfähigkeitsstatut sprechen (Grossfeld, Praxis 26 Fn 1).

129 Keine Rolle spielt, ob der ausländische Staat oder seine Regierung von uns völkerrechtlich anerkannt sind. Hat das von einem nichtanerkannten Staat oder seiner Regierung gesetzte Recht faktische Geltung erlangt, so wird dieses Recht bei entsprechender Verweisung darauf vom deutschen Richter angewendet (BGH NJW 1965, 1664 = IPRspr 1964/65 Nr 6; NJW 1967, 36 = IPRspr 1966/67 Nr 14; OLG Schleswig IPRspr 1956/57 Nr 202; Neuhaus, Die Grundbegriffe des Internationalen Privatrechts [2. Aufl 1976] 339; aA Mann, Freundesgabe Hengeler [1972] 191, 207; kritisch auch Stoll, Berichte der Deutschen Gesellschaft f Völkerrecht 4 [1961] 131, 133; allgemein Lipstein, Transactions of the Grotius Society 35 [1950] 157; rechtsvergleichend Grossfeld, Praxis 67; vgl aber auch OLG Hamburg IPRspr 1935–44 Nr 39; s ferner unten Rz 182).

130 **3. Einzelfragen**

Im einzelnen ist folgendes zu beachten: Existenz und Umfang der Rechtsfähigkeit richten sich grundsätzlich nach dem ausländischen Gesellschaftsstatut (von diesem Grundsatz gibt es aber Ausnahmen, vgl unten Rz 192). Die ausländische Organisation erhält also nicht weniger, aber auch nicht mehr Rechte als ihr das Gesellschaftsstatut verleiht; die kollisionsrechtliche Anerkennung gibt nicht mehr als das Gesellschaftsstatut. Die Rechtsfähigkeit des ausländischen Gebildes wird selbst dann ohne weiteres bejaht, wenn für entsprechende Gebilde des Inlandes eine Genehmigung erforderlich wäre. Auch hier genügt die Verleihung der Rechtsfähigkeit durch das ausländische Recht, der Mitwirkung einer inländischen Behörde bedarf es nicht. Eine im Ausland wirksam errichtete Stiftung zB muß also im Inland nicht nach § 80 S 2 BGB genehmigt werden (BGH IPRspr 1964/65 Nr 189 S 567; OLG Stuttgart NJW 1965, 1139; BayObLG IPRspr 1964/65 Nr 26; OLG Hamburg IPRspr 1974 Nr 5; IPG 1970 Nr 2). Es kommt eben nicht darauf an, ob die Voraussetzungen für die Erlangung der Rechtsfähigkeit nach deutschem Recht erfüllt sind (BPatG IPRspr 1966/67 Nr 184). § 84 BGB findet jedoch auch bei ausländischen Stiftungen Anwendung, wenn deutsches Recht Erbstatut ist (BayObLG NJW 1965, 1438 = IPRspr 1964/65 Nr 25). Fällt die Rechtsfähigkeit nach dem Gesellschaftsstatut weg, so wird die Anerkennung gegenstandslos (Beitzke, FS Janssen [1958] 30 und unten Rz 21; Ausnahmen bei Enteignungsmaßnahmen, unten Rz 434).

131 Ausnahmsweise kann der ordre public (Art 30 EGBGB) der Anerkennung eines ausländischen Rechtsgebildes entgegenstehen, wenn dessen Struktur gegen zwin-

gende und auch international unverzichtbare Grundsätze des deutschen Rechts verstößt (OLG Stuttgart NJW 1965, 1139 = IPRspr 1964/65 Nr 23). Die bloße Tatsache, daß das ausländische Gebilde keinem Gebilde des deutschen Rechts entspricht, ist jedoch für sich kein Grund zur Versagung der Anerkennung (unten Rz 150). Es bedarf vielmehr einer sorgfältigen Analyse des Einzelfalles. Die Absicht der Steuerhinterziehung führt nur dann zur Nichtanerkennung, wenn die Steuerhinterziehung Hauptzweck ist (BGH WM 1979, 682). Eine Nichtanerkennung kann zB in Betracht kommen, wenn keine Trennung der Vermögenssphäre besteht und die Erhaltung des Gesellschaftskapitals nach unseren Vorstellungen nicht hinreichend gesichert ist (unten Rz 155).

Das ist zB fraglich bei der „Anstalt" des liechtensteinischen Rechts. Das OLG 132
Frankfurt (NJW 1964, 2355 = IPRspr 1964/65 Nr 22) sagt dazu:

> „Die Anstalt des liechtensteinischen Rechts ist somit eine Rechtsform, für die sich weder im deutschen Recht noch in den meisten anderen Rechtsordnungen etwas Vergleichbares findet. Ihr Wesen besteht praktisch darin, daß eine Einzelperson ihre Haftung auf einen bestimmten Teil ihres Vermögens beschränkt."

Das AG Hamburg hat daher einer solchen Anstalt die Anerkennung versagt (AWD 1965, 177). Der Bundesgerichtshof hat dagegen keine Bedenken gegen die Rechts- und Parteifähigkeit eines liechtensteinischen Treuunternehmens (NJW 1977, 1637 = IPRspr 1977 Nr 128; WM 1979, 692) oder einer liechtensteinischen Anstalt (BGH WM 1980, 714 m Anm Ebke-Neumann, JZ 1980 [erscheint demnächst]); das OLG Stuttgart hat die Anwendung des Art 30 EGBGB bei einem liechtensteinischen Treuunternehmen ebenfalls abgelehnt (NJW 1965, 1139 = IPRspr 1964/65 Nr 23 – dort auch zum Gesichtspunkt der Steuerflucht; ebenso LAG Baden-Württemberg IPRspr 1966/67 Nr 18; zum Ganzen Schönle NJW 1965, 1112). Bei ausländischen Stiftungen kann die Anerkennung zu versagen sein, wenn eine fortlaufende Einflußnahme der Gründer auf die Verwirklichung des Stiftungswillens besteht (IPG 1970 Nr 2 – dort auch zur Frage des Vorbehalts eines Widerrufs mit Wirkung ex nunc; vgl ferner unten Rz 152). Zur kollisionsrechtlichen Behandlung liechtensteinischer Anstalten und Treuunternehmen in Italien s Corte die Cassazione, RabelsZ 44 (1980) 105 m Anm Picone, S 107 (Das Recht der Treuunternehmen ist unlängst geändert worden durch das Gesetz v 15. 4. 1980 betreffend die Abänderung des Personen- und Gesellschaftsrechtes und des Gesetzes über das Treuunternehmen, Liechtensteinisches Landesgesetzblatt 1980, Nr 39 v 14. 6. 1980).

Die Rechtsfähigkeit ausländischer Staatsunternehmen – namentlich der sozialisti- 133
schen Länder – scheitert ebenfalls nicht am ordre public (BGH NJW 1965, 1664 = IPRspr 1964/65 Nr 6 m Nachw; OLG Frankfurt IzRspr 1962/63 Nr 38; IPG 1973 Nr 15; vgl BGHZ 34, 91, 97). Die Rechtsfähigkeit ist nicht allein deshalb zu versagen, weil dem Unternehmen Vermögen eines enteigneten Privatbetriebes übertragen wurde (BGH NJW 1965, 1664 = IPRspr 1964/65 Nr 6; IPRspr 1960/61 Nr 78).

Die Rechtsprechung hatte bisher keine Gelegenheit zu entscheiden, ob der ordre 134
public (Art 30 EGBGB) ausnahmsweise dazu führen kann, einem nach dem Gesellschaftsstatut nichtrechtsfähigen oder nichtparteifähigen Gebilde im Inland doch Rechts- bzw Parteifähigkeit zu verschaffen (vgl aber LG Berlin IPRspr 1964/65 Nr 32 S 123, das die aktive Parteifähigkeit einer ausländischen Gewerkschaft nach deutschem Recht zu beurteilen erwägt; ferner BGH NJW 1965, 1664 = IPRspr 1964/65 Nr 6 S 16 und unten zur Rest- und Spaltgesellschaft Rz 434). Das wird man in besonders krassen Fällen annehmen können (vgl zur analogen Frage der Nichtrechtsfähigkeit natürlicher Personen und ordre public Kegel, Internationales Privatrecht [4. Aufl 1977] 247).

135 **4. Eigenständige Bedeutung des Anerkennungsbegriffs**

a) Stand der Meinungen

Die geschilderte Rechtslage wird häufig mit dem Stichwort „automatische Anerkennung" („ipso-iure-Anerkennung") umschrieben (kritisch dazu: Behrens ZGR 7 [1978] 509). Den Begriff „Anerkennung" behält man bei, weil das Problem der Rechtsfähigkeit international (oben Rz 125; unten Rz 160), rechtsvergleichend (vgl Loussouarn-Bredin Nr 285 S 312) und auch in anderen Rechtsgebieten des deutschen Rechts (unten Rz 138) unter diesem Stichwort diskutiert wird; zugleich soll damit hervorgehoben werden, daß die Stellung der juristischen Person im internationalen Rechtsverkehr einen Sondercharakter hat (oben Rz 48).

136 Demgegenüber findet sich heute häufiger die Meinung, die Lehre von der Anerkennung sei eine „tote Institution". Es gehe lediglich um die Frage nach dem Gesellschaftsstatut, nicht aber um ein Sonderproblem; zumindest sei die Lehre überflüssig (Drobnig ZHR 129 [1967] 93, 104, 112; ders, FS von Caemmerer [1978] 687; Behrens ZGR 7 [1978] 499; Ebenroth, Die verdeckten Vermögenszuwendungen 336; Ebenroth-Sura 315, 317; Philips, Studier i du internationale selskabrets teori [1961] 64, 252). Andere Autoren wollen am Begriff „Anerkennung" festhalten, „wenn man sich nur über den Sprachgebrauch einig ist" (Beitzke, FS Mann [1977] 99).

137 In der Tat trifft dieser Sprachgebrauch noch heute die Sache, zwar nicht vollständig, aber doch zu einem wesentlichen Teil. Die Terminologie würde an sich keine ausführliche Auseinandersetzung rechtfertigen. Aber dahinter verbirgt sich ein Streit über Grundannahmen des Internationalen Gesellschaftsrechts. Es geht darum, die internationale Tragweite der Rechtsfähigkeit als ein besonderes Problem hervorzuheben oder sie als etwas Selbstverständliches, Unproblematisches herunterzuspielen. Das wiederum mündet in die Auseinandersetzung um Sitz- oder Gründungstheorie und um manche Detailfragen.

138 **b) Sondercharakter der Rechtsfähigkeit**

Die Aussage, „Anerkennung" sei eine „tote Institution", klingt zunächst plausibel, denn praktisch geht es zumeist nur um die Anwendung des maßgebenden Gesellschaftsstatuts. Es stimmt aber nachdenklich, daß der Begriff „Anerkennung der Rechtsfähigkeit" in so vielen anderen Rechtsgebieten genutzt wird und seine Bejahung dort jeweils von einer sorgfältigen Prüfung des Einzelfalles abhängt. Hingewiesen sei nur auf das Völkerrecht (Grossfeld, Berichte der Deutschen Gesellschaft f Völkerrecht 18 [1978] 118), das Steuerrecht (Grossfeld, Basisgesellschaften im Internationalen Steuerrecht [1974] 44) und die Sonderprobleme Internationaler Gesellschaften (unten Rz 550). Die Rechtsvergleichung zeigt uns ferner, daß ein besonderer Anerkennungsakt in einigen – zB romanischen – Ländern nach wie vor verlangt wird (Drobnig, FS von Caemmerer [1978] 691 Fn 16; Behrens ZGR 7 [1978] 507 Fn 15). Daraus entspringt eine Fülle von Staatsverträgen zur Sicherung der Anerkennung (Beitzke, FS Luther [1977] 1 – unten Rz 160), jüngst noch das EWG-Übereinkommen über die gegenseitige Anerkennung von Gesellschaften und juristischen Personen (oben Rz 98). Das zeigt: Die bloße Verweisung auf das Gesellschaftsstatut ist nicht so selbstverständlich wie es scheinen möchte. Die derzeitige deutsche Rechtspraxis im Internationalen Gesellschaftsrecht ist bisher nicht Ausdruck einer allgemeinen Wertung – weder international noch innerhalb unserer eigenen Rechtsordnung.

139 Weiter fällt auf, daß das Anerkennungskonzept zumeist von Autoren bekämpft wird, die der Gründungstheorie als der angeblich „modernen" (?) Theorie folgen (so

Drobnig ZHR 129 [1967] 93; ders, Die AG 1973, 90, 125; Behrens Rz 87 S 516; Vischer, FS Mann [1977] 639, 652; anders aber Ebenroth-Sura 315, die die Sitztheorie vertreten). Es liegt daher die Vermutung nahe, daß es jedenfalls diesen Autoren darum geht, der Internationalisierung der Rechtsfähigkeit den Charakter des Besonderen zu nehmen und damit den Weg für die Gründungstheorie zu bahnen. Das bestätigt sich in den Ausführungen Drobnigs. Er sagt (FS von Caemmerer [1978] 692), die Anerkennungslehre befinde sich auf dem Rückzug aufgrund

> „der praktischen Einsicht, daß die Versagung der zivilen Rechtsfähigkeit nicht das angemessene Mittel ist, das Geschäftsgebaren ausländischer Gesellschaften zu kontrollieren, da für diesen Zweck das öffentliche Gewerbe- und Wirtschaftsrecht wesentlich wirksamere [?] Instrumente bereithält".

Dies wiederum entspricht der Auffassung der Gründungstheorie, die deshalb daran 140
interessiert sein muß, das Anerkennungskonzept zu Fall zu bringen. Die Angriffe gegen den Anerkennungsbegriff sind daher oft weniger Analyse; vielmehr haben sie einen bestimmten Zweck: Sie sollen den Sondercharakter des Rechtsfähigkeitsproblems herunterspielen. An diesen Sondercharakter ist aber schon wegen der typischerweise bei juristischen Personen anzutreffenden „Unsterblichkeit" (dazu Grossfeld, FS Kummer [1980] 3) und der auch damit verbundenen Vermögensakkumulation und Machtkonzentration (dazu Grossfeld, Aktiengesellschaft, Unternehmenskonzentration und Kleinaktionär [1968] 85) nicht zu rütteln.

Diese besonderen sozialen Aspekte bewirken noch heute, daß „die von einer 141
bestimmten Staatshoheit erteilte Rechtsfähigkeit nicht beliebig in ein anderes Land übertragen werden kann" (BGHZ 35, 134, 144). Die Vertreter der Gründungstheorie bestätigen zudem selbst den Sondercharakter der Rechtsfähigkeit (obgleich sie die Anerkennung als „tote Institution" – oben Rz 136 – bezeichnen). Ihr Hauptziel ist es nämlich, gerade die Versagung der Rechtsfähigkeit zu verhindern; in anderen Punkten sind sie zu Konzessionen eher bereit (besonders deutlich Vischer, Berichte der Deutschen Gesellschaft f Völkerrecht 18 [1978] 433: „daß diese Grundelemente der Rechtspersönlichkeit nicht durch die Vorschriften des Sitzstaates in Frage gestellt werden"; vgl auch Art 154 des Schweizerischen Entwurfs eines Bundesgesetzes über das Internationale Privatrecht, RabelsZ 42 [1978] 716; Behrens Rz 79 S 512, Rz 87 S 516). Dadurch stellen sie selbst die Rechtsfähigkeit als besonders schutzwürdig und damit als Zentralproblem heraus. Sie wollen jedoch verhindern, daß die Rechtsordnung an diesem zentralen Punkt regelnd ansetzt. Der Zugriff der Rechtsordnung wird so auf Rand- und Folgeprobleme abgedrängt.

c) Rechtsfähigkeitsstatut 142

Die Gründungstheorie wird heute zunehmend in Varianten vertreten (Differenzierungslehre, Überlagerungstheorie – oben Rz 27, 28). Diese Varianten knüpfen der Sache nach ausnahmslos die Rechtsfähigkeit gesondert an; sie gelangen so zu einem eigenen Rechtsfähigkeitsstatut. Sie bleiben dementsprechend beim Anerkennungskonzept (Grasmann Rz 63 S 94; Sandrock, Die multinationalen Korporationen 179 Fn 13 aE; vgl auch H Lewald, Das deutsche Internationale Privatrecht [1931] 50 Nr 59). Dieser Linie folgt das EWG-Übereinkommen über die gegenseitige Anerkennung von Gesellschaften und juristischen Personen (oben Rz 98). Es läßt zu, daß Rechtsfähigkeitsstatut und sonstiges Gesellschaftsstatut auseinanderfallen; der deutsche Gesetzgeber hat von dieser Differenzierungsmöglichkeit denn auch Gebrauch gemacht (Art 2 Abs 2 Zustimmungsgesetz v 18. 5. 1972 [BGBl II 369] – oben Rz 100). Damit ist die Anerkennungsfrage wieder als Sonderproblem herausgestellt (Behrens Rz 96 S 521; kritisch dazu Ebenroth-Sura 315, 317, die sich der Sache nach gegen die Aufspaltung des einheitlichen Gesellschaftsstatuts wenden).

143 Die vorstehenden Ausführungen zeigen zugleich, daß der von DROBNIG (FS von Caemmerer [1978] 692) angenommene Gleichlauf zwischen Rechtsfähigkeitsstatut und übrigem Gesellschaftsstatut zwar wünschenswert (oben Rz 56), aber nicht zwingend ist. Die kollisionsrechtliche Anerkennungsnorm ist in der Praxis nicht notwendig identisch mit der Kollisionsnorm für die Bestimmung des Gesellschaftsstatuts im übrigen. Selbst wenn man – wie hier vertreten – einen Gleichlauf annimmt, ergeben sich noch Unterschiede in der Gewichtung: Bei der Frage der Rechtspersönlichkeit ist keine der beiden miteinander konkurrierenden Theorien zu einer Konzession bereit. Schon das zeigt den im allgemeinen zwar verdeckten, im Einzelfall aber stets wieder auftretenden Sondercharakter der Rechtsfähigkeit.

144 **d) Praktische Folgerungen**

Zuzugeben ist, daß bei Annahme eines einheitlichen Gesellschaftsstatuts (das aber gerade nicht unbestritten ist – oben Rz 52) nur ein schmaler Bereich für eine vom allgemeinen Gesellschaftsstatut unterschiedene Anerkennungsproblematik bleibt. Dieser Bereich wird durch das sog „Typenproblem" (unten Rz 150) gekennzeichnet. Zur Zeit spielt das Typenproblem (anders als zB im Steuerrecht – dazu: GROSSFELD, Basisgesellschaften im Internationalen Steuerrecht [1974] 50) für das Internationale Gesellschaftsrecht kaum eine Rolle. Das kann sich aber ändern, wenn sich die materiellen Anforderungen des deutschen Rechts an den Erwerb der Rechtsfähigkeit – zB bei einer „großen" Reform des Rechts der Gesellschaft mit beschränkter Haftung – verschärfen sollten. Jedenfalls läßt sich das Typenproblem nicht einfach dadurch aus der Anerkennungsfrage herausnehmen, daß man es mit dem Etikett „Qualifikation" (BEHRENS ZGR 7 [1978] 514) versieht. Zudem wird sich immer wieder die Notwendigkeit ergeben, die derzeitige liberale Praxis international durch Verträge abzusichern (unten Rz 160).

145 **e) Sitz- und Gründungstheorie als Anerkennungstheorien**

Für die Beibehaltung des Begriffs „Anerkennung" spricht entscheidend, daß die Sitz- und die Gründungstheorie in einem wesentlichen Teil noch heute Anerkennungstheorien sind. Das wurde für die Gründungstheorie oben Rz 143 gezeigt. Besonders augenfällig ist es aber an der Sitztheorie: Sie stellt die Rechtsfähigkeit deutlich als Sonderproblem heraus. Zuerkennung und Versagung der Rechtsfähigkeit sind bei ihr wichtigster Regelungsfaktor, die Versagung der Rechtsfähigkeit ihre schärfste Sanktion (BEHRENS Rz 79 S 512). Dem verdankt die Sitztheorie zu einem guten Teil ihre repressive Funktion und ihre in der Vergangenheit bewährte Wirksamkeit (oben Rz 48). Das wird solange so bleiben, wie Rechtsfähigkeit und Nichtrechtsfähigkeit entscheidende Merkmale rechtlicher Organisationen sind. Fallen die dadurch gegebenen Unterschiede in sich zusammen, verliert die Sitztheorie den Charakter der Anerkennungstheorie – aber erst dann.

146 Die „Anerkennungsfunktion" der Sitztheorie zeigt sich an ihrer Entstehung. Die Theorie ist historisch an der Frage der Rechtsfähigkeit entwickelt worden (GROSSFELD, Die Entwicklung). Die Lehre vom Vorrang des Sitzrechtes hat denn auch ihren hauptsächlichen Standort im Rahmen der automatischen Anerkennung (GROSSFELD, Die Entwicklung 220). Dem ausländischen Recht räumte man in Abkehr von der ursprünglich restriktiven Anerkennungspraxis eine eigene Kompetenz ein: Die Anerkennung geschah jetzt „im Vertrauen auf eine der Kontrolle eigener Gesellschaften gleichwertige Überwachung im Heimatstaat" (BEEMELMANS, Die gespaltene Gesellschaft [1963] 98). Dieses Vertrauen wurde aber nicht blanko erteilt, sondern

nur unter einer Kautele, nämlich dem Vorbehalt des Sitzerfordernisses. Wo dagegen – wie im früheren Art 10 EGBGB (oben Rz 4) – keine automatische Anerkennung erfolgte, verzichtete man auch auf das Sitzerfordernis; tendenziell ähnliches zeigt sich heute noch in §§ 23, 80 S 2 BGB (oben Rz 106).

Dieses Zusammenhangs zwischen liberaler Anerkennungsnorm und Sitztheorie war 147
sich das Reichsgericht als Wegbereiter der heutigen Lehre bewußt (RGZ 92, 73, 76):

> „Nun ist zuzugeben, . . ., daß Rechtsgebilde des Auslandes, die dort rechtsfähig, regelmäßig auch im Inland ohne weiteres als rechtsfähig anzuerkennen sind. Dies entspricht einem allgemeinen anerkannten Grundsatz des internationalen Privatrechts, aber dieser Grundsatz erleidet eine sich von selbst verstehende Einschränkung da, wo der Verleihungsstaat nicht zugleich der Sitzstaat (Heimatstaat) ist."

Die Anerkennung erfolge daher

> „immer nur unter der Voraussetzung, daß diese [die Gesellschaften] in dem Staat, aus dessen Recht sie ihre Rechtsfähigkeit herleiten, ihren Sitz haben".

Hier wird deutlich, daß das Sitzerfordernis in Zusammenhang mit der allgemeinen 148
Anerkennungsproblematik zu sehen ist, daß es diese in abstrakt-generalisierender Form weiterführt, daß es als Gegengewicht und Absicherung einer automatischen Anerkennung empfunden wurde und wird. Man erkennt zugleich, wie die Anerkennungslehre in abgemilderter Form in die Kollisionsnorm hineinwanderte: Das Gesellschaftsstatut wird in besonderer Weise bestimmt, weil so zugleich eine generalisierende Anerkennung möglich wird und von einer besonderen Anerkennung abgesehen werden kann. Im Sitzvorbehalt bleibt so ein großer Teil der alten Anerkennungslehre lebendig. Diese Vermischung von Anerkennungslehre und Bestimmung des Gesellschaftsstatuts erklärt auch, warum sich Anerkennung der Rechtsfähigkeit und Bestimmung des Gesellschaftsstatuts im übrigen nicht sinnvoll voneinander trennen lassen. Das ist zugleich eine Folge der Tatsache, daß die einzelnen Regelungen des Gesellschaftsrechts in einer engen Verbindung zueinander stehen, daß die Rechtsfähigkeit nicht losgelöst von den sonstigen rechtlichen Verhältnissen gesehen werden kann und sich einzelne Elemente nicht wertungsmäßig isoliert betrachten lassen (oben Rz 56).

f) Ergebnis 149

Wir sehen: Sitz- und Gründungstheorie kreisen nach wie vor sehr weitgehend um die Frage der Rechtsfähigkeit – also gerade um den Gegenstand der historischen Anerkennungsproblematik. Beide Theorien sind daher – zumindest zugleich, vielleicht sogar schwerpunktmäßig – Anerkennungstheorien im Internationalen Privatrecht. Beim Streit der Vertreter dieser beiden Theorien geht es in erster Linie um den internationalen Bestand der Rechtsfähigkeit. Das zeigt, wie lebendig die Anerkennungsproblematik trotz gelegentlichen „Totbetens" geblieben ist. Die unverändert zentrale Rolle der Rechtspersönlichkeit rechtfertigt es, die Begriffe „Anerkennung" und „Anerkennungstheorie" weiter zu verwenden. Sie erfassen zwar nicht das Ganze, sind aber jedenfalls nicht falsch (im Ergebnis ebenso Perrin, La reconnaisance des societés étrangères et ses effets [1969] 8). Sie entsprechen zudem der international üblichen Terminologie und kehren den Zusammenhang mit ähnlichen Fragen in anderen Rechtsgebieten heraus.

150 XIII. Typenproblem

1. Stand der Meinungen

Die Rechtsfähigkeit genießen im Inland ebenfalls solche juristischen Personen des Auslands, die in ihrer Struktur keinen vergleichbaren Typen des deutschen Rechts entsprechen. Auf eine Vergleichbarkeit mit einer juristischen Person des deutschen Rechts kommt es also nicht an (hM; statt aller: Beitzke ZHR 127 [1965] 1, 6 m Nachw; Grasmann Rz 821 S 424). Wir sprechen vom sog Typenproblem. Ältere Autoren (zB von Savigny, System des heutigen römischen Rechts Bd 8 [1849] 33; Kann, FS Heinitz [1926] 331; Melchior, Die Grundlagen des deutschen internationalen Privatrechts [1932] 138; Fischer, Ehrenberg Hdb Bd 3 1. Abt S 38) und ältere Entscheidungen (OLG Hamburg HansGZ 1895, HBl Nr 107 S 281; OLG Hamburg ZIR 14 [1904] 64; OLG Dresden ZHR 37 [1890] 549) verlangten eine gewisse Vergleichbarkeit.

151 Die Frage der „Anerkennbarkeit" wird also derzeit (s aber oben Rz 138 und unten Rz 154) im allgemeinen nicht gestellt (Behrens ZGR 7 [1978] 512). Das ist wichtig für Personenhandelsgesellschaften des romanischen Rechtskreises, die als juristische Person konstruiert sind. Sie werden auch in Deutschland als solche behandelt (RFH IPRspr 1935-44 Nr 34-36; aA noch OLG Hamburg HansGZ 1895, HBl Nr 107 S 281; Melchior, Die Grundlagen des deutschen Internationalen Privatrechts [1932] 139; Nussbaum, Deutsches Internationales Privatrecht [1932] 190). Gleiches gilt für den business trust (Unternehmenstrust) des anglo-amerikanischen Rechts. Auf ihn finden die allgemeinen gesellschaftsrechtlichen Kollisionsregeln Anwendung; falls er nach seinem Gesellschaftsstatut rechtsfähig ist, stellt die Anerkennung bei uns kein Problem dar. Entsprechendes gilt für den charitable trust, der der Stiftung nahesteht (Graue, FS Ferid [1978] 151; allgemein zum trust: Serick, FS Nipperdey Bd 2 [1965] 653; Schnitzer, Gedächtnisschrift L Marxer [1963] 53; ders SchwJZ 1965, 197; Coing ÖsterrZRvgl 15 [1974] 81; Kötz, Trust und Treuhand [1963]; Staudinger-Stoll [10./11. Aufl] nach Art 12 EGBGB Rz 151).

152 2. Sonderfragen

Das Typenproblem wird aber immer wieder angesprochen im Hinblick auf exotische Rechtsgebilde eines Oasenlandes, zB bei den vielfältigen, schwer abgrenzbaren und zT recht undurchsichtigen Gesellschaftsformen des liechtensteinischen Rechts (dazu oben Rz 132; s ferner Michael Schneider, Anstalt und Treuunternehmen des liechtensteinischen Rechts als Unternehmensformen für Sitz- und Holdinggesellschaften, Diss Göttingen 1969; Serick RabelsZ 23 [1958] 624; Steiner SchwJZ 1956, 8; Meier-Boeschenstein SchwJZ 1975, 357; Cassoni, Rev. dir. int. priv. proc. 1976, 210; IPG 1970 Nr 2; vgl oben Rz 132). Auf die abstrakte Vergleichbarkeit ist aber auch hier nicht entscheidend abzustellen (vgl BGH WM 1979, 692; BGH WM 1980, 714 u oben Rz 131 f).

153 Ebenso ist es bei den Staatshandelsunternehmen und volkseigenen Betrieben sozialistischer Staaten. Auf die Vergleichbarkeit kommt es ebenfalls nicht an (BGH RiW 1965, 297 m Nachw; aA, aber im Ergebnis Vergleichbarkeit bejahend OLG Frankfurt IzRspr 1962/63 Nr 38 S 95; Kann, FS Heinitz [1926] 331).

154 3. Stellungnahme

Die Liberalität des deutschen Internationalen Gesellschaftsrechts gegenüber ausländischen Rechtsgebilden ist das Spiegelbild des internen Gesellschaftsrechts und der dort nachlassenden Kraft des Typus (GROSSFELD, Zivilrecht als Gestaltungsaufgabe [1977] 45). Namentlich im Recht der Gesellschaft mit beschränkter Haftung hängt die Verleihung des Merkmals „eigene Rechtspersönlichkeit" nur von wenigen zwingenden Strukturmerkmalen ab. Dennoch dürfte das Typenproblem damit nicht ein für allemal erledigt sein; es könnte an Bedeutung gewinnen, wenn bei einer „großen" Reform des Rechts der Gesellschaft mit beschränkter Haftung die inländischen Anforderungen an den Erwerb der Rechtsfähigkeit steigen sollten. Man denke ferner an den Fall, daß ein ausländisches Gebilde, welches in der Struktur etwa einem deutschen Idealverein vergleichbar ist, sich hauptsächlich oder ausschließlich gewerblich betätigt. Nach deutschem Recht läge darin eine Rechtsformverfehlung, die zum Entzug der Rechtsfähigkeit führen kann – § 43 BGB (vgl KNAUTH, Die Rechtsformverfehlung bei eingetragenen Vereinen mit wirtschaftlichem Geschäftsbetrieb, Diss Köln 1976; GROSSFELD, Zivilrecht als Gestaltungsaufgabe [1977] 51). Das kann die Versagung der Anerkennung bewirken.

Gewiß müssen wir im Interesse des internationalen Verkehrs Konzessionen in 155
unseren Anforderungen an ausländische Rechtsgebilde machen. Wir können das umso eher, als über das Sitzerfordernis immer wieder das eigene Interesse des hauptsächlich betroffenen Staates auch zu unseren Gunsten korrigierend eingreift. Daher ist der hM (oben Rz 150) grundsätzlich zu folgen. Letztlich ist aber doch darauf zu achten, daß das ausländische Gebilde von seiner Struktur her gewisse Minimalerfordernisse erfüllt. Dazu gehört eine hinreichende Gewähr für den Rechtsverkehr, daß das Gebilde sich nicht jederzeit „in Luft" auflöst. Soweit eine persönliche Haftung nicht besteht, ist daher zu fordern, daß es sich um ein Gebilde handelt, dessen Vermögen und Einkommen von den Mitgliedern getrennt ist (Trennung der Vermögensmassen, Grundsatz der Erhaltung des Gesellschaftskapitals – LAG Baden-Württemberg IPRspr 1966/67 Nr 18 S 63). Da es sich aber wohl nur um Ausnahmen handeln wird, dürfte der Weg über den ordre public (Art 30 EGBGB) angemessen und ausreichend sein. Einer besonderen Prüfung auf Vergleichbarkeit in jedem Falle bedarf es jedenfalls nicht.

XIV. Staatenimmunität*

1. Allgemeines 156

Bei der Rechtsstellung ausländischer Staatsunternehmen ist uU das Prinzip der Staatenimmunität zu beachten. Es besagt, daß ausländische Staaten grundsätzlich nicht der inländischen Gerichtsbarkeit unterliegen (persönliche Immunität des ausländischen Staates), dh hier nicht verklagt werden können (§ 20 GVG – par in pari non habet iudicium). Dieser Grundsatz galt früher absolut, dh ausländische Staaten waren selbst in reinen Privatstreitigkeiten „in der Regel" von der inländischen Gerichtsbarkeit befreit (RGZ 103, 275). Die heutige deutsche und die überwiegende internationale Praxis gewähren die Immunität aber nur noch in beschränktem Umfang, nämlich lediglich für sog „acta iure imperii", nicht aber für „acta iure gestionis" (BVerfGE 15, 25; 16, 27; BGH WM 1969, 940, 941; 1979, 692; LG

* **Schrifttum:** BRENSCHEIDT, Die rechtlichen Wirkungen des sowjetischen Außenhandelsmonopols in der Bundesrepublik Deutschland, RiW 1974, 322; HABSCHEID-SCHAUMANN, Die Immunität ausländischer Staaten nach Völkerrecht und deutschem Zivilprozeßrecht, Berichte der Deutschen Gesellschaft f Völkerrecht 8 (1968); RESS, Entwicklungstendenzen der Immunität ausländischer Staaten, ZaöR 1980, 217; SEIDL-HOHENVELDERN, Neue Entwicklungen im Recht der Staatenimmunität, FS Beitzke (1979) 1081; STREBEL, Staatenimmunität – Die Europaratskonvention und die neuen Gesetze der Vereinigten Staaten und Großbritanniens, RabelsZ 44 (1980) 66.

Frankfurt Die AG 1976, 47 m abl Anm von MERTENS; ebenso das 1976 in Kraft getretene Europäische Übereinkommen über Staatenimmunität v 16. 5. 1972 – International Legal Materials 11 [1972] 470; 15 [1976] 483 –, von der Bundesrepublik Deutschland zwar unterzeichnet, aber bisher nicht ratifiziert). Die dem Staat gewährte Immunität umfaßt auch die handelnden Organe (BGH NJW 1979, 1101).

157 Mit „acta iure imperii" bezeichnet man Tätigkeiten hoheitlicher Art, „acta iure gestionis" sind Tätigkeiten nicht-hoheitlicher Art, namentlich die Teilnahme am allgemeinen Wirtschaftsverkehr. Entscheidend für die Abgrenzung ist also die Natur der staatlichen Handlung oder des entstandenen Rechtsverhältnisses. Es kommt darauf an, ob der ausländische Staat in Ausübung seiner Hoheitsgewalt oder wie eine Privatperson tätig geworden ist (BVerfGE 16, 27, 61; Einzelfälle bei SEIDL-HOHENVELDERN 1088). Die Abgrenzung erfolgt nach den Rechtsanschauungen des Forumstaates (BVerfGE 16, 27, 62; BGHZ 40, 197, 203; BGH NJW 1979, 1101; OLG München NJW 1975, 2144).

158 Der Grundsatz der Staatenimmunität wirkt auch in den Bereich der Vollstreckung hinein (sachliche Immunität des ausländischen Staates). Falls das Vollstreckungsobjekt hoheitlichen Zwecken des fremden Staates dient (zB Botschaftskonten), ist eine Vollstreckung ohne dessen Zustimmung unzulässig (BVerfGE 46, 342, 354, 392), sonst ist sie möglich (LG Frankfurt Die AG 1976, 47, 48 – Einzelheiten str: vgl MERTENS in seiner Anmerkung ebd S 51).

159 2. Ausländische Staatsunternehmen

Die Einschränkung der Immunität auf acta iure imperii kommt namentlich gegenüber ausländischen Staatshandelsunternehmen zum Tragen. Der Bundesgerichtshof läßt Klagen ihnen gegenüber grundsätzlich zu, wenn sie sich am Wirtschaftsleben beteiligen und der ausländische Staat ihnen eine eigene Rechtspersönlichkeit eingeräumt hat (BGHZ 18, 1; vgl ferner LG Frankfurt Die AG 1976, 47). Fehlt es an der eigenen Rechtspersönlichkeit, so ist allerdings im Einzelfall eine Abgrenzung erforderlich. Das OLG Frankfurt hat zB die Tätigkeit des „Spanischen Fremdenverkehrsamtes" als „iure gestionis" angesehen und dementsprechend eine Klage zugelassen (OLG Frankfurt RiW 1977, 721); ebenso das LG Frankfurt bei Zementkäufen der nigerianischen Regierung (LG Frankfurt Die AG 1976, 47 m abl Anm von MERTENS; s ferner LG Hamburg IPRspr 1974 Nr 135).

XV. Staatsverträge*

160 1. Allgemeines

Staatsverträge, namentlich Handels- und Niederlassungsabkommen, enthalten oft Bestimmungen über die Rechtsstellung der Angehörigen des einen Vertragsteils in dem Gebiete des anderen; sie regeln häufig auch die Rechtsstellung juristischer Personen, nämlich deren Anerkennung (oben Rz 123) und deren Zulassung zum Gewerbebetrieb (unten Rz 570). Ob die zugunsten der „Angehörigen" eines anderen Staates gemachten Zusicherungen sich auch auf die diesem Staat zugehörigen Gesellschaften beziehen, ist Auslegungsfrage (STAUDINGER-RAAPE [9. Aufl] Art 10 EGBGB Anm F I 1 S 150; vgl auch LG Breslau IPRspr 1935-44 Nr 55). Ein Nachweis der Staatsverträge findet sich in „Fundstellennachweis B – Völkerrecht-

* **Schrifttum:** BEITZKE, Einige Bemerkungen zur Rechtsstellung ausländischer Gesellschaften in deutschen Staatsverträgen, FS M Luther (1976) 1.

liche Vereinbarungen und Verträge mit der DDR – Beilage zum Bundesgesetzblatt Teil II", hrsg v Bundesminister der Justiz. Zum EWG-Übereinkommen oben Rz 98.

2. Auslegung der Staatsverträge 161

Die Staatsverträge verwenden im allgemeinen typische Formulierungen, sie sprechen etwa von „Gesellschaften, die im Gebiet eines vertragsschließenden Teiles ihren Sitz haben und nach seinen Gesetzen zu Recht bestehen" (Nachw bei MELCHIOR, Die Grundlagen des deutschen internationalen Privatrechts [1932] 476; BEITZKE, Einige Bemerkungen passim). Mit „Sitz" ist in diesen Fällen der Verwaltungssitz gemeint (STAUDINGER-RAAPE [9. Aufl] Art 10 EGBGB Anm F I 2 S 151; vgl SOERGEL-SIEBERT-KEGEL Vorbem 17 zu Art 7 EGBGB). Der Zusatz „und nach seinen Gesetzen zu Recht bestehen" bedeutet nicht, daß die Gesellschaft nach dem Recht des Staates errichtet sein muß. Es genügt, daß die Gesellschaft im Staate ihres Verwaltungssitzes als zu Recht bestehend angesehen wird (Fall der Weiterverweisung – oben Rz 103; MELCHIOR, Die Grundlagen des deutschen internationalen Privatrechts [1932] 476 f). Andere Verträge verlangen aber ausdrücklich „Errichtung" nach den Gesetzen des Staates des Verwaltungssitzes (Nachw bei BEITZKE, Einige Bemerkungen 9; WIEDEMANN, Gesellschaftsrecht 796). Soweit die Verträge die Anerkennung von Gesellschaften mit „Sitz" (= Verwaltungssitz) im anderen Staat gewähren, haben sie nur feststellenden Charakter; denn Gebilde, die nach dem Recht des Sitzstaates wirksam bestehen, werden in der Bundesrepublik Deutschland ohnehin anerkannt (oben Rz 126; STAUDINGER-RAAPE [9. Aufl] Art 10 EGBGB Anm F I 1 S 150; SOERGEL-SIEBERT-KEGEL Vorbem 177 zu Art 7 EGBGB).

Der Wortlaut der Verträge ist indes nicht einheitlich. Gelegentlich stellen die 162
Verträge nur darauf ab, daß die Gesellschaft nach dem Recht des anderen vertragsschließenden Teils „gegründet" ist. Hervorstechendstes Beispiel dafür ist Art XXV Abs 5 des Freundschafts-, Handels- und Schiffahrtsvertrages mit den USA (BGBl 1956 II 487; vgl auch Niederlassungsvertrag mit Spanien – BGBl 1972 II 1041). Der einschlägige Text lautet:

> „Der Ausdruck ‚Gesellschaften' in diesem Vertrag bedeutet Handelsgesellschaften, Teilhaberschaften sowie sonstige Gesellschaften, Vereinigungen und juristische Personen; dabei ist es unerheblich, ob ihre Haftung beschränkt oder nicht beschränkt und ob ihre Tätigkeit auf Gewinn oder nicht auf Gewinn gerichtet ist. Gesellschaften, die gemäß den Gesetzen und sonstigen Vorschriften des einen Vertragsteils in dessen Gebiet errichtet sind, gelten als Gesellschaften dieses Vertragsteils; ihr rechtlicher Status wird in dem Gebiet des anderen Vertragsteils anerkannt".

In Fällen dieser Art finden wir also eine Hinwendung zur Gründungstheorie (oben 163
Rz 23). Die Verträge sind dann nicht lediglich deklaratorischer Natur, sie begründen vielmehr – in Abkehr vom Sitzprinzip – die Anerkennung (BEITZKE, Einige Bemerkungen 3, 9 f; MELCHIOR, Die Grundlagen des deutschen internationalen Privatrechts [1932] 475). Solche Vertragsklauseln können dazu führen, daß die Sicherungsfunktion der Sitztheorie unterlaufen wird. Im Zweifel ist daher eine Auslegung vorzunehmen, die am Sitzerfordernis festhält.

Aber selbst wenn das nicht möglich ist, sind dem Mißbrauch doch nicht Tür und Tor 164
geöffnet. Denn auch im Staatsvertragsrecht ist das Prinzip des „genuine link" im Sinne des Nottebohm Urteils (International Court of Justice, Reports 1955 S 4; dazu LIPSTEIN-LOEWENFELD, FS Marxer [1963] 275; zur Entstehung des Konzepts BASDEVANT, Revue de droit international privé 5 [1909] 41, 61) zu beachten (GROSSFELD, Basisgesellschaften im internationalen Steuerrecht [1974] 193, 172 f; ders, Berichte

der Deutschen Gesellschaft f Völkerrecht 18 [1978] 73, 132 f). Das dürfte – jedenfalls zur Abwehr grober Mißbräuche – genügen; vgl auch unten Rz 599.

165 **3. Weitere Einzelfragen**

Vorschriften zur Anerkennung und über die Zulassung zum Gewerbebetrieb begegnen wir auch in anderen Verträgen (Überblick bei Beitzke, Einige Bemerkungen 4), besonders in sog Investitionsschutzabkommen (Nachw bei Beitzke, Einige Bemerkungen 6; zum Ganzen: Grossfeld, Praxis 214 – unten Rz 602). Keine zivilrechtliche Bedeutung haben dagegen im allgemeinen die Doppelbesteuerungsabkommen (Grossfeld, Berichte der Deutschen Gesellschaft f Völkerrecht 18 [1978] 73, 130; aA Beitzke, Einige Bemerkungen 6), weil zivilrechtliche Anerkennung und steuerliche Anerkennung nach unterschiedlichen Kriterien beurteilt werden (Grossfeld, Basisgesellschaften im internationalen Steuerrecht [1974] 45). In diesem Zusammenhang können auch Meistbegünstigungsklauseln von Bedeutung werden. Ob sie sich auf die Anerkennung von Gesellschaften beziehen, ist aber im Einzelfall Auslegungsfrage (Beitzke, Juristische Personen 53; vgl Staudinger-Raape [9. Aufl] Art 10 EGBGB Anm F II S 152; Rabel 218; über das Verhältnis von Meistbegünstigungsklauseln zum EWG-Vertrag Beitzke, Einige Bemerkungen 14).

166 **XVI. Bestimmung des Verwaltungssitzes**

1. Allgemeines

Für die Sitztheorie ist die genaue Umschreibung des tatsächlichen Verwaltungssitzes von großer Bedeutung. Dabei wird der Sitz nach der lex fori bestimmt (Loussouarn-Bredin Nr 315 S 352). Sitz in diesem Sinne ist der Ort, an dem sich die Hauptverwaltung tatsächlich befindet (tatsächlicher Verwaltungssitz, effektiver Sitz, siège réelle, centre d'administration, principle place of business – BGHZ 53, 181, 184; OLG Frankfurt NJW 1964, 2355). Eine Anknüpfung an den Sitz der Betriebsstätte (lieu oder centre d'exploitation) scheidet aus (RGZ 92, 73, 74; ausführlich dazu Sandrock, FS Beitzke [1979] 679), weil dort keine unabhängige Willensbildung stattfindet, dort nicht das „Gehirn" des Unternehmens ist.

167 Der Sitz richtet sich nach der geschäftlichen Tätigkeit, nicht nach dem privaten Wohnsitz selbst des einzigen Gesellschafters (Kegel, Internationales Privatrecht [4. Aufl 1977] 262); einzelne am privaten Wohnsitz vorgenommene Handlungen begründen keinen Verwaltungssitz (KG IPRspr 1966/67 Nr 210). Entscheidend ist der Tätigkeitsort der Geschäftsführung und der Vertretungsorgane, also der Organe, die nach außen erkennbar „an der Front" stehen. Es kommt danach nicht auf den Ort der internen Willensbildung an, sondern auf die Umsetzung nach außen und darauf, wie sich die Verhältnisse nach außen erkennbar darstellen (OLG Hamburg IPRspr 1974 Nr 11 A; vgl Art 149 Abs 3 des Schweizerischen Entwurfs eines Bundesgesetzes über das Internationale Privatrecht, RabelsZ 42 [1978] 716). Verwaltungssitz ist damit der Ort, wo die grundlegenden Entscheidungen der Unternehmensleitung in laufende Geschäftsführungsakte umgesetzt werden (vgl Ebenroth-Sura 324 – ungenau IPG 1970 Nr 2). Sandrock (FS Beitzke [1979] 683) formuliert plastisch, Verwaltungssitz der Gesellschaft sei der Ort,

168 „an dem ihr zuständiges Verwaltungsorgan die Mehrzahl seiner Entscheidungen trifft, wo also die ‚großen' Richtlinien der Produktions-, Absatz-, Personal- usw Politik in die kleine Münze der täglichen Verwaltungsentscheidungen umgesetzt werden",

wo das oberste Verwaltungsorgan „die Mehrheit seiner Entscheidungen über die Geschäftsführung“ fällt. Ein bloßer „Repräsentant“ begründet keinen tatsächlichen Sitz (OLG Frankfurt NJW 1964, 2355 = IPRspr 1964/65 Nr 22), auch nicht ein lokaler Anwalt oder Bankvertreter (gegen SCHÖNLE NJW 1965, 1112, 1116).

Zur Präzisierung des tatsächlichen Verwaltungssitzes kann man sich im übrigen auf **169** die Erfahrungen des Steuerrechts stützen (EBENROTH-SURA 323). Das Steuerrecht stellt in § 10 AO auf „Geschäftsleitung“ und „geschäftliche Oberleitung“ ab (dazu GROSSFELD, Basisgesellschaften im Internationalen Steuerrecht [1974] 83). Die hier entwickelten Kriterien können zur Ausfüllung des Begriffs „tatsächlicher Verwaltungssitz“ herangezogen werden.

2. Konzernverbindungen **170**

Die ausgeführten Grundsätze gelten auch bei Konzernverbindungen. Hier ist zu beachten, daß „gesellschaftliche Machtwirkung“ nicht mit „tatsächlicher Verwaltung“ gleichzusetzen ist (so schon RFH RStBl 1940, 706; BFH BStBl III 1957, 341; vgl auch BGH IPRspr 1958/59 Nr 34). Maßgeblich ist daher der Ort, wo die Geschäftsführungs- und Vertretungsorgane der Untergesellschaft tätig sind; auf den Verwaltungssitz der Obergesellschaft kommt es nicht an (statt aller: WIEDEMANN, Internationales Gesellschaftsrecht 197; KOPPENSTEINER, Internationale Unternehmen 124; vgl auch BGH WM 1979, 692, 693). Das gilt selbst, wenn die Obergesellschaft die Untergesellschaft völlig beherrscht; denn auch dann muß die Obergesellschaft ihre Entscheidungen durch die Organe der Tochtergesellschaft vollziehen (EBENROTH, Konzernkollisionsrecht 20 f; SANDROCK, Die multinationalen Korporationen 238). Das OLG Hamburg (IPRspr 1974 Nr 11 A) sagt treffend:

> „Die Willensbildung als solche ist ein Internum; sie tritt, wenn man die verbundenen Unternehmen wegen ihrer wirtschaftlichen Verflechtung als Einheit betrachtet, erst mit dem Vollzug nach außen in Erscheinung. Maßgebend muß deshalb die Rechtsordnung am Sitz des beherrschten Unternehmens sein; dort wird die Ausübung der Herrschaftsmacht in einer nach außen hin erkennbaren Weise wirksam.“

Dem folgt im allgemeinen die Literatur. Art 5 der Entschließung des „Institut de **171** Droit International“ über „Die Aktiengesellschaften im Internationalen Privatrecht“ (RabelsZ 31 [1967] 549, 550) bekräftigt zB die Maßgeblichkeit des Tätigkeitsortes der Verwaltungsorgane der Untergesellschaft mit dem Hinweis darauf, dies gelte,

> „selbst wenn die dort getroffenen Entscheidungen den Anweisungen entsprechen, die von anderswo sich aufhaltenden Aktionären ausgehen“.

Eine Regel, wie sie etwa früher § 15 Abs 2 StAnpG für das Internationale Steuer- **172** recht vorsah (Fingierung eines inländischen Verwaltungssitzes bei Konzernbeziehungen – dazu GROSSFELD, Praxis 173) gibt es also im Internationalen Gesellschaftsrecht nicht.

3. Doppelsitz **173**

Die Annahme eines doppelten Verwaltungssitzes im Inland und Ausland ist ausgeschlossen. Denn das würde zur Doppelanknüpfung und zu einer unentwirrbaren Normenhäufung führen (zur internationalen Zuständigkeit vgl unten Rz 179). Denkbar ist allerdings, daß Teile der Hauptverwaltung sich in verschiedenen Staaten befinden (KRAFT in Kölner Kommentar Bd 1 [1970] § 5 Rz 13; aA BEITZKE, Juristische Personen 87; ders ZHR 127 [1965] 1, 45). Das führt jedoch nicht zu einem mehrfachen Gesellschaftsstatut. Vielmehr ist das Gesellschaftsstatut auch jetzt einheitlich: Es ist nach dem Ort des wichtigsten Teils der Hauptverwaltung zu bestimmen („zB der Sitz des Vorstandsvorsitzenden" – KEGEL, Internationales Privatrecht [4. Aufl 1977] 267). Die Tatsache, daß ein Teil der Hauptverwaltung in der Bundesrepublik Deutschland liegt, führt nicht ohne weiteres zur Geltung deutschen Rechts. In diesen Fällen kommt es ebenfalls darauf an, wo der Hauptteil liegt (KEGEL 267 f). Wird der Hauptteil der Geschäftsleitung oder Verwaltung auf Dauer ins Ausland verlegt, greifen die Grundsätze der internationalen Sitzverlegung ein (s dazu unten Rz 348). Zum doppelten Satzungssitz unten Rz 178.

XVII. Satzungssitz

174 1. Bedeutung für internationale Zuständigkeit

Der Satzungssitz spielt für die Bestimmung des Gesellschaftsstatuts keine Rolle. Er hat aber große Bedeutung für die örtliche und internationale Zuständigkeit von Gerichten und Verwaltungsbehörden (§§ 21–24, 44, 55, 80 S 1 BGB; § 106 Abs 1 HGB; § 14 AktG; § 7 Abs 1 GmbHG; § 10 GenG; § 17 Abs 1 u 3, § 22 ZPO; Art 16 Nr 2 GVÜ; s HARTMANN in: BAUMBACH-LAUTERBACH-ALBERS-HARTMANN ZPO [38. Aufl 1980] § 17 Anm 2; STEIN-JONAS ZPO Bd I [19. Aufl 1972] § 17 Anm II; THOMAS-PUTZO ZPO [10. Aufl 1978] § 17 Anm 2; VOLLKOMMER in: ZÖLLER ZPO [12. Aufl 1979] § 17 Anm 1; rechtsvergleichend BERNSTEIN, FS Ferid [1978] 75). Auch wenn der Satzungssitz nicht rein fiktiv sein darf (starke Gegenmeinung; wie hier MünchKomm-REUTER § 24 Rz 2; STAUDINGER-COING § 24 Rz 4), muß er doch nicht dem Ort der tatsächlichen Verwaltung entsprechen (vgl § 5 Abs 2 AktG; für die GmbH OLG Frankfurt BB 1979, 1739). Abweichendes gilt für Personengesellschaften des Handelsrechts, § 106 HGB (dazu unten Rz 536). Bei ihnen kann Satzungssitz nur der Sitz der tatsächlichen Hauptverwaltung sein. Eine dem zuwiderlaufende Feststellung im Gesellschaftsvertrag ist unzulässig und ohne rechtliche Bedeutung (BGH LM Nr 1 zu § 106).

175 2. Einzelfragen

Wegen seiner großen verfahrensrechtlichen Bedeutung ist die Festlegung des Satzungssitzes im allgemeinen zwingend vorgeschrieben (§ 57 Abs 1 BGB; zur Stiftung vgl MünchKomm-REUTER § 80 Rz 5; § 23 Abs 3 Ziff 1 AktG; § 3 Abs 1 Ziff 1 GmbHG; § 6 Ziff 1 GenG; § 106 Abs 2 Ziff 2 HGB). § 24 BGB (Sitz = Verwaltungssitz) ist daher praktisch beschränkt auf nichtrechtsfähige Vereine und auf Vereine, die nach §§ 22, 23 BGB konzessioniert sind (MünchKomm-REUTER § 24 Rz 1). Falls kein gültiger Satzungssitz besteht, ist aber auch allgemein der Sitz der tatsächlichen Hauptverwaltung maßgebend (BayObLG IPRspr 1964/65 Nr 28).

176 Der obligatorische Satzungssitz muß grds stets (Ausnahmen oben Rz 106, 112) im Inland liegen (BGHZ 19, 102, 105; RGZ 107, 94, 97 STAUDINGER-COING [12 Aufl 1980] § 24 Rz 3 – Arg aus §§ 21–24, 44, 55, 80 S 1 BGB; § 14 AktG; § 7 Abs 1 GmbHG; § 10 GenG – vgl auch oben Rz 77). Das muß so sein, weil sonst den deutschen Gerichten und Verwaltungsbehörden die internationale Zuständigkeit für ein dem deutschen Recht unterstehendes Gebilde weithin entzogen würde. Das würde zugleich eine partielle Verdrängung des deutschen Rechts bedeuten; denn die effektive Geltung deutschen Rechts läßt sich auf Dauer nicht von der Handhabung durch deutsche Gerichte und Verwaltungsbehörden trennen. Das umso mehr, als

das deutsche Vereins- und Gesellschaftsrecht unter dem Normativsystem auf einer engen Verflechtung von materiellem Recht und gerichtlicher Fürsorge bzw gerichtlicher Entscheidungsmacht beruht (oben Rz 73).

Die Angabe eines ausländischen Satzungssitzes ist nichtig. Für die Gerichts- und Behördenzuständigkeit ist dann allein der Ort maßgebend, an dem die Verwaltung tatsächlich geführt wird (vgl BayObLG IPRspr 1964/65 Nr 28). Denn die Formulierung der §§ 24, 80 S 3 BGB „wenn nicht ein anderes bestimmt ist" bezieht sich nur auf eine zulässige anderweitige Bestimmung. Entsprechendes gilt für § 17 Abs 1 S 2 ZPO; gleiches muß aber auch – wegen der Subsidiarität von § 24 BGB – für § 5 AktG gelten. Die Nichtigkeit der zwingenden Bestimmung über den Satzungssitz hat zur Folge, daß die Gesellschaft auf Klage für nichtig erklärt (§§ 94–96 GenG – BGHZ 33, 195, 205 – anders § 75 GmbHG, § 275 AktG) oder nach den §§ 144 a, 147 Abs 2 FGG, § 262 Abs 1 Ziff 5 AktG, ferner §§ 159, 142, 143 FGG aufgelöst werden kann (vgl RGZ 148, 225, 228; KG NJW 1962, 224 = IPRspr 1960/61 Nr 83 S 297; s ferner STAUDINGER-COING [12. Aufl 1980] § 24 Rz 6). 177

3. Doppelsitz 178

Besondere Probleme entstehen, wenn eine Gesellschaft einen doppelten oder gar mehrfachen Satzungssitz in verschiedenen Staaten hat. Die Zulässigkeit eines Doppel- oder Mehrfachsitzes innerhalb der Bundesrepublik Deutschland ist im internen Recht streitig (bejahend MünchKomm-REUTER § 24 Rz 3; ECKARDT in: GESSLER-HEFERMEHL-ECKARDT-KROPFF, Aktiengesetz [1973] § 5 Rz 11; GODIN-WILHELMI, Aktiengesetz Bd 1 [4. Aufl 1971] § 5 Anm 4; verneinend OLG Hamburg MDR 1972, 417; PALANDT-HEINRICHS [39. Aufl 1980] § 24 Anm 1); das Aktiengesetz enthält kein ausdrückliches Verbot des mehrfachen Sitzes, geht aber grundsätzlich von einem einzigen Sitz aus (KROPFF, Begründung § 5 S 20). Ein zweiter Satzungssitz außerhalb der Bundesrepublik Deutschland wird für den Verein ebenfalls zT für zulässig erachtet (MünchKomm-REUTER § 24 Rz 3; SOERGEL-SIEBERT-SCHULTZE-VON LASAULX (§ 24 Rz 3; ablehnend jetzt STAUDINGER-COING [12. Aufl 1980] § 24 Rz 10); für die Aktiengesellschaft ist ein zweiter Sitz im Ausland nach herrschendem Verständnis hingegen grundsätzlich ausgeschlossen (BEITZKE, Juristische Personen 87; ders ZHR 127 [1965] 1, 45; KRAFT in Kölner Kommentar [1970] § 5 Rz 13; wohl auch MEYER-LANDRUT in: Großkommentar [1973] § 5 Anm 5), soweit nicht ausnahmsweise eine staatsvertragliche Sonderregelung eingreift (wie zB bei der auf Art 84 des deutsch-französischen Saarvertrages v 27. 10. 1956 [BGBl II 1587] beruhenden Saar-Lothringischen Kohleunion – SAARLOR – dazu BÄRMANN AcP 156 [1957] 156, 168; ders NJW 1957, 613; VON ARNIM, Rechtsgrundlage und Struktur der Saar-Lothringischen Kohlenunion, Diss Saarbrücken 1962; ROLSHOVEN-JEHNE, SAARLOR, Eine europäische Gesellschaft besonderen Rechtes, in: FS Aubin [1979] 171). Zur Europäischen Aktiengesellschaft (Societas Europaea) s Art 5 Abs 2 des Statuts für Europäische Aktiengesellschaften (unten Rz 423).

Die grundsätzliche Unzulässigkeit eines zweiten Satzungssitzes im Ausland ergibt sich aus den Vorschriften über die deutsche internationale Zuständigkeit; sie sind darauf zugeschnitten, daß die Gesellschaft nur einen Satzungssitz hat (KRAFT in Kölner Kommentar [1970] § 5 Rz 12). Andernfalls würden sich die an den Sitz geknüpften Zuständigkeiten vervielfältigen, was bei früherer Rechtshängigkeit im Ausland einen Prozeß in Deutschland hindern und die oben – Rz 176 – erörterten Schwierigkeiten für die Durchsetzung deutschen Rechts bewirken würden. Hinzuweisen ist auch auf die Bedenken aus einer evtl doppelten Registerführung (STAUDINGER-COING [12. Aufl 1980] § 24 Rz 10). 179

XVIII. Regelungsbereich des Gesellschaftsstatuts

180 **1. Allgemeines**

Der Sitztheorie in ihrer traditionellen Ausprägung – wie sie hier vertreten wird –, liegt die Annahme eines einheitlichen Gesellschaftsstatuts zugrunde. Grundsätzlich beurteilen sich alle gesellschaftsrechtlichen Verhältnisse nach dem Gesellschaftsstatut; Innen- und Außenverhältnis der Gesellschaft werden – von Ausnahmen abgesehen – einheitlich angeknüpft (EBENROTH-SURA 317; EBENROTH RiW 1979, 361, 362). Demgegenüber führt die Gründungstheorie normalerweise zu einer Fülle von Sonderanknüpfungen, nach einigen Vorschlägen (oben Rz 27, 28) sogar zu einem generellen Auseinanderreißen von Gründungsstatut (Rechtsfähigkeitsstatut) und sonstigem Gesellschaftsstatut. Ein solches Auseinanderfallen sollte aber wegen der Klarheit der Rechtsverhältnisse und zur Verhinderung schwieriger Anpassungsprobleme möglichst vermieden werden. Es ist auch deshalb mißlich, weil die einzelnen Regeln des Gesellschaftsrechts oft in einem untrennbaren funktionalen Zusammenhang stehen (oben Rz 56).

181 Im folgenden wird daher soweit wie möglich an einem einheitlichen Statut für alle gesellschaftsrechtlichen Fragen festgehalten. Die Geltung eines anderen Rechtes als des Gesellschaftsstatuts bleibt auf zwingende Ausnahmen beschränkt. Denn die Rechtssicherheit im internationalen Handelsverkehr verlangt, daß man die Einheit des Gesellschaftsstatuts respektiert und ihm eine möglichst große Tragweite gibt. Eine Gesellschaft kann nur befriedigend funktionieren, wenn die Einheit ihrer Rechtstellung gesichert ist (LOUSSOUARN-BREDIN Nr 324 S 370, Nr 363 S 428). Dieses weitgehende Entgegenkommen gegenüber dem Recht am Orte des Verwaltungssitzes (Sitztheorie) fällt deshalb leicht, weil im allgemeinen das eigene Interesse des Sitzstaates – von Oasenstaaten abgesehen – eine hinreichende Gewähr für eine auch international verträgliche Regelung bietet. Die Anrufung des ordre public kann so auf wenige Ausnahmefälle beschränkt bleiben (vgl oben Rz 131).

182 „Recht am Orte des Verwaltungssitzes" ist das dort faktisch befolgte Gesellschaftsrecht, unabhängig von seiner völkerrechtlichen Legitimität (vgl oben Rz 129). Eine sachgerechte Beurteilung ist in der Regel nur nach dem Recht möglich, nach dem sich die Gesellschafter einrichten mußten und tatsächlich eingerichtet haben (BGH IPRspr 1966/67 Nr 14). Es ist insoweit ohne Bedeutung, ob ein Staat, eine Regierung, ein Gebietserwerb völkerrechtlich anerkannt sind (SOERGEL-SIEBERT-KEGEL Vorbem 101 zu Art 7 EGBGB).

183 Die Anknüpfung an den tatsächlichen Verwaltungssitz gilt nicht nur für Gebilde des Privatrechts, sondern gleichermaßen für Gebilde des öffentlichen Rechts (RFH IPRspr 1931 Nr 16; BGHZ 40, 197; BayObLGZ 1972, 204; 1965, 108; OLG Düsseldorf IPRspr 1964/65 Nr 21).

184 Die Anknüpfung an den tatsächlichen Sitz der Verwaltung ist angesichts des weithin zwingenden Massencharakters des Gesellschaftsrechts (insbes bei juristischen Personen) grundsätzlich ebenfalls zwingend (vgl dazu unten Rz 280). Ob eine Frage dem Gesellschaftsrecht angehört, ist gemäß allgemeinen Regeln durch Qualifikation (nach der lex fori) zu ermitteln (WIEDEMANN, Gesellschaftsrecht 812).

185 Den Kreis der vom Gesellschaftsstatut erfaßten Probleme umschreibt Art 153 des Schweizerischen Entwurfs eines Internationalen Privatrechts (RabelsZ 42 [1978] 716, 746) wie folgt:

„a. Die rechtliche Natur der Gesellschaft;
b. Die Entstehung und den Untergang;
c. den Namen oder die Firma;

d. die Organisation und die internen Beziehungen, namentlich diejenigen zwischen der Gesellschaft und ihren Mitgliedern;
e. die Haftung aus Verletzung gesellschaftsrechtlicher Vorschriften;
f. die Haftung für Schulden der Gesellschaft;
g. die Vertretungsmacht der für die Gesellschaft aufgrund ihrer inneren Organisation handelnden Personen".

Das gilt im großen und ganzen auch für das deutsche Recht.

2. Gründungsvorgänge 186

Nach dem Gesellschaftsstatut richtet sich zunächst die Rechtslage der Gründungsgesellschaft (RG IPRspr 1935–44 Nr 47; BayObLGZ 1965, 294; OLG München IPRspr 1966/67 Nr 15; OLG Nürnberg IPRspr 1966/67 Nr 17; zur örtlichen und internationalen Zuständigkeit bei Gründungsgesellschaften BayObLGZ 1965, 294) und die Haftung der Gesellschaft oder der Gesellschafter aus Geschäften vor der Entstehung der Gesellschaft (Soergel-Siebert-Kegel Vorbem 157 m Nachw in Fn 20, 21 zu Art 7 EGBGB; BayObLGZ 1975, 294, 299; aA und für Anwendung deutschen Rechts bei ausländischer Aktiengesellschaft im Gründungsstadium OLG München IPRspr 1929 Nr 22). Doch unterliegt ein der Gründung vorangehender Vertrag (Gründungsvorvertrag), der noch nicht zur Schaffung einer eigenen Organisation führt, dem Vertragsstatut (BGH IPRspr 1975 Nr 6; RG IPRspr 1931 Nr 11).

Nach dem Gesellschaftsstatut beurteilt sich sodann die Gründung der Gesellschaft. 187
Ist die Gesellschaft nicht nach den Vorschriften des Gesellschaftsstatuts errichtet worden (dessen Anforderungen sind nicht erfüllt oder die Gründung erfolgte nach einem ganz anderen Recht), so ist die Gesellschaft jedenfalls grundsätzlich in der konkreten Rechtsform nicht wirksam errichtet (RGZ 77, 19; BGHZ 53, 181). Ob überhaupt eine Gesellschaft entstanden ist und welchen Charakter sie hat (Gesellschaft, Verein) bestimmt dann das Recht am Orte der tatsächlichen Verwaltung entsprechend dem Rechtsgedanken des § 140 BGB (Einzelheiten unten Rz 332).

Dem Gesellschaftsstatut unterliegen demnach die einzelnen Bestandteile der Grün- 188
dung, wie Übernahme oder Zeichnung von Anteilen, ferner die Beurteilung von dabei auftretenden Willensmängeln (M Wolff, Internationales Privatrecht [3. Aufl 1954] 118; OLG München IPRspr 1929 Nr 23). Nach dem Gesellschaftsstatut bestimmt sich die Haftung der Gründer gegenüber der Gesellschaft; doch kann Art 12 EGBGB analog anwendbar sein (OLG Düsseldorf IPRspr 1975 Nr 8). Sonderregeln gelten für die Einbringung von Geschäftsbetrieben in die Gesellschaft und für die dabei auftretenden Haftungsfragen (zB § 419 BGB oder § 28 HGB). Abzustellen ist grundsätzlich auf das Recht des Ortes, an dem das Geschäftsvermögen belegen ist (RG Recht 11 [1907] Nr 91 S 68; Nr 238 S 135; Grasmann Rz 1029 S 513; zum Ganzen Bruch, Erwerberhaftung kraft Gesetzes bei Unternehmens- und Vermögensveräußerung, Diss Erlangen/Nürnberg 1962).

Die Regeln der Sitztheorie gelten auch, wenn eine Gesellschaft mit ausländischem 189
Verwaltungssitz nach deutschem Recht errichtet werden soll (oben Rz 70). Voraussetzung einer wirksamen Gründung nach deutschem Recht ist grundsätzlich (Ausnahmen oben Rz 76, 103 – Rückverweisung – u Rz 106 – §§ 23, 80 S 2 BGB), daß der tatsächliche Verwaltungssitz im Inland liegt oder dort begründet werden soll. Die Eintragung in ein deutsches Register bewirkt keine Heilung. Die Eintragung ist vielmehr grundsätzlich abzulehnen, wenn sich der tatsächliche Verwaltungssitz im Ausland befindet oder befinden soll (Raape, Internationales Privatrecht [5. Aufl 1961] 197 Fn 22; Scholz, GmbHG [5. Aufl 1964] Einl VI/1 S 28; OLG Dresden OLG Rspr 38, 27; OG Danzig DanzJM 5 [1925] 94; aA Grasmann Rz 215 S 162;

OG Danzig DanzJM 10[1930] 11 Nr 2; ferner alle diejenigen, die die Sitztheorie bei Gründung nach deutschem Recht nicht anwenden wollen – oben Rz 70). Der deutsche Registerrichter muß sich daher vergewissern, ob das Gebilde seinen tatsächlichen Verwaltungssitz im Inland hat bzw haben soll. Ist das nicht der Fall, muß er die Eintragung ablehnen. Eine Prüfungspflicht besteht nach den allgemeinen Regeln jedoch nur, wenn Bedenken gegen die Annahme eines Verwaltungssitzes im Inland auftauchen (Raape, Internationales Privatrecht [5. Aufl 1961] 197 Fn 22). Ist die Gesellschaft fehlerhaft eingetragen worden, so ist die Eintragung von Amts wegen wieder zu löschen (§ 142 FGG; zum Bestandsschutz bis zur Löschung unten Rz 334).

190 3. Allgemeine Rechtsfähigkeit*

a) Grundsatz

Nach dem Gesellschaftsstatut entscheidet sich grundsätzlich auch, ob das Gebilde eigene Rechtsfähigkeit besitzt (hM – dazu allgemein Moser, FS Bürgi [1971] 283). Ist die Gesellschaft nach dem Gesellschaftsstatut rechtsfähig, so gilt das selbst dann, wenn das inländische Recht einem entsprechenden Gebilde keine Rechtsfähigkeit zuerkennt (zB bei der zur juristischen Person erhobenen Personenhandelsgesellschaft des romanischen Rechtskreises – vgl oben Rz 150 zum Typenproblem). Verleiht das Gesellschaftsstatut dagegen keine Rechtsfähigkeit, so hat es dabei grundsätzlich sein Bewenden; doch wird gerade dieses Prinzip erheblich eingeschränkt (dazu im folgenden).

191 Abweichend von der hM will Grasmann (Rz 855 S 436; Rz 872 S 442 – im Anschluß ua an Zitelmann, Internationales Privatrecht Bd 2 [1897] 110 und Beitzke, Juristische Personen 123; zum Ganzen Heyers 67, 72) die Rechtsfähigkeit nach dem Wirkungs- oder Vornahmestatut beurteilen, wenn die Gesellschaft nach diesem, nicht aber nach ihrem Gesellschaftsstatut rechtsfähig ist. Sei dagegen eine Gesellschaft nach ihrem Gesellschaftsstatut rechtsfähig, so sei das auch dann beachtlich, wenn Wirkungs- oder Vornahmestatut entsprechende Gesellschaften nicht als rechtsfähig ansehen. Die Abweichungen von der hM sind im Ergebnis viel geringer als es zunächst den Anschein hat (vgl Heyers 68). Der Unterschied liegt namentlich in der Bestimmung dessen, was als Regel und was als Ausnahme betrachtet wird. Denn einerseits entscheidet auch nach Grasmann zunächst das Gesellschaftsstatut über die Rechtsfähigkeit; das Wirkungs- oder Vornahmestatut soll nur zum Zuge kommen, wenn das Gesellschaftsstatut die Rechtsfähigkeit versagt. Andererseits macht die hM sehr weitgehende Konzessionen an das Vornahmestatut – nämlich über eine analoge Anwendung von Art 7 Abs 3 EGBGB (unten Rz 192), über die Rechtsscheinlehre (unten Rz 200) und bei den sog „besonderen Rechtsfähigkeiten" (unten Rz 214). Damit ist dem Schutzbedürfnis des Verkehrs Rechnung getragen, ohne daß es einer grundsätzlichen Abkehr vom Gesellschaftsstatut bedürfte (Sparsamkeit bei der Verwendung rechtlicher Mittel). Es ist jedoch nicht einzusehen, warum ein Gebilde generell die Möglichkeit haben sollte, im Ausland eine Rechtsfähigkeit in Anspruch zu nehmen, die ihm das Gesellschaftsstatut (das ja seine eigene Schöpfung am besten kennt) nicht geben will. Gewährt also das ausländische Gesellschaftsstatut keine Rechtsfähigkeit oder schränkt es diese ein, so ist das im Inland grundsätzlich beachtlich (s aber sogleich Rz 192).

---

* **Schrifttum:** Heyers, Beschränkung der Rechts- und Handlungsfähigkeit juristischer Personen im Internationalen Privatrecht, Diss Köln 1956.

b) Sonderanknüpfung – Art 7 Abs 3 S 1 EGBGB 192

Im übrigen erfolgt eine Sonderanknüpfung analog Art 7 Abs 3 S 1 EGBGB (vgl weiter Art 91 Abs 2 WG, Art 60 Abs 2 ScheckG) zum Schutze des Verkehrs im Vornahmestaat (vgl OLG Düsseldorf IPRspr 1964/65 Nr 21; aA OLG Stuttgart NJW 1974, 1627 = IPRspr 1974 Nr 7). Erforderlich ist dafür aber, daß die ausländische Organisation das Gegenstück einer inländischen juristischen Person ist (Substitution – unten Rz 239) oder als solche auftritt (zB als Corporation), „denn sonst ist nichts da, worauf der Gegner vertrauen dürfte" (Kegel, Internationales Privatrecht [4. Aufl 1977] 264). Abzustellen ist auf die Vornahme des Geschäfts im Inland (Beitzke, Kollisionsrecht 119). Beide Parteien oder ihre Vertreter müssen sich bei Vornahme (Abschluß) des Geschäfts im Inland befunden haben (Heyers 113). Das ist beim Handeln durch eine Zweigniederlassung stets anzunehmen (Heyers 114). Es genügt nicht, wenn lediglich die Angebots- oder die Annahmeerklärung im Inland abgegeben wurden (IPG 1965/66 Nr 10); allgemein besteht bei Rechtsbeziehungen, die im Wege einer Korrespondenz mit der ausländischen Verwaltung geknüpft werden, kein Schutz. Das inländische Wirkungsstatut (zB deutsches Recht als Vertragsstatut) spielt keine Rolle, weil es oft erst im Nachhinein festgestellt wird (Beitzke Kollisionsrecht 119 f; Heyers 115). Bei Verfügungen über ausländische Grundstücke hat allerdings die lex rei sitae das letzte Wort (vgl den Gedanken in Art 7 Abs 3 S 2 EGBGB).

Ein ebensolcher Schutz ist bei Vornahme im Ausland dann zu gewähren, wenn das Recht am Vornahmeort den eigenen Verkehr ähnlich schützt wie wir den unseren nach Art 7 Abs 3 S 1 EGBGB (Soergel-Siebert-Kegel Art 7 Rz 17; Kegel, Internationales Privatrecht [4. Aufl 1977] 264; Beitzke, Kollisionsrecht 121 – aber insoweit starke Gegenmeinung – vgl unten Rz 194). Es gilt dann ebenfalls das Recht des Vornahmeortes. Art 7 Abs 3 S 1 EGBGB wird insoweit in analoger Anwendung zu einer allseitigen Kollisionsnorm (Kegel, Internationales Privatrecht [4. Aufl 1977] 264; Heyers 117; Beitzke, Kollisionsrecht 121). 193

Die hier vertretene Ansicht deckt sich mit der des Deutschen Rates für Internationales Privatrecht. Er schlägt – allerdings nur mit der Mehrheit von einer Stimme – einen Verkehrsschutz folgenden Umfangs im Sinne einer allseitigen Kollisionsnorm vor (S 21): 194

> „Hat eine Organisation in einem Staat, dessen Rechtsordnung sie nicht unterliegt, ein Rechtsgeschäft durch ein persönlich anwesendes Organ vorgenommen, so kann sie sich nicht auf Beschränkungen ihrer Rechtsfähigkeit und Haftung oder auf Beschränkungen der Vertretungsmacht ihrer Organe berufen, die nach dem Recht des Vornahmeortes für eine entsprechende Organisation nicht bestehen. Das gilt nicht, wenn die Beschränkungen dem Gegner bekannt waren."

Gelegentlich werden Einschränkungen bei der Anwendung des Art 7 Abs 3 S 1 EGBGB gemacht. Nach Behrens (Rz 89 S 517) und Beitzke (Kollisionsrecht 120) soll Art 7 Abs 3 S 1 EGBGB nicht anzuwenden sein, wenn der inländische Vornahmeort „rein zufällig" ist. Ein Verkehrsschutz sei dagegen angebracht, „wenn das Geschäft im Inland von einer hier befindlichen Niederlassung oder durch hier ansässige Agenten oder reisende Vertreter geschlossen wird" (Beitzke, Kollisionsrecht 120). Es ist jedoch nicht möglich, das „rein Zufällige" scharf abzugrenzen. Zudem kann der Partner im allgemeinen nicht erkennen, was aus der Sicht der Gesellschaft „zufällig" ist. Schutzwürdigkeit ist allerdings dann nicht gegeben, wenn der Geschäftsgegner eigens („gezielt") aus dem Staate des Gesellschaftsstatuts nach Deutschland gekommen ist, um hier mit dem ausländischen Gebilde Geschäfte abzuschließen (IPG 1965/66 Nr 10). Der Verkehrsschutz entfällt nicht schon deshalb, weil der Geschäftsgegner weiß, daß es sich um eine ausländische juristische 195

Person handelt (KEGEL, Internationales Privatrecht [4. Aufl 1977] 264; aA OLG Hamburg IPRspr 1932 Nr 14).

196 Streitig ist, ob der Geschäftsgegner bei „Bösgläubigkeit" geschützt wird, wenn er also die fehlende Rechtsfähigkeit kennt oder grobfahrlässig nicht kennt (dazu unten Rz 198). Die traditionelle Meinung bejaht den Schutz auch für diesen Fall (RAAPE, Internationales Privatrecht [5. Aufl 1961] 175; RABEL, Conflict of Laws Bd 1 [2. Aufl 1958] 203; M WOLFF, Internationales Privatrecht [3. Aufl 1954] 103; HEYERS 119; SANDROCK, Die multinationalen Korporationen 243). Denn – so M WOLFF –: „Den rechtlichen Verkehr schützt man wirksam nur, indem man den Verkehr schlechthin schützt" (aaO). Demgegenüber will eine neuere Meinung den Schutz des Art 7 Abs 3 S 1 EGBGB bei „Bösgläubigkeit" versagen (SOERGEL-SIEBERT-KEGEL Art 7 Rz 16; BEHRENS Rz 89 S 157; BEITZKE, Kollisionsrecht 120; Deutscher Rat für Internationales Privatrecht 21). Der Schutz des Bösgläubigen stehe im Widerspruch zu den allgemeinen Regeln über den Gutglaubensschutz (zB §§ 892, 932 BGB – so SOERGEL-SIEBERT-KEGEL Art 7 EGBGB Rz 16).

197 Es gibt aber doch Unterschiede gegenüber den genannten Vorschriften. Art 7 Abs 3 S 1 EGBGB ist bewußt (s HARTWIEG-KORKISCH, Die geheimen Materialien zur Kodifikation des Deutschen Internationalen Privatrechts 1881–1896 [1973] 82) nicht als Gutglaubens-Vorschrift formuliert („gilt . . . als geschäftsfähig"); zudem ist die psychologisch-rechtsethische Ausgangslage anders als zB in §§ 892, 932 BGB. Beim Erwerb von einem als solchen bekannten Nichteigentümer geht der Geschäftsgegner im allgemeinen davon aus, daß das „eigentlich nicht geht". Bei der Tätigkeit einer zwar nicht nach ihrem Gesellschaftsstatut, wohl aber nach dem Vornahmestatut rechtsfähigen Gesellschaft liegt dagegen für den redlichen Verkehr die Annahme nahe, daß das „eigentlich geht", daß nämlich das ausländische Gebilde sich bei Tätigkeit im Inland wie ein Inländer behandeln lassen muß. Das spricht dafür, der traditionellen Auffassung zu folgen.

198 Soweit Bösgläubigkeit schaden soll, ist unter den Vertretern dieser hier abgelehnten Meinung wiederum die Definition der Bösgläubigkeit streitig. Nach BEHRENS (Rz 89 S 517) soll schon grobfahrlässige Unkenntnis der beschränkten Rechtsfähigkeit schaden. Das entspricht dem Gedanken des Art 9 Abs 1 S 2 der EG-Richtlinie Nr 68/151/EWG v 9. 3. 1968 (ABl EG Nr L 65/11 v 14. 3. 1968). Nach KEGEL (SOERGEL-SIEBERT-KEGEL Art 7 EGBGB Rz 16), BEITZKE (Kollisionsrecht 120) und dem Deutschen Rat für Internationales Privatrecht (S 21; ebenso IPG 1965/66 Nr 10) schadet nur Kenntnis. Wenn man überhaupt auf Bösgläubigkeit abstellt, sollte in der Tat allenfalls Kenntnis schaden. Andernfalls würde der Verkehrsschutz zu sehr eingeschränkt.

199 Art 7 Abs 3 S 1 EGBGB ist keine voll befriedigende Lösung des Verkehrsschutzproblems, wenn man sich streng an seinem Wortlaut orientiert; er kann sich dann nämlich gegen den inländischen Partner kehren. Dieser müßte beispielsweise leisten, obgleich uU fraglich ist, ob er seine Ansprüche im Sitzstaat durchsetzen kann (GRASMANN Rz 800 S 416), denn dort gilt das Gebilde ja nicht als rechtsfähig. Man muß daher Art 7 Abs 3 S 1 EGBGB in der Weise teleologisch reduzieren, daß die betreffende Organisation sich grundsätzlich nicht auf die fehlende Rechtsfähigkeit berufen kann (so auch Deutscher Rat für Internationales Privatrecht S 3, 21 – oben Rz 194). Es kommt also auf das Verhalten des Geschäftsgegners an. Nimmt er die Organisation als rechtsfähig in Anspruch, so ist allerdings seine Entscheidung „zweischneidig", sie wirkt auch zugunsten des ausländischen Gebildes (vgl den Gedanken in § 50 Abs 2 2. HS ZPO).

c) Rechtsscheingrundsätze 200

Ist ein Gebilde, das nach seinem Gesellschaftsstatut keine Rechtsfähigkeit besitzt, wie eine juristische Person aufgetreten (zB durch Bezeichnung als ausländische „AG" oder als „Stiftung" oä), so kann es im Inland zu seinen Lasten als solche behandelt werden, „wenn die Erfordernisse des redlichen Geschäftsverkehrs dies verlangen" (BGH NJW 1960, 1204 = IPRspr 1960/61 Nr 186). Es handelt sich insoweit um eine Sachnorm des Internationalen Privatrechts. Sie ist jedenfalls dann anzuwenden, wenn die Frage der Rechtsfähigkeit nach ausländischem Recht und der „etwaigen im Ausland vorhandenen Hintermänner" nur schwierig zu klären ist und die Notwendigkeit einer Ermittlung einer „Rechtlosstellung" gleichkäme (BGH aaO). Ist das ausländische Gebilde als inländische juristische Person aufgetreten, so ist es schon nach der allgemeinen Rechtsscheinlehre zu seinen Lasten daran gebunden.

4. Umfang der Rechtsfähigkeit 201

Nach dem Gesellschaftsstatut bestimmt sich grundsätzlich auch der Umfang der Rechtsfähigkeit. Geht die Rechtsfähigkeit über das dem deutschen Recht Bekannte hinaus (zB uU bei juristischen Personen des öffentlichen Rechts, vgl BGHZ 20, 119 und unten Rz 202), so ist das beachtlich (Sandrock, Die multinationalen Korporationen 242 Fn 141). Sonderprobleme entstehen jedoch, wenn die vom Gesellschaftsstatut verliehene Rechtsfähigkeit eingeschränkt ist und hinter dem zurück bleibt, was das deutsche Recht für ein vergleichbares oder auch als vergleichbar empfundenes Gebilde kennt.

Eine beschränkte Rechtsfähigkeit kennt das deutsche Recht zZ nur bei juristischen 202
Personen des öffentlichen Rechts (BGHZ 20, 119), dagegen begegnen wir ihr im Ausland häufiger, so in England, den USA (ultra-vires-Lehre; diese Lehre wird indes von den modernen Gesellschaftsrechten mehrerer US-Bundesstaaten – vgl zB Section 203 New York Business Corporation Law – sowie von der Rechtsprechung immer mehr eingeschränkt – s Conard, Corporations in Perspective [1976] 32; Jennings-Buxbaum, Corporations [1979] 116) und Frankreich. Danach sind Geschäfte – vorbehaltlich eines Gutglaubensschutzes – grundsätzlich nichtig, wenn sie den in der Satzung umschriebenen Aufgabenkreis der Gesellschaft überschreiten (Grossfeld, Management and Control of Marketable Share Companies, in: International Encyclopedia of Comparative Law Bd 13 [1973] Kap 4 Nr 71). Entsprechendes gilt für Staatsunternehmen des Ostblocks. Soweit niemand anders die Geschäfte für die juristische Person vornehmen kann, handelt es sich um eine Beschränkung der Rechtsfähigkeit; soweit – wie zT in den USA – eine Genehmigung durch die Gesellschafter möglich ist, liegt eine Beschränkung der Vertretungsmacht der Organe, also eine Beschränkung der Geschäftsfähigkeit vor (Soergel-Siebert-Kegel Vorbem 154 zu Art 7 EGBGB).

Wenn nach dem Gesellschaftsstatut nur eine beschränkte Rechts- oder Geschäftsfä- 203
higkeit besteht, ist das an sich zu beachten (vgl OLG Düsseldorf IPRspr 1964/65 Nr 21; vgl KG IPRspr 1929 Nr 21); es ist indes stets zu prüfen, ob die Beschränkung auch bei Aktivitäten im Ausland gilt. Die vorstehende Aussage wird jedoch praktisch nur in dem seltenen Fall, daß das deutsche Recht für ein vergleichbares oder sich als vergleichbar ausgebendes Gebilde eine entsprechende Beschränkung kennt. Eine beschränkte Rechtsfähigkeit gibt es im deutschen Recht – wie erwähnt – zZ nur bei juristischen Personen des öffentlichen Rechts (BGHZ 20, 119); für sie wird also auch eine entsprechende Beschränkung des ausländischen Rechts im Inland honoriert (Beitzke, Kollisionsrecht 104). Es ist daher jeweils zu fragen, ob das ausländi-

sche Gebilde nach Struktur und Funktion einem solchen entspricht, bei dem das deutsche Recht eine Beschränkung der Rechtsfähigkeit annimmt (Substitution; dazu unten Rz 239). Eine Gleichstellung mit einer deutschen juristischen Person des öffentlichen Rechts ergibt sich aber nicht schon aus der Struktur eines bestimmten ausländischen Gebildes. Entscheidend ist vielmehr die Funktion. Das ist besonders wichtig bei ausländischen Staatsunternehmen, die am allgemeinen Wirtschaftsverkehr teilnehmen; sie haben keine Aufgaben, wie wir sie funktional einer juristischen Person des öffentlichen Rechts zuordnen. Die Abgrenzung erfolgt ähnlich wie bei der Klärung von Zweifelsfragen zur Staatenimmunität (oben Rz 157). Etwas anderes gilt jedoch, wenn das deutsche Recht – wie in der Regel – eine solche beschränkte Rechtsfähigkeit nicht kennt. Es erfolgt dann eine Sonderanknüpfung analog Art 7 Abs 3 S 1 EGBGB iS einer allseitigen Kollisionsnorm an das Recht des Vornahmestaates. Im übrigen gilt das oben Rz 192 Gesagte.

204 **5. Geschäftsfähigkeit***

Die vorstehenden Grundsätze gelten auch für die Geschäftsfähigkeit der Gesellschaft, also für die Frage, welches Organ die Gesellschaft in welchem Umfang berechtigen und verpflichten kann (gesetzliche Vertretung). Maßgeblich ist das Gesellschaftsstatut (BGHZ 32, 256, 258; OLG Hamburg IPRspr 1932 Nr 14; IPRspr 1935-44 Nr 39; Roge 2, 36; IPG 1965/66 Nr 10; w Nachw bei Soergel-Siebert-Kegel Vorbem 165 Nr 2 zu Art 7 EGBGB; allgemein Mayer-Maly, ÖsterrNotariatszeitung 1968, 18). Beschränkungen der Vertretungsmacht der Vorstandsmitglieder von Aktiengesellschaften (Substitution) durch Bindung an die Schriftform oder an die Mitwirkung eines anderen Organs verstoßen nicht gegen Art 30 EGBGB (KG IPRspr 1929 Nr 21); zu beachten ist aber uU Art 7 Abs 3 EGBGB (unten Rz 205). Das Gesellschaftsstatut entscheidet auch, ob und wie die Vertretung geändert ist – zB durch Eintritt des Konkurses (RGZ 153, 200, 205); gleiches gilt für die Vertretungsmacht des Konkursverwalters (RGZ aaO – s unten Rz 273). Entsprechend richtet sich die gesetzliche Vertretung des ausländischen Fiskus nach den Gesetzen des ausländischen Staates (BGHZ 30, 197, 199).

205 Art 7 Abs 3 S 1 EGBGB ist auch hier iS einer allseitigen Kollisionsnorm anzuwenden (OLG Hamm IPRspr 1956/57 Nr 27; Soergel-Siebert-Kegel Vorbem 165 zu Art 7 EGBGB). Die dabei auftauchenden Fragen sind hier allerdings schwieriger als bei der oben Rz 192 angesprochenen Beschränkung der Rechtsfähigkeit (dazu Beitzke, Kollisionsrecht 119). Eine Beschränkung der Vertretungsmacht der Organe mit Wirkung gegenüber Dritten finden wir im deutschen Recht bei Vereinen nach § 26 Abs 2 S 2 BGB, bei BGB-Gesellschaften (BGHZ 38, 26, 34; 61, 59, 67; OLG Stuttgart MDR 1954, 169; im einzelnen nicht ganz unstr, vgl Flume, FS H Westermann [1974] 119, 131; Palandt-Thomas [39. Aufl 1980] § 714 Anm 3 c) und – als Beschränkung der Ausübung – bei allen Formen der Gesamtvertretung (vgl § 125 Abs 2 S 1 HGB; § 78 Abs 2 S 1 AktG). Es liegt dann nahe, entsprechende Beschränkungen des ausländischen Rechts bei vergleichbaren oder als vergleichbar auftretenden Gebilden (Substitution – unten Rz 239) auch bei uns gelten zu lassen. Ein Zusatzproblem tritt aber dadurch auf, daß die Beschränkungen des deutschen Rechts oft nach außen erst wirken, wenn sie in ein Register eingetragen sind (vgl §§ 68, 70 BGB, §§ 125 Abs 4, 15 HGB). Die Beschränkung steht also in einer Wechselbeziehung zu bestimmten formalisierten Erkundigungsmöglichkeiten. Selbst wenn das auch im Ausland so sein sollte, so kann doch der inländische

* **Schrifttum:** Marugg, Die Anknüpfung der organschaftlichen Vertretungsmacht bei der Aktiengesellschaft im Internationalen Privatrecht (1975).

Rechtsverkehr das häufig nicht überprüfen. Diese Gefährdung muß man aber im Interesse internationaler Rechtsbeziehungen hinnehmen (WIEDEMANN, Gesellschaftsrecht 820). Besonderes gilt jedoch, wenn eine Zweigniederlassung im Inland besteht (unten Rz 567). Dann kommt es auf die Erfüllung der einschlägigen inländischen Registererfordernisse an (zum Ganzen: BUMEDER, Die inländische Zweigniederlassung ausländischer Unternehmen im deutschen Register- und Kollisionsrecht, Diss München 1971 – unten Rz 574 ff).

Ob eine Duldungs- oder Anscheinsvollmacht vorliegt, entscheidet das Recht des 206 Vornahmeortes (BGHZ 43, 21; BGH IPRspr 1968/69 Nr 19 b; OLG Saarbrücken IPRspr 1968/69 Nr 19 a). Handelt ein geschäftsführender Gesellschafter oder das Organ einer Gesellschaft ohne Vertretungsmacht oder überschreitet er seine Vertretungsmacht, so haftet er gemäß verbreiteter Ansicht nach dem Recht des Ortes, an dem das Geschäft vorgenommen wurde (Deutscher Rat für Internationales Privatrecht 22; BEITZKE, Kollisionsrecht 121 m Nachw zum Meinungsstand in Fn 34 – str). Dem Dritten bleibt aber die Möglichkeit, sich auf das für ihn evtl günstigere Gesellschaftsstatut zu berufen (vgl GRASMANN Rz 40 S 85).

Das Gesellschaftsstatut entscheidet ferner darüber, ob das Gericht ein Organ 207 bestellen kann (zB Bestellung eines Notorgans). Die Zuständigkeit eines inländischen Gerichts für solche Maßnahmen bei einer ausländischem Recht unterliegenden Gesellschaft ist jedoch fraglich (BEITZKE, Kollisionsrecht 98 – vgl aber unten Rz 459). Die Bestellung eines Pflegers richtet sich nach Art 23 EGBGB (zur Pflegerbestellung allgemein: BEITZKE, FS Ballerstedt [1975] 185 – unten Rz 459). Soweit es danach bei natürlichen Personen auf die „Staatsangehörigkeit“ ankommt, ist bei juristischen Personen das Recht des Staates maßgebend, in dem sich der tatsächliche Verwaltungssitz befindet (SOERGEL-SIEBERT-KEGEL Vorbem 162 zu Art 7 EGBGB).

Die Vertretungsmacht von Hilfspersonen mit besonderen Vollmachten (Prokura, 208 Handlungsvollmacht) bestimmt das Vollmachtsstatut (OLG Hamm IPRspr 1956/57 Nr 27 – s dazu: Haager Konventionsentwurf über das auf die Stellvertretung anwendbare Recht v 16. 6. 1977, RabelsZ 43 [1979] 176; MÜLLER-FREIENFELS RabelsZ 43 [1979] 80; zum Ganzen: SPELLENBERG, Geschäftsstatut und Vollmacht im internationalen Privatrecht [1979]; PETER MÜLLER RiW 1979, 377; zum Nachw der Vertretungsmacht gem § 174 BGB: LG Frankfurt IPRspr 1932 Nr 26).

6. Parteifähigkeit 209

Die Parteifähigkeit ist der Rechtsfähigkeit verwandt, sie ist aber nicht dasselbe (vgl BGH JZ 1965, 580). Parteifähigkeit ist die Fähigkeit, in einem Rechtsstreit vor Gericht Kläger, Beklagter, Haupt- oder Nebenintervenient zu sein (BGHZ 53, 383; OLG Saarbrücken IPRspr 1968/69 Nr 19; OLG Düsseldorf IPRspr 1964/65 Nr 21). Rechtsfähigkeit und Parteifähigkeit fallen zwar oft (vgl § 50 Abs 1 ZPO), aber nicht notwendig zusammen (vgl § 50 Abs 2 ZPO, § 124 HGB). Die ganz überwiegende Meinung bestimmt aber die Parteifähigkeit nach dem Gesellschaftsstatut, unabhängig davon, ob sie mit Rechtsfähigkeit einhergeht (RGZ 36, 393; BGHZ 53, 383, 385; OLG Düsseldorf IPRspr 1964/65 Nr 21; OLG Bremen IPRspr 1971 Nr 9; KEGEL, Internationales Privatrecht [4. Aufl. 1977] 247; SOERGEL-SIEBERT-KEGEL Vorbem 140 zu Art 7 EGBGB; RIEZLER, Internationales Zivilprozeßrecht [1949] 416). Die Anknüpfung erfolgt also ebenso wie bei der Rechtsfähigkeit. Dieser Gleichlauf empfiehlt sich schon aus praktischen Gründen „wegen des engen Zusammenhangs zwischen der Fähigkeit im Zivilprozeß um Rechte und Pflichten zu kämpfen und wegen der Wichtigkeit der Parteifähigkeit“ (KEGEL aaO). Sonst wäre eine Klage häufiger zwar nicht unzulässig, aber unbegründet (GRASMANN Rz 815 S 440); Steine statt Brot! Die Auslegung ausländischen Rechts durch das Berufungsgericht bindet das Revisionsgericht auch dann, wenn über die Parteifähigkeit zu entscheiden ist (BGH JZ 1965, 580; RGZ 36, 393, 394, 397).

210 Über Einzelheiten der Verweisung auf das Gesellschaftsstatut herrscht jedoch Streit (Übersicht in IPG 1973 Nr 14 – grundlegend PAGENSTECHER ZZP 64 [1951] 249). Eine ältere Meinung bestimmt die Parteifähigkeit als Element des Prozeßrechts grundsätzlich nach der lex fori (vgl BGH JZ 1965, 580; IPG 1973 Nr 14; GRASMANN Rz 856 S 437). Sie wendet daher § 50 Abs 1 ZPO auch auf ausländische Gebilde an. Diese Meinung fragt dann für die Parteifähigkeit nach der Rechtsfähigkeit und gelangt auf diesem Umweg zum Gesellschaftsstatut. In der Bezugnahme auf die Rechtsfähigkeit sieht sie zugleich eine Verweisung auf das insoweit einschlägige Internationale Privatrecht (vgl BGH JZ 1956, 535; 1965, 580). Der Weg über § 50 Abs 1 ZPO müßte konsequenterweise dahin führen, daß nur solche Gebilde als parteifähig gelten, die nach ihrem Gesellschaftsstatut rechtsfähig sind. Ein nicht rechtsfähiges Gebilde würde also bei uns selbst dann nicht als parteifähig behandelt, wenn es nach seinem Gesellschaftsstatut parteifähig ist (vgl die entsprechende Situation in § 124 HGB). Umgekehrt wäre ein nach dem Gesellschaftsstatut nicht parteifähiges Gebilde bei uns parteifähig, wenn es nur rechtsfähig ist. Die Praxis zieht die aus dem theoretischen Ansatz gebotenen Konsequenzen jedoch nicht und beurteilt „aus Zweckmäßigkeitsgründen" (RIEZLER, Internationales Zivilprozeßrecht [1949] 417) die Parteifähigkeit eigenständig nach dem Gesellschaftsstatut (BEITZKE, Kollisionsrecht 98).

211 Das zeigt, daß es mit der Theorie nicht stimmen kann. In der Tat kann der Weg des § 50 Abs 1 ZPO über die Rechtsfähigkeit zur Parteifähigkeit nicht als allgemeines methodisches Prinzip verstanden werden. § 50 Abs 1 ZPO regelt die Parteifähigkeit nicht umfassend; nicht immer ist nur der Rechtsfähige parteifähig (vgl § 50 Abs 2 ZPO, § 124 HGB – BGH NJW 1960, 1204). Die zutreffende theoretische Begründung hat PAGENSTECHER (ZZP 64 [1951] 249) gegeben (zustimmend NEUHAUS JZ 1956, 537; REITHMANN, Internationales Vertragsrecht [2. Aufl 1972] Nr 646 S 479). Danach gilt § 50 Abs 1 ZPO nicht für Gebilde mit ausländischem Gesellschaftsstatut. Vielmehr besteht eine eigene prozessuale Kollisionsnorm, gemäß der sich die Parteifähigkeit nach dem Gesellschaftsstatut bestimmt. Es kommt also allein darauf an, ob das betreffende Gebilde nach seinem Gesellschaftsstatut parteifähig ist; grundsätzlich ist gleichgültig, ob es zugleich rechtsfähig ist oder nicht – es sei denn, daß nach dem Gesellschaftsstatut die Parteifähigkeit von der Rechtsfähigkeit abhängt (PAGENSTECHER aaO, 262; im Ergebnis ebenso BEITZKE, Kollisionsrecht 98). Nach dem Gesellschaftsstatut richtet sich auch die passive Parteifähigkeit. Bei der Vollstreckung ist § 735 ZPO analog anwendbar (PAGENSTECHER aaO, 263).

212 GRASMANN (Rz 860 S 438) möchte analog § 55 ZPO (dagegen PAGENSTECHER aaO, 261) die Parteifähigkeit ausländischer Rechtsgebilde nur anerkennen, wenn sie parteifähigen deutschen Gesellschaften entsprechen (ebenso KANN, FS Heinitz [1926] 331). Das ist zwar vom Standpunkt der Differenzierungslehre (oben Rz 27) konsequent, ist aber nicht akzeptabel, wenn man mit der hL die Rechtsfähigkeit nach dem Gesellschaftsstatut bestimmt. Eine andere Anknüpfung für die Parteifähigkeit ist dann unzweckmäßig (oben Rz 209). Falls das Gebilde nach dem Gesellschaftsstatut nicht parteifähig ist, gelten uU die Grundsätze über den Rechtsschein (vgl BGH NJW 1960, 1204 = IPRspr 1960/61 Nr 186) und die analoge Anwendung von Art 7 Abs 3 S 1 EGBGB (oben Rz 192; OLG Düsseldorf IPRspr 1964/65 Nr 21), vor allem ist § 50 Abs 2 ZPO zu berücksichtigen (BEITZKE, Kollisionsrecht 98).

7. Prozeßfähigkeit 213

Die Prozeßfähigkeit, dh die Fähigkeit, im Prozeß wirksame Willenserklärungen vorzunehmen (hier insbes die prozessuale Vertretungsmacht der Gesellschaftsorgane), steht der Geschäftsfähigkeit nahe, ist mit ihr aber nicht gleichzusetzen. § 51 ZPO verweist zwar für die Prozeßfähigkeit „auf die Vorschriften des bürgerlichen Rechts", und § 52 ZPO stellt auf die Fähigkeit ab, sich durch Verträge zu verpflichten; aber das muß nicht so sein. Es liegt hier ähnlich wie bei der Parteifähigkeit (grundlegend Pagenstecher ZZP 64 [1951] 249, 276; vgl auch Neuhaus JZ 1956, 537), wobei § 55 ZPO noch einen eigenen Hinweis auf die grundsätzliche Maßgeblichkeit des Gesellschaftsstatuts enthält. Ebenso wie Rechtsfähigkeit und Parteifähigkeit sind Geschäftsfähigkeit und Prozeßfähigkeit gleich anzuknüpfen; auch die Prozeßfähigkeit bestimmt sich nach dem Gesellschaftsstatut (hM; BGH JZ 1956, 535 m Anm Neuhaus; Soergel-Siebert-Kegel Vorbem 163 zu Art 7 EGBGB; IPG 1975 Nr 1; zum Ganzen: Kralik ÖsterrZRvgl 11 [1970] 161). Das gilt gleichermaßen für die Prozeßführungsbefugnis des Konkursverwalters (OLG Hamm IPRspr 1976 Nr 211; vgl unten Rz 273). Es muß also Prozeßfähigkeit nach dem Gesellschaftsstatut gegeben sein; Geschäftsfähigkeit nach dem Gesellschaftsstatut ist weder erforderlich noch ausreichend (Soergel-Siebert-Kegel Art 7 EGBGB Rz 9). Falls die Prozeßfähigkeit nach dem Gesellschaftsstatut nicht besteht, ist § 55 ZPO zu beachten:

> „Ein Ausländer, dem nach dem Recht seines Landes die Prozeßfähigkeit fehlt, gilt als prozeßfähig, wenn ihm nach dem Recht des Prozeßgerichts die Prozeßfähigkeit zusteht."

Es kann also doch die Prozeßfähigkeit zu bejahen sein, wenn das ausländische Gebilde einem deutschen prozeßfähigen Gebilde entspricht. Gegebenenfalls ist ein Prozeßpfleger nach § 57 ZPO zu bestellen (Beitzke, Kollisionsrecht 98; vgl auch RG JW 1926, 2899). § 55 ZPO entspricht in seiner Funktion dem Art 7 Abs 3 S 1 EGBGB.

8. Besondere Rechtsfähigkeiten 214

a) Allgemeines

Von der allgemeinen Rechtsfähigkeit müssen wir die besondere Rechtsfähigkeit unterscheiden. Die allgemeine Rechtsfähigkeit besagt, daß jemand überhaupt Rechte und Pflichten haben kann (vgl § 1 BGB); unter dem Begriff der besonderen Rechtsfähigkeit erfaßt man Beschränkungen bei der Fähigkeit, Träger bestimmter Rechte und Pflichten zu sein oder bestimmte Rechtsgeschäfte vorzunehmen (Soergel-Siebert-Kegel Vorbem 161 zu Art 7 EGBGB; Art 7 Rz 4; Neumeyer, Internationales Verwaltungsrecht Bd 1 [1910] 154).

Zu erwähnen sind zunächst Beschränkungen für juristische Personen beim Erwerb 215
allgemein (vgl Art 86 EGBGB; diese Bestimmung ist durch das Gesetz zur Wiederherstellung der Gesetzeseinheit auf dem Gebiete des bürgerlichen Rechts v 5. 3. 1953 [BGBl I 33] Zweiter Teil Art 2 Abs 1 insoweit aufgehoben, als sie den Erwerb von Rechten durch juristische Personen mit Sitz im Inland von einer staatlichen Genehmigung abhängig macht) und beim Erwerb von Grundstücken (vgl Art 88 EGBGB). Beide Vorschriften gelten nicht für Gesellschaften aus EWG-Mitgliedstaaten (Gesetz zur Aufhebung von Erwerbsbeschränkungen für Staatsangehörige und Gesellschaften der Mitgliedstaaten der Europäischen Wirtschaftsgemeinschaft v 2. 4. 1964 [BGBl I 248]). Ähnliche Regeln finden wir im Hinblick auf andere Gegenstände (zB Beteiligungen an anderen Gesellschaften; vgl Grossfeld, Aktien-

gesellschaft, Unternehmenskonzentration und Kleinaktionär [1968] 163) oder bei der Übernahme von Organstellungen (vgl zB § 76 Abs 3 AktG: „Mitglied des Vorstands kann nur eine natürliche, unbeschränkt geschäftsfähige Person sein"; vgl auch § 100 AktG; dazu unten Rz 226, 288). Erwerbsbeschränkungen sollen oft Vermögensakkumulationen bei langlebigen („unsterblichen") Vermögensträgern erschweren (vgl GROSSFELD, FS Kummer [1980] 3). Solche Beschränkungen können sich ergeben aus dem Gesellschaftsstatut, dem Wirkungsstatut (lex causae) und ferner aus dem Recht des Staates, in dessen Gebiet sich der Rechtserwerb vollzieht – zB der lex rei sitae (RABEL 165). Alle drei Statute können kumulativ zum Zuge kommen. MARTIN WOLFF (Internationales Privatrecht [1954] 118) sagt plastisch:

> „Die fremde juristische Person kann höchstens soviel Rechte haben, wie sie nach dem Rechte ihres Sitzes hat, und höchstens soviel wie eine deutsche juristische Person dieser Art in Deutschland hat."

Im einzelnen gilt folgendes:

216 Beschränkt das Gesellschaftsstatut die Erwerbsfähigkeit, so ist stets zuerst zu prüfen, ob die Erwerbsbeschränkung sich auf Vermögenserwerb außerhalb des eigenen Staates erstrecken soll. Das wird zB bei Grundstücken oft zu verneinen, bei Schenkungen hingegen zu bejahen sein (RABEL 166); zweifelhaft – aber im Ergebnis wohl oft zu bejahen – ist es bei dem Verbot, sich an anderen Gesellschaften zu beteiligen (dazu unten Rz 219; vgl GROSSFELD, Aktiengesellschaft, Unternehmenskonzentration und Kleinaktionär [1968] 169). Soll die Erwerbsbeschränkung für einen Erwerb außerhalb des eigenen Landes gelten, so ist sie grundsätzlich beachtlich (SOERGEL-SIEBERT-KEGEL Vorbem 161 zu Art 7 EGBGB; RABEL 166; BEITZKE, Juristische Personen 153 – beachte aber BGHZ 31, 367, 371). Art 7 Abs 3 S 1 EGBGB ist iS einer allseitigen Kollisionsnorm auch hier analog anzuwenden (M WOLFF, Internationales Privatrecht [1954] 118).

217 Eine Erwerbsbeschränkung ist ebenfalls erheblich, wenn sie sich aus dem Wirkungsstatut (lex causae) ergibt, also aus der Rechtsordnung, die für das jeweilige Rechtsverhältnis maßgebend ist (SOERGEL-SIEBERT-KEGEL Vorbem 161 zu Art 7 EGBGB; Art 7 EGBGB Rz 4; BEITZKE, Kollisionsrecht 97; HEYERS 68; KG ZBlFG 2 [1901/02] 264). Auch dann ist aber die Reichweite der Erwerbsbeschränkung von ihrem Zweck her stets sorgfältig zu prüfen. Im übrigen beurteilt sich die Erwerbsfähigkeit nach dem Recht des Staates, in dem sich der zu erwerbende Gegenstand befindet – Recht des Belegenheitsstaates (hM: RGZ 121, 337, 344 aE; vgl RGZ 126, 196, 204; BGHZ 31, 367, 372; BGH NJW 1963, 1541, 1542). Rück- und Weiterverweisungen sind zu beachten (GRASMANN Rz 884 S 448; zum Erwerb von Personengesellschaften in Staaten, die kein Gesamthandseigentum kennen GRASMANN aaO).

218 Gelegentlich wird die Meinung vertreten, daß Erwerbsbeschränkungen für juristische Personen (oben Rz 215) nur für solche Gebilde des Auslandes gelten, die inländischen juristischen Personen entsprechen (GRASMANN Rz 814 S 421), daher zB nicht für ausländische Personengesellschaften mit eigener Rechtspersönlichkeit. Dem ist jedoch nicht zu folgen. Denn durch solche Erwerbsbeschränkungen soll gerade der Vermögenszuwachs bei Organisationen eingeschränkt werden, die kraft eigener Rechtspersönlichkeit „unsterblich" sind (dazu allgemein GROSSFELD, FS Kummer [1980] 3).

219 **b) Beteiligungen an Gesellschaften**

Besondere Fragen stellen sich bei Beschränkungen im Zusammenhang mit der Beteiligung an anderen Gesellschaften. Einzelne Rechte verbieten einer Gesellschaft, Mitglied einer anderen Gesellschaft zu werden, sich zB als Aktionär oder als

Komplementär (Verbot der Typenmischung) zu beteiligen (dazu Grasmann Rz 885 S 449; Grossfeld, Aktiengesellschaft, Unternehmenskonzentration und Kleinaktionär [1968] 163).

Ob die Beteiligung zulässig ist, beurteilt sich zuerst nach dem Gesellschaftsstatut der Gesellschaft, an der die Beteiligung angestrebt wird; denn es geht um deren innere Ausgestaltung. Verbietet dieses Recht die Beteiligung einer Gesellschaft ganz (zB kann eine Gesellschaft bürgerlichen Rechts – und damit auch eine dem entsprechende Gesellschaft ausländischen Rechts [Substitution] – nicht Mitglied einer OHG werden) oder nur für ausländische Gesellschaften, so hat es dabei sein Bewenden (Grasmann Rz 889 S 451). Beachtlich sind auch Erwerbsbeschränkungen, die sich aufgrund des Antitrustrechtes ergeben (vgl Grasmann Rz 891 d S 457). Insoweit bestehen gegen die Anwendung ausländischen Kartellrechts keine Bedenken (dazu generell Bär, Kartellrecht und Internationales Privatrecht [1965]; Grossfeld, Berichte der Deutschen Gesellschaft f Völkerrecht 18 [1978] 73, 141). Es wäre mißlich, eine Beteiligung an einer Gesellschaft anzunehmen, wenn die Beteiligung nach dem Heimatrecht der Gesellschaft selbst nicht besteht (vgl Lalive, Annuaire de l'Institut de Droit International 56 [1975] 157, 177). 220

Neben dem Gesellschaftsstatut der Gesellschaft, an welcher die Beteiligung erstrebt wird, ist auch das Gesellschaftsstatut der Gesellschaft beachtlich, die sich beteiligen will. Hier ist aber vorweg stets die internationale Reichweite der dort enthaltenen Beschränkung zu prüfen und im Zweifel zu bejahen (oben Rz 216). Die Berücksichtigung des ausländischen Gesellschaftsstatuts ist geboten, weil es für den inländischen Verkehr oft mißlich wäre, wenn der Heimatstaat der beteiligten Gesellschaft die Beteiligung als unwirksam ansähe. Die Durchsetzung einer evtl Haftung im Ausland wäre zB erheblich gefährdet, weil die ausländische Gesellschaft nach ihrem Heimatrecht „nicht entsprechend zur Haftung herangezogen werden" könnte (Grasmann Rz 891 S 454). Aber auch abgesehen von der Haftung sollte ein hinkendes Rechtsverhältnis generell vermieden werden. Die analoge Anwendung des Art 7 Abs 3 S 1 EGBGB genügt in diesem Fall zum Schutz inländischer Interessen nicht immer. Denn zum einen bleibt die Gefahr mangelnder Haftungsdurchsetzung bei abweichender Auffassung des Heimatstaates, zum anderen schützt Art 7 Abs 3 S 1 EGBGB den Vertragsgegner, während es hier auch um den Schutz Dritter gehen kann. Die Lehren von der Scheingesellschaft und der fehlerhaften Gesellschaft, ferner § 15 Abs 1 u 3 HGB bieten aber darüber hinaus flexible Lösungen. 221

c) Typenvermischung mit ausländischer Gesellschaft 222

Es ist im übrigen jeweils sorgfältig zu prüfen, ob eine Beteiligung durch ausländische Gesellschaften zulässig ist. Man kann nicht ohne weiteres davon ausgehen, daß eine Beteiligungsmöglichkeit für eine deutschem Recht unterstehende Gesellschaft auch für anders strukturierte Gesellschaften offensteht. Die Antwort ist unproblematisch bei der Beteiligung an Kapitalgesellschaften und Genossenschaften. Hier können ausländische juristische Personen als Gründer und Gesellschafter auftreten (IPG 1973 Nr 15; IPG 1970 Nr 10). Auch die Möglichkeit einer Beteiligung an einer inländischen Personengesellschaft (zB ausländische Gesellschaft mit beschränkter Haftung als Komplementärin einer inländischen Kommanditgesellschaft) wird gelegentlich wie selbstverständlich bejaht (vgl zB Meilicke-Meilicke, Kommentar zum Mitbestimmungsgesetz [2. Aufl 1976] § 1 Rz 3; ders BB 1977, 1063). Dem ist jedoch in dieser Allgemeinheit nicht zu folgen.

Das deutsche Recht hat die namentlich in der GmbH & Co KG anzutreffende Typenvermischung unter dem Druck des Steuerrechts hingenommen, weil dadurch 223 keine Unklarheit über die Vertretungs- und Haftungsverhältnisse zu befürchten ist. Insofern liegt es bei der Beteiligung einer ausländischen Gesellschaft als Komplementärin aber anders. Hier gibt es grundsätzlich keine Eintragung in ein inländisches Register, aus dem sich die Vertretungsverhältnisse der inländischen Personengesellschaft voll ergeben; denn die ausländische Gesellschaft ist nicht in ein deutsches Register eingetragen. Klarheit der Vertretungsverhältnisse ist aber ein unverzichtbarer Bestandteil des deutschen Rechts der Personenhandelsgesellschaften. Diese Voraussetzungen sind bei einer ausländischen Gesellschaft allenfalls dann erfüllt, wenn sie gemäß § 13 b HGB, § 44 AktG mit einer inländischen Zweigniederlassung eingetragen ist (vgl unten Rz 574).

224 Es ist darüber hinaus fraglich, ob man die zunächst auf deutsche Gesellschaftsformen zugeschnittene Typenvermischung selbst bei der Vermischung mit ausländischen Gesellschaften unbegrenzt zulassen soll. Denn auch die Typenvermischung ist dem Gebot der Durchsichtigkeit und Klarheit nicht völlig entzogen (vgl Grossfeld, Zivilrecht als Gestaltungsaufgabe [1977] 39). Für den Rechtsverkehr wird aber die ohnehin komplizierte Struktur der GmbH & Co KG noch undurchsichtiger, wenn zur Typenvermischung eine Rechtsnormenmischung hinzutritt. Die Schwelle zur Unzumutbarkeit wird überschritten, wenn in einer einheitlichen Struktur (als solche wird die GmbH & Co KG zunehmend betrachtet – Bernstein-Schultze-von Lasaulx ZGR 5 [1976] 33) nicht nur zwei Gesellschaften, sondern auch zwei Rechte zusammenkommen (der Rechtsverkehr besteht ja nicht aus rechtsvergleichend geschulten Juristen – und selbst für diese ist es häufig unmöglich, das ausländische Recht genau zu ermitteln!).

225 Der entstehende Normenmix verstößt zudem gegen eine Grundannahme der Sitztheorie. Danach umfaßt das Recht des Sitzes der Hauptverwaltung die Gesellschaft in ihrem gesamten Bestand, einschließlich aller ihrer Teile. Beruht aber die Stellung des Komplementärs auf ausländischem Recht, so unterliegt ein wesentlicher Teil der als Einheit gesehenen Gesamtkonstruktion, ihr strukturbestimmendes Element, ausländischem Recht. Das kann sich zB bei Anwendung der Regeln über die Kapitalerhaltung oder über den Konkurs – §§ 130 a, 177 a HGB, § 209 Abs 1 S 3 KO – sehr nachteilig auswirken. Eine solche kollisionsrechtliche Abspaltung einer im übrigen einheitlich gesehenen Organisation ist nach der Sitztheorie unzulässig. Die Beteiligung einer ausländischen Gesellschaft als Komplementärin einer deutschen Kommanditgesellschaft ist daher nicht möglich, eine entsprechende Eintragung in das Handelsregister ist abzulehnen (vgl auch unten Rz 317).

226 **d) Weitere gesellschaftsrechtliche Beschränkungen**

Die vorstehenden Überlegungen zu den besonderen Rechtsfähigkeiten gelten auch für Beschränkungen nach Art des § 56 Abs 2 AktG (Aktienübernahme durch ein abhängiges Unternehmen, vgl Grasmann Rz 891 d S 454 und unten Rz 288). Die gleichen Grundsätze regeln die Fähigkeit, zB Mitglied des Vorstandes (§ 76 Abs 3 AktG) oder des Aufsichtsrates (§ 100 AktG) oder Abwickler (vgl § 265 Abs 2 S 2 AktG) zu sein. Auch hier ist zunächst das Gesellschaftsstatut der Gesellschaft beachtlich, in der die entsprechende Stellung eingenommen werden soll. Dabei ist jeweils zu prüfen, ob sich das Verbot auf ausländische Gesellschaften bezieht. Das ist entgegen Grasmann (Rz 890 S 453) für §§ 76 Abs 3, 100 Abs 1 AktG zu bejahen; denn diese Vorschriften sollen die Gesellschaft schützen, bei der die Organstellung angestrebt wird (zu § 100 Abs 2 AktG unten Rz 288). Andererseits hindern sie nicht die Organstellung in einer ausländischen Gesellschaft, deren Gesellschaftsstatut solche Beschränkungen nicht kennt. Zugleich sind aber evtl Beschränkungen des Gesellschaftsstatuts der die Organstellung anstrebenden Gesellschaft zu beachten (zB wenn das ausländische Recht entgegen § 265 Abs 2 S 2 AktG die Tätigkeit einer juristischen Person als Abwickler verbietet). Die Berücksichtigung dieses Gesellschaftsstatuts dient gerade den Interessen des Inlandes, weil die Verantwortlichkeit eines solchen Organs im Ausland sonst nicht durchzusetzen ist (vgl oben Rz 221). Die Anwendung des ausländischen Gesellschaftsstatuts soll nach Grasmann (Rz 890 S 452) möglicherweise davon abhängen, ob das Organ wirksam zur Verantwortung gezogen werden kann. Das führt jedoch zu schwierigen Abgrenzungsfragen im Einzelfall und zu erheblicher Rechtsunsicherheit, die gerade bei Organisationsstrukturen schwer zu ertragen sind. Es ist daher besser, von vornherein auf beide Statute abzustellen (so anscheinend auch Grasmann Rz 1036 S 517).

e) Wechselfähigkeit, Scheckfähigkeit, Anleihefähigkeit 227

Über die Wechselfähigkeit von Gesellschaften entscheidet das nach der Sitztheorie bestimmte Gesellschaftsstatut (vgl Art 91 WG; Baumbach-Hefermehl, Wechselgesetz und Scheckgesetz [12. Aufl 1978] Art 91 WG Rz 2; IPG 1971 Nr 9). Gleiches gilt für die Scheckfähigkeit (vgl Art 60 ScheckG).

Die sog Anleihefähigkeit, dh die Fähigkeit, Inhaberschuldverschreibungen in Verkehr zu bringen, richtet sich dagegen nicht nach dem Gesellschaftsstatut (Grasmann Rz 873 S 443; Wiedemann, Gesellschaftsrecht 818 Fn 30). Es kommt an auf das Recht des Staates, in dem und nach dessen Recht die Papiere ausgestellt und in Verkehr gebracht sind. Verneint das Gesellschaftsstatut allerdings die Anleihefähigkeit, so liegt darin ein Urteil des Heimatstaates selbst über Zuverlässigkeit der Gesellschaft. Das kann bei einer Gesamtbeurteilung und bei der Frage der Vergleichbarkeit mit einer inländischen Gesellschaft (unten Rz 239) nicht unberücksichtigt bleiben; denn niemand kennt sein Gebilde besser als der Heimatstaat. Er übersieht eher die Einbettung in Zwangsvollstreckungs- und Konkursprobleme (vgl zu einem ähnlichen Problem Grossfeld, Basisgesellschaften im Internationalen Steuerrecht [1974] 66). 228

9. Deliktsfähigkeit 229

Ob eine Gesellschaft für die von ihren Organen und Gehilfen verursachten Schäden haftet (Deliktsfähigkeit), bestimmt sich nicht nach dem Gesellschafts-, sondern nach dem Deliktsstatut. Es entscheidet demnach grundsätzlich das Recht am Orte der Rechtsgutverletzung (hM; Beitzke, FS Mann [1977] 107, 113). Grasmann (Rz 894 S 456) will daneben das Gesellschaftsstatut heranziehen. Dafür sprechen Gesichtspunkte des Verkehrsschutzes. Es ist aber zu bedenken, daß Schadenersatzrecht und Haftungszurechnungsrecht in einem inneren Zusammenhang stehen (wie zB beim Verhältnis Schadenersatzrecht – Haftpflichtversicherungsrecht besonders deutlich wird). Das Haftungszurechnungsrecht ist auf ein bestimmtes Schadenersatzrecht bezogen. Diese innere Verbindung sollte internationalprivatrechtlich bestehen bleiben. Es könnte sonst geschehen, daß ein besonders weitgehendes Schadenersatzrecht und ein scharfes Haftungszurechnungsrecht kumulativ zur Anwendung kommen. Das führte zu einem Ergebnis, das in seiner Schärfe von beiden Rechtsordnungen nicht gewollt ist. Es ist daher der hM zu folgen. Das Recht am Ort der Rechtsgutverletzung bestimmt somit, ob eine Organhaftung oder eine Haftung für Sondervertreter (§§ 30, 31 BGB) in Betracht kommt (OLG Schleswig IPRspr 1970 Nr 19).

Soweit deutsches Recht Deliktsstatut ist, hängt die Anwendung der §§ 31, 831 BGB 230
davon ab, ob die ausländische Gesellschaft einer Form des deutschen Rechts

entspricht, für die §§ 31, 831 BGB gelten (Substitution unten Rz 239). Das kann selbst dann zu bejahen sein, wenn die ausländische Gesellschaft nicht juristische Person ist; denn § 31 BGB erfaßt auch nichtrechtsfähige Vereine und die Personenhandelsgesellschaften (bei Gesellschaft bürgerlichen Rechts str – verneinend jedenfalls für die Haftung der Gesellschafter BGH JZ 1979, 570 m Nachw auch zur Gegenmeinung; vgl ferner Martinek, Repräsentantenhaftung [1979]).

231 Ob jemand Organ, verfassungsmäßig berufener Vertreter oder Verrichtungsgehilfe ist und ob er in Ausführung der ihm zustehenden Verrichtungen gehandelt hat, entscheidet sich aus der Sicht des Deliktsstatuts. Für eine sachgerechte Behandlung ist aber die Rechtsstellung aufgrund des Gesellschaftsstatuts zu berücksichtigen (Beitzke, FS Mann [1977] 120 f; OLG Schleswig IPRspr 1970 Nr 19). Zu prüfen ist, ob die Rechtsstellung nach dem Gesellschaftsstatut zB den in §§ 31, 831 BGB genannten Tatbestandsmerkmalen entspricht (Substitution – dazu Grossfeld, Basisgesellschaften im Internationalen Steuerrecht [1974] 62 – unten Rz 239).

232 10. Kaufmannseigenschaft

Die Kaufmannseigenschaft (die Eigenschaft als Handelsgesellschaft) richtet sich nicht nach dem Gesellschaftsstatut, sondern nach dem Wirkungsstatut (Substitution – OLG München NJW 1967, 1326, 1328; von Bar, Theorie und Praxis des Internationalen Privatrechts Bd 2 [2. Aufl 1889] 130; Neuhaus, Die Grundbegriffe des Internationalen Privatrechts [2. Aufl 1976] 346; Jayme ZHR 142 [1978] 105, 115 N 57 a; Schlechtriem, FS Duden [1977] 571, 580). Eine starke Gegenmeinung bestimmt dagegen die Kaufmannseigenschaft nach dem Gesellschaftsstatut (LG Hamburg IPRspr 1958/59 Nr 22; KG IPRspr 1966/67 Nr 190; Gierke-Sandrock, Handels- und Wirtschaftsrecht Bd 1 [1975] 63 m Nachw). Dieser letzteren Lehre ist nicht zu folgen.

233 Internationalprivatrechtlich sind lediglich solche Rechtsbegriffe selbständig anknüpfungsfähig, die einen relativ einheitlichen Inhalt haben. Nur dann besteht eine gewisse Gewähr dafür, daß man etwas in das Inland hereinholt, das der funktionalen Ausrichtung des eigenen Rechtssystems entspricht. Das am Kaufmannsbegriff orientierte HGB versucht, nach geschäftserfahrenen und weniger geschäftserfahrenen Personen abzugrenzen; von dieser Aufgabe her ist der Kaufmannsbegriff geprägt. Es besteht aber keine Sicherheit, daß der Kaufmannsbegriff eines ausländischen Rechts dieser Funktion gerecht wird. Die Abgrenzungen des ausländischen Rechts sind zT ganz andere als nach deutschem Recht, in einigen Rechten (zB im niederländischen Recht) fehlt die Unterscheidung ganz (Nachw bei Jayme ZHR 142 [1978] 105, 115 Fn 57 a). Das deutsche HGB könnte so einerseits leerlaufen oder andererseits auf Personen zur Anwendung kommen, für die es nicht gelten will. Wenn das deutsche Recht auf den Begriff des „Kaufmanns" abstellt, so ist das ebenso als hätte das Gesetz „noch einmal diejenigen Personen ausdrücklich bezeichnet, deren Beteiligung als Contrahenten das Geschäft als Handelsgeschäft erscheinen läßt" (von Bar, Theorie und Praxis des Internationalen Privatrechts Bd 2 [2. Aufl 1889] 130). Unter „Kaufmann" bzw „Handelsgesellschaft" ist also nur der Kaufmann bzw die Handelsgesellschaft iSd deutschen Handelsgesetzbuches zu verstehen.

234 Es kommt somit auf die für den Geschäftsgegner erkennbaren Voraussetzungen der §§ 1–6 HGB an. In unserem Zusammenhang ist demnach entscheidend, ob Vergleichbarkeit mit den in § 6 HGB angesprochenen Handelsgesellschaften des deutschen Rechts besteht (Substitution – Einzelheiten unten Rz 239). Schwierigkeiten könnten entstehen, soweit das deutsche Recht auf die Eintragung in das Handelsregister abstellt (§ 2 HGB). Falls eine der Handelsregistereintragung funktional vergleichbare Eintragung in ein ausländisches Register vorliegt, kommt dem als Element der Vergleichbarkeit großes Gewicht zu. Fehlt eine solche Eintragung, so soll nach SCHLECHTRIEM (FS Duden [1977] 571, 580) die Kaufmannseigenschaft entfallen. Es liegt dann aber nahe, den Rechtsgedanken des § 47 b HGB heranzuziehen und auf das Vorliegen der Eintragungsvoraussetzungen nach deutschem Recht abzustellen.

11. Name und Firma 235

a) Namens- und Firmenberechtigung

Welcher Name einer juristischen Person zusteht, beurteilt sich nach ihrem Gesellschaftsstatut, also nach dem Recht des Sitzes ihrer Hauptverwaltung (RGZ 117, 215, 218; BGH JZ 1958, 241, 242; KEGEL, Internationales Privatrecht [4. Aufl 1977] 271; SOERGEL-SIEBERT-KEGEL Art 7 EGBGB Anh Rz 10; RAAPE, Internationales Privatrecht [5. Aufl 1961] 652; BEITZKE, Juristische Personen 171). Gleiches gilt für die Firma (BGH NJW 1971, 1522 = IPRspr 1971 Nr 114; OLG Hamburg IPRspr 1958/59 Nr 43; KG IPRspr 1934 Nr 13; RAAPE 653; KEGEL 274; SOERGEL-SIEBERT-KEGEL Art 7 EGBGB Anh Rz 11). Anderer Ansicht ist jedoch J F BAUR (AcP 167 [1967] 535, 551), der bei Handelsnamen (Firma, Geschäftsbezeichnung) nicht nur für den Namensschutz (unten Rz 237), sondern auch für die Namensberechtigung einheitlich an das Recht des Verletzungsortes anknüpft. Berechtigte Bedenken dagegen bei SOERGEL-SIEBERT-KEGEL (Art 7 EGBGB Anh Rz 12): es gäbe für die Gesellschaft große Eintragungsprobleme, das einheitliche Gesellschaftsstatut sollte nicht ohne Not aufgegeben werden (vgl oben Rz 10 – aber auch unten Rz 236). Für die Firma der Zweigniederlassung gilt das Recht ihres Sitzes (KG IPRspr 1934 Nr 13; BEITZKE, Juristische Personen 172 f; WOLFF, Das Internationale Privatrecht Deutschlands [3. Aufl 1954] 113; s unten Rz 567).

Das Gesellschaftsstatut gilt nach herrschendem Verständnis jedoch nicht uneinge- 236
schränkt: Die Führung einer ausländischen Firma im Inland darf nicht gegen den ordre public verstoßen. Wegen Art 30 EGBGB wird zB eine Firma nicht als rechtmäßig anerkannt, wenn sie durch einen ausländischen Staat unter Enteignung einer inländischen Person verliehen wurde (BGH JZ 1958, 241, 242). Ferner darf auch eine ausländische Firma nicht den inländischen Grundsatz der Firmenwahrheit verletzen. So kann die Bezeichnung „Aktiengesellschaft“ unzulässig sein, wenn die ausländische Aktiengesellschaft nicht die an eine deutsche Aktiengesellschaft gestellten Anforderungen hinsichtlich der Kapitalausstattung erfüllt (LG Hagen NJW 1973, 2162 = IPRspr 1973 Nr 22). Errichtet eine ausländische Gesellschaft eine Zweigniederlassung im Inland, so darf die Firma der Zweigniederlassung nicht über die Art oder den Umfang des Geschäfts oder die Verhältnisse des Geschäftsinhabers täuschen. Die Firma darf zB bei einem unbefangenen Betrachter (BGHZ 22, 88, 96) nicht den Eindruck einer berechtigten Firmenfortführung nach § 22 HGB erwecken (BayObLG. Die AG 1978, 349, 350; s ferner KRAFT in Kölner Kommentar zum AktG [1970] § 4 Rz 29; zur Frage, wann eine Gesellschaft als „deutsche“ firmieren darf WIEDEMANN, Gesellschaftsrecht 831 m Nachw; EBERT WRP 1960, 94). Die Eingriffsrechte der deutschen Gerichte bestimmen sich nach § 37 Abs 1 HGB (KG IPRspr 1934 Nr 13).

b) Namens- und Firmenschutz 237

Der Schutz einer ausländischem Recht unterliegenden Firma (oder eines ausländischem Recht unterliegenden Namens; dazu zuletzt KRÜGER-NIELAND, FS Fischer [1979] 339, 342) richtet sich ebenfalls nach dem Gesellschaftsstatut, dessen Geltung allerdings im Verkehrsinteresse durch die Regelungen des Verletzungsortes einzuschränken ist (hM): Aus einer im Inland eingetretenen Verletzung des Namens- oder Firmenrechtes eines Ausländers kann kein weiterreichender Schutz beansprucht werden als nach inländischem Recht; die inländische Rechtsordnung bestimmt demnach die Höchstgrenze des erreichbaren Namens- oder Firmenschutzes (RGZ 100, 182; 117, 215, 218; Beitzke, Juristische Personen 176; Kegel, Internationales Privatrecht [4. Aufl 1977] 274; Soergel-Siebert-Kegel Art 7 EGBGB Anh Rz 13; Lüderitz NJW 1962, 2142, 2143; Palandt-Heldrich [39. Aufl 1980] Anh zu Art 7 EGBGB Anm 2 aE; Raape, Internationales Privatrecht [5. Aufl 1961] 652). Vielfach wird der Schutz stets soweit wie nach deutschem Recht erstreckt, damit letztlich allein nach deutschem Recht beurteilt (BGH JZ 1953, 728 m zust Anm v Ficker; OLG München WRP 1960, 189; J F Baur AcP 167 [1967] 538, 558; Raape, Internationales Privatrecht [5. Aufl 1961] 646; w Nachw u Kritik dazu bei Kegel, Internationales Privatrecht [4. Aufl 1977] 272; Soergel-Siebert-Kegel Art 7 EGBGB Anh Rz 8; Beitzke, Juristische Personen 177). Diese Erstreckung des Schutzes ist zumindest für deliktische Ersatzansprüche (zB § 823 Abs 1 BGB, § 24 Abs 2 WZG, § 16 Abs 2 UWG) richtig; aber auch bei reinen Unterlassungsansprüchen (zB § 37 Abs 2 S 1 HGB, § 24 Abs 1 WZG, § 16 Abs 1 UWG; ferner § 12 BGB) erscheint das Abstellen auf die Verhältnisse des inländischen Marktes angemessen (für letzteres aA Beitzke, Juristische Personen 177). Für den Inlandsschutz einer ausländischen unterscheidungskräftigen Firma genügt es, wenn die Bezeichnung im Inland in einer Weise in Gebrauch genommen worden ist, die auf den Beginn einer dauernden wirtschaftlichen Betätigung im Inland schließen läßt (BGH Betrieb 1980, 79, 80 mwN).

238 Der Schutz von Handelsnamen (Firma, besondere Geschäftsbezeichnungen) hat in den Art 2 u 8 der Pariser Verbandsübereinkunft zum Schutz des gewerblichen Eigentums v 20. 3. 1883 eine staatsvertragliche Sonderregelung erfahren (Deutschland trat der Pariser Verbandsübereinkunft [PVÜ] am 1. 5. 1903 bei. Die PVÜ wurde zuletzt am 14. 7. 1967 auf der Stockholmer Konferenz für geistiges Eigentum revidiert. Die Stockholmer Fassung der PVÜ wurde im BGBl 1970 II 1073 bekannt gemacht). Alle bedeutenden Industrienationen (s die Auflistung bei Baumbach-Hefermehl, Warenzeichenrecht [11. Aufl 1979] 904) gehören heute der Übereinkunft an (dazu näher Raape, Internationales Privatrecht [5. Aufl 1961] 643, 653; Soergel-Siebert-Kegel Art 7 EGBGB Anh Rz 13; Baumbach-Hefermehl 899; zum Verhältnis von Art 2 zu Art 8 PVÜ s J F Baur AcP 167 [1967] 535, 546, 551). Im Anwendungsbereich der Pariser Übereinkunft wird ausländischen, von der dortigen Rechtsordnung als solchen anerkannten Unternehmenskennzeichen grundsätzlich auch im Inland ein namens- und firmenrechtlicher Schutz gewährt. Voraussetzung dafür ist, daß sie auch nach inländischem Recht als firmenrechtliche Kennzeichnungsmittel (gleich, ob als volle Firmenbezeichnung, Firmenschlagwort, -bestandteil, -abkürzung, besondere Geschäftsbezeichnung) anzusehen sind und deren Schutzvoraussetzungen erfüllen (BGH NJW 1973, 2152 = IPRspr 1973 Nr 111; BGH Betrieb 1980, 79, 80; RG IPRspr 1926/27 Nr 21).

239 **12. Substitutionsfragen**

Ob ein Gebilde als Aktiengesellschaft, Gesellschaft mit beschränkter Haftung, Genossenschaft, Kommanditgesellschaft auf Aktien oder Stiftung anzusprechen ist, richtet sich nach den Kriterien der lex fori bzw des Wirkungsstatuts (wichtig zB für die Frage, ob eine Zweigniederlassung in das Handelsregister – so § 44 AktG – oder in das Genossenschaftsregister – so § 14 GenG – einzutragen ist; vgl unten Rz 575). Es ist dann zu prüfen, welchem Gesellschaftstyp der lex fori bzw des Wirkungsstatuts das Gebilde aufgrund seiner Struktur nach dem Gesellschaftsstatut im wesentlichen gleicht (Substitution nach der lex fori RFH IPRspr 1935–44 Nr 34 [LS]; IPG 1970 Nr 10; IPG 1975 Nr 14; IPG 1976 Nr 18; Staudinger-Raape [9. Aufl] Art 10 EGBGB Anm H I 2 b S 157; vgl allg Mann LQR 79 [1963] 525; Ferid GRURInt 1973, 472). Maßgeblich ist also nicht die bloße Bezeichnung durch das ausländische Recht (Beitzke, Kollisionsrecht 100); sie kann aber als Indiz für die systematische Einordnung und damit als Hinweis auf die Struktur dienen (Grossfeld, Basisgesellschaften im Internationalen Steuerrecht [1974] 62, 68). Völlige Vergleichbarkeit ist nicht erforderlich, es genügt das Vorhandensein der typusbestimmenden Merkmale. Dabei ist eine gewisse Großzügigkeit „sub specie orbis" angebracht (Klaus Vogel, Der räumliche Anwendungsbereich der Verwaltungsrechtsnorm [1965] 139).

13. Innere Verfassung 240

Das Gesellschaftsstatut regelt die gesamte innere Verfassung, die Organisation, die Ausgestaltung und Änderung der Satzung, die Kapitalausstattung, die Kapitalerhöhung und Kapitalherabsetzung (RGZ 73, 366, 367; RG IPRspr 1935–44 Nr 47). Das Gesellschaftsstatut bestimmt ferner die Organe der Gesellschaft, deren Bestellung, deren Rechte und Pflichten, sowie deren Haftung nach innen und außen (LG Saarbrücken IPRspr 1950/51 Nr 15). Zur Mitbestimmung unten Rz 313.

Dem Gesellschaftsstatut unterliegen die Rechte und Pflichten der Gesellschafter 241
gegenüber der Gesellschaft (zB Einsichts- und Auskunftsrechte), den Gesellschaftsorganen und den Mitgesellschaftern (Oberstes Rückerstattungsgericht IPRspr 1975 Nr 122), somit auch die in diesen Beziehungen entstehenden Haftungsverhältnisse. Gleiches gilt für das Verhältnis von Mehrheits- zu Minderheitsgesellschaftern und die Rechtswirksamkeit von Gesellschafterbeschlüssen (IPG 1974 Nr 13).

Dem Gesellschaftsstatut unterstehen auch die Regeln über die Kapitalaufbringung 242
und die Kapitalerhaltung (KG KGJ 13 Nr 11 S 46; RGZ 73, 366; 159, 33, 42; aA Grasmann Rz 942 S 477, der nach dem dritt- oder verkehrsgünstigeren Wirkungs- oder Vornahmestatut entscheiden will).

14. Klagerechte 243

Nach dem Gesellschaftsstatut bestimmen sich die den Beteiligten zustehenden Klagerechte (zB actio pro socio, Aktionärsklage [derivative suit], vgl §§ 132, 147, 306, 309 Abs 4 AktG – Wiedemann, Gesellschaftsrecht 815; s aber Grossfeld, Praxis 136 f). Klagerechte dieser Art lassen sich nicht einfach als prozessual qualifizieren und damit der lex fori unterstellen. Sie stehen vielmehr in einem untrennbaren Zusammenhang mit den sonstigen gesellschaftsrechtlichen Regeln; erst das Zusammenwirken von materiellem Recht und prozessualer Klagebefugnis bewirkt die erwünschte Kontrolle. Materielle und prozessuale Regelungen sind rechtsvergleichend betrachtet weithin austauschbar (Grossfeld, Management and Control of Marketable Share Companies, in: International Encyclopedia of Comparative Law Bd 13 [1973] Kap 4 Nr 127 S 56). Die klare Trennung zwischen materiellem und prozessualem Recht ist daher hier nicht vollziehbar (dazu Henckel, Prozeßrecht und materielles Recht [1970]; Bötticher ZZP 1972, 1– oben Rz 73).

Unsicher ist jedoch, ob das Gesellschaftsstatut sich auch auf die Kostenregelung 244
erstreckt, wenn diese Ausdruck einer speziellen gesellschaftsrechtlichen Interessenwertung im Verhältnis der Parteien zueinander ist (vgl zB §§ 99 Abs 6 S 8–10; 132 Abs 5 S 7; 306 Abs 7 S 8 u 9 AktG). Die Frage ist bisher nicht erörtert worden. Die Entscheidung hängt von der im Einzelfall zu ermittelnden Funktion der Norm im jeweiligen Gesellschaftsstatut ab.

245 **15. Erwerb, Änderung und Verlust der Mitgliedschaft**

Das Gesellschaftsstatut ordnet Erwerb, Inhalt, Inhaltsänderung und Untergang der Mitgliedschaft; es bestimmt, wer Gesellschafter und wie seine Rechtsstellung ist (Grasmann Rz 1008 S 504), erfaßt die Verschollenheit und die Lebens- oder Todesvermutung (LG Hannover, OLG Celle IPRspr 1950/51 Nr 12). Ebenso ist es mit der Übertragbarkeit und Belastbarkeit von Mitgliedschaftsrechten, denn entscheidend ist ja, daß diese Vorgänge vor dem Gesellschaftsstatut Bestand haben (vgl RG IPRspr 1928 Nr 13). Das Gesellschaftsstatut bestimmt auch den Charakter der Urkunden, die über das Mitgliedschaftsrecht ausgestellt sind (RG IPRspr 1934 Nr 11; KG IPRspr 1932 Nr 44), ob sie also Wertpapiere oder bloße Beweisurkunden sind und zu welcher Gruppe von Wertpapieren (Inhaber-, Order-, Rektapapiere) sie gehören (Kegel, Internationales Privatrecht [4. Aufl 1977] 265).

246 Die Übertragung und Belastung der Mitgliedschaftsrechte richtet sich gleichfalls nach dem Gesellschaftsstatut – bei zur Übertragung oder Belastung erforderlichen dinglichen Rechtsgeschäften kommt indes die lex rei (cartae) sitae zur Anwendung (unten Rz 248; zur Form der Übertragung unten Rz 306). Von der Übertragung und Belastung zu unterscheiden ist das zugrunde liegende Rechtsgeschäft, zB der Kauf; er unterliegt dem Vertragsstatut (RG IPRspr 1928 Nr 13; Kegel, Internationales Privatrecht [4. Aufl 1977] 265). Das Gesellschaftsstatut bleibt jedoch insoweit von Bedeutung, als es dem Geschäftsführer oder dem Großgesellschafter besondere Treue- und Aufklärungspflichten gegenüber dem Erwerber oder Veräußerer auferlegt (Insiderregeln – Einzelheiten bei Jenckel, Das Insiderproblem im Schnittpunkt von Gesellschafts- und Kapitalmarktrecht in materiell- und kollisionsrechtlicher Sicht [1980]. Freiwillige Insiderregeln enthalten die von der Börsensachverständigenkommission erstmals im Jahre 1970 und in erweiterter Form 1976 verabschiedeten Insider-Richtlinien [abgedruckt ua bei Schwark, Börsengesetz (1976) Anh II sowie bei Rodrian, Insider-Regelungen (1977) 13] – Einzelheiten zu Geschichte, Rechtscharakter, Inhalt und Verfahren bei Schwark, Anlegerschutz durch Wirtschaftsrecht [1979] 24, 219, 229, 232 mwN; s ferner Hueck-Lutter-Mertens-E Rehbinder-Ulmer-Wiedemann-Zöllner, Verbot des Insiderhandels [1976]). Zu Börsentermingeschäften mit dem Ausland BGH WM 1980, 768; 1978, 1203; BGHZ 58, 1; Horn, Das Börsentermingeschäft in Wertpapieren mit dem Ausland (1980).

247 Das Gesellschaftsstatut gilt ferner für die Behandlung von öffentlichen Übernahmeangeboten – take-over bids oder tender offers (zur materiellrechtlichen Situation in der Bundesrepublik Deutschland s die „Leitsätze für öffentliche freiwillige Kauf- und Umtauschangebote bzw Aufforderungen zur Abgabe derartiger Angebote in amtlich notierten oder im geregelten Freiverkauf gehandelten Aktien bzw Erwerbsrechten", abgedruckt in: BMF-Finanznachrichten 6/79 v 31. 1. 1979, S 2–5. Einschlägige Literatur – auch zu ausländischen Regelungen für Übernahmeangebote bei Hopt RabelsZ 44 (1980) 180, 181–83 sowie bei Grossfeld-Ebke, 26 AJCL 397, 423 Fn 177 (1978). Die besonderen Pflichten aus dem Gesellschaftsstatut treten neben die allgemeinen Pflichten nach dem Vertragsstatut (Grasmann Rz 1017 S 508). Bei Wertpapiergeschäften an ausländischen Börsen gilt das Börsenstatut (Jenckel aaO 159–62). Bei Widersprüchen mit dem Gesellschaftsstatut geht letzteres vor.

248 Sind Gesellschaftsanteile in Papieren verbrieft und wie bewegliche Sachen geregelt (Qualifikationsproblem!), so verlangt das Gesellschaftsstatut oft, daß für die Übertragung der Anteile das Papier übereignet wird. In diesem Fall beurteilen sich Übereignungen und sonstige Verfügungen (zB Verpfändungen) aufgrund einer entsprechenden Verweisung des Gesellschaftsstatuts nach der lex rei (cartae) sitae (RG IPRspr 1934 Nr 11; Soergel-Siebert-Kegel Vorbem 166 zu Art 7 EGBGB;

Oppositionsgesetzen STAUDINGER-STOLL [10./11. Aufl] nach Art 12 EGBGB Rz 535, 539). Gelegentlich findet man nur eine eingeschränkte Verweisung auf die lex cartae sitae; das ist mitunter der Fall, wenn das Gesellschaftsstatut einen gutgläubigen Erwerb des Anteils ablehnt, die lex cartae sitae ihn dagegen zuläßt; die Gesellschafterstellung soll dann nicht entsprechend der lex cartae sitae erworben werden (vgl GRASMANN Rz 1009 S 505; ROHG 16 S 22); lediglich für die Übertragungsform bleibe es bei der lex cartae sitae. In der Tat ist es mißlich, wenn das Gesellschaftsstatut zB den Verlierer eines Papiers, das den Anteil verbrieft, noch als Gesellschafter behandelt, während nach der lex cartae sitae ein anderer den Anteil gutgläubig erworben hat; praktisch erhält der Erwerber dann nur ein wertloses Blatt Papier. Gegen den Willen des Gesellschaftsstatuts läßt sich die Mitgliedschaft nicht erzwingen. Es ist daher stets sorgfältig zu prüfen, ob nur eine eingeschränkte Verweisung vorliegt. Aus der Sicht des deutschen Rechts als Gesellschaftsstatut ist eine unbeschränkte Verweisung auf die lex cartae sitae anzunehmen (STAUDINGER-STOLL [10./11. Aufl] nach Art 12 EGBGB Rz 534); das entspricht dem modernen Trend zum Anlegerschutz (vgl GROSSFELD, Praxis 123; GROSSFELD/EBKE Die AG 1977, 92, 98).

16. Absprachen zwischen Gesellschaftern **249**

Schuldrechtliche Absprachen zwischen den Gesellschaftern (zB Wettbewerbsabreden) unterliegen grundsätzlich nicht dem Gesellschaftsstatut, sondern dem selbständig zu ermittelnden Vertragsstatut (WOITE NJW 1965, 2140; vgl Rz 161, 296, 298). Es ist aber stets sorgfältig zu prüfen, ob die Parteien vom Gesellschaftsstatut abweichen wollten (vgl unten Rz 541).

Eine Sonderanknüpfung kommt indes nicht in Frage für Verträge, die Auswirkun- **250** gen auf die Gesellschafterstellung und damit auf die Struktur der Gesellschaft haben, namentlich nicht für Stimmverträge (im einzelnen str; Nachw des Meinungsstandes bei OVERRATH ZGR 1 [1974] 86; LÜBBERT, Abstimmungsvereinbarungen in den Aktien- und GmbH- Rechten der EWG-Länder, der Schweiz und Großbritanniens [1971]). An ihrer Ordnung hat das Gesellschaftsstatut ein legitimes Interesse (vgl zB §§ 136 Abs 3, 405 Abs 3 Nr 2, 3, 6, 7 AktG, § 152 GenG). Daher bestimmt sich die Zulässigkeit eines Stimmvertrages immer nach dem Gesellschaftsstatut (OVERRATH aaO; KOPPENSTEINER, Internationale Unternehmen 152; ZÖLLNER in: Kölner Kommentar zum AktG 1. Bd [1973] § 136 Rz 118; aA RGZ 161, 296, 299 – aber differenzierend; erwägt Berücksichtigung des ausländischen Rechts über § 138 BGB). Das bezieht sich auch auf die Sanktionen für Nichteinhaltung der Abreden (str – wie hier WIEDEMANN, Gesellschaftsrecht 816). Gleiches gilt für Poolverträge (aA IPG 1976 Nr 6), wo hinsichtlich der sachenrechtlichen Fragen jedoch auch die lex cartae sitae zu beachten ist.

Gelegentlich werden differenzierende Meinungen vertreten, so von GRASMANN (Rz **251** 1054 f S 526 f): für den Stimmbindungsvertrag gelte grundsätzlich das Vertragsstatut; dasjenige Recht sei von den Parteien gewollt, nach dem der Vertrag gültig sei (Rz 1057 S 527). Dagegen richte sich nach dem Gesellschaftsstatut, welche Rechtsfolgen eine der Abrede entsprechende oder widersprechende Stimmabgabe habe. Eine solche Differenzierung ist mißlich. Welchen Sinn sollte es haben, den Stimmvertrag zunächst nach dem Recht des Staates A (Vertragsstatut) zu prüfen, seine Durchführung dann aber am Recht des Staates B (Gesellschaftsstatut) scheitern zu lassen? Zudem hat Staat A kaum Interesse an der Regelung eines Stimmvertrages, der sich auf eine Gesellschaft im Staate B bezieht. Soweit im Staate A eine Regelung besteht, wird dabei an Gesellschaften im eigenen Staat gedacht sein.

252 **17. Haftung**

a) Allgemeines

Nach dem Gesellschaftsstatut richtet sich grundsätzlich auch die Haftung, die sich aus der Organstellung oder der Mitgliedschaft gegenüber Dritten ergibt (BGH IPRspr 1952/53 Nr 20; BGHZ 25, 127; BGH NJW 1959, 1873 = IPRspr 1958/59 Nr 3; RGZ 159, 44, 48; KG IPRspr 1932 Nr 44; ULRICH, Regeln des internationalen Privatrechts über die Haftung des Gesellschafters oder der Verwaltung einer Kapitalgesellschaft, Diss Göttingen 1972; aA GRASMANN Rz 928 S 471, der auch auf das drittgünstigere Wirkungs- oder Vornahmestatut abstellen will; dort Rz 907 S 461 über frühere, gelegentlich abweichende Meinungen). Die Haftung beurteilt sich selbst dann nach dem Gesellschaftsstatut, wenn die Schuld einem anderen Recht untersteht (BGH IPRspr 1952/53 Nr 20; BGH NJW 1959, 1873 = IPRspr 1958 Nr 3).

253 Die hier angesprochene Geltung des Gesellschaftsstatuts bezieht sich auf die allgemein gegenüber allen Gläubigern bestehende Haftung (gesellschaftsrechtlicher Interessenschutz – zu den sog Durchgriffsfällen unten Rz 257). Für die Anwendung des Gesellschaftsstatuts in diesen Fällen spricht das Interesse an einer einheitlichen Anknüpfung und an einer klar bestimmbaren Rechtsordnung. Es käme sonst zu Störungen des inneren Lebens einer Gesellschaft; eine internationale Unternehmenstätigkeit und eine Beteiligung an international tätigen Unternehmen wäre bei abweichender Regelung wegen der unüberschaubaren und unbeherrschbaren Haftungsrisiken kaum möglich. Hinzu tritt der Gedanke, daß grundsätzlich alle Gläubiger der Gesellschaft gleich – dh nach einem einheitlichen Statut – behandelt werden sollen.

254 Doch wird man solche Beschränkungen der persönlichen Haftung nicht akzeptieren, „die nach dem Recht des Vornahmeortes für eine entsprechende Organisation nicht bestehen" (Deutscher Rat für Internationales Privatrecht 21, der auch hier eine Ausnahme bei Kenntnis des Gegners von der Haftungsbeschränkung macht – dazu oben Rz 196). Dadurch wird das Vertrauen darauf geschützt, daß eine Haftung wie bei entsprechenden Gesellschaften inländischen Rechts (namentlich bei Personenhandelsgesellschaften – § 128 HGB; vgl aber auch § 278 Abs 1 AktG) besteht. Voraussetzung ist aber stets, daß das ausländische Gebilde im Rechtsverkehr als der deutschen Organisation entsprechend angesehen wird (Substitution – vgl oben Rz 239). Eine gewisse Zurückhaltung ist auf jeden Fall geboten (ganz ablehnend WIEDEMANN, Gesellschaftsrecht 820). Eine Irreführung soll zwar verhindert, nicht aber der allgemeine Grundsatz (oben Rz 252) aufgegeben werden.

255 Gibt eine Gesellschaft sich bei ihrem Auftreten im Inland nicht deutlich als eine solche zu erkennen, die einem ausländischen Gesellschaftsstatut untersteht, so muß sie sich ohnehin wie ein entsprechendes Gebilde nach dem Recht des Vornahmestaates behandeln lassen (vgl den Gedanken in BGH NJW 1974, 1191). Dem Gegner bleibt aber daneben die Möglichkeit, sich auf das Gesellschaftsstatut zu berufen (GRASMANN Rz 45 S 88).

256 Besonderheiten können gelten bei Haftungstatbeständen im Konkurs einer Gesellschaft, wie zB bei der Haftung der rechtmäßigen oder faktischen Leiter einer Gesellschaft für die Gesellschaftsschulden nach französischem Recht („action en comblement du passif" – dazu WIEDEMANN, Gesellschaftsrecht 549). Diese Haftung wird konkursrechtlich qualifiziert (EuGH RiW 1979, 273; dazu SCHÜTZE RiW 1978, 765); sie unterliegt nach französischer Auffassung dem Insolvenzstatut (Cour de Cass, D 1978 J R 286, Anm SONNENBERGER RiW 1979, 284). Dem ist für das

deutsche Recht zu folgen (vgl LG Saarbrücken IPRspr 1950/51 Nr 15, das allerdings auf das [französische] Gesellschaftsstatut anspielt).

b) Durchgriffshaftung* 257

Besondere Fragen ergeben sich aus der sog Durchgriffshaftung. Durchgriff ist die Durchbrechung des bei juristischen Personen zwar nicht notwendigen, aber doch üblicherweise anzutreffenden Trennungssystems (dazu KALBE, Herrschaft und Haftung bei juristischen Personen [1965]; s ferner U HÜBNER JZ 1978, 703; HABERLAND BB 1980, 847). Die Konturen der Durchgriffslehre sind jedoch im einzelnen unscharf. Die kollisionsrechtlichen Probleme beruhen ua darauf, daß die Durchgriffslehre im Grenzbereich zwischen Gesellschaftsrecht und allgemeinem Privatrecht liegt. Das verbietet es, nur die zum Gesellschaftsrecht entwickelten Kollisionsregeln darauf anzuwenden. Vielmehr muß Ausgangspunkt die These E REHBINDERS sein (S 130):

> „Durchgriff ist eine Generalklausel, deren rechtlicher Gehalt sich erst dann erschließt, wenn man die hinter den jeweiligen Fallgruppen der Durchgriffslehre stehenden Interessenbewertungen berücksichtigt."

Das Gesellschaftsstatut ist daher nach hM nur Ausgangspunkt für die Durchgriffs- 258
haftung (BGH NJW 1959, 1873 = IPRspr 1958/59 Nr 3; w Nachw bei R MÜLLER 78 Fn 1 u 2). Im Einzelfall kommen aber das Vertragsstatut, das Statut der culpa in contrahendo, das Rechtsscheinstatut und das Deliktsstatut zur Anwendung. Das führt zu einer stärkeren Ausdifferenzierung des Durchgriffsstatuts (vgl LG Frankfurt Die AG 1977, 321). Dabei sind folgende Fallkategorien zu unterscheiden (nach R MÜLLER 70):

(1) Der Durchgriff als gesellschaftsrechtlicher Interessenschutz;
(2) Der Durchgriff als Lösung von Normenkollisionen;
(3) Der Durchgriff als bürgerlichrechtlicher Interessenschutz.

Zu (1): 259
Unter diesen Begriff fallen die normalen Haftungskonsequenzen aus der Beteiligung an einer Gesellschaft allen Gläubigern gegenüber. Die kollisionsrechtlichen Fragen wurden oben Rz 252 erörtert.

Zu (2): 260
Beim Durchgriff als Lösung von Normenkollisionen geht es namentlich um die Frage, ob etwa bei den Vorschriften über den gutgläubigen Erwerb (zB §§ 892, 932 BGB) zwischen der Gesellschaft und einem beherrschenden Gesellschafter zu unterscheiden ist, ob also – in der Terminologie des deutschen Sachenrechts – ein „Verkehrsgeschäft" vorliegt: Kann sich der Erwerber auf den Gutglaubensschutz berufen, wenn das Geschäft zwischen zwar nicht rechtlich, aber doch wirtschaftlich identischen Rechtsträgern stattfindet? Diese Frage beantwortet das Wirkungsstatut (WIEDEMANN, Gesellschaftsrecht 817), also bei sachenrechtlichen Geschäften die lex rei sitae, im Wechsel- und Scheckrecht das Recht des Zahlungs- bzw Unterschriftsortes (Art 93 WG, Art 63 ScheckG). Es handelt sich bei der Verweisung auf das Wirkungsstatut um eine allseitige Kollisionsnorm.

Zu (3): 261
Der Durchgriff als bürgerlichrechtlicher Interessenschutz erfaßt den Schutz einer

* **Schrifttum:** ROBERT MÜLLER, Kollisionsrechtliche Probleme der Durchgriffslehre bei Kapitalgesellschaften, Diss Frankfurt 1974; ULRICH, Regeln des Internationalen Privatrechts über die Haftung des Gesellschafters oder der Verwaltung einer Kapitalgesellschaft, Diss Göttingen 1972; IPG 1977 Nr 11 S 106.

Einzelperson wegen ihrer besonderen Beziehungen zur Gesellschaft. Dieser Schutz richtet sich nach allgemeinen zivilrechtlichen Kriterien (vgl BGH IPRspr 1977 Nr 126 S 391). Das legt es nahe, insoweit die für das allgemeine Zivilrecht bestehenden Kollisionsnormen anzuwenden (zB Vertragsstatut, Statut der culpa in contrahendo, Rechtsscheinstatut, Deliktsstatut – so LG Frankfurt Die AG 1977, 321).

262 **c) Gerichtszuständigkeit**

Bei der Durchsetzung der vorstehenden Kollisionsregeln kommt es vielfach darauf an, ob ein deutsches Gericht international zuständig ist. Die internationale Zuständigkeit folgt vielfach aus § 23 ZPO analog (Gerichtsstand des Vermögens; beachte aber für das Verhältnis zu EG-Mitgliedstaaten unten Rz 263). Beim Durchgriff aufgrund vertraglicher Ansprüche kommen ferner § 29 ZPO (Gerichtsstand des Erfüllungsortes), bei deliktischen Ansprüchen § 32 ZPO (Gerichtsstand des Begehungsortes) in Betracht. Beide Gerichtsstände begründen eine „Durchgriffszuständigkeit", sind „Durchgriffsgerichtsstände" (R Müller 149 f).

263 Gegenüber EG-Mitgliedstaaten gilt § 23 ZPO nicht (Art 3 Abs 2 GVÜ). Es gelten aber die Gerichtsstände des Erfüllungsortes (Art 5 Nr 1 GVÜ) und des Begehungsortes (Art 5 Nr 3 GVÜ). Auch hier handelt es sich um „Durchgriffsgerichtsstände". Es gibt ferner den Gerichtsstand der gemeinsamen Verklagten (Art 6 Nr 1 GVÜ). International zuständig ist danach das Gericht am Wohnsitz oder Sitz eines Beklagten innerhalb der Gemeinschaften, wenn mehrere Personen zusammen verklagt werden. Daher ist oft eine Durchgriffsklage am allgemeinen Gerichtsstand einer inländischen Tochtergesellschaft, dh ihrem Sitz (Art 2 Abs 1 iVm Art 53 S 1 GVÜ) möglich (Einzelheiten R Müller 152).

264 **18. Rechnungslegung**

Dem Gesellschaftsstatut unterstehen die Rechnungslegung, namentlich die Regeln zur Aufstellung und zum Inhalt der Bilanz und der Gewinn- und Verlustrechnung (aA Grasmann Rz 951 S 479, der jeweils auf das Vornahme- oder Wirkungsstatut abstellen will). Das muß schon deshalb so sein, weil eine einheitliche Bilanz nicht nach zT weit auseinanderfallenden Rechten erstellt werden kann. Sie verliert dann jeden Aussagewert (vgl zum ähnlichen Problem bei der internationalen Konzernbilanz Grossfeld, Bilanzrecht [1978] 263). Das Gesellschaftsstatut regelt grundsätzlich auch die weitere Publizität der Gesellschaft (vgl § 177 AktG). Gelegentlich finden sich jedoch besondere inländische Publizitätspflichten für ausländische Gesellschaften. Zu erwähnen sind besonders §§ 3 u 4 des Auslandsinvestmentgesetzes v 28. 7. 1969 (BGBl I 986), ferner in den USA die Bestimmungen des bundesrechtlichen Normenkomplexes der securities laws sowie die einschlägigen Vorschriften der Securities and Exchange Commission (dazu Grossfeld, Praxis 125; Besche, Publizität und Haftung ausländischer Kapitalgesellschaften nach dem Federal Securities Law der Vereinigten Staaten von Amerika, Diss Göttingen 1970; aus völkerrechtlicher Sicht unter besonderer Berücksichtigung des Insiderrechts Stürmer, Die extraterritoriale Anwendung amerikanischer Anlegerschutzbestimmungen [1979]). Bei widersprüchlichen Anforderungen sollte das Gesellschaftsstatut grundsätzlich – abgesehen von Art 30 EGBGB – den Vorrang haben. Ferner sind uU die Sonderregeln über die Anwendung ausländischer Eingriffsnormen zu beachten (dazu Grossfeld, Berichte der Deutschen Gesellschaft f Völkerrecht 18 [1978] 73, 142, 146).

19. Abschlußprüfung 265

Die Regeln über die Abschlußprüfung sind ebenfalls dem Gesellschaftsstatut zu entnehmen (vgl §§ 162–169 AktG). Das gilt gleichermaßen für das Ob und das Wie der Prüfung, ferner für die Frage, wer als Abschlußprüfer berufen werden kann und wie das geschieht.

266 Das Gesellschaftsstatut bestimmt grundsätzlich auch die Haftung des Abschlußprüfers (vgl § 168 AktG). Die Haftungsvorschriften sollen eine sachgemäße Prüfung sicherstellen. Sie stehen in engem Zusammenhang mit der Organisation der Gesellschaft und müssen deshalb demselben Statut unterliegen. Das gilt gleicherweise für die Haftung gegenüber der Gesellschaft wie gegenüber Dritten. Daneben kann eine Haftung aus dem Prüfungsvertrag eintreten; dieser Vertrag unterliegt dem Vertragsstatut, das nicht notwendig mit dem Gesellschaftsstatut übereinstimmt. Ferner haftet der Abschlußprüfer – namentlich gegenüber Dritten – aus Delikt nach den allgemeinen Regeln über die lex loci delicti committi. Dabei gilt als Handlungsort der Sitz der Hauptverwaltung der Gesellschaft (Einzelheiten bei EBKE, Wirtschaftsprüfer und Dritthaftung [erscheint demnächst]). Im Falle deliktischer Haftung (Qualifikation!) ist die in Art 12 EGBGB gezogene Schranke zugunsten Deutscher zu beachten.

20. Änderungen der Unternehmensstruktur 267

Das Gesellschaftsstatut regelt Änderungen der Unternehmensstruktur. Es erfaßt daher die Eingliederung (vgl §§ 319–327 AktG – unten Rz 424), die Verschmelzung (vgl §§ 339–358 AktG, §§ 93 a–s GenG – unten Rz 412), die Zulässigkeit einer Vermögensübertragung (vgl §§ 359–361 AktG) und die Umwandlung (vgl §§ 362–393 AktG, Umwandlungsgesetz – unten Rz 424). Es ordnet ferner die Rechte dabei ausscheidender Gesellschafter und deren Abfindung. Auch bewertungsrechtliche Fragen (dazu GROSSFELD, Bilanzrecht [1978] 301) unterliegen dem Gesellschaftsstatut (vgl zum Konzernrecht unten Rz 389).

21. Auflösung, Abwicklung, Beendigung 268

Das Gesellschaftsstatut entscheidet grundsätzlich über die Auflösung der Gesellschaft, ihre Abwicklung und ihre Beendigung (RGZ 129, 98, 102; 153, 200, 205; OLG Stuttgart NJW 1974, 1627 = IPRspr 1974 Nr 7; LG Kiel WM 1958, 1167). Der damit eintretende Verlust der Rechts-, Partei- und Geschäftsfähigkeit ist normalerweise auch bei uns beachtlich (oben Rz 185; BEITZKE, Probleme der enteignungsrechtlichen Spaltgesellschaft, in: FS Janssen [1958] 30). Ausnahmen gelten bei ausländischen Enteignungsmaßnahmen (unten Rz 425). Aus § 270 ZPO ergibt sich keine weitere Parteifähigkeit (OLG Stuttgart NJW 1974, 1627 = IPRspr 1974 Nr 7).

269 In Deutschland ist jedoch so lange vom Fortbestand des ausländischen Gebildes auszugehen, als sich hier noch Vermögen befindet, das der Liquidation bedarf. Die Gesellschaft besteht dann so lange in Deutschland als Abwicklungsgesellschaft weiter (BGHZ 32, 256; 33, 195). Das entspricht dem allgemeinen Gedanken des deutschen Rechts, daß Handelsgesellschaften und Vereine auch nach ihrer Auflösung während der Dauer der Abwicklung bis zur Vollbeendigung rechtsfähig und parteifähig sind (analog § 49 Abs 2 BGB; §§ 149 S 2, 156 HGB; § 273 Abs 4 AktG – so RGZ 134, 91, 94; OLG Stuttgart IPRspr 1974 Nr 7). Diese Rechtsfolge wird gelegentlich aus Art 7 Abs 3 S 1 EGBGB (SOERGEL-SIEBERT-KEGEL Vorbem 160, 165 zu Art 7 EGBGB) oder aus § 50 Abs 2 ZPO abgeleitet. Die Verhinderung einer geordneten Abwicklung kann aber auch mit Blick auf Art 30 EGBGB nicht

hingenommen werden. Der BGH (BGHZ 53, 383) nimmt Entsprechendes für die Abwicklung der inländischen Zweigstelle eines ausländischen Kreditinstitutes an und stützt sich dabei vor allem auf § 53 Abs 1 S 1 KWG. Zur späteren Wiederherstellung der Parteifähigkeit vgl BGHZ 51, 27; zur Parteifähigkeit nach Beendigung der Liquidation BGH JZ 1979, 566 m Anm Theil.

270 Sind die Vertretungsbefugnisse der bisherigen gesetzlichen Vertreter durch die Auflösung der Gesellschaft beendet, so ist das grundsätzlich beachtlich (s LG Düsseldorf IPRspr 1964/65 Nr 24): Es ist gegebenenfalls ein Abwesenheitspfleger (§ 1911 BGB) zu bestellen (OLG Stuttgart NJW 1974, 1627 = IPRspr 1974 Nr 7). Das gilt auch dann, wenn unbekannt ist, ob die ausländische Gesellschaft fortbesteht (§ 1913 BGB), oder wenn vertretungsberechtigte Organe unbekannt sind. Im übrigen bestimmen sich die Rechte des Liquidators nach dem Gesellschaftsstatut (OLG München IPRspr 1929 Nr 23).

271 **22. Gesellschaftskonkurs**

Die internationalen Auswirkungen, die der Konkurs einer Gesellschaft mit sich bringt, liegen auf der Grenze zwischen internationalem Konkurs- und internationalem Gesellschaftsrecht. Die konkursrechtlichen Wirkungen des Auslandskonkurses einer Gesellschaft richten sich nach internationalem Konkursrecht. Dazu zählen etwa die internationale Zuständigkeit zur Konkurseröffnung, der Umfang der Konkursmasse, die Befugnisse des Konkursverwalters sowie das Konkursverfahren (Behrens Rz 92 S 518; Jaeger-Jahr, KO [8. Aufl 1973] §§ 237, 238 Rz 2 f). Die Rechtsprechung (vgl insbes RGZ 100, 241, 242) und die im Schrifttum (besonders Kuhn MDR 1960, 578) noch herrschende Meinung billigen dem Auslandskonkurs insoweit keine Inlandswirkung zu. Inzwischen besteht aber eine starke Mindermeinung, die eine weitere Inlandswirkung zulassen will (IPG 1975 Nr 45 S 376 mwN; vgl insbes auch Jaeger-Jahr §§ 237, 238 Rz 173; Hanisch, FS 100 Jahre Konkursordnung [1977] 139 f; Spennemann, Deutsches Insolvenzverfahren und Schuldnervermögen in den Vereinigten Staaten von Amerika: Der Fall des Bankhauses Herstatt [erscheint demnächst]).

272 Die Frage kann hier dahingestellt bleiben. Beide Meinungen gehen nämlich davon aus, daß zumindest gesellschaftsrechtlich der Auslandskonkurs doch Inlandswirkung hat. Konkursrechtlich ist das an sich nicht begründbar; es macht insoweit keinen Unterschied, ob der Konkurs über eine natürliche oder über eine juristische Person eröffnet wurde (Mentzel-Kuhn-Uhlenbruck, KO [9. Aufl 1979] § 237 Rz 1). Anerkannt ist aber, daß sich die gesellschaftsrechtlichen Auswirkungen des Konkurses nach internationalem Gesellschaftsrecht bestimmen, also nach dem Gesellschaftsstatut (Behrens Rz 92 S 518; zum Ganzen: Willer, Die inländische Anerkennung des im Ausland eröffneten Konkurses einer ausländischen Gesellschaft, Diss München 1962). Wird also eine Gesellschaft nach ihrem Gesellschaftsstatut durch Konkurs aufgelöst, so ist diese Tatsache im Inland zu beachten (RGZ 14, 407, 417 f; 16, 337, 338; 83, 367, 368 f; 153, 200, 205 f; BGHZ 53, 383; BGH AWD 1962, 81 m zust Anm Hofstetter; BGH IPRspr 1966/67 Nr 307; OLG Hamm NJW 1977, 504 m zust Anm Oexmann; OLG München IPRspr 1954/55 Nr 210; IPG 1975 Nr 45 S 377; Soergel-Siebert-Kegel Vorbem 424 zu Art 7 EGBGB; Jaeger-Jahr §§ 237, 238 Rz 24; Hanisch, FS 100 Jahre Konkursordnung [1977] 139, 144 f; Mentzel-Kuhn-Uhlenbruck § 237 Rz 9; vgl auch Müller-Freienfels, FS Dölle II [1963] 359, 375; aA Kohler, Leitfaden des deutschen Konkursrechts [2. Aufl 1903] 315; Jaeger, KO [6./7. Aufl 1931] § 237 Rz 4; Bley JW 1937, 1507, 1508).

273 Das Gesellschaftsstatut entscheidet auch, wer jetzt (materiellrechtlich) die Gesellschaft vertritt (RGZ 89, 181, 183; 153, 200, 205; BGH IPRspr 1960/61 Nr 157; OLG München IPRspr 1954/55 Nr 210; IPG 1975 Nr 46 S 389; JAEGER-JAHR §§ 237, 238 Rz 24; KUHN MDR 1960, 579; BÖHLE-STAMSCHRÄDER, KO [12. Aufl 1976] § 237 Anm 1 aE; BEHRENS Rz 92 S 518; seit der 8. Aufl auch MENTZEL-KUHN, KO § 237 Rz 9; referierend: MÜLLER-FREIENFELS, FS Dölle II [1963] 359, 375) und wer (prozessual) prozeßführungsbefugt ist (BGH AWD 1962, 81 m zust Anm HOFSTETTER; auch schon RGZ 16, 337, 338; 14, 412, 417; OLG München IPRspr 1954/55 Nr 210; IPG 1975 Nr 46 S 389). Tritt nach dem Gesellschaftsstatut der Konkursverwalter insoweit an die Stelle der Organe, so vertritt er die Gesellschaft auch im Inland gerichtlich und außergerichtlich (RGZ 153, 200, 205 ff; BGH WM 1962, 263, 266; BEITZKE, Juristische Personen 136). Soweit der ausländische Konkursverwalter gesellschaftsrechtliche Befugnisse nach dem Gesellschaftsstatut nicht erlangt, bleiben die bisherigen Organe der Gesellschaft hinsichtlich des Inlandsvermögens vertretungs- und verfügungsbefugt.

274 Läßt das ausländische Recht die Rechtsfähigkeit der Gesellschaft erlöschen, so ist sie im Inland so lange als fortbestehend zu behandeln, wie inländisches Vermögen vorhanden ist (oben Rz 269; BEITZKE 138).

275 Entsprechendes wie für den Konkurs gilt für die gesellschaftsrechtlichen Auswirkungen eines gerichtlichen Vergleichs zur Abwendung des Konkurses oder ähnlicher Verfahren.

23. Straf- und Ordnungswidrigkeitsvorschriften* 276

Das deutsche und ausländische Gesellschaftsrecht enthält vielfach besondere Straf- und Ordnungswidrigkeitsvorschriften (vgl §§ 130 b, 177 a HGB, §§ 399–405, 408 AktG, §§ 82, 84 GmbHG, §§ 147–152 GenG; zum ausländischen Recht GROSSFELD, Management and Control of Marketable Share Companies, in: International Encyclopedia of Comparative Law Bd 13 [1973] Kap 4 Nr 361 S 142). Ihr Kollisionsrecht ist nicht das Internationale Privatrecht, sondern das Internationale Straf- und Ordnungswidrigkeitenrecht (§§ 3–7 StGB, § 5 OWiG – zum Ganzen OEHLER, Internationales Strafrecht [1973]).

277 Eine Anwendung der Normen des ausländischen Gesellschaftsstatuts scheidet danach aus. Der Forumstaat wendet nur sein eigenes Ordnungswidrigkciten- und Strafrecht an. Denn bei der Anwendung ausländischen Strafrechts ergeben sich unannehmbare Schwierigkeiten. Solche Schwierigkeiten tauchen zwar im Internationalen Privatrecht ständig auf, sind dort aber zu ertragen, weil es im allgemeinen „nur“ um Vermögensinteressen geht. Im Strafrecht stehen dagegen Schuld und Sühne im Mittelpunkt mit evtl schweren Folgen für das persönliche Leben der Betroffenen (OEHLER 455).

278 Auch eine Heranziehung nach den Straf- oder Ordnungswidrigkeitsbestimmungen des deutschen Rechts ist bei Gesellschaften mit ausländischem Gesellschaftsstatut nicht möglich. Denn die oben Rz 276 genannten Normen beziehen sich nur auf Gesellschaftsformen des deutschen Rechts (RG JW 1934, 2067 = IPRspr 1934 Nr 144; RG IPRspr 1935-44 Nr 31; OVERRATH ZGR 3 [1974] 86, 100).

279 Nach diesen Regeln kann also eine Lücke bei der Strafverfolgung entstehen. Die Lücke ist aber bei Geltung der Sitztheorie relativ klein und daher tragbar. Die

* **Schrifttum:** TIEDEMANN (Hrsg), Multinationale Unternehmen und Strafrecht (1979).

Gründungstheorie könnte dagegen leicht zu einer Umgehung von Straf- und Ordnungswidrigkeitsvorschriften führen.

280 **24. Schranken materiellrechtlicher Verweisung**

a) Allgemeines

Die Anwendung des Gesellschaftsstatuts ist im allgemeinen zwingend; die Sitztheorie ist eine zwingende Anknüpfung. Eine kollisionsrechtliche Gesamtverweisung auf ein ausländisches Recht ist nach deutschem Recht unzulässig:

> „Es können also durch die Verweisung auf ein ausländisches Recht bei Gesellschaften, welche als deutsche Gesellschaften gelten wollen, nicht Ergebnisse erzielt werden, welche den zwingenden Normen des deutschen Rechts widersprechen. Es kann nicht zugelassen werden, daß Gesellschaften als deutsche Gesellschaften im Rechtsverkehr auftreten, welche nicht den zwingenden Normen des deutschen Rechts entsprechen" (Grasmann Rz 1079 S 539).

281 Möglich ist allenfalls für Einzelfragen im dispositiven Bereich eine materiellrechtliche Verweisung auf ausländisches Recht in seiner jeweils geltenden Form. Das wird aber im allgemeinen nur für das Innenverhältnis von Personenhandelsgesellschaften vertreten (RGZ 23, 31, 33; BGH BB 1954, 242; BGH NJW 1967, 36 = IPRspr 1966/67 Nr 14; OLG Hamburg IPRspr 1932 Nr 14 – s auch unten Rz 539) und gelegentlich für Gesellschaften mit beschränkter Haftung (Woite NJW 1965, 2140 – dort auch zum Sonderfall einer im Gebiet der DDR fortbestehenden GmbH). Weitergehend will Grasmann (Rz 1077 S 336) selbst bei Aktiengesellschaften eine materiellrechtliche Verweisung zulassen.

282 **b) Privatautonomer Gestaltungsspielraum**

Eine materiellrechtliche Verweisung ist nur möglich, wenn sie in dem Rahmen bleibt, der vom Gesellschaftsstatut privatautonomer Gestaltungsfreiheit gelassen wird. Dieser Rahmen ist bei Vereinen (vgl § 25 BGB), Stiftungen (vgl § 85 BGB), Personengesellschaften (vgl § 109 HGB) und Gesellschaften mit beschränkter Haftung größer als bei Aktiengesellschaften (vgl § 23 Abs 5 AktG) und Genossenschaften (vgl § 18 S 2 GenG – zum Ganzen Grasmann Rz 1075 S 536). In jedem Fall muß der Inhalt der ausländischen Vorschrift aber mit dem Wesen der deutschen Gesellschaft und mit dem zwingenden Gesetzesrecht vereinbar sein (Grasmann Rz 1077 S 536). Zu beachten ist ferner bei Massengesellschaften der Gedanke des § 10 Ziff 8 AGBG / vgl BGHZ 64, 238, dazu Grossfeld, Zivilrecht als Gestaltungsaufgabe [1977] 50).

283 **c) Formfragen**

Eine Verweisung auf das jeweils geltende Recht scheitert dort, wo für den Gründungsvertrag eine gesetzliche Form vorgesehen ist (Schriftform oder notarielle Beurkundung – vgl § 59 Abs 2 u 3 BGB, § 23 Abs 1 S 1 AktG, § 2 Abs 1 S 1 GmbHG, § 5 GenG). Denn das Formerfordernis schließt eine so pauschale Verweisung auf andere Rechte im allgemeinen aus (vgl BGHZ 69, 266; BGH NJW 1979, 1496 – vgl Bernhard, Formbedürftige Rechtsgeschäfte [1979]). Die wesentlichen Teile müssen eben in der Urkunde selbst zu erkennen sein (st Rspr; RGZ 79, 418, 422; 80, 400, 402; 136, 422, 424; 137, 305, 309). Selbst wenn man die materiellrechtliche Verweisung nicht schon aus allgemeinen Erwägungen zum Formerfordernis scheitern lassen will, wäre doch die zu § 1409 Abs 1 BGB entwickelte Lehre analog anzuwenden. § 1409 Abs 1 BGB läßt beim formgerecht zu schließenden Ehevertrag (§ 1410 BGB) die kollisionsrechtliche Verweisung auf ein ausländisches Recht nicht zu. Eine materiellrechtliche Verweisung ist danach nur in der Weise möglich, daß der Inhalt der ausländischen Regelung wörtlich in den Ehevertrag aufgenommen wird (DÖLLE, Familienrecht Bd 1 [1964] 676). Bei genereller Bezugnahme ließe sich „zum Schaden der Rechtssicherheit" nur schwer (mitunter gar nicht) feststellen, ob die Bestimmungen nach den Grundsätzen des deutschen Rechts zulässig sind (DÖLLE aaO). Diese Bedenken gewinnen bei Gesellschaften zusätzliches Gewicht, weil sehr oft mehr als zwei Personen beteiligt sind und weil Drittinteressen an der Klarheit der Rechtsverhältnisse noch intensiver berührt werden. Zudem handelt es sich um auf Dauer angelegte Rechtsverhältnisse, bei denen gerade der Zukunftsaspekt (in welche Richtung wird sich das ausländische Recht entwickeln?) besonders wichtig ist.

Dennoch wendet sich GRASMANN (Rz 1078 S 538) gegen die analoge Anwendung 284 des § 1409 Abs 1 BGB. Er beruft sich auf „die verfassungsrechtliche Ausgangsvermutung zugunsten der Privaten und den Grundsatz der Gesetzmäßigkeit der Rechtsprechung und Verwaltung" (Rz 1078 S 538). Er läßt daher eine Verweisung auf das ausländische Recht in seiner jeweils geltenden Form zu: „Auch künftige Gesetzesänderungen und Weiterentwicklungen der Rechtsordnungen, auf welche verwiesen ist . . ., sind zu berücksichtigen". Demgegenüber ist aber folgendes zu bedenken: Die oben erwähnten Formen für den Abschluß des Gesellschaftsvertrages sollen dem Registergericht die Prüfung der Satzung ermöglichen (vgl § 60 BGB, § 38 AktG) bzw eine Belehrung durch den Notar sicherstellen (§ 17 BeurkG). Das ist bei einer generellen materiellrechtlichen Verweisung auf ausländisches Recht praktisch nicht möglich (vgl DÖLLE aaO). Eben daran scheitert aber auch das Verständnis für einsichtsberechtigte Dritte (vgl § 79 BGB; § 9 Abs 1 HGB). Die mit der Form bewirkte Prüfungs- und Einsichtsmöglichkeit geht also verloren. GRASMANN (Rz 1078 S 538) will diesem Problem wie folgt beikommen:

> „Allerdings werden die Urkundspersonen, welche die Gesellschaftsverträge und ihre Änderungen beurkunden, und die Registerrichter die Vorlage der ausländischen Gesetze, auf welche verwiesen ist, verlangen können und müssen, damit sie in die Lage versetzt werden, zu beurteilen, ob die Regelung des ausländischen Rechts, auf welches verwiesen wird, mit dem Wesen der deutschen Gesellschaft und mit den zwingenden Normen des deutschen Rechts vereinbar ist."

Eine ausreichende Belehrung ist aber auch dann nicht zu erwarten – selbst wenn 285 man von den Schwierigkeiten absieht, die einer zuverlässigen Bewertung des fremden Rechts entgegenstehen. All das hilft auch nicht Dritten und später hinzutretenden Gesellschaftern; sie können das für sie geltende Recht oft praktisch nicht ermitteln. Zudem muß wegen des Dauercharakters der Gesellschaft stets mit nicht voraussehbaren Änderungen des ausländischen Rechts gerechnet werden.

d) Ergebnis 286

Daraus folgt, daß bei Verein, Aktiengesellschaft, Gesellschaft mit beschränkter Haftung und Genossenschaft eine generelle Verweisung ausscheidet. Die Satzungen dieser Rechtsgebilde sind auf Publizität für eine potentiell unbegrenzte Vielzahl von Mitgliedern und Dritten angelegt. Dem wird nur eine relativ feste gesetzliche Typik gerecht (vgl GROSSFELD, Zivilrecht als Gestaltungsaufgabe [1977] 49). Durch eine materiellrechtliche Verweisung auf ausländisches Recht in seiner jeweiligen Form gehen Rechtssicherheit und Überschaubarkeit verloren. Es ist daher ggf erforderlich, daß die gewollten Regeln des ausländischen Rechts wörtlich in der Satzung niedergelegt werden. Eine generelle materiellrechtliche Verweisung kommt dagegen für das Innenverhältnis bei Personengesellschaften des deutschen Rechts in Frage, soweit nicht die Sonderregeln über Massengesellschaften (oben Rz 282) gelten. Es ist aber jeweils sorgfältig zu prüfen, ob eine solche materiellrechtliche Verweisung gewollt ist. Im Zweifel wird den Parteien mehr an der Behandlung nach einem einheitlichen Recht als an einer Aufteilung und an einem schwer durchschaubaren Normenmix gelegen sein (vgl SOERGEL-SIEBERT-KEGEL Vorbem 166 zu Art 7 EGBGB; vgl auch GRASMANN Rz 983 S 493).

287 Die Frage, ob bei einer ausländischen Gesellschaft für Teilbereiche auf deutsches Recht oder das Recht eines Drittstaates verwiesen werden kann, richtet sich nach deren Gesellschaftsstatut, also danach, wie weit dieses eine materiellrechtliche Verweisung zuläßt (vgl BGH IPRspr 1952/53 Nr 20 S 60).

288 **25. Anwendungsfragen***

Bei der Anwendung internen Gesellschaftsrechts auf internationale Sachverhalte entstehen oft Anpassungs- und Substitutionsprobleme (vgl oben Rz 239); J SCHRÖDER, Die Anpassung von Kollisions- und Sachnormen [1961]). Beispiele dafür finden sich namentlich im Aktienrecht.

289 So kann die Hauptversammlung einer deutschen Aktiengesellschaft nicht im Ausland stattfinden; Entsprechendes gilt für die Gesellschafterversammlung der Gesellschaft mit beschränkter Haftung (OLG Hamm NJW 1974, 1057). Sonderprobleme stellen sich beim Verbot des Erwerbs eigener Aktien (§§ 71–71 e AktG; HUBER, FS Duden 148; WIEDEMANN, Gesellschaftsrecht 817) und bei der Regelung der zulässigen Aufsichtsratsmandate. So zählen in § 100 Abs 2 Nr 1 AktG bei der erlaubten Höchstzahl der Aufsichtsratssitze nur Mandate in deutschen Gesellschaften mit. Dagegen gilt die Verbotsnorm des § 100 Abs 2 Nr 2 AktG auch für ausländische abhängige Unternehmensorgane. Streitig ist die Tragweite des Verbots der Überkreuzverflechtung in § 100 Abs 2 Nr 3 AktG (vgl auch unten Rz 391).

XIX. Formprobleme**

290 **1. Problemstellung**

Die Form gesellschaftsrechtlicher Vorgänge richtet sich gem Art 11 Abs 1 S 1 EGBGB „nach den Gesetzen, welche für das den Gegenstand des Rechtsgeschäfts bildende Rechtsverhältnis maßgebend sind". Die Form bestimmt sich nach dem Wirkungsstatut (Geschäftsform), bei gesellschaftsrechtlichen Vorgängen also nach dem Gesellschaftsstatut. Art 11 Abs 1 S 2 EGBGB läßt nun aber eine alternative Anknüpfung zu: „Es genügt jedoch die Beobachtung der Gesetze des Ortes, an dem das Rechtsgeschäft vorgenommen wird" (locus regit actum – Ortsform). Es ist indes umstritten, ob diese Alternativanknüpfung auch für gesellschaftsrechtliche Vorgänge gilt, die an sich dem Gesellschaftsstatut unterliegen.

291 Die Frage ist von Bedeutung für das Erfordernis notarieller Beurkundung wie zB nach § 23 Abs 1 S 1 AktG (Feststellung der Satzung), § 130 AktG (Vorgänge in der

* **Schrifttum:** VON CAEMMERER, Aufsichtsrat und Auslandsverbindungen, in: FS Gessler (1971) 81; GRASMANN Rz 1042 S 520; HUBER, Zum Aktienerwerb bei ausländischen Tochtergesellschaften, in: FS Duden (1977) 137; WIEDEMANN, Gesellschaftsrecht 822.

** **Schrifttum:** BERNSTEIN, Erwerb und Rückerwerb von GmbH-Anteilen im deutsch-amerikanischen Rechtsverkehr, ZHR 140 (1976) 414; KROPHOLLER, Auslandsbeurkundungen im Gesellschaftsrecht, ZHR 140 (1976) 394; MANN, Zur Auslegung des Art 11 EGBGB, ZHR 138 (1974) 448; WINKLER, Beurkundung gesellschaftlicher Akte im Ausland, NJW 1974, 1032; ders, Übertragung eines GmbH-Anteils im Ausland, Rpfleger 1978, 44.

Hauptversammlung), §§ 341 Abs 1 S 1, 355 Abs 3 S 3 AktG (Verschmelzungsvertrag), § 361 Abs 1 S 4 AktG (Vermögensübertragung); ferner nach § 2 Abs 1 S 1 GmbHG (Gesellschaftsvertrag), § 15 Abs 3 u 4 S 1 GmbHG (Übertragung von Gesellschaftsanteilen), § 53 Abs 2 S 1 GmbHG (Satzungsänderung), §§ 55, 56 GmbHG (Übernahme einer erhöhten Stammeinlage). Dasselbe Problem ergibt sich bei Umwandlungsbeschlüssen, § 24 UmwandlgG. Können Vorgänge dieser Art bei einer deutschem Recht unterliegenden Gesellschaft formlos erfolgen, wenn das Ortsrecht keine besondere Form vorsieht? Können sie zB von einem schweizerischen Notar in der Schweiz wirksam beurkundet werden? Die praktische Bedeutung der Frage ist heute dadurch gemindert, daß das Kostenänderungsgesetz v 28. 8. 1975 (BGBl I 2189) die hohen Geschäftswerte herabgesetzt hat. Das hat den Zug zur Beurkundung vor einem ausländischen Notar gebremst.

Eine ähnliche Frage stellt sich, wenn das Gesellschaftsstatut Schriftform vorsieht (vgl § 293 Abs 3 S 1 AktG – Unternehmensvertrag). Kann ein Unternehmensvertrag zwischen zwei Unternehmen iSd § 291 Abs 1 AktG im Ausland auch mündlich geschlossen werden, wenn der Vertrag im übrigen (dazu unten Rz 404) deutschem Recht untersteht? 292

2. Stand der Meinungen 293

Einigkeit besteht darüber, daß Art 11 Abs 1 S 2 EGBGB nicht eingreift, wenn das Ortsrecht ein Rechtsgeschäft dieser Art nicht kennt und deshalb keine Form dafür bereitstellt (RGZ 160, 225, 230; vgl BFH WM 1959, 609). Art 11 Abs 1 S 2 EGBGB kann daher allenfalls zur Anwendung kommen, wenn das Ortsrecht zwar das Rechtsgeschäft, nicht aber eine bestimmte Form dafür kennt.

Die Stellungnahmen der Gerichte zur Geltung der Ortsform sind uneinheitlich. Die Übersichtlichkeit leidet vor allem dadurch, daß sich die Aussagen – was häufig übersehen wird – auf unterschiedliche gesellschaftsrechtliche Vorgänge beziehen (zB OLG Hamm NJW 1974, 1057 = IPRspr 1974 Nr 11 – dort zahlreiche Literaturnachw – und OLG Karlsruhe RiW 1979, 568 lehnen Ortsform bei Satzungsänderung ab, BayObLG Rpfleger 1978, 59 = IPRspr 1977 Nr 7 b läßt Ortsform bei der Abtretung eines Geschäftsanteils zu – ebenso RGZ 88, 227, 231; 160, 225, 231 = IPRspr 1935–44 Nr 40). Eine allgemeine Stellungnahme der Gerichte liegt bisher nicht vor. 294

Die Literatur lehnt die Ortsform zT ganz ab (zB Winkler NJW 1972, 981; 1973, 222; 1974, 1032; Rpfleger 1978, 44 m Nachw; Randenborgh BB 1974, 483; Brambring NJW 1973, 122), zT nur für Geschäfte, die sich auf die Verfassung einer Gesellschaft oder juristischen Person beziehen (Behrens Rz 100 S 525; Kropholler 402); andere bejahen die Ortsform generell (Bokelmann NJW 1972, 1731; Müller-Gindullis RabelsZ 38 [1974] 643; Palandt-Heldrich [39. Aufl 1980] Art 11 EGBGB Anm 3), zumindest aber für die Übertragung eines Anteils (Nachw bei BayObLG Rpfleger 1978, 58, 59 = IPRspr 1977 Nr 7 b) und die Übernahme von Stammeinlagen bei Kapitalerhöhungen (Behrens aaO). Der Deutsche Rat für Internationales Privatrecht (S 423) schließt die Ortsform aus für Rechtsgeschäfte, die die Verfassung einer Gesellschaft oder juristischen Person betreffen. Er schlägt folgende Neufassung des Art 11 Abs 2 EGBGB vor: 295

> „Die Vorschrift des Abs 1 S 2 findet keine Anwendung auf ein Rechtsgeschäft, durch welches ein Recht an einer Sache begründet oder über ein solches Recht verfügt wird, oder welches die Verfassung einer Gesellschaft oder juristischen Person betrifft."

296 **3. Stellungnahme**

Zu folgen ist zunächst der Meinung, die die Ortsform ablehnt und auf der Geschäftsform beharrt, wenn die Vorgänge die Verfassung einer Gesellschaft oder einer juristischen Person betreffen. Dazu rechnen Abschluß des Gesellschaftsvertrages (§ 2 Abs 1 S 1 GmbHG), Satzungsänderung (§ 53 Abs 2 S 1 GmbHG), Umwandlung (§ 24 Abs 1 S 3 UmwandlgG), Verschmelzung (§ 355 Abs 3 S 3 AktG), Vermögensübertragung (§ 361 Abs 1 S 4 AktG; vgl LG Dortmund Die AG 1977, 109 m Anm Lutter), Abschluß eines Unternehmensvertrages (§ 293 Abs 3 S 1 AktG). Das folgt aus den mit der jeweiligen Form verfolgten Zwecken und daraus, daß die betreffenden Vorgänge nicht nur die unmittelbar Beteiligten berühren (ausführlich dazu OLG Hamm NJW 1974, 1057 = IPRspr 1974 Nr 11; OLG Karlsruhe RiW 1979, 568; Winkler NJW 1974, 1032). Es ist auch nicht anzunehmen, daß das ausländische Recht über die Form solcher Rechtsgeschäfte bei ausländischen Gesellschaften etwas sagen will. Man kann daher annehmen, daß es die Frage der Form für solche Rechtsgeschäfte „nicht beantwortet" (Koppensteiner, Internationale Unternehmen 167; vgl KG IPRspr 1932 Nr 18).

297 Zur Begründung kann man sich ferner auf Art 11 Abs 2 EGBGB beziehen. Diese Vorschrift schließt die Ortsform für ein Rechtsgeschäft aus, „durch das ein Recht an einer Sache begründet oder über ein solches Recht verfügt wird" (so Beitzke, Kollisionsrecht 118 f; Randenborgh BB 1974, 483; Kropholler 402; OLG Karlsruhe RiW 1979, 568). Nach § 90 BGB sind zwar „Sachen" iSd Art 11 Abs 2 EGBGB nur „körperliche Gegenstände"; auch enthalten die Gesetzesmotive keinen Hinweis auf Besonderheiten des Gesellschaftsrechts. Dennoch kommt der Grundgedanke des Art 11 Abs 2 EGBGB hier zum Tragen: Art 11 Abs 2 EGBGB stammt der Sache nach aus dem ersten Gebhardschen Entwurf von 1881 (§ 10 Abs 4 – abgedruckt bei Hartwieg-Korkisch, Die geheimen Materialien zur Kodifikation des deutschen Internationalen Privatrechts 1881–1896 [1973] 62). Nach den Motiven sicherte die Bestimmung

> „die ausschließliche Geltung des Gesetzes der belegenen Sache auch in Ansehung der Formen dinglicher Verträge sowohl für Immobilien als für Mobilien" (Niemeyer, Zur Vorgeschichte des Internationalen Privatrechts im Deutschen Bürgerlichen Gesetzbuch [1915] 105).

Der Grund dafür findet sich in den von Gebhard herangezogenen Ausführungen von Bars (Das internationale Privat- und Strafrecht [1862] 204):

> „Wäre es möglich, die für die allgemeine Sicherheit des Verkehrs eingeführten Formen des Erwerbs dinglicher Rechte durch eine Reise ins Ausland zu umgehen, so würden alle Gesetze, welche behufs Sicherung der Rechte der Grundeigentümer erschwerende Formen einführen, illusorisch sein. Durch eine Umgehung solcher Forderungen leidet nicht, wie bei obligatorischen Verträgen der Fall ist, der Einzelne, sondern das öffentliche Interesse überhaupt."

298 Das entspricht im allgemeinen ebenfalls der Interessenlage bei gesellschaftsrechtlichen Formvorschriften. Ferner ist zu beachten, daß Art 11 Abs 2 EGBGB seinem Sinn nach „dingliche Verfügungen" treffen soll (Soergel-Siebert-Kegel Art 11 EGBGB Rz 9). Dieser Zweck trägt die Anwendung auf gesellschaftsrechtliche Vorgänge der hier in Rede stehenden Art. Denn diese Vorgänge betreffen gerade die dingliche Einbindung von Vermögensgegenständen. Die Errichtung einer Gesellschaftsorganisation hat ähnliche Änderungen der Vermögenszuständigkeit und ähnliche dauerhafte Vermögensbindungen zur Folge wie ein sachenrechtliches Geschäft (Begründung einer dinglichen Sondervermögenszuständigkeit). Das zeigen schon die Verquickung sachen- und schuldrechtlicher Aspekte bei der Gesamthandgemeinschaft und der fideikommissähnliche Charakter juristischer Personen (dazu

Grossfeld, Aktiengesellschaft, Unternehmenskonzentration und Kleinaktionär [1968] 86). Das öffentliche Interesse ist hier im gleichen Maße wie bei Grundstücksgeschäften berührt.

Dieses methodische Vorgehen ist unsicheren Qualifikationsversuchen vorzuziehen, 299 die sich zB darauf stützen, daß „die Abgrenzung zwischen Form und Inhalt im kollisionsrechtlichen Rahmen des Art 11 EGBGB anders vorzunehmen [sei] als im internen Bereich" (Behrens Rz 99 S 524). Gekünstelt erscheint auch der Versuch, das Formerfordernis bei Rechtsgeschäften, die im Handelsregister einzutragen sind, als verfahrensrechtlich zu qualifizieren und diese Rechtsgeschäfte der lex fori zu unterstellen (Mann 453). Der Schluß von der Publizität auf die Form ist in diesen Fällen nicht zwingend (ablehnend ebenfalls Behrens Rz 99 S 524).

Die vorstehenden Ausführungen zeigen: Für Rechtsgeschäfte in bezug auf die 300 Verfassung einer Gesellschaft oder juristischen Person ist gemäß Art 11 Abs 1 S 1 EGBGB die vom deutschen Recht vorgesehene Form einzuhalten (Geschäftsform), soweit das deutsche Gesellschaftsstatut als Wirkungsstatut das vorsieht. Art 11 Abs 1 S 2 EGBGB gilt insoweit nicht.

4. Möglichkeit ausländischer Beurkundung 301

Wenn das deutsche Recht eine Beurkundung verlangt, ergibt sich als nächstes die Frage, ob die Beurkundung einer ausländischen Stelle dieses Erfordernis erfüllt (soweit ausnahmsweise Art 11 Abs 1 S 2 EGBGB gilt, stellt sich das Problem in dieser Form nicht – BayObLG IPRspr 1977 Nr 7 b = Rpfleger 1978, 58 –, weil es dann um die Erfüllung einer ausländischen Formvorschrift geht, also eine dem ausländischen Recht entsprechende Form genügt). Die Formvorschriften besagen im allgemeinen nicht, daß nur deutsche Notare für eine Beurkundung in Frage kommen (OLG Hamm NJW 1974, 1057, 1058 = IPRspr 1974 Nr 11). Es handelt sich vielmehr um ein Substitutionsproblem (oben Rz 239): Erfüllt ein Vorgang, der sich unter ausländischem Recht vollzieht, die Voraussetzungen der deutschen Norm? Dafür kommt es darauf an, ob die Beurkundung im Ausland mit einer Beurkundung im Inland funktional vergleichbar ist (hM; allg dazu: Grossfeld, Basisgesellschaften im Internationalen Steuerrecht [1974] 62; Blumenwitz DNotZ 1968, 712, 736); das ist zu bejahen, wenn Urkundsperson wie Beurkundungsvorgang im großen und ganzen gleichwertig sind.

5. Gleichwertigkeit einer ausländischen Beurkundung 302

Zur Bejahung der Gleichwertigkeit muß der ausländische Notar nach Vorbildung und Aufgabenstellung einen entsprechenden Rang wie ein inländischer Notar haben (OLG Hamm NJW 1974, 1057 = IPRspr 1974 Nr 11; IPG 1971 Nr 41 S 403). Das wird bejaht beim lateinischen Notariat, ferner bei österreichischen und schweizerischen Notaren, nicht aber bei dem notary public in den USA (Einzelheiten bei Stephan NJW 1974, 1596).

Es genügt jedoch für sich allein nicht, daß die beurkundende Person eine Stellung 303 hat, die der eines deutschen Notars gleichwertig ist. Hinzu kommen muß die Gleichwertigkeit des Beurkundungsvorganges. Das erfordert eine konkrete Prüfung des einzelnen Geschäftsaktes. Dabei ist darauf zu achten, ob der ausländische Notar den vom deutschen Recht vorausgesetzten Sachverstand kraft seiner amtlichen Stellung einbringen kann. Das setzt Kenntnis des deutschen Rechtssystems – nicht nur des Gesellschaftsrechts – voraus; eine solche Kenntnis hat ein ausländischer

Jurist im Regelfall nicht. Der BGH (IPRspr 1977 Nr 191 S 557 f) sagt dazu in anderem Zusammenhang:

„Die Wahrnehmung der nach deutschem Recht bestehenden Belehrungsaufgaben durch einen ausländischen Notar ist schon deshalb nicht zu erwarten, weil dieser nicht deutschem Recht untersteht und es auch häufig nicht vollständig beherrschen wird."

Daraus folgt:

„Sind detaillierte Kenntnisse des deutschen Rechts erforderlich, die auch bei einem ausländischen Notar, dessen Heimatrechtsordnung dem deutschen Recht eng verwandt ist, nicht vorausgesetzt werden können, so wird eine Gleichartigkeit des Beurkundungsvorganges nicht anzunehmen sein" (OLG Hamm NJW 1974, 1057, 1058 = IPRspr 1974 Nr 11).

Im allgemeinen werden hieran Beurkundungen nach der deutschen Geschäftsform (Art 11 Abs 1 S 1 EGBGB) durch eine ausländische Urkundsperson scheitern, wenn es um die Verfassung einer Gesellschaft geht.

304 Entscheidend ist also die Sachkenntnis des Notars, die das deutsche Recht in den Geschäftsvorgang eingebracht wissen will (zu den Zwecken der Beurkundung Rothoeft, FS Esser [1975] 113, 123). Das geschieht im allgemeinen Interesse, um die ordnungsgemäße Durchführung von Akten mit Öffentlichkeitsbezug sicherzustellen. Die im Interesse der Parteien liegende Belehrungspflicht des Notars (§ 17 BeurkG) ist demnach allein nicht der springende Punkt. Es kommt deshalb auch nicht darauf an, ob die Parteien von vornherein global auf jede Belehrung verzichten können (so Rothoeft 126; LG München DNotZ 1976, 501 m Anm Brambring). Der generelle Sachverstand des Notars steht jedenfalls nicht zur Disposition der Parteien.

305 Bei der Abgrenzung zwischen gleichwertigen und ungleichwertigen Beurkundungsvorgängen kommt es nicht darauf an, ob gerade die einzelne ausländische Urkundsperson das deutsche Recht kennt (zB weil sie zufällig deutscher Volljurist ist). Die Abgrenzung erfolgt aus Gründen der Rechtssicherheit nach generellen Maßstäben, nämlich nach der Unterschiedlichkeit der Rechtsordnungen (OLG Hamm NJW 1974, 1057 = IPRspr 1974 Nr 11). Die Gleichwertigkeit des Beurkundungsvorgangs ist danach für Rechtsgebilde im Bezug auf die Verfassung einer Gesellschaft wohl fast immer zu verneinen (vgl aber auch RG IPRspr 1935–44 Nr 40 = RGZ 160, 225).

306 6. Übertragung von Gesellschaftsanteilen

a) Stand der Meinungen

Besonderer Erörterungen bedarf die Übertragung von Gesellschaftsanteilen nach § 15 Abs 3 u 4 S 1 GmbHG. Die Frage ausländischer Beurkundung ist hier besonders umstritten. Für die Geltung der Geschäftsform haben sich ausgesprochen bzw die Ortsform über Art 30 EGBGB abgelehnt: OLG Karlsruhe OLGE 3 [1901] 263; LG Stuttgart IPRspr 1976 Nr 5 A; LG München DNotZ 1976, 501 mAnm Brambring; LG Konstanz IPRspr 1970 Nr 144; RFH IPRspr 1932 Nr 17; IPRspr 1958/59 Nr 35; ÖsterrOGH ÖJZ 1960, 578. RGZ 160, 225, 229 = IPRspr 1935–44 Nr 40 S 85 f stellt grds auf die Ortsform ab, läßt aber offen, ob die Ortsform (Schriftform) gegen Art 30 EGBGB verstößt. BGH IPRspr 1968/69 Nr 23 läßt die Formfrage dahingestellt. Andere Gerichte haben auf die Ortsform (Art 11 Abs 1 S 2 EGBGB) abgestellt (so RGZ 88, 227, 231; 160, 225, 231; BayObLG Rpfleger 1978, 58 = IPRspr 1977 Nr 7 b).

Soweit die Gerichte von der Geschäftsform ausgehen, laufen doch die Meinungen über die Gleichwertigkeit des ausländischen Beurkundungsvorgangs auseinander. LG Stuttgart (IPRspr 1976 Nr 5 A) und LG Konstanz (IPRspr 1970 Nr 144) sehen die Beurkundung durch einen schweizerischen Notar als genügend an, LG München (DNotZ 1976, 501 mAnm Brambring = IPRspr 1977 Nr 7 a) ist dagegen anderer Meinung für die Beurkundung durch einen österreichischen Notar.

Das Schrifttum ist im ganzen und in Einzelheiten gespalten (Nachw in BayObLG Rpfleger 1978, 58, 59 = IPRspr 1977 Nr 7 b; Winkler Rpfleger 1978, 44; Behrens Rz 100 S 525; IPG 1970 Nr 40; IPG 1971 Nr 41). 307

b) Stellungnahme 308

Auszugehen ist vom Zweck der Formvorschrift. § 15 Abs 3 u 4 S 1 GmbHG hat eine besondere gesellschaftsrechtliche Zielsetzung: Er soll den Typus „Gesellschaft mit beschränkter Haftung" reinhalten und gegenüber der Aktiengesellschaft abgrenzen. Die Gesetzesmaterialien sagen dazu:

> „Entscheidendes Gewicht ist auf die Form zu legen, welche für die Übertragung der Geschäftsanteile vorgesehen wird; denn die formalen Voraussetzungen der Übertragung müssen in erster Linie Gewähr dafür bieten, daß die Anteilsrechte der neuen Gesellschaften nicht zu einem Gegenstand des Handelsverkehrs werden."

Man wolle die „Leichtigkeit der Veräußerung" verhindern. Ferner müsse

> „die Form des Übertragungsaktes selbst eine derart authentische sein, daß Zweifel und Unklarheiten über die Tatsache der Übertragung nicht entstehen können"

(Begründung zum Gesetzesentwurf betr die Gesellschaften mit beschränkter Haftung, Stenographische Berichte über die Verhandlungen des Reichstages, 8. Legislaturperiode, I. Session 1890/92, Fünfter Anlagenband Nr 660 S 3729 Bd 125 der Gesamtreihe). Demgegenüber findet sich in den Gesetzesmaterialien kein Hinweis darauf, daß die Beurkundung auch die Beratung und Belehrung durch den Notar sichern soll (RG JW 1903 Nr 28 S 11, 12; vgl RGZ 68, 396; aA Winkler Rpfleger 1978, 44, 45). Dagegen spricht auch der Verzicht auf die Beurkundung bei der Übertragung nicht voll einbezahlter Namensaktien (§§ 10 Abs 2, 68 AktG).

Hieraus muß man entnehmen: Das Formerfordernis des § 15 Abs 3 u 4 S 1 GmbHG 309 hat eine wichtige gesellschaftsrechtliche Funktion (Typenschutz), ist ein „Grundpfeiler" des GmbH-Gesetzes (Nussbaum, Deutsches Internationales Privatrecht [1932] 93):

> „Die G.m.b.H. ist nur deshalb in so weitgehender Weise von den aktienrechtlichen Kontrollen und Bindungen befreit, weil auf der anderen Seite durch das Erfordernis der notariellen Form für Abtretungen und Abtretungsverpflichtungen der freie Handel in G.m.b.H.-Anteilen seiner Gefährlichkeit für das Publikum entkleidet und zugleich eine innigere Verbindung zwischen Gesellschaft und Gesellschaftern hergestellt ist."

Das rechtfertigt die Anwendung des Gesellschaftsstatuts und spricht gegen Art 11 310 Abs 1 S 2 EGBGB (Nussbaum aaO). Dieses Ergebnis bestätigen die nachstehenden Überlegungen Koppensteiners (167):

> „Ebensowenig wie dem Gesetzgeber der Wille unterstellt werden kann, er wolle etwas über die Form des Gründungsvertrages einer ausländischen Gesellschaft aussagen, kann ein Interesse daran bestehen, die Form der Abtretung von Anteilen an solchen Gesellschaften zu regeln [ähnlich KG IPRspr 1932 Nr 18 zu § 15 GmbHG]. Es ist daher davon auszugehen, daß jedes Recht außer dem Gesellschaftsstatut diese Fragen ‚nicht beantwortet'. Die einschlägigen Normen

der verschiedenen Rechte sind nicht fungibel. Deshalb ist ihre gesonderte Anknüpfung geboten, die unter den hier relevanten Umständen in eine gesellschaftsrechtliche Qualifikation des Komplexes einmündet."

Entsprechend richtet sich die Form für die Abtretung von Anteilen an einer ausländischen Gesellschaft mit beschränkter Haftung nach dem ausländischen Gesellschaftsstatut. § 15 Abs 3 u 4 GmbHG gilt nicht (KG IPRspr 1932 Nr 18).

311 Bei der Prüfung, ob ein ausländischer Beurkundungsvorgang gleichwertig ist, hat man jedoch den eingeschränkten Zweck der einschlägigen deutschen Formvorschriften zu beachten (methodisch ebenso Nussbaum 93 f). Es sind daher geringere Anforderungen zu stellen. Das ermöglicht eine flexible Lösung. Es kommt nicht darauf an, ob die ausländische Beurkundung eine gleichwertige Sachkunde einbringt, sondern ob sie eine entsprechende typussichernde Wirkung entfaltet (Übertragungserschwernis, Ausschluß eines Börsenhandels). Das ist bei der Beurkundung durch einen schweizerischen Notar (RGZ 160, 225 = IPRspr 1935-44 Nr 40; LG Stuttgart IPRspr 1976 Nr 5; LG Konstanz IPRspr 1970 Nr 144; im Ergebnis ebenso BayObLG Rpfleger 1978, 58) oder österreichischen Notar anzunehmen (ähnlich für einen argentinischen Notar IPG 1970 Nr 40).

312 **7. Übernahmeerklärungen**

Ähnlich ist die Rechtslage bei §§ 55, 56 GmbHG. Hier wird eine „notariell aufgenommene oder beglaubigte Erklärung des Übernehmers" verlangt (§ 55 Abs 1 GmbHG). Darauf kann bei Erklärungen im Ausland nicht verzichtet werden. Art 11 Abs 1 S 2 EGBGB gilt also hier ebenfalls nicht (aA allerdings Behrens Rz 101 S 527); jedoch sind an die Gleichwertigkeit des ausländischen Aktes keine hohen Anforderungen zu stellen, da bereits bloße „Beglaubigung" ausreicht (vgl IPG 1971 Nr 41).

XX. Mitbestimmungsrecht*

313 **1. Allgemeines**

Eine Mitbestimmung der Arbeitnehmer gibt es in der Bundesrepublik Deutschland auf der betrieblichen und auf der überbetrieblichen (unternehmerischen) Ebene. Die betriebliche Mitbestimmung als Teil der Betriebsverfassung beruht auf dem Betriebsverfassungsgesetz v 15. 1. 1972 (BGBl I 13), die unternehmerische Mitbestimmung als Teil der Unternehmensverfassung auf dem Montanmitbestimmungsgesetz idF v 6. 9. 1965 (BGBl I 1185), dem Mitbestimmungsergänzungsgesetz idF v 27. 4. 1967 (BGBl I 505), dem Betriebsverfassungsgesetz v 11. 10. 1952 (BGBl I 681; letzte Änderung 4. 5. 1976 – BGBl I 1153) und dem Mitbestimmungsgesetz v 4. 5. 1976 (BGBl I 1153 – zur Verfassungsmäßigkeit des MitbestG s BVerfGE 50, 290; die Entscheidung des BVerfG hat ein lebhaftes, wenn auch gespaltenes Echo gefunden – zusammenfassend Lutter-Hommelhoff SchweizAG 1980, 38, 54 m um-

* **Schrifttum:** Däubler, Mitbestimmung und Betriebsverfassung im Internationalen Privatrecht, RabelsZ 39 (1975) 444; Klückers, Problemfälle der Arbeitnehmerzurechnung auf der Grundlage von § 5 Abs 1 S 1 MitbestG. Internationale Konzerne – Konzerne im Konzern-Gemeinschaftsunternehmen, Diss Köln 1978; Prager, Grenzen der deutschen Mitbestimmung (inklusive Betriebsverfassung) im deutsch-schweizerischen Unternehmensrecht (1979); von Zitzewitz, Die Vereinbarkeit internationaler Vertragskonzerne mit dem Mitbestimmungsgesetz 1976 (1980).

fangr Nachw). Auf beiden Ebenen treten Fragen nach der internationalen Tragweite der in Frage kommenden Vorschriften auf (Überblick bei GROSSFELD, Praxis 156). Sie werden hier nur für die unternehmerische Mitbestimmung erörtert. Zur betrieblichen Mitbestimmung sei lediglich erwähnt, daß sie auch für inländische Betriebe ausländischer Unternehmen gilt (BAG WM 1976, 464; BB 1975, 327), dagegen grundsätzlich nicht für ausländische Betriebe inländischer Unternehmen (außer in „Ausstrahlungsfällen", kritisch dazu: DÄUBLER 447; PRAGER 32 f). Im übrigen wird auf das einschlägige Schrifttum verwiesen (Zusammenstellung bei PRAGER 14; siehe ferner LAG Düsseldorf, Betrieb 1979, 2233; dazu STEINMEYER, Betrieb 1980, 1541).

2. Geltung des Gesellschaftsstatuts 314

Die unternehmerische Mitbestimmung regelt die Frage, wie die Aufsichtsorgane einer Gesellschaft zusammengesetzt, ob und wieviele Arbeitnehmer darin vertreten sind. Es handelt sich um eine unternehmensrechtliche Institution, die deshalb dem Gesellschaftsstatut iSd Unternehmensstatuts unterliegt (hM; Deutscher Rat für Internationales Privatrecht 20; DÄUBLER 453; w Nachw bei PRAGER 44 Fn 143), also bei einer Gesellschaft mit tatsächlichem Verwaltungssitz in der Bundesrepublik Deutschland dem deutschen Recht (VISCHER, FS Mann [1977] 639, 649). Dementsprechend findet das deutsche Mitbestimmungsrecht bei ausländischem Gesellschaftsstatut keine Anwendung (STEINDORFF ZHR 141 [1977] 457, 460; LG Dortmund Die AG 1977, 109 m Anm LUTTER; anders nur die abzulehnende [oben Rz 28, 59] Überlagerungstheorie: SANDROCK 227; dagegen EBENROTH-SURA 335). Der Wortlaut des Mitbestimmungsgesetzes v 1976 bestätigt diese kollisionsrechtliche Ausgangslage. Die von der Mitbestimmung erfaßten Unternehmen werden in §§ 1, 4 Mitbestimmungsgesetz nach ihrer Rechtsform erfaßt, wobei der Gesetzgeber von den Rechtsformen des deutschen Rechts ausgeht (BELLSTEDT BB 1977, 1326; TH RAISER, Mitbestimmungsgesetz [1977] § 1 Rz 12 S 73).

Die deutsche Mitbestimmung greift danach auch dann nicht ein, wenn das ausländi- 315
sche Unternehmen in der Bundesrepublik Deutschland eine unselbständige Zweigniederlassung hat, die von der Zahl der Mitarbeiter her die Voraussetzungen der Mitbestimmung erfüllt (hM; Nachw bei PRAGER 59). Die Mitbestimmungsregeln knüpfen nicht an die Niederlassung in der Bundesrepublik Deutschland an, sondern an das deutsche Gesellschaftsstatut; denn es ist kaum möglich, die deutschen Mitbestimmungsregeln einem anders strukturierten Gebilde ausländischen Rechts „überzustülpen" (BT-Drucks 7/4845 S 4 Nr 4; HOFFMANN-LEHMANN-WEINMANN, Mitbestimmungsgesetz [1978] § 1 Rz 8 S 71). Die Reichweite der Mitbestimmungsregeln endet daher insoweit „an den Landesgrenzen" (KOPPENSTEINER, Internationale Unternehmen 133, 135).

Gelegentlich wird die Meinung vertreten, ausländische Unternehmen, die mehr als 316
500 Arbeitnehmer (Schwelle für das Eintreten der Mitbestimmung) in einer inländischen Niederlassung beschäftigen, müßten diese in eine Tochtergesellschaft nach deutschem Recht umwandeln (Rechtsformzwang), wenn nach dem Gesellschaftsstatut keine unternehmensrechtliche Mitbestimmung besteht (BEITZKE Betrieb 1958, 224, 225; vgl auch VISCHER, FS Mann [1977] 639, 650). Das ist jedoch de lege lata nicht zu verwirklichen (aA DÄUBLER RabelsZ 39 [1975] 444, 474). Es ist nicht ersichtlich, wie eine solche Anordnung erzwungen werden kann; dazu bedürfte es einer speziellen gesetzlichen Anordnung. Zudem sind nicht alle Unternehmen mit mehr als 500 Arbeitnehmern mitbestimmungspflichtig. Es ergibt sich dann sofort die Frage, ob das ausländische Unternehmen einem mitbestimmungspflichtigen Unternehmen des deutschen Rechts entspricht, ferner, ob das Gesellschaftsstatut einer der deutschen Regelung entsprechende Mitbestimmung vorsieht (Substitutionsfragen

– oben Rz 239). Eine klare Lösung bestände allenfalls darin, bei Niederlassungen ausländischer Unternehmen generell die Umwandlung in Tochtergesellschaften zu verlangen, sobald nach der Zahl der Beschäftigten die Schwelle zur Mitbestimmung überschritten ist. Dazu bedürfte es aber einer gesetzlichen Grundlage, der ordre public reicht dazu nicht aus. In der Literatur wird vereinzelt de lege ferenda auch eine fremdenrechtliche Lösung analog § 106 VAG vorgeschlagen: Für mitbestimmungspflichtige ausländische Unternehmensteile seien ein Aufsichtsrat und ein Hauptbevollmächtigter zu ernennen (berichtend PRAGER 60). De lege lata läßt sich aber auch das nicht durchsetzen.

317 **3. Sonderprobleme bei der GmbH & Co KG**

Sonderprobleme können sich uU bei der GmbH § Co KG und der AG & Co KG ergeben, soweit diese gem § 4 Mitbestimmungsgesetz v 4. 5. 1976 der Mitbestimmung unterliegen. In diesem Zusammenhang wird die Frage erörtert, ob eine GmbH & Co KG, deren Komplementär zB eine schweizerische Gesellschaft mit beschränkter Haftung ist, mitbestimmungspflichtig ist (vgl BELLSTEDT BB 1977, 1326, 1327; MÜFFELMANN BB 1977, 628). Die Frage kann immer nur dann auftauchen, wenn die Gesellschaft mit beschränkter Haftung ihren tatsächlichen Verwaltungssitz in der Schweiz hat (Sitztheorie), weil sonst mangels rechtsfähigen Partners keine Kommanditgesellschaft entsteht (das übersehen MEILICKE-MEILICKE Betrieb 1977, 1063; unklar MÜFFELMANN BB 1977, 628; zutreffend STEINDORFF ZHR 141 [1977] 457, 460). Die Möglichkeit der Beteiligung einer ausländischen Gesellschaft mit beschränkter Haftung oder Aktiengesellschaft als Komplementärin an einer deutschen Kommanditgesellschaft oder Kommanditgesellschaft auf Aktien ist aber darüber hinaus von vornherein abzulehnen (oben Rz 222). Ein solches Mischgebilde (Mißgebilde!) kann nicht im Handelsregister eingetragen werden.

318 Folgt man dieser Auffassung nicht, ergibt sich eine besondere Mitbestimmungsproblematik. Es entstehen dann zumindest schwierige Anpassungsprobleme. Denn die Mitbestimmung knüpft nach § 4 Mitbestimmungsgesetz nicht unmittelbar an die Kommanditgesellschaft an, sondern an die – nach der Vorstellung des Gesetzgebers – deutsche Gesellschaft mit beschränkter Haftung oder Aktiengesellschaft. Dieser Ansatz trifft bei einer ausländischen Gesellschaft mit beschränkter Haftung oder Aktiengesellschaft ins Leere. Das bedeutet aber nicht, daß die Mitbestimmung unbeachtlich wird (so MÜFFELMANN BB 1977, 628; MEILICKE-MEILICKE Betrieb 1977, 1063). Vielmehr greift Art 30 EGBGB ein. Führt die Konstruktion zur Vermeidung einer sonst gegebenen Mitbestimmung, so ist die Eintragung in das Handelsregister zu versagen. Es kann nicht darauf ankommen, ob nach ausländischem Recht eine der deutschen Regelung vergleichbare Mitbestimmung besteht (einen Überblick über Mitbestimmungsregelungen im Ausland vermitteln GAMILLSCHEG-BLANC-JOUVAN-DAVIES-HANAU-RUNGGALDIER-SUMMERS, Mitbestimmung der Arbeitnehmer in Frankreich, Großbritannien, Schweden, Italien, den USA und der Bundesrepublik Deutschland [1978]; Neuntes gemeinsames Seminar der Juristischen Fakultäten von Montpellier und Heidelberg, Mitbestimmung im deutschen und französischen Recht [1980]; KOLVENBACH, Workers Participation in Europe [1977]; HOFMANN, Mitbestimmung der Arbeitnehmer in Gesellschaftsorganen und grenzüberschreitende Unternehmenszusammenschlüsse in der Europäischen Gemeinschaft, Diss Bonn 1976; ders RiW 1977, 630), selbst wenn sie Arbeitnehmer in der Bundesrepublik Deutschland mitumfaßt (unwahrscheinlich – vgl unten Rz 324). Das deutsche Mitbestimmungsrecht will vorrangig die volle Mitbestimmung gerade der inländischen Arbeitnehmer sichern (vgl unten Rz 321), eine nur teilweise Mitbestimmung ist kein Ausgleich.

Ist eine solche Kommanditgesellschaft mit einer ausländischen Gesellschaft mit beschränkter Haftung bereits eingetragen oder wird die Schwelle zur Mitbestimmung nach Eintragung überschritten, so hat das Registergericht der Kommanditgesellschaft eine Frist zum Austausch des Komplementärs zu geben. Nach fruchtlosem Ablauf der Frist wird die Kommanditgesellschaft im Handelsregister gelöscht (analog § 142 FGG). Insoweit ist also dem Vorschlag von BEITZKE (oben Rz 316) zu folgen. Der Unterschied zur Behandlung der einfachen Niederlassung besteht darin, daß schon eine gesellschaftsrechtlich verfestigte Struktur im Inland vorliegt und es um die Korrektur einer vom Prinzip der Typenmischung nicht getragenen Fehlentwicklung geht. Zudem bestehen Einwirkungsmöglichkeiten über die Handelsregistereintragung. 319

Die vorstehenden Ausführungen zeigen zugleich, zu welchen Schwierigkeiten es führt, wenn man eine ausländische Gesellschaft mit beschränkter Haftung oder Aktiengesellschaft als Komplementär einer deutschen Kommanditgesellschaft zuläßt. Das bestätigt noch einmal die Auffassung, wonach eine solche Konstruktion von vornherein unzulässig ist (oben Rz 222). 320

4. Internationale Reichweite des deutschen Mitbestimmungsrechts 321

a) Stand der Meinungen

Ist deutsches Mitbestimmungsrecht entsprechend den Regeln des Internationalen Gesellschaftsrechts anzuwenden (oben Rz 314), so ergeben sich weitere Schwierigkeiten bei der Frage, ob das deutsche Mitbestimmungsrecht auch auf Sachverhalte abstellt, die sich im Ausland vollziehen. Im einzelnen bestehen hier erhebliche Meinungsunterschiede. Es geht vor allem darum, ob Arbeitnehmer in ausländischen Betrieben und ausländischen abhängigen Unternehmen bei der für das Überschreiten der Mitbestimmungsschwelle entscheidenden Beschäftigtenzahl mitrechnen und ob sie an der Wahl der Arbeitnehmervertreter für den Aufsichtsrat des deutschen Unternehmens teilnehmen müssen oder können. Die Meinungen in der Literatur gehen auseinander. Vielfach wird eine Einbeziehung von Arbeitnehmern im Ausland ganz abgelehnt (GRASMANN ZGR 2 [1973] 317; BELLSTEDT BB 1977, 1326, 1329; w Nachw bei PRAGER 44 Fn 146, 148), zunehmend aber eine Ausdehnung auch auf Arbeitnehmer im Ausland vertreten (DÄUBLER 458; BIRK, Berichte der Deutschen Gesellschaft f Völkerrecht 18 [1978] 263, 357). Andere Autoren differenzieren: Die ausländischen Arbeitnehmer werden zwar mitgezählt, haben aber nur unter bestimmten Umständen ein Stimmrecht (LUX BB 1977, 905; PRAGER 46).

b) Stellungnahme 322

Gegen die Einbeziehung der ausländischen Arbeitnehmer bestehen grundsätzlich keine völkerrechtlichen Bedenken. Denn nach allgemeinem Völkerrecht können für die Anwendung nationaler Rechtsnormen Sachverhalte berücksichtigt werden, die sich im Ausland abspielen (GROSSFELD, Basisgesellschaften im Internationalen Steuerrecht [1974] 172). Daher kommt es auf den Willen des deutschen Gesetzgebers an, der allerdings im Lichte des allgemeinen Gleichbehandlungsgrundsatzes des Art 3 GG und – bei Arbeitnehmern aus den EWG-Ländern – der Art 7, 48 EWGV zu interpretieren ist (DÄUBLER 444; STEINDORFF ZHR 141 [1977] 457, 460 f). Die Frage läßt sich schließlich nicht beantworten, ohne daß man die praktischen Probleme bei der Einbeziehung ausländischer Sachverhalte mitberücksichtigt (vgl BVerfGE 42, 176, 188). Dabei ist zunächst zu prüfen, ob die vielfältigen Verweise des Mitbestimmungsrechts auf das ausländische Betriebe nicht einbeziehende Betriebsverfassungsrecht (oben Rz 313) der territorialen Begrenzung der Mitbestimmungsregelung oder nur ihrer technischen Verwirklichung dienen (dazu: LUTTER ZGR 2 [1977] 195, 207); ferner ob sich die im Mitbestimmungsrecht verwendeten Begriffe in einer solchen Weise mit Auslandssachverhalten ausfüllen lassen, daß rechtsstaatlichen Erfordernissen (Rechtssicherheit!) genügt ist. Hier sind Zweifel angebracht.

323 Die so entstehenden Bedenken gegen die Extraterritorialität des Mitbestimmungsrechts sind allerdings geringer, wenn es nur um die Frage des „Mitzählens" geht. Immerhin sind dabei allerdings gem § 3 Abs 2 u 3 Mitbestimmungsgesetz betriebsverfassungsrechtliche Abgrenzungen vorzunehmen, die sich unter zT ganz anderen Auslandsverhältnissen nicht leicht vollziehen lassen. Gegen eine solche isolierte Behandlung des „Mitzählens" spricht jedoch, daß damit die Mitbestimmung von Personen abhinge, die nicht abstimmungsberechtigt sind. Man könnte dagegenhalten, die Mitbestimmung stelle entscheidend darauf ab, daß ab einer gewissen Größenordnung eine soziale Kontrolle bestimmter Art erfolgen soll (vgl dazu GROSSFELD-EBKE 26 AJCL 397, 427 [1978]). Es erscheint nun aber zweifelhaft, ob der Gedanke einer durch Wahl vermittelten Repräsentation dem geopfert werden soll (vgl SÄCKER, Die Wahlordnungen im Mitbestimmungsgesetz [1978] Rz 60; LUTTER ZGR 6 [1977] 195, 206). Nicht irgendwelche Arbeitnehmer, sondern durch Wahl autorisierte Vertrauensleute sollen die Mitbestimmung ausüben. Letztlich kommt es also auch für das „Mitzählen" auf die Stimmberechtigung an (BELLSTEDT BB 1977, 1326, 1329). Beides läßt sich nicht auseinanderdividieren.

324 Eine Wahlberechtigung wird man für im Ausland befindliche Arbeitnehmer – abgesehen von den vorübergehend im Ausland tätigen Arbeitnehmern (Ausstrahlungsfälle; BAYER ZGR 2 [1977] 173, 175; PRAGER 51) – verneinen müssen. Denn die Ausgestaltung des Mitbestimmungsgesetzes im einzelnen zeigt einen so starken Bezug auf das Inland, daß eine Umsetzung auf ausländische Verhältnisse unter dem Gebot der Rechtssicherheit kaum möglich ist. Die Inlandsbezogenheit des Mitbestimmungsrechts im Mitbestimmungsgesetz von 1976 erweist sich vor allem an folgenden Bestimmungen:

325 § 3 Abs 2 u 3 Ziff 1 Mitbestimmungsgesetz verweisen auf § 6 Abs 1 u 2 BetrVG. Eine der dort gegebenen Definition entsprechende Abgrenzung unter ausländischen Verhältnissen ist schwierig und unsicher, sie ist aber für das Mitbestimmungsgesetz (§§ 10 Abs 1, 12 Abs 1, 15 Abs 2 u 4) entscheidend. Hinsichtlich der Wählbarkeitsvoraussetzungen (§ 7 Abs 3 und § 10 Abs 4 Mitbestimmungsgesetz) wird auf § 8 BetrVG verwiesen und damit auf §§ 45 Abs 1 und 92 a StGB. Die Vergleichbarkeit mit entsprechenden ausländischen Verurteilungen ist sehr unsicher. Auch die §§ 20 Abs 1 u 2, 26 Mitbestimmungsgesetz sind im Ausland nicht effektiv durchzusetzen. Das gilt gleichermaßen für die Kostenregelung des § 20 Abs 3 Mitbestimmungsgesetz (zT aA DUDEN ZHR 141 [1977] 180, 183) und für die Unterstützungspflicht des Unternehmens nach § 9 Abs 3 der 3. Wahlordnung zum Mitbestimmungsgesetz. Diese letzteren Vorschriften würden zu einer starken Einwirkung des deutschen Rechts auf die ausländische Betriebsverfassung führen.

326 Das Mitbestimmungsgesetz und die dazu ergangenen Wahlordnungen begründen eine Reihe von Rechten für Gewerkschaften (§§ 7 Abs 2, 16 Abs 2, 22 Abs 2 Ziff 4 Mitbestimmungsgesetz) und Betriebsräte (§§ 21 Abs 2 Ziff 2, 22 Abs 2 Ziff 2 u 3 Mitbestimmungsgesetz; § 5 Abs 4 2. Wahlordnung; §§ 4 Abs 4, 5 Abs 4, 6 Abs 4 3. Wahlordnung). Das Gesetz geht dabei von den entsprechenden Begriffen des deutschen Rechts aus und von überschaubaren sozialen Faktoren. Das läßt sich kaum generall auf das Ausland übertragen. Zudem ist nicht zu sehen, wie die Konkurrenz zwischen inländischen und ausländischen Gewerkschaften um die Gewerkschaftsrechte zu entwirren ist. Letztlich ist auch die vom Mitbestimmungsgesetz (§§ 21, 22) vorgesehene gerichtliche Überprüfung im Ausland nicht gewährleistet. Denn das an sich zuständige deutsche Gericht (vgl § 2 Abs 1 Ziff 5 ArbGG) kann den Wahlvorgang im Ausland nicht hinreichend kontrollieren.

Zudem ist kaum anzunehmen, daß der deutsche Gesetzgeber Mitbestimmungsrechte 327 auch solchen Arbeitnehmern aus anderen Rechtskulturen einräumen wollte, „die vielleicht weder die Bereitschaft noch die notwendige soziale Einstellung zur Mitverantwortung haben", oder Gewerkschaften, die andere wirtschaftliche und politische Ziele verfolgen als die deutschen Gewerkschaften (Prager 49). Prager (52) will daher über eine „sozialverhältnismäßige" Qualifikation die Anwendung des deutschen Mitbestimmungsrechts auf ausländische Unternehmensteile davon abhängig machen, daß diese Unternehmensteile „in vergleichbaren, der deutschen äquivalenten Sozialordnungen eingebettet sind". Äquivalenz der Sozialordnungen soll bestehen, wenn sie staatsvertraglich festgestellt sei oder wenn die ausländischen Rechtsordnungen eine der deutschen vergleichbare Mitbestimmung kennen. Diese „sozialverhältnismäßige" Qualifikation ist allerdings – abgesehen vom Fall staatsvertraglicher Regelung – so unscharf und in der Praxis so mit Schwierigkeiten belastet, daß sie rechtsstaatlichen Anforderungen nicht standhält.

5. Internationale Reichweite der Konzernmitbestimmung 328

Die Begrenzung der Mitbestimmungsregelung auf Arbeitnehmer im Inland gilt namentlich für die sog Konzernmitbestimmung nach § 5 Mitbestimmungsgesetz (LG Düsseldorf Betrieb 1979, 1451; Bellstedt BB 1977, 1326, 1328; Lutter ZGR 6 [1977] 195, 206; E Rehbinder 142; Vischer, FS Mann [1977] 639, 650; aA Birk, Berichte der Deutschen Gesellschaft f Völkerrecht 18 [1978] 263, 357). Diese Auffassung kann sich auf die Gesetzesmaterialien stützen, wo es in der Stellungnahme des Bundestagsausschusses für Arbeit und Sozialordnung heißt:

> „Im Ausland gelegene Tochtergesellschaften . . . zählen bei der Errechnung der maßgeblichen Arbeitnehmerzahl nicht mit" (BT-Drucks 7/4845 S 4 Nr 4).

Entscheidend ist aber, daß das deutsche Mitbestimmungsrecht nicht in die Struktur 329 ausländischer Unternehmen eingreifen will. Die Konzernmitbestimmung würde Wahlvorgänge im Ausland erforderlich machen. Dazu kann das ausländische Unternehmen vom deutschen Recht her nicht angehalten werden, es besteht praktisch keine Erzwingbarkeit (vgl das ähnliche Problem beim früheren § 15 Abs 2 StAnpG; dazu: Grossfeld, Basisgesellschaften im Internationalen Steuerrecht [1974] 175). Denn es ist kaum anzunehmen, daß ein ausländisches Gericht das deutsche Mitbestimmungsrecht gegenüber dem ausländischen Unternehmen anwendet (Bellstedt BB 1977, 1326, 1328). Die Beschränkung des Anwendungsbereiches ergibt sich aber nicht nur aus den Grenzen staatlichen Einflusses in internationalen Beziehungen; sie ist vielmehr auch im Sinne des Mitbestimmungsgesetzes selbst: Die Ausdehnung der Mitbestimmung auf alle Arbeitnehmer im Ausland könnte die deutschen Arbeitnehmer bald in die Minderheit geraten lassen. Die Konzernspitze würde kulturellen und wirtschaftlichen Einflüssen ausgesetzt, die unabsehbar sind und zu unlösbaren Interessenkonflikten führen – jedenfalls schärferen, als bei international gemischter Zusammensetzung der Anteilseigner, denn das Interesse der Arbeitnehmer ist stärker territorial verankert.

Eine Zurechnung erfolgt jedoch dann, wenn das ausländische Tochterunternehmen 330 seinerseits eine rechtlich selbständige Tochter (sog inländische „Enkelgesellschaft") oder unselbständige Niederlassung im Inland hat. Diese inländischen Arbeitnehmer sind als Arbeitnehmer der deutschen Gesellschaft zu behandeln (Bayer ZGR

2 [1977] 173, 178; LUTTER ZGR 6 [1977] 195, 206 f; letzterer allerdings nur für die Arbeitnehmer einer rechtlich selbständigen Enkelgesellschaft).

331 **XXI. Folgen fehlerhafter Rechtswahl***

Obgleich die Sitztheorie eine lange Tradition im deutschen und kontinentaleuropäischen Recht hat (GROSSFELD, Die Entwicklung) gibt es doch kaum eine ausführliche Auseinandersetzung über die Rechtsfolgen, die eintreten, wenn eine Organisation nicht nach dem zuständigen Recht – dem Recht des tatsächlichen Verwaltungssitzes – gegründet wird. Die Sitztheorie hat eine so stark vorbeugende Wirkung entfaltet, entspricht so sehr der Anschauung auch des Nichtjuristen, daß sich die Gerichte nur selten mit Verstößen gegen sie beschäftigen mußten.

332 **1. Allgemeines**

Ist die Gesellschaft nicht nach dem Recht am Orte des tatsächlichen Verwaltungssitzes gegründet, so liegt grundsätzlich (Ausnahmen oben Rz 76, 106, 163) ein „Handeln unter falschem Recht" vor. Die Lösung geschieht dementsprechend mit den Mitteln des in Wahrheit anzuwendenden Rechts, also mit dem Recht des Staates des tatsächlichen Verwaltungssitzes (SOERGEL-SIEBERT-KEGEL Vorbem 83 zu Art 7 EGBGB – Rechtsgedanke des § 140 BGB). Es ist daher zu prüfen, ob das Gebilde nach den Regeln des Sitzrechtes wirksam gegründet ist und nach diesem Recht eigene Rechtspersönlichkeit und Parteifähigkeit besitzt. Dafür müssen die formellen und sachlichen Gründungsvoraussetzungen dieses Rechts erfüllt sein (BGHZ 53, 181, 184; OLG Frankfurt NJW 1964, 2355). Rück- und Weiterverweisung sind zu beachten (oben Rz 103). Ist deutsches Recht das „eigentliche" Gesellschaftsstatut, so ist die Verleihung der Rechtspersönlichkeit grundsätzlich (Ausnahme: Gewerkschaften – BGHZ 50, 325) von der Eintragung in das Vereins- (§ 21 BGB), Handels- (§ 41 Abs 1 S 1 AktG, § 11 Abs 1 GmbHG) oder Genossenschaftsregister (§ 13 GenG) bzw von einem staatlichen Verleihungsakt (§§ 22, 80 BGB) abhängig. Diese Voraussetzungen sind bei der Gründung nach „falschem" Recht im Regelfall nicht erfüllt. Eine Substitution ausländischer Rechtsvorgänge kommt insoweit nicht in Frage. Es erfolgt auch grundsätzlich keine Rückverweisung (vgl aber oben Rz 103).

333 **2. Fehlende Rechts- und Parteifähigkeit**

Aufgrund des oben Gesagten ist die erste und in der bisherigen Praxis wichtigste Konsequenz, daß dem Gebilde die Rechts- und Parteifähigkeit fehlt; es kann nicht Träger von Rechten sein, kann nicht als Kläger oder Intervenient (zur passiven Parteifähigkeit unten Rz 346) vor Gericht auftreten (Nichtanerkennung – BGHZ 53, 181; RG JW 1904, 231, 232; OLG Hamburg IPRspr 1977 Nr 5). Es handelt sich – wie das LG Aurich plastisch sagt – um eine „nicht existente Rechtsperson" (IPRspr 1968/69 Nr 14). Das Reichsgericht (IPRspr 1934 Nr 12 S 23) führte dazu aus:

> „Rechtsgebilde des Auslandes, die danach im Lande des Hauptverwaltungssitzes rechtsfähig sind, werden auch in Deutschland ohne weiteres als rechtsfähig anerkannt ... Sie können bei dem Fehlen dieser Voraussetzungen dagegen nach deutschem nationalen Privatrecht Rechtsfähigkeit nicht in Anspruch nehmen."

---

* **Schrifttum:** HEYMANN, Die nicht eingetragene Gesellschaft mit beschränkter Haftung im deutsch-ausländischen Rechtsverkehr, JherJb 75 (1925) 408.

Die Rechts- und Parteifähigkeit fehlt jedoch nur, wenn und soweit eine sog „Inlandsbeziehung“ bzw eine entsprechende Beziehung zum Sitzstaat besteht (oben Rz 64). Das kann zB bei der Frage der Erbfähigkeit je nach der Belegenheit des Nachlaßvermögens zu unterschiedlichen Ergebnissen führen (vgl STAUDINGER-RAAPE [9. Aufl] Art 10 EGBGB Anm H II 4 d S 162). 334

Besonderes gilt ausnahmsweise dann, wenn eine Gesellschaft mit Hauptverwaltungssitz im Ausland nach deutschem Recht gegründet und fälschlich (vgl oben Rz 189) in ein deutsches Register eingetragen wurde. Das führt zur Anwendung des § 15 Abs 3 HGB. Darüber hinaus bewirkt die Registereintragung aber wohl bis zu ihrer Löschung – jedenfalls für zweifelhafte Fälle zumindest iS einer Vermutung – einen Bestandsschutz (Gedanke der §§ 5, 15 Abs 2 HGB; vgl GROSSFELD, Zivilrecht als Gestaltungsaufgabe [1977] 57; RGZ 81, 206). Damit dürfte dem Gedanken von GRASMANN Rz 215 S 162 ausreichend Rechnung getragen sein.

Das grundsätzliche Ergebnis lautet also: Keine Rechts- und Parteifähigkeit. Dieses Ergebnis ändert sich auch durch die Lehre von der fehlerhaften Gesellschaft (dazu: ULMER, FS Flume Bd 2 [1978] 301) nicht (aA SANDROCK, Die multinationalen Korporationen 187; wie hier EBENROTH, Konzernkollisionsrecht 25). Es ist zwar theoretisch möglich, die nach dem falschen Recht „unwirksam“ gegründete Gesellschaft bis zu ihrer Auflösung – was allerdings nicht in unserer Hand läge – als wirksam und damit als rechts- und parteifähig anzusehen. Es ist jedoch anerkannt, daß die Lehre von der fehlerhaften Gesellschaft jedenfalls nicht zur Anwendung kommt, wenn überwiegende öffentliche Interessen (wie im Falle der §§ 134, 138 BGB) entgegenstehen (BGHZ 3, 285, 288; 17, 160, 166; FISCHER in Großkomm HGB [1973] § 105 Rz 95). Das ist hier normalerweise der Fall; denn die Sitztheorie soll gerade verhindern, daß die deutschen Gründungsvoraussetzungen für die Erlangung der Rechts- und Parteifähigkeit unterlaufen werden. Die Anwendung der Regeln über die fehlerhafte Gesellschaft würde für die Gründer immer zu einem – oft recht großen – „Vorsprung auf Zeit“ führen. 335

Die Regeln über die fehlerhafte Gesellschaft sind aber auch aus anderen Gründen mit Zurückhaltung zu beurteilen. Denn die Verbindung ist ja nicht im ganzen nichtig, sondern hinter ihr verbirgt sich häufig eine andersartige Verbindung (Auffangskonstruktion) nach deutschem Recht, die allerdings keine eigene Rechtspersönlichkeit besitzt (Fall des § 140 BGB; EBENROTH, Konzernkollisionsrecht 26 u unten Rz 338). 336

Die Prinzipien der fehlerhaften Gesellschaft könnten allenfalls im oben (Rz 51) beschriebenen „Katastrophenfall“ zur Anwendung kommen. Das entspräche dem flexiblen Charakter dieser Lehre (vgl FISCHER in Großkomm HGB [1973] § 105 Rz 96), die auf das „ausnahmsweise“ bestehende „Bedürfnis nach Bestandsschutz“ Rücksicht nimmt (BGHZ 62, 20, 27). Ein solches Bedürfnis besteht im Regelfall aber nicht. 337

3. Das im einzelnen anzuwendende Recht 338

Ist die Gesellschaft nicht nach dem zuständigen Recht gegründet, so muß sie „eine Art Ersatz für das verlorene Fundament“ erhalten (STAUDINGER-RAAPE [9. Aufl] Art 10 EGBGB Anm H II 2 S 160). Es ist daher nach den Maßstäben des Sitzrechtes – also bei tatsächlichem Verwaltungssitz in der Bundesrepublik Deutschland nach den Maßstäben des deutschen Rechts – zu entscheiden, welchen Rechtscharakter das Gebilde hat und wie es rechtlich zu erfassen ist. Das gilt vor allem für die Frage, wie die Vertretungsverhältnisse sind und wie die Gesellschafter haften. Je nach der Struktur des Gebildes kann das Recht des nichtrechtsfähigen Vereins oder das Recht der Personengesellschaften anzuwenden sein (SCHILLING in: HACHENBURG, GmbHG [6. Aufl 1956] Allg Einl Rz 47 S 92; HEYMANN 416). Ob für das Innenverhältnis eine materiellrechtliche Verweisung auf das Gründungsrecht anzunehmen ist, richtet sich nach den oben (Rz 280) genannten Regeln.

339 Stellt sich das Gebilde seiner Struktur nach als Verein dar, so wird es wie ein nichtrechtsfähiger Verein behandelt – § 54 BGB (RG JW 1904, 231, 232; Nachw bei GROSSFELD, Die Anerkennung 33 Fn 179, 180; HEYMANN 416). Handelt es sich um einen wirtschaftlichen Verein, der ein vollkaufmännisches Handelsgewerbe betreibt (zur Substitution oben Rz 239), so kommt das Recht der Offenen Handelsgesellschaft zur Anwendung (BGHZ 22, 240, 244; GROSSFELD, Zivilrecht als Gestaltungsaufgabe [1977] 53; WIEDEMANN, Internationales Gesellschaftsrecht 197). Das führt zu einer persönlichen Haftung der für das Gebilde Handelnden (§ 54 S 2 BGB) und in den meisten Fällen (§ 427 BGB; § 128 HGB) zu einer persönlichen Haftung der Gesellschafter (EBENROTH, Die verdeckten Vermögenszuwendungen 373 – vgl BGH JZ 1979, 570). Die Anwendung des Rechts der Offenen Handelsgesellschaft kann allerdings über das Ziel hinausschießen bei nur marginal beteiligten Kleinanlegern, die auf die Gründung der Gesellschaft und die Wahl des Gründungsrechts keinen Einfluß haben. Hier ist an eine teleologische Reduktion zu denken, wie sie uns im Recht des nichtrechtsfähigen Vereins geläufig ist (vgl BGHZ 50, 325; 42, 210; GROSSFELD, Zivilrecht als Gestaltungsaufgabe [1977] 53).

340 Ist das Gebilde von seiner Struktur her Gesellschaft, so gilt das Recht der Personengesellschaften unmittelbar, also das Recht der BGB-Gesellschaft oder zumeist der Offenen Handelsgesellschaft, wenn ein vollkaufmännisches Handelsgewerbe betrieben wird (BGHZ 22, 240, 245; HEYMANN 422; WIEDEMANN, Internationales Gesellschaftsrecht 197; EBENROTH, Konzernkollisionsrecht 26 – unechte Vorgesellschaft; vgl SCHULTZE-VON LASAULX JZ 1952, 390 – zur Substitution oben Rz 239). Auf den Willen der Beteiligten kommt es nicht an (BGHZ 10, 91, 97; 22, 240, 245). Wenn eine Einzelperson unter dem Namen der ausländischen Gesellschaft Geschäfte abschließt, haftet sie selbst dafür – Fall des Handelns unter fremden Namen (EBENROTH-SURA 341). Gleiches gilt für die als deren Organe auftretenden Personen – Fall des Handelns für nichtrechtsfähige Personen (OLG Frankfurt NJW 1964, 2355; vgl BGH NJW 1970, 998, 999; STAUDINGER-COING § 179 Rz 6).

341 In all diesen Fällen ergibt sich eine Haftung der für das jeweilige Gebilde Handelnden aber auch aus einer Analogie zu § 11 Abs 2 GmbHG, § 41 Abs 1 S 2 AktG (HEYMANN 419; EBENROTH-SURA 341). Das ist besonders dann wichtig, wenn wegen § 2 oder § 4 HGB kein vollkaufmännischer Betrieb vorliegt. Diese Analogie ist deshalb berechtigt, weil auch hier für ein in Wahrheit nicht rechtsfähiges Gebilde gehandelt wird. Die Analogie trägt ferner der Schwierigkeit des Gläubigers Rechnung zu ermitteln, wer als Gesellschafter haftet; der Gläubiger soll sich zumindest an den Nächstbeteiligten halten können (KÖTZ GmbH-Rdsch 1965, 69).

Das in jedem Fall entstehende erhebliche Haftungsrisiko bewirkt einen indirekten Zwang, das Gebilde nach dem zuständigen Sitzrecht zu gründen (WIEDEMANN, Internationales Gesellschaftsrecht 197). Genau das ist gewollt!

342 Eine darüber hinausgehende allgemeine Anwendung der für die Vorgesellschaft entwickelten Lehren ist dagegen abzulehnen (dazu BEITZKE, Kollisionsrecht 116; GRASMANN Rz 983 S 492). Das würde zu einer Beschränkung der Haftung auf das Einlagekapital führen (hM; vgl BGH WM 1980, 955; BGHZ 72, 45, 49; BARZ in Großkomm AktG [3. Aufl 1973] § 41 Rz 22; SCHILLING in: HACHENBURG, GmbHG [6. Aufl 1956] § 11 Rz 14) und damit zu einer Abschwächung der Haftungswirkung. Zudem beschränken sich die nichtanerkannten ausländischen Gebilde nicht auf Rechtsgeschäfte zur Vorbereitung einer werdenden Gesellschaft, sie betreiben

vielmehr ihren Betrieb in vollem Umfang (HEYMANN 422). Dem muß die Reaktion entsprechen, wenn man die Sperrwirkung des deutschen Rechts bei der Errichtung juristischer Personen noch ernst nimmt (vgl SCHULTZE-VON LASAULX JZ 1952, 390, 393). Daher ist eine vollständige Analogie zur Behandlung der Vorgesellschaften nicht angebracht (WIEDEMANN, Internationales Gesellschaftsrecht 197).

Ein Sonderfall ergibt sich, wenn die fehlerhaft gegründete Gesellschaft später ihren 343
tatsächlichen Verwaltungssitz in den Gründungsstaat verlegt. Dann sind die Voraussetzungen der Sitztheorie erfüllt. Auf die Gesellschaft ist jetzt ex nunc das ausländische Gründungsrecht anzuwenden. Die bis dahin nach allgemeinen Grundsätzen begründete Haftung der Gesellschafter und der Handelnden bleibt bestehen. Daneben haftet die Gesellschaft kraft Identität mit der vorher bestehenden Vereinigungsform jetzt auch selbst (HEYMANN 425).

4. Sonderprobleme 344

Es bleiben einige noch offene, kaum behandelte Probleme: Fraglich ist, wer Träger der Rechte ist, die für das nichtrechtsfähige Gebilde erworben wurden. So, wenn etwa nach den Vorstellungen des deutschen Rechts eine Offene Handelsgesellschaft vorliegt oder eine Einzelperson hinter dem Gebilde steht. Der Bundesgerichtshof hat ohne nähere Begründung einen Rechtserwerb der dahinterstehenden Personen abgelehnt und dazu nur erklärt:

> „Im übrigen handelt es sich hier entgegen der Meinung der Revision nicht um Haftungsfragen, sondern um die davon verschiedene Frage des Erwerbs eines dinglichen Rechts" (BGH NJW 1970, 998, 999).

Dem ist im Ergebnis zuzustimmen. Dem Dritten würde sonst ein Geschäft mit einem Partner aufgedrängt, mit dem er so nicht gerechnet hat; denn das Gebilde ist ja gerade nicht als Offene Handelsgesellschaft oder natürliche Einzelperson aufgetreten. Die Berufung auf § 124 HGB scheitert zudem an §§ 15 Abs 1, 106 Abs 1 HGB. Es liegt insoweit ähnlich wie bei der Vorgesellschaft, wo der nach § 41 Abs 1 S 2 AktG, § 11 Abs 2 GmbHG als Haftender in Anspruch Genommene nicht auch Berechtigter wird (hM: BARZ in Großkomm AktG [3. Aufl 1973] § 41 Rz 25; SCHILLING in: HACHENBURG GmbHG [6. Aufl 1956] § 11 Rz 13; aA KG JW 1937, 46).

Die Nichtanerkennung der Rechtspersönlichkeit kann zu einer Belastung Dritter 345
führen, die auf den Bestand der Rechtsfähigkeit vertraut haben (vgl die Fallgestaltung in BGHZ 53, 181: Eintragung einer Grundschuld für nichtanerkannte ausländische juristische Person, erfolgloser Versuch des Erwerbes dieser Grundschuld durch Dritten). Diese Wirkung der Nichtanerkennung ist von der Sitztheorie nicht gewollt. Das Problem entsteht deshalb, weil im Rahmen der §§ 892, 932 BGB der gute Glaube an die Rechtsfähigkeit nicht geschützt wird. Der Bundesgerichtshof verneint daher in dem erwähnten Fall (BGHZ 53, 181) einen gutgläubigen Erwerb nach § 892 BGB, „weil die Abtretung der Grundschuld eine wirksame dingliche Einigung nach § 873 BGB erfordert hätte . . ., es hieran aber . . . fehlt". Dabei ist jedoch zu bedenken, daß §§ 892, 932 BGB eine solche Fallgestaltung schwerlich im Auge gehabt haben. Hier bietet sich aufgrund der Besonderheit des Auslandssachverhaltes ein der Anpassung verwandtes Verfahren an (dazu SOERGEL-SIEBERT-KEGEL Vorbem 82 zu Art 7 EGBGB).

5. Haftung der Gesellschaft und passive Parteifähigkeit 346

Die Nichtanerkennung der Rechtsfähigkeit kann trotz der oben (Rz 339) genannten Haftungsfolgen doch zu einer Gefährdung des Verkehrs im Sitzstaat führen, weil dem Gläubiger ein Schuldner entzogen wird. Die persönliche Haftung der Handelnden und der Gesellschafter ist nicht immer ein ausreichendes Äquivalent; man denke an den Fall, daß die Gesellschaft im Ausland Vermögen hat, der Haftende aber vermögenslos ist. Die Haftung des Handelnden und der Hintermänner ist zudem im Ausland oft nicht durchzusetzen, wenn der ausländische Staat die Gesellschaft als wirksam errichtet ansieht. Man gäbe dann dem Gläubiger Steine statt Brot (GROSSFELD, Die Anerkennung 34). Eine Klage gegen das nicht anerkannte ausländische Gebilde muß daher neben der Klage gegen die anderen Personen möglich sein. Das muß gleichermaßen für das materielle Recht wie für das Prozeßrecht gelten. Die bloße passive Parteifähigkeit würde nicht genügen, weil die Klage dann als unbegründet abgewiesen werden müßte (GRASMANN Rz 833 S 428).

347 Die Lösung ergibt sich für das materielle Recht aus der Lehre vom Scheinkaufmann bzw der Scheingesellschaft. Das ausländische Gebilde ist als juristische Person aufgetreten, der inländische Verkehr hat darauf vertraut (prima-facie-Beweis). Die Gesellschaft kann sich nicht selbst auf die fehlerhafte Rechtswahl berufen (venire contra factum proprium; vgl Art 3 Abs 2 französisches Gesetz über Handelsgesellschaften v 24. 7. 1966, Dalloz 1966 II Législ 265). Die passive Parteifähigkeit folgt ebenfalls aus Rechtsscheingrundsätzen (vgl BGH IPRspr 1960/61 Nr 186) bzw aus der direkten oder analogen Anwendung von § 50 Abs 2 ZPO (OLG Neustadt IPRspr 1962/63 Nr 17; vgl BGHZ 25, 311; BEITZKE, Kollisionsrecht 98). Auf eine Inlandsbeziehung kommt es insoweit nicht an (aA BEITZKE, Juristische Personen 147). Bei der Vollstreckung ist § 735 ZPO direkt oder analog anzuwenden, ebenso § 213 KO. Aus der passiven Parteifähigkeit erwächst die Fähigkeit zur Erhebung einer Widerklage und zur Beantragung der Kostenfestsetzung (vgl § 50 Abs 2 2. HS; STAUDINGER-RAAPE [9. Aufl] Art 10 EGBGB Anm H II 4 a S 162).

XXII. Internationale Sitzverlegung*

348 1. Allgemeines

Die Verlegung des Sitzes einer Gesellschaft in das Ausland oder vom Ausland in das Inland gibt Anlaß zu einer Reihe von Fragen. Sie beruhen letztlich darauf, daß auch heute noch „die von einer bestimmten Staatshoheit erteilte Rechtsfähigkeit . . . nicht beliebig in ein anderes Land übertragen werden" kann (BGHZ 35, 134, 144); denn durch die Sitzverlegung ändern sich uU die Voraussetzungen für die Verleihung der Rechtsfähigkeit (BEITZKE, Juristische Personen 178). Dann tauchen sofort Probleme auf: Führt die Sitzverlegung (welche, die des Verwaltungssitzes oder die des Satzungssitzes?) zu einem Wechsel des Gesellschaftsstatuts (Statutenwechsel)? Welche Wirkung hat das für die Rechtsfähigkeit und für die Identität der Gesellschaft?

349 Die Antworten sind im Grundsatz klar: Sowohl das Recht des alten wie das Recht des neuen Sitzes sind zu beachten; die Gesellschaft besteht grundsätzlich nur dann fort, wenn beide Rechte den Fortbestand bejahen (allgM; SOERGEL-SIEBERT-KEGEL Vorbem 168 zu Art 7 EGBGB; KG IPRspr 1926/27 Nr 24). Es ist also erforderlich, daß das am alten Sitz geltende Recht die Sitzverlegung zuläßt und die Gesellschaft zugleich die Bedingungen erfüllt, von denen das Recht des neuen Sitzes die

---

* **Schrifttum:** BEITZKE, Anerkennung und Sitzverlegung von Gesellschaften und juristischen Personen im internationalen Privatrecht (1965); EGLI, Die Sitzverlegung juristischer Personen im internationalen Privatrecht (1965); VON SPINDLER, Wanderungen gewerblicher Körperschaften von Staat zu Staat (1932); SÜSS, Sitzverlegung juristischer Personen vom Inland ins Ausland und umgekehrt, FS H Lewald (1953) 603.

wirksame Existenz der Gesellschaft abhängig macht (OLG Frankfurt IPRspr 1964/65 Nr 22). Ausnahmen von dieser Regel gelten allerdings für den Fall, daß der alte oder der neue Staat aus nicht-privatrechtlichen, politischen Gründen Wegzug bzw Zuwanderung verbietet (zB Schutz gegen Kapitalflucht einerseits, Schutz gegen Kapitalüberfremdung andererseits). Verbote dieser Art sind oft nur mit Wirkung für das in dem jeweiligen Staat belegene Vermögen anzuerkennen (SOERGEL-SIEBERT-KEGEL Vorbem 168 zu Art 7 EGBGB).

Die Diskussion der Einzelfragen leidet darunter, daß die verschiedenen Begriffe 350 (Verwaltungssitz/Satzungssitz) und Ebenen (Kollisionsrecht/internes Gesellschaftsrecht) nicht immer auseinandergehalten werden. So werden die einschlägigen Entscheidungen des Reichsgerichts (RGZ 7, 68; 88, 53; 107, 94) einmal iS einer Verlegung des Verwaltungssitzes (so RABEL 52; SOERGEL-SIEBERT-KEGEL Vorbem 168 zu Art 7 EGBGB) und ein andermal iS einer Verlegung des Satzungssitzes (SANDROCK, Die multinationalen Korporationen 186 Fn 31; WIEDEMANN, Gesellschaftsrecht 870) interpretiert. In der Tat dürfte beides vorgelegen haben. Will man aber genau sein, so ist zu unterscheiden zwischen der Verlegung des tatsächlichen Verwaltungssitzes und der Verlegung des Satzungssitzes (so deutlich RAAPE, Internationales Privatrecht [5. Aufl 1961] 203; MünchKomm-REUTER § 24 Rz 5). Beides wird häufig, muß aber nicht zusammenfallen. Es ist sodann zwischen den Konsequenzen aus dem internationalen Gesellschaftsrecht und den Konsequenzen aus dem internen Gesellschaftsrecht zu trennen. Dabei können sich dann Differenzierungen ergeben je nachdem, ob der Sitz vom Inland in das Ausland („auswandern“) oder vom Ausland in das Inland („einwandern“) verlegt wird.

2. Verlegung des tatsächlichen Verwaltungssitzes in das Ausland 351

Folgt man der Sitztheorie (oben Rz 18), so führt die Verlagerung des tatsächlichen Verwaltungssitzes in das Ausland regelmäßig zu einer Änderung des Gesellschaftsstatuts (Statutenwechsel): Die Gesellschaft, die bisher deutschem Recht unterstand, untersteht nunmehr ausländischem Recht, es sei denn, daß eine Rückverweisung (oben Rz 103) erfolgt (dazu unten Rz 363). Anders ist es, wenn man die Sitztheorie bei Gründung nach deutschem Recht nicht anwendet (WIEDEMANN, Internationales Gesellschaftsrecht 200 und oben Rz 70) und ganz allgemein nach der Gründungstheorie (oben Rz 23). Für diese Meinungen ist die Verlegung des tatsächlichen Verwaltungssitzes ohne kollisionsrechtlichen Belang.

Man könnte nun meinen, daß der Fortbestand der Gesellschaft in ihrer Identität 352 allein von dem neuen Gesellschaftsstatut abhängt. Das ist aber nicht so. Vielmehr ist ein Zusammenspiel von Wegzugstaat und Zuzugstaat erforderlich. Der Fortbestand der Gesellschaft ist nur gewährleistet, wenn altes und neues Gesellschaftsstatut zusammenwirken. Wenn der Wegzugstaat die Gesellschaft zur Auflösung zwingt und der Zuzugstaat eine Neugründung verlangt, so ist damit ein Statutenwechsel bei Erhaltung der Identität unmöglich. In der Tat entspricht das der vielfach anzutreffenden Rechtslage.

a) Stand der Meinungen 353

Die hM sieht in der Verlegung des Verwaltungssitzes einen zwingenden Grund zur Auflösung und Abwicklung der Gesellschaft. Weder eine Satzungsbestimmung noch ein entgegenstehender Wille der Gesellschafter können das verhindern (KEGEL, Internationales Privatrecht [4. Aufl 1977] 265 f; RAAPE, Internationales Privatrecht [5. Aufl 1961] 203; BEITZKE, Juristische Personen 185; STAUDINGER-COING [12. Aufl 1980] § 24 Rz 9; anders aber RG IPRspr 1934 Nr 14; OLG Hamburg IPRspr 1970

Nr 9). Das Reichsgericht (RGZ 7, 68, 69) hat dieses Ergebnis wie folgt begründet:

„Die Anerkennung des Rechtsinstituts der Aktiengesellschaft im deutschen Handelsgesetzbuch steht im engsten Zusammenhange mit den im Handelsgesetzbuch enthaltenen, durch das Reichsgesetz vom 11. Juni 1870 umgestalteten Vorschriften, welche einem Mißbrauch dieser Gesellschaftsform vorzubeugen bestimmt sind. Nur unter den Einschränkungen, welche sich aus diesen im öffentlichen Interesse erlassenen, schlechthin gebietenden oder verbietenden Vorschriften ergeben, sind die Aktiengesellschaften überhaupt in Deutschland anerkannt. Daher erstreckt sich bei jeder in Deutschland gegründeten Aktiengesellschaft die Anerkennung derselben als eines selbständigen Vermögenssubjektes nur so weit, als sie vermöge ihres Sitzes im Inland jenen Vorschriften unterworfen ist und bleibt."

In RGZ 88, 53, 54 f heißt es zur Verlegung des Verwaltungssitzes: Einer juristischen Person

„kann es nicht freigestellt sein, durch bloße Verlegung ihres Sitzes die ihr von dem einen Staate und für dessen Gebiet erteilte Rechtsfähigkeit beliebig in einen anderen Staat hinüberzutragen ..."

und weiter:

„vor allem muß grundsätzlich anerkannt werden, daß die Verleihung der Rechtsfähigkeit als Staatshoheitsakt die zeitliche Begrenzung auf die Dauer der Staatsangehörigkeit in sich trägt" (s auch RG IPRspr 1926/27 Nr 22).

Dem hat sich der Bundesgerichtshof angeschlossen (BGHZ 25, 134, 144):

„Aus demselben Grunde kann die von einer bestimmten Staatshoheit erteilte Rechtsfähigkeit auch nicht beliebig in ein anderes Land hinübergetragen werden."

Die Folge der Auflösung rechtfertigt ausführlich der Bescheid des preußischen Ministers für Handel und Gewerbe v 31. 3. 1909 (Zeitschrift f Bergrecht 50 [1909] 417):

„Wenn eine gothaische Gewerkschaft ihren Sitz nach Berlin legt, so entzieht sie sich dadurch dem Geltungsbereiche des gothaischen Gewerkschaftsrechts. ... Die staatshoheitlichen Befugnisse des Herzogtums reichen nicht über die Grenzen des Staatsgebietes hinaus, versagen also gegenüber einer in einem anderen Bundesstaate domizilierten Gewerkschaft. Wenn hiernach für die fraglichen Gewerkschaften das gothaische Gewerkschaftsrecht keine Geltung hat, so haben sie damit die einzige Rechtsgrundlage ihres Bestehens verloren."

354 Einen ähnlichen Standpunkt nimmt das Steuerrecht ein; § 12 Abs 1 KStG bestimmt:

„Verlegt eine unbeschränkt steuerpflichtige Körperschaft oder Vermögensmasse ihre Geschäftsleitung und ihren Sitz oder eines von beiden ins Ausland und scheidet sie dadurch aus der unbeschränkten Steuerpflicht aus, so ist § 11 (Auflösung und Abwicklung [Liquidation]) entsprechend anzuwenden. An die Stelle des zur Verteilung kommenden Vermögens tritt der gemeine Wert des vorhandenen Vermögens. Verlegt eine unbeschränkt steuerpflichtige Personenvereinigung ihre Geschäftsleitung in das Ausland, so gelten die Sätze 1 und 2 entsprechend."

355 Diese Konsequenz des Statutenwechsels, nämlich die Auflösung und Abwicklung ist indes nicht unbestritten. Kritik findet sie namentlich bei Anhängern der Gründungstheorie, die auf diese Weise versuchen, der Sitztheorie doch noch „die Zähne zu ziehen" (vgl Behrens Rz 107 S 530; Beitzke, Juristische Personen 180; ders, Anerkennung 24). Gelegentlich findet sich auch ganz allgemeine Kritik (zB Kraft in Kölner Kommentar z AktG Bd 1 [1970] § 45 Rz 14–18), denn selbst vom Standpunkt der Sitztheorie aus ist die Folge der Auflösung nicht unproblematisch.

Es könnten durch faktische, nicht von den Gesellschaftern beschlossene Maßnahmen wohlerworbene Rechte der Gesellschafter beeinträchtigt werden (GRASMANN Rz 981 S 491). Die Rechtsprechung hat daher gelegentlich diese Konsequenz zu meiden gesucht (RG IPRspr 1934 Nr 14, wo auf Beibehaltung des inländischen Satzungssitzes abgestellt wird; abl RAAPE, Internationales Privatrecht [5. Aufl 1961] 203; OLG Hamburg IPRspr 1970 Nr 9, wo die IPR-Problematik wohl verkannt wird).

b) Stellungnahme 356

Dennoch ist der hM zu folgen. Das ergibt sich schon aus folgenden Erwägungen: Die juristische Person ist als Rechtskonstruktion die Schöpfung eines bestimmten positiven Rechts. Aus diesem Recht gewinnt sie ihre Existenz und ihre Identität. Darin sind sich alle Theorien über die juristische Person einig (dazu MUMMENHOFF, Gründungssysteme und Rechtsfähigkeit – Die staatliche Mitwirkung bei der Verselbständigung des bürgerlichrechtlichen Vereins [1980]). Durch den Wechsel des Gesellschaftsstatuts löst sie sich von ihrer Existenzgrundlage. Das ist kein bloß theoretischer Aspekt, vielmehr stehen dahinter materielle Wertungen. Es hat in der Tat

> „keinen Sinn, für die Eintragung der Gesellschaft zu fordern, daß sie ihren Sitz ... im Inland hat, wenn ihr tags darauf erlaubt sein soll, den Sitz ... ins Ausland zu verlegen" (RAAPE, Internationales Privatrecht [5. Aufl 1961] 203).

Ist eine Gesellschaft aber erst wirksam gegründet, so wird sie im Laufe ihrer 357
Tätigkeit zu einem Kristallisationspunkt unterschiedlicher Interessen, wird Vertrauensgrundlage für Anteilseigner, Gläubiger, Arbeitnehmer, für die nahe (Kommunen) und weite Öffentlichkeit. Diese Betroffenen haben aber bei Eingehung von Beziehungen zur Gesellschaft normalerweise darauf vertraut, daß die Organisationsstruktur vom deutschen Recht mit hinreichender Effektivität gewährleistet ist. Diesem Vertrauen wird die Basis entzogen, wenn die Gesellschaft ihren tatsächlichen Verwaltungssitz in das Ausland verlegt und fortan ausländischem Recht untersteht. Angesichts der immer noch anzutreffenden zT erheblichen Unterschiede in der rechtlichen Gestaltung (die sich schon trotz evtl gleichen Gesetzeswortlauts aus der Einbettung in einen unterschiedlichen kulturellen Hintergrund und aus der Einfügung in eine andere Gerichts- und Behördenorganisation ergeben – vgl GROSSFELD RabelsZ 39 [1975] 5) läßt sich diese Veränderung nicht gering einschätzen. Mindestens ebenso wichtig ist die Tatsache, daß das soziale Umfeld für die Gesellschaft wechselt (vgl unten Rz 363). Damit entfällt im allgemeinen die Geschäftsgrundlage der Gesellschaft schlechthin.

Man muß allerdings erwägen, ob nicht die Sicherung dieser Interessen auf andere 358
Weise als durch Auflösung und Abwicklung erreicht werden kann. Man könnte zB das Erfordernis eines einstimmigen Gesellschafterbeschlusses aufstellen (so BEHRENS Rz 107 S 530; vgl aber BGH IPRspr 1956/57 Nr 17 S 60). Aber abgesehen davon, daß bei größeren Unternehmen mit einer Vielzahl von Anteilseignern dieses Erfordernis letztlich doch einem Verbot der Sitzverlegung gleichkommt, wird es auch den sonstigen an der Gesellschaft interessierten Gruppen nicht gerecht; so nicht den Gläubigern und nicht den Arbeitnehmern (Mitbestimmung). Gesellschaftsrecht als Unternehmensrecht läßt sich nicht mehr nur aus der Sicht der Anteilseigner begründen (vgl oben Rz 17). Den Bedenken hinsichtlich der Gläubiger will man gelegentlich damit begegnen, daß ihnen eine Befriedigung oder Sicherstellung „ähnlich wie im Abwicklungsverfahren" gewährt wird (BEHRENS Rz 107 S 530; BEITZKE, Anerkennung 31 f, 43). Andere denken an die analoge Anwendung von § 374 AktG, § 7 UmwandlgG (WIEDEMANN, Gesellschaftsrecht

870) oder an die Arrestmöglichkeiten der §§ 916–934 ZPO (Kessler RabelsZ 3 [1928] 758, 773; zust Kraft in Kölner Kommentar z AktG Bd 1 [1970] § 45 Rz 17).

359 All diese Vorschläge sind aber in den Einzelheiten der praktischen Durchführung wenig getestet; sie haben zudem den Nachteil, daß sie den Gläubigern zusätzliche Sicherstellungslasten aufbürden, deren Erfolg ungewiß ist – zumal, wenn man an die spätere Vollstreckung im Ausland denkt. Vertrauensgrundlage der Gläubiger sind heute weniger denn je einzelne Gegenstände; Vertrauensgrundlage ist vielmehr das Unternehmen als ganzes in seiner rechtlichen Verfassung. Die Durchsetzung von Forderungen wird aber bei Verlagerung des Verwaltungssitzes in das Ausland allemal erschwert. Was dem Fiskus recht ist – Auflösung und Abwicklung (§ 12 KStG – oben Rz 354) – sollte auch für die privaten Gläubiger billig sein. „Die Sitzverlegung bringt . . . den Gläubigern Erschwerungen und Unannehmlichkeiten, welche ihnen nicht zuzumuten sind" (Beitzke, Juristische Personen 185). Zu noch größeren Problemen führen die Berücksichtigung der Mitbestimmung (oben Rz 313) und die Sicherstellung allgemeiner öffentlicher Interessen. Beide sind regelmäßig an den Verwaltungssitz im Inland und eine bestimmte Rechtsform des deutschen Rechts gebunden (zB Investitionshilfe einer Gemeinde oder eines Landes an ein Unternehmen, dessen Vertrauenswürdigkeit sich auch aus dem Verwaltungssitz im Inland und der Organisation nach deutschem Recht statt des Rechtes eines Oasenstaates herleitet).

360 Gegen die hM bestehen zwei ernstzunehmende Bedenken: Knüpft man die Auflösung an die faktische Sitzverlegung an, so kann die Verwaltung eines Unternehmens gegen den Willen der Gesellschafter die Auflösung erzwingen (vgl Grasmann Rz 981 S 491). Aber das ist eine relativ fernliegende Möglichkeit. Denn die Sitzverlegung überschreitet die vom Gesetz gezogenen Grenzen der Geschäftsführung (Wiedemann, Gesellschaftsrecht 870 m Nachw). Die Geschäftsführung berechtigt nicht dazu, die Grundlagen der Gesellschaft zu verändern. Das Gesellschaftsrecht bietet im allgemeinen ausreichende Handhaben, so gravierende Überschreitungen der Geschäftsführungsbefugnisse zu verhindern (vgl auch BGH IPRspr 1956/57 Nr 17 S 59). Im übrigen ist zu beachten, daß es nicht nur um Interessen der Gesellschafter geht, sondern daß die Auflösung und Abwicklung gerade auch im Interesse anderer Beteiligter erfolgt.

361 Ferner könnte man daran denken, daß die Auflösung „aus Versehen" eintritt, nämlich durch eine ohne Kenntnis der Rechtsfolgen erfolgte Verlegung des Verwaltungssitzes. Diesem Problem wird ein Vorschlag Raapes gerecht (Raape, Internationales Privatrecht [5. Aufl 1961] 203). Danach hat das zuständige Gericht die Gesellschaft aufzufordern, innerhalb angemessener Frist den Verwaltungssitz zurückzuverlegen. Kommt die Gesellschaft dieser Aufforderung nicht nach, so erfolgt die Auflösung. Das dürfte eine annehmbare Lösung sein.

362 c) „Gleichheit" der beteiligten Rechte

Bestritten ist, ob die Gesellschaft selbst dann aufgelöst wird, wenn das ausländische Recht dem deutschen entspricht (für Auflösung Karl AcP 159 [1960/61] 292, 306; Schlegelberger-Quassowski, Kommentar z Aktiengesetz [2. Aufl 1938] § 38 Anm 8; Beitzke, Juristische Personen 182 f; dagegen Paulick, Die eingetragene Genossenschaft [1956] 332; MünchKomm-Reuter § 23 Rz 5). Dieser Fall dürfte kaum je eintreten, weil die Stellung der betreffenden Normen in einer anderen Rechtskultur doch Abweichungen bewirkt (vgl BGH WM 1959, 1110 = IPRspr 1958/59 Nr 3). Zudem geraten die Rechnungsführung und die Wertfestsetzung der Anteile unter eine andere Währungsordnung (Beitzke, Juristische Personen 182). Die Rechtsfolge kann daher angesichts des Wechsels des Gesellschaftsstatuts keine andere sein. Denn in jedem Fall ist die Gesellschaft jetzt einer anderen Gesetzgebungshoheit unterworfen – einer Hoheit, auf die das Vertrauen der Beteiligten nicht gerichtet war. „Zwei Rechtsordnungen, die einander gleichen, sind immer noch zweierlei Rechtsordnungen" (BEITZKE, Juristische Personen 183).

Ähnliche Fragen tauchen auf, wenn der Staat des neuen Verwaltungssitzes auf das 363 deutsche Recht zurückverweist. Oben (Rz 103) haben wir gesehen, daß in diesem Fall die Gesellschaft aus internationalprivatrechtlicher Sicht anzuerkennen ist. Dennoch wird man auch hier bei einer späteren Sitzverlegung Auflösung annehmen müssen. Denn die Gesellschaft wird einer fremden Gesetzgebungshoheit unterstellt, niemand weiß, ob die Rückverweisung auf das deutsche Recht von Bestand ist. Die Durchsetzung der an sich bestehenden Rechte ist bei Verwaltungssitz im Ausland erheblich erschwert (vgl oben Rz 74); das soziale Umfeld ist ein anderes. Die Basis der ursprünglichen Erwartungshaltung entfällt so auch hier weitgehend.

3. Beschluß über die Verlegung des tatsächlichen Verwaltungssitzes in das Ausland 364

Zweifelhaft und umstritten ist, ob schon der Beschluß des zuständigen Gesellschaftsorgans zur Verlegung des tatsächlichen Verwaltungssitzes in das Ausland die Auflösung bewirkt.

a) Stand der Meinungen 365

Die überwiegende Meinung sieht den Beschluß zur Verlegung des Verwaltungssitzes in das Ausland als Auflösungsbeschluß an mit anschließender Abwicklung der Gesellschaft (zB iSd § 263 Abs 1 Ziff 2 AktG – so RGZ 107, 94, 97; JW 1918, 510 Nr 10; RGZ 88, 53, 55; 7, 68, 70; KUHN WM 1956, 5; KARL AcP 159 [1960/61] 293, 306 f; HOMBURGER JW 1927, 1701; BEITZKE, Juristische Personen 181; BARZ in Großkomm AktG [3. Aufl. 1973] § 5 Rz 6, § 45 Rz 9; GODIN-WILHELMI, Aktiengesetz Bd I [4. Aufl 1971] § 45 Rz 7 S 239; w Nachw bei SOERGEL-SIEBERT-KEGEL Vorbem 170 N 15zu Art 7 EGBGB, sowie bei KRAFT in Kölner Kommentar z AktG Bd 1 [1970] § 45 Rz 14). Die Autorität dieser Meinung wird indes dadurch geschwächt, daß nicht klar zwischen Verwaltungssitz und Satzungssitz unterschieden wird (MünchKomm-REUTER § 24 Rz 5).

Das Reichsgericht hat seine Auffassung von Anfang an damit gerechtfertigt, daß der 366 Sitz nicht an einen Ort verlegt werden könne, „auf welchen die Wirksamkeit der deutschen Gesetzgebung sich nicht erstreckt" (RGZ 7, 68, 70). Die klassische Begründung in der Literatur findet sich bei BRODMANN (Aktienrecht [1928] § 292 HGB Anm 6 d S 484):

> „Da eine durchaus nach deutschem Recht gestaltete Gesellschaft in dieser Form nur im Gebiet des deutschen Reiches bestehen kann, so liegt in dem Beschluß der Verlegung in das Ausland zugleich der Beschluß, die bisherige Form der Gesellschaft aufzugeben und mit einer anderen zu vertauschen, was nach deutschem Recht wiederum nur möglich ist durch Auflösung und Neugründung."

Nach anderer Auffassung, die namentlich NUSSBAUM vertritt (Deutsches Internatio- 367 nales Privatrecht [1932] 204; ebenso RITTER, HGB § 292 Anm 10; ähnlich wohl WIEDEMANN, Gesellschaftsrecht 870), ist der Verlegungsbeschluß – weil auf rechtlich Unmögliches gerichtet – nichtig (Fall des § 241 Ziff 3 AktG); es sei damit keine Auflösung und Liquidation verbunden. RAAPE (Internationales Privatrecht [5. Aufl 1961] 203) läßt das dahingestellt, nimmt jedoch in der Vorauflage (Art 10 EGBGB Anm E I 1 S 146) „in der Regel" Auflösungsbeschluß an.

368 **b) Stellungnahme**

Der hM ist zu folgen. Sie beruft sich vor allem darauf, daß die Verlegung des tatsächlichen Verwaltungssitzes regelmäßig zur Auflösung und Liquidation führe. Wenn also eine Sitzverlegung gewollt sei, so sei die Auflösung zugleich mitgewollt. Deshalb müsse der Beschluß als Auflösungsbeschluß verstanden werden (BEITZKE, Juristische Personen 181; berichtend STAUDINGER-RAAPE [9. Aufl] Art 10 EGBGB Anm E I 1 S 146). In der Tat ist nicht einzusehen, warum ein solcher Beschluß nichtig sein sollte, wenn er als Auflösungsbeschluß wirksam gefaßt werden kann.

369 Fraglich ist indes, ob der Sitzverlegungsbeschluß wirklich als Auflösungsbeschluß gewollt ist. Es läßt sich argumentieren, daß der Beschluß zur Sitzverlegung gerade dahin zielt, die Auflösung zu vermeiden (WIEDEMANN, Gesellschaftsrecht 870). Nach STAUDINGER-RAAPE ([9. Aufl] Art 10 EGBGB Anm E I 1 S 146) soll es deshalb darauf ankommen,

> „ob dem maßgebenden Gesellschaftsorgan die rechtliche Unmöglichkeit einer Verlegung unter gleichzeitiger Fortdauer der Gesellschaft bekannt gewesen ist. Bejahendenfalls ist der herrschenden Meinung beizutreten, andernfalls nicht. In der Regel dürfte der erste Fall gegeben sein“.

Ein solches Abstellen auf den Einzelfall ist aber mit den Anforderungen an die Rechtssicherheit bei Organisationen der hier in Rede stehenden Art unvereinbar. Es ist auch im Normalfall gar nicht durchzuführen (Was haben die zigtausend Stimmberechtigten der Hauptversammlung gewußt?). Hier hilft nur eine typisierende Betrachtungsweise. Sie kann angesichts der langjährig herrschenden Meinung über die Folgen der Sitzverlegung nur zur Annahme eines Auflösungsbeschlusses führen.

370 Sieht man den Verlegungsbeschluß als Beschluß zur Auflösung an, so muß der Beschluß den gesetzlichen oder satzungsmäßigen Erfordernissen des letzteren genügen (BEITZKE, Juristische Personen 181). Der Beschluß kann also nur als wirksamer Auflösungsbeschluß Bestand haben, sonst ist er nichtig. Falls keine besondere gesetzliche (vgl § 262 Abs 1 Ziff 2 AktG), satzungsmäßige oder vertragliche Regelung besteht, ist Einstimmigkeit erforderlich (vgl BGH IPRspr 1956/57 Nr 17 S 59; WIEDEMANN, Gesellschaftsrecht 870).

371 **4. Verlegung des tatsächlichen Verwaltungssitzes in das Inland**

Wenn das Recht des alten Verwaltungssitzes (Wegzugstaat) die juristische Person bei ihrem Wegzug fortbestehen läßt und von einer Auflösung absieht, so ist weiter zu prüfen, ob der Staat des neuen Verwaltungssitzes (Zuzugstaat) die Gesellschaft als solche fortbestehen läßt oder ob er eine Neugründung verlangt (OLG Frankfurt NJW 1964, 2355 = IPRspr 1964/65 Nr 22). Denn nach der Verlagerung des tatsächlichen Verwaltungssitzes ist das Recht des Zuzugstaates Gesellschaftsstatut. Dieses Recht entscheidet dann auch darüber, ob die Identität der Gesellschaft bestehenbleibt. Die Probleme stellen sich für uns namentlich dann, wenn eine Gesellschaft ihren tatsächlichen Verwaltungssitz in das Inland verlegt. Auch hier fragt sich, ob die im Inland erworbene und infolge Wegzugs nicht verlorene Rechtspersönlichkeit bei uns fortbesteht.

372 Die Antwort hängt zunächst davon ab, ob die ausländische Rechtsordnung den Wegzug gestattet (oben Rz 353). Aber selbst wenn sie das tut, lehnt die hM den Fortbestand der Rechtsfähigkeit im Inland ab. Sie verlangt grundsätzlich (zu Ausnahmen bei Souveränitätswechsel unten Rz 381 und bei Rest- und Spaltgesellschaft unten Rz 434) Neugründung und damit Neuerwerb (keine Identität) der Rechtsfähigkeit im Inland (BEHRENS Rz 107 S 530 m Nachw; EBENROTH, Konzernkollisions-

recht 24; Karl AcP 159 [1960/61] 293, 307 f; Rspr dazu gibt es bisher nicht). Das soll selbst dann gelten, wenn das ausländische Recht mit dem deutschen inhaltlich übereinstimmt (Karl AcP 159 [1960/61] 293, 307; Schlegelberger-Quassowski, Kommentar z AktG [2. Aufl 1937] § 38 Anm 8; vgl auch RGZ 159, 33, 49; aA KG JW 1927, 1701 = IPRspr 1926/27 Nr 24, das aber wohl einen Fall innerdeutscher Sitzverlegung [unten Rz 385] angenommen hat), was im ganzen kaum jemals vorliegen wird und wohl nie zuverlässig festzustellen ist (oben Rz 362).

Der hM ist zu folgen. Sie zieht die (gewollte) Konsequenz aus der Sitztheorie. Die Verlegung des tatsächlichen Verwaltungssitzes führt zum Statutenwechsel und damit zur Anwendung inländischen Rechts. Dessen Gründungsvorschriften sind aber nicht eingehalten worden. In der Literatur wird demgegenüber häufiger die Meinung vertreten, daß es für den Fortbestand im Inland genüge, wenn Kapitalausstattung und Satzung an das deutsche Recht angepaßt werden und die Gesellschaft in das deutsche Register eingetragen wird (Behrens Rz 107 S 530; Soergel-Siebert-Kegel Vorbem 170 zu Art 7 EGBGB; Kraft in Kölner Kommentar z AktG [1970] Anh zu § 5 Rz 16; Beitzke ZHR 127 [1964/65] 1, 43; ders, Juristische Personen 183). Das überzeugt indes nicht. Schon die Zuordnung des ausländischen Gebildes zu einem vergleichbaren Gebilde des deutschen Rechts bereitet oft große Schwierigkeiten (vgl oben Rz 239). Die Anpassung könnte aber auch eine Fülle von Maßnahmen erforderlich machen, uU lassen sich verschiedene Strukturen kaum anpassen. Ebenroth (Konzernkollisionsrecht 24) sagt richtig: 373

> „Wie hat eine solche Anpassung zu geschehen? Wann müßte... ein Aufsichtsrat gewählt werden und die ... Vorstandsmitglieder bestellt werden? Wer soll das geltend machen? Der Registerrichter? Er würde dann eine Ermittlungsbehörde benötigen. Was passiert in der Zwischenzeit bis zur Anpassung? Kann die Gesellschaft voll handeln oder nicht? Alles Fragen, die mit dem angedeuteten Interesse der Erleichterung des internationalen Rechts- und Wirtschaftsverkehrs wohl nicht in Einklang gebracht werden können."

Das spricht dafür, es beim Erfordernis einer Neugründung im Inland zu belassen (zur Abgrenzung der Sitzverlegung von der Entstehung einer Rest- oder Spaltgesellschaft Beitzke, FS Janssen [1958] 32 und unten Rz 384).

5. Verlegung des tatsächlichen Verwaltungssitzes von einem ausländischen Staat in einen anderen 374

Wenn eine Gesellschaft ausländischen Rechts ihren Verwaltungssitz in einen anderen ausländischen Staat verlegt, so ergeben sich die Folgen nach der Sitztheorie im Sinne einer allseitigen Kollisionsnorm (oben Rz 80). Über die Verlegung und einen evtl Verlegungsbeschluß entscheidet zuerst das alte Gesellschaftsstatut. Ob in dem neuen Sitzstaat die Gesellschaft fortbesteht oder dort neu zu gründen ist, bestimmt sich nach dessen Rechtsordnung. Falls beide Rechtsordnungen einen unveränderten Fortbestand annehmen, so ist das auch für uns erheblich. Es hat dann lediglich ein Statutenwechsel stattgefunden. Verlangt der alte Sitzstaat die Auflösung, sieht der neue Sitzstaat aber eine Fortsetzung vor, so wirkt die Herrschaft des neuen Sitzstaates doch erst ex nunc. Der neue Sitzstaat kann also die von der alten Rechtsordnung verlangte Auflösung nicht beseitigen. Es tritt doch eine Unterbrechung ein. Sieht dagegen der alte Sitzstaat den Fortbestand, der neue aber eine Neugründung vor, so stellen wir uns auf die Seite des letzteren. Wir verweigern also der ausgewanderten Gesellschaft die Anerkennung (oben Rz 123), wenn sie nach dem Recht des neuen Sitzstaates nicht als rechtsfähig gilt.

375 **6. Beschluß über die Verlegung des Satzungssitzes in das Ausland**

a) Kollisionsrecht

Die internationalprivatrechtlichen Folgen einer Verlegung des Satzungssitzes hängen davon ab, ob man die Sitz- oder die Gründungstheorie vertritt. Bejaht man mit der hM (oben Rz 18) die Sitztheorie, so ergeben sich aus der Verlegung des Satzungssitzes keine internationalprivatrechtlichen Konsequenzen. Solange der tatsächliche Verwaltungssitz unverändert bleibt, wandelt sich der Anknüpfungspunkt für das Gesellschaftsstatut nicht, ein Statutenwechsel findet nicht statt. Anders ist es nach der Gründungstheorie (oben Rz 23). Sie sieht in der Verlegung des Satzungssitzes jedenfalls dann die Herbeiführung eines Statutenwechsels, wenn zur Gründung einer inländischen Gesellschaft ein inländischer Satzungssitz erforderlich ist (Behrens Rz 106 S 529; vgl Beitzke, Anerkennung 26). Das ist nach deutschem Recht der Fall (oben Rz 178).

376 **b) Internes Recht**

aa) Stand der Meinungen

Die intern-rechtlichen Folgen des Beschlusses zur Verlegung des Satzungssitzes sind umstritten. Die Diskussion leidet vor allem darunter, daß im allgemeinen nicht deutlich zwischen dem Beschluß über die Verlegung des Verwaltungssitzes und der Verlegung des Satzungssitzes unterschieden wird (MünchKomm-Reuter § 24 Rz 5; – oben Rz 350). Mit der hieraus sich ergebenden Einschränkung läßt sich sagen, daß die hM den Beschluß zur Verlegung des Satzungssitzes ebenfalls als Auflösungsbeschluß ansieht (Nachw oben Rz 365; Kraft in Kölner Kommentar z AktG [1970] § 45 Rz 14). Eine Mindermeinung hält den Beschluß für nichtig (oben Rz 367). Eine dritte Meinung will der Verlegung des Satzungssitzes in das Ausland sogar jede Problematik absprechen (Süss 605; unklar MünchKomm-Reuter § 24 Rz 5). Diese letztere Ansicht ist sicherlich abzulehnen, denn sie verkennt die große Bedeutung des Satzungssitzes für die deutsche Gerichts- und Behördenzuständigkeit und damit für die effektive Durchsetzung des deutschen Rechts (oben Rz 178; vgl Barz in Großkomm AktG [3. Aufl 1973] § 5 Rz 1).

377 **bb) Stellungnahme**

Der hM ist zu folgen. Dabei ist von der Feststellung auszugehen (oben Rz 176), daß eine deutschem Recht unterstehende Gesellschaft grundsätzlich einen inländischen Satzungssitz haben muß. Die Verlegung des Satzungssitzes in das Ausland würde zwar nicht einen Statutenwechsel bewirken (oben Rz 375), sie würde aber die wirksame Durchsetzung des deutschen Gesellschaftsrechts durch deutsche Gerichte und Behörden verhindern. Denn den deutschen Gerichten und Behörden würde damit in weitem Umfang die Internationale Zuständigkeit entzogen (oben Rz 176). Darin liegt ein Ausweichen vor dem deutschen Recht, das gerade mit den Sicherungen seiner prozessualen Durchsetzungsmöglichkeit einen wichtigen Teil der Existenzgrundlage für die Gesellschaft darstellt. Denn diese Grundlage besteht nicht nur aus dem materiellen Gesellschaftsrecht, sondern auch aus der Einfügung in einen auf dieses Gesellschaftsrecht zugeschnittenen gerichtlichen und behördlichen Kontrollmechanismus. Materielles Recht und Prozeßrecht sind im Gesellschaftsrecht so eng miteinander verzahnt, daß sie sich nicht ohne erhebliche Einbuße an Effektivität nachhaltig voneinander abkoppeln lassen (vgl oben Rz 73). Dem entspricht die Argumentation des Reichsgerichts in RGZ 7, 68, 69 (oben Rz 353). Mit der Verlegung des Satzungssitzes in das Ausland aber löst sich die Gesellschaft von diesem Teil ihrer Existenzgrundlage. Für das Ergebnis kann es auch hier keine Rolle spielen, ob die Sitzverlegung auf einem einstimmigen Beschluß der Gesellschafter beruht (BEHRENS Rz 107 S 530). Denn das Erfordernis des Satzungssitzes im Inland dient nicht nur dem Schutz der Gesellschafter, sondern soll eine umfassende Kontrollzuständigkeit begründen und absichern.

Aus diesen Überlegungen folgt allerdings nicht ohne weiteres, daß ein Beschluß zur Verlegung des Satzungssitzes zugleich einen Auflösungsbeschluß darstellt. Das zeigt sich schon daran, daß nach §§ 179 Abs 2 und 262 Abs 1 Nr 2 AktG die Mehrheitserfordernisse unterschiedlich sein können. Es liegt daher nahe, entsprechend der Meinung von NUSSBAUM (oben Rz 367) hier bloße Nichtigkeit des Beschlusses anzunehmen und seine Genehmigung (§ 33 Abs 2 BGB) oder Eintragung (§ 71 BGB; § 181 AktG; § 54 GmbHG; § 16 Abs 5 GenG) abzulehnen. Das würde den Interessen des Verkehrs gerecht. Zwar kann selbst ein nichtiger Beschluß im Streitfall dem Gegner ein zusätzliches Prozeßrisiko aufbürden. Aber da im Regelfall die Wirksamkeit der Satzungsänderung von der Genehmigung (§ 33 Abs 2 BGB) oder der Eintragung in ein Register (§ 71 Abs 1 S 1 BGB; § 181 Abs 3 AktG; § 54 Abs 3 GmbHG; § 16 Abs 6 GenG) abhängt, ist der Verkehr hier genügend geschützt. Zu prüfen bliebe aber, ob ein Auflösungsverfahren nach § 144 a FGG einzuleiten ist. Es käme darauf an, ob der nichtige Beschluß doch als Beseitigung des alten Satzungssitzes anzusehen ist (vgl oben Rz 177). 378

Dennoch hat die hM, die einen Auflösungsbeschluß annimmt, gute Gründe für sich. Zunächst ist auch hier nicht einzusehen, warum der Verlegungsbeschluß nicht Auflösungsbeschluß sein kann (oben Rz 368). Die hM führt ferner zu einer annehmbaren Gleichbehandlung mit dem Beschluß zur Verlagerung des tatsächlichen Verwaltungssitzes. Darin liegt eine beachtliche Vereinfachung, weil eine häufig schwierige Unterscheidung entfällt. Denn – wie in Literatur und Rechtsprechung – so ist auch im Leben die theoretische Trennung zwischen Satzungssitz und Verwaltungssitz praktisch oft schwer zu vollziehen. Der Sprachgebrauch des Lebens orientiert sich nicht immer an den juristischen Kategorien. Sehr häufig wird sich kaum feststellen lassen, ob die Verlegung des Satzungssitzes oder die Verlegung des Verwaltungssitzes gewollt ist. In den bisher entschiedenen Fällen war das jedenfalls vielfach nicht klar. Beides wird oft parallel laufen, bzw man wird häufig die Änderung des Satzungssitzes als Indiz für den Willen zur Verlagerung des Verwaltungssitzes nehmen können. Es hält sich daher noch im Rahmen einer zulässigen Vereinfachung, wenn man beide Beschlüsse gleich behandelt. 379

Die Auflösung ist ferner keine unangemessene Sanktion für den Versuch, sich durch Verlegung des Satzungssitzes von der deutschen Gerichts- und Behördenzuständigkeit zu lösen und sich so vor der effektiven Durchsetzungsmöglichkeit des deutschen Rechts „davonzuschleichen“. Der Sache nach liegt darin nicht viel anderes als ein Wechsel des Gesellschaftsstatuts. Denn deutsches Recht ist nur so lange ganz deutsches Recht, wie deutsche Gerichte und Behörden von seiner Durchsetzung nicht weitgehend ausgeschlossen sind (oben Rz 77). Es läßt sich ferner nicht sagen, daß die Auflösung dem Willen der Gesellschafter zuwider läuft. Sie wissen ja, daß die Existenz der Gesellschaft an die volle Geltung des deutschen Rechts gebunden ist – nicht an ein wegen beschränkter prozessualer Durchsetzungsmöglichkeiten gleichsam „amputiertes“ Recht. Entsprechend den vorstehenden Ausführungen gilt also der Beschluß zur Verlegung des Satzungssitzes als Auflösungsbeschluß (oben Rz 365, 370). 380

381 **XXIII. Souveränitätswechsel***

Ein Wechsel des Gesellschaftsstatuts tritt auch ein, wenn der Ort des Verwaltungssitzes zB infolge einer Gebietsabtretung unter die Herrschaft eines anderen Staates gerät, also fortan das Recht des Nachfolgestaates gilt. Die Folgen aus dem Statutenwechsel ergeben sich dann allein aus der Rechtsordnung des Nachfolgestaates; dieser wird im allgemeinen Überleitungsvorschriften erlassen (OLG Nürnberg IPRspr 1950/51 Nr 13; BGH IPRspr 1966/67 Nr 14). Eine rückwirkende Anwendung des neuen Rechts kann aber gegen Art 30 EGBGB verstoßen (BGH IPRspr 1966/67 Nr 14; Soergel-Siebert-Kegel Vorbem 174 zu Art 7 EGBGB). Das kann uU auch bei einer ex nunc-Wirkung der Fall sein, wenn zB nur noch über Ausgleichsansprüche zwischen Gesellschaftern zu entscheiden ist (vgl BGH IPRspr 1966/67 Nr 14; BayObLG IPRspr 1928 Nr 15).

382 Der Souveränitätswechsel ist an sich kein Fall einer internationalen Sitzverlegung (RGZ 107, 94, 99). Probleme der Sitzverlegung ergeben sich jedoch, wenn die Gesellschaft nach der Gebietsabtretung ihren Verwaltungssitz in das verbleibende Gebiet des abtretenden Staates (des Altstaates) verlegt (Rückwanderung in das Mutterland). Welches Recht entscheidet dann über die Wirksamkeit der Verlegung? Rechtsprechung und Lehre antworten darauf: Die Entscheidung trifft noch das Recht des Altstaates als das Recht, „aufgrund dessen die juristische Gesellschaft gegründet ist und das ihre Struktur und Organisation regelt" (Mann 196). Der Sachverhalt wird also wie eine Sitzverlegung innerhalb desselben Staates angesehen. Es erfolgt weder eine Auflösung noch ist eine Neugründung erforderlich (RGZ 107, 94; KG IPRspr 1926/27 Nr 24; BGHZ 25, 134, 139; IPRspr 1956/57 Nr 17). RGZ 107, 94, 99 begründet das wie folgt:

> „Denn wenngleich es sich hierbei um eine von den Aktionären gewollte Verlegung des Sitzes ‚in das Ausland' handelte, so war doch dieses ‚Ausland' dasselbe Rechtsgebiet, nach dessen Gesetzen die Aktiengesellschaft begründet worden war, und der Wille der Aktionäre war gerade darauf gerichtet, der Gesellschaft die deutsche Rechtspersönlichkeit zu erhalten".

Gelegentlich haben die Gerichte darauf abgestellt, daß das alte Recht im Nachfolgestaat unverändert fortgelte (KG JFG 2, 252, 255; 4, 184, 188; JW 1926, 1351; vgl Staudinger-Raape [9. Aufl] Art 10 EGBGB Anm E I 3 S 147). Allgemein ist erforderlich, daß die Rückwanderung in engem zeitlichen Zusammenhang mit dem Souveränitätswechsel erfolgt. Ist seitdem geraume Zeit verstrichen und die Gesellschaft der neuen Rechtsordnung angepaßt, so gelten die normalen Regeln über die internationale Sitzverlegung (Wiedemann, Gesellschaftsrecht 868; oben Rz 348).

383 Es bedarf eines Beschlusses über die Sitzverlegung und gemäß § 13 c Abs 1 HGB, § 45 Abs 1 AktG grundsätzlich auch der Mitwirkung des (nunmehr) ausländischen Registergerichts. Von dieser Mitwirkung hat die Rechtsprechung jedoch abgesehen, wenn sie praktisch nicht zu erlangen war (Nachw b Brüggemann in Großkomm HGB, Einl 80 mwN; Kraft in Kölner Kommentar z AktG [1970] § 45 Rz 13). Zudem sind durch die Gesetzgebung Erleichterungen geschaffen worden. Beachte §§ 14, 16 des Gesetzes zur Ergänzung von Zuständigkeiten auf dem Gebiete des bürgerlichen Rechts, des Handelsrechts und des Strafrechts (Zuständigkeitsergänzungsgesetz) v 7. 8. 1952 (BGBl I 407; amtliche Begründung BT-Drucks Nr 3313 v. 23. 4. 1952 – dazu Karl AcP 159 [1960/61] 293, 316). Die gesetzliche Regelung ist freilich nicht erschöpfend.

---

* **Schrifttum:** Mann, Staatensukzession und juristische Person, Freundesgabe für Hengeler, Berlin ua (1972) 191; Quassowski, Zur Frage der Rückverlegung des Sitzes elsaß-lothringischer Aktiengesellschaften ins deutsche Inland, Gruchot 65 (1921) 403.

Voraussetzung der hier geschilderten Sonderregeln ist stets, daß die Gesellschaft nach dem Souveränitätswechsel als solche bestehen bleibt. Ist die Gesellschaft vom Nachfolgestaat bereits durch behördlichen Eingriff vernichtet worden, so werden die Sonderregeln über die Rest- bzw Spaltgesellschaft angewendet (vgl BGH IPRspr 1956/57 Nr 17 und unten Rz 434). 384

XXIV. Innerdeutsche Sitzverlegung* 385

Eine besondere Beurteilung erfordern Sitzverlegungen innerhalb des Gebietes des deutschen Reiches in den Grenzen vom 31. 12. 1937 (vgl. Art 116 Abs 1 GG). Damit sind namentlich Sitzverlegungen von der DDR in die Bundesrepublik Deutschland angesprochen (zum historischen Problem der Gothaischen Gewerkschaften Staudinger-Raape [9. Aufl] Art 10 EGBGB Anm H S 153). Beide Staaten gelten im Verhältnis zueinander nicht als Ausland (BVerfGE 11, 150, 158; 36, 1, 17; vgl oben Rz 113). Soweit es sich um Gesellschaften handelt, die schon vor der Aufteilung des Deutschen Reiches bestanden, ist dies zu beachten (OLG München Die AG 1957, 17). Die Sitzverlegung ist jedenfalls so lange als inländische Sitzverlegung zu behandeln, wie die Struktur der Gesellschaft von dem formell weiterbestehenden alten einheitlichen Recht geprägt ist (vgl RGZ 107, 94). Eine gewisse unterschiedliche Rechtsentwicklung in der Folgezeit ist unschädlich (OLG München aaO). Gegebenenfalls sind Anpassungen an das Recht der Bundesrepublik Deutschland vorzunehmen. Für Kreditinstitute s Drittes Umstellungsergänzungsgesetz v 22. 1. 1964 (BGBl I 33) sowie Westvermögen-Abwicklungsgesetz (WAbwG) v 21. 3. 1972 (BGBl I 465), geändert durch Gesetz v 31. 1. 1974 (BGBl I 133).

Zu beachten ist, daß Rechtsprechung und Lehre sich auf Zeitpunkte relativ kurz nach dem 8. Mai 1945 beziehen, als in der DDR und der Bundesrepublik Deutschland noch formell dasselbe Gesellschaftsrecht weiterbestand (Springer NJW 1947/48, 455; Vogel, FS Raape [1948] 203). Diese Rechtseinheit ist aber heute – selbst bei formell gleichlautenden Gesetzesbestimmungen – weitgehend zerrissen. Die Einbettung in ein jeweils ganz anderes Umfeld führt dazu, daß der Sache nach von zwei unterschiedlichen Gesellschaftsstatuten auszugehen ist. Spätestens mit dem Abschluß des Grundvertrages (v 20. 12. 1972, BGBl II 1973, 421 – dazu Drobnig RabelsZ 37 [1973] 485; s ferner oben Rz 113) wird man daher die Grundsätze über die internationale Sitzverlegung (analog) anzuwenden haben. Es ist dann also bei Zuzug aus der DDR eine Neugründung in der Bundesrepublik Deutschland erforderlich (aA Behrens Rz 109 S 531). 386

Auch hier bedarf es eines ordnungsgemäßen Beschlusses über die Sitzverlegung. Schwierigkeiten können sich aus §§ 13 c Abs 1 HGB, 45 Abs 1 AktG ergeben. Nach diesen Vorschriften ist die Sitzverlegung beim Gericht des bisherigen Sitzes anzumelden. Die insoweit erforderliche Mitwirkung wird aber von den Gerichten der DDR verweigert. Die Rechtsprechung hat daraufhin hier ebenfalls (vgl oben Rz 383) auf die Mitwirkung des alten Registergerichts in der DDR verzichtet (BGH NJW 1958, 671; OLG Düsseldorf NJW 1962, 869). Auch hier gelten jetzt §§ 14, 16 Zuständigkeitsergänzungsgesetz. Die Gesellschaft muß aber ihre Eintragung in ein hiesiges Register herbeiführen – selbst dann, wenn sie Liquidationsgesellschaft ist. Das Registergericht kann sie zur Erfüllung dieser Pflicht anhalten (OLG Düsseldorf NJW 1962, 869). 387

* **Schrifttum:** Karl, Zur Sitzverlegung deutscher juristischer Personen des privaten Rechts nach dem 8. Mai 1945, AcP 159 (1960/61) 293.

388 Bestand die Gesellschaft in der DDR infolge Enteignung nicht mehr fort, so kommen die Regeln über die Rest- bzw Spaltgesellschaft zur Anwendung (unten Rz 434).

389 **XXV. Internationales Konzernrecht***

1. Anknüpfung – Allgemeines

Das nach den oben genannten Grundsätzen (oben Rz 18) ermittelte Gesellschaftsstatut regelt auch das Konzernrecht. Da hier jedoch mindestens zwei Gesellschaften beteiligt sind, ist die Frage, welches der beiden Gesellschaftsstatute die Konzernrechtsbeziehung regiert. Entsprechend der allgemeinen Bewertung im Internationalen Gesellschaftsrecht ist hier maßgeblich das Recht der hauptbetroffenen Gesellschaft (Kegel, Internationales Privatrecht [4. Aufl 1977] 268).

390 Für den Unterordnungskonzern (§§ 18 Abs 1, 17 AktG) ist daher einhellige Meinung (allenfalls mit unterschiedlicher – gesellschafts- oder wirtschaftsrechtlicher – Begründung; Nachw b: Wiedemann, Internationales Gesellschaftsrecht 204; Ebenroth, Die verdeckten Vermögenszuwendungen 400 – unten Rz 394), daß das Statut der abhängigen Gesellschaft die Konzernrechtsbeziehungen zum herrschenden Unternehmen regiert. Solche internationalen Unternehmensverbindungen werden somit nach dem Gesellschaftsstatut der abhängigen Gesellschaft beurteilt. Denn bei ihr liegt der „Gefahrenschwerpunkt". Die Regel gilt sowohl für den Vertragskonzern (§§ 291–310 AktG) wie für den faktischen Konzern (§§ 311–318 AktG).

391 Das Recht der abhängigen Gesellschaft kann Ausstrahlungen auf die herrschende Gesellschaft haben. Der Geltungsanspruch des Gesellschaftsstatuts der abhängigen Gesellschaft beschränkt sich aber auf den Schutz der dort betroffenen Interessen. Der Schutz der herrschenden Gesellschaft bleibt deren Statut überlassen (Wiedemann, Internationales Gesellschaftsrecht 204). § 293 Abs 2 AktG zB gilt daher nicht für eine ausländische Gesellschaft. Die Meldepflicht des § 20 Abs 1 AktG ist auch von einem ausländischen Unternehmen zu erfüllen, das an einer deutschen Gesellschaft entsprechend beteiligt ist (einhellige Meinung; Wiedemann, Gesellschaftsrecht 824); dagegen soll die Meldepflicht nach § 21 AktG nur für eine deutsche Gesellschaft gelten (str; Nachw b Wiedemann, Gesellschaftsrecht 824). Hauptbetroffener kann aber im Einzelfall das herrschende Unternehmen sein, so bei der Frage, ob die abhängige Gesellschaft Aktien der herrschenden erwerben darf (§ 71 d S 2 AktG; U Huber, FS Duden [1977] 137), ferner bei § 100 Abs 2 Nr 2 AktG (von Caemmerer, FS Gessler [1971] 87; Koppensteiner, Internationale Unternehmen 332 – vgl oben Rz 289; zur internationalrechtlichen Tragweite der Regeln über Konzernbilanzen Hieke Betrieb 1974, 1590; Grossfeld, Bilanzrecht [1978] 262).

---

* **Schrifttum:** Bache, Der internationale Unternehmensvertrag (1969); Bernstein-Koch, Internationaler Konzern und deutsche Mitbestimmung, ZHR 143 (1979) 522; Brauer, Kollisionsrechtliche Probleme der Konzerne und Unternehmensverträge, Diss Göttingen 1968; Ebenroth, Die verdeckten Vermögenszuwendungen im transnationalen Unternehmen (1979) 377; Immenga-Klocke, Konzernkollisionsrecht ZSchwR 92 (1973) I 27; Klocke, Deutsches Konzernkollisionsrecht und seine Substitutionsprobleme (1974); Koppensteiner, Internationale Unternehmen im deutschen Gesellschaftsrecht (1971); Luchterhandt, Deutsches Konzernrecht bei grenzüberschreitenden Konzernverbindungen (1971); Lutter (Hrsg), Recht und Steuer der internationalen Unternehmensverbindungen (1972); Mann, Bemerkungen zum Internationalen Privatrecht der Aktiengesellschaft und des Konzerns, FS Barz (1974) 219; E Rehbinder, Das auf multinationale Unternehmen anwendbare Recht, in: Materialien zum ausländischen und internationalen Privatrecht, Bd 21 (1974) 122; H P Westermann, Das Gesellschaftsrecht in der Methodendiskussion zum Internationalen Privatrecht, ZGR 4 (1975) 68.

Weniger eindeutig ist die Zuordnung beim sog Gleichordnungskonzern (§ 18 Abs 2 AktG); dort ist eine so klare Schwerpunktbildung nicht möglich. Grundsätzlich stehen beide Statute gleichberechtigt nebeneinander. Mögliche Kollisionen sind im Wege der Anpassung zu klären (vgl EMMERICH-SONNENSCHEIN, Konzernrecht [2. Aufl 1977] 104). 392

Die Regel über die Konzernbeziehungen ist eine allseitige Kollisionsnorm. Sie greift nicht nur ein, wenn das abhängige Unternehmen eine deutsche Gesellschaft ist, sondern auch, wenn ein deutsches Unternehmen eine ausländische Tochtergesellschaft hat. Es gilt dann also für die Konzernbeziehung ausländisches Recht; die §§ 291–318 AktG kommen grundsätzlich nicht zur Anwendung (WIEDEMANN, Internationales Gesellschaftsrecht 206; WIEDEMANN-BARENNES, FS Barz [1974] 561; EBENROTH 400). 393

2. Dogmatische Begründung 394

Die hier dargestellten Kollisionsregeln folgen aus dem Schutzzweck des inländischen Konzernrechts (WIEDEMANN, Internationales Gesellschaftsrecht 204 f; vgl auch EBENROTH, Die verdeckten Vermögenszuwendungen 392). Streitig ist, ob es sich um die herkömmliche Anwendung des Gesellschaftsstatuts handelt oder um eine wirtschaftsrechtliche Sonderanknüpfung nach dem Beispiel des § 98 Abs 2 GWB (genauer Überblick bei WIEDEMANN, Internationales Gesellschaftsrecht 205 f; EBENROTH 378 ff). Die Diskussion ergibt sich daraus, daß die traditionelle Anknüpfung an das Gesellschaftsstatut möglicherweise nicht ausreicht, den Schutzinteressen der abhängigen Gesellschaft gerecht zu werden. Es ist nämlich nicht zweifelsfrei, ob sich namentlich die Unternehmensverträge iSd § 292 AktG dem Gesellschaftsstatut zuweisen lassen; da es sich um schuldrechtliche Austauschverträge handelt, erscheint auch eine vertragsrechtliche Qualifikation als möglich. Es könnte dann aber ein anderes Recht als das der abhängigen Gesellschaft auf diese Verträge zur Anwendung kommen. Fraglich ist ferner, ob die Regelung des faktischen Konzerns (§§ 311–318 AktG) dem Gesellschaftsstatut unterliegt, weil hier eine Kapitalbeteiligung und damit eine gesellschaftsrechtliche Mitgliedstellung nicht unbedingt erforderlich ist.

Diesen Fragen will die Lehre von der wirtschaftsrechtlichen Sonderanknüpfung begegnen, die insbesondere von LUCHTERHANDT vertreten wird. Sie stellt auf das Prinzip der Marktauswirkung im Inland ab (LUCHTERHANDT 87) und gelangt so in allen genannten Fällen ohne Schwierigkeiten zur Anwendung des Rechts der abhängigen Gesellschaft. Gewiß ist LUCHTERHANDT zu folgen, wenn er auf die ordnungspolitische Bedeutung des Aktienrechts abstellt (dazu GROSSFELD, Aktiengesellschaft, Unternehmenskonzentration und Kleinaktionär [1968]); denn das Konzernrecht regelt auch, inwieweit man der Unternehmenskonzentration entgegenkommen will (aA EBENROTH 393). Dennoch erscheint es zweckmäßiger, der hM zu folgen und die Fragen mit den Kategorien der traditionellen gesellschaftsrechtlichen Kollisionsnormen zu lösen. Denn der Begriff des Wirtschaftsrechts ist in sich so vielschichtig, daß daraus keine eindeutigen Konsequenzen gezogen werden können. Zudem bedarf es der wirtschaftsrechtlichen Sonderanknüpfung nicht, weil sich schuldrechtliche Unternehmensverträge und faktischer Konzern ohne große Schwierigkeiten mit der traditionellen Lehre erfassen lassen (E REHBINDER 129). Denn die darin entwickelten Rechtsinstitute sollen letztlich die interessenmäßig ausgewogene Organisationsstruktur der abhängigen Gesellschaft schützen, verfolgen also einen spezifisch gesellschaftsrechtlichen Zweck. Darin liegt zugleich ihre wettbewerbliche 395

Funktion. Deshalb lassen sie sich zwanglos dem Gesellschaftsstatut zurechnen. Das gilt umso mehr, als das traditionelle Internationale Gesellschaftsrecht die im materiellen Gesellschaftsrecht zum Ausdruck kommende Interessenbewertung weiterführt und sie international – unter Berücksichtigung internationaler Verträglichkeit – absichert (oben Rz 7). Zur Verdeutlichung dieses Sachverhaltes bedarf es nicht des Rückgriffs auf ein besonderes Wirtschaftsrecht. Das Zivilrecht selbst schützt hier die Wirtschaftsordnung (GROSSFELD, Zivilrecht als Gestaltungsaufgabe [1977] 12).

396 **3. Regelungsbereich**

Die Tragweite der konzernrechtlichen Kollisionsnorm im einzelnen hängt davon ab, was man als zum Gesellschaftsstatut gehörig qualifiziert (vgl oben Rz 184). Dazu muß man namentlich die Vorschriften rechnen, die eine Haftung der herrschenden Gesellschaft für die Schulden der abhängigen Gesellschaften vorsehen: so zB § 302 AktG, sowie die auf die Beherrschung gegründete Durchgriffshaftung (WIEDEMANN, Internationales Gesellschaftsrecht 210 – zurückhaltend jedoch gegenüber der Annahme eines gemeinsamen Konkurses E REHBINDER 127 – vgl oben Rz 256). Nach § 329 Abs 1 AktG und § 11 PublizitätsG besteht für ausländische herrschende Gesellschaften keine Pflicht zur Aufstellung eines Konzernabschlusses (die Vorschriften stellen auf einen „Sitz im Inland" ab). Es kann sich aber die Notwendigkeit eines Teilkonzernabschlusses nach § 330 Abs 2 AktG ergeben.

397 **4. Grenzüberschreitende Konzernbeziehungen – Allgemeines**

Internationale Konzernverhältnisse verursachen für das interne Gesellschaftsrecht besondere Probleme. Das interne Gesellschaftsrecht ist auf sie normalerweise nicht zugeschnitten. Denn es stellt im allgemeinen auf einen Ausgleich zwischen Vorteilen und Nachteilen ab, der sich innerhalb desselben Nationalvermögens, derselben Volkswirtschaft vollzieht. Eine Schädigung der Tochter- zugunsten der Muttergesellschaft schmälert aber das Nationalvermögen unwiederbringlich dann, wenn die Muttergesellschaft im Ausland sitzt. Mit solchen internationalen Einkommensverschiebungen rechnet das interne Gesellschaftsrecht im allgemeinen nicht. Zudem können über die internationale Konzernbeziehung Einflüsse in das Inland gelangen, die auf Verhaltensweisen und Motivationen beruhen, welche dem Inland unbekannt sind – mit denen das inländische Recht also nicht gerechnet und demzufolge auch keine vorbeugenden Maßnahmen ergriffen hat (GROSSFELD, Basisgesellschaften im Internationalen Steuerrecht [1974] 183). Daß internationale Konzernbeziehungen inländische Aktionärs-, Gläubiger- und Mitbestimmungsinteressen schmälern können, liegt auf der Hand.

398 Dennoch erlaubt das deutsche Recht faktische internationale Konzernbeziehungen (dazu EBENROTH 435), ferner sog „andere Unternehmensverträge" iSd § 292 AktG, nämlich Gewinngemeinschaft, Teilgewinnabführungs-, Betriebspacht- und Betriebsüberlassungsverträge; bei diesen Verträgen besteht ein Synallagma von Leistung und Gegenleistung, es sind Austauschverträge (KOPPENSTEINER, Internationale Unternehmen 244; EBENROTH 421). Gleiches gilt für die Herstellung internationaler Gleichordnungsbeziehungen (KOPPENSTEINER 272). Nicht möglich ist es dagegen, eine inländische Aktiengesellschaft in eine ausländische Hauptgesellschaft iSd §§ 319–327 AktG „einzugliedern". Das ergibt zweifelsfrei der Wortlaut der §§ 319, 320 AktG (KOPPENSTEINER 219). Streitig ist aber die Zulässigkeit namentlich grenzüberschreitender Beherrschungs- und Gewinnabführungsverträge iSv § 291 AktG. Solche Beherrschungsverträge kommen vereinzelt vor (Zusammenstellung bei WIE-

DEMANN, Gesellschaftsrecht 804); grenzüberschreitende Gewinnabführungsverträge spielen aus steuerlichen Gründen (Einzelheiten §§ 14 Nr 3, 18 KStG) in der Praxis keine Rolle.

5. Beherrschungs- und Gewinnabführungsverträge – Zulässigkeit 399

Die noch überwiegende Meinung hält Beherrschungs- und Gewinnabführungsverträge für zulässig (KOPPENSTEINER, Internationale Unternehmen 252; WIEDEMANN, Internationales Gesellschaftsrecht 206; PRAGER, Grenzen der deutschen Mitbestimmung [inklusive Betriebsverfassung] im deutsch-schweizerischen Unternehmensrecht [1979] 64; w Nachw b DÄUBLER RabelsZ 39 [1975] 444, 468 m Fn 113; VISCHER, FS Mann [1977] 650). Das ist zunächst deshalb problematisch, weil nicht sicher ist, daß das deutsche Konzernrecht im Ausland durchsetzbar ist. Von Bedeutung ist das vor allem im Hinblick auf die Schutzvorschriften der §§ 300–307, 309 AktG. Die vom deutschen Recht gewährten Ansprüche sind möglicherweise prozessual nicht erzwingbar. Gelegentlich wird daher aus diesem Grunde die Zulässigkeit grenzüberschreitender Beherrschungsverträge verneint (MEILICKE, FS Hirsch [1968] 99; EBENROTH, Die verdeckten Vermögenszuwendungen 403, 420; zweifelnd BEITZKE ZHR 138 [1974] 533, 537).

Beherrschungsverträge können schließlich dazu dienen, die deutsche Mitbestimmungsregelung zu unterlaufen (dazu DÄUBLER 446; BERNSTEIN-KOCH ZHR 143 [1979] 522). Bei der deutschen Tochtergesellschaft findet zwar das Mitbestimmungsrecht Anwendung; der Widerspruch des Aufsichtsrates der Tochtergesellschaft gegen Weisungen der Muttergesellschaft kann aber gem § 308 Abs 3 S 2 AktG überwunden werden. Die Organe der Obergesellschaft sind jedoch nach deren Gesellschaftsstatut besetzt (oben Rz 240 und DÄUBLER 467 m Fn 105, 107). Das führt im Regelfall dazu, daß die in der deutschen Tochtergesellschaft tätigen Arbeitnehmer keine Vertreter in die Organe der Konzernspitze entsenden können. Denn soweit ausländische Rechte eine Mitbestimmung überhaupt kennen, beschränken sie sich doch auf Arbeitnehmer im eigenen Land (DÄUBLER 467 f; vgl. oben Rz 318). Die so entstehenden mitbestimmungsrechtlichen Bedenken werden zunehmend gegen die Zulässigkeit grenzüberschreitender Beherrschungsverträge ins Feld geführt (DÄUBLER 444, 468; BIRK, Berichte der Deutschen Gesellschaft f Völkerrecht 18 [1978] 263, 356; zurückhaltend auch EMMERICH-SONNENSCHEIN, Konzernrecht [2. Aufl 1977] 104). Nach BERNSTEIN-KOCH (535) soll die Gültigkeit internationaler Beherrschungsverträge davon abhängen, daß bei der ausländischen Konzernspitze „eine mindestens im Kern der deutschen Mitbestimmung gleichwertige Beteiligung der Arbeitnehmerseite an Unternehmensentscheidungen“ gegeben ist. DÄUBLER (468) hält darüber hinaus die Zulassung von internationalen Beherrschungsverträgen für „souveränitätswidrig“ und damit „verfassungswidrig“ (470); der darin liegende „Souveränitätsverzicht“ könne nur durch Gesetz – nicht durch die Rechtsprechung – erfolgen (471); ferner stehe die „teleologische Interpretation“ des Mitbestimmungsrechts solchen Unternehmensverträgen entgegen. 400

Dennoch wird man im Ergebnis der überwiegenden Meinung, die sich für die Zulässigkeit grenzüberschreitender Beherrschungsverträge ausspricht, folgen müssen. Zunächst gibt es eine Reihe positiv-rechtlicher Indizien im Aktiengesetz für die Zulässigkeit (vgl ua § 305 Abs 2 Ziff 1 u 2; Zusammenstellung bei KOPPENSTEINER 245). Demgegenüber spielt es keine Rolle, daß es im Steuerrecht grundsätzlich keine grenzüberschreitende „Organschaft“ gibt (§ 14 KStG). Denn die Unternehmensverträge sind zwar historisch vom Steuerrecht her motiviert worden, haben sich aber inzwischen verselbständigt. Sie bedürfen nicht mehr der Legitimation durch das Steuerrecht (aA EBENROTH 406). Es wird auch oft ein Gerichtsstand im Inland iSd 401

§ 23 ZPO (soweit er nicht durch das Europäische Übereinkommen [vgl dazu oben Rz 263] ausgeschlossen ist) bestehen. Denn die Gesellschaftsanteile der Mutter- an der Tochtergesellschaft sind im Inland belegen (oben Rz 520; wie hier LUCHTERHANDT 115, 147; BEITZKE 537; aA EBENROTH 419). Bei § 309 Abs 2 AktG (Schutzgesetz iSv § 823 Abs 2 BGB) liegt ein deliktsrechtlicher Gerichtsstand (§ 32 ZPO) im Inland vor (BEITZKE 537). Angesichts der nahezu totalen Abhängigkeit der Tochtergesellschaft ist auch an den Gerichtsstand der Niederlassung (§ 21 ZPO) zu denken (Kontrolltheorie – unten Rz 565). All das mindert das Problem einer Durchsetzung des deutschen Rechts, wenn es die Schwierigkeiten auch nicht völlig beseitigt. Immerhin bleiben Bedenken, denen man aber durch Anforderungen an die Vertragsausgestaltung (unten Rz 404) jedenfalls teilweise begegnen kann. Einen gewissen Preis werden wir letztlich für die internationale Verflechtung der Bundesrepublik Deutschland zahlen müssen.

402 Auch die Bedenken bezüglich der Mitbestimmung schlagen letztlich nicht durch. Eine gewisse Schwächung der Mitbestimmung über eine mitbestimmungsfreie Konzernspitze nimmt der Gesetzgeber in § 5 Abs 3 Mitbestimmungsgesetz hin (WIEDEMANN, Internationales Gesellschaftsrecht 207; MARTENS ZHR 138 [1974] 179, 194 f; E REHBINDER 141 f; PRAGER 64); er wollte auch das geltende Gesellschaftsrecht zum jetzigen Zeitpunkt nicht grundlegend verändern (Gesetzesbegründung BT-Drucks 7/4845 S 2). Die Zulässigkeit eines grenzüberschreitenden Beherrschungsvertrages kann überdies nicht davon abhängen, daß bei der ausländischen Unternehmensspitze eine der deutschen Mitbestimmung „mindestens im Kern" gleichwertige Arbeitnehmerbeteiligung gegeben ist (so der Vorschlag von BERNSTEIN-KOCH 532, 535 – s oben Rz 400). Ein derartiges Gültigkeitserfordernis schafft kaum lösbare Qualifikationsprobleme. Welche ausländische Mitbestimmungsregelung im einzelnen als „gleichwertig" angesehen werden kann, läßt sich mit rechtsstaatlich zu fordernder Sicherheit nicht bestimmen.

403 Entscheidend für die Zulässigkeit internationaler Beherrschungsverträge dürfte indes der folgende Gedanke sein: Bei der Frage, ob grenzüberschreitende Beherrschungsverträge zuzulassen sind oder nicht, stehen sich zwei unterschiedliche Interessen von annähernd gleicher Stärke gegenüber: einerseits das Interesse der mitbestimmungsberechtigten Arbeitnehmer, andererseits das Interesse der Anteilseigner. Würde man Verträge der hier in Rede stehenden Art aus mitbestimmungsrechtlichen Gründen für unwirksam erklären, so würden international nur faktische Konzernbeziehungen bestehen bleiben. Der Gesetzgeber gibt aber generell dem Beherrschungsvertrag den Vorzug, weil sich die Rechte von Minderheitsaktionären vertraglich besser sichern lassen (vgl EMMERICH-SONNENSCHEIN 198). Die Zulassung von internationalen Beherrschungsverträgen entspricht dieser Wertung des Gesetzgebers.

404 **6. Beherrschungs- und Gewinnabführungsverträge – Wirksamkeitsvoraussetzungen, Folgen**

Wenn die abhängige Gesellschaft sich im Inland befindet, ist die Anwendung deutschen Rechts zwingend; das kann durch Vertrag nicht ausgeschlossen werden. Darüber hinaus ist nach überwiegender Meinung sogar Wirksamkeitsvoraussetzung, daß ausdrücklich deutsches Recht vereinbart wird. Man will damit verhindern, daß sich das herrschende Unternehmen vor einem ausländischen Gericht – mit evtl abweichenden Kollisionsregeln – auf ein anderes Vertragsstatut berufen kann (WIEDEMANN, Internationales Gesellschaftsrecht 207). Wegen der oben (Rz 399) erörterten Probleme ist auch die Vereinbarung eines deutschen Gerichtsstandes (§ 38 ZPO, Art 17 GVÜ) notwendig.

Im übrigen sind die Wirksamkeitsvoraussetzungen des Rechts der Tochter- und der Muttergesellschaft einzuhalten. Bei der deutschen abhängigen Gesellschaft sind also die Zustimmungserfordernisse des § 293 Abs 1 AktG zu beachten, ferner sind das Bestehen und die Art des Vertrages etc im Handelsregister einzutragen (§ 294 AktG). Bei dem ausländischen herrschenden Unternehmen bestimmen sich die Wirksamkeitsvoraussetzungen nach dessen Gesellschaftsstatut, nicht nach § 293 Abs 2 AktG (KOPPENSTEINER, Internationale Unternehmen 252); inländische Schutzinteressen sind insoweit nicht berührt. Es finden also beide Rechte nebeneinander – aber jeweils mit Bezug auf einen anderen Partner – Anwendung (WIEDEMANN, Internationales Gesellschaftsrecht 208). Der Beherrschungs- und Gewinnabführungsvertrag muß zu seiner Wirksamkeit ferner eine Barabfindung in inländischer Währung anordnen (§ 305 Abs 2 Nr 3 AktG – andere Formen der Abfindung sind in § 305 Abs 2 Nr 1 u 2 AktG nur vorgesehen, wenn das herrschende Unternehmen seinen „Sitz im Inland" hat – WIEDEMANN, Internationales Gesellschaftsrecht 208). Die Form des Vertrages richtet sich nicht nach der lex loci actus (oben Rz 290), sondern nach beiden Gesellschaftsstatuten (Statutenpluralität – KOPPENSTEINER 172; BEITZKE ZHR 138 [1974] 533, 536; zu Sonderfragen, wenn die deutsche Gesellschaft herrschende Gesellschaft ist: WIEDEMANN, Gesellschaftsrecht 807). 405

Die Rechtsfolgen des Unternehmensvertrages ergeben sich aus dem Recht der abhängigen Gesellschaft, bei einer inländischen Gesellschaft also aus §§ 300 ff AktG – auch soweit daraus Ansprüche gegen das herrschende ausländische Unternehmen entstehen (zB §§ 304, 305 AktG). Die Organe der ausländischen herrschenden Gesellschaft haften bei einem Mißbrauch der Leitungsmacht nach deutschem Recht (§ 309 AktG). Der Vorstand der deutschen abhängigen Gesellschaft darf nachteilige Weisungen erst durchführen, wenn sich das herrschende Unternehmen verpflichtet hat, sich im Falle eines rechtskräftigen Urteils der Zwangsvollstreckung zu unterwerfen (LUCHTERHANDT 118; E REHBINDER 127; zurückhaltend WIEDEMANN, Gesellschaftsrecht 811). 406

7. Faktischer Unternehmensverbund 407

Grenzüberschreitende Unternehmensverträge sind bisher selten; dagegen sind im internationalen Bereich faktische Unternehmensverbindungen von ungleich größerer Bedeutung. Auch hier besteht Einigkeit über die Grundregel: Das Gesellschaftsstatut der abhängigen Gesellschaft regelt die Rechtsbeziehungen zwischen den an ihr beteiligten Personen und dem herrschenden Unternehmen; es strahlt insoweit auf die ausländische Muttergesellschaft aus (WIEDEMANN, Internationales Gesellschaftsrecht 208; EBENROTH, Die verdeckten Vermögenszuwendungen 400; vgl BGHZ 65, 15). Die §§ 311–318 AktG sind demnach immer – aber auch nur dann – anwendbar, wenn die abhängige Gesellschaft eine deutsche Aktiengesellschaft oder Kommanditgesellschaft auf Aktien ist. Auf das Gesellschaftsstatut des herrschenden Unternehmens kommt es nicht an (EMMERICH-SONNENSCHEIN, Konzernrecht [2. Aufl 1977] 201). Das Gesagte gilt im Sinne einer allseitigen Kollisionsnorm (WIEDEMANN 208 – vgl oben Rz 393). Gelegentlich wird erörtert, ob man wahlweise das Gesellschaftsstatut der abhängigen oder der herrschenden Gesellschaft heranziehen könne (GOLDMANN, Revue du Marché Commun [1968] 297, 315). Das Schutzbedürfnis der abhängigen Gesellschaft ist jedoch so groß, daß ihr Gesellschaftsstatut zwingend zur Anwendung kommen muß (WIEDEMANN 209). Das Recht der herrschenden Gesellschaft ist selbst dann nicht anzuwenden, wenn es für die durch das inländische Recht geschützten Personen günstiger ist. Denn die im Regelfall ausgewogene Struktur des Gesellschaftsstatuts wird durch die partielle Hereinnahme ausländischen Rechts schnell empfindlich gestört. Was für den einen Beteiligten günstiger ist, kann sich bei dem anderen in umgekehrter Richtung auswirken. Umgekehrt gilt deutsches Recht nicht für deutsche herrschende Unternehmen im Verhältnis zu ihren ausländischen Töchtern.

408 **8. Substitution**

Die Anwendung nationalen Konzernrechts auf einen internationalen Sachverhalt führt häufig dazu, daß die nationale Rechtsvorschrift durch ein Merkmal auszufüllen ist, welches fremdem Recht unterliegt (Substitution – allgemein dazu oben Rz 239). ZB taucht in unserem Zusammenhang die Frage auf, wer bei einer ausländischen Gesellschaft gesetzlicher Vertreter iSv §§ 309, 317 Abs 3 AktG ist. Es sind also die Tatbestandsmerkmale des deutschen Rechts auszulegen und durch Merkmale des ausländischen Rechtsverhältnisses (des ausländischen Rechtsbegriffs, des ausländischen Rechtsinstituts) zu belegen. Entscheidend ist stets die funktionale Gleichwertigkeit (zur Methode und zu Einzelfällen KLOCKE).

409 **9. Materiellrechtliche Folgen aus der Internationalität des Sachverhalts**

Im übrigen ist stets zu prüfen, ob bei der Anwendung des deutschen Rechts Anpassungen eintreten, weil eine grenzüberschreitende Rechtsbeziehung vorliegt und sich das herrschende Unternehmen im Ausland befindet (oben Rz 288; WIEDEMANN, Internationales Gesellschaftsrecht 210). Ausgangspunkt ist dabei, daß – wie oben Rz 397 ausgeführt – jedes Recht nur mit bestimmten, innerhalb einer Rechtskultur voraussehbaren Verhaltensweisen und Motivationen rechnet, es aber die vielfältigen vom Ausland herüberwirkenden Einflüsse nicht im voraus alle mitbedenken kann. Weiterhin stellt das Konzernrecht namentlich in seinen Ausgleichsvorschriften (zB § 311 AktG) grundsätzlich darauf ab, daß es letztlich nur um Einkommens- und Vermögensverschiebungen innerhalb derselben Volkswirtschaft geht, ferner, daß im Inland eine relativ effektive Kontrolle gewährleistet ist, deren Durchsetzung im Ausland aber regelmäßig sehr erschwert ist (vgl oben Rz 399). Das beweist die Richtigkeit des Satzes von KEGEL: „Ausland ist etwas anderes als Inland" (zit nach WIEDEMANN 210). Probleme dieser Art tauchen besonders dann auf, wenn der Einfluß der ausländischen Muttergesellschaft dazu genutzt wird, staats- und wirtschaftspolitische Ziele des Auslandes im Inland durchzusetzen (dazu: GROSSFELD, Basisgesellschaften im Internationalen Steuerrecht [1974] 179; E REHBINDER AWD 1969, 346), wie es im Fruehauf-Fall in Frankreich beispielhaft deutlich wurde (GROSSFELD, Praxis 92).

410 Es gilt hier die allgemeine Regel, daß sich das herrschende Unternehmen im Rahmen der Verhaltensvorschriften des deutschen Rechts halten muß, daß es nicht zu einem „Instrument unerwünschter ausländischer Politik" werden darf („Privatvollzug ausländischer, dem deutschen ordre public widersprechender Gesetzgebung" – E REHBINDER 351). Hier sind ähnliche Kriterien wie bei der Anwendung ausländischen öffentlichen Rechts zu beachten (vgl BGHZ 34, 169; BGH NJW 1962, 1437; BGHZ 59, 82; GROSSFELD, Praxis 95; ders, Berichte der deutschen Gesellschaft f Völkerrecht 18 [1978] 146). Die Verhaltensvorstellungen des Gastlandes lassen sich ferner anhand der Kodizes für multinationale Unternehmen (unten Rz 604) konkretisieren. Diese Kodizes sind zwar keine Rechtsnormen, sie spiegeln aber die Erwartungshaltung einer bestimmten Rechtskultur und internationale Standards wider und sind insoweit eine Hilfe.

411 Die Übertragung dieser Grundsätze auf das deutsche Recht läuft zunächst über die

zu § 76 Abs 1 AktG entwickelten Grundsätze von der Verpflichtung der Unternehmensleitung gegenüber dem allgemeinen Wohl (Gemeinwohlklauseln – GROSSFELD, Management and Control of Marketable Share Companies, in: International Encyclopedia of Comparative Law Bd 13 [1973] Kap 4 Nr 134 S 58; GROSSFELD-EBKE Die AG 1977, 92, 101; KOPPENSTEINER, Internationale Unternehmen 210; RITTNER JZ 1980, 113). Dieser Verpflichtung unterliegen auch ausländische Unternehmen, die bei uns tätig sind. Das ist besonders bei der Beurteilung internationaler Konzernverhältnisse beachtlich. Ergänzend ist die gesellschaftsrechtliche Treuepflicht heranzuziehen (GROSSFELD, Basisgesellschaften im Internationalen Steuerrecht [1974] 179; WIEDEMANN, Internationales Gesellschaftsrecht 210; vgl auch BGHZ 65, 15). Das gilt insbesondere dann, wenn das herrschende Unternehmen Weisungen erteilt, die durch § 311 AktG nicht ausgeglichen werden können oder wenn diese Weisungen der deutschen Wirtschafts- und Sozialordnung zuwiderlaufen (WIEDEMANN 211). § 311 AktG ist insoweit keine abschließende Norm, vielmehr steht subsidiär die Treuepflicht – als gesellschaftsrechtliche Ausprägung des § 242 BGB – für Ausnahmesituationen bereit (vgl GROSSFELD, Bericht der Deutschen Gesellschaft f Völkerrecht 18 [1978] 108).

XXVI. Internationale Verschmelzung (Fusion)*

1. Problemstellung 412

Bei einer Verschmelzung (Fusion) wird das Vermögen der übertragenden Gesellschaft der aufnehmenden Gesellschaft übergeben, die Gesellschafter der übertragenden Gesellschaft werden Gesellschafter der aufnehmenden Gesellschaft, die übertragende Gesellschaft erlischt. Ein solcher Vorgang stellt besondere Probleme, wenn er grenzüberschreitend stattfindet, wenn also eine deutsche Gesellschaft in dieser Weise ihr Vermögen auf eine ausländische Gesellschaft übertragen will oder umgekehrt.

Die Internationale Verschmelzung ist im deutschen Recht nicht ausdrücklich geregelt (§§ 339–358 AktG; §§ 93 a–s GenG betreffen nur innerdeutsche Fusionen). 413
Man wird in diesem Schweigen des Gesetzes weder eine positive noch eine negative Stellungnahme zur Zulässigkeit sehen können; vielmehr ist die Frage offengelassen (KOPPENSTEINER, Internationale Unternehmen 258; ZÜLLIG 103). Die traditionelle und wohl noch überwiegende Meinung hält die internationale Verschmelzung für unzulässig (BEITZKE, Juristische Personen 185 – anders jetzt ders, Internationalrechtliches; 28 GESSLER, Fusion des sociétés en droit allemand, Rapports au Colloque international de droit européen, Bruxelles 1961 [1962] 29; WIEDEMANN, Gesellschaftsrecht 872; w Nachw b GRASMANN Rz 1045 S 521 Fn 89; KOPPENSTEINER, Internationale Unternehmen 255 Fn 142; ebenso die Rspr: BayObLG OLGRspr 14, 358; KG KGJ 21 A 294; aA OLG Danzig LZ 1929, 62, das aber den Fall sachlich übereinstimmenden Rechts [danziger bzw deutsches Recht] betraf). In

* **Schrifttum:** BÄRMANN, „Europäische Fusion", FS H Kaufmann (1972) 13; BEITZKE, Internationalrechtliches zur Gesellschaftsfusion, FS Hallstein (1966) 14; FERNHOLZ, Die Fusion von Aktiengesellschaften und der Schutz von Aktionären bei der Fusion in den Rechten der Mitgliedstaaten der Europäischen Wirtschaftsgemeinschaft, Diss Mainz 1965; GROSSFELD, Praxis des Internationalen Privat- und Wirtschaftsrechts (1975) 137; KOPPENSTEINER, Internationale Unternehmen im deutschen Gesellschaftsrecht (1971) 255; ders, Umwandlungen über die deutsch-österreichische Grenze, FS Hefermehl (1976) 305; ZÜLLIG, Die internationale Fusion im schweizerischen Gesellschaftsrecht (1975).

neuerer Zeit mehren sich jedoch die Stimmen, die sich für die Zulässigkeit der internationalen Verschmelzung einsetzen (BEITZKE, Internationalrechtliches 28 und passim, jedenfalls unter bestimmten Voraussetzungen; ZÜLLIG 103; BEHRENS Rz 102 S 527: „wenngleich ihr aus rechtlichen und praktischen Gründen beträchtliche Erschwernisse entgegenstehen"; SOERGEL-SIEBERT-KEGEL Vorbem 171 zu Art 7 EGBGB; unentschieden: KOPPENSTEINER, Internationale Unternehmen 262).

414 **2. Kollisionsrecht**

Bei der Erörterung sind der kollisionsrechtliche und der internrechtliche Aspekt zu unterscheiden. Die kollisionsrechtliche Behandlung bereitet keine großen Schwierigkeiten. Hier ist einhellige Meinung, daß Voraussetzungen und Verfahren der Verschmelzung sich für jede der beteiligten Gesellschaften nach ihrem Gesellschaftsstatut richten (BEITZKE, Internationalrechtliches 14, 20; BEHRENS Rz 102 S 528). Das gilt zunächst für etwaige Fusionsverbote (BEITZKE 14, 22), aber auch für alle Maßnahmen im Zusammenhang mit der Verschmelzung und für daraus entspringende Schadenersatzansprüche (Übersicht bei BEITZKE 14, 21; BEHRENS Rz 102 S 518). Der Verschmelzungsvertrag ist ein gesellschaftsrechtlicher Organisationsakt, Art 11 Abs 1 S 2 EGBGB (locus regit actum) gilt für ihn daher nicht (oben Rz 290); vielmehr sind jeweils die strengsten Formerfordernisse der beiden beteiligten Rechtsordnungen zu befolgen (BEITZKE 14, 23; KOPPENSTEINER, Internationale Unternehmen 168). Schwierigkeiten können sich ergeben, wenn – wie zB nach § 346 Abs 1 S 1 AktG – die Verschmelzung im Register der übertragenden Gesellschaft einzutragen ist, dieses Recht aber eine solche Registereintragung nicht kennt. Es genügt dann, wenn die entsprechenden Publizitätserfordernisse des Rechts der übertragenden Gesellschaft erfüllt sind (Substitution – BEITZKE 14, 24; vgl oben Rz 239).

415 Die grenzüberschreitende Verschmelzung ist nach alledem möglich, wenn beide beteiligten Rechtsordnungen sie zulassen (BEHRENS Rz 102 S 528). Doch enstehen erhebliche praktische Schwierigkeiten. Denn es kommt zu einer Häufung der Erfordernisse beider Gesellschaftsstatute. Diese können auch im Wege der Anpassung nicht immer überbrückt werden (Einzelheiten bei BEHRENS Rz 103 S 528; BEITZKE 26 ff; ZÜLLIG 103 ff; WIEDEMANN, Gesellschaftsrecht 873).

416 **3. Internes Recht**

Von den kollisionsrechtlichen Fragen sind die internrechtlichen zu unterscheiden. Bei ihnen liegt der eigentliche Streit um die Zulässigkeit der internationalen Verschmelzung. Zunächst gilt es, zwei Sachverhalte auseinanderzuhalten: es ist danach zu unterscheiden, ob die deutsche Gesellschaft die übernehmende oder die übertragende Gesellschaft ist. Ist die deutsche Gesellschaft Übernehmerin, so stehen aus der Sicht des deutschen Rechts der internationalen Verschmelzung keine grundsätzlichen Hindernisse entgegen. Die Möglichkeit der Verschmelzung hängt dann letztlich vom Gesellschaftsstatut der ausländischen übertragenden Gesellschaft ab (Einzelheiten bei ZÜLLIG 100). Entscheidend ist aber, daß die ausländische Gesellschaft nach Maßstäben bewertet wird, die inländischen Vorschriften entsprechen (WIEDEMANN, Gesellschaftsrecht 874).

417 Anders liegt es im umgekehrten Fall, wenn also die deutsche Gesellschaft die übertragende Gesellschaft ist. Hier könnte für die Möglichkeit einer Verschmelzung sprechen, daß eine Gesellschaft nach deutschem Recht grundsätzlich ihr gesamtes Vermögen auch an ein ausländisches Unternehmen veräußern kann (vgl § 361 AktG

– Koppensteiner, Internationale Unternehmen 254; LG Dortmund Die AG 1977, 109). Dabei ist jedoch zu berücksichtigen, daß das Vermögen der veräußernden Gesellschaft bei angemessenem Veräußerungspreis ungeschmälert erhalten bleibt und den Gesellschaftsgläubigern haftet; eine unannehmbare Gefährdung der Gläubigerinteressen tritt nicht ein. Man kann daher von der Zulässigkeit der internationalen Vermögensveräußerung nicht auf die Zulässigkeit einer internationalen Verschmelzung schließen. Näher liegt vielmehr die Parallele zur internationalen Sitzverlegung (oben Rz 348); das spräche gegen eine internationale Verschmelzung ohne vorherige Auflösung und Abwicklung im Inland.

Die Parallele zur internationalen Sitzverlegung wird nun aber von einigen Befürwortern einer internationalen Verschmelzung geleugnet. Der Unterschied liege darin, „daß bei der Verschmelzung die übertragende Gesellschaft in ihrem abstrakt-allgemeinen Sinne [?] untergeht, während sie bei der Sitzverlegung weiterbesteht" (Züllig 102). Zudem erkläre sich das Erlöschen der übertragenden Gesellschaft „aus dem Wesen der Fusion selbst", nicht aber – wie bei der Sitzverlegung – aus einem Statutenwechsel. Diese feinen rechtsdogmatischen Abgrenzungen ändern jedoch nichts an der Tatsache, daß aus der Sicht des Inlandes interessenmäßig ähnliche Sachverhalte vorliegen (Beitzke, Internationalrechtliches 25). In beiden Fällen verschwindet ein der inländischen Rechtskontrolle unterstehender Rechtsträger. 418

Die Mitglieder der übertragenden Gesellschaft werden einem neuen Gesellschaftsstatut unterworfen, es entstehen für sie die Schwierigkeiten einer Rechtsverfolgung im Ausland. Diesen Einwand kann man indes damit ausräumen, daß man mit Beitzke (14, 25) und Koppensteiner (259) einen einstimmigen Gesellschafterbeschluß verlangt – nach Koppensteiner (aaO) sogar dann, wenn an sich erleichternde Satzungsbestimmungen bestehen. Anders liegt es aber im Hinblick auf die Gläubiger. Die Durchsetzung ihrer Ansprüche wird beim „Wegtauchen in das Ausland" erheblich erschwert. Sie können nicht ohne weiteres mit der Anerkennung ihrer Sicherungsrechte oder mit vergleichbaren Vorzugsstellungen im Vergleichs- oder Konkursfall rechnen, geraten vielmehr im Regelfall in eine andere Vollstreckungs- und Haftungsstruktur. Das ist vor allem auch unbefriedigend für Gläubigerrechte der Arbeitnehmer, für ihre evtl Vorzugstellung im Konkurs, für ihre Forderungen auf Konkursausfallgeld (§§ 141 a–141 n Arbeitsförderungsgesetz) etc. 419

Hier wie bei der internationalen Sitzverlegung (oben Rz 358) kann man eine vorgängige Sicherheitsleistung im Inland nicht als genügend ansehen. Auch § 347 AktG erhielte bei der Anwendung auf internationale Verschmelzungen spezielle Aspekte; man kann nicht ohne weiteres annehmen, daß sie bei der Vorschrift mitbeachtet sind. Denn die Sicherheitsleistung des § 347 AktG tritt ja neben die Haftung der übernehmenden Gesellschaft. Insoweit besteht aber bei internationalen Fusionen ein Durchsetzungsdefizit. 420

Ob darüber hinaus auch der Verlust von Mitbestimmungsrechten der Arbeitnehmer (oben Rz 313) eine internationale Verschmelzung unzulässig macht, sei hier dahingestellt (verneinend Koppensteiner 260). 421

4. Ersatzkonstruktionen 422

Die gesellschaftsrechtlichen Hindernisse für eine internationale Verschmelzung waren in der Vergangenheit im Regelfall ohne Bedeutung, weil internationale Verschmelzungen schon aus steuerrechtlichen Gründen unterblieben. Das Steuerrecht sieht vor (§ 14–16 UmwandlStG-Entstrickung), daß die stillen Rücklagen der übertragenden Gesellschaft aufzudecken und zu versteuern sind. Das führt im

Regelfall zu unübersteigbaren Barrieren. Deshalb sinnt man zunehmend auf Ersatzkonstruktionen, die eine internationale Verschmelzung entbehrlich machen (dazu Lutter, Verh 48. DJT Bd 1 [1970]; ders, ZfSchweizR 90 [1971] I 267; Beispiele bei Grossfeld, Praxis des Internationalen Privat- und Wirtschaftsrechts [1975] 139; Wiedemann, Gesellschaftsrecht 878; LG Dortmund Die AG 1977, 109).

423 **5. Entwicklungen in Europa**

Das Problem der internationalen Verschmelzung wird an Schärfe verlieren, wenn sich die Pläne für eine Europäische Aktiengesellschaft (Societas Europaea – Statut idF d Entwurfs der Kommission v 30. 4. 1975, Bulletin der Europäischen Gemeinschaften Beilage 4/75; ebenfalls abgedruckt bei Lutter, Europäisches Gesellschaftsrecht [1979] 278) verwirklichen (vgl Grossfeld, Praxis 221; Krieger, Der europäische Gewerkschaftsbund und die europäische Aktiengesellschaft, Diss Münster 1976; Lutter [Hrsg], Die Europäische Aktiengesellschaft [2. Aufl 1978]; Stein, Harmonization of European Company Laws [1971]).

Im Rahmen der Europäischen Gemeinschaften bemüht man sich ferner um eine Lösung des Problems gem Artt 58 Abs 2, 220 EWGV zunächst für Aktiengesellschaften. Die EG-Kommission hat dazu einen Richtlinienvorschlag (ABl EG Nr C 89 v 14. 7. 1970 S 20) zur Angleichung der nationalen Fusionsrechte gemacht. Sie hat ferner den Entwurf eines Übereinkommens über die internationale Verschmelzung von Aktiengesellschaften vorgelegt (Bulletin der Europäischen Gemeinschaften Beilage 13/73 mit Begleitbericht von Goldmann; ebenfalls abgedruckt bei Lutter, Europäisches Gesellschaftsrecht [1979] 266). Dieser Entwurf enthält sowohl Kollisions- (Verweisung auf nationale Gesellschaftsstatute) als auch Sachnormen (eigene materielle Regeln für grenzüberschreitende Fusionen). Ungelöst sind bisher die mitbestimmungsrechtlichen Fragen (vgl zum Entwurf Sonnenberger, Die AG 1969, 381; Koppensteiner RabelsZ 39 [1975] 405; Wiedemann, Gesellschaftsrecht 874). Dem Abbau steuerlicher Hindernisse soll der Vorschlag einer besonderen Richtlinie dienen (ABl EG Nr C 38 v 22. 3. 1969 S 1 – ebenfalls abgedruckt bei Lutter, Europäisches Gesellschaftsrecht [1979] 365).

424 **6. Eingliederung, Umwandlung**

Die Eingliederung (§§ 319–327 AktG) einer inländischen in eine ausländische Gesellschaft scheitert schon am Wortlaut des § 319 AktG. Eine Eingliederung einer ausländischen Gesellschaft in eine inländische Aktiengesellschaft kommt nach dem insoweit berufenen ausländischen Recht im allgemeinen nicht in Frage (Wiedemann, Gesellschaftsrecht 877; Koppensteiner, Internationale Unternehmen 218). Eine Umwandlung über die Grenze begegnet ähnlichen Bedenken wie die internationale Fusion (Wiedemann, Gesellschaftsrecht 878; Koppensteiner, Umwandlungen). Eine Ausnahme bei praktisch identischen Gesellschaftsrechtsordnungen erscheint fraglich (dazu Koppensteiner, Umwandlungen; oben Rz 362; zur Vermögensübertragung iSv § 361 AktG LG Dortmund Die AG 1977, 109 und Vollmer BB 1977 Beilage 4).

XXVII. Enteignung*

1. Problemstellung 425

Bei enteignenden Eingriffen des ausländischen Heimatstaates gegenüber einer Gesellschaft mit Vermögen außerhalb des enteignenden Staates sind verschiedene Fälle zu unterscheiden:

(1) Die Enteignung richtet sich nur gegen das Gesellschaftsvermögen. Unangetastet bleiben der Bestand der Gesellschaft, die Funktion der Gesellschaftsorgane und die Mitgliedschaftsrechte (unten Rz 433).

(2) Die Enteignung führt zum Untergang der Gesellschaft in ihrem Heimatstaat, entweder kraft ausdrücklicher Bestimmung oder wegen des Verlustes des ganzen Vermögens. Das bewirkt zugleich die Vernichtung der Mitgliedschaftsrechte (unten Rz 434, 438).

(3) Die Enteignung richtet sich nicht (oder nicht nur) gegen das Vermögen der Gesellschaft. Vielmehr werden die bestehenden Mitgliedschaftsrechte enteignet. Die Gesellschaft als solche bleibt bestehen; es vollzieht sich ein Austausch der Gesellschafter. Diese Form der Enteignung betrifft die Mehrzahl der Fälle (unten Rz 434, 465).

(4) Der Heimatstaat enteignet nur einzelne Mitgliedschaftsrechte (unten Rz 471, 519).

(5) Der ausländische Staat enteignet Wertpapiere auf seinem Territorium, die Mitgliedschaftsrechte an einer Gesellschaft außerhalb des enteignenden Staates verbriefen (unten Rz 522).

2. Territorialitätsprinzip 426

Alle fünf Fallgestaltungen werfen Fragen nach der extraterritorialen Wirkung von Enteignung auf, die ein ausländischer Staat vorgenommen hat. Im einzelnen stellen sich jedoch die Probleme unterschiedlich.

Für Enteignungshandlungen gilt das Territorialitätsprinzip (hM – dazu Kegel-Seidl-Hohenveldern; Staudinger-Stoll [10./11. Aufl] nach Art 12 EGBGB Rz

* **Schrifttum:** Beemelmans, Die gespaltene Gesellschaft (1963) – dazu Schröder, Buchbesprechung RabelsZ 32 (1968) 764 m zahlr Nachw; Beitzke, Probleme der enteignungsrechtlichen Spaltgesellschaft, FS Janssen (1958) 29; Böckstiegel-Koppensteiner, Enteignungs- oder Nationalisierungsmaßnahmen gegen ausländische Kapitalgesellschaften, in: Berichte der Deutschen Gesellschaft f Völkerrecht 13 (1974); Buth, Die Enteignung von Aktionärsrechten durch ausländische Staaten (1963); Duden-Schilling, Die Spaltung von Gesellschaften, Die AG 1974, 202; Fickel, Zur Entwicklung des Enteignungskollisionsrechtes RiW 1974, 584; Flume, Juristische Person und Enteignung im Internationalen Privatrecht, FS Mann (1977) 143; Hahn, Konfiskation von Mitgliedschaftsrechten, FS Beitzke (1979) 491; Jungfleisch, Zur Konfiskation von Mitgliedschaftsrechten an ausländischen Aktiengesellschaften mit Vermögen in der Bundesrepublik Deutschland, Diss Saarbrücken 1961; Kegel-Seidl-Hohenveldern, Zum Territorialitätsprinzip im internationalen öffentlichen Recht, FS Ferid (1978) 233; Paulick, Territorialitätsprinzip und Spaltungstheorie, FS Raschhofer (1977) 181; Polter, Auslandsenteignungen und Investitionsschutz (1975); Schulte-Uhlenbrock, Die Rechtsverhältnisse am Auslandsvermögen von Handelsgesellschaften, gegen die Konfiskationsmaßnahmen geschaffen worden sind, Diss Münster 1968; Seidl-Hohenveldern, Internationales Enteignungsrecht, FS Kegel (1977) 265; Wiedemann, Entwicklung und Ergebnisse der Rechtsprechung zu den Spaltgesellschaften, FS Beitzke (1979) 810. Ferner: Behrens, Multinationale Unternehmen im Internationalen Enteignungsrecht der Bundesrepublik Deutschland (1980).

197): Eine Enteignung entfaltet unmittelbare Wirkungen nur im Hoheitsgebiet des enteignenden Staates. Die Enteignung erfaßt zwar das auf dem Gebiet des enteignenden Staates belegene Vermögen (positive Wirkung des Territorialitätsprinzips – st Rspr BGHZ 25, 127, 129; 134, 143; zu völkerrechtswidrigen Enteignungen s LG Hamburg IPRspr 1973 Nr 112 b; Grossfeld, Praxis 194; Staudinger-Stoll nach Art 12 EGBGB Rz 215), nicht aber das außerhalb des enteignenden Staates belegene Vermögen. Die privatrechtlichen Folgen staatlicher Enteignungen und Beschlagnahmen enden grundsätzlich an den Grenzen des handelnden Staates (negative Wirkung des Territorialitätsprinzips – st Rspr BGHZ 25, 127, 129; 134, 143; 62, 340, 343 m Nachw; BGH IPRspr 1977 Nr 4; zuerst OGHBrZ NJW 1949, 502; Seidl-Hohenveldern; aA Koppensteiner, Enteignungs- oder Nationalisierungsmaßnahmen 81). Diese territoriale Begrenzung gilt gleichermaßen für Enteignungen mit oder ohne Entschädigung.

427 Die Enteignung erstreckt sich nur dann auf Vermögen außerhalb des enteignenden Staates, wenn der Belegenheitsstaat zustimmt und damit die Enteignung vollzieht (BGHZ 25, 134, 140; 32, 256, 259; vgl BVerfGE 29, 348; dazu BGH IPRspr 1962/63 Nr 59 S 167 f; BGH IPRspr 1964/65 Nr 190; zum Begriff des Vollzugs BGH IPRspr 1976 Nr 4 S 19). Es liegt dann grundsätzlich eine Enteignung durch den Belegenheitsstaat selbst vor (BGH IPRspr 1975 Nr 121; BGHZ 62, 340, 345; BGH IPRspr 1964/65 Nr 190). Besonderheiten sind bei der Abwicklung von Kriegsfolgen zu beachten; Kriegs- und Kriegsfolgelasten sind nicht nach Art 14 Abs 3 GG zu beurteilen (BVerfGE 41, 126, 152; 29, 348, 360; 45, 83, 104; aA BGH IPRspr 1975 Nr 121 S 317). Eine Zustimmung kann sich aus Staatsverträgen ergeben, so zB aus dem sog Rapallo-Vertrag (RGZ 129, 98, 101), dem deutsch-niederländischen Finanzvertrag v 8. 4. 1960 (BGBl 1963 II 629) und dem Zusatzabkommen (BGH IPRspr 1964/65 Nr 190; IPRspr 1975 Nr 121; BVerfGE 29, 348, 360; 45, 83, 104) sowie aus dem deutsch-österreichischen Vermögensvertrag v 15. 6. 1957 (BGBl 1958 II 130 – dazu BGH/WM 1959, 1397; zum belgischen Recht BGH IPRspr 1977 Nr 4). Das Gesetz Nr 63 der Alliierten Hohen Kommission v 31. 8. 1951 enthält keine solche Zustimmung (BGHZ 62, 340, 345; vgl BGH IPRspr 1975 Nr 121; IPRspr 1977 Nr 4; BVerfGE 45, 83), ebensowenig das Kontrollratsgesetz Nr 5 (KRG ABl Nr 2 v 30. 11. 1945) und der Überleitungsvertrag v 23. 10. 1954 (BGBl 1955 II 405, 440; BGH IPRspr 1977 Nr 4). Eine Zustimmung zur Enteignung kann auch in der Aushändigung von Aktien an den enteignenden Staat liegen (BGH IPRspr 1956/57 Nr 18; vgl BGH IPRspr 1977 Nr 4).

428 Eine völkerrechtliche Pflicht zur Anerkennung ausländischer Enteignungen mit Wirkung für das Vermögen außerhalb des enteignenden Staates besteht grundsätzlich nicht (Böckstiegel-Koppensteiner 38), sie ergibt sich auch nicht aus Staatsverträgen über die Anerkennung von Gesellschaften und juristischen Personen (BGH IPRspr 1960/61 Nr 78).

429 Die negative Wirkung des Territorialitätsprinzips dient übergeordneten Interessen der Souveränitätsabgrenzung zwischen Staaten:

> „Der tragende Grund für die Anwendung des Territorialitätsprinzips ist heute die Beschränkung staatlicher Zwangsmaßnahmen auf das Gebiet des handelnden Staates, nicht die Erhaltung einer Zugriffsmöglichkeit von Gläubigern, auch nicht der Vermögensschutz deutscher Staatsbürger" (BGH IPRspr 1964/65 Nr 189).

430 Die Belegenheit des Gegenstandes beurteilt sich nach der lex fori, nicht nach dem Recht des enteignenden Staates (st Rspr vgl: BGH IPRspr 1962/63 Nr 59 S 166 f; BGH IPRspr 1977 Nr 4). Eine Bestimmung nach dem Recht des enteignenden Staates wäre

> „mit der Abwehrfunktion, die dem Territorialitätsprinzip in diesem Zusammen-

hang ganz allgemein zugrunde liegt, nicht zu vereinbaren ... Es würde mit diesem Prinzip nicht in Übereinstimmung zu bringen sein, wenn der ‚abwehrende' Staat insoweit die Rechtsordnung des enteignenden oder beschlagnahmenden Staates für maßgeblich erklären müßte" (BGH IPRspr 1962/63 Nr 59 S 167).

Entscheidend ist, ob die Vermögenswerte sich im Zeitpunkt der Enteignung im enteignenden Staat befinden. Die Enteignung bleibt also wirksam, wenn die Vermögenswerte nach der Enteignung in die Bundesrepublik Deutschland gelangt sind (Meessen RiW 1973, 177, 181; Behrens RabelsZ 37 [1973] 394, 427; Staudinger-Stoll [10./11. Aufl] nach Art 12 Rz 213; vgl aber auch dort Rz 214; vgl aber LG Hamburg IPRspr 1974 Nr 135 S 353 und unten Rz 447). 431

Auf die Bezeichnung „Enteignung" (oder ein fremdsprachliches Äquivalent) kommt es nicht an. Entscheidend ist die Qualifikation nach der lex fori. Enteignungen können auch Akte sein, die formal in ein privatrechtliches Gewand gekleidet sind (BGH Die AG 1972, 350), ferner alle Akte, die in Tendenz und Wirkung einer Enteignung gleichkommen – zB Einsetzung von Sequestern, von Verwaltern oder Gesellschaftsorganen bzw sonstige Eingriffe in die Geschäftsführung (BGH Die AG 1972, 350; vgl auch Barcelona Traction Light and Power Company, International Court of Justice Reports [1970] 3; Beemelmans 89). Entsprechendes gilt für minder schwere Eingriffe in das Gesellschaftsgefüge, zB die Entziehung oder Einschränkung der Vertretungsmacht der Organe (Soergel-Siebert-Kegel Vorbem 568 zu Art 7 EGBGB m Nachw; vgl unten Rz 443). 432

3. Normale Enteignungen 433

Keine besonderen Probleme bietet der Fall Nr 1 (oben Rz 425). Hier gilt das gleiche wie bei der Enteignung einer natürlichen Person: Das enteignungsfrei gebliebene Vermögen außerhalb des enteignenden Staates steht der Gesellschaft weiterhin zu. Eine spätere „Auswanderung" der Gesellschaft geschieht nach den Regeln über die internationale Sitzverlegung (oben Rz 348).

4. Rest- und Spaltgesellschaft – Überblick 434

Besondere gesellschaftsrechtliche Probleme ergeben sich dagegen in den Fällen 2 und 3 (oben Rz 425), wenn nämlich die Gesellschaft im enteignenden Staat untergegangen ist oder die Anteile der Gesellschafter enteignet worden sind. Diese beiden Fälle erfaßt die Lehre von der Rest- bzw Spaltgesellschaft (dazu im Überblick: Hahn 491; Wiedemann, Entwicklung). Sie stellt einen besonderen gesellschaftsrechtlichen Aspekt der allgemeinen Enteignungsproblematik dar und beantwortet die Frage, wem das außerhalb des enteignenden Staates enteignungsfrei gebliebene Vermögen zuzurechnen ist. Dabei geht es darum, der Gesellschaft im Hinblick auf dieses Vermögen die Fortsetzung zu angemessenen Bedingungen zu ermöglichen oder zumindest eine geordnete Verteilung ihres Vermögens zu bewirken (zur Entwicklung Beitzke, Probleme 30). Für Kreditinstitute s Drittes Umstellungsergänzungsgesetz v 22. 1. 1964 (BGBl I 33) sowie Westvermögen-Abwicklungsgesetz (WAbw) v. 21. 3. 1972 (BGBl I 465), geändert durch Gesetz v 31. 1. 1974 (BGBl I 133).

Von einer Restgesellschaft spricht man, wenn die alte Gesellschaft als Folge der Verstaatlichung aufgelöst worden ist (Fall 2 – oben Rz 425), von einer Spaltgesellschaft, wenn die alte Gesellschaft mit anderen Mitgliedern im Enteignungsstaat fortbesteht (Fall 3 – oben Rz 425). Da die Figur der Restgesellschaft und der Spaltgesellschaft denselben Zwecken dient und die weitere Behandlung vielfach 435 gleich ist, kann oft dahinstehen, ob die alte Gesellschaft aufgelöst ist (BGH IPRspr 1977 Nr 4; LG Hamburg IPRspr 1974 Nr 135).

436 Die Lehre von der Rest- bzw. Spaltgesellschaft gilt für ausländische Enteignungen allgemein, nicht nur für Enteignungen in Gebieten vormals deutschen Rechts (BGH IPRspr 1964/65 Nr 188). Die Lehre bezieht sich nicht allein auf Handelsgesellschaften, sondern auch auf private Gesellschaften und Stiftungen jeder Art (BGH IPRspr 1956/57 Nr 17; IPRspr 1964/65 Nr 189 – zu juristischen Personen des öffentlichen Rechts unten Rz 523). Sie gilt gleichermaßen für Gesellschaften, die im Zeitpunkt der Enteignung werbend tätig sind, wie für Gesellschaften, die sich bereits in der Abwicklung befinden (BGH WM 1971, 723, 724).

437 Bei der Beurteilung von Einzelfragen ist zu beachten, daß die Lehre von der Rest- oder Spaltgesellschaft in der Praxis fast immer dazu dient, ein Übergangsstadium zu regeln (Beitzke, Berichte der Deutschen Gesellschaft f Völkerrecht 13 [1974] 109). Sie ist zumeist eine „Eselsbrücke" (Seidl-Hohenveldern, Berichte der Deutschen Gesellschaft f Völkerrecht 13 [1974] 107) zu einer Neugründung der Gesellschaft oder zu einer geordneten Liquidation. Vielfältige Anpassungsvorgänge sind unvermeidlich. Eine saubere dogmatische Lösung ist oft nicht möglich (vgl unten Rz 480).

438 5. Restgesellschaft

a) Allgemeine Grundlagen

Die Lehre von der Restgesellschaft als Teilbereich der allgemeinen Enteignungsproblematik ergibt sich

> „aus der gebietsbeschränkten Wirkung staatlicher Zwangseingriffe und der Notwendigkeit, das Rechtssubjekt um des außerhalb des Zugriffsbereichs belegenen und deshalb von der Zwangsmaßnahme nicht betroffenen Vermögens willen zu erhalten" (BGHZ 25, 4, 10).

439 Sie findet Anwendung im Fall 2 (oben Rz 425). Dabei ist von folgender Lage auszugehen: Hat die Enteignung die Gesellschaft in ihrem Heimatstaat (Gesellschaftsstatut) ausdrücklich oder tatsächlich vernichtet (eine juristische Person kann nicht ohne Vermögen fortbestehen – BGHZ 29, 320), so gilt die Gesellschaft damit grundsätzlich auch bei uns als erloschen; denn die Existenz der Gesellschaft richtet sich nach ihrem Gesellschaftsstatut (RGZ 129, 98, 102 – oben Rz 268; Wiedemann, Internationles Gesellschaftsrecht 815). Die normale Folge wäre daher die Abwicklung dieser Gesellschaft auch bei uns nach den oben (Rz 269) genannten Regeln.

440 Die Auflösung wird für den Rechtsverkehr im enteignenden Staat und für das dort belegene Vermögen denn auch nach allgemeinen Grundsätzen anerkannt (oben Rz 268). Fraglich ist jedoch, ob der bisherige Rechtsträger für das außerhalb des enteignenden Staates belegene Vermögen ebenfalls weggefallen ist und wem dieses Vermögen jetzt rechtlich zusteht. Die Antwort folgt daraus, daß die allgemeinen Regeln des Internationalen Gesellschaftsrechts von besonderen enteignungsrechtlichen Grundsätzen überlagert werden. Oberstes Ziel im Sinne des Territorialitätsprinzips (oben Rz 426) ist nämlich auch hier, die extraterritoriale Wirkung der Enteignung abzuwehren – soweit nicht die Enteignung ausnahmsweise anerkannt wird (oben Rz 427). Rechtsträger kann daher nicht der enteignende Staat oder der sonst von der Enteignung Begünstigte sein, weil dann ja das Ziel der Enteignung doch erreicht würde (BGHZ 38, 36, 40). Eine Behandlung als herrenloses Gut oder rechtsträgerlose Vermögensmasse (bona vacantia) – und damit letztlich Anfall an den Belegenheitsstaat – wird ebenfalls abgelehnt (BGH NJW 1952, 540; BGHZ 43,

51, 55; IPRspr 1977 Nr 4). Denn eine solche Lösung dient nicht den Interessen der bisherigen Vermögensinhaber; der Belegenheitsstaat würde sonst Vorteile aus der von ihm mißbilligten Maßnahme des enteignenden Staates ziehen (PAULICK 185). Eine allgemeine Pflegerbestellung scheidet aus, weil das deutsche Recht grundsätzlich keine generellen Vermögenspflegschaften kennt (BEITZKE, Probleme 30; vgl unten Rz 459). Abgelehnt wird ebenfalls die Annahme, daß Inhaber des Vermögens nunmehr die Gesellschafter der vernichteten Gesellschaft nach Bruchteilen oder zur gesamten Hand seien. Diese Konstruktion ist den Gläubigern nicht zuzumuten, die dadurch auf eine Vielzahl von Schuldnern verwiesen würden (BGHZ 33, 195, 198). Außerdem käme diese Lösung zB bei Stiftungen ohnehin nicht in Frage.

Die einhellige Rechtsprechung und die heute ganz überwiegende Meinung in der Literatur folgen vielmehr der Theorie der Restgesellschaft. Die Beendigung der Gesellschaft wird danach – entgegen den allgemeinen Regeln des Internationalen Gesellschaftsrechts, aber infolge der Überlagerung durch Enteignungsgrundsätze – für Vermögen außerhalb des enteignenden Heimatstaates nicht anerkannt. Die ursprüngliche Gesellschaft besteht vielmehr mit ihrem nicht enteigneten Vermögen außerhalb des enteignenden Staates fort (Identität); ihr gehört nach wie vor das nicht enteignete Vermögen (BGH NJW 1952, 540; BGHZ 20, 4, 10, 12; 25, 134, 143; 29, 320, 323; 32, 256, 259; 33, 195, 197; 38, 36, 40 f; 56, 66; 62, 340; IPRspr 1977 Nr 4; BFHE 63, 241; 65, 28; IPRspr 1966/67 Nr 187; RGZ 107, 94; aA RGZ 129, 98, 104 im Hinblick auf den Rapallo-Vertrag; Rechtsprechungsübersicht bei WIEDEMANN, Entwicklung 823). Für den Fortbestand bedarf es keiner Sitzverlegung (WIEDEMANN 820 m Nachw; BGH IPRspr 1956/57 Nr 17; vgl unten Rz 455). 441

b) Entstehungsvoraussetzungen 442

Voraussetzung für das Entstehen einer Restgesellschaft ist eine auf Dauer gerichtete Enteignung, eine faktisch vollendete Vermögensentziehung; lediglich vorläufige Maßnahmen reichen nicht aus (BGH Die AG 1972, 350). Bewirkt eine Maßnahme wegen ihrer Vorläufigkeit noch keine vollendete Vermögensentziehung, so wird nur die Wirkung der Maßnahme territorial begrenzt; daher sind zB Verfügungen einer von der ausländischen Behörde beauftragten Person über Vermögen außerhalb des Enteignungsstaates unwirksam bzw bedürfen besonderer Anerkennung. Eine Spaltung des Gesellschaftsvermögens bewirken sie nicht. Gleiches gilt von einer Vermögensbeschlagnahme, die erst die Vorstufe einer Enteignung ist (BGH aaO). Wer die Enteignung behauptet, muß sie beweisen; es gibt keinen Beweis des ersten Anscheins dafür, daß eine bestimmte Maßnahme auf eine Enteignung zielt (BGH aaO).

Der Enteignung ist gleichzustellen die zwangsweise Einsetzung von Sequestern, Treuhändern und Staatskommissaren, soweit das nicht aus fürsorglichen, sondern aus wirtschafts- und staatspolitischen Zwecken geschieht (WIEDEMANN, Entwicklung 818 m Nachw; unten Rz 444). Eine Restgesellschaft entsteht auch, wenn das Recht privater Gesellschaften überhaupt beseitigt wird (OLG Hamburg IPRspr 1970 Nr 5). 443

Die Enteignung zur Durchsetzung politischer und wirtschaftspolitischer Ziele ist zu unterscheiden von Maßnahmen der Zwangsvollstreckung in Mitgliedschaftsrechte aufgrund zivilrechtlicher oder öffentlichrechtlicher Ansprüche. Die Vollstreckung von – nach unserer Qualifikation – zivilrechtlichen Ansprüchen ist normalerweise keine Enteignung (beachte aber die Fallgestaltung im Fall Barcelona Traction Light and Power Company, International Court of Justice Reports [1970] 3). Gleiches gilt für die Einsetzung eines Notvorstandes oder für sonstige Fürsorgemaßnahmen (BGH Die AG 1972, 350). Problematisch ist das jedoch bei der Vollstreckung öffentlichrechtlicher Ansprüche, wie bei Steueransprüchen oder bei Geldstrafen. 444

Grundsätzlich gibt es für solche Ansprüche keine Vollstreckung im Inland (BGH WM 1971, 1502, 1506; Einzelheiten bei: GROSSFELD, Berichte der Deutschen Gesellschaft f Völkerrecht 18 [1978] 135; BEITZKE JZ 1956, 673, 674; HAHN 499). Dennoch kann man sie grundsätzlich nicht einer Enteignung gleichstellen, weil diese Ansprüche als Rechtstitel allgemein anerkannt sind. Im Einzelfall kann aber der ordre public eine solche Gleichstellung fordern (FLUME 145), so daß eine Restgesellschaft entsteht.

445 Streitig ist, ob die Auflösung der Gesellschaft anzuerkennen ist, wenn die Gesellschaft keinerlei Auslandsvermögen besitzt (Nachw b SOERGEL-SIEBERT-KEGEL Vorbem 565 zu Art 7 EGBGB). KEGEL verneint das,

> „weil es genügt, daß der Rechtsverkehr außerhalb des auflösenden Staates betroffen wird".

Die Rechtsprechung verlangt hingegen Vermögen außerhalb des enteignenden Staates; dies gilt sowohl für Enteignungen durch die DDR (OGH NJW 1950, 644; BGH NJW 1957, 1433; BGH Betrieb 1952, 267; BGH NJW 1960, 189; OLG Schleswig 1950, 193; OLG Hamburg 1951, 41; OLG Düsseldorf NJW 1950, 470; OLG Düsseldorf Betrieb 1950, 484; OLG Schleswig WM 1963, 36; OLG Nürnberg IPRspr 1950/51 Nr 13; AG Hamburg NJW 1947/48, 483; AG Krefeld NJW 1949, 590; LG Göttingen MDR 1950, 357; KG MDR 1951, 40), als auch für Enteignungen durch sonstige Staaten (BGH WM 1958, 557; WM 1966, 221; BGHZ 32, 256; BGH WM 1961, 347; WM 1976, 1266). In Entscheidungen, welche zu einem gegenteiligen Ergebnis zu gelangen scheinen (wie etwa OLG Bamberg DNotZ 1950, 478; OLG Hamburg MDR 1951, 560), war gerade das Vorhandensein von Auslandsvermögen streitig. Der Rechtsprechung ist im Ergebnis zu folgen. Man sollte das Konzept der Restgesellschaft nicht der theoretischen Geschlossenheit wegen überziehen, sondern auf die Abwehr von Eingriffen in die Vermögenszuordnung beschränken. Es gibt auch ein Gebot der sparsamen Verwendung von Rechtsinstituten (Gesetz der Sparsamkeit – vgl VON JHERING in: KRAWIETZ, Theorie und Technik der Begriffsjurisprudenz [1976] 18).

446 Nach BGH (BGHZ 29, 320, 328) soll es für die Existenz der Restgesellschaft gleichgültig sein, ob das enteignungsfrei gebliebene Vermögen außerhalb des enteignenden Staates groß oder klein ist (ebenso SOERGEL-SIEBERT-KEGEL Vorbem 556, 562 zu Art 7 EGBGB: der Satz „minima non curat praetor" verwirkliche sich von selbst). Aber auch im Recht sollten Aufwand an rechtlicher Konstruktion und Ertrag in einem angemessenen Verhältnis stehen. Besser ist es, wenigstens soviel Vermögen im Inland zu verlangen, wie zur Errichtung einer Gesellschaft mit beschränkter Haftung erforderlich ist. Bleibt das Vermögen dahinter zurück, findet eine vereinfachte Abwicklung entsprechend § 273 Abs 4 AktG statt (vgl Münch-Komm-REUTER § 23 Rz 6).

447 Da die Annahme einer Restgesellschaft voraussetzt, daß Vermögen im Zeitpunkt der Enteignung außerhalb des enteignenden Staates war (oben Rz 431), genügt es nicht, daß enteignungsfrei gebliebenes Vermögen später in das Ausland verbracht wird. Fraglich ist indes, ob die einmal entstandene Restgesellschaft auch Rechte geltend machen kann, die an sich der enteigneten Gesellschaft im enteignenden Staat noch zustehen (zB uU bei völkerrechtswidriger Enteignung oder wegen Art 30 EGBGB), von ihr aber wegen ihrer Vernichtung nicht geltend gemacht werden können (dazu WIEDEMANN, Entwicklung 822; BEHRENS RabelsZ 37 [1973] 394; LG Hamburg IPRspr 1974 Nr 135 S 353 f – Chilenischer Kupferstreit). Die Restgesellschaft ist keine Oase für das spätere „Zuspielen" von Rechten. Es liegt aber nahe, aus Gründen rechtlicher Ökonomie die außerhalb des enteignenden Staates nun einmal fortbestehende Organisation in die Lösung auch solcher Probleme einzube-

ziehen. Allerdings wird man bei der Verneinung der Enteignung für Vermögen im enteignenden Staat selbst größte Zurückhaltung üben müssen. Denn hier tauchen Fragen mit so starken außenpolitischen Akzenten auf, daß die Grenzen für Streitentscheidung durch nationale Gerichte leicht überschritten werden (GROSSFELD JuS 1978, 73, 77). Es ist angemessener, diese Dinge dem diplomatischen Schutz (unten Rz 598) zu überlassen (GROSSFELD, Praxis 194, 210).

c) Identität von Restgesellschaft und alter Gesellschaft 448

Sind die Voraussetzungen für das Entstehen einer Restgesellschaft erfüllt, so gilt die bisherige Organisation der Gesellschaft für das enteignungsfrei gebliebene Vermögen als fortbestehend (BGH WM 1977, 730; BALLERSTEDT ZHR 127 [1964/65] 92, 95), „es bleibt alles beim alten" (referierend FLUME 156; vgl aber unten Rz 484). Die Restgesellschaft ist daher nicht eine neue Gesellschaft. Sie ist vielmehr mit der enteigneten Gesellschaft identisch. Die Gesellschaft ist damit weiterhin rechtsfähig und Zuordnungssubjekt von Berechtigungen und Verpflichtungen. Es kommt nicht darauf an, daß die Gründungsvoraussetzungen des deutschen Rechts – zB staatliche Genehmigung bei Stiftungen (BGH IPRspr 1964/65 Nr 189 S 567) – erfüllt sind.

Diese Aussage führt zu einer Kollision mit Strukturprinzipien der juristischen Person, nämlich mit den „rechtstechnisch konstruktiven Vorschriften über deren Entstehen, Handeln und Untergang" (H SCHULTE NJW 1966, 521, 523). Das wird aber im Hinblick auf die Ausnahmesituation überwiegend hingenommen. Doch führt dieser Konflikt mit traditionellen Regelungskonzepten des Gesellschaftsrechts zu einer Fülle von Streitfragen (vgl unten Rz 484). 449

d) Satzungssitz 450

Streitig ist, ob und wo die Restgesellschaft einen Satzungssitz hat. Die Frage ist von Bedeutung, weil an den Satzungssitz üblicherweise Rechtsfolgen namentlich hinsichtlich der Behörden- und Gerichtszuständigkeit geknüpft werden (vgl oben Rz 174 – so zB für die Bestellung eines Notvorstandes oder die Ermächtigung zur Einberufung einer Gesellschafterversammlung [BGHZ 19, 102, 106]), aber auch in anderen Fällen (zB Währungsgesetze; vgl BGHZ 33, 195, 203; 38, 36, 39). Die hL nimmt zutreffend an, daß durch die Vernichtung der Gesellschaft im enteignenden Staat der dortige Satzungssitz beseitigt wird (BGHZ 33, 195, 203; 38, 36, 39; BGH JZ 1963, 359; BGH IPRspr 1964/65 Nr 189; OLG Hamburg IPRspr 1970 Nr 9; LG Hamburg IPRspr 1974 Nr 135; PAULICK 190; WIEDEMANN, Entwicklung 820). Es wäre seltsam, den Satzungssitz noch in einem Staate zu sehen, der selbst den Bestand der Gesellschaft nicht anerkennt (LG Hamburg IPRspr 1974 Nr 135) und in dem von der Gesellschaft „nichts mehr übrig geblieben ist" (BGH IPRspr 1964/65 Nr 189 S 566). Das könnte zu erheblichen Mißlichkeiten für die Restgesellschaft führen:

> „Ein Mittelpunkt für die Anknüpfung von Rechtsverhältnissen kann schwerlich als in einem Staat liegend angesehen werden, der der betroffenen juristischen Person nicht die Fähigkeit zuerkennt, irgendwelche Rechtsbeziehungen zu begründen" (BGH JZ 1963, 359, 360).

In dem enteignenden Staat besteht auch keine Geschäftsleitung oder Niederlassung mehr (BGHZ 33, 195, 205).

Eine Mindermeinung erklärt dagegen, daß die Restgesellschaft zunächst den alten Satzungssitz im enteignenden Staat behält (ausführliche Begründung KG IPRspr 1960/61 Nr 83 S 297 – ablehnend BGH JZ 1963, 359; BEHRENS Rz 113 S 535; SOERGEL-SIEBERT-KEGEL Vorbem 556 zu Art 7 EGBGB). Das soll jedoch 451 nicht die Folge haben, daß für die Restgesellschaft stets an den Satzungssitz angeknüpft wird. Vielmehr sei

„im Einzelfall abzuwägen unter Berücksichtigung des Zwecks der in Frage stehenden Vorschrift einerseits und des Zwecks der Aufrechterhaltung der Restgesellschaft im Inland andererseits" (BEHRENS Rz 113 S 535; SOERGEL-SIEBERT-KEGEL Vorbem 556 zu Art 7 EGBGB).

Das führt jedoch zu Rechtsunsicherheit.

452 Folgt man der hM (Verlust des alten Satzungssitzes), so soll doch nicht automatisch ein neuer Satzungssitz im Inland entstehen. Rein tatsächliche Vorgänge begründen keinen Satzungssitz (BGHZ 33, 195, 204). Vielmehr sei ein besonderer „konstitutiver Akt" erforderlich, nämlich ein satzungsändernder Beschluß (vgl § 179 AktG) und die Eintragung in das jeweilige Register (vgl § 181 AktG; BGHZ 33, 195, 204; BGH IPRspr 1970 Nr 6 b; BayOblG IPRspr 1970 Nr 6 a; OLG Hamburg IPRspr 1970 Nr 9; OLG Frankfurt IPRspr 1966/67 Nr 188; BEITZKE JZ 1963, 361).

453 Die Gesellschaft kann nach dieser Lehre für einen Anpassungszeitraum ohne Satzungssitz existieren (BGHZ 33, 195, 204; BGH IPRspr 1964/65 Nr 189 S 567; LG Hamburg IPRspr 1974 Nr 135). Beim Fehlen eines Satzungssitzes oder der Nichtigkeit einer Satzungsbestimmung über den Sitz kann die Gesellschaft uU zwar auf Klage durch Urteil für nichtig erklärt werden (§§ 94–96 GenG); es ist auch eine Löschung von Amts wegen möglich (vgl oben Rz 177). Bis dahin ist die Gesellschaft aber rechtlich existent (BGHZ 33, 195, 205; KG IPRspr 1960/61 Nr 83 S 297; PAULICK 190 Nr 22).

454 Die Annahme einer Gesellschaft vorläufig ohne Satzungssitz gestattet eine Analogie zu §§ 24, 80 S 3 BGB (Verwaltungssitz gilt subsidiär) oder zu § 29 EGBGB (Staatenlose). Das ermöglicht es, auf den tatsächlichen Verwaltungssitz (Notverwaltung) abzustellen – falls ein solcher schon vorhanden –, andernfalls auf den Ort, an dem sich das Hauptvermögen der Restgesellschaft befindet (LG Hamburg IPRspr 1974 Nr 135 S 355; vgl BGHZ 33, 195, 205 – dahingestellt in BGH IPRspr 1964/65 Nr 189 S 566; das ist wichtig zB für Gesellschafterversammlungen oder für § 110 ZPO – vgl LG Hamburg IPRspr 1974 Nr 135 S 355). Einfacher ist es indes, ohne diesen Umweg den Satzungssitz der Gesellschaft gleich dort zu sehen, wo sich das Hauptvermögen oder die Notverwaltung befinden (WIEDEMANN, Entwicklung 822; BEITZKE 362; vgl auch BayObLGZ 1965, 294; zur Behörden- und Gerichtszuständigkeit s unten Rz 461).

455 Wird ein neuer Satzungssitz im Inland begründet, so handelt es sich nicht um eine Sitzverlegung – oben Rz 348 – im üblichen Sinne:

„Denn die [Gesellschaft] hat ihren bisherigen Sitz nicht freiwillig aufgegeben oder gewechselt. Andererseits existiert sie bereits als Rechtspersönlichkeit nach dem Recht und im Gebiet der Bundesrepublik Deutschland, ohne dort zuvor durch einen besonderen Rechtsakt einen Sitz begründet zu haben" (BGH IPRspr 1970 Nr 6 b S 24)

456 **e) Registereintragung – Mitgliederversammlung**

Die Eintragung in das jeweilige Register hat nur Klarstellungsfunktion, „die ohnehin schon vorhandene rechtliche Existenz würde sich durch die jetzt vorgesehene Sitzbegründung gewissermaßen nur auf einen Punkt konzentrieren" (BGH IPRspr 1970 Nr 6 b S 74 f). Da es sich in diesen Fällen um eine Neubegründung des Satzungssitzes, nicht um eine Sitzverlegung handelt (oben Rz 348), spielen § 13 c HGB und § 45 AktG an sich keine Rolle (BEITZKE 363). Die Rechtsprechung gelangt zum gleichen Ergebnis, indem sie von der an sich erforderlichen Mitwirkung des alten Registergerichts absieht (BGH WM 1958, 353; s ferner oben Rz 383).

Bei den hiernach zu fassenden Beschlüssen und Eintragungsvoraussetzungen ist dem Ausnahmecharakter der Situation Rechnung zu tragen. Das kann dazu nötigen, 457

> „formal zu beanstandende, aber einem praktischen Bedürfnis entsprechende Lösungen als wirksam zu behandeln, die unter gewöhnlichen Verhältnissen nicht in Betracht kämen, mit denen hier aber nur die Folgerungen aus der nun einmal bestehenden Sach- und Rechtslage gezogen werden. Erkennt die Rechtsordnung eine unter fremder Staatsgewalt enteignete juristische Person im Inland mit Rücksicht auf ihr dort belegenes Vermögen als fortbestehend an, so muß sie ihr grundsätzlich auch die Möglichkeit geben, die ihr noch verbliebenen Funktionen sachgerecht wahrzunehmen und, soweit notwendige Voraussetzungen hierfür fehlen, diese Voraussetzungen zu schaffen" (BGH IPRspr 1970 Nr 6 b S 24).

Bei der Registereintragung gilt,

> „daß unerfüllbare Förmlichkeiten unter den vorliegenden außergewöhnlichen Umständen grundsätzlich kein Hindernis sein dürfen, wenn es darum geht, der fortbestehenden Existenz einer ‚eingetragenen Genossenschaft', die als solche von der Rechtsordnung anerkannt wird, ..., in der Praxis Rechnung zu tragen, es sei denn, daß überwiegende öffentliche Belange oder schutzwürdige private Interessen entgegenstehen" (BGH IPRspr 1970 Nr 6 b S 28).

Gleiches gilt für die Einberufung der Mitgliederversammlung, für Satzungsänderungen und Auflösungsbeschlüsse. Auch hier ist der Ausnahmesituation Rechnung zu tragen. Es kommt darauf an, ob auf eine „den Umständen entsprechende sachliche Weise" vorgegangen wird „und eine Gefährdung der Rechte abwesender Mitglieder ausscheidet". Evtl ist zu deren Sicherheit ein Pfleger (§ 1913 BGB) zu bestellen (BGH IPRspr 1970 Nr 6 b S 25 f). 458

f) Vertretung 459

Die weitere Behandlung der Restgesellschaft steht unter dem Motto „möglichster Schonung der gesellschaftsrechtlichen Ordnung" (Wiedemann, Entwicklung 822). Die ausländische Enteignungsmaßnahme beendet die Geschäftsführungs- und Vertretungsbefugnisse der bisherigen Organe nicht mit Wirkung für das Vermögen außerhalb des enteignenden Staates – selbst nicht bei ausdrücklicher Abberufung (BGHZ 25, 134, 150; 33, 195, 200); die bisherigen Organe bleiben also im Amt. Ihre Vertretungsmacht besteht bis zum Ablauf der Bestellungszeit weiter (BGHZ 43, 51, 55; aA Flume unten Rz 484). Ist die Organstellung aber nach den allgemeinen Regeln des Gesellschaftsstatuts – also nicht aufgrund der Enteignung – beendet, so ist das beachtlich (BGHZ 33, 195, 204; 43, 51, 55 – str; aA Beemelmans 107 m Nachw). Das zuständige Organ (zB Aufsichtsrat oder Hauptversammlung) kann dann die neuen Vertretungsorgane wählen (dazu BGH IPRspr 1970 Nr 6 b S 26). Ist das nicht möglich (vgl dazu BGHZ 19, 108), so kann als Notbehelf für vorübergehende Zeit (BGH IPRspr 1970 Nr 6 b S 26) ein Notvorstand nach § 29 BGB (evtl in analoger Anwendung), § 85 AktG, ein Liquidator (dazu Beitzke, Probleme 40; BGHZ 19, 102, 106; 19, 108; BGH IPRspr 1976 Nr 4) oder für einzelne Angelegenheiten ein Pfleger bestellt werden – § 1913 BGB (BGHZ 33, 195, 201; BGH LM Nr 2 zu § 21 BGB Bl 3; LG Hannover NJW 1962, 1970 = IPRspr 1962/63 Nr 57). Die Praxis neigt eher allgemein zur Bestellung eines Pflegers (zu Recht kritisch dazu Beitzke, FS Ballerstedt [1975] 185; dahingestellt BGH IPRspr 1977 Nr 4; Beitzke [188] weist zutreffend darauf hin, daß die Pflegschaft nur partieller Vermögensfürsorge dient und die Bestellung eines Notorgans eher dem Bedürfnis nach Gesamtfürsorge gerecht wird). Dabei sind nach Paulick (192) die materiellrechtlichen Voraussetzungen „großzügig" zu beurteilen.

460 Der Pfleger ist im allgemeinen auch berechtigt, Aktivprozesse durchzuführen; einer vormundschaftsgerichtlichen Genehmigung bedarf er dazu nicht (BGH IPRspr 1977 Nr 4). Für Passivprozesse kommt die Bestellung eines Prozeßpflegers (§ 57 ZPO) in Frage (BGHZ 20, 4, 12; BEITZKE 191). Das Prozeßgericht ist grundsätzlich nicht befugt, die Vertretungsbefugnis eines von der zuständigen Stelle bestellten Pflegers zu verneinen (BGH IPRspr 1977 Nr 4 m Nachw; vgl BGHZ 41, 303, 309).

461 **g) Behörden- und Gerichtszuständigkeit**

Für die Zuständigkeit zur Bestellung eines Pflegers s §§ 10, 16 Zuständigkeitsergänzungsgesetz v 7. 8. 1952 (BGBl I 407; dazu SOERGEL-SIEBERT-KEGEL Art 23 EGBGB Rz 52; für Notorgane s §§ 15, 16 Zuständigkeitsergänzungsgesetz). Man wird darüber hinaus annehmen können, daß generell eine Hilfszuständigkeit am Ort des Fürsorgebedürfnisses besteht (vgl § 10 Abs 3 S 1 Zuständigkeitsergänzungsgesetz). Das kann der Ort des Vermögens sein oder der Ort, an dem die Restgesellschaft verwaltet wird oder werden soll (BEITZKE 195).

462 Die Bestimmung des jeweils zuständigen Gerichts erfolgt – bei Fehlen eines Satzungssitzes im Inland: vgl oben Rz 450, 452 – im übrigen analog § 5 Abs 1 S 2 FGG (BGHZ 19, 103, 106, 108; BGH IPRspr 1976 Nr 4). Voraussetzung dafür ist, daß gesetzliche Rechte im Bundesgebiet nur mit Hilfe eines hier zuständigen Gerichts ausgeübt werden können, ein solches Gericht aber nicht vorgesehen ist – zB bei der gerichtlichen Bestellung eines Notvorstandes nach § 85 AktG oder einer Ermächtigung nach § 122 Abs 3 AktG (BGH IPRspr 1976 Nr 4). Es muß ein Rechtsschutzbedürfnis bestehen; es fehlt, wenn von vornherein klar ist, daß die vorgesehenen Anträge unter keinem rechtlichen Gesichtspunkt Erfolg haben können (BGH IPRspr 1976 Nr 4). Für die Behörden- und Gerichtszuständigkeit bei Stiftungen s auch §§ 2–3 des Gesetzes zur Änderung von Vorschriften des Fideikommiß- und Stiftungsrechts v 28. 12. 1950 (BGBl 820) idF des Gesetzes zur Ergänzung des Gesetzes zur Änderung von Vorschriften des Fideikomiß- und Stiftungsrechts v 3. 8. 1967 (BGBl I 839) und Art 2 des Ergänzungsgesetzes.

463 **h) Kritik**

Gegen die ganz überwiegend akzeptierte Lehre von der Restgesellschaft sind in der Literatur gelegentlich Einwände erhoben worden (Nachw b WIEDEMANN, Entwicklung 816 Fn 16, 17). Einige Autoren halten zT die extraterritoriale Wirkung von Enteignungen für eher wünschenswert (CZAPSKI WM 1967, 474; 1971, 642; W LEWALD RabelsZ 21 [1956] 119; NJW 1962, 561) oder wenden sich gegen die Versuche, „eine neue Rechtsträgerschaft zu konstruieren und über sie einen bloßen Vermögensteil für rechtsfähig zu erklären“ (GURSKI WM 1963, 1078, 1083; ders WM 1964, 1138, 1143; ders NJW 1965, 1353, 1355; ähnlich F A MANN RabelsZ 27 [1962/63] 1, 19; vgl auch MünchKomm-REUTER § 23 Rz 5: die Lehre laufe darauf hinaus, für die Zwecke der Liquidation „eine komplette neue Handlungs- und Haftungsorganisation einzurichten“). Die Rechtsprechung und die weit überwiegende Lehre haben sich davon jedoch nicht beeindrucken lassen, weil die von der Kritik vorgeschlagenen Lösungen jedenfalls nicht überzeugender sind (BGHZ 43, 51; ausführlich dazu PAULICK 193).

464 Andere Kritiker plädieren für eine „Aufweichung“ des Territorialitätsprinzips. Danach soll die Enteignung des inländischen Vermögens als solche hingenommen werden (Anerkennung der extraterritorialen Wirkung der Enteignung); den enteigneten Mitgliedern stehe aber gegen die als ungespalten zu denkende Gesellschaft ein ihrer Beteiligung entsprechender Abfindungsanspruch analog § 738 Abs 1 S 2 BGB, § 305 Abs 2 Ziff 3 AktG auf den (fiktiven) Liquidationsüberschuß des Vermögens

zu, das die Gesellschaft in der Bundesrepublik Deutschland besitzt (obligationsrechtliche Lösung – FEAUX DE LA CROIX, FS Walter Schmidt [1959] 171; ders, FS Möhring [1965] 23, 34; KOPPENSTEINER, Enteignungs- oder Nationalisierungsmaßnahmen 91; STÖCKER WM 1966, 746, 754; vgl auch POLTER 68). Diese Lehre wird aber zu Recht abgelehnt (SOERGEL-SIEBERT-KEGEL Vorbem 557 zu Art 7 EGBGB; FLUME 162; MünchKomm-REUTER § 23 Rz 5). Ihre Bedeutung besteht darin, „eine entschädigungslose in eine zu entschädigende Enteignung zu entschärfen" (FLUME 162). Die Bedenken gegen eine extraterritorial wirkende Enteignung (Eingriff in die inländische Vermögensstruktur, Vorbehalt des Gesetzes – dazu GROSSFELD, Berichte der Deutschen Gesellschaft f Völkerrecht 18 [1978] 149) sind nicht ausgeräumt (weitere Bedenken bei WIEDEMANN, Entwicklung 817).

6. Spaltgesellschaft 465

a) Allgemeine Grundlagen

Der Spaltgesellschaft begegnen wir bei der Fallkonstellation Nr 3 (oben Rz 425). Da der unmittelbare Zugriff auf das Auslandsvermögen einer Gesellschaft dem enteignenden Staat durch das Territorialitätsprinzip (oben Rz 426) grundsätzlich verwehrt ist, versuchen die enteignenden Staaten auf einem indirekten Wege an das Auslandsvermögen zu kommen. Das geschieht in der Weise, daß der enteignende Staat die Gesellschaft als solche unangetastet läßt, aber stattdessen an der Gesellschaft bestehende Mitgliedschaftsrechte enteignet. Damit versucht der Enteignungsstaat, über die unversehrt erhaltene Gesellschaft Herr ihres gesamten – auch des ausländischen – Vermögens zu werden. Die Gesellschaft bleibt als Träger des Vermögens bestehen, die Herrschaft über sie aber ist in andere Hände übergegangen, das Vermögen der Gesellschafter mittelbar enteignet. Es handelt sich um den durchsichtigen Versuch, auf einem Umweg die sonst nicht erreichbaren ausländischen Gegenstände in staatliches Eigentum zu überführen („kalte" Gesellschaftsenteignung). Es taucht dann die Frage auf, ob die außerhalb des enteignenden Staates belegenen Vermögenswerte weiterhin der ausländischen Gesellschaft und damit wirtschaftlich dem enteignenden Staat zugerechnet werden.

Die Lehre von der Spaltgesellschaft verneint diese Frage. Sie besagt zunächst, daß 466
das außerhalb des enteignenden Staates belegene Vermögen einer Gesellschaft auch auf dem Wege über die Enteignung der Mitgliedschaftsrechte nicht enteignet werden kann (BGHZ 32, 256, 262). Die Lehre wurde – ausgehend vom Territorialitätsprinzip – von SEIDL-HOHENVELDERN entwickelt (ÖJBl 1952, 410; zu den gesellschaftsrechtlichen Fragen vor allem BEITZKE, Der Schutz 29). Den Anschluß an das Territorialitätsprinzip vermittelte anfänglich die Annahme, daß „das Recht aus dem Papier (= das Anteilsrecht) überall dort belegen erscheint, wo sich Vermögenswerte der Gesellschaft befinden" (SEIDL-HOHENVELDERN, Internationales Konfiskations- und Enteignungsrecht [1952] 31; BEITZKE JZ 1956, 673; BGHZ 20, 4, 13). Die Annahme, daß die Mitgliedschaftsrechte nicht am Verwaltungssitz der Gesellschaft belegen sind, erscheint jedoch gekünstelt. Sie wird denn auch zu Recht für den Fall abgelehnt, daß einzelne Mitgliedschaftsrechte enteignet werden (OLG Düsseldorf IPRspr 1954/55 Nr 11; OLG München IPRspr 1954/55 Nr 51 – unten Rz 520). Der Sache nach bedarf es des Umwegs über die Belegenheit der Mitgliedschaftsrechte im Staate der Vermögensgegenstände nicht. Methodisch richtig ist, unmittelbar auf die territorial begrenzte Wirkung von Enteignungen abzustellen. Daraus folgt, daß der enteignende Staat den Kreis der Gesellschafter durch eine Enteignung nur für sein Gebiet ändern kann (BGHZ 62, 340, 343; BEEMELMANS 68 f). Die Spaltungstheorie ist so Ausdruck des „schon vorher allgemein und international anerkannten Territorialitätsprinzips" (BGHZ 62, 340, 345).

467 Die Enteignung der Mitgliedschaftsrechte wird also der Enteignung des Vermögens der Gesellschaft gleichgesetzt. Diese Enteignung kann nicht weitergehen als eine gewöhnliche Enteignung ausländischen Vermögens:

> „Andernfalls würde in diesen Fällen das Territorialitätsprinzip mißachtet und durch einen bloßen rechtskonstruktiven Kunstgriff ausgeschaltet, wie ihn die Beschlagnahme der ganz oder fast ganz in ausländischer Hand befindlichen Mitgliedschaftsrechte einer juristischen Person statt ihres Vermögens letztlich darstellt“ (BGHZ 62, 340, 343).

468 Da somit das außerhalb des enteignenden Staates belegene Vermögen nicht mehr der jetzt vom enteignenden Staat beherrschten Gesellschaft zusteht, taucht die weitere Frage auf, wer Träger des Vermögens ist. Die Lehre von der Spaltgesellschaft gibt folgende Antwort: Das Vermögen der Gesellschaft und diese selbst „spaltet“ sich, wenn der Heimatstaat der Gesellschaft „alle oder fast alle“ Mitgliedsrechte (BGH Die AG 1972, 350; ähnlich BGHZ 56, 66, 69) an ihr enteignet. Hinsichtlich des Vermögens außerhalb des enteignenden Staates entsteht eine selbständige Gesellschaft (vgl unten Rz 480) mit dem alten Gesellschafterbestand (st Rspr; BGHZ 33, 195; BGH IPRspr 1962/63 Nr 59; IPRspr 1976 Nr 4; IPRspr 1977 Nr 4; BFH IPRspr 1973 Nr 113; dahingestellt noch in BGHZ 19, 102, 106; s aber schon BGHZ 20, 4; 25, 134, 145; 32, 256; RGZ 107, 94; Zusammenstellung der Rpsr bei WIEDEMANN, Entwicklung 823; in der Lit heute ebenfalls überwiegend bejaht; Nachw b TEICH RiW 1978, 11, 12; SEIDL-HOHENVELDERN RiW 1976, 133; STAUDINGER-STOLL [10./11. Aufl] nach Art 12 EGBGB Rz 204). Der Belegenheitsstaat stellt also eine „gesellschaftsrechtliche Ersatzordnung“ bereit (WIEDEMANN 816). Es bestehen demnach jetzt zwei Gesellschaften nebeneinander, die eine im enteignenden Staat mit dem Staat oder den Enteignungsbegünstigten als Gesellschaftern, die andere außerhalb des enteignenden Staates mit den Gesellschaftern, wie sie im Zeitpunkt der Enteignung vorhanden waren (vgl auch unten Rz 483).

469 Die Zuordnung des enteignungsfrei gebliebenen Vermögens zu einer Spaltgesellschaft entfällt, wenn der Belegenheitsstaat die vom ausländischen Staat vorgenommene Enteignung anerkennt und vollzieht (BGHZ 62, 340, 348; BGH IPRspr 1976 Nr 4 S 19; vgl RGZ 129, 98 – oben Rz 427).

470 Eine Spaltgesellschaft entsteht ferner nicht immer dann, wenn Mitgliedschaftsrechte enteignet werden (vgl H SCHULTE NJW 1966, 521, 524, der von „extremen Fällen“ spricht). Sie bildet sich aber „zumindest“, wenn sich die Mitgliedschaftsrechte „ganz oder fast ganz in ausländischer Hand“ befinden (BGHZ 62, 340, 343), jedoch nicht, wenn 47% der Anteile von nicht enteigneten Staatsangehörigen des Enteignerstaates gehalten werden (BGH IPRspr 1976 Nr 4 S 18). Fraglich ist danach, ob sich eine Spaltgesellschaft auch bildet, wenn überwiegend Staatsangehörige des enteignenden Staates selbst betroffen sind. Dabei ist zu beachten, daß tragender Grund für das Territorialitätsprinzip „nicht der Schutz deutscher Staatsbürger“ ist, sondern „die Beschränkung staatlicher Zwangsmaßnahmen auf das Gebiet des handelnden Staates“ (BGH IPRspr 1964/65 Nr 189). Außerhalb des eigenen Bereiches ist ein Staat für Eingriffe in die Vermögenszuordnung nicht zuständig (ähnlicher Gedanke wie bei der Regel von der lex rei sitae).

471 **b) Einzelne Entstehungsvoraussetzungen**

Eine Spaltgesellschaft bildet sich nach hM nur (sog „gemäßigte“ Spaltungstheorie), wenn so viele Anteile enteignet werden, daß der enteignende Staat „das von der Gesellschaft betriebene Unternehmen vermögens- und verwaltungsmäßig ähnlich wie bei der Beschlagnahme des Unternehmens selbst beherrscht“ (BGH RiW 1977, 779; BGH IPRspr 1976 Nr 4). Der wirtschaftliche Erfolg muß einer Enteignung der

Gesellschaft selbst gleichkommen; die Enteignung der Mitgliedschaftsrechte muß als Mittel oder Umweg zu diesem Ziel erscheinen. Die Rechtsprechung verlangt daher die Enteignung „aller oder fast aller" Anteile (BGH Die AG 1972, 350; ähnlich BGHZ 56, 66, 69 – zur Begründung H Schulte NJW 1966, 521, 524). Eine Enteignung „fast aller" Anteile liegt auch vor, wenn Anteile bereits im Staatsbesitz liegen und nur die anderen Anteile enteignet werden:

> „Denn einem bereits in staatlicher Hand befindlichen Aktienbesitz kann, wenn alle übrigen Aktien enteignet werden, rechtlich keine andere oder größere Bedeutung beigemessen werden, als wenn fast alle Anteilsrechte von der Enteignung betroffen sind" (BGH IPRspr 1960/61 Nr 80; LG Hamburg IPRspr 1974 Nr 135).

In der Literatur wird eine Spaltgesellschaft zu Recht auch schon dann angenommen, wenn eine beherrschende Mehrheit von Anteilen enteignet ist; dabei soll die Abgrenzung nach den in § 17 AktG genannten Merkmalen erfolgen (Wiedemann, Entwicklung 823). Eine Enteignung der Mitglieder liegt ebenfalls vor, wenn die von der Enteignung nicht erfaßten Gesellschafter so behandelt werden, „als ob sie keine Aktionäre mehr seien". Das ist der Fall, wenn der Staat so handelt, als ob er der alleinige Gesellschafter wäre (BGH IPRspr 1960/61 Nr 80). 472

Eine Spaltgesellschaft entsteht hingegen nicht, wenn nur einzelne Anteile enteignet werden; diese Einschränkung dient den Interessen der nicht enteigneten Mitglieder (vgl BGH IPRspr 1976 Nr 4 S 18): 473

> „Die Wahrung der Gebietshoheit erfordert es in einem solchen Falle nicht, den von der Enteignung verschont gebliebenen Gesellschaftern möglicherweise gegen ihren Willen und ihr Interesse eine Spaltung des Unternehmens und damit auch ihrer Anteile aufzunötigen, die eine unwirtschaftliche Zerschlagung von Werten bedeuten kann" (BGH Die AG 1972, 350, 352).

Bei einem solchen Sachverhalt erfolgt die weitere Behandlung nach den Regeln über die Enteignung einzelner Anteile (dazu unten Rz 519).

Demgegenüber nimmt eine Mindermeinung in der Literatur an, daß selbst bei der Enteignung nur eines Mitgliedschaftsrechtes eine Spaltgesellschaft entsteht (sog „extreme" Spaltungstheorie – Seidl-Hohenveldern RiW 1976, 133, 134; Beemelmans 81). Diese Meinung hat sich aber aus den dargelegten Gründen (vgl oben Rz 473) nicht durchsetzen können. 474

Eine Spaltgesellschaft kann auch auftreten, wenn die enteignete Gesellschaft nur mittelbar (über eine von ihr nahezu zu 100% beherrschte Tochtergesellschaft) Vermögen außerhalb des Enteignerstaates besitzt. Die Spaltgesellschaft ist dann Inhaberin dieser Anteile (BGHZ 32, 256, 263; BGH IPRspr 1962/63 Nr 59; 1974 Nr 136). Der Bundesgerichtshof läßt das für den Fall dahingestellt, daß die Tochtergesellschaft selbst ihren „Sitz" (gemeint ist wohl der Verwaltungssitz) im enteignenden Staat hat. Er schreckt wohl auch vor einem mehrfachen „Durchgriff" zurück (BGH IPRspr 1976 Nr 4 S 17 unter Bezugnahme auf BGHZ 20, 4, 11, 14). Man muß aber annehmen, daß die Spaltgesellschaft jeweils auf der Konzernstufe entsteht, wo der Enteignungsakt unmittelbar eintritt (Einzelheiten bei Wiedemann 818, dort [819] auch zu Fällen nicht 100%iger Beteiligung). 475

c) Weitere Behandlung 476

Die Spaltgesellschaft wird im übrigen grundsätzlich ebenso behandelt wie die Restgesellschaft. Das gilt zunächst für die Voraussetzungen der Entstehung (oben Rz 442). Auch die Spaltgesellschaft hat keinen Sitz im enteignenden Staat (BGHZ 33, 195, 203), es gilt das oben (Rz 450) Gesagte. Anders als bei der Restgesellschaft (oben Rz 459) endet die Amtsstellung der bisherigen Organe (BEITZKE, Probleme 37).

477 Ob der gesetzliche Vertreter der alten ausländischen Gesellschaft im Inland belegene Rechte gerichtlich geltend machen kann, ist kein Problem der Prozeßführungsbefugnis. Die Auswirkung der Enteignung ist vielmehr bei der Frage zu prüfen, ob die ausländische Gesellschaft noch materiellrechtlich über das Recht verfügen kann (Sachlegitimation). Den Streit hierüber muß die Gesellschaft austragen können (BGHZ 32, 256; BGH IPRspr 1960/61 Nr 78; LG Hamburg IPRspr 1958/59 Nr 27).

478 Will die Spaltgesellschaft eine Hauptversammlung einberufen, so muß entweder ein Notvorstand gerichtlich bestellt (§ 29 BGB, § 85 AktG) oder eine Ermächtigung zur Einberufung einer Hauptversammlung gegeben werden (§ 122 Abs 3 AktG). Das dafür örtlich zuständige Gericht wird nach der Rechtsprechung analog § 5 Abs 1 S 2 FGG bestimmt (BGHZ 19, 102, 105; BGH IPRspr 1962/63 Nr 59 – vgl oben Rz 462). Ist keine Spaltgesellschaft entstanden, so fehlt für entsprechende Anträge das Rechtsschutzbedürfnis (BGH IPRspr 1976 Nr 4; 1962/63 Nr 59).

479 **d) Kritik**

Die Theorie der Spaltgesellschaft wird von einem Teil der Literatur aus ähnlichen Gründen kritisiert wie die Lehre von der Restgesellschaft (oben Rz 463). Hinzu tritt Kritik an dem hier anzutreffenden angeblichen Durchgriff durch die juristische Person (zu Recht ablehnend WIEDEMANN 815; vgl dazu auch U HÜBNER JZ 1978, 703), ferner wird die extraterritoriale Wirkung der Enteignung geleugnet (zB W LEWALD RabelsZ 21 [1956] 133; ders NJW 1958, 281; s ferner die Auseinandersetzung mit SEIDL-HOHENVELDERN AWD 1958, 66, 86, 122, 148; ferner LIEBERKNECHT NJW 1956, 931; vgl SERICK JZ 1956, 198). Die Rechtsprechung (vgl BGHZ 62, 340, 343) und die überwiegende Literatur (oben Rz 463) haben sich davon zu Recht nicht beeinflussen lassen.

480 **7. Rechtsnatur der Rest- und Spaltgesellschaft***

a) Allgemeines

Wir haben gesehen, daß Rest- und Spaltgesellschaft vielfach gleich behandelt werden (oben Rz 435). Daher gelten die folgenden Ausführungen zur Rechtsnatur der Restgesellschaft gleichermaßen für die Spaltgesellschaft (FLUME 166; BEHRENS Rz 114 S 537; KG IPRspr 1960/61 Nr 83 S 295). Ausgangspunkt aller Überlegungen ist, daß die zu treffenden Entscheidungen den Interessen der alten Vermögensinhaber dienen müssen – soweit das mit den deutschen Interessen vereinbar ist. Dabei kann es nur darum gehen, die „vergleichsweise sauberste“, die praktikabelste Lösung zu finden (BGHZ 33, 195). Durch die Vernichtung der Gesellschaft im enteignenden Staat ist nun einmal die ursprüngliche Organisationseinheit entfallen; daher ist zu klären, wie das bei uns belegene enteignungsfrei gebliebene Vermögen „ersatzweise“ zu organisieren ist.

481 Träger des Vermögens ist bei der Rest- wie bei der Spaltgesellschaft „eine zwar nicht in dem Konfiskationsstaat aber in der Bundesrepublik anerkannte juristische Person“ (BGH JZ 1963, 359, 360). Es handelt sich um den Sonderfall eines „hinken-

* **Schrifttum:** FLUME, Juristische Person und Enteignung im internationalen Privatrecht, FS Mann (1977) 143; MERTENS, Die Spaltgesellschaft als methodisches Problem, JuS 1967, 97; H SCHULTE, Die „Spaltgesellschaft“ als rechtsmethodisches Problem, NJW 1966, 521.

den" Rechtsverhältnisses (Beitzke, Probleme 35). Eine solche Auffassung verträgt sich an sich nicht mit der allgemeinen Haltung des Internationalen Gesellschaftsrechts zur Anerkennung und zur Auflösung einer Gesellschaft nach ihrem Heimatrecht (oben Rz 268). Dennoch sehen die ständige Rechtsprechung und die überwiegende Literatur in der Rest- bzw. Spaltgesellschaft die Fortsetzung der ausländischen Gesellschaft (BGHZ 20, 4; 25, 134, 143; 33, 195, 197; w Nachw b Flume 151):

> „Eine juristische Person, deren Vermögen in ihrem ausländischen Heimatstaat enteignet wird, besteht demnach grundsätzlich in der Bundesrepublik fort" (BGH IPRspr 1964/65 Nr 189 S 564).

Ausführlicher sagt das Kammergericht (IPRspr 1960/61 Nr 83 S 294),

> „daß die von den Zwangseingriffen betroffene Aktiengesellschaft hinsichtlich ihres außerhalb Polens belegenen Vermögens fortbesteht, also die Rechtspersönlichkeit der enteigneten Aktiengesellschaft fortsetzt, weil sie mit dieser personengleich ist, so daß sie durch ihr außerhalb Polens belegenes Vermögen weiterlebt und die Mitgliedschaftsrechte ihr Weiterbestehen dem Fortbestande der Rechtspersönlichkeit der Aktiengesellschaft verdanken . . .".

Die Lehre von der Spaltgesellschaft sei dahin zu verstehen,

> „daß der außerhalb des Enteignungsstaates in Ansehung des von der Enteignung nicht betroffenen Vermögens fortbestehende Rechtsträger zwar von der im Enteignungsstaat bestehenden juristischen Person zu unterscheiden ist, aber mit der ursprünglichen, von der Enteignung betroffenen juristischen Person personengleich ist".

Diese Konsequenzen ergeben sich aus der territorialen Begrenzung der Enteignung **482** (oben Rz 426); die Auflösung der Gesellschaft und die Einziehung der Anteilsrechte werden nur so weit anerkannt, wie die Macht des enteignenden Staates reicht. Zur Fortexistenz der Gesellschaft ist nicht erforderlich, daß die Gründungsvoraussetzungen des deutschen Rechts erfüllt sind, es bedarf also bei einer Stiftung keiner erneuten Genehmigung (BGH IPRspr 1964/65 Nr 189 S 567).

b) Werbende Gesellschaft, Liquidationsgesellschaft, Identität 483

aa) Herrschende Meinung

Ob die Rest- bzw Spaltgesellschaft als werbende oder nur als Liquidationsgesellschaft fortbesteht, ist Tatfrage (BGH IPRspr 1964/65 Nr 189). Falls sie schon vor der Enteignung Liquidationsgesellschaft war, lebt sie als solche weiter (vgl BGH WM 1971, 723), im übrigen ist sie aber zunächst als werbende Gesellschaft anzusehen (BGH NJW 1958, 17 = IzRspr 1954/57 Nr 222 S 131; BAG AP Intern Privatrecht, Arbeitsrecht Nr 2; KG IPRspr 1960/61 Nr 83 S 297; Soergel-Siebert-Kegel Vorbem 562 zu Art 7 EGBGB; Beemelmans 97; Behrens Rz 114 S 537; Wiedemann, Entwicklung 821). Die Entscheidung über die Auflösung und Abwicklung bleibt also den Mitgliedern vorbehalten, es erfolgt keine zwangsweise weitere Zertrümmerung des Vermögens.

bb) Mindermeinungen 484

Diese Auffassung wird vereinzelt in der Rechtsprechung (OLG München IPRspr 1954/55 Nr 12) und ihr folgend in der Lehre (vor allem Flume, aber auch Mertens) für den Fall angegriffen, daß es sich nicht um eine zuvor deutschem Recht unterstehende Gesellschaft handelt. Man könne nach den allgemeinen Regeln des Internationalen Gesellschaftsrechts (oben Rz 268) nicht annehmen, daß eine Gesellschaft mit ihrer alten Identität bei uns als fortbestehend gelte, während sie nach ihrem ursprünglichen Gesellschaftsstatut aufgelöst sei. Es gehe um die Bedingungen für das Entstehen einer juristischen Person im Inland (FLUME 150 f unter Bezugnahme auf RGZ 129, 92, 102: „Das rechtliche Dasein der juristischen Person ... steht insoweit in Frage".). Die Anerkennung der Rechtspersönlichkeit im Inland setze aber wirksame Gründung und Fortexistenz nach dem Gesellschaftsstatut voraus, ersetze diese Erfordernisse nicht (RGZ 129, 98, 107 – oben Rz 130). Die Auflösung der juristischen Person durch ihren Heimatstaat sei unserer Rechtsordnung vorgegeben. Es sei daher „die Organisation der juristischen Person in Liquidation" anzunehmen:

> „Eine solche kraft der inländischen Rechtsordnung angenommene juristische Person in Liquidation für das Inlandsvermögen ist aber nicht identisch mit der konfiszierten juristischen Person, deren Existenz in der ausländischen Rechtsordnung begründet war. Es ist nicht so, daß das inländische Vermögen die ausländische juristische Person als Rechtsträger ‚am Leben erhält'. Die Annahme einer juristischen Person für das inländische Abwicklungsvermögen ist nichts anderes als ein rechtstechnisches Mittel zur Abwicklung des inländischen Vermögens der konfiszierten juristischen Person. Es geht nur um eine selbständige Liquidation für das Inlandsvermögen, wie es selbständige Konkursverfahren gibt" (FLUME 163).

Das soll jedoch nicht gelten für eine Gesellschaft aus dem Gebiet der DDR. Bei ihr habe sich durch eine Sitzbegründung in der Bundesrepublik Deutschland nichts geändert. Von ihrem Fortbestand als werbende Gesellschaft sei auszugehen (FLUME 154 f mit Bezug auf OLG München IPRspr 1954/55 Nr 12; RGZ 107, 94, 99; vgl SOERGEL-SIEBERT-KEGEL Vorbem 562 zu Art 7 EGBGB).

485 Ähnlich meint REUTER (MünchKomm-REUTER § 23 Rz 5), die Annahme einer juristischen Person in Liquidation sei praktisch unangemessen. Das laufe darauf hinaus, für die Zwecke der Liquidation „eine komplette neue Handlungs- und Haftungsorganisation einzurichten". Deshalb sei lediglich ein Verfahren wie bei der Nachtragsabwicklung inländischer juristischer Personen analog § 273 Abs 4 AktG einzuschlagen (MünchKomm-REUTER § 23 Rz 6; vgl auch RGZ 134, 91, 94). Gemäß dieser Vorschrift ist die Liquidation nach ihrem offiziellen Abschluß wieder aufzunehmen, wenn später noch Vermögenswerte und/oder Gläubiger auftauchen (dazu BGHZ 53, 264). Das Gericht hat dann auf Antrag eines Beteiligten Liquidatoren zu bestellen. Zuständig sei (wegen des Fehlens eines Satzungssitzes im Inland – vgl § 14 AktG, § 55 BGB – oben Rz 450), das Gericht, wo das hauptsächliche Vermögen belegen sei (MünchKomm-REUTER § 23 Rz 6).

486 cc) Rückumwandlung in werbende Gesellschaft

Ungeklärt ist innerhalb dieser Mindermeinungen, wie eine solche Gesellschaft in Liquidation wieder zu einer werbenden Gesellschaft werden kann. Möglich ist die Neugründung als Gesellschaft nach deutschem Recht mit konstitutivem Gründungsrecht, Anpassung der Satzung an das deutsche Recht und Eintragung in das Handelsregister. Streitig ist, ob eine Rückumwandlung in eine werbende Gesellschaft durch (qualifiziert) mehrheitlichen Fortsetzungsbeschluß der Gesellschafter entsprechend § 274 AktG möglich ist (dazu allgemein MünchKomm-REUTER § 49 Rz 9 u 10). Dafür spricht sich aus MERTENS (106 – Anwendungsnorm § 274 AktG), dagegen wenden sich FLUME (164) und REUTER (MünchKomm – REUTER § 23 Rz 6). FLUME (164 f) meint:

> „Wenn ein Teil der Gesellschafter ein inländisches Unternehmen der konfiszierten Gesellschaft fortführen will, so mögen diese Gesellschafter das Unternehmen

im Rahmen der Liquidation unter Verrechnung gegen ihre Ansprüche auf den Liquidationserlös erwerben".

Wenn man der Mindermeinung überhaupt folgt (dazu unten Rz 487), spricht für die Auffassung von MERTENS, daß sie die extraterritorialen Auswirkungen immerhin stärker eingrenzt. Die überstimmten Gesellschafter würden zwar gegen ihren Willen Gesellschafter einer werbenden Gesellschaft nach deutschem Recht (dazu unten Rz 491); das erscheint aber zumutbar, wenn man das Interesse der Mehrheit dagegen hält, daß die Gesellschaft nicht zwangsweise liquidiert wird.

dd) Stellungnahme 487

In dem Streit um werbende Gesellschaft, Liquidationsgesellschaft und Identität begegnen wir einem Zielkonflikt: Während einerseits die extraterritorialen Wirkungen der Enteignung eingeschränkt werden sollen, will man andererseits Kollisionen mit tragenden Prinzipien des Internationalen Gesellschaftsrechts vermeiden. Jede Seite rückt nur den jeweils anderen Aspekt des Problems in den Vordergrund.

Der hM ist zu folgen. Für die Auffassung von FLUME, MERTENS und REUTER läßt sich **488** zwar anführen, daß die Annahme einer Liquidationsgesellschaft in den meisten – aber nicht in allen (vgl BGH IPRspr 1964/65 Nr 189) – Fällen der Realität entspricht; die Theorie der Rest- bzw Spaltgesellschaft ist zumeist nur eine Hilfskonstruktion auf dem Weg zu einer geordneten Liquidation (SEIDL-HOHENVELDERN, Berichte der Deutschen Gesellschaft f Völkerrecht 13 [1973] 100). Aber es ist eben nicht immer so und es ist schwer einzusehen (vgl aber unten Rz 490), warum eine werbende Gesellschaft gegen den Willen der Mehrheit der Anteilseigner weiter zerschlagen werden soll.

Soweit sich FLUME auf RGZ 129, 98, 102 stützt, läßt er außer acht, daß sich das **489** Reichsgericht wegen des Rapallo-Vertrages genötigt sah, die Vernichtung der Rechtspersönlichkeit hinzunehmen. Dagegen hat das Reichsgericht in RGZ 107, 94 die Rechtsfigur der Rest- bzw Spaltgesellschaft „in ihrem Kern bereits erkannt und angewendet" (BGHZ 62, 340, 344). In einer späteren Entscheidung (RG IPRspr 1934 Nr 12 S 23 f) hat das Reichsgericht diese Lehre jedenfalls für den Fall als möglich hingestellt, daß der Rapallo-Vertrag nicht entgegensteht:

> „Würde im Gegensatz zu dem russischen Recht das englische Recht anerkennen, daß eine in England befindliche Zweigniederlassung einer ausländischen Gesellschaft trotz Auflösung der Hauptniederlassung bei Weiterbetrieb ihrer Geschäfte in England noch ihre Rechtspersönlichkeit behalten könne, so würde allerdings in Erwägung gezogen werden können, daß nunmehr die Gesellschaft ihren Sitz in England habe, und daß aus diesem Grunde für die Fragen des Weiterbestehens der Rechtspersönlichkeit nach deutschem internationalen Privatrecht nunmehr die englische Rechtsauffassung heranzuziehen sei."

Bei dem hier angesprochenen Streit um werbende Gesellschaft oder Liquidationsge- **490** sellschaft und um das Problem der Identität geht es aber nicht um dogmatische Prinzipien, sondern darum, wie eine effektive Rechtskontrolle über die Rest- oder Spaltgesellschaft gesichert werden kann. Das hängt eng mit der Frage zusammen, welchem Recht die Rest- oder Spaltgesellschaft untersteht und ob die Durchsetzung dieses Rechts nur bei Liquidation und anschließender Neugründung gewährleistet ist. Den Anhängern der Lehre von der Liquidationsgesellschaft geht es denn auch letztlich darum, die Herrschaft des deutschen Rechts als des Staates des neuen Verwaltungssitzes oder der Belegenheit des Hauptvermögens sicherzustellen (ganz deutlich FLUME 163 f). Sie wenden daher der Sache nach die Regeln über die internationale Verlegung des Verwaltungssitzes (oben Rz 348) auf die Rest- oder

Spaltgesellschaft an. Dahinter steht die Auffassung, daß die Geltung des Rechts des fortan hauptbetroffenen Staates nur gesichert ist bei Annahme einer Liquidationsgesellschaft und dem damit ausgeübten Druck zu einer evtl Neugründung unter dem neuen Gesellschaftsstatut. Zu prüfen ist daher, ob die Besonderheiten bei Rest- und Spaltgesellschaften ein Abweichen von den allgemeinen Regeln über die Verlegung des Verwaltungssitzes rechtfertigen. Das ist zu bejahen, wie im folgenden (insbes Rz 498) noch näher gezeigt werden wird.

491 **c) Gesellschaftsstatut**

aa) Stand der Meinungen

Die Frage nach dem Gesellschaftsstatut ist streitig. Der Bundesgerichtshof hatte zunächst ausschließlich mit Gesellschaften zu tun, die vormals deutschem Recht unterlagen. Er wandte daher auf die Rest- bzw Spaltgesellschaft ebenfalls deutsches Recht an, ohne klarzumachen, ob es sich um westdeutsches Recht handelte (Beemelmans 47; BGHZ 33, 195, 203; BGH IPRspr 1956/57 Nr 17). Die Rechtsprechung deutete aber schon bald auch in anderen Fällen die weitere Behandlung der Rest- bzw Spaltgesellschaft nach deutschem Recht an (vgl BGHZ 19, 102, 105; ebenso Beitzke Anm zu BAG AP Internationales Privatrecht, Arbeitsrecht Nr 2; Wiedemann, Entwicklung 820). Diese Auffassung verfestigte sich im Laufe der Zeit. Der Bundesgerichtshof (IPRspr 1962/63 Nr 59 S 63) sieht es als naheliegende Folgerung an, „daß die in Deutschland entstandene Spaltgesellschaft nach deutschem Recht zu beurteilen und namentlich nach deutschem Recht abzuwickeln (oder umzugründen) ist“. Jedenfalls lasse sich die Auffassung, „daß die neu entstandene Spalt-Gesellschaft eine Gesellschaft des deutschen Rechtes ist, . . . nicht ohne weiteres von der Hand weisen“. In IPRspr 1970 Nr 6 b S 24 spricht der Bundesgerichtshof von einer „deutschen Genossenschaft“, die Rechtspersönlichkeit „nach dem Recht und im Gebiet der Bundesrepublik Deutschland hat“ (ähnlich OLG Hamburg IPRspr 1970 Nr 9; anders: BAG AP Internationales Privatrecht, Arbeitsrecht Nr 2; anscheinend auch OLG München IPRspr 1966/67 Nr 189). BGH IPRspr 1977 Nr 4 S 14 nennt die Frage allerdings noch „sehr zweifelhaft“.

492 Die Literatur vertritt zT die Auffassung, daß für die Rest- bzw Spaltgesellschaft das alte Gesellschaftsstatut gelte (Beemelmans 49; Soergel-Siebert-Kegel Vorbem 556, 562 zu Art 7 EGBGB; Behrens Rz 113, 114 S 335). Andere Autoren wenden deutsches Recht an (Beitzke, Probleme 29 f; Flume 163 f; Wiedemann, Entwicklung 820).

493 **bb) Stellungnahme**

Dieser letzteren Auffassung ist aus der Sicht der Sitztheorie (oben Rz 18) zu folgen. Die bisherigen Entscheidungen beruhen darauf, daß in allen Fällen die Hauptmasse des Vermögens der Rest- bzw Spaltgesellschaft und der neue Verwaltungssitz – so überhaupt vorhanden – sich in der Bundesrepublik Deutschland befanden. Die Anwendung deutschen Rechts entspricht dann den Grundtendenzen der Sitztheorie, der enteignende Staat ist nicht mehr „Hauptbetroffener“. Bei Belegenheit des Vermögens in einem anderen ausländischen Staat s unten Rz 501.

494 Es ist schon mißlich, eine Gesellschaft, die ihr überwiegendes Vermögen in der Bundesrepublik Deutschland hat, weiter nach ausländischem Recht zu beurteilen, obgleich das ausländische Recht selbst von der Gesellschaft nichts wissen will. Käme hier nicht deutsches Recht zur Anwendung, so wäre die Gesellschaft fortan keiner vollwirksamen Rechtskontrolle unterworfen (zB bei der Stiftungsaufsicht). Vollends unhaltbar wird es, wenn der enteignende Staat das Rechtsinstitut der jeweiligen

Vereinigung ganz aufhebt. Das Gebilde würde dann nach einem fiktiven Recht weiterleben (WIEDEMANN, Entwicklung 820). Vor allem aber widerspräche es den mit der Rest- bzw Spaltgesellschaft verfolgten Abwehrinteressen, wenn der enteignende Staat über sein als Gesellschaftsstatut weitergeltendes Recht in die Rest- bzw Spaltgesellschaft hineinregieren könnte. Gerade dieser letzte Gesichtspunkt hat die Rechtsprechung zur Anwendung deutschen Rechts veranlaßt (zB Abwehr einer ausländischen Wertpapierbereinigung, BGH IPRspr 1962/63 Nr 59 S 164).

Die Rechtsprechung ist auch der Meinung, daß der Statutenwechsel den Gesell- 495
schaftern zuzumuten sei, selbst wenn sie „nunmehr ohne ihren Willen Gesellschafter einer nach deutschem Recht zu beurteilenden Gesellschaft" seien (BGH IPRspr 1962/63 Nr 59 S 163). Die Entstehung der Rest- bzw Spaltgesellschaft sei eine notwendige Folge der Enteignung durch den ausländischen Staat, „die alle Aktionäre hinzunehmen hätten, weil es Maßnahmen des Sitzstaates ihrer Gesellschaft" seien (164). Im übrigen werden die Gesellschafter mehr Zutrauen zu einem Recht haben, das ihnen über die Rest- bzw Spaltgesellschaft Schutz ihrer Vermögensinteressen bietet, als zu dem Recht des enteignenden Staates, dessen Zugriff sie gerade entkommen sind. Diese Überlegungen gelten gleichermaßen für die werbende wie für die Liquidationsgesellschaft. Insoweit ist FLUME (163 f) zu folgen.

Die Anwendung deutschen Rechtes auf die Rest- bzw Spaltgesellschaft ist mit der 496
Stellung vereinbar, die die Rechtsprechung hinsichtlich der Geschäftsführungs- und Vertretungsbefugnisse der bisherigen Organe bis zum Ablauf ihrer Bestellungszeit einnimmt (oben Rz 459, 476). Es handelt sich dabei um eine Übergangsmaßnahme, die sich wegen des Ausnahmecharakters der Situation vertreten läßt (zu schroff ablehnend FLUME 164). BEITZKE (Probleme 33) spricht daher plastisch von einer „eigentümlichen inländischen provisorischen Gesellschaft".

cc) Anwendbare Vorschriften 497

Anzuwenden sind jeweils die Vorschriften des deutschen Rechts, „die für die der ausländischen juristischen Person entsprechende oder am ehesten entsprechende inländische juristische Person ... gelten" (FLUME 164; WIEDEMANN, Entwicklung 820). Daher gilt zB § 85 AktG selbst dann, wenn das ausländische Recht keine solche Bestimmung kennt (BGH IPRspr 1962/63 Nr 59). Satzungsbestimmungen sind zu beachten, soweit sie nach deutschem Recht zulässig sind. Gewiß können sich Schwierigkeiten bei der Suche nach der vergleichbaren oder am ehesten vergleichbaren Gesellschaftsform des Inlands ergeben (MünchKomm – REUTER § 23 Rz 5; oben Rz 239). Aber es ist zu beachten, daß es sich um Einzelfälle aufgrund einer Ausnahmesituation handelt. Für solche Einzelfälle ist das Problem nicht unlösbar, wie das Beispiel des Steuerrechts zeigt (GROSSFELD, Basisgesellschaften im Internationalen Steuerrecht [1974] 67).

Die Geltung deutschen Rechts wird im allgemeinen Anpassungen kleineren oder 498
größeren Umfangs erforderlich machen. Die Kernfrage ist nun, ob das auch dann hinreichend sichergestellt ist, wenn man eine werbende Gesellschaft annimmt, oder ob durch Annahme einer Liquidationsgesellschaft ein stärkerer Druck zur Anpassung an das deutsche Recht auszuüben ist (vgl oben Rz 490). Denn eine nachträgliche Anwendung deutschen Rechts auf eine zuvor nach anderem Recht gegründete Gesellschaft wurde oben (Rz 55) als nicht befriedigend bezeichnet. Aber hier liegen die Dinge anders: Die Gefahr, daß deutsches Recht umgangen wird, ist von vornherein nicht gegeben. Es handelt sich um Einzelfälle, die die Rechtsordnung nicht überfordern, und um den Versuch, die Folgen eines „Schicksalschlages" möglichst schonend auszugleichen. Angesichts dieser Besonderheiten dürften die Einwirkungsmöglichkeiten des deutschen Rechts auch dann ausreichen, wenn man

eine werbende Gesellschaft annimmt: Juristische Personen des deutschen Rechts müssen ihren Satzungssitz im Inland haben (oben Rz 178); der Satzungssitz ist im Vereins-, Gesellschafts- oder Genossenschaftsregister einzutragen (§ 64 S 1 BGB, § 39 Abs 1 S 1 AktG, § 10 Abs 1 S 1 GmbHG, §§ 10 Abs 1 iVm 6 Nr 1 GenG); die Eintragung wird durch Auflösungsdrohung erzwungen (vgl BEEMELMANS 49; oben Rz 179). Ferner ergeben sich bei fehlender Eintragung Nachteile aus der negativen Publizität der Register (§ 68 BGB, § 15 Abs 1 u 2 HGB). Dadurch entsteht zugleich ein „Anpassungsdruck". Das dürfte für die hier vorliegenden Ausnahmefälle genügen.

499 **d) Anzahl der Rest- oder Spaltgesellschaften**

aa) Stand der Meinungen

Streitig ist ebenfalls die Frage, ob außerhalb des enteignenden Staates eine einzige Rest- oder Spaltgesellschaft für das gesamte Vermögen außerhalb des enteignenden Staates oder in jedem Belegenheitsstaat eine eigene Gesellschaft entsteht. Dieser Streit wird vielfach mit der Frage verknüpft, welches das Gesellschaftsstatut der Gesellschaft ist. Soweit das alte Statut als fortgeltend angesehen wird, liegt die Annahme einer einzigen Gesellschaft nahe (so SOERGEL-SIEBERT-KEGEL Vorbem 556 zu Art 7 EGBGB). Dagegen meinen diejenigen, die von einem Wechsel des Gesellschaftsstatuts ausgehen zT, daß sich in den einzelnen Belegenheitsstaaten voneinander verschiedene Gesellschaften bilden; die Frage sei jeweils selbständig nach dem Recht des Staates zu beurteilen, wo das Vermögen belegen ist (FLUME 163; WIEDEMANN, Entwicklung 821). Andere nehmen dagegen auch in diesem Fall nur eine einzige Gesellschaft an (BEITZKE, Probleme 36; BFH BStBl III 1966, 207).

500 **bb) Stellungnahme**

Das Problem bedarf einer differenzierten Behandlung. Auszugehen ist dabei von der Meinung, die im Grundsatz eine einzige Gesellschaft annimmt; denn das entspricht dem Ziel, möglichst zu einem einheitlichen Gesellschaftsstatut zu gelangen (oben Rz 10). Wie auch sonst nehmen wir – falls wir kraft (Not-) Verwaltung oder kraft Belegenheit des Hauptvermögens zuständig sind – für die nach unserem Recht entstandene Gesellschaft eine universale Geltung in Anspruch. Von daher steht an sich nicht entgegen, auch außerhalb der Bundesrepublik belegenes Vermögen der Rest- oder Spaltgesellschaft zuzurechnen (wie es RG IPRspr 1934 Nr 12 S 23 im entsprechenden Fall einer englischen Spaltgesellschaft zu tun bereit gewesen wäre – ausführlicher BEITZKE 36). Schwierigkeiten können sich aber aus dem Recht des jeweiligen ausländischen Belegenheitsstaates ergeben – nämlich dann, wenn dieses unserer Theorie der Rest- oder Spaltgesellschaft nicht folgt (wenn es zB ein eigenständiges Liquidationsverfahren oder eine selbständige Gesellschaft annimmt). Diesen Standpunkt des Belegenheitsstaates sollten wir – wie auch sonst bei dinglichen Geschäften (lex rei sitae) – respektieren.

501 **e) Ausländische Rest- oder Spaltgesellschaft**

In der Vergangenheit ist die Frage des anwendbaren Rechts zumeist unter dem Gesichtspunkt geprüft worden, ob das alte Recht oder deutsches Recht Gesellschaftsstatut für die Rest- oder Spaltgesellschaft ist. Das entsprach der Tatsache, daß die Gesellschaft hier fortgeführt wurde oder sich hier wohl ihr Hauptvermögen befand. Konsequent ist es aber, die Rest- bzw Spaltgesellschaft allgemein dem Recht des Staates zu unterstellen, in dem ihre (Not-) Verwaltung ist oder sich das Hauptvermögen befindet. Dieses Recht entscheidet darüber, ob eine Rest- oder

Spaltgesellschaft entsteht (RG IPRspr 1934 Nr 12 S 23 f). Wir sollten uns insoweit dem Recht des Hauptbelegenheitsstaates beugen, soweit er nicht seinerseits – über die Anerkennung der Enteignung – selbst Enteignerstaat ist. Verneint zB das danach zuständige englische Recht eine Spaltgesellschaft (dazu LIPSTEIN Clunet 88 [1961] 1170), so erfolgt auch in Deutschland lediglich eine Abwicklung nach dem von REUTER (MünchKomm-REUTER § 23 Rz 6) vorgeschlagenen Verfahren.

8. Forderungen der Rest- oder Spaltgesellschaft 502

Die territoriale Begrenzung der Enteignungswirkungen durch die Theorie von der Rest- oder Spaltgesellschaft kann bei Forderungen zu Sonderproblemen führen. Denn soweit die Enteignung einer Forderung nicht anerkannt ist, wird dieselbe Forderung uU von der Rest- oder Spaltgesellschaft und der Altgesellschaft oder dem Enteignungsbegünstigten geltend gemacht.

a) Wirkung der Enteignung 503

Die Rechtsprechung und der überwiegende Teil der Lehre vermindern die Gefahr einer Doppelinanspruchnahme, indem sie an den Schuldner(wohn-)sitz anknüpfen: (Gesellschafts-)Forderungen können nur wirksam enteignet werden, wenn der (Wohn-)Sitz des Schuldners im Zeitpunkt der Enteignung im enteignenden Staat liegt – Gedanke aus § 23 S 2 ZPO (RGZ 107, 44, 46; 140, 340, 343; BGHZ 5, 35, 38; 23, 333, 336; 25, 134, 143; BGH IPRspr 1977 Nr 4; BAG IPRspr 1972 Nr 142; BLECKMANN, Grundgesetz und Völkerrecht [1975] 130; FICKER, Grundfragen des deutschen interlokalen Rechts [1952] 106; NEUHAUS, Die Grundbegriffe des internationalen Privatrechts [2. Aufl 1976] 246; RAAPE, Internationales Privatrecht [5. Aufl 1961] 674; w umfangr Nachw b SOERGEL-SIEBERT-KEGEL Vorbem 537 zu Art 7 EGBGB m Fn 10; Kritik bei SEIDL-HOHENVELDERN, Internationales Konfiskations- und Enteignungsrecht [1952] 88, 90 – dort auch zur rechtstheoretischen Begründung der hM).

Bei dieser Anknüpfung besteht die Gefahr einer doppelten Inanspruchnahme nur, wenn der Schuldner im enteignenden Staat zwar keinen (Wohn-)Sitz, wohl aber Vermögen hat, auf das die Altgesellschaft oder der Enteignungsbegünstigte mittels Zwangsmaßnahmen faktisch Zugriff nehmen kann.

Abweichend von der hM will ein Teil der Literatur (KEGEL, Probleme des internationalen Enteignungs- und Währungsrechts [1956] 26 ff; ders, Internationales Privatrecht [4. Aufl 1977] 512 f; SOERGEL-SIEBERT-KEGEL Vorbem 541 f zu Art 7 EGBGB; im folgend BEEMELMANS 110 f m S 115; ferner WENGLER in: FS d Juristischen Fakultät der Freien Universität Berlin [1955] 285 ff, 334 ff; offengelassen in BGH IPRspr 1977 Nr 4) Forderungen an die Lage des Schuldnervermögens anknüpfen. Die Enteignung der (Gesellschafts-)Forderung wird also immer und nur mit Wirkung für Schuldnervermögem im enteignenden Staat anerkannt. Mit Wirkung für Schuldnervermögen innerhalb des Enteigungsstaates steht die Forderung somit der alten Gesellschaft oder dem Enteignungsbegünstigten zu. Mit Vermögen, welches der Schuldner außerhalb des enteignenden Staates hat, muß er die Rest- oder Spaltgesellschaft befriedigen. Die Anknüpfung an die Lage des Schuldnervermögens führt danach zur Spaltung der Forderung und zur Gefahr der Doppelinanspruchnahme. Denkbar ist sogar eine mehrfache Inanspruchnahme. Denn theoretisch könnte die (Gesellschafts-)Forderung in mehr als einem fremden Staat enteignet werden. Es gäbe dann so viele Forderungen wie Enteignungen, jede beschränkt auf das Schuldnervermögen im jeweils enteignenden Staat. 504

505 **b) Materiellrechtliche Erleichterungen**

Wenn „greifbare Anhaltspunkte" dafür vorliegen, daß der Schuldner doppelt leisten muß, wird ihm ein Leistungsverweigerungsrecht zugebilligt (so namentlich der BGH: BGHZ 25, 134, 152; WM 1957, 1001; WM 1972, 394, 396; IPRspr 1974 Nr 4; ferner RAAPE, Internationales Privatrecht [5. Aufl 1961] 680 f, unter Aufgabe seines in der 4. Aufl vertretenen gegenteiligen Standpunkts; berichtend SOERGEL-SIEBERT-KEGEL Vorbem 577 zu Art 7 EGBGB m Fn 2).

506 KEGEL will dem Schuldner im Falle einer Doppel- (oder Mehrfach-)Inanspruchnahme mit dem die Forderung beherrschenden materiellen Recht helfen: Die Rest- oder Spaltgesellschaft müsse sich (etwa über den Wegfall der Geschäftsgrundlage – § 242 BGB) die Herabsetzung ihrer Forderung (grundsätzlich auf die Hälfte) gefallen lassen (KEGEL, Probleme des internationalen Enteignungs- und Währungsrechts [1956] 20 u 30). Der Schuldner wird danach uU 1½mal statt zweimal leisten müssen, denn der enteignende Staat wird dem Schuldner regelmäßig nicht entgegenkommen (vgl BEEMELMANS 115 f). Die Vermehrung der Passiva auf das 1½fache ist nach KEGEL hinzunehmen: Wie der Schuldner nicht verhindern könne, daß durch Enteignung seine Aktiva vermindert, so könne er auch nicht verhindern, daß durch die Enteignung seine Passiva vermehrt werden (KEGEL 30; SOERGEL-SIEBERT-KEGEL Vorbem 541 zu Art 7 EGBGB; zustimmend BEEMELMANS 111). Diese Begründung ist jedoch bedenklich. Denn die Vermehrung der Passiva belastet den Schuldner in der Zukunft (vgl GROSSFELD, Zivilrecht als Gestaltungsaufgabe [1977] 36), wohingegen die Verminderung der Aktiva in der Gegenwart wirkt. Die Vermehrung der Passiva ist im Ergebnis daher qualitativ etwas anderes als die Verminderung der Aktiva. Es bleibt also nur, dem Schuldner ein Leistungsverweigerungsrecht zu geben.

507 **c) Hinterlegung, Gesamtschuld**

Fraglich ist, ob ein Hinterlegungsgrund besteht, wenn sowohl die Rest- oder Spaltgesellschaft als auch die Altgesellschaft oder der Enteignungsbegünstigte versuchen, den außerhalb des Enteignungsstaates wohnenden Schuldner in Anspruch zu nehmen. Da nach der im Inland herrschenden Rechtsauffassung die Rest- oder Spaltgesellschaft Gläubigerin des Schuldners mit (Wohn-)Sitz außerhalb des Enteignungsstaates ist (oben Rz 503), dürfte im allgemeinen ein Hinterlegungsgrund nicht bestehen (so ERMAN-H. P. WESTERMANN [6. Aufl 1975] § 372 Rz 2 aE: „an sich" kein Hinterlegungsgrund; weitergehend allerdings RAAPE, Internationales Privatrecht [5. Aufl 1961] 680: Die Rechtslage sei inzwischen geklärt; der Schuldner dürfe daher heute nicht mehr daran zweifeln, daß er dem alten Gläubiger schulde; deshalb bestehe kein Hinterlegungsgrund); doch kommt es entscheidend auf die besonderen Umstände des Einzelfalles an (BGHZ 7, 303, 307, wo dem Schuldner indes eine Pflicht zur Erkundigung über die Rechtslage auferlegt wird; aM noch OLG Hamm HEZ 2, 244, 245; gegen die Erkundigungspflicht PALANDT-HEINRICHS [38. Aufl 1979] § 372 Anm 4 c: „bedenkliche Überspannung der Schuldnerpflicht" und JAUERNIG-STÜRNER, Bürgerliches Gesetzbuch [1979] § 372 Anm 1: „sehr weitgehende Nachforschungspflicht"). Allein durch das Entstehen einer Rest- oder Spaltgesellschaft in der Bundesrepublik Deutschland verwandelt sich eine Forderung in ausländischer Währung (Valutaforderung) nicht in eine Geldforderung in deutscher Währung (BGH IPRspr 1977 Nr 4).

508 Haften für eine enteignete Forderung zwei Personen gesamtschuldnerisch, von denen die eine im, die andere außerhalb des enteignenden Staates ihren (Wohn-)Sitz hat, so kann die Rest- oder Spaltgesellschaft sich an den Gesamtschuldner mit (Wohn-)Sitz außerhalb des enteignenden Staates halten, obgleich die Beschlagnah-

me der Forderung gegen den im enteignenden Staat wohnenden Mitschuldner hier grundsätzlich als wirksam anerkannt wird (Raape 681; dort auch zu der vergleichbaren Problematik der Haftung eines außerhalb des Enteignungsstaates wohnenden Bürgen).

9. Verbindlichkeiten der Rest- oder Spaltgesellschaft 509

a) Problemstellung

Die Frage der Haftung der Rest- oder der Spaltgesellschaft für Altverbindlichkeiten steht im Spannungsfeld zwischen der wirtschaftlichen Existenzfähigkeit dieser Gesellschaft und dem Schutz der Gläubiger der enteigneten Gesellschaft. Zu prüfen ist (in Anlehnung an Beemelmans 108):

(1) Steht die Forderung noch dem ursprünglichen Gläubiger zu, oder hat der enteignende Staat die Verbindlichkeiten der alten Gesellschaft auch mit Wirkung für das Ausland anulliert? (unten Rz 510)

(2) Wie verhält sich die Haftung der Rest- oder Spaltgesellschaft zur Haftung der Altgesellschaft? (unten Rz 512)

(3) Können der Rest- oder Spaltgesellschaft materiellrechtliche Haftungserleichterungen zugestanden werden? (unten Rz 517)

b) Wirkung der Enteignung 510

Mit der Enteignung des Gesellschaftsvermögens bzw der Mitgliedschaftsrechte geht oft die Enteignung der Forderungen gegen die Gesellschaft einher. Es stellt sich die Frage, welche Forderungen der enteignende Staat für erloschen erklären kann, insbesondere, ob sich die Enteignung auch im Ausland auswirkt. Anzuknüpfen ist dafür an die Belegenheit der Forderung, dh die tatsächliche Möglichkeit des enteignenden Staates, auf die Forderung zugreifen zu können. Wo Forderungen belegen sind, ist streitig (oben Rz 503, 504). Nach Rechtsprechung und herrschender Meinung in der Literatur sind Forderungen am (Wohn-)Sitz des Schuldners belegen. Diese Meinung müßte zur Anerkennung der Enteignung im Ausland führen, sie hätte „Exportwirkung“ (Kegel, Internationales Privatrecht [4. Aufl 1977] 512). Dennoch wird diese Konsequenz nicht gezogen, weil Enteignungsmaßnahmen wegen des Territorialitätsprinzips grundsätzlich nicht über die Grenzen des enteignenden Staates hinausreichen. Rechtsprechung und Literatur nehmen vielmehr an, daß die Rest- oder Spaltgesellschaft für die vor der Enteignung entstandenen Schulden der Altgesellschaft haftet (Raape 666 Fn 18; Würdinger SJZ 1950 Sp 81, 85; Loos AWD 1958, 110, 111; BGHZ 56, 66, 69 mwN zur Rspr; BGH IzRspr 1954–57 Nr 200; BGH WM 1961, 998; BGH WM 1972, 394, 396; BAG AP Internationales Privatrecht, ArbeitsR Nr 2 = RdA 1959, 316; OGHZ 1, 386, 396; zur Haftung des im Westen befindlichen Gesellschafters einer enteigneten Ostgesellschaft BGHZ 5, 35, 38 f; Überblick bei Wiedemann, Entwicklung 822; Soergel-Siebert-Kegel Vorbem 567 zu Art 7 EGBGB; zur französischen und schweizerischen Rechtsprechung vgl Beemelmans Fn 375).

511 In der Literatur wird teilweise eine Forderung als überall dort belegen angesehen, wo der Schuldner Vermögen hat (oben Rz 504): dieses und damit die Forderung zu erfassen habe der Enteignungsstaat Macht. Auf Vermögen außerhalb des Gebiets des enteignenden Staates und insoweit auch auf die Forderungen kann der enteignende Staat jedoch nicht zugreifen. Die Haftung der abgespaltenen Gesellschaft für diese Forderungen ergibt sich dann zwangsläufig, weil sie mit der alten Gesellschaft identisch ist (Beitzke, FS Janssen [1971] 29, 39; Beemelmans 111; Soergel-Sie-

BERT-KEGEL Vorbem 567 zu Art 7 EGBGB). Im Ergebnis können also nach beiden Meinungen die ursprünglichen Gläubiger ihre Forderungen gegen die Rest- oder Spaltgesellschaft geltend machen (BEHRENS Rz 113 S 536).

512 **c) Einschränkung der Haftung**

Falls die Gläubiger die Rest- oder Spaltgesellschaft in voller Höhe in Anspruch nehmen könnten, würde diese wirtschaftlich ausgehöhlt. Das käme – da insoweit die Forderungen auch gegenüber der Altgesellschaft erlöschen – dem enteignenden Staat zugute. Es kann aber auch nicht richtig sein, alle Altverbindlichkeiten der Altgesellschaft aufzubürden und die Rest- oder Spaltgesellschaft völlig zu entlasten: vielmehr besteht ja mit der Rest- oder Spaltgesellschaft ein haftender Teil der Altgesellschaft fort (BEEMELMANS 113). Nach ganz einhelliger Auffassung ist jedoch eine Einschränkung der Haftung der Rest- oder Spaltgesellschaft geboten. Um das zu erreichen, werden verschiedene Ansätze vertreten (BEHRENS Rz 113 S 536; WIEDEMANN, Entwicklung 823; Überblick über ausländische Rechte bei SEIDL-HOHENVELDERN, Internationales Konfiskations- und Enteignungsrecht [1952] 123). Die Gesellschafter der Rest- oder Spaltgesellschaft sind nicht verpflichtet, vor einer Teilung der Vermögensstücke der enteigneten Gesellschaft die Gläubiger der Altgesellschaft oder des Enteignungsbegünstigten zur Anmeldung ihrer Ansprüche öffentlich aufzufordern (vgl RG IPRspr 1935–44 Nr 33).

513 Nach dem Bundesgerichtshof und der Literatur können der Enteignerstaat selbst und seine Organisationen keine Befriedigung aus dem Vermögen der Rest- oder Spaltgesellschaft suchen; sie müssen sich an die Altgesellschaft halten und sich gegebenenfalls den Fortfall des Schuldners nach ihrer eigenen Rechtsordnung vorhalten lassen (BGHZ 56, 66, 71; vgl auch BFH WM 1973, 822, 823; BEITZKE, FS Janssen [1971] 29, 39; BEHRENS Rz 113 S 536; wohl auch WIEDEMANN, Entwicklung 823; FLUME, Juristische Person 165 pflichtet dem Ergebnis bei, obwohl er im übrigen die Spaltungstheorie ablehnt).

514 Bei den Instanzgerichten und in der Literatur ist umstritten, ob sich darüber hinaus alle Gläubiger, die dem Enteignungsstaat zuzurechnen sind, an die Altgesellschaft oder an den Enteignungsbegünstigten verweisen lassen müssen (so: KG NJW 1951, 486; FICKER 113; VEITH MDR 1951, 258, 260; WIEDEMANN, Gesellschaftsrecht 851; aA: OLG Braunschweig NJW 1947/48, 425, 426 m Anm LANGEN = DRZ 48, 251 m Anm JAGUSCH; LG Berlin NJW 1952, 310, 311 unter ausdrücklicher Ablehnung der obengenannten Entscheidung des KG; LOOS AWD 1958, 110, 111 Fn 19; SOERGEL-SIEBERT-KEGEL Vorbem 567 zu Art 7 EGBGB). Dagegen spricht, daß diese Gläubiger in Bezug auf ihren konkreten Anspruch aus der Enteignung keinen Nutzen haben (SCHULTE-UHLENBROCK S 111).

515 LOOS (AWD 1958, 110, 111) nimmt gesamtschuldnerische Haftung von Rest- oder Spalt- und Altgesellschaft an. Im Innenverhältnis befürwortet er einen Ausgleich (entsprechend § 426 BGB) nach dem Verhältnis des gespaltenen Aktivvermögens. Der Ausgleichsanspruch ist aber nur realisierbar, wenn die berechtigte Gesellschaft eine Klage- und Vollstreckungsmöglichkeit hat. Das wird im Enteignerstaat kaum der Fall sein (BEITZKE, FS Jansen [1971] 29, 39; DROBNIG RabelsZ 18 [1953] 658, 684). Denkbar ist indes, daß der interne Haftungsmaßstab auf das Außenverhältnis durchschlägt. Dann haftet die Spaltgesellschaft dem Gläubiger nur insoweit, wie sie im Innenverhältnis zur Altgesellschaft als Gesamtschuldnerin verpflichtet war. Für Gebietskörperschaften schlug die Rechtsprechung das Verhältnis des Auslands- zum Gesamtvermögen als Haftungsmaßstab vor (RGZ 136, 339; KG IPRspr 1932 Nr 16 m Anm GOLDSCHMIDT in JW 1932, 3819). In der Literatur wird dieser Gedanke aber abgelehnt (SOERGEL-SIEBERT-KEGEL Vorbem 567 zu Art 7 EGBGB; WÜRDINGER

SJZ 1950 Sp 81, 85). Die Haftung soll auch dann nicht entsprechend den Vermögensteilen herabgesetzt werden, wenn das Vermögen der Rest- oder Spaltgesellschaft überschuldet ist (BGHZ 29, 320, 327; SOERGEL-SIEBERT-KEGEL aaO).

BEEMELMANS (113) schlägt vor, der Rest- oder Spaltgesellschaft eine Art Einrede der 516
Vorausklage zu geben: Gläubiger müßten sich zunächst an die Altgesellschaft halten, wenn nicht die Altschuld gerade im Aufnahmestaat entstanden sei oder im Vermögen der Rest- oder Spaltgesellschaft ihre natürliche Haftungsgrundlage habe. Für BEEMELMANS' Vorschlag spricht, daß sich Gläubiger zunächst an den Teil der ursprünglichen Gesellschaft halten können, der sich ihnen gegenüber verpflichtet hat. Es ist aber zweifelhaft, ob sich feststellen läßt, wo der Anspruch seine „natürliche Haftungsgrundlage" hat. Das Vertrauen eines Gläubigers wird sich im Zweifel auch an der Finanzkraft des ausländischen Unternehmensteiles orientieren. Schließlich wird ein Anspruch gegen die Altgesellschaft kaum zu realisieren sein, so daß es dann doch zur vollen Haftung der Rest- oder Spaltgesellschaft kommt. Dagegen hat WÜRDINGER (SJZ 1950 Sp 81, 86) die Ansicht vertreten, die Rest- oder Spaltgesellschaft hafte nicht, wenn der Vertrag bei einer östlichen Niederlassung geschlossen wurde und die Auslegung ergebe, daß die Haftung des Schuldners auf das Ostvermögen beschränkt sein solle. Die Annahme eines diesbezüglichen beiderseitigen Parteiwillens dürfte aber regelmäßig fiktiv sein.

d) Materiellrechtliche Erleichterungen 517

Es gibt zahlreiche Ansätze, der Rest- oder Spaltgesellschaft materiellrechtliche Erleichterungen zuzubilligen, wenn ihre grundsätzliche Haftung festgestellt wurde. Diese Erleichterungen gelten gegenüber jedermann, nicht nur gegenüber solchen Gläubigern, die in irgendeiner Form aus der Enteignung begünstigt sind (zu Sonderregelungen nach dem zweiten Weltkrieg vgl BEEMELMANS 114 m Fn 389–394 sowie SOERGEL-SIEBERT-KEGEL Vorbem 576 zu Art 7 EGBGB Fn 1). Dabei ist im Einzelfall zu entscheiden, welches Rechtsinstitut anzuwenden ist. In Betracht kommen: Vertragshilfe (zahlreiche Nachw zur Rspr b SOERGEL-SIEBERT-KEGEL Vorbem 576 zu Art 7 EGBGB) oder Wegfall der Geschäftsgrundlage (Nachw zur Rspr bei SOERGEL-SIEBERT-KEGEL Vorbem 576 zu Art 7 EGBGB Fn 1; BGH WM 1972, 394, 395; gegen einen Billigkeitsausgleich aber OLG Braunschweig NJW 1947/48, 425, 426 m krit Anm Langen; beide Möglichkeiten ziehen in Betracht: KEGEL, Internationales Privatrecht [4. Aufl 1977] 514; ders, Probleme des internationalen Enteignungs- und Währungsrechts [1956] 30; RAAPE, Internationales Privatrecht [5. Aufl 1961] 666 Fn 18; ablehnend aber BEEMELMANS 114; BGH IzRspr 1954–57 Nr 201). Liegen die Voraussetzungen des Vertragshilferechts vor (Vertragshilfegesetz v 26. 3. 1952, zuletzt in der in BGBl III 402–4 abgedruckten Fassung), so ist daneben für die Anwendung des § 242 BGB (Wegfall der Geschäftsgrundlage) kein Raum (BGH IPRspr 1977 Nr 4 mwN; BGH WM 1972, 394, 395 f; BGH IzRspr 1954–57 Nr 147; BGHZ 31, 168, 173 f).

Eine Hinterlegung des geschuldeten Betrages kann in Betracht kommen, wenn über 518
die Person des Gläubigers Unklarheit besteht und dem Schuldner nicht zugemutet werden kann, den Zweifel auf seine Gefahr hin zu lösen (BGHZ 7, 302, 306, für den konkreten Fall aber ablehnend – oben Rz 507). Im übrigen geht die Tendenz dahin, „in Anbetracht der großen Verschiedenheit der Fälle" (SEIDL-HOHENVELDERN, Internationales Konfiskations- und Enteignungsrecht [1952] 125) im Einzelfall nach billigem Ermessen zu entscheiden, letztlich also einen billigen Ausgleich über § 242 BGB zu suchen (FICKER 114; vgl auch BGHZ 16, 50, 52; 25, 131, 152; BGH WM 1972, 394, 396; BGH IzRspr 1954–57 Nr 201 mwN; BGH MDR 1955, 404; w Nachw b SOERGEL-SIEBERT-KEGEL Vorbem 577 f zu Art 7 EGBGB; gegen eine

Berücksichtigung der Verluste im Enteignungsstaat unter dem Gesichtspunkt von Treu und Glauben aber noch: BGH IzRspr 1945- 53 Nr 365; BGH IzRspr 1954–57 Nr 147; OGHZ 1, 386, 396). Dabei wird ua doch auf das Verhältnis der Vermögensmassen zueinander zurückzugreifen sein (vgl oben Rz 515).

519 **10. Enteignung einzelner Anteile**

Falls nicht „alle oder fast alle Anteile" enteignet worden sind (oben Rz 471), findet die Lehre von der Spaltgesellschaft nach hM keine Anwendung (Ablehnung der sog „extremen Spaltungstheorie"). Das im Inland belegene Vermögen bleibt der alten Gesellschaft zugeordnet. Es liegt ein Ausschluß des betroffenen Mitgliedes aus der Gesellschaft vor, den wir – als allgemein dem Gesellschaftsstatut unterliegend (oben Rz 245) – hinnehmen.

520 Einzelne Anteilsrechte gelten auch im Enteignungsrecht als am Verwaltungssitz der Gesellschaft belegen:

> „Dem Satz, bei Aktien erscheine für Konfiskationszwecke das Recht überall dort belegen, wo sich Vermögenswerte der Gesellschaft befinden [so BGHZ 32, 256, 260; IPRspr 1962/63 Nr 59 S 170; LG Hamburg IPRspr 1974 Nr 135], kann für den Fall der Enteignung einzelner Aktien nicht beigetreten werden. Einheitliche Rechtsobjekte wie Aktien müssen für das Enteignungsrecht als an einem Ort belegen gelten ... Aktien haben ihren räumlichen Anknüpfungspunkt eindeutig am Sitz der Gesellschaft, wo sie regelmäßig allein auszuüben und durchzusetzen sind, nicht dagegen in allen Ländern, in denen sich Gesellschaftsvermögen befindet" (OLG Düsseldorf IPRspr 1954/55 Nr 11; ebenso OLG München IPRspr 1954/55 Nr 51; vgl RGZ 129, 98; BVerfGE 29, 348, 371; vgl oben Rz 466).

521 Eine Entschädigung kommt in Frage, wenn und soweit die Enteignung gar nicht oder nicht gegen eine angemessene Entschädigung geschah. Das enteignete Mitglied erhält einen seiner Beteiligung entsprechenden Abfindungsanspruch analog § 738 BGB, § 305 Abs 2 Ziff 3 AktG gegen die Gesellschaft (zu Einzelheiten Beemelmans 79; Flume 168; Koppensteiner, Enteignungs- oder Nationalisierungsmaßnahmen 96). Der Entschädigungsanspruch richtet sich in seiner Höhe nach dem Wert des Inlandsvermögens unter entsprechender Verteilung der Schulden (fiktiver Liquidationserlös des Inlandsvermögens – Flume 168; vgl Art 87 deutsch-österreichischer Vermögensvertrag, BGBl 1958 II 129, 225; aA Koppensteiner, Enteignungs- oder Nationalisierungsmaßnahmen 96, der den vorkonfiskatorischen „Substanzwert" des enteigneten Anteils einsetzen will). Denn auch hier können wir dem ausgeschiedenen Mitglied nur den auf ihn entfallenden Anteil am Wert des Inlandsvermögens sichern.

522 **11. Enteignung von Urkunden über Mitgliedschaftsrechte**

Sind Mitgliedschaftsrechte verbrieft, so kann der Staat, in dem sich die Urkunden befinden, nur das Papier enteignen, aber grundsätzlich nicht – es sei denn, er sei zugleich Heimatstaat der Gesellschaft – das in der Urkunde verkörperte Recht (OLG Celle IPRspr 1964/65 Nr 187; LG Hannover IPRspr 1964/65 Nr 188; Staudinger-Stoll [10./11. Aufl] nach Art 12 EGBGB Rz 542; Soergel-Siebert-Kegel Vorbem 573 zu Art 7 EGBGB). Notfalls sind die enteigneten Papiere für kraftlos zu erklären und neue auszustellen (Soergel-Siebert-Kegel Vorbem 573 zu Art 7 EGBGB; zu Besonderheiten bei Inhaberpapieren Flume 167).

12. Juristische Personen des öffentlichen Rechts*

523 Die Lehre von der Rest- oder Spaltgesellschaft (oben Rz 434) findet keine Anwendung auf juristische Personen des öffentlichen Rechts, die ausschließlich öffentliche Aufgaben innerhalb eines bestimmten Gebietes wahrnehmen (wie Gebietskörperschaften, Girozentralen, kommunale Sparkassen, Sozialversicherungsanstalten, Kammern). Sieht das Heimatrecht den Fortbestand oder die Auflösung einer derartigen juristischen Person vor, so erkennen wir das an. Das gilt sowohl für Gebietskörperschaften (LG Weiden IPRspr 1958/59 Nr 28 a; bestätigt durch BayObLGZ 1959, 408 m zust Anm WENGLER JZ 1960, 256; BayObLGZ 1965, 108, 122 ergänzt durch BayObLGZ 1972, 204; aA GANSSMÜLLER) als auch für sonstige, überörtliche juristische Personen des öffentlichen Rechts (andere als Gebietskörperschaften – RGZ 105, 206; 110, 315; 136, 339; KG JW 1932, 3819; WM 1957, 1470; IPRspr 1962/63 Nr 17; IPRspr 1964/65 Nr 26 b; Nr 30; LG Berlin IPRspr 1960/61 Nr 21; IPRspr 1964/65 Nr 26 a; Nr 31; WENGLER 218; berichtend SOERGEL-SIEBERT-KEGEL Vorbem 561 zu Art 7 EGBGB).

524 Die Zuordnung des Vermögens öffentlichrechtlicher juristischer Personen richtet sich nach folgenden Grundsätzen: Bei Gebietskörperschaften bestimmt sich die Rechtsnachfolge in das Vermögen nach dem Recht, welches in ihrem Gebiet gilt (SOERGEL-SIEBERT-KEGEL Vorbem 561 zu Art 7 EGBGB). Ihnen wird grundsätzlich auch das in der Bundesrepublik Deutschland belegene Vermögen zugerechnet, selbst wenn die im Gebiet der Körperschaft ehemals ansässige Bevölkerung in die Bundesrepublik Deutschland hinübergewechselt ist (so jedenfalls für sudetendeutsche Gebietskörperschaften BayObLGZ 1972, 204 in Ergänzung zu BayObLGZ 1965, 108; s aber auch RGZ 110, 315). Das rechtliche Schicksal des Vermögens überörtlicher juristischer Personen des öffentlichen Rechts richtet sich hingegen grundsätzlich nach dem Recht am Orte des Vermögens (KG IPRspr 1962/63 Nr 17; LG Berlin IPRspr 1964/65 Nr 26 a; WENGLER 219, 221; SOERGEL-SIEBERT-KEGEL Vorbem 561 zu Art 7 EGBGB). Das im Bundesgebiet belegene Vermögen (sog „körperschaftliche Verlassenschaft") fällt danach in Ermangelung gegenteiliger Regelungen dem deutschen Fiskus zu (KG IPRspr 1962/63 Nr 17; LG Berlin IPRspr 1964/65 Nr 26 a; Nr 31; WENGLER 219).

525 Besonderheiten ergeben sich für bestimmte juristische Personen des öffentlichen Rechts aus dem Gesetz zur Regelung der Rechtsverhältnisse nicht mehr bestehender öffentlicher Rechtsträger (Rechtsträger-Abwicklungsgesetz) v 6. 9. 1965 (BGBl I 1065 – zu dessen Verfassungsmäßigkeit BayObLGZ 1972, 204, 213; der BGH [Die AG 1972, 350] hat verfassungsrechtliche Bedenken bezeichnenderweise nicht einmal in Betracht gezogen). § 2 des Rechtsträger-Abwicklungsgesetzes bestimmt, daß die in Anlage I und II (vgl §§ 1 Abs 2, 25 des Gesetzes) aufgeführten juristischen Personen des öffentlichen Rechts für Zwecke der Abwicklung als fortbestehend gelten. Insoweit sind sie hier dann auch als parteifähig anzusehen (BGH aaO).

526 Eine Sonderregelung besteht nach dem Rechtsträger-Abwicklungsgesetz auch für im Bundesgebiet belegenes Vermögen von Gebietskörperschaften innerhalb der

* **Schrifttum:** DROBNIG, Das Westvermögen reichsdeutscher öffentlicher Rechtsträger mit Sitz in der SBZ, ROW 7 (1963) 95; FEAUX DE LA CROIX, Altvermögen sowjetzonaler Gebietskörperschaften im rechtsgeschäftlichen Verkehr, WM 1967, 1262; GANSSMÜLLER, Das Schicksal der lokalen öffentlich-rechtlichen juristischen Personen mit Sitz in den Vertreibungsgebieten und ihres Vermögens, WM 1957, 186; WENGLER, Das Schicksal der öffentlichrechtlichen juristischen Personen des Reichsrechts mit Sitz in nicht mehr zu Deutschland gehörigen Gebieten, JZ 1954, 217.

Grenzen des Deutschen Reiches v 31. 12. 1937. Nach § 27 Abs 3 Rechtsträger-Abwicklungsgesetz geht das im Geltungsbereich des Gesetzes belegene Vermögen derartiger Körperschaften mit dem 1. 11. 1965 zwecks Sicherstellung und Erhaltung der Vermögensrechte in die treuhänderische Verwaltung des Bundes über.

527 **XXVIII. Internationale Vereine**

Die Regeln der Sitztheorie zur Anerkennung der Rechtsfähigkeit und zur Ermittlung des Gesellschaftsstatuts sind vornehmlich für Aktiengesellschaften entwickelt und von dort auf andere Handelsgesellschaften übertragen worden (oben Rz 9). Sie gelten aber auch für sonstige Gesellschaftsgebilde, soweit diese eine nach außen hervortretende Organisation haben (dazu auch unten Rz 531). Das gilt namentlich für Vereine. Dazu auch oben Rz 106.

528 Beim rechtsfähigen wirtschaftlichen Verein (§ 22 BGB) liegt diese Erstreckung auf der Hand. Die gesetzliche Regelung will hier ein Ausweichen vor den Normen des Aktien-, GmbH- und Genossenschaftsrechts verhindern (Grossfeld, Zivilrecht als Gestaltungsaufgabe [1977] 53 f). Diese rechtspolitische Zielsetzung bedarf der internationalprivatrechtlichen Absicherung durch die Sitztheorie.

529 Beim rechtsfähigen Idealverein (dazu Schrag, Internationale Idealvereine [1936]) stehen ebenfalls wichtige rechtspolitische Interessen auf dem Spiel. Hingewiesen sei nur auf das Einspruchsrecht der Verwaltungsbehörde (§ 61 Abs 2 BGB). Das zwingt grundsätzlich auch hier zur Anwendung der Sitztheorie (Soergel-Siebert-Kegel Vorbem 181, 186 zu Art 7 EGBGB).

530 Schwierigkeiten können sich daraus allerdings bei kulturellen oder wissenschaftlichen Vereinen mit internationaler Mitgliederzusammensetzung ergeben (zB International Fiscal Association, International Law Association, Association Internationale de Droit des Assurances). Diese werden zwar nach dem Recht eines bestimmten Staates gegründet, in dem sich auch der Satzungssitz befindet. Die Geschäfte werden aber oft infolge eines Wechsels im Vorstand von unterschiedlichen Ländern aus geführt. Das bewirkt häufig die Verlegung des Vorstandssekretariates und damit die Verlegung des Sitzes der Geschäftsführung (vgl etwa Art 7 Abs 5 der Satzung der Association Internationale de Droit des Assurances [A.I.D.A]: „Der jeweilige Sitz der A.I.D.A. befindet sich am Wohnort des Präsidenten"). Darin liegt aber eine Sitzverlegung, die nach den allgemeinen Regeln (oben Rz 348) zur Auflösung bzw zur Notwendigkeit einer Neugründung führen kann. Die Praxis setzt sich hierüber hinweg, weil Gebilde dieser Art im allgemeinen keine feste Organisation und kein nennenswertes Vermögen besitzen. Dem wird man für solche ganz eng begrenzten Ausnahmefälle bei Vereinen nur kultureller oder wissenschaftlicher Art zustimmen können.

XXIX. Nichtrechtsfähige Personenvereinigungen – Nichtrechtsfähige Vermögensmassen*

1. Gesellschaftsstatut 531

a) Einheitliches Gesellschaftsstatut

Nichtrechtsfähige Personenvereinigungen unterliegen einem einheitlichen Gesellschaftsstatut, wenn sie eine nach außen hervortretende eigene Organisation haben, sich nicht nur in einzelnen obligatorischen Rechten und Pflichten erschöpfen (dazu unten Rz 548). Das gilt also für die nichtrechtsfähigen Handelsgesellschaften (wie zB Offene Handelsgesellschaft, Kommanditgesellschaft, partnership; vgl RFH IPRspr 1935–44 Nr 36 u RG IPRspr 1935–44 Nr 222 S 454 [beide für die OHG]), für Gesellschaften des bürgerlichen Rechts und Gründungsgesellschaften mit eigener Organisation (Außengesellschaften – FERID 345; RG IPRspr 1931 Nr 11; OLG München IPRspr 1966/67 Nr 15; OLG Nürnberg IPRspr 1966/67 Nr 17) und für nichtrechtsfähige Vereine. Denn es ist auch hier notwendig, die Organisation der Personenvereinigung einheitlich zu regeln (H LEWALD, Das Deutsche Internationale Privatrecht [1931] 54; RABEL 101; HEYMANN, JherJb 75 [1925] 408, 412; BEITZKE, Kollisionsrecht 122; RGZ 36, 172, 177; BGH IPRspr 1952/53 Nr 20 S 56). Abzustellen ist auf das faktisch geltende Recht, ohne Rücksicht auf seine völkerrechtliche Legitimität (BGH IPRspr 1966/67 Nr 14 S 51).

b) Sitztheorie 532

Gesellschaftsstatut ist das Recht am Sitz der Hauptverwaltung (Sitztheorie; so die nahezu einhellige Rspr: RGZ 23, 31, 33 f; 124, 146, 149; BGH IPRspr 1952/53 Nr 20 S 56; IPRspr 1958/59 Nr 3; IPRspr 1966/67 Nr 14 S 50; BayObLG IPRspr 1964/65 Nr 28; OLG München IPRspr 1966/67 Nr 15; OLG Nürnberg IPRspr 1966/67 Nr 17; KG IPRspr 1966/67 Nr 210; OLG Hamburg IPRspr 1932 Nr 14; KG IPRspr 1932 Nr 44; ebenso die hM in der Literatur; vgl SOERGEL-SIEBERT-KEGEL Vorbem 181 zu Art 7 EGBGB; FERID 345; RABEL 114 m Nachw; H LEWALD, Das Deutsche Internationale Privatrecht [1931] 53; abweichend – aber im konkreten Fall mit gleichem Ergebnis – BayObLG IPRspr 1928 Nr 15; unklar RG IPRspr 1931 Nr 12; GRASMANN Rz 1163 S 567; BEITZKE, Kollisionsrecht 122). Der Bundesgerichtshof hat die hM zutreffend wie folgt begründet (BGH IPRspr 1966/67 Nr 14 S 51):

> „Zur Beantwortung der begrenzten Frage, welches Recht auf ein im wesentlichen abgeschlossenes Gesellschaftsverhältnis anzuwenden ist, kann vielmehr auf den Grundgedanken zurückgegriffen werden, auf dem der allgemeine Rechtssatz beruht, daß bei einem Konflikt mehrerer legitimer Rechtsordnungen für Handelsgesellschaften das Recht des Gesellschaftssitzes bestimmend sei. Dieser besteht im wesentlichen darin, daß sich der Schwerpunkt der gewerblichen Tätigkeit einer Gesellschaft an ihrem Sitz befindet und daß dort regelmäßig zwingende Vorschriften für Rechts- und Parteifähigkeit, Organisation, Haftung, Gläubigerschutz und weitere gesellschaftliche Innen- und Außenwirkungen vorhanden sind, denen sich die Gesellschafter notwendigerweise unterwerfen und anpassen müssen, wenn sie

---

* **Schrifttum:** FERID, Zur Behandlung von Anteilen an Personalgesellschaften beim zwischenstaatlichen Erbgang, FS Hueck (1959) 343; VON STEIGER, Die einfache Gesellschaft im Internationalen Privatrecht, Schweizerisches Jahrbuch für Internationales Recht 14 (1957) 17; ZWEIGERT-VON HOFFMANN, Zur internationalen Joint Venture, FS Luther (1976) 203.

als Personenvereinigung in den Rechtsverkehr eintreten und eine gewerbliche Tätigkeit entfalten wollen. Dieser zwangsläufigen Unterwerfung wegen kann allein die Anwendung desjenigen Rechts zu einer sachgerechten Beurteilung handelsgesellschaftlicher Rechtsverhältnisse führen, das den Sitz der Gesellschaft beherrscht".

533 Die Staatsangehörigkeit der Gesellschafter spielt für die Bestimmung des Gesellschaftsstatuts auch hier keine Rolle (BGH IPRspr 1952/53 Nr 20 S 56). Rück- und Weiterverweisung sind zu beachten (FERID 346). Das Recht des Ortes der Hauptverwaltung gilt ebenfalls im Verhältnis zur DDR (KEGEL, Internationales Privatrecht [4. Aufl 1977] 270; vgl oben Rz 113).

534 **c) Stellungnahme**

Der hM ist zu folgen. Die Regeln des Internationalen Privatrechts sind zwar weithin an der juristischen Person, namentlich am Bilde der Aktiengesellschaft entwickelt worden (vgl oben Rz 9). Die dort anzutreffenden wirtschaftlichen und politischen Gegebenheiten prägen die entsprechenden Kollisionsregeln. Dennoch erscheint es gerechtfertigt, alle gesellschaftsrechtlichen Gebilde mit nach außen in Erscheinung tretender eigener Organisation kollisionsrechtlich einheitlich zu behandeln (so auch GRASMANN Rz 1138 S 558). Dafür spricht ganz allgemein, daß die Übergänge zur juristischen Person sowohl innerstaatlich (dazu WIELAND, Handelsrecht Bd 1 [1921] 396) wie auch international (vgl oben Rz 151) fließend sind; funktional vergleichbare Gebilde haben einmal Rechtspersönlichkeit, ein andermal nicht.

535 Gegen eine allgemeine kollisionsrechtliche Gleichbehandlung mit juristischen Personen könnte sprechen, daß das nationale Recht bei Personengesellschaften oder Vereinen häufig weniger strikt und weitergehend dispositiv ist als zB das Aktienrecht (vgl zB § 23 Abs 5 AktG, § 18 S 2 GenG mit §§ 109, 161 Abs 2 HGB). Das könnte für eine liberalere IPR-Regel etwa im Sinne einer durchgängigen Anwendung des Gründungsrechts sprechen (vgl BEITZKE, Kollisionsrecht 122 m Fn 35; FICKER in: SCHLEGELBERGER, Rechtsvergleichendes Handwörterbuch für das Zivil- und Handelsrecht des In- und Auslandes Bd 1 [1973] 470 § 6). Aber es ist zu beachten, daß es sich um geschlossene Sondervermögen handelt und wir zB bei Offener Handelsgesellschaft und Kommanditgesellschaft fließende Übergänge zur juristischen Person haben (vgl § 124 HGB); ferner ist zu beachten, daß bei diesen Personengesellschaften – wie bei der BGB-Außengesellschaft – schuldrechtliche und sachenrechtliche Aspekte zusammenfallen – eine Folge des Gesamthandprinzipes. Es tritt also eine vermögensmäßige Bindung von einer Dichte ein, die eine Parallele zur Behandlung der juristischen Person nahelegt. Ähnliches finden wir beim nichtrechtsfähigen Verein. Weiterhin ist zu bedenken, daß das Außenverhältnis zB bei den Personengesellschaften (Offene Handelsgesellschaft und Kommanditgesellschaft – vgl §§ 123–130 b; 170–177 a HGB) zwingend geregelt ist, und zudem überall die Schuldenhaftung und Vermögensorganisation im Vordergrund steht. Selbst das Innenverhältnis ist zT zwingend geordnet (vgl zB §§ 118 Abs 2, 166 Abs 3, 38 HGB – Grundsätze ordnungsmäßiger Buchführung). Das rechtfertigt jedenfalls bei den Außengesellschaften eine kollisionsrechtliche Anknüpfung im Sinne der Sitztheorie.

536 Eine solche kollisionsrechtliche Anknüpfung bietet sich ferner deshalb an, weil der allgemeine Sitz von Personengesellschaften immer dem Sitz der tatsächlichen Verwaltung entspricht. Er kann durch den Gesellschaftsvertrag nicht anderweitig festgelegt werden (ganz überwiegende Meinung; MünchKomm – REUTER § 24 Rz 6; BGH IPRspr 1956/57 Nr 17; LG Hamburg IPRspr 1976 Nr 210 S 683; aA GRASMANN Rz

210 S 160, Rz 1168 S 586; LG Köln NJW 1950, 871). Der Bundesgerichtshof sagt dazu (IPRspr 1956/57 Nr 17 S 60):

> „Der Sitz einer Personenhandelsgesellschaft bestimmt sich vielmehr unabhängig von einer etwaigen Bestimmung im Gesellschaftsvertrag und auch unabhängig davon, ob eine dahingehende Eintragung im Handelsregister erfolgt ist, allein danach, an welchem Ort die Verwaltung des Gesellschaftsunternehmens tatsächlich geführt wird. Das bedeutet, daß der Sitz einer Personenhandelsgesellschaft durch einen Umstand rein tatsächlicher Art und unabhängig von einer dahingehenden Willensrichtung der Gesellschafter bestimmt wird".

Dementsprechend richtet sich hier die örtliche und internationale Gerichtszuständigkeit nach dem tatsächlichen Verwaltungssitz, nicht nach dem im Vertrag angegebenen Sitz (BayObLG IPRspr 1964/65 Nr 38).

2. Regelungsbereich des Gesellschaftsstatuts 537

a) Rechtsstellung, Organisation

Das Gesellschaftsstatut regelt umfassend die gesamte Rechtsstellung und Organisation des Gebildes. Es entscheidet also über die Parteifähigkeit und die Prozeßfähigkeit (vgl Pagenstecher ZZP 64 [1950/51] 251, 261; Grasmann Rz 860 S 438). Art 7 Abs 3 S 1 EGBGB ist als allseitige Kollisionsnorm analog anzuwenden und bei nichtrechtsfähigen Vereinen auch § 50 Abs 2 ZPO (Kegel, Internationales Privatrecht [4. Aufl 1977] 271). Die Vertretungsmacht richtet sich gleichfalls nach dem Gesellschaftssatut (OLG Hamburg IPRspr 1932 Nr 14). Auch hier gilt Art 7 Abs 3 S 1 EGBGB analog. Das kann zB zur Anwendung des § 126 Abs 2 HGB führen (IPG 1965/66 Nr 10). Für die Prozeßfähigkeit gilt § 55 ZPO (vgl oben Rz 213). Nach dem Gesellschaftsstatut bestimmt sich ferner der Charakter (IPG 1970 Nr 10) und der Name des Gebildes (Soergel-Siebert-Kegel Vorbem 182 zu Art 7 EGBGB; vgl oben Rz 235). Zum Verbot von Gesellschaftsverträgen zwischen Ehegatten s RG IPRspr 1935–44 Nr 222; Staudinger-Gamillscheg (10./11. Aufl 1973) vor Art 13 Rz 309; Art 15 Rz 257.

b) Geschäftsführung, Innenverhältnis 538

Das Gesellschaftsstatut erfaßt die Geschäftsführung und regelmäßig auch das sonstige Innenverhältnis wie Willensbildung, Rechte und Pflichten der Gesellschafter, actio pro socio (RG JW 1911, 718; BGH WM 1966, 1143, 1145; LG Hamburg IPRspr 1976 Nr 210), die Ausgleichspflichten unter den Gesellschaftern (vgl BGH IPRspr 1966 Nr 14) und deren Auseinandersetzungsansprüche.

Beim Innenverhältnis ist aber – entsprechend dem weitgehend dispositiven Charak- 539
ter des Rechts nichtrechtsfähiger Personenvereinigungen – eine materiellrechtliche Verweisung auf ein anderes Recht möglich (RG IPRspr 1931 Nr 12; BGH IPRspr 1952/53 Nr 20 S 48; IPRspr 1966/67 Nr 14 S 52; Beitzke, Kollisionsrecht 122; Grasmann Rz 1157 S 565 f). Im Zweifel wird die Zerreißung eines einheitlichen Rechts jedoch nicht gewollt sein (vgl BGH IPRspr 1966/67 Nr 14; Soergel-Siebert-Kegel Vorbem 166 zu Art 7 EGBGB; vgl aber Grasmann Rz 983 S 483). Soweit zwingende Vorschriften bestehen (zB § 118 HGB), sind sie aber zu beachten. Auch eine Verweisung auf ausländisches Bilanzrecht ist im allgemeinen wegen des starken Außenbezugs (Gläubigerschutz) und des weithin zwingenden Charakters des Bilanzrechts nicht möglich. Im übrigen sind bei Massengesellschaften die Schranken aus dem Rechtsgedanken des § 10 Ziff 8 AGBG beachtlich.

540 c) **Haftung**

Das Gesellschaftsstatut entscheidet über die Haftung der Gesellschafter (RG HansGZ 1920, Hauptblatt 106 Nr 53; BGH IPRspr 1952/53 Nr 20 S 56; IPRspr 1958/59 Nr 3; KG IPRspr 1932 Nr 44; OLG Braunschweig IPRspr 1975 Nr 7; Beitzke, Kollisionsrecht 123). Das gilt unabhängig davon, welchem Recht die Gesellschaftsschuld unterliegt (RG HansGZ 1920, Hauptblatt 106 Nr 53; BGH IPRspr 1952/53 Nr 20 S 56; IPRspr 1958/59 Nr 3; LG Hamburg IPRspr 1966/67 Nr 26). Die Staatsangehörigkeit der Gesellschafter spielt ebenfalls keine Rolle (BGH IPRspr 1958/59 Nr 3). Der Bundesgerichtshof (IPRspr 1952/53 Nr 20 S 57) läßt jedoch zu, „daß die Parteien eines Gesellschaftsvertrages ausdrücklich oder stillschweigend etwas anderes vereinbaren" (abzulehnen, da Haftung zwingend anzuknüpfen ist!). Möglich ist es, die Haftung durch Vertrag mit dem Gläubiger einem anderen Recht zu unterwerfen (BGH RiW 1959, 206; Soergel-Siebert-Kegel Vorbem 192 aE zu Art 7 EGBGB). Der Deutsche Rat für Internationales Privatrecht (S 4 u 21) schlägt auch hier (vgl oben Rz 254) einen Verkehrsschutz iS einer allseitigen Kollisionsnorm vor; danach soll sich die persönliche Haftung eines Gesellschafters oder sonstigen Mitgliedes nach dem Recht des Vornahmeortes für eine entsprechende Organisation (Substitution – vgl oben Rz 239) bestimmen, es sei denn, daß die Beschränkung dem Gegner bekannt war (s auch Beitzke, Kollisionsrecht 123; ablehnend Wiedemann, Gesellschaftsrecht 817; zur gewerblichen Niederlassung der Gesellschaften iSd § 71 KO OLG Düsseldorf IPRspr 1977 Nr 194; zur Haftung des Handelnden s unten Rz 542).

541 d) **Übertragung von Anteilen**

Die Zulässigkeit der Übertragung eines Gesellschaftsanteils richtet sich nach dem Gesellschaftsstatut, jedoch gilt für die der Abtretung zugrunde liegende Beziehung das Vertragsstatut, weil die internen Verhältnisse der Gesellschaft durch diesen Vertrag nicht berührt werden (BGH IPRspr 1968/69 Nr 30). Auch der Schiedsvertrag unterliegt dem Vertragsstatut, doch wird hier im allgemeinen eine Anknüpfung an das Gesellschaftsstatut gewollt sein (vgl BGH IPRspr 1968/69 Nr 30; LG Hamburg IPRspr 1977 Nr 6).

542 3. **Anwendung des § 54 S 2 BGB**

Bei nichtrechtsfähigen Vereinen (Substitution – oben Rz 239; ferner OLG Kiel OLGRspr 5 S 101; IPRspr 1931 Nr 4) ist auch bei ausländischem Gesellschaftsstatut § 54 S 2 BGB anzuwenden, wenn das Rechtsgeschäft wie in Art 7 Abs 3 S 1 EGBGB im Inland vorgenommen wurde (hM; Beitzke, Kollisionsrecht 124; Soergel-Siebert-Kegel Vorbem 183 zu Art 7 EGBGB; Erman-Arndt Art 10 EGBGB Anm 11 aE; H Lewald, Das Deutsche Internationale Privatrecht [1931] 53; BGH IPRspr 1966/67 Nr 16; OLG Köln Rheinisches Archiv 100 I 116). Das entspricht der politisch richtigen Wertung des jetzt aufgehobenen Art 10 S 2 EGBGB (s oben Rz 4) und des Art 7 Abs 3 S 1 EGBGB, aber auch dem Sinn des § 54 S 2 BGB. Letzterer stellt ja einen Ausgleich dafür dar, daß bei einem nichtrechtsfähigen Verein die Haftungsdurchsetzung für den Gläubiger generell erschwert ist (viele Kleinbeteiligte, die schwierig zu ermitteln und haftungsmäßig für den Gläubiger oft kaum zugriffsfähig sind). Dieser Gedanke gilt auch bei ausländischen nichtrechtsfähigen Vereinen.

543 Bei Art 10 S 2 EGBGB war streitig, ob es für die Anwendung des § 54 S 2 BGB auf die Vornahme des Geschäfts im Inland oder darauf ankam, daß deutsches Recht Wirkungsstatut war (für letzteres RGZ 159, 33, 48; aA zB H Lewald 52; w Nachw b Grasmann Rz 749 S 395). Die Analogie zu Art 7 Abs 3 S 1 EGBGB legt es nahe,

für § 54 S 2 BGB auf die Vornahme im Inland abzustellen, zumal auch sonst die gesellschaftsrechtliche Haftung sich nicht nach dem Wirkungsstatut bestimmt (wie RGZ 159, 33, 48 noch andeutet, anders heute die hM – oben Rz 540). Ebenso wie bei Art 7 Abs 3 S 1 EGBGB kann man hier eine allseitige Kollisionsnorm annehmen für den Fall, daß der ausländische Vornahmestaat einen entsprechenden Schutz gewährt (vgl oben Rz 193).

Streitig ist, ob § 54 S 2 BGB nur bei nichtrechtsfähigen Vereinen oder auch bei 544 anderen ausländischen, nichtrechtsfähigen Personenvereinigungen und Vermögensmassen anzuwenden ist (dafür Erman-Arndt Art 10 Anm 11 aE; H Lewald 53; dagegen Soergel-Siebert-Kegel Vorbem 183 zu Art 7 EGBGB). Das ist zu verneinen. Es ist nicht einzusehen, weshalb zB der für eine ausländische nichtrechtsfähige Personengesellschaft Handelnde ohne weiteres schlechter gestellt sein soll als derjenige, der für eine ausländische rechtsfähige Handelsgesellschaft (oben Rz 151) auftritt. Aus deutscher Sicht besteht kein Anlaß zur Differenzierung. Die Erschwerung der Haftungsdurchsetzung beim nichtrechtsfähigen Verein (oben Rz 542) besteht jedenfalls nicht generell bei allen nichtrechtsfähigen Gebilden.

4. Sitzverlegung, Souveränitätswechsel 545

Nach dem Gesellschaftsstatut beurteilt sich ferner die Sitzverlegung, wobei hier nur auf die Verlegung des tatsächlichen Verwaltungssitzes abzustellen ist (BGH IPRspr 1956/57 Nr 17 S 60; KG IPRspr 1966/67 Nr 210 – vgl zum Ganzen Beitzke ZHR 127 [1965] 1, 37 und oben Rz 348). Die Rechtsfolgen treten aufgrund der tatsächlichen Änderung ein; es ist unerheblich, ob ein entsprechender wirksamer Gesellschafterbeschluß – der grundsätzlich Einstimmigkeit verlangt – vorliegt (BGH IPRspr 1956/57 Nr 17). Im Fall eines Souveränitätswechsels (oben Rz 381) ist für die Innenbeziehungen das Recht maßgebend, welches die Parteien vereinbart hätten, wenn sie den Souveränitätswechsel vorausgesehen hätten (BGH IPRspr 1966/67 Nr 14 S 52).

5. Rest- oder Spaltgesellschaft 546

Die Lehre von der Rest- und Spaltgesellschaft (oben Rz 434) gilt auch für Personengesellschaften. Sie leben nach deutschem Personalstatut – uU als werbende Gesellschaften – fort (BGH IPRspr 1956/57 Nr 17). Eine Forderung gegen den persönlich haftenden Gesellschafter einer Offenen Handelsgesellschaft ist enteignungsrechtlich dort „belegen“, wo der Gesellschafter seinen Wohnsitz hat (BGH NJW 1952, 540; hM, s oben Rz 503, 504).

6. Nichtrechtsfähige Vermögensmassen 547

Das Recht des Sitzes gilt schließlich für nichtrechtsfähige Vermögensmassen mit eigener Organisation – zB Sammelvermögen, trust, nichtrechtsfähige Anstalten des öffentlichen Rechts (Soergel-Siebert-Kegel Vorbem 181 zu Art 7 EGBGB). Familien- und erbrechtliche Sondervermögen unterliegen jedoch eigenen Kollisionsnormen (s Artt 15, 24, 25 EGBGB; Soergel-Siebert-Kegel Vorbem 181 zu Art 7 EGBGB).

7. Gesellschaften ohne eigene Organisation 548

Für Gesellschaften ohne eigene Organisation, die sich in einzelnen obligatorischen Rechten und Pflichten erschöpfen, gelten die allgemeinen Regeln über das Vertragsstatut (RG IPRspr 1931 Nr 11; BGH IPRspr 1966/67 Nr 16; SOERGEL-SIEBERT-KEGEL Vorbem 300 zu Art 7 EGBGB; KEGEL, Internationales Privatrecht [4. Aufl 1977] 270; FERID 349; BEITZKE, Kollisionsrecht 124 – zu Gründungsgesellschaften vgl oben Rz 186). Art 149 Abs 2 des schweizerischen Entwurfs eines Bundesgesetzes über das Internationale Privatrecht (RabelsZ 42 [1978] 716) sagt: „Einfache Gesellschaften, die sich keine Organisation gegeben haben, unterstehen dem auf Verträge anwendbaren Recht". Das entspricht gleichermaßen dem deutschen Recht. Das Vertragsstatut gilt demnach für ad-hoc-BGB-Gesellschaften ohne Gesamthandsvermögen, namentlich aber für Innengesellschaften, wie zB die stille Gesellschaft – § 335 HGB (RG IPRspr 1932 Nr 6 S 19; GRASMANN Rz 1144 S 560). Mangels einer Parteivereinbarung ist notfalls das Recht des Ortes anzuwenden, an welchem der Geschäftszweck hauptsächlich verfolgt wird. Das ist im allgemeinen – aber nicht notwendig (vgl unten Rz 549) – der Ort, an dem das Unternehmen betrieben wird (GRASMANN Rz 1144 S 560 f m w Einzelheiten; FERID 349).

549 **8. Joint Ventures**

Besondere Probleme können sich bei Grundlagenvereinbarungen ergeben, die einem sog joint venture (Gemeinschaftsunternehmen) zugrunde liegen (dazu ZWEIGERT-VON HOFFMANN, FS M LUTHER [1976] 203). Dieser Grundlagenvertrag untersteht nicht notwendigerweise dem Gesellschaftsstatut des Gemeinschaftsunternehmens, vielmehr sind die für Schuldverträge entwickelten Anknüpfungsregeln heranzuziehen. Das führt zu Schwierigkeiten, wenn die Partner keine ausdrückliche Rechtswahl getroffen haben. Man kann dann nicht ohne weiteres das Recht des Landes anwenden, in dem das Gemeinschaftsunternehmen seinen Sitz hat; denn wenn dieser Sitz in einem Drittlande liegt (zB in einem Entwicklungsland), ist nicht von vornherein anzunehmen, daß die Parteien dieses Recht auch für die Grundlagenvereinbarung zwischen sich angewendet wissen wollen. Nur als „Notanker" bietet sich dann an, die maßgeblichen Sachnormen kumulativ den Rechtsordnungen der Partner zu entnehmen (ZWEIGERT-VON HOFFMANN 208 f; vgl auch FRANKENSTEIN, Internationales Privatrecht [Grenzrecht] Bd 2 [1929] 341 und FERID 349 Fn 32).

XXX. Internationale Gesellschaften*

550 **1. Allgemeines**

Staatsverträge sehen oft die Schaffung bestimmter Organisationen vor bzw werden diese Organisationen im Staatsvertrag selbst begründet (Nachw b SOERGEL-SIEBERT-KEGEL Vorbem 185 zu Art 7 EGBGB; GROSSFELD, Praxis 216). Dabei sind verschiedene Stufen der Internationalität möglich. Der Staatsvertrag kann die Gründung

* **Schrifttum:** BEITZKE, Zivilrechtsfähigkeit von auf Staatsvertrag beruhenden internationalen Organisationen und juristischen Personen, Berichte der Deutschen Gesellschaft f Völkerrecht 9 (1969) 77; DUDEN, Internationale Aktiengesellschaften, RabelsZ 27 (1962/63) 89; DRÜCK, Gemeinsame Unternehmen in Staatenverbindungen (1962); GROSSFELD, Praxis 216; von KRIES, Organisation internationaler Nutzsatellitensysteme (1977); LIBBRECHT, Entreprises à caractère juridiquement international (1972); VON DER LOHE, Die internationale juristische Person (1931); SEIDL-HOHENVELDERN, Das Recht der Internationalen Organisationen einschließlich der Supranationalen Gemeinschaft (3. Aufl 1979) Rz 0335 S 48, Rz 0721 S 88; ders, Gemeinsame zwischenstaatliche Unternehmen, FS Aubin (1979) 193; s auch oben Rz 178 u Rz 423; zu europäischen Kooperationsformen siehe WIEDEMANN, Gesellschaftsrecht 57.

einer Gesellschaft nach dem Recht des Sitzstaates (Gesellschaftsstatut) vorsehen (Prinzip der Einstaatlichkeit). Es gelten dann die allgemeinen Regeln des Internationalen Gesellschaftsrechts, doch überlagern die Vorschriften des Staatsvertrages und des diesem evtl beigefügten besonderen Statuts das Gesellschaftsrecht des Sitzstaates; dessen Recht kommt insoweit nur subsidiär zur Anwendung (Wiedemann, Gesellschaftsrecht 882).

Besondere Fragen ergeben sich, wenn der Staatsvertrag selbst die Gesellschaft errichtet. Nur solche Gebilde nennen wir Internationale Gesellschaften. Sie beruhen auf einer wahrhaft internationalen Rechtsgrundlage; der Staatsvertrag wird zum Gesellschaftsstatut, zum Heimatrecht (Seidl-Hohenveldern, Das Recht Rz 0721 S 88). Die Rechts-, Partei- und Prozeßfähigkeit der Gesellschaft hängt von dem Staatsvertrag ab. Ist die Internationale Gesellschaft in diesem Fall mit einem Doppelsitz begründet (Prinzip der Mehrstaatlichkeit – oben Rz 173), so sind die gemeinsamen Rechtsgrundsätze der beiden Sitzstaaten hilfsweise heranzuziehen. Bei multilateralen Abkommen stößt der Rückgriff auf solche gemeinsamen Rechtsgrundsätze allerdings auf große praktische Schwierigkeiten, er wird dort nur ganz ausnahmsweise möglich sein. 551

2. Rechtsfähigkeit, Parteifähigkeit 552

Die Staatsverträge als Gesellschaftsstatut sehen die zivile Rechtsfähigkeit nicht immer ausdrücklich vor. Die Verleihung der völkerrechtlichen Rechtsfähigkeit (dazu Seidl-Hohenveldern Rz 0301 S 34) bewirkt nicht automatisch die zivile Rechtsfähigkeit (str), weil Völkerrecht und Zivilrecht unterschiedliche Rechtsbereiche betreffen. Ob also zivile Rechtsfähigkeit verliehen wird, ist durch Auslegung des Vertrages zu ermitteln, ferner durch Berücksichtigung der begleitenden Niederlassungsabkommen und evtl ausführender Sonderverträge und -gesetze. Die völkerrechtliche Rechtsfähigkeit kann als Indiz für die konkludente Verleihung der Zivilrechtsfähigkeit gelten, wenn der Organisation zur Erfüllung der völkerrechtlichen Aufgaben Funktionen zugewiesen sind, die sie nur als Zivilrechtssubjekt wahrnehmen kann (Beitzke, Zivilrechtsfähigkeit 88). Das wird häufig der Fall sein. Wesentlich sind also die zugedachten Funktionen und alle Indizien, die auf eine eigene Vermögens- und Haftungszuständigkeit schließen lassen (Einzelheiten bei Beitzke 101 f). Entsprechendes gilt für die Geschäfts-, Partei- und Prozeßfähigkeit.

3. Anerkennung 553

Die so begründete zivile Rechtsfähigkeit wird nicht ohne weiteres innerstaatlich wirksam, vielmehr bedarf es einer Übernahme in das inländische Recht (im herkömmlichen Sprachgebrauch: Anerkennung – oben Rz 123). Denn Staatsverträge gehören dem Völkerrecht an und bewirken daher nicht ohne weiteres die zivile Rechtsfähigkeit in den einzelnen nationalen Rechtsordnungen. Eine allgemeine völkerrechtliche Pflicht zur Anerkennung besteht hier ebenfalls nicht (vgl oben Rz 125). Die Zivilrechtsfähigkeit internationaler Organisationen ist noch kein allgemeiner Rechtsgrundsatz des Völkerrechts; bei Staatsverträgen handelt es sich lediglich um spezielles Völkerrecht (Beitzke 851). Deshalb folgt aus Art 25 GG keine Pflicht zur Anerkennung. Nur für die Signatarstaaten besteht aufgrund des Staatsvertrages eine Pflicht zur Sicherung der Anerkennung. Die Staatsverträge über die Anerkennung allgemein (oben Rz 160) sind oft nicht einschlägig, weil sie regelmäßig nur die Anerkennung von Handelsgesellschaften bestimmter Staaten erfassen.

Die Anerkennung hängt daher grundsätzlich von der Stellungnahme des jeweiligen nationalen Rechts ab. Eindeutig ist die Rechtslage, wenn eine Transformation in 554 inländisches Recht erfolgt (vgl Art 59 Abs 2 GG – dazu MANN, Jahrbuch für Internationales Recht 18 [1975] 373) oder wenn ein spezieller inländischer Anwendungsbefehl ergeht („Interne Inkrafttretung" – BEITZKE 85 f). Für die Bundesrepublik Deutschland liegt der Anwendungsbefehl im Zustimmungsgesetz. Es ist nicht erforderlich, daß die zivile Rechtsfähigkeit für das Inland ausdrücklich gewährt wird, denn das Gesetz ist völkerrechtskonform iS einer Anerkennung auszulegen (hM).

555 Liegt keine Transformation vor oder kein spezieller Anwendungsbefehl, so richtet sich die Anerkennung internationaler Organisationen nach den allgemeinen Regeln des Internationalen Gesellschaftsrechts (SEIDL-HOHENVELDERN, Das Recht Rz 0721 S 88). Für das deutsche Recht ist eine automatische Anerkennung anzunehmen, doch gilt der Sitzvorbehalt. Es ist also erforderlich, daß der tatsächliche Verwaltungssitz im Gebiet eines der vertragschließenden Staaten liegt. Eine Verweisung ist auch hier beachtlich (oben Rz 103).

556 4. Art der Rechtsfähigkeit

Streitig ist die Rechtsnatur der so begründeten Rechtsfähigkeit. Es stehen sich das Konzept einer internationalen oder supranationalen Zivilrechtsfähigkeit und die Lehre von der plurinationalen Rechtsfähigkeit (parallele Rechtsfähigkeit nach den einzelnen nationalen Rechtsordnungen) gegenüber. Am einfachsten erklärt sich das Phänomen durch die Annahme einer einheitlichen internationalen Zivilrechtsfähigkeit (so ZEMANEK, Das Vertragsrecht der Internationalen Organisationen [1957] 131 f; SEIDL-HOHENVELDERN, Das Recht Rz 0341 S 50), die dann einer Anerkennung durch die einzelnen nationalen Rechtsordnungen bedarf. Das ermöglicht eine Einpassung in die allgemeine internationalprivatrechtliche Behandlung. BEITZKE (Einige Bemerkungen 94 f, 104 f) nimmt dagegen von vornherein eine „hinkende" Rechts- und Parteifähigkeit an. Diese Auffassung entspricht wohl der früher vertretenen These, daß sich die Rechtsfähigkeit nur nach dem Wirkungsstatut richtet und sie sich „in eine beliebige Menge besonderer Rechtsfähigkeiten aufspalten" läßt (BEITZKE, Juristische Personen 124; ähnlich GRASMANN oben Rz 191). Aber da sich die herrschende Meinung im Ausgangspunkt anders entschieden hat (obgleich die praktischen Unterschiede nicht so groß sind, wie es zunächst scheinen mag – oben Rz 191), sollte man auch hier nicht grundsätzlich anders verfahren.

557 5. Umfang der Rechtsfähigkeit

Der Umfang der Rechtsfähigkeit ist ebenfalls problematisch. Grundsätzlich bestimmt sich der Umfang nach dem Staatsvertrag; in Zweifelsfällen muß man versuchen, Lücken in der Regelung der Zivilrechtsfähigkeit aus den gemeinschaftlichen privatrechtlichen Rechtsgrundsätzen der Vertragsstaaten zu füllen. Das ist indes praktisch oft nur schwer durchführbar. In den Verträgen heißt es häufig, daß die Gesellschaft in jedem Vertragsstaat die weitestgehende Rechts- und Geschäftsfähigkeit hat, die das jeweilige innerstaatliche Recht juristischen Personen zuerkennt. Das könnte für BEITZKES These von der plurinationalen Rechtsfähigkeit sprechen, ist aber doch wohl zwangloser in dem Sinne zu interpretieren, daß die konkrete Ausfüllung der einheitlich verliehenen Rechtsfähigkeit dem jeweiligen nationalen Recht überlassen bleibt. Die erwähnte Klausel beseitigt zwar die Zweifelsfragen für die Vertragsstaaten, es bleiben aber die Probleme der rechtlichen Behandlung in Drittstaaten. Nach dem Rechte welches Vertragsstaates soll der Umfang der Rechtsfähigkeit bestimmt werden? Soweit sich keine gemeinsamen Grundsätze der Vertragsstaaten feststellen lassen, wird es angemessen sein, wenn der Drittstaat gleiches tut wie die Vertragsstaaten und er dann den Umfang entsprechend seiner eigenen Rechtsordnung bestimmt. So wird man notfalls auch bei anderen Lücken im Bereich des Gesellschaftsstatuts vorgehen müssen (vgl SEIDL-HOHENVELDERN, Das Recht Rz 0341 S 50; Rz 0722 S 89).

6. Vertretung 558

Ähnlich problematisch ist die Frage nach den vertretungsberechtigten Organen. Nicht immer enthalten Staatsvertrag oder Satzung eine klare Regelung. Oft wird man den Generalsekretär als vertretungsberechtigt ansehen können. BEITZKE sagt zu Recht (Rechtsfähigkeit 108):

> „Der Zivilrechtler kann nur zur Vorsicht bei Vertragsschluß mit internationalen Organisationen und Einrichtungen raten".

Zur Vermeidung unangemessener Ergebnisse sind daher die oben genannten Grundsätze (oben Rz 205) entsprechend heranzuziehen. Bei der Substitution sind die Ausführungen oben Rz 239 zu beachten.

B. Fremdenrecht

Schrifttum

BALSER-PICHURA, Zweigniederlassungen ausländischer Kapitalgesellschaften in Deutschland (1958); BEITZKE, Juristische Personen im Internationalprivatrecht und Fremdenrecht (1938); BUMEDER, Die inländische Zweigniederlassung ausländischer Unternehmen im deutschen Register- und Kollisionsrecht, Diss München 1971; DENZLER, Die Stellung der Filiale im internen und internationalen Privatrecht, Diss Zürich 1902; DIEHL, Zweigniederlassungen ausländischer Banken – Rechtsfragen und Besteuerung (1978); DOEHRING, Die allgemeinen Regeln des völkerrechtlichen Fremdenrechts und das deutsche Verfassungsrecht, in: Schriften des Max-Planck-Instituts für ausländisches öffentliches Recht und Völkerrecht (1963); EDLICH, Die Zweigniederlassung als Organisationsform (1965); KNIEPER-JAHRMARKT, Zweigniederlassung, Zweigbüro, Filiale, Nebenbetrieb, Rechtliche Regelungen, steuerliche Besonderheiten, betriebswirtschaftliche Überlegungen (1972); E ISAY, Das deutsche Fremdenrecht (1923); DÖLLER-REICHERT-FACILIDES, Zum „ausländischen" Versicherungsunternehmen im Sinne des Versicherungsaufsichtsrechtes, ZVersWiss 55 (1966) 1; Zweigniederlassungen und Tochtergesellschaften im Gemeinsamen Markt – Rechtliche und steuerliche Probleme – Hrsg.: Association Européenne D'Études Juridiques Et Fiscales Paris (2. Aufl 1970).

I. Begriff 559

Mit „Fremdenrecht" bezeichnen wir die Rechtsnormen, die im Tatbestand auf die In- und Ausländereigenschaft einer natürlichen oder juristischen Person abstellen und daran unterschiedliche Rechtsfolgen knüpfen. Es handelt sich nicht um Kollisionsnormen, sondern um Sachnormen.

Fremdenrecht kann auf völkerrechtlicher Grundlage beruhen und zwar auf dessen 560
allgemeinen Regeln, die nach Art 25 GG Bestandteil des Bundesrechts sind (DOEHRING, Beiträge zum ausländischen öffentlichen Recht und Völkerrecht 39 [1963]), oder auf besonderem Völkerrecht, namentlich zahlreichen zwischenstaatlichen Abkommen. Die allgemeinen Regeln des Völkerrechts sichern Ausländern einen im Umfang umstrittenen Mindeststandard; die Abkommen gewähren Angehörigen der

Vertragsstaaten häufig die Meistbegünstigung oder die Inländergleichbehandlung (ROESNER, Die Meistbegünstigungsklausel in den bilateralen Handelsverträgen der Bundesrepublik Deutschland, Diss Heidelberg 1964; SCHÜTTERLE, Die Inländerbehandlungsklausel in den klassischen Handels- und Niederlassungsverträgen der Bundesrepublik Deutschland, Diss Heidelberg 1970). Solche Abkommen haben für Gesellschaften insbesondere niederlassungsrechtliche Bedeutung (vgl aber auch oben Rz 160). Sie enthalten oft Regelungen, die ausländischen juristischen Personen und Handelsgesellschaften die Niederlassung im Inland erleichtern. Das gilt ua für Art 52 ff EWGV (vgl dazu ausführlich oben Rz 89). Die Bestimmungen des EWG-Vertrages und der dazu erlassenen allgemeinen Programme haben in verschiedenen EG-Richtlinien ihren Niederschlag gefunden. Das deutsche Niederlassungsrecht wurde diesen Richtlinien angepaßt (vgl dazu BEHRENS Rz 123 S 544).

561 Auch im innerstaatlichen Recht finden wir zahlreiche Vorschriften fremdenrechtlichen Charakters, und zwar im einfachen wie im Verfassungsrecht. Als Beispiele seien genannt: Art 86, 88 EGBGB (oben Rz 215); § 55 ZPO (Prozeßfähigkeit von Ausländern); § 110 ZPO (Sicherheitsleistung für Prozeßkosten durch Ausländer); § 114 Abs 2 u 4 ZPO (Armenrecht für Ausländer und inländische juristische Personen); § 7 Gesetz über die Haftung des Staates und anderer Verbände für Amtspflichtverletzungen von Beamten bei Ausübung der öffentlichen Gewalt (PreußBeamtenHaftG) v 1. 8. 1909 (Pr Gs 1909, 691) und § 7 Gesetz über die Haftung des Reiches für seine Beamten (RBHaftG) v 22. 5. 1910 (RGBl I 798) idF v 30. 6. 33 (RGBl I 433) (Staatshaftung gegenüber Ausländern; vgl dazu NEUFELDER NJW 1974, 979; FROWEIN JZ 1964, 358; RG IPRspr 1934 Nr 14; BGH VersR 1957, 642; WM 1980, 714 m Anm EBKE-NEUMANN JZ 1980 [erscheint demnächst]; BGH WM 1980, 796; OLG Hamm RiW 1978, 549); §§ 12, 12 a GewO (inländischer Gewerbebetrieb einer ausländischen juristischen Person; dazu unten Rz 570); § 13 b HGB, § 44 AktG (inländische Zweigniederlassung eines ausländischen Unternehmens; dazu unten Rz 574); § 41 Abs 2 BörsG (Zulassung ausländischer Wertpapiere zum Börsenhandel); § 105 VAG (Direktversicherungsgeschäft ausländischer Versicherungsunternehmen); § 110 VAG (Anwendbarkeit des VAG auf ausländische Versicherungsunternehmen); Art 19 Abs 3 GG (Beschränkung der Grundrechte auf inländische juristische Personen; dazu unten Rz 589); Kriegs- und Kriegsfolgenrecht (Beispiele bei GROSSFELD, Praxis 82, 92).

562 **II. Inländer- und Ausländereigenschaft**

Soweit die einschlägige Norm nicht selbst ausdrücklich das Kriterium für die Anknüpfung der Ausländereigenschaft festlegt (wie zB in § 13 b HGB, § 44 AktG), stellt sich die Frage, wie die Inländer- oder Ausländereigenschaft von Gesellschaften zu bestimmen ist, ob die juristische Person evtl sogar „Feind" ist (dazu grundsätzlich WALTHER WIELAND SCHMIDT, Grundrechte und Nationalität juristischer Personen [1966]; GROSSFELD, Basisgesellschaften im internationalen Steuerrecht [1974] 164 ff). Man begegnet in diesem Zusammenhang häufig dem Begriff „Staatsangehörigkeit" der juristischen Person. Dieser Begriff ist jedoch abzulehnen. Denn die Inländer- und Ausländereigenschaft wird vom Zweck der jeweiligen Rechtsnorm her bestimmt (SOERGEL-SIEBERT-KEGEL Vorbem 148 zu Art 7 EGBGB), eine allgemein gültige Beschreibung gibt es – anders als bei der eigentlichen Staatsangehörigkeit – nicht (BEHRENS Rz 119 S 541). Man mag allenfalls von einer „Staatszugehörigkeit" sprechen, dabei muß man sich aber darüber klar sein, daß diese in verschiedenen Zusammenhängen unterschiedlich ermittelt wird (BEHRENS Rz 119 S 541).

563 Die Bestimmung der Inländer- und Ausländereigenschaft ist nicht identisch mit der

Ermittlung des Gesellschaftsstatuts im Kollisionsrecht (Walther Wieland Schmidt 57; s auch RPA IPRspr 1935-44 Nr 48); vielmehr gelten je nach den unterschiedlichen Zwecken fremdenrechtlicher Normen (Normzweck) verschiedenartige Kriterien. Eine Gesellschaft kann daher für die eine Vorschrift Inländer, für die andere Ausländer sein (Wiedemann, Gesellschaftsrecht 828).

Die bloße internationalprivatrechtliche Anerkennung macht eine Gesellschaft nicht 564
zur inländischen (Staudinger-Raape [9. Aufl] Art 10 EGBGB Anm H I 4 S 159 – vgl unten Rz 594). Im allgemeinen erfolgt die Zuordnung nach der Sitztheorie (oben Rz 18 – Wiedemann, Gesellschaftsrecht 830). Inländische Gesellschaften sind grundsätzlich solche, die ihren Verwaltungssitz im Inland haben und dem daher zuständigen deutschen Recht unterstehen (oben Rz 69). Das Erfordernis des inländischen Verwaltungssitzes entfällt bei Vereinen und Stiftungen, die nach §§ 23, 80 S 2 BGB errichtet sind; das Sitzkriterium wird hier durch die staatliche Verleihung kompensiert (vgl Grossfeld, Die Entwicklung 220). Alle anderen Gesellschaften mit Verwaltungssitz im Ausland gelten regelmäßig als ausländische; wohl selbst dann, wenn sie ausnahmsweise (Rückverweisung, vgl oben Rz 103) nach deutschem Recht gegründet sind (Grossfeld, Basisgesellschaften im internationalen Steuerrecht [1974] 165; Walther Wieland Schmidt 90; s aber auch RG IPRspr 1934 Nr 14; Wiedemann, Gesellschaftsrecht 836; vgl oben Rz 70 und unten Rz 571 u 594); über das Verhältnis zur DDR unten Rz 596.

Gelegentlich richtet sich die Ausländereigenschaft nach der Staatsangehörigkeit der 565
die Gesellschaften beherrschenden Gesellschafter oder Organe (Kontrolltheorie – zB § 3 Abs 1 S 2 LuftverkehrsG; § 1 Abs 1 b FlaggRG; § 6 Abs 2 Nr 2 a Kriegswaffengesetz; §§ 14 Abs 1, 15 Abs 2 VereinsG – w Beispiele bei Grossfeld, Praxis 80; LG Frankfurt BB 1968, 482 und unten Rz 595). Damit soll ein ausländischer Einfluß kontrolliert oder verhindert werden. Die Kontrolltheorie ist völkerrechtlich umstritten (dazu Grossfeld, Berichte der Deutschen Gesellschaft f Völkerrecht 18 [1978] 73, 118), sie ist aber im Vordringen (U Hübner JZ 1978, 703). Sie ist weder allgemein abzulehnen noch zu bejahen, es kommt vielmehr auf den Zweck der Norm an, nämlich darauf, ob das Gesetz auf die Organisation schaut oder auf die „Hintermänner" (Einzelheiten bei U Hübner JZ 1978, 703). Für die Voraussetzungen der „Kontrolle" können die Maßstäbe des § 17 AktG herangezogen werden (zu gesellschaftsinternen Maßnahmen gegen eine „Überfremdung" Luther-Schneider ZGR 4 [1975] 182; Wiedemann, Gesellschaftsrecht 832).

III. Inländische Tochtergesellschaften ausländischer Unternehmen 566

Ausländischen Unternehmen steht die Errichtung von Tochtergesellschaften in der Bundesrepublik Deutschland unter Beachtung der außenwirtschaftlichen Beschränkungen grenzüberschreitender Kapitalbewegungen (vgl §§ 6 a, 22 ff Außenwirtschaftsgesetz idF v 28. 4. 61 [BGBl I 481] mit späteren Änderungen, sowie die Bestimmungen der Außenwirtschaftsverordnung v 22. 8. 61 idF der Bekanntmachung v 31. 8. 73 [BGBl I 1069] mit späteren Änderungen, jeweils abgedruckt mit Stand Januar 1979 in: Hocke-Berwald-Maurer, Außenwirtschaftsrecht, Gesetze, Verordnungen, Erlasse mit Kommentar [LsbL]) unbegrenzt offen. Diese Tochtergesellschaften sind Gesellschaften deutschen Rechts. Bestimmungen des Fremdenrechts sind daher für sie grundsätzlich ohne Bedeutung. Eine Ausnahme besteht für den Fall, daß das Fremdenrecht die Staatszugehörigkeit einer Gesellschaft nach der Kontrolltheorie (oben Rz 565) beurteilt. Die ausländische Staatsangehörigkeit ihrer Organe oder herrschenden Anteilseigner bedingt sodann die ausländische Staatszugehörigkeit der Tochtergesellschaft selbst (vgl dazu Behrens Rz 124 S 544).

Fremdenrechtliche Bestimmungen gelten darüber hinaus nur, wenn ausländische Staatsangehörige die Tochtergesellschaft leiten. Ihre Einreise und Aufenthalt bestimmen sich nach den entsprechenden Vorschriften des Ausländerrechts.

IV. Inländische Zweigniederlassungen ausländischer Unternehmen

567 **1. Begriff und Wesen**

Die Zweigniederlassung ist eine von der Hauptniederlassung räumlich getrennte, unter deren Oberleitung stehende, jedoch wirtschaftlich und organisatorisch selbständige Niederlassung (RGZ 107, 44, 45; BayObIG BB 1980, 235; WÜRDINGER in Großkomm HGB 1. Bd [3. Aufl 1967] § 13 Anm 4 ff). Die Zweigniederlassung muß bei Wegfall der Hauptniederlassung selbst Hauptniederlassung werden können (BALSER-PICHURA 26; vgl auch SCHLEGELBERGER-HILDEBRANDT-STECKHAN, HGB 1. Bd [5. Aufl 1973] § 13 Anm 5, der auf die Möglichkeit des Fortbestandes der Zweigniederlassung nach deren Verkauf abstellt; zur Veräußerung einer Zweigniederlassung vgl BOKELMANN GmbHR 1978, 265 f; zum bankrechtlichen Begriff der Zweigniederlassung vgl DIEHL 14 u 20). Die Zweigniederlassung kann ihren Sitz im Inland ebenso wie ein inländisches Unternehmen verlegen (LG Köln NJW 1951, 75); zur Behandlung der Zweigniederlassung bei im Ausland vollzogener Fusion MAYER-MALY, FS Hämmerle (1972) 221.

568 Trotz ihrer Selbständigkeit ist die Zweigniederlassung „kein von der Hauptniederlassung verschiedenes besonderes Rechtssubjekt; das Hauptgeschäft und das Zweiggeschäft bilden vielmehr einen einheitlichen Geschäftsbetrieb derselben Rechtspersönlichkeit" (RGZ 107, 44, 45 f; vgl auch RGZ 116, 330, 332; AG Bamberg IPRspr 1929 Nr 20; OLG Karlsruhe IPRspr 1977 Nr 126). Verbindlichkeiten der Zweigniederlassung entstehen mit Wirkung gegen das ausländische Unternehmen (RGZ 107, 44, 46; OLG Karlsruhe IPRspr 1977 Nr 126; LG Frankfurt IPRspr 1929 Nr 50; vgl dazu auch WÜRDINGER in Großkomm HGB 1. Bd [3. Aufl 1967] § 13 Anm 1 mwN und CAPELLE-CANARIS, Handelsrecht [19. Aufl 1980] 33 f). Freizeichnungsklauseln in Gesellschaftsverträgen vermögen daran nichts zu ändern (vgl IPG 1974 Nr 13). Eine Zweigniederlassung kann auch nicht selbst Partei eines Rechtsstreites sein (BGHZ 4, 62; beachte aber BGHZ 53, 383 zur Abwicklung der Zweigstelle einer ausländischen Bank). Zum allgemeinen Gerichtsstand einer ausländischen Versicherungsgesellschaft mit inländischer Niederlassung vgl BGH NJW 1979, 1785.

569 Aufgrund ihrer rechtlichen Unselbständigkeit unterliegt die Zweigniederlassung – anders als eine rechtlich selbständige Tochtergesellschaft – dem ausländischen Gesellschaftsstatut (vgl RGZ 73, 366, 368; zur Frage des maßgeblichen Rechts für die Bestimmung der Partei- bzw der Prozeßfähigkeit sowie der Vertretung der Zweigniederlassung vgl IPG 1973 Nr 14). Die Zweigniederlassung teilt im fremdenrechtlichen Sinne die Staatszugehörigkeit des Unternehmens (LG Düsseldorf IPRspr 1958/59 Nr 24; NUSSBAUM 212 f). Die Vorschriften des Fremdenrechts finden Anwendung.

570 **2. Errichtung – Besondere Genehmigungserfordernisse**

Für ausländische juristische Personen ist der Betrieb einer Zweigniederlassung – deren Gegenstand im Inland zulässig sein muß (vgl GODIN-WILHELMI, Kommentar zum Aktiengesetz 1. Bd [4. Aufl 1971] § 44 Anm 3; BALSER-PICHURA 11) – gem § 12 Abs 1 GewO genehmigungspflichtig, wenn der „Betrieb eines Gewerbes" beabsichtigt ist. Dieser setzt einen „mehr oder minder selbständigen Mittelpunkt einer gewerblichen Tätigkeit" voraus (so FRÖHLER-KORMANN, Kommentar zur Gewerbeordnung [1978] § 12 Rz 4 mw Einzelheiten; zum Ganzen auch KOPPENSTEINER, Internationale Unternehmen [1971] 225 ff; s ferner OGH Wien IPRspr 1935-44 Nr 38). Durch das Genehmigungserfordernis sollen zum einen inländische Gläubiger vor kapitalschwachen ausländischen juristischen Personen geschützt werden (vgl § 12 Abs 2 Nr 2 GewO und die Amtlichen Erläuterungen zu § 12 a GewO, BT-Drucks IV 3290 S 4). Es soll auch sichergestellt werden,

> „daß Inländer, die die Voraussetzungen für die Gründung einer juristischen Person im Inland nicht erfüllen, in einem ausländischen Staat, in dem geringere Anforderungen an die Gründung einer juristischen Person gestellt werden, eine ‚ausländische' juristische Person errichten und sodann das beabsichtigte Gewerbe in der Bundesrepublik in der Form einer Zweigniederlassung dieser ausländischen juristischen Person betreiben" (Amtliche Erläuterungen aaO).

Letztlich soll die Möglichkeit bestehen, die Zulassung ausländischer juristischer Personen zum Gewerbebetrieb im Inland davon abhängig zu machen, daß inländische juristische Personen im Ausland eine entsprechende Zulassung erhalten (Gegenseitigkeit – vgl § 12 Abs 2 Nr 1 GewO).

Die Ausländereigenschaft bestimmt sich grundsätzlich nach den oben (Rz 564) **571** genannten Kriterien (ebenso FRÖHLER-KORMANN, Kommentar zur GewO [1978] § 12 Rz 2; dort auch zur Frage der Anwendbarkeit auf juristische Personen der DDR; vgl oben Rz 267). Voraussetzung für die Erteilung der Genehmigung ist nach § 15 Abs 2 S 2 GewO, daß die ausländische Gesellschaft im Inland anerkannt ist (oben Rz 123). § 12 GewO gilt auch für ausländische Personengesellschaften, die als juristische Person konstruiert sind (vgl oben Rz 218; aA GRASMANN Rz 899 S 458 m Nachw).

Die Genehmigungspflicht gem § 12 GewO entfällt nach § 12 Abs 4 u 5 GewO für **572** ausländische juristische Personen, die der Versicherungs-, Kredit- oder Investmentaufsicht unterliegen (dazu unten Rz 573; zur Frage, ob die Genehmigungspflicht zu bejahen ist, wenn nur ein Teil der Tätigkeiten der juristischen Person der Aufsicht unterfällt vgl FRÖHLER-KOHRMANN Rz 7). Die Genehmigungspflicht entfällt gem § 12 a GewO ferner für juristische Personen aus dem Bereich der Europäischen Wirtschaftsgemeinschaft.

Für Zweigniederlassungen und Repräsentanzen ausländischer Kreditinstitute sind **573** §§ 53, 53 a KWG, für Versicherungsunternehmen §§ 105–110 VAG zu beachten. Eine ausländische Gesellschaft iSd Vorschriften liegt vor, wenn sie ihren Verwaltungssitz im Ausland hat (oben Rz 564 – SZAGUNN-NEUMANN-WOHLSCHIESS, KWG [3. Aufl 1976] § 53 Rz 6 für Kreditinstitute; DÖLLE-REICHERT-FACILIDES für Versicherungsunternehmen). Für den Vertrieb von Investmentanteilen ist ferner das Gesetz über den Vertrieb ausländischer Investmentanteile und über die Besteuerung der Erträge aus ausländischen Investmentanteilen (AuslInvestmG) v 28. 7. 1969 (BGBl I 986 m späteren Änderungen – dazu GROSSFELD, Basisgesellschaften 141) von Bedeutung.

3. Registerrechtliche Fragen – Allgemeines **574**

Ein zentrales Problem im Zusammenhang mit der Errichtung der inländischen Zweigniederlassung eines ausländischen Unternehmens ist deren registerrechtliche Behandlung. Von besonderer Bedeutung ist die Frage nach dem maßgeblichen Recht. Nach deutschem und ausländischem Recht bestehen nämlich zT unterschiedliche registerrechtliche Anforderungen (vgl hierzu FRIESE JW 1925, 434 ff; vgl zur registerrechtlichen Behandlung der ausländischen Zweigniederlassung eines deutschen Unternehmens LG Köln Betrieb 1979, 984). Wie sich aus § 13 b HGB, § 44 AktG ergibt, ist grundsätzlich deutsches Recht maßgeblich, „soweit nicht das ausländische Recht noch strengere Formen vorschreibt" (so BayObLG IPRspr 1973 Nr 21 S 55; vgl id Zusammenhang auch § 13 b Abs 3 HGB, § 44 Abs 5 AktG).

575 Nach § 13 b HGB, § 44 AktG, § 14 GenG sind Zweigniederlassungen ausländischer Unternehmen wie Zweigniederlassungen inländischer Unternehmen zum Handels- oder Genossenschaftsregister anzumelden. Für die Frage, in welches Register – Handels- oder Genossenschaftsregister – die Eintragung zu erfolgen hat, ist die Vergleichbarkeit mit der entsprechenden deutschen Unternehmensform maßgebend (vgl IPG 1976 Nr 18; IPG 1975 Nr 14; oben Rz 239). Die Eintragung einer Zweigniederlassung in das Handelsregister hat nur deklaratorische Bedeutung. Die inländische Zweigniederlassung eines ausländischen Unternehmens entsteht bereits mit der Geschäftsaufnahme (Schlegelberger-Hildebrandt-Steckhan, HGB 1. Bd [5. Aufl 1973] § 13 Anm 15; Balser-Pichura 26; Beitzke, Juristische Personen 163).

576 **4. Internationale Zuständigkeit des deutschen Registergerichts**

Die internationale Zuständigkeit des deutschen Registergerichts wird im Ergebnis einhellig bejaht. Unterschiede bestehen nur in der Begründung. Während teilweise von einer durch § 13 b HGB, § 44 AktG eingeräumten örtlichen auf die internationale Zuständigkeit geschlossen wird (vgl BayObLG Urteil v 16. 1. 59 FamRZ 1959, 364 mwN), beruft sich eine andere Meinung auf das im internationalen Recht der Freiwilligen Gerichtsbarkeit geltende Gleichlaufprinzip. Das anzuwendende materielle Recht bestimme danach auch die internationale Zuständigkeit (so ua Dölle RabelsZ 27 [1962/63] 201, 212 ff; Jansen, FGG 1. Bd [2. Aufl 1969] § 1 Rz 138; Heldrich, Internationale Zuständigkeit und anwendbares Recht [1969] 12 ff).

577 **5. Zur Anmeldung verpflichtete Personen**

Für die Frage, wer die Zweigniederlassung zum Handelsregister anzumelden hat, ist deutsches materielles Recht maßgeblich (LG Danzig IPRspr 1935-44 Nr 30). Nach § 44 Abs 1 AktG sind alle Vorstandsmitglieder der ausländischen Aktiengesellschaft anmeldepflichtig. Gemäß §§ 7, 12, 78 GmbHG und §§ 14, 157 GenG sind zur Anmeldung einer Zweigniederlassung sämtliche Geschäftsführer der Gesellschaft mit beschränkter Haftung sowie alle Vorstandsmitglieder der Genossenschaft berufen. Der Kreis der anmeldepflichtigen Personen ist zweifelhaft, wenn das Statut der ausländischen Gesellschaft Vorstand oder Geschäftsführer nicht kennt. Das ausländische Recht macht hier ein Abweichen von der grundsätzlichen Maßgeblichkeit deutschen materiellen Rechts notwendig (§ 13 b Abs 3 HGB, § 44 Abs 5 AktG). Nur das ausländische Recht selbst kann Klarheit schaffen. Es gilt, die dem Vorstand bzw den Geschäftsführern entsprechenden Organe des ausländischen Unternehmens unter Zuhilfenahme des fremden Rechts zu ermitteln (Substitution – oben Rz 239 – LG Saarbrücken IPRspr 1950/51 Nr 15; Godin-Wilhelmi, Kommentar zum Aktiengesetz 1. Bd [4. Aufl 1971] § 44 Anm 2; Balser-Pichura 30).

578 Eine gesetzliche Regelung der Anmeldungspflicht fehlt für die Offene Handelsgesellschaft und die Kommanditgesellschaft. Doch soll auch hier die Anmeldung durch einen Gesellschafter allein nach wohl einhelliger Meinung nicht ausreichen (Würdinger in Großkomm HGB 1. Bd [3. Aufl 1967] § 13 b Anm 3; Schlegelberger-Hildebrandt-Steckhan, HGB 1. Bd [5. Aufl 1973] § 13 b Anm 2). Lediglich in der

Begründung herrscht Uneinigkeit. Während ein Teil der Literatur sich auf §§ 108, 161 Abs 2 HGB beruft (WÜRDINGER aaO; KEIDEL-SCHMALZ-STÖBER, Registerrecht [3. Aufl 1976] 21), argumentiert ein anderer Teil mit dem Rechtsgedanken aus § 44 Abs 1 AktG (SCHLEGELBERGER-HILDEBRANDT-STECKHAN aaO; zum Streit allgemein vgl BUMEDER Rz 69 ff).

Nicht lediglich in der Begründung, sondern im Kern streitig ist die Frage, ob die Anmeldung von den dazu Verpflichteten persönlich vorgenommen werden muß. Kraft Gesetzes unzulässig ist die Vertretung allein bei der Anmeldung der Zweigniederlassung einer Genossenschaft. Das ergibt sich aus § 157 Abs 1 GenG iVm § 6 Abs 3 der Verordnung über das Genossenschaftsregister. Im übrigen ist die Zulässigkeit der Vertretung umstritten. Das Reichsgericht ließ in seiner Entscheidung RGZ 154, 275, 283 die Frage ausdrücklich offen. Das Kammergericht (JW 1932, 2626) erklärte die Anmeldungsvertretung für grundsätzlich zulässig. Zur Begründung verwies es auf § 12 Abs 2 S 1 HGB, wo ausdrücklich von der Vollmacht zur Anmeldung die Rede ist. 579

In Anlehnung an die Entscheidung des Kammergerichts wird von der im Schrifttum hM die Vertretung für grundsätzlich zulässig erachtet (vgl BUMEDER Rz 72; BARZ in Großkomm AktG 1. Bd 1. HBd [3. Aufl 1973] § 44 Anm 5 nur für die Vertretung aufgrund einer Spezialvollmacht; idS auch BALSER-PICHURA 30 f, der zudem die Vertretung bei der Unterschriftszeichnung für unzulässig hält; KRONSTEIN in Kölner Kommentar z AktG 1. Bd [1970] § 44 Rz 17 hält die Vertretung für unzulässig, eine „beglaubigte Anmeldungsvollmacht" aber für zulässig). Nur vereinzelt wird die Unzulässigkeit behauptet (GODIN-WILHELMI, Kommentar z Aktiengesetz 1. Bd [4. Aufl 1971] § 44 Anm 2). Zur Begründung wird geltend gemacht, daß andernfalls entgegen dem Wortlaut des Gesetzes ein einziges Vorstandsmitglied (bzw Geschäftsführer) die Anmeldung vornehmen könne. Dieses Bedenken greift nicht. Die Repräsentation mehrerer durch einen einzelnen ist nach dem Recht der Stellvertretung grundsätzlich zulässig. Für die Zulässigkeit der Vertretung spricht neben einem praktischen Bedürfnis und dem eindeutigen Wortlaut des § 12 Abs 2 S 1 HGB auch § 13 S 1 u 2 FGG. 580

6. Registergerichtliches Prüfungsrecht 581

Gemäß § 13 b Abs 3 HGB, § 44 Abs 5 AktG wird die inländische Zweigniederlassung einer ausländischen Gesellschaft registerrechtlich grundsätzlich wie eine inländische Hauptniederlassung behandelt. Dem daraus sich ergebenden weiten Umfang eintragungspflichtiger Tatsachen entspricht ein umfassendes Prüfungsrecht des Registergerichts. Dieses hat als Gericht der Zweigniederlassung die gleichen Befugnisse, die normalerweise dem Gericht der Hauptniederlassung zustehen (so ausdrücklich SCHLEGELBERGER-HILDEBRANDT-STECKHAN, HGB 1. Bd [5. Aufl 1973] § 13 b Anm 1). Das Prüfungsrecht erstreckt sich dabei insbesondere auf die Frage, ob der anzumeldenden Eintragung Grundsätze des deutschen materiellen Rechts entgegenstehen (vgl KG IPRspr 1929 Nr 21 mwN; NUSSBAUM 212). Einzutragende Bestimmungen der Satzung oder des Gesellschaftsvertrages werden auf ihre Vereinbarkeit mit deutschem Recht überprüft. Das gilt zB für etwaige vom deutschen Recht abweichende Bestimmungen betreffend die Rechtsfähigkeit der Gesellschaft, die Vertretungsorgane und deren Befugnisse sowie die Haftung. Die Eintragungsfähigkeit entsprechender Bestimmungen in ein deutsches Register ist umstritten.

Die Rechtsprechung hierzu ist uneinheitlich. Das Kammergericht (KG IPRspr 1929 Nr 21) bejahte die Zulässigkeit der Eintragung außergewöhnlicher, dem deutschen Recht unbekannter Vertretungsverhältnisse. Für die Verfassung einer ausländischen 582

Gesellschaft sei grundsätzlich allein ausländisches Recht maßgeblich. Dem deutschen Recht unbekannte bzw nach deutschem Recht unzulässige Bestimmungen seien lediglich dann nicht eintragungsfähig, wenn sie gegen Art 30 EGBGB verstießen. Nur dann bestimme sich die Zulässigkeit der Eintragung nicht nach ausländischem, sondern nach deutschem Recht. Dagegen lehnte das OLG Frankfurt (IPRspr 1976 Nr 18) die Eintragung einer dem deutschen Recht fremden Gesamtprokura in das Handelsregister ab. Nach dem Grundsatz der festen Begrenzung der einzutragenden Tatsachen dürfe nur eingetragen werden, was das Gesetz – gemeint ist das deutsche Gesetz – zulasse (vgl zu diesem Grundsatz auch AG Hamburg IPRspr 1964 Nr 299; OLG Karlsruhe GmbHR 1964, 78 und RGZ 132, 138, 140, die für eintragungsfähig nur halten, was gesetzlich vorgeschrieben bzw vorgesehen ist; einschränkend BayObLG BB 1971, 844, wonach eintragungsfähig ist, was gesetzlich angeordnet, zumindest aber gesetzlich zulässig ist).

583 Die überwiegende Auffassung im Schrifttum hat sich der Auffassung des Kammergerichts angeschlossen und hält die Eintragung dem deutschen Recht unbekannter Bestimmungen grundsätzlich für zulässig (Barz in Großkomm AktG 1. Bd 1. HBd [3. Aufl 1973] § 44 Anm 2; Kronstein in Kölner Kommentar z AktG 1. Bd [1970] § 44 Rz 23; Wolff, Das Internationale Privatrecht Deutschland [3. Aufl 1954] 118; Rabel RabelsZ 3 [1929] 807, 810; Beitzke 121; Grasmann, Rz 591 S 330 mwN, der auch abweichende Bestimmungen betreffend Rechtsfähigkeit und Haftung ausdrücklich für eintragungsfähig hält). Im Gegensatz dazu vertritt eine Mindermeinung die Auffassung, das Registergericht könne und müsse verlangen, daß unbekannte Bestimmungen dem deutschen Recht angepaßt würden (Nussbaum 212; wohl auch Denzler 362). Dem liegt offensichtlich der Gedanke zugrunde, daß sich das ausländische Unternehmen durch die Errichtung einer inländischen Zweigniederlassung unmittelbar den Normen des deutschen Rechts unterwerfe (vgl Denzler aaO).

584 Der überwiegenden Auffassung im Schrifttum ist zu folgen. Die Gegenmeinung steht im Widerspruch zur Maßgeblichkeit ausländischen Rechts für die Verfassung eines ausländischen Unternehmens (vgl dazu oben Rz 180). Dem deutschen Recht unbekannte bzw nach deutschem Recht unzulässige Bestimmungen können nicht ohne weiteres von der Eintragung ausgeschlossen werden. Vom ausländischen Recht ist vielmehr nur in den Ausnahmefällen des Art 30 EGBGB abzuweichen (zum Umfang der Prüfung bei der Zweigniederlassung von Aktiengesellschaften beachte § 44 Abs 2 u 3 AktG).

585 **7. Möglichkeiten zur Erzwingung der Anmeldung**

Die den Organen des ausländischen Unternehmens kraft Gesetzes auferlegte Verpflichtung zur Anmeldung der Zweigniederlassung reicht uU zur Sicherstellung der Anmeldung nicht aus. Es stellt sich daher die Frage, ob und wie die Anmeldung gegebenenfalls erzwungen werden kann (Würdinger in Großkomm HGB 1. Bd [3. Aufl 1967] § 13 b Anm 3 und Barz in Großkomm AktG 1. Bd 1. HBd [3. Aufl 1973] § 44 Anm 4 weisen aber zu Recht darauf hin, daß grundsätzlich ein Eigeninteresse der Unternehmen zur Anmeldung und damit zur Eintragung führe). § 14 HGB (vgl § 407 Abs 1 S 1 2. Hs AktG) sieht ein Erzwingungsverfahren für die Personen vor, die ihrer Pflicht zur Anmeldung nicht nachkommen. Dieses Verfahren findet aber seine faktischen Grenzen, wenn die zur Anmeldung Verpflichteten sich im Ausland aufhalten. Selbst ein zur Anmeldung bevollmächtigter Inländer kann nach wohl hM nicht zur Anmeldung gezwungen werden, da er nur zur Anmeldung berechtigt, nicht aber verpflichtet ist (Barz aaO; Balser-Pichura 30; Bumeder Rz

73 f; Scholz, Kommentar z GmbHG [6. Aufl 1978 ff] § 12 Anm 33 m Nachw auch zur aA).

Dieser Zustand wird zu Recht kritisiert. Nach einer Auffassung soll eine Abwesenheitspflegschaft gem § 10 Abs 1 u 3 des Zuständigkeitsergänzungsgesetzes (Gesetz zur Ergänzung von Zuständigkeiten auf den Gebieten des Bürgerlichen Rechts, des Handelsrechts und des Strafrechts v 7. 8. 1952 [BGBl I 407]) helfen, das Problem zu lösen (Scholz, Kommentar z GmbHG [5. Aufl 1964] § 12 Anm 23 aE; jetzt auch 6. Aufl [1978 ff] § 12 Anm 33, wo unrichtig § 8 des Gesetzes zur Begründung herangezogen wird). Gemäß § 10 Abs 1 des Gesetzes ist aber Voraussetzung für die Bestellung eines Pflegers, daß „die Verbindung mit dem Aufenthaltsort der ... zur Vertretung berechtigten Personen der juristischen Person oder Gesellschaft ... unterbrochen oder in einer Weise erschwert ist ...“. Das ist im Verhältnis von inländischer Zweigniederlassung zum ausländischen Unternehmen kaum einmal der Fall. Eine andere Meinung will die Anmeldung mit der Erteilung der Genehmigung nach § 12 GewO verknüpfen (Barz aaO; Könige LZ 1914, 1429; Nussbaum 211 Anm 4; offengelassen KG HRR 1934, 1046; vgl auch Fröhler-Kormann, Kommentar zur Gewerbeordnung [1978] § 12 Rz 1 zur Verknüpfung von Genehmigung und allgemeinen wirtschaftspolitischen Interessen; gegen eine Verknüpfung Bumeder Rz 75 ff). 586

Der letzteren Auffassung ist zu folgen. Gemäß § 12 Abs 2 GewO darf die Genehmigung nämlich versagt werden, „wenn zu besorgen ist, daß die Tätigkeit der ausländischen juristischen Person dem öffentlichen Interesse widerspricht“. Der Begriff des öffentlichen Interesses ist gesetzlich nicht definiert (vgl dazu Fröhler-Kormann § 12 Rz 10). Aus § 12 Abs 2 Nr 2 GewO sowie den amtlichen Erläuterungen zu § 12 a GewO (BT-Drucks IV 3290 S 4) ergibt sich, daß der Gesetzgeber mit der Bezugnahme auf das öffentliche Interesse in erster Linie die Gefährdung inländischer Gläubiger verhindern wollte (vgl dazu schon oben Rz 570); er dachte dabei vor allem an kapitalschwache ausländische juristische Personen. Man wird aber ebenfalls die Nichtanmeldung einer Zweigniederlassung darunter fassen müssen, denn die Registerpublizität hat auch Gläubigerschutzfunktion. Eine Verknüpfung von Anmeldung und Erteilung der Genehmigung scheidet wegen § 12 a GewO allerdings bei ausländischen juristischen Personen aus den Europäischen Gemeinschaften aus. 587

8. Wirkung erfolgter bzw unterlassener Eintragung 588

Erfolgt die Eintragung in das Register, so hat diese – wie bereits festgestellt (vgl oben Rz 575) – für das Entstehen der Zweigniederlassung selbst nur deklaratorische Bedeutung. Konstitutive Wirkung hat sie aber uU für die Kaufmannseigenschaft des ausländischen Unternehmens (vgl hierzu Bumeder Rz 108 und oben Rz 232). Grundsätzlich bewirken auch deklaratorische Eintragungen die Anwendbarkeit der §§ 5, 15 HGB. Fraglich ist jedoch, ob das ebenso für die inländische Zweigniederlassung eines ausländischen Unternehmens gilt. Das setzt die Anwendbarkeit deutschen Rechts voraus. Wie festgestellt (oben Rz 574) ist deutsches Recht für die registerrechtliche Behandlung maßgeblich. Das gleiche muß für die Wirkung der Eintragung gelten (so im Ergebnis Soergel-Siebert-Kegel Vorbem 173 zu Art 7 EGBGB; Wolff 118 für den speziellen Fall der Nichteintragung einer Vertretungsbeschränkung). §§ 5, 15 HGB sind deshalb anwendbar.

V. Grundrechtsschutz*

589 **1. Tragweite des Art 19 Abs 3 GG**

Nach Art 19 Abs 3 GG gelten die Grundrechte „auch für inländische juristische Personen, soweit sie ihrem Wesen nach auf diese anwendbar sind". Die Tragweite dieser Vorschrift im Hinblick auf ausländische juristische Personen ist streitig (vgl Bethge 83; Bonner Kommentar [– von Mutius] Art 19 Abs 3 Rz 49; Behrens Rz 121 S 542; Raupach 165; Gassdorf 16; Feiler 13). Da im Verfassungstext das Wort „nur" fehlt, könnte man eine Regelungslücke annehmen.

590 Das Bundesverfassungsgericht (BVerfGE 21, 207, 209; 23, 229, 236; ebenso BFH BStBl II 1970 S 790; BGH WM 1980, 714, 716 m Anm Ebke-Neumann JZ 1980 [erscheint demnächst]) und die überwiegende Meinung in der Literatur (Nachw Bonner Kommentar [– von Mutius] Rz 50) vertreten zutreffend den Standpunkt, Art 19 Abs 3 GG lasse sich nach Entstehungsgeschichte, Wortlaut und Sinn nicht auf ausländische Gesellschaften ausdehnen. Ausländische Organisationen, die sich inländischer Kontrolle entziehen und unübersehbaren ausländischen Einflüssen unterliegen, sollten nicht subjektive Rechte mit Verfassungsrang erhalten. Zudem sollte der Bundesrepublik Deutschland bei dem Aushandeln von Staatsverträgen ein fremdenrechtlicher Aktionsspielraum verbleiben (Meessen 603; Bonner Kommentar [– von Mutius] Rz 50). Eine Mindermeinung in der Literatur nimmt eine Gesetzeslücke an (Ritter 281; Maunz-Dürig-Herzog Art 14 Rz 12; w Nachw Bonner Kommentar [– von Mutius] Rz 49), deren Ausfüllung von unterschiedlichen Voraussetzungen abhängig gemacht wird (vgl Ritter 282; Maunz-Dürig-Herzog Art 14 Rz 12; Rupp-von Brünneck, FS Arndt [1969] 349, 382; zusammenfassend Grossfeld 162).

591 Die Aussage des Bundesverfassungsgerichts und der ihr folgenden Literatur bezieht sich indessen nur auf materielle Grundrechte, nicht jedoch auf Verfahrens- und Prozeßgrundrechte nach Art 17, 19 Abs 4, 101 Abs 1, 103 Abs 1 GG. Diese letzteren gelten auch für ausländische juristische Personen (BVerfGE 12, 6, 8; 18, 441, 447; 21, 362, 373). Die materiellen Grundrechte haben ferner auf ausländische juristische Personen eine mittelbare Wirkung insoweit, als sie eine objektive Wertordnung verbürgen. Denn diese objektive Wertordnung gilt als verfassungsrechtliche Grundentscheidung „für alle Bereiche des Rechts" (BVerfGE 39, 1, 41). Daraus folgt jedoch nicht die Möglichkeit zur Erhebung einer Verfassungsbeschwerde. Wesentlich für den Schutz ausländischer Gesellschaften ist ferner, daß sie sich auf das Rechtsstaatsprinzip der Art 20, 28 GG und damit insbesondere auf das objektive Willkürverbot berufen können (Walther Wieland Schmidt 172; Meessen 603; vgl auch Raupach 167). Das Willkürverbot hindert jedoch nicht eine Ungleichbehandlung von inländischen und ausländischen Gesellschaften (BGH WM

---

* **Schrifttum:** Bethge, Grundrechtsträgerschaft juristischer Personen – Zur Rechtsprechung des Bundesverfassungsgerichts, AöR 104 (1979) 54; Feiler, Das Bonner Grundgesetz und die juristischen Personen als Träger von Grundrechten, Diss München 1963; Gassdorf, Die Inanspruchnahme von Freiheitsrechten durch juristische Personen des öffentlichen Rechts, Diss Köln 1958; Grossfeld, Basisgesellschaften im Internationalen Steuerrecht (1974) 162; Maunz-Dürig-Herzog, Kommentar zum Grundgesetz, Losebl, Art 19 Abs III Rz 30; Meessen, Ausländische juristische Personen als Träger von Grundrechten, JZ 1970, 602; Bonner Kommentar zum Grundgesetz (– von Mutius), Losebl, Art 19 Abs 3 Rz 49; Raupach, Der Durchgriff im Steuerrecht (1968) 165; Ritter, Der Grundrechtsschutz ausländischer juristischer Personen, NJW 1964, 279; Rüfner, Zur Bedeutung und Tragweite des Art 19 Abs 3 des Grundgesetzes, AöR 89 (1964) 261; Walther Wieland Schmidt, Grundrechte und Nationalität juristischer Personen (1966); Staudinger-Coing (12. Aufl 1980) Einl 26 zu §§ 21–89.

1980, 714, 716), ja nicht einmal eine Differenzierung zwischen Gesellschaften verschiedener Staaten (WIEDEMANN, Gesellschaftsrecht 841).

Ein darüber hinaus geltender Grundrechtsschutz ergibt sich nicht aus Staatsverträgen über die Inländerbehandlung oder aus Diskriminierungsverboten. Denn diese Verträge haben über Art 59 Abs 2 S 1 GG nur den Rang einfachen Bundesrechts. Eine vertragliche allgemeine Regel des Völkerrechts, die über Art 25 GG beachtlich wäre, besteht in dieser Beziehung nicht (str; wie hier MEESSEN AWD 1970, 491, 492; Bonner Kommentar [– VON MUTIUS] RZ 52; WALTHER WIELAND SCHMIDT 175; dagegen besonders MANN 65 AJIL 793 [1971]; NIESSEN NJW 1968, 1017). Entsprechendes gilt für Art 7 Abs 1 EWGV (Bonner Kommentar [– VON MUTIUS] Rz 52; dazu allgemein DROBNIG RabelsZ 34 [1970] 636). Diese Verträge machen nicht alle juristischen Personen der anderen Vertragsstaaten zu Grundrechtsträgern. In der Praxis dürfte auch der Schutz durch das einfache Gesetz – das ja völkerrechtskonform zu interpretieren ist – und durch die objektive Wertordnung des Grundgesetzes (oben Rz 591) genügen. Die mangelnde Berechtigung zur Verfassungsbeschwerde (oben Rz 591) wird jedenfalls teilweise durch den diplomatischen Schutz (unten Rz 598) ausgeglichen. Zur Frage des Schutzes durch das einfache Enteignungsrecht BGH WM 1980, 714, 716. 592

2. „Inländische" und „ausländische" juristische Personen 593

Da Art 19 Abs 3 GG ausländische juristische Personen vom materiellen Grundrechtsschutz weitgehend ausschließt, kommt es darauf an, wie die Inländer- oder Ausländereigenschaft bestimmt wird. Der Grundrechtsschutz natürlicher Personen knüpft sich an die deutsche Staatsangehörigkeit oder eine vergleichbar enge Nationalitätsbindung. Entsprechende Mindestanforderungen gelten nach Art 19 Abs 3 GG grundsätzlich auch bei juristischen Personen. Der Begriff „inländische juristische Person" iSd Art 19 Abs 3 GG ist unmittelbar aus der Verfassung zu interpretieren. Der einfache Gesetzgeber hat nur eine begrenzte Ausfüllungskompetenz (Einzelheiten bei GROSSFELD 166; Bonner Kommentar [- VON MUTIUS] Rz 58; weitergehend RÜFNER 276).

Die bloße internationalprivatrechtliche Anerkennung kann die Grundrechtsfähigkeit einer juristischen Person nicht begründen (Bonner Kommentar [– VON MUTIUS] Rz 57; RAUPACH 166; RÜFNER 275 N 52; MEESSEN 604). Denn das würde wegen der „automatischen" Anerkennung (oben Rz 126) die Einschränkung des Art 19 Abs 3 GG praktisch aufheben. Die Qualifizierung einer juristischen Person als inländisch hängt vielmehr grundsätzlich davon ab, daß diese ihren tatsächlichen Verwaltungssitz in der Bundesrepublik Deutschland hat (hM; BVerfGE 21, 207; Bonner Kommentar [– VON MUTIUS] Rz 54; WALTHER WIELAND SCHMIDT 81, 90; RÜFNER 276; MAUNZ-DÜRIG-HERZOG Art 19 Abs III Rz 31; RITTER 280; MEESSEN 604) und damit nach deutschem Recht gegründet ist (WALTHER WIELAND SCHMIDT 90; GROSSFELD 165; aA Bonner Kommentar [– VON MUTIUS] Rz 55; MEESSEN 604 N 24). Da die juristische Person ein bloßes „Rechtsgebilde" ist, schafft die Gründung nach dem zuständigen (Verwaltungssitz) deutschen Recht (vgl oben Rz 18) den Bezug zur Verfassung (WIEDEMANN, Gesellschaftsrecht 839 f). In den Fällen der §§ 23, 80 S 2 BGB (oben Rz 106) genügt für die Inländereigenschaft iSd Art 19 Abs 3 GG ausnahmsweise allein die Errichtung nach deutschem Recht (oben Rz 564). 594

Auf die Staatsangehörigkeit der hinter der juristischen Person stehenden natürlichen Personen kommt es normalerweise nicht an (oben Rz 565). Doch ergibt sich eine wichtige Einschränkung: Juristische Personen, die nach den oben dargelegten Grundsätzen als „inländische" gelten, sich aber ganz überwiegend in den Händen 595 von Ausländern oder Staatenlosen befinden, können keine Grundrechte beanspruchen, die nur Deutschen zustehen. Das betrifft insbesondere die Art 9 u 12 GG (WALTHER WIELAND SCHMIDT 126, 158 für den Normalfall; RÜFNER 2761 RITTER 281; RUPP-VON BRÜNNECK, FS Arndt [1979] 349, 381; Bonner Kommentar [– VON MUTIUS] Rz 59; MEESSEN 604). Dieser Auffassung entspricht § 14 Abs 1 (Ausländervereine) des Gesetzes zur Regelung des öffentlichen Vereinsrechts – Vereinsgesetz – v 5. 8. 1964 (BGBl I 593 – dazu allgemein REICHERT-DANNECKER-KÜHR-ZYSK, Handbuch des Vereins- und Verbandsrechts [2. Aufl 1977] Rz 1280; SCHNORR, Öffentliches Vereinsrecht [1965] 219; DOLDE, Die politischen Rechte der Ausländer in der Bundesrepublik [1972] 119). Umgekehrt aber genießen ausländische juristische Personen nicht deshalb Grundrechtsschutz, weil die hinter ihnen stehenden natürlichen Personen oder ihre Leiter sämtlich oder überwiegend Deutsche sind (s aber § 15 Abs 2 Vereinsgesetz; dazu SCHNORR, Öffentliches Vereinsrecht [1965] 227). Denn mangels Gründung nach deutschem Recht fehlt die Einbettung in die Rechtsordnung des Grundgesetzes (vgl oben Rz 594).

596 **3. Begriff des Inlands**

Streitig ist, was unter dem Begriff „inländisch" iSd Art 19 Abs 3 GG zu verstehen ist. Nach dem staats- und völkerrechtlichen Inlandsbegriff ist Inland – entsprechend Art 116 Abs 1 GG – das Gebiet des deutschen Reiches in den Grenzen vom 31. 12. 1937 (Bonner Kommentar [– VON MUTIUS] Rz 56 m zahlr Nachw). Das führt zu einem Grundrechtsschutz auch bei juristischen Personen der DDR. Nach der weit verbreiteten Gegenmeinung ist der Inlandsbegriff funktional auszulegen (WALTHER WIELAND SCHMIDT 153; Bonner Kommentar [– WERNICKE] Erstbearb Art 19 Anm II 3 a). Danach ist inländisch lediglich das Gebiet der Bundesrepublik Deutschland. Die Grundrechte gelten demnach nur für Gesellschaften der Bundesrepublik Deutschland.

597 Der funktionale Inlandsbegriff ist seit der Neuregelung der Rechtsbeziehungen zwischen beiden deutschen Staaten durch den Grundlagenvertrag – oben Rz 113 – vorzuziehen. Er wird seither in vielen Rechtsgebieten (namentlich im Strafrecht – vgl ESER in SCHÖNKE-SCHRÖDER, Strafgesetzbuch [20. Aufl 1980] Vorbem 29 zu §§ 3–7) zunehmend vertreten. Den besonderen Bedürfnissen des internationalen Gesellschaftsrechts trägt er ebenfalls am besten Rechnung. Juristische Personen sind Gebilde des jeweiligen Rechts. Das Auseinanderlaufen der Rechtsentwicklung trotz zT noch gleichlautenden Gesetzestextes in beiden deutschen Staaten hat zu ganz unterschiedlichen Strukturen geführt, sie können im Rahmen des Art 19 Abs 3 GG nicht gleichbehandelt werden. Art 19 Abs 3 GG gewährt seiner Funktion nach nur solchen juristischen Personen Grundrechtsschutz, deren Gesellschaftsstatut am Grundgesetz ausgerichtet ist und der Kontrolle der Verfassung unterliegt, die also in die Verfassungsordnung einbezogen sind.

VI. Diplomatischer Schutz*

598 **1. Allgemeines**

Wird eine Gesellschaft durch einen Staat rechtswidrig geschädigt, so ist es Sache des Staates, dem die Gesellschaft angehört, diplomatische Schritte zur Beseitigung des

* **Schrifttum:** BEITZKE, Einige Bemerkungen zur Rechtsstellung ausländischer Gesellschaften in deutschen Staatsverträgen, in: FS M Luther (1976) 1, 19; BEYER, Der diplomatische Schutz der

Unrechts gegenüber dem anderen Staat zu unternehmen. Dieses Verfahren nennen wir: Gewährung diplomatischen Schutzes. Es handelt sich um völkerrechtliches Fremdenrecht (zur Bedeutung von Staatsverträgen vgl Beitzke 19 f; Beyer 161 ff und unten Rz 602). Zum diplomatischen Schutz gehören eine Vielzahl völkerrechtskonformer Mittel (vgl Blumenwitz 440). Von besonderer Bedeutung ist die Forderung nach Wiedergutmachung, die auf unterschiedlichen Wegen durchgesetzt werden kann (vgl Blumenwitz aaO), ua auch durch Klage vor dem Internationalen Gerichtshof in Den Haag, wenn die besonderen Voraussetzungen einer solchen Klage gegeben sind.

2. Diplomatischer Schutz für Gesellschaften 599

Nimmt ein Staat schädigende Handlungen gegenüber einer Gesellschaft aus einem anderen Staat vor, so kann die betroffene Gesellschaft selbst keine völkerrechtlichen Maßnahmen gegen den ausländischen Staat ergreifen, denn sie ist selbst nicht Subjekt des Völkerrechts (Grossfeld, Diplomatischer Schutz 537; vgl aber Wildhaber, Berichte der deutschen Gesellschaft f Völkerrecht 18 [1978] 7). Vielmehr ist nur der Heimatstaat der Gesellschaft befugt, diplomatischen Schutz zu gewähren (zur Frage einer möglichen Verpflichtung zur Schutzgewährung vgl Blumenwitz 443). Als solcher kommen Sitz- oder Gründungsstaat in Betracht, nach zT vertretener richtiger Auffassung im allgemeinen sogar nur der Staat, der Sitz- und Gründungsstaat ist (Nachw b Grossfeld, AWD 1972 538 Fn 15; Wiedemann, Gesellschaftsrecht 862; dagegen Beitzke 19). Tatsächliche und rechtliche Verknüpfung müssen grundsätzlich zusammenkommen. Eine rein formale Verbindung von Staat und Gesellschaft genügt als Basis für die Ausübung der Schutzrechte jedenfalls nicht. Die Gesellschaft muß zu dem betreffenden Staat eine hinreichende faktische Verbindung, ein sog „genuine link" besitzen (Behrens Rz 120 S 541; Grossfeld, aa0 539 mwN; vgl oben Rz 164), sie muß also tatsächlich in die soziale Struktur des Staates eingebettet sein. Der Gründungsakt schafft nur eine widerlegliche Vermutung für das Bestehen einer solchen Verbindung. Rück- oder Weiterverweisung (Rz 303) sind aber wohl auch hier zugunsten des Gründungsstaates beachtlich. Ein Staat ist nicht deshalb Heimatstaat, weil seine Staatsangehörigen die Gesellschaft kontrollieren (wohl hM; vgl Grossfeld, aaO 540 mwN). Die Kontrolltheorie (dazu allgemein oben Rz 565) bietet insoweit keine ausreichende Basis.

3. Diplomatischer Schutz für Anteilseigner 600

Werden die Anteilseigner einer Gesellschaft in ihren Rechten verletzt, so kann der Staat, dessen Staatsangehörige die Anteilseigner sind, diplomatische Schutzrechte zu ihren Gunsten ausüben (Beyer 194). Ist dagegen die als juristische Person verfaßte Gesellschaft geschädigt und sind die Anteilseigner dadurch nur mittelbar betroffen (Wertverlust der Anteile), so kann der Staat der Anteilseigner grundsätzlich keine Schutzrechte geltend machen. Dazu ist auch dann allein der Heimatstaat der

Aktionäre im Völkerrecht (1977) – dazu Mann, RabelsZ 41 (1977) 803; Blumenwitz, Die deutsche Staatsangehörigkeit und die Schutzpflicht der Bundesrepublik Deutschland, in: FS Ferid (1978) 439 ff; Caflisch, La protection des sociétés commerciales et des intérêts indirects en droit international public (1969); Fischer, Diplomatischer Schutz von Aktionären bei Gesellschaften in Drittstaaten, Diss Köln 1977; Grossfeld, Basisgesellschaften im Internationalen Steuerrecht (1974) 176; ders, Diplomatischer Schutz für Aktiengesellschaften und Aktionäre, AWD 1972, 537; Wengler, Die Aktivlegitimation zum völkerrechtlichen Schutz von Vermögensanlagen juristischer Personen im Ausland, NJW 1970, 1473; Wiedemann, Gesellschaftsrecht 852.

Gesellschaft berechtigt (vgl International Court of Justice, Case Concerning the Barcelona Traction, Light and Power Company, Ltd – New Application [Belgium v Spain] second phase, I.C.J. Reports 1970; dazu BEYER 31; WENGLER 1473). Von diesem Grundsatz gibt es nur eng begrenzte und im einzelnen umstrittene Ausnahmen (dazu GROSSFELD, aaO 540; BEYER 194; BAADE, The Legal Effects of Codes of Conduct for Multinational Enterprises, Jahrbuch für internationales Recht [1980]; International Court of Justice aaO S 41 Nr 66).

601 **4. Calvo Doktrin**

Einige Staaten betrachten die Ausübung diplomatischer Schutzrechte für private Unternehmen als Bedrohung ihrer Unabhängigkeit. Namentlich die südamerikanischen Staaten suchen sich daher der diplomatischen Intervention durch Berufung auf die Calvo-Doktrin zu entziehen. Ihre Vereinbarungen mit ausländischen Investoren enthalten häufig einen Verzicht der Investoren darauf, den Heimatstaat um diplomatischen Schutz anzugehen (Calvo-Klausel – vgl dazu GROSSFELD, Praxis 212 und BERBER, Lehrbuch des Völkerrechts Bd 3 [1977] § 4 S 23). Die Wirksamkeit einer solchen Klausel gegenüber dem Heimatstaat wird allerdings überwiegend noch verneint (Berber aaO).

602 **VII. Schutz durch Staatsverträge**

Verschiedene Versuche, zu mehrseitigen internationalen Abkommen über den Schutz ausländischer Investitionen zu gelangen, haben bisher zu keinem befriedigenden Ergebnis geführt. Einen gewissen Fortschritt bildet das Weltbankübereinkommen zur Beilegung von Investitionsstreitigkeiten zwischen Staaten und Angehörigen anderer Staaten v 18. 3. 1965 (Deutsches Zustimmungsgesetz BGBl 1969 II 369). Dieses Abkommen enthält aber kein materielles Recht, sondern ausschließlich Verfahrensrecht (Vergleichs- und Schiedsverfahren – Einzelheiten bei GROSSFELD, Praxis 213).

603 Erfolgreicher waren Versuche zum Abschluß zweiseitiger Abkommen. Vorläufer waren hier die „Freundschafts-, Handels- und Schiffahrtsabkommen" (oben Rz 160, 560). Heute stehen im Vordergrund sog Investitionsförderungs- und Kapitalschutzabkommen. Ihr Inhalt richtet sich nach einem Musterentwurf (in wesentlichen Teilen abgedruckt bei GROSSFELD, Praxis 214). Diese Abkommen gewähren Inländerbehandlung und Meistbegünstigung. Sie untersagen eine entschädigungslose Enteignung und versuchen im Protokoll den Enteignungsbegriff näher zu umschreiben (zu Einzelheiten ALENFELD, Die Investitionsförderungsverträge der Bundesrepublik Deutschland [1971]; FRICK, Bilateraler Investitionsschutz in Entwicklungsländern [1975]; zum Investitionsschutz allgemein auch GROSSFELD JuS 1978, 73, 75; neuerdings BGH WM 1980, 796.

C. Internationale Standards für multinationale (transnationale) Unternehmen

Schrifttum

Aktuelle Fragen multinationaler Unternehmen, ZfbF, Sonderheft 4/1975; BAADE, The Legal Effects of Codes of Conduct for Multinational Enterprises, Jahrbuch für internationales Recht (1980) 11; BIRK-TIETMEYER, Zur Problematik multinationaler Unternehmen (1976); BÖCKSTIEGEL-

CATRANIS, Verhaltenskodex der Vereinten Nationen für multinationale Unternehmen: Illusion oder absehbare Realität?, NJW 1980, 1823; BRANDI, Multinationale Unternehmen und staatliche Wirtschaftspolitik in westlichen Industriestaaten (1979); DÄUBLER-WOHLMUTH, Transnationale Konzerne und Weltwirtschaftsordnung (1977); Europäisches Parlament, Entwurf eines Grundsatzkodex für internationale Unternehmen und Regierungen, Sitzungsdokumente 1976/77 – 4. 2. 1977; Dokument 547/76; dazu: Entschließung des Europäischen Parlaments vom 19. 4. 1977, Verhandlungen des Europäischen Parlaments 34; FABRICIUS, Rechtstheoretische Grundfragen zum Problem multinationaler Unternehmen, in: Gedächtnisschrift Klein (1977) 113; GROSSFELD, Multinationale Unternehmen als Regelungsproblem, Die AG 1975, 1; ders, Multinationale Unternehmen und nationale Souveränität, JuS 1978, 73; ders, Die multinationalen Unternehmen als Anstoß zur Internationalisierung des Wirtschaftsrechts, WuR 1980, 106; ders, Praxis des Internationalen Privat- und Wirtschaftsrechts (1975); HOPT, Recht und Geschäftsmoral multinationaler Unternehmen, in: FS zum 500jährigen Bestehen der Tübinger Juristenfakultät (1977) 279; HORN, Codes of Conduct for Multinational Corporations: A Lawyers' Comment, in: Three Adresses on Trends in International and Comparative Commercial Law (1980) 20; ders (Hrsg), Legal Problems of Codes of Conduct for Multinational Enterprises (1980); LORENZ, Multinationale Unternehmen sozialistischer Länder (1978); MESTMÄCKER, Multinationaler Unternehmen im nationalen und internationalen Wirtschaftsrecht, in: LUTZ (Hrsg), Sozialwissenschaftliche Studien für das Schweizerische Institut für Auslandsforschung, Bd 4 NF (1976) 109; POESCHE (Hrsg), Multinationale Unternehmen in der Diskussion (1977); VAGTS, The Multinational Enterprise: A Ten Year's Review, Die AG 1980, 154; WILDHABER-GROSSFELD-SANDROCK-BIRK, Internationalrechtliche Probleme multinationaler Korporationen, in: Berichte der Deutschen Gesellschaft f Völkerrecht 18 (1978).

I. Internationale Verhaltenskodizes – Allgemeines 604

Im Mittelpunkt der internationalgesellschaftsrechtlichen Diskussion stehen heute die multinationalen oder – im Sprachgebrauch der Vereinten Nationen – transnationalen (zu den Gründen für diesen Begriffswandel s GROSSFELD, Die multinationalen Unternehmen als Anstoß 106) Unternehmen. Die Entwicklung um eine internationale Erfassung dieser Unternehmen wird vor allem durch Bemühungen geprägt, zu staatenübergreifenden, internationalen Standards in Form internationaler Verhaltenskodizes zu gelangen (dazu BAADE, Legal Effects; ders, Codes of Conduct for Multinational Enterprises: An Introductory Survey, in: HORN (Hrsg), Legal Problems 407; GROSSFELD, Multinationale Unternehmen als Regelungsproblem 5; ders, Multinationale Unternehmen und nationale Souveränität 78). Vorreiter dieser neueren Entwicklung waren die Leitsätze der Internationalen Handelskammer in Paris, welche 1972 verabschiedet wurden (Einzelheiten bei GROSSFELD, Praxis 229). Diesen Leitsätzen folgte im Jahre 1977 die „Dreigliedrige Grundsatzerklärung über multinationale Unternehmen und Sozialpolitik" des Internationalen Arbeitsamtes (ILO)(abgedruckt in: RdA 1978, 253 – dazu GÜNTER, The Tripatite Declaration of Principles (ILO): Standards and Follow-up, in: HORN [Hrsg], Legal Problems 155).

II. Leitsätze der OECD

1. Allgemeines 605

Besondere Bedeutung haben bisher die Bemühungen der Organisation for Economic Co-operation and Development (OECD – Organisation für wirtschaftliche Zusammenarbeit und Entwicklung) erlangt (dazu GROSSFELD-HÜBNER ZGR 7 [1978] 156, 165; BLANPAIN, The OECD Guidelines for Multinationals [1980]; sowie die Beiträge von VOGELAAR, NIKLASSON und BLANPAIN in HORN [Hrsg], Legal Problems 127, 141 und 145). Die Regierungen der OECD-Mitgliedstaaten haben 1976 im Rahmen einer „Erklärung über internationale Investitionen und die multinationalen Unternehmen" (abgedruckt bei GROSSFELD-HÜBNER 156) „Leitsätze für multinationale Unternehmen" erlassen (die letzte, leicht veränderte Fassung stammt aus dem Jahre 1979 – unten Rz 608). Die Regierungen der OECD-Mitgliedstaaten haben erklärt, daß sie den auf ihrem Staatsgebiet tätigen multinationalen Unternehmen die Beachtung dieser Leitsätze empfehlen werden.

606 **2. Rechtsnatur der Leitsätze**

Die von der OECD aufgestellten Leitsätze sind keine verbindlichen Rechtsnormen; sie sind insbesondere kein allgemeines Völkerrecht (Einzelheiten bei BAADE, Legal Effects; zur Rechtsnatur der Leitsätze im ganzen GROSSFELD, Die multinationalen Unternehmen als Anstoß 115). Unter Ziff I der Erklärung wird bezüglich der Leitsätze selbst ausgeführt, daß die Regierungen der OECD-Mitgliedstaaten gemeinsam den auf ihrem Staatsgebiet tätigen multinationalen Unternehmen die Beachtung der Leitsätze „empfehlen". In Ziff 6 der Einleitung zu den Leitsätzen heißt es in der deutschen Fassung zwar: „In diesen Leitsätzen werden Normen für die Tätigkeit dieser Unternehmen in den einzelnen Mitgliedstaaten festgelegt". An Normen im juristisch-technischen Sinne ist aber nicht gedacht: „The guidelines ... lay down standards ..." heißt es im englischen Text und weiter in den nächsten Sätzen des deutschen Textes:

> „Ihre Beachtung beruht auf dem Grundsatz der Freiwilligkeit und ist rechtlich nicht erzwingbar. Sie sollen jedoch dazu beitragen, sicherzustellen, daß die Tätigkeit dieser Unternehmen mit der nationalen Politik der jeweiligen Gastländer in Einklang steht und die Grundlage des gegenseitigen Vertrauens zwischen Unternehmen und Staaten gefestigt wird".

607 Dennoch sollte man die Bedeutung der OECD-Leitsätze nicht gering einschätzen. Sie sind Ausdruck bestimmter internationaler Standards, die bei der Interpretation von Generalklauseln auch im nationalen Recht nicht unbeachtet bleiben werden (oben Rz 410). Sie werden überdies Einfluß auf Inhalt und Auslegung internationaler Verträge haben. Darüber hinaus geben sie bestimmten politischen Maßnahmen einzelner Staaten einen stärkeren moralischen Rückhalt. Schließlich ist zu beachten, daß im internationalen Bereich eine strikte Trennung zwischen Rechtsnormen und andersartig autoritativ aufgestellten Verhaltensregeln nicht immer anzutreffen ist; die einzelnen Rechtskulturen sehen das unterschiedlich (das gilt namentlich für die Entwicklungsländer).

608 **3. Wortlaut der Leitsätze der OECD (idF v 13. 6. 1979)**

Leitsätze für multinationale Unternehmen

1. Den multinationalen Unternehmen kommt in der heutigen Zeit eine große Bedeutung für die Wirtschaft der Mitgliedstaaten und die internationalen Wirtschaftsbeziehungen zu, weshalb die Regierungen ihnen ein wachsendes Interesse entgegenbringen. Durch internationale Direktinvestitionen können diese Unternehmen sowohl ihren Heimat- als auch ihren Gastländern erhebliche Vorteile bringen, indem sie zu einem wirtschaftlich sinnvollen Einsatz von Kapital, Technologie und Arbeitskräftepotential auf internationaler Ebene beitragen. Sie können so eine wichtige Rolle bei der Förderung des wirtschaftlichen und sozialen Fortschritts spielen. Die Fortschritte, die multinationale Unternehmen bei der Organisation ihrer Tätigkeit über die nationalen Grenzen hinaus gemacht haben, können jedoch zum Mißbrauch wirtschaftlicher Machtkonzentrationen und Konflikten mit den wirtschaftspolitischen Zielen einzelner Länder führen. Außerdem geben der komplexe Aufbau der multinationalen Unternehmen und die Schwierigkeit, sich ein klares

Bild von der Vielfalt ihrer Strukturen, ihrer Tätigkeit und ihrer Geschäftspolitik zu verschaffen, zuweilen Anlaß zur Besorgnis.

2. Die Mitgliedstaaten haben sich gemeinsam zum Ziel gesetzt, den positiven Beitrag, den die multinationalen Unternehmen zum wirtschaftlichen und sozialen Fortschritt leisten können, zu fördern und die Schwierigkeiten, die aus der Tätigkeit dieser Unternehmen erwachsen können, möglichst gering zu halten und zu überwinden. Angesichts der transnationalen Struktur dieser Unternehmen ist eine Zusammenarbeit der OECD-Mitgliedstaaten, in denen die meisten multinationalen Unternehmen ihren Hauptsitz haben und wo ein erheblicher Teil ihrer Tätigkeit abgewickelt wird, der Verwirklichung dieses Ziels förderlich. Die im folgenden aufgeführten Leitsätze sollen zur Erreichung dieses gemeinsamen Ziels und zur Verbesserung des Klimas für Auslandsinvestitionen beitragen.

3. Da sich die Tätigkeit der multinationalen Unternehmen über die ganze Welt und damit auch auf Länder erstreckt, die der OECD nicht angehören, sollte die internationale Zusammenarbeit auf diesem Gebiet sämtliche Länder einbeziehen. Die Mitgliedstaaten werden gemeinsam mit den Nichtmitgliedstaaten und insbesondere mit den Entwicklungsländern unternommene Anstrengungen voll unterstützen, die darauf abzielen, den Wohlstand und den Lebensstandard aller sowohl durch Förderung des positiven Beitrags der multinationalen Unternehmen als auch durch teilweise oder völlige Beseitigung der aus deren Tätigkeit möglicherweise erwachsenden Schwierigkeiten zu verbessern.

4. Zur Verwirklichung dieser Ziele wird innerhalb der Organisation ein längerfristiges, pragmatisches und ausgewogenes Kooperationsprogramm aufgestellt. Dieses Programm entspricht der allgemeinen Zielsetzung des Übereinkommens über die Organisation für Wirtschaftliche Zusammenarbeit und Entwicklung und stützt sich auf die bestehenden Fachausschüsse der OECD, deren Aufgabenbereiche bereits zahlreiche Aspekte der Rolle der multinationalen Unternehmen – wie insbesondere Fragen des internationalen Handels- und Zahlungsverkehrs, des Wettbewerbs, der Besteuerung, der Arbeitskräfte, der industriellen Entwicklung sowie der Wissenschaft und Technologie – umfassen. In diesen Ausschüssen wird daran gearbeitet, die Fragenkomplexe zu identifizieren, das einschlägige Informationsmaterial einschließlich Statistiken zu verbessern und Vorschläge für Maßnahmen zur Verstärkung der zwischenstaatlichen Zusammenarbeit auszuarbeiten. In einigen dieser Bereiche existieren bereits Verfahren, die eine Handhabe für die Behandlung von Fragen im Zusammenhang mit der Tätigkeit der multinationalen Unternehmen bieten. Diese Arbeiten könnten zum Abschluß weiterer, ergänzender Abkommen und Vereinbarungen zwischen den Regierungen führen.

5. Die Anfangsphase des Kooperationsprogramms besteht aus einer Erklärung und drei Beschlüssen, die gleichzeitig veröffentlicht werden, da sie miteinander zusammenhängen und sich gegenseitig ergänzen. Sie beziehen sich auf die Leitsätze für multinationale Unternehmen, die Inländerbehandlung von Unternehmen unter ausländischer Kontrolle sowie auf Maßnahmen zur Förderung oder Abwehr internationaler Investitionen.

6. Die nachstehenden Leitsätze stellen gemeinsame Empfehlungen der Mitgliedstaaten an die innerhalb ihres Staatsgebiets tätigen multinationalen Unternehmen dar. In diesen Leitsätzen, die den Problemen Rechnung tragen, die wegen der internationalen Struktur dieser Unternehmen entstehen können, werden Normen für die Tätigkeit dieser Unternehmen in den einzelnen Mitgliedstaa-

ten festgelegt. Ihre Beachtung beruht auf dem Grundsatz der Freiwilligkeit und ist rechtlich nicht erzwingbar. Sie sollen jedoch dazu beitragen, sicherzustellen, daß die Tätigkeit dieser Unternehmen mit der nationalen Politik der jeweiligen Gastländer in Einklang stehen und die Grundlage des gegenseitigen Vertrauens zwischen Unternehmen und Staaten gefestigt wird.

7. Jeder Staat hat das Recht, unter Beachtung des Völkerrechts und der von ihm unterzeichneten internationalen Abkommen die Bedingungen festzusetzen, unter denen die multinationalen Unternehmen im Rahmen seiner nationalen Rechtsordnung tätig sind. Die in verschiedenen Ländern ansässigen Teile eines multinationalen Unternehmens unterliegen den Gesetzen des Landes, in dem sie sich niedergelassen haben.

8. Eine präzise rechtliche Definition der multinationalen Unternehmen ist für diese Leitsätze nicht erforderlich. Die multinationalen Unternehmen bestehen gewöhnlich aus Gesellschaften oder anderen Einheiten, die sich in privatem, staatlichem oder gemischtem Eigentum befinden, in verschiedenen Ländern ansässig und so miteinander verbunden sind, daß einer oder mehrere dieser Unternehmensteile in der Lage sind, einen wesentlichen Einfluß auf die Tätigkeit der anderen Teile auszuüben und insbesondere gemeinsam mit ihnen über Kenntnisse und Ressourcen zu verfügen. Der Grad der Selbständigkeit jedes Unternehmensteils gegenüber den anderen Unternehmensteilen ist bei den einzelnen multinationalen Unternehmen sehr verschieden und hängt ab von der Art der Beziehungen zwischen diesen Unternehmensteilen sowie von den jeweiligen Tätigkeitsbereichen. Die Leitsätze wenden sich daher an die verschiedenen Unternehmensteile des multinationalen Unternehmens (Muttergesellschaften und/oder abhängige Unternehmensteile), und zwar entsprechend der tatsächlichen Verteilung der Zuständigkeiten zwischen den einzelnen Unternehmensteilen, wobei vorausgesetzt wird, daß sie zusammenarbeiten und sich gegenseitig unterstützen, soweit dies erforderlich ist, um die Beachtung der Leitsätze zu erleichtern. Im Sinne dieser Leitsätze bezeichnet das Wort „Unternehmen" diese verschiedenen Unternehmensteile entsprechend ihren jeweiligen Zuständigkeiten.

9. Mit den Leitsätzen wird keine unterschiedliche Behandlung zwischen multinationalen und nationalen Unternehmen bezweckt; soweit sie auf multinationale und nationale Unternehmen anwendbar sind, bilden sie empfehlenswerte Verhaltensmaßstäbe für alle Unternehmen. Insoweit gelten daher für multinationale und nationale Unternehmen hinsichtlich ihres Verhaltens die gleichen Erwartungen.

10. Um die Lösung von Problemen zu erleichtern, die zwischen Unternehmen und Mitgliedstaaten auftreten, sollte die Anwendung geeigneter internationaler Verfahren zur Beilegung von Streitigkeiten – einschließlich Schiedsverfahren – gefördert werden.

11. Die Mitgliedstaaten sind übereingekommen, geeignete Überprüfungs- und Konsultationsverfahren für die Behandlung von Fragen zu schaffen, die sich im Zusammenhang mit den Leitsätzen stellen könnten. Sofern multinationale Unternehmen sich widersprechenden Anforderungen der Mitgliederstaaten gegenübersehen, arbeiten die betreffenden Regierungen in der Absicht zusammen, diese Probleme entweder innerhalb des vom Rat der OECD am 21. Januar 1975 eingesetzten Ausschusses für Internationale Investitionen und Multinationale Unternehmen oder mit Hilfe anderer allseitig annehmbarer Regelungen zu lösen.

Im Hinblick auf die vorstehenden Erwägungen haben die Mitgliedstaaten die folgenden Leitsätze für multinationale Unternehmen aufgestellt, im Einverständnis darüber, daß die Mitgliedstaaten ihrer Verantwortung für eine gerechte Behandlung dieser Unternehmen in Übereinstimmung mit dem Völkerrecht, internationalen Abkommen und von ihnen eingegangenen vertraglichen Verpflichtungen nachkommen werden.

Allgemeine Verhaltensgrundsätze

Die Unternehmen sollten

(1) den erklärten allgemeinen Zielen der Mitgliedstaaten, in denen sie tätig sind, voll Rechnung tragen;

(2) insbesondere jene Ziele und Prioritäten der betreffenden Länder angemessen berücksichtigen, die den wirtschaftlichen und sozialen Fortschritt zum Gegenstand haben, wie ua die industrielle und regionale Entwicklung, den Umweltschutz, die Schaffung von Arbeitsplätzen, die Förderung von Innovationen und den Transfer von Technologie;

(3) unbeschadet der Erfüllung ihrer gesetzlichen Verpflichtungen im Informationsbereich ihren einzelnen Unternehmensteilen weitere einschlägige Informationen zur Verfügung stellen, die diese benötigen könnten, um dem Verlangen der Regierungen der jeweiligen Gastländer nach Information über die Tätigkeit dieser Unternehmensteile entsprechen zu können, wobei die legitimen Erfordernisse des Geschäftsgeheimnisses zu berücksichtigen sind;

(4) eine enge Zusammenarbeit mit den Behörden und der Wirtschaft des Landes fördern, in dem sie tätig sind;

(5) den einzelnen Unternehmensteilen Handlungsspielraum einräumen, damit sie, soweit dies mit den Spezialisierungsbedürfnissen und einer gesunden geschäftspolitischen Praxis vereinbar ist, sich entfalten und auf Binnen- und Auslandsmärkten ihre Wettbewerbsvorteile nutzen können;

(6) bei der Besetzung verantwortlicher Posten in den jeweiligen Gastländern vorbehaltlich besonderer nationaler Bestimmungen die persönlichen Qualifikationen der Bewerber ohne Diskriminierung auf Grund der Staatsangehörigkeit gebührend berücksichtigen;

(7) keinem Staatsbediensteten oder Inhaber eines öffentlichen Amts mittelbar oder unmittelbar Bestechungsgelder zahlen oder sonstige unzulässige Zuwendungen machen, ebensowenig wie dies von ihnen verlangt oder erwartet werden sollte;

(8) Bewerbern um ein öffentliches Amt oder politische Parteien oder sonstigen politischen Organisationen keine Spenden zukommen lassen, sofern dies nicht von Rechtswegen statthaft ist;

(9) sich jeder ungehörigen Einmischung in die örtliche Politik enthalten.

Offenlegung von Informationen

Die Unternehmen sollten unter angemessener Berücksichtigung ihrer Art und ihrer relativen Größe innerhalb des wirtschaftlichen Rahmens, in dem sie ihre Aktivitäten ausüben, sowie unter angemessener Berücksichtigung der Erfordernisse des Geschäftsgeheimnisses und des Kostenaufwands ausreichendes Informationsmaterial über Struktur, Geschäftstätigkeit und Geschäftspolitik des Gesamtunternehmens veröffentlichen; und zwar erforderlichenfalls über die Publizitätspflichten hinaus, die sich aus der nationalen Gesetzgebung der einzelnen Gastländer ergeben. Die Informationen sollten in einer Form veröffentlicht werden, die geeignet ist, die

Unterrichtung der Öffentlichkeit zu verbessern. Zu diesem Zweck sollten die Unternehmen regelmäßig und in angemessenen Zeitabständen, jedoch mindestens einmal jährlich, Bilanzen und sonstige sachdienliche Informationen über das Gesamtunternehmen veröffentlichen, die insbesondere Auskunft geben über:

(i) die Unternehmensstruktur unter Angabe von Namen und Sitz der Muttergesellschaft, ihrer wichtigsten Tochtergesellschaften und unselbständigen Niederlassungen ihrer mittelbaren und unmittelbaren prozentualen Beteiligung an diesen Unternehmensteilen einschließlich gegenseitiger Kapitalbeteiligungen;

(ii) die geographischen Gebiete[1], in denen sie ihre Tätigkeit ausüben, sowie die wichtigsten Geschäftstätigkeiten der Muttergesellschaft und ihrer wesentlichen Tochtergesellschaften und unselbständigen Niederlassungen in diesen Gebieten;

(iii) Geschäftsergebnisse und Umsätze, aufgeschlüsselt nach geographischen Gebieten, sowie den Umsatz des Gesamtunternehmens in den wichtigsten Geschäftszweigen;

(iv) die größeren neuen Anlageinvestitionen, aufgeschlüsselt nach geographischen Gebieten und, soweit möglich, nach den wichtigsten Geschäftszweigen für das Gesamtunternehmen;

(v) Herkunft und Verwendungszweck der Kapitalmittel des Gesamtunternehmens;

(vi) die durchschnittliche Zahl der Beschäftigten in den einzelnen geographischen Gebieten;

(vii) die Forschungs- und Entwicklungsausgaben des Gesamtunternehmens;

(viii) die Politik der Preisfestsetzung zwischen den einzelnen Unternehmensteilen;

(ix) die Bilanzierungsverfahren, einschließlich der Konsolidierungsgrundsätze, die bei der Ermittlung der veröffentlichten Informationen zugrundegelegt worden sind.

Wettbewerb

Die Unternehmen sollten unter Beachtung der Wettbewerbsbestimmungen und der erklärten wettbewerbspolitischen Ziele der jeweiligen Länder, in denen sie tätig sind,

(1) alle Maßnahmen unterlassen, die den Wettbewerb auf dem relevanten Markt unter mißbräuchlicher Ausnutzung einer marktbeherrschenden Stellung beeinträchtigen würden, zB durch

(a) wettbewerbsbeschränkende Übernahmen
(b) Verdrängungspraktiken gegenüber Wettbewerbern

---

1 Der Begriff „geographisches Gebiet" im Sinne des Leitsatzes über die Veröffentlichung von Informationen bezeichnet Ländergruppen oder einzelne Länder, je nachdem welche Abgrenzung das jeweilige Unternehmen in seinem besonderen Fall für angebracht hält. Wenn auch nicht ein und dieselbe Methode der geographischen Abgrenzung für alle Unternehmen und Zwecke geeignet ist, so dürften zu den Faktoren, die die Unternehmen als Kriterien zu berücksichtigen haben, die Bedeutung der Tätigkeit in den einzelnen Ländern oder Gebieten, die Auswirkungen auf ihre Wettbewerbsfähigkeit, geographische Zusammengehörigkeit und wirtschaftliche Zusammenhänge, die Vergleichbarkeit der geschäftlichen Rahmenbedingungen sowie Art, Umfang und Intensität der Beziehungen zwischen den Unternehmensaktivitäten in den verschiedenen Ländern gehören.

(c) unbillige Liefer- und Bezugsverweigerung
(d) wettbewerbsbeschränkende Mißbräuche gewerblicher Schutzrechte
(e) eine diskriminierende (dh ungerechtfertigt Unterschiede machende) Preisgestaltung sowie die Benutzung so gestalteter Preise zwischen Konzernunternehmen zur Beeinträchtigung des Wettbewerbs außerhalb des Konzerns;

(2) Abnehmern, Händlern und Lizenznehmern in Übereinstimmung mit den geltenden Gesetzen und Handelsbräuchen sowie den Erfordernissen der Spezialisierung und einer gesunden geschäftspolitischen Praxis die Freiheit einräumen weiterzuveräußern, zu exportieren, zu erwerben und ihre Geschäfte weiterzuentwickeln;

(3) sich einer Teilnahme an oder einer bewußten Verschärfung der wettbewerbsbeschränkenden Wirkungen von internationalen oder inländischen Kartellen oder wettbewerbsbeschränkenden Abkommen enthalten, die sich nachteilig auf den Wettbewerb auswirken oder ihn völlig ausschalten und die nach den einschlägigen nationalen oder internationalen Gesetzen nicht allgemein oder ausdrücklich zugelassen sind;

(4) zu Konsultationen und zur Zusammenarbeit – einschließlich der Erteilung von Informationen – mit den zuständigen Behörden derjenigen Länder bereit sind, deren Interessen von bestimmten wettbewerbspolitischen Fragen oder Untersuchungen unmittelbar betroffen sind. Die Erteilung von Informationen sollte in Übereinstimmung mit den üblichen einschlägigen Schutzbestimmungen erfolgen.

Finanzierung

Die Unternehmen sollten bei der Abwicklung ihrer finanziellen und kommerziellen Transaktionen und insbesondere bei der Verfügung über ihre kurzfristigen Auslandsguthaben und -verbindlichkeiten die erklärten Ziele der Zahlungsbilanz- und der Kreditpolitik der Länder berücksichtigen, in denen sie tätig sind.

Besteuerung

Die Unternehmen sollten

(1) auf Verlangen der Steuerbehörden der Länder, in denen sie tätig sind, und im Einklang mit den Schutzbestimmungen und diesbezüglichen Verfahrensregeln der nationalen Gesetzgebung dieser Länder alle Informationen zur Verfügung stellen, die zur korrekten Veranlagung der im Zusammenhang mit ihren Aktivitäten zu entrichtenden Steuern erforderlich sind, und zwar einschließlich zweckdienlicher Informationen über ihre Tätigkeit in anderen Ländern;

(2) die ihnen zur Verfügung stehenden besonderen Möglichkeiten – wie beispielsweise eine von arm's length standard abweichende Gestaltung der Transferpreise – nicht dazu nutzen, die steuerlichen Bemessungsgrundlagen für die Veranlagung der einzelnen Mitglieder der Unternehmensgruppe in einer den nationalen Gesetzen zuwiderlaufenden Weise zu verändern.

Beschäftigung und Beziehungen zwischen den Sozialpartnern

Die Unternehmen sollten im Rahmen der in dem jeweiligen Land, in dem sie tätig sind, für den Arbeitsbereich geltenden Gesetze, Bestimmungen und Gepflogenheiten sowie der dort bestehenden Arbeitgeber-Arbeitnehmer-Beziehungen

(1) das Recht ihrer Arbeitnehmer respektieren, sich durch Gewerkschaften und andere allgemein anerkannte Arbeitnehmerorganisationen vertreten zu lassen,

und bereit sein, mit diesen Arbeitnehmerorganisationen entweder einzeln oder über Arbeitgeberverbände konstruktiv Verhandlungen zu führen, mit dem Ziel, Vereinbarungen über die Beschäftigungsbedingungen zu treffen, die auch Regeln für die Beilegung von Streitigkeiten über die Auslegung dieser Vereinbarungen sowie Bestimmungen zur Gewährleistung der gegenseitig anerkannten Rechte und Verpflichtungen umfassen sollten;

(2) (a) den Arbeitnehmervertretern die Unterstützung zuteil werden lassen, die erforderlich ist, um das Zustandekommen wirksamer Tarifverträge zu fördern;

(b) den Arbeitnehmervertretern die Informationen zur Verfügung stellen, die als Grundlage für sinnvolle Verhandlungen über die Beschäftigungsbedingungen erforderlich sind;

(3) den Belegschaftsvertretern, sofern dies den jeweiligen Gesetzen und Gepflogenheiten im Land, in dem sie tätig sind, entspricht, alle Informationen zur Verfügung stellen, die es ihnen ermöglichen, sich ein zutreffendes und objektives Urteil über die Lage des betreffenden Unternehmensteils oder ggf des Gesamtunternehmens zu bilden;

(4) in bezug auf Beschäftigungsbedingungen und Arbeitgeber-Arbeitnehmerbeziehungen nicht weniger günstige Standards einhalten, als sie von vergleichbaren Arbeitgebern des Gastlandes angewendet werden;

(5) bei ihrer Tätigkeit in Zusammenarbeit mit Vertretern ihrer Arbeitnehmerschaft und ggf mit den zuständigen Behörden soweit irgend möglich einheimische Arbeitskräfte einstellen, ihre Aus- und Weiterbildung sicherstellen und ihr berufliches Fortkommen unterstützen;

(6) vor Veränderungen ihrer Tätigkeit, die mit erheblichen Konsequenzen für die Existenz ihrer Arbeitnehmer verbunden sind – wie insbesondere Schließung eines Unternehmensteils mit Massenentlassungen –, die Vertreter ihrer Arbeitnehmer und ggf auch die zuständigen Behörden unter Einhaltung einer angemessenen Frist von derartigen Veränderungen in Kenntnis setzen und mit den Arbeitnehmervertretern und den zuständigen Behörden zusammenarbeiten, um nachteilige Auswirkungen möglichst gering zu halten;

(7) bei ihrer Beschäftigungspolitik, namentlich was Einstellungen, Entlassungen, Arbeitsentgelte, beruflichen Aufstieg und Ausbildung betrifft, jegliche Diskriminierung vermeiden, sofern die Politik des betreffenden Staats nicht ausdrücklich eine Auswahl der Arbeitnehmer nach bestimmten Merkmalen vorsieht, durch die das Ziel, einer größeren Gleichheit der Beschäftigungschancen gefördert werden soll;

(8) davon absehen, im Rahmen von Verhandlungen[2], die auf der Grundlage allgemein anerkannter Regeln mit Arbeitnehmervertretern über die Beschäftigungsbedingungen geführt werden, oder wenn die Arbeitnehmer ihr Recht ausüben, sich zu organisieren, mit der Möglichkeit einer gänzlichen oder teilweisen Verlagerung einer Betriebseinheit aus dem betreffenden Land in ein anderes Land zu drohen oder Arbeitnehmer von Unternehmensteilen des multinationalen Unternehmens in andere Länder umzusetzen, um hierdurch die Verhandlungen in unfairer Weise zu beeinflussen oder die Ausübung des Rechts auf Zusammenschluß zu behindern;

---

2 Solche Verhandlungen können auch Arbeitskonflikte als Mittel zur Erreichung der Verhandlungsziele umfassen. Ob dies der Fall ist, hängt von den einschlägigen Gesetzen und Gepflogenheiten des jeweiligen Landes ab.

(9) die bevollmächtigten Vertreter ihrer Arbeitnehmer in den Stand setzen, mit Vertretern der Unternehmensleitung, die zur Beschlußfassung über die zur Verhandlung stehenden Angelegenheiten ermächtigt sind, über Tarifverträge oder die Beziehungen zwischen Arbeitgebern und Arbeitnehmern zu verhandeln.

Wissenschaft und Technologie

Die Unternehmen sollten

(1) bestrebt sein sicherzustellen, daß ihre Tätigkeit mit der Politik und den Plänen des jeweiligen Landes, in dem sie tätig sind, auf wissenschaftlichem und technologischem Gebiet vereinbar sind, und zum Ausbau der Kapazitäten im Bereich von Wissenschaft und Technologie beitragen, wozu, soweit sinnvoll, auch die Einrichtung und Verbesserung von Forschungseinrichtungen in den jeweiligen Ländern, in denen sie tätig sind, gehören;

(2) im Rahmen ihrer Tätigkeit soweit wie nur möglich Verfahren anwenden, die – unter gebührender Berücksichtigung des Schutzes gewerblicher und geistiger Eigentumsrechte – eine rasche Verbreitung von Technologien gestatten;

(3) bei der Vergabe von Lizenzen zur Nutzung gewerblicher Schutzrechte oder bei sonstigen Formen des Technologietransfers angemessene Bedingungen einräumen. –

III. Entwicklungen im Rahmen der Vereinten Nationen 609

Die Tendenzen zur Kontrolle multinationaler Unternehmen gehen inzwischen weit über den Rahmen der OECD hinaus. Lebhaften Bemühungen um eine Regelung multinationaler Unternehmen begegnen wir insbesondere im Bereich der Vereinten Nationen. Die namentlich von den Entwicklungsländern geprägten Bestrebungen gehen auf die von den Vereinten Nationen 1974 verabschiedete Charta der wirtschaftlichen Rechte und Pflichten der Staaten zurück (Einzelheiten bei GROSSFELD, Multinationale Unternehmen und nationale Souveränität). Inzwischen ist am Sitz der Vereinten Nationen in New York ein Forschungszentrum für multinationale Unternehmen (UN Center for Transnational Corporations) eingerichtet, welches die Arbeiten der Vereinten Nationen an einem Verhaltenskodex für multinationale Unternehmen koordiniert und unterstützt (zum Entwicklungsstand KUKAT RiW 1979 293; WÄLDE RiW 1978, 285; die vorläufige Fassung ist abgedruckt bei HORN [Hrsg], Legal Problems 493). Es ist derzeit noch nicht abzusehen, ob und wann die Arbeiten an dem UN-Verhaltenskodex abgeschlossen werden können.

Am 22. 4. 1980 hat die United Nations Conference on Restrictive Business Practices immerhin einen „Set of Multilaterally Agreed Equitable Principles and Rules for the Control of Restrictive Business Practices" (TD/RBP/CONF/10, 2. 5. 1980) verabschiedet. Diese Regeln sind keine verbindlichen Rechtsnormen; Verstöße gegen sie bleiben sanktionslos (vgl KHINDARIA Financial Times v 16. 5. 1980). Dennoch sollte die praktische Bedeutung der Regeln nicht unterschätzt werden. Mit den Principles and Rules ist es erstmals in der Geschichte der Vereinten Nationen gelungen, trotz weithin gegenläufiger Interessen von entwickelten und weniger entwickelten Staaten einen umfassenden Verhaltenskodex gegen wettbewerbsbeschränkende Geschäftspraktiken zu verabschieden. Dies mag die weiteren Arbeiten an dem geplanten UN-Verhaltenskodex positiv beeinflussen (vgl DAVIDOW, The UNCTAD Restrictive Business Practices Code, in: HORN [Hrsg], Legal Problems 193).

IV. Südafrika-Kodex

610 1. Allgemeines

In diesem Zusammenhang ist auch der europäische „Verhaltenskodex für Unternehmen mit Tochtergesellschaften, Zweigniederlassungen oder Vertretungen in Südafrika“ beachtlich (abgedruckt in: Bulletin der Europäischen Gemeinschaften Nr 9/1977 S 51). Der Verhaltenskodex wurde am 20. 9. 1977 in Brüssel von den Außenministern der EG-Mitgliedstaaten im Rahmen der Europäischen Politischen Zusammenarbeit (EPZ) beschlossen. Er verlangt von den in Südafrika tätigen multinationalen Unternehmen konkrete Aktivitäten. Dagegen fordern die OECD-Leitsätze (oben Rz 608) in Abschn II Nr 9 von den multinationalen Unternehmen, daß sie „sich jeder ungehörigen Einmischung in die örtliche Politik enthalten“.

611 Der Südafrika-Kodex gibt – ebenso wie die OECD-Leitsätze – keine verbindlichen Rechtsnormen. Die praktische Bedeutung des Verhaltenskodex ist gleichwohl groß, da die Bundesregierung seine Beachtung auf politisch-administrativem Wege durchzusetzen sucht (von Bülow RiW 1979, 600; Broichhausen FAZ Nr 42 v 19. 2. 1980 S 11). Die von dem Kodex betroffenen Unternehmen müssen gem Ziff 7 jährlich einen ausführlichen Bericht über die bei der Anwendung des Kodex erreichten Fortschritte erstellen. Diese Berichte sind dem Bundeswirtschaftsministerium vorzulegen; das Ministerium fertigt daraus dann einen zusammenfassenden Bericht, der veröffentlicht werden soll. Der erste Bericht dieser Art mit kritischen Anmerkungen der Bundesregierung ist am 16. 1. 1980 der Öffentlichkeit vorgelegt worden (erhältlich als selbständige Veröffentlichung des Bundespresseamtes).

612 2. Wortlaut

Verhaltenskodex für Unternehmen mit Tochtergesellschaften, Zweigniederlassungen oder Vertretungen un Südafrika

1. Innerbetriebliche Beziehungen

A) Die Unternehmen sollen gewährleisten, daß ihre Arbeitnehmer ohne Unterscheidung nach Rassen- oder anderen Gesichtspunkten und ohne jede Behinderung diejenige Art der Organisation frei wählen dürfen, die ihre Vertretung wahrnimmt.

B) Die Arbeitgeber sollen ihre Arbeitnehmer in regelmäßigen Abständen und unmißverständlich darauf hinweisen, daß Konsultationen und Tarifverhandlungen mit freigewählten, repräsentativen Organisationen der Arbeitnehmer Bestandteil der von den Unternehmen verfolgten Politik sind.

C) Sollten die schwarzafrikanischen Arbeitnehmer beschließen, ihrer Vertretung die Form einer Gewerkschaft zu geben, so sollte das Unternehmen diese Wahl anerkennen. Tatsache ist, daß Gewerkschaften für Schwarzafrikaner nicht ungesetzlich sind und es den Unternehmen überlassen ist, Übereinkünfte mit solchen Gewerkschaften anzuerkennen, auszuhandeln und abzuschließen.

D) Die Unternehmen sollen folglich zulassen, daß sich die Verhandlungen mit den von den Arbeitnehmern frei gewählten Organisationen im Einklang mit den geltenden internationalen Prinzipien entwickeln.

E) Die Arbeitgeber sollen alles tun, damit die schwarzafrikanischen Arbeitnehmer über die Freiheit verfügen, eine Gewerkschaft zu bilden oder ihr beizutreten. Die zu treffenden Maßnahmen sollen es insbesondere den Gewerkschaftsvertretern ermöglichen, den Arbeitnehmern die Zielsetzungen der Gewerkschaften und die Vorteile des Beitritts zu erläutern, gewerkschaftliche Veröffentlichungen innerhalb des Unternehmens zu verteilen und auszuhängen, ohne Lohneinbuße über die für ihre Betätigung erforderliche Zeit zu verfügen und Sitzungen abzuhalten.

F) Wo Betriebs- oder Verbindungskomitees bereits bestehen, sollen die Vertreter einen repräsentativen Status bei diesen Organen haben, falls die Arbeitnehmer dies wünschen. Das Bestehen derartiger Komitees soll allerdings die Entwicklung oder den Status der Gewerkschaften oder ihrer Vertreter nicht beeinträchtigen.

2. Wanderarbeitnehmer

A) Das System der Wanderarbeitnehmer ist in Südafrika ein Instrument der Apartheidpolitik, durch das der einzelne daran gehindert wird, eine Arbeit eigener Wahl zu suchen und zu erhalten. Außerdem wirft es ernsthafte sozial- und familienpolitische Probleme auf.

B) Die Arbeitgeber haben die soziale Verantwortung, zur Verwirklichung der Freizügigkeit der schwarzafrikanischen Arbeitnehmer und ihrer Familien beizutragen.

C) In der Zwischenzeit sollen die Arbeitgeber bestrebt sein, die Auswirkungen des bestehenden Systems soweit wie möglich zu mildern.

3. Löhne

Die Unternehmen sollen besondere Verantwortung hinsichtlich der Löhne und Arbeitsbedingungen ihrer schwarzafrikanischen Arbeitnehmer tragen. Sie sollen spezifische Grundregeln zur Verbesserung der Arbeitsbedingungen aufstellen. Ein auf dem absoluten Existenzminimum einer Familie beruhender Lohn kann nicht als ausreichend angesehen werden. Der niedrigste Lohn soll in einer ersten Phase mindestens 50% über dem Mindeststandard liegen, um den lebensnotwendigen Bedürfnissen eines Arbeitnehmers und seiner Familie zu genügen.

4. Lohnsystem und Aufstiegsmöglichkeiten schwarzafrikanischer Arbeitnehmer

A) Der Grundsatz „Gleicher Lohn für gleiche Arbeit“ setzt voraus, daß jedem Arbeitnehmer, der die geeignete Qualifikation besitzt, ohne Unterscheidung nach Rassen- oder anderen Gesichtspunkten alle Arbeitsplätze zugänglich sind und die Löhne dem qualitativen Niveau des Arbeitsplatzes entsprechen.

B) Für gleiche Funktionen sollen gleiche Lohntarife gelten. Der Grundsatz gleicher Löhne wäre jedoch wenig sinnvoll, wenn der Einsatz schwarzafrikanischer Arbeitnehmer auf untergeordnete Funktionen beschränkt bliebe. Die Arbeitgeber sollen daher sowohl quantitativ als auch qualitativ geeignete Programme aufstellen, um die Ausbildung ihrer schwarzen Arbeitnehmer zu gewährleisten und dafür zu sorgen, daß die Abhängigkeit ihres Unternehmens von weißen eingewanderten Arbeitnehmern verringert wird.

5. Freiwillige Sozialleistungen

A) Aufgrund ihrer sozialen Verantwortung sollen die Unternehmen ihr Tätigwerden auf die Lebensbedingungen ihrer Arbeitnehmer und deren Familien ausdehnen.

B) Zu diesem Zweck könnten Mittel der Unternehmen bereitgestellt werden zur Verwendung

- bei der Wohnraumbeschaffung für schwarzafrikanisches Personal und deren Familien
- bei dem Hin- und Rücktransport zwischen Wohnung und Arbeitsplatz

- bei der Schaffung von Einrichtungen für Freizeitgestaltung und Gesundheitswesen
- durch Gewährung von Hilfe zur Lösung von Problemen, denen die Arbeitnehmer bezüglich ihrer Freizügigkeit, ihres Wohnorts und ihrer Beschäftigung im Verkehr mit den Behörden begegnen
- auf dem Gebiet der Altersversorgung
- auf dem Gebiet des Bildungswesen
- zur Verbesserung des Gesundheitsdienstes und zur Einführung von Programmen für Arbeitsunfall- und Arbeitslosenversicherung sowie anderer Sozialfürsorgemaßnahmen.

6. Beseitigung der Rassentrennung am Arbeitsplatz

Im Rahmen ihrer eigenen Zuständigkeiten sollen die Arbeitgeber alles zur Beseitigung jeglicher Rassentrennung tun, insbesondere am Arbeitsplatz, in den Kantinen, bei sportlichen Tätigkeiten, bei der Erziehung und der Berufsausbildung. Sie sollen ferner gleiche Arbeitsbedingungen für die Gesamtheit ihres Personals gewährleisten.

7. Berichte über die Anwendung des Verhaltenskodex

A) Die durch diesen Verhaltenskodex angesprochenen Unternehmen sollen jährlich einen eingehenden und ausführlich belegten Bericht über die bei der Anwendung des Kodex erreichten Fortschritte veröffentlichen.

B) Darin soll die Zahl der in dem Unternehmen beschäftigten Schwarzafrikaner erwähnt und jeder der sechs unter den vorstehenden Ziffern genannten Bereiche behandelt werden.

C) Die Regierungen der Neun werden jährlich die bei der Verwirklichung des Verhaltenskodex erzielten Fortschritte prüfen. Zu diesem Zweck soll eine Abschrift des Berichts der Unternehmen den Mitgliedsregierungen übermittelt werden.

www.fsc.org
MIX
Papier | Fördert gute Waldnutzung
FSC® C083411

Kolibri 360 GmbH
Ferdinand-Jühlke-Straße 7
99095 Erfurt, Deutschland
produktsicherheit@kolibri360.de